JN422182

玄石 朴東瑱 教授 華甲紀念論文集

시대정신과 과학기술의 민법학

▲ 玄石 朴東塡 教授 (2025년 가을, 연구실에서)

시대정신과 과학기술의 민법학

현석 박동진 교수
화갑기념논문집 간행위원회 편

法 文 社

간 행 사

현석(玄石) 박동진 교수님께서 2024년 화갑(華甲)을 맞으셨습니다. 교수님께서는 오랜 시간 학문의 길을 걸으시면서 한국 민법학의 발전과 후진양성에 크게 기여하셨습니다. 이에 뜻을 같이 한 동료, 후학 그리고 제자들이 모여서 교수님의 학문적 업적과 덕망을 기리고자 기쁜 마음으로 논문을 헌정하기로 하고 2023년 8월 박동진 교수님 화갑기념문집 간행위원회를 결성하였습니다.

2024년 발간 예정이었으나 부득이한 사정으로 인하여 2025년으로 발간 일정을 연기를 하였고 **2025년** 10월에 제자들과 동료 학자들이 뜻을 모아 『시대정신과 과학기술의 민법학』이라는 부제 아래 현석 박동진 교수 화갑기념논문집을 발간하게 되었습니다. 이 논문집은 시대의 변화에 발맞추어 새로운 법적 쟁점을 끊임없이 탐구하고, 과학기술의 발전이 우리 사회에 던지는 질문에 응답해 온 교수님의 학문 정신을 담고자 하였습니다.

이번 논문집에는 진심 어린 축하와 존경을 담아 동료와 후학들께서 헌정하신 38편의 귀중한 논문을 수록하였습니다. 민법 전 분야에 이르는 중요한 법리를 분석한 논문, 중요 판례를 평석한 논문, 민법 개정 방향을 제시한 논문까지 다양합니다. 특히 교수님의 학문적 연구에 지대한 영향을 받아 작성된 후학들의 글은 교수님의 헌신에 힘입은 결과이며 계속 후학들의 연구에 빛을 비춰줄 것입니다.

이 논문집의 간행에는 많은 분의 귀한 노력이 있었습니다. 바쁘신 중에도 정성을 담은 원고를 보내주신 선후배, 동료 교수님들과 법조계 인사 여러분께 깊은 감사의 말씀을 드립니다. 또한 논문집 발간을 위해 헌신해 주신 법문사 관계자분들께도 진심으로 감사드립니다. 아울러 물심양면으로 이 책자의 발간에 도움을 주신 여러 분들께 깊은 감사의 뜻을 전합니다.

모쪼록 이 논문집이 교수님의 높으신 뜻을 기리는 작은 헌사가 될 뿐 아니라, 앞으로의 세대에게 학문적 이정표로 남아 길잡이가 되기를 소망합니다. 더불어 교수님께서 건강과 평안을 지니시며 학문적 열정을 오래도록 이어가시기를 진심으로 기원합니다.

2025년 9월

현석 박동진 교수 화갑기념논문집 간행위원회

축하의 글

은사(恩師)이신 박동진 교수님의 화갑(華甲)을 진심으로 축하드립니다.

교수님께서는 학문과 교육에 헌신하며 민법학 발전에 크게 기여하셨습니다. 특히 민법총칙, 채권법, 불법행위법 등 민사법 전반에 걸쳐 깊이 있는 연구 성과를 남기셨으며, 수많은 저서와 논문을 통해 학계와 실무계에 두루 영향을 미치셨습니다. 제조물책임법의 체계적 미비점을 지적하고 개선안을 제시하여 입법에 기여하셨고, '알기 쉬운 민법' 작업을 통해 국민의 눈높이에 맞는 법률문화를 정립하는 데에도 큰 공헌을 하셨습니다.

교수님께서는 언제나 엄격하면서도 따뜻한 가르침으로 수많은 법조인과 후학들을 길러내셨으며, 제자들의 학문적 고민을 진심으로 경청하시고 바른길을 제시해 주셨습니다. 특히 민법의 기본원리를 시대정신과 과학기술을 반영하여 재해석하시고 균형감과 정교함을 모두 갖춘 법리를 전개해 주신 부분은 후학들에게 큰 자산이 되었습니다.

교수님께서는 "법률가는 오답의 불안 때문에 당면한 사안과 관련성이 떨어지는 판례를 억지로 끌어와 해당 사안에 적용하기 위하여 실제 사건의 사실관계를 왜곡하는 소위 '판례실증주의'를 멀리해야 한다."라고 강조하셨습니다. 교수님께서는 판례의 입장에만 집착하는 '판례실증주의'의 위험과 그것을 극복하기 위한 방법론으로 창의적인 해석을 위한 사유를 중요시 하셨습니다. 이는 교수님의 법학 교육에 대한 가치관과도 밀접한 연관이 있습니다. 교수님께서는 수업시간에 항상 "사회과학에서 정답은 없으니 고유한 자기 생각을 말하는 것이 중요하다."라고 하시면서 "명망(名望)가의 주장이나 대법원 판례가 잘못되었을 것이라는 생각을 애당초 차단하고 그대로 답습하는 것을 지양해야 한다."라고 말씀하시곤 하셨습니다. 칸트가 <계몽이란 무엇인가에 대한 답변>에서 '너 자신의 지성을 사용할 용기를 가져라!(Sapere aude!)' 조언을 하고 있는데 제자들은 교수님의 지도를 통해 이를 배울 수 있었습니다. 제자들이 민법이라는 거대한 산을 오르게 된 것은 교수님께서 북돋아 준 용기와 높고 드넓은 사랑의 어깨라고 생각합니다. 그 사랑을 통해 많은 제자들이 더 멀리 더 높게 보면서 성장할 수 있었습니다.

교수님의 업적은 이후에도 후학들에게 큰 귀감을 줄 것이며, 후학들의 연작을 통해 계속 빛날 것입니다. 교수님께서도 계속 그 연작을 지켜봐 주시고 때로는 그 연작에 직접 참여해 주시기를 간곡히 부탁드립니다.

오랜 시간을 민법에 대한 열정과 성실함으로 동료나 후학들에게 배움의 기회를 주신 교수님의 화갑을 다시 한 번 축하드리며 앞으로도 건강하게 학문의 길을 이어가시기를 기원합니다.

감사와 존경을 담아,

2025년 8월 31일

연세대학교 법학전문대학원 교수 서종희

연 보

교육경력

2003. 3. – 현재　연세대학교 법학전문대학원 법과대학 법학과 조교수, 부교수, 교수

1998. 3. – 2003. 2.　광운대학교 법학과 전임강사, 조교수

교내 주요 보직

2022. 2. – 2024. 1.　연세대학교 법학전문대학원 · 법무대학원 원장

2020. 6. – 2022. 2.　연세대학교 법학연구원장

2006. 8 – 2008. 3.　연세대학교 법과대학 부학장

주요 학회활동

2022. 1. – 2022. 12.　한국민사법학회 제28대 회장(2022년 회장)

2019. 1. – 2020. 12.　대한의료법학회 회장

2011. 9. – 2013. 8.　연세대학교 법학연구원 학술지 「법학연구」 편집위원장

주요 대외활동

2019. 2. – 2023. 7.　산업통상자원부 전기위원회 법률 · 분쟁조정 전문위원회 위원

2019. 1. – 2020. 12.　한국법학교수회 부회장

2015. 4. – 2017. 4.　법무부 법무자문위원회 남북법령연구 특별분과위원회 위원

2012. 8. – 2013. 8.　법무부 제조물책임법개정위원회 위원장

2012. 4. – 현재　한국의료분쟁조정중재원 조정위원

2012. 1. – 2018. 4　서울중앙지방법원 민사조정위원

2012. 1. – 2014. 2.　법무부 민법개정위원회 개정위원

2009. 2. – 2010. 2.　법무부 민법개정위원회 위원

2008. 9. – 2009. 8.　법무부 '알기 쉬운 민법 만들기' 분과위원회 위원

2008. 4. – 2010. 3.　지식경제부 전기위원회 법률 · 분쟁조정 전문위원회 위원

2008. 3. – 2009. 2.　법무부 동산 · 채권담보법 제정 분과위원회 위원

기타 경력 및 활동

버클리대학교(UC Berkely) 방문교수

국가고시 시험위원 – 사법시험, 변호사시험, 행정고시, 입법고시 등

차 례

민법상 도급계약의 개정방안에 관한 연구

고 형 석

한국해양대학교 해사법학부 교수

Ⅰ. 서 론

물권법정주의가 적용되는 물권계약과 달리 채권계약은 사적자치의 원칙이 지배하기 때문에 당사자는 법률에서 금지하지 않은 이상 합의를 통해 다양한 계약을 체결할 수 있다. 다만, 그 계약으로 인해 분쟁이 발생하는 경우에 이를 해결할 수 있는 기준을 당사자가 정하지 않았을 경우에 어떠한 기준에 따라 그 분쟁을 해결하여야 하는가의 문제가 발생하게 된다. 이러한 점을 고려하여 민법에서는 15종의 전형계약을 규정하고 있다. 이는 당사자가 주로 체결하는 계약에서 발생할 수 있는 분쟁을 예방하거나 효과적으로 해결할 수 있도록 그 기본적인 법률관계를 규정한 것이다. 이와 같이 민법에서 15종의 전형계약을 규정하였다고 하여 당사자가 이와 다른 계약을 체결할 수 없는 것은 아니며, 민법에서 규정하고 있는 내용(강행규정이 아닌 경우에 한함[1])과 다른 합의를 통해 그 법률관계를 형성할 수 있다. 또한 전형계약이 가지는 의미 중 하나는 당사자가 체결한 비전형계약으로 인해 분쟁이 발생하였을 경우에 그 분쟁을 해결하기 위한 기준으로 활용된다는 점이다. 즉, 형법과 달리 민법은 유추적용이 가능하며, 민법에서 규정하지 않은 비전형계약으로 인해 분쟁이 발생하였을 경우에 이와 가장 유사한 전형계약에 관한 규정을 적용하여 그 분쟁을 해결할 수 있다.

이러한 15종의 전형계약은 그 성질에 따라 재산권이전계약, 재산이용계약, 노무제공계약 등으로 구분할 수 있다. 재산권이전계약으로는 증여, 매매, 교환, 소비대차, 종신정기금이 있다. 재산이용계약으로는 사용대차 및 임대차가 있다. 노무제공계약으로는 위임, 고용, 도급, 임치, 여행계약, 현상광고가 있다. 그 외의 계약으로 조합, 화해가 있다.[2] 다만, 민법에서 규정하고 있는 전형계약에 관한 규정은 변화된 거래환경을 충분히 반영하고 있지 못하여 그 취지와 달리 규범력을 충분히 발휘하고 있지 못하다는 비판이 지속적으로 제기되었다.[3] 이에 따라 민법을 개정하기 위한 노력이 수 차례 이루어졌지만, 그 성과는 크지 않았다. 이는 민법이 사인간의 법률관계를 규율하는 일반법이라는 점에서 개정에 있어 신중을 기하기 때문이라고 할 수 있다. 그러나 민법이 일반법으로의 역할을 충실히 수행하기 위해서는 변화된 사회환경을 적절히 규율할 수 있어야 하며, 이를 위해서는 민법의 제 규정이 개정되어야 한다. 그 분야 중 하나가 도급계약이다. 노무제공계약 중 하나인 도급계약은 건설공사 등의 다양한 분야에서 활용되고 있지만, 수급인의 담보책임, 담보책임의 존속기간, 완성전 도급인

---

1) 강행규정은 일반적 강행규정과 편면적 강행규정으로 구분된다. 전자는 이와 다른 합의를 하였을 경우에 그 합의는 무효이지만, 후자의 경우에 그 합의가 당연무효가 되지 않는다. 즉, 편면적 강행규정은 보호대상자가 존재하며, 당사자간 약정이 보호대상자에게 유리한 경우에 해당 법률이 적용되는 것이 아닌 당사자의 약정이 적용된다. 이에 관한 민법의 규정으로는 소비대차(민법 제608조), 임대차(민법 제652조) 등이 있다.

2) 곽윤직 편집대표, 「민법주해[XII]」, 박영사, 2009, 12~13면.

3) 송덕수, "사회변화와 민법 개정-그 방법과 방향<계약편(채권 총칙 포함)>", 민사법학 제85호, 2018, 177면 이하 등. 민법의 개별적 규정에 대한 개정 필요성을 제기한 견해로는 박동진, "민법상 과실상계 규정(제396조)의 입법론적 검토", 법학연구 제25권 제1호, 2015, 67면 이하 등.

의 해제권 및 도급인의 파산과 해제권에 관한 민법의 규정은 거래현실과 일치하지 않는다. 이로 인해 당사자는 별도의 약정을 통해 이와 관련된 문제를 해결하고 있다. 이는 민법의 규정이 사실상 규범력이 거의 없다는 것을 의미한다. 따라서 도급계약에 관한 민법의 제규정이 그 역할을 충실히 수행하기 위해서는 거래현실에 적합하게 개정될 필요가 있다.

이 논문에서는 도급계약에 관한 민법의 규정이 거래현실과 일치하고 있는가에 대한 검토를 기초로 그 한계점 또는 문제점을 분석하고, 이에 대한 개정방안을 모색하고자 한다.

Ⅱ. 도급계약에 대한 법체계 및 민법의 지위

1. 도급계약의 의의 및 다른 계약과의 차이점

가. 도급계약의 의의 및 성질

도급[4]은 당사자 일방이 어느 일을 완성할 것을 약정하고 상대방이 그 일의 결과에 대하여 보수를 지급할 것을 약정함으로써 그 효력이 생긴다(민법 제664조). 이를 기초로 도급계약의 법적 성질을 살펴보면 다음과 같다.

첫째, 유상 및 쌍무계약이다. 도급계약에 따라 수급인은 위탁받은 일을 완성할 의무를 부담하며, 도급인은 그 일의 완성에 대한 대가를 지급할 의무를 부담한다. 따라서 일방만이 급부의무를 부담하는 것이 아닌 쌍방이 급부의무를 부담하며, 도급인의 보수지급의무는 수급인의 일의 완성에 대한 반대급부의 성격을 갖는다. 또한 양 채무는 상호 견련관계에 있기 때문에 쌍무계약에 해당한다. 둘째, 낙성 및 불요식계약이다. 즉, 도급계약은 당사자가 각 채무를 부담하기로 약정함으로써 성립하는 것이며, 계약의 성립을 위해 물건 또는 대금의 수수가 이루어져야 하는 것은 아니다. 또한 그 합의의 방식에 있어 제한이 없기 때문에 구두에 의한 계약도 유효하다. 다만, 하도급거래 공정화에 관한 법률(이하 '하도급법'),[5] 대·중소 상생협력 촉진에 관한 법률(이하 '상생협력법'), 건설산업기본법 등 특별법에서는 도급사업자에 대해 계약서 작성 및 교부의무를 부과하고 있으며, 이를 위반한 경우에 행정규제 등을 부과하고 있다(하도급법 제3조 등). 그러나 하도급법 등에서 계약서 작성 등의 의무를 규정한 취지는 그 위반에 대해 도급계약의 효력을 부정하기 위함이 아닌 도급계약 체결에 대한 증명과 그 내용에 대한 증명의 용이성을 위한 것이다. 따라서 하도급법 등이 적용되는 도급계약이라고 하더라도 방식의 자유가 제한되는 것은 아니다.[6]

---

4) 도급이라는 용어의 사학(史學)적 연구에 대해서는 김명철, "민법상 '도급(都給)' 용어에 대한 사적 고찰", 법학논총 제34집, 2015, 4면 이하 참조.

5) 하도급법은 도급 및 하도급계약 모두를 규율하지만, 이를 총칭하여 하도급이라는 용어를 사용하는 것은 법개념에 혼란을 초래한다(정진명, "하도급거래의 본질", 하도급법연구 제1권 제1호, 2024, 12면).

6) 곽윤직 편집대표, 「민법주해[XV]」, 박영사, 2009, 436면; 양형우, 「채권법」, 정독, 2023, 583면; 양창수/김재형, 「계약법」, 박영사, 2015, 277면; 지원림, 「민법강의」, 홍문사, 2024, 1078면; 송덕수, 「채권법각론」, 박영사, 2023,

나. 다른 노무 제공계약과의 비교

(1) 위임계약과의 구별

도급 외 대표적인 노무제공계약은 위임계약이며, 당사자 일방이 상대방에 대하여 사무의 처리를 위탁하고 상대방이 이를 승낙함으로써 그 효력이 생긴다(민법 제680조). 이러한 위임계약은 다음과 같은 점에서 도급계약과 차이가 있다. 첫째, 무상계약이라는 점이다. 당사자간 보수 지급에 대한 약정이 없는 경우에 원칙적으로 수임인의 사무처리에 대해 위임인은 보수를 지급할 의무가 없다. 이는 유상계약을 원칙으로 하는 도급계약과의 근본적인 차이라고 할 수 있다. 다만, 수임인이 상인인 경우에 상행위의 유상성에 따라 보수지급에 대한 약정이 없더라도 위임인은 보수지급의무를 부담한다. 또한 수임인이 상인이 아니더라도 그 분야의 관습이 보수지급을 내용으로 하는 경우에는 보수지급에 관한 약정이 없더라도 수임인은 보수를 지급할 의무를 부담한다(민법 제106조). 그리고 위임계약이 무상계약이라는 것은 임의규정이기 때문에 당사자가 반대의 합의, 즉 보수지급에 관한 약정을 한 경우에 위임인은 보수를 지급할 의무를 부담한다(민법 제686조). 이처럼 위임인이 보수를 지급할 의무를 부담하는 위임계약의 경우에 이 부분에 있어 도급계약과 동일하다. 둘째, 수급인의 의무는 일의 완성이 아닌 사무의 처리라는 점이다. 물건의 제작과 같이 일의 완성이 명확한 경우에 이는 도급계약에 해당하지만, 채무자의 행위가 급부의 목적인 경우에 그 계약이 위임계약 또는 도급계약 중 어디에 해당하는가를 판별하는 것은 쉽지 않다. 학설과 판례는 그 계약의 목적이 결과의 발생에 있으면 도급이 되고, 단순히 사무처리를 맡긴 것인 경우에는 위임에 해당한다고 한다. 그 예로 병의 완치 또는 승소[7]를 목적으로 하는 것이면 도급계약이지만, 단순히 병의 치료나 소송의 수행을 목적으로 한다면 위임으로 판단하고 있다.[8] 셋째, 도급계약은 일의 완성을 목적으로 하기 때문에 특별한 사정이 없는 한 누가 그 일을 하는가는 중요하지 않다. 반면에 당사자간 신뢰관계를 기초로 하는 위임계약의 경우에는 위임인의 승낙 또는 부득이한 사유가 있는 경우를 제외하고 수임인이 직접 그 사무를 처리하여야 한다(민법 제682조 제1항). 넷째, 도급계약의 경우에 특별한 사정이 없는 한 당사자는 임의로 해제 또는 해지를 할 수 없지만, 위임계약의 경우에 특별한 사정이 있는 경우를 제외하고 임의적 해지가 인정된다(민법 제689조). 이러한 위임계약에 있어 해지의 자유성은 무상계약에 국한되어 적용되는 것이 아닌 유상계약에 대해서도 인정된다.[9] 다섯째, 비용선급청구권이

348면.

7) 형사소송에 있어서 성공보수약정은 무효이지만, 민사소송에 있어서 성공보수약정은 유효이다(대판 2015. 7. 23. 2015다200111). 이와 같이 변호사수임계약의 경우에 소송사무의 처리는 위임계약에 해당하지만, 성공보수약정 부분의 경우에는 도급계약에 해당한다. 이처럼 하나의 계약이 위임계약적 성격과 도급계약적 성격을 동시에 갖는 경우도 존재한다.

8) 송덕수, 앞의 책, 315면.

9) 위임계약이라고 하여 유상 또는 무상을 불문하고, 해지의 자유를 인정하는 것은 타당하지 않다. 따라서 해지의

다. 위임계약의 경우에는 비용선급청구권을 인정하고 있지만(민법 제687조), 도급계약에서는 이에 관한 내용이 없기 때문에 수급인이 비용을 선급받고자 한다면 이에 관해 별도로 약정하여야 한다.[10)]

(2) 현상광고와의 구별

현상광고는 광고자가 어느 행위를 한 자에게 일정한 보수를 지급할 의사를 표시하고 이에 응한 자가 그 광고에 정한 행위를 완료함으로써 그 효력이 생긴다(민법 제675조). 이러한 현상광고는 행위의 완료라는 점에서 도급계약과 유사하지만, 다음과 같은 점에서 차이가 있다. 첫째, 도급계약은 낙성계약이기 때문에 당사자간 합의만으로 계약이 성립한다. 반면에 현상광고의 경우에 상대방의 승낙이라는 의사표시만으로는 계약이 성립하지 않고, 그 광고에서 지정된 행위가 완료되어야 한다(요물계약).[11)] 둘째, 현상광고의 경우에 철회를 인정하고 있지만(민법 제679조), 도급계약의 경우에 특별한 사정이 없는 한 철회는 인정되지 않는다(민법 제527조).[12)]

2. 도급계약에 대한 민법과 다른 법간의 관계

가. 도급계약에 대해 적용되는 법의 현황

일의 완성과 그에 대한 보수지급을 내용을 하는 도급계약은 민법에서 전형계약의 일 유형으로 규정하고 있다. 그 외에서 도급계약의 내용을 규율하는 법은 매우 다양하며, 이를 구분하면 다음과 같다.

첫째, 도급계약의 내용을 규제하는 법이다. 즉, 당사자가 합의를 통해 정한 도급계약의 내용이 불공정한 경우에 그 효력을 무효로 규정하는 것이다. 그 대표적인 법이 약관의 규제에 관한 법률(이하 '약관규제법')이며, 약관으로 정한 도급계약의 내용이 동법을 위반한 경우에 그 약관의 내용은 무효가 된다(동법 제6조부터 제14조까지). 또한 무효로 된 약관이 계약

자유가 인정되는 위임계약은 무상계약으로 한정하여야 할 것이다.

10) 김봉수, "노무도급의 법적 성질", 법학논총 제26집 제3호, 2019, 161면.

11) 우수현상광고 중 광고에 다른 의사표시가 있거나 광고의 성질상 판정의 표준이 정하여져 있는 경우에 우수한 자가 없다고 판정할 수 있다(민법 제678조 제3항). 이 경우에 광고에서 정한 행위를 완료하였다고 하더라도 계약이 성립한 것은 아니다(대판 2005. 1. 14. 2002다57119).

12) 민법 제527조에서는 청약의 구속력을 인정하여 청약자의 임의적 청약철회를 부정하고 있지만, 이는 임의규정이기 때문에 반대의 합의를 통해 청약철회를 인정할 수 있다. 또한 도급인이 소비자이고, 수급인이 사업자이면서 할부거래 등의 방식으로 그 계약이 체결된 경우에 할부거래법 등에 따라 소비자는 청약을 철회할 수 있다(할부거래법 제7조 등). 그리고 민법 제527조, 제528조 제1항 및 상법 제52조의 규정에 의하면, 각기 다른 보험회사의 보험에 가입한 피보험차량들이 일으킨 교통사고로 제3의 피해자가 손해를 입어 어느 한 보험회사가 손해 전액을 배상한 경우에 그 보험회사가 함께 손해배상책임을 부담하는 다른 피보험차량의 운행자나 그 보험회사와 사이에 쌍방의 손해분담비율에 관하여 화해계약을 체결하기 위한 청약을 함에 있어서도 그 청약은 원칙적으로 철회하지 못하는 것이나 청약시 승낙기간을 정한 경우에는 그 승낙기간, 그렇지 아니한 경우에는 상당한 기간이 도과하면 그 청약은 실효되고, 이 때의 상당한 기간은 청약이 상대방에게 도달하여 상대방이 그 내용을 받아들일지 여부를 결정하여 회신을 함에 필요한 기간을 가리키는 것으로 이는 구체적인 경우에 청약과 승낙의 방법, 계약 내용의 중요도, 거래상의 관행 등의 여러 사정을 고려하여 객관적으로 정하여지는 것이다(대판 1999. 1. 29. 98다48903).

의 내용 중 일부인 경우에 그 계약 전부가 무효가 되는 것이 아닌 그 부분만 무효로 되며, 잔존 부분만으로 계약의 목적을 달성할 수 없는 경우에 한해 그 계약 전부가 무효로 된다(동법 제). 다만, 약관규제법은 그 약관을 제시한 자가 사업자인 경우에 한정되기 때문에 사업자가 아닌 일반 개인간 도급계약에 대해서는 적용되지 않는다.

둘째, 도급계약의 공정화에 관한 법률로서 독점규제 및 공정거래에 관한 법률(이하 '공정거래법'), 하도급거래 공정화에 관한 법률(이하 '하도급법'), 대·중·소 상생협력 증진에 관한 법률(이하 '상생협력법') 등이 있다. 공정거래법은 업종 및 거래형태에 관계없이 사업자간 또는 사업자와 소비자간 거래에서 공정한 거래질서 확립을 추구하고 있기 때문에 도급계약의 내용을 규율하고, 도급인의 불공정거래행위를 공·사법적으로 규제하는 대표적인 법이다. 하도급법은 공정거래법에 대한 특별법으로 도급 또는 하도급거래에서 우월적 지위에 있는 원사업자의 거래상 지위남용을 통한 불공정거래행위를 규율하는 대표적인 법이다. 다만, 공정거래법과 달리 하도급법은 사업자간 거래만을 규율한다는 점에서 차이가 있다. 상생협력법 역시 하도급법과 동일하게 사업자간 거래에 대해 규율하지만, 하도급법과 달리 원사업자와 수급사업자가 동종의 업을 영위할 것을 요건으로 하고 있지 않기 때문에 그 적용범위가 더 광범위하다. 다만, 하도급법과 관계에서 하도급법이 우선적으로 적용되기 때문에 상생협력법은 하도급법이 적용되지 않는 도급 또는 하도급거래에 대해 적용된다.

셋째, 도급계약의 당사자가 사업자와 소비자인 경우에 그 계약은 소비자계약에 해당하므로 그 계약의 체결방식 등에 따라 전자상거래 등에서의 소비자보호에 관한 법률(이하 '전자상거래법') 등이 적용된다. 전자상거래법에서는 소비자보호를 위해 정보제공의무, 청약철회, 손해배상책임제한 등을 규정하고 있다. 이 중 청약철회권은 민법에서 인정되지 않는 권리이며, 소비자가 간편하게 도급계약을 벗어날 수 있는 권리이다. 다만, 소비자의 개별적 주문에 의해 생산되는 재화 또는 용역의 경우 중 소비자의 청약철회를 인정할 경우에 사업자에게 회복할 수 없는 중대한 피해가 예상되어 별도로 그 사실을 소비자에게 고지하고, 소비자의 서면에 의한 동의를 받은 경우에는 청약을 철회할 수 없다(동법 제17조 제2항 제6호, 동 시행령 제21조).

넷째, 업종별 도급계약을 규율하는 법으로는 건설산업기본법, 전기공사업법 등이 존재한다. 도급 또는 하도급이 주로 이루어지는 분야는 건설업이며, 대기업·중견기업·중소기업 및 영세업자와 같이 건설업자의 규모는 다양하다. 특히, 다층적 하도급으로 인해 부실공사가 발생함에 따라 원칙적 하도급 금지 및 예외적 하도급 허용이라는 기준을 정하여 적용하고 있다는 점에서 수급인이 직접 일을 완성하지 않아도 되는 민법상 도급과 차이가 있다(건설산업기본법 제28조의2 제1항 등).

나. 민법과 다른 법간 관계

도급계약에 대해 적용되는 법은 단지 민법만이 있는 것이 아닌 하도급법 등 다양한 법들이 존재한다. 이로 인해 도급계약에 대해 적용될 법이 민법을 포함하여 복수인 경우에 어느 법이 해당 도급계약에 적용될 것인가의 문제가 발생한다. 물론 민법은 사인간의 법률관계를 규율하는 일반사법이기 때문에 특별법 우선의 원칙에 따라 해당 도급계약에 대해서는 하도급법 등이 우선적용된다고 할 수 없다. 다만, 전자상거래법 등의 특수거래 소비자3법(전자상거래법, 방문판매법 및 할부거래법)에서는 다른 법과의 관계에 대해 전자상거래법 등의 우선적용을 규정하면서 다른 법을 적용하는 것이 소비자에게 유리한 경우에는 그 법의 적용을 규정하고 있다(전자상거래법 제4조 등). 따라서 민법과 전자상거래법 등간의 관계는 기본적으로 전자상거래법 등이 우선적용되지만, 민법을 적용하는 것이 소비자에게 더 유리한 경우에는 민법이 우선적용된다. 또한 특별법 상호간에 있어서는 해당 법률에서 정한 원칙에 따라 적용되는 법이 결정된다. 예를 들어, 하도급법에서는 상생협력법, 전기공사업법, 건설산업기본법 및 정보통신공사업법과의 관계에 대해 하도급법의 우선적용을 규정하고 있다(동법 제34조). 따라서 하도급법과 이러한 법들간의 관계는 설령 그 법들이 하도급법에 대한 특별법이라고 하더라도 하도급법이 우선적용된다. 반면에 이러한 규정이 없는 경우에는 그 법들의 관계를 규명하고, 그 법들이 일반법과 특별법의 관계에 있는 경우에 특별법 우선원칙에 따라 특별법에 해당하는 법이 우선적용된다.

Ⅲ. 도급계약에 관한 민법의 한계와 개정방안

1. 수급인의 담보책임

가. 현행 민법의 내용

第667조(수급인의 담보책임) ① 완성된 목적물 또는 완성전의 성취된 부분에 하자가 있는 때에는 도급인은 수급인에 대하여 상당한 기간을 정하여 그 하자의 보수를 청구할 수 있다. 그러나 하자가 중요하지 아니한 경우에 그 보수에 과다한 비용을 요할 때에는 그러하지 아니하다.
② 도급인은 하자의 보수에 갈음하여 또는 보수와 함께 손해배상을 청구할 수 있다.
③ 전항의 경우에는 第536조의 규정을 준용한다.

(1) 하자보수청구권

도급계약은 유상계약이기 때문에 달리 규정하지 않은 이상 매매계약에 관한 규정(담보책임 등)이 준용된다(민법 第567조). 그럼에도 불구하고, 도급계약에서는 수급인의 담보책임을 별도로 규정하고 있다.[13] 그 중 하나가 도급인의 하자보수청구권이다. 물론 매매의 경우에 하자담보책임의 내용으로 하자보수청구권을 명시적으로 규정하고 있지 않기 때문에 학설은 대립하고 있다.[14] 반면에 도급계약에서는 완성된 목적물 또는 완성 전의 성취된 부분에 하자가 있는 경우에 하자보수청구권을 인정하고 있지만, 그 하자가 중요하지 아니한 경우에 그 보수에 과다한 비용을 요할 때에는 하자보수청구권을 부정하고 있다(제1항). 보수에 과다한 비용이 소요되는지에 해당하는지의 여부는 하자보수에 의하여 도급인이 얻을 수 있는 이익과 그에 소요되는 수급인의 비용을 고려하여 판단한다.[15] 따라서 도급계약에 따라 완성된 일에 하자가 있어 도급인에게 하자보수청구권이 인정되는 경우는 하자가 중대하거나 경미하더라도 그 보수에 과다한 비용이 소요되지 않는 경우로 한정된다. 다만, 이는 임의규정이기 때문에 반대의 합의를 할 수 있으며, 하자보수청구권이 인정되지 않는 하자라고 하더라도 하자보수에 대해 합의할 수 있다. 이 경우에 수급인은 민법 제667조 제1항 단서를 이유로 하자보수를 거부할 수 없다.

(2) 손해배상청구권

완성된 목적물 또는 완성전의 성취된 부분에 하자가 있어 도급인에게 하자보수청구권이 인정되는 경우에 도급인은 하자의 보수에 갈음하여 또는 보수와 함께 손해배상을 청구할 수 있다(제2항).[16] 여기에서 수급인의 손해배상책임은 담보책임의 일종이기 때문에 무과실책임이다. 또한 담보책임으로서 손해배상책임은 두 가지로 구분된다. 즉, 하자보수 대신에 인정되는 손해배상책임과 하자보수와 별도로 인정되는 손해배상책임이다. 전자의 경우에 손해배상의 범위는 하자 없는 완전물과 대비하여 산정된 가치감소분의 배상이며, 후자는 그 보수에 소요된 기간 동안의 사용이익의 손실 및 보수에도 불구하고 남은 가치감소분이다.[17] 반면에 도급인이 하자보수를 청구할 수 없는 하자가 존재하는 경우에 민법 제667조 제2항

---

13) 도급계약에서 담보책임을 별도로 규정한 이유에 대해 완성된 일의 하자는 단순히 재료의 하자에 의하여만 발생하는 것이 아니고 수급인의 작업방식, 즉 제작과정의 불완전에 의하여도 생기기 때문이라고 한다(곽윤직 편집대표, 앞의 민법주해[XV], 453면).

14) 긍정하는 견해로는 김봉수, “특정물매수인의 하자보수청구권”, 비교사법 제17권 제1호, 2010, 57면 등. 부정하는 견해로는 박준서 편집대표, 「주석민법 채권각칙(3)」, 한국사법행정학회, 1999, 167면 등.

15) 지원림, 앞의 책, 1201면. 도급계약에서 완성된 목적물에 하자가 발생한 경우라도 그 하자가 중요하지 아니하면서 동시에 보수에 과다한 비용을 요할 때에는 하자의 보수나 그에 갈음하는 손해배상을 청구할 수는 없고 하자로 인하여 입은 손해의 배상만을 청구할 수 있으므로(대판 1998. 3. 13. 95다30345; 대판 1998. 3. 13. 97다54376 등), 도급인이 하자보수를 주장하는 경우 법원으로서는 보수하여야 할 하자의 종류와 정도를 특정함과 아울러 그 하자를 보수하는 적당한 방법과 그 보수에 요할 비용 등에 관하여 심리하여 봄으로써, 그 하자가 중요한 것인지 또는 그 하자가 중요한 것은 아니더라도 그 보수에 과다한 비용을 요하지 않는 것인지를 가려보아 수급인의 하자보수책임을 인정할 수 있는지 여부를 판단하여야 한다(대판 2022. 7. 14. 2022다222881).

16) 도급인이 하자로 인하여 입은 통상의 손해는 특별한 사정이 없는 한 하자 없이 시공되었을 목적물의 교환가치와 하자가 있는 현재 목적물의 교환가치 차액이 되고, 그 교환가치 차액을 산출하기가 현실적으로 불가능한 경우 통상의 손해는 각 시공비용의 차액이 될 수 있으며(대판 1997. 2. 25. 96다45436 판결 등), 도급인이 하자 있는 목적물을 사용함에 따라 발생하는 정신적 고통으로 인한 손해는 수급인이 그러한 사정을 알았거나 알 수 있었을 경우 특별손해로서 배상받을 수 있다(대판 2022. 7. 14. 2022다222881; 대판 1993. 11. 9. 93다19115 등).

17) 지원림, 앞의 책, 1202면.

에 따라 손해배상을 청구할 수 없고, 하자로 인해 입은 손해의 배상만을 청구할 수 있다고 한다.[18]

(3) 동시이행

수급사업자가 담보책임으로 하자보수 또는 손해배상책임, 하자보수와 손해배상책임 모두를 부담하는 경우에 도급인의 보수지급의무는 동시이행관계에 있다(제3항). 이는 도급인의 보수지급의무가 잔존하는 경우에 한하며, 보수 전부를 이미 지급한 경우에는 손해배상책임만이 존재한다.[19] 또한 원사업자가 담보책임을 이유로 지급을 거절할 수 있는 보수는 수급인의 담보책임에 상응하는 보수에 국한되며, 전체 보수에 대해 거절할 수 있는 것은 아니다.[20]

나. 수급인의 담보책임 관련 한계점과 개정방안

(1) 수급인의 담보책임 관련 한계점

유상계약인 도급계약에서는 매매에 있어 담보책임과 별도로 수급인의 담보책임을 규정하고 있으며, 그 취지는 그 하자의 발생이 수급인의 행위에 의해 이루어진다는 점을 감안한 것이라는 점에서 타당성은 인정된다. 다만, 완성된 목적물 또는 완성전의 성취된 부분의 하자를 하자가 중요한 경우와 중요하지 않은 경우로 세분하고 후자의 경우에 보수에 과다한 비용이 소요되는 경우와 소요되지 않는 경우로 구분하여 하자가 중요하지 않지만, 그 보수에 과다한 비용이 소요되는 경우에 하자보수책임을 부정하면서 그 하자에 대한 손해배상책임도 인정하고 있지 않다. 그러나 담보책임은 유상계약에서 급부와 반대급부의 균형성을 전제로 하여 그 균형성이 파괴되었을 경우에 이를 조율하기 위해 인정되었으며, 채무불이행책임과 달리 무과실책임으로 규정하고 있다. 그럼에도 불구하고, 중요하지 않은 하자 중 그 보수에 과다한 비용이 소요되는 하자에 대해 보수책임을 부정함과 더불어 그에 대한 손해배상책임을 인정하지 않는 것은 도급계약이라는 점만으로는 정당하다고 할 수 없다. 즉, 담보책임의 기본원칙을 정하고 있는 매매의 경우에 경미한 경우라고 하더라도 손해배상책임을 인정하고 있다는 점을 감안할 때에 도급계약의 경우에 이를 인정하지 않는 것은 타당하지 않다. 이 경우에 학설은 하자로 인한 손해배상책임을 인정하고 있지만,[21] 그 근거가 모

18) 대판 2022. 7. 14. 2022다222881 등.

19) 완성물의 인도와 보수지급은 동시이행관계에 있으므로 보수지급 없이 완성물을 수령할 수 없고, 도급인은 보수 전부를 지급하여 완성물을 수령한 때에 하자담보책임을 물을 수 있으나 이때에는 하자를 원인으로 하는 하자보수청구권과 보수지급청구권이 동시이행관계에 있다는 이상한 결론에 이르게 된다는 견해가 있다(이진기, 민법의 도급입법과 해석을 돌아보며, 「하경효 교수 정년기념논문집 '계약과 책임'」, 박영사, 2017, 377면).

20) 도급계약에서의 담보책임에 관하여 민법 개정안 예비초안 연구에서는 담보책임을 채무불이행책임으로 통합하는 것을 전제로 하기 때문에 도급계약의 담보책임에 관한 규정의 삭제를 제안하고 있다(이준형, 「민법 개정안(계약법 각론) 예비초안 연구」, 서강대학교, 2023, 74면). 법무부 민법개정위원회 검토위원회에서는 도급계약의 담보책임을 유지하면서 매매계약의 담보책임에 관한 규정을 준용하는 방식을 제안하고 있다(법무부 민법개정위원회 검토위원회, 「민법 개정 예비초안에 대한 검토의견서」, 2024, 97면 이하).

21) 곽윤직 편집대표, 앞의 민법주해[XV], 458면.

호하다. 즉, 수급인의 담보책임을 규정하고 있는 민법 제667조 제1항 및 제2항에서는 보수에 과다한 비용이 소요되는 경미한 하자가 존재하는 경우에 수급인의 손해배상책임을 규정하고 있지 않다. 물론 이를 채무불이행으로 인정하여 손해배상책임을 인정할 수 있지만, 이는 채무불이행책임(과실책임)일 뿐 담보책임(무과실책임)은 아니다. 또한 하자가 경미하지만, 그 보수를 위해 과다한 비용이 소요된다고 하여 수급인의 보수청구권을 부정하는 것은 결국 그 하자에 대한 보수비용을 도급인에게 전가하는 것이 되며, 수급인의 행위에 의해 발생한 결과를 도급인이 부담하는 것이기 때문에 타당하지 않다.

(2) 주요국의 입법례

독일 민법에서는 일의 하자에 대해 도급인의 권리로서 추완청구권, 자신의 하자보수 및 비용상환청구권, 계약의 해제 또는 보수감액청구권, 손해배상 또는 비용상환청구권을 규정하고 있다(동법 제634조 이하). 다만, 도급인이 제공한 재료의 하자 또는 도급인의 지시로 인해 수급인의 책임 있는 사유와 관련 없이 그 수취 전에 멸실·훼손되거나 수행할 수 없게 된 때에 수급인은 급부한 노동에 상당하는 부분의 보수 및 보수에 포함되지 아니한 비용의 상환을 청구할 수 있다(동법 제645조).[22] 일본 민법에서는 종류 또는 품질에 관하여 계약의 내용에 적합하지 않은 목적물을 도급인에게 인도한 경우에 도급인은 추완청구, 보수감액청구, 손해배상청구 및 계약해제를 할 수 있다. 다만, 도급인이 제공한 재료의 성질 또는 도급인의 지시에 따라 발생한 부적합에 대하여는 추완 등을 청구할 수 없지만, 수급인이 그 재료 등의 부적합을 알고 이를 고지하지 않은 경우에는 그러하지 아니한다(일본 민법 제636조).

(3) 민법개정위원회의 개정안 및 개정취지

현행	개정안
第667條(受給人의 擔保責任) ① 完成된 目的物 또는 完成前의 成就된 部分에 瑕疵가 있는 때에는 都給人은 受給人에 對하여 相當한 期間을 定하여 그 瑕疵의 補修를 請求할 수 있다. 그러나 瑕疵가 重要하지 아니한 境遇에 그 補修에 過多한 費用을 要할 때에는 그러하지 아니하다.	제667조(완성전의 하자로 인한 수급인의 책임) 수급인은 완성전 성취된 부분에 하자가 있는 때에도 도급인에 대하여 그 하자로 인한 책임을 진다.
② 都給人은 瑕疵의 補修에 갈음하여 또는 補修와 함께 損害賠償을 請求할 수 있다.	② (삭제)
③ 前項의 境遇에는 第536條의 規定을 準用한다.	③ (삭제)

수급인의 담보책임 역시 일반적인 채무불이행법의 규정을 받는 방향으로 개정된다. 그리고 일반적인 채무불이행책임으로 구성되어 그 내용이 매매에서 매도인의 책임과 그 구조와

22) 양창수, 「독일민법전」, 박영사, 2015, 465~471면; 김성호, "독일 민법상 매도인의 하자담보책임과 수급인의 담보책임 비교", 비교사법 제32권 제1호, 2025, 304면 이하.

내용이 기본적으로 동일하므로 기본적으로 이를 준용하는 방향으로 규율하여 법률의 이해와 적용에 통일적으로 접근할 수 있도록 한다. 개정된 일본민법은 매매법의 규정이 유상계약에 당연히 준용되므로(동법제559조; 우리의 경우 제567조), 도급에서 하자를 이유로 하는 수급인의 책임에 대하여 책임 근거 규정을 전혀 두지 아니하고 오로지 책임을 배제하는 사유만 규율하고 있다(동법 제636조, 제637조). 반면 매매의 규정을 유상계약에 준용하는 규정이 없는 독일민법은 도급에 별도로 수급인 책임에 관한 상세한 규정을 두고 있으나 그 내용은 기본적으로 매매에서 매도인 책임에 관한 것에 상응한다(동법 제633조 이하). 개정안은 우리 민법도 매매 규정을 유상계약에 준용하고 있는 것을 고려하여(제567조) 굳이 내용이 거의 완전히 중복되는 규정을 새삼 반복하여 규율하지 아니한다. 따라서 도급에서 하자로 인한 수급인의 책임에 대하여서는 개정안 제569조 이하의 규정이 제567조에 의하여 준용된다. 아래에서는 준용되는 매매의 규정에 보충이 필요한 특칙만이 정하여진다. 개정안 제667조의 경우 우리 민법은 완성 전 성취된 부분의 하자에 대하여서도 수급인의 책임을 인정하고 있는데(양창수편, 민법전 제정자료 집성, 2023, 920면 이하 참조) 이는 매매 규정의 준용만으로 인정되기 어려운 규율이므로, 개정안은 제667조에서 이를 특칙으로 규정한다.[23]

(4) 수급인의 담보책임 관련 개정방안

민법에서는 담보책임과 채무불이행책임을 구분하고 있으며, 민법 제667조는 담보책임이다. 그러나 매매와 달리 도급계약에서는 하자가 중대하지 않으면서 그 보수에 과다한 비용에 소요될 경우에 보수청구를 부정하고, 손해배상책임까지 인정하고 있지 않다. 이러한 점은 담보책임의 기본원칙과 상반되며, 하자보수를 위해 과다한 비용이 소요된다고 하더라도 수급인에게 하자보수의무를 부과하지 않으면 결국 도급인이 하자를 보수하여야 한다. 이는 하자가 수급인에 의해 발생하였음에도 도급인이 하자를 보수하는 것은 타당하지 않다. 따라서 이러한 경우에도 도급인에게 하자보수청구권과 함께 손해배상청구권을 인정하여야 할 것이다. 이러한 측면에서 볼 때, 민법개정위원회의 개정안은 적절하다고 할 수 있다.

2. 수급인의 담보책임(도급인의 해제권)

가. 현행 민법의 내용

第668条(동전－도급인의 해제권) 도급인이 완성된 목적물의 하자로 인하여 계약의 목적을 달성할 수 없는 때에는 계약을 해제할 수 있다. 그러나 건물 기타 토지의 공작물에 대하여는 그러하지 아니하다.

23) 법무부 민법개정위원회, 「계약법 개정이유서」, 2024, 159～160면.

(1) 계약의 해제와 예외

수급인이 완성한 목적물의 하자로 인해 계약의 목적을 달성할 수 없는 경우에 도급인은 그 계약을 해제할 수 있다. 이와 같이 민법 제668조 본문에서는 도급인의 해제권을 규정하고 있지만, 그 대상은 모든 도급계약이 아닌 목적물의 완성을 내용으로 하는 계약으로 한정된다. 그렇다면 목적물의 완성이 아닌 일의 완성을 목적으로 하는 계약에 있어 완성된 부분의 하자로 인해 계약의 목적을 달성할 수 없는 경우에 도급인은 그 계약을 해제할 수 없는가의 문제가 제기된다. 민법 제668조에서는 목적물의 완성을 대상으로 하고 있지만, 그 외 일의 완성을 목적으로 하는 계약에 대해 해제를 배제하고 있지 않다. 따라서 이 규정을 유추적용하여 일의 완성을 목적으로 하는 계약에 있어 완성된 일의 하자로 인해 계약의 목적을 달성할 수 없다면 도급인은 그 계약을 해제할 수 있다고 할 것이다.[24]

이와 달리 그 목적물이 건물 기타 토지의 공작물이며, 완성된 경우에는 해제할 수 없다. 따라서 도급계약의 목적물이 건물 기타 토지의 공작물인 경우에는 그 하자로 인해 계약의 목적을 달성할 수 있는지의 여부와 관계없이 도급인은 하자담보책임으로써 계약을 해제할 수 없고, 하자보수 및 손해배상만을 청구할 수 있다. 그 이유에 대해 계약해제를 인정할 경우에 수급인뿐만 아니라 사회경제적인 측면에서 큰 손실이 발생한다는 점을 제시하고 있다.[25] 이에 따라 계약을 해제할 수 없는 경우는 도급계약의 목적물이 건물 등인 경우이지만, 모든 건물 등에 관한 도급계약이 이에 포함되는 것은 아니다. 예를 들어, 건물 신축 등의 도급계약은 이에 해당한다고 할 수 있지만, 건물 보수 또는 실내공사 등에 관한 도급계약은 이 규정의 적용대상이 되지 않는다. 즉, 이러한 계약에서의 하자로 인해 계약의 목적을 달성할 수 없더라도 사회경제적 손실이 크다고 할 수 없기 때문이다. 또한 이 규정에 따라 해제할 수 없는 경우는 원칙적으로 건물 등이 완성된 경우이다. 따라서 건물 등의 미완성의 경우에 채무불이행의 일반원칙에 따라 해제할 수 있지만, 판례는 공사가 상당히 진척되어 원상회복이 사회·경제적 손실을 초래하고 완성된 부분이 도급인에게 이익이라면 해제권을 제한하고 있다.[26]

---

24) 도급인의 해제에 대하여 민법 제673조에는 해제로 규정되어 있지만, 그 해석과 관련해서는 소급효가 없는 해제, 즉 해지로 이해하는 것이 타당하다고 한다(정광수, "민법 제673조상 도급인의 해제권에 관한 고찰", 강원법학 제46권, 2015, 607면). 이와 같은 의견이지만, 해제를 해지로 변경하는 것이 불필요한 혼란을 가져온다는 점에서 해제라는 표현을 사용하는 것도 무난하다고 한다(이상헌, "「수급인의 담보책임」 개정논의에 대한 검토", 민사법학 제109호, 2024, 185면).

25) 곽윤직 편집대표, 앞의 민법주해[XV], 462면.

26) 건축공사도급계약에 있어서는 공사 도중에 계약이 해제되어 미완성 부분이 있는 경우라도 그 공사가 상당한 정도로 진척되어 원상회복이 중대한 사회적·경제적 손실을 초래하게 되고 완성된 부분이 도급인에게 이익이 되는 때에는 도급계약은 미완성 부분에 대해서만 실효되어 수급인은 해제된 상태 그대로 그 건물을 도급인에게 인도하고, 도급인은 그 건물의 기성고 등을 참작하여 인도받은 건물에 대하여 상당한 보수를 지급하여야 할 의무가 있다(대판 1997. 2. 25. 96다43454).

(2) 해제와 손해배상

건물 등이 아닌 목적물 또는 완성된 일의 하자로 인해 계약의 목적을 달성할 수 없는 경우에 도급인은 그 계약을 해제할 수 있다. 이 경우에 도급인은 계약의 해제와 함께 손해배상도 청구할 수 있는가의 문제가 제기된다. 매매계약의 경우에 계약해제시 손해배상청구에 대해 직접적으로 규정한 것이 아닌 간접적으로 규정하고 있지만, 계약의 해제와 함께 손해배상을 청구할 수 있다(민법 제575조). 반면에 도급계약의 경우에는 계약의 해제에 대해서는 이를 규정하고 있기 때문에 학설은 대립하고 있다. 부정설에 따르면, 민법 제668조에서 계약해제만을 규정하고 있기 문에 수급인의 고의 또는 과실이 없는 한 손해배상을 청구할 수 없다고 한다.[27] 긍정설에 따르면, 명문의 규정은 없지만 민법 제551조가 정하는 해제의 효과에 관한 원칙에 따라 손해배상도 청구할 수 있다고 한다.[28]

나. 도급인의 해제권 관련 문제점과 개정방향

(1) 도급인의 해제권 및 손해배상청구권 관련 문제점

(가) 도급인의 해제권 관련 문제점

목적물의 하자로 인해 계약의 목적을 달성할 수 없음에도 불구하고, 그 계약을 해제할 수 없도록 하는 것은 하자담보책임의 기본취지와 상반된다. 또한 건물 등에 대한 소유권 취득에 있어 매매의 경우에는 계약의 해제를 인정하면서 도급에 대해서는 이를 인정하지 않는 것은 형평의 원칙에 반한다. 그리고 완성된 건물에 대한 안전진단에서 최하등급 판정을 받아 철거하여야 하는 경우에는 제668조 단서의 취지와 일치하지 않는다. 이 경우에는 그 건물을 존치시키는 것이 사회경제적으로나 수급인에게 더 큰 손실을 유발할 수 있기 문이다. 그렇다면 단서 규정에 대해 주관적 하자로 제한하여 해석하고, 객관적 하자는 해당하지 않는 것으로 해석할 수 있는가에 대해서는 일응 합리적인 방안이라고 할 수 있다. 다만, 양자를 구분하는 기준을 설정하는 것이 쉽지 않다는 한계점도 존재한다. 따라서 이 문제에 대해서는 하자담보책임의 본질에서 출발하여야 할 것이며, 건물 등이 하자로 인해 계약의 목적을 달성할 수 없다면 기본적으로 계약해제를 인정하여야 할 것이다.

(나) 도급인의 손해배상청구권 관련 문제점

도급계약을 해제하였을 경우에 도급인에게 발생한 손해에 대한 배상청구권 인정 여부에 대해 학설은 대립하고 있다. 물론 민법 제668조에서는 손해배상책임을 명시하고 있지 않지만, 이는 수급인의 손해배상책임을 부정하기 보다는 그 적용제외 사유인 단서를 규정하기

27) 김형배, 「채권각론」, 박영사, 2001, 634면.
28) 곽윤직 편집대표, 앞의 민법주해[XV], 461면. 같은 입장으로 지원림, 앞의 책, 1230면; 송덕수, 앞의 책, 365면.

위함이라고 할 수 있다. 또한 하자로 인해 계약의 목적을 달성할 수 있는 경우에는 하자보수청구와 함께 손해배상을 인정하면서도 그보다 더 중하다고 할 수 있는 계약의 목적을 달성할 수 없는 하자에 대해 계약의 해제만을 인정하고 이로 인해 발생한 손해에 대해서 배상을 청구할 수 없다는 것은 형평의 원칙에 합치하지 않는다.

(2) 주요국의 입법례

독일 민법에서는 일의 하자에 대한 도급인의 권리로 계약해제권을 규정하고 있지만, 우리와 달리 건물 등의 하자에 대한 특칙을 규정하고 있지 않다(동법 제634조 제3호).[29)]

(3) 민법개정위원회의 개정안 및 취지

현행	개정안
제668조(동전－도급인의 해제권) 도급인이 완성된 목적물의 하자로 인하여 계약의 목적을 달성할 수 없는 때에는 계약을 해제할 수 있다. 그러나 건물 기타 토지의 공작물에 대하여는 그러하지 아니하다.	<삭제>

현행 제668조의 내용은 제567조, 제569조에 의하여 이미 규율되므로 개정안은 이를 삭제한다.[30)]

(4) 도급인의 해제권 관련 개선방안

완성된 목적물이 건물 기타 토지의 공작물인 경우에 그 하자로 인해 계약의 목적을 달성할 수 없음에도 불구하고, 도급인의 해제권을 인정하지 않는 것은 사회경제적 측면에서 불이익하다는 점을 근거로 제시하고 있다. 그러나 도급인은 건물 등을 사용할 수 없으며, 종국적으로 자신의 비용으로 원상회복하여야 하는 문제를 발생시킨다. 이러한 점은 수급인의 행위로 인해 발생한 문제를 수급인이 아닌 도급인이 부담하는 결과를 초래하며, 정당하다고 할 수 없다. 따라서 단서 규정은 삭제하는 것이 바람직하다.[31)] 이에 대한 개선방안으로 수급인의 매수권을 인정하는 것을 고려할 수 있지만, 목적물이 토지가 아닌 건물인 경우에 건물의 소유자와 토지의 소유자가 상이하게 된다. 그로 인해 도급인이 토지소유자인 경우에는 자신의 토지를 제대로 사용할 수 없게 되며, 결과적으로 도급인이 그 건물을 매수하여야 하는 결과를 초래할 수 있다. 이러한 점을 고려할 때, 수급인의 매수청구권을 신설하는 방안

29) 일본 민법은 2017년에 개정되었으며, 도급인의 담보책임에 관한 규정을 삭제하고, 매매에서 매도인의 계약부적합 책임에 관한 규정을 준용하였다(송영민, “일본 개정민법상의 도급의 계약부적합 책임에 관한 고찰”, 국제거래와 법 제27호, 2019, 2면).

30) 법무부 민법개정위원회, 앞의 책, 161면.

31) 같은 의견으로 석지윤, “도급계약상 담보책임으로서의 계약해제권”, 법학연구 제26권 제2호, 2016, 48면.

을 적절하지 않다고 할 수 있다. 이를 종합할 때, 민법개정위원회의 개정안은 적절한 것으로 평가할 수 있다.

3. 수급인의 담보책임 면책요건

가. 현행 민법의 내용

第669條(동전－하자가 도급인의 제공한 재료 또는 지시에 기인한 경우의 면책) 전2조의 규정은 목적물의 하자가 도급인이 제공한 재료의 성질 또는 도급인의 지시에 기인한 때에는 적용하지 아니한다. 그러나 수급인이 그 재료 또는 지시의 부적당함을 알고 도급인에게 고지하지 아니한 때에는 그러하지 아니하다.

(1) 담보책임의 면책요건

담보책임은 무과실책임이기 때문에 수급인은 그 하자에 대해 과실 없음을 이유로 담보책임을 부정할 수 없다. 다만, 무과실책임이라고 하여 결과책임은 아니기 때문에 천재지변 등과 같은 불가항력적인 사유에 의해 하자가 발생한 경우까지 수급인이 책임을 부담하는 것은 아니다. 또한 그 하자의 발생이 수급인이 아닌 도급인의 사유로 인해 발생하였을 경우에 수급인이 담보책임을 부담하는 것은 책임의 기본원칙에 합치하지 않는다. 이러한 점을 감안하여 민법 제669조 본문에서는 수급인의 담보책임에 대한 면책사유를 규정하고 있다. 그 사유로는 목적물의 하자가 도급인이 제공한 재료의 성질 또는 도급인의 지시에 의해 발생한 경우이다. 이는 그 하자의 발생이 2가지의 면책사유에 의해서만 발생한 경우를 의미하며, 이러한 사유와 수급인의 사유가 결합된 경우(도급인이 부적합한 재료를 제공하고, 수급인의 시공상 하자가 결합한 경우 등)까지 수급인의 담보책임을 면제하는 것은 아니다. 또한 민법 제669조에서는 목적물의 하자로 규정하고 있지만, 그 외의 일의 완성에 대해서도 적용된다고 할 것이다.

(2) 면책사유의 적용배제사유

목적물의 하자가 도급인이 제공한 재료의 성질 또는 도급인의 지시에 의해 발생한 경우에 수급인은 그 하자에 대해 책임을 부담하지 않는다. 그러나 수급인이 그 하자의 발생을 방지할 수 있음에도 불구하고 그에 필요한 조치를 취하지 않음으로 인해 하자가 발생한 경우까지 그 책임을 면제할 수는 없다. 이러한 점에서 민법 제669조 단서에서는 그 적용배제사유로 다음의 요건을 규정하고 있다. 첫째, 수급인이 그 재료 또는 지시의 부적당함을 알고 있어야 한다. 따라서 수급인이 그 부적당함을 알지 못한 경우(과실로 인해 알지 못한 경우 포함)에는 담보책임을 부담하지 않는다. 둘째, 그 부적당함을 도급인에게 고지하지 않아야 한다. 따라서 수급인이 그 부적당함에 대해 도급인에게 고지한 경우에는 그 부적당함으로 인해 하자가 발생하더라도 그 책임을 부담하지 않는다. 이 요건이 적용되는 대표적인 경우는 수급인의 고지에도 불구하고 도급인이 그에 따라 일을 완성할 것을 지시한 경우일 것이지만, 수급인의 고지에도 불구하고 도급인이 지시하지 않아 수급인이 일을 완성한 경우도 포함된다.

나. 면책사유 관련 문제점과 개정방안

(1) 면책사유 관련 문제점

민법 제669조에서는 담보책임에 대한 수급인의 면책사유를 규정하고 있다. 이 중 재료와 관련해서는 그 하자가 재료의 성질에 의해 발생한 경우로만 규정하고 있다. 그렇다면 도급인이 제공한 재료에 의해 그 하자가 발생하였지만, 재료의 '성질'이 아닌 다른 원인에 의해 하자가 발생한 경우에도 면책될 것인가의 여부는 명확하지 않다. 즉, 담보책임의 면제요건이기 때문에 도급인의 보호를 위해 그 외의 사유에 대해서는 인정되지 않는다고 주장할 수 있으며, 역으로 도급인이 제공한 재료에 의해 발생한 이상 그 성질은 예시적인 것에 불과하기 때문에 그 외의 사유에 의해 발생한 경우에도 당연히 면책되어야 한다고 주장할 수 있다. 물론 후자와 같이 해석하는 것이 담보책임의 취지와 일치하지만, 이를 보다 명확히 규정하여 이러한 논란의 발생을 방지할 필요가 있다.

(2) 주요국의 입법례 및 유사 입법례

독일 민법상 도급인이 제공한 재료의 하자 또는 도급인의 지시로 인해 수급인의 책임 있는 사유와 관련 없이 그 수취 전에 멸실·훼손되거나 수행할 수 없게 된 때에 수급인은 급부한 노동에 상당하는 부분의 보수 및 보수에 포함되지 아니한 비용의 상환을 청구할 수 있다(동법 제645조). 일본 민법상 도급인이 제공한 재료의 성질 또는 도급인의 지시에 따라 발생한 계약부적합을 이유로 이행의 추완청구·보수감액청구·손해배상청구 및 계약해제를 할 수 없다. 다만, 수급인이 그 재료 또는 지시의 부적합을 알고 고지하지 않은 경우에는 그러하지 아니하다(동법 제636조).

건설산업기본법상 수급인의 담보책임은 민법과 거의 동일하다. 다만, 수급인의 담보책임에 대한 면책사유 규정을 개정하였으며, 개정전·후의 내용은 다음과 같다. 즉, 개정전 건설산업기본법에서는 수급인의 면책사유 중 도급인이 제공한 재료에 대해 '품질이나 규격 등이 기준미달로 인한 경우'로 규정하였지만, 개정 건설산업기본법에서는 재료의 성질로 인한 경우를 추가하였다. 이는 재료의 성질 외에 다른 사유가 있음을 인정한 것이다.

〈표-1〉 건설산업기본법상 담보책임

개정전 건설산업기본법	2024년 개정 건설산업기본법
제28조(건설공사 수급인 등의 하자담보책임) ① 수급인은 발주자에 대하여 다음 각 호의 범위에서 공사의 종류별로 대통령령으로 정하는 기간에 발생한 하자에 대하여 담보책임이 있다. 1. 건설공사의 목적물이 벽돌쌓기식구조, 철근콘크리트구조, 철골구조, 철골철근콘크리트구조, 그 밖에 이와 유사한 구조로 된 것인 경우: 건설공사의 완공일과 목적물의 관리·사용을 개시한 날 중에서 먼저 도래한 날부터 10년 2. 제1호 이외의 구조로 된 것인 경우: 건설공사 완공일과 목적물의 관리·사용을 개시한 날 중에서 먼저 도래한 날부터 5년 ② 수급인은 다음 각 호의 어느 하나의 사유로 발생한 하자에 대하여는 제1항에도 불구하고 담보책임이 없다. 1. 발주자가 제공한 재료의 품질이나 규격 등이 기준미달로 인한 경우 2. 발주자의 지시에 따라 시공한 경우 3. 발주자가 건설공사의 목적물을 관계 법령에 따른 내구연한(耐久年限) 또는 설계상의 구조내력(構造耐力)을 초과하여 사용한 경우 ③ 건설공사의 하자담보책임기간에 관하여 다른 법령(「민법」 제670조 및 제671조는 제외한다)에 특별하게 규정되어 있는 경우에는 그 법령에서 정한 바에 따른다. 다만, 공사 목적물의 성능, 특성 등을 고려하여 대통령령으로 정하는 바에 따라 도급계약에서 특별히 따로 정한 경우에는 도급계약에서 정한 바에 따른다. ④ 하수급인의 하자담보책임에 대하여는 제1항부터 제3항까지를 준용한다. 이 경우 "수급인"은 "하수급인"으로, "발주자"는 "수급인"으로, "건설공사의 완공일과 목적물의 관리·사용을 개시한 날 중에서 먼저 도래한 날"은 "하수급인이 시공한 건설공사의 완공일 또는 목적물의 관리·사용을 개시한 날과 제37조제2항에 따라 수급인이 목적물을 인수한 날 중에서 먼저 도래한 날"로 본다.	제28조(건설공사 수급인 등의 하자담보책임) ① 수급인은 발주자에 대하여 건설공사의 완공일과 목적물의 관리·사용을 개시한 날 중에서 먼저 도래한 날부터 다음 각 호의 범위에서 공사의 종류별로 대통령령으로 정하는 기간에 발생한 하자에 대하여 담보책임이 있다. 1. 건설공사의 목적물이 벽돌쌓기식구조, 철근콘크리트구조, 철골구조, 철골철근콘크리트구조 및 그 밖에 이와 유사한 구조로서 구조내력(構造耐力)에 해당하는 경우: 10년 2. 제1호 이외의 경우: 5년 ② 수급인은 다음 각 호의 어느 하나의 사유로 발생한 하자에 대하여는 제1항에도 불구하고 담보책임이 없다. 다만, 발주자가 제공한 재료 또는 지시가 부적당함을 알고도 그 사실을 발주자에게 알리지 아니한 경우에는 그러하지 아니하다. 1. 발주자가 제공한 재료의 품질이나 규격 등이 기준미달로 인하거나 재료의 성질로 인한 경우 2. 발주자의 지시에 따라 시공한 경우 3. 발주자가 건설공사의 목적물을 관계 법령에 따른 내구연한(耐久年限) 또는 설계상의 구조내력을 초과하여 사용한 경우 ③ 건설공사의 하자담보책임기간에 관하여 다른 법령(「민법」 제670조 및 제671조는 제외한다)에 특별하게 규정되어 있는 경우에는 그 법령에서 정한 바에 따른다. 다만, 공사 목적물의 성능, 특성 등을 고려하여 대통령령으로 정하는 바에 따라 도급계약에서 특별히 따로 정한 경우에는 도급계약에서 정한 바에 따른다. ④ 하수급인의 하자담보책임에 대하여는 제1항부터 제3항까지를 준용한다. 이 경우 "수급인"은 "하수급인"으로, "발주자"는 "발주자 또는 수급인"으로, "건설공사의 완공일과 목적물의 관리·사용을 개시한 날 중에서 먼저 도래한 날"은 "하수급인이 시공한 건설공사의 완공일 또는 목적물의 관리·사용을 개시한 날과 제37조제2항에 따라 수급인이 목적물을 인수한 날 중에서 먼저 도래한 날"로 본다.

(3) 민법개정위원회의 개정안 및 개정취지

현행	개정안
第669조(동전－하자가 도급인의 제공한 재료 또는 지시에 기인한 경우의 면책) 전2조의 규정은 목적물의 하자가 도급인이 제공한 재료의 성질 또는 도급인의 지시에 기인한 때에는 적용하지 아니한다. 그러나 수급인이 그 재료 또는 지시의 부적당함을 알고 도급인에게 고지하지 아니한 때에는 그러하지 아니하다.	제669조(도급인이 제공한 재료 또는 지시로 인한 하자) 하자가 도급인이 제공한 재료 또는 도급인의 지시로 인한 경우에는 도급인은 하자를 이유로 하는 권리를 행사할 수 없다. 다만, 수급인이 그 재료 또는 지시의 부적당함을 알면서 도급인에게 고지하지 아니한 때에는 그러하지 아니하다.

현행 第669조는 개정안 제567조, 제569조 이하에 의하여 규율되는 내용을 넘어서는 도급의 특수성을 반영한 특칙이므로 이를 존치하되, 개정안은 표기를 한글화하고 표현을 개선한다.[32]

(4) 면책사유 관련 개정방안

도급계약에 따라 수급인이 제작한 목적물에 하자가 있는 경우에 수급인은 그에 대해 담보책임을 부담하는 것이 원칙이지만, 이는 수급인의 사유에 의해 발생한 것을 전제로 한다. 따라서 하자발생의 원인이 도급인에게 있는 경우에 그로 인한 담보책임을 수급인에게 부과할 수 없다. 이러한 점을 고려하여 민법에서는 목적물의 하자가 도급인이 제공한 재료의 성질 또는 도급인의 지시에 기인한 때에는 수급인에게 담보책임을 부과하고 있지 않다. 그러나 목적물의 하자가 도급인이 제공한 재료에 의해 발생한 경우에는 다시 그 원인이 재료의 성질에 의해 발생한 것인지 아니면 재료의 다른 요인으로 인한 것인지의 문제가 발생한다. 이는 수급인의 담보책임에 대한 면책사유 중 하나를 '도급인이 제공한 재료의 성질'로 규정하고 있기 때문이다. 다만, 면책사유로 제시한 '도급인이 제공한 재료의 성질'은 하나의 예시에 불과하며, 단서에서는 '재료의 부적합'이라고 규정하고 있기 때문에 면책사유를 해석함에 있어 '재료의 성질'에 국한할 것이 아닌 '도급인이 제공한 재료로 인해 그 하자가 발생한 경우'로 해석할 수 있다. 그러나 민법은 사인간의 법률관계를 규율하는 일반법이며, 법은 법률전문가를 위한 것이 아닌 모든 국민을 위한 것이다. 또한 일반규정이 아닌 특별규정의 경우에는 보다 구체적으로 규정하여 혼란을 야기하지 않아야 한다. 그렇다면 이러한 오해의 소지를 유발하는 방식보다는 보다 명확하게 규정하여 수급인의 면책사유 중 도급인이 제공한 재료와 관련하여서는 그 사유를 제한하는 것이 아닌 그 재료로 인해 발생한 하자로 규정하여 이러한 논란 제기를 해소하여야 할 것이며, 본문과 단서를 일치시켜 법체계 정합성을

32) 법무부 민법개정위원회, 앞의 책, 162면.

제고할 필요가 있다. 이러한 점을 고려할 때, 민법개정위원회의 개정안은 적절한 것으로 평가할 수 있다.

4. 도급인의 임의적 해제권

가. 현행 민법의 내용

第673조(완성전의 도급인의 해제권) 수급인이 일을 완성하기 전에는 도급인은 손해를 배상하고 계약을 해제할 수 있다.

(1) 도급인의 임의적 해제권

민법에서 명시적으로 규정하고 있지 않지만, 계약은 준수되어야 한다는 것은 계약의 기본원칙이다. 따라서 계약이 체결된 후 법정 또는 약정 사유가 발생하지 않는 한 당사자는 일방적으로 계약을 해소할 수 없다. 그러나 민법에서는 도급인의 임의적 해제권을 규정하고 있으며, 그 발생요건은 수급인의 채무불이행으로 국한되지 않는다. 따라서 도급인은 그 이유를 불문하고 도급계약을 해제할 수 있다. 다만, 도급인이 해제권을 행사할 수 있는 경우는 그 일의 완성 전이므로 수급인이 일을 완성하였다면 도급인은 이 규정에 따른 해제권을 행사할 수 없다. 이 경우에 도급인의 권리에 대해 민법에서는 해제권으로 규정하고 있지만, 학설과 판례는 소급효 없는 해제, 즉 해지로 해석하고 있다.[33]

(2) 도급인의 해제와 손해배상

수급인이 일을 완성하기 전까지 도급인은 도급계약을 해제할 수 있지만, 그로 인해 발생한 수급인의 손해에 대한 배상책임까지 부정되는 것은 아니다. 따라서 도급인은 그 해제로 인해 발생한 수급인의 손해에 대해 배상하여야 한다. 이 경우에 손해배상의 시기에 대해 계약해제 후 도급인은 손해배상책임이 발생하는가 아니면 먼저 손해배상을 한 후에 계약을 해제할 수 있는가의 문제가 발생한다. 이에 대해 손해액의 산정이 쉽지 않으며, 불명확한 경우가 많기 때문에 손해배상액을 먼저 제공하도록 한다면 사실상 도급인의 해제가 곤란하기 때문에 전자로 해석한다.[34] 반면에 도급인의 해제권 행사의 남용을 막고 수급인을 보호하기 위하여 손해배상의 제공이 필요하다는 견해도 있다.[35]

---

33) 정광수, 앞의 글, 607면. 건축공사도급계약이 수급인의 채무불이행을 이유로 해제될 당시 공사가 상당한 정도로 진척되어 이를 원상회복하는 것이 중대한 사회적·경제적 손실을 초래하고 완성된 부분이 도급인에게 이익이 된다면, 해당 도급계약은 미완성 부분에 대하여만 실효되어 수급인은 해제한 상태 그대로 건물을 도급인에게 인도하고 도급인은 특별한 사정이 없는 한 인도받은 미완성 건물에 대한 보수를 지급하여야 하는 권리의무관계가 성립한다(대판 2019. 12. 19. 2016다24284 판결).

34) 곽윤직 편집대표, 앞의 책, 470면.

35) 송덕수, 앞의 책, 370면; 김형배, 앞의 책, 656면.

나. 도급인의 임의적 해제권 관련 문제점과 개정방안

(1) 도급인의 임의적 해제권 관련 문제점

계약은 원칙적으로 준수되어야 하며, 일방에 의한 임의적 해소를 인정하기 위해서는 그에 합당한 이유가 있어야 한다. 그렇다면 도급계약에서 도급인에게 임의적 해지권을 인정한 이유는 무엇인가? 도급인의 임의적 해제권을 인정한 취지에 대해 도급인의 수요에 의하여, 도급인의 이익을 위하여 일의 완성을 목적으로 하는 계약을 수급인과 체결한다는 점에서 도급계약의 특징이 있고, 계약 성립 후 사정변경에 의하여 도급인이 이미 일의 완성을 필요로 하지 않게 됨에도 불구하고 수급인에게 일을 계속시키는 것은 도급인의 입장에서 무의미한 것이 될 뿐만 아니라 사회적으로 경제적이지 않는 것이 된다. 반면 수급인의 입장에서 일을 할 것으로 기대하였거나 일에 착수함으로써 입은 손해가 배상되면 그 밖에 다른 불이익을 입을 것은 없기 때문이라고 한다.[36] 그러나 다른 유상계약에 있어서도 일방 당사자의 수요 또는 이익을 목적으로 함에도 불구하고 도급계약에 한해 일방의 임의적 해제권을 인정하는 것이 타당하다고 할 수 없다. 또한 사정변경을 이유로 제시하고 있다. 그러나 그 발생요건에 있어 사정변경을 요구하고 있지 않으며, 도급인의 개인정 사정을 보호할 필요가 있는지는 의문이다. 그리고 사회적으로 경제적이지 않다는 이유 역시 타당하지 않다. 즉, 해제권 발생요건에 있어 제한이 없기 때문에 사회적으로 이익이 되는 경우에도 도급인은 계약을 해제할 수 있다는 점을 설명할 수 없다. 마지막으로 수급인의 손해에 대해 배상을 하기 때문에 문제가 없다는 점은 계약해제권에 있어 법정 또는 약정사유를 기본적으로 요구하고 있다는 점과 일치하지 않으며, 역으로 수급인의 해제권을 인정하지 않는 점은 설명할 수 없다. 그 외에 사후 해제계약도 인정하고 있기 때문에 도급인이 그 계약을 해제하고자 한다면 별도로 수급인과 해제계약을 체결하여 해결하는 것이 보다 법리적으로 타당하다.

(2) 주요국의 입법례

독일 민법상 도급인은 일의 완성시까지 언제든지 계약을 해제할 수 있다. 도급인이 해지한 때에는 수급인은 약정된 보수를 청구할 수 있다. 다만, 수급인이 계약해소로 인하여 비용지출을 면하거나 자신의 노무를 달리 사용함으로써 취득하거나 악의적으로 취득하지 아니한 것은 공제되어야 한다(동법 제649조). 일본 민법상 도급인은 일을 완성하기 전에 수급인에게 손해를 배상하고 계약을 해제할 수 있다(동법 제641조).

36) 곽윤직 편집대표, 앞의 책, 468～469면.

(3) 민법개정위원회의 개정안 및 개정취지

현행	개정안
제673조(완성전의 도급인의 해제권) 수급인이 일을 완성하기 전에는 도급인은 손해를 배상하고 계약을 해제할 수 있다. <신설>	제673조(완성전 도급인의 해제권) 수급인이 일을 완성하기 전에는 도급인은 손해를 배상하고 계약을 해제할 수 있다. 제673조의2(일부 불이행과 도급인의 해제권) 도급인이 일의 하자 그 밖에 수급인의 채무불이행을 이유로 계약을 해제할 수 있는 경우에 일의 완성된 부분이 도급인에게 이익이 되고 그 원상회복이 사회관념에 비추어 상당하지 아니한 때에는 도급인은 나머지 부분의 계약만을 해제할 권리를 가진다.

제673조의2는 일부 불이행의 경우 일부 해제를 인정하는 판례를 실정화한다(개정된 일본 민법 제634조 참조). 대법원은 건축공사가 상당한 정도로 진척되어 그 원상회복이 중대한 사회적, 경제적 손실을 초래하게 되고 완성된 부분이 도급인에게 이익이 되는 경우에는, 당사자들은 상대방의 채무불이행(전형적으로 수급인의 보수분할지급 지체, 도급인의 공기준수 해태 내지 부도)을 이유로 미완성 부분에 대하여서만 도급계약을 해제할 수 있다는 입장을 취하고 있다(대판 1986. 9. 9. 85다카1751). 이러한 법리는 도급 전반에 일반화될 수 있다(대판 2023. 3. 30. 2022다289174). 그 경우 지급할 공사대금의 산정은 수급인이 지출한 비용이 아니라 약정 보수에 기성고 비율(이는 다시 총비용에서 투입비용의 비율을 기본으로 산정)을 곱하여 결정된다(대판 2017. 12. 28. 2014다83890). 개정안은 이러한 확립된 법리를 신설하여 법적 안정성과 명확화를 도모한다.[37)]

(4) 도급인의 임의적 해제권 관련 개정방안

민법상 도급인의 일의 완성전 해제권에 대해 독일 민법 및 일본 민법에서도 인정하고 있기 때문에 비교법적 측면에서 본다면 문제가 없다. 그러나 계약준수의 원칙이 도급계약에 한해 적용이 배제되어야 하는 정당성은 찾기 어렵다. 물론 손해배상을 전제로 하기 때문에 수급인의 보호도 이루어지고 있으므로 문제가 없다고 할 수 있다. 그렇다면 해제권을 도급인에게만 인정하는 것이 아닌 수급인에게도 인정하는 것이 형평의 원칙에 합치한다. 그러나 계약은 준수되어야 한다는 것이 계약법의 일반원칙이라는 점을 감안한다면 양자 모두에게 해제권을 주는 방식이 아닌 도급인의 임의적 해제권을 삭제하는 것이 바람직하다. 이와 같

37) 법무부 민법개정위원회, 앞의 책, 164~167면.

이 도급인의 임의적 해제권을 삭제하더라도 도급인은 수급인과의 합의를 통해 해제권 발생을 약정할 수 있으며, 이는 해제권 발생에 있어 본질에 합치하게 된다. 이와 달리 현행민법의 내용을 그대로 유지하고 있는 민법개정위원회의 개정안은 적절하지 않다고 판단된다.

Ⅳ. 결 론

민법은 계약의 일반법이지만, 급격한 사회변화에 따른 계약의 변화를 충분히 규율하고 있지 못한 것이 현실이다. 따라서 사회변화를 적절히 반영하기 위해 민법 개정에 대한 논의가 있었지만, 여러 사정으로 인해 개정되지 못하였다. 이로 인해 새로운 계약 또는 그 법률관계에 대해 민법에서 규율하는 것이 아닌 특별법 제정 또는 개정을 통해 해결해 왔다. 그 결과, 민법이 계약의 일반법이라고 할 수 있는가에 대해 의문이 제기될 정도로 민법은 낙후되었으며, 이에 따라 민법의 규범력은 사실상 약화되었다고 하더라도 과언은 아니다. 따라서 민법이 계약의 일반법으로서의 지위를 회복하고, 그 규범력을 발휘하기 위해서는 전면적인 개정이 필요하다.

이 논문에서는 도급계약을 중심으로 현행 민법의 내용이 가지고 있는 문제점을 검토하고, 그 개정방안을 제시하였다. 이를 간략하게 정리하여 제시하면 다음과 같다.

첫째, 수급인의 담보책임에 있어 그 하자가 중요하지 않지만, 그 보수에 과다한 비용을 요하는 경우에 도급인은 보수 또는 손해배상을 청구할 수 없다. 그러나 수급인에 의해 하자가 발생하였음에도 불구하고 단지 보수에 과다한 비용이 소요된다고 하여 이를 부정하고, 손해배상책임도 인정하지 않는 것은 타당하지 않다. 따라서 민법 제667조 제1항 단서를 삭제하여 이러한 문제를 해소함과 더불어 수급인의 행위에 대한 책임을 부과하는 것이 바람직할 것이다.

둘째, 수급인의 담보책임에 따른 도급인의 해제권 제한과 관련하여 건물 기타 토지의 공작물에 대해서는 그 하자로 인해 계약의 목적을 달성할 수 없더라도 도급인은 계약을 해제할 수 없다. 그 결과, 도급인은 사용하지도 못하는 공사의 목적물을 인수하여야 하여 자신의 비용으로 철거하고, 수급인에게 손해배상을 청구하여야 한다. 그러나 수급인의 행위로 인해 하자가 발생하였고, 그로 인해 계약의 목적을 달성할 수 없음에도 불구하고 계약을 해제할 수 없다는 점은 사회경제적 이유만으로 이를 합리화할 수 없다. 따라서 민법 제668조 단서는 삭제하여야 할 것이다.

셋째, 수급인의 담보책임 면제사유 중 도급인이 제공한 재료에 의한 경우에 대해 재료의 성질로 국한하고 있지만, 이를 재료의 성질로 제한할 필요가 없다. 또한 이는 본문과 단서의 상이성이 존재하기 때문에 양자를 일치시켜야 한다. 따라서 면책사유에 대해 재료의 성질로 인한 경우가 아닌 재료로 인한 경우로 개정한다면 그 취지와 일치할 뿐만 아니라 단서와의 정합성을 갖추게 된다.

마지막으로 도급인의 완성전 해제권에 대해서는 계약 준수의 원칙과 일치하지 않으며, 이를 도급인에게만 부여하는 것은 형평의 원칙에 합치하지 않는다. 따라서 이는 삭제하는 것이 바람직하다.

인공지능의 제조물책임법 적용에 관한 일고찰

권 오 상

전남대학교 법학전문대학원 교수

존경하는 지도교수님의 화갑을 축하드리고, 그동안의 가르침에 깊이 감사드립니다. 변호사로서 실무에 몰두하던 저를 학문의 길로 인도해 주신 교수님의 가르침은 제 인생의 큰 전환점이 되었습니다. 학문적 측면과 인격적 측면에서 항상 귀감이 되어 주신 교수님의 제자로서 이번 논문집에 글을 올리게 되어 큰 영광으로 생각하며, 앞으로도 건강과 학문적 성취가 교수님의 앞날에 함께 하기를 기원드립니다.

Ⅰ. 시작하며

2022년 11월 OpenAI社에서 개발한 ChatGPT[1] 베타 버전이 공개된 이후 LLM[2]을 통한 인공지능이 일반 대중들의 실생활에 직접적인 영향을 끼칠 수 있게 되면서 인공지능에 대한 대중의 관심과 인공지능이 갖는 중요성은 이전과는 비교할 수 없을 정도로 커졌다.[3] 이러한 현상은 단순히 데이터를 분석하는데 그쳤던 기존의 인공지능과는 달리 ChatGPT와 같이 대규모의 데이터를 학습하고 이를 통해 새로운 콘텐츠를 만드는 능력을 갖춘 생성형 인공지능이 매우 빠르게 발전함에 따른 것으로 이해할 수 있다.[4] 생성형 인공지능 개발에 있어서 선도적 지위를 차지하고 있는 OpenAI社의 CEO 샘 알트만은 이르면 수천 일 내에 '초지능(Superintelligence)'[5]이 등장할 것을 예견하기도 했다.[6]

하루가 다르게 발전하고 있는 인공지능이 과연 어느 수준까지 발전할지, 그리고 그 파급효과가 어느 범주까지 미칠지 예단하기 어려운 상황에서 인공지능의 발전은 현대사회 전반에 매우 큰 영향을 끼치고 있다. 법 제도 역시 인공지능의 발전에 맞춰 변화하고 있는데 현행 법령상 '인공지능'이라는 문언이 직접 규정되어 있는 법령은 50여 개[7]에 이르고, 2024.

---

1) OpenAI社에서 공개한 대화형 인공지능 모델로서, 사람이 질문하면 그에 대한 답변을 제공하거나 스토리를 생성해 주는 것이 특징이다. 다만 ChatGPT는 축적되고 학습한 데이터를 바탕으로 확률적 예측에 따라 답변을 생성하기 때문에 축적된 데이터가 편향되거나 학습 데이터가 불충분하여 사실이 아닌 내용을 마치 사실인 것처럼 잘못된 정보를 생성할 수 있는 단점도 존재한다(AI Hallucination). 할루시네이션은 비단 ChatGPT뿐만 아니라 대규모 언어모델을 채택하고 있는 인공지능 모델이 갖는 대표적인 한계점이다.

2) LLM(Large Language Model)은 대규모 언어모델을 뜻한다. 이는 방대한 양의 데이터를 학습하여 자연어 및 기타 유형의 콘텐츠를 이해하고 생성하여 광범위한 작업을 수행할 수 있는 기초 모델의 범주이다(IBM, https://www.ibm.com/kr-ko/topics/large-language-models "LLM이란 무엇인가" 참조). [2024.9.28. 최종확인]

3) 물론 그 이전에도 인공지능에 대한 대중의 관심을 환기하는 여러 사건이 존재했다. 1997년 IBM社가 개발한 체스 인공지능 프로그램 딥 블루가 당시 세계 챔피언 가리 카스파로프에게 승리했고, 2011년 IBM社의 인공지능 왓슨은 미국 유명 퀴즈쇼 Jeopardy!에 출연하여 기존 챔피언들을 꺾고 우승하였으며, 2016년 구글 딥마인드社에서 개발한 바둑 인공지능 프로그램 알파고는 한국 프로기사 이세돌을 꺾은 것 등이 그 예이다. 다만 위 각 사례는 인공지능의 발전을 보여주는 특정 이벤트의 성격을 갖지만, 자율주행자동차나 생성형 인공지능 등은 사람들이 일상생활에서 인공지능의 효과를 직접 체감할 수 있다는 점에서 다르다.

4) 생성형 인공지능은 오토-인코더(AE, Auto-encoder), 생성적 적대신경망(GANs, Generative Adversarial Networks), 대규모 언어모델(LLM, Large Language Moded), 확산모델(Diffusion Model), 멀티모달(Multi Modal), 트랜스포머(Transformer), 순환신경망(RNNs, Recurrent Neural Networks) 등 여러 기술 기반을 갖고 있다. 각 인공지능 기술에 관한 개념과 특성에 관하여는 김성연, "생성형 AI(인공지능)와 민사법 쟁점-법인격 내지 전자인격 부여를 중심으로, 연세법학 제45호, 연세법학회, 2024, 7면.

5) 초지능은 후술할 약한 인공지능과 강한 인공지능을 뛰어넘어, 강한 인공지능이 지능폭발을 일으켜 만들어 낼 궁극의 지능으로서 '인공지능의 특이점'으로도 표현된다. 즉 인공지능이 스스로 연쇄적인 개량을 통해 더욱 발달된 인공지능이 되고 이로 인하여 인류의 지능 수준을 월등히 뛰어넘는 수준으로 지능의 폭발을 일으키게 된다는 개념이다. 아직은 가설 상태의 개념이다(IBM, https://www.ibm.com/kr-ko/topics/artificial-superintelligence "초인공지능이란 무엇인가" 참조). [2024.9.28. 최종확인]

6) 임대준, "알트먼, '몇천일 안에 초지능 등장할 것…상상 못한 미래 가져올 것'", AI 타임즈, 2024.9.24. (https://www.aitimes.com/news/articleView.html?idxno=163635) [2024.9.28. 최종확인]

7) 대표적인 규정으로 행정기본법 제20조(자동적 처분), 개인정보 보호법 제37조의2(자동화된 결정에 대한 정보주체의 권리 등), 공직선거법 제82조의8(딥페이크영상 등을 이용한 선거운동), 전자정부법 제18조의2(지능형 전자정부서비스의 제공 등), 소재·부품·장비산업 경쟁력 강화 및 공급망 안정화를 위한 특별조치법 제36조(소재·부품·장비정보의 체계적 생산·관리 등), 항로표지법 제43조의2(항로표지 지능정보화 체계의 구축 등), 모빌리티 혁신 및 활성화 지원에 관한 법률 제2조(정의), 이러닝(전자학습)산업 발전 및 이러닝 활용 촉진에 관한 법률 제2조(정의), 바둑 진흥법 제12조(바둑문화산업의 융합 및 연계), 제약산업 육성 및 지원에 관한 특별법 제4조(제약

5. 30.에 개원한 22대 국회에 제출된 인공지능 관련 법률안도 벌써 11개[8)]에 이른다.[9)]

법학 영역에서도 변화하는 인공지능 환경에 대응하기 위한 민사법적 논의가 과거부터 꾸준히 진행되었다. 특히 국내에서는 자율주행자동차와 알파고 등 인공지능이 사회적 이슈로 떠오른 2010년대 중반 이후 관련 논의도 대폭 증가한 것으로 보인다. 인공지능에 관한 민사법적 논의는 인공지능의 민사법적 지위에서부터 민사책임에 이르기까지 광범위하다. 그중 인공지능의 민사책임에 관한 연구는 활발하게 연구되는 쟁점 중 하나이다.[10)]

이러한 배경 아래 이 글에서는 인공지능을 일반불법행위의 특별법적 지위를 갖는 제조물책임법으로 규율할 때 발생하는 몇 가지 쟁점에 관해 살피고자 한다. 인공지능의 제조물책임에 관하여 다수의 선행연구가 존재하지만,[11)] 제조물책임법의 적용이 가능하다면 인공지능 사고나 오류 등에 대하여 일반 불법행위책임의 요건을 따지는 것보다 효과적인 대응이 가능하므로 이에 관한 검토는 여전히 의미가 있다고 볼 것이다.

구체적 논의의 순서는 먼저 인공지능의 개념과 특징에 대해 간략히 살펴 제조물책임법의 적용이 가능한 인공지능의 범주가 어디까지인지를 확인한 후(Ⅱ), 제조물책임법을 적용할

산업육성・지원종합계획), 지방교육재정교부금법 제5조의3(교부금의 재원 배분 및 특별교부금의 교부에 관한 특례), 중소기업 스마트제조혁신 촉진에 관한 법률 제2조(정의) 등이 있다.

8) 안철수, “인공지능 산업육성 및 신뢰 확보에 관한 법률안”, 의안번호 2200053; 정점식, “인공지능 발전과 신뢰 기반 조성 등에 관한 법률안”, 의안번호 2200543; 조인철, “인공지능산업 육성 및 신뢰 확보에 관한 법률안”, 의안번호 2200673; 김성원, “인공지능산업 육성 및 신뢰 확보에 관한 법률안”, 의안번호 2200675; 민형배, “인공지능 기술 기본법안”, 의안번호 2201158; 권칠승, “인공지능 개발 및 이용 등에 관한 법률안”, 의안번호 2201399; 한민수, “인공지능 기본법안”, 의안번호 2203072; 황희, “인공지능책임법안”, 의안번호 2202235; 배준영, “인공지능 발전 진흥과 사회적 책임에 관한 법률안”, 의안번호 2203297; 이훈기, “인공지능의 발전과 안전성 확보 등에 관한 법률안”, 의안번호 2203960; 김우영, “인공지능산업 진흥 및 신뢰 확보 등에 관한 특별법안”, 의안번호 2204250. 이상 대한민국 국회 의안정보시스템 참조. (https://likms.assembly.go.kr/bill/BillSearchResult.do) [2024.9.28. 최종확인]

9) 참고로 21대 국회에서는 인공지능 책임 및 규제법안, 인공지능산업 육성 및 신뢰 확보에 관한 법률안, 알고리즘 및 인공지능에 관한 법률안, 인공지능 육성 및 신뢰 기반 조성 등에 관한 법률안 등 총 9개의 법안이 발의되었다. 소관 상임위원회(과학기술정보방송통신위원회)는 2022년까지 발의되었던 7건의 인공지능 관련 법률안을 병합하여 심사한 후, 이를 통합・조정하여 위원회의 대안을 제시하기로 하였으나, 비공개로 수정 보완 중인 상태에서 21대 국회 회기가 종료되면서 폐기되었다. 이에 관하여는 법제처 미래법제혁신기획단, “인공지능(AI) 관련 국내외 법제 동향”, 법제처, 2024, 40면.

10) 인공지능의 일반 민사책임에 관한 선행연구로는 김진우, “지능형 로봇과 민사책임”, 저스티스 통권 제164호, 한국법학원, 2018; 김훈주, “AI의 민사책임에 관한 고찰－EU의 입법동향을 중심으로”, 동북아법연구 제16권 제2호, 전북대학교 동북아법연구소, 2022; 김화, “의료인공지능과 민사상 책임”, 생명윤리정책연구 제17권 제1호, 이화여자대학교 생명의료법연구소, 2023; 박수곤, “자율적 지능 로봇과 민사책임법상 법정책적 과제－프랑스법에서의 논의를 중심으로”, 민사법학 제100호, 한국민사법학회, 2022; 신봉근, “인공지능(AI)의 민사책임－EU의 입법을 중심으로”, 민사법학 제105호, 한국민사법학회, 2023; 윤석찬, “소위 ‘약한 인공지능(AI)’ 영역에서의 민사책임에 관한 연구”, 민사법학 제106호, 한국민사법학회, 2024; 이경미, “인공지능의 소프트웨어 오류로 인한 민사책임”, 가천법학 제13권 제1호, 가천대학교 법학연구소, 2020; 이수경, “인공지능의 민사책임에 대한 소고”, 민사법학 제107호, 한국민사법학회, 2024; 정진명, “인공지능에 대한 민사책임 법리”, 재산법연구 제34권 제4호, 한국재산법학회, 2018; 정혜욱, “AI의 책임능력”, 중앙법학 제23집 제4호, 중앙대학교 법학연구소, 2021; 고세일, “인공지능과 불법행위책임 법리”, 법학연구 제29권 제2호, 충남대학교 법학연구소, 2018 등.

11) 인공지능의 제조물책임에 관한 선행연구로는 김진우, “인공지능: 제조물책임법의 업데이트 여부에 관하여, 재산법연구 제37권 제2호, 한국재산법학회, 2020; 이해원, “인공지능과 제조물책임”, 정보법학 제25권 2호, 한국정보법학회, 2023; 김윤명, “제조물책임 범위의 확장: SW와 AI의 적용가능성”, 정보화정책 제30권 제1호, 한국지능정보사회진흥원, 2023; 서종희, “4차 산업혁명 시대 위험책임의 역할과 한계－인공지능 로봇에 의해 발생한 손해의 책임귀속을 고려하여”, 사법 제43호, 사법발전재단, 2018; 오병철, “인공지능 로봇에 의한 불법행위책임”, 법학연구 제27권 제4호, 연세대학교 법학연구원, 2017 등.

때 문제가 되는 쟁점들 즉 인공지능의 제조물성, 결함의 판단, 인과관계, 제조업자의 개발위험의 항변 등을 차례로 검토한다(Ⅲ). 이러한 검토를 통해 제조물책임법이 인공지능 사고 등으로 인한 민사책임의 적절한 규율 수단임을 확인하고 이 법의 개선 방향을 모색하는 것으로 글을 마무리하고자 한다(Ⅳ).

Ⅱ. 인공지능의 개념과 특성

1. 인공지능의 개념과 분류

인공지능(AI, Artificial Intelligence)의 사전적인 의미는 "디지털 컴퓨터 또는 컴퓨터로 제어되는 로봇이 지적인 존재와 관련된 작업을 수행할 수 있는 능력"이고, 인공지능은 추론, 의미 발견, 일반화, 과거 경험으로부터의 학습 능력과 같은 인간의 특징적인 지적 프로세스가 부여된 시스템을 개발하는 프로젝트에 자주 적용된다.[12] 국내에서는 "인간지능이 갖는 학습, 추리, 적응 및 논증 등의 기능을 가진 컴퓨터 시스템"을 뜻하는 것으로 통용된다.[13]

인공지능을 어떻게 분류할지 명확하게 정해진 한 가지 기준은 없다. 다만 인공지능을 분류할 때 인공지능이 이미 특정 영역에서는 인간과 대등한 혹은 그 이상의 능력을 보이는 현실을 고려할 필요가 있고, 이때 일반적으로 등장하는 관점은 인공지능이 특정 영역에서는 인간보다 더욱 뛰어난 능력을 발휘하는 반면에 포괄적이고 복합적인 영역에서는 인간처럼 행동하지 못한다는 관점이다.[14]

그리고 이러한 시각에서 보았을 때 특정한 영역 혹은 특정한 분야에서 인간과 대등한 혹은 인간보다 뛰어난 능력을 지닌 인공지능을 '약한 인공지능' 혹은 '약인공지능'이라 부른다. 반면에 인공지능이 인간지능의 모든 면을 포괄하는 인공적인 일반지능(General Intelligence)을 갖춘 경우, 이를 '강한 인공지능' 혹은 '강인공지능'이라고 부른다.[15]

현재까지 인간이 창조한 모든 인공지능은 약한 인공지능으로 볼 수 있다. 인공지능 혹은 인공지능으로 개발된 물건은 사전에 정의된 알고리즘이나 방대한 데이터를 토대로 하여 지능적으로 보이는 결정을 하고 행위를 하는 수준을 보인다. ChatGPT, DALL－E,[16] IBM Watson,[17] IBM 딥 블루,[18] 구글 어시스턴트,[19] Apple Siri,[20] 삼성전자 빅스비,[21] 페이스북

12) Britannica Education, Britannica Encyclopedia 참조. (https://www.britannica.com/technology/artificial－intelligence) [2024.9.28. 최종확인]
13) 국립국어원, 표준국어대사전 참조. (https://stdict.korean.go.kr/search/searchView.do) [2024.9.28. 최종확인]
14) 김진석, "'약한' 인공지능과 '강한' 인공지능의 구별의 문제", 철학연구 제117집, 철학연구회, 2017, 113면.
15) 김진석, 위의 논문, 114면. 이에 따르면 인간과 같이 복합적으로 혹은 인간의 수준에서 다양하게 느끼고 생각할 수 있고 행동할 수 있을 때 인공지능이 '강하다'고 평가된다.
16) OpenAI社에서 개발한 특정 텍스트를 입력하면 이미지를 생성하는 기계학습 모델이다.
17) IBM社에서 개발한 자연어 형식으로 된 질문들에 답할 수 있는 인공지능 컴퓨터 시스템이다.
18) IBM社에서 개발한 체스특화 인공지능 모델이다.

딥페이스[22] 등이 약한 인공지능의 대표적인 예이다.

약한 인공지능은 알파고나 자율주행자동차 기술처럼 해당 인공지능이 수행하는 특정 영역에서 지능적 행동을 보이는 인공적인 지능이므로 인간의 지능을 흉내 내는 특징을 보인다.[23] 다만 2022년 후반기 이후 빠른 발전을 거듭하고 있는 생성형 인공지능의 경우는 약한 인공지능에 포함되더라도 여타의 약한 인공지능과는 다소 차이가 있다.

생성형 인공지능(Generavive AI)은 데이터에 기반한 기계학습을 통해 새로운 데이터를 생성해 내거나 변환하는 능력을 갖춘 인공지능 모델이다. 즉 입력된 명령문(Prompt)에 따라 사진, 동영상, 텍스트, 음악 등을 생성해 낼 수 있으므로 단지 기존 데이터를 분석하는 것에 그치는 것이 아니라 새로운 콘텐츠를 생성하는데 주안점을 둔 인공지능이다.[24]

따라서 생성형 인공지능은 기타의 약한 인공지능에 비하여 인간의 지능을 능가하는 결과물을 산출해 낼 수 있다. 여러 방면에서 인간보다 나은 결과를 낼 수 있다는 점에서 생성형 인공지능은 기타의 약한 인공지능과 다소 차이를 보인다. 하지만 생성형 인공지능도 인간이 지시한 분야의 일을 인간이 지시한 바에 따라 수행한다는 점에서 어디까지나 약한 인공지능의 범주 내에 있다.

반면에 약한 인공지능에 대응하는 개념인 강한 인공지능은 인간의 지성을 컴퓨터의 정보처리능력으로 구현한 시스템으로서, 인간과 같은 마음을 가지는 수준에 이른 인공지능을 의미한다.[25] 이러한 시각에서 보면, 강한 인공지능은 하나의 인간으로 보아도 무방한 수준의 지적 능력을 갖추고 있다. 이는 인공지능 기술이 종국적으로 달성하고자 하는 목표이기도 하다.[26]

현재까지 강한 인공지능으로 분류될 만한 수준의 인공지능은 아직 개발되지 않았다. 사실 강한 인공지능의 정확한 개념조차 정의되지 않았다고 보는 것이 좀 더 정확한 표현일 것이다. 강한 인공지능이 개념적 표지로서 달성해야 할 인간의 지성 혹은 인간의 마음이 무엇인지도 아직 명확하게 정의되지 않았고, 뇌의 작동 원리 또한 아직 완전하게 파악되지 않은 상태이기 때문이다.

---

19) Google社가 개발한 음성 인식 비서 서비스이다.
20) Apple社의 소프트웨어 탑재 기기들 전반에서 작동하는 인공지능 개인 비서 프로그램이다.
21) 삼성전자가 공개한 인공지능 비서 애플리케이션이다.
22) 페이스북社가 공개한 얼굴 인식 인공지능 모델이다.
23) 이도국, "인공지능(AI)의 민사법적 지위와 책임에 관한 소고", 법학논총 제34권 제4호, 한양대학교 법학연구소, 2017, 322면.
24) 신봉근, "생성 AI 위임계약의 선관주의의무－생성 AI 개발 및 운용 등에 관하여", 재산법연구 제41권 제2호, 한국재산법학회, 2024, 179면.
25) 김윤명, "人工知能(로봇)의 법적 쟁점에 대한 試論的 考察", 정보법학 제20권 제1호, 한국정보법학회, 2016, 152면.
26) 강한 인공지능을 넘어 인공지능이 인간의 지능을 아득히 뛰어넘는 '인공지능의 특이점'을 초인공지능으로 정의하기도 한다. 초인공지능에 이르게 되면 인간은 초인공지능이 어떠한 프로세스를 거쳐 특정 결과물을 만들어 냈는지도 파악하기 어렵게 된다.

2. 인공지능의 단계에 따른 현행 법령 적용의 차이

현시점에서 아직 개발되지 않았고, 그 정의도 다소 모호한 강한 인공지능의 개념을 상정하여 약한 인공지능과 구별하는 실익이 무엇인지 문제될 수 있다. 법적 관점에서 약한 인공지능과 강한 인공지능의 구별은 아래와 같이 인공지능을 규율하는 법령의 적용방식에 차이를 가져온다.

전항에서 살핀 관점에 따라 강한 인공지능을 이해하면, 강한 인공지능은 특정 영역에서만 인간의 지능과 비슷하거나 인간보다 우위에 있는 것이 아니라 전반적인 영역에 걸쳐 인간 수준의 지능과 인지 능력을 갖춘 시스템이다. 이에 따라 강한 인공지능은 인간의 지능 혹은 마음과 구별할 수 없을 정도로 광범위한 작업을 이해하고 학습하며 수행할 수 있을 뿐 아니라 주관적인 생각이나 감정을 갖는다.[27] 이는 곧 강한 인공지능은 개별적으로 독립한 인격체인 인간과 다를 바가 없다는 점을 의미한다.

이러한 강한 인공지능의 경우에는 강한 인공지능에 독자적인 법인격을 부여하거나 전자인(Electronic Persons)의 지위를 인정함으로써 인공지능을 상대로 직접 법적 책임을 물을 수 있도록 하는 것이 바람직하다. 강한 인공지능에게 별도의 법인격이나 전자인 지위를 부여하는 것에 관한 타당성은 민법이 법인에 법인격을 부여하는 것을 통해 확인할 수 있다.

즉 우리 민법을 포함하여 각국의 법제는 자연인 외에 법인의 권리·의무의 주체성(법인격)을 인정하고 있다. 그리고 당초에 법인에 법인격을 부여하는 이유는 사회현실에 등장한 법인을 법적 논리에 맞춰 그 본질을 설명하기 위한 정책적 고려의 결과였다.[28] 정책적인 고려에 따라 인격을 부여할 수 있다면, 강한 인공지능에 대해 별도의 법인격이나 전자인 지위를 부여하는 것 역시 적극적으로 검토할 수 있다.[29]

물론 이에 대해서는 창조자(인간)와 피조물(강한 인공지능)을 완전한 동격으로 취급하는 것은 부당하다는 반론이 있다.[30] 하지만 강한 인공지능의 행위나 의사결정 과정에 전혀 개

27) 예컨대 바둑 인공지능 프로그램인 알파고는 현존하는 어떠한 인간 프로기사보다 우월한 바둑실력을 보여준다. 그러나 상점에 가서 생수를 구입해서 집에 돌아오는 상황 등을 가정해 보자. 인간은 이 작업에 대해 특별한 어려움을 느끼지 않은 채 무리 없이 생수를 구입해서 집에 돌아올 수 있는 반면에, 현재의 인공지능은 이 작업을 수행하는 것이 불가능하다. 왜냐하면 인공지능은 프로그래밍된 작업을 수행할 수 있을 뿐, 인간이 보유한 수준의 지능이나 마음과 같은 방식으로 사고하고 추론함으로써 프로그래밍되지 않은 작업에 적응할 능력이 없기 때문이다.

28) 현재의 법인 개념은 19세기 독일 법학에서 형성된 것으로서, 당시 독일에서는 법인의 본질을 두고 기르케의 실재설과 사비니의 의제설 간의 논쟁이 있었으나 양 학설 모두 새롭게 등장한 법인을 법적 관점에서 자연스럽게 설명할 수 있을지를 천착한 것일 뿐 법인이 허구적인 존재인지 실존하는 유기체인지를 다툰 것은 아니라고 한다. 따라서 양 학설이 근본적으로 상충하거나 대립하는 것은 아니었다고 이해할 수 있다. 이에 관하여는 송호영, "법인격의 형성과 발전", 재산법연구 제38권 제2호, 한국재산법학회, 2021, 34면.

29) 강한 인공지능에 별도의 법인격 혹은 전자인 인정을 긍정하는 견해로는 이도국, "인공지능(AI)의 민사법적 지위와 책임에 관한 소고", 법학논총 제34권 제4호, 한양대학교 법학연구소, 2017, 329면; 이중기, "인공지능을 가진 로봇의 법적 취급", 홍익법학 제17권 제3호, 홍익대학교 법학연구소, 2016, 20면; 김성연, 앞의 논문, 20면; 이수경, "인공지능 기술에 있어서 법인격 부여와 책임론", 재산법연구 제39권 제1호, 한국재산법학회, 2022, 52면; 박수곤, "자율적 지능 로봇과 민사책임법상 법정책적 과제", 민사법학 제100호, 2022, 44면; 김진우, "인공지능에 대한 전자인 제도 도입의 필요성과 실현방안에 관한 고찰", 저스티스 통권 제171호, 한국법학원, 2019, 34면 등.

입하지 않은 인간에게 인공지능의 행위에 대한 법적 책임을 묻는 것은 과도하다. 강한 인공지능이 어떠한 사고와 연산을 거쳐 결정을 내리거나 행위를 하는지에 관해 인간(예컨대 강한 인공지능의 제조자나 운영자)은 이를 완벽하게 예측하거나 제어할 수 없기 때문이다.

이러한 점을 고려하면, 적어도 강한 인공지능의 경우에는 권리 · 의무의 주체성을 인정하는 것이 타당하다. 그리고 제조물책임법 등 여타 법령은 별도의 법인격이 부여된 강한 인공지능을 상대로 직접 적용될 수 있을 것이다. 다만 아직 강한 인공지능의 법인격이 인정되지 않을 뿐만 아니라 등장조차 하지 않았으므로 강한 인공지능이 제조물책임법 등 현행 법령의 수범자가 되는 것은 현시점에서는 불가능하다.

약한 인공지능의 경우에는 강한 인공지능과 달리 법인격 혹은 전자인 부여에 관한 직접적인 논의의 실익이 크지 않다.[31] 약한 인공지능의 경우에는 해당 인공지능의 설계자나 제조자, 운영자 등에게 법적 책임을 묻는 형태가 가능할 뿐, 사전에 프로그래밍된 바에 의하여 계산된 결과를 산출하거나 행동하는 인공지능을 상대로 직접적인 책임을 묻는 것을 상정하기는 어렵다.

결국 현행 법령, 예컨대 현행 제조물책임법이 인공지능으로 인하여 발생한 법익침해나 사고에 대해서 적용되기 위해서는 해당 인공지능이 강한 인공지능이 아닌 약한 인공지능이라는 점이 전제된다.[32] 이하에서는 제조물책임법을 통한 약한 인공지능의 규율이라는 점을 전제로 하여 제조물책임법 적용시 문제되는 쟁점을 살피고자 한다.

Ⅲ. 제조물책임법 적용시 문제되는 몇 가지 쟁점

1. 인공지능의 제조물성

(1) 제조물책임법상 제조물의 개념

제조물책임법 제2조 제1호는 "제조물이란 제조되거나 가공된 동산(다른 동산이나 부동산의 일부를 구성하는 경우를 포함한다)을 말한다"고 규정하고 있다. 따라서 제조물책임법상 제조물에 해당하려면 제조 또는 가공을 거친 '동산'이어야 한다. 그런데 제조물책임법은 '제조나 가공', '동산'에 관해서는 별도의 정의 규정을 두지 않았다. 인공지능의 제조물책임법 적용에 관해서는 '제조나 가공'은 특별히 문제될 사항이 없고, '동산'인지의 여부가 문제된다.

제조물책임법 제8조는 "제조물의 결함으로 인한 손해배상책임에 관하여 이 법에 규정된

---

30) 오병철, "인공지능 로봇에 의한 손해의 불법행위책임", 법학연구 제27권 제4호, 연세대학교 법학연구원, 2017, 170면.

31) 같은 취지로 김훈주, "AI의 민사책임에 관한 고찰－EU의 입법동향을 중심으로", 동북아법연구 제16권 제2호, 전북대학교 동북아법연구소, 2022, 85면.

32) 김나루, "인공지능으로 인한 법적 문제와 그 대안에 관한 연구", 홍익법학 제19권 제2호, 홍익대학교 법학연구소, 2018, 352면.

것을 제외하고는 민법에 따른다"고 규정하여, 이 법에 특별한 규정이 없는 사항에 대해서는 민법 규정이 적용됨을 규정하고 있다. 즉 제조물책임법이 동산에 관한 별도의 정의 조항을 마련해 두지 않은 이상, 제조물성의 표지인 '동산'에 관해 민법의 규정을 따르는 것은 불가피하다.

민법 제98조는 "본법에서 물건이라 함은 유체물 및 전기 기타 관리할 수 있는 자연력을 말한다"고 규정하고 있고, 제99조 제1항은 "토지 및 그 정착물은 부동산이다"라고 규정하고 있으며, 동조 제2항은 "부동산 이외의 물건은 동산이다"라고 규정하고 있다. 위 각 민법 조항에 따라 제조물책임법상 제조물의 범주에서 부동산은 제외된다.[33] 그에 반하여 전기는 관리할 수 있는 자연력으로서 민법상 물건의 개념에 포함될 뿐 아니라 부동산이 아니므로 제조물책임법상 제조물에 해당한다.

그렇다면 인공지능은 제조물책임법상 제조물에 해당한다고 볼 수 있는가? 제조물에 해당한다면 유체물과 무체물 중 무엇으로 볼 것인지, 무체물이라면 전기에 해당하는지 여부 등이 문제될 수 있다. 인공지능을 구성하는 핵심적인 요소가 소프트웨어이기 때문에 인공지능의 제조물성은 결국 소프트웨어의 제조물성의 문제로 귀결된다.

이에 대한 구체적 검토의 방식은 인공지능 소프트웨어 그 자체의 제조물성이 인정되는지와 인공지능 소프트웨어가 자율주행자동차나 의료기기 등 하드웨어에 내장되어 불가분의 관계에 있는 임베디드 소프트웨어(Embeded Software)의 제조물성이 인정되는지를 구분하여 파악하는 편이 바람직하다. 전자는 소프트웨어 그 자체이지만 후자는 하드웨어와 불가분으로 결합한 하나의 구성요소 혹은 부품의 성격을 갖게 되는 차이가 존재하기 때문이다.

(2) 임베디드 소프트웨어인 인공지능의 제조물성

임베디드 소프트웨어는 컴퓨터와 같이 별도의 운영체계를 기반으로 하여 그 위에 새로운 소프트웨어를 설치하여 사용하는 방식이 아니라, 제품 자체에 내장되어 있는 소프트웨어이다. 일상생활에서 접하는 가전제품을 포함한 대부분의 전자제품을 컴퓨터와 같이 부팅 없이 바로 사용하는 것은 임베디드 소프트웨어이기 때문이다.[34]

그리고 임베디드 소프트웨어로 인한 사고의 경우, 하드웨어의 구성품으로서 하드웨어와 결합하여 최종 사용자에게 피해가 발생되는 것으로 보아야 하므로 결국 특정 유체물의 부품 성격으로 구성된 임베디드 소프트웨어는 제조물책임법상 제조물에 포함된다고 볼 수 있다.[35] 예를 들어 자율주행자동차나 드론에 내장된 자율주행소프트웨어가 설치되어 부품과

33) 제조물책임법이 제조물의 개념표지로 동산을 채택한 이유는 제조물의 범위에서 부동산을 제외하기 위한 것으로 이해된다. 이에 관하여는 박동진, "현행 제조물책임법의 문제점과 개정방향", 선진상사법률연구 통권 제57호, 법무부, 2012, 130면.

34) 이상수, "임베디드 소프트웨어의 결함과 제조물책임에 관한 고찰", 법학논문집 제39집 제2호, 중앙대학교 법학연구원, 2015, 74면; 정진명, 앞의 논문, 151면.

35) 이상수, 위의 논문, 92면; 오병철, 앞의 논문, 190면; 김진우, 앞의 논문, 32면; 김나루, 앞의 논문, 352면; 차성민,

같이 기능하는 임베디드 소프트웨어의 경우, 소프트웨어의 결함은 곧 하드웨어인 자동차 자체의 결함으로 볼 수 있는 것이다.

(3) 소프트웨어 자체의 제조물성

임베디드 소프트웨어의 경우 이를 기반으로 하는 하드웨어와 경제적으로 분리할 수 없는 구조를 이루므로 제조물책임법상의 제조물로 보는데 특별히 무리가 없다. 문제는 인공지능이 소프트웨어 그 자체인 경우에도 제조물성이 인정될 수 있을지의 여부이다. 기존에는 소프트웨어 자체는 제조물에 포함되지 않는 것으로 이해하는 것이 일반적인 견해로 평가받기도 하였으나,[36] 소프트웨어의 제조물성을 부정하는 견해와 긍정하는 견해가 대립한다.

소프트웨어의 제조물성을 인정하는 견해는 민법 제98조는 전기 기타 관리 가능한 자연력을 물건으로 규정하고 있고, 소프트웨어도 전기의 흐름이므로 전기 기타 자연력에 해당한다고 보아 제조물성을 인정할 수 있다고 보거나,[37] 우리 민법 제98조가 연혁적으로 무체물을 물건의 범주에 포함하는 스위스 민법을 계수하였으므로 무체물인 소프트웨어는 그 자체로서 제조물책임법상 제조물에 해당할 수 있다고 본다.[38] 또한 제조물책임법은 불법행위법의 일종이고 규정의 성격이 일반적이고 추상적이어서 해석 및 적용시 구체적 타당성에 맞게 해야 한다는 전제 아래, 제조물책임법 제2조 제1호의 '제조물'의 정의를 해석함에 있어서 소프트웨어 그 자체를 제조물로 인정해야 한다는 견해도 있다.[39]

반면에 소프트웨어의 제조물성을 부정하는 견해의 주된 논거는 소프트웨어 그 자체는 유체물이 아닐 뿐더러 관리할 수 있는 자연력도 아닌 정보에 불과하므로 현행 제조물책임법의 해석상 소프트웨어의 결함을 소프트웨어 개발자나 판매자에게 물을 수 없다는 점을 든다.[40][41] 구체적으로 소프트웨어는 우선 유체물이 아니라 이진수인 0과 1로 구성된 추상적

"정보통신업에서의 제조물책임", 법조 제55권 제1호, 법조협회, 2006, 257면; 이경미, 앞의 논문, 187면; 최병록, 『개정 제조물책임법 해설』, 박영사, 2022, 17면 등.

36) 윤진수, "제조물책임의 주요 쟁점－최근의 논의를 중심으로", 법학연구 제21권 제3호, 연세대학교 법학연구원, 2011, 6면.

37) 구재군, "제조물책임법 개정 방향－인공지능(소프트웨어)의 제조물성 인정 여부를 중심으로", 법조 제70권 제2호, 법조협회, 2021, 97면.

38) 박수곤 · 강혜림 · 김정기, "증강현실과 제조물책임", 재산법연구 제36권 제2호, 한국재산법학회, 2019, 274면.

39) 구재군, 앞의 논문, 96면에서 재인용. 신봉근, "컴퓨터소프트웨어와 제조물책임", 선신상사법률연구 제27권, 법무부, 2005, 97면.

40) 권오승 · 신은주 · 홍명수 · 차성민 · 이현종, 『제조물책임법』, 법문사, 2003, 190면; 이해원, 앞의 논문, 77면; 이경미, 앞의 논문, 187면; 김훈주, 앞의 논문, 85면; 김상태, "자율주행자동차에 관한 법적 문제", 경제규제와 법 제9권 제2호(통권 제18호), 서울대학교 공익산업법센터, 2016, 185면; 권영준 · 이소은, "자율주행자동차 사고와 민사책임", 민사법학 제75호, 한국민사법학회, 2016, 469면.

41) 권오승 · 신은주 · 홍명수 · 차성민 · 이현종, 『제조물책임법』, 법문사, 2003, 190면. 이 견해는 소프트웨어가 반도체 칩에 장착되어 전기제품 등과 같은 제조물의 일부를 이루고 있는 경우라면 소프웨어의 결함은 그 제조물 자체의 결함이 되기 때문에 소프트웨어의 결함으로 인한 손해에 대하여 제조물책임법이 적용될 수 있다고 보지만, 이때에도 그 소프트웨어의 결함으로 인한 손해에 대하여 제조물책임을 부담하는 주체는 당해 제조물의 제조업자나 공급업자일 뿐이지 소프트웨어의 개발자나 판매자가 아니므로 소프트웨어가 제조물로 취급되는 것은 아니라고 본다.

개념으로 존재하는 정보인데, 정보가 제조물책임법상 제조물에 해당하기 위해서는 전기 기타 관리가 가능한 자연력에 해당하여야 한다. 즉 정보가 전기에 해당하여야 제조물성이 인정될 수 있는데 '전기'는 에너지를 핵심 개념으로 하는 것이므로[42] 정보 그 자체를 에너지인 전기로 보기는 어렵다.[43]

따라서 소프트웨어 그 자체를 곧바로 제조물책임법상의 제조물로 보는 것은 법률 문언 해석의 한계를 벗어난 것으로 판단된다. 소프트웨어 제조물성을 부정하는 견해에서 설명하는 바와 같이 소프트웨어 그 자체는 정보이고 정보의 사전적 의미는 "관찰이나 측정을 통해 수집된 데이터를 실제 문제에 도움이 될 수 있도록 정리한 지식"이므로,[44] 정보(Information)를 전기 혹은 관리할 수 있는 자연력으로 볼 수는 없는 점은 명확하기 때문이다. 결국 소프트웨어 자체는 제조물책임법 제2조 제1호의 제조물에 해당하지 않는다고 보아야 한다.

(4) 입법적 개선안

인공지능 소프트웨어가 필수적 구성요소 혹은 부품으로 내장된 로봇 등 임베디드 소프트웨어의 제조물책임법상 제조물성의 인정에 큰 무리가 없다. 반면에 소프트웨어 그 자체는 제조물책임법상의 제조물성이 부정되므로 인공지능 소프트웨어 자체, 예컨대 온라인에서 다운로드를 통해 사용하는 생성형 인공지능 등은 제조물로 인정되지 않는다. 소프트웨어 자체의 제조물성이 부정되는 이유는 제조물책임법과 민법의 문언해석에 따른 불가피한 결론이라는 점도 확인하였다.

하지만 소프트웨어를 제조물책임법상 제조물의 범주에서 제외하면, 제조물책임법이 급변하는 현실에 제대로 대응하지 못할 여지가 크다. 현재 인공지능이 활용되는 분야는 코딩, 다기능 로봇, 자율주행자동차, 스마트 팩토리, 인공지능 의료 서비스, 인공지능 법률 서비스, 금융 및 투자, 미술작품이나 영상 제작 등 매우 광범위할 뿐만 아니라 앞으로 더욱 확대될 것으로 예상된다. 특히 4차 산업혁명으로 인하여 초연결 사회에 진입한 현대사회에서 소프트웨어가 갖는 중요성은 매우 커졌다.

예를 들어 암이나 특이질환을 진단해 주는 인공지능 의료 시스템이 있다고 가정할 경우, 위 인공지능 소프트웨어에 결함이 생겨 잘못된 진단을 내리면 환자들이 중대한 피해를 입을 수 있다. 또한 배송 드론에 장착된 소프트웨어의 결함이나 군사설비를 제어하는 소프트웨어에 결함이 발생하여 사고가 발생한다면 그 피해를 가늠하기 어려운 경우가 많을 것이다.

결국 현행 제조물책임법을 조속히 개정하여 소프트웨어를 제조물책임법 제2조 제1호의

42) 전기는 전하를 띤 입자(예: 전자 또는 양성자)의 존재로 인해 발생하는 에너지의 한 형태이다. 전기는 주로 빛이나 열 등을 생성하는 장치에 전력을 공급하는 역할을 한다(Cambridge Dictionary, https://dictionary.cambridge.org/dictionary/english/electricity). [2024.9.28. 최종확인]

43) 이해원, 앞의 논문, 77면.

44) 국립국어원 표준국어대사전, '정보(情報)' 참조.

제조물의 범주에 포함시켜야 할 필요가 있다. 제조물책임법은 민법의 특별법이지만, 그렇다고 하여 민법의 동산 개념과 제조물책임법의 동산 개념이 반드시 일치하여야 할 이유가 없다.[45] 민법상 물건의 개념은 특히 물권법에서 유체물과 밀접하게 결부된 소유권 등 물권의 절대성, 배타성으로 인해 재화의 귀속이 문제되는 것이지만, 제조물책임법은 재화의 귀속에 중점을 두는 것이 아니라 제조물의 결함으로 발생한 손해에 관심을 두기 때문에 제조물책임법의 동산 개념은 민법에 종속될 필요가 없기 때문이다.[46]

비교법적으로 유럽연합(EU)은 2022년 9월에 약 40년 만에 제조물책임지침(Product Liability Directive)의 개정안을 채택하였고, 2024년 3월 유럽의회가 개정안의 문구를 승인하였다. EU의 각 회원국들은 24개월 이내에 제조물책임지침 개정안을 반영하여 관련 법률을 개정할 예정이다. 개정된 EU 제조물책임지침 제4조 제1항은 제조물의 개념을 동산(부동산에 포함되어 있는 동산을 포함)을 의미하고, 전기나 디지털 제조 파일 및 소프트웨어가 포함된다고 규정하고 있다.[47]

즉 개정된 EU 제조물책임지침은 '제조물'의 정의를 확대하여 기존의 동산 외에도 전기, 디지털 제조파일, 소프트웨어를 모두 포함하였다. 이는 제품 기능에 필요한 소프트웨어, AI 시스테의 업데이트 등 새로운 기술에 대응하기 위한 조문으로서 개조되거나 수리된 기계와 같이 순환 경제에 필요한 제품들도 대상으로 하고 있다.[48] 개정된 EU 제조물책임지침으로 인해 급격히 발전하는 인공지능을 제조물책임법으로 규율하는 것이 가능하게 된 것이다.

우리나라도 제조물책임법으로 인공지능을 규율하기 위해 소프트웨어의 제조물성을 인정하는 방향으로 조속히 법 개정이 이루어져야 한다. 인공지능이 하드웨어와 결합되어 공급되는지 혹은 소프트웨어 그 자체로 온라인으로 배포되는지 그 형식과 무관하게 제조물책임법이 적용되어야 일관성 있는 법 적용이 이루어질 수 있다는 점에 비추어 보더라도 소프트웨어의 제조물성 인정은 더 이상 미루기 어려운 입법과제로 판단된다.

2. 인공지능의 결함

(1) 주로 문제되는 결함의 유형

제조물책임법 제2조 제2호는 결함을 "해당 제조물에 제조상[49]·설계상[50] 또는 표시상 결

45) 김진우, 앞의 논문, 40면.
46) 김진우, 앞의 논문, 41면.
47) Proposal for a DIRECTIVE OF THE EUROPEAN PARLIAMENT AND OF THE COUNCIL on liability for defective products *Article 4*(Definitions)(1).
48) 이재목, 앞의 논문, 246면.
49) 제조상 결함은 제조업자가 제조물에 대하여 제조상·가공상의 주의의무를 이행하였는지에 관계없이 제조물이 원래 의도한 설계와 다르게 제조·가공됨으로써 안전하지 못하게 된 경우를 말한다(제조물책임법 제2조 제2호 가목).
50) 설계상 결함은 제조업자가 합리적인 대체설계를 채용하였더라면 피해나 위험을 줄이거나 피할 수 있었음에도 대체설계를 채용하지 아니하여 해당 제조물이 안전하지 못하게 된 경우를 말한다(제조물책임법 제2조 제2호 나목).

함[51])이 있거나 그 밖에 통상적으로 기대할 수 있는 안전성이 결여되어 있는 것"으로 규정하고 있다.[52]) 제조물책임은 제조물에 통상적으로 기대할 수 있는 안전성의 결여로 인하여 소비자 또는 제3자의 생명·신체 또는 재산 등에 손해가 발생한 때에 제조업자나 판매업자가 손해배상책임을 지는 법리로서,[53]) 원칙적으로 무과실책임의 성격을 갖는다. 제조물책임의 법리는 본래 '제조업자의 과실'이라는 주관적인 요건이 존재해야 하는 민법상 '과실책임의 원칙'으로부터 '제조물의 결함'을 요건으로 하는 결함책임으로 변경된 것으로 이해할 수 있다.[54])

인공지능의 결함이 문제가 될 때 제조상·설계상·표시상 결함 중 어느 유형의 결함이 주로 문제되는지를 살필 필요가 있다. 이는 결함의 판단기준과 연계되는 문제인데, 제조물에 결함이 존재하는지를 판단하는 기준으로는 표준일탈기준, 소비자기대기준, 위험효용기준 등이 논의된다.

우선 제조상의 결함 유무 판단 시에는 주로 표준일탈기준이 사용되는데, 이 기준에 따르면 제조물이 제조업자가 애초에 의도한 설계 혹은 방식에서 일탈된 때, 즉 제조물이 설계도면과 다르게 제조된 때에 결함이 인정된다. 제조업자의 주의의무 준수와 관계없이 설계도면에서 벗어난 제조물이 만들어지면 결함이 인정된다는 점에서 제조상 결함은 무과실책임이고,[55]) 표준일탈기준은 제조상 결함의 판단기준으로 적합하다.[56]) 하지만 실제 사안에서 인공지능의 결함이 문제되는 경우는 인공지능이 제조업자의 설계방식에서 일탈하여 만들어진 때보다 설계 자체가 잘못된 때가 더 많을 것이므로, 인공지능의 결함이 제조상 결함으로 인정되는 경우는 적을 것으로 예상된다.[57])

한편 설계상 결함이나 표시상 결함은 제조업자가 의도한 표시방식이나 설계방식과 일치하므로 표준일탈기준을 사용하여 결함 유무를 판단하기 어렵다.[58]) 설계상 결함이나 표시상

51) 표시상 결함은 제조업자가 합리적인 설명·지시·경고 또는 그 밖의 표시를 하였더라면 해당 제조물에 의하여 발생할 수 있는 피해나 위험을 줄이거나 피할 수 있었음에도 이를 하지 아니한 경우를 말한다(제조물책임법 제2조 제2호 다목).

52) 제조물책임법 제2조 제2호 후단은 "기타 통상적으로 기대할 수 있는 안전성이 결여되어 있는 것"을 결함의 유형에 추가함으로써 제조상·설계상·표시상 결함 외의 다른 형태의 결함에 대비하고 있다(혼합적 결함 개념). 하지만 당초 기타 통상의 안전성 개념을 추가한 입법자의 의도가 피해자를 두텁게 보호하기 위함이었으나, 위 세 가지 유형에서 벗어난 기타 유형의 결함이 존재하는 상황을 상정하기 쉽지 않은 점을 고려할 때 실무에서 제조물책임법 제2조 제2호 후단의 결함이 적용되는 사건을 거의 없을 것으로 판단된다. 제조물책임법상 결함에 관한 국내의 연구들도 유형화된 세 가지 결함에 대해서만 주로 서술할 뿐, 기타 유형의 결함을 다룬 선행연구를 찾기는 어렵다. 참고로 제조물책임법 입법 당시 혼합적 결함 개념을 도입한 입법자의 의도에 관하여는 Chan Jin Kim, "The Korean Product Liability Act", Korean journal of International and Comparative Law 통권 제33호, 2005, 82-83면.

53) 대법원 1999. 2. 5. 선고 97다26593 판결; 대법원 2000. 7. 28. 선고 98다35525 판결; 대법원 2015. 3. 26. 선고 2012다4824 판결.

54) 최병록, 앞의 책, 3면.

55) 윤진수, 앞의 논문, 19면.

56) 송오식, "제조물책임법상의 결함", 민사법연구 제10권 제2호, 대한민사법학회, 2022, 134면.

57) 이해원, 앞의 논문, 81면.

58) 김덕중, "제조물 결함의 유형과 판단기준에 관한 고찰", 원광법학 제25권 제3호, 원광대학교 법학연구소, 2009, 300면.

결함의 경우, 위험－효용기준이 결함의 판단기준이 된다.[59] 즉 제조물이 갖는 위험성과 효용을 비교하여 위험성이 효용을 초과하는 때에 결함이 인정된다. 제조물책임법은 설계상 결함에서 '합리적 대체설계'를, 표시상 결함에서 '합리적인 설명이나 지시 · 경고 기타의 표시'를 요구하는데 여기서 '합리성' 유무를 위험과 효용의 비교를 통해 판단한다. 설계상 결함이나 표시상 결함이 인정되려면 제조업자가 위험이나 피해를 회피하거나 줄일 수 있었음에도 하지 않았을 것이 요구되기 때문에, 위 두 결함은 제조상의 결함과 다르게 과실책임의 성격을 갖는다.[60]

그런데 표시상 결함과 관련하여, 대법원은 제조물에 표시상 결함 유무를 따질 때, 제조물이 갖는 특성 혹은 통상적 사용 형태, 사용자가 제조물에 대해 갖는 기대, 예상되는 위험 내용, 위험에 대한 사용자의 인식 및 사용자의 위험회피 가능성 등 여러 사정을 종합적으로 고려해서 사회통념에 따라 판단해야 한다고 본다.[61] 대법원이 위 기준에 따라 표시상 결함을 인정한 실제 사례는 드물다.[62]

인공지능 역시 실제 사례에서 표시상 결함이 인정되는 경우는 많지 않을 것이다. 제조업자가 예견할 수 없는 위험까지 표시의무를 부과하기 어렵고, 소비자가 전문가로서 당해 제조물의 위험을 이미 잘 알고 있거나 전문가가 아니더라도 잘 알려진 위험이면 제조업자에게 표시의무가 없다고 볼 수 있다.[63] 인공지능의 경우에 제조업자가 모든 위험을 예상하여 표시하는 것은 사실상 불가능하고, 인공지능을 사용하는 소비자가 전문가로서 이러한 위험을 미리 인지하고 있을 수도 있다. 또한 소비자가 전문가가 아니더라도 생성형 인공지능이 잘못된 결론이나 답변을 내릴(Hallucination) 위험성이 있다는 점은 잘 알려진 위험으로 판단될 여지도 있다. 이러한 점을 고려하면 실제 사례에서 인공지능의 표시상 결함이 인정되기는 많지 않을 것으로 생각한다.

결국 위와 같은 이유로 제조상의 결함과 표시상의 결함은 인공지능의 결함이 문제되는 사안에서 크게 받지 못할 것이고, 가장 빈번하게 문제가 되는 결함 유형은 설계상 결함이 될 것이다.

(2) 인공지능과 설계상 결함

설계상의 결함은 제조업자가 합리적 대체설계를 채용하였다면 피해나 위험을 회피하거나

59) 김덕중, 위의 논문, 61면.

60) 양창수 · 권영준, 『권리의 변동과 구제』, 박영사, 2023, 826면.

61) 대법원 2017. 11. 9. 선고 2013다26708, 26715, 26722, 26739 판결; 대법원 2003. 9. 5. 선고 2002다17333 판결; 대법원 2008. 2. 28. 선고 2007다52287 판결.

62) 대법원 2006. 3. 10. 선고 2005다31361 판결. 비료제조 · 판매 회사가 장미원예업자들에게 비료 공급을 하였는데 비교가 살포된 지 40일 후 장미가 전부 고사한 사안에서, 대법원은 이 사건 비료에 암모니아 가스가 발생할 수 있다는 점, 이러한 특성을 갖는 비료를 이미 심어져서 생육 중인 장미와 같은 다년생 작물에 살포하기에는 부적합하거나 고도의 주의를 요하는 점을 설명하지 않은 사실 등을 들어 표시상 결함을 인정하였다.

63) 윤진수, 앞의 논문, 35면.

줄일 수 있었음에도 이를 채용하지 않았을 때 인정된다(제조물책임법 제2조 제2호 나목). 대법원이 설계상 결함 유무를 판단하는 기준도 표시상 결함 유무의 판단기준과 유사하다. 즉 제조물이 갖는 특성이나 통상적인 사용 형태, 사용자가 제조물에 대해 갖는 기대, 예상되는 위험 내용, 위험에 대한 사용자의 인식 및 사용자의 위험회피 가능성 등의 사정을 고려한다. 대법원은 이에 더해서 '대체설계의 가능성 및 경제적 비용, 채택된 설계와 대체설계의 상대적 장단점'의 사정을 추가적으로 고려하고,[64] 이 부분이 설계상 결함을 판단하는데 핵심적인 부분이다.

합리적 대체설계와 위험-효용 기준은 궤를 같이하는 것으로 볼 수 있는데, '합리적'이라는 의미가 곧 대체설계가 제조물의 위험성은 줄이면서 그 효용은 증가시키는 의미로 이해할 수 있기 때문이다.[65] 따라서 만약 인공지능 제조업자가 인공지능의 유용성이나 동일한 성능을 유지하면서도 큰 비용을 들이지 않고 안전한 대체 인공지능을 만들어 낼 수 있음에도 불구하고 그렇게 하지 않음으로써 피해가 발생하였다면 설계상 결함이 인정된다.

그런데 인공지능의 설계상 결함을 인정하기가 쉽지 않은 것이 현실이다. 제조물책임법상 결함 유무의 판단은 제조물을 공급한 때를 기준시기로 잡아야 하는데, 인공지능 기술의 발달에 따라 최신 버전으로 제조·공급되었다면 그 후에 결함이 있다고 밝혀졌더라도 제조업자 등에게 제조물책임법상 책임을 묻기가 어렵다.[66][67] 공급 당시 최신기술을 사용하였으므로 인공지능의 복잡한 알고리즘이나 그 제작에 사용되는 코딩 기술 등은 공급 당시에 대체설계가 가능한 것인지 판단하기가 사실상 불가능하기 때문이다.[68] 특히나 공급 이후 인공지능이 학습을 통해 스스로 새로운 결과물을 계속 만들어 내는 과정에서 위험이 발생하는 경우라면 제조물책임을 지우기가 더욱 어려울 것이다.[69]

하지만 공급 당시를 기준으로 했을 때 인공지능의 설계상 결함을 쉽게 인정하기 어렵다고 하더라도, 합리적 대체설계의 여지가 전혀 없는 것은 아니다. 예를 들어 구글社는 유튜브 플랫폼에 혐오 영상(폭력적이거나 나치 관련 동영상 등)을 업로드할 수 없도록 필터링하거

---

64) 대법원 2014. 4. 10. 선고 2011다22092 판결.

65) 유현식, "담배소송의 법리적 쟁점에 관한 연구", 서울대학교 법학석사학위논문, 2015, 31면.

66) 김진우, 앞의 논문(각주 11), 44면.

67) 서종희, "4차 산업혁명 시대 위험책임의 역할과 한계-인공지능 로봇에 의해 발생한 손해의 책임귀속을 고려하여", 사법 통권 제43호, 사법발전재단, 2018. 85면에서는 현실적으로 인공지능 로봇이 상용화된 초기에는 대체설계 판단이 상당히 어려울 수 있고, 판단의 시점 또한 제조물공급 당시인 점을 감안해야 하므로, 대체설계 가능성을 미래지향적 측면에 두고 판단하지 않는 이상 대체설계를 채택하지 않아 설계상의 결함이 인정되는 경우는 매우 드물 것이라고 설명한다.

68) 생성형 인공지능인 ChatGPT를 개발한 OpenAI社의 경우, 2024년에 ChatGPT 업그레이드 버전의 운영과 차세대 대형언어모델(LLM) 훈련 등으로 최대 85억 달러의 비용이 발생하여 50억 달러의 적자를 기록할 것으로 예상된다. 제조사가 인공지능 모델의 개선을 위해 천문학적인 비용을 투입하고 있고, 발전의 속도가 매우 빠르다는 사실은 공급 당시 대체설계를 검토하기 쉽지 않은 여건임을 방증한다. 관련 기사는 박찬, "오픈AI, 올해 7조 적자 예상", AI타임스, 2024. 7. 26. (https://www.aitimes.com/news/articleView.html?idxno=161952) [2024.9.28. 최종확인]

69) 같은 취지로 김진우, 앞의 논문(각주 11), 44면.

나 그러한 영상을 즉각 삭제할 수 있도록 하고 있고, ChatGPT와 같은 생성형 인공지능도 불법적인 프롬프트[70]를 입력할 경우(예컨대 마약 제조 방법을 알려달라는 등의 명령어) 그러한 요청에 응하여 불법적이거나 부적절한 콘텐츠를 생성할 수 없도록 프로그래밍 되어 있다. 인공지능 제조업자로서는 인공지능을 제작하여 공개하기 전에 위와 같이 불법적인 결과물 산출을 방지하는 사전적인 예방 조치를 취함으로써 위험이나 피해를 회피하거나 줄일 여지가 있다.

물론 생성형 인공지능의 경우, 인공지능이 만들어 낼 수 있는 결과물의 형태가 텍스트, 영상, 음악, 그림 등 매우 다양하고 그 범주도 넓기 때문에 향후 발생할 수 있는 위험이나 피해를 줄이는 조치를 요구하는 것이 제조업자에게 큰 부담으로 작용할 수는 있다. 하지만 제조업자에게 요구되는 대체설계가 기술적으로 위험을 완전히 차단하는 '이상적인 대체설계의 존재'를 의미하지는 않는다는 점,[71] 생성형 인공지능이 많이 활용될수록 이를 악용하는 사례도 증가하여 불법적인 결과가 생성될 여지도 함께 커지고 있는 점[72] 등을 고려할 때 제조업자가 제조 당시를 기준으로 하여 위와 같은 위험이나 부작용을 억제할 수 있는 대체설계를 적극적으로 채택할 법적 의무가 있다고 보아야 한다.[73]

3. 인과관계의 증명

제조물책임법 제3조의2는 피해자가 세 가지의 간접사실을 주장·증명하면 결함의 존재, 결함과 손해 간의 인과관계를 추정한다. 피해자가 주장·증명해야 할 간접사실은 ① 당해 제조물의 정상적 사용 상태에서 피해자에게 손해가 발생한 사실, ② 위 손해가 제조업자의 실질적 지배영역에 속하는 원인으로부터 초래된 사실, ③ 위 손해가 당해 제조물 결함 없이는 통상 발생하지 않는다는 사실이다. 이 조항은 제조물책임법 제정 이전부터 대법원이 인정해 오던 제조물책임의 증명책임 완화 법리를 2017년 제조물책임법 개정을 통해 대부분 수용한 것이다.[74] 이 결함 등 추정 조항은 일반적으로 피해자에게 유리하고 제조업자에게는

70) 프롬프트(Prompt)는 인공지능과 소통하기 위해 사용되는 텍스트 기반의 명령어나 질문을 의미한다.

71) 오병철, 앞의 논문, 192면. 대체설계가 합리적임에도 이러한 설계를 채택하지 않은 것이 설계상의 결함일 뿐, 이상적인 대체설계가 존재한다고 하여 곧바로 설계상 결함으로 다루어지는 것은 아니다.

72) 실제로 ChatGPT에게 음란소설을 작성해달라는 요청이 거부되자, 범죄연구를 위한 실태조사를 한다는 명목으로 음란한 내용을 작성해 달라고 하자 해당 내용이 담긴 답변이 돌아온 사례가 있었다. 곽진산, "'음란소설' 거부한 챗GPT, 연구 목적 사칭 '가스라이팅'에 뚫렸다", 한겨레, 2023.2.20. (https://www.hani.co.kr/arti/society/society_general/1078924.html) [2024.9.28. 최종확인]

73) 일례로 생성형 인공지능의 저작권 침해를 막기 위해 OpenAI社는 ChatGPT를 포함해 인공지능이 작성한 텍스트를 식별하는 도구(분류기)를 출시하기도 하였고, 일반인이 ChatGPT 사용 여부를 적발하는 소프트웨어인 GPTZero를 개발하여 무료로 공개하기도 하였다. 구본권, "'챗GPT 활용' 적발기술도 잇따라…변형 사용 땐 무용지물", 한겨레, 2023.2.20. (https://www.han I .co.kr/arti/economy/it/1080362.html) [2024.9.28. 최종확인]

74) 대법원은 "제품이 정상적으로 사용된 상태에서 사고가 발생한 경우 소비자 측에서 그 사고가 제조업자의 배타적 지배하에 있는 영역에서 발생하였다는 점과 그 사고가 어떤 자의 과실 없이는 통상 발생하지 않는다고 하는 사정을 증명하면, 제조업자 측에서 그 사고가 제품의 결함이 아닌 다른 원인으로 말미암아 발생한 것임을 증명하지 못하는 이상 결함의 존재와 그 결함으로 인하여 사고가 발생하였다고 추정하여 증명책임을 완화하는 것이 손해배상제도의 이상에 맞다"고 판시하였다. 대법원 2004. 3. 12. 선고 2003다16771 판결; 제조물책임법은 대법원의

불리한 개정으로 평가된다.[75]

하지만 결함 등 추정 규정이 도입되었음에도, 인공지능의 결함을 판단하는데 이 규정을 적용하기는 쉽지 않을 것으로 판단된다.[76] 그 이유는 우선 제조물책임소송은 현대형 소송의 대표적인 한 유형으로서, 증거의 구조적 편재로 인하여−결함 등 추정 규정에도 불구하고−여전히 피해자 측이 증명에 곤란을 겪는 것을 들 수 있다. 인공지능은 개발사나 개발사와 같은 수준의 기술을 가진 전문가 집단이 아닌 그 알고리즘이나 프로그램 작동 방식을 이해하기 어려울 것이다. 하물며 피해자 측에서 증거 확보도 어려운 상황에서 인공지능 사고가 제조사의 실질적 지배영역에 속하는 원인으로부터 비롯되었다는 점과 해당 소프트웨어의 결함 없이는 통상 발생하지 않는 손해인 점 등에 대한 증명을 피해자 측에게 요구하는 것은 과도한 증명 부담을 지우는 것이다.

그리고 인공지능 자체의 특징을 살펴보더라도 결함 추정을 위한 요건 증명이 쉽지 않은 점을 확인할 수 있다. 예컨대 생성형 인공지능이 출시 이후에 이용자들과의 소통을 통해 자체적으로 계속해서 학습을 수행하여 알고리즘의 성능을 개량해 나갈 경우, 위 인공지능의 사고가 인공지능 제조사의 실질적 지배 영역에 속한 원인에서 비롯되었다는 사실을 피해자 측에서 증명하기가 쉽지 않을 것이다.[77] 또한 인공지능에 기반한 제조물이 그렇지 않은 기술 제조물과 상호 작용할 경우(예를 들어 자율주행자동차가 상용화되어 시장에 공급되더라도 일정 기간 일반 자동차와 도로를 함께 주행할 것이다) 증명을 포함한 책임 문제가 더욱 복잡해질 여지도 있다.[78]

그렇다면 인공지능 사고와 관련하여 제조물책임법상 결함 등 추정 규정이 피해자 측을 보호하기 위해 실질적이고 효과적으로 작동하기 위해서는 현행 제도의 개선이 필요하다. 구체적 방안으로써 제조물책임법 제3조의2 결함 등 추정 규정보다 피해자 측의 증명부담을 더욱 완화하거나, 증거가 구조적으로 편재되어 소송상의 불평등을 시정하기 위해 소송법상 문서제출명령제도 등을 강화하거나 아예 증거개시제도를 도입하는 방안 등이 고려될 수 있다.[79]

결함 등 추정 규정이 제조물책임법에 도입된 배경도 제조물책임 소송의 경우에 일반 과실책임의 법리에 따라 피해자 측에게 증명책임을 지우면 부당한 결과가 발생하므로 이를 막기 위해 이루어진 것이므로, 정책적인 고려에 따라 추가적으로 피해자 측의 증명책임을

증명책임 완화 법리 중 제조업자의 '배타적' 지배영역을 '실질적' 지배영역으로, '과실'을 '제조물의 결함'으로 변경한 것 외에는 판례 법리를 그대로 받아들여 제조물책임법 제3조의2 결함 등 추정 규정을 신설하였다. '배타적 지배영역'이 '실질적 지배영역'보다 그 범주가 더 좁다는 점에서 제조물책임법 제3조의2가 기존 판례 법리보다 적어도 문언상으로는 피해자에게 유리하다고 볼 여지가 있다.

75) 김진우, 앞의 논문(각주 11), 47면.

76) 같은 취지로 김화, 앞의 논문, 25면; 서종희, 앞의 논문, 86면.

77) 이해원, 앞의 논문, 87면.

78) 김진우, 앞의 논문(각주 11), 48면.

79) 여기서 언급한 방안들은 각 방안을 별도의 연구과제로 삼아야 하는 중요한 쟁점들이다. 이 글에서는 간략히 언급하고 넘어가기로 한다.

더욱 완화하는 것도 가능하다고 판단된다. 우리나라 대법원도 이미 개별 사안에서 기존의 간접반증 법리에서 더 나아가 피해자를 보호한 바 있기 때문이다.[80)81)]

소송법상 문서제출명령제도 등을 보완하여 보다 엄격한 규정을 마련하는 것도 하나의 방안이 될 수 있을 것이다. 예컨대 문서제출의무의 물적 범위를 확대하고, 문서제출의무를 준수하지 않는 자에 대한 제재를 임의적 제재에서 필요적 제재 방식으로 변경하며, 제3자가 문서제출명령에 응하지 않을 경우 부과할 수 있는 과태료의 상한을 대폭 인상하는 것 등을 고려할 수 있다.[82)] 다만 이는 제조물책임법에 국한하는 문제가 아니라 민사소송법 전반에 영향을 끼치는 문제이므로 별도의 검토가 필요하다.

사견으로는－비단 인공지능 사고로 인한 제조물책임에 한정되는 것은 아니지만－제조물책임법 영역에서 우선적으로 미국의 Discovery(증거개시제도)를 선별하여 도입하는 것이 타당하다고 본다. 예컨대 질문서(Interrogations)제도를 통해 사실관계 및 쟁점을 정리할 수 있고, 증언녹취(Depositions)제도는 변론기일 이전의 증거수집과 쟁점 정리에 유용하게 활용될 수 있을 것으로 생각한다. 또한 디스커버리 절차를 이행하지 않았을 때 디스커버리 신청인이 주장하는 대로 증명된 것으로 간주할 수 있을 정도로 제재 수단이 강력하므로, 이러한 제재수단을 도입할 경우 제조물책임소송에서 증거의 편재로 인한 소송상의 불평등을 상당 부분 시정할 수 있을 것으로 판단된다.[83)] 무엇보다 증거개시제도를 제조물책임법에서만 도입하는 것이므로 민사소송법 전체의 개정에 이르지 않아 그만큼 부담이 적은 것도 장점이라 생각한다.

4. 개발위험의 항변

인공지능에 제조물책임법을 적용하는 경우에도 개발위험의 항변이 고려되어야 한다. 즉 인공지능 제조사로서는 인공지능을 공급할 시점의 과학기술로는 결함을 발견할 수 없었다는 사실을 증명하면 손해배상책임을 면할 수 있다(제조물책임법 제4조 제1항 제2호). 그런데 설계상 결함에서 살펴본 것처럼 공급 당시를 기준으로 할 경우 인공지능 제조사가 최신 기

80) 대법원 2011. 9. 29. 선고 2008다16776 판결에서 대법원은 HIV에 감염된 혈액제재를 투여받은 환자가 이전에 다른 혈액제재를 투여받은 사실 등이 밝혀졌음에도 인과관계 추정을 깨지 않았다. 또한 대법원 2017. 11. 9. 선고 2013다26708, 26722, 26739 판결에서 대법원은 HCV에 감염된 혈액제재를 투여받은 환자가 감염추정기간 동안에 바이러스 오염 가능성이 더욱 높은 다른 혈액제재를 투여받았음에도 인과관계의 추정을 번복하지 않았다.

81) 이 판례는 오염된 혈액제재에 관한 사안이어서 일반적인 제조물책임 사안과 다르고, 의약품이 갖는 특수성을 고려할 때 피해자 측이 과실(제조물책임법 시행 이전의 판례법리가 적용된 사안이었음)을 증명하기가 더욱 어려운 면을 고려한 판결이라는 평가도 있다. 이에 관하여는 남윤삼 · 서종희, "HIV에 감염된 의약품(혈액제재) 공급에 대한 제조물책임", 법학연구 제22권 제1호, 경상대학교 법학연구소, 2014, 264면.

82) 현행 문서제출명령제도의 개선안에 관하여는 권오상, "현행 문서제출명령 제도 보완에 관한 소고", 법학연구 제34권 제2호, 경상대 법학연구소, 2023, 226－228면.

83) 제조물책임 영역에서 미국 증거개시제도 도입에 관하여는 권오상, "피해자 보호를 위한 제조물책임법 개선안 연구－피해자 증명책임의 경감과 미국 증거개시제도의 도입을 중심으로", 법학논총 제57집, 숭실대학교 법학연구소, 2023, 22－23면.

술을 보유한 채 해당 인공지능을 만든 것이므로 위 면책 항변을 주장·증명하는 면에 있어서도 제조사가 매우 유리한 위치에 있다.[84] 그리고 이러한 상황은 인공지능 제조사가 얼마든지 개발위험의 항변을 통해 제조물책임법상 책임을 부담하지 않는 불합리한 상황을 초래할 수 있다.

따라서 이때에는 제조물책임법 제4조 제2항의 중요성이 강조될 수밖에 없다. 제조물책임법 제4조 제2항은 제조물책임을 부담하는 제조업자가 제조물을 공급한 후에 그 제조물에 결함이 존재한다는 사실을 알거나 알 수 있었음에도 불구하고 그 결함으로 인한 손해의 발생을 방지하기 위한 적절한 조치를 취하지 않은 경우라면 면책사유(개발위험의 항변)를 주장할 수 없도록 규정하고 있다. 즉 제조물책임법은 한편으로는 개발위험의 항변 조항을 두어 제조사의 개발 의욕이나 기술 발전이 저해되는 것을 방지하는 반면에, 다른 한편으로는 제조물관찰의무와 위험방지의무를 요구함으로써 균형을 꾀하고 있다. 그러므로 개별 사안에서 개발위험의 항변이 문제되는 경우 인공지능 제조사가 공급 이후에 제조물관찰의무와 위험방지의무를 준수하였는지를 살피는 것이 구체적 타당성 있는 결론을 내리는데 관건이 될 것이다.

Ⅳ. 맺으며

최근 인공지능의 발전 속도는 매우 빠르다. 하루가 다르게 발전하고 있는 인공지능이 과연 어느 수준까지 발전할지, 그 파급효과가 어디까지 미칠지 가늠하기 어려운 상황에서 법적 관점에서도 변화하는 환경에 미리 대비할 필요가 있다. 인공지능에 관한 여러 법적 쟁점 중에서 특히 인공지능 사고에 대해 일반불법행위법의 특별법인 제조물책임법을 적용할 때 생기는 몇 가지 쟁점에 살피고자 하였다. 논의의 전제로서 인공지능의 개념과 특성을 살펴보았고, 인공지능의 단계(약한 인공지능과 강한 인공지능 등)에 따라 법 적용의 국면이 달라질 수 있다는 점을 확인하였다.

현시점에서 인간과 같이 사고하고 행동하는 강한 인공지능은 등장하지 않았으므로 제조물책임법의 적용은 약한 인공지능을 전제로 한 논의가 되어야 한다. 우선 인공지능의 제조물성과 관련하여 임베디드 인공지능의 경우에는 제조물책임법상 제조물성을 인정하는데 큰 무리가 없다고 판단된다. 반면에 인공지능이 소프트웨어 자체라면 인공지능의 제조물성은 곧 소프트웨어의 제조물성 문제가 된다. 소프트웨어의 제조물성에 관하여 이를 긍정하는 견해도 있으나 현행 제조물책임법 및 민법 규정상 소프트웨어의 제조물성을 인정하는 것은 문언해석의 한계를 넘는 것으로 판단된다. 결국 소프트웨어를 제조물의 개념에 포함시키는

---

84) 오병철, 앞의 논문, 195면.

입법적 개선이 반드시 필요하다.

인공지능의 결함과 관련하여서는 설계상 결함이 주로 문제가 될 것이라는 점과 설계상 결함을 인정하기 위해서는 위험－효용 기준에 따라 인공지능 제조사가 예상되는 위험이나 피해를 줄이려는 대체설계를 채택하였는지 여부가 중요한 판단요소로 작용할 것이다.

또한 인과관계의 증명과 관련하여서는 현행 제조물책임법 규정만으로는 여전히 피해자 측이 구제받기가 쉽지 않으므로 제조물책임법에 한하여 미국의 증거개시제도를 도입하는 것을 적극 고려할 필요가 있다. 그리고 인공지능 제조사의 개발위험항변에 관해서는 제조업자의 제조물관찰의무와 위험방지의무를 규정하고 있는 제조물책임법 제4조 제2항의 역할이 개별 사안에서 중요하게 작용할 것이다.

채권자대위소송에서 대위채권자가 제출할 수 있는 항변의 범위

김 병 선

이화여자대학교 법학전문대학원 교수

이 논문은 동북아법연구 제18권 제3호(2025.1)에 게재된 논문을 수정한 것입니다.

존경하는 박동진 교수님의 華甲을 축하드리며 존경과 감사의 마음을 담아 이 졸고를 헌정합니다.

Ⅰ. 들어가며

1) 대법원 2009. 5. 28. 선고 2009다4787 판결은, 「채권자대위권은 채무자의 제3채무자에 대한 권리를 행사하는 것이므로, … 채권자는 채무자 자신이 주장할 수 있는 사유의 범위 내에서 주장할 수 있을 뿐, 자기와 제3채무자 사이의 독자적인 사정에 기한 사유를 주장할 수는 없는것」이라고 하였다. 그리하여 무효인 소유권이전등기청구권의 보전을 위한 가등기의 유용 합의에 따라 부동산 소유자인 채무자로부터 가등기 이전의 부기등기를 마친 제3채무자를 상대로 채권자가 채무자를 대위하여 가등기 말소를 구한 사안에서, 가등기 이전의 부기등기 전에 등기부상 이해관계를 가지게 된 자에 대하여는 가등기 유용합의를 들어 가등기의 유효를 주장할 수 없지만, 대위채권자가 그 부기등기 전에 부동산을 가압류한 사실을 주장하는 것은 채무자가 아닌 채권자 자신이 제3채무자에 대하여 가지는 사유에 관한 것이어서 허용되지 않는다고 하였다.[1)]

그리하여 위 판결은 ⓐ 등기상 이해관계 있는 제3자인 가압류채권자에 대해서는 등기유용을 주장할 수 없지만, ⓑ 유용합의의 당사자 사이에서는 여전히 유용합의와 유용된 등기의 유효를 주장할 수 있다고 해석하고 있는데, 사안에서 등기상 이해관계 있는 제3자인 가압류채권자는, 채무자(유용합의의 한 당사자)를 대위하여서만 가등기 말소를 청구할 수 있는 결과, 자기에게 대항할 수 없는 무효등기 유용의 당사자들에 대하여 유용합의와 유용된 등기의 무효를 주장할 수 없게 된다. 즉 등기유용합의 전에 부동산을 가압류한 대위채권자가 자기에게 대항할 수 없는 등기유용 당사자들에 대하여 유용의 무효를 주장하여 자신의 법적 지위를 회복할 수 있는 효과적인 방법이 없는 것이다.

필자는 이에 대한 문제의식에서, 선행연구[2)]를 통하여 종래 판례가 등기상 이해관계 있는 제3자가 존재하는 경우 그 제3자에 대한 관계에서만 유용합의 및 유용된 등기가 무효이고, 유용의 당사자 사이에서는 여전히 유용합의와 유용된 등기의 유효를 주장할 수 있다고 해석하는 것은 물권관계의 상대적 효력을 인정하는 것으로 타당하지 않다는 견해를 밝힌 바 있다. 즉 등기상 이해관계 있는 제3자가 있는 경우 무효등기의 유용은 인정되지 않으며, '등기상 이해관계 있는 제3자에 대해서만' '그 범위에서' 유용합의와 유용등기의 유효를 '주장할 수 없는 것'이 아니라, '등기상 이해관계 있는 제3자가 있는 경우'에는 유용합의와 유용등기는 실체관계에 부합하지 않는 것으로서 '모든 사람에 대하여' 무효라고 할 것이다. 여기의 '모든 사람'에는 유용합의의 당사자(상대방)도 포함된다.

2) 다른 한편－무효등기 유용에 관한 종래 판례의 입장에 따르더라도－등기유용 전에 부

1) 대판 2020. 7. 9. 2020다223781도 같은 취지.
2) 김병선, "무효등기유용의 효력: 대전지방법원 2016. 12. 13. 선고 2016나105785 판결(대법원 2022. 7. 28. 선고 2017다204629 판결의 원심판결), 대법원 2009. 5. 28. 선고 2009다4787 판결", 민사법학 106호(2024.3), 105－142면.

동산을 가압류한 대위채권자는 '등기상 이해관계 있는 제3자'로서 직접 제3채무자에 대하여 등기유용과 유용에 의한 등기의 무효를 주장할 수는 없을까. 즉 채권자대위권은 채무자의 제3채무자에 대한 권리를 행사하는 것이므로 채권자는 채무자 자신이 주장할 수 있는 사유의 범위 내에서 주장할 수 있을 뿐이라는 대위의 성질론에 따른 제한이 소송상 항상 관철되어야 하는 것인지, 대위채권자가 직접 제3채무자에게 주장할 수 있는 종류의 항변이 있을 수 있는 것은 아닌지에 대한 문제제기이다.

이와 관련하여 채권자대위권에 관하여 우리와 유사한 규율을 가지고 있는 일본의 판례와 학설상으로는 대위채권자로부터의 항변 제출에 관하여 위와 같은 일반론의 예외라고 할 수 있는 사례와 관련 논의들이 나타나고 있다.

그래서 이 글에서는 대위채권자가 제출할 수 있는 항변의 범위에 관한 일본의 판례와 학설상의 논의를 살펴보고, 나아가 그러한 논의의 결론을 우리 민법상 채권자대위권에 관한 해석에 참고할 수 있는지 검토하고자 한다.

이하에서는 대위의 성질론에 따른 대위채권자와 제3채무자의 지위－원칙(Ⅱ), 예외 즉 대위채권자가 직접 제3채무자에게 주장할 수 있는 항변(Ⅲ), 그리고 위에서 언급한 대법원판결 사안과 관련하여 타당한 해결방안(Ⅳ)을 모색하고자 한다.

Ⅱ. 대위의 성질론에 따른 대위채권자와 제3채무자의 지위－원칙

1. 채권자대위소송에서 대위채권자의 소송상 지위－일본에서의 논의

채권자대위권이 실체법상의 권리로서 어떠한 성질을 가지는지에 대해서 종래 일본의 학설은 채권자의 고유한 권리인 동시에 광의의 관리권에 속하는 것으로 보는 견해가 다수이고, 판례도 같은 취지를 밝힌 것이 있었다(日大判 1936(昭和11). 11. 20. 民集 15巻 2024면). 그리고 이와 같이 채무자의 권리에 대한 관리권을 가지는 대위채권자는 자기 명의로 대위소송의 원고로 되는 것이 인정되는데, 다수의 학설은 이러한 대위채권자의 지위는 이른바 법정소송담당의 한 경우라고 하였다.[3]

뒤에서 소개하는 日最判 1979(昭和54). 3. 16. 民集33巻2号 270면은 서두에서 채권자대위소송에서 원고의 소송상 지위에 대해 「채무자에 대한 자신의 채권을 보전하기 위하여 채무자의 제3채무자에 대한 권리에 관하여 관리권을 취득하고 그 관리권의 행사로서 채무자를 대신하여 자기 명의로 채무자에게 속하는 권리를 행사하는 것이므로, 그 지위는 마치 채무자를 대신하는 것과 같다」고 판시하였다. 이는 "제3자의 소송담당"이라는 표현을 사용하

3) 일본의 학설과 판례의 상세는 松坂佐一, 債権者代位権の研究, 有斐閣, 1962, 29면 이하; 松坂佐一, 債権者代位権, 総合判例研究叢書民法(7), 有斐閣 1971, 84면 이하; 奥田昌道 編, 新版注釋民法(10)II債權(I), 685－686면, 703－713면.

지는 않았지만 명확하게 이를 암시하는 내용으로 보이고, 최고재판소로서 거의 최초로 채권자대위소송이 제3자 소송담당임을 인정한 것으로 중요한 의의를 가진다고 평가된다.[4)]

위 판결은 채권자대위권을 행사하는 채권자의 지위를 대위소송의 원고가 된 채권자가 제출할 수 있는 재항변의 내용이라는 측면에서 밝힌 것으로, 종래 판례, 학설에서 밝혀져 왔던 대위채권자의 지위에 관한 일반론이 구체적으로 적용된 것이다. 즉 원고로서의 지위는 소송상으로도 채무자를 대신하는 것이며, 그 주장을 제출함에 있어서도 채무자보다 유리한 지위에 서는 주장을 할 수 없다는 점을 설명하고자 한 것이다.[5)]

2. 대위채권자와 제3채무자의 지위

1) 종래 일본의 통설은 오래전부터 대위의 성질론에 관해서 일관된 입장을 보여왔다. 즉 대위채권자는 채무자의 권리를 행사하는 것이므로, 채권자대위소송에서 피고로 된 제3채무자는 채무자가 스스로 권리를 행사하는 경우에 비하여 더 불리한 지위에 서지 않으며, 원고로 된 채권자 역시 채무자의 지위에 비해 더 유리한 지위를 가질 수 없다. 따라서 제3채무자는 채무자에 대하여 가지는 변제, 상계, 동시이행 항변 등 모든 항변사유로 대위채권자에게 대항할 수 있다고 한다.[6)]

2017년 일본 개정민법은 제423조의4에서「채권자가 피대위권리를 행사한 때에는 상대방은 채무자에 대하여 주장할 수 있는 항변으로써 채권자에게 대항할 수 있다」고 규정함으로써 이러한 내용을 명문화하였다.

2) 또한 피고인 제3채무자는 채무자가 스스로 권리를 행사하는 경우에 비하여 유리한 지위에 있어야 할 이유도 없으므로, 제3채무자는 채권자와의 개인적인 관계에 기하여 생긴 항변을 가지고 대항할 수 없다.[7)] 다만 전용형 대위에서는 이러한 항변을 허용하지 않는 것이 문제이고 그 때문에 제3채무자에 대한 직접청구권 인정 필요성이 제기된다고 지적하면서, 제3채무자에 대하여 행사되는 권리가 채무자의 권리이지만 실질적인 행사자가 채권자이고, 형식적으로 대위권이 '채권자의 이름으로' 행사된다는 점에서, 제3채무자는 채권자에 대한

4) 池田辰夫, "(1)債権者代位訴訟の原告である債権者が被告である第三債務者の提出した抗弁に対し自己独自の事情に基づく再抗弁を提出することの可否, (2)主位的請求を棄却し予備的請求を認容した控訴審判決に対し第一審被告のみが上告した場合と上告審における調査・判断の範囲", 民商法雑誌 81巻 6 号, 1980.6, 846면.

5) 吉井直昭, "(1)債権者代位訴訟の原告である債権者が被告である第三債務者の提出した抗弁に対し自己独自の事情に基づく再抗弁を提出することの可否 (2)主位的請求を棄却し予備的請求を認容した控訴審判決に対し第一審被告のみが上告した場合と上告審における調査・判断の範囲", ジュリスト 698号 1983. 11, 142-143면.

6) 石坂音四郎, 日本民法第三編債権第一巻, 有斐閣. 1911, 676면; 鳩山秀夫, 増訂改版 日本債権法(総論), 岩波書店, 1926, 195면; 勝本正晃, 債権総論(中巻第1), 巌松堂書店, 1934, 274면; 我妻栄, 債権総論, 岩波書店, 1940, 99면; 川島武宜, 債権法講義第一分冊, 近代思想社, 1948, 74면 이하; 柚木馨 判例債権法総論上巻, 有斐閣 1952 195면(이상의 문헌들의 논의는 池田辰夫 851 이하에서 재인용).
그 외에도 於保不二雄, 債權總論, 有斐閣, 1959, 159면; 松坂佐一, 債権者代位権の研究, 149-150면; 三ヶ月章, 民事訴訟法研究(第6巻), 有斐閣, 1972, 12면 등. 그 밖의 학설의 논의는 新版註釈民法(10)Ⅱ, 750면 이하(下森定 집필부분) 참조.

7) 松坂佐一・債権者代位権の研究, 150면; 新版注釈民法(10)Ⅱ債権(1), 750면(下森定 집필부분).

항변으로 대항할 수 있다고 해석해야 한다는 견해도 있다.[8)]

판례 가운데에도 이를 인정한 것이 있다. 最判 1965(昭和40). 5. 4. 民集19巻4号 811면은 임차 토지 위의 건물에 저당권이 설정된 경우 토지임차권에도 원칙적으로 저당권의 효력이 미치고, 저당권 실행으로 경락인이 건물 소유권을 취득한 경우 민법 제612[9)]조의 적용상 임대인인 토지소유자에 대한 대항문제는 별론, 특별한 사정이 없는 한 토지임차권도 경락인에게 이전되므로, 임대인인 토지소유자가 임차권 이전을 승낙하지 않더라도 임차인은 임대인을 대위하여 경락인에게 토지인도를 청구할 수 없다고 하였다.

3) 종래 판례도 대위채권자와 제3채무자의 지위에 관하여 같은 입장을 취하고 있었다.

[1] 日大判 1910(明治43). 7. 6. 民録16輯 546면은, 대위채권자가 채무자의 환매권을 행사하기 이전에 채무자의 포기에 의해 환매권이 소멸한 사안에서, 제3채무자는 채무자에 대해 가지는 모든 항변을 대위채권자에게도 대항할 수 있다고 하였다. 대위채권자가 채무자를 대신하여 권리를 행사하고 있을 뿐이라는 이유에서인데, 그로 인해 대위채권자는 (매도인의) 환매권소멸 등기에 관하여 민법 제177조[10)]의 '제3자'에 해당하지 않는다고 판시하였다.[11)]

또한 상계항변에 관해서 [2] 日大判 1936(昭和11). 3. 23. 民集15巻 551면은 채권자가 자신의 채권을 보전하기 위하여 채무자의 채권을 대위행사하는 경우 제3채무자는 채무자에 대한 반대채권에 의한 상계로 채권자에게 대항할 수 있다고 하였다.[12)] 이를 인정하지 않는다면 「제3채무자는 우연히 채권자가 채무자를 대신하여 권리를 행사함으로 인하여 본래 가지고 있던 상계의 이익을 부당하게 박탈당하게 되므로, 상계로써 대항받은 채권자는 그로 인한 불이익을 감수한 상태에서 채무자의 채권을 행사할 수밖에 없다」고 하였다.[13)] 이는 채권자가 행사하는 권리가 자기 고유의 권리가 아니라(대위권 자체는 고유한 권리라고 하더라도) 채무자가 가지는 권리에 지나지 않기 때문이다.[14)]

---

8) 星野英一, 民法概論Ⅲ(債権総論), 良書普及會, 1981, 100－101면. 新版注釈民法(10)Ⅱ債権(1), 750면(下森定 집필부분)도 같은 취지이다. 星野英一, 앞의 책, 101면은, 임차인이 건물신축을 위하여 도급계약을 체결하였는데 그 대금을 지급하지 않아서 수급인이 건물을 인도하지 않는 경우, 임차인이 토지소유자를 대위하여 수급인에게 명도청구를 하는 것은 타당하지 않으므로, 수급인은 임차인의 명도청구가 임차권에 기한 것이 아니라 채권자대위권에 의한 것이라 하더라도 항변(유치권)을 주장할 수 있다고 한다. 이 사례에 대해서는 임차권 방해를 인정할 수 없어 임차인에게 피보전이익이 없고, 원래 대위권 전용이 인정되지 않는다는 지적으로 新版注釈民法(10)Ⅱ債権(1), 750면(下森定 집필부분).

9) 일본민법 제612조(임차권의 양도 및 전대의 제한) ① 임차인은 임대인의 승낙을 받지 아니하면 그 임차권을 양도하거나 임차물을 전대할 수 없다.
② 임차인이 전항의 규정을 위반하여 제3자로 하여금 임차물을 사용 또는 수익하게 한 경우 임대인은 계약을 해지할 수 있다.

10) 일본민법 제177조(부동산에 관한 물권변동의 대항요건) 부동산에 관한 물권의 득실 및 변경은 부동산등기법 기타 등기에 관하여 법률이 정한 바에 따라 등기하지 않으면 제3자에 대항할 수 없다.

11) 제3채무자의 증여에 따른 소유권취득 주장에 관하여 본 판결과 같은 취지로 판시한 사례로 東控判 1917(大正6). 7. 18. 法律新聞 1309号 27면, 東控判 1918(大正7). 10. 18. 法律新聞 1473号 19면.

12) 이때 상계의 의사표시는 대위채권자에 대하여 한다(日大判 昭和 9. 5. 22. 民集13巻 799면).

13) 같은 취지 日大判 1943(昭和 18). 12. 22. 民集22巻 1263면.

14) 吉井直昭, 앞의 글, 142면.

다음에 소개하는 日最判 1979(昭和54). 3. 16. 판결은 이러한 취지를 확장하여, 상계항변에 대한 대위채권자의 독자적 사정에 기초한 '권리남용'의 재항변 제출을 부정한 것이다.[15]

3. 문제점, 종래의 논의, 日最判 1979(昭和54). 3. 16.

제3채무자가 채무자에 대하여 주장할 수 있는 상계의 항변으로 대위채권자에게 대항할 수 있는 것은 이미 위와 같은 선례가 있었지만, 그러한 상계 항변에 대하여 대위채권자가 제출할 수 있는 재항변의 범위가 어디까지인가라는 형태로 문제가 제기된 것이 日最判 1979(昭和54). 3. 16. 民集33巻2号 270면이다. 이에 관하여 자세히 살펴보고자 한다.

〈사실관계〉

악기제조업체 X회사는 1969년 5월 A무역회사에 다음과 같은 경위로 수출용 악기를 대금 30만1천엔에 판매하였다. A회사는 X회사에 대하여 수출용 악기류 매수신청을 하였으나 A회사의 신용상태가 불안하다는 이유로 거절당하였다. 그러자 A회사는 Y은행에 대하여 향후 수출처 C의 의뢰로 (미리) 발행된 신용장에 기한 수출환어음의 추심을 의뢰함에 있어, 추심 시 그 대금 중 30만1천엔을 X회사에게 송금할 것을 요청하였고, Y은행이 이를 승낙하여 수출대금 송금요청서가 작성되었다. A회사는 위 송금요청서를 X회사에 제시하면서 악기류 매도를 요청하였고, X회사는 이를 신뢰하여 대금지급이 확실하다고 믿고 A회사에 악기류를 매도하고 그 인도를 완료하였다. 그 후 Y은행은 A회사로부터 수출환어음 추심을 위임받아 추심을 완료하였다(추심금 35만3,167엔).

그런데 그 사이 A회사가 거래정지처분을 받고 파산하게 되자, Y은행은 A회사에 대한 대출금채권을 자동채권으로 하여 A회사에 대한 위 추심금지급채무(송금요청서에 의한 송금은 Y은행의 A회사에 대한 추심금지급채무 부담을 전제로 한다고 주장)와 대등액에서 상계한다는 취지를 통지하고, X회사에게 송금하지 않았다.

이에 X회사는 Y은행에 대하여, A회사와 Y은행 사이에 체결된 송금계약이 X회사를 수익자로 하는 제3자를 위한 계약이라고 주장하면서 송금요청서에 따른 지급을 구하는 소를 제기하였다.

〈소송의 경과〉

제1심판결은 X회사의 청구를 전부 인용하였고, Y은행이 항소하였다. 원심에서 X회사는

15) 그런데 日最判 1970(昭和45). 6. 2. 民集24巻6号 447면은 동일한 금전채권에 대해 채권자대위권에 근거한 급부소송이 제기된 후 국세체납처분에 근거한 추심소송이 제기된 사안에서 대위소송이 여전히 허용된다고 한 것으로, 채권자대위권 행사에 일종의 '사적(私的) 압류'의 성질을 인정하여, 이를 매개로 하여 채무자≠대위채권자로 본 것으로 해석되고 있다. 한편 본 판결의 취지는 채무자=대위채권자라는 것이므로, 두 판결은 일견 상충하는 듯 보이나, 본 판결은 대위채권자가 행사하는 채권의 내용에 관한 것이고, 1970(昭和45). 6. 2. 판결에서 문제된 대위채권자의 소송수행권의 소멸 여부와는 차원을 달리한다. 그러나 두 판결에 나타나는 이질성은 부정할 수 없다(池田辰夫, 앞의 글, 849면).

예비적 청구를 추가하여, X회사는 A회사에 대한 악기대금채권을 보전하기 위해 무자력인 A회사를 대위하여 A회사와 Y은행 사이의 송금계약을 Y은행의 불이행을 이유로 해제하고, 이에 따라 A회사가 취득하게 되는 추심금채권 중 대금 상당액의 지급을 구한다고 주장하였다. 이에 대하여 Y은행은 위 추심금채권과 A회사에 대한 대출금채권의 상계항변을 제출하였고, X회사는 재항변으로 그러한 상계주장은 권리남용이라고 주장하였다.

원심판결은 위 송금계약은 제3자를 위한 계약에 해당하지 않는다고 하여 하여 주위적 청구를 기각하였다.[16] 예비적 청구에 대해서는 Y은행의 상계권 행사가 권리남용이라는 X회사의 재항변을 판단함에 있어, 「자금력이 부족한 중소무역업자가 거래은행에 수출처 거래은행이 발행한 신용장에 의한 수출환어음 매입 또는 추심을 의뢰하면서 수출물품 판매처인 생산업체에 대한 대금지급 방법으로 그 매입 또는 추심금 중 대금 상당액을 해당 생산업체에게 송금하도록 요청하고 은행의 승낙서를 받아 이를 생산업체에게 제시하고 이에 따라 대금지급의 확실성을 담보로 수출상품을 매수하는 것이 일반적인 관행으로, X회사와 A회사 사이의 거래도 이러한 예에 따라 이루어졌고, X회사는 위 송금요청서를 신뢰하여 A회사와 거래하였으며, Y은행도 그러한 사정과 거래계 실정을 알고 있었던 점 등을 인정한 후, Y은행의 상계주장은, Y은행이 A회사가 마침 파산하자, Y은행의 행위를 신뢰한 X회사의 권리를 무시하고 오로지 자신의 채권만 회수하려는 것으로서, A회사에 대한 관계에서는 그렇다 하더라도, X회사와의 관계에서는 거래의 신의칙에 반하는 권리남용으로서 허용되지 않는다」고 판시하고, X회사의 재항변을 받아들여 청구를 인용하였다. 이에 대하여 Y은행이 상고하였다.

〈최고재판소의 判決理由〉

「채권자대위소송에서 원고는 채무자에 대한 자신의 채권을 보전하기 위하여 채무자의 제3채무자에 대한 권리에 대한 관리권을 취득하고, 그 관리권의 행사로서 채무자를 대신하여 자기 명의로 채무자에게 속하는 권리를 행사하는 것이므로, 그 지위는 마치 채무자를 대신하는 것으로서 채무자 자신이 원고가 된 것과 같은 지위를 가지게 되므로, 피고인 제3채무자는 채무자가 스스로 원고가 된 경우에 비하여 더 불리한 지위에 놓이는 것이 아니고 동시에 원고인 채권자 역시 채무자가 실제로 가지고 있는 법적 지위에 비해 더 유리한 지위를 누릴 수 있는 것은 아니다. 그렇다면 <u>제3채무자인 피고가 제출한 채무자에 대한 채권을 자동채권으로 하는 상계의 항변에 대하여, 대위채권자인 원고가 제출할 수 있는 재항변은 채</u>

16) 원심판결은 위 송금계약에 X회사에게 Y은행에 대한 권리를 취득하게 하는 제3자를 위한 약관은 존재하지 않는다고 보아 부정적 입장을 취하였으나, 大塚裁 재판관의 반대의견에 나타나는 것처럼, 이를 제3자를 위한 계약으로 구성하는 방안이 고려될 수 있다. 이에 관한 상세한 논의는 石田穣, “最高裁判所民事判例研究(民集三三巻二号) 一〇 (1) 債権者は債権者代位訴訟で第三債務者の提出した抗弁につき自己独自の事情による再抗弁を主張できない (2) 主位的請求を棄却し予備的請求を認容した控訴審判決に対し上告がなされた場合と上告審の調査・判断の範囲” 法学協会雑誌 97巻6号, 1980.6, 882−883면 참조.

무자 자신이 주장할 수 있는 사유에 한정되어야 하고, 채무자와 관계없는 원고의 독자적 사정에 근거한 항변은 제출할 수 없다.

그런데 이 사건에서 X회사가 제출한 권리남용 항변에 대하여 원심이 이를 채택한 이유는, 요컨대 Y은행의 상계주장은 A회사에 대한 관계에서는 그렇다 하더라도 X회사와의 관계에서는 거래의 신의칙에 반하는 권리남용으로서 허용될 수 없다는 것이다. 그러나 이 사건 추심금채권이 상계로 소멸하였다는 주장이 A회사에 대한 관계에서 권리남용이 아니므로 상계에 의한 채권 소멸을 인정해야 하는 경우에 다른 한편 X회사와의 관계에서는 상계주장이 권리남용에 해당하여 허용되지 않는다고 하는 것은, 채권자대위소송에서 채권자인 원고의 지위를 채무자가 소송을 하는 경우보다 유리하게 하는 것으로서 허용되지 않는다.」

그리하여 원심판결 중 예비적 청구를 인용한 부분을 파기하고 원심법원에 환송하였다.

채권자대위소송에서 채권자가 원칙적으로 독자적인 이익을 주장할 수 없다는 것은 종래의 통설이었는데, 판례상은 반드시 명확하지는 않았다. 위 판결은 이 점을 명확히 인정한 최초의 최상급심 판결이라고 할 수 있다.[17]

Ⅲ. 대위채권자가 직접 제3채무자에게 주장할 수 있는 항변-예외적인 경우

1. 대위의 성질론에 대해 예외를 인정한 판례-대위채권자가 직접 제3채무자에게 주장할 수 있는 항변의 존재를 인정

위와 같은 일반론이 소송상 항상 관철될 수 있는지, 즉 대위채권자가 직접 제3채무자에게 주장할 수 있는 종류의 항변이 있을 수 있는 것은 아닌지에 대해서 의문이 없는 것은 아니다.

예를 들어 피고인 제3채무자가 상계항변을 제출하는 것이 원고인 대위채권자와의 관계에서 소송상 신의칙에 반하는 사정(상계 주장을 하지 않기로 소송 외에서 약속하는 등)이 있는 경우에는 이를 재항변으로 주장하는 것이 허용될 수 있을 것으로 보이고, 다만 위와 같은 예외를 인정할 수 있다고 하더라도 위 판결의 사안에서는 그와 같은 사정이 없다고 판단된 것이다.[18] 또한 다음에서 살펴보는 것처럼 판례상으로도 대위채권자로부터의 항변제출의 면에서 위 원칙의 예외라고 할 수 있는 사례가 나타나지 않은 것은 아니다.

(1) [3] 日大判 1943(昭和18). 12. 22. 民集22巻 1263면

이 판결은 갑이 을에게 허위표시에 의하여 토지를 증여하였는데 을의 금전채권자가 채무

17) 石田穣, 앞의 글, 882면.
18) 吉井直昭, 앞의 글, 143-144면.

자 을을 대위하여 갑에 대하여 을에게 소유권이전등기를 할 것을 청구한 사안에서, 제3채무자는「대위의 목적이 되는 채무자의 권리가 허위표시에 의한 것이어서 존재하지 않는다는 주장과 같이 채무자에게 주장할 수 있는 사유를 채권자에 대해서도 주장할 수 있으며, 금전채권자가 그 채권과 직접 관련이 없는 채무자의 이전등기청구권을 대위행사하는 경우, 이전등기청구권의 발생원인인 법률행위가 허위표시라 하더라도, 그 무효 여부가 채권자가 보전하려는 채권의 존부에 아무런 영향을 미치지 않는 한, 채권자는 민법 제94조 제2항[19]의 제3자에 해당하지 않으므로, 제3채무자는 채권자의 선의 여부와 관계없이 해당 법률행위가 허위표시로서 무효라는 것을 대항할 수 있다」고 설시하며, [1] 및 [2] 판례와 마찬가지로 대위의 성질론에 의거하여 제3채무자의 허위표시 항변을 허용하였다.

그런데 傍論으로서, 다만 갑과의 허위표시에 의해 부동산을 매수한 을로부터 병이 그 부동산을 선의로 다시 매수한 경우와 같이, 채권자(병)가 보전하려는 채권 자체의 존부가 채무자와 상대방 간의 계약 효력 여부에 따라 영향을 받는 경우에는, 채권자는 민법 제94조 제2항의 제3자에 해당하게 되어, 채권자가 선의인 경우 제3채무자는 채무자와의 매매가 허위표시로서 무효임을 주장할 수 없다고 판시하였다. 즉 병은 재항변으로 자신의 선의를 주장할 수 있고 따라서 등기청구권 보전을 위한 등기청구권의 대위행사가 인정되게 된다.

(2) [4] 日最判 1958(昭和33). 6. 14. 民集12巻9号 1449면

갑 소유로 등기된 토지가 갑과 을, 그리고 을과 병 사이에 순차적으로 매매되었으나, 갑에서 을로의 이전등기가 이루어지기 전에 갑과 을 사이의 매매계약이 소급적으로 합의해제된 후 병이 을을 대위하여 갑에 대해 소유권이전등기를 청구한 사건에서, 원심은, 합의해제가 제3자의 권리를 침해할 수 없다는 점을 근거로, 을에게 등기를 이전하지 않아 병의 미등기를 초래한 갑은 병의 소유권취득 등기의 결여를 주장할 정당한 이익이 없으므로 병은 미등기상태에서도 그 소유권을 갑에게 주장할 수 있고 또한 대위에 의한 등기청구권도 합의해제로 침해될 수 없다고 판단하여 병의 청구를 인용하였다. 이에 대하여 최고재판소는 소급적 합의해제의 경우에도 법정해제와 마찬가지로 제3자의 권리를 침해할 수 없으나(민법 제545조 제1항 단서[20]), 그 제3자는 부동산 소유권에 관해서는 등기를 마쳐야 하고 미등기상태에서는 제3자로서 보호받을 수 없으며(부동산이 을로부터 병 및 갑에게 이중으로 양도되고, 제2양수인인 갑이 먼저 등기를 마친 것과 유사한 관계에 있으므로, 갑은 해제에 의하여 취득한 소유권을 병에 대항할 수 있다고 함), 갑이 을로부터 직접 이전등기를 청구받은 경우 당연히 주장할 수 있는 합의해제 항변의 이익을 병이 을을 대위하는 경우 박탈할 이유는 없다고 하

---

19) 일본민법 제94조(허위표시) ① 상대방과 통하여 한 허위의 의사표시는 무효로 한다.
② 전항의 규정에 의한 의사표시의 무효는 선의의 제3자에 대항할 수 없다.

20) 일본민법 제545조(해제의 효과) ① 당사자 일방이 해제권을 행사한 때에는 각 당사자는 그 상대방을 원상으로 회복시킬 의무를 부담한다. 다만 제3자의 권리를 해할 수 없다.

여, 파기환송하였다.

다만 합의해제가 갑과 을 사이의 통모에 의한 허위표시이고 병이 이에 대하여 선의이거나 또는 합의해제가 병의 권리를 해할 의도로 이루어진 신의칙에 반하는 특별한 사정이 인정되는 경우에는, 병은 을을 대위하여 갑에 대하여 을에게로의 소유권이전등기를 청구할 수 있다고 하였다.

소급적 합의해제에 의해 권리를 침해당하지 않을 제3자에 대해서 민법 제177조가 적용되며 대항요건을 갖추어야 한다는 것은 법정해제의 경우에 관한 같은 취지의 판결(日大判 1921(大正10). 5. 17. 民錄27 929면) 및 학설의 입장에 따른 것이다. 등기를 갖추지 못한 병은 제545조 제1항 단서의 제3자에 해당하지 않으므로 채권자대위의 기초를 결여하게 되고, 설령 대위가 인정되는 경우라 하더라도 대위의 성질론에 따라 갑의－을에 대하여 주장할 수 있는－합의해제 항변으로 대항을 받게 되면, 특단의 사정이 없는 한 패소할 것이다. 한편 민법 제94조 제2항의 제3자에 대해 판례는 등기가 불필요하다는 입장을 취하므로(日最判 1969(昭44). 5. 27 民集23巻6号 998면), 위와 같은 결론에 이르게 된다. 반면 민법 제545조의 제3자에 관하여 등기불필요설을 취하는 입장에서는 허위표시의 경우와 마찬가지로 대위권 행사가 인정될 수 있을 것이다.[21)]

한편 채권자대위권 자체를 해제에 의하여 해쳐지지 않는 제3자의 권리로 해석할 수 있다면 대항요건 문제를 회피하면서 병을 구제할 수 있으나, 여기의 제3자는 해제의 목적인 권리에 관하여 거래관계에 있는 자를 지칭하는 것이므로, 단순히 채무자의 일반담보 보전을 목적으로 하는 채권자대위권을 이와 동일시하는 것은 일반적으로는 어렵다고 할 것이다.[22)]

갑은 한편으로 갑, 을, 병 간 매매에서 최초 매매의 매도인으로서 병의 소유권 취득에 대한 제3자의 지위를 가지며, 해제로 소유권 복귀 후에는 마치 병에 대한 이중매매에서 경쟁자인 매수인으로서의 제3자의 지위를 가진다는 이중성을 띠고 있다. 원심은 전자의 입장을 채택하여, 그러한 갑은 병의 등기 결함을 주장할 수 있는 제3자가 아니라고 판단하여 병의 청구를 인용하였으며, 상고이유에서는 후자의 입장의 갑을 무시했다고 주장하였고, 상고심은 이 주장을 받아들인 것이다.

방론에서 언급한 바와 같이 합의해제가 허위표시이고 병이 이에 대하여 선의라면 병은 등기 없이 갑에게 대항할 수 있고, 갑이 등기를 갖추고 있으면서도 병의 소유권 취득을 승인해야 한다면 병에 대한 관계에서 갑은 무권리자가 된다. 이 경우 병은 갑에 대해서는 을을 통해 등기를 청구해야 하며, 을은 갑과 을 간의 해제 효과에 구속된다.

이때 갑의 을에 대한 항변이 제한되는 것인가, 병의 소유권이 갑에 대항할 수 있는 한에

21) 新版注釈民法(10)Ⅱ債権(1), 752면(下森定 집필부분).

22) 北村良一, "不動産の売買の合意解除の場合と未登記の転得者の債権者代位による登記請求の許否", 最高裁判所判例解説 民事篇 昭和33年度 1959. 11. 25, 157－158면.

서 해제의 효과가 발생하지 않았다고 보고 갑에 대한 을의 등기청구권이 존속하는 것으로 되는가는 문제이다. 어쨌든 병이 등기 없이 갑에 대항할 수 있는 경우에는 을의 권리를 대위행사할 수 있게 될 것이다.[23)]

2. 학설의 논의

(1) [3] 및 [4] 판례의 방론에서 제시된 예외에 대하여 반대하는 견해

[3] 및 [4] 판례의 방론에서 제시된 바와 같이 병이 갑에 대하여 독자적인 사유를 주장하여 대위청구를 할 수 있다는 예외적인 경우와 관련하여 학설의 논의가 다양하게 전개되었다.

대위의 성질론에 관한 판례의 기본적인 태도에 반대하는 학설은 보이지 않았지만, 위의 예외에 대해서는 반대의견이 강하였다. 그런데 이러한 비판의 중심에는 채권자대위권의 전용사례를 인정하는 판례의 입장 자체에 대한 반대의견이 전제되어 있는 것으로 보인다.

허위표시에서의 제3자 보호는 허위표시로 취득한 특정권리에 관하여 거래관계에 있는 자를 보호하기 위한 제도이고, 채권자대위권에 의한 채권자보호는 채무자의 재산을 일반담보로 삼는 채권자, 나아가 모든 채권자를 보호하려는 제도로서, 그 규율하는 경우를 완전히 달리하며 양자의 충돌은 애초에 발생하지 않는데, 판례는 종래 채권자대위권의 목적을 제도의 본래 취지보다 확장하여, 특정채권의 보전에 필요하다는 것으로 충분하다고 보고 또한 법률상 다른 구제수단이 있는 경우에도 대위권을 인정하려고 하여, 가령 등기청구권자의 대위권행사를 인정하고 있는 점에서, 논리적 모순(딜레마)을 초래한 원인이 잠재되어 있다는 지적이 있다.[24)] 판례가 이러한 이론을 적용한 사례는 등기청구권과 채권적 이용권(특히 임차권)의 방해배제력에 관한 것으로, 그 근거는 중간생략등기의 효력 및 채권적 이용권의 방해배제력이 인정되지 않는다는 점인데, 현재는 이들 모두 인정되고 있는 만큼 대위제도를 전용할 필요는 없다는 것이다.[25)26)]

---

23) 林良平, "不動産の売買の合意解除の場合と未登記の転得者の債権者代位による登記識求の許否", 民商法雑誌 40巻 1号, 1959.4, 144－145면. 이 견해는 원칙적으로는 갑에게 소유권이 회복된 후 병이 등기 말소를 청구할 수 있는 것으로 해석해야 할 것인데, 사안에서는 등기가 계속 갑의 명의로 되어 있었으므로, 판례의 입장에 따라 물권적 청구권으로서 병이 갑에 대해 직접 이전등기를 청구할 수 있는 것으로 보아야 한다고 한다.

24) 四宮和夫, "民事法判例研究録(昭和一八年度・一七) 債権者代位権と虚偽表示", 法学協会雑誌 62巻11号, 1944. 11, 1176면.

25) 四宮和夫, 앞의 글, 1177면.

26) 참고로 채권자대위권의 전용형 사례에 관한 내용과 2017년 개정민법의 내용을 간략히 소개한다.
(1) 등기청구권
2017년 개정민법은 등기청구권의 대위행사에 관한 판례법을 명문화하였다.
「등기 또는 등록을 하지 않으면 권리의 득실변경을 제3자에 대항할 수 없는 재산을 양수한 자는, 그 양도인이 제3자에 대하여 가지는 등기절차 또는 등록절차를 청구할 권리를 행사하지 않는 경우에는, 그 권리를 행사할 수 있다(제423조의 7). 이 경우 상대방이 주장할 수 있는 항변에 관한 제423조의 4, 채무자의 처분권한 등에 관한 제423조의 5, 소송고지에 관한 제423조의 6이 준용된다.
(2) 임차권에 기한 방해배제
임차권에 기한 방해배제가 문제되는 것은, 부동산의 불법점거자가 임차인의 이용을 방해하는 경우나 이중으로 임차권이 설정된 경우인데, 판례는 두 경우 모두 대항력 있는 부동산임차권에 방해배제청구권을 인정하고 있다(이 또한 등기청구권의 대위행사라는 판례이론의 파탄을 보여주는 것이라는 강력한 비판[27]가 있었고, 그 밖에도 위의 예외에 대하여 타당성에 의문을 제기하며 비판적인 입장을 취하는 견해가 다수 있었다.[28]

(2) [3] 및 [4] 판례의 방론에서 제시된 예외를 인정하는 견해

다른 한편으로는 이러한 예외를 인정하려는 입장도 존재하였다. 이들은 전용형에 관하여 소극적이지만 찬성하고 있다.

대위권을 행사한 것이 일반채권자가 아니라, 당해 토지를 채무자로부터 양수한 전득자인 경우 전득자는 채무자와 제3채무자 사이의 허위표시에 관하여 제3자의 지위에 있으므로, 그가 선의인 경우 채무자와 제3채무자 사이의 계약의 무효를 그에게 대항할 수 없고, 전득자는 채권자대위권을 행사할 수 있다고 해석하는 것이 타당하다고 한다. 즉 채무자가 주장할 수 있는 것 이상을 주장할 수 없다는 원칙은 전용형 사례에서는 수정된다고 한다.[29]

특정채권(병의 을에 대한 등기청구권)을 보전하기 위한 대위를 인정하는 이상 다른 적당한 수단이 없기 때문이라는 점도 근거이다.[30][31]

또한 채권자대위권에 있어서 강제집행의 준비기능에 착안하여, 대위채권자도 압류채권자와 동일하게 민법 제94조 제2항의 제3자인 독자적인 지위를 가진다고 보아, 갑은 정에게 무효를 대항할 수 없다는 견해가 주장되었다.

「채권에 대한 압류추심명령의 경우에도 압류된 채권의 주체는 채무자이고 압류채권자는 단지 채무자에 대신하여 추심하는 것이므로, 일반적으로 제3채무자는 채무자에 대하여 가지는 모든 항변이나 이의로 압류채권자에 대항할 수 있지만 그럼에도 불구하고 허위표시의 무효로는 압류채권자에 대항할 수 없다는 것이 판례와 학설상 인정되고 있는데, 대위채권자

중임차인에 관한 最判 昭和 28. 12. 18. 民集 7권12호, 1515면, 불법점거자에 관한 最判 昭和 30. 4. 5. 民集 9권4호 431면).

2017년 개정민법은 임차권에 기한 방해배제청구권을 인정한 판례를 명문화하였다. 즉 대항요건을 구비한 부동산 임차인은, ① 그 부동산의 점유를 제3자가 방해하고 있는 경우에는, 그 제3자에 대하여 방해의 정지를, ② 그 부동산을 제3자가 점유하고 있는 경우에는 그 제3자에 대하여 반환을 청구할 수 있다. 채권자대위권의 전용을 통하여 형성된 판례규범이 독립의 권리로서 명문화된 것이다.

27) 天野弘, 債権者代位権に関する実務的研究(序説)－登記請求権の代位行使という判例理論に関して, 司法研究報告書 第24輯 第1号(1973), 99면. 이 견해도 채권자대위권의 전용형을 인정하는 것 자체에 대하여 반대하는 입장이다.

28) 松坂佐一 債権者代位権 総合判例研究叢書民法(7), 125면; 北村良一, "不動産の売買の合意解除の場合と未登記の転得者の債権者代位による登記請求の許否", 最高裁判所判例解説 民事篇 昭和33年度, 157면 등.

29) 内田貴, 民法III 第4版: 債権総論・担保物権, 東京大学出版会, 2021, 344면. 이 견해는 나아가 日最判 1979(昭和54). 3. 16. 民集33巻2号 270면 사건에서도 대위채권자(X회사)의 채권은, 그 성립에서부터 채무자의 제3채무자(Y은행)에 대한 권리의 성립과 결부되어 있는 특별한 관계에 있으므로, 대위채권자와 제3채무자의 관계에 기한 항변을 인정할 수 있다고 한다(瀬川信久・内田貴・森田宏樹, 民法判例集 担保物権・債権総論(第3版), 有斐閣, 2014, 176－177면).

30) 我妻栄, 債権総論, 岩波書店, 1987, 169－170면. 이 견해는 나아가 채권자대위권이 압류의 준비절차에 불과하지만 일반채권자로서 직접 압류할 수는 없는가에 대해 문제를 제기하고 있다.

31) 전용형의 경우 예외를 인정할 필요성을 인정하는 新版注釈民法(10)Ⅱ債権(1) 750면(下森定 집필부분)도 참조.

의 경우에는 채무자의 권리를 행사한다는 이유만으로 민법 제94조 제2항의 제3자에 해당하지 않는다고 단정하는 것은 타당하지 않으며, 대위채권자가 그 자신으로서 동조의 보호를 받을 가치있는 이해관계자인 지위에 있는가 아닌가를 검토하여 결정하여야 한다. 대위채권자는 '자기의 채권을 보전하기 위하여' 채무자의 권리를 행사하는 것으로 즉 대위권이 채권의 대외적 효력으로서 인정되고 연혁상 대위가 강제집행의 준비행위로 취급되어 온 것에 의하여 명백한 것처럼, 채권자는 채무자의 권리를 행사한 결과에 의하여 자기 채권의 만족을 얻는 것이다. 그러므로 민법 제94조 제2항의 적용에 관해서는 대위채권자는 압류채권자와 마찬가지로 취급하여야 하고, 제3채무자는 대위채권자에 대하여 대위의 목적인 권리의 발생원인인 법률행위가 허위표시로서 무효라는 것을 주장할 수 없다고 할 것이다.」[32)]

또한 채권자대위권의 강제집행의 준비적 기능에서 보면, 채무자의 처분제한(우리민법 제405조 제2항 참조), 대위채권자의 채권의 시효중단효와 함께 허위표시의 무효·사기취소와 같이 선의의 제3자에 대항할 수 없는 항변은 대위채권자에 대해서는 대항할 수 없는 것으로 해석하여야 한다고 한다.[33)][34)]

3. 평 가

(1) 선의의 제3자에게 대항할 수 없다고 규정된 경우(사기취소(제96조 제3항), 허위표시에 의한 무효(제94조 제2항)) 또는 제3자의 권리를 침해할 수 없다고 규정된 경우(해제(제545조 제1항), 합의해제), 이러한 사유로 대위채권자에게 대항할 수 있는가를 검토함에 있어서는, ① 제3자 해당성의 문제, 가령 갑에서 을로의 소유권 이전이 허위표시로 무효인 경우 을로부터 권리를 취득한 전득자 병 또는 을의 일반채권자 정이 선의라면, 그들은 민법 제94조 제2항에 의하여 무효의 대항을 받지 않는 제3자에 해당하는가의 문제와 ② 대항 가능성에

32) 山木戸克己, "最新判例批評(民集二二卷二四號・二三卷一・二號) 債權者代位と民法第九四條第二項の適用", 民商法雜誌 20卷3号, 1944.9, 37－38면. 다만 이 견해는 [3] 판례가 등기청구권 보전을 위하여 채무자의 제3채무자에 대한 등기청구권을 대위행사한 경우의 예외를 인정한 것에 대해서는 判旨의 일반이론 하에서는 그러한 예외를 인정할 이유가 없다고 한다.「채권자가 보전하려는 채권 자체의 존부가 채무자와 상대방 사이의 허위계약의 효력 여하에 영향을 받는 경우에는 채권자는 이 점에서 민법 제94조 제2항의 제3자에 해당'하지만, 위 판결의 이론을 관철하는 한, 그것은 어디까지나 피보전채권이 존재하는 것 자체 즉 대위채권자가 채무자에 대하여 채권을 가진다고 하는 범위에 한하여야 하고, 당해 채권에 기하여 행사하는 권리는 채무자의 권리이고 채권자는 그것을 대위행사하는 데 지나지 않으므로, 제3채무자는 채무자 스스로 이를 행사하는 경우에 비하여 불이익을 감수하지 않는다고 하여야 한다」(위의 문헌 39면).

33) 於保不二雄, 債權總論, 有斐閣, 1972, 175면(그런데 176면 각주 7)에서 판례가 허위표시에 의한 무효의 항변을 허용하였다고 하면서 [3] 판례(日大判 1943(昭和18). 12. 22. 民集22卷 1263면)를 인용한 것은 올바르지 않다). 林良平・石田喜久夫・高木多喜男, 債権総論, 青林書院 1987, 154－155면(155면에서 日大判 1943(昭和18). 12. 22.의 내용을, 갑으로부터 을, 을로부터 병에게 부동산이 양도된 경우 갑 을 사이의 양도가 허위표시이고 병이 선의의 전득자인 경우, 갑은 병에 대하여 허위표시에 의한 무효를 주장할 수 있다는 취지로 소개하고, 각주10)에서 이에 대하여 반대하는 학설로 四宮和夫, 앞의 글, 1176면을 인용한 것은 정확하지 않다), 潮見佳男, 新債権総論 I, 信山社, 2017, 685－686면도 같은 취지에서 찬성하는 입장이다.

34) 채권자대위권이 강제집행의 준비절차로서의 기능을 가진다는 점만으로 곧바로 대위채권자가 민법 제94조 제2항의 "제3자"에 해당한다는 결론을 도출할 수는 없으며, 또한 이익형량의 관점에서 보더라도 대위권 제도에 그러한 강력한 기능을 부여하는 것에 대해서는 의문이 제기된다는 견해로 新版注釈民法(10)Ⅱ債権(1), 752면(下森定 집필부분).

관한 문제, 즉 위의 제3자에 해당한다고 하는 경우, 병 또는 정이 대위채권자의 지위에서 을의 지위 내지 권리를 갑에게 주장하였을 때(병은 전용형 사례의, 정은 본래형 사례의 채권자), 갑이 을에게 주장할 수 있는 무효를 병 또는 정에게도 대항할 수 있는가의 문제를 구분하여야 한다.[35)]

만일 ②의 문제에서 갑이 허위표시의 무효를 병에게 대항할 수 있다고 인정하면, 등기가 갑의 명의로 되어 있는 한 병은 등기청구권에 관한 현재의 판례이론에 따르면 등기를 청구할 방법이 없게 된다. 따라서 병이 민법 제94조 2항의 제3자에 해당한다고 보는 이상, 갑과 을 간의 소유권 이전 행위는 병과의 관계에서는 항상 유효로 취급되며, 병과의 관계에서는 을은 갑에 대하여 등기청구권을 가지고 있는 것으로 되어, 병의 대위행사를 인정하여야 한다.[36)]

이러한 논리를 따르면, 정에 대해서도, 만일 정이 민법 제94조 2항의 제3자에 해당한다고 본다면, 정과의 관계에서는 갑과 을 간의 행위가 유효로 취급되고, 본래 갑이 을에게 주장할 수 있었던 무효를 정에게는 대항할 수 없게 되고 따라서 정은 갑에게 을로의 이전등기를 청구할 수 있게 된다고 할 것이다.[37)]

결국 문제의 핵심은 병과 정이 민법 제94조 2항의 제3자에 해당하는가 여부이다. 이에 대해서는 앞에서 소개한 것처럼 채권자대위권에 있어서 강제집행의 준비기능에 착안하여, 대위채권자도 민법 제94조 2항의 제3자인 독자적인 지위를 가진다고 보는 견해들이 주장되고 있다.

(2) [3] 및 [4] 판례가 시사하는 예외적 경우를 대위의 성질론과의 관계에서 어떻게 정합적으로 해석할 것인가는 학설들이 지적하는 바와 같이 어려운 문제이다.

[3] 및 [4] 판례는 모두 대위채권자가 선의의 제3자라는 고유의 사정을 주장할 수 있음을 인정한 선례이지만, [1] 및 [2] 판례가 일반채권 보전을 위한 대위제도 본래형 사안인 것과 달리, 이 경우들은 모두 특정채권(등기청구권)을 보전하기 위한 전용형 사안이다. 그렇다면 판례이론상 "채권자대위소송에서 제3채무자인 피고가 제출한 항변에 대하여 대위채권자인 원고가 제출할 수 있는 재항변은 채무자 자신이 주장할 수 있는 사유에 한정되고, 대위채권

35) 奧田昌道, 債權総論, 悠々社, 1992, 265면. 한편 四宮和夫, 앞의 글, 1176면도, 「일반적으로 채권자대위권에 의해 대위되는 채무자의 권리가 허위표시에 의한 것이라도 문제없는지에 관하여 위 판결은 우선 채권자대위권의 성질을 논의하며, 상대방은 채무자에 대항할 수 있는 사유는 모두 채권자에게도 대항할 수 있으므로 허위표시의 주장도 채무자에 대항할 수 있는 이상 원칙적으로 채권자에게도 대항할 수 있다고 하고, 다만 예외적으로 채권자가 민법 제94조 제2항의 '제3자'에 해당하는 경우에만 대항할 수 없다는 논리를 취하였지만, 반대로 채권자가 허위표시에서 '제3자'에 해당하는지 여부를 먼저 논하고, 허위표시는 일단 무효로 인정되므로 채권자가 '제3자'에 해당하지 않는다면 채무자는 상대방에게 어떠한 권리도 갖지 못하게 되어 대위는 처음부터 문제되지 않으며, 만일 '제3자'에 해당한다면 이 채권자와의 관계에서는 허위표시는 유효하게 되고 채권자대위권의 기초가 성립된다는 논리도 가능하다」고 하였다.

36) 奧田昌道, 債權総論, 265면. 한편 四宮和夫, 앞의 글, 1176면은, 병이 '제3자'에 해당하여 대위권의 요건이 충족되는 경우 대위권행사의 결과는 허위표시의 원리를 그대로 관철하여 병만 향유하는 것인지 아니면 대위권의 원칙에 따라 을의 모든 채권자를 위해 을의 일반재산에 귀속하는 것으로 되는지, 어느 쪽으로 해석하든 그 근거는 무엇인지도 문제라고 한다.

37) 奧田昌道, 債權総論, 265면.

자의 독자적 사정에 근거한 항변은 제출할 수 없다"는 대위의 성질론에 따른 법리는 본래형의 경우에만 타당성을 갖는 것이고, 전용형의 경우에는 반드시 전적으로 타당하고 할 수 없다는 결론을 일응 도출할 수 있을 것이다. 즉 판례법상 일반적으로 타당한 공리로서 관철될 수 없다.[38)]

대위의 성질론은 그 자체로서는 지극히 정당하고 본래형의 경우 채무자의 지위에 의해 대위채권자의 주장이 제한되는 것에 대해서 이견이 없는 것으로 보인다.

日最判 1979(昭和54). 3. 16.은 일반채권 보전을 위해 채권자대위권을 행사하는 원칙적인 경우의 대위채권자의 지위를 명확히 한 것으로서 중요한 의의를 가진다고 평가되고 있다.[39)] 원심판결은 위 사안이 본래형(대위채권자 X회사의 채권이 악기대금채권)임에도 불구하고 전용형의 논리에 따라 처리하려고 한 점에 특이성이 있고, 이에 대해서는 그 이익형량은 수긍할 수 있으나 타당하지 않다는 지적[40)]이 있는 한편, 대위채권자의 직접소송화 노선[41)]을 취한 것으로, 대위소송제도가 나아가야 할 하나의 방향을 제시하였지만 실체법상의 문제를 어떻게 해결할 것인지에 대해서는 의문이 남는다는 전향적인 평가도 있다.[42)]

실체법적으로는 갑의 을에 대한 항변이 제한되는 것으로 볼 것인지, 병의 소유권이 갑에게 대항할 수 있는 한 해제의 효과가 발생하지 않아 을의 갑에 대한 등기청구권이 존속한다고 볼 것인지 문제이고,[43)] 다른 한편 병이 갑으로부터 직접 소유권을 취득한다고 볼 것인지, 병과의 관계에서는 갑과 을 사이의 행위가 유효한 것으로 취급되어 소유권이 갑-을-병으로 이전되었다고 해석할 것인지도 문제이다. 이에 관해서는 소유권은 갑-을-병으로 이전된 것으로 보고, 대위행사되는 을의 갑에 대한 등기청구권이 병에 대한 관계에서는 존재하는 것으로 해석하고 있으나,[44)] 어느 경우든 대위의 성질론과 조화시키기 어려운 이론구성이라는 비판도 있다.[45)]

오히려 이러한 경우에는 전득자 병에게 직접 갑에 대한 이전등기청구권을 인정하는 것이 이론적으로도 솔직하고 자연스러운 구성이라는 견해가 많다.[46)] 다만 그 등기원인을 어떻게 할 것인가에 대해서는「진정등기명의회복」에 의하는 방안이 제시된바 있다.[47)]

---

38) 池田辰夫, 앞의 글, 851면.
39) 吉井直昭, 앞의 글, 144면
40) 石田喜久夫, "債権者代位訴訟における原告の自己独自の事情に基づく再抗弁", 民法判例百選Ⅱ債権(第二版), 有斐閣, 1982.7, 37면.
41) 天野弘, "取立訴訟と代位訴訟の関係(上)(下)", 判例タイムズ 308・309号 참조.
42) 池田辰夫, 앞의 글, 852면.
43) 林良平, "売買合意解除と未登記転得者の代位登記請求", 民商法雑誌 40巻1号, 1959.4, 137면.
44) 石田喜久夫, 앞의 글, 37면.
45) 池田辰夫, 앞의 글, 849면.
46) 天野弘,『債権者代位権に関する実務的研究(序説)－登記請求権の代位行使という判例理論に関して－』, 司法研究報告書 第24輯 第1号 (1973), 99면; 池田辰夫, 앞의 글, 849면, 石田喜久夫, 앞의 글, 37면; 林良平, 앞의 글, 137면.
47) 石田喜久夫 앞의 글, 37면. 물권적 청구권 행사를 시사하는 林良平, 앞의 글, 145면도 같은 취지라고 할 수 있다.

대위제도의 전용형을 인정하는 전제에는, 대위채권자의 독자적인 지위의 보장, 강화 경향이 내재되어 있으므로 대위의 성질론에 따른 대위채권자의 지위제한이라는 판례 법리와의 충돌은 피할 수 없을 것이다. 그렇다면 본래형의 대위가 문제되는 경우에는 日最判 1979(昭和54). 3. 16.이 판시한 법리는 당연하다고 할 수 있고 다른 한편으로 특정채권을 보전하기 위한 전용형의 경우에는 대위채권자의 독자적 사정에 근거한 재항변 제출을 인정하더라도 그 사이에 모순은 존재하지 않는다고 할 수 있을 것이다.[48]

Ⅳ. 우리나라의 무효등기유용 관련 판례의 분석

1. 의 의

앞에서 살펴본 일본에서의 논의와 같이 본래형의 대위에서는 대위채권자는 제3채무자에 대하여 채무자 자신이 주장할 수 있는 사유만을 주장할 수 있다는 대위의 성질론에 따른 법리가 인정되고, 특정채권을 보전하기 위한 전용형의 경우에는 대위채권자와 제3채무자 사이의 독자적 사정에 근거한 사유의 주장을 허용한다는 입장은, 채권자대위권에 관하여 일본과 유사한 규율을 가지고 있는 우리민법에서도 어느 정도 타당성을 인정할 수 있다고 생각한다.

우리의 문헌들에서는 대위권을 행사하는 채권자는 채무자 자신이 주장할 수 있는 항변사유의 범위 내에서 제3채무자에게 항변할 수 있고, 자기와 제3채무자 사이의 독자적인 사정에 기한 사유를 주장할 수 없다는 것이 일반적인 견해이며,[49] 판례도 다음에 소개하는 판결들에 나타는 것처럼 이와 같은 입장을 취하고 있다.

이하에서 대위채권자가 제출할 수 있는 항변의 범위에 관한 일본에서의 논의의 결론을 우리 민법상 채권자대위권에 관한 해석에 참고할 수 있는지 검토하고자 한다.

2. 무효등기유용과 채권자대위권의 교착

(1) 구체적인 판결들

[1] 대법원 2009. 5. 28. 선고 2009다4787 판결: 무효인 가등기의 유용과 부동산가압류 사안 (1) – 가압류가 말소되지 않은 경우

B 소유 부동산에 C 명의로 소유권이전등기청구권 가등기가 경료된 후, B와 D(피고)가 예약완결권의 제척기간 만료로 무효로 된 가등기를 유용하기로 합의하고 D가 가등기 이전의 부기등기를 경료하였는데, 부기등기 당시 B에 대한 구상금채권자 A(원고) 명의의 가압류등기가 마쳐져 있었다(A의 가압류는 그 후 가압류취소로 말소).

---

48) 石田喜久夫, 앞의 글, 37면; 池田辰夫, 앞의 글, 852면.

49) 민법주해 779면; 주석민법(제3판), 752면; 주석민법(제5판), 287면(한애라 집필부분).

원고 A는, C가 B에 대해서 가지는 매매예약완결권은 매매예약일부터 10년의 제척기간이 경과함으로써 소멸되었으므로, B는 그 소유권에 기한 방해배제청구로 D를 상대로 가등기의 말소등기절차의 이행을 구할 수 있고, 따라서 B의 구상금채권자인 원고(A)는 무자력자인 B를 대위하여 피고에게 가등기의 말소등기절차의 이행을 구할 수 있다고 주장하면서, B를 대위하여 D에 대하여 C 명의의 가등기말소[50]를 청구하였다.

원심[51]은 부기등기 경료 당시 B는 소극재산이 적극재산을 초과하여 무자력 상태에 있었던 사실 등을 인정하고, B와 C 사이의 매매예약에 따른 예약완결권이 제척기간 경과로 소멸하여 가등기는 효력을 상실하였고, D는 B에 대하여 가등기 유용의 합의를 주장하여 가등기 말소청구에 대항할 수 있지만 가등기유용의 합의에 따른 부기등기가 경료되기 이전에 가압류등기를 경료한 이해관계인 A에 대하여는 유용합의로써 대항하지 못하므로, 이 사건 가등기 및 부기등기는 모두 원인무효 등기라고 판단하여, 원고의 대위에 의한 가등기말소청구를 인용하였다.

대법원은 「채권자대위권은 채무자의 제3채무자에 대한 권리를 행사하는 것이므로, 제3채무자는 채무자에 대해 가지는 모든 항변사유로써 채권자에게 대항할 수 있으나, 채권자는 채무자 자신이 주장할 수 있는 사유의 범위 내에서 주장할 수 있을 뿐, 자기와 제3채무자 사이의 독자적 사정에 기한 사유를 주장할 수는 없」다고 하면서, D는 가등기유용 합의로 B에게 대항할 수 있고, B를 대위하여 가등기 말소를 구하는 A에게도 대항할 수 있으며, A는 유용합의에 따른 가등기이전의 부기등기가 경료되기 전에 부동산을 가압류하였으므로 D는 그 범위 내에서 A에게 유용의 합의로써 대항할 수 없지만, B를 대위하여 가등기말소를 구하는 A로서는 B가 아닌 A 자신이 D에 대하여 가지는 위와 같은 사유를 주장할 수 없다고 하여, 원심판결을 파기하였다.

[2] 대법원 2019. 5. 16. 선고 2015다253573 판결: 무효인 가등기의 유용과 경매개시결정등기(압류) 사안

B 명의로 소유권보존등기가 되어 있던 부동산 지분에 관하여 위조된 B와 C 명의의 매매예약계약서로 매매예약을 원인으로 하는 C 명의의 지분전부이전청구권가등기가 마쳐진 상태에서 A(원고)가 B의 채권자로서 강제경매개시신청을 하여 위 지분에 관한 강제경매개시결정 기입등기가 마쳐졌는데, 그 후 C가 B로부터 위 지분을 매수하면서 무효인 가등기를 유용하기로 합의하고 가등기에 기하여 매매를 원인으로 C 명의의 지분이전등기를 마쳤으며, 강제경매개시결정등기가 가등기에 의하여 보전되는 권리를 침해하는 등기로서 직권 말소되

50) 가등기 이전의 부기등기가 있을 경우 그 말소를 구함에 있어서는 부기등기 명의자를 상대로 주등기말소를 청구하여야 하고 그 경우 부기등기는 주등기 말소에 따라 직권말소되기 때문이다(대법원 1994. 10. 21. 선고 94다17109 판결 참조).

51) 서울고등법원 2008. 12. 11 선고 2008나43497 판결.

었다.

A는 위 가등기의 무효를 주장하면서, C에 대하여 주위적으로 B에 대한 대여금채권을 피보전권리로 하여 B를 대위하여 가등기와 본등기 말소를 청구하고, 예비적으로 강제경매개시결정 기입등기의 말소회복등기에 대한 승낙의 의사표시를 청구하였다.

가등기와 본등기 말소청구에 대해서는 C는 가등기 유용합의로써 그 합의의 상대방인 B에 대하여는 가등기의 유효를 주장할 수 있고, 유용합의 전에 강제경매개시결정 기입등기를 마쳐 등기부상 이해관계를 가지게 된 A에게는 대항할 수 없지만, B를 대위하여 등기 말소를 구하는 A는 A 자신이 C에 대하여 가지는 위와 같은 사유를 주장할 수 없다는 이유로, 모두 기각되었다.

C에 대하여 가등기 및 본등기 명의자로서 말소된 강제경매기입등기 회복에 대하여 승낙을 구하는 청구에 대해서 원심은, 말소회복 될 강제경매개시결정등기와 본등기는 양립할 수 없어 본등기를 먼저 말소하지 않는 한 말소회복등기를 할 수 없으므로 당사자적격이 없다는 이유로 부적법 각하하였다.

대법원은 C는 유용합의 전에 등기부상 이해관계를 가지게 된 A에게 유용합의로써 대항할 수 없고, 강제경매개시결정등기는 가등기의 순위보전의 효력에 반하지 아니하여 직권으로 말소될 것이 아닌데 원인없이 말소되었으므로 강제경매개시결정등기의 말소등기는 무효이며, 말소회복 될 강제경매개시결정등기와 본등기는 양립 가능하여 C는 말소회복등기에 관하여 등기상 이해관계 있는 제3자로서 승낙의 의사표시를 할 의무가 있다고 판단하였다 (원심판결 파기).

[3] 대법원 2022. 7. 28. 선고 2017다204629 판결: 무효인 가등기의 유용과 부동산가압류 사안 (2) – 가압류가 말소된 경우

B 소유 부동산에 C(피고) 명의의 소유권이전청구권 가등기가 경료된 후 B에 대한 양수금 채권자 A(원고) 명의의 가압류등기가 되었고, 그 후 B와 C가 예약완결권의 제척기간 만료로 무효로 된 가등기를 유용하기로 합의한 다음 C가 가등기에 기한 본등기를 마쳤고, 그로 말미암아 A의 가압류등기가 직권으로 말소되었으며, D(피고)가 C로부터 매매를 원인으로 소유권이전등기를 마쳤다.

A가, C의 매매예약완결권이 제척기간 만료로 소멸하였으므로, 위 가등기 및 이에 기초한 본등기는 모두 원인무효등기라고 주장하면서, B의 채권자로서 B를 대위하여 C와 D를 상대로 가등기와 본등기 및 이전등기의 각 말소를 구하는 한편, 예비적으로 D를 상대로 말소된 가압류 회복등기를 위하여 승낙의 의사표시를 구하는 소를 제기하였다.

원심은 C는 가등기 유용의 합의로써 합의의 당사자인 B에게 대항할 수 있고, 가등기에 의한 본등기 전에 가압류등기를 마침으로써 등기부상 이해관계를 가지게 된 A(원고)에 대하여는 유용합의로써 가등기 및 본등기의 유효를 주장할 수 없지만, B를 대위하여 등기말소를 구하는 A는 C에 대하여 위와 같은 사유를 주장할 수 없으므로 C는 A에게 유용합의로써 대항할 수 있다는 이유로, A의 등기말소청구를 모두 기각하고, 다만 본등기로 인하여 말소된 가압류 회복등기절차에 대하여 승낙을 구하는 예비적 청구만 인용하였으며, 대법원은 D의 상고를 기각하였다.

(2) 사안의 구조

위 판결들의 사안의 구조는 모두 동일한데, 이를 단순하게 정리하면 다음과 같다.

채무자 소유 부동산에 제3자 명의의 소유권이전등기청구권 가등기가 경료된 후, 채무자와 제3자가 예약완결권의 제척기간 만료로 무효로 된 가등기를 유용하기로 합의하고 본등기를 경료하였는데, 가등기 유용합의 당시 채무자에 대한 채권자 명의의 가압류등기 또는 강제경매개시결정등기가 마쳐져 있었고, 위 본등기로 말미암아 가압류등기 또는 강제경매개시결정등기가 직권 말소되었다.

그러자 채권자가 자신의 금전채권을 피보전권리로 삼아 무자력인 채무자를 대위하여 제3자를 상대로 소유권에 기한 방해배제청구로서 무효인 가등기 및 본등기의 말소를 청구하였다.

이에 대하여 피고(제3자)는 채무자와 사이의 무효인 가등기유용의 합의로써 가등기의 유효를 주장하였고, 원고(채권자)는 그 유용 합의 전에 가압류 또는 경매개시결정등기를 마침으로써 등기상 이해관계를 가진 원고에 대하여 가등기 유용 합의 사실을 들어 가등기의 유효를 주장할 수 없다고 다투었다.

이에 대하여 법원은, 피고(제3자)는 가등기 유용의 합의로써 합의의 당사자인 채무자에게 대항할 수 있고, 가등기에 의한 본등기 전에 가압류등기(경매개시결정등기)를 마침으로써 등기부상 이해관계를 가지게 된 원고에 대하여는 유용합의로써 가등기 및 본등기의 유효를 주장할 수 없지만, 채무자를 대위하여 등기말소를 구하는 원고는 피고에 대하여 위와 같은 사유를 주장할 수 없으므로 피고는 원고에게 유용합의로써 대항할 수 있다고 판단한 것이다.

3. 대위채권자의 재항변의 범위에 관한 일본에서의 논의의 결론의 적용 가능성

(1) 대위채권자 A의 채권, 본래형, 전용형

대위채권자가 제3채무자에 대하여 자기의 독자적인 항변을 제출할 수 있다는 일본에서의 논의는 피보전채권이 특정채권인 경우, 즉 전용형 사례를 중심으로 한 것이다. 위 사안들에서 원고는 금전채권자이므로, 그 예외적인 법리를 우리 민법의 해석에 참조한다고 하더라도, 원고가 제3채무자에 대하여 자신이 무효등기유용 전에 등기상 이해관계를 가지게 되었음을 주장할 수 있다는 결론을 바로 도출하기는 어려워 보인다.

그런데 이들 사안에서 원고의 채권이 '금전채권'이므로 대위의 성질론에 따라 대위채권자는 독자적인 주장을 할 수 없다고 하는 것에는 주저를 느끼게 되고, 그러한 의문이 이 연구의 출발점이 되었다는 것은 서두에서 밝힌바와 같다. 금전채권자가 그 채권을 보전하기 위해 가압류를 하거나 그 채권의 강제집행을 위해 경매를 청구하였다고 해서, 그 채권이 금전채권이 아니라거나 특정채권으로 바뀌는 것은 아니다. 그러나 가령 원고(A)가 가압류 또는 압류된 부동산 외에 채무자 소유 다른 부동산에 관하여 경료된 무효등기에 대하여 채무자를 대위하여 말소를 청구하는 경우와 비교하면, 원고의 지위가 다르다는 것을 알 수 있다.

위의 사안들은 다음과 같은 이유에서 이른바 '전용형'으로 분류하는 것이 타당하다고 생각한다.

① 우리 판례는 피보전채권이 금전채권임에도 불구하고 일정한 경우에는 채무자의 무자력을 요구하지 않고 있다. 즉 「채권자가 보전하려는 권리와 대위하여 행사하려는 채무자의 권리가 밀접하게 관련되어 있고, 채권자가 채무자의 권리를 대위하여 행사하지 않으면 자기 채권의 완전한 만족을 얻을 수 없게 될 위험이 있어 채무자의 권리를 대위하여 행사하는 것이 자기 채권의 현실적 이행을 유효·적절하게 확보하기 위하여 필요한 경우에는 채권자대위권의 행사가 채무자의 자유로운 재산관리행위에 대한 부당한 간섭이 된다는 등의 특별한 사정이 없는 한 채권자는 채무자의 권리를 대위하여 행사할 수 있」다.(이른바 '제3유형')[52]

대상판결의 사안들도 여기에 해당한다고 할 수 있다. 즉 원고(A)가 보전하려는 권리(가압류 또는 압류에 의해 보전 내지 실현되는 채권)와 대위하여 행사하려는 채무자의 권리(무효등기에 대한 말소등기청구권)가 밀접하게 관련되어 있고, 원고는 무효등기에 대한 말소등기청구권을 대위 행사하지 않으면—가압류 또는 압류가 직권말소됨으로써—자기 채권의 완전한 만족을 얻을 수 없게 될 위험이 있어 위 말소등기청구권을 대위 행사하는 것이 자기 채권의 현실적 이행을 유효·적절하게 확보하기 위하여 필요한 경우에 해당한다.

② 본래형과 전용형의 구분은 피보전채권이 금전채권인가 특정채권인가에 따라서 분류하기보다 보전의 필요성으로서 '채무자의 무자력'이 요구되는지 여부에 따라 분류하는 것이 타당하다.[53] 이는 우리 판례가 인정하고 있는 '제3유형'에서 피보전채권이 금전채권이지만 채무자의 무자력을 요건으로 하지 않는 점에서도 이미 도출되는 결론이다. 말하자면 위의 '제3유형'은 본래형이 아니라 전용형으로 분류하는 것이 타당하다.

③ 금전채권자가 채권의 보전이나 실행을 위하여 채무자 소유 부동산에 대해 가압류 또는 압류를 한 경우 그의 채권은 여전히 금전채권이지만, 적어도 가압류 또는 압류 대상인 부동산에 관한 무효등기의 말소를 구하는 경우, 그는 단순히 금전채권자의 지위에 그치는 것이 아니다.

'채권자가 보전하려는 채권 자체의 존부가 채무자와 제3채무자 간의 계약 효력 여하에 따

52) 대법원 2006. 1. 27. 선고 2005다39013 판결.
53) 新版注釈民法(10)Ⅱ債権(1) 717면(下森定 집필부분).

라 영향을 받는 경우에 해당하기 때문이다(日大判 1943(昭和18). 12. 22. 民集22巻 1263면 참조). 본래형과 전용형의 구분에 있어서, 대위채권자의 권리가 채무자와 제3채무자의 행위에 의하여 영향을 받는 경우인지 즉 대위채권자의 채권이 그 성립・존속에서 채무자의 제3채무자에 대한 권리(=무효등기말소청구권)의 성립과 결부되어 있는 특별한 관계[54]에 있는지도 판단의 기준으로 삼아야 한다.

대상판결들의 사안에서 A가 금전채권을 보전 또는 실현하기 위하여 채무자 소유 부동산을 가압류 또는 압류하였는바, 채무자와 제3채무자 사이의 무효등기유용의 효력(=등기상 이해관계 있는 제3자가 있는 경우 무효등기 유용의 효력) 및 유용에 의한 등기의 말소 여부에 따라 대위채권자의 가압류 또는 압류의 직권말소 여부가 정해지게 된다. 따라서 이 경우 대위채권자의 '금전채권' 자체가 채무자와 제3채무자의 행위에 직접 영향을 받는 것은 아니라고 하더라도, '채권자가 보전하려는 채권(='가압류에 의하여 보전되는' 채권 또는 '경매신청에 의하여 실현하고자 하는' 채권)의 존부가 채무자와 제3채무자 간의 계약(=무효등기유용합의 및 등기) 효력 여하에 따라 직접 영향을 받는 지위에 있다고 할 것이다.

(2) 무효등기의 유용 전에 등기부상 이해관계를 가지게 된 제3자에 대하여 유용합의로 대항할 수 없는데, 이러한 사유로 대위채권자에게 대항할 수 있는가의 문제

앞서 일본의 [3] 판례에 관한 논의에 따라 다음 두 가지 단계로 구분하여 검토해보자.

우선 무효인 가등기의 유용에 의한 본등기 전에 등기부상 이해관계를 가지게 된 제3자에 대하여 유용합의로써 본등기의 유효를 주장할 수 없는데, 사안에서 무효등기 유용 전에 가압류등기 또는 경매개시결정등기가 마쳐진 대위채권자 A가 '등기유용 합의로써 대항할 수 없는 제3자'에 해당하는가? 이 점은 대상판결들도 인정하는 것처럼 긍정할 수 있다.

다음으로, 위의 제3자에 해당한다면, A가 대위채권자(전용형 사례의 채권자)의 지위에서 B의 지위 내지 권리를 제3채무자 C(대상판결 [2] 및 [3]) 또는 D(대상판결 [1])(이하 'C'로 지칭함)에게 주장하는 경우, C가 채무자 B에게 주장할 수 있는 사유(등기유용에 의한 등기의 유효)를 A에게도 대항할 수 있는가의 문제이다.

이 사건 가등기는 원인무효 등기이고, B와 C는 자신들의 이익을 위해서, 즉 무효인 가등기를 말소하고 같은 내용의 등기를 새로 하는 부담을 회피하거나 또는 (가)압류의 부담을 제거하기 위해서 무효등기를 유용하였고, 그 유용합의는 A의 (가)압류등기 이후 행해진 것이어서 가등기는 A에 대해서 여전히 무효이고 그에 기한 본등기의 순위는 (가)압류등기보다 앞설 수 없다. 따라서 (가)압류등기는 가등기의 순위보전의 효력에 반하지 아니하여 직권으로 말소될 것이 아님에도 원인 없이 말소되었다.

그런데 C는 등기유용 합의로써 B에게 가등기의 유효를 주장할 수 있으므로 B를 대위하

54) 瀬川信久・内田貴・森田宏樹, 民法判例集 担保物権・債権総論(第3版), 176-177면 참조.

여 C에게 등기말소를 구하는 A에 대해서도 대항할 수 있다. 가등기 유용에 의한 본등기 전에 A의 (가)압류등기가 마쳐졌으므로 C는 A에게 유용합의로써 대항할 수 없지만, 판례의 입장에 따르면 B를 대위하여 본등기 말소를 구하는 A로서는 B가 아닌 A 자신이 C에 대하여 가지는 위와 같은 사유를 주장할 수 없다.

A에게는 자기에게 대항할 수 없는 등기유용 당사자들에 대하여 유용의 무효를 주장하여 자신의 법적 지위를 방어할 수 있는 효과적인 방법은 없다. C와 D를 상대로 직접은 물론 채무자를 대위해서도 '무효인' 가등기와 본등기 말소를 청구할 수 없다. 즉 C가 무효등기유용에 의한 등기의 유효를 A에게 대항할 수 있다고 하면, A는 C의 등기의 효력을 다툴 방법이 없게 된다.

(가)압류등기가 직권으로 말소된 이상 가압류회복등기는 청구할 수 없고 직권으로 이루어지게 되는데, 이를 위해서 오히려 원래는 (가)압류채권자에게 대항할 수 없는 무효등기 유용의 당사자인 본등기명의인이 등기상 이해관계 있는 제3자에 해당하여, 그의 승낙이 필요하게 되었다. A는 C에 대하여 '승낙의 의사표시'를 청구하여야 하고, 그 승낙을 받아 가압류회복등기를 마칠 수 있다.

A의 (가)압류등기가 회복되면 A는 C 소유 부동산에 대해서 강제집행으로 나아갈 수 있으므로 A의 권리는 어느 정도 보호된다고 할 수 있고, 대상판결 [2]와 [3]의 결론은 A와 C 등 모든 관계자의 이익을 적절히 조정한 나름대로 합리적이고 균형 있는 해법일 수 있다. 그런데 (가)압류채권자 A의 입장에서는 왜 그가 위와 같은 부담 내지 불이익을 받아야 하는가에 대해서 설득력 있는 설명이 가능하지 않다. 등기상 이해관계 있는 제3자에 대하여 무효등기 유용을 주장할 수 없다는 판례의 법리는 적어도 이 사안에서 법적으로 아무런 의미도 가지지 못하는 결과가 된 것이다.

대상판결 [1] 사안에서는 이러한 문제가 더욱 극명하게 드러난다. 그 사안에서는 무효인 가등기를 유용하기로 하였을 뿐 그에 기한 본등기가 마쳐지지 않았고, A의 가압류가 말소되지도 않았다(실제로 A의 가압류가 말소되었지만 이는 가압류취소에 의한 것이다). 이 경우에 A는 역시 등기유용과 가등기의 무효를 주장할 수 없다. D가 가등기에 기하여 본등기를 마치면 A의 가압류는 말소될 운명이고, 그러면 가압류등기 회복의 전제로서 D에 대하여 승낙을 청구할 수 있으며, 그렇게 해서 가압류가 회복되면 이를 전제로 D의 재산인 부동산에 대하여 강제집행을 할 수 있는 길이 열려 있을 뿐이다.

A는 (가)압류채권자로서 그에게 대항할 수 없는 가등기 유용에 의하여 법적 지위에 불이익이 생겨서는 안 되며, 채권자의 지위에서 C와 D의 가등기와 본등기 및 D의 부기등기의 무효를 주장하여 그 말소를 구할 수 있는 길이 마련되어야 한다.

그 방법으로 첫째, 선행연구에서 살펴본 <u>무효등기유용의 효력</u>에 관하여, 등기상 이해관계 있는 제3자가 존재하는 경우 등기유용합의와 유용된 등기는 무효이고, 그 무효는 <u>모든 자에</u>

대한 관계에서 따라서 유용합의의 당사자 사이에서도 무효라고 해석하는 방안을 제안한다.

둘째, 무효등기유용의 효력에 관한 종래 판례의 입장(=무효등기의 유용 전에 등기부상 이해관계를 가지게 된 제3자에 대해서는 유용의 합의로써 대항할 수 없지만 유용합의의 당사자 사이에서는 유용의 합의로 대항할 수 있음)에 따르더라도, 대위채권자의 항변의 범위에 관하여, A가 유용 전 등기부상 이해관계를 가진 제3자에 해당하는 이상 B와 C 사이의 무효등기유용은 A와의 관계에서는 무효이므로, C는－B에 대한 관계에서는 유효라고 하더라도－A에 대해서는 등기유용의 유효를 주장할 수 없다고 하여야 한다. 즉 대위채권자 A는 '등기부상 이해관계를 가진 자신에 대하여 등기유용을 대항할 수 없다'는 C에 대한 '독자적인 항변사유'를 주장할 수 있다고 하여야 한다. 그리하여 A와의 관계에서는 B는 C에 대한 말소등기청구권을 가지고 있는 것으로 되어, A의 대위행사를 인정하여야 한다.

일본에서 위의 예외적인 법리에 찬성하는 많은 문헌들은 채권자대위권의 강제집행의 준비 기능에 착안하여, 대위채권자에게 압류채권자와 유사한 지위를 인정하거나 나아가 대위채권자가 제3채무자에 대하여 독자적인 사유를 주장하는 것을 인정할 가능성을 시사하고 있다.

대상판결들의 사안에서 대위채권자는 가압류 또는 압류 채권자로서 이미 일정 정도 강제집행에 나아갔다. 채권자대위권 자체에 강제집행의 준비기능을 인정할 수 있는 여지가 있다면, 한발 더 나아가 보전처분 또는 강제집행에 착수한 위 사안들에서의 대위채권자에게는 보다 더 강력한 지위에서 제3채무자와 사이의 독자적인 항변사유를 주장하는 것을 인정하여야 할 것이다.

(3) 소 결

무효등기유용의 효력에 관한 종래 판례의 입장에 따르더라도, 대상판결 1, 2의 사안은 전용형 사례에 해당하고 따라서 대위채권자 A는 '무효등기유용 전 등기부상 이해관계를 가지게 된 자신에 대하여 등기유용을 대항할 수 없다'는 C에 대한 '독자적인 항변사유'를 주장할 수 있다.

따라서 A가 무효등기유용 전 등기부상 이해관계를 가진 제3자에 해당하는 이상 B와 C 사이의 무효등기유용은 A와의 관계에서는 무효이므로, C는 A에 대해서－B에 대해서 주장할 수 있는－등기유용의 유효를 주장할 수 없고, A는 B를 대위하여 각 등기의 말소를 청구할 수 있다.

Ⅴ. 결 론

(1) 대위채권자는 채무자의 권리를 행사하는 것이므로, 제3채무자는 채무자에 대하여 주

장할 수 있는 항변을 대위채권자에게 주장할 수 있으나, 채권자와의 관계에서 발생한 사유를 주장할 수 없으며, 대위채권자 입장에서도 채무자가 주장할 수 있는 사유를 주장할 수 있을 뿐 자기와 제3채무자 사이의 독자적인 사유를 주장할 수 없다는 원칙은 채권자대위권의 성질론에 따른 것으로 일반적으로 타당하다.

(2) 전용형 사례의 경우 예외적으로 대위채권자는 제3채무자와 사이에서 발생한 독자적인 항변사유를 가지고 제3채무자에게 주장할 수 있다고 하여야 한다.

(3) 이러한 예외를 모든 전용형 사례에 일반적으로 적용하기는 어려울 수 있으나, 대상판결들의 사안과 같이 대위채권자가 압류 또는 가압류에 의하여 강제집행의 준비 또는 실행에 나아간 경우에는 그 독자적인 이익과 지위가 인정되므로, 적어도 이 경우에 대해서는 적용하여야 한다.

따라서 채무자와 제3채무자 사이의 무효등기유용 전에 채무자소유 부동산에 가압류 또는 압류를 함으로써 등기부상 이해관계를 가지게 된 금전채권자는, 채무자를 대위하여 제3채무자에 대하여 그 무효등기유용에 의한 등기의 말소를 청구할 수 있고, 이 경우 제3채무자가 채무자에 대한 관계에서 그 등기의 유효를 주장할 수 있다고 하더라도, 대위채권자로서는 자기에 대한 관계에서 3채무자가 그 유효를 주장할 수 없음을 들어, 제3채무자의 주장을 배척하고 등기의 무효를 주장하여 그 말소를 대위 청구할 수 있다고 할 것이다.

(4) 대위채권자가 제3채무자와 사이에서 발생한 독자적인 사유를 주장할 수 있다는 예외법리를 어느 범위까지 확대할 수 있는지에 대해서는 향후 계속적인 논의가 필요하다.

사적 영역에서 개인정보 처리의 허용요건

EU의 GDPR과 독일의 개인정보 보호법 규율 내용과 시사점

김 상 중

고려대학교 법학전문대학원 교수

이 논문은 안암법학 제67호(2023년 11월)에 게재된 글인데, 회갑을 맞이하신 박동진 교수님께 축하드리는 뜻으로 필자가 비교법적 연구, 인격적 법익침해에 따른 책임 문제를 다루고자 했던 논문을 기고하는 바입니다.

Ⅰ. 들어가며

개인정보 보호법은 최근 2023년 3월 개정, 시행되고 있다. 그 당시 주요 개정 내용은 자동화된 결정에 대한 거부권과 설명요구권, 정보통신서비스 제공자에 대한 특례의 삭제 및 형벌 중심에서 과징금 등 경제적 제재 중심의 전환 등을 포함하고 있다.[1] 이런 개정 취지 중의 하나는 빅데이터, 인공지능 등 ICT 기술의 발달에 따른 정보주체의 개인정보자기결정권을 강화하는 것으로 알려져 있다. 정보주체의 권리・법익 보호라는 개인정보 법제의 핵심 과제에 비추어 이 같은 개정은 당연하다고 할 것이다. 다만 이번 개정에서 크게 아쉽다고 여기는 바는 정보주체의 보호와 함께 개인정보 법제가 추구해야 할 과제, 즉 개인정보의 활용을 통한 사회적 이익의 도모라는 목적에서 요구되는 개인정보 수집 등 처리의 허용요건 전반에 관한 개선에는 이르지 못하고 있다는 점이다. 다시 말해 GDPR의 제정을 전후하여 상당 기간 국내에서도 개인정보의 처리가 종전에 강조되던 정보주체의 권리・법익 보호만이 아니라 이와 대립하는 정보처리의 이익과 비교 형량하여 정보주체의 동의[2] 이외의 다른 허용요건을 정비해야 한다는 의견이 유력하게 제기되고 있는데,[3] 금번 개정에서는 이 같은 개선 내용을 포함하지 않고 있다.

물론 개인정보의 처리를 위한 (엄격한) 동의 이외에 다른 허용요건, 특히 정보처리자의 이익과 비교형량하여 이를 허용하는 요건의 진정한 법적 승인[4]은 여러 이해관계자의 의견과 입장을 조율해야 하는 어려운 과정일 것이다. 그런데 위와 같은 사실적, 정치적 어려움의 극복 이외에 이익형량의 관점에 따른 정보처리 허용요건의 개선을 위해서는 GDPR의 정보처리 허용요건 규정(제6조 제1항)에 대한 정확한 이해 역시 요구되고 있다. 실제로 GDPR 관련 규정에 관하여 국내 문헌에서 그 이해의 뉘앙스가 다르다고 여겨지는 바가 없지 않은데,

---

1) 개정 과정과 내용의 개관으로는 김연진, "개정 개인정보 보호법에 관한 시론적 고찰", 「성균관법학」 제35권 제2호, 2023, 327면 이하; 김현경, "개정 「개인정보 보호법」의 의미와 과제", KISO 저널 제51호, 2023, 21면 참고. 한편 2023년 9월 15일 전면개정 개인정보 보호법이 시행되기 시작하였는데, 사적 영역에서 개인정보 처리에 관한 기본요건은 2024년 개정 예정된 자동화된 의사결정에 대한 정보주체의 권리 이외에는 별달리 변경되지 않은 것으로 파악된다.

2) 빅데이터 시대에서 동의 요건의 현실적 곤란함에 대한 지적으로는 이인호, "개인정보처리(수집, 이용, 제공)의 법적 기준에 대한 타당성 분석", 개인정보보호법제 개선을 위한 개선보고서, 프라이버시 정책연구 포럼, 2013, 7면; 차상육, "빅데이터의 활용에 따른 개인정보 보호법제와의 충돌과 과제", 「한양법학」 제27권 제1호, 2016, 317면; 정원준, "개인정보 동의제도의 실질화 방안 연구", 「고려법학」 108호, 2023, 293면.

3) 권영준, "개인정보 자기결정권과 동의제도에 대한 고찰", 「법학논총」 제36권 제1호, 2016, 673면: 김현경, "정보주체의 권리보장과 '동의'제도의 딜레마", 「성균관법학」 제32권 제3호, 2020, 93면; 윤종수, "사물인터넷, 블록체인, 인공지능의 상호운용에 있어서 개인정보자기결정권의 실현 및 데이터 이용 활성화, 「정보법학」 제24권 제3호, 2020, 107면; 이소은, "개인정보 보호법의 주요 개정 내용과 그에 대한 평가", 이대 「법학논집」 제24권 제3호, 2020, 249면; 최경진, "개인정보보호 관련법의 해석에 있어서 이익형량론과 일반적 이익형량 규정의 필요성에 관한 고찰", 「사법」 제40호, 2017, 77면.

4) 개인정보 보호법 제15조 제1항 제6호는 정보처리자의 정당한 이익을 위한 개인정보의 처리를 허용하고 있다. 그러나 IV.1.에서 후술하는 바와 같이 위 허용요건은 예외적이며 특수한 경우에만 문제되어 실제로 적용되는 경우는 드물다고 평가받고 있다. 이런 상황 인식하에 본 논문은 우리 개인정보 법제가 정보주체의 보호이익과 정보처리자의 정보활용 이익 사이의 비교형량에 입각한 허용요건을 제대로 보장하는 법제가 아니라고 여겨서 위의 본문과 같이 표현하고 있다.

① 영업이익, 특히 상품광고를 위한 정보처리가 정보처리자의 '정당한 이익' 허용요건에 포함되는지에 대한 태도, ② 과학적 연구를 위한 정보처리의 우대가 공적 기관 외에 기업의 사적 연구활동에도 적용되는지 여부, 그리고 ③ 민감정보의 경우에도 목적 양립의 추가처리(개인정보 보호법 제15조 제3항) 등의 허용요건에 의해 처리될 수 있는지 등이 그러하다.[5)]

이에 본 논문은 이익형량에 따른 정보처리의 허용요건을 보다 적극적으로 활용해야 한다는 관점에 따라 GDPR의 정보처리 허용요건(제6조 제1항), 특히 사적 영역을 중심으로 살펴보려고 한다. 그리고 문언이 추상적이고 입법이유 역시 다소 간소한 GDPR 관련 규정의 적확한 이해를 도모하기 위하여[6)] GDPR 시행 전후의 독일 개인정보 보호법(Bundesdatenschutzgesetz; BDSG)의 해당 내용을 적용례의 소개와 함께 다루고자 한다.[7)]

Ⅱ. GDPR 시행 이전의 독일 개인정보 보호법의 규율 내용

1. 정보처리의 허용요건 개관

독일의 2018년 개정 이전 개인정보 보호법은 모두 6개 장으로 구성되어 있는데, 개인정보의 처리가 공적 기관에서 이루어지는지 아니면 사적 기관에서 행해지는지에 따라 각각 제2장과 제3장으로 나누어 규정하고 있다. 그리고 양 기관 모두에 적용되는 총칙이 제1장에서 정해져 있는데, 무엇보다 제4조 제1항은 "정보의 수집, 가공[8)]과 이용은 본 법률 또는 다른 법률이 이를 허용 또는 지시하거나 정보주체가 동의한 경우에만 가능하다"고 규정하고 있다. 위 규정은 현대의 정보기술 상황에서 개인정보의 무한정한 처리행위로부터 정보주체를 보호함으로써 개인정보 자기결정권을 포함한 개인의 인격적 발현을 보장하는 핵심이라고 파악되고 있다.[9)] 그리고 정보처리의 허용요건 중 정보주체의 동의와 법률규정의 관계에 대하여 이론적으로는 동의가 우선적 지위를 갖는다고 한다. 다만 실무에서는 정보처리에 관

---

5) 김현경, "'개인정보처리자의 정당한 이익' 요건의 한계와 개선과제", 「법조」 제72권 제3호, 2023, 240면; 이동진(집필), "가명정보의 특례"와 "목적합치의 원칙", 이성엽(저), 데이터와 법, 2021, 150, 173면; 김현숙, "GDPR에서의 개인정보의 추가처리와 목적의 양립 가능성에 관한 연구", 「가천법학」 제11권 제4호, 2018와 "한국 개인정보보호법상 정당한 이익 확대도입 방안에 관한 연구", 「정보법학」 제22권 제1호, 2018.

6) Verordnung (EU) 2016/679(ABl. L 119 vom 04.05.2016).

7) GDPR 이전의 독일 개인정보 보호법에 관한 국내 문헌으로는 임정숙, "독일법상 개인정보보호에 대한 논의와 그 시사점", 「경제법연구」 제14권 2015, 171면; GDPR 발효 후의 문헌으로는 홍선기, "일반개인정보보호규정(GDPR)의 발효에 따른 독일 개인정보보호법제의 입법동향과 시사점", 「정보법학」 제22권 제1호, 2018, 175면; 임규철, "유럽연합과 독일의 개인정보보호법의 비판적 수용을 통한 우리나라의 개인정보보호법의 입법개선을 위한 소고", 경북대 「법학논고」 제61집, 2018, 81면.

8) "가공(Verarbeitung)"은 위 법률 제3조 제4항에 따르면 개인정보의 저장, 변경, 전달, 차단과 파기를 뜻하며, 위 법률에서 수집, 이용과 구분하여 사용되고 있다. 위의 '가공'이라는 번역에 대하여 우리 개인정보 보호법의 용어(처리), GDPR 외에 이미 Data Protection Directive(1995)에서도 process라는 표현을 사용해 왔으므로 '처리'라는 번역이 적절하다는 지적이 있었는데, 위 법률에서 정의한 Verarbeitung이라는 표현은 process라는 표현보다는 좁은 의미를 갖고 있어서 '가공'이라는 표현을 유지하고자 한다.

9) Gola/Schmoerus, BDSG, 2010, § 4 Rn. 1; Sokol, in: Simits, BDSG, 2011, § 4 Rn. 2.

한 법률상의 허용요건이 인정되지 않는 경우 비로소 정보주체의 동의가 의미를 갖는다고 언급되고 있다.[10)]

한편 사적 영역에서 정보처리의 허용요건에 관하여는 제4조 제1항에서 밝힌 정보주체의 동의 이외에 위 법률 제28조가 보다 자세한 규정을 두고 있다. 물론 2018년 개정 이전의 독일 개인정보 보호법은 사적 영역의 개인정보 처리와 관련하여 처리목적 등에 따라 ① 정보처리자 본인의 "업무 목적을 위한 정보수집과 저장"에 관한 제28조 이외에 ② 제3자에 대한 "전달을 목적으로 영업상 정보수집과 처리"에 관한 제29조, ③ 근로관계 등을 포함한 "취업 관계의 목적을 위한 정보수집과 처리"에 관한 제32조 등 여러 규정을 두고 있다. 다만 제28조가 사적 영역의 개인정보 처리에 관한 일반규정의 지위를 갖고 있는데, 정보처리자 본인이 (정보처리 외의 다른 본연의) 업무를 수행하기 위하여 정보주체의 개인정보를 처리하는 경우를 적용 범위로 하고 있다. 예를 들어 상품 배송회사가 상품배송의 본래 업무를 위하여 고객의 개인정보를 수집, 저장하는 경우를 말하며, 이는 상품 배송회사가 위와 같이 처리한 고객의 개인정보를 자신의 자회사에 전달, 판매하더라도 마찬가지이다.[11)] 이에 반해 제29조는 정보처리 그 자체가 업무 목적인 경우, 다시 말해 정보처리자가 개인정보의 제3자에 대한 판매 등을 목적으로 개인정보의 처리를 고유업무로 하는 경우에 적용된다. 이렇듯 사적 영역에서 개인정보 처리에 관한 일반규정인 제28조는 다시 정보처리의 과정·단계, 정보처리의 목적, 처리정보의 내용 등에 따라 아래의 4가지 경우로 나누어 규정되어 있다.

첫째, 정보처리자의 고유한 업무 목적을 달성하기 위한 개인정보의 수집, 저장, 변경 또는 전달의 경우에는 (i) 수집 당시에 처리목적의 확정+(ii) 계약의 체결 등을 위한 정보처리의 필요, 정보처리자의 정당한 이익을 위한 정보처리의 필요 또는 공개되어서 일반적으로 접근할 수 있거나 정보처리자가 공개할 수 있는 정보('공개된 정보')[12)]이어야 한다(제1항). 둘째, (수집 당시와) 다른 목적을 위한 정보의 전달 또는 이용의 경우에는 (i) 정보처리자의 정당한 이익을 위하여 정보처리가 필요하거나 '공개된 정보'이어야 하며, (ii) 제3자의 정당한 이익을 달성하기 위하거나 국가 또는 공적 안전에 대한 위험방지 등을 목적으로 한 경우 또는 연구기관의 이익을 위하여 학문적 연구[13)]의 발전을 실현할 목적으로 행해진 정보처리는 허용된다(제2항).

셋째, 주소거래[14)]와 광고를 위한 개인정보의 가공 또는 이용의 경우에는 정보주체의 동

10) Gola/Schmoerus, BDSG, § 4 Rn. 5.

11) Gola/Schmoerus, BDSG, § 28 Rn. 4; Simitis, in: Simits, BDSG, § 28 Rn. 22.

12) 다만 위 요건 중에서 "정당한 이익"과 "공개된 정보"의 경우에는 정보주체의 보호이익이 정보처리자의 정당한 이익보다 중대하지 않다는 이익형량을 허용요소로 포함하고 있다.

13) 우리나라의 개인정보보호법과 GDPR 영문버전에서는 과학적 scientific 연구라고 표현하는 반면, 독일의 BDSG와 독일어버전 GDPR(DS-GVO)에서는 학문적 wissenschaftlich라고 표현하고 있다. 양자의 의미는 동일하며, 독일의 상황을 설명하는 경우에는 그곳의 표현에 따라 학문적 연구라고 표현하도록 하겠다.

14) 주소거래(Adresshandel)란 말 그대로 고객의 우편주소를 거래하는 행위를 뜻하는데, (잠재적) 고객에게 직접마케팅을 하기 위한 정보처리의 행위가 된다.

의 없이 (i) 그룹 인명부에 수록된 일정한 개인정보를 대상으로 하며, (ii) 정보의 가공 또는 이용이 정보처리자 자신의 거래 청약을 광고할 목적이거나 정보주체의 직업활동과 관련하여 광고할 목적으로 행해진 경우 또는 일정한 기부의 광고를 위하여 정보처리가 행해진 경우에는 허용된다(제3항).[15] 넷째, 정치적 견해, 건강과 성생활 등의 특별한 유형의 개인정보, 즉 민감정보를 수집, 가공, 이용하는 처리행위는 정보처리자의 업무 목적으로 행해진 때에는 정보주체의 동의 외에 정보처리자 또는 제3자의 중대한 이익을 보호하기 위한 경우, 정보주체가 명백하게 공개한 경우, 법적 권리를 행사하는 데 필요하거나 또는 학문적 연구를 수행하는 데 필요한 경우에는 허용된다(제6항).[16]

이상의 사적 영역에서 개인정보 처리의 허용요건 가운데 비교법적으로 관심을 갖게 하는 ① 정보처리자의 정당한 이익을 위한 정보처리(제28조 제1항), ② 광고를 목적으로 하는 정보처리(제28조 제3항), 그리고 ③ 학문적 연구를 목적으로 하는 정보처리(제28조 제2항, 제28조 제6항)에 관하여 아래에서 좀 더 살펴보도록 하겠다.

2. 정보처리자의 정당한 이익을 위한 개인정보 처리

(1) '정당한 이익' 허용요건의 의미

위의 Ⅱ.1.에서 소개한 바와 같이 2018년 개정 이전의 독일 개인정보 보호법은 제28조 제1항에서 정보처리자 자신의 영업 목적을 위한 정보 수집·가공 등의 허용요건에 관하여 다음과 같은 규정을 두고 있다.

> **제28조 [본인의 영업 목적을 위한 정보수집과 저장]** ① 본인의 영업 목적을 달성하기 위한 수단으로서 개인정보의 수집, 저장, 변경 또는 전달 또는 그 이용의 행위가 허용되는 경우는 다음과 같다;
> 1. 정보주체와 법률행위 또는 법률행위 유사의 채권관계의 성립, 이행 또는 종료를 위하여 필요로 하는 경우,
> 2. 정보처리자의 정당한 이익을 실현하기 위해 필요하고 또한 개인정보의 가공 또는 이용을 배제하는 데 갖는 정보주체의 보호할 만한 이익이 중대하다고 받아들일 근거가 없는 경우 또는 (후략)

이와 같은 '정당한 이익'의 허용요건 규정은 제28조 제1항 제1문 제2호의 문언이 제시하고 있듯이 ① 정보처리자의 정당한 이익을 실현하기 위하여 정보처리가 필요할 것, ② 정보

---

15) 이에 관하여는 아래 Ⅱ.3. 참고.

16) 아래 Ⅱ.4. 참고. 2018년 개정 이전의 독일 개인정보 보호법은 민감정보의 처리행위와 관련하여 위의 제6항 외에도 공중위생, 의료진료 등의 목적을 위한 민감정보의 처리(제7항), 정당·노조·종교 활동을 위한 민감정보 처리(제9항)에 관한 규정을 두고 있다.

처리자가 자신의 정당한 이익과 정보 주체의 보호이익을 형량한 결과 당해 정보처리로 인해 정보 주체의 이익이 과도하게 침해된다고 생각할 이유가 없을 것을 개별 요건으로 규정하고 있다. 이들 요건을 설명하기에 앞서 제28조 제1항 제1문 제1호와 제2호의 관계에 대하여 언급하면, 독일의 입장은 양 허용요건 중 어느 하나가 우선하지 않고 서로 선택적 관계에 있다고 파악하고 있다.[17] 다만 제1호가 정보처리자와 정보주체 사이의 계약관계에 따른 권리행사와 의무이행을 목적으로 하는 정보처리의 허용요건을 정하고 있는 한,[18] 이러한 계약적 고려는 제2호에 따른 정보처리자의 '정당한 이익'을 위한 정보처리의 허용성 여부를 판단하는 데에도 참작되지 않을 수 없다.[19] 이런 맥락에서 제2호의 정보처리 허용 규정은 한편으로는 정보 주체의 동의 여부를 묻지 않은 채 정보처리자의 정당한 이익을 고려하여 정보처리의 인정 여지를 넓혀주고 있지만, 다른 한편으로는 제1호의 규정을 보완하는 역할을 하고 있으며 '정보처리자의 정당한 이익' 등의 개별 요건 역시 엄격하게 해석 · 적용해야 한다고 이해되고 있다.[20]

(2) 정당한 이익의 실현에 필요한 개인정보 처리

제28조 제1항 제1문 제2호에 따른 정보처리자의 "정당한 이익"의 실현을 목적으로 하는 정보처리는 정보수집 시에 처리목적이 구체적으로 확정되어 있어야 한다(제1항 제2문). 그런데 위와 같은 정당한 이익이 어떤 경우에 인정될 수 있는지에 관하여 독일 학계는 하나의 완결된 답을 갖고 있지는 않다. 대개의 견해는 그저 합리적 관점에 따라 당해 정보처리의 구체적 상황을 검토하였을 때 정당하다고 여겨지는 이익이라고만 이해하고 있다. 다시 말해 정보처리를 통하여 추구하는 목적이 개별 상황에서 요구되는 건전한 법관념에 비추어 사회적으로 용인될 수 있는 한 족하며, 그 이익의 경제적, 관념적 성질 여부를 묻지는 않는다.[21] 이 같은 개방성은 입법자가 정보처리자에 의해 정당하게 추구할 수 있는 이익을 미리 정해줄 수는 없다는 사정에서 비롯한 것인데, 정보처리자는 이로써 자신이 추구하고자 하는 이익과 이를 위한 적절한 실현 방법을 스스로 결정하게 된다.[22]

또한 정보의 수집 등 처리가 정보처리자의 정당한 이익의 실현을 위하여 필요한 경우이어야 하는데, 제2호의 허용요건에서는 정보처리자 자신의 이익이 문제되고 있을 뿐이다. 따

17) Gola/Schmoerus, BDSG, § 28 Rn. 9; Simitis, in: Simitis, BDSG, § 28 Rn. 53.

18) 2018년 개정 이전의 독일 개인정보 보호법 제28조 제1항 제1호가 명시하고 있는 "법률행위 또는 법률행위 유사의 채권관계"라는 문언은 독일민법전의 표현에 조응하기 위해 2009년 개정 이전까지 "계약관계"라고 표현되어 있던 문구를 변경한 것이다.

19) 예를 들어 은행과 고객, 의사와 환자, 변호사와 의뢰인 등의 관계에서 후자의 개인정보 처리가 문제되는 경우 은행 등이 계약관계에 따라 고객 등에게 부담하는 직무상 정보처리 제한의 비밀유지의무는 제2호의 '정당한 이익'에 따른 정보처리에서도 고려되어야만 할 것이다.

20) 특히 Simitis, in: Simitis, BDSG, § 28 Rn. 54, 55, 98.

21) Gola/Schmoerus, BDSG, § 28 Rn. 24.

22) Simitis, in: Simitis, BDSG, § 28 Rn. 104.

라서 제3자의 이익을 위한 정보처리는 위 요건에 의해서는 정당화될 수 없으며,[23] 제28조 제2항[24]에서 정한 바에 따라 제3자에 대한 정보전달이 정보처리자와 정보주체의 이익형량을 거쳐 제3자의 정당한 이익을 실현하는 데 필요하다고 인정되는 경우에 허용되고 있다. 한편 정보처리가 처리자의 정당한 이익의 실현을 위해 필요하여야 하는데, '필요성(Erforderlichkeit)'의 요건은 당해 정보처리를 하지 않는다면 정보처리자의 이익이 다른 방법으로는 실현될 수 없거나 적절하게 실현될 수 없는 경우를 뜻한다. 다시 말해 당해 정보처리가 이익을 실현하는 데 다른 기대 가능한 대안이 없는 적절한 수단으로서 인정되어야 한다. 이때 '필요성'의 요건은 정보처리자의 이익 실현을 위하여 정보처리가 절대적으로 없어서는 안 될 정도일 것을 요구하지 않으며, 합리적 관점에서 이익 실현이 당해 정보처리에 의존한다고 파악되면 충분하다.[25]

독일 문헌이 개인정보의 수집 등 처리가 이상에서 설명한 '정당한 이익'의 실현을 위해 필요하다고 인정하는 사례는 당해 정보처리가 양자 사이의 계약상의 권리의무를 실현하는 데 필요하다(제1호)고 말할 수는 없더라도 계약관계를 촉진, 후원하는 데 기여하는 경우(제2호)라고 할 수 있다.[26] 또한 개인정보의 처리가 계약과정에 내재한 일정한 위험을 예방하는 데 필요한 경우에도 '정당한 이익'이 인정되고 있다. 가령 보험회사가 보험계약자와 일정한 사고위험에 대한 보험계약을 체결하는 데 그 보험목적에 대한 재보험이 요구되어서 이를 위해 피보험자의 관련 정보를 재보험회사에 전달, 처리하는 경우를 생각해 보자. 이 경우 보험회사는 보험위험의 분산을 위하여 재보험에 가입하고자 하는 영업상의 '정당한 이익'이 있으며, 재보험회사가 피보험자의 보험위험 관련 정보를 제공받지 않는 한 재보험의 체결을 결심하지 않을 것이기 때문에 '정보처리의 필요성' 역시 인정될 수 있을 것이다.[27] 이 외에도 다음의 경우가 독일 문헌에서 '정당한 이익'의 예시라고 언급되고 있다.[28]

○ 정보처리자가 시장조사, 통계작성의 목적으로 기존 고객의 정보를 수집, 저장하는 경우
○ 상품제조사가 판매처로부터 제조물을 구입한 구매자의 주소, 연락처 등 개인정보를 리콜 목적으로 수집, 처리하는 경우
○ 신용카드 회사가 카드소지자의 평소 신용카드 이용의 정보를 수집하여 카드 도난·분

---

23) Simitis, in: Simitis, BDSG, § 28 Rn. 105.
24) 제28조 ② (번역자: 정보처리자가 원래 수집한 목적과) 다른 목적을 위한 정보의 전달 또는 이용행위는 다음의 경우에 허용된다;
  1. 제1항 제1문 제2호 또는 제3호의 요건을 갖춘 가운데,
  2. 다음을 위하여 필요한 경우
    a) 제3자의 정당한 이익을 실현하기 위한 경우 또는
    b) 국가 또는 공적 안전에 대한 위험방지를 위한 경우 (후략) 또는
  3. 연구기관의 이익을 위하여 학문적 연구를 수행하는 데 필요한 경우 (후략).
25) Gola/Schmoerus, BDSG, § 28 Rn. 15; Simitis, in: Simitis, BDSG, § 28 Rn. 108.
26) Gola/Schmoerus, BDSG, § 28 Rn. 15.
27) Simitis, in: Simitis, BDSG, § 28 Rn. 116.
28) Simitis, in: Simitis, BDSG, § 28 Rn. 102, 113－123.

실시 취득자의 무단 카드이용의 위험을 방지하는 데 이용하는 경우

- ○ 어음할인회사가 어음소지자로부터 어음을 할인, 인수하는 과정에서 어음발행인의 자력정보를 수집하는 경우
- ○ 프랜차이즈 관계에서 가맹상이 매장의 판매전략 등을 위하여 고객의 구매정보 등을 가맹업주에게 전달하는 경우

(3) 정보 주체의 대립하는 보호이익과의 이익형량

'정당한 이익'의 실현에 필요한 정보처리를 위하여 제28조 제1항 제1문 제2호는 정보주체의 정보처리 반대이익이 처리자의 이익보다 중대하다고 정보처리자가 믿을만한 근거가 없을 것을 두 번째 요건으로 하고 있다. 정보처리자가 정보처리에서 고려해야 할 정보주체의 이익은 사생활 비밀과 같은 프라이버시 차원의 이익 이외에 정보처리에 의하여 정보주체가 신용, 구직 등 경제활동에서 입게 될 경제적 손실 등도 포함하고 있다.[29] 해당 정보처리가 정보주체의 이 같은 보호할 만한 이익을 침해하는지 여부에 대해서는 정보처리자가 판단하여야 한다. 이때 정보처리자가 이론적으로 생각할 수 있는 모든 이익침해의 가능성을 감안하여 정보처리를 포기할 필요는 없으며, 통상의 진행 차원에서 개관하여 검토할 때 정보주체의 보호이익이 정보처리에 의해 침해될 것이라고 구체적으로 제시되지 않는 경우에는 해당 정보처리가 허용될 수 있다.[30] 이러한 이익형량의 판단과정에 관하여 독일 연방법원의 한 판결례를 소개한다.

[BGH NJW 1986, 2505[31]] (간략사안) 원고는 부동산업자이며, 피고는 독일 신용평가기관협의의 회원으로서 신용평가 정보를 수집, 제공하는 회사이다. 원고는 수년 전 건축공사를 수행하는 1인 유한회사의 사원이었는데, 원고 운영의 그 회사는 무자력으로 상업등기부에서 말소되었고 파산신청이 기각된 적이 있었다. 피고는 원고의 이러한 내용의 정보를 제3자의 요청에 따라 제3자에게 제공하기 위하여 저장해 왔는데, 원고는 피고에 대하여 해당 정보의 삭제와 제3자 제공 금지를 청구하였다.

원고 청구의 인용 여부에 대한 관건은 피고에 의한 정보의 저장, 전달이 위의 제28조 제1항 제1문 제2호('정당한 이익')에 따라 허용되는지인데,[32] 독일 연방법원은 원고의 청구를 기각한 원심판결을 인용하면서 해당 정보처리에 의한 정보주체의 보호할 만한 이익이 침해

---

29) Gola/Schmoerus, BDSG, § 28 Rn. 26.

30) Gola/Schmoerus, BDSG, § 28 Rn. 28. 당해 정보처리가 통상의 사정을 전제로 개괄적으로 검토하였을 때에는 정보처리의 이익이 보다 우월하다고 수 있지만 해당 정보주체의 특수한 개인상황에 따라 그렇지 않다고 여겨질 수 있는 경우 2018년 이전의 개인정보 보호법 제35조 제5항은 해당 정보처리에 대하여 정보주체가 반대할 수 있는 권리를 규정하고 있다.

31) BGH, Urteil vom 17.12.1985－VI ZR 244/84, juris. 아래에서는 해당 사안과 판시내용에 관하여 이해의 편의를 위하여 축약, 정리하여 인용하고 있음.

32) 위 판결례에서는 원고가 운영하는 유한회사의 신용정보가 원고 자신의 개인정보라고 파악할 수 있는지가 문제되었는데, 이에 대해서는 당해 회사의 형태가 1인 유한회사라는 점에서 이를 인정하고 있다.

되었는지 여부와 관련하여 다음과 같이 판시하였다: "'보호할 만한 이익'이라는 개념은 한편으로는 정보주체의 인격권과 정보공개 및 이용이 정보주체에게 갖는 영향과 다른 한편으로는 정보처리자와 제3자의 이익을 형량하여 보충되어야 한다. 이때 해당 정보의 유형, 내용과 의미와 더불어 정보처리의 목적이 고려되어야 한다. (…) 원고는 자신의 개인정보가 저장되는 것으로부터 보호받으려는 이익이 이익형량의 중심인데, (…) 개인정보 저장의 목적이 개인정보 자기결정권에 대한 부담과 조화될 수 있으며 정보저장이 처리목적 달성에 필요한 때에는 정보주체는 정보저장의 처리를 감수하여야 한다. 본 사안의 경우가 이에 해당한다. 항소심의 확정에 따르면 피고는 원고의 잠재적 신용제공자들에게 그들의 신용제공 결정의 기초를 제공하기 위하여 정보를 저장하고 있다. 이러한 목적으로 한정되는 정보 활용과 관련하여 파악해 볼 때 만약 피고의 정보전달이 없었더라면 신용제공자들의 정당한 제공요청에 따라 원고 자신이 스스로 피할 수 없었던 정보의 저장, 전달행위는 원고의 인격을 과도하게 침해하지는 않는다."

독일 문헌에서 지금도 인용되는 이러한 판시내용은 정보주체의 '보호할 만한 이익'에 관하여 정보처리자의 '정당한 이익'과 마찬가지로 판단의 세부 지침이 법률상 제시되지 않은 상황에서 결국에는 정보처리의 개별 상황에 천착하여 당해 정보의 유형과 내용, 처리의 목적과 모습, 정보주체에 대한 영향 등을 고려해 판단하지 않을 수 없음을 잘 말해주고 있다. 이 같은 이익형량에서 한 가지 부언하고자 하는 바는 이익형량의 판단 역시 구체적으로 정해진 정보처리의 목적과 연관되지 않을 수 없다는 점이다. 가령 위 (2)에서 소개한 바와 같이 상품제조사가 판매자로부터 구매자의 개인정보를 리콜 목적으로 전달받아 이용하는 행위는 독일 문언에서는 제조사, 구매자 모두의 사고손해 방지의 이익을 위하여 대체로 적법한 정보처리라고 이해되고 있다. 그러나 상품제조사가 구매자의 개인정보를 수집하여 고객의 선호에 따른 상품개발과 맞춤형광고 등을 위하여 고객의 프로파일링 목적으로 처리하는 행위는－정보주체의 동의 또는 익명·가명처리가 없는 한－허용될 수 없는 행위라고 널리 평가되고 있다.[33] 왜냐하면 이와 같은 정보처리는 정보처리자의 경제적 이익을 인정할 수 있다고 하더라도 처리 당시 구체적으로 확정하기 쉽지 않은 처리목적, 그에 따라 처리정보의 예견이 어렵고 많은 양의 정보처리, 특히 타인이 자신의 생각과 행동을 꿰뚫어 보고 있다는 정보주체의 불안감 등에 비추어 정보 주체의 보호할 만한 이익을 침해한다고 판단되기 때문이다.

33) Simitis, in: Simitis, BDSG, § 28 Rn. 112－113, 138 f.

3. 광고를 위한 개인정보의 가공, 이용행위

(1) 광고 목적의 정보처리 허용 규정의 개관

2018년 개정 이전의 독일 개인정보 보호법 규정 가운데 주목되는 규정은 제28조 제3항에서 주소거래 또는 광고를 목적으로 인명부(Personenliste)에 기재된 정보주체의 일정한 개인정보를 가공, 이용할 수 있도록 하는 규정이다.

> **제28조 [본인의 영업 목적을 위한 정보수집과 저장]** ③ 주소거래 또는 광고를 목적으로 하는 개인정보의 가공 또는 저장행위는 정보주체가 동의하였고 서면에 의한 동의가 아닌 한 정보주체가 제3a항의 절차를 밟았을 경우에 허용된다. 이에 더하여 개인정보의 가공, 저장행위는 그룹의 성원에 관하여 인명부 또는 그 외의 정리된 정보인 한 정보주체의 그룹에의 소속, 직업·업종 또는 영업관계, 성명, 직책, 학위, 주소와 출생년도에 한정된 정보이고 또한 그 가공 또는 처리가 다음을 위하여 필요한 경우에는 허용된다;
>
> 1. 정보처리자가 자신의 영업을 광고하려는 목적을 위한 경우인데, 이 경우에는 정보처리자가 그룹 소속에 관한 정보사항 외에 위의 정보사항들을 제1항 제1문 제1호[34] 또는 일반적으로 접근할 수 있는 주소, 전화번호, 업종 또는 유사한 명부에서 취득하였던 때,
> 2. 정보주체의 직업활동과 관련한 광고를 목적으로 하고 정보주체의 직장주소로 광고하는 경우 또는
> 3. 소득세법 제10b조 제1항과 제34g조에 따라 세제 혜택을 받는 기부의 광고를 목적으로 하는 경우.
>
> 제2문 제1호에 따른 목적을 위하여 정보처리자는 위의 규정에서 열거된 정보에 추가적 정보를 활용할 수 있다. 제2문에 따라 통합 정리된 개인정보는 제34조 제1항 제1문이 규정한 바에 따라 전달 관련 사항을 저장하는 때에는 광고를 목적으로 전달될 수 있다. (…) 제2문부터 제4문에 따른 가공 또는 이용은 정보주체의 보호할 만한 이익에 저촉되지 않는 때에 허용된다. 제1문, 제2문과 제4문에 따라 전달된 개인정보는 그 정보가 전달된 목적을 위해서만 가공 또는 이용될 수 있다.

위 규정의 핵심은 광고를 위한 정보처리의 허용요건으로서 정보주체의 동의(제1문) 이외에 그룹 인명부의 일정한 개인정보에 관하여는 사전 동의 없이도 가공 또는 이용할 수 있도록 허용하는 데 있다(제2문 이하). 제28조 제2문 각호에 따르면 바로 다음과 같은 경우가 후자의 허용요건에 해당하는데, ① 정보처리자의 기존 고객, 즉 정보처리자와 거래관계에 있었거나 현재에도 거래가 있는 고객을 상대로 광고하는 경우(제2문 제1호), ② 일반적으로 접근할 수 있는 전화번호부 또는 주소록 등으로부터 얻은 주소를 이용하여 광고하는 경우(제2문 제1호), ③ 소비자가 아닌 자를 상대로 광고 상대방의 직업 관련 광고를 직장 주소로 광

---

34) 정보주체와의 계약 체결, 이행, 소멸을 목적으로 하는 정보처리. 앞의 Ⅱ.2.(1) 인용 조문 참고.

고하는 경우(제2문 제2호), 그리고 ④ 기부시 세제 혜택을 볼 수 있는 조직에의 기부를 광고하는 경우(제2문 제3호)가 그것이다.[35] 또한 정보처리자는 이 같이 자신의 업무를 위한 광고 이외에 본래의 업무 수행 목적으로 처리한 고객주소를 제3자에게 판매, 임대할 수 있으며(제1문. Adresshandel, 주소거래) 그룹 인명부의 일정 개인정보를 제3자에게 광고목적으로 이용하게끔 전달할 수도 있다(제4문). 물론 정보주체는 이상의 제2문, 제4문의 광고 목적의 정보처리에 대하여 정보처리자에게 반대의 의사를 표시하여 더 이상 처리할 수 없도록 만드는 권한을 갖고 있다(제4항).

Opt-out 방식의 이러한 광고 목적의 정보처리 규정은 이미 1977년 독일 개인정보 보호법 제정 당시부터 요청되었던 인명부 수록의 개인정보 처리에 대한 관대한 규율태도[36]에서 유래하고 있다. 물론 제28조 제3항 제2문 이하의 규정내용에 대하여는 정보주체가 원치 않는 광고에 노출되며 추가정보와의 결합에 의해 사생활을 침해받을 위험이 높아진다는 비판도 제기되고 있다.[37] 다만 독일 입법자는 성명, 주소, 직업 등 일정한 정보의 경우 타인에 의하여 자유롭게 이용될 수 있어야 하고, 전화번호부 등을 통해 이미 공개되어 있어서 일반적으로 접근할 수 있으며 또한 이들 정보를 상업적으로 활용하려는 이익을 보장해 주어야 한다는 인식을 바탕으로 인명부 수록의 개인정보 처리에 관하여 우대하는 입법 자세를 가져왔다.[38][39] 아래의 (2)에서는 광고 목적의 개인정보 처리에 관한 개별 요건을 소개하도록 한다.

(2) 광고 목적의 정보처리 허용을 위한 세부 요건

제28조 제3항 제2문에서 정한 광고 목적의 개인정보 처리규정은 우선 ① 광고행위가 일정한 표지에 따른 그룹의 인명부와 그룹 성원의 성명, 주소 등 7개의 한정된 개인정보[40]의 가공 또는 이용행위일 것, 이 가운데 ② 소비자에 대한 광고의 경우에는 정보처리자가 광고 상대방인 정보주체로부터 성명, 주소 등 개인정보를 수집하였거나 이들 개인정보가 공개되어 있어서 일반적으로 접근할 수 있을 것, 반면 ③ 위의 인명부의 정보처리를 통한 광고가

---

35) Gola/Schmoerus, BDSG, § 28 Rn. 49.

36) 1977년 BDSG § 24 ② (…) 그룹 성원에 관한 인명부 또는 그 외 정리된 정보의 전달은 그 정보가 1. 성명, 2. 직위, 학위, 3. 출생연월일, 4. 직업, 업종 또는 영업관계, 5. 주소, 6. 전화번호에 한정되고 그 전달로 인하여 정보주체의 보호할 만한 이익이 침해된다고 여길 만한 사유가 없는 한 허용된다.

37) Simitis, in: Simitis, BDSG, § 28 Rn. 228.

38) Simitis, in: Simitis, BDSG, § 28 Rn. 226.

39) 위의 제28조 제3항 제2문의 광고 목적의 정보처리 허용 규정은 아래 (3)에서 소개하는 바와 같이 전화, 팩스, 이메일을 이용한 원치 않는 광고행위의 경우 독일에서는 부정경쟁방지법(Gesetz gegen unlauteren Wettbewerb; UWG)에 따라 금지 여부를 규정하고 있는 관계로 주로 편지광고에서 문제되고 있다. 한편 독일 개인정보 보호법 제정 당시 인명부 기재의 정보처리는 광고 목적 외에 시장조사, 통계 목적을 위해서도 문제되었는데, 2018년 개정 이전의 개인정보 보호법은 위 본문에서 소개한 바와 같이 광고 목적의 처리행위에 대해서만 명시하고 있으며 그 외 시장조사, 통계 목적의 정보처리에 관하여는 앞의 Ⅱ.2.에서 소개한 정보처리자의 '정당한 이익'에 따른 정보처리 요건에 따라 허용 여부를 결정하고 있다. 후자에 관해서는 Gola/Schmoerus, BDSG, § 28 Rn. 43.

40) ① 정보주체의 그룹에의 소속, ② 직업 · 업종 또는 영업관계, ③ 성명, ④ 직책, ⑤ 학위, ⑥ 주소와 ⑦ 출생년도.

상대방의 직업 관련 광고인 때에는 정보주체의 직장주소에서 광고행위가 이루어질 것을 요건으로 하고 있다.

이 중에서 무엇보다 중요한 요건은 정보주체가 일정한 표지에 따른 그룹의 성원에 속해 있다는 점이다. 왜냐하면 일정한 표지에 따른 '그룹 명부(Personenliste)'란 예를 들어 X 지역의 치과의사 명부, Y 배송회사 또는 Y 와인매장의 고객, Z 잡지의 구독자 등과 같이 정보처리자가 예정하는 광고 목적의 접촉을 하는 데에 신뢰할 만한 정보적 의미를 갖기 때문이다. 이때 정보처리자가 하나의 그룹 내에서 다시 추가적 구별표지를 활용할 수 있는지가 문제된다. 예를 들어 '1천 유로 이상을 구매한 X 매장의 고객'과 같은 그룹 명부의 생성인데, 독일 문헌은 제28조 제3항 제2문의 경우 하나의 표지에 따른 그룹 명부의 처리만을 허용하고 있어서 추가적 표지에 따른 그룹 명부의 정보처리에 대해서는 정보주체의 동의를 요건으로 한다고 해석하고 있다.[41] 추가 표지에 따른 세부화된 그룹 명부의 생성이 정보처리자의 입장에서는 광고 효율을 높이는 데 기여할 수 있겠지만 추가정보로 인해 정보주체의 사생활 보장 등 보호할 만한 이익을 침해할 여지를 높이기 때문이다.

그리고 광고를 위한 인명부의 정보처리 행위는 정보주체의 그룹 소속을 포함하여 직업, 성명, 주소 등 7개의 개인정보로 한정되어 있다(제3항 제2문). 이때 정보처리자가 소비활동에 관한 자신의 청약을 광고함에 있어서는 정보주체의 성명, 주소 등 개인정보를 정보주체와의 계약관계에 기하여 수집하였을 것을 필요로 한다. 이러한 정보수집의 경위를 요건으로 하는 것은 이를 통해 정보주체 스스로 자신이 누구와 관련을 맺고 있으며 정보처리자가 광고 목적의 접촉을 할 수도 있다는 예견가능성을 확보해 주는 데에 그 목적이 있다.[42] 이러한 수집 방법 이외에 정보처리자는 정보주체의 성명, 주소 등을 전화번호부, 주소록과 같이 공개적으로 접근할 수 있는 목록으로부터 수집하여 정보주체에 대한 편지광고에 이용할 수 있다.

더 나아가 정보처리자가 제2문 제1호에 따라 정보주체의 직업활동과 관계없는, 즉 상대방의 소비생활에 필요한 상품을 청약하는 경우에는 7개의 개인정보로 국한된 인명부에 다시 별개의 정보를 추가 활용하여 고객의 관심과 기호에 따른 광고활동을 허용하고 있다(제3문). 기업의 고객관계관리(Customer Relationship Management)가 이로써 가능하게 되는데,[43] 그렇다고 하여 고객에 대한 프로파일링 정보가 광고 목적을 위해 인명부에 추가가능한 정보로 허용되지는 않는다.[44] 왜냐하면 정보처리자의 '정당한 이익'을 위한 정보처리 요건에서도 이미 밝힌 바와 같이, 정보주체의 동의가 없는 한 프로파일링에 의하여 정보주체의 사생

41) Gola/Schmoerus, BDSG, § 28 Rn. 51; Simitis, in: Simitis, BDSG, § 28 Rn. 233.
42) Simitis, in: Simitis, BDSG, § 28 Rn. 239.
43) Gola/Schmoerus, BDSG, § 28 Rn. 54.
44) Gola/Schmoerus, BDSG, § 28 Rn. 11, 54.

활 보장 등 보호할 만한 이익이 과도하게 침해될 우려가 있다고 여겨지기 때문이다.

한편 광고 상대방의 직업 관련 광고를 위한 인명부의 개인정보 처리는 정보주체의 직업 활동과 관련되고 정보주체의 직장주소에서 광고행위가 이루어지는 한 정보주체의 동의가 없더라도 허용되고 있다(제3항 제2문 제2호). 끝으로 그룹 명부의 개인정보는 제3자에게 광고 목적으로 전달될 수도 있다(제4문). 이에 의하여 광고 목적의 정보는 광고자 스스로 수집해야 한다는 제한을 벗어나 원래 수집한 자의 제3자에 대한 전달을 허용하고 있다.[45] 물론 제3자 전달의 경우 원래의 수집자는 2년 동안 정보출처의 정보를 저장해 두어 정보주체가 요청한다면 이를 정보주체에 알려야 하며(제34조 제1a항), 정보를 제공받는 제3자는 광고를 할 때에 정보의 출처를 명확히 고지하여야 한다.

(3) 정보주체의 이익에 저촉되지 않는 정보처리

광고를 위한 인명부의 개인정보 처리행위 역시 정보처리자와 정보주체의 이익형량에 따라 허용 여부를 판단하지 않을 수 없으며, 이에 정보주체의 보호할 만한 이익을 침해하지 않는 때에 비로소 허용될 수 있다(제3항 제6문). 정보주체가 광고 목적의 정보처리에 반대의사를 표시한 경우(제28조 제4항)에는 말할 것도 없고, 독일 문헌에 따르면 예를 들어 정보주체가 요양시설에 거주하고 있다는 주소정보와 같이 그룹 명부를 통하여 정보주체의 프라이버시에 대한 접근이 가능하게 되는 경우에도 정보주체의 동의를 요구하지 않는 제3항 제2호의 인명부의 정보처리는 허용되지 않는다.[46] 또한 정치적 견해, 건강상태 등의 민감정보 역시 제28조 제6항 이하에서 별도로 허용요건을 정하고 있으므로, 광고 목적의 처리행위에 대해서는 정보주체의 보호할 만한 이익에 비추어 허용되지 않는다.[47]

끝으로 광고 목적의 개인정보 처리에 대한 정보주체의 보호이익과 관련하여 무엇보다 독일 부정경쟁방지법 제7조의 규정을 소개하지 않을 수 없다.

> **UWG § 7 [과도한 방해]** ① 영업상의 행위가 시장참가자를 과도하게 방해하는 행위는 허용되지 않는다. 이는 특히 광고의 경우 광고 목적의 접촉을 받은 시장참가자가 광고를 원하지 않다는 것을 알 수 있음에도 행해진 때에 그러하다.
> ② 과도한 방해는 아래의 경우 언제나 인정된다;
> 1. 전화에 의한 광고의 경우 소비자에게 소비자의 사전의 명시적 승낙 없이 행해지거나 그 외의 시장참가자에게 적어도 묵시적 승낙 없이 행해진 경우,
> 2. 자동전화장치, 팩스 또는 전자우편에 의한 광고의 경우 수령자가 사전에 명시적으로 승낙한 바 없이 행해진 경우 또는 (중략)

45) Simitis, in: Simitis, BDSG, § 28 Rn. 243.
46) Gola/Schmoerus, BDSG, § 28 Rn. 51; Simitis, in: Simitis, BDSG, § 28 Rn. 245.
47) Gola/Schmoerus, BDSG, § 28 Rn. 50.

③ 제2항 제2호에도 불구하고 전자우편을 이용한 광고의 경우 다음과 같은 때에는 과도한 방해라고 인정되지 않는다.
1. 사업자가 물품 또는 노무의 판매와 관련하여 고객으로부터 고객의 전자우편을 수집하였고,
2. 사업자가 자신의 유사한 물품 또는 노무를 직접 판매할 목적으로 그 주소를 이용하고,
3. 고객이 주소이용에 대하여 반대하지 않았으며 그리고
4. 고객이 주소의 수집과 주소의 활용시에 그 활용에 언제라도 반대할 수 있음을 분명하게 고지받았을 때 (후략).

이 같은 독일 부정경쟁방지법 제7조 규정은 광고 상대방이 스스로 요청하지 않은 광고를 통해 사생활의 방해를 받는 것을 방지하기 위한 입법으로 이해되고 있다.[48] 위와 같은 부당광고 제한 규정에 따라 정보처리자가 전화번호, 이메일주소 등의 연락처를 상대방의 사전 승낙 없이 가령 홈페이지 게시 등 공개, 일반적으로 접근할 수 있는 출처로부터 수집, 저장하여 광고 목적으로 활용하는 정보처리는 금지되고 있다. 다만 전자우편을 이용한 광고 목적의 정보처리 행위의 경우에는 기존의 고객에 대하여 일정한 상품의 직접마케팅을 목적으로 하여(제3항 제2호) 고객의 반대 권한을 보장하는 한도에서 허용되고 있다(제3항 제3호, 제4호).[49]

4. 학문적 연구를 위한 개인정보(민감정보)의 처리

(1) 학문연구 목적의 개인정보 처리 규정 개관

2018년 개정 이전의 독일 개인정보 보호법은 민간부문에서 학문연구 목적의 개인정보 처리에 관하여 우대하는 규정을 두고 있다. 즉, 정보주체의 동의, 목적구속과 민감정보 처리금지의 원칙 하에서 학문적 연구를 위한 정보처리의 경우 원래 처리 목적이 아닌 연구 목적의 처리(제28조 제2항 제호)와 민감정보의 처리(제28조 제6항)를 허용하는 개별 규정을 두고 있는데, 각 규정은 다음과 같다.[50]

제28조 [본인의 영업 목적을 위한 정보수집과 저장] ② 원래의 목적과 다른 목적을 위한 전달 또는 이용은 다음의 경우에 허용된다; (중략)

---

48) 위 규정에 관한 국내 문헌의 소개로는 유주선, "독일 부당경쟁방지법상 부당한 영업행위에 대한 논의－특히 부당한 표시·광고의 규제를 중심으로", 「경제법연구」 제10권 제2호, 2011, 137, 148면.

49) 독일에서 GDPR이 적용되고 있는 현재의 규율상황에 관하여는 아래 III.2(3) 참고.

50) 독일 2018년 개정 이전의 개인정보 보호법은 학문연구 목적의 정보처리에 관한 하나의 포괄적 규정을 두지 않은 채 아래에서 소개하는 바와 같이 정보처리자의 지위(공공부문, 민간부문), 처리행위의 모습(제3자의 연구를 위한 전달, 자기연구를 위한 수집) 등에 따라 나누어 규정하고 있다. 또한 사회복지, 의료 등 개인정보의 취급에서 정보주체의 보호가 특별히 요구되는 일정한 영역의 경우에는 사회법, 병원법 등 관련 법률에서 세부 규정을 두고 있다.

3. 연구기관의 이익을 위하여 학문적 연구를 수행하는 데 필요한 경우에는 연구계획의 수행에 관한 학문적 이익이 목적 변경의 배제에 관한 정보주체의 이익보다 현저하게 중대하고 연구 목적이 다른 방법으로는 실현될 수 없거나 과도한 비용을 들여서만 실현될 수 있는 경우(중략)

⑥ 특별한 유형의 개인정보(제3조 제9호)의 수집, 가공과 이용은 정보주체가 제4a조 제3항에 따라 동의하지 않았던 한 다음의 경우에 허용된다; (중략)

4. 학문적 연구를 수행하는 데 필요한 경우에는 연구계획의 수행에 관한 학문적 이익이 목적 변경의 배제에 관한 정보주체의 이익보다 현저하게 중대하고 연구 목적이 다른 방법에 의해서는 실현될 수 없거나 과도한 비용을 들여서만 실현될 수 있는 경우 (후략)

위의 제28조 제2항 제3호는 어떤 목적을 가지고 개인정보를 수집 등 처리한 자가 원래의 목적과 달리 학문연구의 수행을 위하여 연구기관(Forschungseinrichtung)에게 이를 전달하여 이용하도록 하는 경우를 규정하고 있는 반면,[51] 제28조 제6항은 정치적 견해, 건강상태 등에 관한 특별한 유형의 개인정보가 학문적 연구의 수행을 위하여 연구기관에 의해 적법하게 수집 등 처리될 수 있는 요건을 정하고 있다.[52] 한편 이들 규정이 학문연구를 위한 정보처리의 모습과 경위 등에 관한 개별 허용요건을 규정하고 있는 반면, 제40조는 연구기관이 연구 목적의 정보처리에서 준수해야 할 기본요건을 밝히고 있다.

제40조 [연구기관에 의한 개인정보의 가공과 이용] ① 학문적 연구를 위하여 수집 또는 저장된 개인정보는 학문적 연구의 목적을 위해서만 가공 또는 이용될 수 있다.

② 개인정보는 연구목적에 따라 가능한 한도에서 익명처리되어야 한다. 익명처리가 되기까지는 특정된 또는 특정할 수 있는 개인에게 인적 또는 물적 사정에 관한 세부내용이 귀속될 수 있는 식별표지는 별도로 저장되어야 한다. 식별표지는 연구목적상 필요로 하는 때에만 세부내용과 결합할 수 있다. (후략)

(2) 학문연구를 위한 연구기관에 의한 정보처리

이상에서 인용한 독일 2018년 이전의 개인정보 보호법에 따른 사적 영역의 학문연구를 위한 정보처리는 ① 학문연구의 수행을 위하여 필요할 것, ② 학문연구의 이익이 정보주체의 이익과 비교하여 현저하게 우월할 것, ③ 정보처리 외의 다른 방법에 의한 학문연구 수행의 (사실적) 불가능(이상 제28조 제2항 제3호, 제6항), 그리고 ④ 개인정보의 익명처리[53](제

51) 제28조 제2항 제3호의 경우에는 이른바 제3자 연구(Drittforschung)에 관하여 정하고 있으므로, 연구자가 자신의 연구 목적으로 개인정보를 수집 등 처리하는 행위에 대해서는 제28조 제1항의 허용요건이 적용된다고 이해되고 있다. Simitis, in: Simitis, BDSG, § 28 Rn. 198.

52) 이 규정은 위의 제28조 제2항 제3호와 달리 연구기관이 자신의 연구를 위하여 민감정보의 수집 등을 허용하고 있을 뿐이며(Eigenforschung, 자기연구), 민감정보의 높은 보호필요에 따라 제3자연구의 목적으로 전달하는 것을 허용하지는 않는다고 해석되고 있다.

53) 제3조 [정의규정] ⑥ 익명화란 개인정보를 변경하여 인적 또는 물적 사정에 관한 개별 내용이 특정된 또는 특정

40조 제2항)를 허용요건으로 하고 있다.[54] 학문연구를 위해 이러한 요건에 따른 목적 구속의 완화, 민감정보 처리의 우대는 이미 독일 개인정보 보호법 제정 이래로 유지되어 온 바인데, 이는 독일 기본법 제5조 제3항에서 명시된 학문연구 자유를 정보주체의 자기결정권 보호와 대립, 형량하여 적절하게 보장함을 목적으로 하고 있다.[55]

그런데 이들 허용요건에서 이해하기 쉽지 않은 요소가 바로 학문연구의 목적이다. 우선, 학문연구의 개념과 관련하여 독일의 기본법과 마찬가지로 개인정보 보호법 역시 별도의 정의 규정을 두지 않고 있다. 이에 독일의 개인정보 문헌은 그저 연방법원의 판결을 인용하면서 '객관적이고 검증, 신뢰할 수 있는 연구 방법과 체계에 따라 새로운 가치가 있는 인식을 얻고자 하는 행위'라고 이해하고 있을 뿐이다.[56] 그렇지만 이 같은 넓은 개념 파악에만 따를 경우 개인정보 처리에서 우대하는 행위영역을 정하는 데 곤란함이 있고, 이에 2018년 이전의 독일 개인정보 보호법 제28조 제2항 제3호, 제40조는 '연구기관(Forschungseinrichtung)'에 의한 정보처리를 요건으로 정하고 있다. 이때 연구기관에의 한정은 연구행위의 독립성, 자율성(Selbständigkeit, Unabhängigkeit)을 보장할 수 있는 처리자, 다시 말해 연구의 대상, 방법과 내용 그리고 그 결과의 활용에서 경제적 이익 등 다른 목적의 영향에서 벗어나 본래의 학문적 연구 목적에 따라 결정할 수 있으며 그 일환인 개인정보의 처리에서도 다른 목적에 따르지 않고 학문연구에의 한정된 활용을 준수할 수 있는 자의 정보처리에 한하여 위 제28조 제2항 제3호, 제6항의 예외적 허용요건을 적용하려는 의미를 갖고 있다.[57]

이러한 '연구기관'의 형태는 Max Planck 연구소와 같이 그 기관의 과제 자체가 연구활동을 목적으로 하는 경우 이외에 하나의 회사 내의 연구조직과 같이 기업의 부설기관의 모습으로 존재할 수도 있다.[58] 무엇보다 중요한 것은 연구기관이 학문적 연구를 (주된) 목적으로 독립적 활동을 수행한다는 것인데, 특히 사적 영역에서 그 인정 여부가 논의되고 있다. 예를 들어 시장조사 기관에 의한 개인정보 처리와 같이 그 활동이 비록 학문적 연구 방법과

할 수 있는 자연인에게 귀속될 수 없도록 만들거나 과도하게 많은 시간, 비용과 노동력을 들여서만 그러한 귀속이 가능하도록 하는 조치를 말한다.

⑥ⓐ 가명화란 정보주체의 특정을 배제하거나 본질적으로 어렵게 할 목적으로 성명과 다른 식별표지를 기호로 대체하는 조치를 말한다.

54) 독일 개인정보 보호법은 아래에서 간략히 언급할 바와 같이 제40조 제2항에서 언급하는 익명조치(Anonymisierung)를 넓게 이해하여 익명조치를 통해서는 연구목적이 달성될 수 없는 한 가명조치(Pseudonymierung)를 허용, 포함하는 것으로 해석하고 있다. Gola/Schmoerus, BDSG, § 40 Rn. 13; Simitis, in: Simitis, BDSG, § 40 Rn. 66, 73. 한편 유럽 GDPR에서 가명조치가 갖는 의미에 관한 국내 문헌의 소개로는 무엇보다 이대희, "개인정보 보호 및 활용 방안으로서의 가명·비식별정보 개념의 연구", 「정보법학」 제21권 제3호, 2017, 217, 223면 이하.

55) 개인정보 법제에서 정보주체의 권리보호와 학문적 활동의 자유 보장에 관한 조화 필요에 관한 강조로는 Simitis, in: Simitis, BDSG, § 40 Rn. 9-11.

56) Gola/Schmoerus, BDSG, § 40 Rn. 7a(BVerfGE 35, 79 ff. 인용).

57) Gola/Schmoerus, BDSG, § 40 Rn. 7; 특히 Simitis, in: Simitis, BDSG, § 40 Rn. 30, 33, 36. 다만 미리 지적할 바는 정보주체의 동의 외에 연구목적의 정보처리 허용요건 중에서 '연구기관'의 수범자 요소는 EU의 GDPR과 그에 따른 2018년 개정 이후의 독일 개인정보 보호법에서는 더 이상 채택되어 있지 않다. 후술하는 Ⅲ.3. 참고.

58) Gola/Schmoerus, BDSG, § 40 Rn. 7; 특히 Simitis, in: Simitis, BDSG, § 40 Rn. 199. 다만 개인연구자는 위의 기관에 해당하지 않음은 물론이다.

내용의 요소를 갖추고 있더라도 주로 상업적 이익을 추구하는 데 목적을 두고 있다고 여겨지는 경우 위의 학문적 독립성 요건은 충족하지 못한 것으로 파악하고 있다.[59] 다만 제약회사의 연구소가 신약 개발, 발매에 앞서 임상시험을 위한 개인정보를 처리하는 경우에는 당해 연구가 비록 경제적 이유로 동기부여되었다고 하더라도 연구소가 독립성을 갖추고 있는 한 '연구기관'에 의한 연구목적의 정보처리 요건에 해당한다고 설명하고 있다.[60]

(3) 학문연구를 위한 정보처리의 그 외 허용요건

사적 영역에서 학문연구의 목적을 위한 정보처리는 바로 위 (2)에서 언급한 연구기관의 학문적 연구를 목적으로 할 것 외에 ① 정보처리의 필요성, ② 학문적 연구이익의 현저한 우월함, ③ 다른 수단에 의한 연구목적 달성의 (사실적) 불가능, 그리고 ④ 개인정보의 익명처리를 허용요건으로 하고 있다. 이 가운데 먼저 '필요성'의 요건은 연구의 방법과 내용을 선택함에서 자유를 보장하기 위하여 정보처리를 하는 데 과도한 장벽을 세워서는 안 된다는 취지에서 당해 정보처리가 납득할 만하다고(plausibel) 평가되는 경우에는 충족하는 것으로 해석하고 있다.[61]

다음으로 학문연구를 위한 개인정보의 처리 역시 정보주체의 권리, 법익과 형량한 결과 학문연구의 이익이 후자와 비교해 현저하게 중대할 것을 필요로 한다. '현저함'의 요구는 원래 목적과 다른 정보처리라는 목적구속의 완화, 민감정보의 높은 보호 필요를 반영한 것으로 이해되고 있다.[62] 그리고 제28조 제2항 제3호, 제6항의 세 번째 요건은 연구목적의 실현이 당해 정보처리가 없는 한 다른 방법으로는 실현될 수 없거나 그 실현을 위해 과도한 비용을 필요로 하는 경우이어야 한다. 학문연구 목적의 정보처리에서도 정보주체의 동의가 기본적 허용요건임을 고려하는 한, 이 요건의 해당성은 객관적으로 보았을 때 정보주체의 동의를 받는 것이 정보주체의 수적 규모, 거주지 등 연락가능성, 예정한 처리가 정보주체에게 미치는 영향 등을 고려하여 판단되어야 한다.[63]

한편 학문연구를 위한 개인정보의 익명조치 요구는 학문적 연구라는 것이 대개의 경우 정보주체의 식별에는 관심을 두지 않고 그 주체의 개성을 벗어나 집적된 정보로부터 어떤 현상 또는 사물에 대한 통찰력을 얻고자 한다는 점을 반영하여[64] 학문적 연구를 우대하면서도 사생활 보호 등 정보주체의 이익을 보장하기 위한 전제이다. 이 요건은 학문연구의 영

---

59) Gola/Schmoerus, BDSG, § 40 Rn. 8; 특히 Simitis, in: Simitis, BDSG, § 40 Rn. 38.

60) Gola/Schmoerus, BDSG, § 40 Rn. 8.

61) Simitis, in: Simitis, BDSG, § 28 Rn. 205. 이 같은 '필요성' 요건의 해석은 학문적 연구라는 것이 그 경과 과정에서 구체화되는 경우가 많고 또한 지속적으로 변화, 발전하는 특징을 갖고 있음을 고려한 것이라고 한다.

62) Simitis, in: Simitis, BDSG, § 28 Rn. 207(다만 이 문헌에서도 어떤 경우에 학문적 연구의 이익이 '현저히' 중대한가에 대하여 좀 더 자세히 설명되어 있지는 않음).

63) Simitis, in: Simitis, BDSG, § 28 Rn. 209, 210.

64) Gola/Schmoerus, BDSG, § 40 Rn. 14; Simitis, in: Simitis, BDSG, § 40 Rn. 67.

역에서도 최소한의 정보처리 원칙을 분명히 하고 있는데, 완전한 익명화에 대한 의구심과 익명조치의 다양한 방법 등에 따라 사실상의 익명화 외에 가명조치 역시 포함하는 것으로 이해되고 있다.[65] 따라서 연구 목적의 정보처리자는 연구목적의 정보처리를 위해 정보의 개인관련성이 더 이상 요구되지 않는 경우에는 익명조치를 취해야 하고 가령 장기간에 걸친 연구와 같이 개인의 (재)식별 필요가 있는 등 익명화에 의해서는 연구목적이 달성될 수 없는 경우에는 가명화의 조치를 하여야 한다.

Ⅲ. EU의 GDPR과 그 후의 독일 개정 개인정보 보호법의 규율 내용

1. 원래의 목적과 합치하는 다른 목적을 위한 정보처리

(1) GDPR 제5조 제1항 제b호와 제6조 제4항의 규정 소개

EU의 GDPR은 제5조와 제6조에서 개인정보 처리에 관한 핵심규정을 두고 있다. 제5조가 개인정보 처리의 방법(wie)에 관한 규정이라면, 제6조는 정보처리의 허용 여부(ob)를 정하고 있다.[66] 이 가운데 개인정보 처리의 제 원칙을 정한 제5조는 제1항 제b호에서 목적구속(Zweckbindung)의 처리원칙을 밝히고 있으며, 제6조 제4항은 제5조 제1항 제b호 후단에 따른 목적 합치 여부의 판단에서 고려해야 할 요소를 제시하고 있다.

GDPR 제5조 [개인정보 처리의 제 원칙] ① 개인정보는 (…중략)
b) 확정되고 분명하며 적법한 목적을 위하여 수집되어야 하고, 이 목적과 합치하지 않는 방식으로 처리되어서는 안 된다; 공적 이익을 위한 기록의 목적, 학문 또는 역사적 연구의 목적 또는 통계의 목적을 위한 추가적 처리는 제89조 제1항에 따라 원래의 목적과 불합치하지 않는 것으로 취급한다(목적구속); (후략)

제6조 [처리의 적법성] ① 정보처리는 적어도 다음 조건 중의 하나를 충족하는 경우 적법하다; (후략)
④ 원래의 수집 목적과 다른 목적을 위한 정보처리가 정보주체의 동의나 EU 또는 각 회원국의 (…) 법률 규정에 근거하지 않는 경우 정보처리자는－다른 목적의 정보처리가 원래 개인정보를 수집했던 목적과 합치하는지 정하기 위하여－무엇보다 다음의 항목을 고려하여야 한다;
a) 개인정보가 수집되었던 목적과 의도하고 있는 추가 처리 사이의 관련
b) 개인정보가 수집된 경위, 특히 정보주체와 정보처리자 사이의 관계,
c) 개인정보의 유형, 특히 제9조에 따라 특별한 유형의 개인정보가 처리되는지 또는 형사판결

65) Gola/Schmoerus, BDSG, § 40 Rn. 13; 특히 Simitis, in: Simitis, BDSG, § 40 Rn. 66.
66) Sydow/Marsch DS－GVO § 5 1.

과 범죄에 관한 제10조의 개인정보인지 여부,
d) 의도하는 추가 처리가 정보주체에게 미칠 수 있는 영향,
e) 암화화 또는 가명화를 포함한 적절한 안전조치의 강구.

위의 제5조 제1항 제b호는 목적구속의 원칙에 대하여 전단에서는 처리목적의 구체적 확정성을 표현하고 있다면, 후단에서는 개인정보가 원래의 수집 목적과 합치하지 않는 방식으로 처리되어서는 안 된다는 원칙을 밝히고 있다. 후자의 좁은 의미의 목적구속 원칙에 관한 규정은 그 법문이 잘 보여주듯이 개인정보의 처리가 반드시 정보주체로부터 수집되었을 당시에 정해진 목적으로만 행해질 수 있다는 엄격한 의미가 아니라 원래의 목적과 다른 목적의 경우에도 원래 목적과 합치하지 않는 방식이 아닌 때에는 추가적 처리의 가능성을 정보처리자에게 부여하고 있다.[67] 원래의 목적과 추가 목적의 합치 여부는 정보처리자가 주장, 증명하여야 하는데(제5조 제2항), 제6조 제4항은 정보처리자가 다른 목적의 정보처리 이전에 양 목적의 합치 여부를 판단하는 데 고려해야 할 요소를 예시적으로 열거하고 있다.[68]

(2) 원래 목적과 합치하는 다른 목적을 위한 처리의 허용요건

원래의 목적과 다른 목적을 위해 정보가 처리되는 경우 정보주체의 동의 또는 해당 법률 규정이 없는 한 제6조 제4항에 따르면 무엇보다 ① 양 목적의 관련, ② 정보수집의 경위, 특히 정보처리자와 정보주체의 관계, ③ 처리되는 개인정보의 유형, ④ 다른 목적의 정보처리가 정보주체에게 미치는 영향, 그리고 ⑤ 암호화, 가명조치를 포함한 안전조치의 강구를 고려하여[69] 다른 목적이 원래의 목적과 합치할 수 있는지 여부에 따라 그 허용 여부를 판단한다.

이 가운데 ① 양 목적의 관련성, ② 정보수집의 경위는 무엇보다 정보주체의 합리적 예견가능성, 즉 정보주체가 원래의 수집 당시에 정보처리자와의 관계 등에 따라 다른 추가목적의 정보처리를 예견할 수 있었는지를 판단할 수 있도록 해 주는 항목이다.[70] 따라서 정보의 추가처리가 원래의 수집 목적과 논리적으로 연결되거나 원래 목적과의 관계에서 적절하고 납득할 만한 조치라고 파악되는 경우, 그리고 취업 관계와 같이 정보처리의 목적이 계속적 관계에서 수집되어 특정한 목적으로 한정하기 곤란한 경우 최초 수집에 후속하는 추가의 처리는 원래 수집 목적과 합치할 수 있는 여지가 높을 것이다.[71] 이들 항목은 다른 항목

67) Wolff/Brink DatenschutzR/Schantz/－in DS－GVO 2022, § 5 Rn. 18.
68) 제6조 제4항이 제5조 제1항 제b호 후단의 목적 합치 여부의 판단에서 고려할 요소를 규정하고 있다는 점에서 입법기술적으로는 양 규정이 함께 규정되었어야 한다는 지적이 있다. Sydow/Marsch DS－GVO 2022, § 5 Rn. 28.
69) 위의 고려요소는 유럽연합의 1995년 개인정보 보호지침 (DS－RL) 제29조에 따른 자문기관(Article 29 Working Party)의 의견서에서 제시되었던 내용이라고 하는데, 이에 관하여는 Artikel 29 Data Protection Working Party, Opinion 03/2013 on purpose limitation, 569/13/EN, 23－27.
70) Wolff/Brink DatenschutzR/Schantz/－in DS－GVO § 5 Rn. 21.

과 마찬가지로 개별 사례에서 구체적으로 판단될 수밖에 없겠는데, 문헌에서는 다음과 같은 처리상황을 예시적으로 언급하고 있다.

- ○ 상품을 판매하는 회사가 기존 고객과의 판매계약을 위하여 수집 등 처리한 개인정보를 이후에 다른 상품의 광고를 위하여 처리하는 경우
- ○ 금융기관이 자신과 거래관계에 있는 고객의 연체 등 신용 상황에 관한 정보를 신용평가기관에게 전달하는 경우
- ○ 상대방이 계약상의 대금지급 의무를 이행하지 않자 일방이 대금채권을 양도하면서 양수인에게 채무자의 성명, 주소 등 개인정보를 함께 전달하는 경우[72)]
- ○ 버스 운전기사가 승객의 안전을 보장하기 위한 법률의 규정에 따라 승무 이전에 음주측정을 받도록 되어 있는 경우에 버스 회사가 운전기사의 근태 관리를 위하여 위의 처리결과를 활용하는 경우[73)]

한편 제6조 제4항은 양 목적의 관련, 수집 경위 외에 ③ 처리정보의 유형, ④ 정보주체에 대한 정보처리의 영향, 그리고 ⑤ 안전조치의 강구를 목적합치의 고려요소로서 제시하고 있다. 따라서 정보의 민감도가 높은 경우에는 그 외 다른 요소에 따른 정보처리의 허용 여지가 보다 높다고 평가되어야 할 것이며, 정보의 추가처리가 인터넷을 통해 다수에게 정보를 제공하는 경우이거나 프로파일링을 위하여 처리되는 경우에는 정보주체에게 예견하기 곤란한 중대한 부정적 영향을 고려하여 수집 당시의 충분한 설명과 익명화 등의 안전조치가 없는 한 원래의 목적과 합치하는 목적이라고 평가하는 데는 신중을 기해야 할 것이다.[74)] 끝으로 정보주체의 권리와 법익을 보호하기 위하여 암호화, 익명화 등 적절한 안전조치의 강구 여부도 고려되어야 한다. 이와 관련하여 독일 문헌에서는 빅데이터의 처리, 즉 원래 어떤 목적으로 수집된 개별 개인정보를 집적하여 일정한 사항에 대한 법칙성, 연관성 등에 관한 인식을 얻기 위하여 막대한 정보를 처리하는 행위 역시 원래 목적과 다른 빅데이터의 처리를 위한 허용 여부가 다루어지고 있다. 빅데이터 처리 과정에서 개인식별의 가능성과 그 방지조치의 정도가 관건일 것인데, 가령 개인에게 귀속되지 않는 표본적 인식을 얻기 위하여 익명화된 정보를 처리하는 경우에는 재식별의 가능성과 안전조치 정도에 따라 그 허용 여부를 판단하여야 할 것이다.[75)]

---

71) Gola/Heckmann/Pötters DS-GVO 2022, Art.5 Rn. 133; Sydow/Reimer DS-GVO § 6 101.

72) 이상은 Gola/Heckmann/Pötters DS-GVO Art.5 Rn. 133, 138. 물론 제5조 제1항 제b호 후단, 제6조 제4항에 따른 원래 목적과 합치하는 다른 목적의 추가 처리 허용규정의 적용 여부는 원래의 처리목적의 해석 여하에 달려있으며, 따라서 위에서 마지막으로 언급한 매매대금 채권의 양도와 함께 행해진 채무자의 개인정보 제공은 원래의 수집목적인 양 당사자 사이의 계약관계 이행을 위한 정보처리라고 해석할 여지도 충분하다. Gola/Heckmann/Pötters DS-GVO Art.5 Rn. 150; Sydow/ Marsch DS-GVO § 5 25.

73) Article 29 Data Protection Working Party, Opinion 03/2013 on purpose limitation, 569/13/EN, 23-27, 57(다만 근로자에 대한 부정적 영향 등을 이유로 위와 같은 추가처리의 경우 양립가능성에 대한 소극적 판단).

74) Gola/Heckmann/Pötters DS-GVO Art.5 Rn. 140.

75) Gola/Heckmann/Pötters DS-GVO Art.5 Rn. 153. 이에 반해 개인의 식별을 목적으로 하는 경우, 가령 온라인

(3) 원래 목적과 합치하는 목적의 정보처리에 관한 그 밖의 내용

위에서 언급한 제5조 제1항 제b호, 제6조 제4항에 따라 원래의 목적과 다르지만 그와 합치하는 추가 목적의 정보처리의 허용요건과 관련하여 독일 문헌에서 다투어지는 바는 추가처리 행위가 제6조 제4항의 고려요소에 따른 목적의 양립 외에 따로 제6조 제1항에 의한 정보처리의 허용요건도 갖추고 있어야 하는지이다.

일부 견해는 정보처리의 목적과 모습, 영향 정도 등에 따라 각 처리행위에 대하여 허용성 여부를 판단하여야 하기 때문에 양립가능한 정보처리의 경우에도 목적의 양립가능성 외에 추가처리 자체가 제6조 제1항의 허용요건을 갖추어야 한다고 설명하고 있다.[76] 그러나 다른 견해는 위와 달리 GDPR의 입법자료에서 정보의 추가처리가 원래 목적과 합치할 수 있는 이상 (원래 목적의 허용요건 외에) 별도의 허용요건을 갖출 필요가 없다고 명시적으로 언급한 점, 그리고 만약 양립가능한 목적의 추가 처리를 위하여 제6조 제1항의 허용요건을 별도로 갖추어야 한다면 원래의 목적과 합치하지 않은 다른 목적을 위한 처리의 경우와 아무런 차이가 없다는 점 등을 이유로 법 문언상 요구되는 양 목적의 합치 여부만을 판단하면 족하다고 한다.[77] 각 처리행위에 대한 허용성 여부의 개별 판단의 지적은 그 자체로 타당하다고 생각되나, 규정의 문언, 입법자의 의사와 더불어 제6조 제4항에 따라 목적 양립의 판단 과정에서도 정보주체의 보호이익에 대한 고려가 여전히 가능하다는 점에서 사견으로는 후자의 견해를 지지한다.

한편 정보처리자는 제5조 제1항 제b호, 제6조 제4항에 따라 원래의 목적과 다른 목적으로 정보를 처리하는 경우 정보주체에게 그 목적 등에 대한 사전 통지를 하여야 한다(제13조 제3항, 제14조 제4항). 끝으로 원래의 목적과 달리 학문적 연구, 통계목적을 위한 정보의 추가처리는 제6조 제4항의 목적 양립 판단을 거치지 않은 채 원래 목적과 합치한다고 의제되어 이를 허용하도록 규정하고 있는데(제5조 제1항 제b호 제2문), 이에 대하여는 Ⅲ.3.에서 별도로 소개하도록 하겠다.

2. '정당한 이익'의 실현을 위한 개인정보의 처리

(1) GDPR 제6조 제1항의 개관

제6조 제1항은 아래와 같은 내용으로 개인정보 처리의 허용요건을 규정하고 있다.

결제에서 타인성명의 도용을 방지하기 위한 식별조치 등과 같은 경우에는 정보주체의 동의 또는 별도의 법률적 근거를 필요로 하며 이때에도 일정 기간 후 자동삭제 등의 안전조치를 취하여야 한다고 지적된다.

76) Sydow/Reimer DS-GVO § 5 Rn. 26, 6 Rn. 93; Wolff/Brink DatenschutzR/Albers/Veit/-in DS-GVO § 6 Rn. 108.

77) Auernhammer/Kramer DS-GVO 2020, § 6 Rn. 99; 아마도 Gola/Heckmann/Schultz DS-GVO Art.6 Rn. 142.

제6조 [처리의 적법성] ① 정보처리는 적어도 다음 조건 중의 하나를 충족하는 경우 허용된다. (후략)

a) 정보주체가 하나 또는 여러 개의 일정한 목적을 위하여 자신에 관한 개인정보의 처리에 대한 동의를 행한 경우;

b) 정부주체가 당사자인 계약의 이행을 위하거나 정보주체의 요청에 따라 행해진 계약체결 이전의 조치를 실행하기 위하여 정보처리를 행하는 경우; (후략)

f) 정보처리자 또는 제3자의 정당한 이익을 실현하기 위하여 정보처리가 필요한 경우에는 개인정보의 보호를 요구하는 정보주체의 이익, 기본권과 자유가 보다 중대하지 않은 때에 한하며, 정보주체가 아동인 경우에는 특히 그러하다. (후략)

위 규정은 2018년 개정 이전의 독일 개인정보 보호법과 달리 공적 부문과 사적 부문을 구분하지 않고 정보처리의 허용요건을 규정하고 있는데, 이 중에서 사적 영역의 경우 특히 제a, b, f호가 중요한 허용요건에 속한다.[78)]

먼저, GDPR 제6조 제1항에 열거된 개별 허용요건의 관계와 관련하여 독일 문헌에서는 이들 요건이 서로 동등한 지위에 있으며 개별 사안에서 경합적으로 인정될 수 있다고 지적되고 있다. 특히 제a호의 동의 요건과 관련하여 다른 허용요건과 비교하여 우선적 지위에 있다는 주장이 여전하지만[79)] 최근 우선적 지위를 반대하는 견해 역시 유력하다.[80)] 후자의 견해는 제1항 제1문의 '다음 조건 중의 하나'라는 문언과 더불어 정보주체의 실질적 자유를 위하여 제a호의 동의요건 충족이 엄격하게 운용되고 있는 한(GDPR 제7조 wp) 정보주체의 동의가 효력을 상실하는 때에도 다른 허용요건에 따라 정보처리를 허용할 수 있어야 한다고 지적하고 있다.[81)]

또한 제6조는 사적 영역에서 적용되는 제1항 제f호의 '정당한 이익'을 위한 정보처리의 허용요건을 통하여 정보주체의 권리가 결코 최우선의 권리('Superrecht')가 아님을 명확히 하면서 정보처리자의 기본법상의 권리·법익과 비교형량해야 함을 분명히 해 주고 있다.[82)] 이런 맥락에서 제6조 제1항이 정보처리에 관한 '허용유보부 금지'의 원칙을 정하고 있다고 하더라도 '원칙적 금지 + 법률이 정한 예외적 경우에 허용'이라는 행정법상의 엄격한 의미로 파악하기에는 곤란하며, 사적 영역에서는 더욱 그러하다고 언급되고 있다.[83)]

---

78) Gola/Heckmann/Schultz DS-GVO Art.6 Rn. 6; Wolff/Brink DatenschutzR/Schantz/-in DS-GVO § 6 Rn. 12.

79) Wolff/Brink DatenschutzR/Schantz/-in DS-GVO § 6 Rn. 28. 동의와 달리 다른 요건에 의한 정보처리의 허용에서는 이익형량을 포함한 필요성의 판단에 따른 허용 여부의 불명확함이 있다는 현실적 사정을 주된 근거로 제시하고 있다.

80) Gola/Heckmann/ Schultz DS-GVO Art.6 Rn. 10

81) Gola/Heckmann/ Schultz DS-GVO Art.6 Rn. 10-12; Sydow/Reimer DS-GVO § 6 Rn. 9. 이 견해에 따르면 동의의 허용요건은 다른 요건이 갖추어지지 않는 때에 필요하다고 지적하고 있다.

82) Gola/Heckmann/ Schultz DS-GVO Art.6 Rn. 4.

83) Gola/Heckmann/Schultz DS-GVO Art.6 Rn. 60; Wolff/Brink DatenschutzR/Schantz/-in DS-GVO § 6 Rn.

(2) '정당한 이익'을 위한 정보처리의 허용요건

'정당한 이익'을 위한 정보처리의 허용규정인 제6조 제1항 제f호는 ① 정보처리자 또는 제3자의 정당한 이익, ② 정보처리가 위의 이익을 실현하기 위하여 필요할 것, 그리고 ③ 정보주체의 권리·법익이 정보처리의 이익과 비교하여 중대하지 않을 것을 요건으로 하고 있다. 이들 개별 요건의 개념 정의 또는 판단지침의 예시가 없는 관계로 위 규정은 정보처리자와 적용자에게 어려움을 주고 있는데, 앞서 소개한 개정 전 개인정보 보호법 제28조 적용 당시의 논의가 GDPR에 따른 유럽 개인정보법 질서의 조화라는 취지에 반하지 않는 한 여전히 유용할 것이다.

(가) 제f호의 개별 허용요건

먼저, 정보처리자 또는 제3자의 정당한 이익은 개인이 갖는 제반의 법적, 관념적, 경제적 이익 등을 포함하는 넓은 의미로 파악되고 있다.[84] 즉, 헌법상 보장된 언론, 정치, 표현의 자유 외에 학문연구의 자유, 직업선택과 영업활동의 자유, 소유권의 보장 등이 해당한다. 또한 권리실현, 채권추심과 같은 법적 이익 외에 경제적 이익의 추구행위 역시 정당한 이익에 해당함은 물론이며, GDPR의 입법이유 등에서는 아래와 같은 예시를 소개하고 있다.[85]

○ 제품의 개발과 개선, 자력 등 신용조사를 포함하는 거래의 준비, 직접마케팅을 포함한 광고행위, 신분도용 등의 사기 또는 해킹 방지를 위한 개인정보의 처리

위의 요건에 따르면 정보처리자는 자신만이 아니라 제3자 이익의 실현을 지지하기 위하여 제6조 제1항 제f호의 허용요건을 원용할 수 있는데, 이때 정보처리자가 제3자와의 관계에서 제3자의 이익을 실현하는 데 법적 의무를 부담하는 경우로 한정되지 않는다. 다시 말해 정보처리자가 제3자와 업무협약에 따라 제3자의 이익을 관철해야 할 의무를 이행하는 경우는 말할 것도 없고, 가령 임대인이 이사한 임차인의 옮긴 주소를 우편물 전달의 목적으로 우체국에 알려주는 행위 역시 '정당한 이익'에 해당할 수 있다.[86] 다음으로 정당한 이익 실현을 위한 정보처리의 '필요성' 요건인데, 이는 정당한 이익의 실현이 정보처리에 의존되어 있음을 말한다. 물론 위 요건이 이익 실현을 위해 정보처리가 절대적으로 필요한 정도이어야 함을 뜻하지는 않으며, 비례성의 요청에 따라 당해 정보처리가 아닌 다른 방법으로는 이익의 실현이 불가능하거나 적어도 적절하게 이루어질 수 없어야 한다.[87] 또한 필요성의 요건은 정보처리의 적절함 외에 정보처리가 이익 실현에 필요한 정도에 한정되어야 한다(최

2, 11.

84) Article 29 Data Protection Working Party, Opinion 03/2013 on purpose limitation, 569/13/EN, 30; 이는 29; Sydow/Reimer DS-GVO § 6 Rn. 75.

85) Verordnung (EU) 2016/679 Erwägungsgrund 47: Gola/Heckmann/Schultz DS-GVO Art.6 Rn. 64.

86) Sydow/Reimer DS-GVO § 6 Rn. 76.

87) Sydow/Reimer DS-GVO § 6 Rn. 13, 81; Wolff/Brink DatenschutzR/Schantz/-in DS-GVO § 6 Rn. 19, 20.

소한의 정보수집)는 것을 의미하기도 한다.[88]

셋째, 정보주체의 권리·법익이 중대하지 않아야 하는데, 이는 필요성 요건에도 내포된 이익형량의 요소라고 하겠다. 정보주체의 권리·법익 역시 사생활의 자유와 같은 기본법적 권리 외에 널리 구직, 영업 등 경제적 이익을 포함함은 물론이다. 그렇지만 제1항 제f호는 입법과정의 시도에도 불구하고 이익형량을 위한 판단표지를 법문상 제시하지는 않았으며, 입법이유에서 정보처리의 경위 등 양 당사자의 관계를 고려하여 정보처리에 관한 정보주체의 합리적 기대를 기준으로 판단해야 한다고 제시하고 있을 뿐이다.[89] 이 같은 표현에 따라 독일의 문헌은 정보주체가 정보처리자와의 관계, 정보처리의 경위를 고려하여 합리적 관점에서 당해 처리를 기대, 예상할 수 있었는지 여부가 중요하며, 이때 당해 정보의 유형과 내용, 정보처리의 영향 또는 침해의 정도, 정보처리를 통하여 얻으려는 이익, 안전조치의 정도 등을 참작하여야 한다고 설명한다.[90] 예를 들어 정보주체가 스스로 공개하고 있는 개인정보를 처리하는 경우 또는 정보주체의 (소비생활이 아닌) 직업적 활동과 관련한 광고 등 접촉을 하는 경우에는 정보처리자의 이익이 높게 평가될 수 있을 것이다. 반면, 정보가 정보주체의 내밀한 영역에 관련되거나 방대한 정보의 분석을 통하여 정보주체에게 예견하기 어려운 결과를 가져올 수도 있는 프로파일링을 위한 정보처리의 경우에는 정보주체의 이익이 중대하게 여겨져야 할 것이다.[91] 정보주체가 13세 미만의 아동인 경우에는 아동의 높은 보호필요성을 고려하여 제6조 제1항 제f호 후문에서 엄격한 이익형량을 요구하고 있다.[92]

(나) Facebook 사건에 관한 유럽 사법재판소의 선결 재판

GDPR 제6조 제1항 제f호의 '정당한 이익'을 위한 정보처리와 관련하여 때마침 소위 Facebook 사건(Meta 플랫폼 대 독일 카르텔청)에 관한 유럽 사법재판소(EuGH)의 선결 재판이 선고되었다.[93] 위 EuGH의 결정은 이미 국내에서도 상세히 소개된 바와 같이 독일 카르텔청이 Meta 플랫폼에 대하여 독일에 거주하는 개인의 Facebook 이용을 정보주체의 Off-Facebook 데이터[94]의 처리를 조건으로 하는 약관의 이용을 중지, 개정하라고 결정을 내렸

88) Wolff/Brink DatenschutzR/Schantz/-in DS-GVO § 6 Rn. 15.

89) Verordnung (EU) 2016/679 Erwägungsgrund 72; Wolff/Brink DatenschutzR/Schantz/-in DS-GVO § 6 Rn. 13, 67.

90) Gola/Heckmann/Schultz DS-GVO Art.6 Rn. 63; Sydow/Reimer DS-GVO § 6 Rn. 84; Wolff/Brink DatenschutzR/Schantz/-in DS-GVO § 6 Rn. 72.

91) Gola/Heckmann/Schultz DS-GVO Art.6 Rn. 63; Sydow/Reimer DS-GVO § 6 Rn. 84.

92) 바로 아래 (나)에서 소개하는 Facebook 사건에서 유럽 사법재판소는 제6조 제1항 제f호의 허용요건을 일반적으로 설시하면서 아동의 개인정보가 광고를 위한 프로파일링의 제작 또는 아동에게 직접 행해지는 서비스 제공을 위하여 처리되는 경우 아동의 보호필요성을 높게 고려해야 한다고 한다. EuGH, 04.07.2023-C-252/21, 111. 물론 독일 문헌에서는 제6조 제1항 제f호 후단의 규정이 정보처리자 등의 정당한 이익을 위하여 아동에 관한 정보처리를 아예 금지하는 것으로 이해하지는 않고 있다. Sydow/Reimer DS-GVO § 6 Rn. 88; Wolff/Brink DatenschutzR/Schantz/-in DS-GVO § 6 Rn. 71.

93) EuGH, 04.07.2023-C-252/21.

94) Facebook 서비스를 이용하는 고객이 Facebok 서비스 이외에 Instagram, WhatsApp 등의 Facebook 그룹의 서비스를 이용하면서 생성하는 데이터, 그리고 제3의 웹사이트 운영자, 광고주 등의 사이트에서 Facebook 고객이 생

는데, 이 결정에 대해 독일 법원이 재판 과정에서 회원국의 경쟁 당국이 과연 개인정보 보호의 준수 여부를 심사할 수 있는지 등의 문제에 관한 사전 결정을 EuGH에 신청함에서 비롯하였다.[95] 아래에서는 위 분쟁에서 문제된 사안을 간략하게 소개한 후 제6조 제1항 제f호의 '정당한 이익'을 위한 정보처리 허용요건에 국한하여 EuGH 결정 내용을 소개하도록 하겠다.

[사안개요] Meta 플랫폼은 유럽연합 내에서 소셜 네트워크 Facebook을 운영하며 www.facebook.com을 통해 온라인 서비스를 제공하고 있는데, Facebook은 고객에게 무상의 서비스를 제공하는 관계로 고객의 소비행태, 관심사 등에 따른 고객 맞춤형 온라인 광고의 기회를 광고주에게 제공하면서 자금을 조성해 왔다. Facebook은 이러한 맞춤형 광고를 위하여 고객의 상세한 프로필을 자동으로 생성할 수 있는 정보기술을 이용하였는데, 이를 위하여 Facebook 이용계약을 맺으려는 고객으로 하여금 Instagram 등의 Facebook 그룹 서비스 및 (Faceboook과 연결된) 일정한 제3의 웹사이트 등을 이용할 때 고객이 이들 Facebook 외에서 생성한 개인정보의 처리를 승낙하는 내용을 포함하는 약관에 동의할 것을 요청해 왔다.[96]

물론 Facebook은 위 사안에서 소개한 바와 같이 이용고객에게 Off–Facebook 데이터의 처리를 승낙하는 거래약관의 이용에 관하여 동의를 구해 두었다. 그런데 EuGH는 고객 동의의 유효성을 판단하기에 앞서,[97] 제6조 제1항 제b호 이하의 다른 허용요건이 갖추어지는 한 그 외의 요건을 검토할 필요가 없다고 설시하면서[98] 제f호의 허용요건에 관하여 집중적으로 판단하고 있다. 그 과정에서 EuGH는 독일 법원의 설시에 따라 위 사안의 경우 ① 개인 맞춤형 광고의 제공, ② 제품의 개선조치, ③ Facebook 외에 협력사·광고주 등에게 자신들의 제품을 고객으로부터 평가받을 수 있는 기회의 제공을 '정당한 이익'으로 고려해 볼 수 있다고 언급하였다. 그러나 이 같은 정보처리자 또는 제3자의 이익은 "정보주체의 합리적 기대와 당해 정보처리의 범위 및 정보주체에 대한 영향" 등을 고려하여 정보주체의 이익과 비교형량해야 한다고 밝힌 후[99] EuGH는–독일 법원의 최종 판단을 거쳐야 하겠지만–

성하는 데이터를 Facebook이 이들 제3의 운영자 등에게 제공한 무료 비즈니스 툴(Facebook Business Tools)에 의하여 연동하여 처리할 수 있도록 해 둔 고객의 데이터를 Off–Facebook(Facebook.com 이외의 출처에서 수집되었다는 의미) 데이터라고 한다.

95) Facebook 사건에 관한 독일 카르텔청, Düsseldorf 고등법원의 결정에 관한 상세한 소개로는 유진희·심재한, "온라인 플랫폼 사업자의 데이터보호 위반행위와 경쟁법의 적용",「경제법연구」제20권 제2호, 2021, 117면; 채성희, "온라인 플랫폼과 맞춤형 광고에 관한 공정거래법 및 개인정보 보호법 관점에서의 검토",「경제규제와 법」제15권 제1호, 2022, 123면.

96) EuGH, 04.07.2023–C–252/21, 26–30.

97) 물론 EuGH는 결정문의 후반부에서 Facebook이 고객의 자율적 선택을 곤란하게 할 수 있는 시장지배적 지위를 갖고 있으며, 이런 지위에 따라 Facebook 서비스 이용과 직접 관련이 없는 Off–Facebook 데이터의 제공을 강제받게 되었음을 이유로 유효한 동의가 없었다고 판단하고 있다. EuGH, 04.07.2023–C–252/21, 147–154.

98) EuGH, 04.07.2023–C–252/21, 94.

위 사안의 경우에는 고객의 정보보호에 관한 이익이 보다 중대하게 여겨진다고 판단하고 있다. 그러면서 그 근거로서 고객이 비록 Facebook을 무상으로 이용하고 있지만 Facebook에 의해 처리된 정보의 범위가 워낙 방대하여 고객의 입장에서는 Facebook에 의해 감시받는다는 느낌을 갖게 할 정도에 이르고 있음을 제시하고 있다.[100]

(3) GDPR의 적용 하에 직접마케팅을 위한 개인정보 처리의 허용

GDPR 제6조 제1항은 2018년 개정 이전의 개인정보 보호법 제28조와 달리 더 이상 광고 목적의 정보처리에 관한 규정을 명시적으로 두고 있지 않다. 그러나 GDPR의 해설이유에서 명시적으로 밝히는 바와 같이, 직접마케팅 목적의 정보처리는 제6조 제1항 제f호의 '정당한 이익'의 실현을 위한 정보처리의 하나라고 예시되고 있다.[101] 이는 유럽연합 입법자가 영업의 자유를 기본권의 하나로서 중요하게 평가하고 있음을 보여주고 있다.[102] 더욱이 제6조 제1항 제f호의 '정당한 이익'을 위한 광고 목적의 정보처리는 개정 이전의 개인정보 보호법 제28조 제3항 제2문과 같이 그룹 인명부 내의 일정 항목의 개인정보 처리에 국한하지 않고 있다. 다만 광고에 활용되는 정보 내용에 관한 정보주체의 보호이익과의 비교형량이 필요로 함은 여전하며, 이에 민감정보의 경우에는 정보주체의 동의가 없는 한 광고 목적으로는 처리될 수 없다고 언급되고 있다.[103]

따라서 광고 목적의 정보처리는 정보주체의 동의 요건 외에 제f호의 '정당한 이익' 규정에 따라 허용될 수 있는데,[104] 이를 위한 이익형량의 판단 역시 독일 UWG 제7조의 규정내용을 반영하며[105] 이에 접촉 상대방을 과도하게 방해하는 광고 목적의 정보처리는 허용되지 않게 된다.[106] 독일의 개인정보 보호위원회(Datenschutzkonferenz)는 개별 사례의 구체적 평가의 필요를 유보하면서 기존의 계약관계, 접촉수단(우편, 전화, 이메일)을 고려하여 대강의 활용지침을 제시하고 있는데, 그 내용은 아래와 같다.[107]

○ 상품을 주문한 고객에게 유사 상품의 광고 전단을 우편으로 발송하기 위해 고객의 개

---

99) EuGH, 04.07.2023－C－252/21, 116.

100) EuGH, 04.07.2023－C－252/21, 117－118.

101) 앞의 각주 86 참고.

102) Gola/Heckmann/Schultz DS－GVO Art.6 Rn. 72.

103) Gola/Heckmann/Schultz DS－GVO Art.6 Rn. 73. 이 주석서는 후자의 민감정보 처리 배제와 관련하여 아래에서 인용하는 독일 개인정보보호 위원회(Datenschutzkonferenz)에서 2022년 2월 발간한 직접광고 목적의 개인정보 처리를 위한 방향제시(Orientierungshilfe zur Verarbeitung von personenbezogenen Daten für Zwecke der Direktwerbung; 이하 DSK, Direktwerbung 인용), 14면을 원용하고 있음.

104) 독일 내의 개인정보 학계에서는 개인정보 처리를 위한 동의의 요건이 정보주체의 실질적 자유를 위하여 그 유효성이 엄격하게 판단되는 경향을 고려하여 광고 목적의 정보처리에서도 제6조 제1항 제f호의 '정당한 이유' 허용요건이 중요하게 될 것이라고 여기고 있다고 한다. Remmerz, DSGVO ante portas: Aktuelle Berennpunkte im Online－Marketing, GRUR－Prax 2018, 254.

105) 앞의 Ⅱ.3.(3) 참고.

106) Gola/Heckmann/Schultz DS－GVO Art. 6 Rn. 74.

107) DSK, Direktwerbung, 5－7면.

인정보를 처리하는 경우[108)]

– 위의 경우 정보처리가 광고 상대방인 고객을 선별하지 않고 이루어지거나 가령 우편번호, 성(姓)의 알파벳과 같이 개인관련성에 관한 추가적 인식을 얻지 않은 방식으로 분류한 때에는 정보주체의 이익이 중대하지 않다고 판단될 수 있음.[109)]

– 반면 맞춤형 광고를 위하여 고객의 프로파일링을 거친 후 광고를 발송한 때에는 이와 같이 고객의 장래 행동을 예측하기 위해 자동화된 선별절차를 이용하는 처리행위가 정보주체에게 미치는 높은 영향의 정도에 따라 정보주체의 동의가 있어야만 허용될 수 있음(제22조 제2항 제c호).

○ 기존 고객(Bestandskunden)의 이메일을 이용한 광고의 경우

– 이메일 주소가 계약관계에 따라 정보주체로부터 직접 수집된 경우 UWG 제7조 제3항의 요건을 충족하여 전자적 방식으로 행해진 때에는 정보주체의 이익이 중대하지 않다고 판단될 수 있음. 이 경우 이메일 광고의 목적은 GDPR 제13조 제1항 제c호에 따라 정보수집 당시에 정보주체에게 통지되었어야 함.

○ 전화를 이용한 광고의 경우

– 이 경우에는 상대방에 대한 방해의 정도가 높다고 여겨지므로, UWG 제7조 제1항에 따라 소비자와의 거래관계에서는 소비자가 사전에 명시적으로 승낙한 때에만 정보처리가 가능할 뿐이며, 그 외의 상대방과의 관계에서도 적어도 묵시적 승낙의 의사가 인정될 수 있어야 함.[110)]

위에서 인용한 바와 같이 독일의 경우 적어도 계약관계를 갖고 있는 고객과의 관계에서는 광고 등 마케팅 목적의 개인정보 처리를 허용하고 있으며, 실제로 한 기업의 약관에서는 동의에 의한 정보처리 허용 규정 앞에 GDPR 제6조 제1항 제6호에 의한 '정당한 이익' 처리 규정을 두면서 다음과 같은 문구의 마케팅 목적의 정보처리 규정을 두고 있다.[111)]

○ 마케팅의 목적을 위하여: 마케팅 목적을 위한 귀하의 개인정보 활용 역시 정당한 이익일 수 있습니다. 본사에 의한 귀하의 개인정보를 이 같은 목적으로 활용하는 것은 귀하가 우리와 고객관계를 맺는 경우, 예를 들어 본사에 이용자 계정을 갖고 있거나 본

---

108) 개정 이전의 개인정보 보호법 제28조 제3항 제2문 제2호에서는 직장 주소를 이용한 직업 활동 관련의 우편광고를 위한 인명부의 개인정보 처리를 허용하고 있었는데, DSK의 위 방향제시에서 GDPR의 시행에 따른 변화 여부에 관한 언급은 찾지 못하였다.

109) 물론 위와 같은 경우 정보처리자는 위와 같은 광고 목적의 정보처리에 관하여 정보주체에게 통지하고 정보주체가 이를 반대하는 경우에는 광고 목적의 정보처리는 중지되어야 한다. GDPR 제13조, 제14조와 제21조 제2항, 제3항.

110) 따라서 후자의 B2B 관계에서는 정보주체의 보호이익이 광고 목적의 전화접촉을 애초부터 배제하지는 않는데, 이때에도 DSK의 방향제시에 따르면 광고행위가 상대방의 관심분야에서 비롯하는 구체적 사정을 전제로 해야 한다고 한다. DSK, Direktwerbung, 7면.

111) 아래 약관 규정은 GDPR 제6조 제1항 제f호의 규정에 관한 독일어권 판결을 검색하던 중 찾게 된 오스트리아 Feldrirch 법원의 판결(57 Cg 30/19b–15)에서 인용된 정보처리 기업의 약관인데, 이에 관하여는 CR 2019, 720(www.juris.de/r3/document/JURE190014288 검색) 참고.

사가 제공하는 서비스를 이용하여 고객관계를 맺는 경우에 행해질 수 있습니다. 이러한 경우에 본사는 이익형량의 결과에 따라 당해 정보의 활용이 정당한 이익에 기여하는 처리라고 고려될 수 있는 한 귀하의 개인정보를 시장조사, 만족도조사와 서비스의 개선연구를 위하여 처리하는 것도 가능합니다.

3. 학문적 연구를 위한 개인정보(민감정보 포함)의 처리

학문연구를 위한 개인정보 처리 허용의 우대는 GDPR에서도 견지되고 있는데, 한편으로는 Ⅲ.1.에서 인용한 바와 같이 목적구속의 예외적 완화 규정(제5조 제1항 제b호 후단)을 들 수 있겠다.

GDPR 제5조 [개인정보 처리의 제 원칙] ① 개인정보는 (…중략)
b) (…) 공적 이익을 위한 기록의 목적, 학문 또는 역사적 연구의 목적 또는 통계의 목적을 위한 추가적 처리는 제89조 제1항에 따라 원래의 목적과 불합치하지 않는 것으로 취급한다(목적구속); (후략)

GDPR은 목적구속의 예외로서 정보주체의 동의와 법률의 근거(제6조 제4항) 외에 학문연구 등을 위한 개인정보 처리허용 규정을 두고 있다. 즉, GDPR 제5조 제1항 제b호 후단에 따르면 학문연구 등을 위한 추가 처리의 경우 원래 목적과 합치하는 것으로 의제되어 별도로 제6조 제4항의 목적 양립 테스트(Kompatibilitätstest)를 필요로 하지 않는다.[112] 다른 한편, 학문연구 목적의 우대는 민감정보 처리의 원칙적 금지에 대한 예외 규정에서도 확인되고 있는데, GDPR 제9조는 아래와 같이 규정하고 있다.

GDPR 제9조 [특별한 유형의 개인정보의 처리] ① 민족과 인종적 기원, 정치적 견해, 종교 또는 세계관적 입장 또는 노동조합의 소속이 드러나는 개인정보의 처리 및 자연인의 분명한 식별을 위한 유전적, 생물학적 정보의 처리 또는 자연인의 성생활 또는 성적 지향에 관한 정보의 처리는 금지된다.
② 제1항은 다음의 경우에는 적용되지 않는다;
a) 정보주체가 하나 또는 수개의 확정된 목적을 위하여 위의 언급된 개인정보의 처리에 관하여 명시적으로 동의하였거나(중략),
j) 유럽연합 또는 회원국에서 적용되는 법률의 목적과 적절한 관계에 있고 개인정보 보호의 본질적 내용을 준수하며 정보주체의 기본권과 이익의 보호를 위한 적절하고 특별한 조치를 예정하고 있는 법률에 기초하여 이루어지는 정보처리가 제89조 제1항에 따라 공적 이익을 위한 기록의 목적, 학문 또는 역사적 연구의 목적 또는 통계의 목적을 위하여 필요한 경우.

---

112) Sydow/Reimer DS－GVO § 5 Rn. 30; Wolff/Brink DatenschutzR/Schantz/－in DS－GVO § 5 Rn. 22.

위의 문언이 말해주듯이 학문연구 등을 위한 민감정보 처리에 관한 GDPR 제9조 제2항 제j호는 민감정보 처리가 유럽연합 또는 회원국의 법률에 근거하고 있어야 하고, 또한 당해 정보처리가 정보주체의 권리·법익을 보장하는 안전조치를 전제로 이루어져야 한다고 밝히고 있다. 후자의 요청은 GDPR 제89조의 규정으로, 그리고 앞의 회원국의 법률적 근거는 2018년 개정 후 독일 개인정보 보호법 제27조로 표현되고 있다.

GDPR 제89조 [공적 이익을 위한 기록의 목적, 학문 또는 역사적 연구의 목적과 통계의 목적을 위한 정보처리에 관한 보장과 예외]

① 공적 이익을 위한 기록의 목적, 학문 또는 역사적 연구의 목적 또는 통계의 목적을 위한 정보처리는 본 규정에 따라 정보주체의 권리와 자유를 보장하는 데 적합한 조치 하에 이루어져야 한다. 이러한 보장은 무엇보다 최소정보 원칙의 준수를 담보할 수 있는 기술적, 조직적 조치의 존재를 확보하여야 한다. 이런 조치는 이들 처리목적의 달성이 가능한 한 익명조치를 포함할 수 있다. (후략)

② 학문 또는 역사적 연구의 목적 또는 통계의 목적을 위하여 개인정보를 처리하는 경우 본조 제1항에 따른 조건과 보장을 전제로 하여 유럽연합 또는 회원국의 법률은 제15조, 제16조, 제18조, 제21조[113]에 따른 정보주체의 권리가 특별한 목적의 실현을 불가능하게 하거나 심각하게 침해할 것으로 예상되고 이들 권리의 제한이 목적 달성을 위하여 필요한 경우에는 이들 권리에 대한 예외를 정할 수 있다. 그리고 GDPR 제15조에 따른 정보요구권은 정보처리가 학문적 연구를 위하여 필요하고 정보의 제공이 과도한 비용을 소요하는 경우에는 인정되지 않는다.

2018년 개정 후 독일 개인정보 보호법 제27조 [학문 또는 역사적 연구의 목적과 통계의 목적을 위한 정보처리]

① GDPR 제9조 제1항과 달리 특별한 유형의 개인정보는 동의 없이 학문 또는 역사적 연구의 목적과 통계의 목적을 필요하고, 정보처리자의 처리 이익이 이를 배제하고자 하는 정보주체의 이익보다 현저하게 중한 경우에는 정보처리가 허용될 수 있다. 정보처리자는 제22조 제2항 제2문[114]에 따라 정보주체의 이익을 보호하는 데 적합하고 특별한 조치를 예정하여야 한다.

이상에서 소개한 GDPR 제5조 제1항 제b호, 제9조 제2항 제j호가 개인정보의 처리에서 학문연구 목적에 관하여 우대하는 내용을 마련하고 있는 것은 이미 Ⅱ.4.에서도 언급한 바와 같이 학문연구의 고유특성(체계와 방법, 증명과 검증가능성 등)에 입각하여 사회발전, 문제

---

113) 이들 규정은 정보주체의 정보처리자에 대한 처리목적, 처리정보의 유형 등에 관한 정보요구권(제15조), 정정청구권(제16조), 처리제한권(제18조), 그리고 정보처리에 대한 반대권(제21조)을 정하고 있다.

114) 제22조는 특별한 유형의 개인정보 처리의 허용요건에 관하여 규정하는데, 제2항은 정보주체의 이익을 보호하는 데 적합하고 특별한 조치를 취하도록 규정하면서(제1문), 기술수준, 조치비용, 정보처리의 방법·범위와 목적, 정보처리에 따른 위험의 개연성과 정도 등을 고려하여 안심구역의 설정, 암호화, 익명조치 등 안전조치를 제시하고 있다(제2문).

해결을 위한 새로운 인식을 도모한다는 사회 전체에 대한 특별한 의미와 더불어 당해 정보처리가 정보주체 개인에 대한 인식을 얻거나 결정을 내리는 데 목적을 두고 있지 않다는 점(정보주체에 대한 낮은 위험 가능성)에서 비롯하고 있다.[115] 이런 취지에 따라 우대가 필요한 학문적 연구의 개념은 GDPR의 입법이유에 따르면 기술의 개발, 실증, 기초연구, 응용연구 및 민간의 재정지원을 받는 연구를 포함하는 넓은 의미로 이해되고 있다.[116]

이와 관련하여 한 가지 지적하고 싶은 바는 이상의 학문적 연구에 대한 광의의 파악은 이미 2018년 개정 전 법률의 적용 당시에도 마찬가지이었지만, GDPR의 적용 이후에는 종전의 '연구기관'이라는 수범자의 요건이 없어졌고 이를 배경으로 학문연구의 자율성, 독립성의 요소가 요구되지 않는다는 견해[117]가 주장되고 있다는 점이다. 즉, 이 견해에 의하면 GDPR에 따른 학문연구를 위한 정보처리의 우대는 학문연구의 방법에 따라 새로운 인식을 얻는 활동이면 족하고, GDPR의 입법이유도 분명히 한 바와 같이 민간기업 주도의 연구활동을 포함하는 한 연구기관의 자율성, 독립성 요소를 요구하지 않는다고 한다. 이 같은 해석은 ① 국가 또는 공공 연구기관에 의해 수행된 연구행위라고 하여 학문적 이유가 아닌 경제적 목적 등으로부터 얼마나 자유로울 수 있을지에 대한 의문이 크며, ② 학문적 연구방법에 따른 새로운 인식의 획득이라는 과제를 추구하는 한 가령 민간의 약품 개발과 같이 연구과정에서 막대한 투자비용의 회수가능성을 고려하지 않을 수 없는 사정을 그 근거로 제시하면서,[118] ③ 정보주체의 권리와 법익을 보장하는 데 적절한 안전조치 하에 진행되어야 한다는 요청이 지켜지는 한 개인정보를 활용하는 사적 영역의 연구 활동 역시 학문연구 목적의 우대를 받을 수 있다는 의견이다.

더 나아가 주목되는 바는 학문적 연구 등을 위하여 민감정보를 처리하는 경우 정보주체의 권리가 제한될 수 있다는 규정이다. 즉, 정보처리자는 원래의 수집 목적과 달리 학문적 연구 등을 위하여 처리하는 경우 일정한 요건에서는 정보주체에 대한 정보제공의무를 면제받을 수 있다(제14조 제5항 제b호).[119] 또한 정보주체는 자신의 특수한 상황에서 비롯한 사정을 이유로 정보처리를 반대할 수 있는데, 당해 정보처리가 공적 이익을 위한 과제의 수행

115) Wolff/Brink DatenschutzR/Abvers/Veit–in DS–GVO § 5 Rn. 22, § 9 Rn. 99.특히 통계 목적의 활용에 관한 이 같은 지적으로는 Verordnung (EU) 2016/679 Erwägungsgrund 162. 통계목적의 정보처리가 우대되는 근거가 이와 같이 개인에 관한 인식을 얻지 않음을 전제로 하는 한 이와 달리 정보주체에 대한 신용평가 또는 행동예측을 위한 프로파일링의 경우에는 위 우대규정이 적용되지 않는다. Wolf/Brink DatenschutzR/Abvers/Veit–in DS–GVO § 5 Rn. 22, § 9 Rn. 102.

116) Verordnung (EU) 2016/679 Erwägungsgrund 159.

117) Wolff/Brink DatenschutzR/Schlösser–Rost/Koch–in BDSG § 27 Rn. 15c; Sydow/Reimer DS–GVO § 5 Rn. 6, 51(특히 기록보존의 경우 공적 이익에 한정하는 것과 대비한 문언적 설명).

118) Sydow/Reimer DS–GVO § 5 Rn. 6, 30(새로운 학문적 인식을 얻는 것이 다른 목적과 함께 추구되더라도 목적 자체이어야 하고, 단지 다른 목적만을 위한 학문적 연구방법이 이용되는 것으로는 충분하지 않다는 지적과 함께).

119) EU GDPR 제14조는 정보주체로부터 정보를 수집하지 않은 경우에 정보처리자의 통지의무를 규정하고 있는데, 제5항 제b호는 "이러한 정보의 제공이 불가능하거나 과도한 비용을 소요하는 경우"에는 적용되지 않는다고 규정하면서 학문적 연구 등을 위한 민감정보의 처리에서도 마찬가지라고 명시하고 있다.

에 필요한 때에는 반대권은 더 이상 인정되지 않는다(제89조 제2항, 제21조 제6항).[120] 위 규정에서 사용한 "공적 이익"이라는 이익형량의 요소와 관련하여 정보처리의 이익, 즉 학문적 연구와 이에 따른 연구 결과의 사회적·일반적 의미 외에 별도의 의미를 부여하지 않는 견해가 유력하다. 왜냐하면 예를 들어 공중위생과 같은 공적 이익이 아닌 의료연구 분야의 경우 만약 정보처리에 관한 정보주체의 반대권을 허용할 경우에는 연구의 결과가 왜곡되는 사태가 발생할 수도 있기 때문이다.[121] 끝으로 GDPR 제9조 제2항 제j호가 연구 목적의 민감정보 처리를 위하여 회원국의 법률적 근거를 요구함에 따라 2018년 개정 후 독일 개인정보 보호법 제27조가 규정되었는데, 이 규정은 정보처리의 필요성 외에 정보처리의 이익이 정보주체의 보호이익과 비교하여 현저히 중대할 것을 요구하고 있다. 현저함의 요소는 이미 Ⅱ.4.에서 소개한 바와 같이 2018년 개정 이전의 독일 개인정보 보호법제에서 요청되었는데, GDPR에 따른 개정 과정에서 위의 요건이 실무상 연구목적의 정보처리 허용성 판단을 불명확하게 한다는 점에서 삭제할 것이 주장되었으나 현재와 같이 존속하게 되었다고 한다.[122]

Ⅳ. 우리나라 개인정보 보호법의 운영·개정 방향에 관한 제언

이상에서 언급한 독일 2018년 개정 이전의 개인정보 보호법과 2018년 시행된 GDPR의 정보처리 허용요건에 관한 내용 가운데 특히 우리나라 개인정보 보호법의 개정과 운영을 위하여 중요한 시사점을 제공한다고 여겨지는 바를 정리하면서 논문을 마무리하려고 한다. 첫째, '정당한 이익'을 위한 허용요건의 개정과 직접마케팅을 위한 정보처리의 포함, 둘째, 과학적 연구목적을 위한 (민감)정보처리의 개선, 그리고 끝으로 '동의' 허용요건에 대한 완화·개선의 순서로 언급하여 보겠다.

1. '정당한 이익'을 위한 처리 허용요건의 개정

(1) 비교법적 분석의 의미

GDPR 제6조 제1항의 동의를 포함한 6개의 허용요건은 독일의 경우 그 이전의 규정내용과 비교하여 무엇보다 다음 2가지의 이론적 의미를 가지고 있다.[123] 먼저, 동의의 허용요건이 더 이상 원칙적 요건이 아니라 다른 허용요건과 동등한 위계를 갖는 것으로 평가되고 있다. 그리고 이와 더불어 정보주체의 자기결정권은 최우선의 권리가 아니며 정보처리자 및

120) 위 규정의 입법과정에서는 연구목적 등의 정보처리가 정보주체 개인에 관한 인식을 얻는 것을 추구하지 않는다는 점에서 정보주체의 반대권 자체를 배제하는 논의가 있었다고 하는데, 정보주체의 보호를 위하여 반대권을 부여하되 자신의 특별한 사정에서 비롯한 이유의 제시를 반대권 행사의 요건으로 제시하는 내용으로 최종 결정되었다고 한다. Sydow/Helfrich DS-GVO § 21 Rn. 88-91.

121) Wolff/Brink DatenschutzR/Forgo-in DS-GVO § 21 Rn. 31.

122) Wolff/Brink DatenschutzR/Schlösser-Rost/Koch-in BDSG § 27 Rn. 34.

123) 앞의 Ⅱ.1.과 Ⅲ.1. 참고.

제3자의 대립하는 이익과 비교형량의 대상이 되며, 이에 정보주체의 동의 없이 정보처리자 또는 제3자의 정당한 이익과 비교형량하여 정보처리가 허용될 수 있다. 이때 정보처리자의 '정당한 이익'은 법질서가 보장하는 제반의 이익, 즉 법적, 관념적 이익 외에 경제적 이익을 포함하며, 직접마케팅 등 광고 목적의 정보처리 역시 '정당한 이익'의 허용요건에 해당한다.[124] 이런 법적 규정 내용을 바탕으로 하여 기업의 약관[125]이나 법률실무에서 상품개발, 광고 목적의 정보처리를 '정당한 이익'에 따른 허용요건으로 검토, 파악하고 있음도 확인되고 있다.

(2) 국내의 현황과 개선 방향

이런 유럽의 현황과 비교하여 우리나라 개인정보 보호법 제15조 제1항 제6호의 '정당한 이익' 규정은 그 지위가 '동의와 동일한 위상'의 허용요건이 아니라 아주 특수하고 예외적인 요건으로 취급되고 있다.[126] 또한 이 같은 위상에 따라 위 제6호의 적용례에 해당한다고 언급되는 '정당한 이익' 역시 채권추심과 같은 권리 실현, 사고방지를 위한 안전조치의 정도로 국한되어 있을 뿐[127] 상품광고, 제품개발, 시장조사와 같은 기업활동의 이익은 언급조차 되지 않고 있다. 물론 개인정보의 보호와 정보처리의 이익 사이의 비교형량은 각 나라의 법감정 등에 따라 다를 수 있겠지만, 우리나라의 위와 같은 상황은 유럽, 특히 정보주체의 보호에 비교적 충실하다는 독일과 비교하더라도 한 방향으로 경직된 것임을 부인할 수는 없을 것이다.

이런 이유에서 최근 GDPR 등의 영향에 따라 '정당한 이익'의 허용요건을 개정하자는 의견이 유력하게 제기되고 있다.[128] 이들 견해는 ① 제6호 요건의 이익형량에서 '명백함'을 삭제할 것, ② 정보처리자 외에 제3자의 정당한 이익도 고려할 것을 제시하면서 구체적 가이드라인의 마련을 주장하고 있다.[129] 그러면서 그 비교법적 근거로서 GDPR의 시행에 따라 영국 개인정보 위원회(Information Commissioner's Office, ICO)가 발표한 '정당한 이익' 허용요건에 관한 가이드라인[130]을 소개, 참고하고 있는데, 이 가이드라인에서 허용 여부의 판단

---

124) 앞의 Ⅱ.2.(2), Ⅱ.3.과 Ⅲ.2.(2)

125) 앞의 Ⅲ.2.(3)에 인용한 약관조항 참고.

126) 김현경, "'개인정보처리자의 정당한 이익' 요건의 한계와 개선과제", 「법조」 제72권 제3호, 2023, 241면; 김현숙, "한국 개인정보보호법상 정당한 이익 확대도입 방안에 관한 연구", 「정보법학」 제22권 제1호, 2018, 159면 이하.

127) 개인정보보호위원회, 개인정보 보호 법령 및 지침·고시 해설, 2020, 91–92면; 김현경, 위의 논문(각주 126), 246–250면.

128) 김현경, 위의 논문(각주 126), 240면; 이미 그 이전에 법무법인 세종, 개인정보 처리근거로서 정당한 이익의 해석기준(개인정보보호위원회 연구보고서), 2018, 89면 이하.

129) 정당한 이익을 위한 개인정보의 수집, 이용 외에 제3자 제공의 허용에 대해서도 종래 개정사항으로 주장되어 왔는데, 최근 2023년 3월 공포, 2023년 9월 시행되는 개인정보 보호법 제17조 제1항 제2호에서는 이상의 제3자 제공을 허용하고 있다.

130) ICO, A guide to lawful basis for using information 중에서 Legitimate interest 내용을 소개하고 있음. 위 자료는 https://ico.org.uk/for–organisations/uk–gdpr–guidance–and–resources/lawful–basis에서 열람할 수 있음(2023.8.31. 최종방문).

을 위해 요구하는 '정당한 이익의 평가(legitimate interests assessment, LIA)'는 독일 문헌에서 제6조 제1항 제f호의 세가지 적용요건(정당한 이익, 필요성, 이익형량)[131]과 정확히 일치하고 있다. 독일, 영국의 비교법적 경향과 더불어 정보처리를 둘러싼 이익형량의 당연함에 비추어 최근 국내 문헌에서 주장되어 온 '정당한 이익' 요건의 개정에 지극히 찬동하는 바이다. 사견으로는 '정당한 이익'에 관한 국내의 세부 지침 내지 예시를 마련함에 있어서 직접마케팅을 포함한 광고 목적의 정보처리에 대해서도 정보주체의 합리적 기대를 고려하여 허용여지를 열어두는 것이 바람직하다고 생각되며, 이를 위하여 앞의 Ⅲ.2.(3)에서 소개한 독일의 '방향제시'가 참고될 수도 있을 것이다.

2. 과학적 연구목적을 위한 (민감)정보 처리의 개선

(1) '과학적 연구'의 목적과 사적 영역의 산업적 연구

EU의 GDPR 제5조 제1항 제b호 후단, 제9조 제2항 제j호 등에서는 이미 언급한 바와 같이 학문적 연구 등을 위하여 정보처리에서 우대규정을 두고 있다. 이때 학문적 연구라는 개념은 과학적 연구방법에 따라 사회발전, 문제해결 등을 위한 새로운 인식의 창출을 가져오는 한 GDPR의 입법이유와 그에 따른 독일 문헌에서는 더 이상 공익적 목적, 공적 기관의 연구행위에 한정하지 않고 기업 등 민간의 재정지원 하에 이루어진 연구를 포함하고 있다. 또한 과학적 연구 방법이 학문연구가 아니라 (가령 영리 추구의) 목적만을 위한 때에는 해당하지 않지만, 학문적 연구의 목적이 비용 회수와 같은 경제적 이유를 함께 고려하여 진행하는 것은 위 규정들의 적용을 방해하지 않는다는 견해가 유력하다.[132]

이에 우리나라 개인정보 보호법 제2조 제8호, 제28조의2에서 규정한 "과학적 연구"는 단지 공익 목적의 연구에 국한하고 산업 목적의 연구를 포함하지 않는다는 일부 논의[133]는 적어도 유럽 GDPR의 규정 취지와 논의상황과는 상당한 거리를 두고 있다. 물론 이 같은 좁은 해석의 입장은 과학적 연구의 우대가 가명화 등의 안전조치를 조건으로 하고 있는 한 결국에는 민간기업의 정보처리 행태에 대한 불신에서 비롯한 것이라고 이해된다.[134] 또한 정보주체가 과학적 연구의 촉진이라는 사회 일반의 이익을 위하여 개인의 권리·법익의 희생을 강요받아서도 안 될 것이다. 그러나 가명정보 처리특례의 기술적, 조직적 안전조치(암호화와 익명·가명화, 추가정보의 별도 보관 등)가 준수되고 이로써 정보주체의 식별위험이 낮아지는 한, 사적 영역의 산업적 연구 역시 공익 목적의 연구와 마찬가지로 우대규정의 적용을 받는 것이 바람직하며 필요하다고 판단된다. 다시 말해 과학적 연구를 위한 정보처리가 문

---

131) Ⅲ.2.(2) 및 이미 GDPR 적용 이전의 법률상황으로는 Ⅱ.2.(2) 참고.
132) 앞의 Ⅲ.3. 참고.
133) 김현숙, "과학적 연구목적을 위한 개인정보 처리에 관한 비교법적 연구", 「정보법학」 제24권 제1호, 115, 130면.
134) 김현숙, 위의 논문(각주 133), 131-132면.

제되는 한 공적 영역과 사적 영역의 구분이라는 이분법적 사고로 접근할 것이 아니라 사적 영역의 과학적 연구 역시 영업활동의 일환이더라도 사회발전을 위해 새로운 인식을 창출하는 때에는 제28조의2 이하에 따라 정보주체의 동의가 없더라도 정보처리를 허용할 수 있어야 할 것이다.

(2) 민감정보 처리에 대한 경직된 이해의 완화

민감정보는 그 내용의 특수성에서 비롯한 정보주체의 높은 보호필요성에 따라 정보의 수집 등 처리에서 신중하게 취급되고 있다. 이에 우리나라 개인정보 보호법 제23조 역시 EU의 GDPR 제9조 제1항과 마찬가지로 정보주체의 동의 또는 법률의 근거 외의 정보처리 금지를 규정하고 있다.

그러나 이런 원칙의 예외로서 EU GDPR은 앞서 소개한 바와 같이 제9조 제2항 제j호 등에서 과학적 연구 등을 위한 정보처리의 허용근거를 명시함으로써 과학적 연구를 위한 우대적 규율 태도를 유지하고 있다. 이와 비교해 우리나라 개인정보 보호법은 과학적 연구를 위한 민감정보의 처리에 관한 규정을 직접 명시하고 있지는 않다. 다만 제28조의2가 과학적 연구 등을 위하여 가명정보의 처리를 정보주체의 동의 없이 허용하고 있는데, 민감정보의 처리 역시 위 규정에서 허용된다고 해석되고 있다.[135] 이런 차원에서는 EU의 GDPR과 다르지 않다고 할 수 있겠는데, EU GDPR 제5조 제1항 제b호 후단과 달리 우리나라의 개인정보 보호법은 원래 수집 목적과 달리 학문적 연구를 위한 민감정보의 추가처리의 경우에는 별도의 동의나 법률근거가 없는 한 제15조 제3항, 시행령 제14조의2에 의해 허용되지 않는다고 해석되고 있다.[136] 민감정보의 보호필요성에도 불구하고 정보주체의 불이익과 안전조치의 강구 정도 등 법률상의 판단 요소을 고려하여 구체적으로 판단할 바라고 여겨지며,[137] 이에 위와 같이 민감정보의 추가처리를 일률적으로 배제하는 해석은 비교법적 측면이나 이익형량의 실질적 관점에서 잘 납득되지 않는다.

또한 과학적 연구 등을 위한 민감정보 처리에 관한 개인정보 보호법 제28조의2의 해석·적용에 있어서 원래 목적과 다른 추가 처리의 경우, 즉 원래 목적을 위한 처리는 동의를 포함한 제15조 제1항의 허용요건 중 하나를 충족해야만 하고 이와 다른 연구 목적의 추가처리의 경우에만 제28조의2에 따라 별도의 법적 근거 없이 허용된다는 견해[138] 역시 사견으로는 찬동하기 어렵다. 법 문언에 이 같은 제한이 없으며, EU GDPR의 제9조 제4항 역시 민감정보의 수집을 포함하는 것으로 해석되고 있다. 무엇보다 추가처리에만 한정하는 해석은 위 규정의 적용 범위를 의도적으로 축소하는 결과를 가져올 것인데, 이는 과학적 연구목

135) 개인정보보호위원회, 개인정보 보호 법령 및 지침·고시 해설, 224면.
136) 개인정보보호위원회, 개인정보 보호 법령 및 지침·고시 해설, 101면.
137) 이동진(집필), “목적합치의 원칙”, 이성엽(저), 데이터와 법, 2021, 173면.
138) 김현숙, 앞의 논문(각주 133), 137면.

적의 우대, 암호화 등 안전조치의 강구 및 이를 통한 개인식별 위험의 최소화라는 이익형량에 따라 제28조의2 이하의 규정을 신설한 취지에 부합하지 않는다고 판단된다.

한편 과학적 연구 등을 위한 가명정보 처리의 경우 제20조(수집출처 등의 통지의무) 등을 적용하지 않도록 규정하고 있다(제28조의7). 이 가운데 제20조의 적용배제와 관련해서는 EU GDPR 제14조 제5항 제b호와 같은 비례적 판단[139]을 요건으로 하지 않은 채 제20조의 적용 자체를 배제하는 것은 입법적으로 바람직하지 않다는 비판이 있는데,[140] 이 견해에 동조한다. 끝으로 연구 등을 위한 민감정보 처리에 대한 EU GDPR 제21조 제6항에 따른 정보주체의 반대권은 우리나라 개인정보 보호법 제37조의 정보처리 정지권과 기능적으로 일부분 유사할 수 있다. 후자의 처리정지권 운영과 관련하여 EU가 GDPR 제21조 제6항의 마련 과정에서 정보주체의 반대권 인정 여부에 대한 논란이 있었지만 이를 인정하는 대신 정보주체로 하여금 자신의 특수한 상황에 따른 반대근거를 제시하도록 정하고 있음에 유의할 필요가 있다.[141] 이런 이유에서 학문적 연구를 위한 정보처리에 관하여 정보주체가 장래의 막연한 불안을 이유로 처리정지를 요구하는 경우 예정된 정보처리를 위해 안전조치의 강구 등 요건을 충족하고 있는 한 정보처리자는 처리정지 요청을 거절할 수 있을 것으로 사료된다.[142]

3. '동의' 허용요건의 완화 또는 유연

끝으로 EU GDPR 제6조 제1항에 따른 6가지 허용요건 사이의 관계와 관련하여 앞서 각 요건이 동등한 지위에 있으며 동의의 요건에 관하여 우선적 지위를 인정하지 않는다고 언급하였다. 물론 동의 이외의 다른 요건의 해당성 여부에 대한 판단이 분명하지 않다는 현실적 이유에서 동의 요건의 실제적 의미는 여전히 중요할 것이다. 또한 개인정보의 처리가 정보주체에게 초래할 수 있는 불이익, 위험을 고려하는 한 정보주체의 관여가 보장되어야 한다는 것 역시 당연한 요청이다. 그러나 동의의 형식화, ICT 기술의 발달에 따른 동의 획득의 곤란함 등으로 말미암아 정보주체의 의사적 관여는 EU GDPR에서는 일정한 경우 완화된 모습으로 변화, 보장되고 있다.

먼저, opt-out(사후거절)의 방식인데, 앞서 설명한 바와 같이 EU GDPR은 정보처리자 또는 제3자의 '정당한 이익'을 위한 정보처리 등의 경우에 정보처리자가 개인정보의 처리를 고지하고 이에 대해 정보주체가 반대하지 않는 한 개인정보를 처리할 수 있도록 규정하고

139) 앞의 Ⅲ.3. 각주 119 참고.
140) 김현숙, 앞의 논문(각주 133), 138면.
141) 앞의 Ⅲ.3. 참고.
142) 아마도 이와 같은 입장으로는 전승재, "인공지능 시대 개인정보에 관한 통계처리거부권·가명처리거부권의 인정가부", 「은행법연구」 제16권 제1호, 2023, 193, 218면 이하. 이 논문은 통신회사를 상대로 향후 본인의 개인정보를 통계목적 등으로 가명처리하지 말 것을 요구하는 금지청구 소송에서 정보주체의 가명정보 처리정지권 행사를 인용해 준 서울중앙지방법원 2022. 11. 17. 선고 2021가합509722 판결에 대하여 비판적으로 평석하고 있다.

있다. 물론 우리나라 개인정보 보호법은 GDPR의 반대권과 일정 정도 유사하게 기능할 수 있는 정보주체의 처리정지 요구권을 인정하고 있지만(제37조 제1항), 동의의 경우에는 처리 내용의 사전 통지의무가 분명한 반면(제15조 제2항) 동의 외의 요건에 대해서는 그렇지 못하여(제20조의2 참조) 정보주체의 사전적 관여가 이루어질 수 없게끔 되어 있다.

또한 과학적 연구목적의 정보처리와 관련하여 독일 개인정보 보호위원회는 과학연구의 특성상 정보수집 시까지 연구목적을 충분히 구체화하기 어려워서 정보처리 목적과 동의의 요건에서 확정성과 명확성의 요청을 관철하기 곤란한 경우에는 포괄적, 역동적 동의(broad, dynamic consent)와 같은 방식으로 완화할 수 있다고 밝히고 있다.[143] 다만 이때에도 정보처리자는 연구목적의 추상성을 보완하고 정보처리의 투명·신뢰성 등을 높이기 위하여 ① 정보주체로 하여금 정보이용의 규칙 또는 (연구의 대상, 방법 등을 포함한) 연구계획을 확인할 수 있도록 해 주고, ② 연구목적의 추가 처리에 앞서 연구윤리위원회의 사전허가의 결정을 받고, 정보처리가 역동적 동의 또는 정보주체의 반대권 부여에 의해 가능한지 검토해 보고, 그리고 ③ 최소정보, 암호화, 익명·가명 처리에 관한 보장 등의 조치를 고려해야 한다고 밝히고 있다.

우리나라에서도 사전동의(opt-in) 방식을 기본으로 하면서도 opt-out 방식과 포괄적·역동적 동의의 (부분) 도입이 줄곧 주장되고 있다.[144] EU GDPR과 이에 따른 독일의 비교법적 발전을 보더라도 이러한 주장에 적극적으로 찬동하며, 멀지 않은 시점에 정보주체의 보호와 더불어 개인정보의 활용 역시 적절하게 보장해 주는 허용요건 전반의 근본적 개선이 이루어지기를 바란다.

143) DSK. Beschluss der 97. Konferenz der unabhängigen Datenschutzaufsichtsbehörden des Bundes und der Länder zu Auslegung des Begriffs bestimmten Bereiche wissenschaftlichen Forschung im Erwägungsgrund 33 der DS-GVO 3. April 2019.

144) 최근 문헌으로는 윤종수, "사물인터넷, 블록체인, 인공지능의 상호운용에 있어서 개인정보자기결정권의 실현 및 데이터 이용 활성화", 「정보법학」 제24권 제3호, 2020, 104, 117면 이하; 정원준, "개인정보 동의제도의 실질화 방안 연구", 「고려법학」 제108권, 2023, 293, 314면 이하.

현대사회와 하자담보책임

김 상 헌

제주대학교 법학전문대학원 교수

이 글은 2023년 8월 집합건물법학 제47집에 수록된 “오염된 토지, 특히 폐기물이 매립된 토지와 하자담보책임–대법원 2021. 4. 8. 선고 2017다202050 판결을 중심으로”란 논문에 기초하여 고쳐 썼습니다.

박동진 교수님과는 학연을 인연으로 학회 활동과 시험 출제 등에서 학회장님과 위원장님으로 따르면서 학자로서의 품위를 어떻게 쌓아야 하는지 많이 배웠습니다. 특히 교수님께서 연구년을 제주에서 맞이하실 때가 기억에 많이 남습니다. 당시 식사와 차를 같이 하면서 그간 교수로서의 소회를 밝히셨는데, 제자들에 대한 따뜻한 애정을 깊이 느낄 수 있었습니다.
늘 인자하신 모습으로 후학들을 이끌어 주시는 박동진 교수님!
회갑을 감축드립니다!

Ⅰ. 문제의 제기

우리 민법은 매매계약과 관련한 구제수단으로 채무불이행책임 외에도 담보책임[1]을 인정한다. 특히 매매목적물에 하자가 존재하는 경우 특정물 매매에 관하여는 민법(이하 민법은 법명을 생략한다) 제580조가, 종류물 매매에 관하여는 제581조가 매도인의 하자담보책임을 규율하고 있다. 특정물 매매에 있어서는 종류물에 관한 매매와 달리 매도인이 매수인에게 그 특정물을 이행기에 있는 현상 그대로 인도하면 매도인으로서의 급부의무를 원칙적으로 다한 것으로 보고 다만 급부간 등가성을 보충하는 의미로 매도인의 하자담보책임이 논해지기도 하였다.[2] 이러한 이유로 하자담보책임제도는 급부간 등가성(等價性)에 초점을 두면서 하자발생에 대하여 귀책사유를 요구하지 않는다는 점에서 독자적으로 기능하고 있다고 평가되고 있다.[3] 그런데 현대사회에서의 계약 의미와 함께 최근 국제조약 및 각국 개정입법을 통한 계약책임의 현대화 동향 속에서 종래의 하자담보책임에 관한 논의를 그대로 원용하여 인정하는 것이 타당한지는 의문이 있다. 무과실책임이라는 주된 근거 하에 손해배상에 있어서도 등가성에 따른 신뢰이익 배상만을 고집할 경우 즉각적인 구제의 측면에서는 효율적이라고 할 수 있지만, 현대사회에서 발생하는 매매계약 분쟁의 만족적 구제수단으로서의 활용도는 낮아질 수밖에 없다는 우려도 제기된다. 손해배상의 범위의 문제는 근래 환경문제와 연결되었을 때에 더욱 두드러지게 나타나기도 한다. 예를 들어 폐기물이 매립된 토지와 관련하여서는 그 숨은 하자를 발견하기가 쉽지 않아 매매시점으로부터 상당한 시간이 도과한 때에서야 폐기물이 발견되는 경우가 흔하다고 할 것인데, 하자담보책임의 법률효과로서 손해배상을 청구하는 경우 그 손해의 범위를 단순히 등가성을 보충하는 데에 한정한다면, 장래 후손들이 사용할 환경의 회복적 가치를 실현할 수 있는지에 관한 논의의 필요성도 제기될 수 있다. 따라서 이 글에서는 담보책임과 관련하여 특히 문제가 되는 특정물 매매에 관한 하자담보책임을 중심으로 관련된 국내 논의를 평가한 후, 외국의 입법례와 비교하여 우리 민법의 해석에 있어서 시사점을 얻고자 한다.

---

1) 물건에 관한 하자담보책임과 비교하여 민법 제570조에서 제579조에 걸친 권리의 (하자)담보책임에 대하여는 권리가 추탈된다는 모습에 착안하여 추탈담보책임이라고 부르기도 하므로, 이 글에서의 담보책임은 권리와 물건에 관한 하자를 포함하는 의미로 사용한다.

2) 이러한 견해는 특정물 도그마와 관련이 있다. 특정물 매매에 있어서는 특정된 그 매매목적물만이 매매계약의 대상이고, 그 매매목적물이 매수인이 기대한 것과 다른 성상(性狀, Beschaffenheit)을 가지고 있다고 하더라도 하자 없는 물건의 급부는 이미 가능하지 않은 원시적 불능이 되므로, 이에 대한 급부의무는 인정할 수 없다는 데에 이론적 기초가 있다. 따라서 특정된 하자 있는 물건의 인도로서 계약상 의무는 이행된 것이고 다만 매매라는 유상계약의 등가성을 유지하기 위하여 규정한 법적 책임이 제580조라는 것이다(김석우, 채권법각론, 박영사, 1978, 182면; 어인의, "하자담보책임의 본질", 판례월보 제226호, 판례월보사, 1989, 19면 이하 등).

3) 김성욱, "민법상 담보책임과 관련한 몇 가지 법적 문제", 법과 정책 제22집 제2호, 제주대학교 법과정책연구원, 2016, 4면.

Ⅱ. 하자담보책임의 성격과 하자의 의미

1. 특정물 하자담보책임의 본질론

특정물 매매에 있어서의 하자담보책임의 본질론은 독일과 일본에서의 논의에 영향을 받았다.[4] 법정책임설은 매매목적물이 특정물인 경우 매도인은 그 목적물에 하자가 있다고 하더라도 하자 있는 현상대로 이행기에 인도하면 되는 것이고 매도인에게 하자 없는 목적물을 급부할 의무는 없다는 입장이다(제462조 참조). 따라서 매도인은 특정물을 이행기 현상대로 인도함으로써 매매계약상 채무이행을 완료한 것이고, 하자담보책임은 목적물에 하자가 없을 것이라는 매수인의 기대를 매매라는 유상계약 급부 사이에 요구되는 거래의 교환적 형평책임으로 법이 반영하였을 뿐이라는 것이다.[5] 이에 반하여 채무불이행책임설은 특정물에 하자가 있다고 하더라도 매도인에게 매매계약에 부합하는 하자 없는 물건을 급부할 의무가 있으므로 이를 이행하지 못하여 발생한 하자담보책임은 채무불이행책임의 성격이 있다는 견해이다.[6] 대법원은 매매에 있어서 하자담보책임이 문제될 수 있는 사안을 다루면서 그 손해배상을 신뢰이익의 배상이 아닌 이행이익으로 해석될 수 있는 판시를 여러 차례 한 점에 비추어, 하자담보책임의 본질을 채무불이행책임에 근거하여 판단하는 것으로 보인다.[7]

법정책임설은 연혁적인 설명에는 충실할 수 있으나 특정물 도그마 이론이 우리 민법에서 더는 받아들여지지 아니한 이상 그 이론적 기반을 상실하였다고 할 것이다.[8] 현대사회의 매매계약 행태에 비추어 적어도 계약당사자 사이에서는 매매목적물이 하자 없이 매매계약의 목적에 부합되는 목적물일 것임을 합리적으로 기대하는 것은 당연하다는 점에서, 매도인의

---

4) 이에 관한 설명으로는 이동진, "매매목적물의 하자로 인한 손해배상", 재산법연구 제38권 제1호, 한국재산법학회, 2021, 143－144면 참조.

5) 김석우, 앞의 책, 182면; 김현태, 신고채권법각론, 일조각, 1975, 134－135면.

6) 편집대표 곽윤직, 민법주해(IX), 박영사, 1995, 230－231면(양창수 집필); 김주수, 채권각론, 삼영사, 1997, 199면; 김증한/김학동, 채권각론, 박영사, 2006, 235면; 김형배, 채권각론(계약법), 박영사, 2001, 321면; 지원림, 민법강의, 홍문사, 2022, 1460면; 고유강, "특정물 하자담보책임으로서의 손해배상－대법원 2021. 4. 8. 선고 2017다202050 판결", 민사법학 제101호, 한국민사법학회, 2022, 229－230면; 남효순, "담보책임의 본질론(II)", 서울대학교 법학 제35권 제2호, 서울대학교 법학연구소, 1994, 228면; 이동진, 앞의 논문, 145－146면; 담보책임의 본질을 채무불이행책임으로 보고 있지만 민법상 담보책임규정에 의하여 비로소 인정된다는 점에서 법정책임이라는 한계도 함께 지니고 있다는 견해로는 김성욱, 앞의 논문, 5면.

7) 대법원 1967. 5. 18. 선고 66다2618 전원합의체 판결, 대법원 1989. 11. 14. 선고 89다카15298 판결, 대법원 1995. 6. 30. 선고 94다23920 판결, 대법원 2021. 4. 8. 선고 2017다202050 판결 등. 특히 대법원 1992. 4. 14. 선고 91다17146, 91다17153(반소) 판결은 하자담보책임의 본질에 관하여 불완전이행책임이라고 판시한 바 있다.

8) 대법원 2004. 7. 22. 선고 2002다51586 판결로 확정된 서울고등법원 2002. 8. 7. 선고 2002나7697 판결에서는 "…그러나 민법 제462조의 '특정물의 인도가 채권의 목적인 때에는 채무자는 이행기의 현상대로 그 물건을 인도하여야 한다.'는 규정은 매도인이 매매계약 후 매매목적물을 선량한 관리자의 주의로써 보관하다가 이행기에 현상 그대로 인도하여야 할 의무가 있다는 취지일 뿐, 매도인이 매매목적물을 하자 있는 채로 인도한 것만으로써 채무불이행의 책임을 면한다는 취지는 아니며,.."라고 판시한 바가 있다. 대법원 2016. 5. 19. 선고 2009다66549 전원합의체 판결과 대법원 2021. 4. 8. 선고 2017다202050 판결의 원심인 서울중앙지방법원 2016. 12. 9 선고 2016나54727 판결 또한 같은 취지로 판시하였다.

급부의무는 하자 없는 매매목적물에 주안점이 있다고 할 것이고 단순한 목적물 현상인도에 국한하여 평가할 이유는 없다. 따라서 특정물 매매에 있어서 하자담보책임의 본질은 하자 없는 완전물 급부의무를 위반한 채무불이행책임이라고 할 것이다.[9)]

2. 하자의 의미 및 판단기준

매수인은 매매목적물에 하자가 있어야 매도인에게 하자담보책임을 구할 수 있다(제580조 제1항 본문). '하자'는 매매목적물의 상태가 물건이 통상 갖추어야 할 상태를 갖추지 못한 것을 의미하는데, 일반적으로 매매목적물에 물질적인 결함이 있는 경우를 이른다.[10)] 하자를 판단하는 기준으로, 과거에는 객관적으로 갖추어야 할 품질이나 성능을 기준으로 하자를 정하는 객관설[11)]과 당사자들이 목적물에 대하여 명시적 또는 묵시적으로 합의한 품질이나 성능을 갖추었는지를 기준으로 하자를 판단하여야 한다는 주관설[12)]이 주장되었으나, 최근에는 물건이 통상 갖추어야할 객관적 품질이 없는 경우와 당사자가 합의한 성질이 없는 경우 어느 부분을 충족하지 못하더라도 모두 하자라고 보는 절충설[13)]이 유력하게 주장되고 있다. 2002년 개정된 독일 민법은 동법 제434조 제1항 제1문 및 제2문 제1호를 통하여 하자를 판단함에 당사자의 합의에 기초한 주관적 표준을 원칙으로 하고 보충적으로 같은 조 제1항 제2문 제2호 및 제3호를 통하여 객관적 표준을 하자 판단의 기준으로 정하고 있다.[14)] 이를 연혁적으로 하자의 개념을 종래 객관적으로 정의하였으나 오늘날에는 주관적으로 정의하는 방향으로 발전하고 있다고 평가하기도 한다.[15)] 판례는 "매매의 목적물이 거래통념상 기대되는 객관적 성질·성능을 결여하거나, 당사자가 예정 또는 보증한 성질을 결여한 경우에 매도인은 매수인에 대하여 그 하자로 인한 담보책임을 부담한다."라고 판시하여[16)] 주관적 기준과 객관적 기준 양자를 고려하고 있고 두 기준 사이에 특별한 차이를 두고 있는 것으로는

9) 같은 취지로는 김상용, 채권각론, 화산미디어, 2021, 197면; 이러한 이유로 하자담보책임은 매수인의 합리적인 기대를 보호해주는 기능을 가진 매매당사자의 의사를 구체화한 제도라고 평가하는 견해로는 윤진수, 민법기본판례, 홍문사, 2020, 468면. 다만 채무불이행책임설을 취하더라도 그 효과의 내용을 '거래의 교환적 형평' 관점에서 교정할 필요성에 대한 주장으로는 고유강, 앞의 논문, 230면; 김형석, "물건의 하자를 이유로 하는 담보책임의 특질", 한국민법과 프랑스민법 연구(남효순 교수 정년기념논문집), 박영사, 2021, 295－296면; 서광민, "매도인의 하자담보책임－민법규정상의 문제점과 해석론적 해결방법", 민사법학 제11·12호, 한국민사법학회, 1995, 170－171면 참조.

10) 한지형, "토양오염 관련 민사소송의 제문제", 사법논집 제57집, 법원도서관, 2013, 393면 참조.

11) 곽윤직, 채권각론, 박영사, 1995, 179면.

12) 김형배, 앞의 책, 351면.

13) 변우주, "오염된 토지의 매매와 민사책임－토지오염과 하자의 관계를 중심으로", 민사법의 이론과 실무 제23권 제1호, 민사법의 이론과 실무학회, 2019, 202－203면; 윤진수, 앞의 책, 467－468면; 서종희, "독일민법에서의 하자담보책임과 다른 책임과의 관계－'하자'의 개념정의와 함께", 비교사법 제26권 제3호, 한국비교사법학회, 2019, 33면; 다만 두 기준을 모두 원용하면서 특히 주관적 기준에 의하여 하자가 없다고 판단되면 객관적 완전성이 결여되었더라도 하자가 없다고 보아야 한다고 평가하며 주관적 기준을 우선하는 견해도 있다(지원림, 앞의 책, 1473면).

14) Grüneberg BGB, 81. Auf., C. H. BECK, 2022, S. 674, 675.

15) 김상용, 앞의 책, 206면.

16) 대법원 2000. 1. 18. 선고 98다18506 판결, 같은 취지로 대법원 1997. 5. 7. 선고 96다39455 판결 등.

보이지 않는다.[17)]

특정물의 하자담보책임에 관한 제580조는 하자의 존재에 관한 판단시기를 명시하지 않았다. 이에 관한 학설로는 특정물인 경우 계약 당시에 이미 존재하는 하자에 대해서만 하자담보책임을 인정할 수 있다는 계약체결시설[18)]과 목적물에 관한 대가위험이 매수인에게 이전되는 시기를 기준으로 하자의 존재를 판단하여야 한다는 위험이전시설[19)]를 들 수 있는데, 대법원은 특정물에 관한 매매의 하자 존부는 매매계약 성립시를 기준으로 판단하여야 한다고 판시한 바 있다.[20)] 2002년 개정된 독일 민법은 동법 제434조 제1항에서 하자 판단시기를 위험이전시로 명시하였고 이를 물건의 인도 시 등으로 해석하고 있다.[21)] 매매계약 당사자는 계약시점의 사정을 고려하여 계약을 체결하는 것이 일반적이라는 점에서 하자의 존재 여부를 매매계약 체결시를 기준으로 판단하는 것이 일견 설득력이 있지만, 앞서 본 바와 같이 하자담보책임의 본질을 하자 없는 물건을 급부할 의무를 위반한 채무불이행책임으로 본다면, 제537조의 위험부담주의를 고려하지 않을 수 없는바, 그렇다면 채무자인 매도인이 적어도 위험이 이전되는 목적물의 인도 시까지는 목적물이 갖추어야 할 성상을 유지할 필요가 있고 그에 따른 불이익을 부담하는 것이 타당하다는 점에서 위험이전시를 기준으로 하는 것이 타당하다.

Ⅲ. 하자담보책임의 행사기간과 그 효과

1. 하자담보책임의 행사기간

매수인이 하자담보책임을 주장하기 위해서는 하자의 존재를 몰랐거나 모른 데에 과실이 없어야 하고(제580조 제1항 단서), 매수인은 하자를 발견한 때로부터 6개월 내에 하자담보책

17) 다만 대법원 2002. 4. 12. 선고 2000다17834 판결은 "매도인이 매수인에게 공급한 기계가 통상의 품질이나 성능을 갖추고 있는 경우, 그 기계에 작업환경이나 상황이 요구하는 품질이나 성능을 갖추고 있지 못하다 하여 하자가 있다고 인정할 수 있기 위해서는, 매수인이 매도인에게 제품이 사용될 작업환경이나 상황을 설명하면서 그 환경이나 상황에 필요한 품질이나 성능을 갖추고 있는 제품의 공급을 요구한 데 대하여 매도인이 그러한 품질과 성능을 갖춘 제품이라는 점을 명시적으로나 묵시적으로 보증하고 공급하였다는 사실이 인정되어야만 할 것이다."라고 판시하였는데, 이를 주관적 기준을 우선한 판결로 소개하기도 한다(송덕수, 신민법강의, 박영사, 2023, 1202면).

18) 송덕수, 위의 책, 1203면.

19) 양창수/김재형, 민법 I(계약법), 박영사, 2020, 562면; 이상광, 하자담보책임론, 법원사, 2000, 93면; 지원림, 앞의 책, 2022, 1474면.

20) 대법원 2000. 1. 18. 선고 98다18506 판결 등. 다만 대법원 1993. 11. 23. 선고 92다38980 판결의 "신축건물이나 신축한 지 얼마 되지 않아 그와 다름없는 건물을 매도하는 매도인이 매수인에 대하여 매도건물에 하자가 있을 때에는 책임지고 그에 대한 보수를 해 주기로 약정한 경우 특별한 사정이 없는 한 매도인은 하자 없는 완전한 건물을 매매한 것을 보증하였다고 할 것이므로 매도인은 계약 당시 또는 매수인이 인도받은 후에 용이하게 발견할 수 있는 하자뿐만 아니라 건물의 본체부분의 구조상의 하자 특히 품질이 떨어지는 재료를 사용하는 등 날림공사로 인한 하자 등 바로 발견할 수 없는 하자는 물론 당초의 하자로부터 확산된 하자에 대하여도 책임을 져야 한다."는 판시와 같이 당초의 하자로부터 확산된 하자에 대하여도 하자담보책임이 성립할 수 있다는 취지의 판결도 있다는 점을 종합한다면, 대법원이 하자를 판단함에 매매계약 성립시에 구속되는 것으로 일반화하기는 어렵다는 견해(지원림, 위의 책, 1474; 김상용, 앞의 책, 207면)도 있다.

21) Grüneberg BGB, op. cit., 2022, S. 674.

임에 따른 권리를 행사하여야 하는데, 이를 제척기간으로 해석한다(제582조). 다만 판례는 "민법 제582조 소정의 매수인의 권리행사 기간은 재판상 또는 재판 외에서의 권리행사에 관한 기간이므로 매수인은 소정 기간 내에 재판 외에서 권리행사를 함으로써 그 권리를 보존할 수 있고, 재판 외에서의 권리행사는 특별한 형식을 요구하는 것이 아니므로 매수인이 매도인에 대하여 적당한 방법으로 물건에 하자가 있음을 통지하고, 계약의 해제나 하자의 보수 또는 손해배상을 구하는 뜻을 표시함으로써 충분하다."(대법원 2003. 6. 27. 선고 2003다20190 판결)라고 판시하여 위 기간이 출소기간은 아니라고 판시하였다. 따라서 매수인이 위 기간을 도과하여 하자담보책임에 대한 권리를 행사한다면 적어도 손해배상청구에 있어서는 소각하가 아닌 청구기각 판결 사유가 될 것이다. 한편, 대법원은 "매도인에 대한 하자담보에 기한 손해배상청구권에 대하여는 민법 제582조의 제척기간이 적용되고, 이는 법률관계의 조속한 안정을 도모하고자 하는 데에 취지가 있다. 그런데 하자담보에 기한 매수인의 손해배상청구권은 권리의 내용·성질 및 취지에 비추어 민법 제162조 제1항의 채권 소멸시효의 규정이 적용되고, 민법 제582조의 제척기간 규정으로 인하여 소멸시효 규정의 적용이 배제된다고 볼 수 없으며, 이때 다른 특별한 사정이 없는 한 무엇보다도 매수인이 매매 목적물을 인도받은 때부터 소멸시효가 진행한다고 해석함이 타당하다."라고 판시[22]하여, 제582조와 일반채권의 소멸시효를 규율하고 있는 제162조 제1항의 중첩적 적용관계를 긍정한 바가 있다.[23]

2. 하자담보책임의 손해배상 내용

하자담보책임은 매도인의 귀책사유를 요하지 아니하는 무과실책임이라고 해석된다.[24] 이처럼 하자담보책임은 채무불이행 또는 불완전이행책임과 비교하여 매수인의 선의·무과실 요구 및 그 증명책임, 권리행사의 제척기간 인정 유무 등에서 상당히 다르므로 별도 요건으로서 적어도 우리 법상 그 존재 의의가 있다.[25] 매수인이 매도인에게 특정물에 관한 하자담보책임의 효과로서 손해배상청구를 하는 경우, 그 손해배상책임의 내용이 무엇인지에 관하

---

22) 대법원 2011. 10. 13. 선고 2011다10266 판결.

23) 하자담보책임에 따른 매수인의 손해배상청구권이 권리의 내용·성질 및 취지에 비추어 제162조 제1항의 채권 소멸시효의 규정이 적용되기 위해서는 당해 손해배상청구권이 매도인의 귀책사유에 기하여 발생하였다는 것이 전제되어야 한다는 점에서 동 판결은 비판의 여지가 있다는 견해로는 김성욱, 앞의 논문, 11면 참조. 매수인의 인식여부와 관계없이 소멸시효의 완성으로 매수인이 청구권을 잃게 된다면 악의의 매도인만 두터운 보호를 받게 되는 사정을 대체하기 위하여 소멸시효의 남용이론을 제시하고 있는 견해로는 김동훈, "담보책임상의 권리행사기간과 소멸시효의 관계", 법학논총 제26권 제3호 통권 제46호, 국민대학교 법학연구소, 2014, 50－51면.

24) 편집대표 곽윤직, 민법주해(XIV), 박영사, 1997, 509면(남효순 집필); 판례 역시 같은 입장이다(대법원 1995. 6. 30. 선고 94다23920 판결 등).

25) 반면, 하자담보책임은 종래 매매에 따른 거래에 있어서 매도인이 귀책사유가 없음에도 거래의 교환적 형평에 비추어 신속하게 책임을 물을 수 있는 방안으로 마련된 것이지만, 오늘날 국제사회에서는 계약책임에 관한 국제규범 변화와 이를 자국에 반영하는 과정에서 그 의미가 많이 퇴색되고 있다(상세한 내용은 조인영, "계약책임에 관한 국제적 변화와 우리 민법의 향후 과제", 비교사법 제29권 제1호, 한국비교사법학회, 2022, 183면 이하 참조).

여 다음과 같은 견해가 있다.

신뢰이익설은 주로 하자담보책임의 본질에 관하여 법정책임설을 취하는 입장에서 주장하는 견해로 매매계약에 하자가 없다고 신뢰한 것에 한정하여 손해를 인정한다.[26] 이행이익설은 하자담보책임의 본질을 채무불이행책임으로 전제한다면 하자담보책임규정에서 특별히 별도로 정한 부분 외에는 손해배상 일반원칙에 따라야 할 것인데, 우리 민법은 제393조의 손해배상을 이행이익 배상으로 보고 있으므로 하자담보책임도 동일하게 해석하여야 한다는 견해이다.[27] 이원설은 범위에 있어서 확대손해 포함 여부 등에 미묘한 차이는 있지만 주로 매도인에게 귀책사유가 없다면 신뢰이익 배상으로 족하지만, 귀책사유가 인정되는 경우에는 매도인이 하자로 인한 이행이익 배상을 부담한다는 견해이다.[28] 규범목적설은 하자담보책임의 본질은 채무불이행책임이나 손해배상 내용은 쌍무・유상계약의 등가적 균형회복을 목적으로 한 매도인의 무과실책임이므로 신뢰이익 배상이 원칙인데, 다만 손해배상의 구체적 범위는 하자담보책임 각 규정의 규범내용을 고려하여 정하여야 한다는 견해이다.[29]

대법원은 매도된 감자종자의 일부가 매매 당시 이미 잎말림병 등에 감염되어 매수인의 감자수확량이 감소한 사안에서, "매수인이 입은 손해는 감자를 식재, 경작하여 정상적으로 얻을 수 있었던 평균수입금에서 매수인이 실제로 소득한 금액을 제한 나머지가 되어야 할 것이고, 매수인이 제반비용을 정상적으로 들였음을 전제로 하여 그 손해의 절반가량이 매도인이 매도한 감자종자에 기인한 것이라면 매도인에게 그 2분의 1에 대한 손해배상책임이 있다고 할 것이지, 매수인이 실제로 들인 비용에서 매수인이 소득한 금액을 공제한 금액을 기준으로 할 것은 아니"라고 판시하였는데,[30] 이는 이행이익 배상 취지를 명한 판결로 이해된다.[31] 또한 대법원은 원고가 피고로부터 공급받은 원단을 사용하여 주문자상표부착(OEM) 방식에 따라 등산화를 제작, 판매하였다가 하자가 발견되어 등산화 매수회사로부터 반품을 당하고 손해배상금으로 매매대금을 지급하였다는 이유로, 피고에게 하자담보책임으로 인한 손해배상책임을 구한 사안[32]에서도, 위 매매대금 상당 전액을 손해배상액으로 산정한 판시

26) 김석우, 앞의 책, 195면. 하자담보책임의 본질은 채무불이행책임이라는 입장에서도 그 손해배상은 신뢰이익 배상에 따라야 한다는 견해가 있다(송덕수, 앞의 책, 1204면). 신뢰이익설의 입장에서 매수인이 이행이익의 배상을 받기 위해서는 채무자의 귀책사유를 요하는 채무불이행책임으로 해결하여야 할 것이다.

27) 이은영, 채권각론, 박영사, 2005, 317면. 이러한 이행이익설을 일부 수정하여 원칙적으로 이행이익의 배상이나 하자담보책임은 대금지급의무와 견련관계에 있으므로 손해배상범위는 매매목적물의 가치를 초과할 수 없다는 견해(윤진수, 앞의 책, 468-469면)와 이행이익이 원칙적 손해배상 형태이나 그 배상범위는 교환가치 감소분으로 제한된다는 견해(황원재, "담보책임법상 감액청구권과 손해배상청구권", 재산법연구 제34권 제3호, 한국재산법학회, 2017, 83면) 또한 주장된다.

28) 김상용, 앞의 책, 199면; 조규창, "물건의 하자담보책임-현행법규정의 비판적 고찰", 법학논집 제21권, 고려대학교 법학연구원, 1983, 262-265면.

29) 김형배, 앞의 책, 363면. 최근에는 하자담보책임의 원칙적 손해배상형태를 이행이익 배상으로 보면서도 그 손해배상 범위를 산정함에는 매매대금을 기준으로 규범목적에 따라 제한하여야 한다는 견해(고유강, 앞의 논문, 246면 이하)가 있다.

30) 대법원 1989. 11. 14. 선고 89다카15298 판결.

31) 편집대표 곽윤직, 앞의 책, 1997, 528-529면(남효순 집필); 이동진, 앞의 논문, 150면.

32) 대법원 1995. 6. 30. 선고 94다23920 판결.

에 비추어 이행이익 배상을 인정한 것으로 보인다. 대법원 2004. 7. 22. 선고 2002다51586 판결은 토지 매도인이 성토작업을 기화로 다량의 폐기물을 은밀히 매립하고 그 위에 토사를 덮은 다음, 도시계획사업을 시행하는 공공사업시행자와 사이에서 정상적인 토지임을 전제로 협의취득절차를 진행하여 이를 매도함으로써 매수자로 하여금 그 토지의 폐기물처리비용 상당의 손해를 입게 하였다면, 매도인은 이른바 불완전이행으로서 채무불이행으로 인한 손해배상책임을 부담하고 이는 하자 있는 토지의 매매로 인한 민법 제580조 소정의 하자담보책임과 경합적으로 인정된다고 설시하면서, "피고가 스스로 법령에 의하여 요구되는 정도와 방법에 부합하도록 폐기물을 처리하여 판시 토지를 정상적으로 복구할 것을 기대하기 어려워 원고가 그 처리비용 상당의 손해배상을 구하는 이 사건에서 원고에게 피고가 스스로 폐기물을 처리할 것만을 청구하거나 손해배상청구에 앞서 이러한 청구를 먼저 행사하여야 할 의무는 없는 것이고, 나아가 폐기물처리비용이 매매대금을 초과한다는 사정은 원고의 손해배상청구권 행사에 아무런 장애가 되지 않는다고 할 것이다."라고 판시하였는데, 위 판결 사안의 매도인에게 귀책사유가 있었기에, 그 판시 취지가 귀책사유가 없는 매도인도 하자담보책임에 근거한 손해배상책임으로 매매대금을 넘어선 폐기물처리비용을 부담할 수 있는지에 관하여는 명확하지 않았다. 이에 반하여 대법원 2021. 4. 8. 선고 2017다202050 판결[33]은 귀책사유가 없는 매도인에게 하자담보책임을 근거로 매매대금을 초과한 폐기물처리비용 상당, 즉 손해배상을 인정하여 이 부분을 분명하게 정리하였다. 한편, 매매목적물의 하자로 인한 확대손해에 대하여 하자담보책임에 따른 손해배상을 물을 수 있는지에 관하여는 판례의 태도가 다소 불분명하다.[34]

매매에 있어서 하자담보책임은 앞서 본 바와 같이 귀책사유를 요건으로 한 통상의 채무불이행책임이라고 할 수 없지만, 매도인이 하자 없는 매매목적물을 급부할 계약상 의무 그 자체는 인정된다고 할 것이고 급부결과 매매목적물에 하자가 있다면 본래의 급부를 실행하지 못하였다는 점에서 불완전이행의 성격을 지니고 있다고 할 것이다. 하자담보책임의 본질을 채무불이행으로 본다면 하자담보책임의 손해 내용에 관한 특별한 규정이 없는 한, 손해배상의 일반원칙인 제390조에 따라 손해배상 범위를 정하여야 할 것이고 그렇다면 손해는

33) 원고는 2012. 7. 31. 피고로부터 이 사건 토지를 57,368,000원에 매수하였는데, 원고가 2014. 5.경 이 사건 토지에서 굴착공사를 하다가 약 331t의 폐기물이 매립되어 있는 것을 발견하였고, 이에 원고는 2014. 5.부터 2014. 9.까지 폐기물을 처리하기 위해 60,925,170원을 지출한 사안이었다.

34) 농업용 공기조화기의 하자로 화재가 발생하여 온실 내부시설과 그 안의 화훼까지 소실되어 전형적인 확대손해가 문제된 대법원 2003. 7. 22. 선고 2002다35676 판결 사안에서, "매매목적물의 하자로 인하여 확대손해가 발생하였다는 이유로 매도인에게 그 확대손해에 대한 배상책임을 지우기 위하여는 채무의 내용으로 된 하자 없는 목적물을 인도하지 못한 의무위반 사실 외에 그러한 의무위반에 대하여 매도인에게 귀책사유가 인정될 수 있어야만 한다."라고 판시하여 적어도 매도인의 무과실에 따른 손해배상의 범위에 확대손해는 포함되지 않는다고 밝혔다. 위 판결과 유사한 대법원 1997. 5. 7. 선고 96다39455 판결을 평석하면서, 판례의 태도가 매도인에게 귀책사유가 있다고 하여 하자담보책임으로서의 손해배상범위를 확대손해까지 인정한 것인지 분명하지 않다는 견해(고유강, 앞의 논문, 241면)가 있지만, 판시 취지에 비추어 매도인에게 귀책사유가 있다면 하자담보책임으로서 확대손해를 부정하지만은 않은 것으로 보인다(대법원 2003. 7. 22. 선고 2002다35676 판결을 원용하면서 같은 취지로 기술한 견해로는 김웅재, 앞의 논문, 35면).

기본적으로 이행이익에서 출발하여야 한다. 다만 매도인의 귀책사유 없이 하자담보책임을 인정하는 까닭에 하자담보책임의 대가적 균형 회복수단으로서의 역할 또한 고려할 수 있으므로, 이행이익 배상의 범위 내에서 법원의 각 사안의 사정에 관한 고려, 즉 매도인의 귀책사유 또는 매수인의 과실[35] 등을 통하여 손해액을 정할 수 있는 것이지 그 기준을 매매대금에 엄격하게 한정할 이유는 없다. 하자담보책임의 본질을 채무불이행책임으로 본다면 그 담보책임이 비록 매도인의 무과실책임이라고 하더라도 그 매매거래는 완전물 급부의무위반이라는 추상적 위법성이 내재되어 있다고 할 것이고 하자담보책임이 법으로 매수인을 특별히 보호하려는 취지에서 마련된 구제수단이라는 점 또한 고려될 필요가 있다.[36] 특히 대법원 2021. 4. 8. 선고 2017다202050 판결 등 토지에 대한 폐기물매립과 같은 환경과 관련된 사안에서 매도인의 매매목적물에 대한 주의를 환기시키기 위해서라도 하자담보책임의 대가적 균형 회복수단으로서의 기능만을 고집할 수도 없다.[37]

그렇다면 확대손해를 하자담보책임상 손해로 인정할 수 있을 것인가? 우리 민법이 하자담보책임을 처음 도입할 당시에 하자담보책임이 예정한 범위의 손해로 확대손해를 인정하기 어려웠을 것이다.[38] 그러나 매도인에게 '귀책사유가 있는 경우'를 상정한다면, 등가관계는 이미 희석되었으므로 확대손해에 이르기까지 하자담보책임의 손해 범위로 구할 수 있다는 해석은 충분히 가능하다.[39] 이때 매도인의 귀책사유는 하자담보책임의 요건은 아니지만 손해배상 산정에 있어서 고려할 요소로서 기능한다고 할 것이다. 매수인이 하자담보책임으로 매도인의 책임을 묻고 있는데, 매도인의 귀책사유가 사실인정을 통하여 명확하게 인정되었음에도 하자담보책임이라는 이유로 확대손해가 아닌 이행이익 상당에 따른 손해액에 그쳐 인용된다면, 분쟁의 궁극적 해결에 반한다고 할 것이다. 특히 이행이익과 확대손해의 개

35) 하자담보책임을 묻기 위해서는 매수인의 선의·무과실이 요구되지만, 제580조 제1항 단서의 과실은 하자 '존재'의 인식에 대한 과실로 신의칙상 책임제한에 고려되는 매수인의 하자 '발생'에 관한 과실과는 구분된다고 할 것이다[편집대표 곽윤직, 앞의 책, 1997, 531면(남효순 집필) 참조].

36) 편집대표 곽윤직, 앞의 책, 1995, 231면(양창수 집필); 지원림, 앞의 책, 1462면 참조. 다만 하자담보가 본래 매수인보호에 초점을 맞춘 제도이지만, 이행이익의 배상이 반드시 매수인에게 도움이 되지는 않는다는 견해로는 이진기, "권리의 하자담보책임 다시 읽기", 민사법학 제104호, 한국민사법학회, 2023, 169-170면.

37) 대법원 또한 이러한 토지환경의 중요성에 비추어, 대법원 2016. 5. 19. 선고 2009다66549 전원합의체 판결을 통하여 자기 소유 토지에 토양오염을 유발하고 이를 유통한 자의 민사상 불법행위책임을 인정하는 판시를 한 바가 있다. 위 판결에서 오염물질을 매립하는 행위에서의 잠재적 위법성은 로마법의 환경 공유의 법리를 포함한 토지의 공유적인 가치에 중점을 둔 형평법상의 위법 의미로 이해할 수 있다(Victor J. Yannacone, Jr., Environmental Rights & Remedies, The Lawyers Cooperative Publishing Co, 1972, p. 11 참조). 결국 토양오염이나 매립된 폐기물 문제를 다룰 때에는 환경보전이라는 헌법을 포함한 공법적 가치가 조리나 공공복리를 매개하여 사법관계에도 투영될 여지가 있다.

38) 우리 민법은 독일민법을 상당히 참고하여 제정하였다고 할 것인데, 주로 독일에서 특정시기에 주장되었던 하자담보책임의 본질에 관한 법정책임설이 우리 민법 제정 당시 다수설이었음을 생각한다면 그 손해가 확대손해에 이르지는 못하였음을 넉넉히 알 수 있다[편집대표 곽윤직, 앞의 책, 1997, 217-230면(남효순 집필); 조규창, 앞의 논문, 221-222면; 이동진, 앞의 논문, 142-143면 참조].

39) 프랑스 민법은 제1645조에서 매도인이 물건의 하자를 알고 있었다면 대금의 반환 외에 매수인에게 하자로 발생한 모든 손해를 배상하여야 한다(Article 1645; Si le vendeur connaissait les vices de la chose, il est tenu, outre la restitution du prix qu'il en a reçu, de tous les dommages et intérêts envers l'acheteur)고 규정하고 있는데, 이는 확대손해를 포함한 손해로 해석된다(조규창, 위의 논문, 247, 264면).

념적 구별이 언제나 용이하지는 아니한 다음에야 담보책임법리의 유래 등에 따른 형식적 해석에 중점을 둔다면 이는 구제방안의 기능을 저하시키는 결과가 된다.[40] 확대손해의 개념 역시 채무불이행에 따른 손해개념을 확장시켜 권리자의 보호에 충실하려는 취지에서 도출된 점이 있고 이는 매도인의 귀책사유 유무와 함께 인과관계 인정 여부에 관한 요건 검토 등을 통하여 그 제한이 가능하므로 처음부터 손해배상 범위에서 확대손해를 배제할 이유는 없다고 할 것이다.[41]

Ⅳ. 비교법적 검토

1. 국제물품매매계약에 관한 UN 협약

국제물품매매계약에 관한 UN협약[42](이하 'CISG'라 한다)은 계약책임의 구조를 일원화하고 국제매매에 있어서 통일규범으로서 실질적 규범력을 갖추어, 주요 무역국의 실정법상 계약책임의 구조를 개정하거나 전환하는 데 기여하였다. 1988. 1. 1.부터 시행된 CISG는 이행불능, 이행지체, 불완전이행 등 채무불이행의 일유형으로 분류되는 양태를 구분하지 않고, 이를 모두 '계약위반(breach of contract)'이라는 단일한 요건형태로 규율한다. 한편, 계약위반에 따른 구제방법 또한 하자담보책임과 채무불이행책임으로 구분하지 않고 계약상 의무위반이라는 일원적인 구조로 해결하고 있다.[43] 동산의 상사 매매에 있어서 목적물인 물건의 품질을 계약의 적합성conformity of goods with the contract) 여부로 결정하고 그 하자에 대한 매도인의 책임을 계약책임으로 구성하고 있다(제35조, 제36조).[44] 따라서 하자담보책임이 법정책임인지에 관한 논의는 필요치 않고 채무불이행으로 인한 손해배상청구권의 요건 중 하나인 채무자의 귀책사유도 CISG의 계약상 의무위반책임에서 요구되지 않는다(제74조, 제45조).[45] 매도인이 급부한 물품이 계약에 적합하지 아니한 경우에도 본질적 계약위반(fundamental breach of contract)이 아닌 한 계약의 효력을 가급적 유지하도록 하면서, 종래 구제수단으로 인정되었던 이행청구권, 손해배상청구권에 더하여 매수인의 대체물인도청구권(제46조 제2항)

40) 이미 하자담보책임으로 이행이익상 손해배상을 구하고 있는 자에게 별도의 절차를 통하여 본질에 차이가 없는 불완전이행에 따른 손해배상을 구하라고 한다면 이 또한 번거로운 것이다.

41) 다만 하자담보책임의 손해배상 내용 또는 범위에 관하여 이와 같은 해석을 한다면 채무불이행책임의 활용도가 상당히 감소할 것이라는 지적으로는 양창수, "2004년 민사판례 관견", 인권과 정의 제344호, 대한변호사협회, 2005, 99면.

42) 원문은 UN Convention on International Sales of Goods으로 UN 국제물품매매계약에 관한 협약이라고도 지칭된다.

43) 조인영, 앞의 논문, 188면; 홍성규, "국제물품매매계약에 있어서 하자담보책임에 관한 법리: CISG를 중심으로", 중재연구 제24권 제4호, 한국중재학회, 2014, 148면 등 참조.

44) 이재목, "일본 하자담보책임법의 개정과 입법적 시사점", 홍익법학 제21권 제4호, 홍익대학교 법학연구소, 2020, 5면.

45) 오호철, "하자담보책임을 둘러싼 국제물품매매법과 우리 개정 민법안의 비교", 비교법학연구 제6집, 한국비교법학회, 2005, 76면.

이나 부적합성(하자)치유청구권(제46조 제3항), 이행부가기간설정권(제47조, 제63조), 대금감액청구권(제50조) 등을 규정하였다.[46] 다만 손해배상에 있어서 상대방인 채무자의 의무불이행이 채권자 자신의 작위 또는 부작위에 의한 경우, 또는 채무자의 불이행이 채무자 자신이 통제할 수 없는 장애에 기인한 것으로서 계약체결 시에 그 장애를 고려하거나 그 장애나 그로 인한 결과를 회피하거나 극복하는 것을 합리적으로 기대할 수 없었다는 것을 증명하는 경우에는 그 불이행에 대하여 책임이 없다(제79조, 제80조).[47]

2. 독 일

독일의 경우, 2002. 1. 1. 제정된 독일의 채권현대화법(Gesetz zur Modernisierung des Schuldrechts)을 통하여 민법 개정을 하였는데, 종래 복잡하였던 각 채무불이행 요건을, 불완전이행이나 계약상 보호의무 등 모든 종류의 채무불이행 유형을 포함하는 '의무위반(Pflichtverletzung)'이라는 개념으로 정리하고, 담보책임을 채무불이행책임과 연계시킴으로써 담보책임의 독자적 성격을 완화하였다.[48] 물건에 하자가 있는 경우 매수인은 개정 독일민법 제437조에 규정되어 있는 바와 같이, 추완을 청구할 권리(제439조),[49] 계약을 해제(제440조, 제323조)하거나 감액을 청구할 권리(제441조), 그리고 손해배상을 청구하거나(제440조, 제280조, 제281조, 제311조의a) 또는 무익하게 지출된 비용의 상환을 청구할 권리(제284조)를 가진다. 따라서 개정 독일민법이, 채무자의 의무위반에 따른 손해배상을 제280조 제1항에 일반규정으로 두고 제433조 제1항에서 매도인에게 하자 없는 물건의 급부의무를 인정하고 있는 점에 비추어, 특정물매매에 있어서 하자 있는 물건의 급부는 계약의무위반이 되므로 하자담보책임의 채무불이행으로서의 성격은 명확해졌다고 할 것이다.[50] 개정 독일민법은 CISG와는 달리 귀책사유를 채무불이행에 따른 손해배상의 요건으로 여전히 요구하고 있는데, 다만 채무자가 귀책사유가 없음을 증명하는 형태로 규정하여 증명책임을 배분하였다(제280조).[51]

---

46) 상세한 내용은 오호철, 위의 논문, 67−76면 참조.

47) 면책사유에 있어서 예견가능성의 대한 논의로는 정진세, "국제물품매매계약에 관한 UN협약(비엔나, 1980)의 손해배상책임: 예견가능성의 주체, 대상, 기준시기, 입증책임 등 적용에 관한 제문제", 통상법률 제97호, 법무부 국제법무과, 2011, 39−41면.

48) 이병준, "독일 채권법개정에서 일반채무불이행법의 변화", 재산법연구 제19권 제1호, 한국재산법학회, 2002, 44−46면 참조. 한편, 독일은 디지털 제품 계약에 관한 규율을 2021. 6. 25. 개정민법 제327조에서 제327u조를 통하여 반영하였다(신봉근, "독일 민법의 디지털 제품 계약에 관한 고찰−하자담보법을 중심으로", 비교사법 제30권 제2호, 한국사법학회, 2023, 146면 참조).

49) 이러한 추완청구권은 채권현대화 과정에서 처음으로 독일민법전에 산입되었다(박신욱, "매매에 있어 하자담보책임에 관한 비교법 연구−독일민법 제439조의 추완청구권으로서 완전물급부청구권과 확대손해의 관련성", 한양법학 제39집, 한양법학회, 2012, 249면). 추완청구권은 매도인의 과실과 무관하게 발생한다(Grüneberg BGB, op. cit., 2022, S. 683).

50) 개정 전 독일민법 하에서 매도인에게 하자 없는 물건의 급부의무가 인정되는지와 관련하여 특정물매매에 관한 하자담보책임의 본질론 논의는 앞서 본 국내 논의와 대체로 같다.

51) Grüneberg BGB, op. cit., 2022, S. 385.

3. 일 본

일본의 경우, CISG 등 국제규범과 개정 독일민법의 영향을 받아 상당한 논의 끝에 2017년 개정안을 확정하여 2020. 4. 1.부터 민법 일부를 개정하는 법률로서 시행되고 있다.[52] 특히 하자담보책임에 있어서 독일과 마찬가지로 국제적 경향을 반영하여 담보책임을 채무불이행책임으로 일원화하고 담보책임 고유의 특성을 희석시켰다.[53] 개정의 주요내용으로는 종래의 하자를 '계약부적합'이라는 개념으로 정리하고 담보책임의 효과 또는 구제수단으로서 종래 해제권과 손해배상청구권에 더하여 추완청구권(제562조)과 대금감액청구권(제563조)을 추가하였다. 한편, 개정 일본민법은 독일과 마찬가지로 손해배상에 있어서는 여전히 채무자의 귀책사유를 요구하고 있는데, 다만 채무자의 책임으로 볼 수 없는 경우를 면책사유로 인정하고(제415조), 채무자가 이를 증명하도록 규정하였다.[54] 따라서 하자담보책임에 있어서의 손해배상 범위 역시 이행이익에 상당하다고 할 것이다.[55]

Ⅴ. 결 론

앞서 본 바와 같이 국제물품매매계약에 관한 UN 협약의 영향을 받은 독일과 일본은 하자담보책임에 관한 부분을 크게 수정한 민법을 시행하고 있다. 이는 현대사회에 있어서 하자담보책임의 존재에 관한 고민에서 비롯되었다고 보이고 그 내용은 일견 참조할 수 있는 운영방법안이라고 생각된다. 특히 현행 우리 민법상 하자담보책임은 원칙적으로 무과실책임으로 구성되어 있지만, 독일이 민법개정을 통하여 채무불이행책임과 하자담보책임을 연계하여 하자담보책임에 따른 손해배상에 있어서 매도인의 과실을 요하는 것으로 변경한 점은 참고할만하다. 우리 민법은 여전히 채무불이행책임과 하자담보책임의 영역을 구분하는 이원적 체계를 유지하고 있지만, 현행 법문에 기초하여 법률상 분쟁의 해결에 보다 실질적으로 유용한 해석도 필요한 시점이다. 다만 이는 현행법에 대한 보다 충실한 이해에서 비롯되어야 할 것이고, 있어야 할 법에 대한 추구만으로 해결될 문제는 아니다. 하자담보책임의 개정에 관한 논의도 실제 거래현황과 법률체계의 정합성 등을 고려하여 신중하게 접근하여야 할 것이다. 그동안 우리 학계에서는 하자담보책임과 관련한 다양한 쟁점을 다루며 이에 관

---

52) 개정의 배경 및 경위에 대한 소개로는 서희석, "일본 민법(채권법) 주요 개정사항 개관－민법총칙을 중심으로", 비교사법 제24권 제3호, 한국비교사법학회, 2017, 1072－1078면 참조.

53) 개정 일본민법은 계약의 목적물이나 권리가 계약의 내용에 적합하지 않은 경우 계약상 채무불이행에 관한 동법 제541조, 제542조 규정에 따라 해제권을 행사하고 손해배상을 청구할 수 있도록 함으로써(제564조), 별도의 하자담보책임 체계와의 구분을 사실상 폐기하였다고 평가한다(조인영, 앞의 논문, 196면). 따라서 하자담보책임의 법적 성질은 채무불이행책임이라고 할 것이다.

54) 我妻榮・有泉亨・清水誠・田山輝明, 我妻・有泉コンメンタール民法 總則・物權・債權(第7版), 日本評論社, 2021, 785面.

55) 이재목, 앞의 논문, 13면.

한 의견을 꾸준히 제시하여 왔고 대법원은 이를 일정 부분 참고하여 판시하면서 하자담보책임에 대한 이해의 폭을 넓혀왔다. 한편, 우리 민법개정과 관련하여, 2023년 6월 16일 민법개정위원회가 새롭게 출범하였는데, 하자담보책임법리가 계약법의 현대화라는 시대 흐름과 함께 그 변화를 맞이한 지금, 현재 시점에서 하자담보책임이 어떠한 독자적인 기능 또는 역할을 할 것인지에 대한 한층 더 진전된 논의와 새로운 입법론적 제안을 기대해 본다.

녹색민법전 초안(绿色民法典草案)(2004년)의 인격권

중국민법의 인격권법의 기초연구

김 성 수

경찰대학교 법학과 교수

Ⅰ. 들어가며[1)]

인격권은 우리 민법을 포함하여 근대의 대륙법계 민법전에서는 중요한 관심대상이 아니었으나 현대에 들어오면서 그 중요성이 점증하고 있고 오늘날 그 중요성은 재산권에 비하여도 부정할 수 없는 것이 되었다.

중국에서는 2020년 민법전(중화인민공화국 민법전)을 제정하면서[2)] 민법전의 편별체계에서 '인격권편'을 독립된 편(제3편)으로 하면서 기본적으로 대륙법계 체계의 '민법체계', 특히 판덱텐 체계를 지향하면서도 이를 넘어 다원화된 편별체계를 두고 있다. 그 하나가 현대 민법학에서 중요한 권리의 하나로 부상한 이러한 인격권에 대하여 종래 민법전에 성명권이나 인격의 존엄 등 개별규정으로 규정하거나 불법행위에서 규정하던 것에서 나아가 별도의 편을 두고 이를 전면적으로 규정하고 있다. 민법전의 인격권편에서는 구체적 인격권의 열거와 함께 일반적 인격권도 인정하고 퍼블리시티권이나 사망자의 인격권 등의 여러 내용과 그 침해시의 민사책임(불법행위)의 규율을 규정하여 체계와 내용에서 만전을 기하고 있다.[3)] 이러한 점에서 중국의 인격권법의 최근 동향은 민법전의 개정을 하여야 하는 우리 민법과 민법학에서도 여러 시사점을 줄 수 있는 최신 입법례로 생각된다.

최근 법무부는 2022년 2차에 걸쳐 인격권에 대한 신설안을 마련하여 입법예고하였다. 2022년 4월 5일 판례로 인정되던 인격권과 인격권의 침해배제 및 예방청구권을 신설하는 민법 개정안(제3조의 2, 제34조의 2)[4)]과 같은 해 12월 26일의 초상, 성명, 음성 등 자신을 특

1) 중국 민법전 제정과정에서 인격권의 민법전의 편입에 대하여는 2002년 민법전 초안의 인격권편과 이를 기초로 한 2020년 현행 민법전의 인격권의 규정위치와 조문내용은 학자들에 의하여 치열한 찬반이 있었고 그에 따라 다양한 민법전 초안이나 인격권법 초안에 '조문'화된 인격권 초안이 제시되었다. 필자는 이러한 중국의 동향에 주목하면서 우리 민법개정 작업을 위하여 이러한 자료를 우리 말로 소개한 바 있다. 가령 필자, 중국 통일 민법전 번역 및 해제－「중화인민공화국 민법전」(中华人民共和国民法典)(2020년) 해제, 2020년도 법무부 연구용역보고서; 또한 인격권 중 퍼블리시티권의 개정안과 관련하여 「퍼블리시티권 도입방안에 관한 연구」(2022년 법무부 연구용역보고서). 이러한 보고서에는 현행 중국 민법전의 인격권편의 조문내용과 퍼블리시티권에 관한 조문과 여러 민법전 초안의 내용으로 제한되어 여러 인격권법 초안의 내용을 담기는 어려웠다. 이 글에서는 중국에서 나온 기초자료로서 학자들이 마련한 '민법전 초안'의 내용을 소개하는 것의 하나이다. 필자가 이전에 소개한 것에 이은 것이다: 중국 민법학회에서 2015년 공동으로 마련한 인격권법편 전문가 건의안(의견수렴안)(中华人民共和国民法典, 人格权法编)(专家建议稿(征求意见稿))(105개 조)에 대한 것은 김성수, 중국민법의 인격권에 관한 최근동향－민법전 인격권법편 전문가 건의초안(2015년)을 중심으로, 『민사법의 현실과 지향』(윤용석 교수 정년기념 논문집), 2019.10; 중화인민공화국 민법전(2020년)의 인격권에 대한 기초적 연구－현행 민법전과 중국 민법전 건의초안(2004년)의 내용을 중심으로, 인권과 정의의 민법학(최종길교수 50주기 추모논문집), 박영사, 2023.12, 307쪽 이하(민법전 이외에 양혜성 교수 초안과 왕리명 교수 초안을 다룸). 이 연구주제는 필자가 연구 중인 '중국 민법전'에 대한 문제 중 특히 '인격권법의 동향'에 대하여 중간성과를 정리하는 기초자료이다. 향후 이 주제에 대하여 좀 더 심도있는 비교법적 연구를 하면서 우리 법의 시사점을 살펴보려고 한다.

2) 이러한 중국의 민법전 제정작업에 대하여는 필자, 「중화인민공화국 민법총칙'(2017년)－일반론과 조문내용을 중심으로, 민사법학 제79호, 2017.6, 247쪽 이하; 같은 저자, 최근 제정된 중화인민공화국 민법총칙(2017년) 읽기－일반론과 주요내용을 중심으로, 비교사법 제24권 제3호, 2017.8, 1009쪽 이하; 같은 저자, 중국 민법전 각칙 불법행위책임편(제6편)(초안)(2018년), 민사법학 제86호(2019), 177쪽 이하 등을 참조.

3) 이는 종래 민법통칙(1985년)에서 '민사권리'로 규정하던 것을 확대개편하여 '민사권리'법으로서 더 철저하게 권리의무법으로서 민법을 관철하려고 한다.

4) 이에 대하여는 우선 고철웅, 인격권 개념의 입법에 관한 소고－2022년 법무부 민법개정안을 중심으로, 민사법학 제99호, 2022, 49쪽 이하; 서종희, 민법일부개정안에 신설된 인격권 조항에 대한 검토(법제동향), KISO저널 제47

징짓는 요소(인격표지)를 영리적으로 이용할 권리인 인격표지 영리권(퍼블리시티권)을 신설하는 민법개정안(제3조의 3)이 그것이다.[5)]

이 글에서는 인격권의 조문작업을 위한 논의를 위한 기초자료로서 현행 중국 민법전의 인격권편의 탄생의 기초가 되었던 2002년 민법초안의 인격권법 제정과 관련하여 그 초안 마련 당시의 입법자료로 여러 학자들에 의한 민법전 건의초안 중 서국동 교수의 녹색민법전 초안의 인격권편을 그 조문내용을 중심으로 살펴본다. 이러한 자료가 다른 민법전 초안과 함께 구체적으로 2002년 민법초안과 2020년의 민법전에 어떻게 반영되었는가도 중요하지만 이러한 자료 각자가 인격권법의 발전동향과 구체적 내용을 알 수 있는 것으로 그 자체의 연구도 중요하다고 생각된다. 특히 이러한 인격권법에 대한 일반론의 연구와 특수한 분야의 연구만 있고 전반적인 인격권의 연구가 아직 완전하지 못한 우리 민법의 연구에는 더 필요하다고 생각된다.

중국을 포함한 외국 민법전의 연구는 '현행법'의 조문과 그 해석론도 연구되어야 하지만 그 입법과정에서의 논의나 민법전 초안의 내용도 비교법으로 중요하다.[6)] 이 서국동 교수의 초안도 양혜성 교수나 왕리명 교수의 민법전 초안과 같이 2002년의 중국 민법초안과 인격권편의 제정과정에서 마련된 '이론적' 초안으로 입법자의 공식요청을 받아 '민법초안 건의안'으로 제공되었고 2020년 민법전 인격권편의 체계와 조문내용도 기본적으로 독립적인 편으로 하고 그 내용도 2002년의 것을 기초로 한 점에서 학자들의 민법전 초안의 건의안은 연구의 가치가 있다. 서국동 교수의 민법전 초안은 5000여 개의 조문으로 되어 있고 인격권편 자체에 대한 조문만도 100여 개이고 법인의 인격권(3개), 불법행위편의 인격권(20여개) 등 다른 어느 민법전초안보다 그 수가 많고 인격권에 대한 체계와 내용에서도 포괄적이다. 이러한 점에서 이 글에서는 이러한 서국동 교수의 민법전 초안의 인격권 전체에 대하여 그 체계와 내용을 중심으로 살펴본다.

이하에서는 우선 서국동 교수의 녹색민법전 초안 일반(Ⅱ)을 일반론, 제정과정과 기본 편별체계를 중심으로 살펴보고 이어서 인격권이 규정된 부분을 각 편의 순서에 따라 차례로

호, 2022.6.21. <https://journal.kiso.or.kr/?p=11660>. 후자에 대한 소개나 평가는 아직 나오지 않고 있다. 더 일반적으로 민법의 인격권의 도입에 대한 논의로는 안문희, 민법상 인격권 도입방안에 관한 연구, 한국법학원 연구보고서 민21-02, 2021.6.30; 김재형, 인격권에 관한 입법제안, 민사법학 제57호, 2011, 41쪽 이하; 중국 민법의 인격권에 대한 일반적인 것은 이상욱, 중국 민법전상의 인격권, 영남법학 제51호, 2020.12, 271쪽 이하 참조.

5) 종전의 인격권에 관한 민법개정 논의로는 우선 2004년 법무부 민법개정안(제1조의 2 제2항)에 '사람의 인격권은 보호된다'는 일반규정의 신설이 제안되었다. 다음으로 2013년 법무부 민법개정시안에는 인격권에 관한 규정은 민법 제751조에 '그 밖의 법익을 침해하여 재산 이외의 손해를 가한 자의 손해'를 추가하고 금지청구에 대한 조항(제766조의 2)을 신설하였다. 인격권의 일반조항은 2005년에 제정된 「언론중재 및 피해구제 등에 관한 법률」(제5조 제1항)에 인격권을 '생명, 자유, 신체, 건강, 명예, 사생활의 비밀과 자유, 초상(肖像), 성명, 음성, 대화, 저작물 및 사적(私的) 문서, 그 밖의 인격적 가치 등에 관한 권리]라고 하고 있고 사망자의 인격권보호(제5조의 2)를 두고 있다.

6) 중국법에서는 공식 입법이유서라는 것이 없고 입법작업이 개시될 때 전국인민대표대회 상무위원회 등에서 하는 간략한 기초설명만 있으므로 조문의 입안과정의 학자들에 의한 연구가 기초자료로서 다른 나라보다 더 중요하다고 볼 수 있다.

서편(Ⅱ), 인신관계법(제1편)(Ⅲ), 재산관계편(제2편)(Ⅳ)[7]의 인격권을 차례로 살펴본다.

Ⅱ. 서국동 교수 녹색민법전 초안 일반

1. 녹색 민법전초안의 편별체계 일반

서국동(徐国栋, 쉬구어똥) 교수가 주도한 녹색민법전 초안[8](绿色民法典草案)은 민법전을 4개 편과 부칙에 해당하는 尾题(종결규정)으로 총 5,333개 조[9]로 되어 있다. 이는 사법부의 위탁을 받아 마련된 초안으로 2002년부터 2004년에 걸쳐 4차 초안(四校)까지 거친 것이다.

이 민법전 초안은 민법전에 '녹색의 원칙'을 기초로 하여 녹색제도, 녹색 소송, 녹색환경 등의 녹색조항이 체계를 여러 조문에 규정하여 녹색민법전 초안이라고도 한다.[10] 특히 이러한 녹색의 원칙은 민법전의 기본원칙의 하나(제9조)로까지 규정되고 있어 중국 민법전의 특징 중의 하나가 되고 있다.[11]

또한 민법전의 체계와 관련하여 종래의 판덱텐 체계가 물권과 채권의 재산법을 중시하는 점에서 18세기 유물주의, 물질주의의 철학을 반영한 것이라고 비판하면서 인－물－소송의 3편으로 하던 원래의 프랑스민법전은 사람과 물건의 관계에서 사람의 선재성을 인정하는 인문주의(인류중심주의) 철학을 기초로 한 것이라고 한다. 이에 대하여 녹색민법전초안의 기본태도는 사람과 물건 중에서 사람을 우선하여 인신관계(제1편), 재산관계(제2편)을 두면서 사람과 그 밖의 살아있는 영혼과 자연의 화합관계를 중요시하여 신인문주의라고 이를 부르고 있다.[12]

---

7) 이 건의안을 포함한 최근의 인격권법의 논의로는 王利明主编, 人格权立法的中国思考, 中国人民大学出版社, 2020.1.

8) 서국동 교수의 녹색민법전초안의 조문내용은 徐国栋主编, 绿色民法典草案, 社会科学文献出版社, 2004.3(필자는 2004.5, 제1판 참조)을 기초로 한 것이다.

9) 문헌에 따라서는 5,000여 개, 5,209개, 5,267개 조가 있다고 하지만 녹색민법전 초안의 최종 조문은 5,332개 조(종결규정 포함하면 5.333개)이다. 이는 2000년부터 2004년 1월 31일까지의 4차 교정본까지의 개정과정으로 인한 차이로 보인다. 이러한 과정은, 徐国栋主编, 앞의 책, 鸣谢 부분의 2－3쪽.

10) 徐国栋主编, 앞의 책, 7쪽; 같은 저자, 认真透析〈绿色民法典草案〉中的"绿", 法商研究 2003년 제6기; 马洪, 绿色原则何以入民法典 学术月刊 제49권 제10기, 2017, 93쪽 이하; 廖名宗,《民法典》"绿色"条款解析 (2020－08－04)<https://www.dehenglaw.com/CN/tansuocontent/0008/019253/7.aspx?MID＝0902&AID＝>; 2020－08－04吕忠梅, 以"绿色民法典"回应时代需求, 光明日报 2020年05月28日 <http://www.qstheory.cn/ llwx/2020－05/28/c_1126043557.htm>; <https://www.chinalaw.org.cn/portal/article/index/id/28162/cid/11.html>.

11) 다만 인격권에 관하여 녹색의 원칙이 관계되는 것은 없다.

12) 徐国栋主编, 앞의 책, 6쪽 이하; 그 외에 유미주의(唯美主義)를 취하여 각 편은 4개 분편으로 나누어 각 편에는 순서는 논리적 관계에 따라 배열하고 있다고 한다. 이러한 점은 같은 저자, 民法典草案的基本结构－以民法的调整对象理论为中心基本结构, 法学研究 2000년 제1기, 37쪽 이하 <https://faxueyanjiu. ajcass.com/Magazine/Show/?ID＝92467>.

녹색민법전 초안은 전체를 4개 편으로 하여 각각 서편(序编), 인신관계법(제1편)(第一编 人身关系法), 재산관계법(제2편)(第二编 财产关系法)과 부편(附编)을 두고 마지막에 시행에 관한 尾题(1개 조)를 둔다.

편별체계에 따라 제1편과 제2편에는 편 밑에는 분편(分编)을 두고 그 밑에 다시 제(题)－장(章)－절(节)이 있다. 서편과 부편은 편－장－절로 하고 있다. 경우에 따라서는 절 밑에 一, 二, 三을 두고 다시 그 밑에 (一), (二), (三)을 둔 것도 있다.

각각의 편은 다음과 같다.

목차	目录	조문(5,333개 조)
서편	序编	제1조－제284조
제1편 인신관계법	第一编 人身关系法	(1,850개 조)
제1분편 자연인법	第一分编 自然人法	제1조－제532조
제2분편 법인법	第二分编 法人法	제1조－제480조
제3분편 혼인가족법	第三分编 婚姻家庭法	제1조－제299조
제4분편 상속법	第四分编 继承法	제1조－제539조
제2편 재산관계법	第二编 财产关系法	(3,060개 조)
제5분편 물권법	第五分编 物权法	제1조－제667조
제6분편 지식재산권법	第六分编 知识产权法	제1조－제363조
제7분편 채권법 총칙	第七分编 债法总则	제1조－제353조
제8분편 채권법 각칙	第八分编 债法分则	제1조－제1677조
부편 국제사법	附编 国际私法	제1조－제138조
미제(최종규정)	尾题(最终规定)	(1개 조)[13]

2. 녹색민법전초안의 편별체계와 인격권

각각의 편 중에서 인격권과 관련된 부분을 중심으로 하는 편별체계를 보면 다음과 같다.

(1) 서 편

서편에서는 객체(제2제)의 부분에서 인신권 중 인격권의 객체(제3절)에 관한 규정을 두고 있다. 중국에서는 민법통칙(1986년) 이후에 인신권을 인정하고 이에는 인격권과 신분권이 있는 것으로 하고 있고 현행법에서도 이는 관철되고 있다. 녹색민법전의 서편의 권리의 객체에서도 이러한 분류를 따르고 있다.

서편의 구성은 다음과 같다.

13) 조문 번호는 없이 1개 조만 두고 있다.

목차	目录	조문(284개 조)
제1제 예비규정 제1장 규율대상 제2장 기본원칙	第一题 预备性规定 第一章 调整对象 第二章 基本原则	제1조－제12조 제1조－제6조 제7조－제12조
제2제 인	第二题 人	제13조－제18조
제3제 객체 제1장 일반규정 제2장 인신권의 객체 제1절 일반규정 제2절 인격의 객체 **제3절 인격권의 객체** 제4절 신분권의 객체 제3장 재산권의 객체 제1절 일반규정 제2절 물권의 객체 제3절 지식재산권의 객체 제4절 채권의 객체 제5절 상속권의 객체	第三题 客体 第一章 一般规定 第二章 人身权的客体 第一节 一般规定 第二节 人格的客体 **第三节 人格权的客体** 第四节 身份权的客体 第三章 财产权的客体 第一节 一般规定 第二节 物权的客体 第三节 知识产权的客体 第四节 债权的客体 第五节 继承权的客体	제19조－제39조 제19조－제21조 제22조－제26조 제22조 제23조 제24조 제25조－제26조 제27조－제39조 제27조 제28조－제34조 제35조－제37조 제38조 제39조
제4제 법률사실과 법률행위 제1장 법률사실 제2장 법률행위 제3장 의사와 법률행위의 하자 제4장 법률행위의 상태 제5장 법률행위의 무효와 취소 제6장 법률행위의 형식과 증명 제7장 법률행위의 해석	第四题 法律事实与法律行为 第一章 法律事实 第二章 法律行为 第三章 意思和法律行为的缺陷 第四章 法律行为的样态 第五章 法律行为的无效和可撤销 第六章 法律行为的形式和证明 第七章 法律行为的解释	제40조－제204조 제40조－제42조 제43조－제54조 제55조－제93조 제94조－제126조 제127조－제144조 제145조－제191조 제192조－제204조
제5제 대리	第五题 代理	제205조－제231조
제6제 민사세계 중의 시간 제1장 시효 제2장 제척기간 제3장 기간계산	第六题 民事世界中的时间 第一章 时效 第二章 除斥期间 第三章 期间的计算	제232조－제278조 제232조－제262조 제263조－제270조 제271조－제278조
제7제 기본용어의 개념	第七题 基本术语的定义	제279조－제284조

(2) 인신관계법(제1편)

인신관계법(제1편)의 편별구성은 다음과 같다.

목차	目录	조문(*개 조)
제1편 인신관계법	第一编 人身关系法	
제1분편 자연인법	第一分编 自然人法	
제1제 인격	第一题 人格	

제2제 시민사회의 유지	第二题 市民社会的维护	
제3제 인격권 **제1장 일반규정** **제2장 자연인의 자연적 존재를 보장하는 인격권** **제3장 자연인의 사회적 존재를 보장하는 인격권**	**第三题 人格权** **第一章 一般规定** **第二章 保障自然人的自然存在的人格权** **第三章 保障自然人的社会存在的人格权**	
제4제 본거지와 이탈	第四题 本座与脱离	
제5제 신분등기	第五题 身份登记	
제2분편 법인법	第二分编 法人法	
제1제 일반규정 제1장 법인의 인격 제2장 법인의 분류 제3장 비법인단체 제4장 사법인에 관한 일반규정 제1절 설립, 적용법과 허가 제2절 인격의 부여와 효력 **제3절 법인의 인격권** 제4절 법인의 변경 제5절 법인의 소멸 제6절 법인의 조직기구	第一题 一般规定 第一章 法人的人格 第二章 法人的分类 第三章 非法人团体 第四章 关于私法人的一般规定 第一节 设立、适用法和批准 第二节 人格的赋予和效力 **第三节 法人的人格权** 第四节 法人的变更 第五节 法人的消灭 第六节 法人的组织机构	
제2제 조합	第二题 合伙	
제3제 회사	第三题 公司	
제4제 합작사	第四题 合作社	
제5제 재단법인	第五题 财团法人	
제6제 사회단체와 종교단체	第六题 社会团体和宗教团体	
제3분편 혼인가족법	第三分编 婚姻家庭法	
제1제 일반규정 제2제 혼인법 제3제 친족법	第一题 一般规定 第二题 婚姻法 第三题 亲属法	
제4분편 상속법	第四分编 继承法	
제1제 일반규정 제2제 유언상속 제3제 법정상속 제4제 계약에 의한 상속재산의 이전	第一题 一般规定 第二题 遗嘱继承 第三题 法定继承 第四题 以合同移转遗产	

녹색민법전 초안은 인격권의 주체로서 자연인과 법인의 것으로 나누어 각각의 인격권에 대하여 규정한다.

이러한 인격권의 편별구성은 다음과 같다.

목차	目录	조문
제1편 인신관계법	第一编 人身关系法	
제1분편 자연인법	第一分编 自然人法	
제3제 인격권 제1장 일반규정 제2장 자연인의 자연적 존재를 보장하는 인격권 제3장 자연인의 사회적 존재를 보장하는 인격권	第三题 人格权 第一章 一般规定 第二章 保障自然人的自然存在的人格权 第三章 保障自然人的社会存在的人格权	
제2분편 법인법	第二分编 法人法	
제1제 일반규정 제4장 사법인에 관한 일반규정 제3절 법인의 인격권	第一题 一般规定 第四章 关于私法人的一般规定 第三节 法人的人格权	

자연인의 인격권에 관한 규정(제3제)은 3개 장 102개 조문으로 되어 있다. 각각의 장은 일반규정(제1장), 자연인의 자연적 존재를 보장하는 인격권(제2장)과 제3장 자연인의 사회적 존재를 보장하는 인격권(제3장)이다.

자연인의 자연적 존재를 보장하는 인격권(제2장)으로는 생명건강권(제1절), 자유권(제2절)과 가족권(제3절)의 3가지 개별적인 인격권을 규정한다. 자연인의 사회적 존재를 보장하는 인격권(제3장)으로는 평등권(제1절), 성명권(제2절), 초상음성권(제3절), 명예와 영예권(제4절), 사생활권(제5절)과 귀속권(제6절)의 6가지 개별적인 인격권을 규정한다.

우선 자연인의 인격권에 대하여는 인신관계편 중 자연인법(제1분편)의 일부로서 독립한 제(题)로 하고 인격권에 관한 제(제3제[第三题])로 하면서 102개 조(제300조－제401조)로 규정한다. 다음으로 법인이 인격권은 법인법(제2분편)의 일부로서 사법인에 관한 일반규정의 장(제4장)에서 독립한 절(제3절)로 하면서 3개조(제26조－제28조)로 규정한다. 자연인의 인격권에 비하여 법인의 인격권은 상당히 적은 조문이라는 것을 알 수 있다.[14)]

목차	目录	조문(102개 조)
제3제 인격권	第三题 人格权	제300조－제401조
제1장 일반규정	第一章 一般规定	제300조－제307조
제2장 자연인의 자연적 존재를 보장하는 인격권 제1절 생명건강권	第二章 保障自然人的自然存在的人格权 第一节 生命健康权	제308조－제350조 제308조－제328조

14) 법인 이외에 비법인단체(제3장 非法人团体)가 인정된다(제12조). 이는 법인의 조문을 준용한다(제15조). 따라서 비법인단체에도 법인의 인격권이 적용된다: 第12条 [定义] 非法人团体是合法成立，有一定的组织机构和财产，但不具备法人资格的组织。(参考最高民诉适第第40条) 第15条 [准用] 在一切相宜的方面，对非法人团体准用关于法人的规定。

제2절 자유권	第二节 自由权	제329조－제342조
제3절 가족권	第三节 家庭权	제343조－제350조
제3장 자연인의 사회적 존재를 보장하는 인격권	第三章 保障自然人的社会存在的人格权	제351조－제401조
제1절 평등권	第一节 平等权	제351조－제355조
제2절 성명권	第二节 姓名权	제356조－제376조
제3절 초상음성권	第三节 肖像声音权	제377조－제381조
제4절 명예와 영예권	第四节 名誉和荣誉权	제382조－제384조
제5절 사생활권	第五节 私生活权	제385조－제397조
제6절 귀속권	第六节 归属权	제398조－제401조

(3) 재산관계법

재산관계법(제2편)의 편별구성은 다음과 같다.

목차	目彔	조문(3,060개 조)
제2편 재산관계법	第二编 财产关系法	(3,060개 조)
제5분편 물권법	第五分编 物权法	제1조－제667조
제1제 통칙 제1장 물건의 분류 제2장 물권법통칙 제3장 점유와 준점유	第一题 通则 第一章 物的分类 第二章 物权法通则 第三章 占有和准占有	제1조－제188조 제1조－제27조 제28조－제155조 제156조－제188조
제2제 자물권 제1장 소유권 제2장 소유권의 취득방법 제3장 공동소유와 준공동소유 제4장 소유권이전의 인도나 등기 제5장 상속 제6장 불완전소유권 제7장 소유권에 대한 제한	第二题 自物权 第一章 所有权 第二章 取得所有权的方式 第三章 共有和准共有 第四章 移转所有权的交付或登记 第五章 继承 第六章 不完全所有权 第七章 对所有权的限制	제189조－제400조 제189조－제218조 제219조－제266조 제267조－제351조 제352조 제353조 제354조－제359조 제360조－제400조
제3제 타물권 제1장 용익물권 제2장 담보물권 제3장 전권 제4장 부동산질권	第三题 他物权 第一章 用益物权[15] 第二章 担保物权[16] 第三章 典权 第四章 不动产典质	제401조－제667조 제401조－제558조 제559조－제639조 제640조－제654조 제654조－제667조
제6분편 지식재산권법[17]	第六分编 知识产权法	제1조－제363조
제7분편 채권법 총칙	第七分编 债法总则	제1조－제353조
제1제 채권의 목적과 발생근거 제2제 채권의 유형 제3제 채권의 당사자 제4제 채권의 목적 제5제 채권의 효력	第一题 债的定义和发生根据 第二题 债的类型 第三题 债的当事人 第四题 债的标的 第五题 债的效力	제1조－제353조 제1조－제2조 제3조－제11조 제12조－제84조 제85조－제221조

제6제 채권의 이행 제7제 채권의 이행에 의하지 아니하는 채권소멸방법	第六题 债的履行 第七题 非因债的履行消灭债的方式	제222조－제299조 제300조－제353조
제8분편 채권법 각칙	第八分编 债法分则	제1조－제1677조
제1제 계약채권 제2제 각종 전형계약 **제3제 불법행위채권** 제4제 그 밖의 단독행위로 발생되는 채권	第一题 合同之债[18] 第二题 各种典型合同[19] **第三题 侵权行为之债** 第四题 其他单方行为所生之债[20]	제1조－제133조 제134조－제1501조 **제1502조－제1638조** 제1639조－제1677조

인격권에 관하여는 그 침해된 경우에 불법행위책임과 관련하여 채권법각칙(제8분편)의 불법행위채권(제3제), 일반불법행위(제2장) 중 인격권의 침해행위(제2절)에서 이를 주로 규정하고 그 밖의 불법행위 채권에 관한 규정에 관련 규정을 두기도 한다.[21] 인격권은 채권 중 불법행위에 관한 부분에서 인격권이 침해된 경우에 관한 규정과 손해배상 등에서 이를 규정한다.

(4) 국제사법(부편)에서의 인격권

녹색민법전 초안에서는 국제사법에 관하여 부편(附编)으로 포함하고 있고 이는 일반규정(제1제), 인신관계의 법률적용(제2제) 재산관계의 법률적용(제3제)로 나누어 규정한다.

초안의 국제사법의 편별구성은 다음과 같다. 이는 분편이 편별이 없고 제(题)로 나누어진다.

목차	目录	조문(138개 조)
부편 국제사법	附编 国际私法	제1조－제138조
제1제 일반규정	第一题 一般规定	제1조－제29조
제2제 인신관계의 법률적용	第二题 人身关系的法律适用	제30조－제79조
제3제 재산관계의 법률적용	第三题 财产关系的法律适用	제80조－제138조

15) 용익물권으로는 지역권(제1절), 물과 관련된 특별 역권(제2절), 인역권(제3절), 지상권(제4절), 농지사용권(제5절)을 둔다.

16) 담보물권으로는 저당권(제1절), 질권(제2절), 유치권(제3절)을 둔다.

17) 이에는 일반규정(제1제), 저작권(제2제), 특허권(제3제), 상표권(제4제), 기타 지식재산권(제5제), 부정당한 경쟁행위(제6제)가 규정된다.

18) 이에는 일반규정(제1장), 계약의 체결(제2장), 예약(제3장), 계약의 유효(제4장), 계약의 이행(제53장), 제3자에 관한 계약(제6장), 소비계약(제7장), 계약의 해제(제8장), 사정변경(제9장), 계약위반책임(违约责任)(제10장)을 규정한다.

19) 이에는 매매계약(제1장)－재산청산 위탁계약(委弃财产合同)(제65장)까지 65가지 민상사 전형계약을 규정한다.

20) 이에는 일반규정(제1장)에 이어서 현상광고(悬赏广告)(제2장), 사무관리 채권(제3장), 부당이득 채권(제4장)을 규정한다.

21) 서국동 민법전 초안의 불법행위(2004년)에 대하여는 565쪽 이하 참조. 인격권에 대한 침해행위는 김성수, 중국의 불법행위법(1), 진원사, 2013, 585－590쪽에 우리 말 역문이 있다. 여기서는 추후 연구를 위하여 원문을 같이 병기하였다.

녹색민법전 초안의 국제사법(부편)에서는 인격권 일반에 대한 규정을 두지는 아니한다. 다만 언론매체에 의한 명예훼손으로 인한 불법행위에 대하여는 규정을 두고 있다. 이는 재산관계의 법률적용(제3제)의 채권각칙(债权分则) 중 불법행위의 채권(侵权行为之债)(제120조－제135조) 중에서 명예불법행위(名誉侵权)(제125조)에서 규정한다.

(5) 이처럼 서국동 교수의 녹색민법전 초안(2004년)에서 인격권은 관련 내용에 따라 여러 부분으로 나누어 규정한다. 이하에서는 녹색민법전 초안의 인격권에 관한 규정을 편의 순서대로 차례로 살펴본다.

Ⅲ. 서편(序编)과 인격권－인격권의 객체

서 편

제3제 객체

제2장 인신권의 객체

제1절 일반규정

제22조【인신권의 객체】주체의 요소와 신분이 인신권의 객체를 구성한다.

제2절 인격의 객체

제23조【주체자격의 이익】인격의 객체는 주체자격의 이익이다. 이는 인류 개체, 단체와 목적적 재산이 법률관계의 주체자격이 부여되어 취득하는 이익(好处)이다. 법률이 그 주체자격의 이익에 대한 보장, 생물적 의미상의 인류개체, 단체와 목적적 재산은 법률상 의미의 사람이 된다.

제3절 인격권의 객체

제24조【주체의 요소】주체의 요소도 인격권의 객체이고 이는 사람을 하나의 자연적 존재와 사회적 조재로서 필요한 각종 요소를 보장하는 것으로 신체, 생명, 건강, 자유, 가정, 성명, 초상음성, 명예와 영예, 지적창조물, 사생활 등의 종류가 있다.

Ⅳ. 자연인과 법인의 인격권(제2편)

1. 자연인의 인격권

제1편 인신관계법

【원문】 第一编 人身关系法

제1분편 자연인법

【원문】 第一分编 自然人法

제3제 인격권

【원문】 第三题 人格权

제1장 일반규정

【원문】 第一章 一般规定

제300조 【개념과 종류】 ① 인격권은 주체 자신의 요소를 객체로 하는 권리로 그 주체가 자연인인 경우에는 인격권은 자연인이 출생으로 인하여 종신으로 가지고 다른 사람에게 이전할 수 없다. 법률에 다른 규정이 있는 경우에는 그러하지 아니하다.

② 인격권은 독립적인 것과 부수적인 것으로 나눈다. 부수적 인격권은 지식재산권의 창작자에 부착(依附)한 영예권이고 그 밖의 인격권은 모두 독립적인 것이다. 부수적 인격권은 이 민법 제6분편[22] 제22조－제31조에서 규율한다.

③ 어느 누구나 모두 다른 사람의 인격권을 존중할 의무를 부담한다. (베트남민법 제26조, 우크라이나 민법초안[23] 제260조 제1항 참조)

【원문】 第300条 [定义和种类] 人格权是以主体自身的要素为客体的权利, 在其主体为自然人的情形, 人格权为自然人因出生而终身享有, 不能移转于他人, 法律另有规定的, 不在

22) 제2편 재산관계법 제6분편 지식재산법을 말하며 이 중 제2제 저작권, 제2장 저작권의 주체(제20조－제23조)와 제3장 저작권의 내용(제24조－제41조)의 일부를 말한다. 조문내용은 徐国栋主编, 앞의 책, 401쪽 이하 참조.

23) 우크라이나 민법전(乌克兰民法典, Civil Code of Ukraine, Цивільний кодекс України, Tsyvilnyi Kodeks Ukrayiny)(№. 980－IV від 19.06.2003)은 2003년 1월 15일 우크라이나 최고의회(拉达, Верховна Рада України[Verkhovna Rada Ukrainy])를 통과하여 2004년 1월 1일부터 시행되고 있다. 모두 6편(6卷) 90개 장 1308조로 되어 있다. 중국어 번역으로는 刘鹏, 乌克兰民法典, 商务印书馆, 2022.7이 있다. 2002년 민법전 초안 이후 중국 인격권법의 편별체계에서 독립적 편구성(独立成编)(제2편: 개인의 비재산권, Книга друга. Особисті немайнові права фізичної особи)을 한 것으로 그 초안이 중국에서 많이 소개되었다. 가령 对民法典规定杨立新, 人格权法重大争论的理性思考, 中国法律评论 2016년 제1기, 90－106쪽, 특히 100쪽 이하. 이 민법전에 대한 간략한 소개는 <https://zakon.rada.gov.ua/laws/show/435－15>.

此限。

人格权分为独立的和附随的。附随的人格权是依附于知识财产权的创造者荣誉权，其他的人格权都是独立的。附随人格权由本民法典第六分编第22~31条调整。

任何人都负有尊重他人人格权的义务。(参考越民第26条，乌民草第260条第1款)

제301조【인격권의 효력】① 어느 자연인이나 모두 평등하게 헌법, 이 민법전과 그 밖의 법률이 보장하는 인격권을 가진다. 인격권의 향유는 종족, 피부색, 종교신앙, 성별과 빈부 등의 요로 영향을 받지 아니한다.

② 인격권은 박탈되지 아니한다. (이집트민법 제8조, 베트남민법 제33조, 우크라이나 민법초안 제260조 제3항)

【원문】第301条 [人格权的效力] 任何自然人都平等地享有宪法、本民法典和其他法律保障的人格权。人格权之享有，不受种族、肤色、宗教信仰、性别和贫富等因素的影响。

人格权不受剥夺。(参考埃民第8条，越民第33条，乌民草第260条第3款)

제302조【인격권의 효력의 제한】자기 의사로 인격권에 부가(课加)된 어떠한 제한도 무효이다. 적법한 이익으로 정당한 것을 증명한 경우에는 그러하지 아니하다. (이집트민법 제9조, 우크라이나 민법초안 제263조 제2항)

【원문】第302条 [人格权效力的限制] 任何自愿对人格权课加的限制无效，被合法利益证明为正当的除外。(参考埃民第9条，乌民草第263条第2款)

제303조【인격권의 개방성】이 민법전이 승인하는 인격권은 전부를 열거될 수 없고 법률에 명문규정이 있는 인격권을 제외하고는 자연인은 그 자유재량에 의하여 다른 사람을 간섭하지 아니한다는 것을 전제로 그 개인생활영역 중 가지는 이익에 대하여 인격권을 가진다. (우크라이나 민법초안 제262조 참조)

【원문】第303条 [人格权的开放性] 本民法典承认人格权不能穷尽地列举，除了法律明文规定的人格权外，自然人依其自由裁量，在不干扰他人的前提下，对其私人生活领域中享有的利益享有人格权。(参考乌民草第262条)

제304조【인격권의 행사】자연인은 그들을 위하여 정하는 행위의 자유의 범위 내에서 그 인격권만을 행사할 수 있다. 어느 자도 모두 자기의 인격권을 남용하여 다른 사람의 적법한 권리와 이익을 침해할 수 없다.

【원문】第304条 [人格权的行使] 自然人只能在为他们规定的行为自由的范围内行使其人格权。任何人都不得滥用自己的人格权侵害他人的合法权利和利益。

제305조【불법한 방해금지】어느 인격에 대한 불법한 방해는 모두 피해자로 방해의 정지를 청구할 권리를 취득하게 하고 방해자는 상응한 민사책임과 그 밖의 법률책임을 부담하여야 한다. (이집트민법 제10조 참조)

【원문】第305条 [非法妨碍的禁止] 任何对人格的非法妨碍都使受害人获得要求停止妨碍

的权利, 妨碍者要承担相应的民事责任和其他法律责任。(参考埃民第10条)

제306조【인격권의 보호】자연인의 인격권이 침해를 받은 때에는 피해자는 다음 각 호의 어느 것의 권리가 있다.

1. 침해행위의 정지, 공개사과와 정정을 가해자에게 청구하거나 법원에 가해자에게 명할 것의 청구
2. 대중매체에 스스로 침해행위의 시정
3. 물질적 손해와 정신적 손해의 배상을 가해자에게 청구하거나 법원에 가해자에게 명할 것의 청구 (우크라이나 민법 초안 제261조 제3항, 이집트민법 제27조)

【원문】第306条 [人格权的保护] 自然人的人格权受到侵害时, 受害人有权;

1. 要求侵害人或请求法院责令侵害人停止侵害行为、公开道歉并改正;
2. 在大众传播媒体上自行纠正侵害行为;
3. 要求侵害人或请求法院责令侵害人赔偿物质和精神损害。(参考乌民草第261条3款, 埃民第27条)

제307조【사자의 인격권의 보호】사자의 인격권의 침범의 구제조치는 그 배우자나 3촌 이내의 직계혈족이 이를 청구한다. 위에서 말한 친족이 없는 경우에는 검찰이 공공의 이익의 고려에 근거하여 소를 제기할 수도 있다. (우크라이나 민법초안 제269조 제2항, 필리핀민법 제37조, 제40조)

【원문】第307条 [死者人格权的保护] 侵犯死者人格权的救济措施, 由其配偶或三亲等以内的直系血亲请求之; 无上述亲属的, 检察院基于公共利益的考虑也可提起诉讼。(参考乌民草【원문】第269条【원문】第2款, 非民第37条, 第40条)

제2장 자연인의 자연적 존재를 보장하는 인격권

【원문】第二章 保障自然人的自然存在的人格权

제1절 생명건강권

【원문】第一节 生命健康权

제308조【원칙】자연인은 생명건강권을 가지고 어느 사람도 다른 사람의 생명, 신체와 건강을 침해할 수 없다. (베트남민법 제32조, 캐나다 퀘벡주 민법 제11조, 제13조)

【원문】第308条 [原则] 自然人享有生命健康权, 任何人不得侵害他人的生命、身体和健康。(参考越民【원문】第32条, 魁民【원문】第11条、【원문】第13条)

제309조【태아의 생명권】태아의 생명권은 법률의 보호를 받는다. 인공유산은 법률의 규정에 근거한 요건과 절차로만 시행할 수 있다. (우크라이나 민법 초안 제273조 제6항)

【원문】第309条 [胎儿的生命权] 胎儿的生命权受法律保护。人工流产只能根据法律规定

的条件和程序实施。(参考乌民草【원문】第273条【원문】第6款)

제310조【생명건강권의 불가양도성】생명건강권을 포기할 수 없고 양도의 객체가 될 수 없다. 법정된 경우를 제외하고는 그 행사는 자기 의사의 제한을 받을 수 없다. (페루민법 제5조, 프랑스민법 제16-1조 참조)

【원문】第310条 [生命健康权的不可让渡性] 生命健康权不可放弃，不能作为转让的客体。除法定的情况外，其行使不得承受自愿的限制。(参考秘民第5条，法民第16-1条)

제311조【정당방위권】자연인은 그 생명건강권을 보전하기 위하여 법률의 한도 내에서 정당방위의 권리를 가진다. 국가는 정당방위의 필요한 도구의 생산과 유통을 확보하여야 한다. (우크라이나 민법 초안 제273조 제3항)

【원문】第311条 [正当防卫权] 自然人为了保全其生命健康权，在法律的限度内享有正当防卫的权利。国家确保正当防卫必要工具的生产和流通。(参考乌民草第273条第3款)

제312조【생명건강을 위해하는 위험 제거권】자연인은 경제활동 또는 그 밖의 활동이 야기하는 그 생명과 건강을 위해하는 위험을 제거하거나 제거를 청구할 권리가 있다. (우크라이나 민법 초안 제275조)

【원문】第312条 [消除危害生命健康的危险权] 自然人有权消除或请求消除经济活动或其他活动引起的危害其生命和健康的危险。(参考乌民草第275条)

제313조【환경권】① 자연인은 그 생명과 건강의 안전을 보장하는 환경을 얻을 권리가 있고 환경에 관한 상황에 신뢰할 수 있는 자료를 얻을 권리도 있다.

② 어느 자연인이나 법인이 환경을 파괴하거나 오염하는 행위가 모두 불법인 경우에 각 개인은 모두 이러한 행위를 제지할 권리가 있다.

③ 일반인 중 어느 누구의 청구를 받아 법원은 심리를 한 후 행위자에게 이러한 행위의 종료할 것으로 처하는 판결을 하여야 한다. (우크라이나 민법 초안 제286조 제12항-제3항)

【원문】第313条 [环境权] 自然人有权得到保障其生命和健康安全的环境，并有权得到关于环境状况的值得信赖的资料。

任何自然人或法人破坏或污染环境的行为都是非法的，每个人都有权制止此等行为。

经民众中任何人的请求，法院经审理后应判处行为人终止此等行为。

(参考乌民草【원문】第286条【원문】第1~3款)

제314조【식품안전권】① 자연인이 정상적인 영업의 경로로 식품안전을 취득할 권리를 가진다. 위험한 식품에 대하여 그는 그 위험성에 관한 경고를 받을 권리가 있다. 이전의 첨단과학방법으로 개발한 식품에 대하여 그는 그것이 불확정한 위험이 있는지의 경고를 받을 권리가 있다.

② 국가는 일체의 조치를 취하여 자연인이 위에서 말한 권리의 실현을 보장하여야 한다.

【원문】第314条 [食品安全权] 自然人享有从正常商业渠道获得安全食品的权利。对于危

险食品，他们有权得到关于其危险性的警告。对于以前沿科学方法开发的食品，他们有权得到其具有不确定危险的警告。

国家应采取一切措施保障自然人的上述权利之实现。

제315조 【의료를 받는 행위】 자연인이 자기로 의료검사를 받게 하는 구두합의는 그 건강과 심리 또는 생리능력을 보존하게 하는 것만이 계약관계의 결정적인 목적으로 할 때에만 유효하다. (페루민법[24] 제11조[25])

【원문】 第315条 [接受医疗行为] 自然人使自己承受医疗检查的口头协定，只有作保存其健康或心理的或生理的能力是合同关系的决定性的目的时，才有效。(参考秘民第11条)

제316조 【의료권】 ① 자연인은 인류의 존엄에 맞는 의료서비스를 받을 권리가 있고 어느 사람이 사고나 질병으로 인하여 생명의 위험이 있을 때에는 발견자는 이를 의료기관에 이송할 책임이 있다. 어느 의료기관도 응급조치(救治)를 거절할 수 없고 반대로 현존하는 여러 수단과 능력을 취하여 응급조치를 하여야 한다.

② 동시에 자연인은 언제든지 의료나 외국의 검사 또는 치료를 받는 것을 거절할 권리도 있다. [26] 환자에 대하여 새로운 치료방법을 시술하거나 마취, 외과수술, 장기의 절제나 이식을 할 필요가 있는 때에는 그 본인이 동의를 얻어야 한다. 본인이 미성년자, 행위능력을 상실하였거나 혼미상태에 처하면 그 부모, 후견인 또는 근친의 동의를 얻어야 한다. 환자가 생명의 위험이 있어 부모, 후견ㅇ니 또는 근친의 의사표시를 기다릴 수 없는 없는 경우에는 의료기관 책임자가 결정을 하여야 한다.

③ 이 조는 법률이나 규정(规章)이 공공의 이익을 위하여 하는 자연인에 대하여 하는 신체검사(体格检查)나 강제 백신접종이나 그 밖의 유사한 조치에 대한 규정에 영향을 미치지 아니한다.

---

24) 페루민법은 페루민법전(Código Civil Peruano)(Decreto Legislativo No. 295)(1984년)을 말하며 페루공화국 신민법전(秘鲁共和国新民法典, nuevo Código Civil)이라고 하기도 한다. 1984년 7월 24일 제정되어 1984년 11월 14일부터 시행되고 있다(Promulgado el 24 de julio de 1984. Entró en vigencia el 14 de noviembre de 1984). 이는 종래 1852년 페루민법전과 1803년의 나폴레옹 민법전에 크게 영향을 받은 1936년 구민법전(Código Civil de 1936)을 대신하는 것이었다. 이 민법전에 대한 1983년의 초안 소개로는 Felipe Osterling Parodi, Peruvian Civil Code(Reports Drfaft Civil Code of Peru), 14 U. Miami Inter－Am. L. Rev.(University of Miami Inter－American Law Review) 593 (1983); Available at: http://repository.law.miamⅠ.edu/umialr/vol14/iss3/7; 간단한 소개로는 <https://baike.baidu.com/item/秘鲁共和国新民法典/20460977>; 중국어 번역은 徐涤宇, 秘鲁共和国新民法典, 北京大学出版社, 2017.2가 있다. 영어번역으로는 Civil code of Perú(1984), translated into English with an introduction and index by Julio Romañach, Jr., Second Edition (2019), Baton Rouge, LA: Lawrence Publishing Company, 2019. 현재를 기준으로 하여 서장(TÍTULO PRELIMINAR)(10개 조), 10개 편(LIBRO)과 종장(TÍTULO FINAL)로 2122조(10편, 종장 기준)까지 두고 있다. 현행법의 민법전과 조문내용은 <https://www.gob.pe/institucion/in decopi/normas－legales/3462305－codigo－civil>.

25) 조문내용은 다음과 같다: Artículo 11°. (Validez de obligación de sometimiento a examen médico) Son válidas las estipulaciones por las que una persona se obliga a someterse a examen médico, siempre que la conservación de su salud o aptitud síquica o física sea motivo determinante de la relación contractual.

26) (원래의 주) ① 어떤 환자는 종교적 신앙을 원인으로 하여(가령 여호화의 증인교파) 치료나 긴급구조(抢救) 수단으로 수혈을 받을 수 없고 이러한 의사는 존중되어야 한다(원래의 주는 초안에서 붙인 것을 말하며 원문자로 하고 있다).

④ 이 조는 미성년자 또는 금치산자의 후견인이 그 후견을 받는 행위무능력자의 이익을 위하여 그에게 그 건강에 유익한 검산 치료를 받게 할 권한에 영향을 미치지 아니한다. (이집트민법 제20조, 우크라이나 민법 초안 제276조, 베트남민법 제32조 참조)

【원문】第316条 [医疗权] 自然人有权得到符合人类尊严的医疗服务，当某人因事故或疾病有生命危险时，发现者有责任将其送往医疗机构；任何医疗机构不得拒绝救治，相反，必须采用现有的各种手段和能力予以救治。

同时，自然人也有权随时拒绝接受医疗或外国的检查或治疗。需要对病人实施新的治疗方法，实施麻醉、外科手术、切除或移植器官时，必须得到其本人同意；若本人未成年、丧失行为能力或者处于昏迷状态，则必须得到其父母、监护人或近亲属同意；在病人有生命危险，来不及等待父母、监护人或近亲属表示意见的情形，则必须由医疗机构负责人做出决定。

本条不影响法律或规章为了公共利益做出的对自然人进行体格检查或强制接种疫苗或其他类似措施的规定。

本条不影响未成年人或禁治产人的监护人为了在其监护下的无行为能力人的利益使之接受有益于其健康的检查或治疗的权力。(参考埃民第20条，乌民草第276条，越民第32条)

제317조【제한】자연인에 대하여 한 검사나 치료가 특별한 위험을 가지고 있지는 아니하지만 그가 거절하는 때에는 그 자연인은 그 치료를 이용하여 본래 취득하는 질병이나 불편의 회피, 제거, 감경할 권리를 상실한다. (이집트민법 제21조)

【원문】第317条 [限制] 当对自然人所为之检查与治疗不具有特别危险但被其拒绝时，该自然人丧失利用该治疗本可取得的避免、消除、减轻疾病或不适之权利。(参考埃民第21条)

제318조【의료검사의 거절의 증거법적 효력】자연인이 그 신체에 대하여 중대한 위험이 없는 의료검사를 거절하는 경우에는 법원은 그 검사로 조사하여 규명하고자 하는 사항을 기정사실로 인정할 수 있다. (이집트민법 제22조)

【원문】第318条 [拒绝医疗检查的证据法效力] 自然人拒绝对其身体进行无严重危险之医疗检查的，法院可认定该检查所欲查明之事项为既定事实。(参考埃民第22条)

제319조【자기 의사에 의한 신체손해행위】① 자기 신체를 처분하는 행위가 신체의 완전을 영구히 감소하게 하는 경우 또는 공공질서나 선량한 풍속에 위반하는 방법으로 하는 경우에는 이를 금지한다. 그러나 처분의 요청이 필연적 상태이거나 의사의 명령에 근거하거나 또는 그가 이러한 생각을 한 것이 인도적 동기에서 나온 것이라면 이러한 행위는 유효하다.

② 인류이 장기와 조직의 처분이나 이용하는 행위는 관련 특별법이 규율한다. (페루민법 제6조, 이집트민법 제18조, 캐나다 퀘벡주 민법 제19조)

【원문】第319条 [自愿损害身体的行为] 处分自己身体的行为，导致身体的完整永久性地减

少的，或以违反公共秩序或善良风俗的方式实施的，禁止之，但如果处分的要求符合必然的状态或根据医生的命令，或如果他产生这样的想法是出于人道的动机，这种行为有效。

处分或利用人类的器官和组织的行为，由有关的特别法调整。(参考秘民第6条，埃民第18条，魁民第19条)

제320조【위급한 생명건강의 계약】사람의 생명이나 신체의 완전에 대하여 위험이 있는 비상행위를 할 목적으로 체결하는 계약은 무효이다. 그러나 이러한 행위가 계약체결자의 통상적 관행에 부합하는 활동이고 예방조치를 취하였고 안전이 적당한 보장이 있는 경우에는 그러하지 아니하다. (페루민법 제12조 참조)

【원문】第320条 [危急生命健康的合同] 以实施对人的生命或身体完整有危险的非常行为为目的订立的合同，无效，但这样的行为符合订约人惯常的活动、采取了预防措施、安全有适当的保障的，除外。(参考秘民【원문】第12条)

제321조【인체조직의 기증】신체, 장기 또는 재생할 수 없는 조직의 일부의 기증은 기증자의 건강을 중대하게 손해를 주거나 그 기대수명을 명백하게 단축하게 해서는 안 된다. 이들 처분의 효력은 기증자의 명시적이고 서면의 동의에 의하여 정해진다. (페루민법전 제7조 참조)

【원문】第321条 [赠与人体组织] 身体、器官或不会再生的组织的一部分的赠与，不应严重地损害赠与人的健康或明显减少其预期寿命。此等处分的效力取决于赠与人明示和书面的同意。(参考秘民第7条)

제322조【공익을 위한 자기 신체처분】① 자연인이 이타적으로 그 신체의 전부나 일부를 처분하여 그들로 그 사망 후에 사회의 공익목적이나 인류의 수명연장에 사용하는 행위는 유효하다.

② 이들 처분은 처분자가 지정한 사람이나 과학, 교육기관, 병원 또는 비영리를 목적으로 하는 장기나 조직은행만을 수익자로 할 수 있다. (페루민법전 제8조, 신브라질 민법전 제14조 참조)

【원문】第322条 [为公益处分自己身体] 自然人利他性地处分其身体的全部或部分，让它们在其死亡后被用于社会公益目的或延长人类寿命的行为，有效。

此等处分只能以处分人指定的人或科学、教育机构、医院或非以赢利为目的的器官或组织库为受益人。(参考秘民第8条，新巴民第14条)

제323조【신체처분행위의 취소 가능성】① 자연인의 신분처분행위는 강제집행할 수 없다. 자연인이 생존할 때에 그 신체를 처분하는 행위는 그 시행 전에 취소할 수 있다. 자연인이 그 사후에 신체의 전부 또는 일부를 처분하는 행위도 취소할 수 있다.

② 이러한 취소는 어떠한 소권도 발생하게 하지 아니한다. (페루민법전 제9조, 이집트민법전 제19조 참조)[27]

【원문】第323条 [处分身体行为的可撤销性] 自然人处分身分的行为不得强制执行。自然人在生存时处分其身体的行为，在它被实施前可以撤销。自然人处分他死后的身体的全部或一部的行为，也可撤销。

此等撤销并不导致任何诉权。(参考秘民第9条，埃民第19条)

제324조【안락사의 금지】다른 사람이 한 그 생명의 종료청구는 만족이 금지된다. (우크라이나 민법초안 제273조 제4항 참조)

【원문】第324条 [安乐死之禁止] 禁止满足他人提出的终结其生命的请求。(参考乌民草第273条第4款)

제325조【사후 신체존엄을 받을 권리】성년자는 유언을 통하여 자기의 장례방법과 시신처리를 결정할 수 있다. 시신기증을 받은 의료기관은 기증자의 시신을 명예로운 방법으로 처리하여야 한다. 시체의 모욕은 범죄를 구성하고 형법 제302조에 따라 처벌된다. (캐나타 퀘벡민법전 제42조 참조)

【원문】第325条 [死后身体受尊重权] 成年人可以通过遗嘱决定自己葬礼的形式和遗体的处置。受遗体捐赠的医疗机构，应以体面的方式处置捐赠者的遗体。侮辱尸体构成犯罪，按刑法 第302条惩处。(参考魁民第42条)

제326조【사자의 장기, 조직의 상업적 거래】어떠한 상업적 방법으로 사망자의 장기나 조직을 거래하는 것은 금지된다. (우크라이나 민법초안 제280조 제5항, 프랑스민법 제16-5조 참조)

【원문】第326条 [死者器官、组织的商业交易] 禁止以任何商业形式交易死者的器官和组织。(参考乌民草第280条第5款，法民第16-5条)

제327조【친족의 시체처치권】① 사자가 생존할 때에 자기의 시신의 처치에 대하여 진술을 하지 아니한 경우에 사자의 배우자, 자녀, 부모 또는 형제자매는 법률과 선량한 풍습이 허용하는 범위 내에서 시신처치에 관하여 결정할 수 있다.

② 시체의 화장과 매장은 관련 법률규범과 공공질서를 위반할 수 없다. (페루민법 제13조 참조)

【원문】第327条 [亲属的尸体处置权] 死者在生存时未就自己的遗体的处置做出声明的，死者的配偶、子女、父母或兄弟姐妹可就尸体的处置在法律和善良风俗允许的范围内为决定。

焚化和埋葬尸体不得违反有关的法律规范和公共秩序。(参考秘民第13条)

제328조【위생기관의 시체에 대한 처리】① 위생기관의 책임자나 시체를 보관하는 해부기관은 공익목적을 위하여 미리 친족의 동의를 얻어 부분적으로 시체를 처리하거나 시체에

27) (원주①) 이 조는 주로 페루민법전 제9조에 의거하여 작성한 것으로 이집트민법전 제19조가 아주 유사한 규정을 두었지만 취소자는 그 이익을 위하여 그 처분행위를 한 경우에 대하여 그 약속(诺言)을 신뢰함으로 인하여 발생된 비용을 배상하여야 한다고 규정한다. 이 조는 처분자의 후회권을 보장하기 위하여 그가 어떠한 결과 없이 자기 신체의 처분행위의 취소를 허용한다.

대하여 해부할 수 있다.

② 권한이 있는 국가기관은 공익목적을 위하여 관련 법률에 근거하여 신원불명이거나 포기된 시체를 처분할 수 있다. (페루민법 제10조, 베트남민법 제32조 참조)

【원문】第328条 [卫生机构对尸体的处理] 卫生机构的负责人或储存尸体的解剖机构, 可以为了公益的目的, 事先取得有关亲属的同意, 部分地处分尸体或对尸体进行解剖。

有权的国家机关可以为了公益目的, 根据有关法律处分身份不明者的或被抛弃的尸体。(参考秘民第10条, 越民第32条)

제2절 자유권

【원문】第二节 自由权

제329조【자유에 대한 제한과 수사】어느 누구의 인신의 자유도 제한되지 아니한다. 인신은 수사를 면한다. 자연인의 구속(拘押[28])은 법률이 규정한 경우 외에는 이를 할 수 없다. (이집트민법 제11조, 우크라이나 민법초안 제280조 제3항)

【원문】第329条 [对自由的限制与搜查] 任何人的人身自由不受限制。人身免于搜查。对自然人的拘押, 除法律规定的情形外, 不得为之。(参考埃民第11条, 乌民草第280条3款)

제330조【치료목적을 위한 자유의 제한】누구도 본인의 동의나 법률, 법원의 수권 없이는 건강이나 사회복지기관이 정신감정을 하거나 감금효과에 대한 정신평가를 목적으로 감금되지 아니한다. (캐나다 퀘벡민법전 제26조 이하 참조)

【원문】第330条 [为治疗目的限制自由] 未经本人同意或法律、法院授权, 任何人不受健康或社会服务机构以进行精神评估或对监禁效果做精神评估为目的进行的监禁。(参考魁民第26条及以下)

제331조【인생설계권】생명건강권이나 자유권을 기초로 하여 자연인은 인생설계권을 가진다. (전미 인권법원[Inter-American Court of Human Rights] 1997년 9월 17일 마리아 엘레나 로아이자 타마요 대 페루 사건(María Elena Loayza-Tamayo v. Peru)[29]에 대하여 내린 판결, 치위링 사건[齐玉苓案](1990년)[30] 참조)

---

28) 중국의 형사소송법에는 拘留이라는 제도는 없다. 범죄 피의자가 체포 후 2개월을 넘지 아니하는 범위에서 하는 구속은 羁押이라고 한다(중국 형사소송법 제156조). 이외에 구인(拘傳)은 수사기관이 긴급체포나 구속되지 아니한 피고인 또는 범죄피의자에 대하여 지정된 장소에서 신문을 받도록 강제하는 임의수사의 일종이다(형사소송법 제92조). 중국에서는 구인은 법원이 발부한 영장 없이 집행기관의 결정에 의하여 독자적으로 한다; 여기서는 인신의 자유를 고려하여 편의상 '구속'으로 한다.

29) 이 불법감금 사건에 대하여는 María Elena Loayza-Tamayo v. Peruhttps://www.law.cornell. edu/women-and-justice/resource/mar%C3%ADa_elena_loayza-tamayo_v_peru>, <https://w ww.refworld.org/jurisprudence/caselaw/iacrthr/1996/en/80635>; Griselda Perez, Loy. L.A. Int'l & Comp. L. Rev. Vol. 36, 2463 <https://iachr.lls.edu/sites/default/files/iachr/Cases/Loayza_Tamayo_v_Peru/Loayza%20Tamayo%20v.%20Peru.pdf> 참조.

30) 본인의 명의가 도용된 사건으로 부정입학에 대하여 중국에서 논란을 촉발한 사건으로 공식 사건명은 齐玉苓诉陈晓琪等以侵犯姓名权的手段侵犯宪法保护的公民受教育的基本权利纠纷案이다.1990년 이름이 도용되어 받아야 할 입학통지서를 받지 못한 치 위링([qíyùlíng], 문헌에 따라서는 '지'위링이라고 하는 경우도 있으나 고유명사로서 나라이름(제[齊] 나라)이나 사람의 성으로 사용할 때는 [Qí]로 발음하고 [jì](양념, 합금의 뜻)로 발음하지는

【원문】第331条 [人生计划权] 以生命健康权或自由权为基础, 自然人享有人生计划权。(参考泛美人权法院1997年9月17日对Maria Elena Loayza Tamayo一案做出的判决, 齐玉苓案)

제332조【사상의 자유】누구도 모두 사상과 그 사상의 표현의 자유를 가진다. (이집트민법 제14조)

【원문】第332条 [思想自由] 任何人都有思考和表达其思想的自由。(参考埃民第14条)

제333조【자유창작권】① 자연인은 과학기술의 연구, 발명, 기술혁신과 합리화된 생산을 자유롭게 종사할 권리를 가진다. 문학예술 창작과 비평에 종사하고 그 밖의 여러 문화활동에 참가하여 자기의 능력과 전물기술에 맞는 창조적 재능을 발휘할 권리를 가진다.

② 창작자는 상응하는 영예권을 가진다.

【원문】第333条 [自由创造权] 自然人有权自由从事科学技术研究、发明、技术革新及合理化生产; 有权从事文学艺术创作与批评, 以及参加其他各种文化活动, 发挥适合自己能力和专长的创造性才能。

创造人享有相应的荣誉权利。

제334조【표현의 자유】저작권자 또는 발명자의 권리는 그 작품이 어떤 형식이나 방식으로 표현되는가와 관계 없이 관련 법률이 제공하는 사법보호를 받는다. (페루민법 제18조 참조)

【원문】第334条 [表达自由] 著作权人或发明人的权利, 不论其作品是以何种形式或方式表达的, 享有有关法律提供的司法保护。(参考秘民第18条)

제335조【행동의 자유】① 누구나 그가 그 직업과 여가가 서로 적합하다고 인정하는 활동을 자유롭게 할 수 있다.

② 누구나 자기가 특정한 활동에 참가하거나 참가하지 아니한다는 활동을 제한하는 행위는 무효이다. 적법한 이익을 위하여 내린 정당한 제한이라는 것을 증명된 경우에는 그러하지 아니하다. (이집트민법 제16조, 베트남민법 제44조)

【원문】第335条 [行动自由] 任何人可自由地从事他认为与其职业与闲暇相适宜的活动。

任何人限制自己从事或不从事特定活动的行为无效, 被证明是为了合法利益做出的正当限制除外。(埃民第16条, 越民第44条)

제336조【거주의 자유】① 누구나 모두 그가 적당하다고 인정하는 장소에 거소를 확정하고

아니한다)이 1년을 재수하여 기술학교를 거쳐 철공소 노동자가 된 후 곧 실직자가 되었다. 반면에 치위링을 사칭한 동창생 천샤오치(陈晓琪)는 같은 해 대학에 들어가 졸업 후 중국은행에 들어가 산동 지역의 지점에서 근무하였다. 치위링은 긴 소송을 통하여 2001년 8월 13일 최종판결로 2001년 천샤오치와 그 아버지로부터 10만 위원을 배상받았다. 민사 이외에도 헌법상의 권리에 대한 합헌성 심사 등의 헌법 사법화(宪法司法化)도 문제되었다. 이에 대한 소개는 중국 산둥지역 이름도용 대학 부정입학자 273명에 달해(2020.6.21) <https://blog.naver.com/goodaylee/222007454434>; <https://baike.baidu.com/item/齐玉苓案/5110523>; <https:// zh.wikipedia.org/zh−tw/齊玉苓案>; 헌법상의 문제는 任进, 齐玉苓案宪法适用的若干问题, 国家行政学院学报 2002년 제1기 http://www.calaw.cn/article/default.asp?id=3828>(2007.12.24) 등. 성명모용대체사건(冒名顶替案件)이라고 하기도 한다. 检青观, "冒名顶替的人生"不可取日期(2023−11−23) <http ://www.huanqiulawyer.com/article/2084.html>. 이 녹색민법전 초안의 인생설계권에 대하여는 吴智庆,《绿色民法典草案》在厦面世, 厦门晚报 2004年3月24日 <https://law.xmu.edu.cn/in fo/1100/18234.htm>(2004−03−25)도 언급이 있다.

이 거소를 변경할 자유를 가진다.

② 누구나 어느 특정한 곳에 거주한다고 한 승낙, 어느 특정한 곳에서 거주하지 아니하거나 어느 곳에 가지 않는다는 승낙은 무효이다. 적법한 이익을 위하여 내린 정당한 제한이라는 것을 증명되는 경우에는 그러하지 아니하다. (이집트민법 제12조 참조)

【원문】第336条 [居住自由] 任何人都有在其认为合适的地方确定居所并变更此等居所的自由。

任何人做出的在某一特定地点居住的承诺、不在某一特定地点居住或不去某一地点的承诺无效, 被证明是为了合法利益做出的正当限制除外。(参考埃民第12条)

제337조【여권을 가질 권리】누구나 모두 편리한 방법으로 여권을 취득할 권리와 자유롭게 중국 국경을 출입할 권리를 가진다. (이집트민법 제14조 참조)

【원문】第337条 [拥有护照的权利] 任何人都拥有以方便的方式取得护照的权利, 以及自由地出入中国国境的权利。(参考埃民第14条)

제338조【직업의 자유】누구나 모두 어떤 적법한 직업의 종사를 선택할 수 있다.

【원문】第338条 [职业自由] 任何人均可选择从事任何合法的职业。

제339조【노동권】① 누구나 모두 자기의 생활할 수입(生活资源)을 취득하기 위하여 일할 권리가 있다. 이러한 권리는 성별, 빈부, 민족, 사회계층, 종교신앙으로 인하여 차별대우를 받지 아니한다.

② 국가는 자연인의 노동권의 실현을 보장할 의무가 있다. (베트남민법 제45조 참조)

【원문】第339条 [劳动权] 任何人都有权工作, 以此赢得自己的生活资源。此种权利不因性别、贫富、民族、社会阶级、宗教信仰而受区别对待。

国家负有保障自然人的劳动权之实现的义务。(参考越民第45条)

제340조【유언의 자유】법률과 선량한 관습을 준수하는 범위 내에서 누구나 모두 자기 재산을 유언으로 처분하고 자기의 그 밖의 의사를 표현할 자유가 있다.

【원문】第340条 [遗嘱自由] 在遵守法律和善良风俗的范围内, 任何人均享有以遗嘱处分自己的财产和表达自己的其他愿望的自由。

제341조【경영의 자유】① 누구나 모두 법률이 규정하는 범위 내에서 경영활동에 종사할 자유가 있다.

② 자연인은 경영방법, 경영분야와 경영업종을 선택할 권리가 있고 기업을 설립하고 자유롭게 계약을 체결하고 인력을 고용할 권리가 있고 법률이 정하는 그 밖의 권리가 있다. (베트남민법 제46조 참조)

【원문】第341条 [经营自由] 任何人都享有在法律规定的范围内从事经营活动的自由。

自然人有权选择经营方式、经营领域和经营行业, 有权设立企业、自由签订合同、雇用人手, 以及享有法律规定的其他权利。(参考越民第46条)

제342조 【평화로운 집회권】 자연인은 평화로운 집회의 자유를 가진다. (우크라이나 민법초안 제307조)

【원문】 第342条 [和平集会权] 自然人享有和平集会的自由。(参考乌民草第307条)

제3절 가족권

【원문】 第三节 家庭权

제343조 【혼인의 자유】 ① 누구나 법률을 준수한다는 것을 전제로 모두 혼인할 권리가 있고 어느 일방도 상대방을 강박, 기망하여 혼인에 달할 수 없다. 어느 제3자도 자기 의사에 의한 혼인을 간섭할 수 없고 다른 사람의 혼인을 강박할 수 없다.

② 서로 다른 민족, 서로 다른 종교신앙의 사람 사이에서 신앙을 가진 사람과 무신론자 사이의 자유혼인은 존중을 받고 법률의 보호를 받는다.

③ 배부 일방이나 쌍방은 정당한 이유에 의하여 법원에 혼인관계의 종료판결을 청구할 권리가 있다. (베트남민법 제35조, 제38조 참조)

【원문】 第343条 [婚姻自由] 任何人在遵守法律的前提下都有权自由结婚, 任何一方不得强迫、欺骗他方达成婚姻; 任何第三人不得干涉自愿的婚姻, 不得强迫他人结婚。

不同民族、不同宗教信仰的人之间, 信教者与无神论者之间的自由结婚受到尊重, 并受法律保护。

夫妻一方或者双方有权依正当理由请求法院判决终止婚姻关系。(参考越民第35条、第38条)

제344조 【혼인의 자유의 포기표시의 무효】 ① 자연인이 한 혼인하지 아니하거나 재혼하지 아니한다는 약정(承诺)은 무효이다.

② 전 항의 규정은 자연인이 한 이혼이나 이혼하지 아니한다는 약정에도 동일하게 적용한다. (이집트민법 제17조, 학설휘찬 제35권 제1장 제71절 제1법문 참조)[31)][32)]

【원문】 第344条 [放弃婚姻自由的表示无效] 自然人做出的不结婚或不再婚的承诺无效。

前款规定对自然人做出的离婚或不离婚的承诺同样适用。(参考埃民第17条, D.35,1,71,1)

제345조 【정조권】 자연인은 남녀를 구분하지 아니하고 모두 자기의 정조를 지킬 권리가 있다.

【원문】 第345条 [贞操权] 自然人不分男女, 都享有维护自己的贞操的权利。

제346조 【출산권】 ① 어느 사람도 법률이 정하는 범위 내에서 모두 자녀를 출산할 권리가

---

31) 학설휘찬 제35권 제1장은 '유언에 기재되는 것들의 조건, 표시(부관), 원인, 방식에 관하여'(De condicionibus et demonstrationibus et causis et modis eorum, quae in testamento scribuntur)이다.

32) 35.1.71: 파피니아누스 질의록 제17권(Papinianus libro 17 quaestionum): 1. Titio centum relicta sunt ita, ut Maeviam uxorem quae vidua est ducat: condicio non remittetur et ideo nec cautio remittenda est. Huic sententiae non refragatur, quod, si quis pecuniam promittat, si Maeviam uxorem non ducat, praetor actionem denegat: aliud est enim eligendi matrimonii poenae metu libertatem auferri, aliud ad testamentum certa lege invitar I.

있다.

② 부부 쌍방은 각각 출산권을 가지고 일방은 다른 일방의 이러한 권리를 방해할 수 없다.

③ 성년의 이미 혼인한 여자는 의사의 추천을 받아 인공수정이나 배아이식의 방법으로 인심할 권리가 있다.

④ 행위무능력자의 중절수술은 후견인의 동의를 얻어 이를 할 수 있다. (우크라이나 민법초안 제273조 제7항, 제5항)

【원문】第346条 [生育权] 任何人在法律规定的范围内都有生育子女的权利。

夫妻双方各自享有生育权, 一方不得妨碍他方的些等权利。

成年的已婚妇女有权经医生推荐以人工授精或胎胚移植的方式怀孕。

绝育手术只能根据成年人的愿望进行。

无行为能力人的绝育手术可经监护人的同意为之。(参考乌民草第273条第7款、第5款)

제347조【대리출산과 이로 인하여 발생하는 모자관계】① 다른 사람의 출산을 위한 어떠한 합의도 무효이다.

② 위법하게 한 대리출산의 경우에 모자관계는 출산양육자와 신생아 사이에서만 존재한다. (프랑스민법 제16－7조, 오스트리아 민법 제1726조, 아르헨티나 민법초안 제543조 제2항)

【원문】第347条 [代理生育与由此产生的母子关系] 为他人生育的任何协议, 无效。

在违法实施了代理生育的情形, 母子关系只存在于孕育人与新生儿之间。(参考法民第16－7条, 澳民第1726条, 阿民草第543条第2款)

제348조【입양권】① 친생자녀(自然子女)가 없는 모든 사람은 누구나 자기의 친족과 친척 아닌 사람 중에서 자녀를 입양할 권리가 있다.

② 자녀입양과 입양되는 자녀의 요건, 단계와 절차는 이 민법전 제3분편 제3제 제2장 제5절의 규정에 의한다. (베트남민법 제40조 참조)

【원문】第348条 [收养权] 任何无自然子女的人都享有从自己的亲属和非亲属中收养子女的权利。

收养子女的和被收养为子女的条件、程序和手续依本民法典第三分编第三题第二章第五节的规定。(参考越民第40条)

제349조【가족 사이의 돌봄을 받을 권리】① 가족의 구성원 각자는 서로 돌봄과 도움을 받을 권리가 있다.

② 미성년의 자녀, 손자녀는 그 부모, 조부모의 돌봄과 생활의 유지를 받을 권리가 있다. 자녀와 손자녀는 부모, 조부모를 존경하고 돌보고 부양할 의무가 있다. (베트남민법 제37조, 우크라이나 민법초안 제283조 참조)

【원문】第349条 [家庭成员之间享受照顾的权利] 家庭各成员有权享受相互的照顾和帮助。

未成年子女、孙子女有权得到其父母、祖父母的照顾和生活保持; 子女、孙子女有义务敬

重、照顾和扶养父母、祖父母。(参考越民第37条, 乌民草第283条)

제350조【보호를 받을 권리】연령과 건강을 원인으로 자신을 돌볼 수 없는 자연인은 사회의 부호를 받을 권리가 있다. (우크라이나 민법 초안 제285조 참조)

【원문】第350条 [受保护权] 因年龄和健康原因不能自我照顾的自然人, 有权得到社会的保护。(参考乌民草第第285条)

제3장 자연인의 사회적 존재를 보장하는 인격권

【원문】第三章 保障自然人的社会存在的人格权

제1절 평등권

【원문】第一节 平等权

제351조【원칙】모든 자연인은 법률 앞에서 평등하다. (민법통칙 제3조 참조)

【원문】第351条 [原则] 所有的自然人在法律面前平等。(参考民通第3条)

제352조【종족의 평등권】① 누구나 모두 인종의 완전성을 침해할 수 없다.

② 사람에 대한 선택을 취지로 조직하는 우생학 연구활동은 금지된다.

③ 유전성 질병의 예방과 치료의 목적으로 하는 연구를 제외하고는 인간의 후손을 변경하는 것을 취지로 하는 사람의 유전적 특성에 대하여 하는 어떠한 우생의 변형이나 유전자 조작은 모두 금지된다. (프랑스민법 제16조의7,[33] 이르헨티나 민법 초안 제111조 참조)

【원문】第352条 [种族的平等权] 任何人都不得侵害人种的完整性。

禁止组织旨在对人进行选择的任何优生学研究活动。

除为预防与治疗遗传性疾病之目的进行研究外, 旨在改变人的后代, 对人的遗传特征进行的任何优生改造或基因操作, 均受禁止。(参考法民第16－7条, 阿民草第111条)

제353조【부부의 평등】부부 쌍방의 지위는 평등하고 그들은 가정과 민사활동의 측면 각각의 권리의무는 서로 같다. (민법통칙 제105조, 베트남민법 제36조 참조)

【원문】第353条 [夫妻平等] 夫妻双方地位平等, 他们在家庭和民事活动的各个方面权利义务相同。(参考民通第105条, 越民第36条)

제354조【도시농촌 주민의 평등】농촌주민과 도시 주민의 법률적 지위는 평등하다.

【원문】第354条 [城乡居民平等] 农村居民与城市居民的法律地位平等。

제355조【중국인과 비중국인의 평등】외국인과 무국적자는 중국에서 중국인과 평등한 법률적 지위를 가진다. 법률에 다른 규정이 있는 경우에는 그러하지 아니하다. (민법통칙 제8조 참조).

33) 조문내용(1994년 신설)은 다음과 같다: Article 16－7 Toute convention portant sur la procréation ou la gestation pour le compte d'autrui est nulle.

【원문】 第355条 [中国人与非中国人平等] 外国人和无国籍人在中国享有与中国人平等的法律地位, 法律另有规定的除外。(参考民通第8条)

제2절 성명권

【원문】 第二节 姓名权

제356조【성명권】① 어느 자연인이나 모두 성명권을 가진다.

② 자연인은 공안국의 확인을 거친 성명으로 민사권리의무를 설정하고 이행한다. (베트남민법 제28조 참조)

【원문】 第356条 [姓名权] 任何自然人都享有姓名权。

自然人以经公安局确认的姓名设立和履行民事权利义务。(参考越民第28条)

제357조【성명의 공식적 형식】자연인의 성명은 그 호적부의 등재를 기준으로 한다. (페루민법전 제25조, 베트남민법 제28조)

【원문】 第357条 [姓名的正式形式] 自然人的姓名以其户口簿上登载的为准。(参考秘民第25条, 越民第28条)

제358조【인터넷명, 예명과 필명의 보호】① 인터넷명, 예명과 필명이 성명의 지위를 취득한 경우에는 성명과 동일한 사법적 보호를 받는다.

② 인터넷명, 예명과 필명은 다른 사람의 권리와 이익에 손해가 될 수 없다. (페루민법전 제32조 참조)

【원문】 第358条 [网名、艺名和笔名的保护] 网名、艺名和笔名在取得了姓名的地位的情况下, 享有与姓名同样的司法保护。

使用网名、艺名和笔名, 不得损害他人的权利和利益。(参考秘民第32条)

제359조【성명의 등기】영아(婴儿) 출생 후 90일 내에 그 부모는 그 자의 출생지의 파출소에 그 자의 출생을 등기하고 동시에 그 자의 성명을 확정하여야 한다.

【원문】 第359条 [姓名的登记] 在婴儿出生后90天内, 其父母必须向孩子出生地之派出所登记孩子的出生, 同时确定孩子的姓名。(参考秘民第37条)

제360조【성의 확정】① 자녀는 부의 성을 따를 수 있고 모의 성을 따를 수도 있다.

② 부친이 누구인지 알지 못하거나 인정된 부친이 친자관계를 부인하는 때에는 자녀는 모의 성을 따른다. (혼인법 제22조, 이집트민법 제33조)

【원문】 第360条 [姓的确定] 子女可以随父姓, 也可以随母姓。

不知父亲为何人, 或被认为的父亲否认亲子关系时, 子女从母姓。(参考婚姻法第22条, 埃民第33条)

제361조【이름의 선택】자녀의 이름은 그 부모가 협의하여 확정한다. (이집트민법 제34조)

【원문】 第361条 [名字的选择] 子女的名字由其父母协商确定。(参考埃民第34条)

제362조【승인할 사람이 없는 자녀의 성명】① 그 부모를 알 수 없는 영아는 적당한 성명으로 파출서에 등기하여야 하고 파출소 소장은 그 출생등기에 그 성과 이름을 확정한다.
② 위에서 말한 성과 이름은 현지에서 통용되는 성과 이름 중에서 선택하여 사용하여야 한다.
③ 그 자녀의 성과 이름의 확정에 대하여 물질적 이익이나 정신적 이익이 있음을 표명하는 사람은 누구나 자녀가 만5세가 되기 전에 파출소에 위에서 말한 성과 이름을 변경신청을 할 수 있다. (페루민법전 제23조, 이집트민법 제39조 참조)

【원문】第362条 [无人承认的子女的姓名] 其父母不为人知的婴儿, 应以适当的姓名在派出所登记, 派出所所长在其出生登记中为其确定姓和名。
上述姓与名必须在当地通用的姓和名中选用。
任何表明其对孩子的姓与名的确定有物质的或精神利益的人, 在孩子满5周岁前, 可向派出所申请改变上述姓与名。(参考秘民第23条, 埃民第39条)

제363조【사용을 금하는 이름】① 영아의 이름은 그 생존하는 부친, 모친이나 형제, 자매의 이름과 변경하는 것 없이 답습할 수 없다.
② 유아에게 조롱을 유발할 수 있는 이름은 취할 수 없다.
③ 위와 같은 사정이 발생하는 때에는 파출소 소장은 부모에게 영아의 다른 이름을 확정할 것을 청구할 수 있다. (이집트민법 제38조, 캐나다 퀘벡민법전 제54조)

【원문】第363条 [禁用的名字] 婴儿的名字不得毫不更改地袭用其生存的父亲、母亲或兄弟、姐妹之一的名字。
不得为婴儿取可能引起嘲弄的名字。
出现上述情况时, 派出所所长可要求父母为婴儿确定一个另外的名字。
(参考埃民第38条, 魁民第54条)

제364조【성명사용권】① 모든 자연인은 누구나 다른 사람이 자기 성명으로 자기를 부를 것을 청구할 권리가 있다.
② 이 권리가 침범되는 경우에 그는 침해자에게 침해행위를 중지를 청구할 수 있고 상응한 배상도 청구할 수 잇다. (페루민법전 제26조 참조)

【원문】第364条 [姓名使用权] 所有的自然人都有权要求他人以他的姓名称呼他。
在这一权利遭到侵犯的情况下, 他可要求侵害人停止侵害行为, 并要求相应的赔偿。(参考秘民第26条)

제365조【성명의 남용】① 누구나 그 직업활동에서 자기 성명을 사용하는 경우에 유해한 혼용으로 제3자의 신용과 명성(声誉)에 손해를 줄 수 없다.
② 전 항의 규정을 위반한 사건에 대하여는 부정경쟁방지법 제5조[34] 제1항[35] 제3호의 규정 또는 형법 제246조[36]의 명예훼손죄(诽谤罪)에 관한 규정을 적용할 수 있다. (이집트민

법 제45조 참조)

【원문】 第365琴 [姓名的滥用] 任何人在其职业活动中使用自己姓名的, 不得以有害的混淆损害第三人的信用和声誉。

对违反前款规定的案件, 可适用反不正当竞争法第5条第1款第3项的规定或刑法第246条关于诽谤罪的规定。(参考埃民第45条)

제366조 【성명의 도용】 ① 누구나 자기에게 속하지 아니하는 성명을 사용할 수 없다. 성명을 가지고 있는 사람은 누구나 제3자가 이러한 성명에 대하여 도용하여 그 물질적 손해나 정신적 손해를 가져오거나 가져올 수 있는 때에는 모두 저지(抵制)할 권리가 있다.

② 성명이 도용되어 손해가 있는 사람은 이러한 침해를 제지(制止)하고 상응하는 배상을 취득할 소권을 가진다.

③ 자연인이 이미 사망하였거나 그 의사를 표시할 수 없는 상태에 처한 때에는 전 항이 정하는 권리는 그 배우자, 자녀 또는 부모의 행사로 귀속한다.

④ 위에서 말한 사람이 도용자에 대하여 이미 성명도용의 정지를 청구하였으나 후자가 바로 그 행위를 정지하지 아니하는 때에는 청구자는 정신적 손해배상을 받을 수 있다. (페루민법 제28조, 이집트민법 제46조 참조)

【원문】 第366条 [盗用姓名] 任何人不得使用不属于自己的姓名。任何拥有姓名的人, 在第三人对此等姓名的盗用将导致或可能导致其物质或精神损害时, 都有权抵制。

因被盗用姓名受到损害的人, 享有制止这种侵害并获得相应赔偿的诉权。

自然人已死亡或处于不能表达其意志的状态时, 前款规定的权利归其配偶、子女或父母行使。

当上述人员已向盗用人提出停止盗用姓名的请求, 而后者未立即停止其行为时, 请求人可被授予精神损害赔偿。(参考秘民第28条, 埃民第46条)

제367조 【성명변경권】 ① 자연인은 다음 각 호의 어느 경우에 파출소에 성명의 변경의 확인을 청구할 권리가 있다.

1. 현재 가지고 있는 성명이 사용할 때에 혼란을 일으키거나 가족의 감정, 성명권자의 명예나 그 밖의 권리와 이익에 영향을 미치는 경우

---

34) 부정경쟁방지법(中华人民共和国反不正当竞争法)(주석령 제10호)은 1993년의 것을 말한다. 조문내용은 다음과 같다: 第五条 [1] 经营者不得采用下列不正当手段从事市场交易, 损害竞争对手: (一) 假冒他人的注册商标; (二) 擅自使用知名商品特有的名称、包装、装潢, 或者使用与知名商品近似的名称、包装、装潢, 造成和他人的知名商品相混淆, 使购买者误认为是该知名商品; (三) 擅自使用他人的企业名称或者姓名, 引人误认为是他人的商品; (四) 在商品上伪造或者冒用认证标志、名优标志等质量标志, 伪造产地, 对商品质量作引人误解的虚假表示。이 법은 2017년 개정되었고 조문번호는 제6조로 하고 조문내용은 같다.

35) 어느 것이나 항은 하나만 있고 4개의 호만 있으므로 제1항은 아니다.

36) 형법 제246조는 모욕죄(侮辱罪)와 명예훼손죄(诽谤罪)를 정하는데 조문내용은 다음과 같다; 第二百四十六条 [1] 以暴力或者其他方法公然侮辱他人或者捏造事实诽谤他人, 情节严重的, 处三年以下有期徒刑、拘役、管制或者剥夺政治权利。[2] 前款罪, 告诉的才处理, 但是严重危害社会秩序和国家利益的除外。[3] 通过信息网络实施第一款规定的行为, 被害人向人民法院告诉, 但提供证据确有困难的, 人民法院可以要求公安机关提供协助。(刑法修正案九)

2. 양부모가 양자녀의 성명의 변경을 청구하거나 파양(解除收养关系)할 때에 양자녀 또는 그 친생부모가 원래의 성명의 회복을 청구하는 경우
3. 친자관계가 확정되는 때에 부모가 자녀를 위하여 또는 자녀가 자기를 위하여 성명의 변경을 청구하는 경우
4. 자녀의 성의 변경이 아버지 성을 따른 것을 어머니 성을 따르게 되거나 그 반대의 경우
5. 어려서 유리하면서 정착할 곳이 없었으나 후에 자기 친족인 사람을 찾아 성명을 변경하는 경우
6. 법률이 정하는 그 밖의 경우

② 만10주 이상인 사람을 위하여 성명을 변경할 때에는 그 본인의 동의를 얻어야 한다.

③ 성명의 변경은 원래의 성명이 설정한 민사권리의무를 변경하거나 종료하게 하지 아니한다.

(베트남민법 제29조 참조)

【원문】第367条 [变更姓名权] 自然人在以下情形, 有权要求派出所确认变更姓名。

1. 现有的姓名在使用时引起混乱, 或影响家庭感情、姓名权人的名誉或其他的权利和利益;
2. 养父母要求变更养子女的姓名; 或在解除收养关系时, 养子女或其生父母要求恢复原来的姓名;
3. 确定亲子关系时, 父母要求为子女或子女要求为自己变更姓名;
4. 变更子女的姓由随父姓为随母姓, 或相反;
5. 自幼流离失所, 后来找到自己亲属的人变更姓名;
6. 法律规定的其他情形。

为年满10周以上的人变更姓名时, 必须得到其本人同意。

变更姓名不改变或终止以原姓名设立的民事权利义务。(参考越民第29条)

제368조【성전환】성전환수술을 받은 사람은 수술 후 자기이름의 변경을 청구할 수 있다. (캐나다 퀘벡주 민법전 제71조)

【원문】第368条 [变性] 接受变性手术的人, 术后可要求变更自己的名字。(参考魁民第71条)

제369조【성명의 변경절차】① 누구나 그 성명의 변경은 충분한 이유로 파출소에 신청하여 그 허가를 얻어야 한다.

② 파출소는 이러한 신청을 허가할 것인가를 결정할 때에 이러한 변경이 제3자의 이익에 해를 가하지 않도록 확보하여야 한다. (이집트민법 제42조 참조)

【원문】第369条 [姓名的变更程序] 任何人变更其姓名必须以充分的理由向派出所提出申请, 并得到其批准。

派出所在决定是否批准此等申请时, 必须确保此等变更不损害第三人利益。(参考埃民第42条)

제370조【성명변경의 공시】① 성명을 변경하면 변경자는 공고와 등기의무를 이행하여야

한다.

② 공고는 광고의 형식으로 현재에서 유통되는 신문에 이를 하여야 한다. 이 광고의 등재는 적어도 2회는 하여야 하고 매 회 서로 15일 간격을 두어야 한다. (페루민법전 제29조 제1항 참조)

【원문】第370条 [姓名变更的公示] 变更姓名, 变更人须履行公告和登记的义务。
公告以广告形式在当地流通的报纸上为之。此等广告的登载应不少于两次, 每次相隔15天。(参考秘民第29条第1款)

제371조【성명변경이 가져온 민사신분문서의 관련 기재사항의 수정】성명을 변경한 후에 변경자는 자기 비용을 부담하여 법률이 정하는 절차에 따라 그 신분증, 여권과 그 밖의 민사신분증서의 해당하는 사항을 변경하여야 할 의무가 있다.

【원문】第371条 [姓名变更导致的民事身份文件的有关记载事项的更改] 做出姓名变更后, 变更人有义务自负费用, 按照法律规定的程序对其身份证、护照和其他民事身份文件上的相应记载事项做出变更。

제372조【성명변경의 효력】성명의 변경은 새로운 성명을 취득한 사람의 민사신분을 변경하지 아니하고 친자관계의 증거가 되지도 아니한다. (페루민법전 제30조, 캐나다 퀘벡민법전 제68조 참조)

【원문】第372条 [姓名变更的效力] 姓名的变更, 并不改变获得了新姓名者的民事身份, 也不构成亲子关系的证据。(参考秘民第30条, 魁民第68条)

제373조【성명변경의 다른 사람에 대한 영향】다른 사람의 성명변경으로 손해를 입은 사람은 파출소에 반대를 제출할 수 있다. (페루민법전 제31조 참조)

【원문】第373条 [姓名变更对他人的影响] 由于他人改变姓名受到损害的人, 可在派出所提出反对。(参考秘民第31条)

제374조【성명의 충돌】두 사람의 성명이 모두 서로 같은 경우에 그들이 서로 지내는 것이 아주 밀접하면 혼동을 피하기 위하여 더 연소자가 자기의 이름을 이름을 변경할 의무가 있다. (필리핀민법 제374조 참조)

【원문】第374条 [姓名的冲突] 在两个人的姓名都相同的情况下, 如果他们相处甚密, 为了避免混淆, 较年轻者有义务变更自己的名字。(参考菲民第374条)

제375조【성명에 관한 합의】자연인의 성명권을 객체로 하는 합의는 상업광고, 사회적 이익 과 법률이 정하는 목적인 것을 제외하고는 무효이다. (페루민법 제27조, 이집트민법 제44조 참조)

【원문】第375条 [关于姓名的协议] 以自然人的姓名权为客体的协议, 除非是为了商业广告、社会利益和法律规定的目的, 无效。(参考秘民第27条, 埃民第44条)

제376조【취소할 수 있는 혼인에서 출생한 자녀의 성】취소할 수 있는 혼인에서 취소 전에

포태한 자녀는 원칙적으로 친권자의 성을 사용한다. (필리핀민법 제 369조)

【원문】 第376条 [可撤销婚姻中出生的子女的姓] 在可撤销婚姻被撤销前受孕的子女, 原则上使用亲权人的姓。(参考菲民第369条)

제3절 초상음성권

【원문】 第三节 肖像声音权[37)]

제377조【원칙】자연인은 자기의 초상과 음성에 대하여 지배권을 가진다. (민법통칙 제100조, 베트남민법 제31조 참조)

【원문】 第377条 [原则] 自然人对自己的肖像和声音享有支配权。(参考民通第100条, 越民第31条)

제378조【초상음성권이 사인의 성질】자연인의 동의 없이 그 초상과 음성을 공공장소에서 전시하거나 방송할 수 없고 녹화나 복제할 수 없고 판매할 수도 없다. 법률에 다른 정함이 있는 경우에는 그러하지 아니하다. (이집트민법 제27조 참조)

【원문】 第378条 [肖像声音的私人性质] 未经自然人同意, 其肖像和声音不得在公共场所展览或播放, 不得录制或复制, 不得出售, 法律另有规定的除外。(参考埃民第27条)

제379조【공적 인물의 초상음성】초상과 음성의 소유자가 공적 인물이거나 그가 맡고 있는 공직으로 인하여 또는 사법과 경찰활동의 요청으로 인하여 또는 과학, 문화와 강의의 이익이 자연인의 초상음성의 복제을 요하는 경우 또는 초상음성의 복제가 공공의 이익이나 공공장소에서 발생하는 사실, 사건이나 의식과 서로 관련되면 소유자와 그 친척의 동의가 요하지 아니한다. (이집트민법 제28조, 페루민법 제15조)

【원문】 第379条 [公众人物的肖像声音] 因肖像和声音的属主为公众人物; 或因他担任的公职; 或因司法和警察活动的要求; 或科学、文化和教学的利益要求复制自然人的肖像声音; 或肖像声音的复制与具有公共利益或与发生在公共场合的事实、事件或仪式相关, 则不要求属主及其亲属的同意。(埃民第28条, 秘民第15条)

제380조【제제】① 공적인물을 제외하고는 본인의 동의 없이 그 초상음성을 전시하거나 판매하는 경우에 자연인은 그 초상음성의 전시 또는 판매의 중지를 청구할 수 있다.

② 법원은 공평을 기하기 위하여 초상음성을 전시하거나 판매한 사람이 이익을 얻은 한도에서 소유자에게 배상금을 줄 것을 판결할 수 있다.

③ 소유자가 이미 침해의 중지를 요청하였으나 초상음성의 전시나 판매가 즉시 중지되지 아니하면 법원은 소유자에게 정신적 손해를 배상할 것을 판결할 수 있다. (이집트민법 제29조 참조)

---

37) (원주①) 이집트민법 제27조는 초상권만 규정하고 페루민법 제15조는 음성초상권을 규정하였는데 후자의 규정이 현대의 형상음성이 결합하는 언론매체의 조건에 더 맞으므로 이 민법전 초안은 이를 취한다.

【원문】第380条 [制裁] 除公众人物的情形外, 未经本人同意展览其肖像声音或将之出售的, 自然人可要求停止展览或售卖其肖像声音。

法院为了公平起见, 可在展览或售卖肖像声音的人获利的限度内判给属主赔偿金。

如果属主已提出停止侵害的要求, 而肖像声音的展览或售卖未立即停止, 法院可判给属主精神损害赔偿。(参考埃民第29条)

제381조【친족의 권리】① 초상음성을 전시 또는 판매하는 사람이 사망하거나 의사를 표시할 수 없는 상태에 있는 때에는 그 전시 또는 판매행위가 성질상 위에서 말한 사람의 여예와 명예에 손해를 가져온다면 그 근친이 권리를 주장할 수 있다.

② 친족을 대표하여 이 조에서 정한 권리를 행사할 수 있는 사람은 배우자이다. 배우자가 없는 때에는 그 최근친인 직계비속이 행사한다. 직계비속이 없을 때에는 그 최근친인 직계존속이 행사한다.

③ 촌수가 서로 같은 경우에는 친족을 대표할 수 있는 것은 최연장자인 직계비속 또는 최연장자인 직계존속이다. (이집트민법 제30조 참조)

【원문】第381条 [亲属的权利] 当肖像声音被展览或售卖的人已死亡或处于不能表达意志的状态时, 如果该展览或售卖行为在性质上会导致上述人等的荣誉与名誉的损害, 其近亲属可主张权利。

可以代表亲属行使本条规定的权利的人是配偶; 无配偶时由其最近的直系卑血亲行使; 无直系卑血亲时由其最近的直系尊血亲行使。

在亲等相同的情况下, 可代表亲属的是最年长的直系卑血亲或最年长的直系尊血亲。(参考埃民第30条)

제4절 명예와 영예권

【원문】第四节 名誉和荣誉权

제382조【명예권】자연인은 명예권을 가지고 그 인격적 존엄을 법률의 보호를 받는다. 어떠한 모역, 비방행위도 금지된다. (민법통칙 제101조 참조)

【원문】第382条 [名誉权] 自然人享有名誉权, 其人格尊严受法律保护。禁止任何侮辱、诽谤行为。(参考民通第101条)

제383조【영예권】자연인의 영예는 침해되지 아니한다. 그 영예호칭의 불법박탈은 금지된다. (민법통칙 제102조, 우크라이나 민법초안 제290조)

【원문】第383条 [荣誉权] 自然人的荣誉不受侵犯。禁止非法剥夺其荣誉称呼。(参考民通第102条, 乌民草第290条)

제384조【상사영예권[38]】상사영예권은 침해되지 아니한다. (우크라이나 민법초안 제291조 참조)

38) 상사영예권(商誉权)은 기업 등 경영자가 자기가 새로 구축한 상업적 영예(商誉)에 대하여 그 이익을 가지고 다

【원문】 第384条 [商誉权] 自然人的商誉权不受侵犯。(参考乌民草【원문】第291条)

제5절 사생활권

【원문】 第五节 私生活权[39]

제385조【사생활권의 개념】 사생활권은 자연인이 자기에 관한 자료의 유통을 통제할 권리이다. (알렌 웨스틴의 개념 참조)[40]

【원문】 第385条 [私生活权的定义] 私生活权是自然人控制关于自己的资料之流转的权利。(参考艾伦威斯廷的定义)。

제386조【사생활권의 침해방법】 ① 각각의 사람은 다른 사람의 사생활권을 존중하여야 한다. 개인 사생활 자료의 수집, 공개는 본인의 동의를 얻어야 한다. 본인이 사망하거나 행위능력을 상실하면 그 친족의 동의를 얻어야 한다. 그러나 국가의 권한있는 기관의 결정에 의하고 법에 의하여 개인 사생활자료에 대하여 수집과 공개하는 경우에는 그러하지 아니하다.

② 다음 각 호의 어느 행위나 유사한 행위는 다른 사람의 사생활권에 대한 침범이 성립된다.

1. 다른 사람이 주거하는 곳에 진입하거나 다른 사람이 주거하는 곳에서 물건을 취거하는 행위
2. 다른 사람의 개인통신을 고의로 절취하거나 사용하는 행위
3. 다른 사람의 일기를 훔쳐 읽는 행위
4. 다른 사람의 종교신앙을 간섭하는 행위
5. 점유하는 타인의 파일을 남용하는 행위
6. 어떠한 방법을 통하여 다른 사람의 사생활을 관찰하는 행위
7. 동의 없이 다른 사람의 사생활자료를 무단으로 누설하는 행위 (필리핀민법 제26조, 베트남민법 제34조, 캐나다 퀘벡민법 제제35조 참조)

【원문】 第386条 [侵害私生活权的方式] 每个人都应尊重他人的私生活权。收集、公布个人私生活的资料须得到本人同意; 若本人死亡或丧失行为能力, 则必须得到其亲属同意, 但依照国家有权机关的决定并且依法对个人私生活资料进行收集和公布的情形, 不在此限。

下列行为或类似的行为构成对他人私生活权的侵犯:

1. 进入他人住处或从他人住处取走物件的行为;

른 사람을 불법침해를 배제할 권리를 말한다. 상사영예권이 지식재산권의 범주에 속하기는 하지만 전통적 지식재산권과 비교하여 확정되지 아니한 지역성, 법정되지 아니한 시간성, 영구불변(恒定)이 아닌 전속성(专有性) 등 현저한 특징도 있다. 이에 대하여는 <https://baike.baidu.com/item/商誉权/10484565>.

39) (원주①) 엄격을 기하기 위하여 이 민법초안은 프라이버시(隐私)라는 문구는 취하지 아니한다. 이 권리를 창설한 미국의 언어 맥락에서는 Privacy(사생활)이 포함하는 내용은 중국어의 隐私([yǐnsī])보다 더 넓기 때문이다.

40) (원주②) Alan Westin, Privacy and Freedom, new York, The Bodley Head Ltd., 1970, 7쪽 참조.

2. 故意截取或使用他人的私人通讯的行为;

3. 偷阅他人日记的行为;

4. 干涉他人宗教信仰的行为;

5. 滥用占有的他人档案的行为;

6. 通过任何方法观察他人私生活的行为;

7. 未经同意, 擅自披露他人私生活资料的行为。(参考菲民第26条, 越民第34条, 魁民第35条)

제387조【전문가의 비밀보호의무】① 직업활동으로 다른 사람의 사생활 자료에 접촉하는 사람은 누구나 이 비밀로 유지하여야 한다.

② 종교적 전문직업자가 그 직무활동 중에 취득한 다른 사람의 사생활자료는 범죄예방을 위하여라도 이런 사람에게 관련 비밀의 누설을 강제할 수 없다. (이집트민법 제24조 참조)[41]

【원문】第387条 [专业人士的保密义务] 任何由于其职业活动接触他人私生活资料的人, 必须保守此等秘密。

对宗教专业人士在其职业活动中获得的他人私生活资料, 即使为了控制犯罪, 也不得强迫此等人士披露有关秘密。(参考埃民第24条)

제388조【주소권】① 자연인은 주소의 불가침의 권리를 가진다.

② 다른 사람의 주소에 진입은 그 주인의 동의를 얻는다. 누구도 다른 사람의 의사에 위반하여 다른 사람의 주소에 진입할 수 없다. 법률에 명문규정이 있고 검찰이나 법원의 명령이 있는 경우에만 자연인이 주소에 대하여 수사를 할 수 있고 수사는 법률이 정하는 단계와 절차에 의하여야 한다. (베트남민법 제42조, 이집트민법 제13조)

【원문】第388条 [住所权] 自然人享有住所不受侵犯的权利。

进入他人住所得到其主人同意。任何人不得违背他人意愿进入他人住所。只有在法律有明文规定并且有检察院或法院的命令的情形下, 方可对自然人的住所进行搜查, 搜查必须依照法律规定的程序和手续。(参考越民第42条, 埃民13条)

제389조【통신비밀권】① 누구도 무단으로 다른 사람의 서신, 전보와 전자메일을 개피, 압수하거나 훼손할 수 없고 다른 사람의 통신을 절취하거나 그 밖의 다른 사람의 통신을 저지, 방해하려는 의사가 있는 행위를 할 수 없다.

② 법률에 명문규정이 있고 국가의 권한있는 기관이 명령을 내린 경우에만 다른 사람의 서신, 전자메일, 전화와 전보 등의 통신에 대하여 검사를 할 수 있다. (베트남민법 제34조 참조)

【원문】第389条 [通讯秘密权] 任何人不得擅自开拆、扣留或毁坏他人的书信、电报和电子邮件, 不得截取他人通讯或进行其他意在阻止、妨碍他人通讯的行为。

41) (원주③) 이 조는 참회(忏悔)를 들은 카톨릭 신부에 대한 참회내용의 누설(透露)할 수 없는 요청을 포함한다.

只有在法律有明文规定并且在国家有权机关发出命令的情形下，才能对自然人的书信、电子邮件、电话和电报等通讯进行检查。(参考越民第34条)

제390조【개인의 통신누설】① 문자통신, 어떠한 종류의 통신의 녹음이 비밀유지의 특성이 있거나 자연인의 사생활과 관련되면 그 작성자의 동의 없이 비밀서신이나 녹음의 수신자는 그 내용을 누설할 수 없다.

② 작성자 또는 수신자가 이미 사망한 경우에는 상응한 동의를 할 권리는 그 상속인에게 귀속한다. 그 상속인 사이에 일치에 도달하지 아니하면 법원이 결정한다.

③ 수신자가 그가 적법한 이익이 있다는 것을 표명하면 그는 사법 절차에서 위에서 말한 자료를 제시할 권리가 있다. (이집트민법 제31조, 페루민법 제16조)

【원문】第390条 [私人通讯的透露] 文字通信、任何种类的通讯的录音，如果有保密的特点，或涉及自然人的私生活，未经其作者同意，机密信函或录音的收件人不得泄露其内容。

在作者或收件人已死亡的情况下，做出相应的同意的权利属于其继承人。如果其继承人之间达不成一致，法院将做出决定。

如果收件人表明其具有合法利益， 他有权在司法程序中出示上述资料。(参考埃民第31条，秘民第16条)

제391조【일기의 공개】일기 등의 개인의 비망록의 공개는 저자의 수권을 받아야 한다.

【원문】第391条 [日记的披露] 公布日记等个人的备忘录，必须得到作者的授权。

제392조【그 밖의 사생활자료에 대한 공개】본인의 동의 없거나 본인이 이미 사망한 경우에는 그 배우자, 직계비속, 직계존속이나 형제자매의 동의 없이는 개인과 가족의 사생활자료가 공개될 수 없다. (페루민법 제14조 참조)

【원문】第392条 [对其他私生活资料的披露] 非经本人同意；或在本人已死亡的情况下，非经其配偶、直系卑血亲、直系尊血亲或兄弟姐妹的同意，不得披露个人和家庭的私生活资料。(参考秘民第14条)

제393조【신앙과 종교의 자유권】① 자연인은 신앙과 종교의 자유권을 가지고 어느 종교에 대한 신앙이나 불신앙의 권리를 가진다. 종교예식은 정치적 목적으로 사용되거나 공공의 질서와 도덕에 해가 있지 아니한다는 것을 전제로 하여 중국주민의 어떠한 종교예식과 신앙은 간섭을 받지 아니한다.

② 누구나 신앙과 종교의 자유가 침해되거나 신용과 종교를 이용하여 다른 사람의 권리와 이익을 침해할 수 없다. (베트남민법 제43조, 이집트민법 제15조 참조)

【원문】第393条 [信仰和宗教自由权] 自然人享有信仰和宗教自由权，有权信仰或不信仰任何宗教。在宗教仪式不被用于政治目的或有害公共秩序和道德之前提下，中国居民的任何宗教仪式和信仰不受干涉。

任何人不得侵害信仰和宗教自由，或利用信仰和宗教侵害他人的权利和利益。(参考越民第

43条, 埃民第15条)

제394조【파일의 설치】다른 사람을 위하여 파일을 설치하는 사람은 중대하고 적법한 이유가 있어야 한다. 가들은 파일이 정한 목적과 서로 관련된 자료만 수집할 수 있고 관련 당사자의 동의나 법률이 허가가 없으면 이들 자료를 제3자에게 누설하거나 파일의 설치목적을 위반하여 이들 자료를 사용할 수 없다. 이외에 파일을 설치할 때에 어떠한 방법으로도 관련 당사자의 사생활권이나 영예권을 침범할 수 없다. (캐나다 퀘벡주 민법 제37조)

【원문】第394条 [档案的设立] 为他人设立档案之人应有重大和合法的理由。他们仅可收集与档案规定目的相关的资料，未经有关当事人同意或法律许可，不得将此等资料泄露给第三人或违反建立档案的目的使用此等资料。另外，建立档案时，不得以任何方式侵犯有关当事人之私生活权或荣誉权。(参考魁民第37条)

제395조【파일 귀속자의 알 권리】① 국가안전과 중대한 공공의 이익에 관련되는 것을 제외하고 파일의 귀속자는 무료로 그 본인을 위하여 설치된 파일을 검사할 권리가 있고 그는 합리적 비용으로 그 부본을 취득할 수도 있다.

② 파일이 포함하는 자료는 파일의 설치자는 이해할 수 있는 문건으로 작성하여 이해에 편리하게 하여야 한다. (캐나다 퀘벡주 민법전 제38조 참조)

【원문】第395条 [档案属主的知情权] 除非涉及国家安全和重大公共利益，档案属主有权免费检查为其本人设立的档案，他也可以合理费用获得其副本。

档案所包含的资料应由档案的建立人制成可理解的文本，以便于了解。(参考魁民第38条)

제396조【파일 귀속자의 수정권】파일 귀속자는 파일의 설치자에게 무상으로 파일 중 본인에 관한 부정확한 자료를 수정(更正)하고 오래된 것으로 파일 설치목적으로 부정당하다고 판단되는 자료를 삭제하거나 파일 중에 관련 기재사항에 대한 서면해석의 저장을 청구할 권리가 있다. (캐나다 퀘벡주 민법 제40조 참조)

【원문】第396条 [档案属主的更正权] 档案属主有权要求档案的建立人无偿更正档案中关于本人的不正确的资料，并删除陈旧的、以档案设立目的判断为不正当的资料，或要求于档案中存放对有关记载事项的书面解释。(参考魁民第40条)

제397조【사생활권에 대한 보호】사생활권의 침범하는 경우에 피해자 또는 그 상속인은 침해정지, 물질적 손해와 정신적 손해의 배상할 권리가 있다. (페루민법 제17조 참고)

【원문】第397条 [对私生活权的保护] 在侵犯私生活权之情形，受害人或其继承人有权停止侵害、赔偿物质和精神损害。(参考秘民第17条)

제6절 귀속권

【원문】第六节 归属权

제398조【친자관계 확정권】① 다른 사람의 자녀로 확정되지 아니한 사람은 이 민법전 제3

분편 제3제 제2장 제2절, 제3절이 정하는 절차에 따라 법원에 자기를 그 사람의 자녀로 확인할 것을 청구할 권리가 있다.

② 다른 사람의 자녀로 확인된 사람은 위의 절차에 따라 법원에 자기가 그 사람의 자녀가 아니라는 것의 확인을 청구할 권리가 있다.

【원문】第398条 [亲子关系确定权] 未被确认为他人的子女的人, 有权按照本民法典第三分编第三题第二章第二节、第三节规定的程序要求法院确认自己为该人的子女。

被确认为他人的子女的人有权按上述程序要求法院确认自已不是该人的子女。(参考越民【원문】第39条)

제399조【결사권】자연인은 자기의 경제적적 또는 정신적 목적을 위하여 공식적으로나 비공식적인 방법으로 단체를 결성할 권리가 있다. (우크라이나 민법초안 제306조 참조)

【원문】第399条 [结社权] 自然人为了达到自己的经济或精神目的, 有权以正式或非正式的方式结成团体。(参考乌民草第306条)

제400조【민족확정권】① 자연인은 출생할 때에 바로 부모가 속한 민족에 의하여 그 민족을 확정할 수 있다. 부모가 서로 다른 민족으로 따로 귀속하면 자녀는 모의 민족을 따른다. 부모가 다른 약정이 있는 경우에는 그러하지 아니하다.

② 다음 각 호의 어느 사정에서는 성년자는 국가의 권한이 있는 기관에 다시 그 소속 민족의 확정을 청구할 권리가 있다.

1. 부모가 서로 다른 민족에 따로 귀속하면 부 또는 모가 속한 민족에 의하여 다시 이를 확정하는 것
2. 입양을 하는 사람이 다른 민족에 속하면 생부 또는 생모가 속하는 민족에 의하여 다시 이를 확정하는 것 (베트남민법 제30조 참조)

【원문】第400条 [确定民族的权利] 自然人出生之时, 即可依父母所属民族确定其民族。如父母分属不同的民族, 子女随母的民族, 父母另有约定的除外。

在以下情形, 成年人有权要求国家有权机关重新确定其所属民族:

1. 如果父母分属不同的民族, 则依父或母所属民族重新确定之;
2. 如果收养人属另一个民族, 则依生父或者生母所属民族重新确定之。(参考越民第30条)

제401조【국적권】① 누구도 모두 국적을 가질 권리가 있다.

② 중국 국적의 확인, 변경, 가입이나 소멸의 진행단계, 절차는 국적법[42]의 규정에 의한다. (베트남민법 제41조 참조)

【원문】第401条 [国籍权] 任何人都有权拥有国籍。

确认、变更、加入或终止中国国籍的条件、程序和手续, 依国籍法的规定。(参考越民第41条)

42) 국적법(中华人民共和国国籍法)(전국인민대표대회 상무위원회 위원장령 제8호)(1980년)은 장절 구분 없이 18개조로 되어 있다.

2. 법인의 인격권[43]

제2분편 법인법

제1제 일반규정

제4장 사법인(私法人)에 관한 일반규정

제3절 법인의 인격권

【원문】 第三节 法人的人格权

제26조【명칭권】법인은 자기의 명칭을 결정, 사용, 변경하고 다른 사람의 불법침해를 배제할 권리를 가진다.[44]

【원문】第26条 [名称权] 法人享有决定、使用、改变自己的名称, 并排除他人非法侵害的权利。

제27조【명예권】법인은 명예권을 가지고 모욕, 비방 등 방법으로 법인의 명예에 손해를 주는 것은 금지된다. (민법통칙 제101조 참조)

【원문】第27条 [名誉权] 法人享有名誉权, 禁止采用侮辱、诽谤等方式损害法人的名誉。(参考民通第101条)

제28조【영예권】법인은 영예권을 가지고 불법하게 법인의 영예호칭을 박탈, 침탈(侵占), 폄화훼손(诋毁)하는 것은 금지된다.[45] (민법통칙 제102조 참조)

【원문】第28条 [荣誉权] 法人享有荣誉权, 禁止非法剥夺、侵占、诋毁法人的荣誉称号。(参考民通第102条)

Ⅴ. 불법행위책임과 인격권(제2편)[46]

1. 일반 불법행위

제2장 일반불법행위

【원문】第二章 一般侵权行为

제1절 인격권의 침해행위

【원문】第一节 侵害人格权的行为

43) 徐国栋主编, 앞의 책, 115쪽 이하.
44) (원주①) 柳经纬主编, 民法总论, 厦门大学出版社, 2000, 143쪽.
45) (원주②) 杨立新主编, 人身权法论, 中国检察出版社, 1996, 832−834쪽.
46) 徐国栋主编, 앞의 책, 711쪽 이하.

第1544조【일반적 인격권의 침해】① 본 민법전 제1분편 제3제가 정하는 자연인의 인격권을 침해한 경우는 모두 손해배상책임을 부담하여야 한다. 본 절에 그 침해의 책임에 대한 규정이 없는 인격권은 법원이 신의성실의 원칙과 공공의 질서 및 선량한 풍속의 원칙에 따라 사법보호를 한다.

② 배상책임의 범위에는 피해자가 입은 육체적 고통·그 평온 안정된 생활의 파괴로 가한 정신적 손해·수입의 감소 및 의료비 및 피해자를 부양하기 위하여 근친이 지출한 비용을 포함한다.

③ 피해자가 사망한 경우에는 각종 합리적인 사망처리비용, 특히 장례비를 배상하여야 한다. 사망이 즉시 발생한 것이 아닌 때에는 특히 의료비와 노동능력의 상실이 가져온 일실이익의 손해(可得利益损失)를 포함하여야 한다. 사망이 사자의 부양에 의지하던 자에게 손해를 가한 경우엔 배상의 대상은 이들 피부양자도 포함하여야 한다. (폰 바르 7차 보고서 참조)[47)]

【원문】第1544条 [侵害一般人格权] 侵害本民法典第一分编第三题规定的自然人的人格权的，都应承担损害赔偿责任。本节未规定其侵犯责任的人格权司法保护，由法院依诚信原则和公序良俗原则苦实施。

赔偿责任的由范围包括受害人遭受的肉体痛苦、对其愉快舒适生活的破坏造成的精神损害、收入的减少和医疗费用，以及为扶养受害人的近亲属支出的费用。

造成受害人死亡的,应赔偿各种合理的处理死亡的费用,特别是丧葬费。在死亡并非立即发生时,特别应包括医疗费和丧失劳动能力带来的可得利益损失。死亡给依靠死者扶养的人造成损失的,赔偿对象也应包括此等受扶养人。(参考巴尔七草2: 201)

第1545조【생명권의 침해】① 사람의 생명은 침해될 수 없고 타인의 생명을 불법하게 박탈하는 자는 누구나 손해배상책임도 부담하여야 한다. 형법 제232조·제233조가 정하는 형사책임에 근거한 것은 그러하지 아니하다.

② 타인의 생명을 박탈하는 경우에 사자의 3촌 이내의 직계혈족은 행위자에게 배상을 청구할 수 있다. 사자에게 위의 친족이 없는 경우에는 검찰은 대신하여 손해배상청구권을 행사한다.

③ 사람을 해하여 자살하게 한 경우에는 그 사망의 손해배상책임을 면제한다.

④ 사람의 생명을 박탈하지는 아니하지만 침해한 경우에 그의 사망에 대한 배상책임을 면할 수 없다.

⑤ 이러한 책임에는 재산적 손해배상과 비재산적 손해배상을 포함한다. 전자의 범위에는

47) 이는 유럽민법전 계약 외 불법행위책임법에 관한 제7차 보고서 제2:201조를 참조한 것이다. 이러한 점은 서국동 주편, 앞의 책, 711쪽, 약어표 2쪽 참조. 이 초안과 조문내용에 대하여는 졸고, 중화인민공화국 민법제정과정의 서국동 교수의 녹색민법전초안의 불법행위에 관한 연구(1), 사법행정 2009.10, 24쪽 주 40; 필자, 앞의 책, 577쪽 주 40 참조.

사망으로 가한 손해와 사망을 막기 위해 발생된 손해를 포함한다. 후자의 범위에는 정신적 생활의 박탈로 발생된 손해 전부와 사자의 사망으로 그 생존한 친족에게 발생된 정신적 손해를 포함한다. (스위스채무법 제45조 참조)

【원문】第1545条 [侵害生命权] 人的生命不可侵犯,任何不法剥夺他人生命的人,除了应根据刑法【원문】第232－233条的规定承担刑事责任外,还应承担损害赔偿责任。

在剥夺他人生命的情形,死者的三亲等以内的直系血亲有权要求行为人赔偿。死者无上述亲属的,检察院代为行使损害赔偿请求权。

致害人自杀的,免除其死亡损害赔偿的责任。

在未剥夺致害人生命的情况下, 不能免除他对死亡赔偿的责任。

此等责任包括财产损害的赔偿和非财产损害的赔偿。前者的范围包括后者死亡造成的损害和为阻止死亡发生的损害。后者的范围包括对死者全部精神生活的剥夺造成的损害和死者的死亡给其生存亲属造成的精神损害。(参见瑞债第45条)

第1546조【신체권의 침해】① 타인의 신체의 구성부분을 파괴하는 행위는 모두 신체권의 침해로 한다.

② 신체권의 침해의 손해배상은 신체적 상해와 신체의 고통의 손해배상을 포함한다.

③ 타인의 신체권을 침해하여 신체적 상해를 가한 경우에 행위자는 우선 신체의 원상회복 및 원래의 기능의 회복에 대한 책임을 부담하여야 하고 피해자는 사회에서 보편적으로 인정되는 수단과 방법으로 이들의 회복을 청구할 수 있고 이 목적을 위한 비용은 피해자가 부담한다.

④ 신체가 상해를 입어 회복될 수 없는 경우에 행위자는 피해자에 대하여 회복불능으로 입은 정신적 손해와 회복불능의 신체기능으로 피해자가 입은 장래의 일실이익의 손해를 배상할 책임이 있다.

⑤ 피해자가 회복비용으로 정기금 방식의 배상을 취할 수 있고 총액의 일시금 지급방식의 배상을 취할 수도 있다. 피해자가 정기금 방식의 지급에 대하여 유효한 담보를 제공할 수 없는 경우에는 총액의 일시금 지급방식으로 배상하여야 한다.

⑥ 피해자의 신체기능의 상실로 잃은 일실이익의 배상에 대하여 피해자가 신체에 상해를 입은 때의 수입이나 사회의 평균수입을 표준으로 20년을 곱하여 계산하여 총액을 일시 지급한다.

⑦ 미성년자의 신체권을 침해하여 신체기능의 상실로 입은 일실이익의 손해배상은 사회 평균수입을 기준으로 40년을 곱한 후에 미성년자가 성년이 되기 전에 필요한 생활비를 공제한 후에 확정한다.

⑧ 특수 훈련자의 신체권의 침해로 입은 인생계획의 방해(干扰)로 입은 손해에 대하여 특수기능이 속한 업종 종사자의 연 평균 소득에 40년을 곱하여 배상한다.

⑨ 국가는 조건이 숙련된 때에 신체상해기금을 설립하고 신체상해 배상금을 관리하여 피해자의 배상금의 적시 취득을 보장하여야 한다. (아르헨티나 민법초안 제1600조 제2항 참조)

【원문】第1546条 [侵害身体权] 任何破坏他人身体组成部分的行为都侵害身体权。

侵害身体权的损害赔偿, 包括身体伤害和身体痛苦的损害赔偿。

侵害他人身体权造成身体伤害的, 致害人应首先承担恢复身体原状及原有功能的责任, 受害人有权要求以社会普遍认可的手段和方法进行此等恢复, 为此目的的费用由致害人承担。

身体受到伤害无法恢复的, 到致人应承担对受害人不能恢复造成的将来损害和不能恢复身体功能给受害人造成的将来可得利益损失的赔偿责任。

受害人用于恢复的费用可以釆取定期金的方式赔偿, 也可以采取一次总付的方式赔偿。致害人不能对支付定期金方式提供有效担保的, 应当以一次总付的方式赔偿。

对受害人因丧失身体功能失去的可得利益的赔偿, 以受害人身体受到伤害时的收入或社会平均收入为标准乘以20年计算, 一次总付。

侵害未成年人身体权造成身体功能丧失的可得利益损失赔偿, 以社会平均收入为标准乘以40年后, 扣除未成年人在成年之前的必要生活费用后确定。

对受特殊训练者的身体权侵害引起的干扰人生计划损害, 按特殊技能所属行业从业者的年平均收入乘以40年赔偿。

国家在条件成熟时应设立身体伤害基金,管理身体伤害赔偿金, 保障受害人及时得到赔偿。

(参考阿民草第1600条第2款)

제1547조【건강권의 침해】① 행위자가 고의나 과실로 타인의 건강을 침해하여 손해를 가한 경우에 건강회복의 손해배상책임을 부담하여야 한다. 피해자의 건강이 당시 사회의 과학기술 수준으로 회복할 수 없는 경우에는 그 손해는 본 분편 제1540조의 규정에 따라 전보한다.

② 전 항에서 정하는 사정에서 피해자는 건강의 손해가 행위자가 가한 것이라는 증거를 제공하여야 하고 행위자가 피해자의 건강의 손해가 자기가 가한 것이 아니라는 것을 명백하게 입증할 수 있는 경우에는 손해배상책임이 없다.

③ 고의 또는 과실로 타인의 건강을 훼손할 질병·바이러스·세균 등의 물질을 전파하여 타인의 건강에 손해를 입힌 경우에 전파자는 손해배상책임을 부담하여야 한다.

④ 타인의 건강권을 침해하여 타인을 사망하게 하거나 장해를 입게 한 경우에 법원은 피해자의 경제적 사정을 충분하게 고려한 상황에서 그나 그 가족에게 충분한 배상액을 판결할 수 있다. (스위스민법 제46조의 b, 제47조의 c 참조)

【원문】第1547条 [侵害健康权] 行为人故意或过失侵害他人健康造成损害的, 应承担恢复健康的损害赔偿的责任。受害人的健康按目前的科学技术水平无法恢复的, 其损害按本分编【원문】第1539－1540条的规定填补。

有前款规定情形的，受害人应提供健康损害由行为人造成的证据，行为人如能证明受害人的健康损害确实不是自己造成的，不承担损害赔偿的责任。

故意或过失传播，有损他人健康的疾病、病毒、细菌等物质造成他人健康损害的，传播人应承担损害赔偿的责任。

侵害他人健康权致人死亡或受害致残的，法院可在充分考虑受害人经济状况的情况下，判给他或其家属足够的赔偿额。(参考瑞民第46条b、第47条 c)

제1548조【자유권의 침해】불법으로 타인의 자유를 제한한 경우에 피해자에게 이로 인하여 입은 재산적 손해 및 정신적 손해를 배상하여야 한다.

【원문】第1548条 [侵害自由权] 不法限制他人自由的,应赔偿受害人因此所受的财产和精神损害。

제1549조【부부생활의 수준(质量)】① 타인의 신체에 상해를 가하여 그 생식기관의 기능의 퇴화를 가져오거나 그 배우자의 성행위의 부조화를 가져온 경우에 피해자의 배우자는 공평한 배상을 지급할 것을 청구할 수 있다.

② 피해자가 이는 이유로 하는 소송은 그 배우자가 입은 손해로 제기한 손해배상소송과 독립적으로 제기할 수 있다. (이집트민법 제2115조 참조)

【원문】第1549条 [侵害夫妻生活质量] 对他人身体造成伤害，致使其性器官功能退化或与其配偶的性行为不协调的，受害人的配偶可请求公平的赔偿。

受害人以此为理由提出的诉讼可独立于其配偶就其所受损害提起的损害赔偿诉讼。(参考埃民 第2115条)

제1550조【혼인행복권의 침해】① 타인을 유인하여 혼외성교를 한 경우에 혼인 당사자 쌍방은 모두 법원에 행위자에게 침해의 정지・사죄표시를 할 것을 명하도록 청구할 수 있다.

② 기혼자와 혼외 성접촉을 한 경우에 혼인의 다른 일방은 법원에 이들 행위의 정지를 청구할 수 있고 또한 행위자 쌍방에게 자기가 이로 인하여 입은 정신적 손해의 배상을 청구할 있다. 다만 직업상 필요한 경우에는 그러하지 아니하다.

【원문】第1550条 [侵害婚姻幸福权] 引诱他人在婚姻外性交的，婚姻当事人双方均有权请求法院责令行为人停止侵害，赔礼道歉。

与已婚人为婚姻外性接触的，婚姻他方有权要求法院阻止此等行为，并要求行为人双方赔偿自己因此受到的精神损害，但职业需要者除外。

제1551조【가족 행복권의 침해】타인의 가족구성원의 약취매매(拐卖)・가족 구성원 사이의 관계의 불화조성(离间)・부부관계의 파괴가 있는 경우에 피해자는 행위자에게 침해의 정지・손해배상을 청구할 수 있다.

【원문】第1551条 [侵害家庭幸福权] 拐卖他人家庭成员、离间家庭成员之间的关系、破坏夫妻关系的，受害人有权要求行为人停止侵害，赔偿损失。

제1552조【정조권의 침해】① 성행위로 타인의 순결한 상태(贞洁状态)를 파괴한 경우에 행위자는 피해자에게 이로 인하여 입은 손해를 배상하여야 하고 그 배상액은 사회의 정상적인 혼인의 평균비용보다 적어서는 안 된다.[48]

② 타인을 유인(诱奸)하여 간통한 경우에 행위자는 피해자의 정신적 손해를 배상하여야 한다. 피해자의 혼인관계의 파괴를 가져온 경우에 행위자는 피해자 및 그 배우자의 정신적 손해도 배상하여야 한다. (독일민법전 제825조, 이집트민법 제2114조 참조)

【원문】第1552条 [侵害贞操权] 以性行为破坏他人的贞节状态的，行为人应赔偿受害人因此遭受的精神损害，其赔偿额不得低于社会上正常结婚的平均费用。

诱奸他人的，行为人应赔偿受害人的精神损害；导致受害人的婚姻关系破裂的，行为人还应赔偿受害人及其配偶的精神损害。(参考德民第825条，埃民第2114条)

제1553조【친권의 침해】자기의 행위로 타인의 친권행사를 방해한 경우에 행위자는 침해를 정지하고 장해사유의 제거 및 손해배상하여야 한다.

【원문】第1553条 [侵害亲权] 因自己的行为阻碍他人行使亲权的，行为人应停止侵害、排除阻碍事由并赔偿损失。

제1554조【부양권의 침해】타인이 부양능력에 해를 가한 자는 그 자가 부담하는 부양의무를 부담할 의무가 있다.

【원문】第1554条 [侵害受扶养权] 损害他人扶养能力的人，有义务承担该人承担的扶养义务。

제1555조【보호직무의 이행의 방해】자기의 행위로 타인의 보호할 권리의 직무를 이행하는 것을 방해한 경우에 보호자는 행위자에게 방해의 정지 및 자기가 이로 인하여 입은 모든 손해를 배상할 것을 청구할 수 있다.

【원문】第1555条 [妨碍履行保护职责] 以自己的行为阻碍他人履行责的，保护人有权要求行为人停止妨害，并赔偿自己因此遭受的一切损害。

제1556조【인격의 존엄의 침해】타인의 인격적 존엄을 침해한 경우에 피해자는 사죄표시·원상회복 및 손해배상을 청구할 수 있다.

【원문】第1556条 [侵害人格尊严] 侵害他人人格尊严的，受害人有权要求赔礼道歉、恢复原状和赔偿损失。

제1557조【성명권의 침해】① 타인의 설명을 모용(假冒)한 경우에는 공개적인 사죄표시를 하고 모용으로 취득한 물질적 이익을 피해자에게 반환하여야 한다.

② 타인의 성명을 도용한 경우에는 정정 및 피해자에 대한 사죄표시·손해배상하여야 한

48) (원주①) 이는 정조의 파괴가 중국의 전통에서 우선 영향을 미치는 것이 혼인이고 정조가 파괴된 여자는 결혼에 장해가 있고 이로 인하여 혼인비용을 참고할 기준으로 선택하여 손해배상액을 확정한 것이다. 이러한 점은 서국동 주편, 앞의 책, 713쪽 주 1 참조.

다. 성명권자가 정상적인 성명사용에 대하여 화해할 수도 있다.

③ 타인의 성명을 사용을 방해한 경우에 이들 방해를 정지하고 그들로 입은 물질적 손해를 배상하여야 한다.

【원문】 第1557条 [侵害姓名权] 假冒他人姓名的，应公开赔礼道歉，将假冒所的物质利益返还给受害人。

盗用他人姓名的，应更正，并向受害人赔礼道歉、赔偿损失。也可与姓名权人就正常使用姓名达成和解。

干涉他人使用姓名的，应停止此等干涉并赔偿它造成的物质损失。

제1558조 【초상음성권의 침해】 ① 권리자의 서면 허가를 얻지 아니하고 영리의 목적으로 타인의 초상음성을 사용하는 경우에 행위자는 사용의 정지, 결과의 제거, 발생된 권리자의 재산적 이익에 대한 손해를 배상하여야 한다. 행위자는 피해자와 초상음성의 정상적 사용에 대하여 화해할 수도 있다.

② 비영리를 목적으로 타인의 초상을 사용하는 경우에는 사용을 정지하고 결과를 제거하여야 한다.

③ 타인의 초상음성이 사용으로 명예에 손해를 가하는 경우에 이 분편 제1549조의 규정에 따라 민사책임도 부담하여야 한다.

【원문】 第1558条 [侵害肖像声音权] 未经权利人书面许可以营利为目的的使用他人肖像声音的，行为人应停止使用，消除影响，赔偿引起的权利人的财产利益损失。行为人也可与受害人就正常使用肖像声音达成和解。

非以营利为目的使用他人肖像声音的，应停止使用，消除影响。

使用他人肖像声音损害名誉的，还应按本分编第1549条的规定承担民事责任。

제1559조 【명예권의 침해】 ① 부정확(不实)한 정보를 유포하여 타인의 명예에 해를 가한 경우에 피해자는 명예회복, 사죄표시, 손해배상을 청구할 수 있다.

② 공적 인물(公众人物)의 정보에 대한 진실(诚信)한 유포는 불법행위가 되지 아니한다.

③ 타인의 명예에 해를 가한 경우에 정보원, 유포매체의 관계자는 공동으로 손해배상책임을 부담하여야 한다.

④ 사자의 부정확한 정보를 유포하여 그 명예에 해를 가한 경우에 그 3촌 이내의 직계혈족은 행위자에 대하여 이로 인한 손해배상을 청구할 수 있다. 공적인물의 명예에 대한 손해는 검찰도 행위자에게 배상할 것을 청구할 수 있다. (스위스민법 제49조, 러시아 민법 제152조 참조)

【원문】 第1559条 [侵害名誉权] 传播不实信息损害他人名誉的,受害人有权要求恢复名誉、赔礼道歉、赔偿损失。

诚信传播公众人物的信息不构成侵权。

损害他人名誉的,信息源、传播媒体的相关人员应共同承担损害赔偿责任。

传播死者的不实信息，损害其名誉的，其三亲等以内的直系血亲有权要求致害人进行赔偿。(参考瑞民第49条，俄民第152条)

第1560조【영예권의 침해】① 타인의 영예를 훼손·파괴한 경우에 손해배상책임을 부담하여야 한다.

② 착오로 타인의 영예를 박탈한 경우에 행위자는 피해자의 영예의 회복·그 정신적 손해배상책임을 부담하여야 한다.

【원문】第1560条 [侵害荣誉权] 毁损、破坏他人荣誉的，应承担损害赔偿责任。

错误剥夺他人荣誉的，致害人应承担恢复受害人荣誉、赔偿其精神损害的责任。

第1561조【언론(新闻)의 불법행위책임】① 언론매체와 언론 종사자는 언론전파매체를 이용하여 타인에 대하여 불법한 침해를 가한 경우에 손해배상책임을 부담하여야 한다.

② 위의 자가 허위의 언론을 보도·전파하거나 허위광고를 한 경우에는 침해의 정지·결과의 제거·사죄표시·오류의 정정·손해배상하여야 한다.

③ 위의 자가 전파 보도한 정보(信息)가 타인의 명예권·초상성음권·사생활권·성명권 및 저작권 등을 침해한 경우에 침해의 정지·결과의 제거·사죄표시·오류의 정정·손해배상하여야 한다. 다만 다음의 어느 사정이 있는 경우에는 불법행위가 되지 아니한다.

1. 사실에 따라 한 공정한 논평
2. 국가기관의 정식·유효·공개적인 문서 및 직무행위 등과 같은 권위 있는 정보원(消息来源)

④ 언론매체는 자신의 웹사이트를 이용하여 위의 불법행위를 할 수 없고 그는 기타의 언론매매의 웹사이트의 뉴스(新闻)와 정보(信息)를 사용할 때에는 반드시 출처를 밝혀야 하고 상대방을 위하여 링크(链接)를 하고 합리적인 사용비를 지불하여야 한다. 법률에 다른 정함이 있는 경우에는 그러하지 아니하다. (중국 언론계 네트워크 매체 협약[49] 제7조[50] 참조)

【원문】第1561条 [新闻侵权责任] 新闻媒体和新闻从业人员利用新闻传播媒介对人造成不法侵害的，应承担损害赔偿责任。

上述人员报道、传播虚假新闻或发布虚假广告的，应停止侵害、消除影响、赔礼道歉、更正错误、赔偿损失。

上述人员报道传播的信息侵犯他人名誉权、肖像声音权、私生活权、姓名权和著作权等的,应停止侵害、消除影响、赔礼道歉、更正错误、赔偿损失,但有下列情形之一的,不构成侵权:

49) 중국 언론계 네트워크 매체 협약(中国新闻界网络媒体公约)은 1999년 4월 15일에 체결한 것으로 모두 11개 조(一、 -十一、)로 되어 있다. 체결과정과 내용은 <https://baike.baidu.com/item/中国新闻界网络媒体公约/10729020>.

50) 내용은 다음과 같다: 七、各公约单位根据第五条和第六条，可以在自己的网站页面上摘用其他公约单位网站上的新闻和信息，但是必须注明出处，并为对方报纸做链接。

1. 依据事实做出的公正评论;

2. 有权威的消息来源,如依据国家机关正式、有效、公开的文书和职权行为。

新闻媒体不得利用自己的网站实施上述侵权行为,它在摘用其他新闻媒
体网站上的新闻和信息时必须注明出处，为对方建立链接并支付合理的使用费，法律另有规定的除外。(参考中新约第7条)

第1562조【사생활권의 침해】① 동의 없이 타인의 자료를 공개하는 경우에 행위자는 피해자에게 손해배상책임을 부담하여야 한다.

② 타인의 사생활을 정탐(刺探)하는 경우에 행위자는 정탐행위의 정지·결과의 제거 및 피해자의 정신적 손해를 배상하여야 한다. 행위자가 타인의 위탁을 받아 정탐한 경우에 위탁자는 연대책임을 부담하여야 한다.

③ 어느 자가 자기의 자료가 불법으로 공개될 위험에 있거나 이미 일부 공개된 때에는 모두 법원에 이들 행위의 진행을 금지할 것을 청구할 수 있다.

【원문】第1562条 [侵害私生活权] 未经同意公开他人资料的，行为人应向受害人承担损害赔偿责任。

刺探他人私生活的,行为人应停止刺探行为，消除影响，并赔偿受害人的精神损害。行为人受他人委托刺探的，委托人应承担连带责任。

任何人在自己的资料有被不法公开的危险或已部分公开时，均有权请求法院禁止发生进一步的此等行为。

第1563조【정신적 손해배상】본 절의 위의 여러 조가 정하는 인격권을 침해한 경우에는 피해자는 모두 정신적 손해배상을 청구할 수 있다.

【원문】第1563条 [精神损害赔偿] 侵犯本节以上数条规定的人格权的，受害人均有权要求精神损害赔偿。

2. 기타의 조항

제4장(제1617조)

第二节 侵害财产权的行为

三 侵害债权

第1617条 [侵害人格权的损害赔偿] 侵害自然人的人格权利造成损害的，行为人应承担赔唐财产损失和精神损失的责任。

二 精神损害赔偿

第1630条 [对死者人格权侵害的精神损害赔偿] 侵害死者名誉的，死者的三亲等内直系血亲有权要求赔偿精神损害。死者没有上述亲属的，由检察院请求精神损害赔偿，所得赔偿全

归国库。

盗用、假冒死者姓名的，行为人应公开更正，并消除影响，赔偿死者生存亲属的精神损害。

三. 징벌성 배상(제1634조)

Ⅵ. 국제사법(부편)과 인격권

재산관계의 법률적용(제3제)

【원문】第三题 财产关系的法律适用

채권각칙(债权分则)

불법행위의 채권(侵权行为之债)

第126조【명예 불법행위】신문, 잡지, 라디오방송, 텔레비전, 인터넷이나 그 밖의 대중언론 매체에 의탁한 명예훼손(诽谤)을 입어서 하는 명예손해배상은 피해자는 그 주소지법이나 거소지법의 적용을 선택하거나 피해자의 주소지나 거소지법 또는 전파행위 발생지법 또는 불법행위의 결과발생지법의 적용을 선택할 수 있다. (국제사법 모범법[51]) 제125조[52]) 참조)

【원문】第126条 [名誉侵权] 因受报纸、杂志、广播、电视、互联网或依托其他大众传播媒介的诽谤提出的名誉损害赔偿，受害人可以选择适用其住所地法或居所地法，或致害人的住所地法或居所地法，或传播行为发生地法，或侵权行为结果发生地法。(参考国私范第125条)

Ⅶ. 나가며

이상에서 2004년에 마련된 서국동 교수의 녹색민법전 초안을 중심으로 그 일반론과 편별

51) 국제사법 모델법(中华人民共和国国际私法示范法)(2000년 8월)은 중국 국제사법학회가 기초한 것으로 부칙 포함 5장 166조로 되어 있다 제125조는 제3장 법률적용(法律适用), 제8절 채권, 제2분절 불법행위(第二分节 侵权)에서 규정한다. 이 국제사법모델법에서는 인격권에 대한 규정(제74조)도 같은 장(제3장)의 인신권(제5절)(第五节 人身权)에서 신분권(身份权)(제75조)과 같이 규정되었으나 녹색민법전 초안에서는 채택되지 아니하였다. 관련조문은 다음과 같다: 제74조【인격권】인격권은 당사자의 주소지법 또는 상거소지법을 적용한다. 第七十四条【人格权】人格权，适用当事人的住所地法或者惯常居所地法。이 모델법 조문내용은 中国国际私法学会，中华人民共和国国际私法示范法，法律出版社，2000.8; 中华人民共和国国际私法示范法<http://www.law－walker.net/gjsf/Articleshow.asp?id＝15>; <https://baike.baidu.com/item/国际私法示范法/1947315> 그 외에 이 모델법(제6차안)(第六稿)(2000년)의 조문내용(일부)은 <http://www.cspil.org/Plus/m_default/Cms/docDetail.php?ID＝208>. 현행 중국국제사법(中华人民共和国涉外民事关系法律适用法)(2010년)에는 인격권(제2장 민사주체[第二章 民事主体])(제15조)에 관한 규정과 인격권의 침해의 불법행위(제6장 채권)(제46조)에 관한 규정이 있다: 第十五条 人格权的内容， 适用权利人经常居所地法律。第四十六条 通过网络或者采用其他方式侵害姓名权、肖像权、名誉权、隐私权等人格权的，适用被侵权人经常居所地法律。

52) 第一百二十五条【诽谤侵权】因受大小字报、印刷品、广播、电视、互联网或者其他大众传播媒介的诽谤而提出的损害赔偿诉讼，原告可以选择适用受害人的住所或者惯常居所地法，或者加害人的住所或惯常居所地法，或者传播行为发生地法，或者侵权结果发生地法。

구성 및 각 편의 인격권의 조문내용에 관하여 살펴보았다.

녹색민법전의 편별체계의 가장 특징인 인격권편의 독립적 체계구성의 논의에서 보면 이전의 민법전 제정작업의 기초자료로서 총칙편에서 소규모로 규정하려는 움직임과 인격권편을 별도로 두는 2개의 움직임에서 각각 민법전에 어떻게 인격권을 규정할 것인가는 흥미로운 대척점에 있는데 이 초안은 인격권편은 인신관계법에서 자연인의 인격권과 법인의 인격권으로 나누어 자연인법에서 자연인의 인격권을 아주 자세히 규정하고 이어서 법인법에서 법인의 인격권은 아주 간략하게 규정한다. 이어서 인격권이 침해되는 경우에 그 구제와 관련하여서는 다시 재산관계법의 불법행위채권에서 이를 규정한다. 이외에 서론에서 인격권의 객체와 국제사법에서 명예훼손에 대하여 규정한다. 이러한 초안의 조문체계와 조문내용을 보면서 현행 중국 민법전의 인격권편의 내용으로서의 일반적 인격권이나 구체적 인격권에 대하여 더 혁신적이고 더 다양한 인격권을 2002년 당시[53] 외국의 입법례와 중국의 실무 및 학자들의 의견을 집대성된 민법전 초안으로서 '학자의 건의안'을 볼 수 있다. 체계에서 자연인의 인격권은 100여개의 조문으로 이를 망라하면서 인격권에 관한 학설의 논의와 비교법 성과를 반영하고 있다는 점에서 유용한 자료로서 가치가 있다. 다만 법인에서는 극히 간략하여 좀 더 보충할 필요가 있다. 또한 인격권의 침해에 대하여 불법행위에서 이를 규정하는데 자연인의 인격권의 조문내용과 그 침해로서의 불법행위에서의 인격권의 관계를 좀더 규명할 필요가 있다.

우리 인격권법의 개정과 관련하여서도 특히 일반적 인격권으로서의 인격의 존엄과 일반적 인격권의 법조문화의 문제와 구체적 인격권을 어느 정도 민법전에서 규율하고 나머지는 특별법으로 둘 것인가, 인격권의 침해와 보호에 대하여는 불법행위와 채무불이행 이외에 민사책임으로서 어떻게 규율할 것인가, 특히 손해배상과 함께 절대권으로서의 인격권에 근거한 금지청구권을 어떻게 이름붙이고 어느 개소에서 어떤 내용으로 이를 규정할 것인가 등의 여러 문제는 인격권의 민법전에서의 위상과 구체적 보호(보장)를 민법전에서 새롭게 규정한 중국의 민법전은 하나의 최신 입법례(초안)로서 좋은 시사점을 줄 수 있다고 생각된다. 중국의 민법전의 인격권편의 연구는 '인격권'법의 논의에 어떤 형태로든 새로운 시사점과 과제를 우리 민법에도 던져주고 있다.[54]

---

53) 중국 인격권법의 최신 동향과 발전은 2016년에 나온 또다른 민법전초안이나 인격권초안의 내용을 검토할 필요가 있다. 향후 계속 연구해 나가고 구체적인 주제에 대하여도 살펴보고자 한다. 이러한 초안으로는 于海涌编, 中国民法典草案立法建议(提交稿), 法律出版社, 2016.4; 刘士国主编, 中华人民共和国人格权法律条文建议附理由, 中国法制出版社, 2016, 10 등. 그 외에 양립신 교수의 인격권법 초안도 있다.

54) 우리 민법개정작업에서는 2004년 개정안에서 인격권 보호의 일반규정을 총칙편 통칙의 장에 두었다: 민법 개정안에는 사람은 인간으로서의 존엄과 가치를 바탕으로 자신의 자유로운 의사를 좇아 법률관계를 형성한다는 조항과 사람의 인격권은 보호된다는 조항이 그것이다(제1조의 2 1항과 제2항). 이와 달리 그 외에 최근의 법무부의 개정안은 이와 달리 자연인과 법인에 이를 규정하고 있다. 이러한 소규모의 개정작업의 구체적인 내용과 함께 불법행위의 인격권의 보호를 어떻게 규정할 것인가도 향후 검토가 있어야 할 것이다. 즉 인격권을 총칙으로 하든, 독립된 편으로 하든 이는 다시 불법행위나 민사책임으로 검토가 필요하고 이러한 점은 이 글의 2개의 민법전초안 건의안은 서로 다른 점에서 어떤 내용을 어떻게 조문화할 것인지에 대한 좋은 참고자료가 될 수 있다.

향후 대륙법계 민법전의 인격권의 최신 동향을 다시 살피면서 이러한 민법의 계수를 받은 아시아 국가의 민법전이 인격권에 대하여 어떤 방향으로 나아가고 그것이 민법전의 규정으로 어떻게 구현해나갈지를 깊이 있게 논구해 볼 것을 다짐해 본다.

적법점유자에 대한 장래 부당이득반환청구소송에서의 책임기간에 관한 검토

김 성 혁

전북대학교 법학전문대학원 교수

이 논문은 동북아법연구 제16권 제4호(2023.4.)에 게재된 논문을 수정한 것입니다.

박동진 교수님의 華甲을 진심으로 축하드립니다. 교수님의 학문적 가르침과 지도는 제가 연구자로서 성장하는 데에 큰 도움이 되었습니다. 이 글로써 다시 한 번 감사의 말씀을 드립니다.

Ⅰ. 서 설

사인(私人)이 타인의 부동산을 무단으로 점유하는 경우[1] 소유자는 그 무단점유자를 상대로 부동산의 인도청구와 함께 위 부동산의 점유개시일[2]부터 인도완료일까지 차임 상당의 부당이득금 또는 (불법행위로 인한) 손해배상금의 지급을 구할 수 있다.[3] 즉 부동산 소유자는 위 무단점유자를 상대로 사실심 변론종결일 현재까지 발생한 부당이득의 반환 또는 손해의 배상을 구할 수 있을 뿐만 아니라 피고의 책임기간을 위 부동산의 '인도완료일'까지로 설정하여 장래 이행의 소로서 그때까지 발생할 부당이득의 반환 등도 구할 수 있으며,[4] 이는 재판실무상 확립이 되었다.

사인(私人)이 동시이행항변권, 유치권 등에 기하여 타인의 부동산을 적법하게 점유하고는 있지만 권원 없이 위 부동산을 사용·수익하고 있는 경우에 소유자는 위 적법점유자를 상대로 불법행위로 인한 손해배상을 구할 수는 없다고 하더라도 차임 상당의 부당이득금의 반환을 구할 수는 있다. 이때 피고의 책임기간을 '인도완료일'까지로 설정할 수 있는지 문제된다. 이와 관련하여 대법원 2002. 6. 14. 선고 2000다37517 판결은 "장래의 이행을 명하는 판결을 하기 위하여는 채무의 이행기가 장래에 도래하는 것뿐만 아니라 의무불이행사유가 그 때까지 존속한다는 것을 변론종결 당시에 확정적으로 예정할 수 있는 것이어야 하며 이러한 책임기간이 불확실하여 변론종결 당시에 확정적으로 예정할 수 없는 경우에는 장래의 이행을 명하는 판결을 할 수 없다 할 것인바, 앞에서 본 바와 같이 피고의 이 사건 1토지 및 이 사건 2토지 중 일부에 대한 각 점유는 동시이행항변권 또는 유치권의 행사에 따른 것이어서 적법한 것이기는 하나 피고가 위 각 토지를 그 본래의 목적에 따라 사용·수익함으로써 실질적인 이득을 얻고 있다는 이유로 임료 상당의 금원의 부당이득(반환)을 명하고 있는 이 사건의 경우, 피고가 원고들에게 이 사건 1, 2토지를 인도하지 아니하더라도 원심이 이행을 명한 '인도하는 날' 이전에 이 사건 1, 2토지의 사용·수익을 종료할 수도 있기 때문

---

1) 부동산임차인(피고)이 임대차보증금반환청구권 또는 건물매수청구권 행사에 따른 매매대금청구권에 기한 동시이행항변권을 가지고 있었다 하더라도, 임대인(원고)이 기 발생한 부당이득반환청구권 등에 기하여 공제의 항변 또는 위 부당이득반환청구권 등을 자동채권으로 한 상계의 항변을 하고, 위 공제 또는 상계의 결과 임대차보증금 등이 남아있지 않을 경우 임차인의 점유는 임대차보증금 등이 전부 소멸한 이후부터 무단(불법)점유에 해당하게 될 것이다.

2) 부동산소유자의 소유권 취득일이 무단점유자의 점유개시일보다 늦은 경우에는 소유권취득일부터 위 소유자에 대한 불법행위 또는 부당이득이 될 것이다.

3) 대법원 1975. 4. 22. 선고 74다1184 전원합의체 판결은 불법점거자의 불법행위로 인한 손해배상채무와 달리 유독 부당이득금의 지급채무에 있어서만 장래 발생할 채무의 지급을 명하여서는 안 된다고 할 아무런 합리적 이유도 없다는 등의 이유로, 현재의 부당이득뿐만 아니라 장래의 부당이득도 그 이행기에 지급을 기대할 수 없어 미리 청구할 필요가 있으면 미리 청구할 수 있다고 판시하면서, 장래의 부당이득반환을 미리 청구할 수 없다고 한 종전 판결(대법원 1960. 10. 6. 선고 4298민상260 판결)을 폐기하였고, 그 이후 대법원은 위 입장을 견지하고 있다.

4) 한충수, 「민사소송법」, 박영사, 2018, 189면; 강수미, "장래 이행의 소에 관한 소송법적 검토", 민사소송 제10권 제2호, 한국민사소송법학회, 2007.11, 105면; 中野貞一郎 외 2, 「新民事訴訟法講義」, 有斐閣, 2008, 138頁; 伊藤眞, 「民事訴訟法」, 有斐閣, 2010, 147頁.

에 의무불이행사유가 '인도하는 날까지' 존속한다는 것을 변론종결 당시에 확정적으로 예정할 수 있는 경우에 해당한다고 단정할 수는 없다 할 것이어서 그 때까지 이행할 것을 명하는 판결을 할 수 없다 할 것이다."라고 판시하였다. 그러나 이는 의문이다.

장래 부당이득반환청구소송에서의 책임기간의 만료점은 장래 이행의 소의 적법요건으로서 청구적격에 관한 것이다. 따라서 적법점유자를 상대로 한 장래 부당이득반환청구소송에서의 적절한 책임기간의 만료점을 검토하기 위해서는 계속적·반복적 이행청구권으로서 장래의 부당이득반환청구권을 주장하는 소의 청구적격이 인정되기 위한 요건이 무엇이고, 판례가 요구하는 위 요건을 어떻게 해석해야 하는지를 먼저 검토해야 한다. 그리고 위 판결의 논리가 '실질적 이득론'과 '건물매수청구권을 행사한 토지임차인의 토지에 대한 부당이득반환의무'에 관한 대법원 판결례와 조화를 이룰 수 있는지, 또한 임대차보증금반환청구권에 기한 동시이행항변권으로 임차물을 적법하게 점유하고 있는 임차인에 대하여 '장래의 부당이득반환채무를 공제한 보증금 잔액의 지급과 상환으로 임차물의 인도를 명하는 판결'을 선고함에 있어서 위 부당이득반환채무 발생기간의 만료점을 임차물의 '인도완료일'로 설정하고 있는 재판실무와도 조화를 이룰 수 있는지 등을 비판적 시각에서 검토하고자 한다.

다만 위 판결이 임대차 사안이고, 위 문제가 임대차에서 흔히 발생하므로, 임대차에 한정하여 위 문제를 검토하고자 한다.

Ⅱ. 장래 이행의 소의 의의 및 소의 이익

1. 장래 이행의 소의 의의

사실심 변론종결시를 기준으로 이행기가 도래한 이행청구권에 기하여 이행을 구하는 소를 현재 이행의 소라 하고, 이행기가 도래하지 않았거나 발생하지 않은 이행청구권에 기하여 이행을 구하는 소를 장래 이행의 소라고 한다.[5] 현재 이행의 소의 경우 특별히 소의 이익을 증명할 필요가 없이 그 이익이 인정된다.[6] 반면에 장래 이행의 소의 경우 원고에게는 당장 그 이행을 구할 권능이 없기 때문에 소의 이익과 관련하여 일정한 요건 하에서만 허용되고 있는데, 우리 민사소송법은 '미리 청구할 필요가 있는 때'에 한하여 소의 이익을 인정하고 있다(제251조).[7]

장래 이행의 소를 인정하는 취지(기능)는 이행기에 도달하거나 조건이 성취된 경우에도 채무자가 임의이행을 거부할 것으로 예상되는 경우에 미리 확정판결(집행권원)을 받아두었

5) 김홍엽, 「민사소송법」, 박영사, 2020, 281, 288면.
6) 김홍엽, 앞의 책, 281면.
7) 김홍규·강태규, 「민사소송법」, 삼영사, 2017, 283면; 정동윤 외 2, 「민사소송법」, 법문사, 2020, 423면; 전병서, 「강의 민사소송법」, 2021, 257면; 강수미, 앞의 논문, 99면.

다가 나중에 이행기가 되면 즉시 강제집행을 할 수 있도록 하여 채권자를 보호한다는 점에 있다고 주로 설명되고 있다.[8)] 그리고 침해행위 또는 부당이득이 계속적・반복적으로 이루어지고 있는 경우 등에 있어서 장래 발생할 손해배상청구권 또는 부당이득반환청구권 등에 기한 장래 이행의 소는 위와 같은 기능 외에도 채권자로 하여금 반복적 소송을 할 필요가 없도록 함은 물론 이를 통해 채무자의 침해행위 또는 부당이득 등을 예방(간접강제)할 수 있는 기능을 한다고 볼 수 있다.[9)]

2. 청구적격과 '미리 청구할 필요'가 동등한 별개의 소송요건인지

소의 이익에는 청구의 내용이 본안판결을 받기에 적합한 일반적인 자격인 청구적격(권리보호자격)과 원고가 청구에 대하여 판결을 구할 만한 구체적인 법적 이익 또는 필요인 권리보호이익(권리보호필요)이 있는바,[10)] 장래 이행의 소에서도 청구적격과 권리보호이익으로서의 '미리 청구할 필요'가 서로 동등한 소송요건이라고 보는 것이 일반적이다.[11)] 하지만 양자의 요건에 있어서 그 상관관계가 긴밀하므로 '미리 청구할 필요'로 일체화하여 보더라도 무방하다는 견해,[12)] 양자를 준별하기 쉽지 않고 모두 다 소송요건에 속하기 때문에 준별할 실익도 없다는 견해,[13)] 미리 청구할 필요가 장래 이행의 소의 특별한 권리보호이익이라고 보고 청구적격에 대해서는 논하지 않는 견해[14)]도 있다.

양자의 구별이 쉬운 것은 아니며, 모두 소송요건으로서 그 흠결시 소각하판결을 선고하게 된다는 점에서 구별의 실익도 적으나, 장래이행소송의 소의 이익을 체계적으로 분석하기 위해 일반적인 견해처럼 양자를 동등한 별개의 요건으로 보는 것이 적절하다고 본다.[15)] 이와 같이 양자를 구별한다면 청구적격을 먼저 논해야 할 것이나, 논문 구성상 '미리 청구할 필요'부터 논한다.

3. 미리 청구할 필요

'미리 청구할 필요'에 관하여 '채무자의 언동, 채무의 내용과 성질에 비추어 채무의 이행

---

8) 대법원 1975. 4. 22. 선고 74다1184 전원합의체 판결; 정동윤 외 2, 위의 책, 423면; 전병서, 위의 책, 258면; 민일영 편집대표, 「주석민사소송법 (Ⅳ)」, 한국사법행정학회, 2018, 152면(강영수 집필부분); 강수미, 앞의 논문, 99면.
9) 이영애, "장래이행청구의 요건", 「민사판례연구 제10권」, 박영사, 1988.3, 281면; 梅本吉彦, 「民事訴訟法」, 信山社, 2009, 338頁.
10) 김홍엽, 앞의 책, 267면.
11) 김홍엽, 앞의 책, 288면 이하; 민일영 편집대표, 앞의 책, 153면 이하(강영수 집필부분); 이시윤, 「신민사소송법」, 박영사, 2020, 231면 이하; 강수미, 앞의 논문, 100면 이하; 김학기, "토지 점유에 따른 장래의 부당이득반환청구의 소의 이익", 원광법학 제27권 제2호, 원광대학교 법학연구소, 2011.6, 216면.
12) 전병서, 앞의 책, 259면.
13) 황형모, "도로부지의 점용에 따른 장래의 부당이득반환청구의 소", 「판례연구」 제Ⅴ집, 부산판례연구회, 1995.1, 202면.
14) 호문혁, 「민사소송법」, 법문사, 2016, 313면 이하; 한충수, 앞의 책, 189 이하.
15) 김학기, 앞의 논문, 216면.

기가 도래하더라도 채무자의 이행을 기대할 수 없다고 판단되는 경우'를 의미한다고 설명하는 견해들[16]도 있지만, 아래에서 설명하는 바와 같이 채무자의 이행을 기대할 수 없는 경우에 해당하지 않더라도 미리 청구할 필요가 인정되는 경우가 있기에 '이행청구권이 장래 현실화되면 즉시로 그 이행청구권을 실현시킬 필요성을 변론종결 당시의 시점에서 미리 예견하여 그에 관한 청구를 허용할 합리적인 타당성이 인정되는 것'[17]을 의미한다고 설명하는 것이 더 적절할 것이다. 언제 이러한 경우에 해당하는지는 급부의무의 성질, 종류, 의무자인 피고의 태도 등을 고려하여 구체적으로 판단해야 한다.[18]

미리 청구할 필요가 있는 경우는 다음과 같이 두 가지 유형으로 분류할 수 있다.[19]

① 첫째 급부의 종류나 성질상 이행이 조금이라도 늦으면 채무의 본지에 맞는 이행이 되지 않는 경우(예. 민법 제545조의 정기행위) 또는 이행지체에 의하여 원고가 중대한 손해를 입는 경우(예. 생활보호를 위한 부양료의 청구) 등은 의무자가 현재 이행을 확약하고 있어도 즉시의 이행을 확보하기 위하여 미리 청구할 필요가 인정된다.

② 둘째 의무의 종류, 성질과 관계없이 채무자의 태도로 미루어 볼 때 이행기가 도래하거나 조건이 성취하여도 그 때에 임의 이행이 기대될 수 없다고 판단되는 사정이 있는 경우이다. 예컨대 ⓐ 의무자가 현재 이미 의무의 존재 또는 내용을 다투고 있는 경우에는 원고가 주장하는 이행기에 이행을 기대하기 어려우므로 미리 청구할 필요가 인정된다. ⓑ 마찬가지로 토지 또는 건물의 인도의무의 존재가 다투어지고 있는 경우에는 위 부동산의 인도완료일에 이르기까지의 임대료 상당액을 미리 청구할 필요가 인정되어 이를 병합하여 청구할 수 있다. ⓒ 계속적 또는 반복적(예. 임대료 등 지급의무) 이행의무에 있어서 현재 이행기에 있는 부분에 대하여 다투거나 불이행이 있다면 장래 부분의 이행도 기대할 수 없기 때문에 이 부분도 미리 청구할 필요가 인정된다.

4. 청구적격

(1) 우리나라의 학설과 판례

장래 이행의 소의 대상이 될 수 있는 청구권으로는 장래 이행기가 도래하는 청구권, 확정기한부 또는 불확정기한부 청구권,[20] 정지조건부 청구권, 그 밖에 장래 발생할 청구권이 있다. 장래 이행의 소는 이행기 도래 전에 미리 이행판결을 받아 놓는 것이기 때문에 장차 구체적인 이행의무의 성립시까지 그에 관한 생활사상이 복잡·다양한 요소에 의해 변동될 가

16) 김홍엽, 앞의 책, 292면; 정동윤 외 2, 앞의 책, 423면; 김학기, 앞의 논문, 223면.
17) 강수미, 앞의 논문, 102면; 兼子一 외 3, 「條解 民事訴訟法」, 弘文堂, 1986, 821頁.
18) 兼子一 외 3, 위의 책, 822頁.
19) 이하 설명은 전병서, 앞의 책, 258-259면과 中野貞一郎 외 2, 앞의 책, 138頁 및 兼子一 외 3, 앞의 책, 822頁을 참조하였다.
20) 시기있는 법률행위에 따른 청구권으로서 시기 도래 전에는 위 청구권이 발생하지 않는다(민법 제152조 제1항).

능성이 존재하고 이로 인해 그에 대한 법적 평가가 달라질 수도 있는바, 법적 안정성을 확보하기 위해서는 소 제기 당시 장래 현실화되는 이행청구권의 성립 여부, 범위, 액수 등이 앞으로의 사실관계의 추이에 의해 영향을 받지 않을 정도로 명확해야 한다.[21] 따라서 장차 이행의무가 현실화될 때에 다시 그 존부 등이 문제될 여지가 있는 이행청구권은 장래 이행의 소의 대상이 되지 못한다.[22]

장래 이행기가 도래하는 청구권과 확정기한부 청구권은 변론종결일 현재 그 청구권 발생의 기초가 되는 법률상·사실상 관계(기초관계)가 존재하고 그 내용이 명확하므로 장래 이행의 소의 청구적격이 일반적으로 인정된다.[23] 불확정기한부 청구권의 경우 기한도래의 개연성이 예상되어야 한다고 주장하는 견해[24]도 있으나, 조건과 달리 기한의 도래 자체는 확실하므로 확정기한부 청구권과 마찬가지로 청구적격이 인정된다고 하겠다.[25] 정지조건부 청구권은 조건성취의 개연성도 있어야 청구적격이 인정된다.[26]

기타 장래 발생할 청구권으로 가장 문제되는 것이 계속적·반복적 이행청구권으로서 장래의 불법행위로 인한 손해배상청구권 또는 부당이득반환청구권이다. 이 경우 청구적격이 인정되기 위해서는 그 기초관계가 존재하고, 장래에도 그 계속이 확실히 예견되어야 한다고 주장하는 견해들이 많다.[27] 이와 관련하여 우리 대법원도 ① “장래의 이행을 명하는 판결을 하기 위하여는 채무의 이행기가 장래에 도래하는 것뿐만이 아니라 의무불이행 사유가 그때까지 계속하여 존속한다는 것을 변론종결당시에 확정적으로 예정할 수 있는 것이어야 하며, 이러한 책임기간이 불확실하여 변론종결 당시에 확정적으로 예정할 수 없는 경우에는 장래의 이행을 명하는 판결을 할 수 없는 것이다.”라고 판시한 경우(대법원 1987. 9. 22. 선고 86다카2151 판결; 대법원 2019. 2. 14. 선고 2015다244432 판결; 대법원 2018. 7. 26. 선고 2018다227551 판결)가 많으며, ② “계속적·반복적 이행청구권에 있어서 장래의 이행을 명하는 판결을 하기 위하여는 현재의 채무불이행의 사유가 장래에도 계속되리라는 사정이 변론종결 당시에 예상되어야 하는 것이다.”(대법원 1993. 7. 27. 선고 92다13332 판결)라고 판시한 경우도 있다.

위 ②의 판결은 미리 청구할 필요의 관점에서 위와 같이 판시하였고, 위 ①의 판결들은 모두 청구적격의 관점에서 위와 같은 판시를 하였으나, 앞서 언급하였듯이 청구적격과 ‘미

21) 강수미, 앞의 논문, 100면.
22) 강수미, 앞의 논문, 100면.
23) 피정현, “장래 이행의 소에 관하여”, 원광법학 제25집 제4호, 원광대학교 법학연구소, 2009.12, 301면.
24) 피정현, 위의 논문, 302면; 김학기, 앞의 논문, 215면.
25) 같은 견해로는 호문혁, 앞의 책, 314면; 한충수, 앞의 책, 191면.
26) 호문혁, 앞의 책, 314면; 이시윤, 앞의 책, 231면. 반면에 한충수, 앞의 책, 191면은 조건성취 가능성은 소의 이익과 무관하므로 채무자가 이행할 의사가 없음을 명백히 한 경우 조건부채권자는 미리 청구할 필요가 있으므로 조건부 권리에 기초하여 장래이행청구를 할 수 있고, 법원은 조건 성취 가능성이 전혀 없다고 판단된다면 당해 법률행위가 무효라고 보아 청구를 기각하는 것이 타당하다고 주장한다.
27) 김홍엽, 앞의 책, 288면; 피정현, 앞의 논문, 302면; 김학기, 앞의 논문, 215면; 이영애, 앞의 논문, 281면.

리 청구할 필요'는 구별이 쉽지 않으므로 어느 관점에서 판시를 하였는지는 중요치 않다고 생각한다. 중요한 것은 위 ①의 판시 법리가 위 ②의 판시 법리를 더욱 구체화한 것이며, 더 나아가 현재의 채무불이행 사유가 장래에도 계속될 것이 **확정적으로** 예상되어야 한다고 밝힌 점이다. 즉 장래 계속적·반복적 급부의 이행을 명하기 위해서는 급부의무 발생의 시기와 종기(책임기간) 및 위 종기까지 정기적으로 지급할 급부의 액수를 정해야 하므로 의무불이행 사유가 원고가 주장하는 종기까지 계속하여 존속한다는 것을 변론종결 당시에 예정할 수 있어야 한다는 점은 위 ②의 판결사안도 마찬가지일 수밖에 없는 것이며, 다만 위 ①의 판결들은 위 예정가능성이 '확정적'이어야 한다고 보고 있는 것이다.

그런데 위 예정가능성이 '확정적'이어야 하는지는 생각해볼 문제이다. 왜냐하면 '확정적'은 '틀림없이 그렇게 될 것으로 정해진'이라는 사전적 의미를 갖고 있는바, 예컨대 부동산 불법점유를 원인으로 한 손해배상 또는 부당이득반환 청구소송에서 피고의 위 부동산 인도완료일 이전에 원고의 소유권 상실이나 피고의 점유 포기·상실 또는 임대차계약 등에 기한 점유·사용권 취득 등으로 인하여 더 이상 손해배상청구권 등이 발생하지 않을 가능성이 얼마든지 있을 수 있음에도 불구하고 현재 재판실무상 피고의 위 '인도완료일'을 종기로 설정하여 이행판결을 선고하고 있기 때문이다.[28] 물론 피고의 부동산 인도 완료로 인하여 손해배상의무 등이 종료할 가능성이 비교적 높다고 볼 수 있겠으나, 그것만으로 과연 '피고의 부동산 인도완료일까지 원고의 위 청구권이 계속 발생할 것이라고 변론종결 당시 (사전적 의미로) 확정적으로 예정할 수 있다'고 말할 수 있는 것인지 의문이 든다. 결국 어느 종기가 의무의 종료사유로서 가능성이 비교적 높은가의 문제라고 할 것이며,[29] 가능성이 낮은 의무종료사유를 종기로 설정하는 일이 없도록 하기 위해, 즉 장래 이행의 소의 청구적격이 인정되기 위해 '확정적'이라는 표현이 사용될 필요가 있다면, 이러한 점을 고려하면서 개개의 사건의 내용과 경험칙에 따라 확정적 예정가능성을 판단해야 할 것이다.[30]

---

28) 다만 국가 또는 지방자치단체가 무단으로 타인의 토지를 점유·사용하고 있음을 이유로 장래의 부당이득금의 계속적·반복적 지급을 명하는 판결을 선고함에 있어서, 주문에 부당이득반환의무의 종기를 '피고의 점유종료일 또는 원고의 소유권상실일 (중 먼저 도래하는 날)까지'로 기재하는 것이 재판실무였으나, 대법원 2019. 2. 14. 선고 2015다244432 판결은 판결주문에 '원고의 소유권 상실일'을 종기로 기재하는 것은 바람직하지 않다는 의견을 피력하였다.

29) 장래의 손해배상청구권 등의 계속적 발생을 종료케 하는 모든 사유(예컨대 본문에서 적시한 원고의 소유권 상실, 피고의 점유의 포기·상실, 피고의 점유·사용권 취득 등)를 판결주문에 기재하는 방법도 생각해볼 수 있겠으나, 이는 판결주문의 간결성을 해칠 수 있으며, 피고의 입장에서는 판결주문에 종기로 기재된 사유 이외의 다른 사유로 더 이상 이행청구권이 발생하지 않는다면 청구이의의 소를 통해 집행력을 배제시킬 수도 있기 때문에 위 모든 사유를 판결주문에 기재하는 것은 적절치 않다고 생각한다. 반면에 황형모, 앞의 논문, 205－206면에서는 위 모든 사유를 판결주문에 망라하는 것이 바람직할 것이나 그렇지 않았다고 해서 언제나 부적법하다고 할 것은 아니며, 피고에게 종기로 적시되지 않은 청구권 발생장애사유를 입증하여 청구이의의 소로써 다투게 하더라도 피고에게 부당한 부담을 주는 것이 아니라고 인정되는 범위 내이면 장래 이행의 소로서 적법하다고 보아야 한다고 주장한다.

30) 이영애, 앞의 논문, 282면에서도 "어느 정도의 사실관계일 때에 확실하다고 볼 것인지는 미묘한 문제이나 개개의 사건에서 그 정도를 판단할 수밖에 없다"고 설명하여 필자와 비슷한 입장이 아닌가 생각된다. 한편 김상수, "장래 불법행위청구의 소의 이익", 민사소송 제22권 제2호, 한국민사소송법학회, 2018.11, 216면은 장래의 '불법행위'로 인한 손해배상청구와 관련하여 "장래 불법행위청구는 현재의 의무불이행(불법행위)이 인정되고 이것이 장래에

(2) 일본의 학설과 판례

1) 판 례

현행 일본 민사소송법 제135조는 “장래의 급부를 구하는 소는 미리 그 청구를 할 필요가 있는 경우에 한하여 제기할 수 있다”고 정하고 있는바,[31] 일본에서는 공해소송 등 장래의 불법행위로 인한 손해배상청구의 소의 청구적격과 관련하여 의미있는 최고재판소 판결이 존재하며, 위 판결에 대한 학설의 논의(대부분 비판적 견해이다)가 많다.

오사카국제공항사건(항공기 소음피해를 이유로 야간비행금지와 현재 및 장래의 손해배상을 청구한 사건[32])의 최고재판소 판결이 그것인데, 위 판결은 “① 민사소송법 제226조는 무릇 장래에 발생할 가능성이 있는 급부청구권의 전부에 관하여 미리 청구할 필요의 요건 하에 장래 이행의 소를 인정한 것은 아니고, 주로 이미 권리발생의 기초를 이루는 사실상 및 법률상의 관계가 존재하고, 다만 이에 기초한 구체적인 급부의무의 성립이 장래에 있어서 일정한 시기의 도래나 채권자에 있어서 입증을 필요로 하지 않거나 용이하게 입증을 할 수 있는 다른 일정한 사실의 발생에 달려 있을 뿐이어서, 구체적인 급부의무가 성립한 때에 재차 소송에 의해 위 청구권 성립의 모든 요건의 존재를 입증하는 것을 필요로 하지 않는다고 생각되는 것에 대하여 예외로서 장래 이행의 소를 인정한 것에 지나지 않는다고 해석된다. ② 계속적 불법행위에 기초하여 장래 발생할 손해배상청구권에 대해서도 기초가 되는 사실관계 및 법률관계가 이미 존재하고, 그 계속이 예측되는 동시에, 위 청구권의 성부 및 내용에 대하여 채무자에게 유리한 영향을 미칠 수 있는 장래 사정의 변동은 채무자에 의한 점유의 폐지, 새로운 점유권원의 취득 등 미리 명확하게 예측할 수 있는 사유에 한정되며, 게다가 이들에 대해서는 청구이의의 소에 의하여 그 발생을 증명해야만 집행을 막을 수 있다는 부담을 채무자에게 부과하더라도 특별히 부당하다고 할 수 없는 경우로서 기한부채권 등과 동일시할 수 있는 경우에 허용된다. ③ 따라서 설령 동일태양의 행위가 장래에도 계속될 것이 예측된다고 하더라도, 그것이 현재와 같이 불법행위를 구성할지 여부 및 배상할 손해의 범위 등이 유동성을 갖는 장래의 복잡한 사실관계의 전개와 그에 대한 법적 평가에 좌우되는 등 손해배상청구권의 성부 및 그 금액을 미리 일의적으로 인정할 수 없고 구체적으로 청

도 계속될 것으로 판단되는 경우라면 특별한 사정이 없는 한 소의 이익이 인정되는 것(판례가 말하는 확정적 예정이 가능한 것)이라고 해석해야 한다. 말하자면 확정적 예정가능성은 특별한 사정이 없는 한 현재 불법행위가 피고의 의무불이행이 제거될 때까지 지속하는 것으로 판단되는 경우를 의미한다고 해석하는 것이다.”라고 설명하고 있다.

31) 이 규정은 1926년 민사소송법 개정시 도입된 것이고, 원래 조항은 제226조로 “장래의 급부를 구하는 소는 미리 그 청구를 할 필요가 있는 경우에 한하여 이를 제기할 수 있다”라고 규정하고 있었다(松浦馨, “將來の不法行爲による損害賠償請求のための給付の訴の適否－公害訴訟を中心として”, 「判例民事訴訟法の理論(上)」, 有斐閣, 1995, 189頁.

32) 위 사건에서 최종적으로는 현재의 손해배상청구만 인용되고, 야간비행금지청구와 장래의 손해배상청구는 인용되지 못하였다.

구권이 성립되었다고 여겨지는 시점에서 이를 인정할 수 있음과 동시에 그 경우 권리의 성립요건의 구비에 대해서는 당연히 채권자가 이를 입증해야 하고, 사정의 변동을 채무자가 입증해야 할 새로운 권리성립조각사유의 발생으로 파악하여 그 부담을 채무자에게 부과하는 것은 부당하다고 생각되는 경우에는 청구적격이 없다"고 판시하면서, 해당 사건은 장래의 침해행위가 적법성을 갖는가의 여부와 그에 대하여 원고가 입을 손해의 유무·정도는 이후 피고가 실시할 피해대책의 내용, 원고 등의 생활사정의 변동 등 복잡다양한 인자에 의하여 좌우될 성질의 것이고, 명확한 구체적 기준에 의하여 배상할 손해의 변동상황을 파악하는 것이 곤란하다(즉 손해배상청구권의 성부 및 그 금액을 미리 일의적으로 인정할 수 없다)는 이유로 청구적격이 없다고 보았다.[33]

위 ②의 요건을 세분화하면 (a) 장래 발생할 손해배상청구권의 기초가 되는 사실관계 및 법률관계가 이미 존재할 것, (b) 장래에도 그 계속이 예측될 것, (c) (위 청구권의 성립이나 내용, 액수를 미리 일의적으로 명확하게 인정할 수 있어서) 위 청구권의 성부 및 내용에 대하여 채무자에게 유리한 영향을 미칠 수 있는 장래 사정의 변동이 미리 명확하게 예측할 수 있는 사유에 한정되고, 게다가 이들에 대해서는 청구이의의 소에 의하여 그 발생을 증명해야만 집행을 막을 수 있다는 부담을 채무자에게 부과하더라도 특별히 부당하다고 할 수 없을 것으로 나눌 수 있는데, 최고재판소는 위 (c)의 요건이 충족되지 못하였다고 본 것이다. 그리고 최고재판소는 이러한 입장을 현재까지 고수하고 있다.[34]

오사카국제공항사건 판결에서 유일하게 반대의견을 낸 단도 시게미츠(団藤重光) 재판관은 '청구권 발생의 기초가 되는 사실관계가 계속적인 태양에서 이미 존재하고, 게다가 장래에 걸쳐 확실하게 계속하는 것이 인정되는 경우에는 구체적 사안에 따라 입법취지, 기판력 범위의 문제, 당사자간 이익의 균형 등을 고려하여 시인되는 한도에서 장래 이행의 소를 인정해야 한다. 최소한도의 피해발생이 확실하게 계속될 것으로 인정되는 기간을 조심스럽게 보아 그 종기를 정한다면 그 기간 내에 특별한 사정이 생긴 경우에 상대방에게 청구이의의 소에 의하여 구제를 구하게 하여도 부당하게 불이익을 과하는 것은 아닐 것이다'라고 주장했는데, 이는 아래에서 보듯이 학설의 입장과 유사하다.

2) 학 설

학설 중에는 위 판결이 설시한 법리에 동조하면서도 해당 사안에 대해 청구적격을 부정한 판례의 결론에는 반대하는 견해[35]도 있지만, 대다수는 위 판결이 너무 엄격한 요건을 요구하고 있다며 비판하고 있다. 위 다수 학설의 비판논거를 보면, ⓐ 위 판결은 부동산 불법

33) 最高裁 昭和 51年 (オ) 第395号 昭和 56. 12. 15. 大法廷判決.

34) 最高裁 昭和 59年 (オ) 第1293号 昭和 63. 3. 31. 一小法廷判決; 最高裁 平成 18年 (受) 第882号 平成 19. 5. 29. 三小法廷判決.

35) 高橋宏志, 「重点講義 民事訴訟法 上」, 有斐閣, 2013, 357頁.

점유의 경우 장래의 손해배상청구권의 성부 및 그 내용에 대해 채무자에게 유리한 영향을 발생시키는 장래에 있어서의 사정의 변화는 채무자에 의한 점유의 폐지, 새로운 점유권원의 취득 등에 한정되고, 이들 사유에 대해서 청구이의의 소에 의하여 채무자에게 입증책임을 부담시켜도 부당하지 않다(결국 청구적격이 인정된다)고 하지만, 부동산 불법점유의 경우에도 채무자에게 유리하게 영향을 미치는 사정의 변동으로서는 위 사유들 외에도 채권자의 토지 소유권의 상실, 경제의 변동이나 천재지변의 발생, 조세공과금의 감소, 근처 지료의 하락, 기타 손해배상청구권의 성립이나 내용, 액수에 영향을 미치는 것들이 전혀 없다고 말할 수 없는데도, 최고재판소는 부동산 불법점유에 대해서 장래의 임대료 상당액의 배상금을 청구할 경우와 본건(공해사건에서 장래의 불법행위로 인한 손해배상을 청구)의 경우를 차별취급하고 있다는 점,[36] ⓑ 특히 이미 현재의 행위태양이 불법행위를 구성한다고 여겨지는 이상 동태양의 행위가 장래에도 계속될 것이 확실하게 예측된다면 설령 장래에 불법행위의 성립 및 배상해야 할 손해의 범위가 향후 복잡한 사실관계의 전개에 따라 좌우된다고 하더라도 그 대부분이 가해자에 의해 이루어지는 손해방지를 위한 여러 방안의 실시인 경우에는 이들은 가해자가 청구이의의 소에서 면책사유로서 주장·입증하는 것을 요한다고 해석하는 것이 당사자간의 공평에 부합한다는 점,[37] ⓒ 위 판결에 의하면 동일한 사실관계에 기초한 계속적 또는 반복적 침해행위에 대하여 채권자가 법적구제를 받기 위해 다시 소를 제기할 수밖에 없고, 그 경우 전소(현재 이행의 소) 판결의 기판력의 시적범위에 의한 차단효가 유명무실화됨은 물론 소송경제에도 반한다는 점[38] 등을 들 수 있다.

일본의 판례가 우리의 판례와 다른 점은 채무자가 장래 청구이의의 소를 제기해야 하는 부담을 고려하고 있다는 점이다.[39] 위 ⓑ의 논거를 제시하는 견해는 일본의 판례처럼 채무자의 제소부담이라는 이익고량을 고려하는 입장이지만 위 판례가 채무자에게 너무 유리하게(결국 채권자에게 불리하게) 치우쳐 있다고 비판하고 있다.

그래서 오사카국제공항사건을 계기로 학설의 대세는 침해행위가 현존하고, 장래에도 같은 기본적 사정 아래에서 동일한 침해행위가 계속될 것으로 용이하게 예측될 경우에는 미리 청구할 필요가 있는 한 장래의 손해배상청구의 소가 허용된다고 본다.[40]

36) 松浦馨, 앞의 논문, 212頁.
37) 兼子一 외 3, 앞의 책, 821頁.
38) 梅本吉彦, 앞의 책, 344頁.
39) 김상수, 앞의 논문, 211면.
40) 松浦馨, 앞의 논문, 191頁; 兼子一 외 3, 앞의 책, 820－821頁; 梅本吉彦, 앞의 책, 342－343頁.

Ⅲ. 장래 부당이득반환청구소송에서의 책임기간

1. 들어가며

적법점유자인 피고가 점유목적물에 관하여 실질적인 이득을 얻고 있다는 이유로 임료 상당 금원의 부당이득(반환)을 구하는 소송에서, 피고가 원고에게 토지를 인도하지 아니하더라도 '인도하는 날' 이전에 토지의 사용·수익을 종료할 수도 있어서 의무불이행사유가 '인도하는 날까지' 존속한다는 것을 변론종결 당시에 확정적으로 예정할 수 없다는 이유로 위 '인도하는 날'을 만료점으로 한 장래이행판결을 할 수 없다고 하는 것이 과연 타당한 것일까? ① 첫 번째 의문은 적법점유자의 경우에도 점유와 사용·수익이 분리되지 않는 경우가 있을 수 있다는 것이다. 예컨대 지상물매수청구권을 행사한 토지임차인이 건물 소유를 통해 부지를 (적법)점유하면서도 그 부지를 사용·수익하고 있지는 않다고 볼 수 있는지 의문이다. 만약 위 점유와 사용·수익이 분리될 수 없다면 건물부지를 적법하게 점유하고 있는 토지임차인을 상대로 그 부지의 인도완료일을 만료점으로 설정하여 그 부지에 관한 장래의 부당이득반환청구를 할 수 있을 것이다. ③ 둘째 적법점유자를 상대로 '인도완료일'을 만료점으로 하여 장래의 부당이득반환을 명하는 판결을 할 수 없다면 장래 부당이득반환청구의 소의 적법성을 인정하기 위하여 책임기간의 만료점으로 생각해볼 수 있는 것은 '사용(수익) 종료일'이라 할 것인데, 위 만료점을 사용하여 장래이행판결을 할 수 있는지이다. 이와 관련하여 사용(수익)종료일을 만료점으로 한 장래이행판결을 선고할 경우 집행기관의 집행에 지장이 생길 수 있는지를 검토해야 한다. ④ 셋째 임대인이 원고가 되어 제기한 임대차목적물의 인도 등 청구사건에서 피고인 임차인이 보증금반환청구권에 기한 동시이행항변을 하였고, 원고인 임대인이 현재 및 장래의 부당이득반환청구권에 기한 공제의 재항변을 하였는데, 수소법원이 위 각 항변이 타당하다고 인정할 경우(위 공제 후에도 임대차보증금이 사실심 변론종결일을 기준으로 남아있다면 피고 임차인은 동시이행항변권을 가진 적법점유자이다) 피고에게 「원고로부터 임대차보증금에서 임대차목적물의 '인도완료일'까지 발생하는 현재 및 장래의 부당이득금을 공제하고 남은 잔액을 지급받음과 동시에 원고에게 임대차목적물을 인도하라」는 내용의 판결을 선고하는 것이 재판실무이다. 적법점유자를 상대로는 '인도완료일'을 만료점으로 한 장래부당이득반환을 명하는 판결을 할 수 없다는 해석이 이러한 재판실무와 조화를 이룰 수 있는지도 의문이다. 아래에서 차례대로 살펴본다.

2. 건물매수청구권을 행사한 토지임차인의 건물 부지에 대한 부당이득반환의무에 관한 판례와의 조화 문제

(1) 건물매수청구권을 행사한 토지임차인의 부당이득반환의무

토지임차인이 자기 소유의 지상건물에 대하여 민법 제643조에 기해 건물매수청구권을 행사하면 위 건물에 대하여 매매계약이 체결된 것과 같은 효과가 발생하므로 임대인의 매매대금지급의무와 임차인의 건물에 대한 인도 및 소유권이전등기의무는 동시이행관계에 놓인다.[41] 이 경우 임차인이 임대인으로부터 매매대금을 지급받을 때까지 자기 소유의 건물을 사용하더라도 부당이득반환의 문제는 발생하지 않는다.[42] 그리고 건물매수청구권이 행사된 후 매매대금을 지급받을 때까지 임차인은 건물부지의 인도도 거절할 수 있으므로[43] 임차인의 건물소유를 통한 건물부지의 점유는 불법점유라고 볼 수 없을 것이다.[44]

다만 건물매수청구권을 행사한 토지임차인이 매매대금을 지급받을 때까지 지상건물의 점유・사용을 통하여 그 부지를 계속하여 점유・사용한다면 그로 인한 부당이득으로서 부지의 임료 상당액을 반환하여야 한다는 것이 판례[45]이며, 이에 반대하는 학설은 없는 것으로 보인다. 그런데 위 토지임차인이 지상건물을 점유・사용하지 않더라도 지상건물을 소유하고 있다는 것 자체만으로 그 부지에 대한 임료 상당액의 부당이득반환의무를 부담하는지가 문제되는데, 학설상으로는 찬반대립이 심하다.

먼저 ① 긍정설은 토지임차인이 건물매수청구권을 기초로 동시이행항변권을 행사하더라도 그 건물의 소유권은 임차인에게 있으며, 토지 위에 건물을 소유하고 있는 것 자체로 위 토지를 원래 임대차의 용도대로 사용・수익하고 있는 것이므로 그 토지에 대한 차임 상당의 부당이득을 얻고 있다고 보아야 한다고 주장한다.[46]

② 부정설은 매수청구권 행사에 따라 건물의 소유권이 임대인에게 이전될 것이 확정적이라는 점에 주목하면 토지임차인으로서는 건물을 소유의 의사로 점유하는 것인지 여부가 불분명하여 그 건물부지를 종전의 임대차 용도인 건물소유 용도대로 점유하고 있다고 단정하기 어렵다는 점,[47] 토지임차인은 동시이행항변권을 가지고 임대차보증금과 매매대금을 지급

41) 대법원 1991. 4. 9. 선고 91다3260 판결.

42) 기세룡, "지상물매수청구권 행사의 효과", 민사법연구, 제15권 제1호, 대한민사법학회, 2007, 24면.

43) 서종희, "'동시이행항변권과 부당이득'의 몇 가지 쟁점에 관한 소고", 재산법연구 제32권 제3호, 한국재산법학회, 2015, 71면.

44) 기세룡, 앞의 논문, 24면.

45) 대법원 1997. 3. 14. 선고 95다15728 판결, 대법원 2001. 6. 1. 선고 99다60535 판결.

46) 강영호, "타인의 토지 위에 건물을 소유하고 있는 자의 부당이득반환의 범위와 매수청구권에 관한 제문제", 대법원판례해설 제30호, 1998.11, 96면 이하; 김세용, "건물매수청구권을 행사한 토지 임차인의 부당이득반환의무에 대하여", 실무연구자료 제7권, 대전지방법원, 2006, 112면 이하; 기세룡, 앞의 논문, 29면 이하.

47) 김제완, "건물 소유 목적 토지의 건물매수청구권 행사의 효과－부지사용에 대한 부당이득 성부를 중심으로", 법조 제551호, 법조협회, 2002.8, 182면 이하.

받기 위한 방편으로 건물 소유 및 토지 점유를 하거나 위 토지를 소극적·부수적으로 사용·수익하는 것에 불과한 점[48] 등을 이유로 부당이득을 인정해서는 안 된다고 주장한다.

이 문제에 대하여 대법원은 긍정설의 입장에 서 있다. 대법원 1998. 5. 8. 선고 98다2389 판결은 건물매수청구권을 행사한 토지임차인이 그 '지상건물'의 사용·수익을 중단한 시점 이후에는 토지에 대한 임료 상당의 부당이득반환의무를 부담하지 않는다고 본 원심판결을 파기하였는바, 그 판시내용은 아래와 같다.

[대법원 1998. 5. 8. 선고 98다2389 판결]

타인 소유의 토지 위에 권한 없이 건물을 소유하고 있는 자는 그 자체로써 특별한 사정이 없는 한 법률상 원인 없이 타인의 재산으로 인하여 토지의 차임에 상당하는 이익을 얻고 이로 인하여 타인에게 동액 상당의 손해를 주고 있다고 보아야 한다(대법원 1962. 5. 31. 선고 62다80 판결, 1995. 9. 15. 선고 94다61144 판결 등 참조). 그런데 앞서 본 바와 같이 이 사건 대지에 관한 임대차계약이 적법하게 해지되었다면 피고는 권원 없이 원고들의 소유인 이 사건 대지 위에 건물을 소유하고 있는 것이 되어 그 자체로서 특별한 사정이 없는 한 법률상 원인 없이 원고들의 재산으로 인하여 토지의 차임에 상당하는 이익을 얻고 있고, 이로 인하여 원고들에게 동액 상당의 손해를 주고 있다고 보아야 함에도 불구하고, 원심이 이와 다른 견해에서 그 판시와 같은 이유로 원고들의 위 주장을 배척한 조치에는 부당이득에 관한 법리를 오해하여 판결에 영향을 미친 위법을 저질렀다고 하지 아니할 수 없다.

비록 본 논고 주 45에서 언급한 대법원 1997. 3. 14. 선고 95다15728 판결과 대법원 2001. 6. 1. 선고 99다60535 판결 모두 "토지임차인이 매수청구권을 행사한 후에 그 임대인인 토지의 소유자로부터 매수대금을 지급받을 때까지 그 지상 건물 등의 인도를 거부할 수 있지만, 지상 건물 등의 점유·사용을 통하여 그 부지를 계속하여 점유 사용하는 한 그로 인한 부당이득으로서 부지의 임료 상당액을 반환하여야 할 의무가 있다."라고 판시한 적이 있어, 위 두 판결은 매수청구권을 행사한 토지임차인이 '지상건물 등을 점유·사용을 한 경우에 한하여' 그 부지의 임료 상당의 부당이득반환의무를 부담한다는 입장이라고 해석할 수도 있을 것이다. 하지만 위 두 판결은 모두 토지임차인이 지상건물 등을 점유·사용했던 사안에 대하여 그 부지에 대한 부당이득반환의무를 인정한 사례이지, 토지임차인이 지상건물 등을 점유·사용하지 않았던 사안에 대하여 위 판시 법리 등에 근거하여 그 부지에 대한 부당이득반환의무를 부정했던 사례가 아니므로, 결국 위 두 판결과 대판 98다2389이 배치된다고 볼 수 없다.

건물매수청구권을 행사한 토지임차인이 토지임대차계약을 체결한 목적은 건물의 사용이

---

48) 서종희, 앞의 논문, 83면; 최준규, "임대차계약 종료 후 임차인의 목적물 계속점유와 실질적 이득－대법원 2018. 11. 29. 선고 2018다240424(본소), 240431(반소) 판결", 저스티스 통권 제174호, 2019.10, 354면의 각주 37).

아닌 건물의 소유이며(민법 제643조 참조), 매수청구권을 행사한 후 위 건물의 소유권을 임대인에게 이전해주기까지는 임차인이 위 건물의 소유를 통해 그 부지를 점유·사용하고 있다고 볼 수밖에 없으므로 부당이득반환의무를 긍정함이 타당하다고 생각한다.

(2) 대판 98다2389와의 조화 문제

1) 임대차목적물인 토지 전부가 매수청구권이 행사된 지상건물의 부지[49]라고 가정해보자(이 경우 임차인은 임대토지 전부를 적법하게 점유하고 있는 것이다). 건물의 부지가 된 토지에 대해서는 그 건물의 소유자가 점유하고 있는 것이므로 매수청구권을 행사한 토지임차인이 임대인에게 지상건물에 관하여 소유권이전등기를 경료해줄 때 임대목적물인 토지의 인도(점유의 이전)도 이루어지게 될 것인바,[50] 위 대판 98다2389에 의하면 위 건물에 관한 소유권이전등기의 경료 또는 토지의 인도가 완료되기 전에 임차인의 위 토지에 대한 사용·수익이 종료된다는 것은 상정하기 어렵다. 즉 토지임차인의 위 건물 소유를 통한 임차토지의 점유와 사용·수익은 분리될 수 없는 것이다.

따라서 토지임대인이 그 임차인에게 (매수청구권 행사에 따라 지상건물의 인도 및 소유권이전등기를 받고자 하는 의사가 있음을 전제로) 그 토지에 대한 인도청구를 할 수 있다면[51] 그 '토지의 인도완료일'을 만료점으로 설정하여 그 토지의 임료상당액의 부당이득반환청구를 할 수가 있다.[52] 만약 토지인도 청구를 할 수 없다면 이와 동일한 의미를 갖는 '건물에 관

49) 건물부지의 개념과 관련하여 대법원 1977. 6. 30. 자 77마59 결정은 "그 건물의 용도에 따라 현상유지에 일반적으로 필요하다고 인정되는 범위내의 토지" 또는 "위 건물을 사용하는데 일반적으로 필요하다고 인정되는 범위의 토지"라고 표현하였다.

50) 대법원 1993. 10. 26. 선고 93다2483 판결은 "사회통념상 건물은 그 부지를 떠나서는 존재할 수 없는 것이므로 건물의 부지가 된 토지는 그 건물의 소유자가 점유하는 것으로 볼 것이고, 건물의 소유권이 양도된 경우에는 건물의 종전의 소유자가 건물의 소유권을 상실하였음에도 불구하고 그 부지를 계속 점유할 별도의 독립된 권원이 있는 등의 특별한 사정이 없는 한 그 부지에 대한 점유도 함께 상실하는 것으로 보아야 하며, 이 경우에 건물의 종전의 소유자가 그 건물에 계속 거주하고 있고 건물의 새로운 소유자는 현실적으로 건물이나 그 부지를 점거하고 있지 아니하고 있더라도 결론은 마찬가지이다."라고 판시하고 있는바(위 밑줄은 필자가 가하였다), 매수청구권이 행사된 건물에 관하여 토지임대인에게 소유권이전등기가 경료되면 임대토지 중 건물부지에 해당하는 부분은 자동적으로 위 임대인에게 인도된다고 보아야 한다.

51) 토지임대인이 그 임차인에 대하여 임대차 종료를 이유로 건물철거 및 토지인도를 청구한 데 대하여 임차인이 적법하게 건물매수청구권을 행사하게 되면 건물에 관하여 매매가 성립하므로 위 청구는 모두 기각할 수밖에 없다는 것이 판례(대법원 1966. 6. 28. 선고 66다712 판결, 대법원 1995. 7. 11. 선고 94다34265 전원합의체 판결)의 입장이나, 토지임대인이 위 건물매수청구권 행사가 적법함을 전제로 건물인도와 건물소유권이전등기를 구하는 외에 토지인도도 구한다면 위 토지인도도 인용할 수 있는지에 대해서는 아직 대법원판결이 존재하지 않는다. 다만 하급심 판결 중에 위 토지인도청구를 인용한 사례가 존재하는데, 대구지방법원 2006. 12. 13. 선고 2005나11075 판결은 건물매매대금 지급과 상환으로 한 건물명도 및 건물소유권이전등기청구, 임대차계약 종료를 이유로 한 임차토지의 인도청구 및 연체차임과 임대차종료 이후부터 위 토지 인도완료일까지의 부당이득반환청구를 모두 인용한 바 있다. 학설 중 '건물명도, 건물소유권이전등기 및 토지인도 청구를 모두 인용해야 하고, 임차인이 부담하는 위 세 가지 의무의 이행과 임대인이 부담하는 토지임대차보증금 및 건물매매대금 지급의무의 이행이 동시이행의 관계에 있다'고 주장하는 견해로는 김선혜, "토지임대차 종료 시 건물매수청구권행사와 토지인도청구", 인권과 정의 제466호, 대한변호사협회, 2017, 27면 이하. 반면에 곽윤직 편집대표, 「민법주해(Ⅵ)」, 박영사, 2011, 61면(박재윤 집필부분)에서는 지상물매수청구권 행사시 오직 지상물의 인도 및 토지(지상물의 부지를 제외한 나머지 부분)의 인도만을 구할 수 있다고 설명하고, 사법연수원, 「민사재판실무」, 2021, 421면의 각주 44)에서는 대지와 건물부지가 일치할 경우 건물인도청구 이외에 별도의 대지인도청구는 불필요하다고 설명한다.

52) 가사 이 경우 토지임차인이 유익비상환청구권에 기한 유치권 또는 보증금반환청구권에 기한 동시이행항변권을

한 소유권이전등기 경료일' 또는 '토지의 점유종료일'을 만료점으로 설정하여 위 청구를 할 수 있을 것이나, 임대인이 법률상 토지인도를 구할 수 없다고 하더라도 건물에 관한 소유권이전등기를 경료함과 동시에 사실상 토지 인도도 받게 된다는 점을 고려하면 이 경우 역시 만료점을 '토지의 인도완료일'로 설정할 수 있다고 생각된다.[53)]

2) 이번에는 임대차목적물인 토지의 일부만이 매수청구권이 행사된 지상건물의 부지이고, 나머지 토지에 대해서는 임차인이 유익비상환청구권에 기한 유치권이나 보증금반환청구권에 기한 동시이행항변권을 행사할 수 없어서 결국 지상건물의 부지에 대해서만 적법하게 점유하고 있으며, 위 토지 전부를 점유 및 사용·수익하고 있다고 가정해보자.

앞서 본 바와 같이 건물부지에 해당하는 토지부분에 대해서는 위 건물 소유를 통한 위 토지부분의 점유와 사용·수익이 분리될 수 없으므로 임차인의 '위 토지의 인도완료일(또는 점유종료일)'을 책임기간의 만료점으로 설정할 수 있고, 나머지 토지부분에 대해서는 불법점유가 이루어지고 있으므로 확립된 재판실무에 따라 역시 '위 토지의 인도완료일'을 만료점으로 설정해야 할 것이다. 결국 임대차목적물인 토지 전체의 인도완료일을 만료점으로 설정하여 위 토지의 임료 상당 부당이득반환을 구할 수 있다고 할 것이다.

3) 마지막으로 임대차목적물인 토지의 일부만이 매수청구권이 행사된 지상건물의 부지이고, 나머지 토지(또는 전체 토지)에 대하여 임차인이 유익비상환청구권에 기한 유치권이나 보증금반환청구권에 기한 동시이행항변권을 행사하고 있으며(이 경우 임차인은 임대토지 전부를 적법하게 점유하고 있는 것이다), 위 토지 전부를 사용·수익하고 있다고 가정해보자.

건물부지에 해당하는 토지부분에 대해서는 역시 위 건물 소유를 통한 위 토지부분의 점유와 사용·수익이 분리될 수 없으므로 임차인의 '위 토지의 인도완료일(또는 점유종료일)'을 만료점으로 설정할 수 있다. 다만 나머지 토지부분에 대해서는 임차인이 위 토지 인도를 하기 전에 사용·수익을 종료할 수도 있기 때문에(즉 점유와 사용·수익의 분리가 가능하기 때문에) '위 토지의 인도완료일'까지 부당이득반환의무가 발생할 것이 (사전적 의미에서) 확정적이라고 말할 수는 없을 것이다.

'Ⅰ. 서론'에서 언급한 대법원 2002. 6. 14. 선고 2000다37517 판결의 사실관계가 이와 비슷하다. 위 대법원판결과 그 원심판결이 각 설시한 사실관계만으로는 피고가 점유하는 문제의 두 임차토지 중 제1토지 전부가 식당 등 건물의 부지인지는 불명확하나(다만 피고가 위

행사하는 경우라 하더라도 마찬가지이다.

53) 국가 또는 지방자치단체가 무단으로 사인의 토지를 도로로 점유·사용하고 있는 경우에는 도로법 제4조 본문("도로를 구성하는 부지, 옹벽, 그 밖의 시설물에 대해서는 사권을 행사할 수 없다.") 때문에 그 토지소유자가 위 국가 등을 상대로 위 도로부지의 인도를 구할 수 없고, 그래서 위 국가 등에 대하여 장래의 부당이득금의 지급을 명하는 판결을 선고함에 있어서도, 주문에 부당이득반환의무의 종기를 '피고의 인도완료일'이 아닌 '피고의 점유종료일 또는 원고의 소유권상실일 (중 먼저 도래하는 날)까지'로 기재하고 있는바, 이처럼 토지소유자가 법률상·사실상 토지인도를 받을 수 없는 위의 경우와 달리 건물매수청구권이 행사된 토지임대차의 임대인은 건물에 관한 소유권이전등기를 경료함으로써 사실상 건물 부지의 인도도 받을 수 있다는 점에서 차이가 있다.

토지를 전부 점유·사용하고 있는 점은 인정된 것으로 보인다), 제2토지 중 피고가 점유·사용하는 토지부분은 건물(카센타건물 및 자동차정비고)이 건립된 부분에 한정된다. 이 경우 원고 측에서 위 각 토지의 인도완료일을 만료점으로 설정한 장래의 부당이득반환청구를 한다면, 제1토지 중 식당 등 건물의 부지부분과 제2토지 중 카센타 등의 부지부분 만큼은 피고의 점유와 사용·수익이 분리될 수 없으므로, 위 각 건물부지 부분의 '인도완료일(또는 점유종료일)'을 만료점으로 설정하여 장래의 부당이득반환을 명하는 일부인용판결을 할 수 있다고 생각된다.[54] 원고가 구하는 금액(또는 토지면적)보다 적은 금액을 인정하는 것은 처분권주의에 반한다고 볼 수 없기 때문이다.[55]

4) 위에서 살펴본 바와 같이 대판 98다2389는 토지 위에 건물을 소유하고 있는 자는 그 소유 자체로써 그 토지를 점유 및 사용·수익한다는 입장이므로, 건물매수청구권을 행사한 피고(임차인)의 건물부지(임차토지의 전부 또는 일부)의 점유가 적법하다 하더라도 피고가 위 토지를 원고에게 인도하기 전에 그 사용·수익이 종료될 수는 없어서 위 토지 인도(완료)일을 만료점으로 설정한 장래의 부당이득반환청구가 가능하다.

따라서 유치권 또는 동시이행항변권에 기해 적법하게 토지를 점유하고 있으나 위 토지를 그 본래의 목적에 따라 사용·수익함으로써 실질적 이득을 얻고 있는 경우 피고의 부당이득 책임기간의 만료점을 토지의 인도완료시로 설정하여 장래의 부당이득반환을 명하는 판결을 할 수 없다고 단정할 수 없는 것이다.

3. 적법점유자에 대한 장래 부당이득반환청구의 소의 청구적격을 충족할 수 있는 다른 만료점의 존재 여부

(1) 대법원 2002. 6. 14. 선고 2000다37517 판결 이후 실무 및 학계의 동향

1) 임차인이 임대차 종료 이후 유치권 또는 동시이행항변권에 기하여 임대차목적물을 점유하고 있지만 위 목적물을 본래의 목적에 따라 사용·수익하고 있어서 그가 부당이득반환의무를 부담하는 경우에, 재판실무는 위 대법원 판결이 선고된 이후에도 여전히 위 목적물의 '인도완료일'을 만료점으로 하여 장래의 부당이득반환을 명하는 판결을 선고하고 있다. 일례로 대구지방법원 2006. 12. 13. 선고 2005나11075 판결은 건물매수청구권을 행사한 토지임차인에게 장래 부당이득의 반환을 명함에 있어서 '토지 인도완료일'을 만료점으로 설정하였고, 그 상고심판결인 대법원 2008. 5. 29. 선고 2007다4356 판결은 건물 시가에 관한 심리미진 등을 이유로 '매매대금 지급과 상환으로 건물명도 및 건물소유권이전등기절차 이

54) 필자는 다른 일반적인 적법점유 사안에서도 원칙적으로 '인도완료일'을 종기로 설정하여 장래의 부당이득반환청구를 할 수 있다는 입장이지만, 위 입장에서 조금 후퇴하더라도 위 각 건물부지 부분에 대해서만큼은 그 '인도완료일'을 종기로 하여 (일부)인용판결을 할 수 있다고 본다.

55) 이시윤, 앞의 책, 322면; 김홍엽, 앞의 책, 419면.

행을 명한 주문'만을 파기 환송하고, 장래 부당이득반환의 청구적격에 관한 사항으로서 직권조사사항이라 할 수 있는 위 만료점에 대해서는 전혀 문제삼지 않았다.

다만 하급심에서 피고가 대법원 2002. 6. 14. 선고 2000다37517 판결을 근거로 '원고가 설정한 만료점(인도완료일)에 따르면 장래 부당이득반환청구의 소의 청구적격을 인정할 수 없어 위가 부적법하다'는 취지로 본안전 항변을 함에 따라 법원이 소각하판결을 선고한 경우[56]도 있다.

한편 임의경매절차에서 빌라의 소유권을 취득한 원고가 위 빌라 신축공사의 수급인으로서 그 공사대금채권을 가지고 있는 피고를 상대로 제기한 건물명도와 현재 및 장래의 부당이득반환청구의 소에서 법원은 피고의 유치권항변을 받아들여 건물명도청구를 기각하고, "원고는 건물명도완료일까지의 금원지급을 구하나, 피고가 위 빌라를 명도하지 않더라도 그 사용을 종료하면 부당이득은 발생하지 아니한다"는 이유를 들어 '사용종료일'을 종기로 설정하여 현재 및 장래의 부당이득반환을 명한 판결례가 있다.[57]

2) 학설 중에는 위대법원 2002. 6. 14. 선고 2000다37517 판결에 대하여 해당 사건의 특수성(토지임차인인 피고가 임차토지 중 제2토지의 일부를 토지소유자에게 이미 인도한 사정 등)에 비추어 토지의 사용·수익과 점유가 분리될 수 있는 특별한 경우에 해당한다고 설명하는 견해[58]가 있는데, 일반적인 적법점유 사안에서는 불법점유 사안과 마찬가지로 책임기간의 만료점을 '인도완료일'로 설정할 수 있다는 입장으로 보인다. 하지만 앞서 본 바와 같이 매수청구권이 행사된 건물부지에 대해서 토지의 사용·수익과 점유가 분리될 수 없다고 보아야 하며, 임차토지 중 일부가 이미 인도되었다는 사정이 토지의 사용·수익과 점유가 분리될 수 있다는 판단의 근거는 될 수 없다고 생각한다(다만 후술하는 바와 같이 일반적인 적법점유 사안에서는 만료점을 '인도완료일'로 설정할 수 있다는 위 견해에는 찬동한다).

다수의 학설은 위 대법원판결이 실질적 이득론에 근거한 타당한 판결이라고 평가하고 있으며,[59] 더 나아가 적법점유 사안에서는 일반적으로 청구적격을 인정할 수 없다고 주장하는 견해들[60]도 있다. 그러나 아래에서 살펴보는 바와 같이 찬성하기 어렵다.

(2) '사용·수익종료일'을 만료점으로 설정하여 장래의 부당이득반환을 청구할 수 있는지 여부

1) 부동산의 적법점유자에 대하여 위 부동산의 '인도완료일'을 만료점으로 설정하여 장래

---

56) 서울서부지방법원 2021. 1. 21. 선고 2018가단2366 판결 등.

57) 인천지방법원 2008. 7. 24. 선고 2006가단130455 판결.

58) 강수미, 앞의 논문, 109-110면.

59) 피정현, 앞의 논문, 312-313면; 김학기, 앞의 논문, 217면; 김상수, 앞의 논문, 202면; 곽승구, "장래 부당이득반환청구에서 반환의무의 종료시점에 관한 고찰 - 대법원 2019. 2. 14. 선고 2015다244432 판결을 소재로", 법학논집 제25권 제3호, 이화여자대학교 법학연구소, 2021.3, 205면; 황용경, "장래의 부당이득반환소송의 판결주문에서 '소유권 상실일' 기재에 관하여", 경희법학 제56권 제4호, 경희법학연구소, 2021.2, 268면.

60) 피정현, 앞의 논문, 313면; 김상수, 앞의 논문, 202면; 황용경, 위의 논문, 268면.

의 부당이득반환을 명할 수 없다면 그 만료점을 '사용 · 수익종료일'로 할 수 있는 것일까? '사용 · 수익종료일'을 만료점으로 설정할 경우 이 날까지 피고의 사용 · 수익에 따른 부당이득반환의무가 발생할 것이 변론종결 당시에 확정적으로 예상할 수가 있다. 다만 판결주문에 명시된 위 만료점을 집행기관이 조사 · 판단할 일이 있는지, 만일 그렇다면 '사용 · 수익 종료' 여부에 대한 조사 · 판단이 가능한지를 살펴보아야 할 것이다.

2) 장래의 부당이득금의 계속적 · 반복적 지급을 명하는 판결 주문상의 책임기간의 만료점은 집행문 부여 단계에서 집행문 부여기관인 법원사무관 등(민사집행법 제28조 제2항 참조, 이하 위 법을 '민집법'이라고 한다)이 조사 · 판단할 대상에 해당하지 않고, 또한 채권자가 집행문 부여 신청 시에 증명서로 그 성취 여부를 증명해야 하는 민집법 제30조 제2항의 '조건'에 해당한다고 보기 어려워 집행문 부여 단계에서 집행문 부여기관이 소속된 법원의 재판장 또는 사법보좌관(법원조직법 제54조 제2항 제2호, 사법보좌관규칙 제2조 제1항 제4호 참조)의 명령(민집법 제32조 제1항 참조)이 필요하다거나 이를 위한 조사 · 판단이 필요한 사항에도 해당하지 않으며(따라서 위 판결에 대해서는 단순집행문이 부여된다), 그 만료점에 이르렀는지 여부는 민집법 제40조 제1항이 정하고 있는 '일정한 시일',[61] 그 밖에 집행개시의 요건에 해당한다고 보기 어려워 집행개시 단계에서도 집행기관이 이에 대해 조사 · 판단할 일은 없다.[62]

한편 집행법원은 경매절차에서 매수인이 매각대금을 납부하면 배당절차를 밟아야 하고(민집법 제145조 제1항),[63] 각 채권자가 제출한 채권계산서 기타 집행기록에 편철되어 있는 서류(경매신청서, 배당요구서, 등기부등본 등)에 의하여 배당기일 3일 전까지 배당표원안을 작성하여 비치해야 하는데(민집법 제149조 제1항), 이는 배당표 작성의 편의를 위한 것으로 배당계획안(초안)에 불과하다.[64] 따라서 법원은 배당기일에 출석한 채권자, 채무자, 기타 이해관계인에게 배당표원안을 제시하고 그들을 심문하여 진술을 들어야 한다(민집법 제149조 제2항).[65] 다만 채권자, 채무자 기타 이해관계인은 꼭 배당기일에만 출석하여 의견을 진술하여야 하는 것은 아니고 배당표원안이 작성 · 비치된 후에는 언제든지 적당한 방법으로 의견을 진술할 수 있으며,[66] 배당표원안이 작성되기도 전에 채권자가 제출한 채권계산서에 대하여

61) 채무의 이행기가 확정기한인 경우를 의미한다(김홍엽, 「민사집행법」, 박영사, 2021, 86면).

62) 대법원 2019. 2. 14. 선고 2015다244432 판결(위 판결은 비록 장래 부당이득반환의무의 종기 중 '소유권 상실일'에 한정하여 위와 같은 판단을 하였지만, '인도완료일', '사용 · 수익종료일' 등 다른 종기의 경우도 마찬가지라고 할 것이다); 피정현, 앞의 논문, 302, 323면; 황용경, 앞의 논문, 269면.

63) 동산에 대한 강제집행에 있어서는 우선 각 채권자의 협의에 의하여 배당방법, 배당액 등을 정할 수 있는바(민집법 제222조 제1항), 협의가 성립하면 그 협의한 내용에 따라 집행관이 대금을 분배함으로써 집행절차가 끝나며, 법원에 의한 배당절차에 들어갈 필요가 없다. 반면에 부동산의 강제경매에서는 위와 같은 채권자간의 협의에 의한 배당이 인정되지 않고, 반드시 배당절차를 밟아야 하며, 채권자들의 채권변제에 충분한 경우도 마찬가지이다(법원행정처, 「민사집행법해설」, 2002, 191면).

64) 민일영 편집대표, 「주석민사집행법 (Ⅳ)」, 한국사법행정학회, 2018, 172−173면(박진수 집필부분); 김홍엽, 「민사집행법」, 261면.

65) 이때 채권자, 채무자가 배당표원안에 반대되는 진술을 하더라도 이는 배당표의 작성과정에서의 진술에 불과하므로 배당표에 대한 이의(민집법 제151조)와는 구별된다{민일영 편집대표, 「주석민사집행법 (Ⅳ)」, 173면(박진수 집필부분)}.

채무자 등이 의견을 진술하는 경우도 있다.

어느 채권자의 채권계산서에 대하여 다른 채권자, 채무자 등이 아무런 반대의견을 개진하지 않으면 집행법원은 특별히 문제가 없는 한 위 채권계산서상의 금액대로 배당표원안을 작성하거나 그대로 배당표를 확정하겠지만, 만약 반대의견을 개진한다면 집행법원은 양측의 주장·소명 내용을 조사·판단하여 배당표(원안)에 기재될 채권자의 채권액을 결정해야만 한다.

이와 관련하여 '부동산 인도완료일'을 만료점으로 설정하여 장래의 부당이득반환을 명한 판결에 기해 배당을 받고자 하는 채권자가 배당기일까지도 인도가 완료되지 않았다거나 특정 날짜(예컨대 2024. 1. 31)에 인도가 되었음을 전제로 자신의 채권액을 신고하고, 이에 대하여 채무자나 다른 채권자 등이 이미 특정 날짜(예컨대 2023. 7. 31)에 인도가 되었다거나 원고 주장과 다른 날짜(예컨대 2023. 7. 1)에 인도가 되었다고 반박하는 의견서와 소명자료를 제출한다면, 집행법원은 양측이 제출한 서류를 조사하여 채권자의 채권액을 판단한 다음 배당표원안을 작성하거나 배당기일에서 배당표원안을 경정하게 된다. 비록 집행법원은 이때 즉시 조사가 가능한 서증만을 조사할 수 있지만,[67] 부동산의 인도완료 여부는 임의이행이라면 영수증, 확인서 등 당사자들이 주고받은 서류를, 강제집행이라면 집행조서를 조사하여 판단할 수가 있다.

반면에 '사용·수익종료일'을 만료점으로 설정하여 장래의 부당이득반환을 명한 판결을 받은 채권자가 배당을 받고자 하고, 이에 대하여 채무자나 다른 채권자 등이 사용·수익의 종료 여부나 종료일에 대하여 당해 채권자와 다른 주장을 할 경우에는 집행법원이 즉시 조사가 가능한 서증(예컨대 전기세·수도세 등의 고지서, 당사자가 일방적으로 발송한 통고문 등)만으로 사용·수익의 종료 여부와 시기를 판단하기는 매우 어렵다. 특히 전기세·수도세 등 공과금 고지서를 받은 적이 없는 토지의 경우는 더욱 그러하다. 이 경우 일단 채권자의 채권계산서의 내용대로 배당표를 작성하고 이에 대하여 이의가 있는 채무자 등은 배당이의의 소로 다투는 방법을 생각해볼 수 있겠지만, 이는 일방적으로 채무자 등을 불리하게 처우하는 것으로서 온당치 못하다.[68] 결국 '사용·수익종료일'을 만료점으로 설정하여 장래의 부당이득반환을 명한 판결은 집행법원의 배당절차에 지장을 초래하므로 위 만료점을 판결주문에 기재하는 것은 위법하다고 할 것이다.[69]

---

66) 민일영 편집대표, 「주석민사집행법 (Ⅳ)」, 173면(박진수 집필부분).

67) 민일영 편집대표, 「주석민사집행법 (Ⅳ)」, 174면(박진수 집필부분).

68) 같은 견해로는 황용경, 앞의 논문, 268면.

69) 판결의 주문은 명확하여야 하며 주문 자체로서 내용이 특정될 수 있어야 하므로, 주문은 어떠한 범위에서 당사자의 청구를 인용하고 배척한 것인가를 그 이유와 대조하여 짐작할 수 있을 정도로 표시되고 집행에 의문이 없을 정도로 이를 명확히 특정하여야 하는데(대법원 1995. 6. 30. 선고 94다55118 판결, 대법원 2006. 3. 9. 선고 2005다60239 판결, 위 밑줄은 필자가 가한 것이다), 주문에 '사용·수익종료일'을 종기로 기재한 판결은 집행에 의문내지 지장을 초래하는 것이다.

(3) 소 결

적법점유자에 대하여 '인도완료일'을 만료점으로 설정하여 장래의 부당이득반환을 명하는 판결을 할 수 없다면, 결국에는 적법점유자에 대한 장래의 부당이득반환청구의 소의 적법성을 부정할 수밖에 없다. 그러나 이는 임대인으로 하여금 부당이득반환을 구하는 현재 이행의 소를 재차, 삼차 제기할 것을 요구하는 것이 되어 소송경제에 반하고, 사실심 변론종결일까지 권원 없이 임차물을 계속 사용해온 임차인을 임대인보다 보호하는 결과가 될 뿐만 아니라 위 임차인 역시 재차, 삼차 제기되는 현재 이행의 소에 응소해야 하는 부담을 져야 하므로 바람직하지 않다.

4. 보증금에서 장래의 부당이득금을 공제할 때의 재판실무와의 조화 문제

(1) 재판실무

임대인이 임차인을 상대로 임대차목적물의 인도를 구하는 소송에서 임차인이 보증금반환청구권에 기한 동시이행항변을 하면, 임대인은 보증금이 담보하는 임차인의 채무, 특히 임대차목적물의 사용·수익에 따른 현재 및 장래의 부당이득반환채무 등을 공제한다는 재항변을 할 수 있다. 이때 수소법원이 임대인의 청구원인과 위 각 항변이 타당하다고 인정한다면 피고에게 「원고로부터 임대차보증금에서 임대차목적물의 '인도완료일'까지 발생하는 현재 및 장래의 부당이득금을 공제하고 남은 잔액을 지급받음과 동시에 원고에게 임대차목적물을 인도하라」는 내용의 판결을 선고해야 하는바,[70] 이는 확립된 재판실무이다.[71][72]

임대인이 임차물 인도청구에 위 현재 및 장래의 부당이득반환청구를 병합하면 사실심법원은 아래와 같은 내용으로 판결을 선고하고 있다(임대차보증금이 1억 원이고, 2020. 4. 30. 임대차가 종료되었으며, 그 다음 날부터 매월 5백만 원의 부당이득금이 발생하고 있다고 가정한다).[73]

1. 피고는 원고에게,

가. 원고로부터 1억 원에서 2020. 5. 1.부터 별지 목록 기재 부동산의 인도완료일까지 월 5백

---

70) 다만 위 공제의 결과 사실심 변론종결일을 기준으로 임대차보증금이 남아있지 않다면 동시이행판결이 아닌 무조건 인도를 명하는 판결을 선고해야 한다(대법원 2012. 5. 9. 선고 2012다12115,12122 판결 참조).

71) 사법연수원, 앞의 책, 117-118면; 대구지방법원경주지원 2016. 11. 8. 선고 2016가단11267 판결, 서울중앙지방법원 2013. 2. 19. 선고 2012가단179573 판결, 서울서부지방법원 2010. 8. 26. 선고 2009가합16445 판결, 서울중앙지방법원 2010. 10. 12. 선고 2010가합34826,2010가합34833 판결 등.

72) 대법원은 임대인의 보증금반환의무는 임대차관계가 종료되는 경우에 그 보증금 중에서 목적물을 반환받을 때까지 생긴 연체차임 등 임차인의 모든 채무를 공제한 나머지 금액에 관하여서만 비로소 이행기에 도달하여 임차인의 목적물반환 의무와 서로 동시이행의 관계에 있다는 입장을 취하고 있는바(대법원 1977. 9. 28. 선고 77다1241, 1242 전원합의체 판결, 대법원 1987. 6. 23. 선고 87다카98 판결 등), 위와 같이 임대차보증금에서 '인도완료일'을 종기로 한 장래의 부당이득금을 공제하는 재판실무가 대법원의 위 입장(보증금이 담보하는 임차인 채무의 시간적 범위)에서 비롯되었을 수 있다고 생각한다.

73) 서울중앙지방법원 2011. 12. 23. 선고 2011가합75725(본소), 75732(반소) 판결, 수원지방법원성남지원 2017. 6. 14. 선고 2016가단214710 판결, 서울서부지방법원 2021. 6. 10. 선고 2020가합31135, 2020가합31142 판결 참조.

만 원의 비율에 의한 금액을 공제한 나머지 금원을 지급받음과 동시에 위 부동산을 인도하고,

나. 2020. 5. 1.부터 위 가.항 기재 부동산의 인도완료일까지 월 5백만 원의 비율에 의한 금액에서 1억 원을 공제한 나머지 금원을 지급하라.

이처럼 재판실무는 변론종결일을 기준으로 임차인의 부당이득반환채무 등을 공제한 보증금 잔액이 존재하여 임차인이 위 보증금 잔액의 반환청구권에 기한 동시이행항변권으로 임차물을 적법하게 점유하고 있는 사안에 대하여, 보증금에서 현재 및 장래의 부당이득금을 공제한 잔액의 지급과 상환으로 한 임차물 인도 판결을 선고함에 있어서나 더 나아가 임대인의 현재 및 장래의 부당이득반환청구를 인용하는 판결을 선고함에 있어서도 장래의 부당이득반환의무의 종기를 '인도완료일'로 설정하고 있다.

(2) 위 재판실무와의 조화 문제

동시이행항변권에 기하여 적법하게 임차물을 점유하고 있는 임차인을 상대로 한 임차물 반환청구소송에서 '보증금에서 임차인의 현재 및 장래의 부당이득반환채무를 공제한다'는 임대인의 주장은 재항변에 불과하기 때문에 공제할 장래의 부당이득의 범위를 인도완료일까지로 설정하는 것이 가능하지만, 장래의 부당이득반환청구권이 소송물이 되는 경우에는 청구적격의 문제를 고려하지 않을 수 없어 위 만료점을 인도완료일로 설정하는 것이 허용되지 않는다고 본다면, 이는 타당한가?

위 공제의 주장은 재항변이기는 하지만 임차인의 임차물반환채무와 동시이행관계에 있는 임대인의 반대채무(보증금반환채무)의 범위와 관련된 것이므로 '공제되는 장래 부당이득의 범위를 인도완료일까지로 설정하는 것'이 '임차인에게 인도완료일을 만료점으로 설정하여 장래의 부당이득의 반환을 명하는 것'과 비교하여 임차인의 재산에 미치는 영향이 적다고 볼 수는 없다.

임차인이 임차물의 인도완료일 이전에 임차물의 사용·수익을 종료할 수 있음에도 불구하고 '인도완료일'을 만료점으로 설정하여 장래의 부당이득반환채무의 이행을 명하는 판결이 선고·확정되었고, 그 후 임차인이 임차물의 인도 이전에 임차물의 사용·수익을 종료하였음에도 불구하고, 임대인이 위 사용·수익 종료 이후의 기간에 대해서도 부당이득금이 발생했음을 전제로 위 판결에 기한 강제집행 등을 시도한다면, 임차인은 민집법 제44조의 청구이의의 소를 제기하여 이를 저지해야 한다. 마찬가지로 '인도완료일'까지의 장래 부당이득을 공제한 보증금 잔액의 지급과 상환으로 임차물의 인도를 명하는 판결이 선고·확정되었고, 그 후 임차인이 임차물의 인도 이전에 임차물의 사용·수익을 종료하였음에도 불구하고, 임대인이 위 사용·수익 종료 이후의 기간에 대해서도 부당이득금이 발생했음을 전제로 보증금에서 이를 모두 공제하여 그 잔액을 반대채무의 이행으로서 임차인에게 지급하였고, 집행기관이 집행개시요건으로서의 반대채무의 이행(민집법 제41조 제1항)이 증명되었다고 보

아 인도판결의 집행을 개시하였다면, 임차인은 민집법 제16조의 집행에 관한 이의신청을 통해 집행불허재판을 받은 다음 그 정본을 집행기관인 집행관에게 제출하여 집행취소를 신청해야 할 것인바(민집법 제49조 제1호, 제50조),[74] 이처럼 장래의 부당이득반환의무의 범위를 '인도완료일'까지로 설정하는 것은 장래의 부당이득반환을 명함에 있어서나 보증금에서 위 부당이득을 공제함에 있어서나 채무자(임차인)에게 주는 부담은 동일하다.

특히 임대인의 병합청구에 따라 임차인에게 임차물의 인도 외에 현재 및 장래의 부당이득금반환까지 명할 경우에는 앞서 살펴본 재판실무처럼 위 공제의 경우와 동일하게 장래 부당이득의 책임기간의 만료점을 인도완료일로 설정하여 그 이행을 명할 수밖에 없다는 점에서, 보증금에서 공제되는 장래의 부당이득반환의무의 범위를 '인도완료일'까지로 정한 것은 상당히 중요한 의미를 갖는다.

위와 같은 청구병합사건에서 책임기간의 만료점을 '인도완료일'로 설정하여 장래 부당이득의 반환을 명하게 되는 일 등을 피하기 위해 보증금에서 장래의 부당이득을 공제함에 있어서 그 의무의 범위를 사용(수익)종료일로 설정하는 방법도 생각해볼 수 있겠으나, 이는 적절치 않다. 보증금에서 공제되는 장래의 부당이득의 범위는 집행개시요건으로서 이행 또는 이행제공이 증명되어야 하는 반대채무의 범위에 영향을 미치는 것인데, 집행개시 여부를 결정해야 하는 집행기관으로서는 앞서 언급한 바와 같이 사용(수익)종료 여부에 대한 조사·판단이 어려워 결과적으로 반대채무의 이행 또는 이행제공 여부를 제대로 판단할 수 없기 때문이다.

위와 같은 청구병합사건에서 '인도완료일'까지의 장래 부당이득을 공제한 보증금 잔액의 지급과 상환으로 임차물의 인도를 명하고, 장래의 부당이득반환청구에 대해서는 '인도완료일'을 만료점으로 설정하여 그 이행을 명할 수 없다는 등의 이유로 청구적격을 부정하여 이를 각하하는 방법도 있을 수 있으나(따라서 현재의 부당이득반환청구만 인용하거나 위 청구마저 위 공제를 이유로 기각하게 될 것이다), 어느 원고도 이러한 판결에 대해 납득하지 못할 것이다.

결국 적법점유자에 대하여 책임기간의 만료점을 '인도완료일'로 설정하여 장래 부당이득의 반환을 명할 수 없다는 해석은 보증금에서 장래의 부당이득을 공제함에 있어서 그 만료점을 '인도완료일'로 설정하고 있는 재판실무와 조화를 이루기 어렵고, 이러한 재판실무에 혼란만 초래할 뿐이다.

Ⅳ. 결 어

장래의 부당이득반환청구소송 등 장래의 계속적·반복적 급부의 이행을 구하는 소에서

---

74) 사법연수원, 「법원실무제요(민사집행 Ⅰ)」, 2020, 87면; 민일영 편집대표, 「주석민사집행법 (Ⅰ)」, 한국사법행정학회, 2018, 245, 254면.

대법원이 청구적격으로 요구하는 ‘확정적 예정가능성’은 원고가 지정한 책임기간의 만료점까지 피고의 부당이득반환의무가 계속 발생할 것이 사전적 의미에서 확실해야 한다는 것이 아니라 개개의 사건의 내용과 경험칙에 비추어 볼 때 원고가 지정한 책임기간의 만료점까지 위 의무가 계속 발생할 가능성이 비교적 높다는 것을 의미한다고 보아야 한다. 우리 판례는 일본의 판례와 달리 명시적으로는 채무자가 장래 청구이의의 소를 제기해야 하는 부담을 고려하고 있지 않지만, 가사 이 점을 고려해야 한다고 하더라도 법원이 부당이득반환의무가 계속 발생할 가능성이 비교적 높다고 판단되는 때를 만료점으로 설정하여 그 반환을 명하였다면, 채무자로 하여금 그 만료점 이전에 위 의무가 종료되었음을 이유로 한 청구이의의 소를 제기하도록 하는 것이 당사자의 형평에 부합할 것이다. 일본에서는 장래의 계속적 불법행위로 인한 손해배상청구의 소의 청구적격과 관련하여, 학설의 대세가 오사카국제공항사건의 최고재판소 판결에 대한 비판적 시각에서 ‘침해행위가 현존하고, 장래에도 같은 기본적 사정 아래에서 동일한 침해행위가 계속될 것으로 용이하게 예측될 경우’에 청구적격을 인정하고 있는바, 이는 위 요건만 충족될 경우 장래에 불법행위의 성립 및 배상할 손해의 범위가 향후 복잡한 사실관계의 전개에 따라 좌우될 수 있다고 해도 그 사실관계의 전개가 채무자에 의해 이루어지는 것이라면 채무자가 청구이의의 소에서 면책사유로 주장·입증하는 것이 타당하다는 시각을 전제로 하는 것이다. 위와 같은 시각은 우리의 장래이행의 소의 청구적격을 판단함에 있어서 참고할 가치가 있다.

임차물반환의무를 부담하는 임차인이 인도거절권능(동시이행항변권 또는 유치권)을 넘어 임차물을 사용·수익하였고, 그로 인해 이미 발생한 부당이득을 반환하지 않으면서 임대인이 제기한 현재 및 장래의 부당이득반환청구소송의 사실심 변론종결일까지도 위 임차물을 계속 점유 및 사용·수익하고 있다면, 임차물을 인도하는 날까지 그 사용·수익을 계속할 가능성이 비교적 높다고 보아도 좋을 것이다. 물론 위 임차인이 임차물을 임대인에게 인도하기 전에 임차물의 사용·수익을 종료할 가능성도 있지만, 부당이득반환의무 종료사유로서의 임차인의 사용·수익 종료는 임차인이 청구이의의 소에서 주장·입증토록 하는 것이 당사자의 형평에 부합할 것이다.

적법점유자에 대하여 책임기간의 만료점을 ‘인도완료일’로 설정하여 장래 부당이득의 반환을 명할 수 없다고 해석하는 것은 적법점유자인 임차인에 대한 장래의 부당이득반환청구의 소의 적법성을 부정하는 결과를 초래할 것이고, 이에 따라 부당이득의 반환을 원하는 임대인으로서는 재차, 삼차 현재 이행의 소를 제기해야만 하는데, 이는 소송경제에 반하고, 임대인보다 권원 없이 사실심 변론종결일까지 임차물을 사용해온 임차인을 보호하는 결과가 되어 형평에도 반하며, 위 임차인 역시 다시 응소의 부담을 져야 하므로 결코 타당한 결론이라고 할 수 없다. 따라서 적법점유자에 대해서도 ‘인도완료일’을 만료점으로 설정하여 장래의 부당이득반환을 명하던 종래의 재판실무를 바꿀 이유는 없는 것이다. 무엇보다 위와 같은 해석은 임대차보증금반환청구권에 기한 동시이행항변권으로 임차물을 적법하게 점유하고 있는 임차인을 상대로 '장래의 부당이득을 공제한 보증금 잔액의 지급과 상환으로 임차물의 인도를 명하는 판결'을 선고함에 있어서 위 장래의 부당이득반환의무의 범위를 임차물의 '인도완료일'까지로 설정하고 있는 재판실무와 조화를 이루기 어렵다. 적법점유자를 상대로 한 장래의 부당이득반환청구소송에서도 그 책임기간의 만료점을 '인도완료일'로 설정한 청구의 적격을 인정함으로써 재판실무의 통일을 기할 필요가 있다.

민사조정의 최근 현황과 과제

제도적 대응 혹은 변용을 중심으로

김 세 준

성신여자대학교 법과대학 교수

박사학위 취득 후 어느 학회에서 교수님을 처음 뵙고 인사드릴 기회가 있었습니다. 그때 교수님께서 해주신 따뜻한 격려의 말씀은 오랜 시간이 지난 지금까지도 저의 동력이 됩니다. 저는 그 우연이 교수님께서 2022년 한국민사법학회 회장을 역임하실 때 상임이사로서 작은 힘을 보태드릴 수 있었던 인연으로 이어졌다고 생각합니다. 늘 후학들을 온정으로 품어주시고 학문의 본령을 잊지 않게 일깨워주시는 존경하는 박동진 교수님의 회갑을 축하드립니다. 오래 건강하시기를 기원드리며 부족한 글을 봉정합니다.

Ⅰ. 들어가며

「민사조정법」 제1조는 "이 법은 민사(民事)에 관한 분쟁을 조정(調停) 절차에 따라 당사자의 자주적·자율적 분쟁 해결 노력을 존중하면서 적정·공정·신속하고 효율적으로 해결함을 목적으로" 함을 규정한다. 여기에서의 "민사"는 조정의 대상이 되는 분쟁의 범위를 의미할 것인데, 그 범위를 분명하게 파악하기 위해서는 – 다소 원론적이기는 하나 – 다음과 같이 생각해 볼 수 있다. 민사조정이 민사소송제도에 대한 재판 외의 분쟁해결절차 또는 대체적 분쟁해결절차라고 이해한다면,[1] 원칙적으로 민사소송의 대상이 되는 모든 사건은 조정의 대상이 된다. 그런데 민사소송은 민법·상법 등 사법으로 규율되는 대등한 주체 간의 생활관계에서 비롯되는 민사사건, 즉 사법상의 법률관계에 관한 분쟁을 그 대상으로 한다.[2]

한편 실체법적 관점에서 다음과 같이 살펴볼 수도 있다. 민법 제1조는 "민사에 관하여 법률에 규정이 없으면 관습법에 의하고 관습법이 없으면 조리에 의한다"고 하여 법원(法源)을 규정한다. 본래 '민사'는 다양한 의미로 쓰이는 용어이다. 예컨대 '형사'에 대응하여 쓰이기도 하는데 이때 민사의 의미는 민법·상법 등 실체사법의 규율대상인 대등한 사인 상호 간의 생활관계를 의미하며 이때 상사관계도 포함한다. 반면에 '상사'에 대응하여 쓰이는 경우에는 상사관계를 제외한 그 밖의 사법관계를 의미하게 된다.[3] 그러면 민법 제1조에서 말하는 "민사"는 무엇을 뜻하는가? 상법 제1조[4]는 상사에 적용할 법원을 따로 규정하고 있는데, 이에 따르면 상사에 관하여 상법에 규정이 없고 상관습법도 없으면 민법의 규정에 의하여야 한다. 그 결과 민법 제1조의 "민사"에는 상사도 포함되는 것으로 해석된다. 민법이 사법의 일반법이라는 점에서도 그렇게 볼 수 있는 것은 마찬가지이다. 따라서 "민사에 관하여"는 "사법관계에 관하여"의 넓은 의미로 이해된다.[5]

민사조정법에서 규정하는 "민사"의 의미 역시 이와 같이 해석하여야 하는데, 그렇다면 민사조정은 사법관계에 적용되는 조정제도의 기본이 된다. 즉 상사관계를 포함하여 대등한 사인 사이의 생활관계에서 발생하는 모든 분쟁에 대하여 원칙적으로 민사조정이 그 해결방식이 될 수 있다는 것이다. 다만 민사조정법은 법원의 관할에 따라 수행되는 조정에 관해서만 규정하고 있으며, 모든 민사사건은 법원의 민사조정에 의할 수 있음은 물론이다. 그러나 여러 가지 이유에서 법원 밖에서의 조정에 관한 각종의 제도가 마련되어 있고 그에 따른 여러 방식의 조정이 실제로 수행되고 있기도 하다. 가장 대표적으로는 소위 '행정형 조정'으로 지

---

1) 호문혁, 『민사소송법』, 제13판, 법문사, 2016, 5면 참고.
2) 정동윤/유병현/김경욱, 『민사소송법』, 제6판, 법문사, 2017, 4면.
3) 곽윤직/김재형, 『민법총칙』, 제9판, 박영사, 2016, 15–16면.
4) 상법 제1조(상사적용법규) 상사에 관하여 본법에 규정이 없으면 상관습법에 의하고 상관습법이 없으면 민법의 규정에 의한다.
5) 곽윤직/김재형, 앞의 책, 16면.

칭되는 분쟁해결방식이 있는데, 여기에서 '행정형'이라는 표현은 그 해결방식에 관한 것으로서 사법(司法)에 대응되는 표현이다. 즉 행정형 조정 역시 그 대상이 되는 사건은 민사에 관한 분쟁이다.

이는 법원을 중심으로 하는 민사조정이 다양한 권한에 의해 분산된 것으로 이해할 수 있으며, 그 역할은 사인이 활동하는 분야 혹은 적용규범의 영역에 따라 분화되어 각각의 제도적 근거로서 자리 잡고 있다. 그럼에도 불구하고 넓게 보면 그 본질은 모두 민사조정이다. 따라서 민사조정을 논함에 있어서는 그 범위를 민사조정법이 적용되는 법원의 조정으로 한정할 것이 아니라, 본질적인 차원에서 합리적인 분쟁해결이라는 목적을 어떠한 규범적 수단을 통해 달성할 수 있는지를 고찰하여야 한다. 이 논문에서는 민사조정제도의 합리적 형성이라는 과제에 관한 관견(管見)을 논하고자 한다.

Ⅱ. 민사조정의 의의와 동향

1. 민사조정의 본질

(1) 분쟁해결수단으로서의 성격

민사조정의 1차적인 목적은 사인 간의 분쟁을 해결하는 것이고, 그것을 위해 그 제도가 존재한다. 이는 민사조정이 분쟁을 해결할 수 있는 규범적 수단으로 승인되고 있다는 의미인 동시에 그 절차를 통해 분쟁이 해결될 수 있다는 사회적 기대를 시사한다. 따라서 민사조정이 분쟁을 효과적·합리적으로 해결할 수 없게 된다면 제도적 기능을 상실하게 된다. 조정이 가진 장점을 아무리 많이 늘어놓더라도 결국 분쟁을 해결할 수 없다면 그러한 장점은 유명무실하게 되어 버릴 것이다.

(2) 절차적 사적자치의 실현

조정은 공평하고 중립적인 제3자로서의 조정인이 분쟁당사자 사이의 대화와 협상을 촉진함으로써 그 분쟁의 우호적 해결을 도모하는 분쟁해결방식이다. 즉 조정은 당사자 자치에 기반하고 있는 자기책임성을 내용으로 하기 때문에 사적자치에 그 법이념적 기초를 두고 있다.[6] 분쟁해결과정에서 조정인이라는 제3자가 등장함에도 불구하고 당사자가 주체적인 지위에서 조정의 주인공이 되기 때문에,[7] 조정은 절차적 사적자치의 실현 수단이라고 볼 수 있다.

6) 김소연, "재판외 분쟁해결절차(ADR)로서 행정형 조정과 재판청구권의 관계", 「분쟁해결」 제3호, 2021, 77면; 김용섭, "조정제도의 혁신을 위한 법정책적 과제", 「행정법학」 제24호, 2023, 30면.

7) 김용섭, 위의 논문, 31면.

2. 민사조정의 현황

(1) 제도 개요

법원은 1990년 민사조정법 제정을 전후하여 대법원 주도하에 스스로 간이한 분쟁해결방법에 관심을 가지기 시작하였고, 또한 이를 적극적으로 활용하는 움직임이 나타났다. 이러한 기초에서 볼 때 민사조정제도는 법원이라는 사법기관 또는 국가기관이 주도하여 형성해 온 제도라는 점에서 특징이 있다. 가령 법원 밖에서 소송 대체적 분쟁해결(이하 'ADR')에 관한 논의가 전개되어 왔던 미국의 경우와는 차이가 있다.

법원이 담당하고 있는 소송 대체적 분쟁해결절차로는 민사조정, 가사조정, 재판상 화해 등이 있고, 현행 민사조정법상 조정사건을 처리하는 기관으로는 조정담당판사(민사조정법 제7조 제1항), 상임 조정위원(동조 제2항), 조정위원회(동조 제2항), 수소법원(동조 제4항)이 있다. 그리고 조정담당판사는 조정기관일 뿐만 아니라 조정에 관한 각종 행정사무를 처리하는 기관이기도 하다. 또한 법원은 조정행정 업무를 위하여 고등법원급에 조정총괄부를 설치하고, 조정위원규칙에 따라 각급 법원에 조정센터를 두고 있다.

[그림] 민사조정 절차[8)]

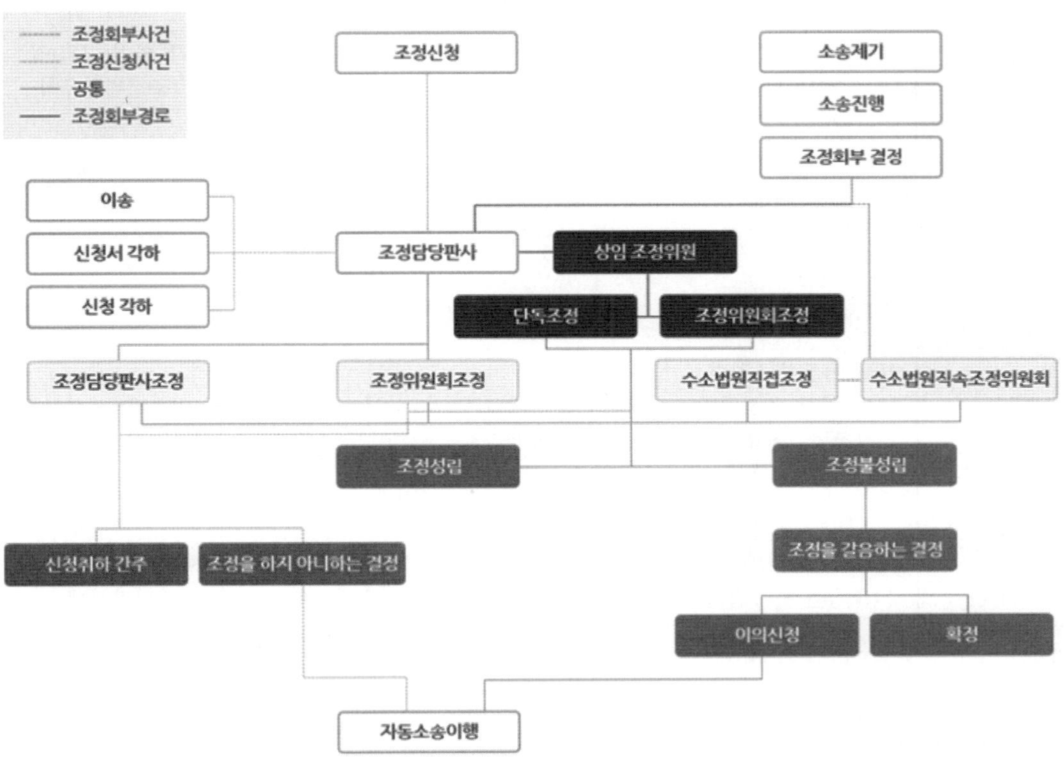

8) https://help.scourt.go.kr/nm/min_1/min_1_6/min_1_6_1/index.html(2024.9.30. 최종접속).

(2) 조정위원제도

조정위원은 위촉 주체에 따라 다음과 같이 구분된다. 민사조정법 및 조정위원규칙에 따라 각급 법원장이 위촉하는 '일반 민사조정위원'[9]과 법원행정처장이 일정한 법조경력자 가운데 고등법원, 지방법원 및 지방법원의 지원 소속으로 위촉하는 '상임 조정위원'[10]으로 나뉘는데, 이중 상임 조정위원은 법원행정처장에 의하여 위촉되어 각 법원 조정센터에 배치되며 조정담당판사와 동일한 권한을 가지므로 조정담당판사에 의하여 일단 사건을 배정받으면 독자적인 종결권을 가진다. 아래 [표 1]에는 법원 조정위원의 유형별 차이점과 특징이 나타나 있다.

또한 대법원은 상임 조정위원이 조정사건을 처리할 수 있도록 지역별로 조정센터를 설치하고 있다. 조정센터는, 서울에서는 2009년 4월 13일, 부산에서는 2009년 4월 20일, 대전, 대구, 광주에서는 2011년 4월 18일에 각각 출범하였고, 2013년 4월 서울남부·북부·서부, 의정부 조정센터, 2014년 6월 인천 조정센터, 2019년 4월 서울동부·수원 조정센터가 출범하였고, 현재 12곳의 법원 조정센터가 운영 중인 것으로 파악된다.

[표 1] 법원 조정위원의 유형과 특징[11]

구분	상임 조정위원	조정전담변호사	상근 조정위원	소액전담조정위원
시행연도	2009. 4.	2018. 3.	2012. 3.	2021. 3.
위촉권자	법원행정처장 (조정위원규칙 제2조의2)	각급 법원(지원)장 (조정위원규칙 제2조의5)	각 법원(지원)장 (조정위원규칙 제2조)	각 법원(지원)장 (조정위원규칙 제2조)
근무형태	상근	상근	요일제	요일제
근무일	주 5일	주 5일	특정 요일	주 2~3일
겸직제한 의무	있음	있음	없음	없음
연령 제한	없음	없음	없음	만 60세 이상
자격	10년 이상 법조경력 / 3년 이상 조정위원 (조정위원규칙 제2조의2)	변호사(조정위원규칙 제2조의5)	변호사 / 학식과 덕망이 있는 사람(조정위원)	변호사, 법무사 / 3년 이상 조정위원
사건유형	제한없음	제한없음	제한없음	소액사건
권한	조정담당판사와 동일 (조정절차 종결권 보유)	책임조정방식(조정담당판사에게 사무수행 보고)	책임조정방식(조정담당판사에게 사무수행 보고)	책임조정방식(조정담당판사에게 사무수행 보고)

9) 민사조정법 제10조 본문 및 조정위원규칙 제2조.
10) 민사조정법 제10조 단서 및 조정위원규칙 제2조의2.
11) 한국조정학회, 「조정전담변호사의 업무 정립 및 수당의 적정성에 관한 연구」, 법원행정처 연구보고서, 2023, 11면.

(3) 조기조정제도 및 외부연계형 조정

조기조정(early mediation)은 본안재판부가 변론기일을 지정하기 전 또는 본격적으로 재판을 시작하기 전에 사건을 조정에 회부한 다음 재판부의 관여 없이 조정위원이 주도하여 짧은 기간 동안 진행하는 조정이다. 소장 부본을 송달하고 피고가 답변서를 제출한 후 1회 변론(준비)기일에 들어갈 때까지 일반적으로 약 2~3개월의 대기기간이 소요되는데, 조기조정은 그 기간을 활용하여 조정을 시도하는 절차로서 의미가 있다. 서울중앙지방법원은 2010. 3. 전국 법원 최초로 조기조정제도를 도입하여 시행하고 있다.[12)]

조기조정의 목적은 다음과 같다. 첫째, 조정위원, 즉 비법관의 주도적 역할 강조하고자 한다. 둘째, 기존의 조정기일이나 장소에 구애 받지 않는 유비쿼터스(Ubiquitous) 조정(조정위원이 사전에 당사자에게 전화연락 등 의견청취를 통해 사건파악을 하고, 회합일시 및 장소도 조정위원의 사무실 등 법원 밖에서 가능하게 하여 당사자 위주의 조정을 실현할 수 있게 됨을 의미)을 시도하고자 한다. 셋째, 법원 외부의 분쟁해결 기관과 전문가 조정위원의 활용도를 높여 사건에 맞는 맞춤형 조정을 가능케 하고자 한다.

한편 이와 같은 조기조정제도를 도입하면서 외부연계형 조정이 시행되어 오고 있다. 외부연계형 조정이란, 법원에 계속된 조정사건을 외부의 분쟁해결기관(그 기관 내 중요 담당자를 법원의 조정위원으로 위촉하고, 그 기관의 조정업무를 총괄하게 한다고 하여 '총괄조정위원'으로 칭함)이나 법원 밖의 비상임 조정위원에게 보내 조정사건을 진행하도록 한 다음, 그 결과를 법원에 사무수행보고서의 형태로 보고하도록 하고, 법원은 그 보고에 따라 합의가 성립되었으면 조정에 갈음하는 결정을 보내어 사건을 종결시키며, 만일 합의가 성립되지 않았다면 소송으로 복귀시키는 절차이다.

서울중앙지방법원은 2010. 4. 대한상사중재원, 서울지방변호사회와 협의하여 전국 최초로 외부기관으로 하여금 법원의 조정사건을 처리하게 한 이래, 점차 연계를 확대하여 현재 위 두 기관 이외에 대한법무사협회, 한국공정거래조정원, 한국저작권위원회 등 12개의 외부분쟁해결기관과 관할구역 내의 고려대, 성균관대, 중앙대등 3개 대학의 법학전문대학원과 연계하여 조정업무를 수행하고 있다.

(4) 현황 분석

1) 2022년 민사조정사건 개요[13)]

2022년 기준으로 민사조정신청사건은 총 9,938건이 접수되었는데, 처리건수는 총 10,206건이고 조정성공률[14)]은 30.7%였다. 그리고 조정회부건수는 56,530건이고 조정담당판사의 조

12) 법무부, 「ADR제도 활성화를 위한 변호사의 역할에 관한 연구」, 2015년도 법무부 연구용역 보고서, 2016, 45면.
13) 법원행정처, 「2023 사법연감」, 2023, 726면 이하.
14) (조정성립건수+조정을 갈음하는 결정건수−이의신청 · 조정을 갈음하는 결정 취소 건수)÷조정처리건수×100.

정 처리건수가 57,832건이었으며, 수소법원 처리건수는 20,474건이었다. 한편 지방법원 민사본안사건 중 조정(조정회부 및 수소법원 조정 포함)으로 처리되는 비율[15]은 4.5%로 나타났다.

특징적인 것은, 당사자가 조정을 신청하는 경우보다 수소법원이 직접 조정에 회부하여 조정을 진행하는 사건의 수가 많은 것으로 확인된다는 점이다. 민사조정제도에 부여할 수 있는 다양한 측면의 의미를 고려할 때 법원의 재판 부담 경감이라는 차원에서는 조정 건수 자체가 증가하는 것은 고무적이다. 그러나 또 한편으로 조정제도는 분쟁당사자의 입장에서 신속하고 저렴한 비용으로 자신들의 분쟁을 적극적이면서도 자율적으로 해결할 수 있는 기회를 제공받을 수 있다는 의미도 있다. 그러한 측면이 가지는 긍정적 효과를 생각할 때 수소법원의 조정회부를 통한 조정사건 수가 조정신청사건에 비하여 훨씬 많다는 점은 민사조정이 가지는 본래의 취지와는 다소 맞지 않는 현상이라고 할 수 있다.[16]

세부 현황은 아래 [표 2], [표 3], [표 4]와 같다.

[표 2] 2022년 민사조정사건 처리상황－조정담당판사 조정

구분 / 사건	2022년 접수	처리						이의신청·조정갈음 결정 취소
		합계	조정성립	조정을 갈음하는 결정	조정 불성립	취하	기타	
합계	**66,468**	**68,038**	**7,172**	**23,560**	**28,303**	**3,235**	**5,768**	**11,127**
조정신청	9,938	10,206	1,398	2,239	2,119	2,721	1,729	507
조정회부	56,530	57,832	5,774	21,321	26,184	514	4,039	10,620

[표 3] 2022년 민사조정사건 처리상황－수소법원 조정

구분 / 법원	처리		
	합계	조정성립	조정을 갈음하는 결정
합계	**20,474**	**13,242**	**7,232**
지방법원	19,905	12,933	6,972
고등법원	569	309	260

[표 4] 2022년 민사본안사건 조정·화해 처리율－제1심

구분	조정·화해 건수	본안사건 처리건수	성공률(%)
합계	**33,411**	**252,868**	**13.2**

(※ 소액사건 제외)

15) (조정성립건수＋조정을 갈음하는 결정건수－이의신청·조정을 갈음하는 결정 취소 건수)÷본안처리건수×100.

16) 김성태, “민사조정법상 조정위원회의 구성과 역할에 관한 소고”, 「법학논총」 제44집, 숭실대학교 법학연구소, 2019, 5－6면.

2) 최근 연도별 조정사건 추이

2022년을 기준으로 최근 5년 간 수소법원 조정사건을 제외하고 각 지방법원에 접수된 민사조정사건의 수는 [표 5]와 같다. 해를 거듭할수록 사건의 수가 증가하는 추세에 있다.

[표 5] 민사조정사건 누년비교표[17)]

연도	2018	2019	2020	2021	2022	평균
합계	56,503	60,900	60,670	66,277	65,630	61,996

(※ 수소법원 조정사건 제외)

Ⅲ. 제도적 분화

1. 이른바 행정형 조정에서의 민사조정

(1) 행정형 조정 개요

1) 의 의

소위 '행정형 조정'이란, 행정기관(혹은 그 산하기관)이 소관 사무와 관련하여 발생한 분쟁을 해결하기 위해 설치・운영하는 조정을 말한다. 여기에서 '행정형'이란 수식어는 조정절차의 운영주체가 행정기관임을 나타낸다. 물론 행정기관이 제공하는 ADR절차는 조정에 한정되지는 않는다. 알선, 합의권고, 재정, 중재 등을 제공하는 절차도 있다. 그러나 행정형 ADR을 제공하는 거의 대부분의 기관이 조정을 제공하고 있고, 또 그중 대부분은 조정만을 제공하고 있다는 점에서 가장 대표적인 ADR절차라고 할 수 있다.

행정형 조정은 우리나라의 ADR 실무에서 상당한 비중을 차지한다. 민간형 ADR이 활성화되지 않은 반면에, 행정형 조정을 제공하는 기관의 숫자는 적지 않을 뿐만 아니라 새로운 법률이 제정될 때마다 증가하는 경향을 보인다. 즉 특정한 산업 영역에 관한 입법을 하는 경우 행정형 조정기관을 함께 도입하고자 하는 취지를 분명하게 확인할 수 있다.

2) 특 징

행정형 조정은 일반적으로 다음과 같은 장점이 있다. 첫째, 행정기관이 조정절차를 운영함에 따라 소관 업무에 관해 '어떠한 분쟁'이 '어느 정도의 빈도'로 '왜' 일어나는지 구체적으로 파악하는 것이 가능하다. 그리고 이를 통해 분쟁 예방에 관한 정책 수립 등이 가능하다. 둘째, 행정기관의 법적・사실적 영향력에 기초하여 합의의 성립과 이행을 유도할 수 있다.

17) 법원행정처, 앞의 책, 811면.

셋째, 행정형 조정위원회는 주로 해당 분야의 전문가로 구성되므로 전문성을 활용할 수 있다.

다만 자칫 기관 주도의 분쟁해결로 흐르게 되는 경우 당사자 자치를 목적으로 하는 조정의 본질이 흐려질 수 있다는 우려도 존재한다. 또한 너무 많은 기관이 각각의 조정위원회를 운영함에 따라 관할 및 권한의 중복, 비통일적인 제도와 절차에 따르는 문제점이 발생하기도 한다.[18)]

3) 절차 관련 주요 내용

① 조정 개시 단계

행정형 조정은 원칙적으로 일방의 신청과 상대방의 승낙, 즉 조정 참여 의사가 있어야 개시된다. 그러나 이에 대해서는 다양한 예외가 존재한다. 예를 들어 「의료사고 피해구제 및 의료분쟁 조정 등에 관한 법률」(이하 '의료분쟁조정법')상 의료분쟁조정의 경우, 의료사고의 결과가 사망, 1개월 이상의 의식불명 또는 일정 정도 이상의 장애에 해당하면 일방의 조정 신청만으로도 절차가 개시된다.[19)]

또한 조정의 신청은 소멸시효 중단의 효력이 있다. 대부분의 경우 민사조정법 제35조를 준용하나, 독자적인 규정을 두는 경우도 있다.[20)]

② 조정 진행 단계

다수의 행정형 조정의 근거 법률에서는 조정위원이나 소속 직원에게 직권으로 조사할 수 있는 권한을 부여한다. 대표적인 것이 의료분쟁조정법 제28조에서 부여하는 조사권한이다. 더 나아가, 경우에 따라서는 조사거부행위를 처벌・제재함으로써 강제조사권도 부여하는 경우 있다.[21)]

③ 조정 성립의 효력

조정성립의 효력으로서 다수의 근거 법률에서는 '재판상 화해'의 효력을 부여한다.[22)] 한편 당사자 간 '합의'의 효력을 부여하는 경우도 있다.[23)] 이때 재판상 화해의 효력에 대해서는 국민의 재판받을 권리 침해 등을 문제 삼아 비판하는 입장이 존재하는데, 그럼에도 불구하고 입법적으로는 입법적으로는 재판상 화해의 효력이 강화되는 경향이 있다. 특히 집행력

---

18) 가령 주택임대차분쟁조정의 경우 대한법률구조공단 내의 조정위원회와 지자체별 조정위원회의 공존은 다소 기형적인 것이어서 중앙정부 예산과 지방정부 예산이 중복 투자되고 그에 따른 비효율성이 나타나며, 당사자들의 입장에서는 혼선을 야기하게 된다(최재석, 주택임대차분쟁조정제도와 협상, 협상연구 제20권 제2호, 139－140면). 그럼에도 불구하고 2020년 개정 주택임대차보호법에서는 이와 완전히 반대되는 방향으로 오히려 동일한 업무를 수행하는 행정형 조정기관을 추가 규정한 결과 문제를 야기하고 있다(김세준, "개정 주택임대차보호법의 몇 가지 쟁점에 대한 평가－계약갱신요구권과 주택임대차분쟁조정제도를 중심으로", 「법학논총」 제28집 제1호, 조선대학교 법학연구원, 2021, 172－174면).

19) 의료분쟁조정법 제27조 제9항.

20) 예를 들어, 의료분쟁조정법 제42조.

21) 예를 들어, 의료분쟁조정법 제54조.

22) 대표적으로 「콘텐츠산업 진흥법」 제33조 제4항 등.

23) 대표적으로 「주택임대차보호법」 제26조 제3항 등.

확보 등의 실효성 확보 차원에서 그러한 경향이 나타나는 것으로 보인다.[24)]

4) 행정형 조정기관의 설치 및 운영 현황

현재 약 60여개의 행정형 조정기관이 있는 것으로 파악되며, 조정기관이 행정기관 자체에 설치된 경우(예를 들어, 건설분쟁조정위원회, 환경분쟁조정위원회 등)와 행정기관의 산하기관에 설치된 경우(예를 들어, 한국소비자원의 소비자분쟁조정위원회, 한국인터넷진흥원의 인터넷주소분쟁조정위원회 등)로 구분되기도 한다.

5) 행정형 조정의 신청 건수

2016년부터 2020년까지 5년간 행정형 조정기관별 신청건수 현황은 아래 [표 6]과 같다. 평균적으로 매년 신청 건수가 증가하는 양상을 보이고 있다.

[표 6] 연도별 주요 행정형 조정 신청 건수[25)]

분쟁조정기관	합계	연도별					비고
		2016	2017	2018	2019	2020	
금융분쟁조정위원회	140,312	25,226	25,205	28,118	29,633	32,130	
콘텐츠분쟁조정위원회	38,591	4,199	5,468	5,084	6,638	17,202	
소비자분쟁조정위원회	18,249	3,655	2,790	3,147	3,392	5,265	
언론중재위원회	17,430	3,170	3,230	3,562	3,544	3,924	
한국공정거래조정원	15,306	2,433	3,354	3,479	3,032	3,008	
의료분쟁조정위원회	12,293	1,907	2,420	2,926	2,824	2,216	
방송통신심의위원회 명예훼손분쟁조정부	9,085	1,684	1,400	1,888	1,947	2,166	
전자문서·전자거래 분쟁조정위원회	8,910	1,305	2,030	1,844	1,705	2,026	
주택임대차분쟁조정위원회	7,331	–	1,088	2,515	2,192	1,536	2017. 5.~
온라인광고분쟁조정위원회	2,955	321	480	644	848	662	
하자심사·분쟁조정위원회	2,932	905	487	482	485	573	
개인정보분쟁조정위원회	1,517	168	291	275	352	431	
중앙환경분쟁조정위원회	1,060	162	160	238	256	244	재정, 알선 포함
	20	8	3	1	6	2	재정, 알선 제외

24) 이 쟁점에 관해서는 이하에서 다시 논한다.

25) 최계영, "행정형 조정의 현황과 과제", 「인권과 정의」 제506호, 2022, 102면.

상가건물임대차 분쟁조정위원회	981	–	–	–	499	482	2019. 4.~
공제분쟁조정위원회	976	117	149	218	241	251	
서울특별시 환경분쟁조정피해구제위원회	924	142	178	219	254	131	재정, 알선 포함
	62	5	12	20	18	7	재정, 알선 제외
건축분쟁전문위원회	800	59	111	225	179	226	
자동차안전하자심의위원회	747	–	–	–	79	668	2019. 1.~
통신분쟁조정위원회	727	–	–	–	155	572	2019. 6.~
한국저작권위원회	495	80	92	123	116	84	

2. 민사조정의 제도적 변용 차원에서 행정형 조정에 제기되는 쟁점

(1) 행정기관 등의 조사권 문제

행정형 조정을 규정하는 상당수의 근거 법률에서는 조정위원 또는 해당 기관의 소속 직원에게 직권으로 조사할 수 있는 권한을 부여하고 있다. 더 나아가 경우에 따라서는 조사거부 행위에 대하여 형벌이나 과태료 등을 부과할 수 있는 제재규정을 둠으로써 강제조사권까지 부여하는 경우도 있다.[26] 한편 건설분쟁조정위원회, 건축분쟁전문위원회, 공동주택관리분쟁조정위원회, 주택임대차분쟁조정위원회 등에서는 조사거부행위에 대한 제재규정은 없으나, 문서 또는 물건의 조사·열람·복사, 사업장 출입 등의 조사권한을 규정하고 있기도 하다.

이와 같이 조사권을 부여하거나 강제적 조사를 가능하게 하는 규정들에 대하여, 분쟁당사자인 국민 입장에서는 관련 절차를 잘 모를 수 있으므로 그들을 배려하기 위한 목적으로서는 단기적으로 유용하지만, 분쟁조정제도가 가지는 본래 역할과는 배치된다는 비판적 시각도 있다.[27]

그러나 아무리 절차적 사적자치가 강조되는 조정에 있어서도 그 제도적 본질이 1차적으로 분쟁의 해결에 있다고 본다면, 당사자 입장에서 소송을 택하지 않고 분쟁해결의 가능성을 향해 나아갈 수 있는 – 또는 그러한 의지를 가질 수 있게 하는 – 제도적 장치는 필요하다. 조정이 가지는 또 하나의 제도적 취지는 분쟁해결에 대한 당사자의 합리적 무시(rational

---

26) 형벌에 의한 제재규정이 있는 대표적인 예시로는 환경분쟁조정("출입·조사·열람 또는 복사를 정당한 이유없이 거부 또는 기피하거나 방해하는 행위를 한 자는 200만 원 이하의 벌금에 처한다")이 있으며, 과태료에 의한 제재규정이 있는 예로는 한국의료분쟁조정중재원, 하자분쟁조정위원회 등이 있다(조사·검사·열람·복사 등을 정당한 사유 없이 거부·기피·방해하면 과태료를 부과할 수 있음).

27) 함영주, "우리 법제하 행정형 ADR의 현황과 과제", 「언론중재」 2009년 봄호, 언론중재위원회, 2009, 38면.

ignorance) 또는 합리적 무관심(rational inattention)을 제거할 수 있다는 점에도 있기 때문이다. 이러한 차원에서는 행정형 조정에서의 조사권은, 민사조정의 변용으로서 그 제도가 가지는 본질에 부합하는 보충적 장치가 된다.

또한 정보의 편재(偏在)와 정보력의 불균형이 존재할 수밖에 없는 영역(예컨대 환경분쟁이나 의료분쟁 등)에서는 행정기관의 후견적 개입을 통하여 그 불균형을 해소하거나 보정하는 의미도 있다. 따라서 강제조사권을 부정적으로만 볼 것은 아니다.[28)]

(2) 조정성립의 효력 문제

행정형 조정을 규정하는 대부분의 법률에서는 조정성립의 효력으로 재판상 화해 또는 민법상 화해의 효력을 명문화하고 있다. 대표적으로, 전자의 경우로는 건설분쟁조정위원회, 하자심사·분쟁조정위원회, 언론중재위원회, 방송분쟁조정위원회, 환경분쟁조정위원회, 개인정보분쟁조정위원회, 공공데이터제공분쟁조정위원회, 소비자분쟁조정위원회, 국가계약분쟁조정위원회, 시·도 대부업분쟁조정위원회, 국가인권위원회 조정위원회, 공정거래분쟁조정협의회, 중소기업기술분쟁조정·중재위원회, 산업기술분쟁조정위원회, 가맹사업거래분쟁조정협의회, 금융분쟁조정위원회, 의료분쟁조정위원회 등이 있고, 후자의 경우로는 유통분쟁조정위원회, 건축분쟁전문위원회, 집합건물분쟁조정위원회, 대한법률구조공단의 주택임대차분쟁조정위원회와 상가건물임대차분쟁조정위원회, 임대주택분쟁조정위원회, 인터넷주소분쟁조정위원회, 공제분쟁조정위원회 등이 있다.

조정성립의 효력으로 재판상 화해를 규정하는 경우, 민사소송법 제220조에 따라 확정판결과 같은 효력이 인정되기 때문에 조정조서에 법원의 집행문을 부여받아 강제집행을 할 수 있다. 따라서 재판상 화해 규정이 있는 행정형 조정은 분쟁조정의 실효성을 확보할 수 있다는 것이 장점으로 제시되기도 한다.[29)]

그런데 상대적으로 많은 수의 법률에서 '재판상 화해'의 효력을 부여하고 있고, 단지 소수의 법률에서만 당사자 간 합의로서의 효력 또는 민법상 화해로서의 효력을 발생시키도록 규정하고 있다. 그런데 이와 같이 재판상 화해와 동일한 효력을 인정하는 것에 대해서는 상당한 비판이 이루어져 왔다. 당사자 사이의 자주적 분쟁해결의 권능을 침해함으로써 법치주의를 왜곡시키고 국민의 재판받을 권리를 침해할 염려가 있다는 주장,[30)] 구체적 타당성. 재판 받을 권리의 보장 및 ADR의 활성화 등 측면에서 부적절하다는 주장[31)] 등이 그러하다.

---

28) 최계영, 앞의 논문, 110면. 한편, 당사자 간 정보력 또는 협상력의 차이가 크지 않은 유형의 분쟁에서는, 제재규정 없이 직권조사권만을 규정하는 방식이 적절하다고 제안하기도 한다(가령 유사한 조사권한을 규정한 공동주택관리분쟁조정위원회의 경우에는 조사거부에 대한 제재규정이 없다는 점 참고). 그리고 조사공무원 등의 증표제시의무가 일부 법률에만 규정되어 있는데, 조사권을 규정할 때에는 절차적 보장을 위해 증표제시의무를 함께 규정하여야 할 것을 주장하기도 한다.

29) 김봉철, "행정형 ADR의 활성화 방안에 관한 연구", 「법학논문집」 제45집 제3호, 중앙대학교 법학연구원, 2021, 261면.

30) 강수미, "행정형 ADR의 현황과 개선방안", 「중재연구」 제25권 제4호, 2015, 69면.

그리고 재판상 화해의 효력을 인정하는 경우에도 중립성, 독립성, 공정성이 담보된 경우로만 한정하여야 한다고 하는 입장도 있다.[32)]

하지만 이와 같은 비판적 입장과 달리 입법실무상으로는 기존에 민법상 화해의 효력을 규정하였던 법률도 재판상 화해의 효력을 부여하는 것으로 개정함으로써, 반대로 오히려 효력이 강화되는 경향이 나타난다.[33)] 대표적인 예시로서, 2020. 12. 22. 개정된 건축법에서는 건축분쟁전문위원회에서 성립된 조정의 효력을 단순한 합의에서 재판상 화해로 강화하였다.[34)]

그런데 화해에 이르는 과정이 당사자 자치에 기초하고 있다는 점에서, 그 효력을 당사자가 충분히 알고 있다는 전제 하에 조정의 성립에 재판상 화해의 효력을 부여하는 것은 조정이 가지는 분쟁해결절차로서의 본질 차원에서 긍정적인 효과가 있을 것으로 본다.

다만 기판력의 경우는 조금 달리 보아야 한다. 조정의 결과는 당사자 사이의 합의에 기초하므로 그 본질상 기판력을 부여하는 것에는 한계가 있기 마련이다. 반면에 집행력은 다음과 같은 이유에서 필요하다. 즉 조정의 결과에 집행력이 부여되지 않음에 따라 별도의 본안소송을 다시 거쳐야 한다면 당사자로서는 시간과 노력을 들여 조정절차에 참여할 유인이 줄어들게 된다. 이미 다수의 행정형 분쟁조정위원회에서 민법상 화해의 효력보다 재판상 화해의 효력을 선호하고 있는데, 그 이유는 아마도 기판력보다는 집행력을 얻기 위한 것으로 이해된다.[35)]

또한 재판상 화해의 효력을 부여하는 것과 무관하게, 기판력 없이 집행력만을 부여하기 위한 대안도 입법에 반영되는 것으로 관찰된다. 예를 들어. 「주택임대차보호법」 제26조 제4항 제2문에서는 "조정위원회위원장은 각 당사자 간에 금전, 그 밖의 대체물의 지급 또는 부동산의 인도에 관하여 강제집행을 승낙하는 취지의 합의가 있는 경우에는 그 내용을 조정서에 기재하여야 한다"고 규정하며, 제27조 본문에서는 "강제집행을 승낙하는 취지의 내용이 기재된 조정서의 정본은 「민사집행법」 제56조에도 불구하고 집행력 있는 집행권원과 같은 효력을 가진다"고 규정한다. 이러한 예시는 행정형 조정의 효력에 집행력을 부여하는 것이 분쟁해결을 1차적 목적으로 하는 조정의 취지에 기여하기 때문인 것으로 볼 수 있다.

물론 조정성립의 효력은 일률적으로 논할 수 없을 것이며, 각각의 분쟁 및 그 영역의 유형이나 특유한 성질에 따라 달리 접근하여야 할 것이다. 그럼에도 불구하고 집행력만 인정하는 방식을 기본적인 입법모델로 삼는 것이 바람직하다.[36)]

---

31) 함영주, 앞의 논문, 41면.

32) 김상찬, "우리나라 행정형 ADR제도의 활성화 방안", 「법학연구」 제46호, 한국법학회, 2012, 227면.

33) 박준모, "행정형 조정절차에 있어 조정성립의 효력에 관한 입법론적 방향성과 기준의 제시", 「NARS 현안분석」 제97호, 국회입법조사처, 2019, 14면.

34) 「건축법」 제96조 제4항 본문 "당사자가 제3항에 따라 조정안을 수락하고 조정서에 기명날인하면 조정서의 내용은 재판상 화해와 동일한 효력을 갖는다."

35) 김건식, "공정거래 관련 분쟁조정제도의 현황 및 활성화 방안 검토", 「경쟁법연구」 제39호, 2019, 110면.

36) 최계영, 앞의 논문, 112－113면.

한편 조정성립의 효력에 관하여, '조기확정형'으로 분류될 수 있는 사안과 '협력해결형'으로 분류될 수 있는 사안을 구분해서 달리 취급할 것을 주장하는 입장도 있다. 이에 따르면 전자의 경우 사법절차에 가까운 절차적 모델을 채택함으로써 재판상 화해의 효력을 부여하고, 후자의 경우 상대적으로 완화된 절차적 모델을 채택함으로써 민법상 화해의 효력을 부여할 수 있다고 한다.[37] 이러한 입장에 의하는 경우에도, 법원에 의해 이루어지는 민사조정 역시 사법절차에 가까운 모델에 해당할 것이므로 그로부터 분화된 행정형 조정의 경우 재판상 화해의 효력을 인정하는 것에 논리상의 문제는 없을 것으로 본다.

Ⅳ. 결어: 민사조정의 미래

이 논문에서는 통상 구분하고 있는 법원형 조정과 행정형 조정을 같은 차원에서 다루었다. 누가 조정을 하는가가 아니라 무엇을 조정하는가에 초점을 두었기 때문이다. 민사조정이 장차 어떠한 모습을 갖추어야 하는지에 관하여 아래와 같이 몇 가지의 관점에서 제안하며 글을 마무리하고자 한다.

1. 절차적 사적자치의 보장으로서 민간형 조정의 보충

절차적 사적자치를 추구하는 조정의 본질에 기초할 때 현행 제도는 소위 '민간형 조정'에 의해 보충될 필요가 있다. ADR에서 가장 바람직한 결과는 분쟁당사자들이 스스로 분쟁을 해결하는 것으로부터 비롯된다는 점에서는 민간형 조정이 조정제도의 가장 이상적인 형태일 수 있다.

아직 제도적·현실적으로 민간형 조정이 활성화될 수 있는 기초가 제대로 형성되어 있지는 않으나, 그렇다고 하여 우리법제에서 민간형 조정이 전혀 이루어지고 있지 않은 것도 아니다.

소비자단체들의 협의체인 한국소비자단체협의회[38]에서는 2003년 7월 29일 (구)소비자보호법(현 「소비자기본법」) 제19조의2에 '자율적 분쟁조정' 조항이 신설됨에 따라 2003년 12월 30일 발족되었다. 자율분쟁조정위원회는 소비자분쟁을 조정하는 민간조정기구로서 소비자분쟁을 대상으로 하는데, 이는 한국소비자원의 소비자분쟁조정위원회의 권한범위와 사실상 중복된다. 그러나 후자가 행정형 조정에 속하는 반면, 전자는 민간단체인 소비자단체협의회

37) 이은상, "행정형 분쟁해결제도의 입법방향, 조정제도의 활성화를 위한 입법적 과제", 공동학술대회 자료집, 국회입법조사처·한국조정학회, 2021, 29-30면.

38) 소비자의 건전하고도 자주적인 조직 활동을 촉진하고 권익을 보호하기 위하여, 소비자보호 활동을 하고 있는 단체들이 소비자보호운동을 효과적으로 전개하고자 구성한 협의체로서, 1976년 4개의 발기단체를 시작으로 현재는 12개의 회원단체로 구성되어 있다(한국소비자단체협의회, 「20주년 기념 자율분쟁조정위원회 조정사례집」, 2023, 17면).

에 의한 조정이라는 점에서 민간형 조정에 해당한다.[39] 물론 민간형 조정에 속하는 자율분쟁조정위원회의 조정성립 효력은 민법상 화해이며, 소비자분쟁조정위원회의 경우 조정성립의 효력이 재판상 화해라는 점에서도 차이가 있다.

자율분쟁조정위원회에 접수되는 사건은 기초지방자치단체, 시·도에 등록된 소비자단체가 합의를 권고하였음에도 합의가 이루어지지 아니하는 경우, 또는 법원연계형 사건이 주를 이루고 있으며 분쟁당사자가 직접 접수하는 경우도 있다. 매년 400건 내외의 사건을 접수·처리하고 있는데, 방문판매, 다단계판매, 계속거래, 전화권유거래, 전자상거래, 선불식 할부거래와 같은 특수거래 관련 사건들이 다수 접수되고 있다.[40]

2023년의 경우 지자체에서 의뢰한 사건이 54건, 소비자단체에서 의뢰한 사건이 73건, 법원연계형(서울중앙지방법원)이 35건, 직접 접수된 사건이 182건으로, 총 344건이 접수되었다(처리건수는 383건).[41]

당사자 자치는 물론 조정절차가 가지는 다양한 분쟁해결의 태양 혹은 가능성을 고려할 때 민간형 조정의 확충을 통해 민사조정제도를 보충할 필요가 있다. 그리고 민간형 조정에 있어서는 분쟁당사자의 합의에 의한 조정위원 선임을 가능하게 함으로써 당사자의 의사를 절차에 충분히 반영함은 물론 공평성 및 윤리성을 확보하고 조정인의 조정역량을 강화하는 효과도 도모하도록 하여야 한다.

2. '왜 조정을 하는가?'에 관한 문제

분쟁당사자들이 민사조정(혹은 ADR)을 택하는 이유에 관해서는 다음과 같이 정리되기도 한다.[42]

첫째, 법률상 또는 계약상의 구속력에 따르는 경우이다. 예컨대 판례는 공사도급계약서에 "분쟁해결은 당사자 쌍방 모두 중재법에 의거 대한상사중재원 부산지부 중재에 따르고, 법률적 쟁송이 있을 경우 도급인의 주소지 관할법원으로 한다"는 내용의 중재조항이 있는 경우 그 조항은 그 작성 경위 등에 비추어 이른바 선택적 중재조항으로 볼 수 없고 오히려 전속적 중재조항으로 해석하여야 하며, 이 중재조항에 위반하여 소가 제기된 경우에 법원은 피고의 항변을 받아들여 소각하 판결을 하여야 한다고 한 바 있다.[43] 이러한 전속적 중재조항이 존재하는 경우 당사자는 그 구속력에 따라 중재를 택하게 된다. 조정에 있어서도 이와 같은 구속력을 가지는 조정조항이 있다면 그에 따라 조정절차가 이루어지게 된다.

---

39) 이재우/오현석, "민간형 조정제도 활성화에 관한 연구–이태리의 '완화된' 조정전치주의 도입을 중심으로", 「중재연구」 제31권 제1호, 2021, 133–134면.

40) 이재우/오현석, 위의 논문, 134면.

41) 한국소비자단체협의회, 「20주년 기념 자율분쟁조정위원회 조정사례집」, 2023, 36면.

42) 권혁재, "판결절차와 병행하는 민사조정절차의 효율적 운영방안", 「인권과 정의」 제483호, 2019, 81–82면; Blake, et al., A Practical Aproach to Alternative Dispute Resolution, 5th ed., 2018, p. 232.

43) 대법원 2005. 5. 13. 선고 2004다67264,67271 판결.

둘째, 법원이 당사자들에게 민사조정 등에 의하도록 하였는데, 당사자들이 이를 거스를 경우에 소송에서 불리한 판결을 받을 수도 있다는 두려움(가령 화해에 불응한 당사자들에게 소송비용의 부담에 있어서 불이익을 부과하는 조치를 취할 수도 있다는 우려)으로 인하여 조정을 택할 수도 있다.

셋째, 조정의 제도적 장점과 효율성 및 그에 따른 실질적 이익을 높게 평가하여 당사자들이 자율적으로 택하는 경우도 있다. 가장 보편적이면서도 이상적인 형태라고 할 수 있다. 특히 분쟁당사자와 이해당사자가 다수이고 그들의 관할법원도 여러 곳으로 흩어져 있으며 소송절차나 쟁점도 복잡하게 얽혀있는 사건에서 다수의 당사자들이 관련되는 모든 청구를 하나로 통합하여 조정절차를 진행함으로써 일거에 분쟁을 해결하는 방법을 모색하는 경우도 있다.

넷째, 당사자들이 합의를 통하여 분쟁을 해결하고자 하는 진정한 의사 없이, 분쟁의 주요 쟁점을 파악하고 증거를 탐색하거나 승소 가능성을 살펴보기 위한 전략적 목적에서 조정을 택하는 경우도 있다.

이러한 이유를 통해 알 수 있는 것은, 분쟁당사자들이 조정을 택하는 것은 결국 이성적인 사고에 기초한다는 점이다. 얼핏 조정은 소송과 달리 비이성적인 선택, 혹은 행동주의 경제학적 관점에서 개인의 비이성적 선택에 근거하는 것으로 오해되기도 한다. 물론 조정절차에서 이루어지는 수많은 선택의 가능성을 온전하게 이성만으로 파악할 수는 없을 것이므로 행동주의 경제학적 관점에서 제도적 특성을 고민하고 보완할 필요성은 분명 존재한다. 그럼에도 불구하고 조정은 합리적으로 분쟁을 해결하고자 하는 개인의 사고에 근거하는 것임은 물론이다.[44)]

그렇다면 조정이 무엇을 다루어야 하는가에 관해서는 그러한 이성적 판단에 기초하여 생각해 보아야 한다. 조정에 참여하는 당사자가 모두 분쟁을 해결하고자 하는 목적을 가지고 있다는 점은 분명하다. 그들의 문제를 해결하기 위해서 절차가 제공하여야 할 것은, 다른 절차를 포기하고 조정을 택한 것에 따르는 명확한 이익이다.[45)] 즉 분쟁을 무겁지 않게 받아들이도록 할 필요가 있으며, 다른 절차에 비하여 들이는 노력이 적어야 한다(쉬운 문제해결). 또한 결과에 있어서 당사자가 원하는 내용을 충분하고 다양하게 활용할 수 있어야 한다.[46)]

3. 조정전치주의의 도입 관련

조정제도의 활성화 차원에서 (부분적 혹은 완화된) 조정전치주의의 도입을 주장하는 입장들이 있다. 이에 따르면, 조정전치주의의 도입에 관해 국민의 재판청구권 침해가 문제될 수

44) 김세준, “조정제도의 활성화를 위한 법경제학적 분석”, 「동북아법연구」 제14권 제1호, 2020, 220면.
45) 이를 법경제학적 관점에서 분석한 것으로서, 김세준, 위의 논문 참고.
46) 예를 들어 소송에서는 원칙적으로 할 수 없는 것으로서, 일정한 행위에 대한 작위 또는 부작위청구(금지청구) 등.

있지만, 조정절차의 개시로 인하여 재판을 받을 권리가 완전 차단되는 것이 아니므로 당사자는 조정이 성립하지 않거나 조정안에 불복하는 경우 얼마든지 소송을 제기할 수 있다고 한다. 그리고 조정절차를 법률에서 규정한 일정 기간 내에 종료하게 되면 국민의 신속한 재판을 받을 권리가 침해되는 것도 아니라고 한다. 이에 따르면 소액사건의 경우 조정전치주의를 도입하는 것이 가능하며 분쟁해결 차원에서 효과적이라고 한다.[47)]

그러나 다음과 같은 점에서 다소 신중할 필요는 있다고 본다.

첫째, 법원 조정과 행정형 조정은 넓게 보면 민사조정을 다루고 있다는 점에서는 공통되나 그 절차에서는 각기 다른 형태로 이루어진다. 또한 조정을 주관하는 주체도 매우 넓은 스펙트럼으로 존재한다. 따라서 조정전치주의가 원활하게 정착하기 위해서는 소송에 선행되어야 하는 조정절차를 무엇으로 파악할 것인지가 먼저 결정되어야 한다. 가령 법관에 의해 수행되는 조정절차와 그렇지 않은 경우에 동일한 절차적 가치를 부여할 것인지도 고민할 필요가 있다. 조정전치주의를 도입한다는 것은 결국 사법절차 내에서 조정의 지위를 확고하게 한다는 의미도 있기 때문이다.

둘째, 조정이 가지는 당사자 자치에 반하게 될 우려도 있다. 앞서 언급한 바와 같이 민간형 조정이 보충적인 절차로 의미를 갖기 위해서는 당사자가 선택할 수 있는 제도(예컨대 민간형 조정에 대한 선택 가능성 등)의 폭이 넓어야 한다. 그러나 조정전치주의는 오히려 제한된 사법절차의 범위로 조정을 포섭하는 결과가 될 가능성이 크다. 그 결과 타율적인 조정의 수행이라는 부작용이 발생할 수 있다.

셋째, 설령 조정의 활성화라는 구체적 목적 하에 조정전치주의가 필요하다고 하더라도, 당사자가 제외신청(opt-out)을 할 수 있는 가능성은 폭넓게 열어두어야 한다. 분쟁당사자들이 조정에 참가하도록 유도함으로써 현상유지편향에 따라 당연히 소송을 선택하는 결과를 줄이는 것이 조정을 통한 합리적 분쟁해결의 가능성에 기여할 수도 있겠으나,[48)] 그럼에도 불구하고 어떠한 절차로 자신의 분쟁을 해결할 것인지에 대한 당사자의 사적자치는 존중되어야 하기 때문이다.

---

47) 김봉철, 앞의 논문, 273-274면; 이재우/오현석, 앞의 논문, 150면 등.
48) 김세준, 앞의 논문, 220면.

미국건설계약에서 다른 현장 조건 조항에 관한 연구

우리법과의 비교와 시사점을 중심으로

김 태 관

연세대학교 법학전문대학원 교수

이 논문은 국제거래와 법 제43호(동아대학교 법학연구소, 2023)에 게재된 것을 수정·보완한 것이다.

Ⅰ. 들어가며

20세기에 토양 분석과 지하 탐사 기술에 대한 광범위한 지식이 축적되었음에도 불구하고 지하 공사는 여전히 불확실한 도박으로 남아 있다. “지하 공사의 유일한 확실성은 불확실성에 있다.”거나 “지하 작업 중에 무엇이 발견될지 누구도 확실하게 알 수 없다.”는 말이 오늘날에도 유효하기 때문이다. 미국 건설업계와 공공 및 민간 발주자들은 대부분의 표준 양식 건설계약서에 “다른 현장 조건 조항(differing site condition clause)”을 신설하여 이와 같은 예상하지 못한 지하 조건의 위험에 대처해 왔다.[1] 한편, 우리 건설업계에서도 이와 같은 예상하지 못한 지하조건의 위험은 미국과 다를 바 없고, 대표적으로 “공사계약일반조건”[기획재정부예규 제717호, 2024. 9. 13. 일부개정](이하 “일반조건”이라고만 한다)과 “민간건설공사 표준도급계약서”[국토교통부고시 제2023-493호, 2023. 8. 31. 일부개정]에서도 다른 현장 조건을 다루는 조항을 두고 있다. 그러나 우리의 다른 현장 조건 조항은 건설공사과정에서 발생하는 다른 현장 조건의 위험에 대처하기에 미흡한 점이 상당하다고 본다.

이하에서는 미국 표준 양식의 건설계약서에서 사용되고 있는 다른 현장 조건 조항의 요건과 그 법적 의미를 살펴본다(Ⅱ.). 그리고 우리나라의 다른 현장 조건 조항의 대표적 예로 일반조건에 나타난 다른 현장 조건 조항의 요건과 그 법적 의미를 분석한 다음(Ⅲ.), 미국과 우리나라의 다른 현장조건 조항을 비교·검토한 후 그 시사점을 알아보고(Ⅳ.) 그 내용을 정리해보기로 한다(Ⅴ.).

Ⅱ. 미국 표준 건설계약서의 다른 현장 조건 조항

1. 의 의

“다른 현장 조건(differing site condition)”[2]은 입찰 당시에는 보이지 않았고 존재하는 것으로 알려지지 않았으며 계약금액 책정 시 예상했던 조건과 실질적으로 다른 계약 이행 중에 발생한 물리적 조건을 말한다.[3] 여기에는 지지력이 부적절한 토양, 부적합한 성토재, 예상치 못한 지하수 상태, 퀵샌드, 진흙, 과도하거나 불충분한 암석, 인공 지하 장애물 등이 포함될 수 있다. “다른 현장 조건 조항(differing site condition clause)”은 다른 현장 조건으로

1) Kim, J. B., *Differing Site Conditions: Contrasting the English and US Legal Systems*, 15 Const. L. Int'l 23 (2020), pp. 23-33에서는 영국의 모든 표준 양식의 건설계약서에서 다른 현장 조건 조항을 미국과 같이 보편적으로 사용하고 있는 것이 아니라고 지적한다.

2) “변경된 조건, 불리한 물리적 조건, 예측할 수 없는 물리적 조건, 은폐된 조건 또는 잠재된 물리적 조건(a changed condition, an adverse physical condition, an unforeseeable physical condition, a concealed condition or a latent physical condition)”이라고도 한다.

3) Thomas J. Kelleher and G. Scott Walters, *Common Sense Construction Law* (4th ed), New Jersey: John Wiley & Sons, 2009, p. 249.

인해 발생하는 위험을 누가 부담해야 하는지에 대한 당사자 간의 합의를 말한다.

2. 연 혁

가. 등장 배경 또는 필요성

20세기 초 미국 건설업계에서 한 가지 분명한 사실은 전통적인 보통법상 계약신성의 원칙에 따른 계약 위험 할당 메커니즘에 의하면 건설업자가 다른 현장 조건의 위험을 인수한 것으로 추정해 왔고, 토목공사와 관련된 고정 가격 입찰(fixed price bids)에서 "지하 작업 중에 무엇이 발견될지 누구도 확실하게 알 수 없기 때문"에[4] 건설업계에서 살아남으려는 모든 건설업자(contractor[5])는 입찰가에 예상치 못한 현장 조건과 관련된 "도박(gamble)"을 감당할 수 있는 우발비용(price contingency)을 포함시켜야 한다는 것이었다.[6] 그러나 신규 공사를 가장 절실히 수주하기 원하는 건설업자들은 가장 작은 우발비용을 책정하고 가장 큰 위험을 감수할 수밖에 없었고, 이러한 관행은 결국 건설업자들의 파산, 계약 포기, 소송으로 이어지는 경우가 너무도 빈번하게 발생하게 되었다.[7]

나. 변경된 조건 조항의 신설

미국 연방대법원이 3부작에 걸친 획기적인 토양 부실표시(misrepresentation)[8] 사건[9] 중 세 번째 판결[10]을 건설업자들에게 유리하게 선고한지 불과 1년 만인 1921년에 미국 연방정부는 다음과 같은 계약 조항을 공포하기로 결정했다. 즉, (1) 부실표시로 인한 정부의 위험을 완화하고, (2) 지하 조건에 대한 '도박성'을 없애며, (3) 건설업자가 예상치 못한 현장 조건의 위험을 상쇄하기 위해 상당한 수준의 우발 비용을 입찰가에 포함시킬 필요가 없고, (4) 토양 부실표시 청구에 대한 행정적 구제를 제공하기로 하는 것이었다. "변경된 조건"(Changed Conditions)[11]이라는 제목의 새로운 조항이 1926년 8월에 미국 연방 정부의 표준

---

4) Kaiser Industries Corp. v. U. S., 169 Ct. Cl. 310, 323, 340 F.2d 322, 329 (1965).

5) 이 글에서는 건설업자 또는 계약자라고 번역한다.

6) 이러한 "도박"을 감행할 수밖에 없는 이유는 (1) 토양 조건의 다양성으로 인해 정상적인 상황에서는 토양 조건을 판단하기가 쉽지 않고, 또한 (2) "계약 신성성"의 원칙(the doctrine of "sanctity of contract")을 적용해 온 미국 법원의 판단들 사이에 통일성이 부족한데다가 무수한 예외가 존재해서 건설업자에게 현장 조건 위험의 경제적 및 법적 결과를 평가하는 데 실질적인 지침이 되지 못했기 때문이다. Philip L. Bruner & Patrick J. O'Connor, Bruner & O'Connor on Construction Law, Vol.4A, West Group, 2022, § 14:45(이하 "4A Bruner & O'Connor Construction Law § 14:45"로 표시함).

7) 4A Bruner & O'Connor Construction Law § 14:29.

8) 미국법상 부실표시 법리는 보통법, 제정법, 계약법과 불법행위의 모든 영역을 다루는 포괄적인 법리이다. 이 법리는 우리 법제와 견주어 본다면, '사기'와 '착오' 사이의 중간 형태 법리이다. 고세일, "미국법상 부실표시 법리에 대한 고찰: 미국 보통법전집의 법리를 중심으로", 비교사법 제24권 1호(통권76호), 2017, 247면 이하; 정성헌, "영미계약법상 부실표시에 대한 연구: 우리법과 비교와 우리법에의 시사점을 중심으로", 법과 정책 제21집 제1호, 제주대학교 법과정책연구원, 2015.3, 265면 이하.

9) Hollerbach v. U.S., 233 U.S. 165 (1914), Christie v. U.S., 237 U.S. 234 (1915), U.S. v. Atlantic Dredging Co., 253 U.S. 1 (1920)을 말한다.

10) U.S. v. Atlantic Dredging Co. 사건을 말한다.

양식 일반 조건(Standard Form General Conditions)에 신설되었다.[12]

다. 변경된 조건 조항의 확대

신설된 연방 조항은 처음에는 (부실)표시된 현장 조건에만 초점을 맞추었으나 1935년에 통상적으로 발생하는 조건과 실질적으로 다른 알려지지 않은 조건까지 포함하도록 확대되었다.[13] "변경된 조건" 조항의 정당성은 미국 건축가협회(American Institute of Architects: AIA)가 민간 건설에 적용되는 AIA 일반 계약 조건 1937년 판에서 이 문제를 반영함으로써 확인되었다. 그러나 건설업계에서는 "변경된 조건" 조항 또는 "다른 현장 조건" 조항을 건설 계약서에 포함시키는 것을 선호하지만,[14] 연방 정부와 미국건축가협회의 계약 양식에 "변경된 조건" 조항이 포함되었음에도 불구하고, 많은 공공 및 민간 발주자는 그 후 수십 년 동안 "추가 작업 조항(extra work clauses)"과 보통법상 위험 배분 원칙[15]에 의존하여 다른 현장 조건을 처리해 왔다.[16] 그러나 다른 현장 조건 조항의 사용에 따른 발주자의 우려가 불식되고,[17] 연방 정부 기관의 다른 현장 조건 조항 사용이 연방 조달 규정(the Federal Acquisition Regulations: F.A.R)에 의해 의무화됨[18]에 따라 현재는 그 사용이 일반화되었다.

3. 미국 표준 양식의 건설계약서의 다른 현장 조건 조항

현재 미국에서 사용되는 모든 주요 표준 양식의 건설계약서에는 다른 현장 조건 조항이 포함되어 있다.[19] 이러한 조항의 대부분은 연방 조항을 모델로 하고 있다. 미국에서 이러한

---

11) Greenberg, *Problems Relating to Changes and Change Conditions in Public Contracts*, 3 Pub. Cont. L. J. 135 (1970); Gaskins, *Practical Aspects of the Changed Conditions Clause Under Government Construction Contracts*, 5 Bost. Coll. L. Rev. 79 (1969) 참조. 연방 표준 양식 일반 조건 개발의 역사에 대해서는 James F. Nagle, *A HISTORY OF GOVERNMENT CONTRACTING*, George Washington Univ., 1999, pp. 355－357.

12) "변경된 조건" 조항은 1926년 8월 20일에 발행된 연방 표준 양식 일반 조건에 포함되었다.

13) *Geotechnical "Differing Site Conditions"*, Geotechnical Guideline No. 15, U.S. Dept. of Transportation, Federal Highway Administration 3 (Apr. 30, 1996).

14) Smith, *Risk Identification and Allocation: Saving Money by Improving Contracts and Contracting Practices*, 12 International Construction L. Rev. 40, 57 (Jan. 1995).

15) 계약신성의 원칙, 부실표시, 묵시적 보증, 쌍방 착오의 법리 등 보통법상의 원칙에 의해 해결해왔다. Damon Pursell Const. Co. v. Missouri Highway and Transp. Com'n, 192 S.W.3d 461 (Mo. Ct. App. W.D. 2006).

16) 연방 및 주 고속도로 계약에서 변경된 현장 조건 조항의 사용이 지연됨에 따라 고속도로 프로젝트에서 토양 분쟁과 관련된 사건은 여전히 "추가 작업" 조항과 위험 배분에 대한 보통법 원칙에 따라 결정되고 있었다. R.J. Wildner Contracting Co. v. Ohio Turnpike Com'n, 913 F. Supp. 1031 (N.D. Ohio 1996); Midwest Dredging Co. v. McAninch Corp. 424 N.W.2d 216 (Iowa 1988). 다른 현장 조건 조항의 대체이론에 대한 상세한 소개는 김승현, "국제건설계약에서의 예견하지 못한 현장조건", 국제거래법연구 제14집 제2호, 2005, 153－158면 참조.

17) 초기 발주자의 우려는 계약자가 변경된 조건 조항에도 불구하고 계속해서 입찰에 토양 위험에 대한 우발 비용을 포함시켜 발주자의 프로젝트 비용을 증가시킬 것이라는 것이었다. 그러나 다른 현장 조건 조항을 활용한 계약이 발주자의 비용 증가로 이어지지 않는다는 경험적 연구 결과가 입증되었다. Smith, *Risk Identification and Allocation: Saving Money by Improving Contracts and Contracting Practices*, 12 Intern. Const. L. Rev. 40, 57 (Jan. 1995). Halligan, Hester & Thomes, *Managing Unforeseen Site Conditions*, Journal of Construction Engineering and Management Vol. 112, No. 2, American Society of Civil Engineers 273－278 (June 1987)에서 인용.

18) F.A.R. § 36.502, 48 C.F.R. § 36.502 and F.A.R. § 52.236－2, 48 C.F.R. § 52.236－2 참조.

19) Chu, *Differing Site Conditions: Whose Risk Are They?*, 20 Constr. Law. 5 (April 2000); Currie, Abernathy, &

조항의 사용이 매우 광범위하게 이루어져 그 문구가 자체적인 사법 및 행정적 "의미"를 획득했으며 다른 현장 조건 조항이 포함되지 않은 계약에도 건설업계의 일반적인 관행으로 적용되고 있다.[20] 다른 현장 조건 및 현장 조사를 다루고 있는 이러한 주요 조항은 대표적으로 연방 조달 규정의 표준 건설 계약 양식,[21][22] 미국 건축가 협회의 일반 계약 조건,[23] 엔지니어링 일반 조건[24] 및 ConcensusDOCS 표준 계약서(contractors' ConcensusDOCS standard agreements)[25] 등이 있다.

Chambers, *Changed Conditions*, Construction Briefings No. 84－12 (Dec. 1984); Abernathy & Chambers, *Changed Conditions/Edition II*, Construction Briefings No. 2000－9 (Sept. 2000).

20) P.T. & L. Const. Co. v. State of N.J., Dept. of Transp., 108 N.J. 539, 531 A.2d 1330, 1334 (1987).

21) F.A.R. § 36.236－2, 48 C.F.R. § 52.236－2 및 F.A.R. § 52.236－3, 48 C.F.R. § 52.236－3 참조.
F.A.R § 52.236－2의 다른 현장 조건 조항은 아래와 같다.
다른 현장 조건(1984년 4월)
(a) 계약자는 (1) 이 계약에 표시된 것과 실질적으로 다른 현장의 지하 또는 잠재적인 물리적 조건 또는 (2) 계약에 규정된 성격의 작업에 일반적으로 발생하고 일반적으로 인정되는 것과 실질적으로 다른 비정상적인 성격의 알려지지 않은 현장의 물리적 조건에 대해, 그 조건이 교란되기 전에 계약담당관에게 즉시 서면으로 통지해야 한다.
(b) 계약담당관은 통지를 받은 후 즉시 현장 조건을 조사해야 한다. 조건이 실질적으로 달라서 계약자가 이 계약에 따른 작업의 일부를 수행하는 데 필요한 비용 또는 시간을 증가 또는 감소시키는 경우, 조건의 결과로서 변경이 되는지 여부에 관계없이 이 조항에 따라 공평하게 조정하고 그에 따라 서면으로 계약을 수정해야 한다.
(c) 계약자가 필요한 서면 통지를 하지 않는 한, 계약자가 이 조항에 따라 계약에 대한 공평한 조정을 요청하는 것은 허용되지 않는다. 다만, 위 (a)에 규정된 서면 통지 기간은 계약담당관이 연장할 수 있다.
(d) 이 계약에 따른 최종 대금의 지급 이후에 계약자가 다른 현장 조건에 대해 계약에 대한 공평한 조정을 요청하는 것은 허용되지 않는다.

22) 연방의 다른 현장 조건 조항과 유사한 조항은 전 세계적으로 활용되는 국제 컨설팅 엔지니어 연맹의 계약 조건 (the Federation Internationale des Ingenieurs－Conseils/International Federation of Consulting Engineers contract conditions: FIDIC)에도 포함되어 있다. 제4.12항 예상할 수 없는 물리적 조건 참조.

23) AIA 문서 A201－2007, 일반 조건 ¶ 3.7.4는 아래와 같다.
제3.7.4조 은폐되거나 알려지지 않은 조건
계약자가 현장에서 (1) 계약문서에 명시된 것과 실질적으로 다른 지하 또는 기타 은폐된 물리적 조건 또는 (2) 계약문서에 제공된 성격의 건설 활동에 내재된 것으로 일반적으로 인식되는 통상적으로 발생하는 것과 실질적으로 다른 특이한 성격의 알려지지 않은 물리적 조건에 직면한 경우, 계약자는 조건이 방해 받기 전에 그리고 어떠한 경우에도 조건을 처음 발견한 후 21일 이내에 즉시 발주자 및 건축가에게 통지해야 한다. 건축가는 그러한 조건을 즉시 조사하고, 그러한 조건이 실질적으로 달라서 계약자의 작업 수행 비용 또는 작업 수행에 필요한 시간의 증가 또는 감소를 초래하는 경우, 계약금액 또는 계약기간 또는 둘 다를 공평하게 조정할 것을 권장한다. 건축가가 현장의 조건이 계약 문서에 명시된 것과 실질적으로 다르지 않고 계약 조건의 변경이 정당하지 않다고 판단하는 경우, 건축가는 즉시 그 이유를 명시하여 발주자와 계약자에게 서면으로 통지해야 한다. 어느 당사자가 건축가의 결정 또는 권고에 대해 이의를 제기하는 경우, 해당 당사자는 제15조[클레임 및 분쟁 조항]에 규정된 대로 진행할 수 있다.

24) EJCDC Document No. 700, Standard General Conditions(2007)의 관련 부분 참조.

25) ConsensusDOCS 200, Standard Agreement and General Conditions Between Owner and Contractor, 3.16.2 참조.
3.16.2 은폐되거나 알려지지 않은 현장 조건
작업 현장의 조건이 (a) 계약문서에 명시된 것과 실질적으로 다른 지하 또는 기타 물리적 조건이거나 (b) 계약문서에 명시된 작업에 일반적으로 발생하고 일반적으로 내재된 것으로 인식되는 조건과 실질적으로 다른 비정상적이거나 알려지지 않은 물리적 조건인 경우, 계약자는 작업을 중지하고 발주자와 건축가/엔지니어에게 즉시 해당 조건에 대해 서면으로 통지해야 한다. 계약자는 양 당사자의 서면 상호 합의 없이는 알려지지 않은 조건과 관련된 작업을 수행하지 않아도 된다. 알려지지 않은 조건의 결과로 인한 계약금액 또는 계약기간의 변경은 제8조에 규정된 대로 결정된다. 계약자는 알려지지 않은 조건으로 인한 클레임에 대해 8.4에 명시된 기간 내에 발주자에게 서면으로 통지해야 한다.

4. 다른 현장 조건 조항의 목적

미국 연방 정부가 다른 현장 조건 조항과 그 이전의 변경된 조건 조항을 채택하게 된 정책적 목표에 대한 가장 명료하고 완전한 사법적 표현은 Foster Const. C. A. & Williams Bros. v. U.S.[26] 사건에서 한 미국 연방청구법원의 다음과 같은 판시내용에 잘 나타나 있다.

> "변경된 조건 조항에 표현된 정책의 출발점은 건설 프로젝트 입찰자에게 불리한 지하 조건에 대한 큰 위험이다: "지하 작업 중에 어떤 것이 발견될지 아무도 알 수 없다." … 지하에 대한 신뢰할 수 있는 정보를 사용할 수 없는 경우, 입찰자는 자체적으로 시추를 수행하거나 위험을 감당하기 위해 입찰에 우발 비용을 포함시킬 가능성이 높다. 두 가지 대안 모두 정부의 비용을 증가시킨다. 따라서 정부는 표준 변경된 조건 조항이 포함된 계약서의 일부로 이러한 시추 기록을 작성하여 입찰자가 사용할 수 있도록 제공하는 경우가 많다. 따라서 입찰자는 입찰을 할 때 참고할 수 있는 정보를 제공받고, 동시에 지하 조건이 기록에 표시된 것과 실질적으로 다른 것으로 판명될 경우 변경된 조건 조항에 따라 공평하게 조정될 것을 약속받는다. 변경된 조건 조항의 존재는 입찰자가 기록을 신뢰하고 입찰에 우발적 요소를 포함할 필요가 없다는 점을 안심시키는 역할을 한다. 입찰자가 신뢰할 수 없다고 느끼면 입찰가를 높이는 관행으로 되돌아갈 것이기 때문에 정부는 이러한 신뢰를 적극 원한다."

앞서 본 바와 같이 다른 현장 조건 조항의 목적은 입찰에서 지하 조건에 대한 도박성을 조금이나마 제거하기 위한 것이다.[27] 즉, 이 조항을 통해 입찰자는 불리한 지하 조건이 발생할 위험과 자체 시추의 비용 및 용이성을 비교할 필요가 없어지고, 위험을 감당하기 위해 입찰가에 얼마나 큰 규모의 우발 비용을 추가해야 할지 고민할 필요도 없게 된다. 또한 정부도 발생하지 않을 수도 있는 위험에 대한 비용 부풀리기가 없어져서 보다 정확한 입찰을 통해 이익을 얻게 되고, 불리한 지하 작업이 발생하더라도 기록에 표시되지 않은 경우에만 비용을 지불하면 된다.

5. 다른 현장 조건 조항의 유형－제1유형 및 제2유형의 청구

가. 개 관

최근 미국 다른 현장 조건 조항은 "제1유형(Type I)" 및 "제2유형(Type II)"의 두 가지의 독립적인 청구권을 규정하고 있다. "제1유형" 및 "제2유형"의 청구에 대한 공통요건으로는 (1) 지상에서 "지표면 아래(sub－surface)"에 있거나 "은폐(concealed)"되어 있고, (2) 그 성질이 "물리적(physical)"이며, (3) "현장에서(at the site)" 발견되고, (4) 합리적으로 예상한 조

---

26) Foster Const. C. A. & Williams Bros. Co. v. U. S., 193 Ct. Cl. 587, 435 F.2d 873 (1970).

27) Meridian Engineering Company v. United States, 122 Fed. Cl. 381 (2015).

건과 "실질적으로 다른[28](differ materially)" 현장 조건일 것을 요한다. 그러나 제1유형의 다른 현장 조건 청구는 계약문서상 "표시(indications)"와 실질적으로 다른 현장 조건일 것으로 요하는 반면,[29] 제2유형의 청구는 "알려지지 않았고(unknown and)" "비정상적인 성격(unusual nature)"의 현장 조건으로 작업에서 "발생하고 일반적으로 내재된 것으로 인정되는(encountered and generally recognized as inherent in the work)" 객관적인 기대 조건과 실질적으로 다른 현장 조건일 것을 요한다는 점에서 양자는 차이가 있다.[30] 특히 제1유형의 청구는 보통법상 부실표시 및 묵시적 보증(misrepresentation and implied warranty) 청구를 대체하고,[31] 제2유형의 청구는 보통법상 쌍방착오(mutual mistake)의 법리를 대체한다고 하지만, 다른 현장 조건 조항은 보통법상의 다른 구제 수단과 중복 적용이 가능하므로, 중요 정보의 비공개, 묵시적 보증 위반, 부실표시 또는 착오에 대한 보통법 원칙에 따라 제기된 청구를 배제하지 않는다.[32] 또한 다른 현장 조건 조항이 보통법상 구제수단에 비해 갖는 가치

---

28) "중대한 차이"로 번역할 수도 있다.

29) H.B. Mac, Inc. v. U.S., 153 F.3d 1338 (Fed. Cir. 1998) 사건에서 다음과 같이 판시하였다:
다른 현장 조건에 대한 청구에서 승소하려면 계약자는 계약서에 표시된 조건이 이행 중에 발생하는 조건과 실질적으로 다르다는 것을 증거의 우위를 통해 증명해야 한다. 실제로 발생한 조건은 입찰 당시 계약자가 이용할 수 있었던 모든 정보에 근거하여 합리적으로 예측할 수 없는 것이어야 한다. 또한 계약자는 계약 및 계약 관련 문서에 대한 해석에 합리적으로 의존했으며, 예상 조건과 발생한 조건 간의 실질적으로 달라서 손해를 입었음을 입증해야 한다.
또한 Weeks Dredging & Contracting, Inc. v. U.S., 861 F.2d 728 (Fed. Cir. 1988)에서 미국 연방순회항소법원은 제1유형의 다른 현장 조건 청구에 다음과 같은 6가지 증명 요소가 있다는 미국 청구법원의 판단에 동의했다:
첫째, 계약문서에 [계약자] 청구의 근거가 되는 지하조건이 확실하게 제시되거나 표시되어 있어야(affirmatively indicated or represented) 한다.
둘째, 계약자가 계약문서를 합리적으로 해석했어야 한다.
셋째, 지하조건이 실제로 발생한 조건보다 더 유리하다는 표시(indications)가 계약자에게 합리적인 신뢰를 유도했어야 한다.
넷째, 계약 현장 구역 내에서 실제로 직면한 지하 조건이 동일한 계약 구역에 표시된(indicated) 지하 조건과 실질적으로 달라야 한다.
다섯째, 실제 발견된 지하조건이 합리적으로 예측할 수 없는 것이어야 한다(reasonably unforeseeable).
여섯째, 계약자는 청구한 초과비용이 전적으로 계약 현장 내의 실질적으로 다른 지하조건에 기인한다는 것을 증명해야 한다.

30) Servidone Const. Corp. v. U.S., 19 Cl. Ct. 346, 36, 931 F.2d 860 (Fed. Cir. 1991) 사건에서 미국 청구 법원은 제2유형 청구의 요건과 증명책임에 관하여 다음과 같이 판시했다:
제2유형의 다른 현장 조건을 증명하려면, 계약자는 현장에서 통상적으로 발생하고 일반적으로 이 계약에 규정된 계약자의 작업에 내재하는 것으로 인정되는 것과 실질적으로 다른 비정상적인 성격의 알려지지 않은 물리적 조건을 발견했음을 증명해야 한다.

31) Foster Const. C. A. & Williams Bros. Co. v. U.S., 193 Ct. Cl. 587, 435 F.2d 873, 880−881 (1970) 사건에서 미국 연방청구법원은 제1유형의 다른 현장 조건 청구와 보통법상 부실표시 청구를 다음과 같이 비교했다:
부실표시에서 부당행위는 고의 또는 과실로 사실과 다른 부실표시를 하거나 의무적으로 공개해야 하는 사항을 공개하지 않음으로써 계약자를 오도하는 것으로 구성된다…. 현대의 변경된 조건 조항에 근거한 청구는 동일한 사실에서 발생하고 부실표시에 대한 [불법행위] 청구와 결합될 수 있지만 매우 다르다…. 변경된 조건 청구는 … 계약 문서의 내용에 '표시'(indicated)된 내용에 전적으로 의존한다…. 단순 실수, 부주의 또는 기타 등 계약서에 잘못된 '표시'의 원인은 그다지 중요하지 않다. 또한 '표시'는 사기와 관련하여 오랜 보통법 역사를 가진 개념인 '부실표시' 또는 '표시'('misrepresentation' or 'representation')에 대한 요건을 충족할 필요가 없는 추론이나 암시(inferences or implications)에 의해 증명될 수 있다. 이로써 정부의 과오를 입증할 필요가 없어지고 청구 법원의 법률문제인 계약서의 표시사항(indications)으로 문제를 제한함으로써 변경된 조건 조항은 부실표시의 사실적 요소와 [계약자에게 그러한 요소를 증명할] 증명책임을 부과할 필요가 없어졌다.
또한 International Technology Corp. v. Winter, 523 F.3d 1341 (Fed. Cir. 2008) 사건에서 현장 토양조건의 부실표시에 대한 계약 위반 청구는 제1유형의 다른 현장 조건 청구와 동일하다고 판시하였다.

는 부적절한 발주자의 의도(또는 과오) 또는 적극적 부실표시의 증명을 요구하지 않으며,[33] 사기 또는 착오를 증명하기 위해 때때로 요구되는 명확하고 설득력 있는 기준(a clear and convincing standard)이 아닌 증거 우위의 증명 기준(standard of proof of preponderance of the evidence)으로도 족하다는 점이다.

나. 제1유형의 다른 현장 조건

(1) "현장의" "물리적 조건"에 관하여 "계약문서에 표시되어 있을 것(indicated in the contract documents)"

(가) 계약문서에 표시되어 있을 것

제1유형의 다른 현장 조건은 현장의 물리적 조건이 "계약문서에 표시된 것"과 실질적 차이를 전제로 한다. 여기서 "계약문서"는 현장 굴착, 기초 및 지하 시설물 설치 작업과 관련된 모든 설계도면 및 시방서는 물론 입찰 전 설명회에서 질문에 대한 발주자의 답변과 계약자의 입찰 전 검사를 위해 발주자가 제공한 기타 정보도 광범위하게 포함한다.[34] 제1유형의 조건은 "표시"에 초점을 맞추고 있는데, "표시"는 계약서에 표현된 "적극적 표시"(affirmative indications)를 의미하는 것으로 해석된다.[35] 그러나 무엇이 "적극적"(affirmative)인 것으로 간주될 수 있는지는 건설업계의 관습과 관행에 따라 다르다. 관례적으로 정보가 제공되는 상황에서 정보가 없는 것도 "표시"가 될 수 있다.[36] 즉, "계약상 표시"는 명시적이거나 구체적일 필요는 없고, 합리적 입찰자가 실제로 발생할 수 있는 불리한 조건을 예상하지 않을 수 있을 정도로만 표시하면 된다. 또한 그동안 지반 탐사 및 보고 표준이 광범위하게 발전한 점을 감안할 때, "표시"는 관례적으로 보고되던 데이터의 누락 또는 데이터의 포함을 통해

---

32) 미국 연방 판례는 보통법상 청구가 "계약에 따라 구제 가능한 청구를 단순하게 재구성"한 경우, 계약에 따라 구제 가능한 청구만 제기할 수 있다고 한다[Utley−James, Inc. v. U.S., 14 Cl. Ct. 804, 816 (1988)]. 그러나 계약자의 사기적 부실표시 및 우월적 지식의 비공개에 대한 보통법상 계약 위반 청구가 공평한 조정을 위한 계약자의 다른 현장 조건 계약 청구와 함께 고려 및 결정된다고 판시한다[M.A. DeAtley Const., Inc. v. U.S., 71 Fed. Cl. 370 (2006); Damon Pursell Const. v. Missouri Highway and Transp. Com'n, 192 S.W.3d 461 (Mo. Ct. App. W.D. 2006)].

33) Fru−Con Const. Corp. v. U.S., 44 Fed. Cl. 298, 309 (1999) 판결에서 미국 연방청구법원은 각주 6에서 "계약자는 지하조건이 부실표시되었거나 계약자가 계약서 내의 정보로 인해 오도된 경우, 다른 현장 조건에 대해 보상받을 수 있다…. 부실표시(고의 또는 과실로 인한 부실표시)는 성공적인 청구의 전제 조건이 아니다."라고 설명한다.

34) Dawco Const., Inc. v. U.S., 18 Cl. Ct. 682, 687, 60 F.3d 1572 (Fed. Cir. 1995)); Hunt & Willett, Inc. v. U. S., 168 Ct. Cl. 256, 351 F.2d 980 (1964). "계약문서"라는 용어는 입찰문서(입찰 안내서, 도면, 시방서 및 기타 입찰자에게 물리적으로 제공되는 문서)뿐만 아니라 입찰문서에 언급된 문서 및 자료도 포함하도록 상당히 넓게 해석해야 한다.

35) Servidone Const. Corp. v. U.S., 19 Cl. Ct. 346 (Fed. Cir. 1991); Ragonese v. U. S., 128 Ct. Cl. 156, 159, 120 F. Supp. 768, 769 (1954); United Contractors v. U.S., 177 Ct. Cl. 151, 161−64, 368 F.2d 585, 595−97 (1966).

36) W. R. Henderson Const., Inc., ASBCA No. 52938 (Feb. 1, 2002): 입찰문서에 토양 정보가 포함되어 있지 않고 입찰자에게 굴착된 자재를 현장에 보관해두고 되메우기용으로 사용할 것이라는 시방서의 요구사항에서 굴착된 자재가 되메우기용으로 사용하기에 적합하지 않을 수 있다는 경고 없이 굴착된 자재를 되메우기용으로 사용하도록 지시한 경우, 제1유형의 다른 현장 조건 주장을 뒷받침하기에 충분한 표시가 도출되었다고 판시.

서도 추론될 수 있다. 그러나 이러한 표시가 실제로 존재하지 않는 조건에 대해 합리적으로 명백하거나 확실한 것이어야 하며, 또는 실제로 존재하는 조건보다 유리한 조건이 존재할 것이라는 합리적인 신뢰를 유도해야 한다.[37)]

(나) "지하 또는 잠재적"인 "물리적 조건"이 "현장에" 존재할 것

"다른 현장 조건" 조항에서 규정하는 "물리적 조건"(physical conditions)에는 물리적 토양, 구조물 및 자재만 포함되며, 노동 문제, 정부, 정치 또는 경제 상황의 변화, 또는 세율 인상과 같은 비물리적 조건은 제외된다. "물리적 조건"에는 지하조건 외에도 지상의 "잠재되어 있거나" "은폐된" 조건도 포함된다. "잠재적"이라고 함은 합리적인 현장 조사를 통해서도 알 수 없는 감추어진 조건을 말한다.[38)] 예컨대, 지상의 조건에는 개조 또는 리모델링 중에 발견한 지상의 기존 구조물에서 예상과 실질적으로 다른 것으로 밝혀진 알려지지 않은(은폐된) 조건은 포함된다.[39)] 지하에 잠재된 "물리적 조건"에는 예상치 못한 지하 토양 조건과 매립된 인공 장애물이 모두 포함된다. 다만, 다른 현장 조건 조항의 "물리적 조건"은 계약 체결 시점에 존재하는 조건으로 제한적으로 해석하는 것이 미국 법원의 태도이다.[40)] 계약 체결 이후에 발생하여 계약 이행을 방해하거나 방해할 수 있는 사건은 계약 불이행의 원칙에 따라 구제를 받을 수 있는 근거가 되는 것과는 별개로 다른 현장 조건 조항에 따라 구제받을 수 없다.[41)] 따라서 현장의 환경오염, 폭풍, 허리케인, 및 홍수, 가뭄, 및 수도관 파열로 인한 습기 문제 등 현장 조건에 대한 계약 이후의 영향을 이유로 다른 현장 조건 조항에 따른 구제는 인정되지 않고 있다. 그러나 이러한 사후 조건으로 인해 잠재된 토양 특성이 기존의 예상치 못한 현장 조건으로 드러나는 경우에는 구제가 허용되는 경우가 있을 수 있다.[42)]

또한 물리적 조건이 "현장에"(at the site) 존재해야 한다는 요건은 "계약 문서에 기술된 현장에"라는 의미로 이해되고 있다. 따라서 실제 작업 현장에서 떨어진 채석장 및 토취장은 계약문서에 명시되거나 언급된 경우, "현장에" 있는 것으로 간주된다.[43)] 그러나 외부 채석장 또는 토취장이 계약서에 명시되거나 언급되지 않았고 그 선택이 계약자의 단독 재량에 맡겨진 경우, 해당 채석장 등은 다른 현장 조건 조항에서 말하는 "현장에" 있는 것으로 간주되지 않는다.[44)] "현장에서"는 또한 계약문서에 설명된 현장의 수직 및 수평 범위 내의 토

37) Metropolitan Sewerage Commission of Milwaukee County v. R. W. Const., Inc., 72 Wis. 2d 365, 241 N.W.2d 371, 377－378 (1976).
38) 조영준, 『건설계약관리』, 한올출판사, 2010, 60면.
39) Liles Const. Co. v. U. S., 197 Ct. Cl. 164, 455 F.2d 527 (1972).
40) 조영준, 위의 책(주 38), 60면.
41) Northern Corp. v. Chugach Elec. Ass'n, 563 P.2d 883 (Alaska 1977).
42) John A. Johnson Contracting Corp. v. U.S., 132 Ct. Cl. 645, 132 F. Supp. 698 (1955).
43) Stock & Grove, Inc. v. U. S., 204 Ct. Cl. 103, 493 F.2d 629 (1974) (계약문서에 명시된 채석장); Morrison－Knudsen Co. v. U. S., 184 Ct. Cl. 661, 397 F.2d 826 (1968) (계약문서에 매우 상세하게 기술된 채석장).
44) L.G. Everist, Inc. v. U.S., 231 Ct. Cl. 1013 (1982).

양으로 제한되는 것으로 이해된다.[45)]

(2) 계약자의 입찰 당시 이용 가능한 정보로부터 추론한 표시사항에 대한 의존(신뢰)이 "합리적"이고 "정당할 것"

제1유형의 청구는 "계약서에 표시된(indicated) 내용에 근거한다."[46)] 계약자는 입찰 당시 이용 가능한 정보로부터 추론한 표시사항에 대한 의존(신뢰)이 합리적이고 정당했음을 증명해야 한다.[47)] 여기서 계약자는 계약서상 표시사항을 합리적으로 해석해야 한다. 만약 계약자가 계약상 주어진 데이터를 잘못 이해하거나 해석한 경우에는 구제를 받기 어렵다.[48)] 또한 계약자가 표시사항에 의존하는 것이 정당하지 않은 경우가 있다. 계약자의 계약서 표시사항에 대한 신뢰도를 떨어뜨릴 수 있는 요인으로는 i) 다른 계약서의 문언, ii) 현장 검사 또는 iii) 계약자의 경험 등이 있다. 이러한 사항 중 어느 하나라도 표시사항이 부정확하다는 것을 나타낸다면 계약자는 해당 표시에 의존하는 것이 정당화되지 않는다. 또한 iv) 면책 조항이 계약자의 해석을 부정할 수도 있다.

(가) 다른 계약서의 문언

널리 인정되는 법 해석의 원칙은 계약서를 전체적으로 해석하고 계약서의 표시사항을 확인해야 한다는 것이다. 지하에 관한 표시사항에 대한 의존도를 낮추는 다른 조항이 있을 수 있다. 다른 계약 조항이 지하 정보보다 우선하려면 일반적인 조항이 아닌 구체적인 조항이어야 한다. 예컨대, United Contractors v. U. S. 사건[49)]에서 법원은 지하수가 존재한다는 일반적인 진술이 시추기록이 제공한 정확한 정보를 부인할 수 없다고 판시한 바 있다.

(나) 현장 조사

합리적인 현장 조사를 수행하지 않으면 계약자가 다른 현장 조건을 주장할 수 없게 되는 경우가 많기[50)] 때문에 현장 조사 의무는 계약자의 표시사항에 대한 신뢰가 합당한지 판단함에 있어서 중요한 요인이다. 대부분의 미국 건설 계약서에는 계약자가 현장 조사를 위한 조치를 이행했음을 확인하도록 요구하지만, 계약자에게 구체적인 조사 활동의 수행을 지시하는 계약서는 보기 드물다. 계약문서에 일반적인 현장 조사 조항만 포함된 경우, 현장 조사의 범위는 합리적인 범위 내의 현장 육안 검사, 계약 문서의 검토 및 발주자가 제공한 기

---

45) 4A Bruner & O'Connor Construction Law § 14:49.
46) Stuyvesant Dredging Co. v. U.S., 11 Cl. Ct. 853, 858, 834 F.2d 1576 (Fed. Cir. 1987).
47) Stuyvesant Dredging Co. v. U.S., 834 F.2d 1576, 1581 (Fed. Cir. 1987). 또한, United States Army Corps of Engineers v. John C. Grimberg Co. Appx. 960 (Fed. Cir. 2020).
48) 조영준, 위의 책(주 38), 67면.
49) 177 Ct. Cl. 151, 368 F.2d 585, 594−95 (1966).
50) Conner Brothers Const. Co., Inc. v. U.S., 65 Fed. Cl. 657, 682 (2005); Southern Comfort Builders, Inc. v. U.S., 67 Fed. Cl. 124, 149 (2005).

타 정보의 검토로 제한되고,[51] 독립적인 지하 조사까지 포함하지는 않는다. 따라서 이러한 일반적인 현장 검사 의무는 합리적인 현장 육안 검사 및 문서 검토로 그 정보의 결함이 분명해지는 경우를 제외하고 계약자가 발주자가 제공한 정보의 유효성 및 정확성을 검증할 것을 요구하지 않는다. 계약자가 합리적인 현장 조사를 수행했는지 여부를 판단할 때, 현장 조사에 허용된 시간과 접근 권한 등에 비추어 합리적이고 경험있는 계약자가 발견했을 내용을 고려해야 한다. 여기서 경험 있는 계약자라는 기준(standard of an experienced contractor)은 계약자가 현장 조사 수행 시 숙련된 엔지니어 또는 지질학자가 발견할 수 있는 것을 발견해야 한다는 의미가 아니라 미국에서 합리적인 계약자가 발견할 수 있는 것만을 기대하여야 한다는 것이다.[52] 실무적으로 계약자의 현장 조사 노력이 합리적인 것인지를 판단함에 있어서는 다음의 사항을 고려하여야 한다. 즉, 1) 발주자가 현장 조사를 위해 허용한 시간,[53] 2) 현장 접근이 가능한 범위,[54] 3) 당시 관찰 가능한 조건,[55] 4) 독립적인 현장 탐사를 한 경우에 소요되는 비용,[56] 5) 발주자가 제공한 정보의 구체성과 충분성.[57]

(다) 계약자의 경험

계약자의 경험으로 인해 기존 조건에 대해 경각심을 가질 수 있다. 계약자가 실제 조건이 계약상 표시된 조건과 다르다는 것을 알았거나 알 수 있었을 경우, 부정확한 표시로 인해 횡재를 얻어서는 안 된다. 대표적인 사례가 Morrison－Knudsen Co. v. United States 사건[58]인데, 법원은 시추공에서 공사 구역에 영구 동토층을 발견하지 못했더라도 계약자가 영구 동토층과 마주칠 것을 예상했어야 한다고 판시하면서 계약자의 인근 지역에서의 경험, 공사 지역 밖이지만 계약문서에 포함된 시추기록에서 영구 동토층이 발견되었다는 사실, 영구 동토층에 대해 경고하는 계약 조항의 구체적인 문구 등을 근거로 들었다.

또한 계약자가 존재하는 것으로 알려진 정보를 무시하는 경우, 계약자는 자신의 신뢰가

51) Haymes Bros., Inc. v. RTI Intern. Metals, Inc., 2011 WL 2461333 (W.D. Va. 2011).

52) M. Beutler and E. Gentilcore, Model Jury Instructions: Construction Litigation(2nd ed) (Chicago: ABA, 2015) p. 124.

53) Frederick Snare Corp. v. Maine－New Hampshire Interstate Bridge Authority, 41 F. Supp. 638(D.N.H. 1941) (입찰 준비 기간이 짧아 철저한 현장 조사를 수행할 시간이 충분하지 않은 사례); North Slope Technical Ltd. v. U.S., 14 Cl. Ct. 242, 253 (1988) (입찰까지 1개월); Cook v. Oklahoma Bd. of Public Affairs, 1987 OK 22, 736 P.2d 140 (Okla. 1987) (입찰까지 5개월).

54) Chernus v. U.S., 110 Ct. 264, 75 F. Supp. 1018 (1948) (현장이 침수되어 계약자가 검사할 수 없었던 사례).

55) North Slope Technical Ltd. Ct. 242, 34 (1988) (겨울철 입찰 기간 동안 땅이 얼어붙은 경우); Zontelli & Sons, Inc. v. City of Nashwauk, 373 N.W.2d 744, 754 (Minn. 1985) (1월 입찰 기간에 현장이 눈이 덮인 사례).

56) Jacksonville Port Authority v. Parkhill－Goodloe Co., Inc. 362 So. 2d 1009, 1013 (Fla. 1st DCA 1978) (코어 테스트 비용이 매우 많이 드는 경우, 입찰자는 카운티의 테스트에 의존할 수 있었어야 한다고 본 사례).

57) Sherman R. Smoot Co. v. Ohio Dept. of Adm. Serv. 3d 166, 736 N.E.2d 69 (10th Dist. Franklin County 2000) (현장 조사가 이루어지지 않았음에도 불구하고 계약자가 발주자가 제공한 구체적인 토양 정보에 대해 의존할 권리가 있었기 때문에 계약자의 제1유형 다른 현장 조건 주장을 인정한 사례); Jacksonville Port Authority v. Parkhill－Goodloe Co, 362 So. 2d 1009, 1013 (Fla. 1st DCA 1978) (현장 조건에 대한 광범위한 정보를 입찰자에게 제공한 발주자는 오해의 소지가 없는 정보를 제공할 의무가 있다고 판시한 사례).

58) 170 Ct. CⅠ. 712, 345 F.2d 535 (1965).

합리적이었다고 주장할 수 없다. 예컨대, Leal v. U.S. 사건[59]에서 계약자는 예상보다 높은 수위를 발견했는데, 시추공에는 약어 "WT"가 표시된 수위가 표시되었지만 약어 "WT"가 무엇을 의미하는지 정의되어 있지는 않았다. 법원은 다음과 같이 판시하여 계약자의 청구를 기각했다: "도면과 시방서에는 숙련된 작업자에게 계곡에 수위가 존재한다는 것을 알 수 있는 충분한 정보가 있었습니다."

(라) 면책 조항

면책 조항[60]은 발주자가 제공한 정보에 대한 계약자의 정당한 의존을 부인하기 위해 발주자가 자주 사용해 왔다. 면책 조항이 다른 현장 조건의 위험을 계약자에게 배분하기 위한 명확하고 구체적인 계획의 일부인 경우 해당 조항은 유효할 수도 있다.[61] 그러나 면책 조항의 유효 여부는 계약문서의 표시에 대한 정당한 의존을 배제할 수 있을 정도로 공공정책상 면책 조항이 충분히 구체적인지에 따라 좌우되는 경우가 많다.[62] 따라서 일반적인 면책 조항은 일반적으로 계약서의 표시에 대한 계약자의 정당한 의존을 부정하기 어렵다.[63] 그러나 면책 조항이 그 유효성을 보증할 만큼 구체적인지는 판단하기 어렵고, 면책 조항이 설정된 법적 및 사실적 맥락에 따라 달라질 수밖에 없다. 다만, 면책 조항이 다른 현장 조건 조항과 상충되는 것으로 판명된 경우, 면책 조항이 해당 조항보다 우선하는지에 대해 미국 법원의 의견은 분분하지만,[64] 연방 계약에서 다른 현장 조건 조항과 상충되는 면책 조항은 일반적으로 효력이 없는 것으로 본다.[65]

59) 149 Ct. Cl. 451, 276 F.2d 378, 384 (1960).

60) 면책조항의 내용으로는 다음과 같은 것이 있다. (1) 계약자는 설계도를 자체적으로 검토하고 현장을 독립적으로 조사해야 하며 완공 시까지 작업에 대한 책임을 져야 한다. (2) 발주자가 제공한 토양 정보는 설계 목적으로만 취득한 것이므로 시공 목적으로 신뢰할 수 없다. (3) 토양 정보는 계약서의 일부가 아니므로 계약상 표시로 신뢰할 수 없다. (4) 토양 문제의 위험을 발주자에게 전가할 수 있는 다른 현장 조건 조항 또는 추가 작업 조항은 삭제된다. (5) 계약자는 해당 지역의 토양 조건에 대한 모든 일반 지식을 숙지하고 있다. (6) 토양 정보의 정확성은 보장되지 않는다. (7) 토양이 "미분류"로 기술되어 있으며, (8) 계약자는 입찰서를 제출함으로써 부정확한 토양 정보에 대한 모든 청구를 포기한다. (9) 수량 추정치는 대략적인 것일 뿐이며, (10) 계약자는 보고서를 제공받는 대가로 토양 보고서의 부정확성 또는 부실표시에 대한 모든 청구를 포기했으며, (11) 토양 데이터는 정보 제공 목적으로만 사용되며 보증되지 않는다.

61) Brown Bros. v. Metropolitan Government of Nashville and Davidson County, 877 S.W.2d 745 (Tenn. Ct. App. 1993)(수량 추정 면책 조항 적용); Costanza Const. Corp. v. City of Rochester, 147 A.D.2d 929, 537 N.Y.S.2d 394 (4th Dep't 1989)(명확한 면책 조항 적용).

62) P.T. & L. Const. Co., Inc. v. State of N.J., Dept. of Transp., 108 N.J. 539, 531 A.2d 1330, 1335 - 1336 (1987); Haggart Const. Co. v. State Highway Commission, 149 Mont. 422, 427 P.2d 686, 688 - 689 (1967).

63) Sherman R. Smoot Co. v. Ohio Dept. of Adm. Serv. 3d 166, 736 N.E.2d 69, 76 (10th Dist. Franklin County 2000).

64) Travelers Cas. Co. of America v. U.S., 75 Fed. Cl. 696 (2007) (계약서에 상세히 명시된 토양조건에 대해 면책 조항의 적용을 거부한 사례)와 Robert E. McKee, Inc. v. City of Atlanta, 414 F. Supp. 957 (N.D. Ga. 1976)(면책 조항이 다른 현장 조건 조항보다 우선적용된 사례).

65) Foster Const. C. A. & Williams Bros. Co. v. U.S., 193 Ct. Cl. 587, 435 F.2d 873 (1970).

(3) 실제 조건이 계약서에 표시된 조건과 “실질적으로 다르고”, “합리적으로 예측할 수 없었을 것”

제1유형 조건의 경우, 실제 조건이 계약서에 “표시된” 조건과 “실질적으로 달라야 한다(differ materially).”[66] 여기서 “실질적(중대한) 차이”는 우선 계약자의 운영(operations)에 미치는 경제적 영향에 의해 평가된다.[67] 즉, 계약자의 운영에 아무런 영향을 미치지 않는 실제 현장 조건의 차이는 “실질적이다”라고 할 수 없다. 반대로, 발생한 현장 조건으로 인해 계약자의 계획 생산성이 크게 저하되거나 계약자가 건설 작업을 변경하거나 발주자가 설계 시방서를 변경해야 하는 경우[68] “실질적” 차이로 인정하기가 더 쉬울 수 있다. 이는 결국 계약문서에 표시된 현장조건에서 사용하려던 작업방법이 합리적인 방법인데, 계약서와 다른 실제 현장조건의 발견으로 인해 기존 작업에 지장이 초래되고, 이를 극복하기 위해 계약자가 기존의 작업방법과는 다른 방법을 사용하거나 또는 추가 작업을 할 수밖에 없었고, 이로 인해 계약자에게 추가적인 비용 또는 시간이 소요되었다는 점을 증명하는 방식으로 실제 현장조건이 계약서에 표시된 조건과 실질적으로 달랐음(중대한 차이)을 증명하는 것이다.[69] 양 현장 조건의 차이 외에 그 중대성 또는 실질성이 증명되어야 하지만,[70] 그 증명은 사실관계에 따라 다르다.

또한 실제 조건은 “합리적으로 예측할 수 없는 것”이어야 한다. 이는 감추어져 있어야 한다는 의미는 아니다. 계약문서나 현장에 대한 합리적 조사를 하더라도 발견될 수 없는 조건은 합리적으로 예측할 수 없는 것으로 본다.[71]

다. 제2유형의 다른 현장 조건

(1) “비정상적인 성격”의 “알려지지 않은” “물리적 현장 조건”

제2유형의 다른 현장 조건은 계약문서에 규정된 성격의 건설 활동에서 통상적으로 발생하고 일반적으로 인정되는 것과 실질적으로 다른 비정상적인 성격의 알려지지 않은 물리적 현장 조건으로 매우 “포괄적” 개념이다.[72] 제2유형 조건의 경우, 실제 조건이 작업에 내재

---

66) McClure, *Differing Sites: Evaluating the Material Difference*, 15 Pub. Cont. L. J. 138 (1984).

67) McCormick Const. v. U.S., 18 Cl. Ct. 259 (Fed. Cir. 1990) (“중대한 차이의 증거는 가장 일반적으로 처음에 고려했던 것보다 더 많은 양의 작업이 수행되었거나 계약상 약정을 완료하기 위해 대체 작업 방법을 수행해야 한 데에서 찾아볼 수 있다.”).

68) Foster Const. C. A. & Williams Bros. Co. v. U.S., 193 Ct. Cl. 587, 435 F.2d 873, 892−93 (1970) (“예상된 지하 조건과 실제 발생한 조건 사이의 차이의 중요성은 전체 기록에 의해 뒷받침되며, 변경된 조건을 충족시키기 위해 발주자가 교량 설계를 변경한 성격과 정도에 의해 분명하게 확인된다.”).

69) 조영준, 위의 책(주 38), 62면.

70) 박준기, 『건설계약의 이해』, 건설신문, 2003, 328면.

71) 조영준, 위의 책(주 38), 66면.

72) 제2유형의 다른 현장 조건 청구는 “포괄적인” 범주이지만 미국에서 상당히 드문 경우이며, 제1유형의 청구에 비해 승소하는 것보다 패소하는 경우가 훨씬 더 많다고 한다. Abernathy and Chambers, *Changed Conditions/Edition II*, Construction Briefings No. 2000−9 (Sept. 2000) 참조.

된 "알려지지 않고 비정상적인" 조건이며, "통상적으로 발생하고 일반적으로 인식되는" 조건과 "실질적으로 달라야 한다[73]." 여기서 근본적인 문제는 "합리적이고 신중한"(reasonable and prudent) 계약자가 계약문서와 현장을 조사하고, 수행해야 할 작업 유형에 대한 이해와 이전 작업 경험을 통해 얻은 지식을 바탕으로 해당 조건을 "알 수 없었고", "비정상적인 것"으로 간주했을 것인지 여부이다.[74] "알려지지 않고 비정상적인" 토양 조건에는 완전히 예상하지 못했던 물질뿐만 아니라 예상 물질이 훨씬 다른 비율이나 정도로 나타나는 것도 포함한다.[75] 이 법적 기준의 무정형성[76]과 지각에서 발견되는 물질의 다양성으로 인해 현장 조건이 알려지지 않고 비정상적이라는 것을 증명해야 하는 계약자의 책임은 "무겁다"고 설명되어 왔다.[77] 알려지지 않은 조건은 계약자가 계약 당시 계약문서에 있는 정보를 검토하거나[78] 합리적인 현장 조사[79] 또는 일반적인 시공자의 경험에 근거한 합리적인 판단을 통해 합리적으로 예상할 수 없었던 조건을 말한다.[80] 따라서 "합리적으로 알 수 있었던 경우"[81]에는 알려지지 않은 조건으로 보기 어렵다.[82] 비정상적인 조건은 정상적인 조건을 근거로 판단할 수밖에 없다. 비정상적인 조건에는 현장의 물리적 특성에 국한되지 않고, 작업의 특성, 재료가 현저하게 정상상태와 다른 경우에도 인정된다.[83] 예컨대, 합리적으로 예상한 것보다 훨씬 높은 정도 또는 비율의 재료가 포함되는 경우나 재료가 예상하지 못한 방법으로 반응하여 비정상적인 상태가 되는 경우를 들 수 있다.

(2) "계약문서에 규정된 성격의 건설 활동에서 통상적으로 발생하고 일반적으로 인정되는 현장조건"과 "실질적으로 다른" 현장 조건

앞서 본 대로 여기서 "실질적" 차이가 있는지 여부는 구체적인 사실관계에 따라 결정된다.[84] "실질적" 차이에 대한 평가는 합리적이고, 신중한 계약자가 예상했을 조건에 대해 객관적인 관점[85]에서 판단된다.[86]

---

73) McClure, *Differing Sites: Evaluating the Material Difference*, 15 Pub. Cont. L. J. 138 (1984).
74) Servidone Const. Corp. v. U.S., 19 Cl. Ct. 346 (Fed. Cir. 1991); Cherokee General Corporation v. United States, 150 Fed. Cl. 270 (2020).
75) Servidone Const. Corp. v. U.S., 19 Cl. Ct. 346 (Fed. Cir. 1991).
76) Servidone Const. Corp. v. U.S., 19 Cl. Ct. 346 (Fed. Cir. 1991).
77) Manuel Bros., Inc. v. U.S., 95 Fed. Appx. 344 (Fed. Cir. 2004); Hardwick Bros. Co., II v. U.S., 36 Fed. Cl. 347 (1996).
78) Youngdale & Sons Const. Co., Inc. v. U.S., 63 Fed. Cl. 402 (2004)).
79) H.B. Mac, Inc. v. U.S., 153 F.3d 1338, 1345 - 1347 (Fed. Cir. 1998).
80) 조영준, 위의 책(주 38), 70면; 박준기, 위의 책(주 70), 329면.
81) McCormick Const. Co., Inc. v. U.S., 18 Cl. Ct. 259, 263−264, 907 F.2d 159 (Fed. Cir. 1990); Norfolk Dredging Co. v. U. S., 175 Ct. Cl. 594, 360 F.2d 619, 627−629 (1966).
82) 조영준, 위의 책(주 38), 70면.
83) 조영준, 위의 책(주 38), 72면.
84) McClure, *Differing Site Conditions: Evaluating the Material Difference*, 15 Pub. Cont. L. J. 138, 167 (1984) ("각 사건의 사실관계에 큰 비중을 두어야 한다. 중대성은 대부분 사실관계에 의해 결정된다. 다른 현장 조건 주장에 대한 결정은 주로 사실관계의 결론에 따라 내려지는 경향이 있다. 이는 중대성을 분석한 판례가 부족한 이유일 수 있다.").

라. 절차적 공통요건－다른 현장 조건에 대한 통지

미국 건설계약서의 다른 현장 조건 조항은 계약자가 조건이 교란되기 전에 그러한 조건을 발주자에게 즉시 또는 특정기한 내에 통지하도록 요구한다. 조건 교란 전 신속한 통지는 (1) 조건이 교란된 후 발주자가 그러한 주장을 확인하기 어려울 수 있고(다른 현장 조건의 확인), (2) 계약상 요구 사항을 변경하여 조건의 비용 영향을 최소화할 수 있는 발주자의 권리 보호를 위해 특히 중요하다.[87] 그 결과 계약자가 적시에 통지하지 않으면 다른 현장 조건 청구는 인정되지 않을 수 있다.[88] 그러나 여기서 계약자가 계약에서 요구하는 대로 다른 현장 조건에 대해 적시에 통지를 하지 않는 경우 언제나 계약자의 청구를 인정하지 않을 것인지가 문제되는데, 적시에 통지를 받지 않음으로써 발주자가 불이익을 받았는지 여부라는 실질을 기준으로 삼아서, 미국 대부분의 사법관할에서는 발주자가 나중에 다른 것으로 주장된 조건을 실제로 알고 있고, 이를 조사할 기회가 있었다면, 즉 적시에 이루어지지 않은 통지로 인한 발주자의 불이익 추정을 부정해 왔다.[89] 또한 적시(또는 즉시)에 통지가 이루어지기 위해서는 계약자가 실제 현장조건이 계약문서의 내용 등과 실질적으로 다르다는 것을 인식할 수 있어야 한다. 그러나 지하 현장의 조건이 달라졌다는 것은 계약자가 즉시 확인할 수 있는 경우가 많지 않고 오히려 해당 지역에서 작업하는 데 어느 정도 시간이 지나야 계약문서의 내용과 실제 현장이 다르다는 것을 합리적으로 인식할 수 있는 경우가 많다. 따라서 계약자가 다른 현장 조건을 발견하는 데 걸리는 이 시간은 “신속한” 통지에 영향을 미치므로 이러한 시간이 지난 후에야 “신속성” 여부를 합리적으로 판단할 수 있다.[90]

---

85) Pacific Alaska Contractors, Inc. v. U. S., 193 Ct. Cl. 850, 436 F.2d 461, 469 (1971) (“표시”는 “낙찰자가 지하 조건이 실제 조건보다 더 유리할 것이라는 합리적인 신뢰를 유도하기에 충분해야 한다”고 판시).

86) H. N. Bailey and Associates v. U. S., 196 Ct. Cl. 156, 449 F.2d 387, 390 (1971); T.L. James & Co. v. Traylor Bros. Inc., 294 F.3d 743 (5th Cir. 2002) (말뚝 박기를 방해한다고 주장되는 토양의 차이는 구제를 정당화할 만큼 충분히 중요하지 않다고 판시); Foundation Intern., Inc. v. E.T. Ige Const., Inc., 102 Haw. 487, 78 P.3d 23, 38 (2003) (계약 조건에서 예측할 수 있었던 현무암층을 관통하는 천공의 증가가 다른 현장 조건 조항의 적용을 정당화하는 중대한 차이에 해당하지 않기 때문에 “중대한 차이”가 없다고 판시).

87) Schnip Bldg. v. U. S., 227 Ct. Cl. 148, 645 F.2d 950 (1981) (적시 통지의 결여로 인해 현장 조건에 대한 적시 지시 및 작업 재설계 가능성을 배제함으로써 정부에 피해를 입혔다고 판시).

88) George Sollitt Const. Co. v. U.S., 64 Fed. Cl. 229, 291－292 (2005) (정부가 적시에 통지하지 않아서 사건에 불이익을 초래하였다는 점에 대한 증명책임이 있음에도 불구하고, 계약자가 통지를 하였다는 증거를 제시하지 못하여 계약자의 청구가 기각된 사례); Hall Contracting Corp. v. Entergy Services, Inc. 309 F.3d 468 (2002)(적시에 청구 통지를 하지 않아 계약자의 다른 현장 조건 청구가 기각된 사례).

89) General Cas. Co. of America v. U.S., 130 Ct. Cl. 520, 127 F. Supp. 805 (1955) (발주자가 “사실상 통지를 받았고 당사자들은 통지가 필요한 모든 사실을 합리적으로 숙지하고 있었으며 피해가 발생하지 않았기 때문에” 서면 통지의 결여가 해가 되지 않는다고 한 사례); Brinderson Corp. v. Hampton Roads Sanitation Dist., 825 F.2d 41 (4th Cir. 1987) (발주자 대표들이 현장에 있었고 조사할 기회가 있었던 경우 통지 조항은 적용되지 않는다고 판시한 사례).

90) Dawco Const., Inc. v. U.S., 18 Cl. Ct. 682, 693－694, 60 F.3d 1572 (Fed. Cir. 1995)).

Ⅲ. 공사계약일반조건상 다른 현장 조건 조항

1. 다른 현장 조건 조항

일반조건 제19조 제1항[91] 2호에서는 설계변경의 하나로 "지질, 용수 등 공사현장의 상태가 설계서와 다를 경우"를 규정한다. 나아가 일반조건 제19조의3에서 "현장상태와 설계서의 상이로 인한 설계변경"이라는 제하에 제1항에서 "계약상대자는 공사의 이행 중에 지질, 용수, 지하매설물 등 공사현장의 상태가 설계서와 다른 사실을 발견하였을 때에는 지체없이 설계서에 명시된 현장상태와 상이하게 나타난 현장상태를 기재한 서류를 작성하여 계약담당공무원과 공사감독관에게 동시에 이를 통지하여야 한다.", 제2항에서 "계약담당공무원은 제1항에 의한 통지를 받은 즉시 현장을 확인하고 현장상태에 따라 설계서를 변경하여야 한다."라고 규정하고 있다.

2. 공사계약일반조건 상 다른 현장 조건 조항

가. "설계서"에 "공사현장의 상태"가 "명시"되어 있을 것

일반조건 제19조 제1항 2호나 제19조의3에서 규정한 "설계서"의 의미는 용어의 정의를 규정한 일반조건 제2조 4호에서 "설계서"라 함은 공사시방서,[92] 설계도면,[93] 현장설명서,[94] 공사기간의 산정근거(「국가를 당사자로 하는 계약에 관한 법률 시행령」(이하 "시행령"이라 한다) 제6장 및 제8장의 계약 및 현장설명서를 작성하는 공사는 제외한다) 및 공종별 목적물 물량내역서[95](가설물의 설치에 소요되는 물량 포함하며, 이하 "물량내역서"라 한다)를 말하며…"라고

---

91) 제19조(설계변경 등) ① 설계변경은 다음 각호의 어느 하나에 해당하는 경우에 한다.
   1. 설계서의 내용이 불분명하거나 누락·오류 또는 상호 모순되는 점이 있을 경우
   2. 지질, 용수등 공사현장의 상태가 설계서와 다를 경우
   3. 새로운 기술·공법사용으로 공사비의 절감 및 시공기간의 단축 등의 효과가 현저할 경우
   4. 기타 발주기관이 설계서를 변경할 필요가 있다고 인정할 경우 등

92) 일반조건 제2조 5호: "공사시방서"라 함은 공사에 쓰이는 재료, 설비, 시공체계, 시공기준 및 시공기술에 대한 기술설명서와 이에 적용되는 행정명세서로서, 설계도면에 대한 설명 또는 설계도면에 기재하기 어려운 기술적인 사항을 표시해 놓은 도서를 말한다.

93) 일반조건 제2조 6호: "설계도면"이라 함은 시공될 공사의 성격과 범위를 표시하고 설계자의 의사를 일정한 약속에 근거하여 그림으로 표현한 도서로서 공사목적물의 내용을 구체적인 그림으로 표시해 놓은 도서를 말한다.

94) 일반조건 제2조 7호: "현장설명서"라 함은 시행령 제14조의2에 의한 현장설명 시 교부하는 도서로서 시공에 필요한 현장상태 등에 관한 정보 또는 단가에 관한 설명서 등을 포함한 입찰가격 결정에 필요한 사항을 제공하는 도서를 말한다.

95) 일반조건 제2조 8호: "물량내역서"라 함은 공종별 목적물을 구성하는 품목 또는 비목과 동 품목 또는 비목의 규격·수량·단위 등이 표시된 다음 각 목의 내역서를 말한다.
   가. 시행령 제14조제1항에 따라 계약담당공무원 또는 입찰에 참가하려는 자가 작성한 내역서 <개정 2010. 9. 8.>
   나. 시행령 제30조제2항 및 계약예규 「정부입찰·계약 집행기준」 제10조제3항에 따라 견적서제출 안내공고 후 견적서를 제출하려는 자에게 교부된 내역서

규정하고 있기 때문에 일반조건 내의 설계서는 위와 같은 의미로 사용된 것으로 보아야 함에는 이론이 없는 듯하다.

그런데 설계서 중 지질, 용수, 지하매설물 등 "공사현장의 상태"를 명시하고 있는 것이어야 한다. 대표적인 것이 현장설명서라고 할 수 있다. 예컨대, 현장설명서에 나타난 공사현장의 지형이나 지층의 구성상태 등에 대한 설명을 들 수 있다. 만일 공사현장의 상태와 관련된 것이 아니라면 단순한 설계서의 오류나 누락 등의 다른 설계변경사유에 해당한다. 또한 여기서 말하는 "공사현장의 상태"에 미국의 다른 현장 조건과 마찬가지로 "물리적 조건"으로 제한할 것인지 여부도 문제된다. 여기에는 소유권, 통행권 등과 같은 무형적 지장물도 설계서의 명시와 다른 이상 포함된다는 견해[96]도 있지만, 일반조건에서 지질, 용수, 지하매설물 등의 자연적, 인위적 유형물을 그 예시로 들고 있는 점, 자재비 상승, 정부방침의 변경 등과 같은 사안도 설계서의 명시와 다른 경우에 포함될 수 있다는 점에서 입찰 또는 계약체결 당시 존재하는 물리적 조건으로 제한하는 것이 타당하다고 본다.[97]

그리고 일반조건에서는 설계서에 공사현장의 상태가 "명시"되어 있을 것을 요하는데, 이 "명시"의 의미를 "암시"의 반대의미로서 "분명하게 드러내 보이는 것"을 의미하는 것으로 본다면, 시방서나 현장설명서 등에 "명시적으로 규정된" 공사현장의 상태만이 그 대상이 될 것이나, 이와 같이 좁게 해석할 이유는 없다고 본다.[98] 따라서 앞서 미국 건설계약서의 제1유형의 다른 현장 조건 조항에서 계약상 표시와 마찬가지로 설계도면이나 시방서 또는 물량내역서 등의 내용에 비추어 계약당사자가 예정하고 있는 공법 등이 확인되고, 그러한 공법이 예정하고 있는 공사현장의 상태가 드러난다면 충분히 설계서에 공사현장의 상태가 명시된 것으로 보아도 좋을 것이다(묵시적 표시).

나. 설계서에 명시된 공사현장의 상태가 계약상대자가 "공사이행 중 발견한" 실제 공사현장의 상태와 "다를 것"

일반조건에 의하면, 계약상대자가 "공사이행 중" 설계서에 명시된 공사현장의 상태와 다른 공사현장의 상태를 "발견할 것"을 요한다. 이는 적어도 계약상대자가 "입찰 또는 계약체결 당시" 설계서와 다른 공사현장의 상태를 "알지 못하였음"을 전제로 할 뿐만 아니라 더 나아가 앞서 살펴 본 미국의 다른 현장 조건 조항에 비추어 보면, 계약상대자는 합리적이고 경험 있는 시공자로서 실제 공사현장의 상태를 "예상할 수도 없었을 것"을 요하는 것으로 해석함이 타당하다.[99] 다만, 예상가능성을 판단함에 있어서 현장 검사 기간, 현장에 대한 접

96) 윤재윤, 『건설분쟁관계법(제8판)』, 박영사, 2021, 204면.

97) 박준기, 위의 책(주 70), 309면에서 다른 현장 조건은 당연히 물리적 조건에 한다고 본다.

98) 박준기, 위의 책(주 70), 311면에 수록된 일본 공공공사표준청부계약약관 제18조 제1항 4호에서는 설계도서에 "제시된" 자연적 또는 인위적인 시공조건과 실제 공사현장이 일치하지 않는 것으로 규정하여 일반조건의 "명시"와 달리 "제시"로 규정하고 있다.

99) 정원, 『공공조달계약법 I』, 법률문화원, 2018, 508면은 설계변경 자체가 계약당시 당사자가 예상하지 못한 사유로

근 권한 등의 요소를 고려하여야 할 것이다.

또한 일반조건에 의하면 설계서와 실제 공사현장의 상태가 "다를 것"을 요한다. 여기에는 설계서와 실제 공사현장 상태의 형식적 차이(설계서상의 현장조건과 실제 현장조건의 형식적 비교)가 있으면 족하다고 볼 수 있다. 이 점은 경제적 영향을 중심으로 실질적 차이를 판단하는 미국 건설계약의 다른 현장 조건 조항과 차이가 있는데, 이는 우리 일반조건에서 다른 현장 조건을 설계변경의 일부로 다루고 있다는 점에서 달리 볼 수밖에 없다고 본다.

다. 계약상대자는 설계서와 다른 공사현장의 상태 발견 시 지체 없이 다른 현장상태를 기재한 서류를 작성하여 계약담당공무원과 공사감독관에게 동시에 이를 통지할 것

계약상대자가 설계서와 다른 공사현장의 상태 "발견 시" "지체 없이" 통지하여야 하는데, 앞서 본대로 설계서와 다른 공사현장의 상태 "발견 시"가 지체 없는 통지의 기산일이라고 볼 수 있다는 점에서 그 발견 시는 계약상대자가 "설계서와 다른 상태"를 분명하게 인식하게 된 날을 말한다고 보아야 한다. "지체 없는" 통지였는지 여부를 판단함에 있어서 계약상대자의 발견시점도 고려하여야 함은 당연하다. 또한 미국건설계약상 다른 현장조건과 달리 "다른 현장상태를 기재한 서류를 작성"하여 통지할 것을 요하므로, 그 작성시간도 "지체 없는" 통지에서 고려하여야 하며, 위 통지가 발주자에게 현장상태를 확인하고 설계변경 등의 조치를 취하도록 함에 있다는 점(일반조건 제19조의3 제2항 참조)에서 그 취지에 비추어 설계서와 다른 현장상태를 알려줄 수 있는 내용이면 족하다고 본다. 그리고 "계약담당공무원과 공사감독관에게" 동시에 이를 "통지"하도록 규정하고 있는데, 이전에 "공사감독관을 경유하여" 계약담당공무원에게 통지하도록 한 규정을 2006. 5. 25. 개정 회계예규 2200.04－104－14에서[100] 공사감독관의 통지 불접수 문제 등을 고려하여 계약담당공무원에게 "동시 통지"로 변경된 것이다.

Ⅳ. 미국과 우리나라의 다른 현장 조건 조항의 비교와 시사점

1. 비 교

가. 설계변경조항 v. 독립적 조항

미국과 우리 건설계약에서 다른 현장 조건의 가장 큰 근본적 차이점은 미국의 경우 이를 우리와 달리 계약변경조항(change)과는 다른 별도의 독립적 조항으로 다루고 있는 반면, 우리는 설계변경 조항의 일부로 다루고 있다는 점이다. 다른 현장 조건을 설계변경제도로 다

인한 것임을 전제로 설명한다.

100) 조영준, "설계시공 일괄입찰계약에 있어서 현장여건상이조항 개선방향", 大韓建築學會論文集構造系 제29권 제10호(통권 300호), 2013.10, 120면.

루게 되면, "설계서"라는 분명한 기준을 기초로 다른 현장 조건의 위험을 조정할 수 있는 이점이 있지만, 다음에서 보는 바와 같이 설계서의 범위를 넓게 해석해서 운영하더라도 설계서에서 공사현장의 조건을 상세하게 담기에는 역부족인 경우도 많다. 즉, 우리 건설실무상 공사현장의 상태를 나타낼 수 있는 지질조사보고서 등은 설계서로 보기 어렵기 때문에 그 자료를 기초로 일반조건을 적용하기 곤란한 경우가 발생한다. 미국 건설계약의 다른 현장 조건 조항과 같이 현장조건을 표시하는 매개체가 "계약문서"로서 일반조건과 다르고, 또한 계약문서의 범위도 매우 폭넓게 이해하고 있음은 이미 본 바와 같다. 만일 일반조건의 설계서가 현장조건을 표시하는 매개체로 매우 협소하다면, 부득이 현재의 일반조건 적용범위는 줄어들 수밖에 없다. 결국 우리 일반조건에 의해서는 미국 건설계약의 다른 현장 조건 중 제1유형의 조건을 규율하기도 어려울 뿐만 아니라 제2유형의 조건은 일반조건에서 아예 규율하기 곤란하다.

나. 제1유형의 조건 v. 제2유형의 조건

미국 건설계약서의 다른 현장 조건 조항은 계약문서에 표시된 현장조건과 실질적으로 다른 현장조건을 전제로 하는 제1유형의 조건과 함께 당해 계약에서 합리적으로 예상된 현장조건과 실질적으로 다른 알려지지 않은 비정상적인 현장조건을 전제로 하는 제2유형의 조건을 함께 규율하고 있다. 이에 반해 우리 일반조건은 설계서에 표시된 현장조건과 다른 현장조건을 규율하는데 그치고 있다. 이는 일반조건이 다른 현장 조건을 설계변경의 일부로 다루고 있기에 부득이하다.[101] 이에 따라 일반조건에서 다른 현장 조건을 규율하는 범위가 매우 협소해지기 때문에 건설실무상 현장에서 직면하게 되는 다양한 현장 조건을 규율하기 매우 곤란해진다.

다. 형식적 차이 v. 실질적 차이

미국 건설계약서의 다른 현장 조건 조항에서 실질적 차이를 규정하고 있는 반면, 일반조건에서는 설계서상의 현장조건과 실제 현장조건과의 형식적 차이만을 규정하고 있다. 그런데 건설실무에서 설계서상의 현장조건과 실제 현장조건에 사소한 차이는 언제든지 존재하는 것은 불문가지의 사실이다. 이러한 경우에까지 설계변경사유로 보아 규율을 하는 것이 타당한지에 대해서는 의문이 있을 수밖에 없다. 미국 건설계약서의 다른 현장 조건 조항의 해석에서 건설업자는 합리적이고 신중한 계약자임을 전제로 하고 있어서 시공과정에서 발생하는 현장조건의 사소한 차이는 충분히 그 예상가능한 범위에 있기 때문에 이를 실질적 차이가 있다고 보지 않는다. 또한 실질적 차이의 평가를 경제적 평가에 중점을 두고 있는 점에서 우리 일반조건이 설계서의 변경 여부와 그에 따른 계약금액의 조정을 분리해서 규

101) 박준기, 위의 책(주 70), 326면.

율하고 있는 점과 차이가 있다.

2. 시사점

가. 설계변경 조항이 아닌 별도의 독립적 조항으로 분리할 필요

"계약 신성"의 원칙이 의미하는 바는 계약의 효력은 계약자가 합의한 업무 범위에 포함된 위험으로만 제한된다는 것이다. 당사자의 합의된 범위를 벗어나 지시되거나 요청받은 작업은 '변경' 또는 '추가' 작업으로 간주된다. 계약 해석의 원칙에 따라 계약을 해석할 때 계약상 계약자의 작업 범위에 예상치 못한 지하 조건을 극복하는 데 필요한 작업이 포함되지 않는 경우에, 그러한 조건에 대한 위험은 당연히 발주자에게 할당된다. 따라서 발주자가 예상치 못한 지하 조건을 극복하는 데 필요한 작업을 계약자에게 부담시키기 위해서는, 합의된 작업 범위 내에서 일방적으로 변경할 수 있는 권한을 부여하고, 합의된 범위를 벗어난 "추가 작업" 수행에 대해 계약자에게 대금을 지급하는 허용하는 "추가 작업 조항(extra work clauses)"이 필요하게 된다. 미국에서도 오랜 기간 "추가 작업 조항"은 다른 현장 조건 조항이 없을 때 예상치 못한 감춰진 현장 조건 및 지하 조건으로 인한 보상을 정당화하기 위해 반복적으로 적용되어왔다. 그러나 다른 현장 조건에 대해 추가 작업 조항의 적용을 위해서는 당초 계약 범위와 "추가 작업" 사이의 경계에 대한 잠재적 모호성을 계약의 해석을 통해 해결해야 하는 문제점이 발생한다. 또한 추가 작업 조항의 적용을 위해서는 발주자의 "서면 명령" 요건이 필요하다는 점에서도 만일 발주자의 서면 명령이 없는 경우에는 그 적용이 곤란한 경우가 발생한다. 그러나 다른 현장 조건 조항은 계약문서상 표시된 현장조건과 실제 현장조건과의 실질적 차이만 증명하면 된다는 점에서 추가 작업 조항보다 더 용이하게 적용이 가능하다는 점에서 그 독자적 의의가 있다. 이처럼 다른 현장 조건을 설계변경조항(미국의 추가 작업 조항)으로 해결하기보다는 우리나라에서도 독자적 제도로 구축할 필요성은 충분하다고 본다.

나. 제2유형의 신설

만일 다른 현장 조건 조항을 신설한다면, 미국의 다른 현장 조건 조항의 제2유형의 조건과 마찬가지로 당해 공사에서 당사자가 합리적으로 예상하기 어려운 알려지지 않은 비정상적인 현장 조건에 대해서는 건설업자의 구제를 인정하는 것이 합당하다고 본다. 우리 일반조건과 달리 일본 公共工事標準請負約款[개정 平城 22年 7月 26日] 제18조 제1항 5호에서 "설계도서에 명시되어 있지 않은 시공조건에 대하여 예기할 수 없는 특별한 상태가 발생한" 사실이 발견되었을 때 그 사실을 감독원에게 알리도록 규정하고 있는데, 타당한 규율이라고 생각된다.

다. 실질적 차이로 구성

다른 현장 조건 조항을 설계변경조항과 독립된 형태로 규정할 경우, 설계서상의 현장조건과 실제 현장조건의 형식적 차이를 강조할 것이 아니라 보상의 필요성 관점에서 실질적 차이를 인정하는 것도 고려할 필요가 있다고 본다. 특히 현재 일반조건은 설계변경절차와 계약금액조정절차를 명확하게 구분하고 있고, 설계변경이 확정되고 그에 따른 물량의 증감이 발생하면 일괄하여 그에 따른 계약금액의 조정이 이루어지도록 하고 있다. 그런데 다른 현장 조건 조항이 예정하고 있듯이 계약당사자가 예상하지 못한 사소한 설계서상의 현장조건과 실제 현장조건의 차이까지도 계약금액 조정을 하는 것이 타당한지는 의문이 있다. 특히 제2유형의 다른 현장 조건을 신설하게 될 경우는 더욱 그러하다.

Ⅴ. 결론에 갈음하여

이상에서와 같이 미국 건설계약서에서 보편적으로 사용되고 있는 다른 현장 조건 조항의 법적 요건과 의미를 살펴보고, 나아가 현재 우리나라에서 사용되고 있는 일반조건상 다른 현장 조건 조항의 법적 요건과 의미를 비교·검토하여 일반조건의 다른 현장 조건 조항의 개선방향을 모색해 보았다. 그 내용을 요약하자면 첫째, 다른 현장 조건 조항을 설계변경조항으로부터 분리하여 독자적 조항을 구성할 필요가 있다는 것이다. 둘째, 독립된 다른 현장 조건 조항을 구성할 때 미국 건설계약상 제2유형의 다른 현장 조건도 신설할 필요가 있다는 것이다. 마지막으로, 일반조건이 다른 현장 조건을 설계변경조항이 아니라 독립적 조항으로 규율할 경우 실질적 또는 중대한 차이에 대해서만 계약금액을 조정하도록 하는 것이 타당하다는 것이다.

불공정한 법률행위에 관한 재검토

2024년 민법 개정안을 소재로

김 현 수

부산대학교 법학전문대학원 교수

Ⅰ. 시작하며

근대 계약법 영역에서는 '사적 자치'를 기본원리로 하여 국가적 후견을 배제하면서 개인의 의사를 법률관계 형성에 중심적 역할을 할 수 있도록 보장한다. 우리나라에서 사적 자치는 헌법 제10조와 제37조 제1항에 의하여 보장되며 개별적인 기본권(헌법 제15조, 제23조, 제21조 제1항 등)에 의해 보충된다. 민법은 제105조에서 사적 자치를 간접적으로 규정하고 있다. 사적 자치의 원리에 따라 계약의 당사자는 계약을 체결할지 여부나 계약의 내용을 자신의 의사에 따라 스스로 결정하게 되고 그 계약에 법적으로 구속된다. 우리 민법은 이와 같은 사적 자치의 원리 또는 계약 자유의 원칙을 계약법의 영역에서 전면에 내세우고 있다. 그러나 근대법이 상정한 계약 자유의 원칙은 계약 당사자가 대등한 교섭력을 가지고 충분한 정보를 바탕으로 합리적인 결정을 할 수 있다는 전제를 기초로 하고 있다.[1] 그러나 계약 현실에서는 계약 당사자 간 현저한 교섭력의 불균형이 있거나 충분한 정보를 가지고 스스로 합리적인 결정을 할 수 없어 계약의 공정성이 담보되지 못하는 경우가 많다. 민법은 제104조를 두어 "당사자의 궁박, 경솔 또는 무경험으로 인하여 현저하게 공정을 잃은 법률행위"를 '불공정한 법률행위'로 보아 이를 무효로 하고 있다. 본조는 사적 자치의 원칙 내지 계약 자유의 원칙의 전제가 충족되지 못하는 현실을 반영하여 이들 원칙을 수정하는 역할을 담당하고 있다. 이런 점에서 본조는 사회 변화에 따라 계약관계에서 나타나는 다양한 불공정 요소를 극복하고 실질적 평등을 구현함으로써 계약의 공정성을 확보한다는 점에서 매우 중요한 조항이라고 할 수 있다.

2023년 6월 출범한 법무부 민법개정위원회는 기초위원회를 통하여 민법 제104조의 개정 예비초안을 작성하였다.[2] 예비초안에 대해서는 2024년 4월 민법개정위원회 검토위원회에서 검토의견서를 제출하였고, 이를 반영한 기초위원회 최종안(이하 "2024년 민법 개정안")이 마련되었다.[3] 이하에서는 제104조를 둘러싼 현행법을 개관하면서 기초위원회가 마련한 최종안을 소개하고 학설 및 판례, 그리고 비교법적 관점을 투영하여 이를 검토한다. 이와 함께, 현대사회에서 불공정한 법률행위가 가지는 의의를 고려하여, 2024년 민법 개정안에서 신설이 제안된 제110조의2(부당한 간섭에 의한 의사표시)에 관하여 입법론적 관점의 의견을 제시한다.

---

1) 곽윤직 교수는 근대사법의 기본원리에 대해서 "개인을 자유로운 인격자로서 다룬다면, 그것은 적어도 법률적·형식적으로는 개인을 「평등」하게 다루는 것이 된다. 그리고 이 「자유로운 인격자」에게 주어진 계약체결의 「가능성」과 재산소유의 「가능성」과의 「평등」이 근대 초기의 사법원리였으며, 이로써 「평균적 정의」를 만족시키고, 그 결과로서 일어나는 사실상의 차이(즉, 현실의 「인격자」가 前記의 「가능성」을 어떻게 이용하느냐에 따라서 구체적으로 일어나는 차이)는 이를 「배분적 정의」로써 만족하려고 하였다."고 설명하고 있다. 곽윤직, 민법총칙, 신정판, 1989, 71면.

2) 안병하, 민법 개정안(계약법 법률행위) 예비초안 연구, 2023년 법무부 연구용역 보고서, 2023.12.

3) 법무부 민법개정위원회 검토위원회, 민법 개정 예비초안에 대한 검토의견서, 2024.4, 126－127면; 이병준, 법률행위 총칙(강행규정, 법률행위 해석 등), 2024년 한국민사법학회 하계학술대회 자료집, 2024.6, 20면.

Ⅱ. 현행법 및 개정 경과

1. 현행법

민법 제104조는 민법 제정 당시 구민법하에서 인정되는 판례 법리를 조문화한 것이다.[4)]본 조는 어떤 자가 약자적인 지위에 있는 다른 자의 궁박·경솔·무경험을 이용하여 폭리를 취하는 것을 막기 위하여 불공정한 법률행위를 무효로 규정하고 있다.[5)] 제103조와의 관계에 관해서는 견해의 대립이 있으나 판례는 다수설의 입장과 같이 불공정한 법률행위가 사회질서 위반행위에 포함되는 것으로 본다.[6)]

제104조가 쌍방 당사자의 급부가 교환적으로 이루어지는 유상행위에 적용되는 것에는 의문의 여지가 없다. 그러나 증여, 사용대차, 유증과 같은 무상행위에 적용될 수 있는가에 관해서, 판례는 증여나 기부행위와 같이 아무런 대가 관계없이 당사자 일방이 상대방에게 일방적인 급부를 하는 법률행위는 그 공정성을 논의할 수 있는 성질의 법률행위가 아니라고 하여 민법 제104조가 적용되지 않는 것으로 본다.[7)] 그러나 학설에서는 제104조의 문언이 "현저하게 공정을 잃은 법률행위"라고 하고 있을 뿐, 반드시 대가적 의미의 재산관계의 출연을 요구하는 것은 아니라는 견해가 설득력 있게 제시되고 있다.[8)] 금전을 지급받는 대신 행정기관에 대한 진정을 취하하기로 한 사안에서 '진정 취하'가 성질상 대가적인 재산상 이익으로 평가될 수 있는 것이 아니어서 무상행위에 해당하여 민법 제104조가 적용되지 않는다는 대법원의 판단에 의문을 표시하는 견해도 존재한다.[9)]

불공정한 법률행위가 성립하기 위해서는 객관적 요건과 주관적 요건의 두 요건이 갖추어져야 한다. 우선 객관적 요건으로서 법률행위 당시 급부와 반대급부 사이의 현저한 불균형을 요구한다.[10)] 이와 함께 주관적 요건으로서 피해자의 궁박·경솔 또는 무경험이 존재해야 한다. 표의자의 이용의사가 요구되는지에 관해서 판례는 피해 당사자가 궁박, 경솔 또는 무경험이 있다는 사정을 상대방이 알면서 이를 이용하려는 의사(폭리행위의 악의)가 있어야 한다고 본다.[11)] 그러나 학설은 판례의 입장과는 달리 상대방의 인식이나 이용의사가 요구된다

---

4) 민법안심의록(1957)에서는 "현행법에는 규정이 없고 신설 조문인바 종래 판례로서 인정되어 왔던 바이다"라고 적시하고 있다. 양창수 편, 민법전 제정자료 집성, 226-228면. 당시 판례 법리는 궁핍, 경솔함, 무경험에 '편승하여' 현저하게 과도한 이익을 얻는 것을 목적으로 하는 법률행위를 폭리 행위로 규정하고, 이를 무효로 하는 것이었다. 大判昭和9年5月1日民集13卷875頁 참조.

5) 대법원 1994. 11. 8. 선고 94다31969 판결; 대법원 2024. 3. 12. 선고 2023다301712 판결 등.

6) 대법원 1964. 5. 19. 선고 63다821 판결 참조.

7) 대법원 2000. 2. 11. 선고 99다56833 판결 등.

8) 곽윤직·김재형, 민법총칙, 제9판, 2013, 269면; 이은영, 민법총칙, 제5판, 2009, 410면; 김증한·김학동, 민법총칙, 제10판, 2013, 382-383면.

9) 양창수 편집대표, 민법주해, 제2판, 2022, 179면(권영준 집필부분).

10) 대법원 1965. 6. 15. 선고 65다610 판결; 대법원 2010. 2. 11. 선고 2009다72643 판결 참조.

는 견해와 제104조의 문언이나 우리 민법의 체계에 비추어 상대방의 악의나 이용의사를 요구하는 것은 타당하지 않다는 견해[12]가 주장되고 있다. 법률행위가 불공정한 법률행위의 요건을 갖추면 무효로 된다. 그 무효는 절대적 무효이며, 추인에 의해 유효하게 될 수도 없다.[13] 한편, 법률행위의 일부만이 불공정한 법률행위에 해당하는 경우 일부무효의 법리가 적용되는지에 관해서는 학설이 나뉜다.[14]

2. 2024년 개정안 작성 경과

현행 민법	기초위원회 예비 초안	검토위원회 의견	기초위원회 최종안
제104조(불공정한 법률행위) 당사자의 궁박, 경솔 또는 무경험으로 인하여 현저하게 공정을 잃은 법률행위는 무효로 한다.	제104조(불공정한 법률행위) 당사자의 <u>급박한 곤궁 상태 또는 판단력 내지 경험의 부족 등을 이용함으로써</u> 현저하게 공정을 잃은 법률행위는 무효로 한다.	제104조(불공정한 법률행위) 당사자의 <u>곤궁하고 절박한 사정, 판단력 또는 경험의 부족</u> **<u>그 밖의 사정으로 인하여</u>** 현저하게 공정을 잃은 법률행위는 무효로 한다.	제104조(불공정한 법률행위) 당사자의 <u>곤궁하고 절박한 사정, 판단력 또는 경험의 부족,</u> **<u>그 밖의 사정으로 인하여</u>** 현저하게 공정을 잃은 법률행위는 무효로 한다.

[2004년 개정안] 제104조(불공정한 법률행위) 당사자의 궁박, 판단력의 부족 또는 무경험으로 인하여 현저하게 공정을 잃은 법률행위는 무효로 한다.

2024년 예비초안은 현행 민법 제104조의 기본적인 내용을 유지하되 주관적 요건에 해당하는 조문의 표현을 다듬고 기존 판례가 인정하던 해의(害意) 요건을 추가하였다.[15] 우선 제104조의 주관적 요건의 문언의 변경에 관한 사항은 2004년 민법 개정안과 2013년 개정시안 마련 중 잠정 합의안을 반영한 것이다. 그간의 개정 작업에서는 제104조의 주관적 요건 중 특히 '경솔' 요건에 대해서 그 언어적 의미가 말이나 행동에 조심성이 없으며 신중하지 못하다는 것을 의미한다는 점을 고려하여, 스스로 주의를 결한 자를 법이 보호한다는 모순을 초래할 수 있으므로 문언을 변경하는 것으로 하였다.[16] 다만, 이에 대해서는 판단력의 부족이라는 표현으로 경솔을 대체할 수 없기 때문에 현행 규정을 "경솔이나 무경험 때문에" 정도로 수정해야 한다는 반대의견도 존재하였다.[17] 또한, 제104조가 법률행위 당사자의 보호가 아니라 폭리자에 대한 비난가능성을 목적으로 한 규정이라는 목적론적 해석의 관점을 강조하며 현행 제104조의 '경솔'이라는 주관적 요건을 존치시키고 '판단력의 부족'을 추가하

11) 대법원 2002. 10. 22. 선고 2002다38927 판결.
12) 곽윤직 · 김재형, 민법총칙, 제9판, 2013, 294면; 김증한 · 김학동, 민법총칙, 제10판, 2013, 385면; 양창수 · 김재형, 계약법, 2010, 630면.
13) 대법원 1994. 6. 24. 선고 94다10900 판결.
14) 주석민법, 제5판, 2019, 제104조, 527면(이동진 집필부분) 참조.
15) 안병하, 민법 개정안(계약법 법률행위) 예비초안 연구, 2023년 법무부 연구용역 보고서, 2023.12, 11면.
16) 법무부, 민법(재산편) 개정자료집, 2004.11, 137면.
17) 박경량 교수, 법무부, 민법(재산편) 개정자료집, 2004.11, 138면.

면서 폭리자 측의 주관적 요소를 '이용'이라는 표현을 사용하여 명시하자는 의견도 제시되었다.[18)]

이와 함께, 2024년 민법 개정안에서는 불공정한 법률행위에 해당하는 주관적 요건으로서 급박한 곤궁 상태 또는 판단력 내지 경험의 부족과 더불어 "등"을 추가하여 주관적 요건의 확대 가능성을 인정하고 있다. 구체적인 거래의 상황을 고려하여 포괄적이고 유연한 판단을 위하여 불공정한 법률행위의 요건을 "궁박, 무경험, 판단력 부족 등으로"하는 방안은 2004년 민법 개정 작업에서도 논의되었다.[19)] 그러나 불공정한 법률행위의 주관적 요건을 한정하지 않고 "등"으로 그 확대 가능성을 인정하는 경우, 주관적 요건이 불확정 개념이 된다는 점,[20)] 지나치게 개방적이 되며 "등"에 해당할 수 있는 것은 제103조에 의해서 처리될 수 있다는 점[21)]을 지적하는 반대의견이 제기되었다. 2024년 민법개정위원회 기초위원회의 예비초안에 대해서 검토위원회에서는 주관적 요건에 해당하는 표현을 수정하고, "등"이라는 표현에 대신하여 "그 밖의 사정으로"라는 표현으로 대신할 것을 제안하였다. 그리고 폭리행위에 대한 주관적 해의 요건에 대해서도 학설의 견해가 대립하고 있고 판례의 취지가 일관하여 해의를 요구하는지에 대한 평가는 추가적인 검토가 필요하다는 이유로 해의 요건을 명시하는 것에 반대 입장을 취하였다.[22)] 기초위원회에서는 검토위원회의 제안을 받아들여 최종안을 제안하였다.

Ⅲ. 제104조 개정안 검토

1. 제104조의 주관적 요건의 표현 변경

(1) 개정안

기초위원회 예비초안은 종래 제104조의 기본적인 내용을 유지하면서 주관적 요건에 해당하는 문언을 일부 다듬고 있다. 2004년 민법 개정안을 따라 "경솔"을 "판단력의 부족"으로, "궁박"을 "급박한 곤궁"으로 변경하고 있다.[23)] 검토위원회는 "급박한 곤궁"을 "곤궁하고 절박한"이라고 하는 표현으로 수정 제안하였고 기초위원회 최종안에서는 이것이 반영되었다.

---

18) 김천수 교수는 개정안에 대한 수정의견을 다음과 같이 제시하였다.
"개정안 수정의견 제104조(불공정한 법률행위) 상대방의 궁박, 경솔, 무경험 또는 판단력의 부족을 이용하여 현저하게 공정을 잃은 법률행위가 행하여진 경우에 그 법률행위는 무효로 한다."
김천수, 민법(재산편)개정안 민법총칙 일부조항에 대한 연구, 민사법학 제22호, 2002, 273-274면.
19) 안법영 교수, 박경량 위원, 법무부, 민법(재산편) 개정자료집, 2004.11, 138면.
20) 윤진수, 소재선 위원, 법무부, 민법(재산편) 개정자료집, 2004.11, 138면.
21) 김상용 위원, 법무부, 민법(재산편) 개정자료집, 2004.11, 138면.
22) 법무부 민법개정위원회 검토위원회, 민법 개정 예비초안에 대한 검토의견서, 2024.4, 126면.
23) 법무부, 민법(재산편) 개정자료집, 2004.11, 135면.

(2) 검 토

'경솔'은 신중하지 못한 것을 말한다.[24] 구체적으로 의사를 결정할 때 그 행위의 결과나 장래에 관하여 보통인이 베푸는 고려를 하지 않는 심리상태에 있으면 경솔에 해당한다고 한다.[25] 이에 대해 불공정한 법률행위의 주관적 요건으로서의 경솔은 선천적 경솔 또는 주위사정으로부터 피할 수 없었던 고려의 부족을 가리키는 것으로 좁게 해석해야 한다는 견해도 존재한다.[26] 경솔의 의미를 좁게 해석하는 견해는 일시적이거나 우연적 경솔의 결과를 행위자가 감수하도록 하는 것이 거래 관념에 부합된다는 점을 논거로 든다.[27] 판례의 경우 일부 사례에서 경솔의 요건만을 일부 떼어 판단한 경우가 있으나 이를 통해 일정한 기준을 파악하기는 쉽지 않다.[28] 한편, 독일 민법은 종래 '경솔(Leichtsinn)'이라는 요건을 사용하다가 1976년 민법 개정을 통하여 제138조 제2항의 요건을 '판단능력의 결여 또는 현저한 의지박약(des Mangels an Urteilsvermögen oder der erheblichen Willensschwäche)'으로 변경하였다. 이때 판단능력의 결여란 개인이 합리적인 동기에 의해 행동할 능력이 제한된 경우를 의미한다. 이는 정보의 결함뿐만 아니라, 그 정보를 적절히 활용할 수 있는 능력의 결함을 포함한다. 따라서 고령이나 낮은 교육 수준의 경우에도 이 범주에 해당하게 된다.[29] 이처럼 독일 민법은 개정을 통하여 일시적·우연적 경솔과 같은 경우, 불공정한 법률행위의 주관적 요건으로서 인정하지 않는다는 점을 분명히 나타내고 있다.

선천적인 경솔이나 주위사정으로 피할 수 없었던 고려의 부족이 아니라 단순히 특정한 시점에서 일시적·우연적 경솔이 있었던 경우에 대해서는 법률행위를 한 당사자가 감수하도록 하는 것이 사적 자치의 원칙 또는 계약자유의 원칙에 따른 계약 관념에 부합하는 것이 타당하다. 판례의 입장 역시 '경솔' 요건에 관한 일정한 유형을 발견하기 어렵다는 점을 감안하면 입법을 통하여 불공정한 법률행위가 인정되는 '경솔'의 의미를 명확히 하여 법적 안정성을 꾀할 필요가 있다.[30] 이러한 점을 고려하면, 종래 주관적 요건으로서 '경솔'은 일시적·우연적 경솔도 포함되는 것으로 보이기 때문에 선천적 경솔 또는 주위 사정으로부터 피할 수 없었던 사려(思慮)의 부족만을 그 요건으로 명확히 할 필요가 있다는 점에서 "경솔"을 "판단력의 부족"으로 변경하는 것은 타당한 것으로 보인다.[31] 그리고 "절박하다"라는

---

24) 곽윤직·김재형, 민법총칙, 제9판, 2013, 292면.

25) 양창수 편집대표, 민법주해, 제2판, 2022, 179면(권영준 집필부분); 곽윤직·김재형, 민법총칙, 제9판, 2013, 292면; 이은영, 민법총칙, 제5판, 2009, 414면.

26) 김증한·김학동, 민법총칙, 제10판, 2013, 384면.

27) 이영준, 민법총칙, 개정증보판, 2007, 274－275면.

28) 대법원 1973. 5. 22. 선고 73다231 판결("건물의 매도인이 건물철거소송의 패소확정에 의하여 건물을 철거당함으로써 생업을 중단하게 될 궁박한 상태를 매수인이 이용하고 또 위 소송의 패소로써 위 궁박한 상태에 이르를 것으로 속단한 매도인의 경솔"); 대법원 1977. 5. 10. 선고 76다2953 판결("본건 토지의 평당 단가 금2,100원으로 기재하여야 할 것을 그 10배인 21,000원으로 오기한 것은 경솔로 인한 것") 참조.

29) MüKoBGB/Armbrüster, 9. Aufl., 2021, BGB § 138 Rn. 275.

30) 송덕수, 민법총칙, 제6판, 2021, 253면 참조.

단어의 사전적 의미가 "어떤 일이나 때가 가까이 닥쳐서 몹시 급하다"[32]라는 것을 의미하기 때문에 검토위원회의 수정 제안이 판례의 표현과 사실상 동일한 의미라는 점, 법문의 가독성과 이해도 제고라는 점을 고려할 때, 기초위원회의 최종안과 같이 "곤궁하고 절박한"과 같이 수정하는 것이 타당한 것으로 보인다.

2. 폭리자의 주관적 요소(이용의사)

(1) 개정안

기초위원회 예비초안에서는 최근의 판례가 인정하고 있는 폭리자의 주관적 요소를 추가하여 급박한 곤궁 상태 또는 판단력 내지 경험의 부족 등을 "이용함으로써" 현저하게 공정을 잃은 법률행위는 무효로 하는 것으로 규정하였다. 그러나 검토위원회에서는 이에 대해 학설의 견해가 대립하고 있으며 판례가 일관하여 해의를 요구한다는 기초위원회의 평가를 추가적으로 검토한다는 이유로 현행 민법과 같이 "으로 인하여"라는 표현을 유지할 것을 제안하였다.[33] 기초위원회 최종안에서는 이를 받아들여 해의 요건이 추가되지 않았다.

(2) 검 토

가. 학설 및 판례

불공정한 법률행위가 성립하기 위하여 폭리자가 상대방의 궁박, 경솔 또는 무경험을 이용할 의도가 있었는지 여부, 즉 폭리자의 이용에 관한 주관적 요소가 필요한지가 문제된다. 민법 제104조는 그 법문에서 이용 요소를 명시하고 있지 않고 있다. 따라서 현행 민법의 해석론에서 학설은 나뉘어져 있다. 우선 궁박·경솔·무경험에 편승하여 상대방의 이러한 상태를 이용하려는 폭리자의 의도가 있어야 한다는 견해가 있다.[34] 그리고 이와 같은 의도나 악의까지는 필요하지 않고 궁박·경솔·무경험을 이용한다는 인식만 있으면 충분하다는 견해도 있다.[35] 반면, 불공정한 법률행위의 성립을 위해서 폭리자의 이용의사나 인식을 요구하지 않는다는 견해도 존재한다.[36] 불요설은 독일 민법 제138조 제2항이나 스위스 채무법 제21조와 달리 해의에 관한 명시적인 규정이 부재한 점, 피해자가 불공정한 법률행위의 무효를 주장하는 때에 객관적인 불균형 이외에 폭리자의 '이용의 의도' 내지 '인식'을 증명하도

31) 양창수 편집대표, 민법주해(III), 제2판, 2022, 197면(권영준 집필부분) 참조. 성준호, 민법 제104조 불공정한 법률행위에 관한 연구－주관적 요건론을 중심으로, 민사법학 제55호, 2011, 483면.

32) 표준국어대사전.

33) 법무부 민법개정위원회 검토위원회, 민법 개정 예비초안에 대한 검토의견서, 2024.4, 126면.

34) 곽윤직 편집대표, 민법주해(II), 248면(민일영 집필부분); 송덕수, 민법총칙, 제6판, 2021, 255면; 양창수 편집대표, 민법주해(III), 제2판, 2022, 202면(권영준 집필부분).

35) 이영준, 민법총칙, 개정증보판, 2007, 276면.

36) 곽윤직·김재형, 민법총칙, 제9판, 2013, 269면; 김증한·김학동, 민법총칙, 제10판, 2013, 384면; 이은영, 민법총칙, 제5판, 2009, 415면; 김재형, 계약의 공정성 확보 방안 연구, 2014년 법무부 연구용역과제, 2014, 29면.

록 요구하는 것은 제104조가 가진 사회·경제적 약자 보호라는 기능을 지나치게 축소시키는 결과에 이르게 된다는 점을 그 근거로 들고 있다. 반면, 필요설은 상대방의 궁박 등을 이용하여 폭리를 취하는 당사자를 비난하기 위한 것이 폭리행위를 금지하는 취지라는 점, 일방의 궁박, 경솔 또는 무경험에 기인하여 현저히 불균형한 급부가 이루어졌다고 해도 상대방이 이러한 사정을 알지 못했다면 그의 신뢰보호를 위해 불공정한 법률행위가 성립하지 않아야 한다는 점 등을 근거로 제시하고 있다.[37)]

폭리자의 주관적 요소에 관하여 초기의 판례는 "편승할 것", "알고 있을 것", "인식하고 있을 것", "이용할 것", "악용할 것" 등으로 다양하게 표현하였다.[38)] 그러나 최근의 판례는 "피해당사자가 궁박, 경솔 또는 무경험의 상태에 있었다고 하더라도 그 상대방 당사자에게 위와 같은 피해당사자 측의 사정을 알면서 이를 이용하려는 의사 즉 폭리행위의 악의가 없었다면 불공정한 법률행위는 성립하지 않는다"[39)]고 하여 폭리자의 이용의사가 있어야 한다고 보고 있다.[40)]

나. 비교 입법례

1) 비교 입법례의 경향 역시 폭리자의 이용과 관련한 주관적 요소를 명시적으로 규정하고 있는 경우가 많다. 민법 제정 시 제104조의 성립에 가장 큰 영향을 끼친 것으로 여겨지는 독일 민법 제138조(양속위반의 법률행위; 폭리) 제2항에서는 "특히 타인의 궁박, 무경험, 판단능력의 결여 또는 현저한 의지박약을 '이용(Ausbeutung)'[41)]하여 어떠한 급부의 대가로 자신에게 또는 제3자에게 그 급부와 현저히 불균형한 재산적 이익을 약속하게 하거나 공여하게 하는 법률행위는 무효이다."라고 규정하여 폭리자의 주관적 요소를 명시하고 있다. 이때 '이용(Ausbeutung)'이란 상대방의 궁박, 경험 부족 등의 상황을 의도적으로 이용하는 것을 의미한다. 이는 고의를 요구하지 않으나, 상대방의 상황을 인지하고 비윤리적인 방식으로 그 상황을 악용하는 것을 전제로 한다. 따라서 폭리자는 명백한 불균형과 그 상황을 인식하고 이를 의도적으로 이용해야 한다. 만약 객관적으로 단순한 불균형을 넘어 특히 심각한 불균형이 존재할 경우, 이러한 주관적 요건이 충족되었다는 추정이 성립될 수 있다. 따라서 과실에 의한 착취는 인정되지 않는다.[42)]

---

37) 학설의 견해 대립에 관한 상세는 성준호, 민법 제104조 불공정한 법률행위에 관한 연구 – 주관적 요건론을 중심으로, 민사법학 제55호, 2011, 484–487면 참조.

38) 배상철, 약자의 관점에서 본 민법 제104조의 운영상 문제점, 비교사법 제7권 제2호(통권13호), 2000.12, 388–389면 참조.

39) 대법원 1991. 7. 9. 선고 91다5907 판결.

40) 대법원 2024. 6. 17. 선고 2020다291531 판결; 대법원 2024. 3. 12. 선고 2023다301712 판결; 대법원 2017. 5. 30. 선고 2017다201422 판결; 대법원 2015. 1. 15. 선고 2014다216072 판결.

41) Ausbeutung은 누군가의 약점을 부당하게 이용하여 이익을 취하는 행위를 뜻하는 것으로 '부당한 이용', '악용', '착취'로 번역할 수 있으나 이 글에서는 종래 국내의 다수 용례에 따라 '이용'으로 번역하는 것으로 한다.

42) MüKoBGB/Armbrüster, 9. Aufl., 2021, BGB § 138 Rn. 279.

스위스 채무법 제21조에서도 제1항에서 "계약상 의무와 대가 사이에 현저한 불균형이 존재하고, 한 당사자가 상대방의 궁박, 경험 부족 또는 경솔함을 이용(Ausbeutung)하여 그러한 불균형을 초래하는 계약을 체결하게 한 경우, 피해자는 계약 체결일로부터 1년 이내에 그 계약의 이행을 거부한다고 선언하고, 이미 제공한 이행의 반환을 청구할 수 있다."고 규정하여 역시 폭리자의 이용 요소를 명문화하고 있다.

이와 함께 계약 체결 시 일정한 사정으로 인하여 과도한 이익이나 불공정한 이익을 얻는 경우 해당 계약을 취소할 것을 규정한 유럽계약법원칙(PECL) 제4:109조에서도 다음과 같이 폭리자의 이용에 관한 주관적 요건을 명시적으로 규정하고 있다.

> PECL 제4:109조(과도한 이익 또는 불공정한 이익)
>
> (1) 당사자는 계약의 체결 시에 다음과 같은 사정이 있는 경우에 계약을 취소할 수 있다.
>
> (a) 당사자가 상대방에게 의존하였거나 그와 신뢰관계가 있었던 경우, 경제적으로 궁박하거나 긴급한 필요가 있었던 경우, 또는 경솔, 무지, 무경험이었거나 교섭기술이 부족했던 경우, 그리고
>
> (b) 상대방이 이러한 사정을 알았거나 알았어야 하고(knew or ought to have known), 제반 사정이나 계약목적에 비추어 당사자의 처지를 매우 불공정한 방법으로 이용(took advantage of)하거나 과도한 이익을 얻은 경우.

PECL 제4:109조에서 이익을 취득하는 당사자의 인식을 요건으로 하는 주된 이유는 일방 당사자에게 일방적으로 유리한 계약이라 할지라도 상대방의 취약한 지위에 있었던 사실에 대하여 이익을 얻은 당사자가 알지 못했던 경우마저 이를 뒤집을 수 있도록 하는 경우 계약관계에 지나친 불확실성이 생기게 된다는 것이다.[43]

2) 일본의 경우, 종래 판례 법리로 인정되던 폭리행위론을 조문화한 민법 개정 중간시안 제90조 제2항("이용하여")에서 폭리자의 주관적 요소를 명시적으로 규정하고 있다.

> 상대방의 궁박, 경험 부족, 지식 부족 기타 상대방이 법률행위를 할 수 있을지 합리적으로 판단할 수 없는 사정을 이용하여(利用して), 현저하게 과도한 이익을 취하거나 상대방에게 현저하게 과도한 불이익을 주는 법률행위는 무효로 한다.[44]

일본법에서는 종래 폭리행위를 주관적 요건과 객관적 요건을 2 요건 구조로 이해하면서 폭리자의 '이용'에 관한 요소가 주관적 요건에 포함되어 있어, 이를 독립된 요건으로 인식하는 입장은 많지 않았다.[45] 이와 관련하여 학설은 상대방이 궁박 등의 상태에 있다는 것

43) 올 란도・휴 빌 편/김재형 역, 유럽계약법 원칙, 2013, 397면.

44) 法務省民事局参事官室, 民法(債権関係)の改正に関する中間試案(概要付き), 別冊 NBL No. 143, 商事法務, 2013, 1頁.

45) 판례는 이용 요소의 내용을 구체적으로 논의한 사례가 많지 않지만, 기본적으로 폭리자가 불균형이나 피해자의 궁박을 인식했는지가 이용 문제로 다루어지고 있다. 또한, 판례에서는 폭리자가 단순히 궁박이나 불균형을 인식하고 이를 악용한 경우뿐만 아니라, 억압 상태에서 폭리자의 행위로 인해 피해자의 궁박이 조성되거나 심화되고,

을 인식하고 현저하게 불균형한 이익을 취득한 행위로 충분하며, 궁박 상태를 적극적으로 이용하려는 의도는 필요하지 않다는 견해가 있다. 또한, 전통적인 '기회 이용'이라는 요건은 특정 요소가 이미 존재하는 것을 전제로 하고, 이를 '악용'하는 의미가 강해지기 때문에, 악용에 해당하는 행위의 악성이 없더라도 당사자에게 법률행위를 하도록 하기 위해 특정 요소가 '이용'되었다고 규정하는 것이 더 타당하다는 견해도 존재한다고 한다.[46] 한편, 채권법 개정에 대한 법제심의회에서도 이용 요건이 단순히 불균형 상태의 인식으로 충분한지, 이로 인해 너무 광범위해지는 것이 아닌지에 대한 우려가 제기되었다. 이러한 논의가 이루어진 배경에는 이용 요소의 내용에 대한 명확한 정의나 공통된 인식이 없다는 점을 시사한다는 지적이 존재한다.[47]

3) 미국법의 경우, 우리 민법 제104조에 대응하는 비양심성(unconscionability) 법리는 제2차 계약법 리스테이트먼트 제208조에 조문화되어 있다.

미국 제2차 계약법 리스테이트먼트 제208조(비양심적인 계약 또는 조항)

계약체결시에 계약 또는 계약조항이 비양심적인 경우 법원은 그 계약의 강제를 거부하거나 비양심적인 계약조항이 없는 해당 계약의 잔존 부분을 강제하거나 또는 비양심적인 결과를 회피하기 위하여 비양심적인 계약조항의 적용을 제한할 수 있다.[48]

계약법 리스테이트먼트 제208조는 폭리자의 이용에 관한 주관적 요소를 명시적으로 규정하고 있지 않다. 그러나 우리 민법 제104조의 주관적 요건에 대응하는 것으로 볼 수 있는 절차적 요건[49]을 충족하여 계약의 체결 과정에서 비양심성을 인정할 수 있는 요소에는 강자가 약자가 계약을 완전히 이행할 가능성이 없다고 합리적으로 믿는 경우, 강자가 약자가 계약으로부터 실질적인 혜택을 받을 수 없다는 사실을 알고 있는 경우, 강자가 약자가 신체적 또는 정신적 결함, 무지, 문맹 또는 계약서의 언어를 이해할 능력이 부족하다는 이유로 자신의 이익을 합리적으로 보호할 수 없다는 사실을 알고 있는 경우 등과 같이 폭리자의 주관적 요소("인식")가 중요하게 작용한다.[50]

이를 악용한 사례도 인정되고 있다. 趙 民秀, 暴利行為の現代的意義—搾取排除法理としての位置付けの試み—, 関西学院大学大学院法学研究科 博士学位申請論文, 2023, 138-139頁. 관련 판례에 관해서는 我妻 栄, 我妻・有泉コンメンタール民法—総則・物権・債権—, 第2版追補版, 2010, 204-205頁 참조.

46) 趙 民秀, 暴利行為の現代的意義—搾取排除法理としての位置付けの試み—, 関西学院大学大学院法学研究科 博士学位申請論文, 2023, 139頁.

47) 趙 民秀, 暴利行為の現代的意義—搾取排除法理としての位置付けの試み—, 関西学院大学大学院法学研究科 博士学位申請論文, 2023, 139頁.

48) Restatement (Second) of Contract § 208 (1981).

49) 일반적으로 절차적 비양심성은 계약의 체결과정에 초점을 두는 것으로 그 과정에서의 부적절 또는 하자를 말한다. 미국 법원은 절차적 비양심성을 판단하는 때에 '의미있는 선택의 부재'나 '부당 또는 불공정한 기습'을 기준으로 하여 계약 체결과정에서 모든 사정을 고려한다. 김현수, 계약의 공정성에 관한 소고-미국법상 비양심성 법리를 소재로, 정태윤・지원림 교수 논문집 새봄을 여는 민법학, 2023, 186면.

50) Restatement (Second) of Contract § 208 cmt. d (1981).

다. 소 결

입법론적 관점에서는 다음과 같은 이유로 폭리자의 주관적 요소를 명시하는 것이 바람직한 것으로 생각한다. 첫째, 제104조는 계약체결과정에서 주관적 사정과 계약내용의 부당성을 고려하여 계약의 효력이 부정되는 경우를 상정하고 있다. 한편, 행위자의 주관적 사정과 관련해서는 제104조를 제103조의 한 유형으로 보는 한 공서양속 위반 관점에서 폭리자의 윤리적 비난가능성을 감안하는 것이 타당하다는 점, 제104조는 행위자의 구체적인 개인적 사정을 직접적으로 배려한다기보다는 행위자의 주관적 사정과 관련하여 폭리자에게 가해지는 윤리적 비난가능성에 그 의미가 있다는 점을 고려하면 폭리자의 주관적 요소는 필요하다.[51] 또한, 폭리자의 주관적 요소는 폭리자의 거래 상대방에 대한 신뢰를 보호하기 위한 수단으로도 기능하게 된다.[52]

둘째, 제104조는 계약자유의 원칙의 예외에 해당하기 때문에 그 적용범위를 넓히는 것은 신중해야 할 필요가 있다.[53] 아울러 폭리자의 주관적 요소가 명시되는 경우 제104조의 적용범위가 좁아지게 되는 것은 불가피하지만 제104조가 가진 사회경제적 약자 보호라는 기능은 제103조를 통해서 보완될 수 있다. 즉, 폭리자의 주관적 요소가 명시되어 제104조를 통한 법적 구제를 받지 못하는 피해자는 제103조 위반을 주장하여 법률행위를 무효로 함으로써 보호받을 수 있다.[54]

셋째, 비교 입법례의 관점에서도 많은 국가나 국제적인 모델법에서 폭리자의 주관적 요소를 명시적으로 규정하고 있다. 그러나 우리 민법 제104조에서는 폭리자의 주관적 요소에 관한 문언이 조문에 명시되지 않은 것을 이유로, 그간 학설은 나뉘어져 있었다. 반면, 최근의 판례는 제104조의 불공정한 법률행위의 성립 여부를 판단할 때 상대방 당사자에게 폭리행위의 이용의사를 요구하는 추세이다.[55] 따라서 폭리자의 주관적 요소를 조문에 명시하는 것이 국제적인 경향과 최근의 판례의 입장에 부합하는 것으로 보인다. 아울러, 입법정책적 관점에서 폭리자의 주관적 요소를 법조문에 명시함으로써 학설의 대립을 종료시키고 법적 안정성을 꾀할 수도 있다.

넷째, 폭리자의 주관적 요소는 소극적 단계로서 '인식' 또는 적극적 단계로서 '이용의사'

---

51) 최동렬, 불공정한 법률행위의 요건에 관한 소고, 사법연구 제9집, 2004, 40면; 김천수, 민법(재산편)개정안 민법총칙 일부조항에 대한 연구, 민사법학 제22호, 2002, 272면.

52) 김용덕 편집대표, 주석민법, 제5판, 2019, 제104조, 527면(이동진 집필부분).

53) 양창수 편집대표, 민법주해, 제2판, 2022, 202면(권영준 집필부분).

54) 독일 민법 제138조 제2항의 '이용(Ausbeutung)' 요건이 충족되지 않는 경우 제1항에 의해 무효가 될 수 있다. Jauernig/Mansel, 19. Aufl., 2023, BGB § 138 Rn. 24.

55) 박동진 교수와 권영준 대법관도 최근 판례의 입장을 이와 같이 설명하고 있다. 박동진, 계약법 강의, 제3판, 2024, 949−950면; 민법주해(제2판), 2022, 179면(권영준 집필부분) 참조. 이병준 교수도 이와 같은 분석을 감안할 필요가 있다고 지적하고 있다. 이병준, 법률행위 총칙(강행규정, 법률행위 해석 등), 2024년 한국민사법학회 하계학술대회 자료집, 22면.

를 고려할 수 있다. 그러나 양자에 대하여 개념상 구별은 가능할 수 있으나 현실적인 경우 이를 구별하기 어렵다는 점을 고려하면 폭리자의 윤리적 비난가능성을 표상할 수 있도록 기초위원회 예비초안과 같이 "~이용하여"가 타당할 것으로 생각한다. 다만, 경험이나 판단력의 부족이 주관적 요건이 되는 경우 정당하게 노력하여 계약을 체결하는 자를 해할 수 있는 우려를 피하기 위해서는, "~악용하여" 또는 "~부당하게 이용하여"라고 하는 문언도 대안이 될 수 있다.

3. 주관적 요건의 확대

(1) 개정안

기초위원회 예비초안에서는 불공정한 법률행위의 주관적 요건을 확대하는 방편으로 "등"이라는 표현을 추가하였다. 검토위원회에서는 궁박, 경솔, 무경험 이외의 사유로 불공정한 경우를 포섭하려는 의도로 이해하여, 이 경우에도 '현저한 불균형'이라는 요건이 추가적으로 요구되기 때문에 그에 따른 남용의 우려가 적을 것으로 여겨 개정 취지에는 찬성하되 그 표현을 "그 밖의 사정으로 인하여"로 변경할 것을 제안하였다.[56] 기초위원회 최종안에서는 이를 반영하였다.

(2) 검 토

가. 비교 입법례

우리 민법과 비교할 때 비교법 사례에서 주관적 요건과 관련한 규정 방식은 다양하게 전개되어 왔다.

1) 우선, PECL 제4:109조에서는 어떠한 계약이 일방 당사자에게 불리한 경우에도 "상대방에게 의존하였거나 그와 신뢰관계가 있었던 경우, 경제적으로 궁박하거나 긴급한 필요가 있었던 경우, 또는 경솔, 무지, 무경험이었거나 교섭기술이 부족했던 경우"와 같은 명백한 이유가 있는 경우에만 그를 계약관계에서 이탈할 수 있도록 하여 불확실성을 제거하고 있다.[57] 독일 민법 제138조 제2항에서도 계약의 일방 당사자가 합리적인 경제적 결정을 내리는 것을 방해하는 요소로서 주관적 요건을 "궁박, 무경험, 판단능력의 결여 또는 현저한 의지박약"로 한정적으로 규정하고 있다. 다만, 이들 요건은 유추 적용이 가능하며, 유추 적용에서 중요한 점은 당사자의 취약성이 합리적인 경제적 결정을 내리는 데 장애가 되는지 여부라는 견해도 존재한다.[58]

56) 법무부 민법개정위원회 검토위원회, 민법 개정 예비초안에 대한 검토의견서, 2024.4, 126면.
57) 올 란도·휴 빌 편/김재형 역, 유럽계약법 원칙, 2013, 399면.
58) 이 견해에 따르면 감사(Dankbarkeit)의 감정을 악용하는 것도 폭리행위로 인정될 수 있다. MüKoBGB/Armbrüster, 9. Aufl., 2021, BGB § 138 Rn. 278.

2) UNIDROIT 국제상사계약원칙은 제3.2.7조에서 현저한 불균형(Gross disparity)에 관하여 다음과 같이 규정하고 있다.

(1) 당사자는 계약 체결 시 계약 또는 그 조항이 부당하게(unjustifiably) 상대방에게 과도한 이익을 제공한 경우, 계약 또는 개별 조항을 취소할 수 있다. 이와 관련하여 다음과 같은 요소들이, 다른 요소들과 함께, 고려되어야 한다:

(a) 상대방이 첫 번째 당사자의 의존, 경제적 곤궁 또는 긴급한 필요, 혹은 그 당사자의 무사려, 무지, 경험 부족 또는 협상 능력 부족을 부당하게 이용하였는지 여부,

(b) 계약의 성격과 목적.[59]

본조는 당사자 간 의무에 현저한 불균형이 존재하여 한쪽 당사자가 부당하게 과도한 이익을 얻는 경우, 계약을 취소할 수 있도록 허용한다. 그리고 이익이 과도해야 할 뿐만 아니라 정당화될 수 없는 것이어야 한다. 이 요건이 충족되는지는 해당 사건의 모든 관련 상황을 평가하여 결정된다. 본조 제1항은 특히 이와 관련하여 특별한 주의를 기울여야 할 두 가지 요소를 언급하고 있다. 첫 번째 요소는 한쪽 당사자가 상대방의 의존, 경제적 곤궁 또는 긴급한 필요, 혹은 그 당사자의 무사려, 무지, 경험 부족 또는 협상 능력 부족을 부당하게 이용했다는 점이다. 두 번째로 특별히 고려해야 할 요소는 계약의 성격과 목적이다. 이익을 얻게 될 당사자가 상대방의 약한 지위를 남용하지 않았더라도 과도한 이익이 정당화될 수 없는 상황이 존재할 수 있다. 이러한 경우에 해당하는지 여부는 계약의 성격과 목적에 달려 있는 경우가 많다.[60] 이와 함께, 해당 사업이나 업계에서 지배적인 윤리 기준과 같은 다른 요소들도 고려될 필요가 있다.[61]

3) 한편, 미국법상 비양심성 법리를 규정하고 있는 통일상법전 제302조[62]나 제2차 계약법 리스테이트먼트 제208조에서는 민법 제104조의 주관적 요건에 해당하는 절차적 요건에 대해서는 '비양심적'인 경우라는 추상적 기준만을 명시하고 있다. 절차적 비양심성은 계약의 체결과정에 중점을 둔 것으로 그 과정에서의 부적절이나 하자를 의미한다. 그러나 이러한 추상적인 기준으로는 개별 구체적인 사안에서 법원이 비양심성을 판단하는 데 충분하지 않다는 문제가 지적되었다. 이에 대해 Williams v. Walker-Thomas Furniture Co. 판결[63]에

---

59) Art. 3.7.2(1) UNIDROIT Principles 2016.

60) 예를 들어, 물품이나 서비스의 하자 통지를 위한 매우 짧은 기간을 규정한 계약 조항이 판매자나 공급자에게 과도하게 유리할 수 있는지 여부는 해당 물품이나 서비스의 특성에 따라 달라질 수 있다.

61) UNIDROIT Principles of International Commercial Contracts 2016(integral), p. 111.

62) 통일상법전 § 2-302의 내용은 다음과 같다.

(1) 법원이 법률문제로서 계약체결시에 계약 또는 계약조항이 비양심적이라고 인정한 경우, 법원은 당해 계약의 강제를 거부하거나 비양심적 조항을 제외한 계약의 잔존 부분을 강제할 수 있거나, 또는 비양심적인 결과를 회피하기 위하여 비양심적인 조항의 적용을 제한할 수 있다.

(2) 법원에 계약 또는 계약조항이 비양심적일 수 있다고 주장되는 경우, 또는 법원이 비양심성을 인정하는 경우 계약의 당사자들은 법원이 그러한 결정을 내리는 것을 돕기 위하여 당해 계약의 거래상 배경(commercial setting), 목적 및 효과에 관한 증거를 제출할 합리적인 기회를 부여받아야 한다.

63) Williams v. Walker-Thomas Furniture Co., 350 F.2d 445 (D.C. Cir. 1965).

서는 비양심성 판단을 위한 주관적 요건에 해당하는 중요한 기준으로 '의미있는 선택의 부재(absence of meaningful choice)'를 제시하고 있다. 다만, 의미없는 선택이 있는지 여부의 판단을 위해서는 계약과 관련한 모든 상황을 고려하여야 한다.[64)]

4) 비교 입법례의 특징을 살펴보면 다음과 같다. 우선, 계약의 불공정성으로 인하여 계약의 효력을 취소로 하거나 무효로 하기 위한 주관적 요건으로는 여러 가지 요소를 제시하고 있다. 다만, 불공정성을 인정하는 데 있어 이를 한정적으로 해석하기 보다는 그 이외의 다양한 요소를 고려하는 경향도 존재한다. 그 이외의 요소 역시 다양하지만 대체로 독일법이나 미국법의 사례에서 볼 수 있었던 바와 같이, '계약의 일방 당사자가 합리적인 경제적 결정을 내리는 것을 방해'하거나 '의미있는 선택 부재의 원인이 되는 것'이 그 기준이라고 할 수 있다. 이를 고려하여, PECL과 UNIDROIT 국제상사계약원칙에서 보는 바와 같이, 궁박, 경솔, 무경험과 같은 전통적인 주관적 요건들과 더불어 의미있는 선택의 부재를 야기하는 '상황의 남용'에 해당하는 요건(종속관계, 신뢰관계, 의존관계)을 추가적으로 조문상 명시하고 있는 입법례도 존재한다.

나. 소 결

현행 민법상 제한된 주관적 요건들로서는 새로이 발생하는 문제를 다룰 수 없다는 점에서 개정 제안의 취지에는 수긍이 된다. 다만, 다음과 같은 점을 고려하는 경우 규정 방식은 재고의 여지가 있다. 첫째, 독일 민법, 스위스 채무법, PECL, UNIDROIT를 포함한 다수의 비교법의 경향은 주관적 요건을 한정적으로 규정하고 있다. 이는 개인의 자유의사에 의한 법률관계의 형성이 사회를 조화롭게 한다는 관념 하에서 사회적으로 용납할 수 없는 불공정한 법률행위에 대하여 국가의 후견에 의한 간섭이 필요한 사정을 제한적·한정적으로 명시하고 있는 것으로 볼 수 있다. 따라서 궁박, 경솔, 무경험 이외의 사유를 불공정한 법률행위로 포섭하기 위하여 어떠한 가치기준을 제시하지 않고 단순히 "등" 또는 "그 밖의 사정"이라는 형태로 남겨두고 판례 법리를 통해 제104조를 적용하는 것은 동조의 입법취지에도 반하는 동시에 동조의 적용과 관련한 불확실성이 증가할 우려가 있다.[65)] 또한, 제104조의 주관적 요건에 해당하지 않는 경우에도 피해자는 여전히 제103조를 통해 구제받을 수 있다는 점을 고려할 필요가 있다.

둘째, 검토위원회에서는 '현저한 불균형'이라는 요건이 추가적으로 요구되기 때문에 그에 따른 남용의 우려가 적을 것으로 여겨진다는 의견을 제시하였다. 불공정한 법률행위에 해당

64) 이와 함께, 계약이 체결된 방식 또한 이러한 고려사항과 관련이 있다고 강조하고 있다. 김현수, 계약의 공정성에 관한 소고－미국법상 비양심성 법리를 소재로, 정태윤·지원림 교수 논문집 새봄을 여는 민법학, 2023, 185면.

65) 예를 들어, 어떤 계약을 체결한 경우 일방 당사자가 자신의 이익을 도모하지 않았는지에 대한 이유가 명백하지 않은 경우에도 그를 계약관계에서 벗어나게 하는 경우 매우 큰 불확실성이 생길 수 있다. 올 란도·휴 빌 편/김재형 역, 유럽계약법 원칙, 2013, 397면.

하기 위하여 객관적 요건과 주관적 요건은 상관적(相關的)으로 작용한다.[66] 따라서 급부간의 불균형이 심각한 경우에는 궁박, 경솔 또는 무경험의 요건이 쉽게 충족될 수 있고, 그렇지 않은 경우에는 궁박, 경솔 또는 무경험에 관하여 조금 더 엄격한 요건을 요구한다.[67] 주관적 요건과 객관적 요건이 상관적으로 작용한다는 점을 고려하면, "등" 또는 "그 밖의 사정"에 해당하는 주관적 요건을 이유로 무효를 주장할 수 있다면, 사회적 합리성이 다소 결여되는 것으로 여겨지는 많은 사유에 대해서도 급부와 반대급부 사이의 불균형이 매우 현저하고 심대한 경우에는 제104조가 적용될 수 있다. 이렇게 되면 제104조의 적용 여부에 있어서 객관적 요건이 핵심부분이 되며, 주관적 요건에 비하여 그 중요성이 지나치게 확대(사실한 "현저한 불균형 법리")될 수도 있다.[68]

이러한 점을 고려하면, 시대의 변화에 따라 주관적 요건을 탄력적으로 포섭할 수 있도록 하되 일정한 기준을 설정하는 것이 바람직할 것이다. 불공정한 법률행위의 주관적 요건은 어떠한 경우에 당사자가 충분한 정보와 지식을 기초로 자유로운 의사에 의한 자기결정이 결여되고 그 법률행위의 효력을 부정할 수 있도록 할 것인지를 구별짓게 하는 표지로서의 역할을 한다. 따라서 "등", "그 밖의 사정"이라는 개방적 표현보다는 일정한 기준을 포함하여 주관적 요건의 표지로서의 역할을 할 수 있도록 하는 동시에 동조의 적용범위의 지나친 확대를 막을 수 있도록 설계하는 방안을 고려하여야 한다. 일본의 민법 개정 중간시안 제90조 제2항에서는 앞서 살펴본 독일이나 미국의 경우와 유사한 입장을 반영한 규율 방식을 택하고 있어 참조가 될 수 있다. 동항은 "상대방의 곤궁, 경험의 부족, 지식의 부족 기타 상대방이 법률행위를 할지를 합리적으로 판단할 수 없는 사정이 있다는 것을 이용하여"(밑줄은 저자가 표시)라는 표현을 사용하고 있다. 제104조의 경우에도 이와 같은 규율방식을 채택하는 것을 고려할 수 있을 것이다.

4. 부당위압 내용을 포함한 주관적 요건의 확대

(1) 개정안

기초위원회는 제110조의2(부당한 간섭에 의한 의사표시)를 신설하여 일정한 '상황적 남용'

---

66) 미국 소비자계약법 리스테이트먼트 제5조에서는 비양심성 판단을 위해 절차적 요건과 실체적 요건을 상관적으로 파악하는 '슬라이딩 스케일(sliding scale) 접근법' 또는 '밸런싱(balancing) 접근법'을 택하고 있다. Restatement of the Law, Consumer Contracts § 5 (Am. Law. Inst., Tentative Draft 2019) 참조. 따라서 절차적 비양심성이 약하다고 해도 실체적 비양심성이 강한 경우에는 계약이나 계약의 조항의 비양심성이 인정된다. 슬라이딩 스케일 접근법의 관점에서는 절차적 요건과 실체적 요건을 모두 같이 보기 때문에 사실관계와 관련 상황을 판단하여 전체적으로 법원의 개입이 필요한 경우 비양심성을 인정할 수 있다. 김현수, 계약의 공정성에 관한 소고 – 미국법상 비양심성 법리를 소재로, 정태윤 · 지원림 교수 논문집 새봄을 여는 민법학, 2023, 189면.

67) 곽윤직 · 김재형, 민법총칙, 제9판, 2013, 290면.

68) 미국의 경우에도 비양심성 법리를 적용한 판결례들이 실체적 비양심성 기준(민법 제104조의 객관적 요건)이 중시되는 경향이 대부분이라는 것에 초점을 맞추어 비양심성 법리는 사실상 "실체적 비양심성 법리"라고 부르는 견해도 존재한다. 김현수, 계약의 공정성에 관한 소고 – 미국법상 비양심성 법리를 소재로, 정태윤 · 지원림 교수 논문집 새봄을 여는 민법학, 2023, 191면 참조.

상황에서 자율적인 의사 형성에 타인의 의도적인 간섭을 받아 의사표시를 한 경우 이를 취소할 수 있는 규정을 제안하였다.

현행 민법	기초위원회 예비 초안	검토위원회 의견	기초위원회 최종안
(신설)	(제1안) 제110조의2(부당한 영향력의 행사) ① 강한 심적인 의존 상태 또는 긴밀한 신뢰관계에 의하여 의사의 형성에 부당한 간섭을 받아 행해진 의사표시는 그러한 간섭이 없었다면 표의자가 이를 하지 않았을 것이라고 합리적으로 인정되는 때에는 취소할 수 있다. ② 제1항의 경우 제110조 제2항, 제3항의 규정을 준용한다. (제2안) 제110조의2(부당한 영향력의 행사) ① 상대방이 표의자의 강한 심적인 의존상태 또는 자신과의 사이에 있는 긴밀한 신뢰관계를 이용하여 표의자의 의사에 간섭하여 의사표시를 하게 한 경우, 그러한 간섭이 없었다면 표의자가 이를 하지 않았을 것이라고 합리적으로 인정되는 때에는 취소할 수 있다. ② 제1항의 경우 제110조 제2항, 제3항의 규정을 준용한다.	제110조의2(부당한 영향으로 인한 의사표시) ① 심리적 의존 상태 또는 긴밀한 신뢰관계로 인하여 부당한 영향을 받은 의사표시는, 그러한 영향이 없었다면 표의자가 이를 하지 않았을 때에는 취소할 수 있다.	제110조의2(부당한 간섭에 의한 의사표시) ① 심리적 의존 상태 또는 긴밀한 신뢰관계에 의하여 의사의 형성에 부당한 간섭을 받아 행하여진 의사표시는 그러한 간섭이 없었다면 이를 아니하였을 것이라고 합리적으로 인정되는 때에는 취소할 수 있다. ② 제1항의 경우 제110조 제2항, 제3항을 준용한다.

(2) 검 토

제110조의2에 대한 상세한 검토는 이곳에서 하지는 않지만, 다음과 같은 이유로 제110조의2는 독립된 신설 조항의 형태보다는 제104조에서 함께 다루는 것 타당할 것으로 생각된다. 첫째, 부당위압 법리 효용성은 코먼로 국가에서도 많이 퇴색되고 있다. 미국법상 부당위압 개념은 형평법 법원(equity courts)에서 부당한 설득(improper persuasion)에 의해 이루어진 불공정한 거래의 피해자에게 구제를 제공하기 위해 발전되었다.[69] 이러한 부당한 설득은 그러한 설득을 행사할 특별한 위치에 있는 사람들이 사용하는 것이다. 강박과 마찬가지로, 부당위압은 계약을 취소할 수 있는 사유가 되며, 원상회복 청구의 기초가 될 수 있다.

부당위압이 성립하기 위해서는 일반적으로 ① 당사자들 간의 특별한 관계, ② 강자가 약

69) First Natl. Bank v. Pepper, 454 F.2d 626 (2d Cir. 1972).

자에게 행사하는 부당한 설득의 두 가지 요소가 요구된다. ①의 요소에 해당하는 고전적인 사례는 신뢰관계라고 할 수 있다. 이러한 관계의 예로는 부모와 자녀, 성직자와 신도, 의사와 환자, 부부, 그리고 일부 법원에 따르면 약혼자 간의 관계가 포함된다. 이후에는 약자가 어떤 이유로 강자의 지배하에 있는 관계로 확장되었다.[70] 일단 당사자 간에 필요한 관계가 성립되면, ② 약자의 동의가 강자의 부당한 설득에 의해 이루어졌음을 입증해야 한다. 설득이 부당하다고 평가될 정도의 강도는 다양한 상황에 따라 달라질 수 있으나, 핵심적인 쟁점은 그 설득이 자유롭고 합리적인 판단의 행사를 실질적으로 방해하는 방식으로 이루어졌는지 여부이다. 설득의 부당성을 입증하는 데 있어 특히 중요한 요소는 그 결과로 발생하는 거래의 불균형이다. 거래는 동기뿐만 아니라 그 결과에 의해 평가되어야 한다. 추가적으로 고려할 요소로는 독립적인 법적 조언을 받을 수 있는 기회의 부재, 충분한 숙고 시간을 제공받지 못한 점, 그리고 약자가 설득에 쉽게 영향을 받을 수 있는 상태 등이다.[71] 부실표시나 강박이 요구하는 기준에 미치지 않는 부당한 설득이라 하더라도, 부당위압은 다른 법리들이 적용되지 않는 특정한 상황에서 거래 관계에서 약한 지위에 있는 당사자를 보호하는 역할을 수행해 왔다. 그러나 미국법상 부당위압 법리는 강박법리가 내용을 확대하게 되면서 종래에 비하여 그 의의가 상당히 감소한 것으로 평가받고 있다.[72]

둘째, 비교법적으로도 부당위압에 해당하는 '상황적 남용'을 불공정한 법률행위를 통해서 규율하는 경향이 강하다. PECL의 경우 제4:109조에서 "상대방에게 의존하였거나 그와 신뢰관계가 있었던 경우"를 명시하고 있다. 따라서 일방 당사자가 상대방과 신뢰관계에 있고 그의 조언에 의지하는 경우, 이것이 일방 당사자 자신의 독립적인 판단이 부재한 것을 의미한다면 일방 당사자의 취약성을 나타내는 것으로 볼 수 있다.[73] UNIDROIT 국제상사계약원칙 역시 제3.2.7조에서 취소할 수 있는 현저한 불균형을 판단하는 때에, "상대방이 첫 번째 당사자의 의존" 및 "계약의 성격과 목적"을 고려하도록 하고 있다.

일본의 경우, 민법 개정 중간시안을 작성하는 과정에서 일본 민법 제90조의 공서양속 위반에 관한 문제로 폭리 행위에 관한 규정을 법조문에 명시해야 한다는 견해가 제기되어 구체적인 조문화 작업이 진행되었다. 조문화 작업 초기는 폭리행위에 대한 전통적인 판례의 입장("타인의 궁박, 경솔 또는 무경험을 이용하여(주관적 요건) 현저히 과도한 이익을 목적으로 하는(객관적 요건) 법률행위")을 명문화하는 방안이 검토되었다.[74] 그러나 제안된 조문안의 요

70) 한 교사는 동성애 활동 혐의로 체포된 후, 경찰 조사와 신문을 받았고, 보석으로 풀려난 뒤 40시간 동안 잠을 자지 못한 상태였다. 이때 교육감과 학교 교장이 그의 집을 방문하여 사직을 요구한 사안에서, 캘리포니아 법원은 "심한 피로와 감정적 혼란이 사람을 판단할 능력을 완전히 상실하게 할 수 있다"는 가능성을 인정하고, 해당 사례가 지배적인 주체와 종속적인 객체이라는 부당위압의 요건을 충족했다고 판단했다. Odorizzi v. Bloomfield School Dist., 54 Cal. Rptr. 533, 540 (Ct. App. 1966).

71) Odorizzi v. Bloomfield School Dist., 54 Cal. Rptr. 533, 541 (Ct. App. 1966).

72) E. Allan Farnworth, Contracts 267 (4th ed. 2004).

73) 올 란도 · 휴 빌 편/김재형 역, 유럽계약법 원칙, 2013, 397면.

74) 民法(債権関係)の改正に関する論点の検討(1), 民法(債権関係)部会資料 27, 5頁.

건이 너무 좁아 새로 발생하는 문제에 적합하지 않다는 지적이 있었다. 일본 내에서는 최근의 재판 실무에서 개인의 권리와 자유를 보호하기 위해 폭리행위가 보다 유연하게 활용되고 있다는 평가가 있다는 견해가 제기되었다. 이러한 재판 실무의 동향을 고려하여, 일본 민법 개정 작업에서는 폭리 행위에 대한 전통적인 정의를 수정할지 여부를 검토하였다. 특히, 주관적 요소에 대해서는 전통적인 정의에서 언급된 궁박, 경솔, 무경험에 더하여 '종속 상태', '억압 상태', '신뢰 관계' 등을 추가할지 여부가 문제되었다.[75] 일본 민법 개정 중간시안에서는 이와 같은 의견을 반영하여 "궁박, 경험 부족, 지식 부족 또는 상대방이 법률행위를 합리적으로 판단할 수 없는 사정"이라는 주관적 요소와 "현저히 과도한 이익을 얻거나 상대방에게 현저히 과도한 불이익을 주는" 객관적 요소에 의해 폭리행위에 해당하는지 판단하고, 폭리행위에 해당하는 법률행위를 무효로 하는 규정을 다음과 같이 명문화하였다.

공서양속 (민법 제90조 관련) 민법 제90조의 규정을 다음과 같이 개정한다.

(1) 공공의 질서 또는 선량한 풍속에 반하는 법률행위는 무효로 한다.

(2) 상대방의 궁박, 경험 부족, 지식 부족 또는 기타 상대방이 법률행위를 할지 여부를 합리적으로 판단할 수 없는 사정이 있는 것을 이용하여, 현저하게 과도한 이익을 얻거나 상대방에게 현저하게 과도한 불이익을 주는 법률행위는 무효로 한다.[76]

셋째, 2024년 민법 개정안에서 부당위압 규정 신설 과정에서 폭리행위 모델을 취하지 않은 이유는 사기·강박과 마찬가지로 의사의 형성에 대한 부당한 간섭이라는 요소를 전면에 세우는 한편 부당위압이 유상계약이 아닌 유언이나 증여와 같은 무상행위에서도 문제될 수 있기 때문에 기존 제104조 폭리행위 모델은 그 적용범위가 제한되어 있다는 점을 들고 있다.[77] 그러나 이에 대해서는 다음과 같은 반론이 가능하다. 우선, 제104조는 주관적 요건과 객관적 요건을 상관적으로 적용할 수 있기 때문에, 상황적 남용에 의하여 의사의 자율에 대한 침해가 강조되는 곳(즉, 주관적 요건이 강한 곳)에서는 의사의 형성에 대한 부당한 간섭이라는 요소를 전면에 내세우는 부당위압 법리와 큰 차이가 없다고 할 수 있다. 다음으로 독일 민법 제138조의 경우, "어떠한 급부의 대가로(für eine Leistung als Gegenleistung)"라는 명시적 문언을 규정하고 있어 무상행위에는 적용되지 않는다.[78] 반면, 명시적 문언을 가지고

75) 여기에서 "종속 상태"를 이용한다는 것은 기존 관계에서 우월한 지위를 이용하는 것을 의미하며, 한 사업자가 다른 사업자와의 지속적인 공급 계약에 의존하고 있는 경우, 그 다른 사업자가 그 지위를 이용해 불리한 조건으로 거래에 응하게 하는 행위 등이 이에 해당한다. "억압 상태"의 이용의 경우, 한쪽이 심리적으로 다른 쪽의 요구에 따를 수밖에 없는 상태를 이용하는 행위를 말한다. 또한, "신뢰 관계"를 이용하는 경우로는 예를 들어, 변호사가 의뢰인의 신뢰를 이용해 의뢰인의 소유 부동산을 저가에 매입하는 행위 등이 이에 해당한다. 民法(債権関係)の改正に関する論点の検討(1), 民法(債権関係)部会資料 27, 6頁.

76) 法務省民事局参事官室, 民法(債権関係)の改正に関する中間試案(概要付き), 2013.3, 2頁. 개정 최종안에서는 적절한 요건화를 위해 추가적인 검토가 필요하다는 이유로 폭리행위를 규정한 제2항의 신설안이 제외되었다. 民法(債権関係)の改正に関する要綱案の取りまとめに向けた検討(16), 民法(債権関係)部会資料 80B, 3頁 참조.

77) 안병하, 민법 개정안(계약법 법률행위) 예비초안 연구, 2023년 법무부 연구용역 보고서, 2023.12, 42면; 김형석, 민법 개정안에서 의사표시의 유효성, 2024년 한국민사법학회 하계학술대회 자료집, 2024.6, 59-60면.

78) MüKoBGB/Armbrüster, 9. Aufl., 2021, BGB § 138 Rn. 267.

있는 독일 민법과 달리 우리 민법 제104조는 법문상 이러한 제한이 명시되어 있지 않고 단지 "현저하게 공정을 잃은 법률행위"를 무효로 정하고 있다. 이러한 점을 고려하면 민법 제104조는 유상계약이 아닌 유언 또는 증여와 같은 무상행위에도 적용될 수 있는 것으로 해석할 수 있다.[79] 따라서 무상행위에 대해서도 의사의 형성에 대한 부당한 간섭이라는 요소가 강한 '상황적 남용'의 경우 제104조를 적용하는 것이 가능할 수 있다.

5. 대안제시

이상의 검토 내용을 반영하여 다음과 같은 대안을 제시한다. 불공정한 법률행위의 주관적 요건에 부당위압의 요건을 병치하여 추가하고, "그 밖의 사정"을 "기타 법률행위의 여부를 합리적으로 판단할 수 없는 사정"으로 하여 추가되는 사유에 대한 일정한 기준을 제시하였다. 아울러 폭리자의 주관적 요소로서 "이용하여"를 추가하였다.

현행 민법	대안
제104조(불공정한 법률행위) 당사자의 궁박, 경솔 또는 무경험으로 인하여 현저하게 공정을 잃은 법률행위는 무효로 한다.	제104조(불공정한 법률행위) 당사자의 곤궁하고 절박한 사정, 판단력 또는 경험의 부족, 심리적 의존 상태나 긴밀한 신뢰관계, 기타 법률행위의 여부를 합리적으로 판단할 수 없는 사정을 이용하여 현저하게 공정을 잃은 법률행위는 무효로 한다.

Ⅳ. 마치며

민법 제104조는 사적 자치의 원칙 또는 계약 자유의 원칙이라는 근대 민법의 기본원리를 기반으로 하면서도 불공정한 법률행위를 규제함으로써 계약의 공정성을 제고하기 위한 중요한 장치 중 하나로 평가할 수 있다. 민법 제104조가 계약 현실에서 작용하는 역할은 사회경제적 환경이나 거래의 관행에 따라 달라질 수 있다. 예를 들어, 불공정한 계약 현실을 시정하기 위한 다른 법제도가 존재하지 않는 경우 그 중요성은 더욱 커지게 된다.[80]

2024년 민법 개정안은 '경솔'이나 '궁박'과 같은 주관적 요건의 문언의 표현을 수정하고 명확히 함으로써 제104조의 적용범위를 구체적으로 획정지어 법적 안정성을 꾀하고 있다. 그리고 주관적 요건을 확대하는 방편으로 "그 밖의 사정으로 인하여"라는 문언을 추가함으로써 종래의 규정 방식과 달리 사회의 변화에 따라 제104조의 적용범위를 유연하게 확대할 수 있는 가능성을 열어두고자 하였다. 한편, 판례나 학설의 입장이 명확하지 않은 것을 이

79) 곽윤직 · 김재형, 민법총칙, 제9판, 2013, 292면; 김증한 · 김학동, 민법총칙, 제10판, 2013, 382-383면; 이영준, 민법총칙, 개정증보판, 2007, 270면; 이은영, 민법총칙, 제5판, 2009, 410면; 김현수, 계약의 공정성에 관한 소고-미국법상 비양심성 법리를 소재로, 정태윤 · 지원림 교수 논문집 새봄을 여는 민법학, 2023, 186면.

80) 양창수 편집대표, 민법주해 Ⅲ, 제2판, 2022, 174-175면(권영준 집필부분) 참조.

유로 폭리자의 이용과 관련한 주관적 요소의 규정에 관해서는 이를 명시하지 않는 방향으로 정리하였다. 이와 함께, 제110조의2 신설은 자율적 의사 형성에 부당한 간섭을 받아 의사표시를 한 경우 이를 취소할 수 있도록 하여, 계약의 자율성 및 당사자 간 공정한 거래를 보호하려는 입법적 의지를 반영하고 있다. 이는 사회적 약자나 소위 '상황적 남용'으로 인하여 불리한 계약을 체결하는 당사자를 실질적으로 보호하려는 현대 사회의 법적 요구에 부응하는 중요한 조치라 할 수 있다.

제104조는 그 요건과 효과를 어떻게 설계하고 적용하는가에 따라 그 규율의 범위나 효과 역시 달라지게 된다. 이러한 점을 고려하면 앞서 검토한 바와 같이 불공정한 법률행위의 판단 기준을 보다 명확히 하는 동시에 법적 안정성을 증진시킬 수 있는 방안에 대한 추가적인 입법적 고려가 필요하다고 생각된다. 아울러 종래 관심이 낮았으나, 공정성이라는 외부적 기준을 판단할 때 제104조가 규정하고 있는 주관적 요건과 객관적 요건 간의 상관적 작용에 대한 인식과 실무적 적용에 대한 이해를 높이는 것도 필요할 것이다.[81)]

81) 김현수, 계약의 공정성에 관한 소고－미국법상 비양심성 법리를 소재로, 정태윤 · 지원림 교수 논문집 새봄을 여는 민법학, 2023, 193－196면 참조.

개정 독일매매법에 있어서 하자판단 기준의 변화

소비자매매에 있어서 당사자들의 매매목적물의 성상에 관한 합의와 이에 대한 독일민법 제476조의 시사

김 화

이화여자대학교 법학전문대학원 교수

존경하는 박동진 교수님의 화갑을 진심으로 축하드립니다. 석사논문지도교수님으로 인연을 맺은 후부터 지금까지 늘 저의 부족한 부분을 이해해주시고, 지지해 주셨기에 지금의 제가 있을 수 있는 것 같습니다. 다시 한 번 교수님의 화갑을 축하드리며, 늘 건강하시기를 기원드립니다.

Ⅰ. 들어가며

독일민법은 2022년 1월 1일을 기점으로 하여서 많은 변화를 하게 되었다. 이러한 변화는 다른 무엇보다도 유럽연합의 2가지 지침을 국내법화하는 것에서 비롯되었다고 할 수 있다. 독일법이 국내법화 해야 했던 유럽연합의 2가지 입법지침은 디지털콘텐츠 및 디지털서비스 공급에 관한 계약법적 측면에 관한 입법지침[1]과 물품매매의 계약법적 측면에 관한 입법지침[2]을 의미한다. 유럽연합의 이러한 2가지 입법지침(Richtlinie)은 새롭게 변화되는 온라인 환경에서 유럽연합의 법적 통일을 지향하고 있다.[3]

이러한 2가지 유럽연합의 입법지침의 국내법화와 관련하여서 가장 큰 변화는 디지털제품에 관한 소비자계약과 관련된 독일민법 제327조 이하의 규정의 도입이 될 것이다.[4] 특히 독일민법 제327조의f에서는 사업자의 업데이트에 대한 의무를 규정함으로써 변화되는 디지털 환경에 적극적으로 대응할 수 있도록 규정하고 있다. 그러나 이러한 디지털콘텐츠를 목적으로 하는 계약 외에도 이른바 디지털의 속성을 가지고 있는 물품들에 대해서도 새로운 규정을 도입하면서 변화된 디지털 제품들에 대해서도 독일민법이 대응할 수 있도록 규정하고 있다.[5] 이러한 새로운 속성을 가진 물품에 대하여서 새로운 규정을 도입하면서 기존의 규정으로 적절하게 규율하지 못했던 문제들에 대해서도 이를 해결할 수 있는 법적인 기초를 마련하게 되었다는 점에서 특히 의미가 있다. 눈에 띄는 점은 이전의 일반적인 물품매매의 경우에는 그 매매관계가 일회적인 속성을 띄는데 반하여, 디지털적 요소를 가지는 물품에 대해서는 사업자인 매도인에게 계속적인 업데이트의 의무 등을 부여하여서 매도인이 물품의 인도 이후에도 계속 당해 물품의 적정한 사용을 가능할 수 있도록 하고 있다는 점을 들 수 있다.[6] 그러나 이러한 눈에 띄는 변화 외에도 이른바 모든 매매에 적용되는 일반규정에서도 중대한 변화를 맞이하게 되었다. 특히 중요한 의미를 가지는 변경은 기존의 물건의 하자에 대한 담보책임의 출발점이 되었던 하자의 판단 여부와 관련하여서, 기존의 독일민법과는 다른 판단기준의 변화를 가져왔다는 것이다.[7] 이러한 하자의 존재여부 판단에 대한 기

---

1) Vorschlag für eine Richtlinie des Europäischen Parlaments und des Rates über bestimmte vertragsrechtliche Aspekte der Bereitstellung digitaler Inhalte: 이하 디지털콘텐츠지침이라 한다.

2) Vorschlag für eine Richtlinie des Europäischen Parlaments und des Rates über bestimmte vertragsrechtliche Aspekte des Online-Warenhandels und anderer Formen des Fernabsatzes von Waren: 이하 물품매매지침이라 한다.

3) 디지털콘텐츠지침에 대해서는 김진우, “유럽연합 디지털콘텐츠지침안의 의의와 적용범위-우리 소비자계약법에의 입법론적 시사점을 덧붙여”, 「아주법학」 제10권 제3호(2016), 155쪽 이하 참조; 물품매매지침에 대해서는 김진우, “유럽연합(EU)의 물품매매에 관한 새로운 담보책임법-물품매매지침의 주요 내용과 우리 법에의 입법론적 시사점”, 「저스티스」 통권 제180호(2020), 180쪽 이하 참조.

4) 독일민법의 내용과 번역과 관련해서는 양창수 역, 『2024년판 독일민법전』(2024) 참조.

5) 이러한 디지털요소 있는 물품에 대한 독일민법의 입법내용과 관련해서는 독일민법 제475조의b 이하 참조.

6) 이를 명시적으로 보여주는 것으로 독일민법 제475조의b 제2항 이하 참조.

7) 이러한 변화와 관련해서는 독일민법 제434조 참조. 이를 언급하고 있는 것으로 Harke, GPR 2021, S. 129(새로운 하자개념(neuer Mangelbegriff)이 독일민법의 개정을 통해서 도입되었음을 명시적으로 언급하고 있다).

준의 변화는 독일매매법에 있어서, 조문의 외견상으로는 크게 부각되는 부분은 아닐 수 있지만, 매도인의 하자에 대한 모든 담보책임이 물품에 대한 하자의 존재 여부에 대한 판단에서 시작된다는 점과 또한 당해 규정이 이른바 소비자매매의 경우에만 한정적으로 적용되는 특별규정이 아니라, 모든 매매계약에 있어서 공통적으로 적용되는 규정이라는 점에서 그 의미가 작지 않다.

독일민법상 일반 매매의 경우에 적용되는 물건의 하자개념의 변화는 앞서 언급한 2가지 입법지침 중 물품매매지침을 국내법화하는 과정에서 도입되게 되었다. 특히 위 2가지 입법지침은 유럽연합의 회원국의 관련 법규정의 완전한 조화(Vollharmornisierung)를 목적으로 하고 있었기 때문에,[8] 독일입법자로서는 양 입법지침의 국내법화와 관련하여서 입법의 자유의 영역은 사실상 크지 않았다.[9] 양 입법지침은 모두 소비자거래를 대상으로 하는 것이었는데 독일 입법자들은 2002년 독일채권법 개정의 경우와 동일하게 이러한 입법지침을 소비자거래에 한정하여 입법화하는 것이 아니라, 모든 매매의 경우에도 동일하게 적용되는 쪽으로 방향을 선택하였다.[10] 소비자매매의 경우에 국한되지 않고 일반적 매매로 독일민법 개정의 범위를 넓힌 것은 독일민법에 있어서 계속성(Kontinuität)과 법적 발전에 대한 신뢰(Verlässlichkeit der Rechtsentwicklung)를 확보하기 위한 것이었다.[11] 이하에서는 이러한 독일매매법상 물건의 하자 판단의 기준에 대한 변화와 특히 소비자매매의 경우에 있어서 적용되는 특별규정의 의미에 대해서 알아보기로 한다.

Ⅱ. 2022년 독일민법 개정을 통한 물건의 하자 판단 시스템에 있어서 변화

1. 2022년 개정 독일민법에 따른 물건의 하자 판단의 시스템 개관

앞서 언급한 바와 같이 유럽연합의 물품매매지침은 디지털콘텐츠지침과 동일하게 유럽연합의 회원국들의 관련 법규정의 완전한 조화를 추구하고 있다. 양 입법지침은 기본적으로 소비자거래를 대상으로 하고 있기 때문에, 당해 입법지침의 입법화 과정에서 중요한 것은 원칙적으로 소비자매매를 대상으로 하는 당해 입법지침의 내용 중에서, 무엇이 소비자매매에 한정되어서 적용되어야 하는 내용이고, 어떠한 내용이 일반 매매의 경우에도 적용될 수 있는 것인가를 구별해 내는 것이었다.[12] 이러한 상황에서 독일입법자에게 물품매매지침의

8) Rachlitz/Kochendörfer/Gansmeier, JZ 2022, S. 705; Harke, GPR 2021, S. 129.
9) 기본적으로 이러한 유럽연합의 입법지침에 대해서 독일입법자들은 입법지침과 1:1로 국내법화하려 했다는 점에 대해서는 BT-Drs. 19/27424, S. 22.
10) Pfeiffer, GPR 2021, S. 120.
11) Pfeiffer, GPR 2021, S. 121.
12) Pfeiffer, GPR 2021, S. 121.

내용 중 어떠한 것을 소비자매매에 한정하지 않고, 기존의 일반매매법에까지 편입하여 입법해야 하는가를 판단해 내는 것은 매우 중요한 문제였다. 결국 이러한 판단의 결과물로서 일반매매법에서, 물건의 하자의 존재 여부의 판단에 있어서 기존의 하자판단 시스템과 구별되는 중대한 시스템의 변화를 도입하게 된 것이다.

물품매매지침의 내용 중 특히 물건의 하자의 존재 여부 판단과 관련된 내용은 중요한 의미를 가지고 있다. 왜냐하면 물품매매지침의 경우에는 기존의 독일민법에서 취하고 있던 물건의 하자판단의 방법과는 분명하게 구별되는 내용을 규정하고 있었기 때문이다.[13] 즉, 기존의 독일매매법에서는 물건의 하자의 존재여부 판단과 관련하여서 당사자들의 합의에 따른 주관적 하자의 존재 여부를 먼저 살피고, 이러한 주관적 하자가 존재하지 않는 경우에는 객관적 하자의 존재 여부를 살피는 일종의 단계적 구조를 가지고 있었다.[14] 그러나 이에 비하여서 물품매매지침에 있어서는 하자의 판단에 있어서 이러한 주관적 하자와 객관적 하자의 기준을 중첩적(kumulativ), 병렬적으로 적용하고 있다.[15] 이는 지금까지 독일민법에서 유지되어 왔던, 하자의 판단에 있어서는 당사자의 합의에 따른 성상판단을 우선한다는 고전적 일반 원칙에 대해 수정을 가해야 하는 것이 되었다. 즉, 이제는 독일매매법에 있어서 하자판단에 있어서 주관적 기준과 객관적 기준은 서로간에 우열관계 없이, 양자가 병렬적이며 같은 지위에서(gleichrangig) 존재하며, 결국 하자가 존재하지 않기 위해서는 하자와 관련하여 법률이 규정하고 있는 주관적, 객관적 요구조건 모두를 충족해야 하는 것으로 변화되게 되었다.[16] 이를 실무상 표현하자면 더 이상 양 당사자들의 합의에 따른 주관적 하자가 존재하지 않는다는 것만으로 객관적 하자의 존재 여부의 판단이 생략될 수 없고, 주관적 하자가 존재하지 않는 경우에도 객관적 하자가 존재하는지를 다시 한 번 판단하여야 한다는 것을 의미한다. 즉, 주관적 하자가 존재하지 않는다고 하더라도 객관적 하자가 존재한다면 결과적으로 당해 매매 목적물에는 물건의 하자가 존재하는 것이고, 이에 따라 매도인의 하자담보책임이 인정되는 것이다.

이는 매매계약의 실제에 있어서 양 당사자가 매매목적물의 성상에 관하여서 객관적 요구조건을 뛰어넘는 성상을 약정한 경우를 예로써 설명해 볼 수 있다. 개정된 독일민법 제434조에 따르면 하자에 대한 주관적 기준과 객관적 기준을 모두 충족하여야 하자가 없는 것이고, 하자판단의 객관적 기준은 개정 독일민법 제434조 제3항에 따라서 매매목적물의 통상의

13) 이와 관련해서는 김진우, "유럽연합(EU)의 물품매매에 관한 새로운 담보책임법－물품매매지침의 주요 내용과 우리 법에의 입법론적 시사점", 「저스티스」 통권 제180호(2020), 187쪽 이하.

14) 로마법에서는 주관적 성상보증(subjektive Zusicherung)과 객관적 하자개념(objektiver Fehlerbegriff)이 서로가 관계없이 함께 인정되고 적용되었으나, 이후 플루메(Werner Flume)에 의하여 하자담보책임은 매매계약과 이에 따른 당사자간의 일치된 의사에서 비롯되는 것이라는 점이 확립되게 되었다(Rachlitz/Kochendörfer/Gansmeier, JZ 2022, S. 706); Kirchhefer－Lauber, JuS 2021, S. 918.

15) Pfeiffer, GPR 2021, S. 122; Staudinger/Matusche－Beckmann, Neubearb. 2023, § 434 BGB, Rn. 38; BeckOK/Faust, 68 Ed. 2023, § 434 BGB, Rn. 61.

16) Staudinger/Matusche－Beckmann, Neubearb. 2023, § 434 BGB, Rn. 38; Harke, GPR 2021, S. 129.

용도에 적합하고, 동일한 종류의 물건에서 통상적인 성상을 갖추어야 하는 것이다. 따라서 매매목적물의 통상의 용도에 적합하고, 동일한 종류의 물건에서 통상적인 성상을 뛰어넘는 매매목적물의 성상에 대한 약정인 물건의 하자와 관련한 당사자의 주관적 요구조건을 준수하였다면 이를 통해서 당연히 객관적 하자는 존재하지 않는 것이 되고, 최종적으로 당해 매매목적물에는 하자가 존재하지 않는다고 판단되는 것이다.

문제가 되는 것은 매매계약의 당사자들이 객관적 요구조건보다 더 낮은 수준으로 매매목적물의 성상에 대해서 합의한 경우이다. 이를 이른바 매매목적물의 성상에 관한 소극적 합의(negative Beschaffenheitsvereinbarung)라고 할 수 있다.[17] 매매목적물의 성상에 대한 소극적 성상합의가 있을 때에는 새롭게 개정된 독일민법 제434조 제1항에 따른 하자 판단에 있어서 문제가 발생할 수가 있다. 왜냐하면 독일민법 제434조 제1항은 앞서 언급한 바와 같이 물품매매지침의 규정형식에 따라서[18] 주관적 요구사항, 객관적 요구사항 및 조립상의 요구사항을 모두 충족하는 경우에만 물건의 하자가 없다고 보고 있기 때문이다. 따라서 매매목적물의 성상에 관한 당사자간의 소극적 합의가 있는 경우에는 당사자간의 약정에 따라서 주관적 하자는 존재하지 않는다고 하더라도, 객관적 기준에서 요구하는 바에 미치지 못하는 성상이 존재하는 것이기 때문에 객관적 하자는 존재한다고 볼 수 있다. 즉, 당사자간에 매매목적물의 성상에 관한 소극적 합의를 하였고, 이러한 소극적 합의와 일치하는 성상의 물품을 제공하였다고 하더라도, 독일민법 제434조 제1항에 따르면 이러한 경우에도 객관적 하자는 존재한다고 볼 수 있게 되는 것이다.

따라서 기존의 개정 전 독일민법[19]이 주관적 하자와 객관적 하자의 관계에 대해서 객관적 하자를 주관적 하자의 보충적 성격을 갖도록 한 것과는 대비되어 개정 독일민법이 하자의 판단에 대해서 주관적 하자와 객관적 하자를 병렬적 내지 중첩적(kumulativ)으로 규정하게 된 것은,[20] 실제 매매 실무에 있어서는 대단히 큰 변화를 만들어 내게 된 것이다. 이에 따르면 물품의 성상에 대한 객관적 요구사항은 당해 물품이 갖추어야 할 최소한의 품질 내지 성상기준으로 기능하게 되기 때문이다.

---

17) 이른바 소극적 성상합의(negative Beschaffenheitsvereinbarung)라는 용어의 사용과 그 의미에 대해서는 BT-Drs. 19/27424, S. 24; Kirchhefer-Lauber, JuS 2021, S. 918.

18) 물품매매지침에 있어서 물건의 하자 판단에 있어서 주관적, 객관적 기준이 중첩적으로 요구된다는 점에 대해서는 김진우, "유럽연합(EU)의 물품매매에 관한 새로운 담보책임법-물품매매지침의 주요 내용과 우리 법에의 입법론적 시사점", 「저스티스」 통권 제180호(2020), 188쪽.

19) 개정 전 독일민법의 물건의 하자 판단에 대한 규정에 대해서는 구 독일민법 제434조 참조. 개정 전 독일민법의 내용과 번역에 대해서는 양창수 역, 『2021년판 독일민법전』(2021) 참조.

20) Pfeiffer, GPR 2021, S. 121; Harke, GPR 2021, S. 129.

2. 물건의 하자 판단에 있어서 주관적, 객관적 요건의 중첩적 적용에 대한 예외로서 당사자간의 소극적 성상합의

물건의 하자 판단에 있어서 개정 독일민법이 주관적 요건뿐 아니라 객관적 요건도 중첩적으로 요구하는 방향으로 변화되게 된 것은 하자판단과 관련하여서, 당사자간의 성상합의가 아닌 법률 규정의 우선성(Primat)을 보여주는 것이다.[21] 즉, 이제는 매매계약의 당사자간에 이루어진 매매목적물의 성상에 대한 합의는 개정 전 독일민법에서와 같이 하자의 존재여부 판단에 있어서 최종적 의미를 가지지 못하게 되었고, 오히려 법률의 규정에서 정하고 있는 하자판단의 기준을 당사자 합의로 변화시킬 수 있는 가능성이 있는가라는 방론적인 의미를 가지게 되었다. 이를 통해 매매목적물의 하자여부 판단에 있어서 가장 일차적인 기준은 물건의 성상에 대한 당사자간의 합의가 아니라 법률이 정하고 있는 하자 판단의 기준인 주관적, 객관적 요구조건의 충족여부가 되게 된 것이다.

이러한 결론은 당사자의 합의에 따른 성상결정을 최우선적으로 고려해야 하고, 그에 따라 물건의 하자 존재여부가 판단되어야 한다는 사적자치 원칙의 요구에 대한 침해가 될 수 있다. 결국 이는 이른바 독일민법에서 전통적으로 이어져 오던 당사자 합의에 따른 하자판단 우선의 원칙과 그와 관련된 사적자치의 우선성에 반하는 결과를 가져오게 되는 것이다.[22]

이러한 점을 의식하여서 독일민법 제434조 제3항은 객관적 하자판단에 있어서 일정한 유보를 명시적으로 규정하여 두었다. 독일민법 제434조 제3항은 “달리 유효하게 약정되지 아니한 한, 물건은 다음의 경우에 객관적 요구사항을 충족한다”라고 규정하고 있다.[23] 이는 결국 달리 유효하게 약정된 경우에는 독일민법 제434조 제3항에서 요구되는 사항을 충족하지 않더라도 객관적 하자가 존재하지 않는다고 본다는 것을 말한다.

만약 앞의 예와 같이 당사자간에 물품의 성상에 대한 소극적 합의를 하였고, 당해 소극적 합의가 유효한 약정이라고 판단된다면, 당사자간의 소극적 성상합의에 합치되는 물품을 인도한 것은 독일민법 제434조 제1항과 제3항에 의해 당해 물품에 하자가 존재하지 않는다는 판단이 내려질 수 있게 한 것이다. 이는 결국 독일민법 제434조 제1항이 주관적 하자와 객관적 하자를 같은 지위에서, 양자 모두를 충족할 것을 요구하고 있지만, 당사자간의 물품의 성상에 대한 유효한 약정이 있는 경우에는 당사자들의 합의 내지 약정에 따라 객관적 하자에 대한 기준을 변경하는 것도 가능하다는 것을 보여준다.[24] 결국 독일민법 제434조 제3항에 따른 객관적 하자의 요건은 물품의 성상에 대한 절대적인 요구조건이 아니라 당사자들

21) Pfeiffer, GPR 2021, S. 122.
22) Harke, GPR 2021, S. 130.
23) 물건의 하자 판단에 있어서 객관적 요구조건의 충족에 대한 당사자 합의에 따른 제한의 의미에 대해서는 Rachlitz/Kochendörfer/Gansmeier, JZ 2022, S. 705; Lorenz, NJW 2021, S. 2066.
24) BeckOK/Faust, 68 Ed. 2023, § 434 BGB, Rn. 62; jurisPK/Pammler, 10. Aufl., 2023, § 434 BGB, Rn. 102.

의 약정에 의해서 변경될 수 있는 조건임을 보여주는 것이다. 이러한 점에서 기존의 독일민법과 그 실제에 있어서는 별다른 차이가 없다고 평가될 수도 있다.[25] 그러나 최종적인 하자판단의 결과에 있어서는 차이가 없다고 하더라도 당해 조문이 갖는 의미는 결코 적지 않다. 특히 매도인의 관점에서는 이러한 주관적 하자와 객관적 하자의 병렬적 적용이 갖는 심리적 효과가 결코 작다고 할 수 없다.[26]

예를 들어 지금까지는 매수인과 매도인 사이에 복잡한 계약서, 특히 복잡한 약관규정을 통해서 당해 매매목적물의 성상에 대해서 합의를 하였다면, 이러한 매매계약서 내지 약관의 내용이 물품의 하자여부 판단에 있어서 결정적인 역할을 하였다. 이러한 매도인 주도의 당사자간 물품의 성상에 대한 약정의 내용이, 매수인이 물품의 성상에 대하여 가지는 일반적 기대와 맞지 않는 경우에도, 이러한 성상에 대한 합의조항을 불공정한 약정으로 보아 무효로 하거나, 또는 약관규제의 방법으로 조정하는 것 외에는 달리 물건의 하자와 관련하여서 이를 규제할 수 있는 방법이 없었다. 그러나 객관적 요구사항을 주관적 요구사항과 병렬적으로 요구하는 방식을 취할 경우, 주관적 요구사항을 충족시켰다고 하더라도 객관적 요구사항을 충족시키지 못한다면 원칙적으로 당해 매매목적물에는 하자가 존재한다고 판단될 수 있다. 이러한 경우는 결국 법률이 정하고 있는 객관적 요구조건보다 더 낮은 수준의 성상의 합의, 즉 소극적 성상합의가 존재하는 경우이다.

매매목적물에 대한 이러한 소극적 성상합의가 일반적으로 유효하다고 판단되는 경우라면 기존의 주관적 하자를 객관적 하자에 비해서 우선적으로 판단하던 개정 전 독일민법의 하자판단의 시스템과 실제에 있어서 크게 달라진 부분은 없다고 볼 수도 있다. 그러나 이는 적어도 매도인에게 있어서 심리적인 면에서는 분명한 변화를 주게 되었다.

매도인은 당사자간의 소극적 성상합의가 유효하다는 점을 스스로 적극적으로 주장, 증명하지 못하면, 당해 물품이 객관적 요구조건을 충족시키지 못하는 경우에 하자에 따른 책임을 면하지 못하게 되기 때문이다. 따라서 중요한 점은 이러한 당사자간의 성상의 합의를 기초로 하는 사적자치의 원칙과, 물건의 하자에 대한 객관적 요구조건을 매수인 보호를 위한 최소한의 성상기준으로 보는 시스템을 어떻게 효과적으로 조화시킬 수 있을 것인가이다. 이는 결국 이러한 소극적 성상합의를 어떠한 기준과 요건 하에서 물건의 하자 판단의 기준으로서 유효하다고 볼 것인가의 문제라고 할 수 있다. 즉, 소극적 성상합의가 어떠한 요건을 충족시키는 경우에 유효한 합의로 볼 수 있을 것인가 여부를 가지고 전체 하자판단과 관련된 시스템을 조절할 수 있게 되는 것이다.

적어도 독일민법 제434조 제3항은 이러한 소극적 성상의 합의에 대해서 다른 특별한 요

---

25) Pfeiffer, GPR 2021, S. 123.

26) 개정 독일민법에서 주관적 요구조건과 객관적 요구조건을 중첩적으로 요구하는 것이 매도인에 대하여 심리적 효과를 줄 수 있음을 지적하는 것으로 Pfeiffer, GPR 2021, S. 123.

건을 요구하지는 않고 있다. 따라서 이러한 소극적 성상합의가 유효한가 여부는 독일민법의 일반원칙에 따라서 판단되어야 한다. 그러나 매수인이 소비자인 경우, 즉 소비자매매의 경우에는 소비자 보호라는 또 다른 지향점 내지 보호가치가 존재하기 때문에, 소비자매매의 경우에는 당사자간에 소극적 성상합의가 가능하고, 이를 유효하다고도 평가할 수도 있지만 이는 소비자 보호를 위해서 특별히 규정된 엄격한 요건을 충족해야 한다고 본다. 이러한 소비자매매에서 소극적 성상합의의 유효성과 관련하여서는 독일민법 제476조 제1항에서 규정하고 있다.

Ⅲ. 독일민법 제476조 제1항에 따른 소극적 성상합의의 유효요건

1. 서 설

앞서 설명한 바와 같이 개정 독일민법은 일반 매매규정에서, 당사자간의 소극적 성상합의의 유효성과 관련해서는 특별한 요건을 규정하고 있지 않기 때문에 당사자간의 소극적 성상합의가 유효한가 여부는 독일민법의 일반규정에 따라서 판단되어야 한다.

그러나 이에 반하여서 독일민법 제476조 제1항은 소비자매매에 있어서 소극적 성상합의의 유효성과 관련하여서 특별한 요건을 요구하고 있다. 독일민법 제476조 제1항은 기본적으로 그 적용범위를 소비자매매에 한정하고 있다. 즉, 매도인이 사업자이고 매수인이 소비자인 경우에만 소극적 성상합의에 있어서 특별한 유효요건이 필요한 것으로 보고 있다. 앞서 언급한 바와 같이 독일입법자들은 유럽연합의 물품매매지침을 소비자매매의 경우에 한정해서 국내법화하는 것이 아니라 모든 일반 매매에까지 확장하여 규정하고, 그에 따라 일반매매법의 구조도 지침정합적으로 변화시키고자 하였다. 이에 따라서 물건의 하자판단에 있어서 주관적 요건과 병렬적으로 객관적 요건을 요구하게 된 것이다.

그러나 소비자매매의 경우에는 사업자와 소비자 간의 소극적 성상합의와 관련하여서 그 유효성을 위한 엄격한 조건을 명시적으로 요구하고 있다. 이를 규정하는 것이 독일민법 제476조 제1항이다. 독일민법 제476조 제1항 제2문은 명시적으로 제434조 제3항, 즉 물건의 하자에 대한 객관적 요건에 관한 규정을 지시하면서 이는 다음의 요건을 갖추어야 당사자간의 합의로 변경시킬 수 있다고 규정하고 있다. 즉, 소비자가 계약 체결의 의사표시를 하기 전에, 즉 계약체결 전에, 물품의 특정한 특성이 객관적 요구사항에 미치지 못한다는 점에 대해서 이를 특별히 알고 있어야 하고, 나아가 물품의 성상이 독일민법 제434조 제3항상의 객관적 요건에 미치지 못한다는 점에 대해서는 이를 계약에서 명시적이며 또한 개별적으로 합의해야 한다는 것이다.

일반매매법에서와 달리 소비자매매의 경우에는 당사자간의 소극적 성상합의가 유효하기 위해서 이러한 특별한 요건을 요구함으로써 소비자매매에 있어서 매수인인 소비자 보호라는 또 다른 가치를 실현시키고자 하고 있다.

2. 독일민법 제476조 제1항에 따른 소비자 보호의 시스템

독일민법 제476조 제1항에 따르면 당사자간의 소극적 성상합의가 유효하기 위해서는 2가지 요건을 충족해야 한다. 즉, 당해 물품의 성상이 독일민법 제434조 제3항에서 요구하는 기준에 미치지 못한다는 것을 매수인인 소비자가 매매계약을 체결하기 전에 분명하게 알고 있어야 한다. 이는 이러한 합의가 당사자의 부지(不知)에서 비롯된 것이 아니고, 매수인인 소비자가 이러한 사정을 분명히 알고도 그러한 물품을 매수하기로 스스로 결정한 것이라는 점을 분명히 하고자 한 것을 의미한다. 즉, 당해 매수결정은 매수인인 소비자가 물품의 성상에 관한 사항을 알면서도 한, 자신의 결정이어야 한다는 것이다.[27] 이러한 요구는 소비자매매의 경우에는 약관에 의하여 매매계약이 체결되는 경우가 많고 이러한 약관의 내용에 대해서 소비자는 계약체결 전에는 그 내용을 충분히 이해하지 못하거나 경우에 따라서는 충분한 주의를 기울이지 않은 채로 계약을 체결하는 경우가 많다는 점에서 비롯되었다.[28] 실제로 구매한 물품의 성상이 법이 정하고 있는 객관적 요건에 미치지 못하는 경우라면, 이러한 물품의 성상은 매수인인 소비자의 기대와 어긋나는 경우가 많을 것이고, 따라서 이러한 점을 예방하기 위해서 매수인인 소비자에게, 물품이 자신의 기대에 미치지 못하는 성상을 가진 것이라는 점에 대한 분명한 인식을 요구하는 것이다.[29]

둘째로 물품의 성상이 법률이 정하고 있는 객관적 요건에 미치지 못한다는 점을 소비자인 매수인이 분명히 알았다고 하더라도 이는 계약을 통해서 명시적이고, 또한 개별적으로 합의되어야 한다. 명시적으로 합의되어야 한다는 점은 소비자인 매수인과의 관계에서 이러한 물품의 성상에 관해서는 묵시적 합의만으로는 충분하지 않고, 이를 계약서 등에서 명시적으로 담고 있어야 한다는 것을 의미한다.[30] 이러한 명시적 합의를 요구함으로써 이러한 내용을 담고 있는 계약서 자체가 당사자간의 소극적 성상합의의 증거로서 기능할 수 있게 된다. 즉, 이러한 명시적인 계약서의 내용이 없는 경우에는 당사자간의 소극적 성상의 합의의 유효성을 사업자인 매도인은 전혀 주장할 수 없게 되는 것이고, 나아가 이러한 합의는 명시적일 뿐만 아니라 계약서에서 개별적으로 합의될 것을 요구하고 있다. 이는 이른바 소

---

27) Harke, GPR 2021, S. 129.

28) 김진우, "유럽연합(EU)의 물품매매에 관한 새로운 담보책임법－물품매매지침의 주요 내용과 우리 법에의 입법론적 시사점", 「저스티스」 통권 제180호(2020), 188쪽.

29) 이러한 소극적 성상합의의 유효성을 위해서 특별한 요건을 요구하는 것은 물품매매지침의 규정에서 비롯된 것으로 당해 물품매매지침은 높은 수준의 소비자보호(hohes Verbrauchersschutzniveau)를 목적으로 하고 있다: BT－Drs. 19/27424, S. 14.

30) 이에 반하여서 일반 매매에 적용되는 독일민법 제434조 제3항에 따른 소극적 성상합의는 묵시적 합의로도 가능하다는 점에 대해서 Lorenz, NJW 2021, S. 2066.

극적 성상합의에 대한 투명성(Transparenz) 요건이라고 할 수 있다.[31)]

이는 당해 물품의 성상이 소비자의 매매목적물의 성상에 대한 기대와 어긋날 수 있다는, 즉 소비자에게 일응 불리한 합의에 대해서는 이를 계약서에서도 계약내용의 단순한 일부가 아니라 독립적인 조항으로서 들어나게 해야 한다는 것을 의미한다.[32)]

독일민법 제476조 제1항 제1호의 내용이 당사자인 소비자가 자신에게 불리할 수 있다는 점에 대해서 이를 분명히 인식하면서 내린 결정이라는 점에서 사적자치의 원칙에 그 방점이 있다면, 제2호의 경우에는 이러한 소비자의 의사가 일정한 간접사실로서 쉽게 추단되어 버리는 것이 아니라 분명한 외적 증거로서 드러날 수 있도록 해야 한다라는 것을 의미한다. 나아가 이러한 합의는 개별적으로 이루어져야 한다는 요건을 통해서 이러한 성상의 매매목적물의 구매결정은 소비자의 분명한 자기결정으로 볼 수 있을 정도로 당해 계약서가 구성되어야 한다는 것을 의미하게 된다.[33)]

앞서 언급한 바와 같이 물건의 하자에 대한 객관적 기준과 주관적 기준을 병렬적으로 동시에 요구하면서 이를 변경하기 위해서는 당사자간의 소극적 성상의 합의를 요구한다는 점은 일반적인 매매계약의 경우와 동일하다. 이와 관련해서 중요한 핵심이 되는 것은 이러한 소극적 성상합의의 유효성을 어떠한 요건 하에서 인정할 것인가이다. 소비자매매의 경우에는 이러한 소극적 성상합의는 앞서 언급한 바와 같이 독일민법 제476조 제1항에서 정하고 있는 특별한 요건을 충족시키는 경우에만 가능하도록 규정하고 있다. 결국 이러한 특별하고도 엄격한 요건을 갖추지 못한 경우에는 당사자간에 단순히 소극적 성상합의가 있다고 하더라도 이는 무효이며, 따라서 매매목적물의 성상이 객관적 기준에 부합하지 못하는 경우 하자가 존재하는 것으로 보게 된다는 것을 의미한다.

이러한 규정형식을 취하게 된 것은 기본적으로 소비자 보호를 보호하면서도 사적자치의 원칙과의 조화를 추구하기 위해서이다.[34)] 앞서 설명한 바와 같이 소비자들은 물품의 성상에 대한 사업자인 매도인의 계약서의 내용을 충분히 이해하지 못하는 경우가 많고, 이러한 물품매매계약이 약관을 통해서 이루어지는 경우가 실무에서는 자주 일어나고 있다. 그러한 경우에 당해 내용을 충분히 숙지하지 못한 소비자인 매수인으로서는 사업자인 매도인이 당해 계약에서 매매목적물의 성상에 대해서 당사자간에 합의를 하였다는 주장에 의해서 자신이 기대했던 매매목적물의 성상보다 낮은 수준의 매매목적물에 대해서도 하자를 주장하지 못하는 경우가 자주 발생하게 된다. 이러한 경우에 소극적 성상합의에 관한 독일민법 제476조

---

31) Rachlitz/Kochendörfer/Gansmeier, JZ 2022, S. 709.

32) Pfeiffer, GPR 2021, S. 123.

33) jurisPK/Ball, 10. Aufl., 2023, § 476 BGB, Rn. 29.

34) 당해 조문의 목적은 한편으로는 사적자치에 따라 당사자 합의를 통해서 객관적 요구조건과 다른 성상의 합의를 가능하게 하면서도, 다른 한편으로는 법적 안정성을 보장하기 위해서라고 보고 있다(Güster/Booke, MMR 2022. S. 93).

제1항 상의 특별한 유효요건은 소비자를 보호할 수 있는 일종의 보호메커니즘으로 기능하게 된다.

3. 독일민법 제476조 제1항에 따른 소극적 성상합의의 유효요건 검토

가. 사업자에 대한 하자의 통지 전에 이루어진 당사자간의 합의

독일민법상 소비자매매에 있어서 CISG와 같이 매수인의 하자발견 후 이에 대한 통지의무는 존재하지 않는다.[35] 그러나 매수인의 하자의 통지 후에 이루어진 당사자간의 합의라면 이는 매수인이 당해 하자의 존재를 알고 사업자인 매도인과 합의를 한 것이므로 소비자인 매수인 보호에 문제가 발생하지 않는다. 또한 매수인의 하자의 통지 후에는 소비자인 매수인이 사업자인 매도인과 하자로 인하여 발생한 여러 손해와 관련하여서, 그 해결을 위하여 적극적인 합의를 하는 것도 가능할 것이다.[36] 이러한 하자의 통지는 독일민법 제476조의 규정과는 반대로 사업자인 매도인의, 소비자인 매수인에 대하여 한 통지의 경우에도 가능하다고 보아야 한다. 그러나 제3자가 사업자에 대하여 한 하자의 통지나 또는 다른 방식을 통하여서 사업자인 매도인이 하자의 존재에 대해서 알게 된 것으로는 충분하지 않다.[37] 왜냐하면 여기서 중요한 것은 매도인인 사업자가 이러한 하자의 존재에 대해서 알았다는 점이 아니라, 소비자인 매수인이 이러한 하자의 존재에 대해서 인식하였다는 점이기 때문이다. 이를 통해서만 당해 성상의 합의가 사업자인 매도인의 책임을 제한하는 합의라는 것, 즉 당해 합의의 성격에 대해서 소비자인 매수인이 인식하였다는 점이 담보될 수 있다.[38] 그러나 소비자가 당해 매매계약 당사자간의 이러한 통지와 관계없이 하자의 존재를 인식하였다는 점만으로는 당사자간의 합의를 유효라고 볼 수는 없을 것이다. 왜냐하면 독일민법 제476조는 법적 안정성을 고려하여서 당사자간의 하자에 대한 상호의사소통(Kommunikation der Parteien)과 당사자간의 소극적 성상합의의 유효성을 결합시켜 두었기 때문이다.[39]

나. 독일민법 제476조 제1항 제1호의 요건

독일민법 제476조 제1항 제1호에 따르면 매수인인 소비자는 계약 체결의 의사표시를 하

---

35) CISG 제39조

(1) 매수인이 물품의 부적합을 발견하였거나 발견할 수 있었던 때로부터 합리적인 기간 내에 매도인에게 그 부적합한 성질을 특정하여 통지하지 아니할 경우에는 매수인은 물품의 부적합을 주장할 권리를 상실한다.

(2) […]

; 오히려 소비자인 매수인이 물품의 하자에 대한 매도인의 책임을 묻기 위해서는 하자의 발견 즉시 이를 통지할 것을 요구한다면 이는 소비자에게 불이익한 합의로서 독일민법 제476조 제1항에서 요구하는 유효조건을 충족해야 한다. 왜냐하면 소비자매매의 경우에는 독일민법은 독일상법 제377조가 규정하는 바와 같은 하자통지의무를 규정하고 있지 않기 때문이다(jurisPK/Ball, 10. Aufl., 2023, § 476 BGB, Rn. 18).

36) 이러한 의미로 BeckOK/Faust, 68 Ed. 2023, § 476 BGB, Rn. 17.

37) BeckOK/Faust, 68 Ed. 2023, § 476 BGB, Rn. 17; jurisPK/Ball, 10. Aufl., 2023, § 476 BGB, Rn. 12.

38) jurisPK/Ball, 10. Aufl., 2023, § 476 BGB, Rn. 12.

39) BeckOK/Faust, 68 Ed. 2023, § 476 BGB, Rn. 17.

기 전에 물품의 일정한 특성이 객관적 요구사항에 미치지 못한다는 점에 대해서 특히 이를 인식하고 있어야 한다. 이러한 소비자인 매수인의 인식을 특별히(eigens) 요구하는 것은 물품매매지침에서 규정하고 있는 바를 그대로 입법화한 결과이다.[40] 이는 당해 물품의 성상이 객관적 요구사항에 미치지 못한다는 점이 단순히 개괄적으로 소비자인 매수인에게 알려졌다는 것을 넘어서는 것을 의미한다.[41] 즉, 소비자인 매수인의 인식은 객관적 요구사항에 미치지 못하는 당해 물품의 특정 성상의 각각에 대해서 이루어져야 한다.[42] 따라서 당해 물품의 성상에 대한 매도인의 일반적 설명으로서 당해 매매목적물의 성상에 대한 언급이 있다고 하더라도 이는 독일민법 제476조 제1항에서 말하는, 소비자인 매수인이 당해 성상에 대하여 특별히 인식하고 있어야 한다는 요건을 충족시키지 못한다.[43]

특히 중요한 의미를 가지고 있는 것은 이러한 매수인이 특히 인식하고 있어야 하는 내용은 당해 물품의 일정한 성상 자체가 아니라, 당해 물품의 성상이 객관적 요구사항에 미치지 못한다는 점이라는 것이다.[44] 즉, 당해 물품이 일정한 성상을 가지고 있다는 점 자체에 대해서 인식하는 것만으로는 독일민법 제476조 제1항 제1호의 요건을 충족할 수 없다. 오히려 소비자인 매수인은 이러한 당해 물품의 성상이 독일민법 제434조 제3항에서 언급하고 있는 매매목적물의 객관적 요구조건에 미치지 못한다는 점에 대해서 인식하고 있어야만 한다.[45] 이는 소비자인 매수인에게 정확한 정보를 제공하는 것을 통해서 소비자가 당해 물품의 매수를 자신의 진정한 의사에 기하여 결정할 수 있도록 해주기 위해서이다. 즉, 당해 매매목적물이 이른바 객관적 요구조건에서 요구하고 있는 물품의 일반적 품질에 미치지 못한다는 점에 대해서 소비자가 분명하게 인식하게 함으로써, 당해 물품에 대해서는 일반적인 품질을 갖춘 물품에 대한 매매대금만큼을 지불할 필요가 없다는 점을 명확하게 해주고 있다.[46]

정리하면 독일민법 제476조 제1항은 소비자인 매수인이 당해 매매목적물의 성상이 일반적으로 기대될 수 있는 바에 미치지 못한다는 것을 분명히 알면서도 하는 소극적 성상합의인 경우에는, 이러한 합의가 사적자치의 원칙에 따라서 가능하며 유효하다는 것을 인정하면서도 이러한 유효한 소극적 성상합의를 일종의 예외로서 규정하고 있다. 즉, 이러한 합의는 소비자매매에 관한 규정들의 구조상 소비자를 보호하기 위하여 일종의 예외적 합의로 구성되어 있는 것이다. 따라서 독일민법 제434조 제3항에 미치지 못하는 매매목적물의 성상에 대해서 하자에 따른 책임을 부담하고 싶지 않는 사업자로서는 이러한 합의의 존재와 그 유

---

40) BT－Drs. 19/27424, S. 42.
41) BT－Drs. 19/27424, S. 42; BeckOK/Faust, 68 Ed. 2023, § 476 BGB, Rn. 22; Rachlitz/Kochendörfer/Gansmeier, JZ 2022, S. 712.
42) BeckOK/Faust, 68 Ed. 2023, § 476 BGB, Rn. 22.
43) BT－Drs. 19/27424, S. 42.
44) BeckOK/Faust, 68 Ed. 2023, § 476 BGB, Rn. 25; 이에 대한 비판으로 Rachlitz/Kochendörfer/Gansmeier, JZ 2022, S. 712.
45) jurisPK/Ball, 10. Aufl., 2023, § 476 BGB, Rn. 28.
46) 이러한 의미로 BeckOK/Faust, 68 Ed. 2023, § 476 BGB, Rn. 25.

효성을 적극적으로 주장, 증명하여야 한다.

다. 독일민법 제476조 제1항 제2호의 요건

독일민법 제476조 제1항 각호에서는 단순히 소비자인 매수인이 당해 목적물의 성상이 객관적 요구조건에 미치지 못한다는 것을 분명히 인식하면서 매매목적물의 성상에 관하여 합의하였다는 것만을 요건으로 하고 있지 않다. 이러한 점을 분명히 인식하고 당사자간에 합의를 하였다는 것은 사적자치의 관점에서 물건의 하자의 존재 여부의 판단기준을 변경시키는데 있어서 반드시 요구되는 필수적 조건이 되겠지만, 이러한 점을 어떻게 증명할 것인가, 특히 사업자인 매도인이 이러한 사실을 어떻게 증명할 것인가도 문제가 될 수 있다. 소비자인 매수인의 분명한 인식이라는 내심의 요건은 그 증명이 쉽지 않고, 따라서 결국 다양한 간접사실을 통해서 추정될 수밖에는 없다. 만약 사업자인 매도인이 이러한 사실의 증명에 성공한다면 소비자인 매수인에게는 이러한 소극적 성상합의에 따라 법률의 규정과 다른 하자판단의 기준이 적용되게 되는 것이다. 물론 본조 제1항 제1호에 따라 물품의 성상이 객관적 기준에 미치지 못한다는 것과 관련해서는, 사업자가 당해 소극적 성상합의의 유효성을 적극적으로 주장하고 또한 증명하여야 한다고 하더라도, 이러한 증명책임과 관련하여서도 소비자를 보호해야 할 필요성이 존재한다.

따라서 본조 제1항 제2호의 요건을 추가적으로 요구하게 된 것이다. 이는 소비자와 사업자 사이의 소극적 성상합의의 외적인 면을 그 유효요건으로 보고 있다. 즉, 당해 계약에서, 제1호에서 의미하는 매매목적물의 성상에 대한 객관적 요건의 불충족에 대해서는 명시적이고 개별적으로 합의되어야 한다고 요구하고 있는 것이다. 다양한 간접사실을 통하여 묵시적 합의로서 소극적 성상합의의 유효성이 인정되는 것이 아니라 반드시 당사자간의 명시적 합의를 요함으로써, 소비자가 이러한 사실을 알고 합의했다는 점에 대하여 소비자의 인식을 담보할 수 있다.[47] 문제가 되는 것은 개별적인 합의도 동시에 요구하고 있다는 것이다. 이는 소극적 성상합의가 소비자인 매수인이 이를 분명하게 확인하고 인식할 수 있도록, 계약서 내용의 단순한 일부로서가 아니라 개별적인 조항으로 명백하게 보일 수 있어야 한다는 것을 의미하게 된다.[48] 이는 이른바 약관법에서 요구하는 투명성(Transparenz)의 요구[49]와 같이 당해 소극적 성상합의가 계약서의 내용 속에 숨겨져 존재하는 것이 아니라, 계약서 자체의 구성과 관련해서도 소비자가 이를 분명하게 인식하고 나아가 주의를 기울일 수 있는 형태를 갖추어야 한다는 것을 의미한다.[50] 결국 당해 계약서 자체가 당해 소극적 성상합의

47) 이러한 의미로 jurisPK/Ball, 10. Aufl., 2023, § 476 BGB, Rn. 28.

48) jurisPK/Ball, 10. Aufl., 2023, § 476 BGB, Rn. 29; 즉, 이는 당사자간의 다른 합의나 의사표시와는 구별되어야 하고, 소비자인 매수인의 적극적이고 분명한 행위를 통하여서 이에 동의한다는 것을 의미하는 것이라고 할 수 있다.

49) 약관법에서 요구하고 있는 약관에 대한 투명성의 요구에 대해서는 이병준, 『약관법론』(2023), 151쪽 이하 참조.

50) Rachlitz/Kochendörfer/Gansmeier, JZ 2022, S. 713.

의 결과에 대해서는 이를 소비자인 매수인이 간과할 수 없도록 구성되어야 한다는 것을 의미하고, 이는 소극적 성상합의가 당해 합의의 위치, 글자의 크기 등의 요소를 통해서 특별히 소비자인 매수인에게 강조될 수 있어야 한다는 것을 말한다.[51)]

그러나 이러한 개별적 합의에 대한 요구가 당해 계약에 있어서 객관적 요구조건에 미치지 못하는 매매목적물의 성상 각각에 대하여서 개별적 합의가 이루어지고, 그 각각에 대해서 소비자인 매수인의 서명 등이 되어야 한다는 것을 의미하는 것은 아니다.[52)] 오히려 이는 소극적 성상합의가 계약서 등에서 다른 계약서의 내용들과 구별될 수 있는 부분으로서 작성되고, 이러한 내용에 대해서는 소비자인 매수인의 서명 등을 통해서 합의가 이루어질 수 있도록 하여야 한다는 것을 의미한다고 할 것이다.[53)]

4. 독일민법 제476조 제1항에 따른 소극적 성상합의와 매매목적물의 성상설명과의 관계

기존의 독일민법상 물건의 하자 판단에 있어서 문제가 되었던 부분, 특히 소비자 보호와 관련하여서 문제가 되었던 부분은 사업자인 매도인이 객관적 요구조건에 미치지 못하는 당해 목적물의 성상을 계약서 내에서 표시 내지 설명하여 두고, 이를 이른바 당사자간의 주관적 성상합의로 주장하는 것이었다. 당해 매매목적물의 성상에 대한 설명으로 당사자간에 성상에 대한 주관적 합의가 있었고, 당해 합의가 유효하다고 판단되게 되면, 소비자인 매수인으로서는 이른바 객관적 요구조건이 요구하는 것과 다른 성상의 물품을 제공받는 경우에도 이를 하자로 보고 매도인에게 그 책임을 물을 수 없게 된다. 즉, 계약서와 같이, 일정한 형식에 따라서 제시되는 매매목적물의 성상에 대한 설명을 통해서 소비자의 매매목적물의 하자로 인한 구제수단의 행사가 전면적으로 제한될 수 있다는 점 때문에 소비자 보호에 문제점을 보여 주었다. 그러나 이러한 기존의 소비자 보호 상의 공백은 독일민법 제476조 제1항이 도입됨으로 인하여서 제거되었다.[54)]

특히 독일민법 제476조 제1항은 앞서 언급한 바와 같이 단순히 소비자인 매수인이 매매목적물이 객관적 요구조건에 미치지 못한다는 점을 알면서도 매수결정을 내렸다는 점에서 그치지 않고, 이러한 소극적 성상합의가 명시적으로, 또한 개별적으로 이루어지도록 함으로써 이른바 외적인 면에서도 당해 매매목적물에 대한 소비자의 일반적 기대가 보호되도록 하고 있다.[55)] 소비자매매에 있어서 이러한 규정의 도입은 물품매매지침의 내용을 입법화한

51) Rachlitz/Kochendörfer/Gansmeier, JZ 2022, S. 713; 이러한 의미로 Pfeiffer, GPR 2021, S. 123.

52) jurisPK/Ball, 10. Aufl., 2023, § 476 BGB, Rn. 31.

53) jurisPK/Ball, 10. Aufl., 2023, § 476 BGB, Rn. 31.

54) Pfeiffer, GPR 2021, S. 124.

55) 그러나 특히 이러한 개별적 합의를 요한다는 점이 이론상 난점을 발생시키게 되었다는 비판으로 Pfeiffer, GPR 2021, S. 123. 예를 들어 이러한 개별적 합의를 요한다는 것은 당해 매매계약을 성립시키는 합의와 달리, 당사자가 다시 한 번 당해 매매목적물의 성상과 관련하여서 개별적 합의를 해야 한다는 것을 의미하는 것인가와 같은

것이지만, 이를 통하여서 소비자는 다른 명시적이고 특별한 합의가 없는 한, 적어도 매매목적물에 대한 객관적 요구조건을 당해 물품이 충족시킬 것이라는 점에 대해서 신뢰할 수 있게 된다.

5. 독일민법 제476조 제4항에 따른 소비자 보호

독일민법 제476조 제4항은 "본조 제1항와 2항은 다른 방식으로 회피되는 경우에도 적용된다"고 규정함으로써 이른바 사업자인 매도인이 다른 방식으로 본조 제1항의 요건을 우회하는 탈법행위를 하는 것도 금지하고 있다. 이는 실무상 매우 중요한 의미를 가지게 된다.

독일민법 제476조 제1항을 통하여서 독일민법은 소비자매매에 있어서 소비자 보호를 위한 규정을 마련해 두었지만, 이러한 소극적 성상합의와 관련하여서 발생할 수 있는 위험을 소비자에게 전가시키려는 매도인의 시도는 실무상 언제든지 발생할 수 있다. 독일민법 제476조 제4항은 이를 인식하고 특별히 탈법행위에 대한 금지 원칙을 명시적으로 규정함으로써 사업자인 매도인이 스스로는 알지 못하지만 존재할 수도 있는 매매목적물의 하자에 대해서, 형식적으로 독일민법 제476조 제1항에 따른 소극적 성상합의가 유효하다는 것을 주장하면서 매매목적물의 하자에 따른 위험을 소비자에게 전가하는 것을 금지하고 있다.[56)]

소극적 성상합의가 독일민법 제476조 제1항에 따라서 유효하다는 판단이 내려지게 되면 이는 객관적 요구조건에 미치지 못하는 매매목적물을 인도하는 경우에도 매수인인 소비자로서는 당해 매매목적물과 관련해서는 하자를 주장할 수 없게 되는 것이고, 이는 결국 당사자간에 하자로 인한 담보책임을 배제하는 합의를 한 것과 같은 결과를 가져 오게 된다.[57)] 따라서 이러한 소극적 성상합의를 통해서 소비자의 하자에 대한 구제수단이 박탈되는 것을 막기 위해서 사업자가 독일민법 제476조 제1항을 악용할 수 없도록, 이른바 탈법행위에 대한 적극적인 금지를 명시적으로 규정해 둔 것이다.

Ⅳ. 독일민법 제476조 제1항에 따른 소극적 성상합의에 대한 유효요건과 실무상의 문제

1. 서 설

독일민법의 개정을 통해서 변화된 물건의 하자 판단의 기준, 특히 소비자매매에 있어서

해석상 해결하기 어려운 문제를 낳게 되었다. 독일민법 제476조 제1항의 내용상, 개별적 합의는 이러한 의미로 해석될 수 있다는 점에 대해서는 Rachlitz/Kochendörfer/Gansmeier, JZ 2022, S. 713.

56) 예를 들어 사업자인 매도인이 당해 차량은 일반적 성상과 다를 수 있다는 조항을 계약서에 단순히 추가하는 것을 통해서 소극적 성상합의의 유효성을 주장하는 것을 생각해 볼 수 있다. 이와 관련해서는 jurisPK/Ball, 10. Aufl., 2023, § 476 BGB, Rn. 32 참조.

57) BeckOK/Faust, 68 Ed. 2023, § 476 BGB, Rn. 46.

독일민법 제476조 제1항에서 요구하는 바와 같이 독일민법상의 객관적 하자의 요건과 다른 당사자 합의에 따른 기준을 적용하기 위한 요건의 변화와 관련하여서 실무상 어려운 문제를 발생시키는 영역은 이른바 중고물품의 거래와 온라인 거래의 경우이다.[58)]

중고물품의 거래의 경우 기존에는 당사자간의 성상의 합의에 따른 주관적 하자의 존재여부가 우선적으로 검토되었으므로, 예를 들어 '사고 이력이 있는 자동차'라는 점을 매도인이 미리 밝히고 이에 대해서 매수인이 합의한 경우에는 자동차에 일정한 손상이 있다고 하더라도 이를 하자로 보고, 매수인이 이에 대한 구제수단을 사용하기가 어려웠다.[59)] 이러한 위험은 매수인이 사고 이력이 있는 자동차임을 알면서도 매수하는 결정을 하는 것을 통하여 감수하였다고 보게 되는 것이다. 다만 독일 연방대법원은 그러한 경우에도 이러한 지나치게 간략한 당사자간의 합의에 관하여 이를 주관적 성상에 대한 합의로 보는 것이 아니라, 매도인이 당해 매매목적물에 대하여 특별한 보증은 하지 않은 것으로 해석하는 방식을 통해서 이러한 문제를 해결해 왔다.[60)]

이러한 당사자간의 목적물의 성상합의에 대한 해석을 통한 통제는 특히 매수인이 소비자인 경우에 큰 의미를 가지고 있었다. 만약 사업자인 매수인과의 성상 합의를 유효한 성상합의로 단순히 인정해 버리는 경우에는, 이러한 소극적 성상합의에 대해서 충분한 주의를 기울이지 못한 소비자인 매수인은 자신의 기대와 일치하지 않는 물품을 제공받더라도 물품의 하자로 인한 구제수단을 전혀 행사할 수 없었기 때문이다. 그러나 이러한 당사자간의 성상의 합의가 주관적 하자의 기준으로서 일차적으로 적용된다는 점, 즉 사적자치에 따른 결과를 부정하고 당사자간의 소극적 성상합의를 무조건적으로 무효로 볼 수는 없다는 점 때문에, 독일 연방대법원은 이러한 해석의 방법을 통하여서 이를 간접적으로 제한하려 한 것이다. 그러나 이러한 방식의 통제 내지 제한은 사적자치의 원칙을 헤치지 않으면서도 소비자인 매수인을 보호할 수 있다는 장점은 있지만, 결국 법원이 당사자 합의에 대한 해석권능을 이용하여서 이를 자의적으로 제한하려 했다는 점에서 문제가 없다고 할 수는 없었다.

그러나 이제는 이러한 방식의, 매도인이 계약에 포함시킨 단순한 목적물의 성상에 대한 내용에 따라서 매수인의 구제수단이 제한되게 되는 것은 적어도 소비자매매의 경우에는 상당히 제한될 수밖에는 없게 되었다. 앞서 살펴본 바와 같이 이러한 소극적 성상합의를 위해서는 독일민법 제476조 제1항에서 요구하는 내적, 외적 기준을 모두 충족해야 하기 때문이다. 이러한 독일민법 제476조 제1항에 따른 소극적 성상합의에 대한 제한규정에 의해서 소비자인 매수인이 목적물의 성상에 대한 계약서의 내용에 대하여 충분한 주의를 기울이지

58) 중고물품이 거래와 관련하여서 실무상 문제가 된다는 점에 대해서는 jurisPK/Ball, 10. Aufl., 2023, § 476 BGB, Rn. 20 ff.; 온라인 거래와 관련된 문제에 대해서는 Güster/Booke, MMR 2022. S. 92 ff.

59) jurisPK/Ball, 10. Aufl., 2023, § 476 BGB, Rn. 22(예전과 같은 개괄적, 소극적 성상합의(pauschale negative Beschaffenheitsvereinbarungen)는 현행 독일민법에서는 더 이상 유효하다고 보기 어렵게 되었다).

60) BGH, NJW 2016, S. 1815 ff., Rn. 20; Güster/Booke, MMR 2022. S. 93.

않았거나, 또는 기울일 수 없도록 계약서가 작성되었다고 하더라도 소비자인 매수인이 충분히 보호받을 수 있게 되었다. 특히 독일민법 제476조 제1항 제2호에서 요구하고 있는 명시적이며 개별적 합의가 필요하다 점 때문에 당해 합의는 소비자인 매수인의 충분한 인식 하에서만 사업자인 매도인이 당해 합의의 유효성을 주장할 수 있게 되었다.

대면거래가 아닌 인터넷을 이용한 온라인 거래와 관련하여서는 독일민법 제476조 제1항 각 호가 요구하는 소극적 성상합의의 유효요건을 어떠한 방식으로 충족시킬 수 있을 것인가가 어려운 문제가 되었다. 즉, 어떠한 기술적 방법을 통하여서 소극적 성상합의의 유효성을 사업자인 매도인이 주장할 수 있도록 할 것인가를 생각해 보아야 하게 된 것이다. 이는 동일한 종류의 물품에서 일반적으로 기대되는 성상과 비교하여서 어떠한 점이 당해 매매목적물의 성상으로서 미치지 못하는지를 온라인 사이트에서 기술적으로 소비자인 매수인이 인식할 수 있도록 해주어야 한다는 점에서 여러 가지 문제를 낳게 되었다.

2. 소극적 성상합의와 중고물품의 거래와 관련하여서 발생할 수 있는 실무상 문제

소비자매매에 있어서 소극적 성상합의가 유효하기 위해서는 독일민법 제476조 제1항이 제시하는 요건을 충족해야 한다. 그러나 실무상 문제가 되는 것은 이러한 소극적 성상합의의 유효성을 위한 요건을 제시하는 독일민법 제476조 제1항에 규정 내용 자체에 있다기보다는 오히려 소극적 성상합의 자체의 정의에 있다고 할 수 있다.

소극적 성상합의로 판단되기 위해서는 일정한 비교군의 상정을 필요로 하기 때문이다.[61] 즉, 독일민법 제434조 제3항에서는 물건의 하자 판단을 위한 객관적 요건으로서 제1호와 제2호의 요건을 통하여서 일정한 성상의 상품군 설정을 요구하고 있다. 즉, 당해 매매목적물의 성상은 통상의 용도에 적합한 것이어야 하고, 동시에 동일한 종류의 물건에 통상적이며, 특히 매수인이 매매목적물에 대해서 기대할 수 있는 성상과 일치하여야 한다. 이러한 여러 요건들을 통해서 물건의 하자에 대한 객관적 요구조건들은 특정한 성상을 가진 물품의 군을 예상하게 된다. 소극적 성상합의인가 여부를 판단하기 위해서는 당해 합의된 성상의 내용이 독일민법 제434조 제3항에서 요구하고 있는 물품의 성상에 대한 객관적 요구사항에 미치지 못하는 것인가 여부가 먼저 판단되어야 할 필요가 있다. 이는 소비자매매에 있어서 이러한 소극적 성상합의의 유효성 여부를 규정하고 있는 독일민법 제476조 제1항 제1호에서 물품의 특성이 객관적 요구사항에 미치지 못한다는 점을 인식할 것을 요구하고 있다는 점에서 분명하게 들어난다.

결국 소비자매매에 있어서는 당사자간의 합의가 소극적 성상의 합의인가 여부가 먼저 결정되어야만 그 유효성 여부 판단을 위해서 독일민법 제476조 제1항이 요구하는 조건을 갖

61) 이러한 의미로 Güster/Booke, MMR 2022. S. 93.

추었는가 여부를 결정할 수 있게 된다. 이를 위해서는 당사자간의 성상합의에 대한 일정한 카테고리화가 필요하다. 즉, 당해 성상합의가 독일민법 제434조 제3항의 요구를 넘는 합의인가, 아니면 이보다 낮은 수준의 성상의 합의, 즉 소극적 성상합의인가, 아니면 이러한 객관적 요구조건과 관계없는 중립적인 합의인가 여부를 판단해 내야만 하는 것이다.[62)]

그러나 실제에 있어서는 이러한 범주화가 쉽지 않은 경우가 대부분이다. 예를 들어 자동차의 구매에 있어서 일정한 가솔린의 소비효율과 관련하여서 이를 당해 구매 자동차의 성상으로 명시하고 합의하였다면 이를 소극적 성상합의로 보아야 하는가, 아니면 객관적 요구조건을 넘어서는 성상의 합의로 보아야 하는가? 이를 판단하기 위해서는 독일민법 제434조 제3항에서 요구하는 객관적 요구조건과 비교하여 보아야 하는데, 이는 독일민법 434조 제3항 제2호에 따라서 이러한 성상이 동일한 종류의 물건에서 통상적인가 여부와 비교하여야 한다. 만약 당해 자동차가 신차라면 동일한 종류의 물건을 상정하는 것이 그렇게 어렵지 않을 수 있지만, 만약 중고자동차라고 한다면 여기서 동일한 종류의 물건을 상정하고 그를 통해서 일반적으로 매수인이 기대할 수 있는 성상을 상정해 내기는 쉽지 않게 된다. 개별적인 매매목적물의 특성이 강할수록, 즉 당해 매매목적물의 독자성이 강할수록 독일민법 제434조 제3항에서 요구되는 통상의 용도에 적합한 성상이나, 동일한 종류의 물건에 통상적인 성상을 상정하고 확정하는 것이 어려워지게 된다. 특히 시장에서 동일한 종류의 물품이 전혀 존재하지 않는 경우도 존재할 수 있다. 시장에서 처음으로 소개되는 전자제품이나 IT 제품의 경우라면 동일한 종류의 비교가능한 물품 자체가 시장에 존재하지 않는 경우도 있을 수 있다.[63)]

나아가 독일민법 제476조 제1항이 적용되는지 여부를 판단하기 위해서는 당사자간의 성상의 합의가 객관적 요구조건에 미치지 못하는 합의인지 여부를 판단해야 하고, 이는 객관적 요구조건에서 요구하는 성상의 기준과 당사자간에 합의한 성상의 기준을 비교해야 하는데, 이러한 비교 자체가 불가능한, 즉 중립적인 의미의 성상합의도 있을 수 있다. 예를 들어 어떠한 자동차를 구입하는데 있어서 당해 자동차의 색깔을 붉은 색으로 지정하였다면 이는 객관적 요구조건상의 기준과는 무관하고 따라서 이는 적어도 독일민법 제476조 제1항이 그 적용을 예상하고 있는 소극적 성상합의로는 볼 수 없다.[64)]

독일민법 제476조 제1항이 소극적 성상합의가 유효하기 위한 요건을 엄격하게 제시하고

62) 당사자간의 성상의 합의에 대해서 당해 합의가 소극적 성상합의인가, 아니면 적극적, 또는 중립적 성상합의인가를 구별하는 것이 독일민법 제476조 제1항을 적용하는데 있어서 중요하다는 점을 강조하는 것으로 Rachlitz/Kochendörfer/Gansmeier, JZ 2022, S. 708 ff.

63) 특히 IT 제품들의 경우, 지금까지 시장에서 존재하지 않았던 새로운 상품을 제시하는 것이 경쟁력이 되고, 이러한 경우에는 물품에 대한 객관적 요구조건을 형성하기 위하여 당해 물품에 일반적으로 기대되는 성상이라는 것 자체가 존재하지 않을 수도 있다. 이러한 점에 대한 지적으로 Rachlitz/Kochendörfer/Gansmeier, JZ 2022, S. 711.

64) Rachlitz/Kochendörfer/Gansmeier, JZ 2022, S. 708. 이러한 이른바 중립적 성상의 합의와 관련해서는 객관적 요구조건 자체가 설정될 수 없으므로 이에 대한 당사자들의 성상합의에 대해서는 독일민법 제476조 제1항이 적용될 수 없다고 보고 있다.

있는 것은 소비자인 매수인을 보호하고, 소비자인 매수인이 사업자인 매도인과 계약서를 통해 형식상 당해 매매목적물의 성상에 대해서 합의하였다고 하더라도 이를 당해 물품이 갖추어야 할 성상의 판단기준에서 배제함으로써 독일민법 제434조 제3항이 정하고 있는 객관적 요구조건이 여전히 적용되게 하는 것에 의미가 있다. 그러나 앞서 살펴본 바와 같이 실무에서 이를 구체적으로 적용하는데 있어서는 소극적 성상합의인가 여부를 판단하는 것에서부터 명확한 판단이 쉽지 않다. 적어도 소극적 성상합의가 아닌 객관적 요구조건을 뛰어넘는 성상의 합의나 이러한 객관적 요구조건과 관계없는 중립적 성상합의에 대해서는 엄격한 유효요건을 규정하고 있는 독일민법 제476조 제1항이 적용될 필요가 없다고 보아야 하기 때문이다.[65]

3. 독일민법 제476조 제1항에 따른 소극적 성상합의에 있어서 온라인 거래와 관련하여서 발생하는 실무상 문제

대면거래가 아닌 인터넷을 이용한 온라인 거래의 경우에는 앞서 언급한 객관적 요구조건을 갖춘 물품을 카테고리화하는 것이 어려울 뿐 아니라 독일민법 제476조 제1항 각 호가 요구하는 소극적 성상합의의 유효요건을 어떠한 방식으로 충족시킬 것인가가 또한 어려운 문제로 등장한다. 즉, 어떠한 기술적 방법을 통하여서 소극적 성상합의의 유효성을 사업자인 매도인이 주장할 수 있도록 할 것인가를 생각해 보아야 하는 것이다.

앞서 언급한 바와 같이 일단 당해 물품의 소극적 성상을 들어내기 위해서는 동일한 종류의 물품에서 일반적으로 기대되는 성상이 확정되어야 하는데 이를 확정하는 것 자체가 쉬운 일이 아니다. 나아가 독일민법 제476조 제1항 제1호는 소비자인 매수인이 특히 인식해야 하는 것은 단순히 물품이 가지는 일정한 성상이 아니라, 이러한 일정한 성상이 객관적 요구사항에 미치지 못한다는 점이다. 따라서 소비자인 매수인의 정확한 인식을 확보하기 위해서는 객관적 요구사항이 무엇인지를 확정하고 이에 비해서 당해 물품이 어떠한 점이 부족한지를 적극적으로 인터넷 사이트를 통해서 드러내야 한다. 그러나 이는 물건의 구매자인 소비자에게 물품이 가지는 단점을 오히려 각인시키게 하는 기능을 할 수 있다. 소비자는 일반적으로 물품의 장점에 끌리기보다는 물품의 단점을 꺼리는 회피행동을 하게 되기 때문이다.[66] 따라서 이러한 방식으로 인터넷 사이트에서의 표시를 요구하는 것은 소비자인 매수인이 물품의 매수를 오히려 꺼리게 만드는 요인이 될 수 있다.

더 문제가 되는 것은 이러한 객관적 요구조건에 미치지 못하는 당해 물품의 성상에 관한

65) 이는 독일민법 제476조 제1항이 그 적용을 예상하고 있는 당사자간의 성상합의는 소비자에게 불이익을 가져오는 성상의 합의를 의미하기 때문이다. 물품의 객관적 요구조건을 넘어서거나 또는 중립적인 성상의 합의에 대해서는 소비자 보호를 목적으로 하고 있는 독일민법 제476조 제1항이 적용될 여지가 없게 된다. 이와 관련해서는 jurisPK/Ball, 10. Aufl., 2023, § 476 BGB, Rn. 13 ff.

66) Rachlitz/Kochendörfer/Gansmeier, JZ 2022, S. 711.

부족이 명시적이고 개별적으로 합의되어야 한다는 점이다. 이를 어떻게 가능하게 할 것인가에 대해서는 여러 가지 방법들을 생각해 볼 수 있다. 명시적, 개별적 합의가 요구되므로 매수인인 소비자가 온라인 사이트를 통해서 매매계약을 체결할 때 일정한 체크박스에 당해 물품의 성상이 객관적 요건에 미치지 못한다는 점을 명시하고 이에 대해서 동의한다는 점을 반드시 체크하도록 하는 방법을 생각해 볼 수 있다.[67] 이는 개별적인 합의를 요한다는 독일민법 제476조 제1항 제2호의 요건도 충족시킬 수 있는 효과적인 방법이라고 할 수 있다. 즉, 이러한 합의는 인터넷 사이트에서 당해 물품에 대한 일반적인 설명의 한 부분으로 존재하는 것이 아니라, 소비자인 매수인이 이러한 사실에 대해서 개별적으로, 선명하게 인식할 수 있도록, 즉 매매계약성립을 위하여 클릭을 하는 것과는 별개로, 개별적으로 체크박스에 소비자가 체크를 하는 방식으로 합의가 이루어지게 하는 것이다.[68]

그러나 이는 인터넷 거래가 추구하는 일반적인 목표에 반할 수 있다는 점에서 문제가 될 수 있다.[69] 즉, 인터넷을 통한 거래는 대량의 거래도 신속하게 이루어질 수 있도록 하는 것을 목표로 하고 있다. 그러나 이러한 개별적인 합의를 요구하는 방식은 인터넷 거래, 특히 인터넷 플랫폼을 통한 거래가 추구하는 거래의 신속성을 저해시키는 면이 크다. 또한 앞서 설명한 바와 같이 이는 기본적으로 당해 물품이 일반적 요구조건들에 미치지 못한다는 것을 부각시키는 것이어서 이러한 물품에 대해서는 소비자들이 충분히 매력적인 가격임에도 불구하고 선택을 꺼리게 될 확률을 높인다고도 할 수 있다. 나아가 인터넷 플랫폼을 통한 거래의 경우에 매수인은 소비자인 경우뿐 아니라 사업자인 경우도 많이 존재한다. 즉, 인터넷 플랫폼 거래에 있어서는 그 구매자가 누구인지를 기본적으로 가리지 않고 거래가 이루어지며, 사실상 구매자를 소비자 또는 사업자로 카테고리화하는 것도 기술적으로 쉽지 않다. 그러나 독일민법 제476조 제1항은 소극적 성상합의가 유효하기 위한 특별한 요건을 소비자거래의 경우에만 요구하고 있기 때문에 구매자가 사업자인 경우에는 독일민법 제476조 제1항의 제한 없이 소극적 성상합의를 자유롭게 할 수 있다. 따라서 매도인인 플랫폼 사업자의 경우에는 독일민법 제476조 제1항의 요건을 충족시키기 위해서 구매자들을 소비자와 사업자로 구별해서 다르게 취급할 수 있도록 자신의 온라인 사이트를 구성해야 하는데 이는 플랫폼 사업자에게는 큰 부담으로 다가올 수 있다.[70]

67) 이와 같은 방법에 대한 제시로 BT-Drs. 19/27424, S. 42. 그러나 이미 이러한 체크박스에 체크가 되어 있고, 이를 원하지 않는 경우에는 당해 체크를 해제하는 방식은 독일민법 제476조 제1항의 요건을 충족시킬 수 없다고 할 것이다.

68) Güster/Booke, MMR 2022. S. 93; 온라인 거래에 있어서 독일민법 제476조 제1항상의 요건을 충족시키기 위한 다양한 기술적인 방법에 대한 예시에 대해서는 Güster/Booke, MMR 2022. S. 94 ff.

69) Güster/Booke, MMR 2022, S. 94.

70) 이러한 점을 지적하는 견해로 Güster/Booke, MMR 2022, S. 95.

Ⅴ. 평가 및 우리법에의 시사점

매매목적물의 물건의 하자의 존재 여부는 매수인에게는 가장 중요한 법적 관심사이며 이를 기초로 하여서 매도인에게 당해 하자로 인한 구제수단을 행사할 수 있는가 여부가 결정된다고 할 수 있다. 즉, 당해 물품의 하자의 존재여부는 매매계약의 당사자들의 이해관계의 초점을 이루게 된다. 이러한 하자의 존재여부 판단과 관련하여서 독일민법은 유럽연합의 물품매매지침을 국내법화하면서 물품매매지침이 가지고 있던 체계와 구조를 전부 독일민법에 이식하게 되었다. 이는 당해 물품매매지침이 완전한 조화를 목적으로 하고 있다는 점에서 불가피한 면도 있었지만, 이러한 변경된 체계를 당해 물품매매지침이 목적으로 하는 소비자매매에 한정하지 않고, 모든 일반매매법의 체계를 이에 맞추어서 변화시켰다는 점에서 작은 변화라고 할 수는 없다.

매매법에 있어서 물건의 하자 판단에 있어서 일종의 단계적 구조를 지켜온 것은 사적자치라는 민법의 일반원칙에서 파생된 것으로 주관적 하자판단이 객관적 하자판단에 비해서 먼저 이루어져야 한다는 오랜 사상적 기초를 가지고 있었다. 사적자치라는 민법의 일반원칙에 기초한 이러한 단계적 구조는 그 논리적 완결성에 있어서는 장점을 가지고 있지만 실제에 있어서도 이러한 단계적 구조가 사회적 약자인 소비자인 매수인들을 잘 보호하며 합리적인 결론을 이끌어 내고 있는가에 대해서는 의문을 제기할 수밖에는 없었다. 이는 특히 당사자간에 매매목적물의 성상에 대한 합의가 존재하기만 한다면 객관적 하자의 존재 여부는 문제되지 않고, 오히려 이러한 당사자간의 성상합의와 일치하는 물품을 제공하였는가만이 법적인 문제가 되는 구조였기 때문이다. 그러나 실무상 일어나는 합의의 속성상 이러한 당사자간의 성상의 합의는 때로는 매우 불충분하여서 매우 많은 해석의 여지를 포함하고 있거나, 또는 일정한 힘의 불균형으로 인하여서 이루어지는 경우가 많이 있을 수밖에는 없고, 따라서 당해 법적 문제의 초점이 당사자간 합의의 유효성이나 당사자 합의의 해석과 관련된 문제로 옮겨가게 되는 면이 있었다.

더불어 문제가 되는 것은 실제에 있어서 이러한 성상의 합의는 전체 매매계약서의 내용중에 잘 드러나지 않도록 하는 방식으로 숨겨져 있거나 그렇지는 않다고 하더라도 이에 대해서 소비자인 매수인이 충분한 주의를 기울이고 고려하여 매매계약을 체결하지 않는다는 실제적 한계가 존재한다는 것이다. 이러한 논리적 완결성과 실제에서의 하자 판단과 당사자의 물품에 대한 성상합의에 대한 한계 사이에서 독일민법은 실제 발생하는 문제를 좀더 적절하게 해결하는 것으로 그 방향을 정한 것이라고 평가해 볼 수 있을 것이다. 물론 이러한 변화는 독일입법자들이 소비자매매와 일반 매매가 서로 다른 체계로 규율되는 것을 막고자 하였기 때문에 소비자보호에 중점을 둔 물품매매지침의 구조를 일반 매매에까지 확대한 결과라고 평가해 볼 수도 있을 것이다. 그러나 이를 단순히 소비자매매와 일반매매 사이의 구조적 동일성을 유지하기 위한 결과만으로 보기보다는 실제 거래상황에서 발생하는 매수인, 그리고 매수인의 다수를 차지하는 소비자의 보호라는 실무상의 요청을 해결하기 위한 결단이라고 보는 것이 더 적합하리라 생각한다.

이러한 점에서 독일민법 제434조가 채택한 방향, 즉 매매목적물이 갖추어야 할 성상과 관련하여서 주관적 요구조건과 객관적 요구조건을 같은 지위에서 중첩적으로 갖추도록 한 것은 매수인의 보호에 초점이 맞추어져 있다고 할 것이다. 이를 통해 독일민법 제434조 제3항에서 요구하고 있는 객관적 요구조건이 사실상 매매목적물이 갖추어야 할 최소한의 품질기준으로 기능하게 한 것이며, 이러한 최소한의 품질기준은 다시 매수인이 당해 물품에 있어서 통상적으로 기대할 수 있는 기대수준에 맞추어놓고 있다. 이를 통해서 매수인은 매도인과의 다른 특별한 다른 약정이 없는 한 자신이 매매계약 체결을 통해서 매매목적물에 대해서 기대하는 바와 동일한 물품을 얻을 수 있고, 이에 미치지 못한다면 이를 언제나 하자로서 주장할 수 있게 되었다. 결과적으로 매매목적물의 성상에 대해서 객관적 요구조건과 주관적 요구조건을 중첩적으로 요구함으로써 매수인의 매매목적물에 대한 일반적 기대를 물품의 하자판단의 일반적, 원칙적 기준으로 정할 수 있게 된 것이다. 나아가 매수인으로서는 이러한 물품의 성상에 대한 일반적 기대가 충족되리라는 점이 당해 물품의 구매결정으로 나아가게 된 동인(動因)이자 원인이라는 점에서도 그 의미가 있을 것이다. 그러나 독일민법은 이러한 매수인 보호와 함께 사적자치라는 민법의 일반원칙이 함께 조화될 수 있도록 하는 길을 동시에 열어두고 있다. 즉, 객관적 요구조건과 다른 당사자간의 성상합의도 유효하고 이러한 성상합의가 객관적 요구조건을 배제시킬 수 있도록 규정하고 있는 것이다.

결론적으로 매매목적물에 대한 객관적 요구조건이 당해 물품의 최소한의 성상기준으로 작동할 수 있는가의 여부를 이러한 당사자간의 소극적 성상합의의 유효성을 도구로 하여서 조정한다는 점을 알 수 있게 된다. 따라서 이러한 소극적 성상합의의 유효성을 인정하기 위하여서 어떠한 조건을 추가적으로 요구할 것인가에 따라서 이를 가지고 매수인을 얼마만큼 보호할 것인가 여부를 조절할 수 있게 된다. 이는 독일민법 제476조 제1항에서 소비자매매의 경우에는 매수인인 소비자보호를 위해서 이러한 소극적 성상합의가 유효하기 위하여 엄격한 조건을 요구하는 것을 통해서도 확인할 수 있다. 이러한 입법기술을 통해서 실무상 문제가 되었던 소비자인 매수인이 사업자인 매도인과 성상에 대하여 합의하였고 그러한 내용이 계약서에 기술되어 있다는 이유만으로 자신의 기대와 어긋나는 성상의 매매목적물을 받게 되는 것을 막을 수 있게 되었다. 그러나 이러한 소비자 보호의 취지에도 불구하고, 소비자매매에 있어서 소극적 성상합의의 유효성에 대한 독일민법 제476조 제1항 상의 요건이 중고물품의 거래 또는 온라인 거래 등에 있어서는 실제 문제를 발생시킬 수 있음을 확인할 수 있었다.

이러한 개정 독일민법에 대한 하자판단의 기준변화와 소극적 성상합의의 유효성에 대한 고찰을 통해서 알 수 있는 것은 주관적 하자의 개념을 객관적 하자의 개념에 우선시키는 방식의 물건의 하자판단의 방법은 논리적이며 이론적 타당성을 가지고 있기는 하지만 실제에 있어서 그러한 논리적 완결성만큼 잘 작동하지는 않을 수 있다는 점이다. 이는 매수인의 대다수를 차지하는 소비자의 경우 소극적 성상의 합의에 대해서 실제로는 충분한 주의를 기울이지 않고 있고, 매도인이 이러한 소극적 성상합의에 기초하여서 당해 매매계약에 있어서 물건의 하자가 존재하지 않음을 주장할 때에 이에 대하여서 매수인인 소비자를 보호할 만한 법적인 장치가 충분하지 않다는 사실을 통해서도 간접적으로 확인할 수 있다. 우리법과 관련하여서 적어도 당사자간의 소극적 성상합의의 유효성을 특히 매수인이 소비자인 경우에 엄격하게 제한하고, 물건의 성상에 대한 객관적 요구조건을 주관적 요구조건과 동일한 지위에 위치시킴으로써 매수인의 매매계약을 통한 일반적 기대와 일치하는 물품의 성상에 대한 객관적 요구조건을, 일종의 최소한의 성상기준으로 기능하게 하는 구조에 대해서 새롭게 생각해 볼 필요가 있게 되었다. 나아가 이러한 하자판단과 관련된 시스템은 이미 유럽 민사법의 공통기준안[71]에서도 동일하게 취하고 있는 시스템이라는 점에서 세계적인 매매법의 흐름에도 부합한다고 할 수 있을 것이다.[72]

71) 이하 DCFR이라 한다. DCFR의 내용과 번역에 대해서는 법무부 편, 『유럽 민사법의 공통 기준안: 총칙, 계약편』 (2012) 참조.

72) DCFR에서 취하고 있는 매매목적물의 하자판단의 시스템과 관련해서는 DCFR Ⅳ.A.－2:301 이하 참조. 소비자매매에 있어서 소비자에게 불리한 변경의 합의에 대한 제한과 관련해서는 DCFR Ⅳ.A.－2:309 참조.

제3자를 위한 계약에서 기본관계가 해제된 경우의 법률관계에 관한 유형별 검토

대법원 2021. 8. 19. 선고 2018다244976 판결을 포함한 기존 대법원 판결들의 적용범위 및 낙약자가 수익자를 상대로 물건을 급부하였으나, 수익자가 민법 제548조 제1항 단서의 제3자에 해당하지 않는 경우 등에 관하여

민 경 준

대구지방법원 판사

박동진 교수님의 회갑을 졸고로 축하드릴 수 있어 영광입니다. 교수님께서는 단순한 학문적 가르침을 넘어 사랑으로 베풀며 제자들을 항상 올바른 길로 인도하셨습니다. 무한한 가르침 그리고 교수님으로부터 받은 무한한 사랑은 영원히 돌려드리지 못하겠지만, 앞으로 항상 행복하시고 건강하시기를 간절히 바랍니다. 다시 한 번 교수님께서 베풀어주신 사랑에 감사드립니다.

대상판결: 대법원 2021. 8. 19. 선고 2018다244976 판결

[사실관계]

이 사건의 개요를 요약하면 다음과 같다.[1)]

1. 방위사업청과 A 간 현물변상계약 체결

가. 방위사업청은 B로부터 함포를 공급받아 선박건조업체 A에게 관급품으로 공급하고, 위 업체로 하여금 관급장비를 탑재한 군함을 건조하게 하였다.

나. 방위사업청은 위와 같은 방법으로 검독수리 16~18번 후속함을 획득하기로 하고, 2010. 12. 29. A와 위 후속함에 설치할 76mm 함포를 제작・공급받기로 하는 계약을 체결하였으며, 2012. 6. 13. A와 위 후속함을 건조・공급받기로 하는 계약을 체결하였다.

다. B는 2013. 10. 21. A의 진해조선소로 76mm 함포를 납품하고, 건조 중인 검독수리 17번함에 위 함포를 탑재하였는데, 2013. 11. 25. 위 군함이 침수되었다.

라. 이에 A는 2014. 7. 22. 방위사업청과 침수된 함포 등을 직접 구매하여 현물로 변상하기로 하는 내용의 현물변상계약(이하 '이 사건 현물변상계약'이라고 한다)을 체결하였다.

2. A와 B의 함포납품계약 체결

A는 이 사건 현물변상계약의 이행을 위하여 2014. 8. 19. B와 B가 A에게 침수된 76mm 함포와 동일한 함포(이하 '이 사건 함포'라고 한다)를 제작・납품하기로 하는 납품계약(이하 '이 사건 함포납품계약'이라고 한다)을 체결하였다.

3. A의 대금 미지급 및 회생절차개시 신청

가. B는 2016. 4. 11. A에 이 사건 함포를 납품하였는데, A는 대금지급일로부터 1개월이 지나도록 대금을 지급하지 않았다.

나. A는 2016. 5. 27. 서울중앙지방법원에 회생절차개시신청을 하였고, 위 법원은 같은 날 'A는 회생절차개시신청에 대한 결정이 있을 때까지 2016. 5. 27 20:00 이전의 원인으로 생긴 일체의 금전채무에 대한 변제 또는 담보제공 등을 하여서는 아니 된다'는 내용의 보전처분(이하 '이 사건 보전처분'이라고 한다)과 '회생절차개시신청에 대한 결정이 있을 때까지 모든 회생채권자와 회생담보권자에 대하여 회생채권 또는 회생담보권에 기한 강제집행, 가압류, 가처분 또는 담보권실행을 위한 경매절차를 금지한다'는 포괄적 금지명령(이하 '이 사건 포괄적 금지명령'이라고 한다)을 하였다.

---

1) 이 사건의 1, 2심인 창원지방법원 2017. 10. 19. 선고 2016가합55417 판결, 부산고등법원(창원) 2018. 5. 31. 선고 2017나23441 판결을 기초로 요약하였다.

4. B의 이 사건 최고통보 등

가. B는 2016. 5. 27. A에게 '2016. 5. 31.까지 대금을 지급하지 않을 경우 민법 제544조에 의해 이 사건 함포납품계약을 해제할 예정'이라는 내용의 최고통보(이하 '이 사건 최고통보'라고 한다)를 발송하고, 같은 날 '① A의 어음발행 거부 및 회생절차개시신청 등 경영상 중대한 사유로 인한 계약이행 곤란, ② A의 대금 지급거절, ③ 대금지급의무의 이행불능'을 각 이유로 한 3건의 이 사건 함포납품계약에 대한 해제통보(이하 '2016. 5. 27.자 해제통보'라고 한다)를 발송하였으며, 위 각 통보는 2016. 5. 30. 10:08 A에게 송달되었다.

나. B는 2016. 6. 24. A에게 다시 '대금 미지급을 이유로 이 사건 함포납품계약 제14조 제1항 및 민법 제544조에 따라 위 계약이 해제되었음을 통보하며, 이에 따라 이 사건 함포의 소유권은 B에게 소급적으로 귀속되었으므로, 2016. 7. 4. 이 사건 함포를 취거할 예정이다'라는 내용의 해제통보(이하 '이 사건 해제통보'라고 한다)를 발송하였고, 위 통보는 2016. 6. 27. A에게 송달되었다.

5. 이 사건 회생절차의 종결 및 A의 이 사건 함포 점유

가. 서울회생법원은 2017. 7. 3. 이 사건 회생절차를 종결하는 결정을 하였고, A는 검독수리 17번함에 탑재한 채로 이 사건 함포를 점유하고 있었다.

나. A는 2017. 12. 1. 이 사건 함포를 탑재한 검독수리 17번함을 피고승계인수인 방위사업청이 지정한 D에게 인도함으로써 방위사업청에게 인도하였다.

[쟁점별 법원의 판단][2)]

1. 이 사건 함포납품계약의 해제되었는지 여부

가. 1심의 판단

B는 ① 2016. 5. 27.자 해제통보 또는 ② 이 사건 최고통보와 이 사건 해제통보로써 이 사건 함포납품계약이 적법하게 해제되었다고 주장하였다.

이에 대해 1심은 ① 2016. 5. 27.자 해제통보의 경우 이 사건 함포납품계약 제14조 제1항에서 정한 요건을 갖추지 못한 점, A가 대금지급을 거절하였음을 인정할 증거가 없는 점, 금전채무의 경우 이행불능이 있을 수 없는 점 등을 이유로 2016. 5. 27.자 해제통보에 의해 이 사건 함포납품계약은 해제되었다고 보기 어렵다고 판단하였다.

한편 ② 이 사건 최고통보 및 이 사건 해제통보 부분에 대해서는 A의 회생절차가 개시된

---

2) 아래의 논점 이외에도 이 사건에서는 피고인 A가 회생절차개시 신청을 함에 따라 회생과 관련한 쟁점 및 이 사건 함포가 함정에 부합되었는지 여부 등이 문제되었는데, 본 논고의 주제와는 거리가 있으므로, 이에 대해서는 자세히 논하지 않기로 한다.

이전에 함포납품대금의 이행에 필요한 상당한 기간이 경과한 점, 이 사건 보전처분과 이 사건 포괄적 금지명령은 A의 이행지체와 이로 인한 B의 해제권 발생에 영향을 미치지 않으므로, 결국 이 사건 회생절차가 개시되기 전에 이미 B는 피고의 이행지체를 이유로 하여 이 사건 함포납품계약에 관한 해제권을 취득하였다고 보아야 하는 점 등을 이유로 이 사건 해제통보가 2016. 6. 27. A에게 송달됨으로써 이 사건 함포납품계약은 적법하게 해제되었다고 판단하였다.

나. 2심의 판단

A는 1심 판결 선고 이후 시점인 2017. 12. 1. 이 사건 함포를 방위사업청에 인도하였으므로, 2심은 B의 방위사업청에 대한 청구임을 전제로 하여[3] 위 1심과 같이 판단하였다.

2. 계약해제의 효과로서 원고가 이 사건 함포의 반환을 청구할 수 있는지 여부

가. 이 사건 함포가 제3자를 위한 계약에 의해 방위사업청에 인도되었는지 여부 [적극]

1) 1심의 판단

1심은 검독수리 16~18번 후속함 건조와 관련하여 방위사업청과 A는 관급장비의 소유권이 방위사업청에 있음을 확인하여 A가 선량한 관리자의 주의를 다하여 이를 보관·관리하기로 약정한 점, A가 검독수리 17번함을 건조하던 중 B가 A에게 공급한 관급장비들이 탑재된 채로 위 군함이 침수되었고, 이에 방위사업청은 2014. 4. 23. A, B 등과 회의를 거쳐 이 사건 현물변상계약을 체결하였는데, 당시 방위사업청은 현물변상 장비를 도급이 아닌 관급으로 하며, 이 사건 함포납품계약에 위 계약이 제3자를 위한 계약이라는 사실을 명시할 것을 요청한 점, 이 사건 함포납품계약은 제1조에서 민법 제539조에 따른 방위사업청을 위한 계약임을 명시하고 있는 점 등을 이유로 이 사건 함포납품계약은 A(요약자)와 B(낙약자)를 계약당사자로 하고, 방위사업청을 수익자로 하는 제3자를 위한 계약에 해당한다고 판단하였다.

나아가 이 사건 함포납품계약이 방위사업청의 요구에 의해 체결된 점, 방위사업청이 직접 B에게 납기단축 등 계약의 이행에 관련한 요구를 한 점 등에 비추어 보면, 방위사업청은 최소한 묵시적으로나마 수익의 의사표시를 한 사실이 인정되므로, B가 이 사건 함포를 A에 납품함으로써 방위사업청은 A와의 점유매개관계를 통하여 이 사건 함포에 관한 점유를 취득하였다고 판단하였다.

2) 2심, 대법원의 판단

2심, 대법원 역시 1심과 같이 이 사건 함포납품계약이 B를 낙약자, A를 요약자, 방위사업

---

3) 이하 2심과 상고심의 이 부분 판단은 별도로 기재하지 않더라도, B의 방위사업청에 대한 청구에 관한 것이다.

청을 수익자로 하는 제3자를 위한 계약에 해당한다고 판단하였다.[4)]

나. 제3자를 위한 계약에서 기본관계가 해제된 경우 원상회복으로 이 사건 함포의 인도를 청구할 수 있는지 여부

1) 1심의 판단 [적극]

가) 관련 법리의 제시

1심은 제3자를 위한 계약에서 기본관계가 해제된 경우 원상회복으로 이 사건 함포의 인도를 청구할 수 있는지 여부에 관하여 아래와 같은 법리를 제시하였다.

(1) 낙약자의 수익자에 대한 급부는 낙약자와 요약자 사이의 기본관계에 기한 것이므로, 이러한 기본관계의 하자는 낙약자의 수익자에 대한 급부에 영향을 미칠 수 있다.

(2) 물건에 관한 물권의 변동을 목적으로 하는 계약에 있어 그 계약에 따른 채무의 이행으로 이미 등기나 인도가 이루어진 이후 원인행위인 채권계약이 해제되는 경우 우리 법제가 물권행위의 무인성을 인정하고 있지 않은 점과 민법 제548조 제1항 단서가 거래안정을 위한 특별규정이라는 점을 고려하면 그 계약의 이행으로 변동되었던 물권은 당연히 그 계약이 없었던 원상태로 복귀한다(대법원 1977. 5. 24. 선고 75다1394 판결 참조). 이러한 경우 계약의 해제에 따라 매도인이 갖는 원상회복청구권의 법적 성격은 물권적 청구권이다(대법원 1982. 7. 27. 선고 80다2968 판결 참조).

(3) 따라서 제3자를 위한 계약에서 낙약자가 수익자에게 이행한 것이 물건의 소유권 이전인 경우, 낙약자와 요약자 사이의 기본관계가 해제되면 물권행위의 유인성에 의하여 수익자에로의 소유권 변동은 소급적으로 무효가 되어 물건의 소유권은 다시 낙약자에게 복귀된다고 할 것이고, 낙약자로서는 해당 물건의 소유자로서 물권적 청구권을 행사하여 수익자에 대하여도 그 반환을 청구할 수 있으며, 이 경우 수익자는 선의취득 또는 기타 제3자로서 보호받을 수 있는 경우를 제외하고는 낙약자의 소유권에 기한 반환청구를 거부할 수 없다.

(4) 기존 대법원판결 중에는 "제3자를 위한 계약관계에서 기본관계가 해제된 경우 그 계약관계의 청산은 계약의 당사자인 낙약자와 요약자 사이에 이루어져야 하므로, 특별한 사정이 없는 한 낙약자가 이미 제3자에게 급부한 것이 있다고 하더라도, 낙약자는 계약해제에 기한 원상회복 또는 부당이득을 원인으로 제3자를 상대로 그 반환을 구할 수 없다"고 판시한 것이 있는데(대법원 2005. 7. 22. 선고 2005다7566, 7573 판결, 대법원 2010. 8. 19. 선고 2010다31860, 31877 판결), 아래와 같은 이유에서 이 사건에 적용될 수 없다.

① 위 대법원 판결들은 이 사건과 같이 물건이 급부된 것이 아니라 금전이 급부된 사안

4) 한편 최근 대법원은 이 사건 함포납품계약과 유사한 구조를 갖는 '조달청장이 조달사업에 관한 법률에 따라 수요기관으로부터 계약 체결을 요청받아 그에 따라 체결하는 계약'은 국가가 당사자가 되고 수요기관은 수익자에 해당하는 '제3자를 위한 계약'에 해당한다고 판시하였다(대법원 2022. 3. 31. 선고 2017다247145 판결).

에 관한 것으로, 일반적으로 금전은 점유가 인정되면 소유가 인정된다는 특수성이 있기 때문에 기본관계가 해제되었다고 하더라도 급부된 금전의 소유는 여전히 수익자에게 귀속되어 있어 낙약자에게 물권적 반환청구권이 인정될 여지가 없으므로, 오로지 부당이득법적 관점에서 낙약자의 수익자에 대한 급부가 갖는 채무의 동시변제효과, 계약상대방의 무자력 위험의 제3자에 대한 전가가능성, 계약당사자 상호 간의 항변의 상실가능성 등을 고려하여 기본관계의 하자로 인한 낙약자의 손실에 대하여는 계약당사자 사이에서 부당이득반환의 문제로 해결한다고 한 것이다.

반면 이 사건과 같이 수익자에게 금전이 아닌 물건이 급부된 경우에는 기본관계의 하자로 인하여 낙약자에게 그 물건에 관한 물권 자체가 복귀되고 물권과 여기에서 파생되는 물권적 청구권은 대세적 효력을 가지므로, 낙약자는 계약당사자가 아닌 수익자를 상대로도 물권적 청구권을 행사하여 급부된 물건의 반환을 청구할 수 있다고 보아야 한다.

② 또한 대법원 2005. 7. 22. 선고 2005다7566, 7573 판결은 '❶ 수익자에 대한 낙약자의 금전지급은 기본관계에 기한 급부일 뿐이므로 이로 인한 부당이득반환의무도 낙약자와 요약자 사이에서 발생한다고 봄이 상당한 점, ❷ 기본관계가 해제된다고 하더라도 대가관계가 유효한 이상 수익자의 급부수령은 요약자와의 관계에 기한 정당한 수령으로서 그 효력을 부인할 필요가 없는 점, ❸ 낙약자의 수익자에 대한 부당이득반환을 인정하게 되면 낙약자가 자기책임 하에 체결된 계약의 위험을 수익자에게 전가하는 것이 되어 계약법의 기본원리에 반하는 점'도 낙약자의 수익자에 대한 부당이득반환청구를 부정하는 근거로 삼고 있으나, 이 또한 물건이 급부의 대상인 때에는 적절한 논거가 되지 못한다.

즉 ❶ 물권적 청구권은 대세적 효력을 가지므로, 계약당사자 외의 사람에 대하여도 행사할 수 있다. 또한 ❷ 낙약자의 수익자에 대한 물건의 급부를 낙약자로부터 요약자에게로의 물권변동과 요약자로부터 수익자에게로의 물권변동이 함께 일어난 것이라고 보더라도, 전자의 물권변동이 무효라면 이에 터잡은 후자의 물권변동도 무효로 돌아가므로, 물건을 급부의 대상으로 하는 제3자를 위한 계약에 있어서는 기본관계가 무효인 경우 요약자와 수익자 사이의 대가관계에 관한 유효한 결제 내지 이행이라는 것이 있을 수 없다. 나아가 ❸ '계약의 위험을 계약당사자 아닌 제3자에게 전가시키는 것은 부당하다'는 것은 계약법의 기본원리에 관한 것일 뿐, 물권법의 기본원리와는 무관하고, 이른바 삼각관계에서의 부당이득 사례에 있어 계약위험의 전가가능성 등을 고려하여 부당이득반환청구의 상대방을 결정하여야 한다는 것은 독일학자 카나리스(Canaris)의 이른바 '실질적 평가기준설'에서 유래한 것인데, 카나리스 역시 급부의 원인에 관한 하자를 물권적 효과까지 부정하는 귀속성 하자와 채권적 효과만을 부정하는 유효성 하자로 구분하고(금전의 경우에는 유효성 하자만이 있을 수 있다) 귀속성 하자의 경우에는 계약당사자의 제3자에 대한 부당이득반환청구를 긍정하였다.

나) 구체적 판단

1심은 위와 같은 법리를 기초로, B는 제3자를 위한 계약인 이 사건 함포납품계약에 의하여 이 사건 함포를 A에 납품하여 방위사업청으로 하여금 피고와의 점유매개관계를 통하여 이 사건 함포에 관한 점유를 취득하게 하였는데, 기본관계인 이 사건 함포납품계약이 적법하게 해제되었으므로, 이 사건 함포의 소유권은 B에게 회복되었는바, 특별한 사정이 없는 한 이 사건 함포의 소유자로서 물권적 청구권을 행사하는 B에 대하여 간접점유자인 방위사업청은 이 사건 함포에 대한 인도청구권을 양도할 의무가 있고, 직접점유자인 A는 이 사건 함포를 인도할 의무가 있다고 판단하였다.

2) 2심의 판단 [소극]

가) 관련 법리의 제시

2심은 이 부분 쟁점에 관하여 아래와 같은 법리를 제시하였다.

(1) 제3자를 위한 계약관계에서 기본관계를 이루는 계약이 무효이거나 해제된 경우 그 계약관계의 청산은 계약의 당사자인 낙약자와 요약자 사이에 이루어져야 하므로, 특별한 사정이 없는 한 낙약자가 이미 제3자에게 급부한 것이 있더라도 낙약자는 계약해제 등에 기한 원상회복 또는 부당이득을 원인으로 제3자를 상대로 그 반환을 구할 수 없다(대법원 2005. 7. 22. 선고 2005다7566, 7573 판결, 대법원 2010. 8. 19. 선고 2010다31860, 31877 판결 등 참조).

(2) 이와 같은 법리는 제3자를 위한 계약관계에서 수익자에게 급부된 것이 금전인지 물건인지를 구분하지 않고 적용되는 법리로서, 제3자를 위한 계약에서 기본관계가 해제로 인하여 무효라고 하더라도 대가관계에 아무런 하자가 없는 경우 제3자의 급부 수령은 요약자와의 관계에 기한 정당한 수령으로서 부당이득 반환의 대상이 되지 않는다.

(3) 또한 제3자에 대한 낙약자의 급부에 의하여 요약자가 채무를 면하게 되고, 요약자와 제3자 사이의 유효한 결제를 부인할 필요가 없으므로, 낙약자로서는 제3자가 아닌 요약자에 대하여 원상회복 또는 부당이득의 반환을 청구하여야 한다고 봄이 상당한 점, 낙약자의 반환 청구를 허용할 경우 제3자는 지급받은 물건을 반환하여야 할 뿐만 아니라 아무런 귀책사유 없이 대가관계상 존재하던 각종 권리를 상실한 상태로 요약자의 무자력 위험까지 부담하게 됨으로써 결국 낙약자가 자기 책임 하에 체결한 계약에 따른 위험부담을 제3자에게 전가시키는 것이 되어 계약법의 기본원리에 반하는 결과를 초래하고, 제3자에게 직접 권리를 취득하게 하는 것을 목적으로 하는 제3자를 위한 계약의 기본 취지에도 정면으로 반하는 점 등에 비추어 보면, 제3자를 위한 계약관계의 청산은 요약자와 낙약자 사이에 이루어져야 한다.

나) 구체적 판단

2심은 위와 같은 법리를 기초로 기본관계인 이 사건 함포납품계약은 이 사건 해제 통보로 적법하게 해제되었으나 낙약자인 B는 요약자인 A에 대하여 이 사건 함포의 반환을 청구할 수 있을 뿐, 수익자인 방위사업청에 대하여는 이 사건 함포의 인도를 청구할 수 없다고 판단하였다.

3) 대법원의 판단

대법원은 아래에서 보는 바와 같이 이 부분 쟁점에 대해 민법 제548조 제1항 단서에 따른 법리를 기초로 B의 청구를 기각함이 상당하다는 이유로 B의 상고를 기각하였다.

다. 민법 제548조 제1항 단서에 따라 방위사업청이 이 사건 함포의 반환을 거부할 수 있는지 여부

1) 1심의 판단 [소극]

1심은 민법 제548조 제1항 단서에서 말하는 제3자란 '원칙적으로 해제된 계약으로부터 생긴 법률적 효과를 기초로 해제 전에 새로운 이해관계를 가졌을 뿐만 아니라 등기·인도 등으로 완전한 권리를 취득한 자를 말하고, 계약이 해제된 후 그 원상회복이 이루어지기 전에 법률관계를 가지게 되었고 계약해제 사실을 몰랐던 제3자 역시 위 제3자에 해당하는데, 이 경우에도 선의의 제3자는 등기·인도 등에 의하여 완전한 권리를 취득한 자를 말한다(대법원 2005. 6. 9. 선고 2005다6341 판결등 참조)'는 법리를 전제로, 이 사건 함포는 A에게 납품됨으로써 A와의 점유매개관계를 통하여 방위사업청에게 인도되었는데, A에 대한 회생절차가 개시되었다가 종결됨으로써 위 함포의 직접점유자는 A에서 관리인으로, 다시 A로 순차 변경되었으나 A 또는 A의 관리인은 방위사업청과의 점유매개관계에 의해 이 사건 함포를 보관하고 있는 자에 불과하고, 이 사건 함포납품계약으로부터 생긴 법률적 효과를 기초로 새로운 이해관계를 가졌다고 할 수 없으므로, A는 이 사건 함포의 인도를 거절할 수 없다고 판단하였다.

2) 2심의 판단

2심은 이 부분 쟁점에 대해 별도의 설시 없이 앞에서 살펴본 바와 같이 제3자를 위한 계약에 관한 법리로 원고의 청구를 모두 기각하였다.

3) 대법원의 판단 [적극]

가) 관련 법리의 제시

대법원은 제3자를 위한 계약에서 기본관계에 기초하여 수익자가 대가관계를 맺음으로써 해제 전에 새로운 이해관계를 갖게 되는 경우에 관하여 아래와 같은 법리를 제시하였다.

(1) 계약이 적법하게 해제되면 그 효력이 소급적으로 소멸하므로 그 계약상 의무에 기하여 실행된 급부는 원상회복을 위하여 부당이득으로 반환되어야 하고, 그 계약의 이행으로 변동이 되었던 물권은 당연히 그 계약이 없었던 상태로 복귀한다(대법원 2014. 3. 13. 선고 2013다34143 판결). 다만 이와 같은 계약해제의 소급효는 제3자의 권리를 해할 수 없는데, 계약해제의 소급효가 제한되는 제3자는 일반적으로 그 해제된 계약으로부터 생긴 법률효과를 기초로 하여 해제 전에 새로운 이해관계를 가졌을 뿐만 아니라 등기, 인도 등으로 권리를 취득한 사람을 말한다(대법원 2014. 12. 11. 선고 2013다14569 판결 등 참조).

(2) 제3자를 위한 계약에서도 낙약자와 요약자 사이의 기본관계에 기초하여 수익자가 요약자와 원인관계(대가관계)를 맺음으로써 해제 전에 새로운 이해관계를 갖고 그에 따라 등기, 인도 등을 마쳐 권리를 취득하였다면, 수익자는 민법 제548조 제1항 단서에서 말하는 계약해제의 소급효가 제한되는 제3자에 해당한다고 봄이 타당하다.

나) 구체적 판단

대법원은 이 사건 현물변상계약은 A와 B 사이의 이 사건 함포납품계약에 기초하고 있고, 방위사업청이 위 납품계약의 해제 전에 B로부터 이 사건 함포를 인도받아 그 소유권을 취득하였으므로, 방위사업청은 민법 제548조 제1항 단서에서 말하는 계약해제의 소급효가 제한되는 제3자에 해당하며, 이에 따라 그 후 이 사건 함포납품계약이 해제되었다고 하더라도 B는 방위사업청에 대하여 소유권에 기한 물권적 청구권을 행사하여 이 사건 함포의 반환을 구할 수 없다고 판단하였다.

[연 구]

Ⅰ. 들어가며

1. 제3자를 위한 계약과 관련한 기존 대법원 판결의 입장과 대상판결의 관계 인식

앞에서 본 바와 같이 기존 대법원 판결은 제3자를 위한 계약에서 낙약자가 이미 수익자에게 급부한 것이 있더라도 낙약자는 계약해제 내지 무효에 기한 원상회복 또는 부당이득을 원인으로 하는 수익자를 상대로 반환을 구할 수 없다는 입장으로 이해되었다(대법원 2005. 7. 22. 선고 2005다7566, 7573 판결, 대법원 2010. 8. 19. 선고 2010다31860, 318787 판결, 이하 위 판결을 차례로 제1, 2차 대법원 판결이라고 한다). 제1, 2차 대법원 판결들의 사실관계를 살펴보면, 모두 낙약자가 수익자에게 급부한 것이 금전이었는바, 이 사건과 같이 낙약자가 수익자에게 급부한 것이 금전이 아닌 물건인 경우에도 위 법리가 그대로 적용될 수 있는가?

이와 관련하여 이 사건 1심은 제1, 2차 대법원 판결은 금전이 아닌 물건이 급부된 것에 관한 사안이므로, 이 사건과 같이 낙약자가 수익자에게 급부한 것이 물건인 경우에는 그 법리가 적용되지 않는다고 판단한 반면, 2심은 제1, 2차 대법원 판결은 제3자를 위한 계약관계에서 수익자에게 급부된 것인 금전인지 물건인지를 구분하지 않고 적용된다고 판시하는 등 확립된 법리가 존재하지 않았다.

이에 대해 대상판결은 이 사건의 수익자는 민법 제548조 제1항 단서에서 말하는 계약해제의 소급효가 제한되는 제3자에 해당한다는 이유로 낙약자는 수익자를 상대로 소유권에 기한 물권적 청구권을 행사하여 이 사건 함포의 반환을 구할 수 없다고 판시하면서, 이 사건 2심의 이유 설시에 "**일부 적절하지 않은 부분**"이 있지만, 그 결론은 타당하다는 이유로 낙약자의 상고를 기각하였다. 대상판결은 제1, 2차 대법원 판결에서 제시한 법리에 대해 특별한 언급 없이 민법 제548조 제1항 단서의 제3자 법리를 기초로 하여 이 사건을 판단한 것이다.

즉 이 사건 1, 2심은 제3자를 위한 계약에서 낙약자가 수익자를 상대로 급부의 반환을 구할 수 있는지 여부에 관한 제1, 2차 대법원 판결의 법리 적용 여부를 주된 쟁점으로 삼았던 반면, 대상판결은 계약해제의 소급효가 제한되는 민법 제548조 제1항 단서의 제3자 해당 여부를 주된 쟁점으로 삼았다.

결과적으로 제3자를 위한 계약에서 낙약자가 수익자를 상대로 급부의 반환을 구할 수 있는지에 관하여 제1, 2차 대법원 판결과 대상판결이 표면상으로는 병존하고 있는 상황이다. 특히 제1차 대법원 판결은 "**제3자를 위한 계약에서의 제3자가 계약해제 시 보호되는 민법 제548조 제1항 단서의 제3자에 해당하지 않음은 물론**"이라고 판시하여 제3자를 위한 계약에서 수익자는 (새로운 이해관계를 가졌는지, 권리를 취득하였는지 여부에 관계없이) 민법 제548조 제1항 단서에서 말하는 제3자에 해당하지 않는다는 취지의 판시를 하였다는 점(이 사건 1심도 수익자가 '새로운 이해관계'를 가지지 않았다는 점을 근거로 같은 취지로 판시하였다)에서도 대상판결과 그 판시가 상이한 부분이 있는바, 제1, 2차 대법원 판결과 대상판결의 관계를 어떻게 해석하여야 하는지 문제된다.

2. 구체적 논의의 전개

제3자를 위한 계약에서 기본관계가 해제된 경우 낙약자가 수익자를 상대로 그 급부한 것의 반환을 구하는 청구권원은 (그 청구가 타당한지 여부를 불문하고) ① (급부한 것의 성질에 관계없이) 채권적 청구권으로서 부당이득반환청구권과 ② (물건인 경우) 소유권 등에 기한 물권적 청구권으로 구분하여 생각해볼 수 있다.

제1, 2차 대법원 판결의 소송물은 (채권관계의 계약해제 등으로 인한) 채권적 청구권인 부당이득반환청구인 반면, 대상판결은 소유권에 기한 물권적 청구권이므로, 소송물이 무엇인가에 따라 판단구조가 달라진 것으로 이해하면 될 것일까? 대상판결이 적시한 2심 판결 이유의 "일부 적절하지 않은 부분"이 소송물을 잘못 이해한 것에 따른 설시로 이해하면 될 것인가? 이 사건과 달리 제3자를 위한 계약에서 낙약자가 수익자에게 급부한 것이 물건인데, 그 수익자가 민법 제548조 제1항 단서의 제3자에 해당하지 않는 경우에는 제1, 2차 대법원 판결과 대상판결의 법리를 그대로 적용할 수 있는 것인가? 아니면 대상판결과 같이 민법 제548조 제1항 단서의 적용 여부만으로 이를 판단하면 되는 것인가? 제1, 2차 대법원 판결과 대상판결의 관계는 어떻게 이해하면 되는 것인가?

앞에서 제기한 문제의식을 토대로 제3자를 위한 계약에서 기본관계가 해제되고, 낙약자가 수익자에게 급부한 것의 반환을 구하는 경우의 법률관계를 낙약자가 급부한 것의 종류와 수익자의 지위에 따라 유형을 나누어 제1, 2차 대법원 판결과 대상 판결의 적용 범위와 연계하여 논해보고자 한다.

즉 그 급부한 것이 ① 금전인 경우(Ⅱ. 1)와 ② 물건인 경우(Ⅱ. 2)로 나누고, 후자의 경우에는 ❶ 기본관계가 해제되기 전에 새로운 이해관계를 갖고 권리를 취득한 경우(이 사건의 경우) 및 기본관계가 해제된 후 원상회복이 이루어지기 전에 수익자가 새로운 이해관계를 가지게 되어 권리를 취득하였는데, 계약해제 사실을 몰랐던 경우(Ⅱ. 2. 가)와 ❷ 기본관계가 해제되기 전에 새로운 이해관계를 가지지 못하거나 권리를 취득하지 못한 경우[기본관계가 해제된 후 원상회복이 이루어지기 전에 새로운 이해관계를 가지게 되었으나 권리를 취득하지 못한 경우 포함(Ⅱ. 2. 나)]로 나누어 위 유형에 따라 수익자가 민법 제548조 제1항 단서의 제3자에 해당하는지 여부, 제1, 2차 대법원 판결 및 대상판결의 법리가 적용될 수 있는지 여부를 제3자를 위한 계약에서의 부당이득반환 법리와 물권행위의 유인성 사이의 관계 등에 비추어 차례로 고찰해 보고자 한다.

Ⅱ. 유형별 검토

1. 수익자에게 금전을 급부하였는데, 기본관계가 해제된 경우[5]

가. 학설의 대립[6]

국내에서 논의되는 학설로는 수익자의 부당이득반환의무를 부정하고, 요약자가 낙약자에게 부당이득을 반환하여야 한다는 요약자 반환설과 낙약자는 수익자에 대하여만 부당이득반환청구를 할 수 있다는 수익자 반환설 등이 제시되고 있는 것으로 보인다.

5) 본 논고는 대상판결과 같이 수익자에게 급부된 것이 물건인 경우를 주된 쟁점으로 삼고자 하였는바, 금전이 급부된 경우에 관해서는 간략히 그간의 연구 성과 등을 소개하고, 이에 대한 검토를 진행하는 수준에서 논의하고자 한다.

6) 이 부분은 고석범, "제3자를 위한 계약에서 기본관계의 흠결과 부당이득관계－금전이 급부된 경우를 중심으로", 민사판례연구(XLIV), 민사판례연구회(2022), 594－595면을 참조하여 정리하였다.

나. 관련 대법원 판결

1) 부당이득반환의무에 관하여

가) 제1, 2차 대법원 판결

제1, 2차 대법원 판결은 기본계약이 무효이거나 해제된 경우 그 계약관계의 청산은 계약의 당사자인 낙약자와 요약자 사이에 이루어져야 하므로, 특별한 사정이 없는 한 낙약자가 이미 제3자에게 급부한 것이 있더라도 낙약자는 계약해제 등에 기한 원상회복 또는 부당이득을 원인으로 제3자를 상대로 그 반환을 구할 수 없다고 하면서, 보다 구체적으로 그 이유를 아래와 같이 설시하였다.[7]

(1) 수익자에 대한 낙약자의 모든 급부는 기본관계를 이루는 이 사건 매매계약의 당사자인 낙약자와 요약자 사이의 채권관계에 기한 급부일 뿐이므로(제3자인 수익자는 이와 직접적인 관련이 없다), 이로 인한 부당이득반환의무는 당연히 낙약자와 요약자 사이에서만 발생한다.

(2) 기본관계는 해제로 인하여 무효라고 하더라도 대가관계에 아무런 하자가 없는 경우 수익자의 급부수령은 요약자와의 관계에 기한 정당한 수령으로서 부당이득반환의 대상이 되지 않는다. 또한 수익자에 대한 낙약자의 급부에 의하여 요약자는 채무를 면하게 되고, 요약자와 수익자 사이의 유효한 결제를 부인할 필요가 없으므로, 낙약자로서는 수익자가 아닌 요약자에 대하여 부당이득의 반환을 청구하여야 한다.

(3) 낙약자가 수익자에 대하여 직접 부당이득반환청구를 할 수 있다고 보면, 자기 책임하에 체결된 계약에 따른 위험부담을 수익자에게 전가시키는 것이 되어 계약법의 기본원리에 반하는 결과를 초래한다.

나) 보험수익자가 제3자인 보험계약과 관련한 판결

그런데 제1, 2차 대법원 판결과 달리 보험계약자가 타인의 생활상의 부양이나 경제적 지원을 목적으로 보험자와 사이에 타인을 보험수익자로 하는 생명보험이나 상해보험 계약을 체결하여 보험수익자가 보험금 청구권을 취득한 경우, 보험자의 보험수익자에 대한 급부는 보험수익자에 대한 보험자 '자신의 고유한 채무를 이행한 것'이므로, 그 보험계약이 무효이거나 해제되었다는 것을 이유로 보험수익자를 상대로 하여 그가 이미 보험수익자에게 급부한 것의 반환을 구할 수 있고, 이는 타인을 위한 생명보험이나 상해보험이 제3자를 위한 계약의 성질을 가지고 있다고 하더라도 달리 볼 수 없다고 판시한 대법원 판결(이하 '제3차 대법원 판결'이라고 한다)이 있다.[8]

---

7) 아래의 이유는 제1차 대법원 판결의 원심이 제시한 이유들이고, 이에 대해 위 대법원 판결은 그 이유가 정당하다고 판단하였다.

8) 대법원 2018. 9. 13. 선고 2016다255125 판결.

표면상 제3차 대법원 판결의 결론과 제1, 2차 대법원 판결은 상충되는 것으로 보이나, 제3차 대법원 판결은 제1, 2차 대법원 판결을 별도로 변경하지 않았을 뿐만 아니라 그 관계에 관하여 별도의 판시를 하지도 않았는바, 제3차 대법원 판결은 제1, 2차 대법원 판결의 법리를 변경할 의도까지는 없었던 것으로 보인다. 결국 제3차 대법원 판결은 당사자 사이의 이익 상황을 반영하기 위한 것으로 제1, 2차 대법원 판결이 말한 '특별한 사정'이 있는 경우로 보아야 하므로,[9] 제1, 2차 대법원 판결과 상충된다고 보이지는 않는다.[10]

2) 민법 제548조 제1항 단서의 적용여부에 관하여

제1차 대법원 판결은 "제3자를 위한 계약에서의 제3자가 계약해제 시 보호되는 민법 제548조 제1항 단서의 제3자에 해당하지 않음은 물론이나, 그렇다고 당연히 계약해제로 인한 원상회복의무를 부담해야 하는 것은 아니고, 또한 낙약자는 미지급 급부에 대해서는 민법 제542조에 따라 계약해제에 따른 항변으로 제3자에게 그 지급을 거절할 수 있는 것이나, 이는 이미 지급한 급부에 대해 계약해제에 따른 원상회복을 구하는 것과는 다른 경우로서 동일한 법리가 적용될 수는 없는 것"이라고 판시하여 제3자를 위한 계약에서 수익자는 민법 제548조 제1항 단서에서 말하는 제3자에 해당하지 않는다는 취지의 판시를 한 바 있다.

다. 검 토

1) 계약해제에 따른 원상회복의무

계약이 해제되면 그 효력이 소급적으로 소멸함에 따라 기존 계약에 따라 이행된 급부는 원상회복을 위하여 부당이득으로 반환되어야 하고, 계약해제의 효과로서 원상회복의무를 규정하는 민법 제548조 제1항 본문은 부당이득에 관한 특별규정의 성격을 가진다.[11]

2) 원상회복의무의 상대방

그렇다면 제3자를 위한 계약에서 기본관계가 해제된 경우 낙약자는 민법 제548조 제1항에 따라 낙약자와 수익자 누구를 상대로 부당이득의 반환(원상회복)을 구할 수 있는가? 생각건대, 낙약자가 수익자에게 급부한 것이 금전 등 채권적 성격을 갖는 경우에는 제1, 2차 대법원 판결과 같이 특별한 사정이 없는 한 수익자가 아닌 요약자를 상대로만 부당이득반환을 청구할 수 있다고 봄이 타당하다.[12][13] 그 이유는 다음과 같다.

---

9) 앞에서 본 바와 같이 제1, 2차 대법원 판결은 "'특별한 사정이 없는 한' 낙약자가 이미 수익자에게 급부한 것이 있더라도 낙약자는 계약해제 등에 기한 원상회복 또는 부당이득을 원인으로 수익자를 상대로 그 반환을 구할 수 없다"고 판시하였다.

10) 주(6), 616, 617면.

11) 대법원 2014. 3. 13. 선고 2013다34143 판결.

12) 한편 이에 대해서는 제3자를 위한 계약의 본질이 '급부를 간이화할 목적인 경우'와 '제3자에 대한 급양기능이 목적인 경우'로 나누어 전자의 경우 제3자는 요약자에 대해 보유하는 유효한 채권에 기해 낙약자로부터 지급받은 것이므로, 제3자에게는 민법 제741조의 '법률상 원인'이 존재한다는 등의 이유로 낙약자는 제3자에게 부당이득반

가) 계약은 일반적으로 그 효력을 당사자 사이에서만 발생시킬 의사로 체결되지만, 제3자를 위한 계약은 당사자가 자기들 명의로 체결한 계약으로 수익자로 하여금 직접 계약당사자의 일방에 대하여 권리를 취득하게 하는 것을 목적으로 하는 계약이고,[14] 낙약자의 채무는 기본관계로부터 발생하는 제3자를 위한 계약의 본질적인 요소다.

나) 낙약자의 수익자에 대한 급부는 어디까지나 낙약자와 요약자 사이의 기본관계인 채권관계에 기한 급부일 뿐이므로(수익자는 기본관계의 당사자가 아니고, 아무런 관련이 없다), 그 청산도 기본계약의 당사자인 낙약자와 수익자 사이에 이루어져야 한다.

다) 대가관계의 효력은 제3자를 위한 계약 자체는 물론 기본관계의 성립이나 효력에 영향을 미치지 않고, 낙약자는 기본관계에 기한 항변으로 수익자에게 대항할 수 있을 뿐(민법 제542조), 대가관계에 기한 항변으로는 수익자에게 대항하지 못한다.[15] 또한 수익자의 권리가 생긴 후에는 요약자와 낙약자는 그들의 합의에 의해 이를 변경 또는 소멸시키지 못하는 바(민법 제541조), 이는 결국 대세적 효력이 있는 물권적 청구권이 아닌 상대적 효력만이 인정되는 채권적 청구권을 갖는 경우의 수익자 지위를 보장하기 위한 것이다. 즉 민법은 채권적 청구권만이 인정되는 수익자의 지위를 보장하기 위한 각종 제도를 마련하고 있는바, 이러한 취지는 기본관계가 해제된 경우에도 유지되어야 한다.

라) 무엇보다 낙약자가 수익자에 대하여 직접 부당이득반환청구를 할 수 있다고 보면, 자기 책임 하에 체결된 계약에 따른 위험부담을 제3자에게 전가시키는 것이 되어 계약법의 기본원리에 반하는 결과를 초래한다.[16]

3) 제1, 2차 대법원 판결의 적용 범위

가) 그렇다면 제1, 2차 대법원 판결의 법리는 제3자를 위한 계약에서 기본관계가 해제된 모든 경우에 적용될 수 있는 것인가? 대상판결이 제1, 2차 대법원 판결의 법리를 적용하지 않는 이유는 무엇인가? 생각건대, 제1, 2차 대법원 판결은 제3자를 위한 계약에서 낙약자가 수익자에게 급부한 것이 금전 등으로서 수익자가 채권적 지위만을 갖는 경우에 한하여 적용되고, 대상판결과 같이 수익자가 새로운 이해관계를 갖고 권리를 취득한 민법 제548조 제1항 단서에서 정한 제3자에 해당하는 경우에는 적용되지 않는다고 봄이 타당하다. 그 이유

환을 청구할 수 없으나, 후자의 경우에는 낙약자의 제3자에 대한 급부는 대가관계의 정산과는 무관하고, 낙약자의 급부로 인한 제3자의 이익은 요약자를 경유하지 않은 채 제3자에게 직접 발생하므로, 낙약자는 제3자를 상대로 부당이득반환을 청구할 수 있고, 제3차 대법원 판결은 이 경우에 해당한다는 견해로, 주(6), 610－613면.

13) 제3자를 위한 계약의 기능이 급부과정의 단축에 있고, 낙약자가 수익자에게 급부하는 것은 낙약자가 계약 상대방인 요약자에게 급부한 것과 요약자가 수익자에게 급부한 것이 동시에 이루어진 것으로 볼 수 있어 수익자의 급부 수령은 요약자와의 계약관계에 기한 정당한 수령이 되어 부당이득반환의 대상이 되어서는 안 된다는 견해로 여미숙, "제3자를 위한 계약의 해제 시 수익자의 지위－대법원 2021. 8. 19. 선고 2018다244976 판결", 법조 제72권 제6호(통권 제762호), 법조협회(2023.12), 346면.

14) 대법원 2018. 7. 12. 선고 2018다204992 판결.

15) 대법원 2003. 12. 11. 선고 2003다49771 판결.

16) 제1차 대법원 판결 역시 이를 주된 논거로 삼은 것으로 보인다.

는 다음과 같다.[17)]

(1) 제1, 2차 대법원 판결의 사안은 낙약자가 수익자에게 급부한 것이 금전으로서 '물건'에 관한 사안이 아니었는바, 그 급부한 것이 '물건'인 경우에는 그 법리를 그대로 적용하기는 무리가 있다(계약 및 급부한 것에 따라 수익자가 채권적 지위를 갖는 경우와 물권적 지위를 갖는 경우의 그 법적 지위는 우리 민법 체계에서 채권과 물권이라는 법적 규율에 따라 현저히 달라진다는 점을 생각해 보면 된다).

(2) 계약이 해제된 경우 급부를 받은 당사자는 민법 제548조 제1항에 따라 원상회복을 위한 부당이득반환 의무를 부담하고, 다만 동조 단서에 따라 일정한 경우의 제3자가 보호된다. 그런데, 여기서 말하는 제3자에는 민법 제548조 제1항 단서의 제3자에 채권을 양수한 자,[18)] 채권 자체를 압류 또는 전부한 자[19)]는 포함되지 않는다. 즉 위와 같이 부당이득반환 의무자가 채권적인 지위만을 갖는 경우에는 (대상판결에서의 수익자와는 다르게) 민법 제548조 제1항 단서에서 말하는 제3자에 해당하지 않으므로, 그 급부된 것을 반환할 의무가 있고, 이는 제3자를 위한 계약에서의 수익자인 경우에도 마찬가지이다. 결국 낙약자가 수익자에게 금전 등을 급부하였는데, 기본관계가 해제된 경우의 수익자는 민법 제548조 제1항 단서의 제3자에 해당하지 않으므로, 제3자를 위한 계약과 관련한 제1, 2차 대법원 판결의 법리와 별도로, 민법 제548조 제1항 단서의 적용 여부를 검토할 실익이 크지 않다.[20)] 이는 아래에서 살펴볼 민법 제548조 제1항 단서에 따라 보호받는 제3자의 경우와는 근본적인 차이가 있다. 제1, 2차 대법원 판결도 이러한 입장에서 생각해 볼 수 있다.

(3) 나아가 Ⅱ. 2. 가항에서 살펴보는 바와 같이 수익자에게 급부한 것이 물건이고, 수익자가 (결과적으로) 민법 제548조 제1항 단서에 따라 보호되는 제3자인 경우에는 위 법리를 기초로 하여 수익자를 보호할 수 있으므로, 제1, 2차 대법원 판결의 법리를 원용할 아무런 이유가 없다.

나) 다만 제1차 대법원 판결은 낙약자가 수익자에게 급부한 것이 물건인지(새로운 이해관계 및 권리를 취득하였는지), 금전인지 여부를 특별히 구별하지 않고, 수익자는 민법 제548조 제1항 단서에서 말하는 제3자에 해당하지 않는다고 판시한 반면, 대상판결은 기본관계에 기초하여 수익자가 요약자와 대가관계를 맺음으로써 새로운 이해관계를 갖고 권리를 취득한

17) 낙약자가 수익자에게 급부한 것이 물건인데, 기본관계가 해제되기 전에 새로운 이해관계를 가지지 못하거나 권리를 취득하지 못한 경우(기본관계가 해제된 후 원상회복이 이루어지기 전에 새로운 법률관계를 가지게 되었으나 권리를 취득하지 못한 경우 포함)에 관한 제1, 2차 대법원 판결의 적용 여부는 Ⅱ. 2. 나. 2)항에서 살핀다.

18) 대법원 2003. 1. 24. 선고 2000다22850 판결.

19) 대법원 2000. 4. 11. 선고 99다51685 판결.

20) 제3자를 위한 계약에서 수익자가 민법 제548조 제1항 단서의 제3자에 해당하는지 여부와 부당이득법적 관점에서 해제로 인한 원상회복청구의 상대방이 되는지 여부는 별개의 문제로서, 민법 제548조 제1항 단서의 제3자에 해당하는지 여부에 관한 문제가 부당이득반환의무의 문제보다 선결되어야 하는데, 민법 제548조 제1항 단서의 제3자에 해당하지 않는다고 하더라도, 계약의 구조에 따라 반드시 부당이득반환의무를 부담한다고 볼 수는 없다는 견해로, 주(13) 348-350면.

경우에는 민법 제548조 제1항 단서에서 말하는 제3자에 해당한다고 판시하였는바, 위 두 개의 판결은 적어도 그 판시 내용으로는 '제3자를 위한 계약에서의 수익자가 민법 제548조 제1항 단서의 제3자에 해당하는지 여부'에 대해 표면상 상충되므로, 향후 이 부분에 관한 정리가 필요할 것으로 보인다(정리가 되기 전까지는 위에서 본 바와 같이 제1, 2차 대법원 판결을 수익자가 채권적 지위만을 갖는 경우로 한정하여 해석하는 것이 타당하다).

다) 이하에서는 수익자에게 급부한 것이 물건인 경우에 수익자가 권리를 취득한 경우와 취득하지 않은 경우로 나누어 낙약자가 수익자를 상대로 부당이득반환을 구할 수 있는지 여부와 이 경우 수익자가 민법 제548조 제1항 단서에서 정한 제3자에 해당하는지 여부를 살펴본다.

2. 수익자에게 급부한 것이 물건인 경우

가. 기본관계가 해제되기 전에 새로운 이해관계를 갖고 권리를 취득한 경우(이 사건의 경우) 및 기본관계가 해제된 후 원상회복이 이루어지기 전에 수익자가 새로운 이해관계를 가지게 되어 권리를 취득하였는데, 계약해제 사실을 몰랐던 경우

1) 앞에서 본 바와 같이 대상판결은 위와 같은 경우 수익자가 민법 제548조 제1항 단서에서 정한 제3자에 해당한다고 판단한 반면, 1심은 수익자가 '새로운 이해관계'를 가졌다고 볼 수 없다는 이유로 위 단서에서 정한 제3자에 해당하지 않는다는 취지로 판단하였다. 생각건대, 이 경우 수익자는 민법 제548조 제1항 단서에서 정한 제3자에 해당한다고 보는 것이 타당하다. 그 이유는 다음과 같다.

가) 민법 제541조는 수익자에게 권리가 생긴 후에는 요약자와 낙약자는 그들의 합의에 의하여 이를 변경 또는 소멸시키지 못한다고 규정하고 있는데, 이는 수익자가 권리를 취득한 경우 그 법적 지위를 보호하기 위한 것이다. 즉 제3자를 위한 계약에서 수익자가 취득한 권리는 법에서 달리 정하지 않는 한 이를 보호해 주어야 한다.

나) 대법원 역시 제3자를 위한 계약에서 '수익자가 민법 제539조 제2항에 따라 수익의 의사표시를 함으로써 제3자에게 권리가 확정적으로 귀속된 경우에는 요약자와 낙약자의 합의에 의하여 제3자의 권리를 변경, 소멸시킬 수 있음을 미리 유보하였거나, 제3자의 동의가 있는 경우가 아니면, 계약의 당사자인 요약자와 낙약자는 제3자의 권리를 변경, 소멸시키지 못하고, 임의로 변경, 소멸시켰다고 하더라도 이는 수익자에 대하여 효력이 없다'고 판시한 바 있다.[21] 이러한 판시 역시 기본적으로 제3자를 위한 계약에서 수익자를 보호하기 위한 것으로 앞에서 살펴본 민법 제541조의 취지에도 부합한다.

다) 계약해제의 소급효가 제한되는 제3자는 해제 전에 새로운 이해관계를 가졌을 뿐만

21) 대법원 2002. 1. 25. 선고 2001다30285 판결 등.

아니라 등기, 인도 등으로 권리를 취득한 사람을 말하는데,[22] 이 논의의 중점은 수익자가 '새로운 이해관계'를 가졌는지 여부에 있다(민법 제548조 제1항 단서의 제3자 요건은 ① 새로운 이해관계 및 ② 등기, 인도 등의 권리 취득인데, 이 유형에서는 ②의 요건을 갖추었기 때문이다). 한편 제3자를 위한 계약에서의 수익자는 기본관계를 기초로 '새로운 이해관계'를 갖는다고 볼 수 없으므로, 민법 제548조 제1항 단서의 제3자에 해당하지 않는다는 견해가 다수인 것으로 보이고,[23)24] 제1차 대법원 판결도 같은 입장인 것으로 보인다(다만 앞에서 살펴본 바와 같이 제1차 대법원 판결은 낙약자가 수익자에게 급부한 것이 금전 등으로 수익자가 채권적 지위만을 갖는 경우를 전제로 위와 같은 판단을 한 것으로 봄이 타당하다). 그러나 위와 같은 견해는 적어도 이 경우와 같이 '수익자가 권리를 취득한 경우'에는 타당하다고 볼 수 없다. 그 이유는 다음과 같다.

(1) 제3자를 위한 계약은 기본관계와 대가관계로 구성되는데, 어디까지나 기본관계와 대가관계는 별개의 독립된 계약이다. 무엇보다 기본관계의 계약 당사자는 낙약자와 요약자로서, 수익자는 위 계약의 직접적인 당사자라고 보기 어렵다. 즉 낙약자의 입장에서는 '기본관계'에 기초하여 수익자에게 급부를 한 것으로 볼 수 있으나, 그 실질은 대가관계에 기한 것이므로, 기본관계를 기초로 대가관계를 맺는 경우(대다수가 이러한 경우일 것이다)에는 수익자는 '새로운 이해관계'를 맺었다고 보아야 한다('새로운 이해관계'는 수익자가 '수익의 의사표시'를 하였는지 여부와 관계없이 기본관계를 통해 수익자가 요약자와 대가관계를 맺었는지 여부를 기초로 판단하여야 한다).

(2) 대법원 역시 제3자를 위한 계약의 체결 원인이 된 요약자와 수익자 사이의 법률관계인 대가관계의 효력은 제3자를 위한 계약 자체는 물론 그에 기한 요약자와 낙약자 사이의 법률관계인 기본관계의 성립이나 효력에 영향을 미치지 아니한다고 판시하였고,[25] 요약자가 낙약자에게 반대급부의무를 부담하고 있는 경우 요약자에게 계약의 해제권을 허용하지 않는 것은 부당한 결과를 가져올 수 있으므로, 낙약자의 이행불능 또는 이행지체가 있을 때에는 요약자는 수익자의 동의 없이 계약당사자로서 기본관계를 해제할 수 있다고 판시한 바 있다.[26] 이는 제3자를 위한 계약에서 기본관계와 대가관계는 독립된 별개의 계약임을 전제로 한 것이다.

(3) 낙약자는 요약자가 기본관계에 따른 자신의 채무를 이행하지 않으면, 기본관계를 해

---

22) 대법원 2014. 12. 11. 선고 2013다14569 판결 등.
23) 주(13), 351면.
24) 특히 위와 같은 견해는 수익자는 계약의 당사자는 아니지만 계약으로부터 직접 권리를 취득하므로 해제된 계약에서 생기는 법률효과를 기초로 하여 새로운 권리를 취득한 자가 아니고, 수익자가 이행을 받는 것 역시 계약으로부터 직접 취득한 권리에 기한 것이므로 보호받을 가치가 있는 새로운 이해관계가 생긴다고 할 수 없다고 한다. 주(13), 351, 352면.
25) 대법원 2003. 12. 11. 선고 2003다49771 판결 등.
26) 대법원 1970. 2. 24. 선고 69다1410 판결.

제할 수 있는데, 그 계약관계(기본관계)의 청산은 계약의 당사자인 낙약자와 요약자 사이에서 이루어져야 한다는 제1, 2차 대법원 판결의 법리 역시 기본관계와 대가관계를 엄격히 구별하는 것을 전제로 한 것이라고 보아야 한다.

(4) 그럼에도 기본관계는 낙약자의 채무가 발생하는 기초가 되고, 민법 제542조가 채무자는 제539조의 계약에 기한 항변으로 그 계약의 이익을 받을 수익자에게 대항할 수 있다고 규정한 점 등을 기초로 제3자를 위한 계약에서 수익자는 '새로운 이해관계'를 갖는다고 볼 수 없다는 비판이 있을 수 있다.

그런데 기본관계가 낙약자의 채무의 기초가 되었다고 하더라도 이는 어디까지나 낙약자의 채무 성립에 관한 근거에 불과하고, 수익자의 채권 발생에 관한 근거로 볼 수는 없다. 또한 민법 제542조는 제3자를 위한 계약의 특수성과 이에 따른 낙약자 보호를 위한 규정이고, 민법 제548조 제1항 단서는 계약 해제에 따른 소급효로부터 보호되는 제3자를 위한 규정이므로, 기본관계가 해제되기 전에 새로운 이해관계를 갖고 권리를 취득한 제3자를 위 민법 제548조 제1항 단서를 통해 보호하는 것이 민법 제542조에 반하는 해석이라고 보기도 어렵다. 오히려 위와 같은 해석이 낙약자와 수익자의 이해관계를 조화롭게 해석할 수 있는 방안으로 보인다.

(5) 한편 이러한 해석은 결과적으로 민법 제548조 제1항 단서의 권리취득 요건이 인정되는지 여부를 기초로 '새로운 이해관계'를 가졌는지 여부를 판단한다는 비판 내지 앞에서 살펴본 수익자가 권리취득 요건을 갖추지 못한 경우와 논리적으로 모순된다는 비판이 있을 수 있다. 그러나 앞에서 살펴본 바와 같이 수익자가 권리취득 요건을 갖추지 못한 경우에는 수익자가 '새로운 이해관계'를 가졌는지를 불문하고, 민법 제548조 제1항 단서에서 정한 제3자에 해당하지 않으므로, 애시당초 위 조항에 따른 보호를 받을 수 없다는 점에서 위와 같은 비판은 (논리적인 부분에서 최소한이나마) 해소될 수 있다.

2) 나아가 앞에서 본 바와 같이 1, 2차 대법원 판결은 수익자에게 급부한 것이 금전 등 채권적 성질을 갖는 경우에 한하여 적용된다고 봄이 상당하므로, 위 대법원 판결들의 법리는 이 사안에서 적용될 여지가 없다.[27)]

3) 따라서 이러한 경우 수익자는 대상판결의 판시와 같이 민법 제548조 제1항 단서에서

---

27) 이와 관련하여 수익자가 취득한 채권이 부동산에 대한 소유권이전청구권인 경우, 수익자와 낙약자가 물권행위를 하고 수익자 명의의 등기가 경료되어 수익자가 소유권을 취득한 후에 기본관계가 해제된 경우 수익자와 낙약자 사이에 행하여진 물권행위도 효력을 잃게 되고 수익자에 대한 물권변동은 무효로 되어 소유권은 낙약자에게 복귀하게 되며, 이러한 효과는 별도의 부당이득반환이나 원상회복을 청구하지 않더라도 당연히 발생하게 되는 것이고, 낙약자로서는 수익자에 대하여 등기의 말소 또는 인도를 구하는 물권적 청구권을 행사하여 구제받을 수 있다는 견해[김병선, "제3자를 위한 계약의 실효와 부당이득반환관계", 홍익법학 제13권 제2호(2012), 427면]와 이는 제542조 낙약자의 항변권의 문제가 아니고, 수익자는 제548조 제1항 단서의 '제3자'에 해당하지 않으며, 물권변동에 관하여 형식주의를 취하고 있는 우리 민법 아래에서는 요약자와 낙약자 사이의 기본행위가 해제되더라도 그 계약에 기하여 이루어진 낙약자에 의한 수익자로의 소유권이전의 물권변동은 당연히 무효라고는 할 수 없으므로, 제3자를 위한 계약의 3면 관계를 구체적으로 고려하여 각 사안에 적합한 해결을 도모하여야 할 것이라는 견해[편집대표 김용덕, (주석) 민법 채권각칙(1) 제5판, 한국사법행정학회(2021.10.15), 283, 284면]도 있다.

정한 제3자에 해당하므로, 기본관계의 해제에도 불구하고 낙약자는 수익자에게 부당이득반환으로 물건의 인도 등을 청구할 수 없다고 봄이 타당하다.[28] 다만 제1, 2차 대법원 판결이 명시적으로 존재하고, 다소 오해의 소지가 있을 수 있음에도, 위 판결들과의 관련성을 별도로 언급하지 않은 상태에서 다소 '일반론적인 판시'를 하였다는 점에서 대상판결에 아쉬움이 남는다. 이에 대해서는 추후 정리가 필요할 것으로 보인다.

나. 기본관계가 해제되기 전에 새로운 이해관계를 가지지 못하거나 권리를 취득하지 못한 경우(기본관계가 해제된 후 원상회복이 이루어지기 전에 법률관계를 가지게 되었으나 권리를 취득하지 못한 경우 포함)

1) 물권행위와 공시방법의 관계[29]

물권행위는 직접 물권의 변동을 목적으로 하는 것으로서, 다수설은 직접 물권의 변동을 목적으로 하는 의사표시를 요소로 하는 법률행위를 말한다고 한다. 이와 관련하여 우리 민법은 제186조, 제188조에서 각각 부동산 물권과 동산 물권에 관하여 성립요건주의를 규정하고 있고, 이에 따라 당사자의 의사표시뿐만 아니라 등기·인도라는 공시방법을 갖추어야 비로소 물권변동이 일어나게 되며, 공시방법을 갖추기 전에는 물권변동이 일어나지 않는다.

이 경우 물권행위와 공시방법의 관계가 문제되는데, 학설은 크게 ① 물권적 의사표시와 공시방법을 합한 것이 물권행위라는 견해, ② 물권적 의사표시만이 물권행위라는 견해, ③ 부동산의 경우에는 등기가 물권변동의 요건이나 동산의 경우에는 인도가 물권행위를 이룬다는 견해로 나뉘고, ①설은 다시 ㉮ 등기·인도라는 공시방법은 물권행위의 형식이라고 하는 견해와 ㉯ 등기·인도는 물권행위를 완성하는 요소라는 견해로 세분화되며, ②설은 ㉮ 공시방법은 물권행위의 효력발생요건이라는 견해, ㉯ 공시방법은 물권행위 이외에 법률에 의하여 요구되는 물권변동의 또 하나의 요건(이중요건)이라는 견해로 세분화된다.

이와 관련하여 대법원은 "선의취득에 관한 민법 제249조가 규정하는 선의, 무과실의 기준시점은 물권행위가 완성되는 때이므로, 물권적 합의가 동산의 인도보다 먼저 행하여지면 인도된 때를, 인도가 물권적 합의보다 먼저 행하여지면 물권적 합의가 이루어진 때를 기준으로 해야 한다"[30]고 판시하기는 하였으나, 해당 판결에서도 물권적 합의를 인도와 구별하고 있다는 점에서 ①설을 취하였다고 판단하기는 어렵다는 견해가 있다.

생각건대, 공시방법은 물권변동을 이루는 하나의 요건에 불과하고, 물권행위는 물권의 변

---

28) 한편 이에 대해서는 대상판결은 수익자인 방위사업청이 이 사건 함포를 반환할 의무가 없다는 결론을 이끌어내기 위한 것으로 보이는데, 낙약자의 물권적 청구권에 기한 반환청구를 배척하는 결론을 도출하기 위해 수익자가 민법 제548조 제1항 단서의 제3자에 해당하는 점을 그 근거로 삼은 것은 부당하고, 이 사안의 경우 수익자는 계약해제에 따른 부당이득반환의무를 부담하지 않으므로, 민법 제213조에 따른 물건을 점유할 권리를 가진다는 점을 근거로, 그 반환을 거부할 수 있다는 견해로, 주(13) 355, 356면.

29) 송덕수, "신 민법강의", 박영사 제13판, 365, 366면; 지원림, "민법강의", 홍문사 제17판, 454−460면을 기초로 정리한 것이다.

30) 대법원 1991. 3. 22. 선고 91다70 판결.

동을 목적으로 하는 의사표시를 요소로 하는 법률행위에 해당하여 양자가 구별되므로, ②설 그중에서도 ㉯의 견해가 타당하다고 생각된다.

2) 구체적 검토

위와 같이 물권행위와 공시방법이 구별된다는 견해를 전제로 기본관계가 해제되기 전에 수익자가 권리를 취득하지 못한 경우를 살펴본다(물권적 의사표시와 공시방법이 합해져 물권행위를 이룬다는 견해에 따르면, 이 경우 물권행위가 없었거나 완료되지 않았다고 평가할 수 있어 제1, 2차 대법원 판결의 법리가 적용될 수 있으므로, 논의의 실익이 크지 않다고 생각된다).

한편 이는 물권행위의 유인성과 무인성에 관한 논의와도 밀접한 관련이 있는데, 이에 대해서는 대법원이 물권행위의 유인성을 인정하고 있고, 학설 역시 대부분 물권행위의 유인성을 지지하고 있으므로, 물권행위에 유인성이 있다는 점 역시 전제로 한다.

다시 돌아와 이 경우－제3자를 위한 계약에서 낙약자가 수익자에게 급부하기로 한 것이 물건 또는 부동산인데, 인도·등기 등의 공시방법을 갖추지 못한 경우, 가령 그 목적물이 미등기·무허가 건물인데, 무허가건물관리대장에 등재한 경우[31] 또는 수익자가 낙약자가 인도한 동산을 제3자에게 인도하고, 제3자에게 인도청구권을 갖는 경우 등 - 에 관하여 살피건대, 낙약자는 수익자에게 원상회복으로 그 목적물의 반환을 구할 수 있을 것인가?

이는 두 가지 측면에서 이를 접근할 수 있다. 첫째는 수익자가 민법 제548조 제1항 단서에 따라 계약해제의 소급효가 제한되는 제3자에 해당하는지 여부고, 둘째는 제1, 2차 대법원 판결에서의 법리가 적용될 수 있는지 여부다. 특히 앞에서 본 바와 같이 제1, 2차 대법원 판결이 낙약자가 수익자에게 급부한 것이 '금전'인 경우 등에 한정된다고 본다면, 낙약자는 수익자를 상대로 '물권적 청구권'에 기초하여 그 반환을 청구할 수 있는지 여부가 문제된다.

가) 민법 제548조 제1항 단서의 적용 여부

이러한 경우 수익자는 등기·인도 등으로 완전한 권리를 취득한 사람이 아니기 때문에 민법 제548조 제1항 단서에서 규정하는 제3자에 해당하지 않는다.

나) 제1, 2차 대법원 판결의 법리 적용 여부

기본관계를 이루는 계약이 무효이거나 해제된 경우 낙약자는 계약해제 등에 기한 원상회복 또는 부당이득을 원인으로 제3자를 상대로 그 반환을 구할 수 없다는 제1, 2차 대법원 판결의 법리가 적용될 수 있을까? 아니면, 위 제1, 2차 대법원 판결의 법리와 달리 낙약자는 수익자를 상대로 물권적 청구권을 근거로 하여 그 물건의 반환을 구할 수 있을까?

생각건대, 이 경우에도 제1, 2차 대법원 판결의 법리는 적용될 수 없고, 낙약자는 수익자

---

31) 미등기·무허가 건물의 매수인은 소유권이전등기를 마치지 않는 한 건물의 소유권을 취득할 수 없고, 민법 제548조 제1항 단서의 제3자에 해당한다고 볼 수도 없다(대법원 2014. 2. 13. 선고 2011다64782 판결).

를 상대로 '물권적 청구권'을 근거로 하여 급부한 동산·부동산의 반환을 구할 수 있다고 봄이 타당하다. 그 이유는 다음과 같다.

(1) 물권행위에는 유인성이 있으므로, 물권행위의 원인행위(계약 등)가 존재하지 않거나 무효, 취소 또는 해제된 경우 그에 따라 물권행위도 당연히 무효가 된다.

(2) 이 경우 낙약자가 수익자를 상대로 한 청구는 통상 소유권에 기한 물권적 청구권에 해당하는데,[32] 이러한 물권적 청구권은 대세적 효력을 가지므로, 원칙적으로 민법 등에서 별도로 이를 규율·제한하지 않는 이상 수익자를 포함한 제3자에게 그 권리를 행사할 수 있다.

(3) (사실관계는 달리하나 대상판결의 1심이 지적한 바와 같이) 기본관계에 따른 물권행위가 무효라면, 이에 터잡은 후자의 물권행위도 무효로 돌아가므로, '물건'을 급부의 대상으로 하는 제3자를 위한 계약에 있어서는 기본관계가 무효인 경우 요약자와 수익자 사이의 대가관계에 관한 유효한 결제 내지 이행이라는 것이 있을 수 없다.

(4) 이에 대해 요약자가 무자력인 경우 수익자는 귀책사유 없이 대가관계에서 존재하는 각종 권리를 상실한 상태로 요약자의 무자력 위험을 부담하게 되어 위험부담을 수익자에게 전가하는 것을 금지하는 계약법의 기본원리에 반하는 결과를 초래할 위험이 있다는 비판이 있을 수 있다.[33] 그러나 계약의 위험을 계약당사자 아닌 수익자에게 전가시키는 것은 부당하다는 논리는 계약법에 적용되는 법리로, 어디까지나 물권법의 규율에 따른 물권행위의 대세적 효력 및 유인성을 부인하는 논리로 보기 어렵다(사실관계는 달리하나 대상판결의 1심도 같은 지적을 하였다).

나아가 위와 같은 잠정적 비판의 소지는 어디까지나 요약자가 무자력임에 따라 수익자가 자신의 손해를 보전하기 어려운 상황 등을 전제로 한 것이므로, 이러한 특수한 상황을 전제로 물권행위에 관한 확립된 법리를 제한할 수는 없다(만약 요약자가 무자력이 아닌 경우 수익자는 요약자를 상대로 채무불이행의 책임 등을 묻는 방법으로 그 손해를 보전할 수 있는 방법이 충분히 존재한다).

(5) 한편 기본관계의 청산은 낙약자와 요약자 사이에 이루어져야 한다는 제1, 2차 대법원 판결의 법리를 기초로 이를 비판하는 견해가 있을 수 있다.[34] 그러나 앞에서 본 바와 같이 제1, 2차 대법원 판결은 이 경우에 적용될 수 없고, 위와 같은 잠정적 비판 역시 어디까지나 제3자를 위한 계약에서의 계약 구조에 기인한 것으로, 이를 근거로 명확한 규정 없이 물

32) 물건에 관한 물권의 변동을 목적으로 하는 계약에서 계약에 따른 채무의 이행으로 이미 등기나 인도가 이루어진 이후 원인행위인 채권계약이 해제된 경우, 그 계약의 이행으로 변동되었던 물권은 당연히 계약이 없었던 원상태로 복귀하고, 이러한 경우 해제에 따라 매도인이 갖는 물권은 물권적 청구권에 해당한다(대법원 1977. 5. 24. 선고 75다1394 판결, 대법원 1982. 7. 27. 선고 80다2968 판결 등 참조)].

33) 사실관계는 다르나, 이 사건 2심 역시 이러한 점을 근거로 제3자를 위한 계약관계의 청산은 요약자와 낙약자 사이에 이루어져야 한다고 판시하였다.

34) 주(33).

권행위의 유인성을 부정하기는 어렵다는 점에서 타당하지 않다.

(6) 한편 낙약자가 수익자를 상대로 어떠한 청구권을 행사하느냐에 따라 결론이 달라지는 것은 수긍하기 어렵다는 비판도 있을 수 있다.[35] 그러나 낙약자가 수익자를 상대로 갖는 청구권원에 따라 그 결론이 일치하지 않는 것은 그 청구권원을 이루는 법리에 따라 당연한 귀결이고, 오히려 구체적 타당성 등을 이유로 결론을 일치시키고자 무리하게 법을 해석·적용하는 것은 지양되어야 한다. 나아가 필자가 제시하는 위와 같은 해석은 기존의 제1, 2차 대법원 판결 및 대상판결과 배치되지 않을 뿐만 아니라, 낙약자, 요약자, 수익자 사이의 이해관계를 조화롭게 할 수 있다는 점에서도 타당하므로, 위와 같은 잠점적 비판 역시 해소될 수 있다.

Ⅲ. 결론을 대신하여

대상판결은 제3자를 위한 계약에서 낙약자가 수익자에 대하여 한 급부가 물건인 경우 그 부당이득을 구할 수 있는지 여부에 관한 최초의 판결로서 그 함의가 충분하다고 생각된다.

대상판결에 착안하여 본 논고에서는 제3자를 위한 계약에서 기본관계가 해제되고, 낙약자가 수익자에게 급부한 것의 반환을 구하는 경우의 법률관계를 낙약자가 급부한 것의 종류와 수익자의 지위에 따라 유형을 나누어 제1, 2차 대법원 판결 및 대상판결의 법리가 적용될 수 있는지 여부 등을 중심으로 살펴보았다.[36] 그 결론을 요약하면 다음과 같다.

<table>
<tr><th>유형</th><th>제1, 2차 대법원 판결 적용여부</th><th colspan="2">민법 제548조 제1항 단서에 해당 여부</th></tr>
<tr><td>급부된 것이 금전 등 채권인 경우(Ⅱ. 1)</td><td>○</td><td colspan="2">×</td></tr>
<tr><td>급부된 것이 물건인데, 수익자가 새로운 이해관계를 갖고 권리를 취득한 경우(Ⅱ. 2. 가)</td><td>×</td><td colspan="2">○</td></tr>
<tr><td>급부된 것이 물건인데, 수익자가 권리를 취득하지 못한 경우(Ⅱ. 2. 나)</td><td>×</td><td>×</td><td>물권행위의 유인성으로 판단</td></tr>
</table>

결론에 있어서는 민법 제548조 제1항 단서에 해당하는 제3자의 범위에 따라 제1, 2차 대법원 판결과 대상판결의 적용 범위를 달리하였다는 지적이 있을 수 있고, 이는 필자가 앞으로 더 연구해야 할 과제라고 생각한다(필자의 견해에 따르면 결과적으로 수익자가 민법 제548조

35) 주(13), 355면.

36) 제1, 2차 대법원 판결과 대상판결의 차이를 그 소송물의 차이에 따른 것으로 이해할 여지도 있고, 위와 같은 시각 역시 충분히 설득력이 있어 보인다. 다만 제1, 2차 대법원 판결과 대상판결 모두 기본관계가 해제된 경우에 그 원상회복을 구하는 사건이라는 점에서는 그 실질이 동일하므로, 단순히 그 소송물의 상이함을 근거로 하여서만 그 판단구조를 달리하였다고 결론짓기에는 다소 형식적인 것 아닌지 하는 의문이 있다.

제1항 단서에서 정한 제3자에 해당하는지 여부를 먼저 검토하고, 위 제3자에 해당하지 않는 경우 수익자에게 급부된 것이 물건인지, 금전인지에 따라 물권행위의 유인성 법리 또는 제1, 2차 대법원 판결의 법리를 적용할 것인지 여부를 판단하게 된다). 그럼에도 본 논고를 통해 그동안 충분히 논의되지 않았던, 낙약자가 수익자에게 급부한 것이 물건인데, 기본관계가 해제되기 전에 권리를 취득하지 못한 경우(기본관계가 해제된 후 원상회복이 이루어지기 전에 새로운 이해관계를 가지게 되었으나 권리를 취득하지 못한 경우 포함)에 관하여 그 법리(물권행위와 공시방법이 별개의 개념이고, 물권행위의 유인성을 기초로 낙약자의 수익자에 대한 반환청구가 인정되어야 한다)를 제시할 수 있었다는 점에서 위안을 삼고자 한다.

그럼에도 본 논고의 결론, 특히 급부된 것이 물건인 경우에 대해서는 ① 낙약자가 수익자에 대한 원상회복청구가 불가능하다는 제1, 2차 대법원 판결이 수익자에게 급부한 것이 금전인지, 물건인지 여부를 구별하지 않고 있는 점, ② 낙약자의 수익자에 대한 원상회복청구가 가능하다고 하면, 수익자는 물건을 반환해야 할 뿐만 아니라 본인의 과실 없이 기존 대가관계상 존재하는 각종 권리(대가관계 상의 동시이행항변권 등)를 상실한 상태로 요약자의 무자력 등의 위험을 부담하여야 하는데, 이는 수익자에게 극히 불리한 점, ③ '계약당사자가 자기 명의로 체결한 계약에 의하여 제3자로 하여금 직접 계약 당사자의 일방에 대하여 권리를 취득하게 하는 것을 목적'으로 하는 제3자를 위한 계약의 취지에 부합하지 않는 점, ④ 제3자를 위한 계약에서 수익자는 양도인의 무권리자 요건이 충족되지 않아 선의취득이 인정되기 어려운 등 민법에서 물권행위의 유인성을 인정하면서도 거래의 안정을 위해 마련한 각종 보호 장치 등에 따라 보호받기 어려운 점, ⑤ 민법 제541조는 수익자의 권리가 생긴 후에는 당사자는 이를 변영 또는 소멸시키지 못한다고 규정하고 있는 점 등을 근거로 한 비판이 있을 수 있고, 충분히 경청할 만하다. 그러나 위와 같은 비판에도 불구하고, 우리 법체계에 있어서 그 결론을 달리하기는 어렵다. 또한 위와 같은 비판은 어디까지나 제3자를 위한 계약의 구조적 측면에서 오는 것으로서, 결국 수익자는 요약자와의 관계에서 이를 대비하여 계약을 체결하는 방식으로 그 불안을 해소할 수밖에 없다고 생각된다.

부족한 본 논고가 관련 법적 검토를 촉진하는 매개체가 되기를 바란다.

근친 간 혼인금지규정과 가족의 기능

헌법재판소 2022. 10. 27. 선고 2018헌바115 결정을 중심으로

박 근 웅

부산대학교 법학전문대학원 교수

이 글은 2023년 8월에 있었던 연세법학회 제73회 하계학술대회 발제문을 전면적으로 수정 · 보완한 것입니다.

존경하는 박동진 교수님의 화갑(華甲)을 축하드리며, 부족한 글을 올립니다.
지면을 빌어 교수님의 학은(學恩)에 감사드리며, 교수님께서 앞으로도 건강하고 평안하시기를 기원합니다.

Ⅰ. 들어가는 말

민법은 근친(近親) 간의 혼인을 금지한다(민법 제809조).[1] 친족은 혈족, 인척, 배우자를 말하며(제767조), 친족관계로 인한 법률상 효력은 다른 특별한 규정이 없는 한 8촌 이내의 혈족·4촌 이내의 인척·배우자에게 미치는 것인데도(제777조), 친족관계(또는 '이었던 것')를 이유로 혼인이 금지되는 효력에 대해서는 민법에서 별도의 규정을 두었다.[2] 그 내용은, ① 8촌 이내의 혈족(친양자의 입양 전의 혈족을 포함한다), ② 6촌 이내의 혈족의 배우자, 배우자의 6촌 이내의 혈족, 배우자의 4촌 이내의 혈족의 배우자인 인척이거나 이러한 인척이었던 자, ③ 6촌 이내의 양부모계(養父母系)의 혈족이었던 자와 4촌 이내의 양부모계의 인척이었던 자 사이에서는 혼인할 수 없다는 것이다. 이와 같은 근친혼 금지규정을 위반한 혼인은 무효이거나 취소 사유가 있는 것으로 본다(제815조 및 제816조). 특히 민법이 2005년 3월 31일 법률 제7427호로 개정된 이후에도 8촌 이내 혈족 사이 혼인은 일률적으로 무효로 보았다.

2022년 10월 27일 헌법재판소는 8촌 이내의 혈족 사이에 혼인할 수 없도록 한 제809조 제1항은 헌법에 위반되지 않는다고 하면서도, 제809조 제1항을 위반한 혼인을 무효로 하는 제815조 제2호는 헌법에 합치되지 않는다고 결정하였다.[3] 제815조 제2호는 2024년 12월 31일을 시한으로 개정될 때까지 계속 적용되었는데, 2024년 12월 말까지 민법 개정안은 제출되지 못하였고 결국 그 효력을 상실하게 되었다. 이 과정에서 법무부는 아직까지 개정안을 제시하지 못하고, 단지 4촌 이내의 혈족 간 혼인을 무효로 하고 이외에는 혼인 취소 사유로 보는 의원 입법안만이 소관 위원회인 법제사법위원회에 접수된 상태이다.[4] 이처럼 개정작업이 더딘 이유는 근친혼에 대한 민법상 규제가 사회적으로 예민하고 많은 논쟁을 수반하는 문제이기 때문일 것이다.[5]

대상결정에서도 제815조 제2호가 헌법에 합치되지 않는다는 결론에 있어서는 재판관 전원의 의견이 일치되었는데, 제809조 제1항의 위헌 여부에 대해서는 재판관 사이에 의견이 5 대 4로 첨예하게 나뉘었다. 근친혼에 대한 효력규정 외에 금지되는 근친혼의 범위에 관한 제809조 제1항도 당연히 민법 개정과정에서 검토되어야 할 대상이므로, 제815조 제2호에

1) 이하 법명을 생략한 것은 민법을 지칭한다.

2) 제777조는 '이 법 또는 다른 법률에 특별한 규정이 없는' 것을 전제로 적용되는 규정이고, 친족관계였던 사람 사이에도 혼인을 금지할 필요가 있을 수 있다는 점 등에 비추어 제809조에 별도의 규정을 마련한 것은 당연하고, 또한 적정하다.

3) 헌법재판소 2022. 10. 27. 선고 2018헌바115 결정(이하 '대상결정'이라 한다).

4) 2024. 10. 30. 제안 민법 일부개정법률안(유상범의원 등 12인; 의안번호 2205075). https://likms.assembly.go.kr/bill/billDetail.do?billId=PRC_X2Y4X1V0D2C9B1A0B4I6H5G9F7N4M9 (최종방문 2024.12.24. 이하 웹사이트들은 모두 동일함)

5) 현소혜, 친족 간 혼인의 금지 범위 및 그 효력에 관한 연구, 법무부 연구용역보고서, 2023은 자연혈족 간 혼인금지범위를 기존 8촌 이내 혈족에서 4촌 이내 혈족으로 축소하고, 직계혈족 또는 형제자매 관계인 때에만 혼인을 무효로 하는 개정안을 제안하였다. 이에 대해 사회적으로 논란이 적지 않았고, 법무부는 그 개정 방향이 아직 정해지지 않았다는 답변을 하였다. https://www.moj.go.kr/bbs/moj/183/580426/artclView.do

대한 대상결정의 내용뿐 아니라 제809조에 대한 다수의견과 소수의견 사이 대립된 의견의 의미도 상세하게 살펴볼 필요가 있다.

혼인의 자유와 혼인에 있어서 상대방을 결정할 수 있는 자유는 헌법 제10조와 헌법 제36조 제1항을 통해 뒷받침된다.[6] 다른 측면에서 근친혼을 금지하는 제809조는 혼인과 가족제도를 보장하고자 하는 헌법 제36조 제1항에 근거한다.[7] 주목할 점은, 제809조 제1항 자체의 합헌 여부에 대해서는 합헌의견(5인)과 헌법불합치의견(4인)의 대립이 있었지만, 근친혼 금지규정이 가까운 혈족 사이의 상호관계 및 역할·지위와 관련하여 발생할 수 있는 혼란을 방지하고 가족제도의 기능을 유지하기 위한 입법목적을 가진다는 점에 대해서는 9명의 재판관 사이에 이견(異見)이 없었다는 사실이다. 뒤에서 살피겠지만, 이와 같은 헌법재판소의 입장은 타당하다. 가족제도의 보장은, 가족의 순기능에서 정당성을 찾을 수 있다. 헌법 제36조 제1항이 가족의 기능과 무관하게, 단지 피상적인 도덕 관념이나 관습을 보호하려고 하는 것은 아니며, 가족의 기능과 상관관계가 확인되어야만 근친혼 금지의 정당성도 인정된다. 지나갔지만, 동성동본불혼제도와 관련한 가족법 개정의 역사를 통해, 구체화 되지 않은 '전통' 그 자체를 보호하고자 하는 시도의 허상(虛像)은 이미 확인된 바 있다.[8] 또한, 헌법 제36조 제1항이 보호하고자 하는 혼인과 가족생활은, "개인의 존엄과 양성의 평등"을 기초로 한다는 점도 간과해서는 안 된다. 가족의 기능도 개인의 존엄과 양성평등의 전제에서 파악해야 한다. 덧붙여, 가족의 기능을 유지하기 위해 입법자가 혼인과 가족생활을 스스로 결정하고 형성할 수 있는 개인의 자유를 제한한다고 하더라도, 기본권 제한의 헌법적 한계를 준수해야 함은 물론이다(헌법 제37조 참조). 제809조와 관련해 헌법재판소 내에서 의견이 나뉘었던

---

6) 헌법재판소는 1997. 7. 16. 선고 95헌가6내지13 전원재판부 결정에서 헌법재판소는 "헌법 제10조는 '모든 국민은 인간으로서의 존엄과 가치를 가지며, 행복을 추구할 권리를 가진다. 국가는 개인이 가지는 불가침의 기본적 인권을 확인하고 이를 보장할 의무를 진다'고 규정함으로써 모든 기본권의 종국적 목적(기본이념)이라 할 수 있고 인간의 본질이며 고유한 가치인 개인의 인격권과 행복추구권을 보장하고 있다. 그리고 이러한 개인의 인격권·행복추구권은 개인의 자기운명결정권을 그 전제로 하고 있으며, 이 자기운명결정권에는 성적자기결정권 특히 혼인의 자유와 혼인에 있어서 상대방을 결정할 수 있는 자유가 포함되어 있다(헌법재판소 1990. 9. 10. 선고 89헌마82 결정 참조). 또 헌법 제36조 제1항은 '혼인과 가족생활은 개인의 존엄과 양성의 평등을 기초로 성립되고 유지되어야 하며, 국가는 이를 보장한다'고 규정하고 있는바, 이는 혼인제도와 가족제도에 관한 헌법원리를 규정한 것으로서 혼인제도와 가족제도는 인간의 존엄성 존중과 민주주의의 원리에 따라 규정되어야 함을 천명한 것이라 볼 수 있다. 따라서 혼인에 있어서도 개인의 존엄과 양성의 본질적 평등의 바탕위에서 모든 국민은 스스로 혼인을 할 것인가 하지 않을 것인가를 결정할 수 있고 혼인을 함에 있어서도 그 시기는 물론 상대방을 자유로이 선택할 수 있는 것이며, 이러한 결정에 따라 혼인과 가족생활을 유지할 수 있고, 국가는 이를 보장해야 하는 것이다."라고 밝힌 바 있다.

7) 헌법 제36조 제1항의 성격과 관련해서는 학설대립이 있다(자세하게는 신옥주, 헌법상 혼인과 가족제도에 관한 고찰, 아주법학 제9권 제3호, 아주대학교 법학연구소, 2015, 154－157면 참조). 헌법 제36조 제1항은 인간다운 생활을 보장하는 기본권 보장의 성격과 혼인과 가족제도를 보장하는 제도보장의 성격을 모두 가진다고 볼 것이다. 같은 취지로 성낙인, 헌법학(제20판), 법문사, 2020, 1532－1533면; 현소혜, 현행 민법상 근친혼 제도의 위헌성, 가족법연구 제34권 제3호, 한국가족법학회, 2020, 136면 등.

8) 명순구, 1958년 민법 제809조의 歷程－소수자 인권에 관한 법정책적 담론을 겸하여, 안암법학 제26권, 안암법학회, 2008, 77면 이하; 양현아, 한국 가족법 읽기, 창비, 2011, 258－272면은 이와 같은 지점을 잘 드러내고 있다. 명순구 교수와 양현아 교수 모두 민법 제정 당시 동성동본 사이 혼인의 금지를 주장한 의원들의 논거가 실체가 없음을 지적한다. 다만 동성혼금지의 문제가 아닌 근친혼 금지제도에 대한 분명한 입장은 알기 어렵다.

부분은 이 지점이었다. 먼저 결론을 밝히자면, 제809조도 헌법에 합치된다고 보기 어렵다.

한편, 법적으로 금지된 근친혼에 해당하는 혼인이 이루어진 경우, 그러한 혼인은 무효이거나 취소 사유에 해당하는 흠결이 있다. 그런데 무효와 취소는 그 효과에 있어서 큰 차이가 있고, 혼인의 무효는 예외적으로만 인정되어야 한다. 특히 자녀 등 혼인 당사자 이외의 자에게도 중대한 영향을 끼치는 점을 고려해야 한다.

이하에서는 헌법재판소 2022. 10. 27. 선고 2018헌바115 결정의 주요한 내용을 먼저 살펴보고 제809조 제1항의 당부를 검토한 후(Ⅱ), 이를 토대로 민법 제809조 제1항과[9] 제815조 제2호의 개선방안을 간략히 살피고(Ⅲ), 글을 맺고자 한다(Ⅳ).

Ⅱ. 헌법재판소 2022. 10. 27. 선고 2018헌바115 결정

1. 대상결정의 내용

(1) 주 문

1) 민법(2005. 3. 31. 법률 제7427호로 개정된 것) 제809조 제1항은 헌법에 위반되지 아니한다.

2) 민법(2005. 3. 31. 법률 제7427호로 개정된 것) 제815조 제2호는 헌법에 합치되지 아니한다. 위 법률조항은 2024. 12. 31.을 시한으로 개정될 때까지 계속 적용된다.

(2) 사건 개요

甲(청구인)과 乙은 2016. 5. 4. 혼인신고를 하였는데, 乙은 2016. 8. 1. 甲과 6촌 사이임을 이유로 혼인무효의 소를 제기하였고, 대구가정법원 상주지원은 위 혼인신고가 8촌 이내 혈족 사이의 혼인신고이므로 제809조 제1항, 제815조 제2호에 따라 무효임을 확인하였다(2016드단646).

이에 甲은 대구가정법원에 항소하였고(2017르5150), 위 항소심 계속 중 8촌 이내 혈족 사이의 혼인을 금지하고 이를 혼인의 무효사유로 규정한 제809조 제1항 및 제815조 제2호에 대하여 위헌법률심판 제청신청을 하였으나(대구가정법원 2017즈기1432), 2018. 1. 25. 甲의 위 항소 및 신청이 모두 기각되자, 2018. 2. 19. 이 사건 헌법소원심판을 청구하였다.

(3) 이유의 요지[10]

1) 혼인과 가족생활을 스스로 결정하고 형성할 자유의 제한과 한계

헌법 제36조 제1항은 혼인과 가족생활을 스스로 결정하고 형성할 수 있는 자유를 기본권

9) 이 글에서는 혈족 사이 근친혼의 문제에 집중하기로 한다.
10) 이하 내용은 헌법재판소가 제공하는 결정요지를 필자의 편의에 따라 가감한 것이다. 결정요지문은 이하 사이트 참조. https://isearch.ccourt.go.kr/search.do?category=00#view.do?link=53618_010300

으로서 보장하고, 혼인과 가족에 대한 제도를 보장한다. ① 입법자는 혼인 및 가족관계가 가지는 고유한 특성, 예컨대 계속적·포괄적 생활공동체, 당사자의 의사와 관계없는 친족 등 신분관계의 형성과 확장가능성, 구성원 상호간의 이타(利他)적 유대관계의 성격이나 상호 신뢰·협력의 중요성, 시대와 사회의 변화에 따른 공동체의 다양성 증진 및 인식·기능의 변화 등을 두루 고려하여, 사회의 기초단위이자 구성원을 보호하고 부양하는 자율적 공동체로서의 가족의 순기능이 더욱 고양될 수 있도록 혼인과 가정을 보호하고, 개인의 존엄과 양성의 평등에 기초한 혼인·가족제도를 실현해야 한다(*주: 밑줄과 번호는 필자가 임의로 덧붙인 것이다. 이하 같다. 번호 ①은 가족의 기능과 특수성, ②는 근친혼 금지의 목적, ③은 금혼범위가 과잉한가에 대한 판단을 설명하는 부분을 의미한다). 이를 위해 개인이 혼인과 가족생활을 스스로 결정하고 형성할 수 있는 자유를 제한하는 경우에는 기본권 제한의 헌법적 한계를 준수하여야 함은 물론이다.

심판대상조항은 8촌 이내의 혈족 사이의 혼인을 금지하고, 이에 위반한 혼인은 무효로 하여 '혼인과 가족생활을 스스로 결정하고 형성할 수 있는 자유'(이하 '혼인의 자유'라 한다)를 제한하고 있다. 이러한 제한이 헌법 제37조 제2항이 정한 기본권 제한의 한계 원리 내의 것인지 살펴본다.

2) 금혼조항의 혼인의 자유 침해 여부

(가) 이선애, 이은애, 이종석, 이영진, 이미선 재판관의 합헌 의견(이하 '다수의견'이라 한다)

가까운 혈족 사이의 혼인(이하 '근친혼'이라 한다)의 경우, ② 가까운 혈족 사이의 서열이나 영향력의 작용을 통해 개인의 자유롭고 진실한 혼인 의사의 형성·합치에 어려움을 초래할 수 있고, 성(性)적 긴장이나 갈등·착취 관계를 초래할 수 있으며, 종래 형성되어 계속된 가까운 혈족 사이의 신분관계를 변경시켜 개별 구성원의 역할과 지위에 혼란을 불러일으킬 수 있다. 이에 더하여, 인류 문화에서 보편적으로 금기시되는 근친상간(incest)은 근친혼 당사자나 그 자녀들이 가족·친족 사이에서 일반적으로 기대되는 신뢰와 애정에 기초한 사적 유대 및 협력관계를 갖기 어렵게 하여 가까운 혈족의 해체를 초래할 수 있다. 그 결과 우리 사회에서 1차적으로 가까운 혈족이 담당하는 구성원에 대한 보호와 부양에서 배제되는 구성원이 발생할 수 있다. 이 사건 금혼조항은 위와 같이 근친혼으로 인하여 가까운 혈족 사이의 상호 관계 및 역할, 지위와 관련하여 발생할 수 있는 혼란을 방지하고 가족제도의 기능을 유지하기 위한 것이므로 그 입법목적이 정당하다. 또한 8촌 이내의 혈족 사이의 법률상의 혼인을 금지한 것은 근친혼의 발생을 억제하는 데 기여하므로 입법목적 달성에 적합한 수단에 해당한다.

이 사건 금혼조항은, 촌수를 불문하고 부계혈족 간의 혼인을 금지한 구 민법상 동성동본 금혼 조항에 대한 헌법재판소의 헌법불합치 결정의 취지를 존중하는 한편, 우리 사회에서 통용되는 친족의 범위 및 양성평등에 기초한 가족관계 형성에 관한 인식과 합의에 기초하여 근친의 범위를 한정한 것이므로 그 합리성이 인정된다. ③-1 급속한 경제성장에 따른 산업화 · 도시화와 교통 · 통신의 발달, 전국적인 인구이동 및 도시집중 현상 등과 같이 친족 관념이나 가족의 기능에 변화를 가져올 수 있는 사회 · 문화적 변동이 계속되고 있는 오늘날의 상황에서도 친족 관념이나 가족의 기능에 관해 세대 간 견해의 변화가 있었다고 단정하기는 어려운 만큼, 민법이 정하고 있는 친족의 범위를 고려하여 정한 이 사건 금혼조항이 입법목적 달성에 불필요하거나 과도한 제한을 가하는 것이라고는 볼 수 없다.

한편, 이 사건 금혼조항이 정한, 법률혼이 금지되는 혈족의 범위는 외국의 입법례에 비하여 상대적으로 넓은 것은 사실이다. 그러나 ③-2 근친혼이 가족 내에서 혼란을 초래하거나 가족의 기능을 저해하는 범위는 가족의 범주에 관한 인식과 합의에 주로 달려 있으므로 역사 · 종교 · 문화적 배경이나 생활양식의 차이로 인하여 상이한 가족 관념을 가지고 있는 국가 사이의 단순 비교가 의미를 가지기 어렵다. 이를 종합하면, 이 사건 금혼조항이 침해의 최소성에 반한다고 할 수 없다.

이 사건 금혼조항으로 인하여 법률상의 배우자 선택이 제한되는 범위는 친족관계 내에서도 8촌 이내의 혈족으로, 넓다고 보기 어렵다. 그에 비하여 8촌 이내 혈족 사이의 혼인을 금지함으로써 가족질서를 보호하고 유지한다는 공익은 매우 중요하다. 따라서 이 사건 금혼조항은 법익균형성에 위반되지 아니한다.

그렇다면 이 사건 금혼조항은 과잉금지원칙에 위배하여 혼인의 자유를 침해하지 않는다.

(나) 유남석, 이석태, 김기영, 문형배 재판관의 헌법불합치 의견(이하 '소수의견'이라 한다)

근친혼 금지는 인류 보편적으로 형성된 근친상간 금기에서 유래한다. ②-1 근친상간 금기는 인간의 자연적, 심리적 본성을 반영한 것으로 직계혈족 및 형제자매 간의 성적 교섭이나 출산을 제한하기 위한 것이다. 성적 교섭과 출산을 통해 가족을 확장하는 것은 오롯이 부모의 역할이며 자녀에게는 부모의 역할을 대체할 후속세대로서의 성장이라는 역할이 기대된다. 자녀는 가족 내에서 부모나 형제자매에 대해 성적 대상으로서의 역할을 수행하지 않으며, 수행해서도 안 된다. 성적 긴장 및 갈등 관계로 인한 가족의 붕괴를 방지하고, 인류의 지속적인 발전을 위해 안정적으로 양육된 다음 세대를 확보하려면 가족구성원 간 성적 역할의 혼란을 방지할 필요가 있다고 할 것이다.

이 사건 금혼조항은 가족질서를 유지하고 가족제도의 기능을 보호하기 위하여 가족 내에서의 혼인을 금지한 것으로 그 입법목적이 정당하며 수단의 적합성도 인정된다.

그런데 이 사건 금혼조항은 근친상간 금기의 범위를 훨씬 넘어 8촌 이내 혈족을 모두 금혼의 대상으로 삼고 있다. ③-1 8촌 이내의 혈족을 '근친'으로 여기는 관념이 오늘날에도 여전히 지역이나 세대를 불문하고 보편적으로 받아들여지는 통념이라고 보기 어렵고, 친족인지 여부를 확인할 수 있는 별도의 신분공시제도가 마련되어 있는 것도 아니어서 상대적으로 촌수가 먼 친족의 경우에는 혈족관계의 존재나 그 촌수를 알기 어렵게 되었다.

독일, 오스트리아, 스위스, 프랑스, 영국, 일본, 중국 등 ③−2 다수의 국가들이 이 사건 금혼조항에 비해 상대적으로 금혼의 범위를 좁게 규정하고 있고, 혼인의 자유는 보편적 인권으로서 존중되고 보호되어야 한다는 것이 오늘날 세계적으로 통용되는 관념이라 할 것이며, 국제결혼이 지속적으로 증가하고 해외 유입인구도 갈수록 늘어나고 있으므로, 입법자는 국제규범과의 정합성을 고려하여 혼인제도를 형성하도록 노력하여야 할 것이다.

그럼에도 이 사건 금혼조항은 만연히 민법상의 친족 범위에 맞추어 금혼의 범위를 규정하고 있다. 친족의 범위를 규정함에 있어서는 특정 촌수 범위 내에 있는 인적 집단에게 친족관계로 인한 법률상 효력이 미치도록 규정함이 타당할 것이나, 이 사건 금혼조항은 친족의 범위를 정하는 조항이 아니라 혼인의 자유를 제한하는 조항이므로, 입법자는 민법 제777조가 정한 친족의 범위와 상관없이 혼인의 자유를 제한할 필요가 있는 최소한의 범위 내에서만 금혼의 범위를 정하였어야 할 것이다.

③−3 유전학적 연구결과에 의하더라도 8촌 이내 혈족 사이의 혼인이 일률적으로 그 자녀나 후손에게 유전적으로 유해한지에 대한 과학적인 증명이 있었다고 보기 어려우므로, 유전학적 관점은 혼인의 상대방을 선택할 자유를 제한하는 합리적인 이유가 될 수 없다.

따라서 이 사건 금혼조항은 입법목적 달성에 필요한 범위를 넘는 과도한 제한으로서 침해최소성에 반한다.

나아가 이 사건 금혼조항을 통하여 가족질서를 유지하고 가족제도의 기능을 보호하려는 공익에 비하여 이 사건 금혼조항으로 인하여 침해되는 사익이 훨씬 더 중대하므로, 이 사건 금혼조항은 법익균형성에도 반한다.

그렇다면 이 사건 금혼조항은 과잉금지원칙에 위배하여 혼인의 자유를 침해한다.

이 사건 금혼조항의 위헌성은 근친혼 금지의 범위가 지나치게 광범위하다는 데에 있다. 근친혼 금지의 범위를 합헌적으로 개선할 방법에 관하여는 입법형성권을 가지고 있는 입법자에게 맡기는 것이 바람직하다.

3) 무효조항의 혼인의 자유 침해 여부

(가) 이선애, 이은애, 이종석, 이영진, 이미선 재판관의 헌법불합치 의견

이 사건 무효조항은 이 사건 금혼조항의 실효성을 보장하기 위한 것으로서 정당한 입법목적 달성을 위한 적합한 수단에 해당한다.

근친혼을 금지하는 이유는 근친혼으로 인하여 발생할 수 있는 가까운 혈족 사이 관계의 혼란을 방지하고 가족제도의 기능을 유지하기 위함이다. 그런데 이미 근친혼이 이루어져 당사자 사이에 부부간의 권리와 의무의 이행이 이루어지고 있고, 자녀를 출산하거나 가족 내 신뢰와 협력에 대한 기대가 발생하였다고 볼 사정이 있는 때에 일률적으로 그 효력을 소급하여 상실시킨다면, 이는 가족제도의 기능 유지라는 본래의 입법목적에 반하는 결과를 초래할 가능성이 있다. 또한 현재 우리나라에는 서로 8촌 이내의 혈족에 해당하는지 여부를 명확하게 확인할 수 있는 신분공시제도가 없다. 이에 혼인 당사자가 서로 8촌 이내의 혈족임을 우연한 사정에 의하여 사후적으로 확인하게 되는 경우도 있을 수 있다. 그럼에도 현행 가사소송법에 의하면 아무런 예외 없이 일방당사자나 법정대리인 또는 4촌 이내의 친족이 언제든지 혼인무효의 소를 제기할 수 있는데, 이는 당사자나 그 자녀들에게 지나치게 가혹한 결과를 초래할 수 있다.

이 사건 무효조항의 입법목적은 근친혼이 가까운 혈족 사이 신분관계 등에 현저한 혼란을 초래하고 가족제도의 기능을 심각하게 훼손하는 경우에 한정하여 무효로 하더라도 충분히 달성 가능하고, 위와 같은 경우에 해당하는지 여부가 명백하지 않다면 혼인의 취소를 통해 장래를 향하여 혼인을 해소할 수 있도록 규정함으로써 가족의 기능을 보호하는 것이 가능하다.

결국 이 사건 무효조항은 근친혼의 구체적 양상을 살피지 아니한 채 8촌 이내 혈족 사이의 혼인을 일률적·획일적으로 혼인무효사유로 규정하고, 혼인관계의 형성과 유지를 신뢰한 당사자나 그 자녀의 법적 지위를 보호하기 위한 예외조항을 두고 있지 않으므로, 입법목적 달성에 필요한 범위를 넘는 과도한 제한으로서 침해의 최소성을 충족하지 못한다.

이 사건 무효조항은 경우에 따라 개인의 생존권이나 자의 복리에 중대한 영향을 미치고, 한 당사자가 다른 당사자로부터 일방적으로 유기를 당하는 등의 이른바 축출이혼에 악용될 소지도 배제할 수 없다. 이 사건 무효조항을 통하여 달성되는 공익은 결코 적지 아니하나, 이 사건 무효조항으로 인하여 제한되는 사익의 중대함을 고려하면, 이 사건 무효조항은 법익균형성을 충족하지 못한다.

그렇다면, 이 사건 무효조항은 과잉금지원칙에 위배하여 혼인의 자유를 침해한다.

이 사건 무효조항의 위헌성은 이 사건 금혼조항에 의하여 금지되는 근친혼을 어떠한 예외도 없이 처음부터 무효로 하는 데에 있다. 근친혼이 가까운 혈족 사이의 신분관계 등에 현저한 혼란을 초래하고 가족제도의 기능을 심각하게 훼손하는 경우에도 무효로 하여서는 안 된다는 것은 아니다. 당사자와 그 자녀의 법적 지위에 대한 예외적 보호가 필요한 범위에 관하여는 혼인과 가정을 보호하고 개인의 존엄과 양성의 평등에 기초한 혼인·가족 제도를 실현하여야 할 일차적 책임이 있는 입법자에게 맡기는 것이 바람직하다. 따라서 단순위헌결정이 아니라 헌법불합치 결정을 선고한다.

(나) 유남석, 이석태, 김기영, 문형배 재판관의 헌법불합치의견

이 사건 무효조항은 이 사건 금혼조항의 실효성을 확보하기 위한 것으로 8촌 이내 혈족 사이의 혼인을 전부 무효로 하고 있다. 그런데 이 사건 금혼조항에 대한 (뒤의) 반대의견에서 밝히는 바와 같이 이 사건 금혼조항은 그 금지의 범위가 지나치게 광범위하여 헌법에 합치되지 아니한다. 따라서 이 사건 금혼조항의 실효성 확보를 위하여 이에 위반한 이 사건 무효조항도 헌법에 합치되지 아니한다.

이 사건 금혼조항의 개선입법으로 금지되는 근친혼의 범위가 합헌적으로 축소되는 경우에 그와 같이 축소된 금혼 범위 내에서 이 사건 무효조항은 그 입법목적의 정당성과 수단의 적합성이 인정된다.

이 사건 무효조항의 입법목적은 가령 직계혈족 및 형제자매 사이의 혼인과 같이 근친혼이 가족제도의 기능을 심각하게 훼손하는 경우에 한정하여 그 혼인을 무효로 하고 그 밖의 근친혼에 대하여는 혼인이 소급하여 무효가 되지 않고 혼인의 취소를 통해 장래를 향하여 혼인이 해소될 수 있도록 규정함으로써 기왕에 형성된 당사자나 그 자녀의 법적 지위를 보장하더라도 충분히 달성될 수 있다. 그럼에도 이 사건 무효조항은 이 사건 금혼조항을 위반한 경우를 전부 무효로 하고 있어서 침해최소성과 법익균형성에 반한다.

그렇다면 이 사건 무효조항은 과잉금지원칙에 위배하여 혼인의 자유를 침해한다.

이 사건 무효조항의 위헌성은 무효로 되는 근친혼의 범위가 지나치게 광범위하다는 데에 있다. 혼인이 금지되는 혈족의 범위, 금지된 근친혼 중에서 무효로 할 부분과 취소로 할 부분을 정하는 것은 개인의 존엄과 양성의 평등에 기초한 혼인 및 가족제도를 형성하여야 할 일차적 책임이 있는 입법자에게 맡기는 것이 바람직하다.

2. 대상결정의 검토

(1) 헌법 제36조 제1항과 가족의 기능

헌법은 제36조 제1항에서, "혼인과 가족생활은 개인의 존엄과 양성의 평등을 기초로 성립되고 유지되어야 하며, 국가는 이를 보장한다."고 밝힌다. 혼인과 가족생활을 스스로 결정하고 형성할 수 있는 자유를 기본권으로 보장하고, 혼인과 가족에 대한 제도를 보장하는 조문이며, 헌법원리 또는 원칙규범으로서 적극적으로는 적절한 조치를 통해서 혼인과 가족을 지원하고 제3자에 의한 침해 앞에서 혼인과 가족을 보호해야 할 국가의 과제를 포함하며 소극적으로는 불이익을 야기하는 제한조치를 통해서 혼인과 가족을 차별하는 것을 금지해야 할 국가의 의무를 포함한다.[11)]

11) 헌법재판소 2002. 8. 29. 선고 2001헌바82 결정. 차원일, 혼인과 가족제도의 변화와 헌법 제36조 제1항의 규범적 의미, 헌법학연구 제30권 제2호, 한국헌법학회, 2024, 188면은 헌법 제36조 제1항을 혼인과 가족생활을 스스로

주목할 것은, 제도보장으로서 헌법 제36조 제1항이 보호하는 혼인・가족제도는 '전형적이고 전통적인 사법상 제도'의 모습 그 자체를 의미하는 것은 아니라는 점이다. 과거 우리 혼인・가족제도의 모습이 어떠하였던지, 헌법은 인간의 존엄과 남녀평등을 기초로 문명적 가족관계를 설정하고 유지하겠다는 결단을 하였다.[12] 과거 헌법재판소의 동성동본불혼제도에 대한 헌법불합치결정은 같은 맥락에서 연결된다.[13] 또한, 호주제가 헌법에 위반된다고 판단한 결정에서 헌법재판소는 헌법 전문과 헌법 제9조에서 말하는 '전통', '전통문화'란 역사성과 시대성을 띤 개념으로서 헌법의 가치질서, 인류의 보편가치, 정의와 인도정신 등을 고려하여 오늘날의 의미로 포착하여야 함을 강조하였고, 이어서 전래의 어떤 가족제도가 헌법 제36조 제1항이 요구하는 개인의 존엄과 양성평등에 반한다면 헌법 제9조를 근거로 그 헌법적 정당성을 주장할 수는 없다고 명시적으로 밝혔다.[14] 결론적으로, 헌법 제36조 제1항이 보장하고 수호하는 혼인과 가족제도의 본질(그리고 핵심)은 '개인의 존엄과 양성의 평등'이라는 분명한 명령 앞에 놓여있다고 할 수 있다.

그렇다면 이때의 혼인과 가족제도의 본질은 어떠한 내용으로 확정할 수 있는가? 헌법재판소는 대상결정을 통해 헌법 제36조 제1항과 관련한 입법자의 의무를 설명하며, 가족관계가 가지는 고유한 특성을 두루 고려하여 사회의 기초단위이자 구성원을 보호하고 부양하는 자율적 공동체로서의 가족의 순기능이 더욱 고양될 수 있도록 혼인과 가정을 보호하고, 개인의 존엄과 양성의 평등에 기초한 혼인・가족제도를 실현해야 한다고 밝힌다. 또한, 이때 가족관계의 고유한 특성이란, 계속적・포괄적 생활공동체, 당사자의 의사와 관계없는 친족 등 신분관계의 형성과 확장가능성, 구성원 상호간의 이타(利他)적 유대관계의 성격이나 상호 신뢰・협력의 중요성, 시대와 사회의 변화에 따른 공동체의 다양성 증진 및 인식・기능의 변화 등을 의미한다고 한다(결정요지 ① 부분). 이와 같은 인식은 다분히 기능적인 접근에 닿아있다는 점을 알 수 있다.[15] '사회의 기초단위이자 구성원을 보호하고 부양하는 자율적 공동체로서의 가족의 순기능'이라는 표현을 통해 이와 같은 점을 확인할 수 있다. 조금 더 숙고할 필요가 있겠으나 이와 같은 기능적 접근은 의미가 있고 수긍할 수 있다. 국가가 개

결정하고 형성할 수 있는 자유권적 기본권이자, 제도보장, 공사법의 모든 영역에 미치는 헌법원리 내지 원칙규범으로서의 복합적인 규범구조로 발전되었으며, 나아가 혼인과 가족생활영역에서 헌법 제11조 제1항의 평등원칙을 구체화한 차별금지 명령의 근거가 된다고 설명한다.

12) 허영, 한국헌법론(전정 15판), 박영사, 2019, 187-188면.

13) 헌법재판소 1997. 7. 16. 선고 95헌가6등 결정.

14) 헌법재판소 2005. 2. 3. 선고 2001헌가9등 결정.

15) 제도보장의 핵심영역을 어떻게 이해할 것인지에 대해서는 실체적(substantiell) 또는 기능적(funktional) 이해에 따라 차이를 보일 수 있다. 실체적 이해에 따르면 혼인과 가족생활에 대해 그 정의에 선행하여 본질을 확정하게 되므로 그만큼 다양한 해석의 여지가 감소하게 된다. 반면 기능적 이해에 따르면 혼인과 가족은 개인 또는 사회를 위해 수행하는 기능에 의해 정의되고, 새로운 생활형태에 대해 보다 개방적일 수 있다. 자세하게는 차원일, 앞의 글(주 11), 202-204면 참조. 한편 동 문헌은, 보호의 대상이 기능으로 대체되는 것은 경계해야 한다는 우려도 소개하고 있다. 다만, 제도보장의 핵심영역을 실체적으로 이해하더라도, 그 실체는 개인의 존엄과 남녀평등에 배치될 수 없고, 이와 같은 헌법의 가치를 실현할 수 있도록 제도보장을 해석해야 한다는 점은 헌법 제36조 제1항에 비추어 분명하다.

인의 존엄과 양성의 평등을 기초로 한 혼인과 가족생활을 보장해야 함은 헌법 그 자체에서 제시되고 명령하고 있는 바이지만, 한편으로는 가족의 기능에서 당위성을 찾아볼 수 있기 때문이다. 혼인과 가족제도의 본질은 하나의 실체로서 그 자체 헌법적으로 보호받아야 할 제도이지만, 그와 같은 헌법적 합의가 역사적으로 형성된 데에는 혼인과 가족제도의 역할과 순기능이 근거가 되었음도 물론이다. 무엇보다 가족은 사회구성의 기본단위로서 사회와 연계되어 유기적 관계로 공존한다.[16] 가족의 안정과 건강은 사회의 안정과 밀접한 관련성을 갖고, 이러한 점에서 혼인과 가족제도 보장은 가족을 이루는 개인의 존엄과 양성의 평등을 보장하는 측면이 있는 동시에 사회 일반의 공적 이익과도 직접 관련된다. 대상결정에서 구성원을 보호하고 부양하는 자율적 공동체의 역할을 가족의 순기능으로 제시한 점, 가족은 자유로운 의사에 의한 혼인을 기반으로 형성되는 것이지만 친족 등 신분관계의 형성과 확장의 면에서는 그 의사와 무관하게 특정한 신분적 지위가 부여되는 제3자가 전제될 수 있다는 점, 가족의 모습은 변화하며 공동체의 다양성을 증진하는 방향을 지향해야 한다는 점 등은 근친혼 금지 외에도 여러 가족제도를 살펴볼 때 시사하는 바가 적지 않다. 특히 혼인의 자유라는 측면에서 혼인 당사자의 기본권은 매우 중요하지만, 다른 한편 신분관계의 형성과 확장의 면에서는 그 의사와 무관하게 신분적 지위가 부여되는 제3자가 존재한다는 점과 그와 같은 공동체가 구성원을 보호하고 부양하는 자율적 공동체의 역할을 충실하게 수행해야 한다는 점은 근친혼 제한에 관한 이해관계를 살펴보는데 늘 상정해두어야 할 요소이다.

이상과 같은 점에서, 혼인의 자유에 대한 일정한 제한의 정당성을 찾아볼 수 있다. 다만, 헌법이 제36조 제1항을 통해 혼인과 가족의 사회적 생활 단위를 보장하기에 – 근친혼과 연결하자면 – 법이 필요한 최소한의 정도에서 이를 금지하는 것은 허용되지만, 제도적 보장의 범위를 넘어서 개인의 혼인과 자유를 과도하게 제한하는 것은 허용되지 않는다. 즉, 헌법 제37조 제2항에 따른 과잉금지원칙을 준수하여야 함은 물론인 것이다.[17]

이상의 설명을 통해 몇 가지 주요한 시사점을 다시금 정리한다면 다음과 같다.

첫째, 헌법 제36조 제1항은 개인이 혼인과 가족생활을 스스로 자유롭게 형성하고 결정할 수 있는 기본권으로서의 성격도 갖지만, 혼인과 가족제도를 보장하는 제도보장의 성격도 동시에 갖는다.

둘째, 이때 헌법이 보장하는 제도는 전통적이고 전래적인 혼인과 가족생활의 모습 그 자체라기보다는 개인의 존엄과 양성평등을 기초로 한 문명적 가족제도를 의미한다.

셋째, 헌법을 통한 혼인과 가족제도의 보장은 가족이 그 역할과 순기능을 다할 수 있도록

---

16) 공세권, 가족의 본질과 이론적 접근, 간호학탐구 제4권 제2호, 연세대학교 김모임간호학연구소, 1995, 19면.

17) 이춘복, 민법상 근친간 금혼 규정에 대한 헌법적 고찰–최근 헌법재판소 결정(헌재 2022. 10. 27. 2018헌바115)에 대한 비판적 검토, 유럽헌법연구 제41권, 유럽헌법학회, 2023, 492–494면 참조.

기능적 시각에서 접근해야 하며, 이때 가족의 역할과 기능은 구성원의 보호와 부양을 수행하는 자율적 공동체로서, 덧붙여 사회의 안정과 건강을 가져오는 것이다. 그리고, 가족의 순기능을 증진할 수 있도록 제도를 실현함에는 가족공동체의 특수성을 고려해야 한다. 즉 가족공동체에는 자신의 의사와 무관하게 신분관계가 형성된 제3자가 존재할 수 있다는 점, 가족의 개념에 시대와 사회 변화에 따른 가치와 다양성을 충실하게 담아야 한다는 점을 충분히 감안해야 한다.

넷째, 혼인·가족제도의 보장을 위해 법이 필요한 최소한의 정도에서 이를 금지하는 것은 허용되지만, 헌법 제37조 제2항의 룰을 준수해야 한다.

(2) 근친혼 금지의 목적

바로 앞에서 언급한 것처럼 근친혼 금지의 목적은 가족의 기능과 특성에 연결되어 있다(결정요지 ② 부분). 대상결정의 다수의견과 소수의견이 발견한 근친혼 금지의 취지는 전반적인 맥락에서는 유사하다. 주요한 목적으로 제시되는 것은, 가족 구성원 내부에서 성적 착취 관계를 방지한다는 점과 종래 형성되어 계속된 혈족 사이의 신분관계를 변경시켜 구성원의 역할과 지위에 혼란을 일으키지 않도록 한다는 점, 성적 긴장이나 갈등을 통해 가족 구성원 간의 유대와 협력관계를 해체하고 이로 인해 보호와 부양에서 배제되는 구성원이 발생하지 않도록 한다는 점이다. 앞선 가족공동체의 특성－의사와 무관한 제3자의 존재가능성－이나 가족공동체의 기능－구성원의 보호·부양 등－에 비추어 이러한 근친혼 금지의 목적은 그 자체로 수긍할 수 있다.

다만, 한 가지 주목할 만한 점은, 유전적 질병이 있는 자녀가 출생할 가능성을 우려한 우생학적 목적에 대해서는 다수의견이나 소수의견 모두 중요하게 다루고 있지 않다는 사실이다.[18] 단지 소수의견이 침해의 최소성을 판단하는 과정에서, “유전학적 연구결과에 의하더라도 8촌 이내 혈족 사이의 혼인이 일률적으로 그 자녀나 후손에게 유전적으로 유해한지에 대한 과학적인 증명이 있었다고 보기 어려우므로, 유전학적 관점은 혼인의 상대방을 선택할 자유를 제한하는 합리적인 이유가 될 수 없다.”고 밝히고 있을 뿐이다.[19]

혈족 사이에 혼인이 금지되는 이유에 유전학·우생학적 이유도 포함되는 것으로 보는 견

18) 근친혼 금지의 논거로 일반적으로 제시되는 것은 다음과 같다[자세하게는 현소혜, 앞의 글(주 7), 151－152면 참조; 그보다 앞선 연구로 윤진수, 민법상 금혼규정의 헌법적 고찰, 저스티스 통권 제170－2호, 한국법학원, 2019, 263－266면 참조]. ① 근친혼을 금지함으로써 유전적 질병이 있는 자녀가 출생할 가능성을 최소화한다(우생학적 목적). ② 아버지 또는 어머니를 두고 그의 배우자와 이성의 자녀가 서로 다투는 등 가족 간에 성적으로 경쟁할 가능성을 제거하여 분쟁을 최소화하고, 사회의 기본단위인 가정이 유지될 수 있도록 한다(사회적 목적). ③ 자녀가 부모의 배우자의 지위를 겸하는 일 등이 없도록 하여 가족 내에서 성적 역할을 담당하는 자를 확정하고, 구성원 각각의 지위를 명확히 함으로써 가족 구성원을 지배와 착취로부터 보호한다(심리적 목적). ④ 친족 아닌 자와의 혼인을 강제함으로써 가족 외의 집단과의 교류를 확대하고, 새로운 유전자와 사고방식, 생활양식 기타 문화의 유입을 통해 사회의 발전을 도모한다(문화적 목적).

19) 침해의 최소성을 판단하기에 앞서 먼저 유전학적 관점이 근친혼 금지의 정당한 목적이 될 수 있는지부터 검토할 필요가 있었다는 점에서 아쉬움이 있다.

해도 많다.[20] 그러나 우생학적 이유가 금혼규정의 정당한 목적이 될 수 있는지 의심스럽다. 유전병의 우려나 국민의 건강은 유대관계를 기반으로 하여 가족 구성원을 보호하거나 부양한다는 등의 가족 기능과는 무관하다. 우생학적 목적의 정당성을 설명하며, 근친혼으로부터 출생한 자녀의 건강과 복리를 고려해야 한다는 주장도 있으나,[21] 잠재적인 자녀의 유전적 질병을 예방한다는 목적을 설정한다는 것은 자녀가 태어나 잠재적 삶을 얻을 수 있는 추정적 이익과 자신이 존재하지 않는 추정적 이익을 형량하는 불합리한 사고를 전제한다는 점에서 동의하기 어렵다.[22] 우생학적 이유가 금혼의 목적이 될 수 있다면 의학적으로 유전되는 질환을 가진 사람의 혼인을 금지하는 것도 정당화될 수 있는가? 무엇보다 우생학적 이유에 관한 주장은, 혼인과 가족생활은 개인의 존엄을 기초로 성립되고 유지되어야 한다는 헌법 제36조 제1항의 지시에 부합하는 것으로 보기 어렵다.[23]

(3) 금혼조항의 과잉금지원칙 위배 여부－침해의 최소성을 중심으로

1) 대상결정에서 의견 대립

이 문제와 관련해(결정요지 ③ 부분) 대상결정의 다수의견과 소수의견의 입장은 분명하게 나뉜다.

다수의견은, ① 친족 관념이나 가족의 기능에 변화를 가져올 수 있는 사회・문화적 변동이 계속되고 있는 오늘날의 상황에서도 친족 관념이나 가족의 기능에 관해 세대 간 견해의 변화가 있었다고 단정하기 어렵다고 하고, ② 법률혼이 금지되는 혈족의 범위가 외국의 입

---

20) 김주수・김상용, 친족상속법(제19판), 법문사, 2023, 98면; 송덕수, 친족상속법(제6판), 박영사, 2022, 38면; 윤진수, 앞의 글(주 8), 266면 등. 독일연방헌법재판소도 형제자매 사이의 성교를 처벌하는 독일형법 제173조 제2항 제2문에 대하여 합헌결정을 내리면서 우생학적 이유를 근거로 들고 있다[BVerfGE 120, 224; https://www.bundesverfassungsgericht.de/SharedDocs/Entscheidungen/DE/2008/02/rs20080226_2bvr039207.html; 이 결정에 대한 번역으로 고명수, 형제자매 간 근친상간 처벌규정(독일형법 제173조 제2항 제2문)에 대한 독일연방헌법재판소 결정(－2 BvR 392/07－), 비교형사법연구 제24권 제3호, 한국비교형사법학회, 2022, 169면 이하].

21) 권오상, 민법상 자연혈족 간 금혼규정에 관한 고찰, 법학논고 제84집, 경북대학교 법학연구소, 2024, 356면.

22) 위 독일연방헌법재판소 결정의 하세머(Hassemer) 재판관의 반대의견(고명수, 위의 글, 198면 참조).

23) 현소혜 교수는 근친혼으로부터 출생한 자녀에게 유전적 질환이 있더라도 이는 부모가 스스로 각오하고 감당할 문제이며 국가가 개입할 문제가 아니라고 하며, 우생학적 목적을 위해서 혼인을 금지하여서라도 자녀의 출산을 막아야 한다는 사고가 우리 헌법상 보장되는 개인의 존엄과 행복추구권 및 생명권에 어울리지 않는다고 지적한다[현소혜, 앞의 글(주 7), 152－155면]. 다만 현소혜 교수는 유전적 질환이나 장애 등이 있는 자녀가 출생하는 빈도가 높아질수록 사회 전체가 지출해야 하는 비용이 높아질 우려가 있고, 사회 전체의 비용 증가를 막는다는 취지가 근친혼 금지 제도의 부수적 목적 정도로 제시될 수는 있다고 한다(같은 글, 155면). 위 독일연방헌법재판소 결정(주 9)과 관련해, 유전병을 방지하자는 주장은 인간의 존엄성과 장애인 차별 금지를 선언한 독일 기본법에 정면으로 반한다는 지적으로 안수길, 독일 연방헌법재판소의 "근친상간죄 판결" 비평－"성풍속에 관한 죄"의 문제점, 법학논총 제34집 제1호, 한양대학교 법학연구소, 2017, 109면, 주 19 참조. 유전학적 관점을 금혼규정의 목적으로 이해하는 것에 반대하면서도, 4촌을 벗어난 친족 간에는 유전적 질환의 확률이 매우 낮아짐을 제시하며, 입법자가 금혼규정에 더욱 설득력 있는 우생학적 이유를 제시할 책임이 있고 그것이 불가능하다면 다른 근거를 들어야 한다는 지적에는 이춘복, 민법상 근친간 금혼 규정에 대한 헌법적 고찰－최근 헌법재판소 결정(헌재 2022. 10. 27. 2018헌바115)에 대한 비판적 검토, 유럽헌법연구 제41권, 유럽헌법학회, 2023, 498면. 한편 근친혼의 목적으로 유전적 이유를 들지 않는다면, 친양자의 입양 전의 혈족을 금혼 범위에 포함하는 취지(제809조 제1항 참조)를 어떻게 설명할 것인지 어려운 점이 있다[유사한 취지의 설명으로, 주해친족법/윤진수 대표집필, 제1권, 박영사, 2015, 121면(윤진수 집필부분)]. 이러한 경우에도 친양자 이전 가족 구성원 내부에서 성(性)적 착취 관계가 초래될 우려가 있다는 점은 다르지 않다고 볼 수 있지 않을까 한다.

법례에 비해 상대적으로 넓은 것은 사실이나[24] 가족의 기능을 저해하는 범위는 가족의 범주에 관한 인식과 합의에 주로 달려 있으므로 상이한 가족 관념을 가지고 있는 국가 사이의 단순 비교는 의미를 가지기 어렵다고 한다. ③ 나아가 민법의 금혼조항으로 인해 법률상 배우자 선택이 제한되는 범위는 친족관계 내에서도 8촌 이내의 혈족으로 넓다고 보기 어려우며 이에 비해 8촌 이내 혈족 사이의 혼인을 금지함으로써 가족질서를 보호하고 유지한다는 공익은 매우 중요하므로 금혼조항은 법익균형성에 위반되지도 않는다고 한다.

반면 소수의견은, ① 8촌 이내의 혈족을 '근친'으로 여기는 관념이 오늘날에도 여전히 지역이나 세대를 불문하고 보편적으로 받아들여지는 통념이라고 보기 어려우며 현실적으로 촌수가 먼 친족의 경우에는 혈족관계의 존재나 그 촌수를 알기 어렵고, ② 다수의 국가들이 우리 법에 비해 상대적으로 금혼의 범위를 좁게 규정하고 있으며, ③ 이 사건 금혼조항은 만연히 민법상의 친족 범위에 맞추어 금혼의 범위를 규정하고 있으나,[25] 금혼조항은 친족의 범위를 정하는 조항이 아니라 혼인의 자유를 제한하는 조항이므로, 혼인의 자유를 제한할 필요가 있는 최소한의 범위 내에서만 금혼의 범위를 정하였어야 한다고 지적한다. ④ 나아가 이 사건 금혼조항을 통하여 가족질서를 유지하고 가족제도의 기능을 보호하려는 공익에 비하여 이 사건 금혼조항으로 인하여 침해되는 사익이 훨씬 더 중대하므로, 이 사건 금혼조항은 법익균형성에도 반한다고 한다.

2) 가족의 기능 유지·보장을 위한 최소한의 제한인지 여부[26]

근친혼 금지의 정당성을 가족의 기능에 연결해 생각해볼 수 있다면, 혼인의 자유 제한의 침해최소성도 가족 기능의 측면에서 바라보아야 한다. 그 기능은, 유대와 협력관계를 통해 가족 구성원의 보호와 부양을 수행하고, 이로써 사회의 안정과 건강을 가져오는 것이다. 앞서 언급한 것처럼, 근친혼이 금지되는 것은 이와 같은 유대와 협력관계를 해체하여 구성원을 보호와 부양에서 제외하거나 구성원의 역할과 지위에 혼란을 준다는 이유이며, 구체적으로는 성적 긴장이나 갈등을 유발하거나 구성원에 대한 성적 착취가 있을 수 있다는 등의 우려 때문이다.

---

24) 비교법적으로 ① 직계혈족 및 형제자매 간의 혼인만 금지하는 국가로는 독일, 오스트리아, 스위스가 있고, ② 3촌 이내 방계혈족 간의 혼인을 금지하는 국가로는 프랑스, 영국, 일본이 있으며, ③ 4촌 이내 방계혈족 간의 혼인을 금지하는 국가로 중국이, ④ 6촌 이내 방계혈족 간의 혼인을 금지하는 국가로 대만이 있다. 자세한 내용은 현소혜, 앞의 글(주 7), 127－135면 참조.

25) 李凞培, *第4次 家族法 改正의 方向과 課題(1)*, *仁川法學論叢*, *仁川大學校 法科大學*, 1998, 17면은 근친혼 금지의 범위는 친족 범위에 대한 제777조가 기준이 되었다고 설명한다.

26) 혼인을 금지하는 것이 가족의 기능을 보호하는 적정한 수단이 될 수 있는가와 관련해서도 의문이 있을 수는 있다. 가족 구성원 간의 성적 경쟁과 긴장관계, 성적 착취 등의 문제는 혼인 여부와 무관한, 현상으로 이해될 수도 있기 때문이다. 그러나 근친 사이의 법적 배우자 지위 취득을 둘러싼 갈등과 가족의 해체 가능성, 가족 역할의 혼란 등을 고려한다면, 근친혼을 금지하는 것은 하나의 효과적인 수단이 될 수 있을 것이다. 근친혼 금지와 가족 기능의 보호라는 입법 목적 사이에는 인과관계가 인정되고 법률 효과 또한 비교적 확실해 보인다. 수단의 적합성 판단 기준과 관련해서는 헌법재판소 2003. 3. 27. 선고 2002헌마573 결정 참조.

먼저 친족 관념에 대한 견해의 변화가 있었는지는 가족 구성원의 공동체 내 역할에 대한 혼란의 우려라는 측면에서 의미가 있다.[27] 그런데 현재 사회에서 구성원이 공동체 내에서 수행하는 지위와 역할이 유의미하게 평가될 수 있는 범위는 어떠한가? 도덕과 관념적인 가치 그 자체의 보호를 제외한다면, 8촌 이내 혈족 사이에 혼인을 허용한다고 하여 가족 구성원의 역할과 지위에 혼란을 주어 가족제도에 악영향을 끼친다고 단정하기는 어렵다. 무엇보다 금혼조항은 기본권인 혼인의 자유를 제한하는 조항이므로 그 입법 형성의 재량이 친족 범위를 설정하는 제777조와 같을 수 없다. 입법자는 혼인의 자유를 제한할 때 설득력 있는 이유를 제시할 수 있어야 한다.[28] 단지 '친족 관념'에 변화가 있었다고 단정하기 어렵다는 설명만으로는 충분하지 않다. 그리고 다수의견이 제시하는 '친족 관념'은 그 자체, 우리 사회의 도덕적 관념일 수는 있어도, 가족의 기능을 고려한 금혼조항의 정당성과는 직접적인 관련성이 없다.

가족 기능을 고려할 때, 정확히 일치하지는 않겠지만, 생활공간을 공유하는 세대구성의 실태가 참고될 수 있다. 2020년 여성가족부가 조사한 가족실태조사에 따르면 그 표본 수가 많지는 않지만, 가구대표와의 관계에서 동거 가구원 중 배우자(사실혼 포함), 자녀, 자녀의 배우자, 부모, 배우자의 부모, 손자녀, 손자녀의 배우자, 조부모, 배우자의 조부모, 형제자매, 배우자의 형제자매를 제외한 기타 친인척은 0.2%에 불과하였다.[29] 통계에서 혈족 중 3촌 이상의 각 비율이 어떻게 구성되는지는 분명하지 않지만, 8촌 사이 혼인을 허용한다고 하여 유대관계를 기초로 한 가족 구성원의 보호라는 가족의 기능 실현에 장애가 되는지는 매우 의심스럽다.[30]

가족 구성원의 보호와 부양이라는 기능의 측면에서, 가족 구성원 간에 성적 긴장이나 갈등을 유발하거나 구성원에 대한 성적 착취가 있을 수 있다는 우려는 근친혼을 금지하는 중요한 이유가 된다. 그런데 성적 착취의 면은, 보호자와 피보호자 관계 또는 긴밀한 신분관계를 전제로 한 우려이다. 성적 갈등에 대한 우려도 유사한데, 가족의 유대관계를 해체하여

---

27) 유사한 취지에서 전국적으로 15,000개의 집성촌이 형성되어 있는 실태를 전제로, 8촌 이내 혈족을 근친이 아니라고 여기는 것에 신중할 필요가 있다는 지적에 권오상, 앞의 글(주 21), 358–359면.

28) 혼인의 헌법상 보장의 의의와 관련하여 이재희 교수는 헌법에 혼인의 보장을 특별히 규정한 것은 이러한 혼인관계가 유지·존속되고 더 잘 보호될 수 있도록 뒷받침하는 것이므로 혼인관계에서 개인의 자율과 존엄이 국가에 의하여 간섭받고 획일화·이념화되지 않도록 더 강력하게 보장하고자 한 것이라고 전제한다. 이를 토대로 그 해석에 있어서도 혼인은 가급적 기본적 인권을 보장하려는 취지에 부합하게 정의되어야 하고 개인의 의사결정자유에 국가가 지나치게 관여하지 말아야 하며, 시대변화에 따라 혼인개념은 개방적으로 정의되고 혼인제도가 혼인의 자유를 잘 보장하기 위한 취지임을 주의해야 한다고 설명한다. 이재희, 한법 제36조 제1항을 중심으로 한 혼인의 헌법적 보장에 대한 검토, 헌법학연구 제24권 제4호, 한국헌법학회, 2018, 83–87면. 당사자의 의사와 관계없는 친족 등 신분관계의 형성과 확장가능성이라는 가족의 특수성 및 가족 구성원의 보호라는 가족의 기능에 비추어 근친혼을 금지하는 것이 그 자체 정당성이 없는 것은 아니지만, 혼인 당사자의 자유와 의사를 존중해야 한다는 이재희 교수의 지적은 경청할 만하다.

29) 여성가족부 가족실태조사 중 동거 가구원의 특성(2020).
https://kosis.kr/statHtml/statHtml.do?orgId=154&tblId=DT_154001_001&vw_cd=MT_ZTITLE&list_id=B_1_154_154001_2020_001&seqNo=&lang_mode=ko&language=kor&obj_var_id=&itm_id=&conn_path=MT_ZTITLE

구성원에 대한 보호와 부양의 기능에 해가 될 수 있는 밀접한 유대·협력관계 아래에서 논의될 수 있다. 이러한 배경에서, 8촌 이내의 혈족 관계에 있기만 하면 그 혼인을 금지하는 것이 가족 기능을 보호하기 위한 최소한의 침해라는 명제는 받아들이기 어렵다.

가족의 기능은 구성원의 보호·부양에서 찾을 수 있다. 그런데, 부양에 관하여 민법은, 직계혈족 및 그 배우자 간 서로 부양의무가 있다고 하고, 기타 친족은 생계를 같이 하는 경우에 한하여 부양의무를 부담하는 것으로 할 뿐이다(제974조 참조). 앞선 통계자료와 연결해 본다면, 8촌 이내의 혈족 사이에 혼인을 허용한다고 하여 구성원의 부양에 문제가 생길 확률은 희박하다.

이상과 같은 이유에서 8촌 이내의 혈족 사이에 혼인을 일률적으로 금지하는 것은 필요한 최소한의 제한이라 보기 어렵다고 본다. 법익의 균형성의 측면에서도 8촌에 이르기까지 혼인을 일률적으로 금지해야 할 공익은 분명하지 않고, 그에 반해 제한되는 개인의 자유는 비교적 분명하고 심대하다.

한편, 다수의견은 가족의 기능을 저해하는 범위는 가족의 범주에 관한 인식과 합의에 주로 달려 있으므로 상이한 가족 관념을 가지고 있는 국가 사이의 단순 비교는 의미를 가지기 어렵다고 한다. 일반론으로 적절한 지적이다. 그러나 현재 가족의 범주에 관한 우리 사회의 인식이 외국의 국가와 유독 다르다고 평가할 수 있을지 의문이다. 2020년 가족의 범위에 대

		명	구성비(%)
본인	소계	10,997	43.1
배우자(사실혼 포함)	소계	6,242	24.4
자녀	소계	7,108	27.8
자녀의 배우자	소계	60	0.2
부모	소계	548	2.1
배우자의 부모	소계	82	0.3
손자녀	소계	220	0.9
손자녀의 배우자	소계	1	0.0
조부모	소계	9	0.0
배우자의 조부모	소계	3	0.0
형제자매	소계	135	0.5
배우자의 형제자매	소계	23	0.1
기타 친인척	소계	43	0.2
기타 동거인	비혼 동거	9	0.0
	직장동료 및 친구	54	0.2
	기타 동거인	8	0.0

30) 현소혜 교수도 호주제도, 묘제를 중심으로 한 집성촌 문화, 장례를 중심으로 한 상복문화, 제사를 중심으로 한 사대봉사의 문화 등 8촌 이내 혈족을 하나의 가족으로 묶어 주었던 기능들이 모두 소멸한 상태에서 그들 간에 성적 경쟁이나 성적 착취를 방지하는 것은 더 이상 가족 간의 문제가 아니며, 일반 사인 간의 문제일 뿐이라고 지적한다[현소혜, 앞의 글(주 7), 161－162면].

한 인식 조사 결과를 분석한 한 보고서는 “대체로 배우자, 자녀, 부모, 형제자매와 같이 ‘나’를 중심으로 가까운 혈연관계만을 가족으로 인식하며, 친족을 포함하는 ‘가’ 중심의 개념은 상대적으로 약하게 드러났다.”고 평가한다.[31)]

가족에 따라서는 아직 8촌 간 끈끈한 정을 이어 가는 경우도 있을 것이며, 그와 같은 가족관계에서는 근친혼의 범위를 넓게 유지하는 것이 가족 구성원의 평화와 보호를 위해 기여하는 바가 있을 수 있다. 다만, 그와 같은 혼인을 허용하지 않는 것은 도덕과 윤리의 영역이며, 8촌 사이에 혼인하였다고 하더라도 선량한 풍속에 반하는 결과에 이른 것으로 생각되지는 않는다.[32)] 미풍양속은 법규정을 통해서가 아니라 가르침을 통해서 이어지는 것이 원칙이다.[33)]

대상결정을 통해 헌법재판소는 제809조 제1항과 제815조 제2호를 구분하여, 전자(前者)는 헌법에 위반되지 않는다고 본 반면, 후자는 헌법에 합치되지 않는다는 결론을 내렸다. 다만, 제809조 제1항도 과잉금지원칙에 위배된다고 보아야 할 것이고, 이 점에서 소수의견이 타당하다.

Ⅲ. 개선방안

1. 종래 개정제안

민법은 8촌 이내의 혈족 사이 혼인을 금지한다(제809조 제1항). 그러나 이는 앞서 살핀 것처럼 지나치게 광범위하여 혼인하고자 하는 당사자의 자유를 침해하는 것이다.

그렇다면 혈족 사이 금혼범위를 어떻게 조정하는 것이 타당한가? 금혼조항이나 이로 인한 무효조항에 대한 입법론은 많이 제시되지 않았다. 다만 방계혈족 사이의 금혼 범위를 4촌 이내로 축소해야 한다는 주장이 유력하다.[34)] 그 이유로 다음과 같은 점들을 제시하기도 한다. 첫째 집성촌의 해체, 4대조 봉양을 원칙으로 하는 제례 문화의 변화, 5촌 이상 혈족과 가족이나 부락 공동체를 형성하거나 정기적으로 만나 가족으로서 유대감을 유지하는 경우

---

31) 송효진 · 김소영 · 선보영 · 홍윤선, 가족변화 대응 부양제도 정비 방향 및 과제, 한국여성정책연구원 연구보고서, 2022, 22면 참조.

32) 이와 같은 취지의 지적으로 현소혜, 앞의 글(주 7), 164－165면.

33) 이화숙, 판례비평: 동성동본 불혼제에 대한 헌법불합치 결정을 환영하며, 법과사회 제15권, 법과사회이론학회, 1997, 88－89면. 이화숙 교수는 동성동본불혼제가 미풍양속이 아닐 뿐 아니라 설사 미풍양속이라 하더라도 법으로 이를 금지할 것이 아니라고 한다. 한편 이화숙 교수는 당시에도 8촌 이내 근친간의 혼인금지가 외국의 입법례에 비추어 대단히 넓다는 사실을 지적하였다(같은 글, 89면).

34) 윤진수, 민법 제815조 제2호에 대한 헌법불합치결정, 법률신문 2022. 11. 9.자. 법률신문사. https://www.lawtimes.co.kr/news/182917?serial=182917. 현소혜 교수도, 성적 경쟁 또는 성적 착취의 방지를 통한 가족의 보호라는 근친혼 금지의 사회적 · 심리적 목적을 달성하기 위해서는 현실적인 생활공동체로서의 실체를 가지고 있는 4촌 이내의 혼인을 금지하는 것으로 충분하며, 그것을 넘어서 5촌 이상인 방계혈족 간의 혼인까지 금지하는 것은 피해의 최소성 원칙에 반한다고 평가하며, 입법론적으로도 4촌 이내의 방계혈족으로 근친혼의 범위를 좁히는 것을 제안한다[현소혜, 앞의 글(주 7), 162－163면].

가 현저히 감소하였으므로 5촌 이상의 혈족 간 혼인을 허용하더라도 가까운 친족 사이에 성적 긴장이나 갈등, 착취관계를 초래하거나 가족 구성원의 역할과 지위에 혼란을 야기할 우려가 적다는 점, 둘째 유전적 질환 발병률에 있어 5촌 이상 혈족 간에는 직접적 인과관계를 찾기 어렵다는 점, 셋째, 다문화가정이 증대되는 현실에서 주로 우리 혼인 상대국의 지위를 갖는 나라들이 금혼 범위를 4촌 이내로 설정한다는 점, 넷째 세계적 추세에 따라 직계혈족 및 형제자매 간의 혼인만 금지하고 나머지는 도덕의 영역에 맡기는 것도 고려할 수 있으나 4촌 이내 혼인을 모두 금지하되 직계혈족 및 형제자매 간 혼인 외 금혼 부분은 취소사유로 규정하는 방안이 국민적 합의를 이끌어내기에 적절하다는 점 등이 그것이다.[35]

이와 달리 제809조 제1항은 합헌임을 전제로 8촌 이내 혈족 사이 혼인을 금지하되, 3촌 이내의 근친 간 혼인의 경우 무효사유로 규정하고 그 밖의 근친 간 혼인은 취소사유 있는 혼인으로 규정하자는 제안도 있다.[36] 역사상 3촌 이내 혼인은 엄격히 금지되어 왔고, 또한 강력하게 억제할 필요가 있지만, 자녀 등의 지위를 부당하게 불리하게 하기 때문이라는 취지이다. 제809조 제1항의 정당성을 전제로, 4촌 이내 친족 간 혼인을 무효로 그 이외의 친족 간 혼인은 취소사유로 하자는 주장도 있다.[37]

한편, 대상결정 이후 21대 국회에서 이병훈 의원이 대표발의한 민법 일부개정법률안이 제안된 바 있다.[38] 제안이유는 "8촌 이내의 혈족 간 혼인을 장래효를 가진 취소의 대상으로 하여 헌법재판소가 결정문에서 판시한 해당 조항의 위헌 요소를 제거하고, 혼인취소청구권에 제척기간을 규정하여 기성의 가족관계 및 재산관계에 대한 혼란을 최소화할 수 있도록 하고자 함."으로 제시되어 있다. 무효조항인 제815조에서 제2호를 삭제하고, 제809조 제1항의 금혼사유를 혼인취소 사유로 명시하고, 근친혼의 취소청구권의 소멸사유로 "당사자가 위반 사실을 안 날로부터 6월, 혼인이 성립한 날로부터 2년을 경과한 때에는 취소를 청구하지 못한다."는 내용을 추가한 것이다.[39][40] 이 개정안이 유의미한 부분은 혼인 취소에 기간 제

35) 현소혜, 앞의 보고서(주 5), 81－82면.

36) 권오상, 앞의 글(주 21), 362－363면.

37) 김성태 · 정영문, 민법상 혼인에 있어서 근친혼에 관한 소고－민법 제815조 제2호를 중심으로, 법학논총 제59집, 숭실대학교 법학연구소, 2024, 14－15면.

38) 제21대 국회 의안번호 2118205호. 다만 이 안은 임기만료로 폐기되었다. http://likms.assembly.go.kr/bill/BillSearchResult.do

39) 그 내용은 다음과 같다.
민법 일부를 다음과 같이 개정한다.
제815조제2호를 삭제한다.
제816조제1호 중 "(제815조의 규정에 의하여 혼인의 무효사유에 해당하는 경우를 제외한다. 이하 제817조 및 제820조에서 같다) 또는"을 "또는"으로 한다.
제820조 제목 외의 부분을 제1항으로 하고, 같은 조에 제2항을 다음과 같이 신설한다.
② 제809조의 규정에 위반한 혼인은 그 당사자가 위반 사실을 안 날로부터 6월, 혼인이 성립한 날로부터 2년을 경과한 때에는 취소를 청구하지 못한다.

40) 제815조 제3호와 제4호를 남겨둔 것은 명백한 잘못이다. 제809조 제1항에 해당하는 경우 중 가령 직계혈족관계에 있을 때에도 취소사유에 머무르는 것으로 하였으면서도, 제3호와 제4호를 무효 사유로 둘 이유가 없을 뿐 아니라, 수정된 제816조의 취지에도 어긋난다.

한을 새롭게 설정하였다는 점이다. 그 기간을 어떻게 설정하는 것이 보다 합리적인지는 다시 면밀히 검토해 보아야 하겠지만, 주관적 기산점을 기준으로 당사자가 위반 사실을 안 날로부터 6월 내에만 취소를 청구하도록 한 것은 합리적 이유가 있다. 반면, 혼인이 성립한 날로부터 2년이 경과하면 혼인 당사자가 근친혼의 취소사유를 알았는지 여부를 묻지 않고 취소권을 행사할 수 없도록 한 것은 지나치며 주관적 제척기간만으로도 종래 가족관계나 재산관계에 혼란을 줄 우려는 크지 않다고 생각된다.[41)]

22대 국회인 현재는 유상범의원이 대표발의한 민법 개정안이 법제사법위원회에 회부되어 계류 중이다.[42)] 그 내용은, 4촌 이내의 혈족 간 혼인은 무효로 정하고, 이외에는 혼인의 취소사유에 해당하도록 개정하는 것이다.

2. 민법 제809조 제1항

혈족 사이 금혼범위를 설정하는 문제에 있어, 종래 논의들은 국민의 친족 및 가족 관념과의 근접성을 중요하게 제시한다. 마땅한 지적이겠으나, 한편으로 혼인의 금지 조항은 혼인 당사자의 기본권을 제한하는 것임도 유념해야 한다. 그리고 그와 같은 기본권 제한은 정당한 목적과 적합한 수단, 필요최소한의 방법을 통해 법익의 균형성을 갖추어야 허용된다. 성적 갈등과 착취, 그리고 가족 구성원의 지위와 역할 혼란이라는 결과를 방지하기 위해 적합하고, 필요최소한의, 균형적 입법을 마련할 필요가 있다. 8촌 이내 혈족 사이 혼인을 일률적으로 금지하는 제809조 제1항을 그대로 두는 것은 타당하지 않다.

구체적으로 어떤 범위의 근친 사이의 혼인을 금지할 것인가는 분명하게 제시하기 어려운 문제이다. 가족의 기능에 초점을 맞춘다면, 그 구성원을 보호하고 부양해야 할 전형적인 가족의 범위는 직계혈족과 형제자매 사이로 설정되는 것이 자연스러울 것이다. 다만 3촌 관계에서는 구성원과 아직까지 비교적 활발한 왕래가 이루어지고 있고, 그 지위에 비추어 성적 착취의 우려가 없지 않고, 구성원 지위와 역할의 혼란도 비교적 명백하게 인정될 수 있으리라 생각된다. 4촌 관계는 그 위계성이 덜하고, 성적 갈등의 가능성도 가족 구성원의 양육과 보호의 우려와 연결되지 않으므로, 결론적으로 3촌까지 혈족관계에서 혼인을 금지하는 것이 타당할 것이다.

3. 민법 제815조 제1항

다음으로 어느 범위까지 무효로 둘 것인가의 고민이 필요하다. 무효인 혼인의 경우 취소사유가 있는 혼인과 다르게, 근친혼 당사자 사이에서 출생한 자녀는 혼인 외의 자녀가 되며,

---

41) 유사한 취지의 문제제기로 이춘복, 앞의 글(주 12), 503면 참조.
42) 의안번호 2205075.
https://likms.assembly.go.kr/bill/billDetail.do?billId=PRC_X2Y4X1V0D2C9B1A0B4I6H5G9F7N4M9

근친혼 당사자는 배우자로서 누리고 있거나 기대할 수 있었던 사회보장수급권, 상속권을 상실하게 된다.[43] 이에 비해 취소 사유가 있는 경우 이후 혼인의 취소가 확정되더라도 그 취소의 효력은 소급하지 않고, 혼인취소의 상대방이나 자녀의 법적 지위는 이혼에 준하여 보장된다(민법 제824조 및 제824조의2). 또한, 민법 제820조는 당사자 간에 혼인 중 포태한 때에는 아예 혼인을 취소할 수 없도록 하고 있어서 자녀의 복리를 강하게 보장하고 있다.

결국, 근친혼이, 가까운 혈족 사이의 신분관계 등에 현저한 혼란을 초래하고 가족제도의 기능을 심각하게 훼손하는 경우로서 현재 우리 사회 구성원이 가까운 혈족 사이 관계에 관하여 일반적으로 사고하고 행동하는 방식에 현저히 어긋나는지 여부가 명백하지 아니한 때에는 입법자로서는 혼인 취소제도를 선택하는 것이 바람직하다.[44] 비교법적으로 직계혈족과 형제자매 사이의 혼인은 보편적으로 금지되는 것으로 파악된다. 앞서 언급한 유력한 입법론 제언이 직계혈족과 형제자매까지 혼인무효로 삼자고 주장하는 것도 일응 합리성이 있다고 볼 수 있다.

그러나, 민법은 중혼의 경우에도 무효가 아닌 취소사유에 불과하다는 점(제818조 참조), 취소를 선택하면 혼인의 상대방 및 출생한 자녀를 보호할 수 있다는 점 등을 고려하면 근친혼을 전면적으로 취소 사유로 규정하는 것도 생각해 볼 수 있다. 다만 직계혈족과 형제자매 이외의 근친혼에 대해서는 당사자가 그 위반사실을 안 날로부터 일정 기간이 지나면 흠결이 치유되는 것으로 하고 직계혈족과 형제자매 관계에서의 혼인은 치유사유를 별도로 두지 않는 방안을 감안할 수 있다. 무엇보다 가족관계는 혼인 당사자의 의사와 무관하게 이해관계를 갖게 되는 자녀 등 제3자의 존재를 감안해야 하는데, 그 효력을 애초부터 무효로 보아야 할 필연적 이유가 있는지 의문이고, 취소가 아닌 무효를 선택하였을 때 그러한 근친혼이 보다 억제될 수 있다는 인과관계가 있는지도 의심스럽다. 일정 범위 내의 근친혼을 처벌하는 규정을 두고 있는 외국의 입법례도 발견할 수 있지만, 그 처벌 여부와 민사적 효력은 별개로 생각하는 것이 타당하다.

Ⅳ. 맺는말

대상결정을 통해 헌법재판소는 제809조 제1항은 헌법에 위반되지 아니한다고 하고, 이와 구분하여 제815조 제2호는 헌법에 합치되지 아니한다고 결론 내렸다. 제809조 제1항과 관련하여서는 과잉금지원칙에 위배된다는 취지의 반대의견이 제시되었다.

결론적으로 이와 같은 반대의견이 타당하다. 금혼조항은 기본권인 혼인의 자유를 제한하

43) 근친혼의 사실혼에 대해 종래 대부분의 학설은 무효인 근친혼과 취소사유가 있는 근친혼을 나누어 그 보호 여부를 달리 보아왔다(자세하게는 서인겸, 혼인의 실질적 요건을 흠결한 사실혼의 가족법상 보호에 관한 소고, 경희법학 제51권 제3호, 경희법학연구소, 2016, 313면 이하 참조).

44) 대상결정도 같은 취지로 판시하였다.

는 조항이므로 그 제한을 위한 목적은 분명해야 하고 그 제한의 정도도 필요한 한도에 그쳐야 한다. 유대관계를 전제로 가족 구성원을 보호하고 부양한다는 가족의 기능에 비추어, 가령 혼인 당사자가 8촌 혈족 관계라는 사정만으로 이와 같은 유대관계를 깨뜨리거나 가족 기능에 위협이 될 것이라는 개연성은 충분하지 않다. 가족실태에 대한 선행조사들에 따르면 실제 생활공간을 공유하는 3촌 이상의 혈족은 0.2%에 불과하였으며 가족의 범위에 대한 인식을 조사한 한 선행보고서에 따르면 점차 친족을 포함하는 '가' 중심의 개념은 그 힘이 약해지는 현상을 발견할 수 있었다. 참고로 부양을 규정한 제974조는 기타 친족은 생계를 같이 하는 경우만 부양의무를 인정하고, 유족의 생활보장 성격을 갖는 상속의 순위를 정한 제1000조도 4촌 이내의 방계혈족까지만 상속권을 인정한다. 8촌의 혈족에 이르기까지 혼인을 일률적으로 금지해야 할 공익은 분명하지 않은 반면에, 혼인이 금지되는 개인의 자유에 대한 제약은 분명하고 심대하다는 측면에서 법익의 균형성 또한 갖추었다고 인정하기 어렵다.

민법의 개선방안과 관련해서는 중혼의 경우에도 무효가 아닌 취소사유에 불과하다는 점, 취소를 선택하여 혼인의 상대방 및 출생한 자녀를 보호할 수 있다는 점 등의 이유에서 근친혼을 전면적으로 취소 사유로 규정하는 것도 고려해 볼 수 있다.

한편, 종전 민법은 제820조에 혼인 중 포태한 경우 그 취소를 청구하지 못함을 규정할 뿐이지만, 이에 추가하여 가령 당사자가 혼인이 제809조에 위반된다는 사실을 안 날로부터 6월을 경과한 때에는 그 취소를 청구하지 못한다는 취지를 더하는 것도 종래 형성된 가족관계나 재산관계의 안정성을 확보한다는 측면에서 생각해 볼 수 있다.

프랑스에서의 변호사 양성제도

박 수 곤

경희대학교 법학전문대학원 교수

박동진 교수님의 화갑을 진심으로 축하드립니다.
항상 행복이 충만하길 기원합니다.

Ⅰ. 들어가며

프랑스에서의 법조인도 우리와 마찬가지로 판사, 검사, 변호사 등으로 분류할 수 있으나 용례의 사용과 관련하여서는 다소 차이가 있다. 우선, 법원의 분류와 관련하여 '사법법원(ordre judiciaire)'과 '행정법원(ordre administratif)'으로 나누고 있으며, 사법법원은 다시 민사법원과 형사법원의 둘로 나뉜다.[1)]

민사법원은 다시 1심법원으로서 민사지방법원(tribunal judiciaire)[2)]과 근접법원(tribunal de proximité)[3)] 이외에 노동법원, 상사법원으로 나뉘며, 제2심법원인 항소법원에는 민사부, 상사부, 사회부가 있다. 상고법원은 파기원(Cour de cassation)이라고 하며, 민사와 관련하여서는 다시 민사부, 상사부, 사회부가 있다. 형사법원은 1심법원으로서 경죄법원(Tribunal correctionnel)과 경찰법원(tribunal de police) 및 중죄법원(cour d'assises)으로 나뉘며, 2심법원인 항소법원은 경죄항소법원과 중죄항소법원으로 다시 나뉜다. 상고법원인 파기원에는 형사부가 설치되어 있다. 한편, '행정법원(ordre administratif)'도 1심법원으로서의 '행정재판소(tribunal administratif)', 2심법원인 '항소행정법원(cour administrative d'appel)',[4)] 최고행정법원으로서의 국사원(Conseil d'État)이 있다.[5)] 다만, 국사원의 구성원과 행정재판소 및 항소행정법원 법관은 그 소속을 달리하고 있다. 그러나 이상에서 언급한 사법법원과 행정법원의 구성원을 선발하는 방식은 법원의 유형에 따라 그리고 직급에 따라 다양하게 나타난다.

다른 한편, 프랑스에서는 다양한 유형의 소위 '사법보조자(auxiliaire de justice)'를 인정하고 있으며, 대표적으로는 '변호사(avocat)'를 들 수 있다. 그러나 변호사 이외에도 구체적으로는 '국사원 및 파기원 변호사(avocat au Conseil d'Etat et à la Cour de cassation)', '공증인(notaire)', '집달관(huissier de justice)', '사법감정사(commissaire－priseur judiciaire)', '법원서기(greffier de tribunal)', '감정인(experts judiciaires)', '사법경찰(police judiciaire)', '법정관리인

---

1) 프랑스의 법원조직에 대해서는 http://www.justice.gouv.fr/art_pix/organisation%20justice.png.
2) 현재 전국적으로 164개의 민사지방법원이 있다고 한다. 한편, '법원의 개혁에 관한 2019년 3월 23일의 법률 제2019－222호(loi n° 2019－222 du 23 mars 2019 de programmation 2018－2022 et de réforme pour la justice)'에 의하여, 종래 우리 식의 '지방법원'에 해당하는 소위 '대심법원(tribunal de grande instance: T.G.I.)'과 우리 식의 '지방법원지원'에 해당하는 소위 '소심법원(tribunal d'instance: T.I.)'이 동일한 '꼬뮌(commune)' 내에 있는 경우에는 2020년 1월 1일부터 이들을 통합하여 심급상 1심에 해당하는 '민사지방법원(tribunal judiciaire)'을 창설하게 되었다. 반면, T.G.I.와 T.I.가 서로 다른 꼬뮌에 위치하는 경우에는 T.I.를 '민사지방법원의 근접법원(une chambre de proximité du tribunal judiciaire)'으로 변경하면서 그 명칭을 '근접법원(tribunal de proximité)'으로 하게 되었다. 아울러 기존의 근접법원(justice de proximté) 제도를 폐지하지 않았다는 점에서도 의의가 있다. https://www.justice.gouv.fr/le－ministere－de－la－justice－10017/reforme－de－lorganisation－judiciaire－32855.html
3) 현재 전국적으로 125개의 근접법원이 있다고 한다.
4) 현재 전국적으로 42개의 행정재판소와 8개의 행정법원이 있다고 한다.
5) 사법법원과 행정법원 이외에도 헌법재판을 담당하는 '헌법위원회(Conseil constitutionnel)'가 있으며, 대통령의 책임을 추궁하는 '고등원(Haute Cour)'와 정부구성원의 책임을 묻는 '공화국재판원(Cour de justice de la République)', 관할에 있어서의 다툼을 담당하는 '관할법원(tribunal des conflits)'이 있다. 이와 관련한 설명으로는 전학선, "프랑스 법원의 인사관리시스템과 최고사법관회의", 유럽헌법연구 제30호, (2019.8), 372면.

(administrateur judiciaire)', '법정수임인(mandataire judiciaire)' 등의 사법보조자가 있다. 그리고 이들 사법보조자의 선발과정은 그 직역에 따라 다양하게 나타난다.

요컨대, 프랑스에서는 법원의 형태가 다양하며 사법보조자의 형태도 다양한데, 그 다양한 유형만큼 다양한 선발방식이 채택되고 있다는 점에서 특징적이다. 이하에서는 프랑스에서의 대표적인 사법보조자인 변호사의 현황과 유사직역에 대해 간략히 살핀 뒤 변호사의 양성을 위한 일반적 절차와 특별 선발방식에 대해 소개하고자 한다.

Ⅱ. 변호사의 현황과 유사직역

1. 변호사의 현황

(1) 프랑스에서의 변호사의 지위

2021년 12월 31일을 기준으로 할 경우, 프랑스에서의 변호사 수는 72,521명이며, 10년 전과 비교하여 약 20,000명이 증가한 것으로 분석된다.[6] 이들은 전국적으로 164개의 변호사단체(barreaux)에 소속되어 현재 활동 중이다. 이들 중 약 30,000명이 파리 변호사회에 소속되어 있으므로, 전체 변호사 중 42%에 달하는 변호사가 파리에서 활동하고 있는 셈이다.[7] 아울러, 인구 10만 명당 95명 정도의 변호사가 있는 것으로 평가할 수 있다. 그리고 164개의 변호사단체 중 11개의 변호사단체에 총 변호사의 2/3가 소속되어 있으며, 100명 이하의 변호사로 구성된 소형 변호사단체가 대부분이다. 변호사의 남녀 성비와 관련하여서도 10년 전에는 여성변호사가 50.5%였으나 2020년 1월 1일을 기준으로 할 경우 57%에 달하고 있다. 따라서 90% 이상의 변호사단체에서 여성변호사의 수가 남성변호사의 수를 넘어서고 있다. 그러므로 법조직역 전체를 놓고 볼 때도 변호사 직역에서만 특히 여성의 수가 남성의 수를 능가하고 있다고 한다.[8]

한편, 업무수행의 방식과 관련하여 2020년을 기준으로 할 경우 1/3에 해당하는 변호사가 단독의 개업 변호사라고 한다(전체 변호사의 36%). 나머지 2/3는 조합이나 변호사단체의 파트너로서 활동하고 있다고 한다.[9] 그리고 전국변호사회(CNB)의 보고서에 따르면, 변호사의 연평

---

6) https://www.village-justice.com/articles/Quelques-chiffres-avocats,6885.html, 2024.9.30. 방문.

7) 이러한 수치는 2013년 이후 안정적인 상태라고 한다. S. Guinchard, A. Varinard et Th. Debard, *Institutions juridictionnelles*, 15e éd., Dalloz, 2019, n° 1073.

8) 공증인의 경우에는 여성이 32%, 상사법원 서기의 경우에는 여성이 39%, 그리고 집달관의 경우에도 여성이 33%라고 한다.

9) 프랑스 전역을 기준으로 할 경우, 급여를 받는 변호사의 수는 4%에 해당한다고 한다. 다만, 변호사단체에 따라 변호사의 활동방식이 다르다고 할 수 있다. 즉, 파리에서는 31.7%의 변호사가 개인 사무실을 영위하고 있으며, 27%가 사단법인의 소속이고, 39%가 파트너 변호사로서 활동하고 있고, 급여를 받는 변호사는 1%라고 한다. 반면, Hauts de Seine 변호사단체에서는 38%의 변호사가 급여를 받는 변호사라고 한다. 아울러, 변호사단체의 구조도 SELARL이 일반적이며 SCP의 형태는 21%에 불과하다고 한다.

균 수입은 2018년에 77,468유로이며 변호사들의 중간수입은 연 43,035유로라고 한다.[10][11]

다른 한편, 프랑스에서의 변호사들의 주간 평균근로시간은 다음과 같다. 우선, 주 39시간 이하로 매일 근무하는 변호사는 7%에 불과하다. 변호사직역에서는 노동시간이 주 55시간을 초과하는 과잉근로자가 다수였으며, 이들 중 31%가 남성변호사이고 13%가 여성변호사라고 한다. 주 46시간에서 55시간 이내로 근무하는 '고강도 근로자(grands travailleurs)'인 변호사는 35%에 달하며, 이 경우의 남녀비율은 거의 동등하다고 한다. 아무튼, 주 39시간 이상 55시간 이하로 근무하는 변호사의 수가 전체 변호사의 70%에 달한다고 한다.[12] 고강도 근로자(grands travailleurs) 중 경력이 10년 이상인 변호사는 다시 주 55시간 이상을 근무하는 변호사가 33%에 달한다. 그리고 주니어 변호사의 43%가 주 46시간에서 55시간 동안 근로에 임한다.

(2) 변호사의 역할과 전문변호사제도

프랑스에서의 변호사는 '사법보조자(auxiliaire de justice)'의 하나로 분류되고 있으며,[13] 의뢰인에 대한 상담(conseil), 조력(assistance) 및 대리(représentation)를 주된 임무로 한다.

우선, 변호사는 소송제기 전후를 불문하고 모든 사법적, 법률적 조언을 할 수 있다. 다만, 이러한 상담과 조언의 영역에 있어서 변호사가 독점적 지위에 있지는 않다.[14]

다음으로, 변호사는 각종의 서면을 작성할 수 있다. 그러나 서면의 작성과 관련하여서도 유사직역 특히 법률전문가인 공증인이나 집달관(huissier de justice), 회계전문가인 전문회계사(expert-comptable) 또는 회계감사관(commissaire aux comptes) 등과 경쟁관계에 있다.[15] 아무튼, 변호사는 모든 유형의 소송이나 사건에서 고객을 조력할 수 있으며, 대리의 경우와는 달리 지역적인 측면에서도 제한이 없다.[16] 다만, 민사지방법원에서의 변론과 같이, 일정 유형의 법원에서의 구두에 의한 변론(plaidoirie)과 관련하여서는 변호사만이 독점적으로 개입할 수 있다.[17]

---

10) https://www.village-justice.com/articles/Quelques-chiffres-avocats,6885.html, 2024.9.30. 방문.

11) 그렇다면 변호사들은 자신들의 수입이 충분한 것으로 느끼는지도 의문일 수 있다. 즉, 이러한 질문은 상대적일 수 있으나 개별적으로 분석하면 다음과 같은 결과가 도출된다. 우선, 지방에서 활동하는 변호사들은 자신들이 일드프랑스(Ile-de-France) 지역에서 활동하는 변호사보다 수입이 낮다고 평가한다. 특히, 인구 50,000 이하의 도시에서 활동하는 변호사들 중 44%는 자신들의 수입이 부족하다고 평가한다. 그리고 변호사직역에 종사하는 것에 대한 만족도는 여성이 52%, 남성이 56%이며 응답자의 28%는 중도적 입장을 취한다고 한다. 남성변호사 중 15%는 답변을 회피하였으며, 여성변호사 중 22%도 직업의 만족도에 대해 아쉬움을 표한다고 한다. 이상과 같은 설명에 대해서는 https://www.village-justice.com/articles/Quelques-chiffres-avocats,6885.html, 2024.9.30. 방문.

12) https://www.village-justice.com/articles/Quelques-chiffres-avocats,6885.html, 2024.9.30. 방문.

13) 1971년 법률 제3조 제1항.

14) A. Maurin, M.-B. Aillaud et A. Héraud, *Institutions juridictionnelles*, 10e éd., Sirey, 2015, p. 147.

15) 특히, 2011년 3월 28일의 법률에서는 기존의 서면과 비교하여 중간형태의 서면, 즉 공정증서와 사서증서의 중간형태의 서면을 도입하였다고 한다.

16) A. Maurin, M.-B. Aillaud et A. Héraud, *Institutions juridictionnelles*, *op. cit.*, p. 147.

17) 형사재판 중 '소년재판(juge des mineurs)'과 '중죄법원(Cour d'assises)'에서의 재판에 있어서는 반드시 변호사의 조력을 받아야 한다.

다음으로, 변호사는 의뢰인을 대리할 수 있다. 즉, 민사지방법원(tribunal judiciaire)에서 의뢰인을 대리한 독점적 지위에 있으며, 전속권이 인정되지 않는 '특별법원(juridictions d'exception)'에서도 의뢰인을 대리할 수 있다. 다만, 위에서 언급한 바와 같이 의뢰인을 대리함에 있어서는 변호사 사무소 소재지 민사지방법원의 토지관할 이외의 지역에서 대리할 수 없다.[18]

한편, 1990년 12월 31일의 법률 제90－1259에 의한 개혁이 있기 이전에는 법률상담사(conseil juridique)와 변호사(avocat) 직역의 통합이 이루어지지 않았다. 따라서 그때까지는 두 직역에 요구되는 행위제한의 내용에 차이가 있었다. 즉, 법률상담사의 경우에는 자신이 기업법이나 재정법 또는 사회법문제에 있어서 전문성이 있다는 점을 밝힐 수 있었으나, 변호사의 경우에는 주된 담당분야가 무엇인지를 밝히는 정도였다.[19] 그런데 1990년 법률에서는 '특성화(spécialisation)'라는 개념을 도입하였으며, 변호사가 실무상 일정한 전문분야에서 2년 이상 경험을 쌓은 경우에는 해당 분야의 지식에 대한 검증을 거친 뒤 변호사연수원에서 증명서를 발급하는 형식의 전문변호사 제도를 도입하였다.[20] 그러나 2011년 3월 28일의 법률 제2011－331호에 의해 이와 같은 검증제도는 폐지되고 그 대신 면접(entretien)을 통하여 전문변호사 자격을 취득하는 것으로 하였다. 그리고 전문변호사 자격은 두 분야에 대해서만 인정할 수 있는 것으로 하였고,[21] 이와 관련한 구체적인 내용은 2011년 12월 28일의 데크레 제2011－1985호에 의해 관련 법령에 반영되었다.[22] 그리고 2011년 1월 25일의 법률 제2011－94호에 의해 폐지된 舊 대소사(avoué)를 위해서는 2012년 1월 1일을 기준으로 15년 이상 대소사 직역을 수행한 사람들에 대해 '항소절차에서의 특성화(spécialisation en procédure d'appel)'라는 표현을 사용할 수 있는 것으로 하였다.[23]

다른 한편, 변호사의 특성화에 관해서는 2011년 12월 28일의 아레떼[24]에서 규정하고 있으며, 변호사의 전문영역은 변호사회에서 정한다. 구체적으로 변호사는 '00법 전문변호사(avocat spécialiste en 00)'라는 식으로 표시할 수 있다.[25]

---

18) 1971년 법률 제5조 참조. 대리와 관련하여서는 변론(plaidoirie)과 소송대리(postulation)를 구분할 수 있는데, 변론과 관련하여서는 지역적 제한이 없으나 소송대리와 관련하여서는 지역적 제한이 있다고 할 수 있다. A. Maurin, M.－B. Aillaud et A. Héraud, *Institutions juridictionnelles*, *op. cit.*, p. 148.

19) S. Guinchard, A. Varinard et Th. Debard, *Institutions juridictionnelles*, *op. cit.*, n° 1079.

20) 1971년 법률 제12－1조 제1항.

21) 1971년 법률 제1조 I 제4항.

22) 즉, 1991년의 데크레 제2편 제2장 제5절 제3부속절에서는 '전문성 인정을 위한 면접(entretien de validation des compétences professionnelles)'이라는 표제하에서 제91조 내지 제92－4조에 걸쳐 관련 규정을 두고 있다.

23) 1971년 법률 제1조 I 제4항. 동조에서는 2008년 12월 31일 이후에 대소사의 협력자로 활동한 자 중에서 2012년 1월 1일까지 대소사 시험에 합격한 자에 대해서도 마찬가지라고 규정하고 있다.

24) Arrêté du 28 décembre 2011 fixant la liste des mentions de spécialisation en usage dans la profession d'avocat.

25) 2011년의 아레떼 제1조에서는 다음과 같이 세부영역을 나누고 있다. 중재법(droit de l'arbitrage), 사단 및 재단법(droit des associations et des fondations), 보험법(droit des assurances), 은행 및 증권법(droit bancaire et boursier), 상거래 및 경쟁법(droit commercial, des affaires et de la concurrence), 신용 및 소비자법(droit du crédit et de la consommation), 신체손해법(droit du dommage corporel), 아동법(droit des enfants), 환경법

2. 유사직역

(1) 개 관

프랑스에서는 법적 분쟁의 당사자를 조력하는 자를 '사법보조자(auxiliaire de justice)'라고 칭하며, 대표적으로는 위에서 살핀 변호사를 들 수 있으나, 변호사 이외에도 다양한 사법보조자를 두고 있다. 서두에서 이미 언급한 바와 같이, 사법보조자에는 '국사원 및 파기원 변호사(avocat au Conseil d'Etat et à la Cour de cassation)', '공증인(notaire)', '집달관(huissier de justice)', '사법감정사(commissaire－priseur judiciaire)', '법원서기(greffier de tribunal)', '감정인(experts judiciaires)', '사법경찰(police judiciaire)', '법정관리인(administrateur judiciaire)', '법정수임인(mandataire judiciaire)' 등이 있다. 이하에서는 이들 사법보조자 중 국사원이나 파기원에서 변호사의 업무 중 상담, 조력 및 대리업무의 전부 또는 일부를 수행하는 자라고 할 수 있는 '국사원 및 파기원 변호사'에 대해서만 살핀다.

(2) 국사원 및 파기원 변호사

프랑스에서는 국사원과 파기원에 소를 제기하기 위해서는 국사원 변호사와 파기원 변호사의 조력을 받아야 한다. 한편, 국사원 변호사 및 파기원 변호사는 연혁적인 측면에서 볼 때, 앙시앙레짐 시대에 왕의 자문회의에 제소된 사건을 담당한 변호사 제도였다.[26] 당시에는 법관뿐만 아니라 변호사도 국왕으로부터 매수할 수 있는 지위였으며 그와 같은 전통이 국사원 변호사와 파기원 변호사라는 제도를 확립하게 되었으나 프랑스혁명을 거치면서 동 제도는 폐지되었다. 그러나 나폴레옹은 국사원을 부활시킴과 함께 파기원의 대소사에게 변호사자격을 부여하게 되었는데 이를 계기로 이후 국사원 변호사와 파기원 변호사라는 제도가 확립되게 된다. 아무튼 이들은 국사원과 파기원에서의 변론과 관련하여서는 독점적인 지위를 갖게 되었으며 다른 유형의 사법보조자는 이들 최고법원에서는 변론을 할 수 없게 되었다.[27]

한편, 국사원 변호사 또는 파기원 변호사가 되기 위해서는 변호사가 되기 위한 일반적 요건을 충족하여야 함은 물론이지만, '변호사시험(C.A.P.A.)' 대신에 변호사 사무실에서의 1년간의 실무수습 이후 특별시험에 합격하여야 하고 아울러 국사원 변호사와 파기원 변호사가

(droit de l'environnement), 외국 및 국적법(droit des étrangers et de la nationalité), 가족 및 그 재산법(droit de la famille, des personnes et de leur patrimoine), 신탁법(droit de la fiducie), 재정 및 관세법(droit fiscal et droit douanier), 하자담보, 담보 및 집행법(droit des garanties, des sûretés et des mesures d'exécution), 부동산법(droit immobilier), 국제법 및 유럽법(droit international et de l'Union européenne), 디지털 및 통신법(droit du numérique et des communications), 형사법(droit pénal), 지식재산법(droit de la propriété intellectuelle), 개인정보보호법(droit de la protection des données personnelles), 공법(droit public), 전원법(droit rural), 보건법(droit de la santé), 사회보장법(droit de la sécurité sociale et de la protection sociale), 회사법(droit des sociétés), 스포츠법(droit du sport), 운송법(droit des transports), 노동법(droit du travail).

26) 전학선, "프랑스에서의 변호사 선발과 직무", 외법논집 제40권 제4호, (2016.11), 292면.

27) M. Douence et M. Azavant, *Institutions juridictionnelles*, 4e éd., Dalloz, 2019, n° 609.

준비한 3년간의 교육과정을 수료하여야 한다.[28] 즉, 국사원 변호사 및 파기원 변호사는 전·현직 국사원 재판관이나 전·현직 파기원 법관 도는 전·현직 회계법원 법관의 경력을 가진 자이어야 한다.[29] 아울러, 대학교수나 전임강사, 변호사 등의 경우에도 10년의 경력을 쌓은 경우에는 국사원 변호사 또는 파기원 변호사가 될 수 있다.[30]

다른 한편, 국사원 변호사 또는 파기원 변호사는 시험[31]에 의해서 임용될 수 있다. 동 시험은 1년에 1회 시행되는데, 구체적인 시험의 유형 및 방법은 국사원과 파기원의 의견을 청취하여 법무부장관의 아레떼에 의하여 정한다. 통상적으로는 세 유형의 필기시험을 치러야 하나, 일정한 경력이 인정되는 자에게는 시험의 전부 또는 일부가 면제될 수 있다.[32] 시험위원은 2인의 국사원 재판관, 1인의 파기원 법관 및 1인의 파기원 검찰, 1인의 대학교수 및 3인의 국사원 변호사 및 파기원 변호사로 구성된다.[33]

또 다른 한편, 시험은 필기시험 이외에도 구술시험을 함께 치르는데, 필기시험에 합격하여야 비로소 구술시험에 응시할 수 있다. 필기시험은 총 3과목으로 구성되어 있는데, 국사원이나 파기원에서의 의견서를 작성하는 것으로서 5시간 동안 시험을 치른다. 구술시험의 경우에도 2시간의 준비과정을 거친 후 10분간 발표를 하고 시험위원과의 토론이 이어지는 과목, 추첨을 통하여 문제를 정하고 1시간의 준비과정을 거친 후 10분간의 질의응답으로 진행되는 과목, 15분에 걸쳐 진행되는 법조윤리과목 등으로 구성된다.[34]

끝으로, 국사원의 변호사 및 파기원의 변호사는 법무부장관의 아레떼로 임명된다.[35] 그리고 이를 위하여 당해 변호사시험에 합격한 자는 법무부장관의 승인을 청구한다.[36]

Ⅲ. 변호사 양성을 위한 일반적 절차

1. 자격요건

(1) 자격요건의 변화과정 개관

프랑스에서의 변호사가 되기 위한 요건은 수년 전부터 다소 특이하게 변화되었다고 평가

---

28) M. Douence et M. Azavant, *Institutions juridictionnelles*, *op. cit.*, n° 609. 국사원 변호사 및 파기원 변호사가 되기 위한 요건에 대해서는 국사원 및 파기원 변호사의 접근조건에 관한 1991년 10월 28일의 데크레 제 91－1125호(Décret n°91－1125 du 28 octobre 1991 relatif aux conditions d'accès à la profession d'avocat au Conseil d'Etat et à la Cour de cassation) 참조.
29) 1991년 10월 28일의 데크레 제2조.
30) 1991년 10월 28일의 데크레 제4조.
31) 국사원 변호사 및 파기원 변호사 적성시험(L'examen d'aptitude à la profession d'avocat au Conseil d'Etat et à la Cour de cassation).
32) 1991년 10월 28일의 데크레 제17조.
33) 1991년 10월 28일의 데크레 제18조.
34) 전학선, 전게 "프랑스에서의 변호사 선발과 직무", 293면.
35) 1991년 10월 28일의 데크레 제19조.
36) 1991년 10월 28일의 데크레 제20조 및 제21조.

되기도 한다. 즉, 변호사회의 오랜 전통에 따라 확립된 일종의 완화된 자유주의가 실무상 발생하는 사건의 규모나 수뿐만 아니라 변호사의 수도 증가함에 따라 입법자로 하여금 보다 엄격한 요건을 요구하기에 이르렀다는 것이다. 그리고 이러한 요건상의 변화는 크게 나누어 세 갈래로 살필 수 있다. 우선, 변호사가 되는데 있어서의 '적성(aptitude)'과 '능력(capacité)'에 관한 요건이 강화되었다고 한다. 다음으로, 변호사로서 실제로 활동할 것이 요구되고 있으며, 아울러 변호사 직역과 양립할 수 없는 활동의 리스트가 상당히 추가되었다는 것이다.[37)]

이러한 자격요건의 변화와 관련하여 연혁적으로 볼 때 최초의 중요한 변곡점은 1941년의 개정이었다고 할 수 있는데, 변호사가 되기 위해서는 법과대학(Faculté de droit)에서 – 이후에는 '법학연구원(Centres et Instituts d'études judiciaires)'에서 – 발급하는 소위 '변호사직무적성확인서(Certificat d'aptitude à la profession d'avocat: C.A.P.A.)'를 보유할 것을 요건으로 하였다. 그러나 이러한 1941년의 개혁에도 불구하고, 당해 확인서를 발급받는 지원자들에 대한 실무연수의 기회라든가 직무수행을 위한 적성이 있는지에 대한 평가의 기회를 제공하지는 못하였다. 이러한 사정으로 1980년에 다시 제도의 변화가 초래된다.[38)] 즉, 변호사직무적성확인서 제도는 유지하되 전문기관에서 교육을 받은 뒤 대학이 아닌 변호사회에서 해당 확인서를 발급받는 방식을 취하게 되었다.[39)] 따라서 이후에는 변호사 직역을 수행하고자 하는 학생들은 우선 대학에서 치르는 변호사연수원에 입학할 수 있는 제1차 시험을 통과하여야 하고, 다음으로 해당 연수원에 입소하여 이론 및 실무에 대한 교육을 거친 뒤 치르게 되는 제2차시험에 합격하여야 당해 연수원에서 발급하는 C.A.P.A.를 취득하게 되며 비로소 변호사로서 활동할 수 있게 된다. 한편, 1990년의 개정에서는 이러한 변호사 양성구조를 유지하였으나, 2004년의 개정에서는 대학에서의 1차시험과 연수원에서의 2차시험 체제는 유지하면서도 연수원에서의 교육기간을 12개월에서 18개월로 연장하는 반면, C.A.P.A.의 취득만으로도 별도의 연수과정(stage)을 거치지 않고서 곧바로 변호사로서 활동할 수 있게 하였다.[40)] 이하에서는 변호사 자격의 취득을 위한 사전적 요건으로서 국적과 학력 등에 대해 살핀다.

(2) 국 적

프랑스에서 변호사가 되기 위해서는 원칙적으로 프랑스 국적이 있을 것을 요구한다.[41)]

---

37) S. Guinchard, A. Varinard et Th. Debard, *Institutions juridictionnelles*, *op. cit.*, n° 1095.

38) 1980년 4월 2일의 데크레 제80–234호(Décret n° 80–234 du 2 avril 1980)에 의한 제도변화를 가리킨다.

39) 시간적인 측면에서 확인서의 발급시기가 늦추어지고 발급주체도 변경되었다는 것을 의미한다.

40) C.A.P.A.를 취득하면 이후 변호사회에 등록을 하고 선서를 거친 후, 변호사업무를 시작하게 된다는 것을 의미한다.

41) '특정의 사법 및 법률직역의 개혁에 관한 1971년 12월 31일의 법률(이하 '1971년 법률') 제71–1130호(Loi n° 71–1130 du 31 décembre 1971 portant réforme de certaines professions judiciaires et juridiques)' 제11조 제1항 제1호.

다만, 프랑스인이 아니라 하더라도 1971년 법률 제11조에서는 프랑스에서 변호사 자격을 취득할 수 있는 외국인의 경우를 상정하고 있다. 우선, '난민과 무국적자 보호사무국(Office français de protection des réfugiés et apatrides)'에서 난민이나 무국적자의 자격을 인정한 경우에는 프랑스에서 변호사가 될 수 있다.[42] 다음으로, '유럽연합회원국(Etat membre de l'Union européenne)' 또는 '유럽경제지역협약당사국(partie à l'accord sur l'Espace économique européen)'[43]의 국민도 프랑스에서 변호사가 되는데 있어서 그 국적이 장애로 작용하지는 않는다.[44] 다만, 이들이 변호사가 되기 위해서는 프랑스대학에서 치르는 변호사연수원 입학시험(examen des I.E.J.) 또는 '변호사직역을 조직하는 1991년의 데크레'[45] 제99조에 따른 시험에 합격하거나 1998년 2월 16일의 유럽지침 제98-5호[46]에 의해 별도의 시험을 거치지 않고 자신들이 가진 변호사자격을 가지고 프랑스에서 상시적으로 변호사활동을 하는 방법이 있다.

한편, 유럽연합회원국 및 유럽경제지역협약당사국의 국민 또는 스위스인이 아니라 하더라도 일정한 요건을 갖춘 경우에는 프랑스에서 변호사자격을 취득할 수 없는 것은 아니다. 다만, 해당 국가에서도 프랑스인에 대해 변호사자격을 인정하는 소위 상호주의에 입각하여 위와 같은 외국인도 프랑스에서 변호사가 될 수 있다.[47]

(3) 도덕성

프랑스에서 변호사가 되기 위해서는 일정한 도덕성이 충족되어야 한다.[48] 즉, 변호사가 되려는 자는 형사제재는 물론이요 행정벌을 받지 않았어야 하며 더 나아가 개인파산 등의 경험이 없는 자라야 한다.

우선, 변호사가 되려는 자는 명예나 성실성 또는 선량한 풍속에 반하는 행위로 인하여 형사제재를 받지 않은 자이어야 한다.[49] 그리고 이러한 도덕성과 성실성에 대해서는 변호사가 되려는 자가 '지방변호사회(Conseil de l'ordre)'에의 등록을 신청할 때 지방변호사회에서 검증한다.[50] 다음으로, 변호사가 되려는 자는 면직, 제명, 인가나 허가의 취소 또는 철회와 같

---

42) 1971년 법률 제11조 제1항 제1호.

43) 1993년 12월 31일의 법률 제93-1420호에 제6조에 의하면, 유럽경제지역에는 28개 유럽연합국가 이외에도 아일랜드, 리히텐슈타인 및 노르웨이가 포함된다.

44) 1999년 6월 21일에 체결된 유럽과 스위스의 협약으로 인하여 2002년 6월 1일부터는 스위스 국민도 프랑스에서 변호사 자격을 취득할 수 있다.

45) Décret n° 91-1197 du 27 novembre 1991 organisant la profession d'avocat(이하 '1991년 데크레').

46) 동 유럽지침은 2004년 2월 11일의 법률 제2004-130호에 의해 프랑스국내법에 반영되었으며, 동법의 시행을 위하여 2004년 10월 14일의 데크레 제2004-1123호가 공표되었다.

47) 1971년 법률 제11조 제1항 제1호.

48) 전학선, 전게 "프랑스에서의 변호사 선발과 직무", 299면. 그러나 프랑스에서는 이러한 도덕성 요건을 '능력요건'(condition de capacité)으로 소개하는 경우도 있다. 이에 대해서는 S. Guinchard, A. Varinard et Th. Debard, *Institutions juridictionnelles*, *op. cit.*, n° 1097.

49) 1971년 법률 제11조 제1항 제4호.

50) S. Guinchard, A. Varinard et Th. Debard, *Institutions juridictionnelles*, *op. cit.*, n° 1097.

은 징계나 행정벌을 초래하는 성질의 행위를 범한 자가 아니어야 한다.[51] 다음으로, 변호사가 되려는 자는 개인파산의 경험이 없어야 하며 1985년 파산법[52]에 따른 제재를 받은 경험이 없는 자라야 한다.[53]

한편, 프랑스 법원은 이상과 같은 법정요건 이외에도 일반적 도덕기준을 추가로 요구하는 것으로 평가할 수 있다. 위에서 언급한 바와 같이 법정의 도덕성 요건은 대개 지방변호사회에의 등록신청시에 지방변호사회에서 검증하게 되는데, 이 경우 지방변호사회는 객관적인 등록요건을 갖추었다고 하여 그와 같은 등록신청을 수리하여야 하는 것은 아니기 때문이다. 예컨대, 무기를 소지하고 절도를 함으로써 형사처벌을 받은 자가 이후에 복권이 되었다고 하더라도 지방변호사회에서는 명예나 성실성 및 공평(désintéressement)의 관점에서 변호사회에의 등록을 신청한 자의 적격성이 부족함을 이유로 변호사회에의 등록을 거부할 수 있다는 것이다.[54] 더 나아가 형사제제를 받은 경험이 없다고 하여 당연히 지방변호사회에의 등록이 허용되는 것은 아니며, 변호사에게는 성실성과 공평한 태도, 자제력과 동료에 대한 애정이 있어야 하므로 그와 같은 자질을 유지하는지에 대하여 감독할 권한이 있는 지방변호사회에서는 변호사등록을 신청한 자가 그와 같은 자질을 갖추지 못한 경우에는 등록을 거부할 수 있다고 한다.[55]

(4) 학 력

프랑스에서 변호사가 되기 위해서는 우선적으로 일정한 학력요건을 갖추어야 한다. 즉, '법학석사(maîtrise en droit)' 학위가 있거나 법무부장관과 대학담당장관의 공동의 아레떼(arrêté)[56]에 의해 변호사직무를 수행하기에 적합한 학력을 가진 것으로 인정되는 자격이나 학위를 갖추어야 한다.[57]

---

51) 1971년 법률 제11조 제1항 제5호.

52) 기업의 회생 및 사법적 청산에 관한 1985년 1월 25일의 법률 제85-98호(loi n° 85-98 du 25 janvier 1985 relative au redressement et à la liquidation judiciaires des entreprises).

53) 1971년 법률 제11조 제1항 제6호. 현재로서는 동법에서의 요건에 추가하여 2005년 7월 26일의 기업구제에 관한 법률에서 상정하는 제재도 추가적으로 고려되어야 하며, 동 제재는 프랑스 상법전 제L.653-1조 내지 제L.654-20조에 반영되어 있다. 이상과 같은 설명은 S. Guinchard, A. Varinard et Th. Debard, *Institutions juridictionnelles*, *op. cit.*, n° 1097.

54) 하급심에서 변호사등록신청 거부를 제재한 사안에서 프랑스 파기원은 변호사회의 등록거부가 정당하다고 한 사례로는 Cass. civ. 1re, 21 mars 2006, *Gaz. Pal.*, 2006, pan., p. 1949.

55) Cass. civ. 1re, 5 déc. 2006, *Gaz. Pal.*, 4 jan. 2007. S. Guinchard, A. Varinard et Th. Debard, *Institutions juridictionnelles*, *op. cit.*, n° 1106.

56) 우리나라에서의 부령 또는 시행규칙에 해당하는 것으로 이해할 수 있으나, 동일한 개념이라고는 할 수 없으므로 이하에서는 원어 그대로 '아레떼'로 표현하기로 한다.

57) 1971년 법률 제11조 제1항 제2호. 그리고 구체적인 학력 리스트는 2007년 7월 21일의 아레떼에서 나열하고 있는데, 그중에는 1998년 11월 5일의 아레떼에 의해 제외되었던 시앙스포(Sciences Po Paris)가 다시 포함되었다.

2. 변호사연수원의 입학

(1) 변호사연수원의 지위

1971년 법률은 항소법원 소재지마다 '지방변호사연수원(Centres régionaux de formation professionnelle d'avocats: C.R.F.P.A.)'을 창설하였으며, 1990년 법률 또한 지방변호사연수원이라는 기본적인 구도를 변경하지는 않았다. 그러던 중 2004년 2월 11일의 법률[58]은 항소법원 관할지역을 중심으로 한 지방변호사연수원의 설치라는 기본구도를 근본적으로 변경하여 법무부장관이 '전국변호사회(Conseil national des barreaux: C.N.B.)'의 제안을 들어 각 '지방변호사연수원'의 소재지와 관할을 아레떼로 정할 수 있는 것으로 하였다.[59] 그리하여 2004년 12월 6일의 아레떼는 2014년 4월에 다시 변경되었는데, 현재는 전국적으로 16개의 연수원이 있을 뿐이다.[60] 그리고 전국변호사회는 관련된 연수원들의 의견을 청취하여 이들 지역연수원들을 다시 재편할 수도 있으며,[61] 역으로 지방연수원이 전국변호사회의 의견을 청취하여 연수기관이 없는 도시에 '분연수원(section locale)'을 설치할 수도 있다.[62] 파리 연수원은 '파리 항소법원 관할 변호사 연수학교(école de formation des barreaux du ressort de la Cour d'appel de Paris)'라는 의미에서 'E.F.B.'라고도 불리는데, 일부에서는 프랑스 전역을 관할로 하는 변호사학교(école de formation du barreau)로서의 'E.F.B.'가 되기를 원하기도 한다는 견해도 있다.[63]

한편, 연수원생에 대한 교육을 담당하는 지방변호사연수원은 '공익성이 인정된 공공기관(établissements d'utilité public)'으로서 '법인격(personalité morale)'이 인정된다.[64] 지방변호사

---

58) Loi n° 2004-130 du 11 février 2004 réformant le statut de certaines professions judiciaires ou juridiques, des experts judiciaires, des conseils en propriété industrielle et des experts en ventes aux enchères publiques.

59) 1971년 법률 제13-1조 제1항.

60) 16개의 변호사연수원 중 11개소에서는 최초의 연수 및 변호사가 된 이후의 계속연수가 가능하며, 5개소의 연수원에서는 최초의 연수는 불가하고 계속연수만 가능하다. 전자의 11개소는 l'EDA de Paris: l'École de formation professionnelle des barreaux de la cour d'appel de Paris (EFB) installée à Issy-les-Moulineaux; l'EDA de Versailles: l'Haute École des avocats conseils (HEDAC) située à Viroflay; l'EDA du Nord-Ouest: l'École des avocats Nord-Ouest (IXAD) située à Lille; l'EDA du Grand-Est: l'Ecole Régionale des Avocats Grand Est (ERAGE) située à Strasbourg; l'EDA de Rhône-Alpes: l'École des avocats de la région Rhône-Alpes (EDARA) située à Lyon; l'EDA du Sud-Est: l'Ecole des Avocats du Sud Est (EDASE) située à Marseille; l'EDA du Centre-Sud: l'Ecole des Avocats Centre Sud (EFACS) située à Montpellier; l'EDA du Sud-Ouest Pyrénées: l'Ecole Des Avocats Sud-Ouest Pyrénées (EDASOP) située à Toulouse; l'EDA de Bordeaux: l'Ecole des Avocats ALIENOR située à Bordeaux; l'EDA du Centre-Ouest: l'École du centre-ouest des avocats (ECOA) située à Poitiers; l'EDA du Grand-Ouest: l'École des avocats du grand ouest (EDAGO) située sur le campus de Ker Lann à Bruz, près de Rennes이며, 후자의 5개 연수원은 l'EDA de Corse située à Bastia; l'EDA de Guadeloupe située à Pointe-à-Pitre; l'EDA de la Réunion située à Sainte-Clotilde; l'EDA de Martinique située à Fort-de-France; l'EDA de Guyane située à Cayenne이 그것이다.

61) 1971년 법률 제13-1조 제2항.

62) 1971년 법률 제13-1조 제3항.

63) S. Guinchard, A. Varinard et Th. Debard, *Institutions juridictionnelles*, *op. cit.*, n° 1089.

64) 1971년 법률 제13조 제1항 및 제2항.

연수원의 재정은 변호사직역의 기부금,[65] 국가의 보조금 그리고 필요한 경우에는 연수생의 등록금을 통하여 확보한다.[66] 그리고 지방변호사연수원의 주된 임무는 다음과 같다.: 1° 변호사 직무적성 확인의 준비를 위한 기획, 2° 이해관계인이 취득한 대학의 학위에 따라 변호사연수의 면제신청이 있는 경우에 대한 판단, 3° 변호사에 대한 기본적 교육과 이를 위하여 필요한 경우에는 대학이나 기타 교육기관과의 연계를 통한 보충적 교육, 4° 노동법전 제 L.116-2조에서 규정하는 협약의 체결, 5° 연수가 허가된 자에 대한 연수과정에 대한 감독, 6° 변호사에 대한 후속적 교육, 7° 전문자격의 취득을 위한 직무역량의 확인을 위한 기획 등.[67]

(2) 변호사연수원의 입학절차: 법학연구원에서 준비한 시험의 합격

가. 법학연구원의 기능

'법학연구원'(institut d'études judiciaires (I.E.J.))은 프랑스 대학에서의 단과대학 중 '법정책과학대학'(Faculté de droit, de sciences politiques et de gestion)의 부설기관으로서 법조와 경찰 직역에 종사하기 위하여 시험을 준비하는 학생들의 교육을 담당하는 기관이다. 그리고 동 시험은 2016년 10월 17일의 법률 제2016-1389호에 의해 그 구체적 내용이 정해져 있다.

한편, '법학연구원'은 두 국(département)으로 구성되며, 그중 하나는 지방변호사연수원 입학시험의 준비와 기획을 담당하는 국이며, 다른 하나는 사법, 경찰 및 헌병학교 입학시험의 준비를 위한 국이다.[68] 지방변호사연수원의 준비는 보통 2월부터 7월에 걸쳐 이루어지며 9월부터 12월의 시험을 준비한다. 한편, 2017년부터는 지방변호사연수원에의 입학시험이 국가시험으로 바뀌었다. 따라서 입학허가를 위한 필기시험은 동일한 주제로 치른다. 입학을 위한 시험일자는 법무부장관이 정한 기간 내에 '법학연구원에서 정한다'. 시험의 결과에 대해서는 전국적으로 동일한 날짜에 공개된다. 입학시험을 준비한 모든 학생은 법정의 요건을 충족하는 경우 시험을 위한 원서를 제출할 수 있다.

다른 한편, 제2국(사법, 경찰 및 헌병학교 입학시험의 준비를 위한 국)에서는 '사법경찰학위(diplôme universitaire d'études judiciaires et policières(D.U.E.J.P.))'를 준비하며, 특히 다음의 시험을 준비하는 학생을 위한 국이다. '국립사법관학교(École nationale de la magistrature: E.N.M. - magistrat)'; '국립서기학교(École nationale des greffes(E.N.G. - greffier et directeur des services de greffe judiciaire)'; '국립고등경찰학교(École nationale supérieure de police (E.N.S.P. - officier de police et commissaire de police)'; '국립헌병공무원학교(École des

65) 전국변호사회에서 연간 기부금을 정하며(1971년 법률 제14-1조 제1항 제1호 제2문) 전국변호사회에서는 징수한 기부금을 각 변호사연수원에 분배한다(동조 제2항).

66) 1971년 법률 제14-1조 제1항.

67) 1971년 법률 제13조 제4항.

68) 해당 국은 2020년부터 대학에서 '사법경찰학위'로 대체된다.

officiers de la gendarmerie nationale(E.O.G.N. – officier de gendarmerie)'가 그것이다.[69]

아무튼, 법학연구원에의 등록을 통하여 지방변호사연수원에의 시험을 준비하는 것이 일반적이다.

나. 변호사연수원 입학시험

프랑스의 각 대학에서는 변호사연수원에의 입학시험을 대학 내 법학연구원 등의 조력을 받아 기획하고 준비한다. 즉, 각 대학에서 마련한 지방변호사연수원 입학시험에 합격하여야 변호사연수원에 입학할 수 있는데,[70] 입학요건과 관련하여서는 '1991년 데크레' 제51조 내지 제55조에서 상세히 규정하고 있으며, 구체적인 시험의 시행방법에 대해서는 '지방변호사연수원 입학요건의 변경에 관한 2016년 10월 17일의 데크레 제2016－1389호'[71] 및 관련 아레떼에서 상세히 규정하고 있다.

우선, 변호사연수원 입학시험은 필기시험과 그 밖의 시험(즉, 구술시험)으로 구성된다.[72] 그리고 필기시험은 수험생이 어디서 시험을 보건 동일한 주제로 시험을 치른다.[73] 시험장은 법무부장관의 의견을 청취하여 대학의 학장이 지정하며, 여러 장소에서 공동으로 시험을 치를 수 있다.[74]

필기시험의 주제는 국가차원의 출제위원회에서 출제하며,[75] 당해 위원회는 남녀 동수로 구성되고 법무부장관과 고등교육담당장관이 공동명의의 아레떼(arrêté)로 임명한다.[76] 구체적인 구성은 두 개 이상의 대학과 4개의 서로 다른 교육기관에 소속되어 법학교육을 담당하는 대학교수 또는 전임강사(maîtres de conférences)와 그와 같은 임무를 수행하는 4인의 사람과 전국변호사회에서 추천한 4인의 변호사로 구성된다.[77] 출제위원회의 장은 법무부장관과 고등교육담당장관이 법학교육을 담당하는 4인 중에서 지명하며,[78] 위원의 임기는 3년이나 1회에 한하여 연임이 가능하다.[79] 그 밖의 시험(즉, 구술시험)에서는 2인의 법학교육담당 대학교수 등, 1인의 사법관, 3인의 변호사, 외국어강사로 시험위원이 구성되며,[80] 5회 연속하여 시험위원이 될 수 없다.[81] 주목할 만한 부분은 기본권에 관한 시험은 교수, 사법

69) https://droit.unistra.fr/iej/liej/quest－ce－que－liej/(2024.9.30. 방문)
70) 변호사직역을 조직하는 1991년 11월 27일의 데크레 제91－1197호(Décret n° 91－1197 du 27 novembre 1991 organisant la profession d'avocat: 이하 '1991년 데크레') 제51조 제1항.
71) Décret n° 2016－1389 du 17 octobre 2016 modifiant les conditions d'accès aux centres régionaux de formation professionnelle d'avocats.
72) 1991년 데크레 제51조 제2항.
73) 1991년 데크레 제51조 제3항.
74) 1991년 데크레 제51조 제4항.
75) 1991년 데크레 제51－1조 제1항.
76) 1991년 데크레 제51－1조 제2항.
77) 1991년 데크레 제51－1조 제2항 제1호 및 제2호.
78) 1991년 데크레 제51－1조 제3항.
79) 1991년 데크레 제51－1조 제4항.
80) 1991년 데크레 제53조 제1항. 그리고 시험위원은 남녀동수이어야 한다(동조 제2항).

관, 변호사가 모두 참여하는 3인의 시험위원의 면전에서 치른다는 점이다.[82]

아무튼, 지방변호사연수원 입학시험을 응시하기 위해서는 위에서 언급한 1971년 법률 제11조에서 규정하는 학력요건을 갖추어야 하며,[83] 변호사연수원 입학시험의 응시가능 횟수는 3회로 제한된다.[84] 아울러, 외국인의 경우에도 아레떼에서 정한 일정한 요건을 갖춘 경우에는 변호사연수원에 입학할 수 있다.[85]

한편, 변호사연수원 입학시험의 결과에 대해서도 이의를 제기할 수는 있으나 관할법원은 행정법원이다. 즉, 항소법원이 변호사직역의 교육과 관련하여 모든 재판관할권을 가지고 있으나,[86] 변호사연수원에의 입학시험은 직업교육에 해당하지 않으므로 재판관할권은 행정법원에 속한다고 한다.[87]

(3) 연수과정

1971년 법률 제12조 제1항의 규정에 의하면, 변호사직역을 수행하고자 하는 자는 원칙적으로 지방변호사연수원 입학시험에 합격한 뒤 지방변호사연수원에서 일정한 연수를 거쳐야 하며, 이러한 연수는 18개월에 걸친 일정한 이론교육과 실무교육을 포함하는데, 당해 연수를 거친 뒤 일정한 시험을 치르고 '변호사직무적성확인서(C.A.P.A.)'를 보유함으로써 변호사로서 활동할 수 있게 된다. 그리고 1991년 데크레 제2편 제1장 제1절 제3부속절에서는 '교육의 내용(contenu de la formation)'이라는 표제 하에서 제56조 내지 제60조에 걸쳐 1971년 법률 제12조의 규정내용을 구체화하고 있다.

우선, 1991년 데크레 제56조 제1항에서는 지방변호사연수원에서 변호사연수생의 교육을 담당함을 재차 천명한 뒤, 교육의 구성원칙에 대해서는 전국변호사회에서 정하는 것으로 규정하고 있다.[88]

다음으로, 지방변호사연수원에 입소한 연수생은 제1기 과정인 첫 6개월 동안은 '고객에 대한 조언과 송무에 관한 실무수습(pratique du conseil et du contentieux)'에 관한 '공통기초교육과정(formation commune de base)'을 거치는데, 구체적으로는 '변호사라는 직업의 사회적 지위와 직무윤리, 소장의 작성, 변론, 소송절차, 변호사사무실의 관리 이외에 외국어연수'까지 거치게 된다.[89] 교육과 연수의 내용 및 방식은 '전국변호사회(C.N.B.)'에서 정한 규칙에

81) 1991년 데크레 제53조 제3항.
82) 1991년 데크레 제53조 제6항.
83) 1991년 데크레 제52조 제1항.
84) 1991년 데크레 제52조 제2항.
85) 1991년 데크레 제55조.
86) 1971년 법률 제14에서는 "직업교육에 관한 결정에 대한 이의의 소는 항소법원에 관할권이 있다."라고 규정하고 있다.
87) T. confl., 18 déc. 2006, H.c/Université Paris I, *Gaz. Pal.*, 30 jan. 2007; S. Guinchard, A. Varinard et Th. Debard, *Institutions juridictionnelles*, *op. cit.*, n° 1099.
88) 그리고 이와 관련한 전국변호사회의 결정은 30일 이내에 법무부장관과 지방변호사연수원에 통보되며, 관보에도 게재된다(1991년 데크레 제56조 제2항 및 제3항).

부합하게 '지방변호사연수원 운영위원회(conseil d'administration du centre régional de formation professionnelle)'에서 정한다.[90]

다음으로, 연수원 제2기 과정인 두 번째의 6개월 동안은 '연수생의 개인적 교육계획(projet pédagogique individuel de l'élève avocat)'을 실현하는 기간으로서 이 또한 전국변호사회가 정한 원칙에 따른다.[91] 그리고 당해 교육계획은 연수생이 제안하고 지방변호사연수원의 조력을 받아 수립하게 되는데 종국적으로는 연수원의 승인을 얻어야 한다.[92]

마지막으로 연수원 제3기 과정인 세 번째의 6개월 동안은 '변호사 사무실에서의 실무수습(stage auprès d'un avocat)'으로 이루어진다.[93] 이 경우, 실무수습을 할 수 있는 변호사 사무실은 당해 연도 1월 1일을 기준으로 하여 4년 이상 변호사회에 등록된 변호사이면 족하다.[94] 연수생은 실무수습을 제공하는 변호사의 고객접견을 조력하고 변론이나 준비서면의 작성 및 소장의 작성 등에 있어서도 조력하여야 한다.[95]

아무튼, 1991년의 데크레 제57조 및 제58조에서 정하고 있는 이상과 같은 3기의 연수과정은 연속적으로 이루어져야 하며, 지방변호사연수원 운영위원회에서는 연속적으로 진행되는 순서를 확정하여야 하나, 예외적으로 전국변호사회에서는 어느 지방변호사연수원에서 이러한 3기의 진행순서가 엇갈리게 되는 것을 승인할 수 있다.[96]

(4) 연수생의 지위

1991년 데크레 제2편 제1장 제1절 제4부속절에서는 제62조 내지 제67조에 걸쳐 '지방변호사연수원생의 지위(Statut de l'élève du centre régional de formation professionnelle)에 대해 규정하고 있다.

우선, 연수생은 법적으로 자신이 등록한 변호사연수원의 소속으로 되며, 실무수습을 어디서 하는지는 묻지 않는다.[97] 연수생이 전문직업교육을 위한 실무수습생의 자격을 갖추는 경우에는 보수와 관련하여 국가의 보조를 받으며 보수지급과 관련한 요건은 노동법전 제9권

89) 1991년 데크레 제57조 제1항 제1문. 그리고 외국어는 법무부장관이 아레떼로 정한 언어들 중에서 지방변호사연수원이 선택한다(동조 동항 제2문).

90) 1991년 데크레 제57조 제2항. 다만, 전국변호사회가 정한 원칙에 따라 공통기초교육에 관한 것이 아닌 교육에 대해서는 연수원생에 대한 교육을 면할 수 있다(동조 제3항).

91) 1991년 데크레 제58조 제1항 제1문. 연수원 제2기의 기간은 예외적으로 8개월로 연장될 수도 있다(동조 동항).

92) 1991년 데크레 제58조 제1항 제2문. 그리고 교육계획은 유럽연합이나 유럽경제지역 또는 스위스연방 중 그 어느 곳에도 속하지 않는 나라에서의 실무수습(연수과정)으로 이루어질 수도 있다(동조 동항 제3문).

93) 1991년 데크레 제58조 제2항.

94) 1991년 데크레 제59조 제1항. 지방변호사연수원 운영위원회에서는 매년 실무수습이 가능한 변호사 사무실의 목록을 작성한다(동조 제2항). 실무수습을 맡은 변호사는 적법한 이유 없이 자신의 사무실이 당해 목록에 게재되는 것을 거부할 수 없다(동조 제3항). 유럽연합국가나 유럽경제지역협약에 가입한 국가 또는 스위스연방에서 활동하는 변호사도 자신들이 신청하면 실무수습을 받을 수 있다(동제 제4항).

95) 1991년 데크레 제60조 제1항.

96) 1991년 데크레 제58-1조.

97) 1991년 데크레 제62조 제1항.

제6편의 규정을 따른다.[98)]

다음으로, 연수생이 1991년 데크레 또는 연수원의 내부규칙에서 정한 의무[99)]를 위반하거나 도덕성 요건을 위반하는(즉, 명예 또는 성실성에 반하는) 행위를 한 경우에는 '규율위반을 이유로 한 징계(sanctions disciplinaires)'가 가능하며, 구체적으로는 1° 경고(avertissement), 2° 견책(blâme), 3° 6개월 이내의 정학(exclusion temporaire du centre pour une durée de six mois au plus)을 들 수 있다.[100)] 징계는 지방변호사연수원의 '징계위원회(conseil de discipline)'에서 내리는데, 징계위원회의 소집은 연수원 운영위원회의 장이 소집한다.[101)] 징계결정은 이해관계자인 피징계대상자의 의견을 청취한 후에만 내릴 수 있다.[102)] 징계위원회의 결정에 대해서는 이해관계자인 연수생이 항소법원에 이의를 제기할 수 있으며[103)] 불복신청은 결정이 있은 날로부터 1월 이내에 이루어져야 한다.[104)]

3. 변호사시험

위에서도 언급한 바와 같이, 프랑스에서 변호사가 되고자 하는 자는 원칙적으로 변호사시험(examen du certificat d'aptitude à la profession d'avocat)에 합격하여야 한다. 그리고 동 시험은 변호사연수원에서의 18개월 간의 연수를 마친 뒤 C.A.P.A. 학위를 취득하여야 가능하므로 대체로 수험생들은 '고등학교 졸업 후 6년 이상(Bac+6)'의 학력을 소지한 자들이다. 아무튼, 변호사시험에 합격한 자는 변호사회에 등록하여 연수과정 없이도[105)] 곧바로 변호사의 업무를 수행할 수 있다.

변호사시험의 시행기관과 관련하여서는 1991년 데크레 제68조에서 규정하고 있다. 즉, 변호사시험은 지방변호사연수원에서 준비되고 시행된다(동조 제1항 및 제2항). 따라서 응시자인 연수생은 자신이 마지막으로 연수를 마친 연수원에서 준비한 시험만을 응시할 수 있다

98) 1991년 데크레 제62조 제2항. 연수원에서 국가와 협약을 맺은 경우에는 연수생에게 사회보장기준에 따라 장학금을 지급할 수도 있다(동조 제3항).

99) 1971년 법률 제12-2조 제1항에 의하면, 연수생은 교육과 실무수습과정에서 체득하게 된 사실이나 정보에 대해 직업상 비밀유지의무를 부담한다. 그리고 동법 제12-2조 제3항에 의하면, 연수생은 변호사연수원 입학이 허락된 직후에 연수원장의 출석하에 연수원 소재지 항소법원에서 "나는 교육이나 실무수습 과정에서 알게 된 모든 사실이나 행위에 대해 비밀을 유지할 것을 맹세합니다."라고 서약하여야 한다.

100) 1991년 데크레 제63조.

101) 1991년 데크레 제64조 제1항. 한편, 운영위원회의 장은 징계위원회의 위원이 될 수 없으며(동조 제2항), 징계위원회는 위원장으로 되는 연수원 운영위원회 소속의 변호사 1인, 연수원 운영위원회 소속의 1인의 법관과 대학교원, 연수원에서 교육을 담당하는 2인의 변호사 및 연수원생들의 비밀투표에 의해 선출된 2인의 연수생대표로 구성된다(동조 제3항).

102) 피징계대상자는 적어도 8일 전에 소환되어야 하고 자신과 관련된 서류를 미리 열람할 수 있어야 하며, 변호사의 조력을 받을 수 있고, 원한다면 다른 학생에게 위임할 수 있다(1991년 데크레 제64조 제5항). 그리로 징계위원회의 표결의 결과가 가부동수인 경우에는 피징계자에게 가장 유리한 해결책이 채택된다(동조 제6항).

103) 1991년 데크레 제66조 제1항.

104) 1991년 데크레 제16조 제2항.

105) 2004년 12월 21일의 데크레 제2004-1386호에 의해 변호사시험 합격 이후의 '연수(stage)'제도가 폐지되고, 따라서 1991년 데크레에서의 관련 규정인 제72조 내지 제83조의 규정도 삭제되었다.

(동조 제3항). 그리고 변호사시험의 내용과 방식은 법무부장관이 전국변호사회의 의견을 청취하여 마련한다(동조 제4항).

변호사시험 시험위원과 관련하여서는 1991년 데크레 제69조에서 규정하고 있다. 우선, 시험위원은 대학에서 법학교육을 담당하는 2인의 교수나 전임강사, 1인의 사법법원 사법관, 1인의 행정재판소와 항소행정법원의 구성원, 변호사연수원 소재 변호사회 회장들이 공동으로 정한 3인의 변호사, 외국어 강사로 구성된다(동조 I).[106] 시험위원회의 장은 관련 대학들의 총장이 공동으로 정한 대학교원이 맡는다(동조 I 제1호). 구술시험에서의 시험위원은 3인으로 구성되며 대학교원 중 1인, 사법관 및 행정법원 구성원 중 1인, 변호사 중 1인을 시험위원장이 지명한다(동조 Ⅲ).[107]

한편, 변호사시험의 시행일은 변호사연수원의 운영위원회의 장이 정하며, 아무리 늦어도 연수기간이 종료한 날로부터 2개월 내에 실시하여야 한다.[108] 제1차 변호사시험에 합격하지 못한 연수생은 1991년 데크레 제57조 및 제58조에서 정한 3기의 연수기간을 새로이 거친 뒤 재시험을 볼 수 있다.[109] 그러나 이러한 과정을 거쳐 두 번째의 변호사시험에도 불합격하는 경우에는 연수생은 더 이상 변호사시험에 응시할 수 없다. 다만, 정당한 사유가 인정되는 경우에는 예외적으로 변호사연수원 운영위원회가 세 번째의 연수기회를 가질 수 있도록 허가할 수 있다.[110] 요컨대, 프랑스에서는 3번의 변호사연수원 입학시험과 2번(예외적으로 3번)의 변호사시험에 응시할 수 있다는 것이다.

다른 한편, 구체적인 시험내용 및 과목에 대해서는 2005년의 법무부장관 아레떼[111] 제3조에서 상세히 규정하고 있다. 보다 구체적으로, 변호사시험은 총 7가지 유형으로 실시되는데, 제1유형인 필기시험(épreuve écrite)은 5시간 동안 소송절차와 소장에 대한 '의견서(consultation)'를 작성하는 것으로서 그 가중치(coefficient)는 2이다(동조 제1항 제1호). 제2유형은 '구술시험(exercice oral)'으로서 민사, 형사, 상사, 사회, 행정 또는 유럽공동체에 관한 사건 중 하나를 선택하여 약 3시간의 준비시간을 거친 뒤 약 15분에 걸쳐 '구두변론(plaidoirie)'을 행하는 것으로서 이 또한 가중치는 2이다(동조 제1항 제2호). 제3유형은 '실무적인 목적의 질의응답(interrogation orale à finalité pratique)'으로서 변호사의 사회적 지위와

---

106) 한편, 여러 변호사연수원에서 공동으로 변호사시험을 진행하고자 하는 경우의 시험위원은 연수원 소재지 항소법원장과 검사장들이 공동으로 지정한 사법법원 사법관 1인, 항소행정법원의 장들이 공동으로 지정한 행정재판소와 항소행정법원의 구성원 1인, 2인의 대학교수 또는 전임강사, 연수원들을 관할하는 변호사회 회장들의 공동결정에 의하여 지명된 3인의 변호사로 구성된다(1991년 데크레 제69조 Ⅱ).

107) 시험위원의 구성은 남녀 동수로 하며, 5회 연속하여 시험위원이 될 수 없다(1991년 데크레 제69조 Ⅳ).

108) 1991년 데크레 제70조 제1항. 다만, 전국변호사회의 의견을 들어 작성된 법무부장관의 변호사시험 시행방법에 관한 아레떼에 따라 '추가시험(session de rattrapage)'의 시행도 가능하다(동조 제2항).

109) 1991년 데크레 제71조 제1항.

110) 1991년 데크레 제71조 제2항.

111) 변호사시험의 내용과 방식을 정하는 2005년 12월 7일의 아레떼(Arrêté du 7 décembre 2005 fixant le programme et les modalités de l'examen d'aptitude à la profession d'avocat).

법조윤리에 관하여 1시간 동안의 준비시간을 거친 뒤 약 20분에 걸친 '구술시험(épreuve orale)'을 행하는 것으로서 여러 유형의 시험들 중에서 가중치가 가장 높은 3이다(동조 제1항 제3호). 제4유형 또한 '구술시험'으로서 변호사연수원에서 배운 외국어 중 하나를 수험생이 선택하여 20분간의 준비시간을 거친 뒤 약 20분 동안 진행되는 외국어능력 측정시험이며 가중치는 1이다(동조 제1항 제4호). 제5유형은 '발제 및 토론(exposé discussion)'의 형식으로 이루어지는 시험으로 1991년 데크레 제58조 제1항에서 정하는 개인적 교육계획에 대한 수험생의 보고서를 토대로 시험위원과 수험생 사이에서 약 20분간 이루어지며 가중치는 2이다(동조 제1항 제5호). 제6유형은 '토론(discussion)'의 형식으로 이루어지는 시험으로 1991년 데크레 제58조 제2항에서 정하는 변호사 사무소에서의 실무수습을 통하여 배우고 느낀 사항들에 대한 수험생의 보고서를 토대로 시험위원과 수험생 사이에서 약 20분간 이루어지며 가중치는 2이다(동조 제1항 제6호). 제7유형은 '사후적 관찰'의 형식으로 이루어지는 시험으로서 시험위원은 수험생에게 실무수습을 행한 변호사 사무실의 변호사에게 수험생의 자질에 대한 의견을 물을 수 있다.[112)]

Ⅳ. 변호사 특별 선발절차: 직업 또는 경험에 의한 변호사 자격부여

1. 변호사회에의 등록자격

1991년 데크레 제2편 제2장에서는 변호사회에 대해 규정하고 있으며, 그 제1절에서는 변호사회에의 등록에 대하여 규정하고 있다. 그리고 제1부속절에서는 등록을 위한 일반적 요건에 대하여 제93조 내지 제96조에 걸쳐 규정을 두고 있다.

우선, 1991년 데크레 제93조 제1항에 따르면, 변호사회에 등록을 할 수 있는 자로는 1° 변호사시험 합격자,[113)] 2° 1991년 데크레 제97조에서 정한 면제혜택을 받는 자,[114)] 3° 1991년 데크레 제98조에서 정한 면제혜택을 받으면서 제98－1조에서 정한 직업윤리와 규칙에 대한 지식검증 시험에 합격한 자,[115)] 4° 1991년 데크레 제99조에서 정한 면제혜택을 받는 자,[116)] 5° 유럽연합 또는 유럽경제지역에 속하지 않는 국가나 지역에서 변호사자격을 취득한 자로서 1971년 법률에서 정한 일정한 시험들에 합격한 자,[117)] 6° 항소법원에서의 대리에

112) 2005년 아레떼 제3조 제2항. 이 경우, 실무수습을 담당하였던 변호사는 변호사연수원 운영위원회에서 작성한 '상세평가표'(grille détaillée)를 활용할 수 있다(동조 제3항).

113) Les titulaires du certificat d'aptitude à la profession d'avocat.

114) Les personnes bénéficiant d'une des dispenses prévues à l'article 97.

115) Les personnes bénéficiant d'une des dispenses prévues à l'article 98 et ayant subi avec succès l'examen de contrôle des connaissances en déontologie et réglementation professionnelle prévu à l'article 98－1.

116) Les personnes bénéficiant de la dispense prévue à l'article 99.

117) Les personnes ayant acquis la qualité d'avocat dans un Etat ou une unité territoriale n'appartenant pas à l'Union européenne ou à l'Espace économique européen et qui ont subi avec succès le certificat d'aptitude à la profession d'avocat ou l'examen de contrôle des connaissances prévu au dernier alinéa de

관한 2011년 1월 25일의 법률 제2011－94호 제22조에서 규정한 자,[118] 7° 구성원에게 상인 자격을 부여하지 않는 법인격을 갖춘 일정한 조합 및 그 밖의 단체,[119] 8° 1971년 법률 제87조에서 정한 변호사집단[120]을 들 수 있다. 특히, 1991년 데크레 제93조 제1항 제1호 내지 제6호에서 열거하는 사람은 자연인들이므로 1971년 법률 제3조 제2항에서 정한 '선서'를 하여야 한다.[121]

아무튼, 프랑스에서는 '변호사시험(C.A.P.A.)'에 합격하지 않은 자도 변호사로서 활동할 수 있는 가능성이 큰 것으로 이해할 수 있다. 이하에서는 변호사시험이 아닌 그 밖의 방법으로 변호사로 활동할 수 있는 경우들을 나누어 살피기로 한다.

2. 당연취득: 최고재판관, 대소사 및 그 조력자 등

1991년 데크레 제97조에서 열거하는 최고재판관 경력을 가진 자 등은 1971년 법률에서 정하는 학위요건이나, 대학에서 치르는 변호사연수원 입학시험, 변호사연수원에서의 이론교육 및 실무교육의 수료, 변호사시험 및 특별시험을 거치지 않고 곧바로 변호사로서 활동할 수 있다.[122] 이는 위에서 언급한 제93조 제1항 제2호에서 언급하는 자들이다. 구체적으로는 1° 국사원의 전・현직 구성원 및 행정재판소와 항소행정법원의 전・현직 구성원,[123] 2° 회계법원, 지방회계법원, 폴리네시아와 뉴칼레도니아 회계법원의 전・현직 사법관,[124] 3° 1958년의 오르도낭스의 적용을 받는 전・현직 사법관,[125] 4° 법학교육을 담당하는 대학교수,[126] 5° 국사원과 파기원의 변호사,[127] 6° 항소법원에서의 舊 대소사,[128] 7° 프랑스 변호사회에 등록된 舊 변호사와 舊 법률상담사.[129]

한편, 2011년 1월 25일의 법률 제2011－94호에 의하여 2012년 1월 1일부터는 위 6°에서 언급하고 있는 항소법원에서 일하던 '대소사(avoué)'의 직역이 폐지되고, 종전에 대소사로

---

l'article 11 de la loi du 31 décembre 1971.

118) Les personnes mentionnées à l'article 22 de la loi n° 2011－94 du 25 janvier 2011 portant réforme de la représentation devant les cours d'appel.

119) Les sociétés et autres entités dotées de la personnalité morales à l'exception des formes juridiques qui confèrent à leurs associés la qualité de commerçant.

120) Les groupements d'avocats prévus au deuxième alinéa de l'article 87 de la loi du 31 décembre 1971.

121) 1991년 데크레 제93조 제2항.

122) 1991년 데크레 제97조 제1항.

123) Les membres et anciens membres du Conseil d'Etat et les membres et anciens membres du corps des tribunaux administratifs et des cours administratives d'appel.

124) Les magistrats et anciens magistrats de la Cour des comptes, des chambres régionales des comptes et des chambres territoriales des comptes de la Polynésie française et de la Nouvelle－Calédonie.

125) Les magistrats et anciens magistrats de l'ordre judiciaire régis par l'ordonnance n° 58－1270 du 22 décembre 1958. 따라서 근접법원의 판사는 여기서의 사법관에 해당하지 않는다. 이러한 취지의 판단으로는 Cass. civ. 1re, 10 juil. 2013, n° 12－24962.

126) Les professeurs d'université chargés d'un enseignement juridique.

127) Les avocats au Conseil d'Etat et à la Cour de cassation.

128) Les anciens avoués près les cours d'appel.

129) Les anciens avocats inscrits à un barreau français et les anciens conseils juridiques.

활동하던 사람들에게는 자신들이 근무하는 사무실 소재지 관할의 법원이 있는 지역의 변호사회에의 등록만으로 변호사업무를 수행할 수 있는 것으로 하였다.[130] 반면, '대소사의 협력자(collaborateurs d'avoués)'가 2008년 12월 31일 이후에 협력자의 자격으로 활동하였고 늦어도 2012년 1월 1일까지 '대소사시험(examen d'aptitude à la profession d'avoué)'에 합격한 경우에도 일체의 시험이나 실무수습교육 없이 곧바로 변호사회에의 등록이 가능한 것으로 하였다.[131] 다만, 대소사의 협력자들이 이러한 과정을 거치지 않고, 법정의 학력기준을 충족하는 자들로서 일정한 기간 동안 실무경력이 있는 것으로 판단되는 경우에도 곧바로 변호사회에의 등록이 가능한 것으로 하였다.[132] 다른 한편, 대소사의 경우에는 1991년 데크레 제98조 제7호에 열거되어 있었으므로 동 데크레 제98-1조에서 규정하는 특별시험으로서 법조윤리 시험을 치르는 것으로 되어있었으나, 2013년 4월 15일의 데크레 제2013-319호에 의해 이와 같은 시험이 면제되었다. 다만, 이들도 변호사활동을 개시한 최초 2년 동안에는 법조윤리 교육을 온전히 받아야 한다.[133]

3. 보충적 요건의 충족에 의한 취득

(1) 1991년 데크레 제98조의 적용을 받는 자로서 일정 기간의 실무경력을 갖춘 자

1991년 데크레 제98조에서 열거하는 사람들의 경우에는 대학에서의 변호사연수원 입학시험, 변호사연수원에서의 이론교육 및 실무교육, 변호사시험을 응시할 필요는 없으나 1971년 법률에서 정한 학력요건[134]과 특별시험에의 합격요건은 충족하여야 한다. 전통적으로 이들은 또 다른 법률직역 종사자로 평가되어 왔으며 따라서 이들 직역에 종사하기 위한 검증을 거쳤다는 것은 변호사로서 활동할 수 있는 자격도 갖춘 것으로 이해되기도 하였다.[135]

구체적으로는 우선, 1° 공증인,[136] 집달관, 상사법원서기, 기업의 회생과 청산을 위한 사법관리인 및 사법수임인, 구 사법관리인, 산업재산상담사 및 구 특허상담사[137]를 들 수 있다. 다만, 이들은 자신들의 직역에서 최소 5년 이상 활동을 한 이후에 변호사자격을 취득할 수 있다.[138]

---

130) 1971년 법률 제1조 I, 제1항.
131) 2011년 1월 25일의 법률 제2011-94호 제22조 제1항.
132) 여기서의 실무경력이라 함은 대소사의 협력자로서의 실무경력을 말하는 것이기는 하나, 2012년 1월 1일 이후에는 '변호사의 협력자'(collaborateur d'avocat)를 가리킨다(2011년 1월 25일의 법률 제2011-94호 제22조 제2항).
133) 1991년 데크레 제85조 제4항.
134) 1971년 법률 제1항 제2호.
135) S. Guinchard, A. Varinard et Th. Debard, *Institutions juridictionnelles*, *op. cit.*, n° 1102.
136) 다만, '보조공증인(notaires assistants)'은 이에 해당하지 않는다.
137) Les notaires, les huissiers de justice, les greffiers des tribunaux de commerce, les administrateurs judiciaires et mandataires judiciaires au redressement et à la liquidation des entreprises, les anciens syndics et administrateurs judiciaires, les conseils en propriété industrielle.
138) 1991년 데크레 제98조 제1항 제1호.

다음으로, 2° 전임강사, 보조전임강사 및 시간강사[139]를 들 수 있다. 다만, 이들은 법학박사, 경제학박사 또는 경영학박사 학위를 소지한 자들이어야 하며, 위 자격으로서 교육 및 연구기관에서 5년 이상 법학교육을 수행하였음을 증명하여야 한다.[140]

다음으로, 3° '기업의 법률가(juristes d'entreprise)'를 들 수 있다. 다만, 이들은 하나 또는 복수의 기업에서 적어도 8년 이상 전문직역에 종사하였어야 한다.[141]

다음으로, 4° A등급의 전·현직 공무원 또는 그에 준하는 자[142]를 들 수 있다. 다만, 이들은 행정이나 공공서비스 또는 국제기구의 영역에서 위 자격으로 8년 이상 법률업무를 담당하였어야 한다.[143]

다음으로, 5° 노조에서 8년 이상 법률업무를 담당한 자[144]도 포함된다.

다음으로, 6° 급여를 받는 법률전문가로서 개인변호사, 변호사단체나 변호사조합, 대소사 사무실, 국사원변호사 및 파기원변호사 사무실에서 근무한 자[145]를 들 수 있다. 다만, 이들은 1971년 법률 제11조 제2호에서 열거한 학위를 취득한 이후에 급여를 받는 법률전문가로서 8년 이상 활동하였어야 한다.[146] 급여를 받는 법률전문가에게도 시험 없이 변호사가 되는 길을 열어 줄 것인지에 대한 찬반논의가 없었던 것은 아니며, 프랑스 파기원에서는 이에 대해 반대의 의사표시를 하기도 하였으나[147] 종국적으로는 2005년 11월 4일의 데크레 제2005-1381호에 의해 이들도 시험 없이 변호사가 되는 길이 열리게 되었다.

다음으로, 7° '국회의원의 보좌관(collaborateurs de député)' 또는 '상원의원의 보좌관(assistants de sénateur)'을 들 수 있으며, 이들 또한 그와 같은 자신들의 역무를 8년 이상 수행하면서 법률업무를 담당하였음을 증명하여야 한다.[148] 프랑스 파기원에 의하면, 여기서 열거하는 자들은 국회의원을 개인적으로 보좌하는 역할을 하였어야 하며, 국회의 특정 정치집단을 위하여 일정한 역할을 수행한 것은 포함되지 않는다고 한다.[149] 그리고 국회의원의 보좌관에 대해서도 시험 없이 변호사자격을 허용할 수 있는 근거는 2012년 4월 3일의 데크레 제2012-441호에 의해 마련되었다.

한편, 위에 열거한 자들 중 3°, 4°, 5°, 6°, 7°에서 언급한 자들은 이들 직역들을 번갈아

---

139) Les maîtres de conférences, les maîtres assistants et les chargés de cours.

140) 1991년 데크레 제98조 제1항 제2호.

141) 1991년 데크레 제98조 제1항 제3호.

142) Les fonctionnaires et anciens fonctionnaires de catégorie A, ou les personnes assimilées aux fonctionnaires de cette catégorie.

143) 1991년 데크레 제98조 제1항 제4호.

144) Les juristes attachés pendant huit ans au moins à l'activité juridique d'une organisation syndicale.

145) Les juristes salariés d'un avocat, d'une association ou d'une société d'avocats, d'un office d'avoué ou d'avocat au Conseil d'Etat et à la Cour de cassation.

146) 1991년 데크레 제98조 제1항 제6호.

147) S. Guinchard, A. Varinard et Th. Debard, *Institutions juridictionnelles*, *op. cit.*, n° 1102.

148) 1991년 데크레 제98조 제1항 제7호.

149) Cass. civ. 1re, 6 fév. 2019, n° 18-50.003.

가며 법률업무를 수행하였더라도 그 기간의 총합이 8년 이상이면 실무경험의 요건은 충족하는 것으로 본다.[150] 그리고 1971년 법률 제11조 제1항에 의하면, 이들 직역이나 활동은 프랑스 내에서 이루어져야 하는 것으로 규정하고 있는데, '헌법위원회(Conseil constitutionnel)'에서는 이와 같은 요건의 요구가 헌법에 부합한다고 판시하기도 하였다.[151]

아무튼, 이상과 같이 1991년 데크레 제98조에 열거된 자들에 대하여 변호사시험 등을 면제하는 것에 대한 보완책으로서 이들에 대해서는 특별시험을 요구하기로 하였는데, 그 근거가 바로 2012년 4월 3일의 데크레 제2012-441호이며 동 데크레 제7조가 반영되어 1991년 데크레에서는 제98-1조를 신설하게 된다. 즉, 제98-1조에 의하면 변호사시험 등을 면제받는 모든 자-제98조에서 언급하는 자-들은 학력요건에 추가하여 요구되는 요건으로서 '변호사의 직무윤리와 규칙'에 관한 지식을 검증하는 '특별시험(examen spécial)'을 치러야 한다. 아울러 이러한 법조윤리 검증시험 또한 3회에 걸쳐서만 응시할 수 있다.[152]

(2) 유럽인인 법률가

1991년 데크레 제2편 제2장 제3부속절에서는 제99조 1개의 조문을 두어 프랑스 이외의 유럽연합국가 또는 유럽경제지역협약에 가입한 국가에서 변호사의 자격을 취득한 자에게 프랑스에서 변호사로서의 활동을 할 수 있는 방안에 대해서 규율하고 있다. 즉, 동 데크레 제99조에서 열거하는 자들은 프랑스 대학에서 치르는 변호사연수원 입학시험이라든가 변호사연수원에서의 이론교육 및 실무교육 이외에 변호사시험에 합격할 필요도 없으나, '특별시험(examen spécial)'에는 응시하여야 한다.

구체적으로는 위에서 살핀 국적요건에서와 마찬가지로, 유럽연합 내 또는 유럽경제지역협약에 가입한 국가와 스위스연방[153]에서 활동하는 '유럽인인 법률가(juristes européens)'를 들 수 있다. 이들은 변호사연수원 입학시험과 변호사시험의 축소판이라고 할 수 있는 시험을 치러야 하는데, 이들 시험은 파리 변호사연수원과 베르사유 변호사연수원에서만 진행된다.[154] 물론, 유럽의 변호사들은 누구나 일정한 요건하에서 프랑스 변호사회에 등록하지 않고도 상담업무 또는 사서증서 작성을 할 수는 있다.[155]

주의할 점은 유럽연합에 소속한 국가 또는 유럽경제지역협약에 가입한 국가 및 스위스연

---

150) 1991년 데크레 제98조 제2항.

151) Cons. const., 6 juil. 2016, n° 2016-551. 프랑스 파기원의 판단 중에서는 공무원과(Cass. civ. 1re, 14 déc. 2016, n° 15-26.635) 노조에서의 법률업무 담당자(Cass. civ. 1re, 14 déc. 2016, n° 14-25.800)의 경우도 마찬가지라고 판시한 것이 있으나, 이후의 파기원 판단 중에는 이러한 해결책이 '유럽연합법(droit de l'U.E.)'에 부합하는지에 대해 의문을 제기한 경우(Cass. civ. 1re, 20 fév. 2019, n° 17-21.006)도 있다.

152) 1991년 데크레 제98-1조 제3항.

153) 스위스연방은 유럽연합이나 유럽경제지역협약에 가입한 국가가 아니므로 1991년 데크레에서 상정하고 있지는 않으나 스위스와 유럽 사이의 '자유이동에 관한 협약(accord de libre circulation)'이 1999년 6월 21일에 체결되어 2002년 6월 1일부터 시행되고 있으므로 동 제도의 적용을 받는다.

154) 1991년 데크레 제99조 및 1993년 1월 아레떼 참조.

155) S. Guinchard, A. Varinard et Th. Debard, *Institutions juridictionnelles*, *op. cit.*, n° 1103.

방에서 변호사 자격을 취득한 자가 그가 가진 원래의 자격을 가지고 프랑스에서 3년 이상 활동한 경우에는 다시 프랑스에서 변호사시험이라든가 소위 '특별시험'을 치를 필요는 없다.[156] 즉, 이들은 일정한 방식에 따라 프랑스 변호사회에의 등록을 신청할 수 있다.[157]

(3) 외국의 변호사

1991년 데크레 제2편 제2장 제4부속절에서는 제100조 1개의 조문을 두어 유럽연합 및 유럽경제지역협약 가입국이 아닌 외국의 변호사도 '축약된 시험(examen contracté)'을 통하여 프랑스에서 변호사로서의 활동을 할 수 있는 방안에 대해서 규율하고 있다. 즉, 동 데크레 제100조에서 상정하는 외국의 변호사들도 프랑스 대학에서 치르는 변호사연수원 입학시험이라든가 변호사연수원에서의 이론교육 및 실무교육은 물론이요 변호사시험에 합격할 필요도 없이 일정한 요건으로서의 '축약된 시험'을 통하여 프랑스에서 변호사로서 등록할 수 있다.[158] 이들 축약된 시험 또한 파리 변호사연수원과 베르사유 변호사연수원에서만 응시할 수 있다.

한편, 이들에 대해서도 상호주의 원칙이 적용되므로 해당 외국에서도 프랑스 변호사가 변호사로서 활동할 수 있어야 한다. 다만, 이들 또한 일정한 요건하에서 프랑스 변호사회에 등록하지 않고도 상담업무 또는 사서증서 작성을 할 수는 있다.[159]

(4) 법학박사 및 구 대소사 연수생에 대한 특칙

1990년 12월 31일의 법률에서는 법학박사학위를 취득한 자는 곧바로 '변호사시험(C.A.P.A.)'에 응시할 수 있는 것으로 하고 있다. 즉, 대학에서 시행하는 변호사연수원 입학시험에 합격할 필요는 없으나 18개월 간의 변호사연수원에서의 실무수습 이외에 변호사시험에 합격함으로써 변호사회에 등록할 수 있다는 것이다.[160] 물론, 법학박사학위의 취득에 있어서는 일체의 기망이 존재해서는 안 되며, 기망행위가 있었던 경우에는 변호사회의 등록이 말소될 수 있다.[161] 문제가 되는 부분은 외국의 대학에서 박사학위를 취득한 경우에도 곧바로 변호사연수원에의 입학이 가능한지의 여부인데 프랑스법원은 이에 대해 긍정적인 태도를 취하고 있다.[162]

한편, 2012년 1월 1일에 대소사가 되기 위하여 전국대소사협회에서 개설한 연수과정에

---

156) 2004년 2월 11일의 법률 제2004-130호 및 동법의 시행을 위한 2004년 10월 14일의 데크레 제2004-1123호 참조.
157) S. Guinchard, A. Varinard et Th. Debard, *Institutions juridictionnelles*, *op. cit.*, n° 1103.
158) 1991년 데크레 제100조 및 1993년 1월 아레떼 참조.
159) S. Guinchard, A. Varinard et Th. Debard, *Institutions juridictionnelles*, *op. cit.*, n° 1103.
160) 1971년 법률 제12-1조 제3항.
161) C.A. de Bordeaux, 4 juin 2010, *D.*, 2010, p. 2348.
162) C.A. de Paris, 31 août 2018, n° 18/17608. 다만, 이러한 외국에서의 법학박사 학위가 프랑스에서의 법학박사 학위와 학력동등 인정이 가능한 경우라야 함은 당연한 이치라고 할 것이다. S. Guinchard, A. Varinard et Th. Debard, *Institutions juridictionnelles*, *op. cit.*, n° 1105.

1년 이상 등록한 자는 1971년 법률 제12조에서 정한 이론교육 및 실무교육을 받음으로써 변호사가 될 수 있다. 다만, 이 경우에는 변호사연수원 입학시험을 응시할 필요가 없음을 의미하며, 변호사연수원에서의 연수과정 이후 변호사시험은 응시하여야 한다.[163)]

Ⅴ. 우리 법에의 시사점

이상에서는 프랑스에서의 변호사 선발제도에 대해 살펴보았으며, 이를 통하여 다음과 같은 결론에 도달할 수 있을 것이다.

우선, 프랑스에서는 변호사의 임용을 위한 일반적 절차로서 변호사 연수원에서의 연수과정을 거치고 변호사시험에 합격하여야 한다는 점에서 우리나라에서의 로스쿨제도와 유사한 점이 있다고 할 수 있다. 즉, 일정한 학력요건(대학입학 후 4년의 수학)을 갖춘 자에게 변호사연수원에의 입학시험 자격을 부여하는 한편, 변호사연수원에서의 이론적·실무적 연수과정을 거친 후에 변호사시험에 응시한다는 점에서 그러하다는 것이다. 다만, 프랑스에서는 변호사 연수원의 연수과정을 거친 후 응시하게 되는 변호사시험에서의 합격률이 98%에 이른다는 통계를 고려한다면, 변호사시험은 표현 그대로 자격시험화되어 있다는 점에서 우리 법에서의 시사점이 있다고 할 것이다. 아울러, 외국인이라 하더라도 변호사연수원에 입학할 수 있는 가능성을 구체화하고 있다는 점도 주목할 만하다. 다만, 변호사연수원에의 입학을 위해서는 대학에서 운영하는 변호사연수원 입학시험 준비를 위한 법학연구원 제도의 시행은 우리 법에서의 제도와 차이가 발견되는 부분이다.

다음으로, 프랑스에서는 변호사시험의 합격 이외에도 일정한 직업적 경력이 인정되는 자에게도 변호사로서의 활동을 가능하게 한다는 점은 주목할 만하다. 즉, 변호사시험에 합격하지 않더라도 일정한 학력요건을 갖추거나(예컨대, 법학박사 학위의 취득 등), 일정한 유형의 공직에의 복무경력이 있거나, 아니면 일정한 유형의 법률관련 직역에 종사한 자에 대해서는 간소한 검증과정을 거쳐서 곧바로 변호사회에의 등록을 가능하게 한다는 점이다. 그뿐만 아니라, 외국인의 경우에도 일정한 요건을 갖춘 경우에는 프랑스에서의 변호사 활동이 보장된다는 점도 주목을 끄는 부분이라고 할 것이다.

결론적으로 프랑스에서는 다양한 경험을 가진 자를 변호사로 임용함으로써 변호사 직역으로의 접근가능성과 관련하여 다양성을 확보하고 있다는 점에서 우리에게 시사하는 바가 크다.

---

163) S. Guinchard, A. Varinard et Th. Debard, *Institutions juridictionnelles*, *op. cit.*, n° 1105.

유럽연합 제조물책임지침 개정으로부터의 시사

박 신 욱

경상국립대학교 법과대학 교수

본 논문은 2024년 12월 31일 발간된 민사법학 제109호에 게재된
논문을 편집한 것이다.

박동진 교수님의 회갑을 진심으로 축하드립니다. 또한 이렇게 함께 기념할 수 있는 기회를 주심에 감사드립니다.

Ⅰ. 들어가며

지난 2024년 10월 10일 유럽연합 각료이사회(Rat der Europäischen Union)는 1985년에 제정되어 시행되고 있는 기존의 「제조물책임지침」[1])을 대체하는 새로운 「제조물책임지침」[2])을 채택하였다. 이 지침은 2024년 11월 18일 유럽연합의 공보에 게재되었으며, 이후 24개월이 지나면 유럽전역에 적용된다. 이러한 변화의 과정에서 유럽연합은 이미 지난 2022년 9월 28일 제조물책임지침안(이하 "2022년 지침안")[3])을 제안한 바 있다.[4]) 선행연구에 따르면, 2022년 지침안은 다음과 같은 배경에서 제안되었다.[5])

> 최근에는 EU 「제조물책임지침」이 제정된 1985년의 상황과 달리 디지털 · 사물인터넷 · AI · 사이버보안 등과 관련된 제품이 보편적으로 이용될 뿐만 아니라 제품의 생산 · 유통 · 운영방식에도 상당한 변화(significant changes)가 있어, 디지털 시스템 또는 AI 등이 내재된 제품의 '안전(product safety)'에 대해 누구에게 '책임(liability)'을 구해야 하는지 등과 관련하여 새로운 법적 문제(legal challenge)가 제기되었다. 이에 EU 집행위원회는 EU 「제조물책임지침」이 새로운 환경에 적합한 규제로서 역할을 할 수 있는지 평가(REFIT)를 진행하였는데, 그 결과 EU 「제조물책임지침」 법리가 여전히 효과적이고 적절한 수단(effective and relevant instrument)이라는 결론을 내렸다.

정리하면, 2022년 지침안은 기술 발전에 적절히 대응하기 위한 목표를 달성하기 위하여 기존 체계 내에서 변화된 것이다. 그러나 입법의 과정은 순탄하지 못하였다. 왜냐하면 유럽연합이 「인공지능법」[6])을 제정하는 과정 속에서 함께 제안한 「인공지능에 관한 계약 이외의 민사책임에 관한 규정의 적용에 관한 지침안(이하 "인공지능책임지침안")」[7])이 2022년 지침안과 모순될 수 있다는 지적이 지속적으로 제기되었기 때문이다.

그러나 지난 2024년 1월 24일 각료이사회는 새로운 제조물책임지침안을 유럽의회(Europäisches Parlament)에 송부하였고, 유럽연합은 3자 협상(Trilog)의 방식[8])으로 입법과정을 거쳐 새로운 제조물책임지침(이하 "2024년 제조물책임지침")을 제정하였다. 「디지털지침」[9])

1) Richtlinie 85/374/EWG.
2) Richtlinie (EU) 2024/2853.
3) Vorschlag für eine Richtlinie des Europäischen Parlaments und des Rates über die Haftung für fehlerhafte Produkte (COM/2022/495 final).
4) https://eur-lex.europa.eu/legal-content/DE/TXT/?uri=CELEX%3A52022PC0495 (2024년 11월 10일).
5) 김윤명, "제조물책임 범위의 확장: SW와 AI의 적용가능성", 「정보화정책」 제30권 제1호, 한국지능정보사회진흥원, 2023.3, 67면 이하; 김윤명, "EU 제조물책임지침 개정안의 주요 내용과 시사점", 「경희법학」 제57권 제4호, 경희대학교 법학연구소, 2022.12, 101면 이하; 최은진, "EU의 제조물책임 현대화 동향과 시사점", 「외국 입법 · 정책 분석」 제31호, 국회입법조사처, 2023.3, 5면 이하.
6) Verordnung (EU) 2024/1689; 최경진 외 7인, 「EU 인공지능법」, 박영사, 2024.
7) Vorschlag für eine RICHTLINIE DES EUROPÄISCHEN PARLAMENTS UND DES RATES zur Anpassung der Vorschriften über außervertragliche zivilrechtliche Haftung an künstliche Intelligenz (COM/2022/496 final).
8) 박신욱, "인공지능이 결합된 소비제품과 사업자의 책임", 「소비자법연구」 제10권 제1호, 한국소비자법학회, 2024.2, 35면 이하.

과 「물품매매지침」[10] 그리고 인공지능법과 2024년 제조물책임지침은 과학・기술의 발전에 능동적으로 대응하고 있는 유럽연합의 입장을 잘 담아내고 있다. 이렇게 변화되는 법제도와 달리 우리나라의 「제조물책임법(법률 제14764호)」은 소위 "가습기 살균제 사망사건"과 맞물려 지난 2017년 마지막으로 개정된 이후 어떠한 시대적 변화도 반영하지 못하는 상황이다. 물론 22대 대한민국 국회에는 제조물책임법 개정을 위한 다수의 법률안이 제안되어 있다. 다만 이들 모두는 자동차 급발진 의심사고 등을 계기로 꾸준히 제기되고 있는 결함 및 결함의 추정 등에 대해서만 다루고 있을 뿐이다.

과학・기술의 발전과 혁신은 다양한 입법적 대응을 강제한다. Anu Bradford 교수의 「The Brussels Effect」에서 확인할 수 있는 바와 같이, 그것이 긍정적이든 혹은 부정적이든 유럽연합은 이러한 입법적 대응의 헤게모니를 선점하고 있다.[11] 2024년 제조물책임지침도 같은 맥락에서 파악할 수 있다. 그러므로 유럽연합이라는 틀(Rahmen) 안에서 이루어지는 입법적 대응을 전반적으로 검토하여, 사법(私法)체계의 근본적인 변화를 이끌 수도 있는 유럽연합의 제조물책임법 개정이 우리 제조물책임법에도 요구되는지를 확인할 필요가 있다. 만일 그러한 필요성이 인정된다면, 유럽연합의 2024년 제조물책임지침이 우리 제조물책임법의 변화를 위한 새로운 선택지 중 하나로서 기능할 수 있을 것이다. 이러한 필요성에 기반을 두어 이하에서는 우리 제조물책임법이 나아가야 할 방향을 제시하고자 하는 목표를 달성코자 2022년 지침안과, 이와 비교 가능한 인공지능책임지침안 등의 내용을 소개하고, 2024년 제조물책임지침에서 강조되는 사항들을 분석하여 우리에게 시사하는 바를 도출하고자 한다.

Ⅱ. 2022년 제조물책임지침안과 인공지능책임지침안의 주요내용

1. 2022년 제조물책임지침안의 주요내용

과학・기술의 발전에 효과적으로 대응하기 위한 목표를 설정하고 있는 2022년 지침안의 체계를 기존과 명백히 구분되는 새로운 체계라고 보기는 어렵다. 오히려 변화된 새로운 환경에서도 대응할 수 있는 방식으로 설계되어 있다고 평가되는 기존의 제조물책임지침을 개정하는 방식으로 2022년 지침안이 제안되었다.

이 지침안은 제조물의 한 유형으로 소프트웨어를 명시적으로 언급하여 유럽의 단일시장에서 적용될 수 있는 포괄적인 규정을 제시했다는 점에서 크게 주목받았다.[12] 2022년 지침안을 기존의 제조물책임지침과 비교하면, 다음과 같은 차이를 확인할 수 있다.

---

9) Richtlinie (EU) 2019/770.
10) Richtlinie (EU) 2019/771.
11) Anu Bradford, 「The Brussels Effect」, Oxford University Press (2020), passim.
12) Philipp Reusch, KI und Software im Kontext von Produkthaftung und Produktsicherheit, RDi 2023, S. 152 ff.

〈제조물책임지침과 2022년 지침안의 주요 내용 비교〉

구분	제조물책임지침	2022년 지침안
제조물	제1차 농산물(농산물·축산물·수산물 포함)을 포함한 모든 동산과 전기	디지털 제조파일(디지털 버전의 문서 또는 템플릿), 소프트웨어 등 추가
손해	사망 또는 신체적 상해	의학적으로 인정된 심리적 건강에 대한 위해, 데이터의 손실 또는 손상 추가
책임의 대상	– 제조에 관여한 모든 제조자 – 영업을 목적으로 제조물을 제공한 자 – 수입업자 및 유통업자	경제참여자로 통칭 – 제조업체(제조에 관여한 모든 제조자 포함) – 수입업자 및 유통업자 – 풀필먼트 서비스업자
증거의 공개요청 및 관련 결함의 추정	–	피해자가 입은 손해와 관련된 사실·증거를 제조업체 등에게 요청할 수 있는 권리 부여
		제조업체 등이 피해자의 요청에 따라 관련 증거를 공개하지 않는 경우 인과관계 추정 가능
보상청구가능 금액기준	500 ECU 이상의 제조물 7천만 ECU 미만의 손해	삭제
손해배상 청구권 소멸시효	손해 또는 결함의 존재를 알았거나 합리적으로 알 수 있었던 날부터 3년	동일
	제조물을 시장에 공급한 날로부터 10년	의학적 근거에 따라 상해의 증상이 더디게 나타나는 경우 5년 추가

<최은진, 10면에서 발췌 및 수정>

학계에서는 2022년 지침안이 사법(私法)체계에 미칠 영향이 매우 클 것이라고 전망하였다.[13] 이러한 2022년 지침안은 다음과 같은 특징을 가지고 있다. 첫째, 2022년 지침안 제4조에서는 17개의 개념이 정의되어 있다. 이전의 제조물책임지침에서는 각각의 개념들이 각기 다른 맥락 속에서 정의되었다는 점을 감안하면, 2022년 지침안은 매우 체계적으로 개념을 정의하고 있다고 평가할 수 있다. 이중에서 주목할 만한 개념은 제1호에 규정된 "제조물"과 제4호에 규정된 "결합된 서비스"로 파악되는데, 이는 기존의 제조물책임지침에는 사용되지 않았던 개념이다.

2022년 지침안 제4조 [개념] 지침의 목적을 위하여 다음 각 항의 개념정의가 적용된다.
(1) "제조물"이란 다른 동산이나 부동산의 일부를 구성하는 경우를 포함한 모든 동산을 말한다. 여기에는 전기, 디지털 제조파일(Bauunterlage) 및 소프트웨어가 포함된다. [···]
(4) "결합된 서비스"란 제조물에 편입되어 있거나 제조물과 결합되어 그 결합된 서비스 없이는 그 제조물의 기능 중 하나 이상의 기능을 수행할 수 없는 디지털 서비스를 말한다.

13) Astrid Seehafer, Massive Verschärfung der Produkthaftung: Vorschlag der EU–Kommission für eine neue Produkthaftungsrichtlinie, DB 2022, S. 3037 ff.; Georg Borges, Der Entwurf einer neuen Produkthaftungsrichtlinie, DB 2022, S. 2650 ff.

제조물에 대한 개념의 변화 그리고 결합된 서비스라는 새로운 개념을 도입한 이유에 대해서는 2022년 지침안 3번째 및 12번째 고려이유에 설명되어 있다. 이에 따르면, 기존의 제조물책임지침의 경우에는 인공지능을 포함한 새로운 기술과 관련하여 적용의 한계가 지적되었고, 이로 인해 제조물의 개념을 변화시킬 필요가 있었다. 또한 디지털 시대에는 유형의 제품뿐만 아니라 무형의 제품도 제조물에 포함될 수 있다는 점이 지적되었다. 특히 운영 체제, 펌웨어, 컴퓨터 프로그램, 응용 프로그램 또는 인공지능 시스템과 같은 소프트웨어가 시장에서 점점 더 널리 보급되고 있어 제품의 안전이 어느 때보다도 중요시 될 수밖에 없다. 더욱이 소프트웨어는 그 자체로 시장에 출시될 수도 있으며, 다른 제조물에 구성부분으로 편입될 수도 있다. 전자의 경우, 사용자가 소프트웨어를 실행하는 과정에서 손해를 입는 경우에 제조물책임지침의 적용이 어려울 수 있다는 점이 확인된다. 이러한 법적 불확실성을 제거하기 위해서는 소프트웨어의 제공방식이나 이용방식 혹은 저장방식의 차이와 관계없이 해당 제품에 대한 책임이 무과실책임의 일종으로 다루어질 수 있도록 명확하게 규정해야 한다고 밝히고 있다.

둘째, 2022년 지침안 제6조에서는 결함의 존재여부를 판단함에 있어 고려되어야 하는 사유도 다음과 같이 매우 자세하게 규정하였다.

2022년 지침안 제6조 [결함] 1. 다음 각 호의 사항을 포함하여 모든 사정을 고려할 때 일반대중이 기대할 수 있는 안전성을 제공하지 못하는 제조물은 결함이 있는 것이다.

a) 설치, 사용 및 유지보수에 대한 지침을 포함하여 제조물에 대한 설명
b) 제조물에 대한 합리적으로 예측 가능한 사용 및 오용
c) 운용을 시작한 후 계속적으로 학습할 수 있는 능력이 제조물에 미치는 영향
d) 제조물과 함께 사용될 것이라고 합리적으로 예상할 수 있는 여타의 제조물들이 그 제조물에 미치는 영향
e) 제조물이 시장에 출시된 시점 또는 운용을 한 시점, 혹은 제조자가 그 시점 이후 제조물에 대한 통제를 유지하는 경우에는 제조물이 더 이상 제조자의 통제를 받지 않게 된 시점
f) 안전과 관련된 사이버 보안요구사항을 포함한 제조물에 대한 보안요구사항
g) 제조물의 안전과 관련하여 규제당국 또는 제7조에 언급된 참가자의 개입
h) 제조물 사용이 예상되었던 최종소비자의 특별한 기대치

2. 제조물의 업데이트 또는 업그레이드를 포함하여 보다 우수한 제조물이 시장에 출시 또는 운용되거나 혹은 장래에 출시 또는 운용될 것이라는 이유만으로는 제조물에 결함이 있는 것은 아니다.

특히 주의 깊게 확인해야 하는 것은 2022년 지침안 제6조 제1항 제c호이다. 왜냐하면 이는 인공지능 시스템의 결함과 관련하여 중요한 판단기준으로 활용될 것이기 때문이다. 또한 2022년 지침안 제6조 제1항 제f호도 규범안과 지침안에서 확인되지 않는 새로운 내용이다.

다만 이해하기 어려운 점은 업데이트 또는 업그레이드의 가능성 유무가 결함을 판단하는 기준에서 배제되는 상황에서 과학기술의 발전에 따른 해킹기술의 발전 등에 대응해야 하는 모순이 존재한다는 것이다.[14)]

셋째, 공개청구권을 도입하였으며 결함의 추정과 관련한 규정을 재정비하였다. 전자의 경우, 2022년 지침안 제8조에 규정되어 있는데, 피해자가 제조물에 대한 결함을 입증해야 한다는 점에서 의미가 있다. 후자의 경우에는 제9조에 규정되어 있다.

2022년 지침안 제9조 [입증책임] […] 2. 다음 각 호의 요건이 충족되는 경우, 제조물의 결함이 추정된다.

a) 피고가 제8조 제1항에 따라 자신에게 처분권한이 있는 관련된 증명수단을 공개할 의무를 이행하지 않은 경우
b) 원고가 손해발생의 위험을 방지하기 위한 제조물에 적용되는 유럽법 또는 각 구성국가들의 법률에 근거한 안전요구사항이 충족되지 않음을 증명한 경우
c) 원고가 일반적인 사용 또는 정상적인 상황에서 제조물의 명백한 기능장애로 인한 손해가 발생했음을 입증한 경우 […]

4. 구성국가들의 국내 법원이 기술적 또는 과학적 복합성으로 인하여 제조물의 결함의 존재 또는 결함과 손해 사이의 인과관계 혹은 이 둘 모두를 입증하는 것이 원고에게 과도하게 어렵다고 판단하는 경우, 다음 각 호의 사항을 원고가 충분히 관련 있는 증거를 통해 모두 입증한 경우에는 제조물의 결함의 존재 또는 결함과 손해 사이의 인과관계 혹은 이 둘 모두가 존재하는 것으로 추정한다.
a) 손해의 발생에 제조물이 기여하였다는 사실
b) 제조물에 결함이 있을 가능성이 있다는 사실 그리고/또는 제품의 결함으로 인해 손해가 발생했을 가능성이 있다는 사실
피고는 과도한 어려움이 존재한다는 사실 또는 제1문(제4항 제b호)에 언급된 불확실성이 존재한다는 사실에 대해 이의를 제기할 권리를 갖는다.

이와 같이 2022년 지침안은 인공지능 시스템을 포함한 소프트웨어의 거의 모든 측면을 다루고 있다. 또한 인공지능법과 상당한 접점이 있었기 때문에 제안 당시부터 적잖이 논란을 일으킬 수밖에 없었다. 왜냐하면 인공지능법이 규범(Verordnung)의 형식으로 제안될 당시에 인공지능책임지침안이 함께 제안되었는데, 인공지능책임지침안과 2022년 지침안 사이에 상당한 차이가 존재했기 때문이다. 그러하기에 2022년 지침안이 통과되기 위해서는 많은 수정이 필요할 것이라고 예상되었으나, 놀랍게도 2022년 지침안은 거의 변경되지 않은 상태에서 지난 2024년 10월 10일 모든 입법의 과정을 통과하게 된다.[15)]

14) 박신욱, "디지털지침과 물품매매지침 그리고 독일민법의 변화", 「민사법학」 제97호, 2021.12, 45면 이하.
15) Christiane Wendehorst, Künstliche Intelligenz und Produkthaftung, EuZW 2024, S. 876 ff.

2. 인공지능책임지침안의 주요내용

확인한 바와 같이 2022년 9월 28일 유럽집행위원회(Europäische Kommission)는 인공지능법과 함께 인공지능책임지침안을 제안한 바 있다. 이러한 패키지 법안을 통해 유럽연합이 인공지능의 도입으로 인한 위험을 통제하고, 이로 인한 이익을 극대화하며, 더불어 사법(私法)영역에서의 변화도 필요하다는 것을 인식하고 있음을 알 수 있다. 현재 인공지능법과 관련한 국내의 문헌은 상당 수 확인되나 인공지능책임지침안에 대한 논의는 거의 확인되지 않는다. 이하에서는 인공지능책임지침안의 주요내용에 대해 소개하고자 한다. 우선 인공지능책임지침안에서는 다음과 같은 제안의 이유를 제시하고 있다.

> "2021년에 시행된 설문조사에 따르면 책임과 관련된 문제는 유럽의 사업자들이 인공지능을 도입함에 있어서 3대 장애물 중의 하나이다. […] 현재 구성국가들의 책임법 규정, 특히 과책에 기반을 둔 책임에 관한 규정들은 인공지능을 통해 구현된 제품과 서비스를 통해 유발된 손해에 대한 청구권을 구성하는데 적합하지 않다. 이러한 규정들에 따르면 피해자는 손해를 유발한 사람의 불법적인 작위 또는 부작위에 대해 입증해야 한다. 인공지능의 특성, 다시 말해 복잡성, 자율성 그리고 (소위 "블랙박스" 효과라고 언급되는) 불투명성으로 인해 피해자는 책임 있는 사람의 식별 및 성공적인 손해배상을 청구하기 위한 소송의 요건들을 충족시키는 것이 어렵거나 불가능할 수 있다. 더욱이 손해배상을 주장하는 경우 피해자에게는 매우 높은 초기비용을 부담하여야 하며, 인공지능으로 유발되지 않은 사안들에 비해 손해배상을 주장하기 위해서 상당한 기간이 소요될 수 있다. 이는 피해자들에게 손해배상청구 그 자체를 방해하는 요인이기도 하다.
>
> 피해자가 소송을 제기하게 되면, 인공지능의 특성에 직면한 구성국가들의 국내 법원들은 피해자에게 공정한 결과를 도출하기 위하여 이미 존재하는 규정에 대한 자신들의 해석을 임시(ad hoc)로 조정할 수 있다. 그러나 이는 법적 불확실성을 초래할 뿐이다. 기업은 현재의 책임규정이 어떻게 적용될 것인지 예측하기 어렵게 될 것이고, 따라서 자신들이 부담해야 할 책임과 관련된 위험성을 평가하게 될 것이며 보험을 들게 될 것이다. […] 유럽연합이 어떠한 조치를 하지 않는 경우, 각 구성국가들은 인공지능으로 인해 발생한 문제 사실에 적용되는 국내의 책임법 규정을 적용하게 될 것이다. 이는 유럽연합 전역에서 활동하는 사업자의 파편화 및 비용증가를 초래하게 될 것이다. […] 따라서 이 지침의 목적은 역내시장에서 인공지능의 장점을 완전히 활용하기 위하여 신뢰할 수 있는 인공지능의 도입을 장려하는 것이다. 이를 통해 인공지능으로 인해 발생한 손해를 입은 피해자는 여타 일반적인 제품으로 인해 발생한 손해를 입은 피해자와 동일한 보호를 받을 수 있게 된다. 또한 인공지능을 개발하거나 사용하는 사업자는 그들이 부담할 수 있는 책임의 위험과 관련한 법적 불확실성을 감소시킬 수 있으며, 사법(私法)상 책임에 대한 국내 규정이 인공지능에 파편적으로 특화되어 적용되는 것을 방지할 수 있다."

정리하면, 과책에 기반을 둔 구성국가들의 각기 다른 책임법 규정을 근거로 손해배상청구를 하는 경우, 인공지능의 복잡성, 자율성 그리고 불투명성으로 인해 상당한 어려움이 존재할 수 있기 때문에 이를 유럽연합차원에서 해결하기 위한 방안으로 인공지능책임지침안이 제안된 것이다. 인공지능책임지침안이 제안될 당시에는 유럽연합의 구성국가들이 인공지능과 관련되지 않았던 기존의 법체계를 그대로 유지할 수 있으리라 기대하였다. 이는 인공지능책임지침안 제1조에 적용의 대상과 범위에 대해 매우 자세히 규정하고 있을 뿐만 아니라 적용이 배제되는 영역도 명확하게 밝히고 있기 때문이다.

인공지능책임지침 제1조 [대상 및 적용범위] (1) 이 지침은 다음 각 호에 관한 공통의 규정을 포함한다.

a) 청구인에게 계약 이외의 과책에 따른 사법상의 손해배상청구권에 대한 근거의 제공을 가능하게 하기 위한 목적으로 고위험 인공지능 시스템에 적용되는 증명수단의 공개
b) 인공지능 시스템에 의해 유발된 손해와 관련하여 구성국가의 국내 법원에 제기된 계약 이외의 과책에 따른 사법상의 손해배상청구권을 주장하는 경우 입증책임

(2) 이 지침은 [자국법화 기간 이후] 인공지능 시스템에 의해 유발된 손해배상책임과 관련하여 계약 이외의 과책에 따른 사법상의 손해배상청구권에 적용된다.
이 지침은 형사책임에는 적용되지 않는다.

(3) 이 지침은 다음 각 호에 영향을 미치지 않는다.

a) 유통영역에서 손해배상책임의 요건과 관련한 유럽법
b) 하자 있는 제품에 관한 책임에 대한 구성국가의 법률규정 및 행정규정의 일치를 위한 지침(Richtlinie 85/374/EWG)
c) 디지털서비스법(DSA)[16]에 따른 면책조항 및 주의의무
d) 제3조와 제4조를 제외하고, 어떠한 당사자가 입증책임을 부담하는지에 관한 구성국가의 국내규정, 어떠한 입증기준이 요구되는지에 대한 구성국가의 국내규정 또는 어떻게 과책이 정의되는지에 관한 구성국가의 국내규정

(4) 인공지능 시스템에 의해 손해가 발생한 경우, 청구인에게 계약 이외의 과책에 따른 사법상의 손해배상청구권에 관한 근거제시를 쉽게 하기 위한 국내규정이 유럽법과 관련된 이 지침과 양립할 수 있는 경우에 한하여 구성국가들은 그러한 국내규정을 공포하거나 유지할 수 있다.

특히 기존의 제조물책임지침과 디지털서비스법을 배제하고 있다는 점, 증명수단의 공개와 입증책임을 새롭게 규정하고 있다는 점은 인공지능책임지침안이 지향하는 목표를 분명히 나타낸 것이어서 주목할 만하다. 인공지능책임지침안 제2조는 이 지침에서 사용되는 용어에 대해 정의하고 있는데, 대부분의 정의규정은 이미 제정된 인공지능법을 준용하는 방식을 취하고 있다. 이는 지난 2022년 9월 28일 유럽집행위원회 위원장인 Věra Jourová이 언

16) Verordnung (EU) 2022/2065.

급한 바와 같이 인공지능책임지침안이 인공지능법과 별개의 것이 아닌 같은 가치를 추구하는 것으로 보기 때문이다.[17] 다만 인공지능규범을 준용하고 있지 않은 제2조 제5호의 손해배상청구권, 제6호의 청구인, 제7호의 잠재적 청구인 및 제9호의 주의의무는 다음과 같이 정의되어 있다.

인공지능책임지침 제2조 [정의규정] (1) 이 지침의 목적을 위하여 다음 각 호의 용어는 다음과 같이 정의한다. […]

5. "손해배상청구권"은 인공지능 시스템의 결과 또는 이 시스템이 기대한 결과를 도출하지 못하여 유발된 손해의 배상에 대한 계약 이외의 과책에 따른(fault−based) 사법상의 배상청구권을 말한다.
6. "청구인"은 손해배상청구권을 행사하는 자로서 다음 각 목에 해당하는 사람을 말한다.
   a) 인공지능 시스템의 결과 또는 이 시스템이 기대한 결과를 도출하지 못했다는 사실로 인해 손해를 입은 사람
   b) 법률 또는 계약을 근거로 피해자로서의 권리를 갖게 된 사람
   c) 유럽법 또는 국내법에 따라 피해자 또는 다수의 피해자를 대신하여 행동하는 사람
7. "잠재적 청구인"은 손해배상청구권의 주장을 고려하고 있으나 아직 청구하지 않은 자연인 또는 법인을 말한다. […]
9. "주의의무"는 생명, 신체의 무결성, 재산 및 기본권의 보장을 포함하여 국내법 또는 유럽법에서 인정하는 법익의 침해를 방지하기 위하여 준수하여야 하는 국내법 또는 유럽법에 규정되어 행동기준을 의미한다.

특히 주목할 만한 점은 "과책에 따른(verschuldensabhängig)"이라는 표현을 사용했다는 점이다. 다양한 논의가 존재할 수 있겠지만, 불법행위의 위법성이 결함으로부터 도출되는 것이 아니라 과책에 결부되어 있다는 점은 인공지능책임지침안이 결정적으로 제조물책임과는 다른 차원을 규제하고 있음을 보여주는 것이다. 또한 청구인 이외에 "잠재적 청구인"이라는 개념을 정의함으로써 공급자 등에게 증명수단의 공개를 요구할 수 있도록 규정한 것은 당사자를 중심으로 권리와 의무를 부여하던 지금까지의 입법양태와 매우 큰 차이를 보인다. 인공지능책임지침안 제3조는 입증과 관련된 규정이다. 이는 가장 핵심적인 조문으로 이해되는데, 이에 따르면 피해자는 가해자를 식별하고 손해배상청구를 현실화하기 위한 증거를 수집하는 것이 용이해진다.

17) https://germany.representation.ec.europa.eu/news/kunstliche−intelligenz−ki−neue−eu−regeln−zur−produkthaftung −und−harmonisierte−haftungsvorschriften−2022−09−28_de (2024년 11월 26일).

인공지능책임지침 제3조 [증명수단의 공개 및 위반에 대한 번복이 가능한 추정] (1) 구성국가들은 잠재적 청구인이 이전에 공급자(provider), [...] 공급자의 의무를 부담하는 자 또는 이용자에게 손해를 유발했으리라고 의심되는 특정한 고위험 인공지능 시스템과 관련하여 그들이 각기 보유하고 있는 해당 증명수단의 공개를 요구하였으나 성공하지 못한 경우에 잠재적 청구인의 요청 또는 청구인의 요청에 따라 그들이 보유하고 있는 이러한 증명수단의 공개를 명령할 권한을 국내 법원이 갖도록 하여야 한다. 이러한 청구를 뒷받침하기 위하여 잠재적 청구인은 손해배상청구권의 명백함을 사실과 증명수단의 제시를 통해 충분히 입증하여야 한다.

(2) 손해배상청구권과 관련하여 국내 법원은 청구인이 피고로부터 관련한 증명수단을 얻기 위하여 모든 합리적인 모든 노력을 한 경우에 한하여 제1항에 언급된 사람에 의한 증명수단의 공개를 명령해야 한다.

(3) 구성국가들은 청구인의 요청에 따라 제1항에 언급된 증명수단의 보전을 위한 조치를 명령할 권한을 국내 법원이 갖도록 하여야 한다.

(4) 국내 법원은 청구인 또는 잠재적 청구인의 손해배상청구를 뒷받침하는 데 필요하고 적절한 정도로 증명수단의 공개 및 이러한 보전을 위한 조치를 제한하여야 한다.
증명수단의 공개 및 보전을 명령함에 있어 비례성을 평가할 경우, 국내 법원은 「비공개 노하우 및 영업정보의 불법적인 취득, 사용 및 공개로부터의 보호를 위한 지침(Richtlinie (EU) 2016/943)」 제2조 제1항에 따른 영업비밀의 보호 및 공공 또는 국가의 안보와 같은 비밀정보와 관련된 제3자를 포함하여 모든 당사자의 정당한 이익을 고려하여야 한다.
국내 법원이 영업비밀 또는 「비공개 노하우 및 영업정보의 불법적인 취득, 사용 및 공개로부터의 보호를 위한 지침(Richtlinie (EU) 2016/943)」 제9조 제1항에 따라 법원에 의해 비밀로 평가되는 외견상 추정되는 영업비밀의 공개를 명령하는 상황에서 소송 절차에서 해당하는 증명수단이 적용되거나 그 절차에서 그 증명수단이 관련되는 경우, 구성국가들은 국내 법원이 당사자들의 충분히 정당한 요청에 따라 혹은 자체적으로 비밀을 보호하기 위해서 충분하고 특별한 조치를 취할 수 있는 권한을 갖도록 하여야 한다.
구성국가들은 제1항 및 제2항에 따라 증명수단의 공개 및 보전을 명령받은 사람이 그러한 명령에 대하여 적절한 구제수단을 받을 수 있도록 하여야 한다.

(5) 손해배상청구와 관련하여 피청구인이 그가 보유하고 있는 증명수단을 제1항 및 제2항에 따라 공개하거나 혹은 보전하라는 법원의 명령에 따르지 않는 경우, 국내 법원은 피청구인이 자신에게 부과된 보호의무를 위반한 것으로 추정하며, 특히 해당하는 손해배상청구의 목적을 위해 요청되었던 증명수단은 제4조 제2항 또는 제3항에 따른 정황이 존재하는 상황에서 그 증명수단은 손해배상청구을 위한 목적으로 요청되는 것으로 추정한다.
피청구인은 이러한 추정을 번복할 수 있는 권리를 갖는다.

특히 증명수단의 공개 요구 및 명령, 보전조치 그리고 이를 이행하지 않은 경우에는 피청구인에게 부여된 보호의무를 위반한 것으로 추정하는 구조는 인공지능과 관련된 손해를 입증하고 이를 기반으로 손해배상청구를 함에 있어 매우 효과적인 방법이다. 더불어 증명수단 공개의 명령 및 보전조치를 함에 있어 비례성 평가를 하도록 할 뿐만 아니라 그 기준을 명확하게 제시하고 있다는 점, 나아가 피청구인에게 이러한 일련의 추정을 번복할 수 있는 권리를 부여하고 있다는 점 등은 당사자 간에 동일하게 적용되어야 하는 무기대등의 원칙(Grundsatz der Waffengleichheit)과도 부합한다.[18] 인공지능책임지침안 제4조는 책임의 귀속에 관하여 규정하고 있다. 인공지능과 관련하여 발생한 손해와 관련하여 엄격책임(Gefährdungshaftung), 입증책임의 전환(Beweislastumkehr), 번복이 불가능한 추정 혹은 번복이 가능한 추정 등이 고려될 수 있겠지만, 인공지능책임지침안에서는 가장 약한 수단인 번복이 가능한 인과관계의 추정을 규정하고 있다.[19] 예를 들어 원고가 피고의 과책을 입증한 경우 혹은 인공지능책임지침안 제3조 제5항에 따라 보호의무를 위반한 것으로 추정되는 경우, 피고의 과책과 인공지능이 도출한 혹은 도출하지 못한 결과에 관한 인과관계를 추정할 수 있는 것이다. 이는 인공지능이 갖는 불투명성으로 인해 피해자가 겪게 되는 어려움을 완화시킬 수 있다. 그러나 피해자는 적어도 인공지능이 도출한 결과 자체와 이로 인해 손해가 발생했다는 사실을 스스로 입증해야 한다. 그러나 기술적 또는 과학적 복합성으로 인하여 피해자가 관련 사실을 입증하는 것은 여전히 어려운 과제이다.

인공지능책임지침안 제5조 이하의 규정은 자국법화하는 과정에서 일반적으로 요구되는 조문이기 때문에 현시점에서 큰 의미를 갖지 않는다. 이러한 인공지능책임지침안에서는 과책이나 인과관계가 무엇인지 정의하고 있지 않으며, 손해배상청구권과 같은 어떠한 실체법상의 권리도 발생되지 않는다. 또한 비례의 원칙에 따라 증명수단의 공개가 결정되도록 규정되어 있는 점, 구성국가들에 입법재량을 허용하는 방식으로 구조화함으로써 최저의 조화(Mindestharmonisierung)를 선택했다는 특징 등이 발견된다.

독일의 경우, 제조물책임법(ProdHaftG)[20]이 독일민법(BGB)[21]의 특별법으로 존재한다. 만일 인공지능책임지침안이 입법되는 경우, 독일 제조물책임법의 개정을 통해 인공지능책임지침안을 자국법화하는 것이 가장 효과적인 방법일 수 있다. 그러나 인공지능책임지침안은 2022년 지침안과 상당한 차이가 확인된다. 이러한 까닭에 이미 인공지능법과 2024년 제조물책임지침이 이미 모든 입법과정을 통과한 현시점에서 인공지능책임지침안이 통과될 것인가 하는 의문의 제기가 이어지고 있다. 또한 인공지능책임지침안이 필요하지 않을 뿐만 아니라 입법의 정당성도 찾기 어렵다는 비판 역시 구성국가들 사이에서 매우 강력하게 표출되고 있는 것으로 보인다.[22] 그러나 유럽의회조사국(EPRS)[23]은 지난 2024년 9월 다음과 같

18) BVerfG, 11.01.2022–1 BvR 123/21.
19) Dirk Staudenmayer, Haftung für Künstliche Intelligenz–Die deliktsrechtliche Anpassung des europäischen Privatrechts an die Digitalisierung, NJW 2023, S. 897.
20) Gesetz über die Haftung für fehlerhafte Produkte (BGBl. I S. 2421).
21) Bürgerliches Gesetzbuch (BGBl. 2024 I Nr. 323).
22) https://www.noerr.com/de/insights/ki–haftungsrichtlinie–studie–des–eu–parlaments–zur–haftung–fuer–ki (2024년 11월 26일).
23) Wissenschaftlicher Dienst des Europäischen Parlaments.

은 의견을 제시함으로써 인공지능책임지침안 도입의 필요성을 강조하였다.

- 인공지능책임지침은 제조물책임과 병렬적으로 존재해야 하며, 특히 인공지능책임지침은 차별로 인해 발생할 수 있는 손해, 인격권 및 지식재산권에 관한 침해 그리고 단순한 경제적 손실의 경우에 적용될 수 있음을 강조
- 특정 인공지능 시스템의 경우에는 무과실책임이 도입될 필요가 있음
- 인공지능법과 달리 오픈 소스(open source)의 경우에도 규제의 대상으로 포함시켜야 하는데, 이는 오픈 소스의 경우에도 발생하는 손해에 대해 책임을 부담해야 하기 때문임
- 지침이 아닌 규범의 형식으로 인공지능책임에 관한 규정을 마련해야 함

만일 이러한 유럽의회조사국의 주장이 반영되어 지속적으로 입법이 추진된다면, 피해자는 제조물책임지침에 따른 제조업자에 대한 청구권 이외에도 불법행위에 따른 손해배상청구권을 행사할 수 있게 됨으로써 양 청구권 간의 경합이 발생할 수 있다. 이는 피해자에게 제조물책임지침을 통한 구제수단 이외의 또 다른 보호수단이 제공됨을 의미한다. 물론 제조물책임지침과 인공지능책임지침안은 모두 소프트웨어와 인공지능을 통한 결과물이라는 본질적으로 유사한 대상을 다루고 있으며, 정보공개를 기반으로 한다는 동일성이 존재한다. 그러나 인공지능책임지침안에서는 제조물책임지침과 달리 잠재적 청구인이라는 새로운 개념을 도입하여 이들에게도 손해배상청구의 가능성을 열어두고 있으며, 인공지능의 경우에만 증명수단의 보전을 위한 조치를 명령할 수 있다.

그러나 2024년 제조물책임지침이 제정된 현시점에서 두 규정이 모순 없이 적용될 수 있을 것인지의 여부 혹은 인공지능책임지침안 도입의 필요성이 인정될 것인지의 여부 등이 활발히 논의되고 있기 때문에 이후에도 지속적으로 입법의 과정을 확인할 필요가 있어 보인다.

Ⅲ. 2024년 제조물책임지침이 갖는 특징

1. 1985년 제조물책임지침이 갖는 한계를 극복하기 위한 2024년 제조물책임지침

1985년에 제정되어 시행되고 있는 유럽연합의 제조물책임지침은 제조물의 결함으로 발생한 손해에 대해 제조업자 등이 부담해야 하는 책임에 대한 근거로 적절히 기능해왔다. 그러나 과학·기술의 발전, 특히 인공지능에 의해 산출되는 산출물 혹은 소프트웨어의 등장은 1985년에 제정된 제조물책임지침의 한계를 보여주는 대표적인 사례가 되었다. 예를 들어 인공지능에 의한 산출물 혹은 소프트웨어가 "제조물"에 포함될 수 있는지에 대한 논의는 너무나도 빈번히 등장했던 논쟁 중 하나였다.[24] 물론 소프트웨어가 소위 "USB"로 통칭되는 이

24) Gerhard Wagner, Produkthaftung für autonome Systeme, AcP (217) 2017, S. 707 ff.; Herbert Zech,

동식 객체에 담긴 경우, 이를 제조물이라고 판단하는 것이 어려운 일은 아니다. 그러나 "전기를 포함한 동산 및 동산 혹은 부동산의 일부를 구성하는 것"으로 물건을 정의하고 있는 독일민법 제90조의 규정으로 인하여 순수한 혹은 독립적인 소프트웨어를 제조물에 포함시키기가 매우 어려웠다.[25] 같은 맥락에서 유럽법원(EuGH)은 신문에 적시된 잘못된 건강정보가 제조물에 대한 무과실책임이라는 결과를 도출하지 않는다고 판시하면서, 제조물은 물리적 객체로 존재해야 한다고 밝힌 바 있다.[26] 이러한 객체 중심의 제조물에 대한 정의와 이를 토대로 구성되어 있는 1985년 제조물책임지침은 인공지능에 의한 산출물 혹은 소프트웨어가 하는 급부의 한 내용으로서 서비스(Dienstleistung)를 통해 일반적으로 제공되기 때문에 적용상의 난점도 제시되었다. 예를 들어 과학 · 기술의 눈부신 발전은 독립적인 소프트웨어만으로 해당 소프트웨어가 내장되어 있지 않은 독립적으로 존재하는 제조물을 통제하는 상황에 이르렀다. 그러나 이러한 상황을 예상할 수 없었던 시기에 제정된 1985년 제조물책임지침은 한계가 있을 수밖에 없다.

1985년에 제정된 제조물책임지침에 따른 면책의 사유도 현재의 시대상황에 부합하지 않음은 마찬가지이다. 과거에는 생산자가 제품을 출시할 당시 과학 및 기술의 수준에 따라 하자를 알지 못하였을 경우, 생산자는 제조물책임으로부터 면책될 가능성이 존재했다. 그러나 디지털지침과 물품매매지침에서 확인할 수 있는 바와 같이 업데이트와 업그레이드는 소프트웨어에 필수적인 요소가 되었고, 이러한 까닭에 제품을 출시한다는 것 자체가 하자 판단의 기준이 될 수 없는 상황에 이르렀다. 또한 인공지능의 등장은 기존의 제조업자, 수입업자 등으로 구성되는 전통적인 거래사슬과 매우 큰 차이를 보인다. 인공지능법에서는 공급자, 수입자(importer), 배포자(deployer), 유통자(distributor), 운영자(operator) 등이 거래사슬을 이루고 있음을 전제로 규제의 틀을 형성하고 있다. 이는 책임의 귀속주체에 대한 변화를 의미하기도 하는데, 1985년 제조물책임지침은 이러한 변화에 대응할 수 있는 규정이라고 평가하기는 어려웠다.

유럽연합이 극복해야 했던 이러한 문제들을 해결하기 위하여 2024년에 제조물책임지침이 제정되었고, 현재 인공지능책임지침안이 논의되고 있는 것이다. 이는 지금 우리나라의 제조물책임법이 갖는 한계와 동일하거나 혹은 매우 유사하다.

2. 2024년 제조물책임지침의 주요내용

아래의 표는 제조물책임지침에서 다루고 있는 내용 중 1985년 제조물책임지침과 독일제조물책임법의 연관성을 보여주고 있다. 이하에서는 이 표의 내용을 중심으로 각 내용을 소

Künstliche Intelligenz und Haftungsfragen, ZfPW 2019, S. 198 ff.

25) 박신욱, "디지털지침과 물품매매지침 그리고 독일민법의 변화", 46면 이하.

26) EuGH, 10.06.2021 – C – 65/20.

개하도록 한다.

〈제조물책임지침의 변화〉

내용	1985년 제조물책임지침	독일 제조물책임법	2024년 제조물책임지침
책임	제1조	제1조	제1조
제조물에 대한 정의	제2조	제2조	제4조 제1항
오픈 소스에 대한 적용여부	–	–	제2조
제조업자 등에 대한 정의	제3조	제4조	제4조
여타 정의규정	–	–	제4조
정보공개권	–	–	제9조
면책	제7조	제1조	제11조

(1) 지침의 목적과 적용 대상의 확장

2024년 제조물책임지침은 소비자 및 기타 자연인에 대한 높은 수준의 보호를 보장함과 동시에 역내시장이 적절히 기능하는 데 기여하기 위한 목적으로, 결함이 있는 제품으로 인하여 자연인에게 발생한 손해에 대하여 경제참여자(Wirtschaftsakteur)가 부담하는 책임과 이러한 손해의 배상에 대해 규정하기 위하여 제정되었다(제1조). 여기서 말하는 경제참여자란 제품 또는 제품의 구성부분을 만드는 제조업자, 결합된 서비스의 제공자, 대리권자, 수입업자, 배송업자, 공급업자 그리고 제조물의 보관·포장·배송 등의 역할을 하는 제공업자 등이 포함된다. 2024년 제조물책임지침에서는 2022년 지참안과 유사하게 제조물에 대해 다음과 같이 정의하고 있다.

> “제조물”이란 모든 동산을 말하며, 다른 동산 또는 부동산에 통합되어 있거나 또는 결합되어 있더라 제조물에 해당한다. “제조물”에는 전기, 디지털로 제작된 설계문서, 원자재 및 소프트웨어도 포함된다.

특히 2024년 제조물책임지침에서는 특정 대상물이 제조물로 포섭될 수 있는지의 여부에 대한 다툼을 배제하기 위하여 제조물을 정의함에 있어 자세하고 명확한 용어를 사용하고 있다. 또한 2024년 제조물책임지침 제4조 및 고려이유 등을 통해 제조물을 정의함에 있어 사용된 용어들에 대한 개념정의를 제시하고 있다. 주목할 만한 변화는 2022년 지침안에서는 디지털 제조파일이라는 표현을 사용한 반면 2024년 제조물책임지침에서는 “디지털로 제작된 설계문서(digitale Konstruktionsunterlage)”로 대체하였다는 것이다. 정의개념에 따르면, 이는 기계나 설비를 자동적으로 제어할 수 있도록 하여 유형(有形)의 품목을 생산하는 데 필요한 기능정보를 담고 있는 동산의 디지털 버전 또는 디지털 프레임워크를 의미하는데, 16번째 고려이유에서 설명하고 있는 바와 같이 삼차원프린팅을 상정한 것이다. 원자재 역시 제조물에 명확하게 포섭함으로써 가스, 물, 전기 모두가 제품이라는 점을 분명히 하고 있다. 중요한 개념은 소프트웨어로 파악되지만 2024년 제조물책임지침에서는 이를 별로도 정의하고 있지 않다. 다만 13번째 고려이유에서는 소프트웨어를 제조물의 일종으로 포섭시킨 이유를 다음과 같이 적시하고 있다.

> 디지털 시대에서 제조물은 유형적일 수도 있지만 무형적일 수도 있다. 운영체제, 펌웨어, 컴퓨터 프로그램, 애플리케이션 또는 인공지능과 같은 소프트웨어는 시장에서 점차 널리 보급되고 있으며, 제품의 안전에 있어 항상 중요한 역할을 차지하고 있다. 소프트웨어는 독립적인 제조물로 판매될 수 있으며, 혹은 다른 제조물의 구성부분으로 통합될 수도 있을 뿐만 아니라 소프트웨어의 실행으로 인하여 손해가 발생할 수도 있다. 법적 안정성을 위해 이 지침에서 소프트웨어는－소프트웨어가 어떻게 제공되거나 사용되는지의 여부, 다시 말해 소프트웨어가 저장장치에 저장되어 있는지의 여부, 통신네트워크 및 클라우드 기술을 통해 액세스되는지의 여부 혹은 SaaS[27]를 통해 제공되는지의 여부와 관계없이－무과실책임을 현실화하기 위하여 제조물로 다루어져야 한다.

이와 같이 입법자들은 소프트웨어에 대한 정의를 특별히 하고 있지는 않지만 예시를 통해 포섭의 대상을 분명하게 적시하고 있을 뿐만 아니라 소프트웨어는 그 형식에 구애받지 않음을 명확하게 하고 있다. 다만 이러한 소프트웨어는 정보(Information)와 명확하게 구분되어야 한다고 설명한다. 따라서 미디어 파일 및 전자책과 같은 디지털 데이터의 내용이나 소프트웨어의 소스 코드는 제조물에 포섭될 수 없다. 이러한 맥락에서 인공지능법에 정의된 인공지능 공급자는 제조업자에 포함된다. 2024년 제조물책임지침 제2조에서는 적용범위에 대해서 규정하고 있다. 이에 따르면, 이 지침은 2026년 12월 9일 이후 시장에 출시된 제조물에 적용되지만, 오픈 소스의 경우에는 이 지침이 적용되지 않는다. 또한 구성국가들이 비준한 국제협약에 따라 발생한 피해에 대해 책임을 부담해야 하는 원자력 사고의 경우에도 이 지침이 배제된다. 주목할 만한 것은 「일반데이터보호규정(GDPR)」과 같은 개인정보와 관련된 유럽법 규정이 2024년 제조물책임지침으로 인해 영향을 받지 않는다는 점이다.

(2) 손해 그리고 추정되는 결함과 인과관계

제5조 내지 제11조로 구성된 제2장은 2024년 제조물책임지침의 가장 핵심적인 조문들로 구성되어 있다. 2024년 제조물책임지침 제5조에서는 구성국가들이 결함이 있는 제조물로

27) SaaS(Software as a Service)라 함은 이용자가 소프트웨어를 자신의 컴퓨터나 서버에 설치하지 않고, 인터넷을 통해 소프트웨어 애플리케이션에 접근할 수 있는 방식을 말한다.

인해 발생한 손해에 대하여 피해자들에게 손해배상청구권을 보장하도록 규정하고 있다. 2024년 제조물책임지침 제6조에서는 제5조에서 규정하고 있는 손해가 무엇인지 적시하고 있다. 이에 따르면, 2024년 제조물책임지침의 적용을 받는 손해는 사망 및 의학적으로 인정된 정신건강에 대한 침해를 포함한 신체적 상해, 물건의 손상 및 파괴, 직업적 목적으로 사용되지 않은 데이터의 삭제 또는 손상을 말한다. 다만 물건의 손상 및 파괴와 관련하여 예외가 존재하는데, 일반적인 입법례에서와 마찬가지로 결함이 있는 제조물 자체에 발생한 손해는 2024년 제조물책임지침이 적용되지 않는다. 또한 결함이 있는 구성부분으로 인해 제조물이 손상되었지만, 그 구성부분이 해당 제조물의 제조업자와 동일한 자이거나 혹은 해당 제조업자의 관리 하에서 제조물로 통합 또는 결합된 제품은 2024년 제조물책임지침이 적용되지 않는다. 마지막으로 "전적으로 직업적 목적(berufliche Zwecke)"으로 사용된 물건의 경우에도 제조물책임지침의 대상이 아니다. 이는 1985년 제조물책임지침이 "주로 개인적인 사용이나 소비"라는 표지를 통해 손해의 개념에 포섭시키는 구조에서 손해의 개념으로부터 배제시키는 방식으로 변화했다는 차이를 보여준다. 2024년 제조물책임지침 제7조는 결함에 대해 다음과 같이 규정하고 있다.

제7조 [결함] (1) 개인이 기대할 수 있거나 유럽법 또는 각 구성국가의 국내법에 규정되어 있는 안전수준을 제공하지 못하는 경우, 제품에 결함이 있는 것으로 간주된다.

(2) 결함의 존재여부를 판단함에 있어 다음 각 호의 사항을 포함하여 모든 정황들을 고려하여야 한다.

a) 표시, 디자인, 기술적 특성, 구성 및 포장 그리고 조립, 설치, 사용 및 유지보수를 위한 지침을 포함한 제조물의 포장 및 특징
b) 제조물에 대한 합리적으로 예측 가능한 사용
c) 시장에 출시되거나 운용을 개시한 시점 이후에도 계속해서 학습하거나 새로운 기능을 획득하는 제조물의 능력이 제조물 자체에 미치는 영향
d) 제조물과의 결합을 포함하여, 제조물과 함께 사용될 것이라고 예상할 수 있는 여타의 제조물들이 해당 제조물에 미치는 합리적으로 예상 가능한 영향
e) 제조물이 시장에 출시되거나 운용을 실시한 시점, 또는 제조업자가 그 시점 이후 제조물에 대한 통제를 유지하는 경우에는 제조물이 더 이상 제조업자의 통제를 받지 않게 된 시점
f) 안전과 관련된 사이버 보안요구사항을 포함한 제조물에 대한 보안요구사항
g) 제조물의 안전과 관련한 관할 기관 또는 제8조에 명명된 경제참여자에 의한 리콜 또는 여타의 개입
h) 제조물을 사용하려는 이용자 단체의 특정한 요구사항
i) 손상의 방지를 목적으로 하는 제조물의 경우, 해당 제조물이 이 목적을 달성하지 못한다는 사실

(3) 제조물의 업데이트 또는 업그레이드를 포함하여 보다 우수한 제조물이 시장에 출시 또는 운용되거나 혹은 장래에 출시 또는 운용될 것이라는 이유만으로 제조물에 결함이 있다고 간주될 수 없다.

이는 2022년 지침안 제6조와 대동소이하다. 특히 실제로는 결함의 존재 자체를 입증하기 어렵다는 점에서 2024년 제조물책임지침 제7조 제1항의 규정은 상당히 큰 의미가 있다. 그러나 2024년 제조물책임지침 제7조 제1항에 유럽법 및 구성국가의 국내법에 규정되어 있는 안전수준을 제공하지 못한 경우에는 제품의 결함이 있는 것으로 간주하는 규정이 산입되었기 때문에 1985년 제조물책임지침과 비교 불가능할 정도로 유럽 역내시장에 매우 큰 반향을 불러일으킬 것이다. 특히 지난 2023년 5월 「제조물안전규범(GPSR)」[28]이 의회에서 통과되어 2024년 12월 시행된다는 점을 감안한다면 강화된 안전수준으로 인하여 제조물의 결함은 상당히 폭넓게 인정될 가능성이 높다.[29]

2024년 제조물책임지침 제8조는 구성국가들이 발생한 손해에 대해 경제참여자들이 책임을 부담하도록 하는 규정을 강제하고 있다. 또한 2024년 제조물책임지침 제9조는 원고가 손해배상청구의 타당성을 충분히 입증할 수 있도록 하기 위하여 구성국가들에게 공개청구권을 도입하도록 규정하고 있다. 공개의 대상은 구체화하지 않고 단순히 당사자가 지배하고 있는 영역에 존재하는 관련된 증명수단으로 적시하고 있다. 주의해야 할 것은 이 공개청구권이 원고에게만 부여되는 것이 아니라 피고도 해당 공개청구권을 행사할 수 있는 가능성을 열어두고 있다는 점이다. 이러한 공개청구권은 영업비밀과 같은 정당한 이익을 고려하여 비례의 원칙에 따라 행사할 수 있도록 규정되어야 한다. 2024년 제조물책임지침 제10조는 입증책임에 대해 다음과 같이 규정하고 있다.

제10조 [입증책임] (1) 구성국가들은 원고가 제조물의 결함, 발생한 손해, 해당 결함과 손해 사이의 인과관계를 입증하도록 규정하여야 한다.

(2) 다음 각 호의 조건이 충족된 경우, 제조물의 결함이 추정된다.

a) 피고가 제9조 제1항에 따른 관련된 증명수단을 공개하지 않은 경우

b) 원고가 피해자가 입게 되는 손해발생의 위험으로부터 보호하기 위하여 유럽법 또는 각 구성국가의 국내법에서 규정한 제품안전을 위한 요구사항에 해당 제조물이 부합하지 않음을 입증한 경우

c) 원고가 합리적으로 예측 가능한 사용 또는 정상적인 상황에서 제조물의 명백한 기능장

28) Verordnung (EU) 2023/988.

29) Ekkehard Helmig, Konformitätsbewertung und Qualitätsmanagement – Europarechtliche Basis für Produktsicherheit und Produkthaftung, VersR 2024, S. 1377 ff.; Ann-Kristin Mayrhofer, Produktsicherheit und Produkthaftung – zwei Seiten einer Medaille mit unterschiedlichen Gravuren, RDi 2024, S. 492 ff.

애로 손해가 발생했음을 입증한 경우

(3) 제조물에 하자가 있고, 그 하자로 인하여 전형적으로 발생하는 손해인 경우, 제조물의 해당 결함과 손해 사이의 인과관계는 추정된다.

(4) 구성국가들의 국내 법원은 제9조에 따른 증명수단이 공개되었고 사안과 관련된 모든 정황을 고려해야 함에도 불구하고 다음 각 호의 경우에는 제조물의 결함, 제조물의 결함과 손해 사이의 인과관계 그리고 이 둘 모두가 존재하는 것으로 추정한다.

a) 기술적 또는 과학적 복잡성으로 인하여 제조물의 결함 또는 결함과 손해 사이의 인과관계 혹은 이 둘 모두를 입증하는 것이 원고에게 과도하게 어렵고,

b) 원고가 제조물에 결함이 있을 가능성이 있다는 사실 또는 제조물의 결함과 손해 사이의 인과관계가 존재할 가능성이 있다는 사실 혹은 이 둘 모두의 가능성을 입증한 경우

(5) 피고는 제2항, 제3항 및 제4항에 규정된 추정 및 가정에 대해 반증의 권리를 갖는다.

2024년 제조물책임지침 제10조 역시 2022년 지침안 제8조와 유사하다. 다만 결함의 추정과 인과관계의 추정 그리고 이 모두의 추정을 구분하여 각각의 요건을 매우 구체화하였다는 특징이 있다.

(3) 평 가

유럽연합은 적어도 디지털화(Digitalisierung)에 기반을 둔 과학·기술의 발전으로 인한 입법적 대응에 있어 선도적 지위를 확보하게 되었다. 동시에 디지털지침과 물품매매지침 그리고 이에 따라 각 구성국가들의 입법이 마무리되고 있는 상황에서 책임법으로서의 2024년 제조물책임지침의 등장은 2017년 「디지털정책(DIGITALPOLITIK)」[30]이라는 보고서에서 계획하고 있던 미래의 모습을 현실화하는 과정 중 한 단락의 마침표와 같은 역할을 하였다.[31]

> 인공지능(AI), 사물인터넷(IoT), 빅데이터(Big Data) 등으로 대표되는 4차 산업혁명 (Industrie 4.0)을 이끄는 첨단기술들은 이미 우리 사회·경제에 막대한 영향을 미치고 있으며, 우리의 인지 여부와 무관하게 실생활에 직·간접적으로 활용되고 있다. […] 이러한 흐름과 관련하여 함께 고민해야 할 것은 많은 경우 이러한 기술로 인한 영향에 말단에 서게 되는 자에게 미칠 영향력이다. 이는 많은 부분 사법(私法)의 영역에 속하게 되는데, 왜냐하면 일련의 기술발전으로 인한 정보획득 및 가공, 나아가 자기학습의 결과는 결국 누구의 책임영역에 속하는지에 대한 문제로 귀결되기 때문이다.

그렇기 때문에 2024년 제조물책임지침은 단순히 제조물책임의 범위를 소프트웨어까지 포

30) https://www.bmwk.de/Redaktion/DE/Publikationen/Digitale-Welt/digitalpolitik.html (2024년 11월 10일).

31) 박신욱, "4차 산업혁명의 과정에서 디지털정책과 관련된 독일의 동향 분석", 「일감법학」 제46호, 건국대학교 법학연구소, 2020.6, 3면.

함시킨 것 이상의 의미를 갖는다. 특히 유럽연합의 이러한 선도적인 입법의 태도는 우리에게 시사하는 바가 적지 않다. 인터넷을 기반으로 이루어지는 산업영역에서 유럽연합은 발빠른 입법적 대응을 통해 헤게모니를 선점함으로써 그들이 형성한 규제의 틀을 우리에게도 강제하고 있다.

책임의 확대와 소비자 보호를 강화했다는 점도 높게 평가할 수 있다. 업데이트와 업그레이드가 디지털지침과 물품매매지침을 통해 강제되고 있는 상황에서 2024년 제조물책임지침의 도입으로 인하여 제조업자가 부담해야 하는 책임은 양적으로나 질적으로 확장될 수밖에 없는 구조가 형성되었다. 더욱이 입증책임과 관련한 구체화된 요건 및 추정내용의 확장 역시 향후 소비자 보호라는 측면에서는 환영받을 수 있는 입법을 성공적으로 수행한 것으로 평가할 수 있다. 물론 소프트웨어 그 자체뿐만 아니라 네트워크를 중심으로 구동하는 다양한 제조물이 이미 오래전부터 시장에 출시되거나 운용되고 있다는 점을 감안한다면 제조물책임지침의 개정 속도는 오히려 늦은 감이 없지 않다. 다만 반증의 권리를 유보하고 있기는 하지만 제조물책임지침 제10조 제4항 b호와 같은 "가능성"의 입증이 추정으로 이어지도록 규정하고 있다는 점은 책임법 영역에서 매우 이례적이다.

Ⅳ. 나가며

본 논문에서는 유럽연합이 최근 입법과정을 마친 2024년 제조물책임지침의 입법과정과 주요내용 그리고 이와 비교할 수 있는 인공지능책임지침안을 소개하였다. 제조물책임법의 변화가 우리 사회에 미칠 영향이 매우 크기 때문에 유럽연합의 2024년 제조물책임지침은 각 조문마다 섬세하게 분석할 필요가 있을 뿐만 아니라, 이후 각 구성국가들이 해당 지침을 어떠한 방식으로 자국법화하는지도 함께 파악할 필요가 있다. 본 논문에서는 이러한 본격적인 분석이 이루어지지 않은 한계가 존재한다. 그러나 유럽연합에 새로운 제조물책임지침이 제정되었다는 사실을 이른 시일 내에 우리 학계에 소개하여, 디지털지침과 물품매매지침, 인공지능법과 2024년 제조물책임지침으로 이어지는 일련의 입법과정을 전체적으로 조망함으로써 입법의 필요성과 방향을 제시하는 등 나름의 의미가 있을 것이다.

1. 그들의 변화가 우리에게 가장 크게 시사하는 바는 변화하고 있거나 혹은 이미 변화된 시대에는 새로운 입법의 틀이 필요하다는 점이다. 확인한 바와 같이 과학ㆍ기술의 발전에 대응하기 위해 유럽연합은 절차적 민주주의의 본질을 훼손시킨다는 비판[32]에도 불구하고 3자 협상의 방식을 적극적으로 활용하여 빠른 속도로 법률 제ㆍ개정의 과정을 마무리하였다. 유럽연합의 2024년 제조물책임지침의 도입은 디지털화와 인공지능으로 대표되었던 제4

32) Jelena von Achenbach, Trilog statt Transparenz (Editorial), NJW 2. Juni 2022; BVerfG, 22.02.2019-2 BvR 2203/18.

차 산업혁명에 대응하는 단계 중 첫 관문을 통과했음을 의미하는데, 사법(私法)영역, 특히 책임법의 영역은 과학·기술의 발전으로 인한 변화에 가장 마지막으로 대응해야 하는 영역 중 하나이기 때문이다. 그런데 지금 우리나라는 아직도 1958년에 제정된 민법의 틀 안에 갇혀 있다. 같은 맥락에서 비교적 최근에 개정이 이루어지기는 했지만 현재 우리의 제조물책임법도 1985년에 제정된 과거 유럽의 인공지능책임지침과 큰 틀에서 차이가 없다. 제구포신(除舊布新)해야 할 시점이다.

2. 유럽연합은 우선 제조물책임지침에 대한 객관적인 평가를 기반으로 변화하는 시대에도 제조물책임지침을 통한 규제의 틀이 효과적이고 유효할 수 있다고 전망하였다. 그러하기에 제조물책임지침이라는 큰 틀을 유지하면서 여러 가지 세부사항을 변경함으로써 기존에 지속적으로 논의되던 혹은 해석의 한계로 지적되던 사항들을 입법적으로 해결하고자 하였다. 이는 단순히 소프트웨어를 제조물의 개념에 포섭시키는 것에 한정되지 않는다. 그 외에도 디지털로 제작된 설계문서와 원자재를 포섭시켰으며, 제조물을 단순한 정보 그리고 데이터 등과 명확하게 구분하였다. 결함과 입증책임 그리고 본 논문에서 다루지 못한 면책사유는 후속 연구를 통해 자세히 소개하도록 할 것이다. 다만 결함의 존재여부를 판단할 때 고려해야 하는 각각의 사항뿐만 아니라 개인이 기대할 수 있거나 유럽법 또는 각 구성국가의 국내법에 규정되어 있는 안전수준을 제공하지 못하는 경우, 제품에 결함이 있는 것으로 간주하는 규정은 최근 새롭게 제정된 제조물안전규범으로 인하여 소비자 보호에 크게 기여하게 될 것이다.

3. 새로 도입된 제도들도 우리의 입법과정에서 적극적으로 검토가 필요하다. 이러한 제도들은 현재 22대 대한민국 국회에 제안되어 있는 법률안들과도 비교할 수 있다. 특히 두 가지 제도를 주목할 필요가 있는데, 공개청구권과 가능성의 입증을 통한 제조물의 결함, 제조물의 결함과 손해 사이의 인과관계 그리고 이 둘 모두가 존재하는 것으로 추정하는 제도가 그것이다. 우리나라의 경우에는 해당 제조물이 정상적으로 사용되는 상태에서 피해자의 손해가 발생하였다는 사실, 그 손해가 제조업자의 실질적인 지배영역에 속한 원인으로부터 초래되었다는 사실 및 해당 제조물의 결함 없이는 통상적으로 발생하지 아니한다는 사실을 피해자가 입증하는 경우, 결함의 존재와 그 결함과 손해발생 사이의 인과관계가 인정된다. 그러나 "고도의 기술집약적인 제조물 특성상 대부분의 증거가 제조업자에게 집중되어 있어 여전히 손해배상청구소송에 있어서 피해자가 증명하여야 할 사실에 대한 증거를 수집하는 데 어려움"이 있다. 이를 위해 "결함·손해의 증명 등에 반드시 필요한 자료이면 영업비밀을 이유로 자료제출을 거부할 수 없도록" 하는 방식을 제안하고 있다.[33] 반면 2024년 제조물책임지침은 동일 혹은 유사한 상황에서 문제를 해결하는 방안으로 공개청구권의 도입과

33) [2201820] 제조물 책임법 일부개정법률안(채현일의원 등 32인) 제안이유 중 발췌.

“가능성 입증”을 전제로 한 추정규정을 두고 있다. 생각건대, 유럽연합의 방식은 상대방에 의해 제공된 증명수단을 이해하지 못하는 경우에도 가능성 입증을 통해 손해배상청구의 가능성이 있다는 점에서 피해자 구제에 더욱 효과적일 수 있어 보인다.

독일의 사전대리권
(Vorsorgevollmacht)

박 인 환

인하대학교 법학전문대학원 교수

Ⅰ. 들어가는 말

누구든 자신이 원하고 뜻하는 바에 따라 자신의 삶을 살아가는 것은 인간으로서의 존엄과 가치를 실현하기 위한 가장 기본적인 조건이고 권리이다. 그와 같은 자기실현적 삶은 사적 생활관계 형성에 있어서 나날의 의사결정으로 만들어진다. 근대적 사법체계는 어떤 사람이 자신이 원하는 바에 따라 생활관계를 형성하기 위하여 스스로 법적 결정을 할 수 있는 정신능력이 부족한 경우, 법원이 개입하여 본인이 법적으로 중요한 결정을 할 수 있는 자격을 배제·제한하고, 후견인을 선임하여 후견인이 피후견인 대신에 중요한 법적 결정을 대신하도록 하는 성년후견제도를 마련해 두었다.

이와 달리 임의후견제도는 본인이 정신능력이 있는 동안 스스로 신뢰할 만한 사람을 선임하고, 스스로 법적 결정을 할 수 없을 때 본인을 보호하고 지원하기 위하여 재산관리 또는 신상에 관한 법적 결정을 대신할 수 있는 권한을 수여하는 제도로서, 법정의 성년후견을 기능적으로 대체하는 제도이다. 성년후견이 법원으로 대표되는 국가의 개입을 전제로 함으로써 본인의 자율성을 제한하는 데 반하여 임의후견은 어디까지나 본인의 결정에 의거함으로써 오히려 본인의 자율성을 확대하는 제도로 평가를 받는다. 자기결정 존중의 관점에서 본인의 의사와 무관하게 제3자가 개입하여 결정하는 사태(법정대리)는 가능한 한 피하는 것이 바람직하다는 점은 말할 나위가 없다. 이 점에 있어서 법정후견에 대하여 임의후견 우선의 원칙이 일컬어지고 있다.

임의후견은 전 세계적으로도 비교적 근래에 활발하게 이용되기 시작한 제도이다. 우리나라에서는 2013. 7. 1. 새로운 성년후견제도와 함께 후견계약의 형태로 임의후견제도가 도입되었다. 즉, 새로운 성년후견제도의 지도이념인 자기결정 존중의 관점에서 현재 또는 장래 의사결정능력 쇠퇴에 대비하여 본인이 선정한 수임인과 장래 위탁할 사무와 그에 필요한 권한을 부여하는 위임계약을 공정증서로 체결하고, 법원에 의한 임의후견감독인 선임을 법정 효력발생요건으로 하는 후견계약 제도가 민법에 도입되었다. 그러나 우리 사회에서 후견계약제도 도입 당시의 기대가 무색할 정도로 제도 도입 12년이 경과한 지금까지도 후견계약은 거의 이용되지 않고 있다.

이에 본고에서는 종래 법정후견제도에 대하여 임의후견제도가 어떤 의의가 있는지 특히 장애인권리협약 제12조의 관점에서 평가하고(Ⅱ), 우리와는 달리 법정후견을 압도하여 널리 이용되고 있는 독일의 사전대리권(Vorsorgevollmacht) 제도를 살펴봄으로써(Ⅲ), 우리 사회에서 임의후견제도를 활성화하는 데에 필요한 시사점을 찾아보고자 한다(Ⅳ).

Ⅱ. 임의후견제도의 의의

1. 장애인권리협약 제12조와 의사결정지원 수단으로서의 사전대리권

성년후견에서는 정신능력이 부족한 본인 보호를 위하여 법원은 피후견인의 행위능력을 제한하고 후견인을 선임하여 법정대리권과 신상결정권을 부여할 수 있다. 본인의 의사와 무관하게 제3자의 신청으로 법원의 개입이 가능하고, 본인의 법적 능력을 제한하며, 법정대리 등 타인의 결정에 의존하도록 함으로써 본인의 자율성을 제한한다. 이와 같이 보호주의에 입각한 성년후견의 패러다임은 21세기에 들어서 타자에 의한 대체의사결정으로 비판을 받으며, 본인의 법적 능력의 향유와 그 행사를 위한 의사결정지원으로 전환을 요구받고 있다. 이러한 패러다임 전환을 이끌어 낸 국제인권법적 기초가 2008년 성립 이래 전 세계 대부분의 국가가 가입하고 비준한 유엔장애인권리협약(Convention on the Rights of Persons with Disabilities, 이하 '협약'으로 칭함)이다.[1)]

협약 제12조는 "장애인이 모든 영역에서 법 앞에서 인간으로서 인정받을 권리가 있음을 재확인"하고(제1항), "장애인들이 삶의 모든 영역에서 다른 사람들과 동등한 조건으로 법적 능력(legal capacity)을 향유함을 인정"하여야 하며(제2항), 이를 전제로 "당사국은 장애인들이 그들의 법적 능력을 행사하는 데 필요한 지원을 받을 기회를 제공받을 수 있도록 적절한 입법 및 기타 조치를 취할 것"을 요청하고(제3항) 나아가 그러한 지원 조치가 갖추어야 할 안전장치(safeguards)로서, 그의 권리 · 의사 · 선호의 존중, 부당 위압의 배제, 상황에 맞는 비례와 균형, 최단 기간, 독립 기관에 의한 정기적 심사 등을 규정하고 있다(제4항).[2)]

협약 제12조의 취지는 장애인의 법적 능력의 향유와 그 법적 능력의 행사를 지원하기 위한 의사결정에 관한 지원을 요청하는 것이다. 협약 제12조에서 규정하고 있는 의사결정지원 요청은 의사결정능력 장애인이 법적 권리를 행사함에 있어서 그들의 자기결정을 존중할 뿐만 아니라 의사결정능력의 장애 때문에 사실상 법적 능력의 행사에 지장이 있는 경우에도 그 의사결정을 지원함으로써 스스로 법적 능력의 행사가 가능하도록 하여야 한다는 취지이다.

---

1) 유엔장애인권리협약은 종래 장애를 복지정책적 차원에서 의학적 사회적 관점에서 접근했던 것과는 달리 장애를 인권의 관점에서 일관되게 관철한 최초의 국제문서로서, 이 조약에 의하여 장애인에게 새로운 성질의 권리를 부여하는 것이 아니라 종래 여러 인권조약에서 인정된 보편적 인권이 장애인들에게는 온전히 실현되거나 보장되지 못하였다는 문제의식으로부터 이들 인권이 장애인들에게도 차별 없이 실현되고 보장되도록 하기 위하여 성립하였다. 박인환, "유엔장애인권리협약 제12조와 성년후견제도의 개혁과제", 새봄을 여는 민법학(정태윤 지원림교수 논문집), 홍문사, 2023. 협약의 성립 경위와 배경 및 각 조항의 규범적 내용에 대하여는 국가인권위원회, 장애인권리협약해설집, 한학문화, 2007. 그 밖에 협약의 시행에 따른 국내법적 과제를 포함한 최근의 문헌으로, 김형식 외, 유엔장애인권리협약해설: 복지에서 인권으로, 어가, 2019. 참조. 현재 협약 비준국은 188개국, 서명국 164개, 선택의정서 비준국 104개국, 서명국 94개국이다. <https://social.desa.un.org/issues/disability/crpd/convention-on-the-rights-of-persons-with-disabilities-crpd>

2) 장애인권리협약해설집(주 1), 70면.

협약 제34조에 의하여 설치된 전문가위원회인 유엔장애인권리위원회(Committee on the Rights of Persons with Disabilities)는 사실의 문제로서의 정신능력(mental capacity)과 규범으로서의 법적 능력을 엄격히 구별하고, 법적 능력은 법 앞에 평등으로부터 나오는 인간의 천부적 권리이자, 시민적 정치적 자유에 관한 권리로서 정신능력의 손상이나 장애를 이유로 어떤 사람의 법적 능력을 부인하고 그의 의사와 무관하게 선임된 타자의 결정에 따르게 하는 것은 장애인의 자유와 평등에 관한 권리를 침해하는 것이라는 점을 분명히 하였다.[3)]

법적 능력의 행사가 모든 권리 행사의 전제 내지 출발점이 된다는 점에서 의사결정지원은 장애인의 권리 가운데에서도 특별한 지위를 가진다. 즉, 법적 능력의 행사를 위한 의사결정지원은 장애인의 비차별을 위한 '합리적 편의의 제공(reasonable accommodations)'과는 구별된다. 양자는 상호 보완적이지만 합리적 편의의 제공에서 허용되는 불균형하거나 과도한 부담(disproportionate or undue hardship)이 된다는 항변을 허용하지 않는다는 점에서 차이가 있다.[4)]

나아가 법적 능력의 향유와 그 행사를 보장하기 위한 의사결정지원은 자유권과 평등권의 성질을 가지는 것으로 세계인권규약(B 규약)상 시민적 정치적 자유에 관한 권리에 속하는 것이다.[5)] 경제적, 사회적 및 문화적 권리와 관련해서는 자국의 가용자원이 허용하는 최대한도까지 점진적 실현의 책무(협약 제4조 제2항)를 부과하고 있는 데 반하여 법적 능력의 행사에 대한 권리는 시민적·정치적 권리로서 자유권과 평등권에 속하는 것이므로 점진적 실현이 아니라 즉각적 실현의 책무를 당사국에 부과하고 있다.[6)]

유엔장애인권리위원회는 2014년 9월, 우리나라의 최초의 국가보고서[7)]의 심의를 마치고 공표한 최종견해(concluding observation)에서, 우리나라의 새로운 성년후견제도를 대체의사결정(substitute decision-making)으로 규정하고, 이를 개인의 자율(autonomy)과 의사(will), 선호(preferences)를 존중하는 의사결정지원으로의 "수정"할 것을 권고하였고,[8)] 2022년 8월

---

3) Committee on the Rights of Persons with Disabilities, General comment No. 1 (2014), Article 12: Equal recognition before the law, para. 8-15. <https://tbinternet. ohchr.org/_layouts/15/treatybodyexternal/Download.aspx?symbolno=CRPD/C/GC/1&Lang=en>, Volker Lipp, *Erwachsenenschutz, gesetzliche Vertertung und Artikel 12 UN-BRK*, Valentine Aichele (Hrsg.), Das Menschenrecht auf gleiche Anerkennung vor dem Recht, Nomos, 2013, S. 331; 유엔장애인권리협약 제12조의 의의 및 이에 대한 유엔장애인권리위원회의 견해에 대해서는 박인환, "사적자치의 원칙과 의사결정지원 제도화의 모색". 민사법학 제95호(2021.6), 3면 이하 참조.

4) 합리적 편의'란, 장애인이 다른 사람들과 동등한 기초 위에서 모든 인권과 기본적 자유를 향유하고 행사할 수 있도록 보장하기 위하여, 필요한 경우 불균형하거나 과도한 부담(disproportionate or undue hardship)을 부과하지 않는 필수적이고 적절한 변형 및 조정을 의미한다(협약 제2조). 합리적 편의를 포함하여 장애인의 사실상의 평등을 촉진하거나 성취하기 위해 필요한 구체적인 조치들은 장애인에게 비장애인과 유사한 조건을 형성해 주고 동등한 기회를 부여하기 위한 것으로서 적극적 우대조치(affirmative action)가 포함될 수 있으며 이는 차별로 간주되지 않는다. 협약 제5조 제4항.

5) General comment No. 1(주 3), para. 1.

6) General comment No. 1(주 3), para. 30.

7) 동 협약 제35조에 따르면, 모든 체약국은 협약의 발효 후 2년 이내 협약의 국내적 이행에 관한 최초의 정부보고서를 그 이후에는 4년마다 정기적으로 정부보고서를 동 협약에 의하여 설치된 전문가위원회인 유엔장애인권리위원회에 제출하여 심의를 받아야 한다.

제2·3차 병합보고서에 대한 최종견해에서, "심리사회적 및/또는 지적장애를 이유로 장애인의 능력을 제한하는 후견 및 대체의사결정제도를 폐지하기 위한 진전이 없고, 이 제도를 지원의사결정제도로 완전히 대체할 수 있는 시간계획이 제시되지 않았다는 점에 대하여 깊은 우려"를 표시하면서, "후견과 기타 보호조치를 포함하는 대체의사결정을, 장애를 가진 사람의 자율성, 의사, 선호를 존중하고 개별화된 지원의 제공을 보장하는 의사결정지원으로 전환할 것"을 다시 한 번 권고하였다.[9)]

유엔장애인권리위원회는 법적 능력의 행사를 위한 지원은 장애가 있는 사람의 권리(rights), 의사(will), 선호(preferences)를 존중하여야 하고 결코 대체의사결정(substitute decision-making)에 해당하는 것이어서는 안 된다고 밝히고 있다. 지원은 폭넓은 개념으로 다양한 유형과 강도의 공식, 비공식의 지원에 관한 합의를 포함한다. 예를 들면 동료지원(peer support), 권익옹호(advocacy, 자기옹호의 지원 포함) 또는 의사소통에 관한 조력 등을 요청할 수 있고, 보편적 디자인과 접근성(universal design and accessibility)에 관련된 조치들을 포함할 수 있다. 그중에서도 장애가 있는 사람은 신뢰하는 지원인(들)을 지정하여 일정한 유형의 결정을 하기 위한 법적 능력의 행사에 있어서 조력을 받을 수 있고, 장애를 가진 모든 사람은 사전지시(advance directive)를 할 수 있는 권리가 있고, 다른 사람과 평등한 기초 위에서 그렇게 할 수 있는 기회가 제공되어야 한다고 밝히고 있다.[10)]

즉, 의사결정지원의 중요한 수단으로 장애인이 스스로 선임한 대리인에 의한 지원(임의후견)을 제시하고 있다. 다만 의사결정지원의 관점에서 수임인은 그 수권의 범위 내에서 사무를 처리하고 권한을 행사함에 있어서도 비록 의사결정능력이 쇠퇴하였더라도 위임인이 스스로 결정할 수 있도록 의사결정의 지원을 선행하고 부득이 본인을 대신하여 결정을 하는 경우에도 본인의 (추정적) 의사나 희망, 선호를 존중해야 할 의무를 인정할 필요가 있다.

2. 법정후견에 대한 임의후견 우선의 원칙

협약 제12조를 언급할 필요도 없이 자기결정 존중의 관점에서 본인의 의사와 무관하게 제3자가 개입하여 결정하는 사태(법정대리)는 가능한 한 피하는 것이 바람직하다는 점은 말할 나위가 없다. 무엇보다도 정신적 제약이 곧바로 성년후견의 필요성을 의미하는 것이 아님을 유의하여야 한다. 정신적 제약에도 불구하고 본인의 권리 행사나 보호를 위한 법적 결정을 해야 할 구체적 필요성이 없는 한 성년후견은 필요하지 않다(필요성의 원칙). 나아가

8) Committee on the Rights of Persons with Disabilities, Concluding observations on the initial report of the Republic of Korea adopted by the Committee at its twelfth session (15 September-3 October 2014), para.21, 22.<http://tbinternet.ohchr.org/_layouts/treatybodyexternal/TBSearch.aspx?TreatyID=4&DocTypeID=5>

9) Committee on the Rights of Persons with Disabilities, Concluding observations on the combined second and third reports of the Republic of Korea(adopted by the Committee at its twenty-seventh session (15 August-9 September 2022), para. 27, 28.

10) General comment No. 1 (주 3), para. 17-19.

법정후견 이외의 친족이나 친지 등 본인을 조력하고 보호할 수 있는 다른 보호네트워크 내지 보호수단이 있다면 역시 성년후견은 개입할 필요가 없다(보충성의 원칙).[11] 보충성과 관련하여 독일민법 제1814조 제3항은 본인의 사무가 임의대리인에 의하여 성년후견인을 선임한 경우와 동등하게 처리될 수 있는 경우에는 성년후견인을 선임할 필요가 없다는 취지를 명문화하고 있다. 보충성의 원칙을 관철하는 가장 유력한 수단이 본인이 선임한 임의대리인(임의후견인)이다.

법정후견에 대한 대안으로서 임의후견 우선원칙은 '2009년 유럽평의회 각료위원회의 권고: 법적 무능력에 대비한 사전지시서 및 지속적 대리권에 관한 기본원칙'에 잘 드러나 있다.[12] 동 권고의 제1원칙에서는 자기결정의 촉진이라는 제목 아래 제1항에서 유럽 각국에 대하여 계속적 대리권(continuing power of attorney) 및 사전의료지시(advance directives)를 통하여 판단능력 있는 성년자에 대하여 장래의 무능력 상태에 대비하여 자기결정을 촉진할 것을 요청하였다. 그에 따르면 지속적 대리권을 위임인이 무능력이 된 경우에 효력이 발생하거나 효력이 유지되는 것을 목적으로 판단능력이 있는 성인에 의한 위임을 의미한다고 규정하고(제2원칙), 그 위임의 내용으로서 재산관리뿐만 아니라 의료, 복지 기타 신상에 관한 사항을 포함할 수 있는지 그리고 어떤 특별한 문제는 여기서 배제되어야 하는지 여부를 검토할 것을 각국에 권고하였다(제3원칙). 여기서 사전지시는 판단능력이 있는 본인이 무능

11) 성년후견에 있어서 필요성의 원칙과 보충성의 원칙을 명문화한 것으로 독일민법 제1814조 제3항. 반면에 우리 민법은 보충성의 관점에서 법정후견에 대한 임의후견 우선의 원칙은 명문화하고 있으나 구체적 필요성의 원칙은 명문화하고 있지 않다. 그 결과, 민법 제11조는 성년후견종료심판의 원인으로 "성년후견개시의 원인이 소멸한 경우"를 규정하고 있으나, 성년후견개시의 원인이 된 법적 결정 문제가 처리된 후 피후견인에게 달리 중요한 법적 결정의 문제가 없고 피후견인이 가족이나 주변의 도움으로 원만히 생활하고 있음에도 좀처럼 법정후견 종료심판을 받기 어려운 것이 현실이다. 다만 근래 일부 하급심에서 정신능력의 변화 없이 후견인에 의한 보호 필요성 감소를 이유로 한정후견종료심판 청구를 인용한 서울가정법원의 하급심 재판례가 있다. "요양보호사 자격 잃은 발달장애인…법원 "성년후견, 장애 있어도 종료 가능", 경향신문 2023. 2. 19. 최근 대법원은 피한정후견인의 우체국 예금거래 방식을 제한한 조치를 장애인에 대한 차별행위로 인정한 판결에서, "성년후견제도는 헌법 제10조에 근거하여 종래 행위무능력자 보호개념에서 탈피하여 의사결정능력이 충분하지 않은 사람도 자기결정권, 즉 본인의 의사와 잔존능력을 존중하여 가능한 최대한도로 정상적인 사회의 구성원으로 활동할 수 있도록 하는 이념적 기초 하에 필요한 한도에서만 후견을 개시하고 능력을 제한하여야 하며, 본인 스스로의 의사로 해결할 수 없을 때 비로소 국가 또는 제3자가 개입하여야 한다는 점을 기본원칙으로 하여 사회에서 배제되거나 격리되지 않고 사회구성원으로 더불어 살아갈 수 있도록 함에 있다"는 점을 설시한 바 있다. 성년후견제도 도입을 위한 입법 논의과정에서 필요성 보충성의 원칙을 역설한 것으로 제철웅, "성년후견제도의 개정방향", 민사법학 제42호(2008. 9), 111면 참조.

12) '유럽평의회 각료위원회의 2009년 권고: 법적 무능력에 대비한 사전지시서 및 지속적 대리권에 관한 기본원칙'{principles concerning continuing powers of attorney and advance directives for incapacity: Recommondation CM/Rec(2009) 11 and explanatory memorandum}(http://www.coe.int/t/dghl/standardsetting/cdcj/CDCJ%20Recommendations/CM_Rec(2009)11E_Prin ciples%20on%20 powers % 20of%20attorney.pdf> 참조. 이 원칙은 같은 유럽평의회 각료위원회의 '1999년 판단능력이 부족한 성년자의 법적 보호에 관한 기본원칙'{Principles concerning the legal protection of incapable adults: Recommendation Rec(1999) <https://wcd.coe.int/ViewDoc. jsp?id=407333&Site=CM#Related Documents> 중 제2원칙 법적 대응의 유연성에 의거하여 충분한 판단능력이 있는 사점에서 본인 스스로 준비할 수 있는 사전준비수단(지속적 대리권 및 의료 등에 관한 사전지시서 등)의 마련을 위한 법 정비를 요청한 데에 대하여, 보다 구체적인 조치의 방향과 기준을 정한 후속 권고로서 계속적 대리권(continuing power of attorney)과 사전지시서(Advance directives) 등 임의후견에 관한 16개의 기본원칙을 제시한 것이다. 이에 대해서는 박인환, "실질적 자기결정존중의 관점에서의 후견계약의 평가와 의사결정지원방안의 모색", 가족법연구 제29권 제2호(2015.7), 111면 이하.

력이 되었을 때 발생할 수 있는 문제들에 대하여 내린 지시 또는 의견으로서, 의료, 복지 기타 신상에 관한 사항, 재산관리 그리고 대리인(후견인)의 선정을 포함한다.[13] 그리고 제2항에서 자기결정과 보충성의 원칙에 따라 임의후견을 다른 법적 보호수단에 대하여 우위에 둘 것을 요청하였다.[14]

필요성과 보충성의 원칙은 본인이 이미 후견 필요성에 대비하여 필요한 수단과 조치를 마련해 둔 이상 중복해서 법정후견에 의한 보호를 할 필요는 없다는 자명(自明)한 이치에 따른 것으로 위 EU 권고와 각국의 임의후견제도 정비를 통하여 유럽 전역으로 확산되었다.[15] 가령 영국에 있어서 지속적 대리권(enduring power of attorney, the Enduring Power of Attorney Act 1985)과 이를 개정한 영속적 대리권(lasting power of attorney, the Mental Capacity Act 2005) 혹은 계속적 대리권(continuing power of attorney, 스코틀랜드의 경우), 독일민법상 인정되는 사전대리권(예방적 대리권 또는 장래대리권이라고도 한다. vorsorgevollmacht, 독일민법 제1901조의c 등), 프랑스의 장래보호위임(mandat de protection future, 프랑스민법 제477조)과 같은 제도들이 모두 여기에 해당한다.[16] 이와 같은 임의후견제도들은 자기결정 존중의 관점에서 종래 법정후견을 갈음하는 것이라는 의미에서 특히 후견대체제도(Alternative to Guardianship)라고 한다.[17]

원래 지속적 대리권 제도는 보통법상 의사능력의 상실을 대리권 소멸사유로 하고 있는 보통법(common law)의 원칙을 수정하는 제정법(statute)을 통하여 생성 발전한 것이다. 이에 반하여 대륙법에서는 위임인의 의사능력 상실은 수임인의 대리권 소멸원인에 해당하지 않는다.[18] 따라서 영미법에서와 같이 전통적 사법체계를 수정하기 위하여 새로운 입법은 필요하지 않다. 통상의 위임계약이나 수권행위로서 자신의 정신능력 저하에 대비한 재산관리 등을 목적으로 자신이 신뢰한 사람에게 대리권을 부여할 수 있기 때문이다. 그러나 본인이 대리인에 대한 통제를 할 수 없게 되는 만큼 대리인의 권한남용 등의 위험이 있는 것은 불가피하다. 이러한 위험을 완화하기 위해 통상의 위임과는 달리 서면에 의한 수권과 그 공증 또는 인증을 권장하거나 등록 여하 또는 수권행위의 방식성에 따라 행사할 수 있는 권한의 범위를 달리하는 등 대리권의 남용을 방지하기 위한 안전장치를 강화하고 있는 추세에 있

---

13) Recommendation CM/Rec(2009) 11 and explanatory memorandum(주 12), para. 176－7.
14) Recommondation CM/Rec(2009) 11 and explanatory memorandum(주 12), 제1원칙 제1, 2항.
15) 박인환, "고령자・장애인의 의사결정지원을 위한 후견계약의 활용가능성과 과제", 민사법학 제103호(2023.6), 238면 이하.
16) 영국, 독일, 캐나다에 있어서 후견대체수단으로서의 후견목적 대리권수여제도의 발전 경위에 관하여는 제철웅, 개정민법상 후견계약의 특징, 문제점 그리고 개선방향: 후견대체제도의 관점을 중심으로, 민사법학 제66호(2014.3), 99면 이하, 특히 101면 이하 참조. 그 밖에 프랑스의 장래보호위임(mandat de protection future)에 대해서는 곽민희, 프랑스법상 성년자보호제도와 지율지원의 원칙, 법학논문집 제36집 제1호(중앙대 법학연구원, 2012.4), 117면 이하 및 김현진, 프랑스성년후견제도 장래보호위임계약을 중심으로, 가족법연구 제26권 제1호(2012.3), 71면 이하 참조.
17) 제철웅(주 11), 118면.
18) 민법 제127조.

다.[19] 이와 같이 후견목적의 수권행위를 통상의 임의대리와 분리하여 필요한 규제와 안전장치를 강화하는 형태로 임의후견을 제도화하고 있는 대륙법계 제도가 프랑스의 장래보호위임계약(mandat de protection future)과 독일의 사전대리권(Vorsorgevollmacht)제도이다.

3. 후견계약의 의의와 이용 실태

우리나라도 이러한 세계적 추세에 따라 2011년 민법 개정(2011. 3. 7. 법률 제10429호로 개정되어 2013. 7. 1. 시행된 것)으로 종래 금치산자 · 한정치산자 제도를 성년후견과 한정후견, 특정후견으로 개편하면서, 후견계약의 형태로 임의후견제도를 도입하였다. 즉, 본인이 의사능력이 있는 동안 자신을 위하여 필요한 후견사무를 처리 해 줄 후견인을 스스로 선정하여 재산관리와 신상보호에 관한 대리권을 부여하는 후견계약을 신설하였다. 통상 타인의 재산관리나 신상보호에 관한 사무의 처리를 위탁하고 그에 필요한 권한을 부여하는 것은 민법상 위임계약에 해당한다. 따라서 후견계약도 넓은 의미에서는 위임계약의 일종이라고 할 수 있다. 후견계약을 통상의 위임계약과 구별하는 징표는 공정증서에 의하여 체결되어야 한다는 점, 가정법원에 의한 임의후견감독인 선임으로부터 발효된다는 점, 신상에 관한 권한 부여도 가능하다는 점, 후견등기부에 등기된다는 점을 들 수 있다.[20]

우리 민법상 후견계약에 있어서도 본인 스스로 후견인이 될 사람을 선정하여 그에게 위탁할 후견사무의 범위와 권한을 정할 뿐 아니라 본인의 행위능력 제한을 수반하지 않는 점에서 자기결정 존중의 원칙에 보다 충실한 제도로서 법정후견을 대신하여 판단능력이 부족하게 된 사람들이 계속해서 자기 결정적 삶을 누리는 데에 기여할 수 있을 것으로 기대를 모았다.[21] 그러나 2022년 기준 후견계약 등기건수는 누계 187건이고 이 가운데에 임의후견감독인이 선임되어 임의후견인이 활동을 하고 있는 것은 26건에 불과하다.[22] 후견계약은 우리 사회에서 거의 이용되지 않고 있는 것이다.

그 이유에 대하여 공정증서의 작성이나 임의후견인의 선임 등 제도 이용의 절차적 허들(hurdle)이 높고, 무엇보다도 후견계약이 주변인들의 이해에 따라 법정후견을 회피하는 수단으로 자의적으로 이용되는 사례가 빈발함에 따라 법원실무에 있어서 후견계약 이용 실태에 대한 불신과 경계가 높아진 점이 일컬어지고 있다.

---

19) 박인환(주 15), 238면 이하.

20) 박인환, "개정민법상 임의후견제도의 쟁점과 과제", 가족법연구 제26권 제2호(2012.7), 196면. 우리민법의 후견계약은 일본의 임의후견에 관한 법률(任意後見契約に関する法律)을 거의 답습한 것으로 일본의 후견계약은 민법이 아닌 단행법률로 규정되어 있다는 점, 신상에 관한 배려의무를 규정(일본민법 제858조)하는 데에 그치고 신상결정 권한의 부여를 규정하고 있지 않은 법정후견과 마찬가지로 후견계약에서도 임의후견인의 신상결정권의 부여를 규정하고 있지 않은 데 반하여, 우리민법상 후견계약은 법정후견에서 마찬가지로 신상에 관하여도 대리권을 부여할 수 있는 것으로 해석되고 있는 점에서는 차이가 있다.

21) 박인환(주 12), 107면.

22) 옥동훈, "임의후견과 피후견인의 의사존중", 제3회 후견대회 자료집(서울가정법원 융선당, 2024. 11. 19-20), 119면.

이에 반하여 외국으로 눈을 돌려 보면, 후견 목적의 계속적 대리권 수여가 널리 권장 이용되고 있고, 법정후견은 그와 같은 수단이 마련되어 있지 못한 경우에 마지막 보호수단(last resort)으로 이용되는 것이 보통이다. 그중에서 독일의 사전대리권(Vorsorgevollmacht, 장래대리권)의 활용은 법정후견의 이용 건수를 압도하고 있다. 연방공증인협회(Bundesnotarkammer)의 중앙 사전위임장 등록부(Zentrales Vorsorgeregister)에는 2023년 12월 31일 기준 총 6,062,020건(2022년: 5,684,327건)의 사전처분(Vorsorgeverfügung)[23]이 등록되었다.[24] 법문화적 차이가 그 배경에 있음은 부인할 수 없으나, 장차 후견계약의 이용 활성화를 위하여 필요한 법제를 개선하고, 정책을 수립할 때에 독일의 제도로부터 배울 점이 많을 것이다. 이에 본고에서는 독일 사전대리권의 주요 특징과 내용을 살펴봄으로써 우리사회에서 임의후견 활성화를 위한 시사점을 얻고자 한다.

Ⅲ. 독일 성년후견제도(rechtliche Betreuung)의 변천과 사전대리권

1. 독일 성년후견제도의 변천

독일에서는 1896년 독일민법(BGB) 제정 이래 성년자 보호를 제도로서 전통적으로 후견제도(Vormundschaft)[25]와 취약자를 위한 보좌제도(Gebrechlichkeitspflegschaft)가 있었다.[26] 전통적 후견에 따르면 행위능력박탈선고(Entmündigung)를 받은 자에게 후견인을 선임하고

---

23) Vorsorgevollmacht, Patientenverfügung, Betreuungsverfügung 등을 모두 포함한 숫자로 보인다.

24) Bundesnotarkammer, Zentrales Vorsorgeregister Jahresbericht 2023 <https://www.vors orgeregister.de/fileadmin/user_upload_zvr/Dokumente/Jahresberichte_ZVR/2023－JB－ZVR.pdf>

25) 구 독일민법 제104조는 만7세 미만의 자(제1호), 정신활동의 병적 장애로 자유로운 의사결정을 할 수 없는 사람으로 그 상태가 성질상 일시적이지 않은 경우(제2호) 이외에 정신병을 이유로 행위능력박탈선고(Entmündigung)를 받은 자(단, 일시적으로 정신 상태를 회복한 경우에는 행위능력이 있다)(제3호)를 행위무능력(Geschäftsunfähig)이라고 규정하고, 구 독일민법 제6조는 행위능력박탈선고의 요건으로 1. 정신병 또는 심신미약으로 자기의 사무를 처리할 수 없는 자, 2. 낭비로 인하여 자기 또는 가족의 궁박에 빠뜨릴 위험이 있는 자, 3. 알코올중독으로 인하여, 자기의 사무를 처리할 수 없거나 자기와 가족을 궁박에 빠뜨릴 위험이 있거나 다른 사람의 안전을 해할 우려가 있는 자 라고 규정하였다. 행위능력박탈선고를 받은 자에게는 후견인이 선임되었고(구 독일민법 제1896조), 동조 이하의 성년후견에 관한 규정들(구 독일민법 제1989조 내지 제1908조)이 적용되었지만 그 규정들 이외에는 미성년후견에 관한 규정들이 준용되었다.

26) 구 독일민법 제1910조는 (1) 후견인이 아닌 성인이 신체적 허약, 특히 청각, 시각 또는 언어 장애로 인해 자신의 사무를 관리할 수 없는 경우 자신의 신상 및 재산에 대하여, (2) 후견인이 아닌 성년인 사람이 정신적 또는 신체적 허약으로 인해 자신의 사무 일부 또는 특정 사무, 특히 재산사무를 관리할 수 없는 경우, 해당 사무를 위하여, 보좌인(Pfleger)을 선임받을 수 있고, (3) 보좌(Pflegschaft)는 후견인과의 합의가 불가능한 경우를 제외하고는 피후견인의 동의가 있는 경우에만 선임할 수 있다고 규정하고 있었다. 보좌는 취약 성인의 동의에 의해서만 선임될 수 있지만, 본인에게 이해력이 없는 경우에는 본인의 동의 없이 선임될 수 있었고 실제로 본인의 동의 없이 보좌인이 선임되는 경우가 많았다. 취약자에 대한 보좌제도의 특징은 행위능력박탈을 전제로 하지 않아 피보좌인의 행위능력에는 직접 영향을 미치지 않고, 원칙적으로 본인의 개별 사무 또는 일정한 영역의 사무, 특히 재산관리에 대하여, 그것이 질병이나 장애로 인하여 처리할 수 없게 된 경우에 그 사무처리를 지원하며, 신체적 장애의 경우에만 필요에 따라 모든 사무에 대하여 보좌가 가능하고, 정신적 장애에 있어서는 모든 사무에 대한 보좌를 할 수 없었다. 독일에서는 후견에 대한 Stigma와 행위능력박탈을 꺼려서 후견요건을 충족하는 경우에 있어서도 장애인 보좌가 널리 이용되어 남부 독일에 있어서는 장애인보좌제도에 의하여 후견제도가 구축(驅逐)되었다고 할 정도였다. 田山輝明, 成年後見法制の研究(下巻), 成文堂, 2001, 258면.

(구 독일민법 제1896조), 이어서 성년후견에 관한 규정(구 독민 제1989조 내지 제1908조[27])을 적용하면서, 그 외에는 미성년후견에 관한 규정들을 준용하였다. 취약자를 위한 보좌는 후견에 의한 보호를 받지 않는 자[28]가 정신적, 신체적 취약성 때문에 자기의 신상 및 재산관리에 관하여 특정 사무, 특히, 재산관리사무를 처리할 수 없는 때에 그 사무에 관하여 보좌인을 선임하는 것이었다.

성년자를 위한 후견은 정신질환 또는 정신적 취약을 요건으로 하고 본인의 행위능력을 박탈하거나 제한함으로써 이른바 민사사(民事死, bürgerlichen Tod)를 초래하였다.[29] 특히 구(舊) 제도에서는 한 사람의 후견인 또는 보좌인이 다수의 피후견인, 피보좌인을 상대로 개인적인 접촉 없이 책상 위의 서류만으로 후견사무를 처리하는 이른바 익명의 후견 관행 때문에 피후견인, 피보좌인이 자신의 의지나 희망과 관계없이 후견인이나 보좌인의 결정에 따라 자신의 생활관계가 형성되어 버림으로써 자기결정의 관점에서 장애인의 권리나 의사가 존중되지 않는다는 비판을 받았다.[30]

이에 대하여 질병이나 장애를 가진 사람의 개별적인 필요에 따라 그의 현존능력을 고려하여 자기결정을 보장하며, 법적 개입을 그 필요한 정도에 따라 제한하는 유연한 법제도를 마련하여야 한다는 요구가 비등(沸騰)하였다.[31] 이러한 요구를 받아들여 1990년 9월 12일 독일민법을 개정하여 행위능력의 박탈제도(구 독일민법 제6조, 제104조의 제3호)를 폐지하고,[32] 성년자를 위한 후견 및 신체적·정신적으로 취약한 성년자를 위한 보좌제도를 대체하는 새로운 성년후견제도(Betreuungsrecht, 돌봄, 부조(扶助))를 1992년 1월 1일부터 시행하였다.[33][34] 그 전까지는 후견인(Vormunder)이 피후견인의 신상과 재산에 관하여 포괄적으로

27) 부모에 의한 후견인지정의 부인(구 독일민법 제1898조), 부모와 배우자에 대한 성년후견인 자격부여(같은 제1899조, 제1900조), 신상보호의무의 범위(같은 제1901조), 법원의 허가를 요하는 법률행위(같은 제1902조), 후견인인 부와 적모의 면책규정(같은 제1903조, 제1904조), 후견감독인 임명(같은 제1904조), 임시후견(같은 제1906조 내지 제1908조) 등.

28) 보좌명령은 후견의 요건이 충족되어 있으나 후견이 개시되지 않은 경우에도 내려질 수 있다(구 독일민법 제1909조 제3항).

29) Dagmar Brosey(박인환 역), "독일 성년후견법 개정의 개관" 후견 제2호(2022.9), 56면 이하.

30) 田山輝明(주 26), 260면.

31) Amtliche Begründung: Bundestags－Drucksache 11/6949, S. 2, Dagmar Brosey(주 29), 56면.

32) 성년후견인의 선임과 연계된 행위능력의 박탈 제도의 폐지 이후에도 법률행위에 관한 의사능력(Geschäftsunfähigkeit, 독일민법 제104조)이나 동의능력(Einwilligungsfähigkeit, 제630d조)에 관해서는 무능력(Handlungsunfähigkeit)에 관한 규정이 존재한다. Dagmar Brosey(주 29), 57면.

33) Das Gesetz zur Reform des Rechts der Vormundschaft und Pflegschaft für Volljährige (Betreuungsgesetz, BtG). vom 12. September 1990.으로 1992. 1. 1. 시행된 것으로 단행 법률처럼 불리기도 하지만 독일민법의 일부이다.

34) 새로운 제도는 전통적 후견(Vormundschft)과의 단절을 명확히 하기 위하여 돌봄(Betreuung)이라는 용어를 사용하였다. 이는 돌봄, 보호, 지원의 의미로 해석될 수 있는데, 마치 사실행위로서의 돌봄노동을 포함하는 것은 오해를 일으킨다는 이유로 후에 법적이라는 표현을 추가하여 rechtliche Betreuung으로 수정되었다. 전통적 후견과의 단절을 고려하여 국내에서는 법적 부조(扶助)라는 역어를 사용하기도 한다. 김형석, "민법 개정안에 따른 성년후견법제", 가족법연구 제24권 제2호, 2010.7, 113면. 대외적으로는 성년후견에 상응하는 것으로 보아 영문으로는 adult guardianship이라고 표시하고 있다. 2023. 1. 1.부터 시행된 개정 독일민법에서의 성년후견법의 개혁은 요보호 성년자를 위한 모든 결정과 활동의 척도를 피후견인의 복리(Wohl)에서 피후견인의 희망(Wunsch)으로 전환하는 등 의사결정지원으로 제도의 이념과 기본원리를 전환하였다. 그로 인하여 전통적 후견으로부터 더욱 멀어졌

법정대리권한을 가졌으나, 새로운 지원자인 성년후견인(Betreuuer)은 원칙적으로 신상보호 및 재산관리에서 각기 필요한 범위에서만 법정대리권을 갖게 되었다. 무엇보다도 1992년 이후부터 성년후견인은 피후견인의 복리(Wohl)에 반하지 않는 한 그의 희망(Wunsch)에 따라야 한다.[35] 종래 행위능력 박탈 대신 사람이나 재산에 현저한 위험이 존재하고 본인이 질병이나 장애 때문에 그 위험을 인식할 수 없으며, 그에 관하여 자유로운 의사를 형성할 수 없는 경우, 법원은 동의유보(Einwilligungsvorbehalt)의 결정을 할 수 있다.[36] 나아가 1992년 새로운 성년후견법은 최후의 보호수단(ultima ratio)으로 성년후견인에 의한 자유박탈적 수용(Unterbringung, 구 독일민법 제1906조 제1항), 기타 자유박탈의 조치(Freiheitsentziehende maßnahmen, 구 독일민법 제1906조 제4항), 의료적 강제조치(ärztliche Zwangsmaßnahme, 구 독일민법 제1906조a)에 관한 성년후견인의 결정 권한과 이에 대한 후견법원(Betreuungsgericht)의 허가를 규정하였다.[37]

1990년 이후에도 독일의 성년후견법은 지속적으로 리뉴얼되었다.[38]

첫째, 1999년의 제1차 성년후견법 개정은 후견인이 하는 지원(Betreuung)을 사회보장법에서 사회복지사가 수행하는 사실상의 지원(Soziale Betreuung)과 구분하기 위하여 제도의 명칭을 법적 지원(rechtliche Beteuung)으로 수정하고, 임의대리인에게 의료행위에 대한 동의나 강제입원(Unterbringung)에 관한 권한 부여를 허용함으로써 사전대리권의 사용 범위를 신상영역으로 확대하다.

둘째, 2005년 성년후견법 제2차 개정은 후견인 및 성년후견인 보수에 관한 법률(Vormünder und Betreuervergütungsgesetz)의 도입으로 후견인의 보수를 총액제로 변경하여 법정후견의 증가에 따른 재정 부담을 완화하고, 성년후견개시심판에 있어서 본인의 자유의사에 반하여 성년후견인이 선임될 수 없다는 규정(구 독일민법 제1896조 제1항a, 현행 제1814조)을 도입하여 본인 의사 존중의 취지를 강화하는 한편, 후견사단에 있어서 사전대리권에 관한 상담에 관한 규정을 신설하여 사전대리권 이용을 촉진하고자 하였다(구 독일민법 제1908f조).

셋째, 2009년의 성년후견법 제3차 개정은 의료행위에 관한 사전지시(Patientenverfügung) 및 사전지시가 없는 경우 치료에 대한 환자의 희망과 추정적 의사의 확인에 관한 규정을 신설하여 본인의 자기결정권을 최대한 존중되도록 의사결정의 지원 방법을 규정하였다(구 독일민법 제1901조a).

으므로 독일의 성년후견이라는 용어는 제도의 성격에 더 적합하지 않게 되었다. 다만, 본고에서는 새로운 역어와 확립되기 전까지 종래 용어법을 유지한다.

35) 구 독일민법 제1901조 제2항(1999년 개정으로 제3항으로 이동, 2023. 1. 1. 구 규정과 현행 독일민법(2023. 1. 1. 시행) 사이의 변경에 대해서는 안경희, “2023년 시행 독일 성년후견법의 규정 체계와 주요 개정 내용”, 국민대 법학논총 제36권 제1호(2023.6), 49면 이하 참조.

36) 구 독일민법 제1903조(현행 제1825조)

37) Dagmar Brosey(주 29), 57면 이하.

38) Dagmar Brosey(주 29), 58면 이하 참조.

그 밖에도 2013. 2. 18.에는 의료적 강제조치에 있어서 요건과 후견법원의 허가에 관한 규정(독일민법 제1906조 제3항a)을 두고, 2017. 7. 17.에는 의료적 강제조치에 대한 허용 요건을 강화하여 강제입원과 분리하여 독립적으로 규정하였다(구 독일민법 제1906조a).

무엇보다도 2008년 유엔장애인권리협약 성립 이후 독일 성년후견법은 유엔장애인권리위원회를 중심으로 하는 중대한 외부적 도전에 직면하였다.

당초 독일 정부와 학계는 독일성년후견법이 동 협약 제12조와 합치한다는 입장을 취하였으나 장애계를 중심으로 독일성년후견제도가 협약 제12조 의사결정지원 요청과 합치하지 않는다는 비판이 제기되면서 논란이 지속되었다.[39] 결국 유엔장애인권리위원회는 독일정부 보고서 심의 후 공표한 최종견해(concluding observations)에서 독일의 성년후견법이 협약 제12조와 합치하지 않으며, 모든 형태의 대체의사결정(substitute decision-making)을 위원회의 일반평석 제1호(general comment I)에 맞게 의사결정지원(supported decision-making)으로 전환할 것을 권고하였다.[40]

이에 독일 연방법무·소비자보호부는 2014년부터 '성년후견법의 현대화' 작업에 착수하여, 2015년과 2017년에 성년후견법 개정에 필요한 2개의 연구용역을 진행했다. 그 결과 협약 제12조의 관점에서 장애를 가진 사람의 자기결정권의 최대한의 보장이라는 요청이 독일 성년후견제도 그리고 그 전단계에서 일관되고 만족스럽게 관철되고 있지 못하며, 법적 원칙들이 실무에서 실행되는 데에 있어서 질적 결함이 있다는 것이 밝혀졌다.[41] 무엇보다도 그 적용 실무에 있어서 피후견인의 희망(Wünsch)을 다루는 데에 있어서 객관적 보호의 관점을 앞세우고 주관적 복리(Wohl)는 충분히 고려되지 못하며, 구 후견(Vormundschaft)과 행위무능력(Entmüdigung)이 폐지되었음에도 불구하고 피성년후견인의 자기결정권 보장을 위해서는 개선이 필요하다는 결론에 이르게 되었다.[42] 이를 수용한 개정법률안이 2020년 9월에 연방의회에 제출되었고, 동 개정안은 연방의회에서 약간의 수정을 거친 후 연방참의원의 동의를 받아 2021년 5월 4일에 「미성년후견법 및 성년후견법의 개정을 위한 법률」로 확정되어 2023년 1월 1일부터 전면 개정된 새로운 성년후견법이 시행되었다.[43]

개정법의 주요 내용은 다음과 같다.

---

39) 이에 대한 독일학계의 논의 동향에 대해서는 박인환, "사적자치의 원칙과 의사결정지원 제도화의 모색", 민사법학 제95호(2021.6), 22면 이하.

40) Committee on the Rights of Persons with Disabilities, Concluding observations on the initial report of Germany(CRPD/c/DEU/CO/1), thirteenth session 25 March - 17 April 2015, para. 25-26.

41) Regierungsentwurf der Bundesregierung vom 18.11. 2020, Entwurf eines Gesetzes zur Reform des Vormundschafts- und Betreuungsrechts, BT-Drucksache 19/ 24445, S. 1 ff.

42) Dagmar Brosey(주 29), 55면 이하.

43) 2021년 개정되어 2023. 1. 1.부터 시행된 독일 성년후견법의 개정 취지와 주요 내용 및 개정 전후 조문의 변천에 대해서는 안경희, "2021년 개정 독일 성년후견법의 주요 내용-제1814조 내지 제1834조를 중심으로", 중앙법학 제23집 제2호(2021.6), 105면, 안경희(주 35), 49면 이하. 이하 현행으로 또는 별도의 표시 없이 인용된 독일민법은 2023. 1. 1.부터 시행된 독일민법을 가리킨다.

첫째, 성년후견의 전단계에서 성년후견을 회피할 수 있는 대체수단이 강화되었다.

먼저 배우자가 의식불명이나 질병으로 의료요양에 관한 법적 사무를 처리할 수 없는 경우, 타방 배우자는 검사, 의료행위, 침습적 의료행위, 자유박탈적 조치에 대한 동의 등의 권한을 6개월간 행사할 수 있다(독일민법 제1358조 제6항). 그리고 성년후견 전단계에서 필요성 원칙의 효과적 실현을 위하여 성년후견청(Betreuungbehörde)[44]은 성년후견인을 추천하기 앞서 성년후견인의 선임을 피할 수 있고 본인에 대한 관청의 법정대리를 회피할 수 있는 모든 수단을 제공하여야 한다{성년후견조직법(Betreuungsorganisationsgesetz, BtoG) 제8조 제2항}.[45]

둘째, 성년후견인 선임절차와 그 지원이 강화되었다.

성년후견조직법 제11조에서는 성년후견청의 임무로서 사회조사보고서를 성년후견의 필요성과 실제 후견의 수요가 있는지 여부를 심사하는 데 가장 핵심적인 자료로 정의하고 그 내용을 규정하였다(성년후견조직법 제11조, 제12조). 후견인에 대한 지원과 감독의 강화라는 측면에서 친지 등 무보수 명예후견인에 대해서도 승인된 후견사단 또는 관할 관청과의 사이에 지도와 지원에 관한 약정이 체결될 수 있다(성년후견조직법 제22조). 그리고 모든 직업적 후견인들은 앞으로 등록절차를 밟아야 되고 그 과정에서 자신들의 (후견인으로서의) 인적 적합성과 신뢰성 그리고 전문지식을 증명하여야 한다.[46]

후견법원은 이전과 마찬가지로 앞으로도 본인의 자유의사에 반하거나 필요성의 원칙에 반하여 성년후견인을 선임할 수 없음은 물론(독일민법 제1814조 제2항), 원칙적으로 본인이 성년후견인으로 원하는 사람 또는 거부하는 사람에 관한 희망에 따라야 한다(독일민법 제1816조 제2항), 임의대리인 또는 사회복지법이나 다른 규정에 근거한 지원으로 본인의 사무가 동등하게 처리될 수 있는 경우에도 성년후견인의 선임은 배제된다.[47] 나아가 "모든 사무에 대하여" 성년후견인을 선임하는 것은 허용되지 않으며, 침해가능성이 높은 자유박탈이나 교제(交際)의 결정(Umgangbestimmung)에 대해서는 후견법원의 명시적인 명령이 있는 경우에만 가능하다. 본인의 절차적 권리보장을 위하여 후견사건 절차가 개시되면 곧바로 적법한 통지의 방법으로 성년후견인의 직무와 절차가 어떻게 진행될 것인지, 비용은 어느 정도인지에 대하여 안내하여야 한다{가사소송 및 비송사건절차법(FamG) 제275조 제2항}.[48]

셋째, 피후견인의 자기결정과 본인 의사를 강화하는 것이다. 앞으로는 다음의 사항들에 대해서도 명시적 규정이 마련되었다. 성년후견인은 피후견인이 스스로 자기의 사무를 법적으로 처리하는 것을 지원하고, 법정대리권은 독일민법 제1823조에 따라 필요한 경우에만 행

44) 독일의 기초 지방자치단체 사회복지부서의 기능적 일부로서 소년보호부서 등과 그 역할을 함께 하는 경우도 있다.
45) Dagmar Brosey(주 29), 61면.
46) 직업적 후견인등록에 관한 법령(BtRegV)이 2022. 7. 21. 연방관보(Bundesgesetzblatt)에 공포되었고, 2023. 1. 1. 부터 시행되었다.
47) Dagmar Brosey(주 29), 63면 좌단.
48) Dagmar Brosey(주 29), 63면 우단.

사하여야 한다. 피후견인에 있어서 성년후견은 협약 제12조 제3항으로부터 도출되는 지원의 원칙에 따라서 본인이 자신의 법적 행위능력을 행사하는 것을 지원하는 수단으로서 협약 제12조 제4항의 원칙들을 고려한 것이다. 피후견 상태의 사람은 스스로 자기 고유의 결정을 하고 그것을 자기 자신의 행위에 의하여 외부적으로 실현하는 데에 있어서 성년후견인의 지원을 받는다. 성년후견인이 피후견인을 위하여 대리행위를 하거나 의사를 표명하는 경우에 대하여 성년후견인이 따라야 할 행동 척도로서 피후견인의 희망(Wünsch) 우선을 명확히 규정하였다.[49] 여기서 성년후견인의 따라야 할 행동척도로서 피후견인의 희망은 폭넓은 의미를 가지며, 자유의사에 기한 표시뿐 아니라 자유의사(freier Wille)에 기하지 않은 표시도 포함한다[50]는 점에 유의하여야 한다. 그리고 이 척도는 준용 규정을 통하여 성년후견인의 행위, 성년후견인의 적합성, 법원의 감독 수행, 특히 재산관리와 법원의 허가절차에 있어서도 동등하게 적용됨으로써 피후견인의 마그나 카르타(Magna Carta)로서 성년후견법의 일반 원칙으로서 확립되었다.[51]

넷째, 이러한 척도들이 성년후견인 활동과정에서 잘 실현되는지 라는 관점에서 후견법원의 감독도 피후견인의 희망을 찾아내는 데에 더 중점을 두고, 감독의 수단은 특히 피후견인의 자기결정을 침해하는 성년후견인의 의무 위반이 더 잘 인정되고 제재가 가해질 수 있도록 분명해졌다. 성년후견인에 의한 재산관리의 수행에 대하여는 독일민법 제1838조 제1항 제1문 및 제1862조 제2문에서 설명한 바와 같이 피후견인의 희망에 따라야 한다는 점과 피후견인을 위한 성년후견인의 활동은 투명하여야 한다는 점을 규정하고 있다. 특히 독일민법 제1861조에서 감독을 위한 고유한 수단으로 상담이 강화되었다.[52]

---

49) 독일민법 제1821조 (1) 성년후견인(Betreuer)은 피후견인(Betreute)의 사무를 법적으로 처리하는 데에 필요한 모든 활동을 한다. 성년후견인은 피후견인이 자신의 사무를 스스로 법적으로 처리하도록 지원하고 필요한 경우에 한하여 제1823조에 기한 대리권을 행사한다. (2) 성년후견인은 피후견인이 그가 가능한 범위에서 자신의 희망(Wünsch)에 따라 생활관계를 형성할 수 있도록 피후견인의 사무를 처리하여야 한다. 이를 위하여 성년후견인은 피후견인의 희망을 확인하여야 한다. 성년후견인은 제3항에 따라서 피후견인의 희망에 따라 이를 실현하는 데에 있어서 피후견인을 법적으로 지원하여야 한다. 이는 피후견인이 그 희망을 유지하고 있지 않다는 것이 분명한 경우가 아닌 한 성년후견인 선임 전에 피후견인이 표시한 희망에도 적용된다. (3) 성년후견인은 다음과 같은 경우에는 피후견인의 희망에 따를 필요가 없다. 1. 그로 인하여 피후견인의 신상 또는 재산에 현저한 위험이 발생할 우려가 있고, 피후견인이 질병 또는 장애로 인하여 이 위험을 인식할 수 없거나 그러한 인식에 따라 행동할 수 없는 경우 또는 2. 이를 성년후견인에게 요구할 수 없는 경우. (4) 성년후견인이 피후견인의 희망을 확인할 수 없을 때 또는 제3항 제1호에 따라 성년후견인이 피후견인의 희망에 따를 수 없을 때에는 성년후견인은 구체적인 근거에 따라 피후견인의 추정적 의사를 파악하여 그에 법적인 효력을 부여하여야 한다. 이러한 경우 특히 피후견인의 과거 표시한 의사, 윤리적 또는 종교적 신념 및 기타 개인적 가치관을 고려하여야 한다. 추정적 의사를 확인할 때에는 피후견인의 친족 및 기타 신뢰하는 인물에 대하여 의견 표시의 기회가 주어져야 한다. (5) 성년후견인은 피후견인과 필요한 개인적 접촉을 유지하고 정기적으로 피후견인의 개인적인 인상을 얻고 그 사무에 대하여 피후견인과 협의하여야 한다. (6) 성년후견인은 그 직무범위에서 자기 사무를 처리하기 위한 피후견인의 능력을 회복하거나 개선할 기회가 활용될 수 있도록 노력하여야 한다.

50) RegE, BT-Drucksache 19/ 24445, S. 250.

51) Dagmar Brosey(주 29), 65면.

52) Dagmar Brosey(주 29), 66면 좌단.

2. 독일 성년후견제도와 임의대리 우선의 원칙

1992년 이래 독일 성년후견의 주된 제도적 특징으로 개인적(persönlich) 후견의 원칙 외에 필요성(Notwendigkeit)의 원칙과 보충성(Subsidiarität)의 원칙을 들 수 있다.

첫째, 1992년 새로운 성년후견으로의 대개정의 계기가 된, 개인적(persönlich) 후견의 원칙은 후견인이 문서를 통해서가 아니라 인적 접촉을 통하여 피후견인의 의사와 실제 생활상의 수요를 파악하여 자기결정권을 존중하는 후견활동을 보장하기 위한 전제로서 중요한 의미를 갖는다.

둘째, 필요성의 원칙은 구 독일민법 제1896조 제1항(현행 제1814조 제1항) 성년후견 개시요건의 해석으로부터 도출되었다. 구 독일민법 제1896조는 "성인이 정신질환, 육체적, 정신적, 심리적 장애로 인하여 자기 사무의 전부 또는 일부를 처리할 수 없는 경우"를 성년후견 개시의 요건으로 규정하였다.[53] 여기서 자기의 사무를 처리할 수 없다는 것은 본인이 일반적으로 사무를 처리할 수 있는 능력이 없다는 것이 아니라 자기에게 필요한 사무를 처리할 수 없다는 것, 즉, 본인에게 구체적으로 처리해야 할 사무가 있고 그것을 처리할 능력이 없다는 것에 대한 판단이라는 점이 강조되었다. 이것은 구체적으로 성년후견인에 의한 도움이 필요한 사무가 존재하지 않는 한 그의 정신적 능력의 손상만으로 성년후견을 개시해서는 안 된다는 의미에서 필요성을 강조한 것이다.

셋째, 구 독일민법 제1896조[54] 제2항 제2문{현행 제1814조 제3항 제1호)은 "성인의 사무를 대리인(Bevollmächtigten) 또는 법정대리인이 선임되지 않는 여타의 도움을 통해 지원자가 있는 경우와 동일하게 처리될 수 있는 한, 지원은 필요하지 않다."고 규정하고 있다. 성년후견개시에 있어서 보충성(Subsidiarität)의 원칙에 따라 임의대리인에 의하여 사무 처리가 가능한 경우에는 후견법원(Betreuungsgericht[55])은 성년후견인(Betreuer)을 선임할 수 없다는 원칙을 채용한 것이다.[56] 이를 보장하기 위하여 구 독일민법 제1901조a(2005년 개정으로 도

53) 2023. 1. 1. 시행 개정 독일민법 제1814조는 이를 "자신의 사무를 완전히 또는 부분적으로 법적으로 처리할 수 없고 이것이 질병 또는 장애에 기인하는 경우"로 표현하고 있다.

54) 구 독일민법 제1896조(현행 제1814조) (1) 성년인 사람이 정신질환 또는 신체적, 정신적 또는 심리적 장애로 인해 자신의 사무를 전부 또는 일부를 관리할 수 없는 경우, 구 후견법원(Vormundschaftsgericht)은 본인의 청구 또는 직권으로 성년후견인(Betreuer)을 선임하여야 한다. 행위무능력자도 후견인을 신청할 수 있다. 성인이 신체적 장애로 인해 자신의 사무를 처리할 능력이 없는 경우, 성인의 청구에 의해서만 후견인을 선임할 수 있다. 성인이 의사표시를 할 수 없는 경우에는 그러하지 아니하다. (2) 성년후견인은 후견이 필요한 임무 영역에 대해서만 선임될 수 있다. 법정대리인이 선임되지 않는 대리인이나 다른 지원에 의하여 성년후견인처럼 성년자(본인)의 사무가 관리될 수 있는 경우에는 성년후견은 필요하지 않다. (3) 성년후견을 받는 사람이 그의 대리인에게 권리를 행사하는 것(감독, 괄호 안은 필자 보충)도 임무로 결정할 수 있다. (4) 성년후견을 받는 사람의 통신 및 우편물의 수령, 개봉 및 정지에 관한 결정은 법원이 명시적으로 명령한 경우에 한하여 후견인의 직무에 속한다.

55) 후견법원(Betreuungsgericht)은 별도의 물적 설비를 갖춘 독립된 조직이 아니라 구(區)법원(Amts gericht)의 성년후견 관련 사건을 담당하는 기능조직을 지칭하는 것이다.

56) 구 독일민법 제1896조 제2항 성년후견인(Betreuer)은 성년후견(Betreuung)이 필요한 사무에 대해서만 선임될 수 있다. 성년자의 사무를 대리인(Bevollmächtigten) 또는 법정대리인이 선임되지 않는 다른 도움을 통해 성년후견이 있는 경우와 동일하게 처리될 수 있는 경우에는 성년후견은 필요하지 않다(독일민법 제1814조 제2항).

입된 것으로 현행 제1820조 제1항)는 어떤 성년자가 타인에게 그의 사무처리 수행을 위한 임의대리권을 수여했던 문서를 가지고 있는 사람은 그 성년자를 위하여 성년후견인 선임 절차가 개시되었다는 사실을 알게 되면 지체 없이 이를 후견법원에 알려야 한다고 규정하였다. 이를 통하여 독일에서는 법정대리에 대한 임의대리 우선의 원칙이 제도적으로 보장되고 있다.

이념적으로 법정후견은 본인 보호의 필요성에도 불구하고 타인에 의한 개입과 간섭이라는 측면에서 피후견인의 자율성을 제한하는 데 반하여 본인의 수권에 의하여 선임된 임의대리인에 의한 후견사무 처리는 본질적으로 자기의 의사에 의거한 것이므로 다른 목적의 임의대리와 마찬가지로 전적으로 자기결정권의 행사로서 사적자치의 원칙에 합치하는 것으로 볼 수 있기 때문이다.

Ⅳ. 독일 사전대리권의 내용과 특징

1. 사전대리권(Vorsorgevollmacht)의 의의

독일에서 장래 후견사무 처리를 위하여 수여되는 대리권을 사전대리권, 장래대리권 또는 장래 지속적 대리권이라고 한다.[57] 사전대리권은 장래 본인이 스스로 자신의 법적 사무를 처리할 능력이 부족할 경우에 대비하여 미리 대리인을 선임하여 그 사무 처리에 필요한 권한을 부여한 것이다. 위탁된 사무가 법정 후견사무와 같은 내용의 것이라는 점에서 사실상의 특수성이 있을 뿐 사무 처리를 위임하고 그에 필요한 권한을 부여하는 것이므로 성질상 임의대리권의 일종이다.[58] 따라서 원래 위임에 관한 독일민법 제662조 및 임의대리에 관한 제164조가 적용되고 그 수권에 별도의 법적 근거가 요구되는 것은 아니다. 사전대리권의 수권행위는 상대방 있는 단독행위로서 상대방의 수령으로 효력이 발생하며 승낙을 요하지 않는다. 위임계약의 공정증서 방식을 요하는 우리나라의 후견계약과는 다른 점이다. 수임인이 그 활동을 승낙하였더라도 정작 예정한 상황이 발생했을 때 이를 거절하거나 사임할 수 있다.[59]

수권행위에 다른 정함이 없는 한 수임인은 법적으로 대리할 권한만을 가질 뿐 위임인의 신상에 관하여 직접 돌봄을 제공할 의무가 없고, 필수적인 사실행위로서의 지원에도 배려는 하여야 하지만 수임인이 몸소 제공해야 하는 것은 아니라는 점 역시 우리나라의 임의후견인과 같다.

---

57) 안경희, “독일법상 신상보호를 위한 장래대리”, 법학논총 제35집 제1호(2018.3), 1면, 이동진 · 김수정, 임의후견제도 발전방안에 관한 연구, 법원행정처, 연구보고서 2017-14, 135면, 제철웅 · 안경희 · 김미경, 연구보고서 지속적 대리권을 활용한 의사결정지원 방안 연구, 2017, 115면.

58) Zimmermann, *Vorsorgevollmacht –Betreuungsverfugung –Patientenverfugung –Ehegatten notvertretungsrecht*, 4. Aufl., 2023, Erich Schmidt Verlag., S. 36.

59) Zimmermann(주 58), S. 37.

다만, 의료행위에 대한 동의 등 신상에 관한 결정 권한에 대해서는 성질상 법률행위에 해당하지 않고 일신전속적이라는 점에서 수권이 가능한가에 대해서는 논란이 있었다. 이에 1999년 개정 독일민법 제1904조 제5항은 서면에 의한 명시를 조건으로 신상 결정에 관한 수권을 명문으로 허용하였다.[60]

정신능력의 쇠퇴에 근접하여 수권행위가 이루어지는 경우가 많다는 점에서 법정요건은 아니지만, 공증이 권장되며, 수권의 효력이 지속적이라는 점에서 등록제도 등을 두었다. 나아가 법정후견의 보충성의 원칙에도 불구하고 임의대리인이 선임되어 있더라도 본인 보호를 위하여 필요한 경우에는 후견법원이 성년후견인을 선임하는 것이 가능하다. 이때 성년후견인은 임의대리인의 감독을 위해서도 선임될 수 있다(독일민법 제1815조 제3항, Kontrollbetreuer). 다만 임의후견과 법정후견이 병존하더라도 부득이한 경우가 아니라면 법정후견의 보충성의 원칙(독일민법 제1814조 제3항 제1호)하에 서로 다른 역할과 기능을 갖는다.

사회정책적 관점에서도 사회서비스의 일종으로 제공되는 법정후견에 수반된 재정적 부담을 경감하기 위하여 사전대리권의 이용이 정책적으로 촉진 장려되어 후견청(Betreuungsbehörde)이나 후견사단(Betreuungsverein)에 의한 사전대리권에 관한 홍보와 상담 등이 적극적으로 제공되고 있다.

국제적 장애인 인권법적 관점에서는 유엔장애인권리협약 이후 유엔장애인권리위원회로부터 대체의사결정이라는 비판을 받고 있는 법정후견을 대체하는 유력한 의사결정지원수단으로서 사전대리권 제도의 이용이 더욱 강조되고 있다.

2. 위임인의 수권능력

대리권은 법률행위에 의하여 수여되는 것이므로 수권행위 당시 위임인에게 법률행위에 필요한 의사능력(Geschäftsfahigkeit, 법률행위에 필요한 능력)이 있어야 하고(독일민법 제104조) 이는 수권을 철회하는 경우에도 마찬가지이다.[61] 의사능력은 인식능력과 그 인식에 따라 행동할 수 있는 능력을 요구하지만, 자유로운 의사(freier Wille)와 동일시해서는 안 된다. 나중에 의사능력을 상실하더라도 사전대리권의 효력에는 영향이 없다.

이와 관련하여 판단이 어려운 사안에 대해서는 의사능력이 없으나 간단한 사안에 대해서는 의사능력을 인정하는 상대적 의사능력의 개념(relative Geschäftsunfähigkeit)은 특히 장애인과 치매환자의 법 앞의 인정과 법적 참여의 기회를 보장하지만 독일 판례와 지배적 견해는 이를 인정하지 않는다.[62] 다만, 부분적 의사무능력(partielle Geschäftsunfähigkeit)은 고려

---

60) 2009년 개정 독일민법 제1904조 제5항, 현행(2023. 1. 1. 시행 이하 같다) 독일민법 제1820조 제2항, 제1829조 참조.

61) 신상에 관한 사항에 대해서만 수권하는 경우에 필요한 능력에 대해서는 신상에 관한 아래에서 5. 의료행위 등 신상에 관한 동의권에서 검토한다.

62) Zimmermann(주 58), S. 46; Jürgens, *Betreuungsrecht 7. Aufl.*, 2023, § 104 Rn. 7 및 같은 곳 인용된 판결과

될 수 있다. 이는 편집증성 망상 장애와 같이 특정 영역에서만 의사결정이나 통찰능력이 제한되는 경우이다. 이는 대리권 수여의 실무와도 관련이 있다. 즉 일반적 법적 거래에 필요한 의사능력은 없더라도 위임인이 자신의 의사표시의 본질을 이해하고 자유로운 의사의 행사임에 의문이 없다면 수권행위의 효력이 인정되어야 한다.[63] 실무적으로 사전대리권 수여의 능력에 대해서는 혼인능력의 인정과 비슷하게 완화된 기준을 적용하고 있다.[64]

독일민법 제104조 제2항의 의사무능력의 판단은 의학적 진단이 아니라 법적 개념이므로 법원이 전문가의 감정을 비판적으로 평가하여 결정하여야 한다. 특히 후견판사는 심리과정에서 사건 본인에게 사전대리권을 수여할 수 있음을 지적하여야 하는데{독일가사소송 및 비송사건절차법(FamFG) 제278조 제2항 2문} 이는 판사가 전문가의 감정 없이 사건 본인이 의사능력이 있다고 인정하는 경우에만 그러하다.[65]

2009년 뮌헨 고등법원(OLG München)은 진행 중인 치매로 인한 경미한 인지 손상으로 인하여 일반적 거래관계에서의 포괄적인 의사능력은 없지만 위임인이 필요한 인식하에 자유로운 의사 결정에 따라 권한을 부여한 경우에는 대리권 수여에 한정된 능력을 인정할 수 있다고 보았다. 함부르크 고등법원(OLG Hamburg)은 구 독일민법 제1896조 제2항 제2호에 규정된 사전대리권의 우선 원칙은 법원이 위임장의 효력에 대한 의심을 배제할 수 없다는 사실에 의해서는 거부될 수 없으며, 직권조사를 통하여 그 의심이 조사되어야 한다고 하였다[66]{독일 가사소송 및 비송사건절차법(Gesetz über das Verfahren in Familiensachen und in den Angelegenheiten der freiwilligen Gerichtsbarkeit, FamFG) 제26조}. 수권능력에 대한 의문을 방지하기 위하여 방식요건으로 강제되는 것은 아니지만 장래 위임인의 법적 능력에 대한 분쟁을 고려할 때 위임장에 증인의 공동 서명을 받거나 공증 또는 인증을 받는 것이 합리적이다.[67]

어찌되었든 위임인은 사전대리권의 의미와 그 범위를 인식할 수 있어야 하고 그렇지 않으면 수권 능력이 없는 것이다.

3. 사전대리권의 작성 방식과 등록

독일의 사전대리권은 원칙적으로 무방식으로 수여될 수 있다(독일민법 제167조 내지 제168조). 따라서 사전대리권의 수여는 구두로도 가능하지만 대리권의 존재를 상대방에 대하여 증명할 수 없기 때문에 의미가 없고, 서면으로 하는 것이 합목적적이다. 다만 예외적으로

문헌 참조.

63) Jürgens(주 62), § 104 Rn. 6 및 같은 곳 인용된 판결과 문헌 참조.

64) Zimmermann(주 58), S. 46.

65) Zimmermann(주 58), S. 46.

66) OLG Hamm, DNotZ 2010, 61.

67) Rhdolf/Bittler/Roth, *Vorsorgevollmacht, Betreuungsverfügung und Patientenverfügung, 5. Aufl.*, 2020, Rn. 22−23.

건강상태의 검사, 치료행위, 의료적 침습에 관한 동의(독일민법 제1827조), 자유박탈적 시설 입소(강제입원) 및 시설 내 자유박탈 조치(독일민법 제1831조), 기타 의료적 강제조치(독일민법 제1832조) 등에 대한 동의 권한을 수여하는 경우에는 그 취지를 분명히 하기 위하여 반드시 서면으로 위임장을 작성하여야 한다(독일민법 제1820조 제2항).

한편 서면이라도 거래관계의 상대방(은행, 보험사, 공공기관, 법원 등)에서 서명의 진위에 대하여 의문을 품을 수 있으므로 실제의 유용성은 제한적일 수 있다. 은행 및 계좌 위임장은 은행이 자체 서식을 사용하여 작성된 위임장만을 허용한다는 점에 유의하여야 한다. 특히 사적으로 작성된 위임장으로 은행 계좌에서 인출하려는 사람은 은행이 그러한 사실을 알지 못하면 일반적으로 거부된다. 따라서 위임인은 은행의 내부인증을 받은 위임장을 사용하거나 공증 또는 후견청의 인증을 받은 위임장이 더 가치가 있다.[68] 가끔은 공증된 위임장조차 거부되는 경우가 있다. 은행거래에도 공증된 위임장이 인정되어야 한다는 견해가 점점 더 많아지고 있지만, 미리 위임인이 확인하여야 한다.[69]

일반적으로 사전대리권은 그 증거 가치가 높다는 점에서 서면으로 공증을 받는 것이 권장된다. 왜냐하면 단어의 엄격한 의미에서 공증이 된 위임장의 문언에 대하여 제3자가 사인을 함으로써 그것은 여러 단계의 절차에서 상담과 논의 후에 진술이 이루어졌다는 것을 보여주기 때문이다. 반면에 서명 인증이 된 문서의 경우, 그것이 공증인이나 법률자문가의 사전 대화 후에 작성된 것인지 본인이 어디선가 베껴서 작성한 것인지를 알기 어렵기 때문에 같은 증거가치를 인정하기 어렵다.[70]

독일민법 제311조b 제1항에 따라 방식을 요하는 부동산계약 체결을 위한 대리권이라도 같은 법 제167조 제2항에 따라 방식을 요하지는 않는다. 그러나 등기공무원에 대하여는 부동산등기법(Grundbuchordnung) 제29조에 따른 형식 즉, 공증이나 인증이 필요하다.[71]

한편 사전대리권(위임장)에 대한 공증은 공증에 관한 법률(Beurkundungsgesetz) 제40조에 의하여 공증될 수 있고, 후견조직법(BtOG) 제7조[72]에 따라 후견기관(Betreuungsbehörde)의

---

68) Zimmermann(주 58), S. 53.

69) Rhdolf/Bittler/Roth(주 67), Rn. 15.

70) Rhdolf/Bittler/Roth(주 67), Rn. 13. 이러한 차이는 우리나라 공증실무에도 시사하는 바가 크다.

71) Rhdolf/Bittler/Roth(주 67), Rn. 14.

72) 후견조직법(BtOG) 제7조 (1) 후견기관의 인증 담당자는 자연인이 부여한 사전대리권 위임장과 후견사전지시의 서명과 자필을 공적으로 인증할 수 있다. 인증의 효력은 위임장의 경우, 본인이 사망한 경우에 종료된다. 공증인, 기타 개인 또는 기관의 공증 및 인증에 관한 권한에는 영향을 미치지 않는다. 후견기관은 제1항 제1문에 따라 사전대리권 위임장 또는 후견위임장을 인증한 경우, 연방 공증인법 제78조a 제2항에 따라 중앙등록소에 등록할 수 있음을 알려주어야 한다. (2) 기관의 인증 담당자는 성년후견인 선임을 회피할 목적으로 사전대리권이 수여된 경우에만 제1항 제1호에 따라 위임장을 인증할 수 있다. 다음 각 호의 어느 하나에 해당하는 서명은 인증할 수 없다. 1. 그에 상응하는 문자가 없는 서명 또는 자필 또는 2. 해당 사안의 당사자를 대리할 책임이 있는 경우. (3) 후견기관은 적절한 공무원 및 직원에게 (1) 제1항 제1문에 따른 임무를 수행하도록 권한을 부여하여야 한다. 각 주는 이러한 사람의 전문성 요건에 관하여 보다 자세한 내용을 규정할 수 있다. (4) 제1항 제1문에 따른 각 인증에 대하여는 10유로의 수수료가 부과된다. 비용은 별도로 청구되지 않는다. 형평성에 기초하여 개별 사안에 따라 수수료가 면제될 수 있다. (5) 주 정부는 제4항을 준용하여 법령으로 인증 수수료 및 비용을 규제할 수 있는 권한이 있다. 주 정부는 법규명령에 따라 제1항에 따른 권한을 주 사법행정기관에 이양할 수 있다.

인증담당자에 의해서도 인증될 수 있다. 그 밖에 일부 주에서는 시청의 서기(書記)나 지방자치단체에서도 공증을 받을 수 있다.[73] 이는 사전대리권의 이용을 촉진하기 위한 정책적 배려의 하나이다.

2021년 말 기준으로는 530만 건의 사전대리권이 연방공증인협회 중앙등록부에 등록되었으나 그것이 사전대리권의 요건은 아니므로 모든 사전대리권(Vorsorgevollmacht)이 등록되는 것은 아니다.[74] 그러나 사전대리권 수여가 공증되는 경우에 공증인에 의하여 그 위임장이 등록된다.

4. 사전대리권의 효력 발생

사전대리권은 원칙적으로 작성과 그 도달에 의하여 효력이 발생한다. 장래에 후견의 필요성에 대비하고자 하는 대리권은 정지조건의 발생에 의하여 비로소 대리권이 효력을 갖게 되는 것인지를 검토하여야 한다. 무능력에 대한 의학적 진단이나 공증된 사전대리권의 경우에 성년후견의 필요성이나 의사능력에 관한 진단이나 감정서를 제시하여야 수임인에게 문서를 교부하도록 공증인에게 지시할 수도 있다. 그러나 이러한 모델들은 외부적으로는 위임장이 효력이 있는지 여부가 불분명해지는 단점이 있다.[75]

5. 의료행위 등 신상에 관한 동의권

원칙적으로 신체 및 인격권을 침해하는 의료행위는 응급의 경우 이외에는 환자가 유효하게 동의하는 경우에만 적법할 수 있다. 의료행위에 대한 동의는 환자가 합리적인 시간 전에 충분히 설명을 받은 경우에만 유효하다. 이때 동의능력(Einwilligungsfähigkeit)은 성년이거나 법률행위에 관한 의사능력(Geschäftsfahigkeit)을 요건으로 하지 않고 정신적으로 하려고 하는 의료행위의 성질, 의의, 결과를 이해하고 그에 따라 자기의 의사를 결정할 수 있는 능력(자연적 인식능력과 제어능력, natürliche Einsichts- und Steuerungsfähigkeit)이 있으면 인정된다.[76]

그런데 정신질환이나 장애 또는 노령으로 인한 정신착란(Verwirrtheit)으로 인하여 의료행위에 대한 동의 등 신상에 관한 결정을 내릴 수 없는 경우, 이를 위한 법정대리인으로 성년후견인(Betreuer)을 선임한다. 만약 – 필요한 경우 사전의료지시(Patientensverfügung)와 성년후견에 관한 사전지시(Betreuungsverfügung)와 연결하여 – 미리 사전대리권(위임장)을 작성해 두지 않은 경우, 장래에 개인적으로 신뢰하는 사람이 아니라 후견기관, 법원, 직업적 후견인이 본인의 생활관계 형성에 관한 결정을 하게 될 위험이 있다. 이에 대하여 사전대리권

---

73) Rhdolf/Bittler/Roth(주 67), Rn. 17.

74) Jürgens, *Betreuungsrecht 6. Aufl.*, BGB § 1820, Rn. 2.

75) Rhdolf/Bittler/Roth(주 67), Rn. 27-28.

76) Zimmermann(주 58), S. 70.

은 신뢰하는 사람을 수임인으로 선임함으로써 혹시 모를 성년후견인의 선임이 필요해지기 전에 모든 필요한 사항에 대하여 정해둠으로써 각자에게 어느 정도 사적자치를 가능하게 하고 성년후견인 선임의 건수를 줄여줌으로써 법원의 업무 부담을 경감시킬 수 있다.[77)]

그럼에도 불구하고 당초에는 의료행위에 대한 동의와 같이 좁은 의미의 신상보호 조치에도 수권이 가능한가에 대하여 매우 논란이 있었다. 반대견해는 자기결정권은 환자 자신이나 국가만이 행사할 수 있다고 하였으나, 독일의 입법자는 임의대리인에게 의료동의 등 신상에 관한 권한 부여를 허용하는 견해를 받아들였다. 결국 1999년 제1차 성년후견법 개정[78)]은 임의대리인도 성년후견인과 마찬가지로 본인의 건강상태의 검진, 치료행위 또는 의료적 침습행위에 대한 동의 등을 할 수 있다는 학설을 수용하여 이를 명문화하였다.[79)] 나아가 임의대리인이 후견인과 마찬가지로 후견법인의 허가를 받아 생명 및 신체에 중대한 위험이 초래될 수 있는 의료행위를 동의할 수 있다고 규정하였고(1999년 개정 구 독일민법 제1904조 제2항. 제1904조 제5항, 현행 제1829조), 후견법원의 허가 하에 임의대리인도 후견인과 마찬가지로 본인을 정신병원 등 폐쇄시설에 입소시키거나 시설 내 본인에게 자유박탈적 조치를 하는 것(구 독일민법 제1906조, 현행 제1831조), 자연적 의사에 반하는 검사, 치료행위, 의료적 침습(구 독일민법 제1906조a)에 대해서도 동의할 수 있다고 규정하였다.

다만 대리인이 독일민법 제1829조 제4항에 따라 진료의사와의 사이에 의료행위에 대한 동의, 동의철회, 부동의를 하거나 제1831조에 따른 강제입원 및 제1831조 제4항에 따른 자유박탈조치에 대하여 동의하는 것, 제1832조에 따른 의료적 강제조치에 대한 동의 및 제1832조 제4항에 따른 강제이송 등을 하기 위해서는 임의대리권이 반드시 서면으로 수여되고 그러한 조치들을 명시적으로 포함하고 있어야 한다(독일민법 제1820조 제2항).

한편 신상에 관한 또 다른 후견대체수단인 사전의료지시(Patientenverfügung)는 2009. 1. 9. 발효된 개정법에 의하여 처음으로 구 독일민법 제1901a조[80)] 이하에 명문화되었다(현행

77) Rhdolf/Bittler/Roth(주 67), Rn. 11－12.

78) 1999. 개정 구 독일민법 제1904조 제5항(현행 제1820조 제2항, 제1829조)

79) Zimmermann(주 58), S. 71.

80) 구 독일민법 제1901조a (1) 동의능력 있는 성년자가 동의능력이 없을 때를 대비하여 작성 시점에서 아직 직접적이거나 임박하지 않은 특정한 건강상태의 검사, 치료 또는 의료적 침습행위에 대하여 동의할지 여부를 서면으로 확정해 둔 경우(사전의료지시, Patientenver fügung), 성년후견인(Betreuer)은 그 확정이 현재 생활 또는 행위의 상황에 해당되는지를 조사하여야 한다. 그에 해당되면, 성년후견인은 피후견인(Betreute)의 의사에 따라 이를 표시하여 효력이 생기도록 해야 한다. 사전의료지시(Patientenverfügung)는 언제라도 무방식으로 철회할 수 있다. (2) 사전의료지시(Patientenverfügung)가 없거나 그 확정이 현재의 생명 또는 치료 상황에 해당하지 않으면, 성년후견인은 피후견인의 진료 희망 또는 추정적 의사를 확인하여야 하고, 이에 근거하여 제1항의 의료행위에 동의할지 여부를 결정하여야 한다. 추정적 의사는 구체적 근거에 의하여 조사되어야 한다. 특히 이전에 피후견인이 구두 또는 서면으로 한 표시, 윤리 또는 종교적 신념 그리고 기타 개인적 가치관을 고려하여야 한다. (3) 제1항과 제2항은 피후견인의 질병의 종류와 단계와 무관하게 적용된다(현행 제1827조 제1항 내지 제3항) 현행 제1828조(구 제1901조b) (1) 진료의사는 환자의 전체 상황 및 진단을 고려하여 어떠한 의료적 조치가 필요한지를 조사한다. 의사와 성년후견인은 제1901조에 따라 내리게 될 결정에 대한 기초로서 환자의 의사를 고려하여 이러한 조치에 대하여 의논하여야 한다. (2) 제1827조 제1항에 따른 환자 의사, 진료희망 또는 제1827조 제2항에 따른 추정적 의사를 확정하는 경우, 이것이 현저한 지체 없이 가능한 한에서는 피후견인의 근친, 그 밖의 신뢰하는 사람에게 진술할 기회가 주어져야 한다. (3) 제1항과 제2항은 임의대리인에게 준용된다.

제1827조).

무엇보다도 임의대리인이 의료행위에 대한 동의, 부동의, 동의의 철회에 대한 중대한 결정을 하기 위해서는 성년후견인과 마찬가지로 후견법원의 허가를 받아야 한다(독일민법 **제1829조** 제1항, 제2항, 제5항). 허가 여부는 당해 조치가 본인의 의사에 합치하는지 여부에 따라 결정된다(같은 조 제3항). 다만 대리인과 진료의사 사이에 본인의 의사가 무엇인지 확정하는 데에 그들 사이에 해석이 일치하는 경우에는 후견법원의 허가 없이 그것이 기준이 된다(같은 조 제4항).[81)]

사전대리권이 의료행위나 강제입원의 결정에만 한정된 경우, 위임인은 그러한 권한을 수권하기 위하여 동의능력(Einwilligungsfähigkeit)만 있으면 족하고 법률행위에 관한 의사능력은 필요하지 않다는 견해도 있다. 치료행위나 강제입소에 관한 결정에만 관련된 수권의 경우에는 독일민법 제166조 제2항의 의미에서 대리권이 발생하는 것이 아니기 때문에 거래에 관한 의사능력이 필수적이지 않다는 것이다. 그에 따르면 결정을 제3자에게 양도하는 것의 의의와 결과 나아가 수임인이 장래 내려야 할 결정의 의의와 그 결과에 대한 인식능력만 있으면 된다는 것이다. 반대의 견해는 타인에게 법적 권한을 수여하는 것은 언제나 법률행위이므로 그에 관한 의사능력이 필요하다고 주장한다.[82)]

6. 임의대리인의 감독

(1) 위임인에 의한 감독

임의대리인을 감독하는 것은 원칙적으로 위임인의 역할이다. 감독권의 내용은 기본관계(위임, 사무관리계약)에서 나온다. 가령 어머니가 아들에게 은행 대리권을 주었더라도 은행에서 계좌명세서를 받아 살펴봄으로써 감독이 이루어질 수 있다. 그러나 어머니가 혼수상태에 있으면 아무도 권한 있는 대리인을 모니터링하지 않고, 대리인이 갑자기 생활수준을 높이며, 차를 사고, 집을 지으면, 친족들 사이에 불신이 생기게 마련이다.[83)] 사전대리권의 목적상 임의대리인의 사무처리 내지 권한을 행사할 당시에 본인은 감독에 필요한 정신능력이 부족한 것이 일반적이다. 따라서 실제 위임인에 의한 임의대리인의 감독은 기대하기 어려운 경우가 많다.

(2) 후견법원에 의한 감독

1999년 성년후견법 개정 이후부터 임의대리인은 성년후견인과 마찬가지로 의료행위나 강

---

81) Rhdolf/Bittler/Roth(주 67), Rn. 4. 후견법원의 허가에 대해서는 이하 5. (2) 후견법원에 의한 감독 이하의 기술도 참조.

82) Berger JZ 2000, 797/803; Muller/Renner Rz. 249; Zimmermann(주 58), S. 47.

83) Walter Zimmermann, Vorsorgevollmacht Betreuungsverfügung Patientenver fügung, Erlich Schmidt Verlag, 3. Aufl., 2017, Rn. 283.

제입원(소), 기타 자유박탈적 조치에 대하여 동의할 권한을 부여받을 수 있다. 성년후견인이 위와 같은 의료행위 등에 동의하는 경우 후견법원의 허가를 요하는데, 이는 임의대리인에게도 준용된다. 따라서 임의대리인이 의료행위나 자유제한 조치에 대한 동의하는 경우, 성년후견인과 마찬가지로 후견법원의 허가를 받아야 하고 그 범위에서 대리인의 의료행위에 대한 동의, 자유박탈적 조치 등에 대해서는 후견법원의 직접 감독을 받게 된다.

첫째, 본인이 사망하거나 건강에 심각하고 장기적인 손상을 입을 위험을 초래할 수 있는 검사, 치료행위, 의료적 침습에 대하여 대리인이 동의 또는 부동의, 동의를 철회하는 경우에는 후견법원의 허가를 얻어야 한다(독일민법 제1829조 제1항, 제2항). 이때 그 동의, 부동의, 동의 철회가 본인의 의사에 합치하는 경우에는 허가를 하여야 한다(같은 제3항) 단, 진료 의사와 대리인 사이에 제3항의 합치 여부에 대하여 의견이 일치하는 경우에는 후견법원의 허가는 필요하지 않다(같은 제4항). 이는 원래 성년후견인에 대한 규정인데 임의대리인에게 모두 준용된다(같은 조 제5항).

둘째, 본인이 정신질환 또는 정신적 심리적 장애로 인하여 자살하거나 현저한 건강상의 손해를 가할 위험이 있는 경우 또는 급박하고 현저한 건강상의 손해를 방지하기 위하여 검사, 치료행위, 의료적 침습이 필요하고 입원(소) 외에는 그 조치를 실행할 수 없고, 본인이 정신질환 또는 정신적 심리적 장애로 인하여 입원(소)의 필요성을 인식하거나 그 인식에 따라 행동할 수 없는 경우, 자유를 박탈하는 시설에 본인을 입원(소)시킬 수 있다(독일민법 제1831조 제1항). 이러한 시설 입원(소)은 반드시 후견법원의 허가가 있어야 한다(같은 조 제2항). 이는 시설에 입원(소)한 본인이 기계장치, 약물 또는 기타의 방법으로 장기간 또는 정기적으로 자유가 박탈되는 경우에도 적용된다(같은 조 제4항). 이러한 조치 역시 성년후견인에 대한 규정인데 임의대리인에게 모두 준용된다(같은 조 제5항).

셋째, 건강상태의 검진, 치료행위 또는 의료적 침습행위가 피성년후견인의 자연적 의사에 반하는 경우, 성년후견이 의료적 강제조치에 동의하기 위해서는 후견법원의 허가를 얻어야 한다(독일민법 제1832조 제1항, 제2항). 이 규정들은 임의대리인에게도 준용된다(같은 조 제5항).

반대로 그 밖에 다른 경우 특히, 재산관리의 경우에는 어떤 형태로든 법원에 의한 감독에 대해서는 규정하고 있지 않다. 그러나 누구든지 후견법원에 대하여 임의대리인이 부적절하게 행동하고 있음을 알리고 성년후견을 명령할 것을 진정할 수 있다.[84] 이에 따라 후견법원은 임의대리인을 감독하기 위한 성년후견인을 선임할 수도 있다.

(3) 감독을 위한 후견인의 선임

사전대리권이 존재하더라도, 후견법원은 가령 대리인이 아무것도 하지 않는다는 이유로 대리인의 임무의 전부 또는 일부 또는 대리인에게 부여된 임무에 대하여 성년후견인(포괄성

84) Rhdolf/Bittler/Roth(주 67), Rn. 284.

년후견인, Vollbetreuer)을 선임할 수 있다. 이렇게 선임된 성년후견인은 자신의 임무에 속하는 것이 분명한 경우, 대리권을 철회하거나 존속하게 할 수 있다. 만약 대리권을 철회하면 그 자신이 성년후견을 받는 사람을 대리할 수 있다. 후견법원이 포괄 성년후견인 대신에 대리인의 감독만을 임무로 하는 성년후견인을 선임하면 그 성년후견인은 대리인의 감독(만)을 임무로 하게 된다(감독후견인, Kontrollbetreuer, 독일민법 제1815조 제3항). 그러한 감독을 위한 성년후견인이 대리권을 철회하면 위임인은 대리인이 없어지게 된다. 그런 경우에는 후견법원이 감독을 위한 성년후견인의 임무범위를 포괄 성년후견인으로 확장할 수 있다.[85)]

7. 사전대리권과 성년후견인의 병행

대리인이 있음에도 불구하고 여러 가지 이유로 성년후견인(Betreuer)의 선임을 고려할 수도 있다. 가령 대리권 수여행위가 효력이 없는 경우, 독일민법 제104조 제2호에 따라 대리권을 수여할 당시 본인에게 의사능력이 있었는지 여부는 가사소송 및 비송사건절차법(FamFG) 제26조에 따라 그러한 단서가 있는 경우 법원이 직권으로 조사하여야 한다. 그 밖에 대리권에 포함되지 않은 문제를 처리해야 하는 경우에도 성년후견이 필요할 수 있다. 본인이 자기 자신의 행위로 손해를 입을 수 있기 때문에 동의유보(Einwilligungsvorbehalt, 독일민법 제1825조)가 필요한 경우도 마찬가지이다. 또 다른 이유는 위임받은 대리인이 더 이상 본인을 위하여 대리권을 행사할 능력이 없거나 행사할 의사가 없기 때문일 수도 있다. 예를 들어, 수여된 대리권에는 자유 박탈과 같이 독일민법 제1820조 제2항에 명시된 조치가 포함되어 있지 않지만 이러한 조치가 필요하게 된 경우 또는 자가 소유 주택을 매각하여야 하지만 대리권이 공증되어 있지 않은 경우 대리인을 후견인으로 선임해야 할 수도 있다. 그리고 독일민법 제181조에 따른 자기계약·쌍방대리와 같이 대리법상으로 대리권 행사가 제한되는 경우에도 마찬가지이다.[86)]

사전대리권의 수권행위의 요건이나 사전대리권 행사가 외부적으로 심사되는 것이 아니므로 남용의 위험이 낮지 않다. 그러나 방식요건이나 의무적 상담을 유효요건으로 하거나 수임인의 행위요건을 규제하는 것 등은 위임인의 자기결정권에 관한 사적자치를 크게 제한하는 것이므로 이러한 규제를 도입하는 것은 2021년 독일민법 개정의 입법자들에 의하여 다시 한 번 거부되었다. 그 대신에 임의대리인에 대한 감독 후견인의 선임에 관한 규정이 정비되었다.[87)]

즉 구 독일민법 제1896조 제3항에 의하면 성년후견인은 그 직무범위 내에서만 임의후견인을 감독할 수 있었으나 2023. 1. 1. 이후에는 독일민법 제1820조 제3항에 따라서 1. 위임

85) Rhdolf/Bittler/Roth(주 67), Rn. 285.
86) Brosey/Lesting/Loer/Marschner, Betreuungsrecht Kompakt, 9. Aufl., C.H.Beck, 2022, Rn. 55.
87) Jürgens, *Betreuungsrecht* 6. Aufl., BGB § 1820, Rn. 2.

인이 질병 또는 장애로 더 이상 임의대리인에 대한 자신의 권리를 행사할 수 없고, 2. 임의대리인이 계약 또는 위임인이 표시하였거나 추정된 의사에 따라 위임인의 사무를 처리하지 않는다고 추정되는 구체적인 증거가 있기 때문에 필요한 경우 후견법원(Betreuungsgericht)은 감독을 위한 후견인(Kontrollbetreuer)을 선임할 수 있다(독일민법 제1815조 제3항).

8. 사후사무를 위한 사전대리권

다른 한편으로 독일에서는 본인 사망 후 법원의 업무 과부하와 상속분쟁 등으로 6개월 이상 상속재산을 사용하지 못하는 경우가 발생하고 있다. 사전대리권은 이러한 상속절차 지연에도 대비하여 사용될 수 있다. 대리인은 상속증서(Erbschein)나 유언집행증명서(Testamentsvollstreckerzeugnis) 발급까지 재산을 계속 관리할 수 있기 때문이다. 사전대리권은 장례와 관련된 비용의 지급 기타 피상속인의 증권계좌 및 기타 재산관리를 효과적으로 계속할 수 있는 방법으로도 그 사용이 권장되고 있다.[88)]

9. 사전대리권의 장려와 지원

성년후견은 본인 보호의 목적에도 불구하고 본질적으로 본인의 권리를 제한하고 자율성을 침해하므로 필요성과 보충성을 초과하는 성년후견의 개입은 정당화될 수 없다. 본인의 동의나 신청에 의하여 침해의 성질이 완화되기는 하지만, 성년후견인의 선임은 법정대리권과 연결되고, 법정대리권은 본인의 희망(Wunsch)에 구속되기는 하지만 타자결정의 위험을 초래하기 때문이다. 왜냐하면 성년후견을 받게 된 사람은 스스로 성년후견인의 대리권을 박탈하거나 성년후견관계를 종료시킬 수 없다. 이와 같은 필요성과 보충성의 원칙은 헌법적 지위를 가진 후견법의 기본원칙이고 유엔장애인권리협약(CRPD) 제12조의 원칙에 따른 것으로 설명된다.[89)]

따라서 사회법이나 기타 법령에 근거한 지원에 의하여 본인의 사무가 처리될 수 있거나 임의대리인에 의하여 본인의 사무가 동등하게 처리될 수 있는 경우에는 성년후견인을 선임할 수 없다는 점(독일민법 제1814조 제3항)을 상기할 수 있다.

이를 위하여 성년후견청은 후견법에 관한 일반적인 문의는 물론 사전대리권 및 법정대리권이 부여되지 않는 다른 조력수단에 대하여 정보와 상담을 제공하여야 하고{후견조직법(BtOG) 제5조 제1항}, 성년후견인뿐만 아니라 대리인의 요청이 있을 경우 그들의 직무수행에 대해 조언하고 지원하여야 한다(같은 조 제2항). 그리고 성년후견청(Behörde)은 그 관할지

---

88) Rhdolf/Bittler/Roth(주 67), Rn. 9－10.

89) Brosey/Lesting/Loer/Marschner, Betreuungsrecht Kompakt, 9. Aufl., C.H.Beck, 2022, Rn. 43. 2023. 1. 1. 시행 개정 독일민법은 성년후견인의 선임(제1814조 제3항) 및 그 직무 범위의 결정(제1815조 제1항), 동의유보의 명령(제1825조 제1항), 성년후견을 받는 사람의 강제입원(소)의 허가 그리고 성년후견인은 피후견인이 스스로 법적 사무를 처리하도록 지원하고 필요한 경우에 한하여 대리권을 행사할 수 있다(제1821조 제1항).

역 내에서 성년후견인뿐만 아니라 사전대리권 수임인의 도입과 그들에 대한 교육이 충분히 공급되도록 노력할 의무가 있다(후견조직법 제6조 제1항). 나아가 승인된 후견사단은 개별적으로 사전대리권 위임장의 작성에 대하여 상담을 제공해 줄 수 있다(구 독일민법 제1908f조 제4항, 후견조직법 제15조 제1항 제1호[90]).

Ⅴ. 독일 사전대리권의 평가와 시사 – 결론에 갈음하여 –

1. 평 가

독일에서는 사전대리권(Vorsorgevollmacht)의 장점에 대하여 사적 영역에 대한 국가의 개입이 거의 없다는 점, 대리인과 대리권의 범위를 임의로 정할 수 있다는 점, 필요성이 있으면 법원절차 없이 즉시 수임인이 활동을 개시할 수 있다는 점, 시간적 범위가 법정대리보다 확대되어 후견 필요성이 생기기 전이나 사망 후의 상속재산의 청산까지도 맡길 수 있다는 점 등이 열거된다.

반면에 단점으로는 대리인에 대한 법원의 통제가 충분하지 않고, 법률관계에서 대리권의 확인이 성년후견청이나 공증인의 서명에 대한 인증의 방법으로만 이루어짐으로써 거래 상대방이 위임인이 대리권 수여 시에 아직 의사능력이 있었는지(심지어는 대리권의 날짜가 소급되어 날조되는 경우도 있다) 즉, 대리권이 대체 유효한 것인지를 확신하기 어려운 점, 임의대리인은 성년후견인과는 달리 무료로 법원의 상담을 받을 수 없는 점,[91] 동의유보(독일민법 제1903조)의 결여로 인하여 특정한 경우에는 성년후견을 피할 수 없다는 점, 합의된 보수를 지급할 수 없게 되어 수임인이 자신의 직무를 방기하면 마찬가지로 성년후견으로 가게 되는 점, 임의대리인이 지금 활동을 하고 있는지 그만두었는지 불확실한 점, 별거, 이혼, 분쟁이 발생하였을 때 과거 신뢰하는 사람에게 부여되었던 대리권을 철회하는 것을 잊어버리면, 몇 년이 지난 다음에도 현재의 시점에서 '과거의 대리권'이 살아나서 활동할 수 있게 되는 점 등이 단점으로 지적되고 있다.[92]

2. 시사점

2013년 새로운 성년후견제도의 시행 당시 후견계약의 활용에 대한 기대가 높았으나 새로

90) 성년후견조직법(BtOG) 제15조 제1항 공인후견사단은 다음의 임무를 수행하여야 한다. 1. 계획적으로 사전대리권(Vorsorgevollmacht), 후견에 관한 사전지시(Betreuungsverfügung), 사전의료지시(Patientenverfügng)에 관한 일반적인 질의에 대한 정보를 제공하는 것.

91) 성년후견인의 경우에는 개정 전 독일민법 제1837조 제1항 제1문, 역시 개정 전 성년후견청법(Betre uungsbehördengesetz) 제4조 참조. 그러나 최근 개정된 성년후견조직법(BtoG) 제5조 및 제6조에 따르면 성년후견청과 후견사단은 사전대리권(Vorvorgevollmacht)을 포함하는 법정후견을 회피하기 위한 대체 수단에 대한 상담과 조언을 제공하여야 한다.

92) Rhdolf/Bittler/Roth(주 67), S. 42 ff.

운 성년후견제도의 이용이 지속적으로 증가하고 있는 데 반하여 후견계약은 모두에서 살펴본 바와 같이 거의 이용되지 않고 있다. 그 이유에 대하여 가족주의적 전통이 강한 우리 사회의 법문화 이외에, 일본의 임의후견계약법을 답습한 결과로서 공정증서의 작성과 가정법원에 의한 감독인 선임 등 절차적 비용 부담이 크다는 것이 지적되어 왔다. 이에 대하여 우리 민법상 후견계약의 명문화가 오히려 임의대리권 수여의 가능성을 사실상 봉쇄함으로써 후견사무에 대비한 개인의 자율성을 오히려 위축시키고 있다는 비판도 제기되고 있다.[93]

그러나 상수(常數)인 법문화적 차이를 제외하고 자율성을 저해하는 법원의 간섭과 절차적 허들(hurdle)의 문제에 대해서는 독일의 경우와 대비하여 검토해 볼 필요가 있다. 우리나라의 후견계약은 공정증서의 작성과 후견등기를 필수적 요건으로 하고 있는 데 반하여 독일의 사전대리권은 방식의 규제가 없어서 수권행위의 공증이나 인증, 등록 여부 모두 당사자의 선택의 문제로 남겨 두고 있다. 이는 사전대리권이 원래 임의대리의 하나로 자연발생적으로 행해져 왔다는 점에서 당연한 것이라고 할 수 있다.

그러나 법정책적 관점에서 보면, 독일에서도 사전대리권을 둘러싼 당사자의 권리 보호와 법적 안정성을 위하여 공증을 받고 이를 연방공증인협회에 등록하는 것을 강하게 권장하고 이를 촉진하기 위한 다양한 법정책적 배려를 하고 있다. 나아가 재산관리의 측면에서 후견법원은 원칙적으로 임의대리인에 대한 감독을 실시하지 않는다. 그러나 직무해태, 부정행위 등이 있는 경우, 이해관계인의 이의 제기가 있거나 또는 직권으로 감독을 위한 성년후견인 선임의 가능성을 열어 두고 있다. 무엇보다도 의료행위에 대한 동의나 자유박탈적 조치에 대해서는 성년후견인과 마찬가지로 대리인에 대해서도 후견법원의 허가를 요구하고 있다.

무엇보다도 후견사무 위임의 경우에 위임인이 스스로 감독할 수 있는 능력이 부족하다는 점에서 후견사무 위임에 있어서 국가나 사회에 의한 후견감독의 문제를 완전히 본인의 자율적 처분에 맡기는 것이 타당한지에 대해서는 이론이 있을 수 있다는 점을 고려하여야 한다.

후견계약의 활성화라는 관점에서는 후견감독인에 의한 간섭에 따른 자율성 훼손이 문제가 아니라 후견계약 활용의 제도적 환경적 기반을 구축하는 데에 필요한 노력을 우선할 필요가 있다. 후견감독인의 선임에 따른 비용 부담 등을 공공후견과 지원과 마찬가지로 국가나 사회적 지원으로 감당하는 것은 물론, 후견계약에 대한 홍보, 상담 등 이용 활성화 및 촉진 정책이 선행될 필요가 있다.[94] 독일에서 후견법원, 후견청, 후견사단 등 후견제도 운용의 주체들이 자신의 사무 영역에서 성년후견인에 대한 것과 동등하게 임의대리인에 대한 홍보, 상담, 설명 등 지원을 제공하는 것을 입법적으로 뒷받침하고 있는 점을 충분히 참고하여야 할 것이다.

---

93) 제철웅, "성년후견제도 시행 10년과 새로운 입법적 과제", 가족법연구 제37권 제2호(2023.7), 82면 이하. 그러한 비판은 현행 후견계약을 민법에서 삭제하고 그 대안으로 지속적 대리권 등록제도의 도입을 제안하고 있다.

94) 그에 대한 구체적인 검토와 제안으로서 박인환, "고령자 · 장애인의 의사결정지원을 위한 후견계약의 활용가능성과 과제", 민사법학 제103호(2023.6) 참조.

이러한 정책적 노력 없이 후견계약 제도의 성패를 논하는 것은 성급한 것일 수 있다.

특히 장애인권리협약 제12조의 국내법적 이행과 관련하여 대체의사결정으로서의 성년후견의 발본적 개혁의 필요성과 함께 가장 유력한 의사결정지원 수단으로서 후견계약을 활성화하기 위한 정책적 수단을 강화할 필요가 있다. 오늘날 독일에서 성년후견이용을 압도하는 사전대리권의 전 국민적 활용은 그와 같은 일관된 정책적 노력에 힘입은 바가 크다는 점에 주목할 필요가 있다.

채무의 승인에 의한 시효중단 및 시효이익의 포기

일부변제를 중심으로

서 종 희

연세대학교 법학전문대학원 교수

민법이라는 거대한 산을 오를 수 있는 용기와 그 산을 오르는 과정에서 높고 드넓은 어깨를 빌려주셔서 필자가 길을 잃지 않고 연구에 정진할 수 있게 해주신 은사이신 박동진 교수님의 화갑을 진심으로 축하드립니다.

Ⅰ. 들어가는 말

민법 제168조에 의해 시효의 중단사유는 권리행사형(제1호 및 제2호)과 승인형(제3호)으로 나뉜다. 전자에는 재판상 청구 및 압류 등이 포함되고 후자에는 채무의 승인이 포함된다. 먼저 승인형은 승인을 한 때로부터 바로 시효의 중단이 확정되고(소위 '확정적 중단효') 그와 동시에 시효가 재진행된다. 반면에 권리행사형, 예컨대 재판상 청구의 경우에는 권리자가 제기한 소가 각하 또는 취하된 경우에 6개월 내의 후속조치가 없는 한 최초의 소 제기에 의한 시효중단의 효력이 소급적으로 상실하게 된다.[1] 즉 실체적으로 시효의 중단이 인정되는 것은 재판상 청구가 승소로 확정된 때에 비로소 소가 제기한 시점에 시효의 중단의 효력이 발생한다(소위 '잠정적 중단효'). 시효중단의 효과가 확정적인지 잠정적인지가 양자의 가장 큰 차이점이다. 한편 권리행사형이나 승인형이나 그 효과는 새로운 시효기간이 진행된다는 점에서 같다.[2]

본고에서는 먼저 시효의 중단사유로서의 채무승인이 가지는 의미 및 채무승인이 인정되는 유형을 분석하고(Ⅱ.), 소멸시효이익 포기로서의 채무승인이 시효의 중단사유로서의 채무승인과는 어떻게 다른지를 검토한 후(Ⅲ.) 글을 마치고자 한다(Ⅳ.).

Ⅱ. 채무승인에 의한 시효의 중단

1. 시효중단사유로서의 채무승인

소멸시효 중단사유로서의 승인은 시효이익을 받을 당사자인 채무자가 소멸시효의 완성으로 권리를 상실하게 될 자 또는 그 대리인에게 권리가 존재함을 인식하고 있다는 뜻을 표시하는 행위이다. 비교법적으로 승인이 소멸시효의 중단사유가 된다는 점에 대해서는 별 논란의 여지가 없다.[3] 채무승인에 의해 시효의 중단을 인정한 이유는 일반적으로 채무를 승인하였으므로 채무자를 보호할 필요성은 적어지고 채권자는 채무자의 승인을 신뢰하여 법적인 권리행사 등의 조치를 취하지 않았을 것이라는 채권자의 기대에 대한 보호이다.[4] 즉, 승인이란 의무자가 권리자의 권리를 승인하는 것이나, 보다 실질적으로는 의무자가 권리자에게

---

1) 이는 해제조건의 성취에 의해 권리가 소급적으로 소멸하는 것과 유사하다.

2) 민법 제178조 제1항.

3) 독일 민법 입법자료에도 승인이 청구권시효의 중단사유가 된다는 점에 대해서는 보통법상 논란의 여지가 없다는 점에 주목한다. Benno Mugdan(Hrsg. u. bearb.), Die gesammten Materialien zum Bürgerlichen Gesetzbuch für das Deutsche Reich, Bd. 1, 1979, S. 532. 시효의 중단 사유로서 채무승인을 규정하고 있는 입법례에 대해서는 서종희, "소멸시효의 중단 및 정지규정의 개정방향－비교법적 고찰과 함께", 연세법학 제45호, 2024, 186면 이하 참조.

4) MüKoBGB/Grothe, 10. Aufl., 2025, BGB § 212 Rn. 6; Retzlaff, Kein Anerkenntnis durch Aufrechnung, NJW 2013, 2854, 2857; Zimmermann, Comparative Foundations of a European Law of Set－off and Prescription, 2002, p. 126; OLG Hamburg, OLG－Report 2003, 365.

권리행사를 불필요한 것으로 생각하게 하는 [선행]행위가 되므로 권리행사를 불필요하다고 생각하게 하는 행위로서 「승인」은 독자적인 시효중단사유로서 강력한 효력을 인정해야 한다는 것이다.[5)]

그런데 채무승인이 되기 위해서는 채무자의 의사표시가 필요한지, 아니면 채권자의 동의가 필요한 것인지에 대해서는 해석이 필요하다. 통설과 판례는 시효중단으로서 채무승인은 의사표시(Willenserklärung)가 아니고 관념의 통지(Wissenserklärung)라고 본다.[6)] 즉, 시효의 중단이나 포기에 관한 의사 없이도 시효중단으로서의 채무승인은 인정되며,[7)] 상대방인 채권자의 동의 등은 필요하지 않다.[8)] 채무자가 자신의 채무를 인식하고 의사표시를 하였는지를 전제로 하여 시효중단을 인정하는 것은 그 자체로 너무 모호하여 이를 근거로 시효 중단을 판단하게 되며 그 자체가 법적 안정성을 침해한다고 할 수도 있으므로 의사표시가 필요하지 않은 관념의 통지로 보는 것이 타당하다.

한편 승인은 소멸시효의 진행이 개시된 이후에만 가능하고 그 이전에 승인을 하더라도 시효중단의 효과가 없다.[9)] 승인의 통지가 상대방에게 도달하는 때에 소멸시효가 중단되고, 그 다음 날부터 새롭게 시효가 진행한다. 승인이 있었다는 사실에 관하여는 이를 주장하는 자가 주장·증명해야 한다.[10)] 승인을 하는 자는 그 권리를 '관리'할 능력과 권한만 있으면 충분하므로(제177조 반대해석), 처분권한이 없는 자도 관리할 권한이 있다면 부재자재산관리인(제25조)도 유효하게 승인행위를 할 수 있다. 승인의 상대방은 시효의 완성에 의해 불이익을 얻게 되는 권리자 또는 그 대리인이어야 한다.[11)] 따라서 채무자가 권리자가 아닌 자에게 채무의 승인을 하더라도 이는 시효의 중단사유로서 인정되지 않는다.[12)]

한편 채무의 승인은 의사표시가 아니므로 제한능력자도 할 수 있는지가 문제된다. 예컨대 제한능력자의 법률행위가 법정대리인의 동의 등에 의해 유효하게 체결된 경우에 그 법률행위의 효과에 의해 제한능력자는 권리취득과 함께 의무를 부담하게 된다. 만약 제한능력자가 채무를 승인하였다면 법정대리인의 동의를 얻지 않아도 시효의 중단의 효과가 발생하는지가 문제된다.[13)] 우리 통설은 승인의 경우에도 법정대리인의 동의가 필요하다고 보아 제

---

5) 승인의 반복에 의해 시효는 무한하게 연장될 수 있다. 松久三四彦, 「時効中断および停止の基本構想」, 金山直樹 編 『消滅時効法の現状と改正提言』, 商事法務, 2008, 19頁. 반면에 PECL 제14:401조는 "제14:202조에 의한 10년의 시효기간(재판절차에 의해 확정된 채권의 시효기간)은 승인에 의해 갱신되지 않는다."라고 규정한다.

6) 이창현, "채무자의 채무승인이 소멸시효에 미치는 영향에 대한 연구", 민사법학 제73호, 2015, 309면 등. 독일의 통설이기도 하다. MüKoBGB/Grothe(2025), BGB § 212 Rn. 6.

7) MüKoBGB/Grothe(2025), BGB § 212 Rn. 6. 권리를 성립키거나 권리를 소멸시키는 것이 아니라 시효기산점 이후의 시간의 경과를 무의미하게 할 뿐이라는 점을 고려하면 의사표시를 요하지 않는다고 보는 것이 타당하다.

8) Retzlaff, NJW 2013, 2854, 2857.

9) 대법원 2001. 11. 9. 선고 2001다52568 판결.

10) 참고로 판례는 원고가 소장에서 "피고들이 지연손해금의 일부를 변제하였으니 나머지 지연손해금의 지급을 구한다."는 주장을 한 것만으로는 이를 "일부변제가 있었으니 소멸시효 중단사유에 해당하는 채무의 승인이 있었다."라는 취지로 주장한 것으로 보지 않는다. 대법원 1978. 12. 26. 선고 78다1417 전원합의체 판결.

11) Hutchison/Pretorius, The Law of Contract in South Africa, 2017, p. 490.

12) 대법원 1998. 11. 13. 선고 98다38661 판결; 대법원 1998. 10. 13. 선고 98다17046 판결 등 참조.

한능력자를 보호한다.[14)]

2. 승인의 방법 및 효과

승인의 방법에는 제한이 없기 때문에 반드시 문서의 형식으로 승인하여야 하는 것은 아니며, 명시적 승인뿐만 아니라 묵시적 승인도 가능하다. 묵시적인 승인의 표시는 채무자가 채무의 존재와 액수를 인식하고 있음을 전제로 상대방으로 하여금 채무자가 채무를 인식하고 있음을 그 표시를 통해 추단하게 할 수 있는 방법으로 행하면 충분하다.[15)] 승인은 시효의 이익을 받는 이가 상대방의 권리 등의 존재를 인정하는 일방적 행위로서, 그 권리의 원인·내용이나 범위 등에 관한 구체적 사항을 확인하여야 하는 것은 아니고,[16)] 채무자가 권리 등의 법적 성질까지 알고 있거나 권리 등의 발생원인을 특정하여야 할 필요도 없다.[17)]

채무승인이 인정되면 시효는 중단되는데, 그 중단시점이 승인의 도달시점인지 발신시점인지에 대한 논의가 있다. 국내 통설과 판례는 승인이 도달한 시점을 기준으로 시효의 중단시점을 이해한다.[18)] 독일에서도 채권자에 대한 승인의 도달을 전제로 하여 시효중단시점이 도달시인지 발신시인지에 대해 견해가 나뉜다.[19)] 독일의 통설과 판례는 채무승인이 발신된 후 도달되기 전에 소멸시효가 완성되는 것을 막기 위해 발신설이 채권자의 이익에 부합하고, 이러한 해석으로부터 발생하는 불이익은 채무자에게 크게 불리하거나 부담이 되지 않는다고 본다.[20)]

3. 승인을 착오 등을 이유로 취소할 수 있는지 여부

승인이 채무자의 착오에 의한 경우에 이를 취소할 수 있는지 문제된다. 민법 제109조에 의하면 의사표시를 취소하는 것이므로 승인을 민법 제109조를 직접 적용하여 취소할 수는 없을 것이지만, 승인에 의한 효과를 고려하면 준법률행위인 승인 또한 민법 제109조를 유추하여 취소할 수 있다고 보아야 할 것이다.[21)]

---

13) 사안에 따라서는 법률행위에 대한 법정대리인의 동의 속에 채무승인에 대한 동의가 포함된 것으로 볼 수도 있을 것이다.

14) 곽윤직 편집대표, 민법주해[Ⅲ](이하 '민법주해 Ⅲ'), 박영사, 1992, 534면(윤진수 집필); 이창현, 앞의 논문, 312면.

15) 대법원 1992. 4. 14. 선고 92다947 판결; 대법원 2005. 2. 17. 선고 2004다59959 판결; 대법원 2018. 4. 24. 선고 2017다205127 판결.

16) 대법원 2001. 2. 23. 선고 2000다65864 판결 등 참조.

17) 대법원 2012. 10. 25. 선고 2012다45566 판결.

18) 대법원 1995. 9. 29. 선고 95다30178 판결; 대법원 2012. 8. 17. 선고 2009두14965 판결; 대법원 1997. 11. 25. 선고 97다31281 판결. 민법주해 Ⅲ, 538면(윤진수 집필).

19) MüKoBGB/Grothe(2025), BGB § 212 Rn. 7, 14; Staudinger/Peters/Jacoby, 2019, § 212 Rn. 31; BGH WM 1975, 559.

20) Staudinger/Peters/Jacoby(2019), § 212 Rn. 31.

21) 독일 또한 독일민법 제119조 이하를 유추하여 승인 또한 취소가 가능하다고 본다. MüKoBGB/Grothe(2025), BGB § 212 Rn. 12. 사기 등에 의한 승인의 경우에도 사기를 이유로 취소할 수 있다고 본다. 착오의 취소에 의해서 발생하는 채권자 보호는 채권자의 보호는 독일민법 제121조, 제124조, 제122조에 의해 보호된다. MüKoBGB/

착오취소를 인정하게 되는 경우에 채권자에게 발생한 손해나 불이익을 어떻게 보호할 것인지가 문제된다. 특히 우리민법은 제109조에서 착오취소의 상대방에게 발생한 손해를 전보할 수 있게 하는 규정이 없다. 판례 또한 착오취소자의 상대방에 대한 불법행위책임을 인정하지 않으며,[22] 민법 제535조를 유추하여 착오자에게 책임을 부담시키지도 않을 것이다.[23] 이에 일부 견해는 채권자가 채무자의 승인을 신뢰하여 법적 조치를 하지 아니하였는데 그 후 채무자가 승인을 취소하여 소멸시효가 완성된다면 이는 지나치게 채권자에게 불합리한 결과가 발생한다는 이유로 착오취소를 인정해서는 안 된다고 본다.[24] 설득력 있는 주장이라고 할 수 있다. 다만 착오취소 자체를 인정하지 않는 것보다는 권리남용으로 취소권을 제한하는 방법을 통해 채권자를 보호하는 것이 더 자연스럽다고 판단된다. 법률에서 요구하는 취소의 요건을 갖추었는데 개별사안의 특수성을 이유로 요건에 의한 효과를 부인하거나 요건충족을 부인하는 것보다는 요건에 의한 효과를 주장하는 것을 권리남용으로 제한하는 것이 이론적으로 더 정합적인 측면을 가진다. 특히 우리 판례가 대법원 2008. 5. 29. 선고 2004다33469 판결 등에서 "채무자의 소멸시효에 기한 항변권의 행사도 우리 민법의 대원칙인 신의성실의 원칙과 권리남용 금지의 원칙의 지배를 받는 것이어서, 채무자가 시효완성 전에 채권자의 권리행사나 시효중단을 불가능 또는 현저히 곤란하게 하였거나, 그러한 조치가 불필요하다고 믿게 하는 행동을 하였거나, 객관적으로 채권자가 권리를 행사할 수 없는 장애사유가 있었거나, 또는 일단 시효완성 후에 채무자가 시효를 원용하지 아니할 것 같은 태도를 보여 권리자로 하여금 그와 같이 신뢰하게 하였거나, 채권자보호의 필요성이 크고 같은 조건의 다른 채권자가 채무의 변제를 수령하는 등의 사정이 있어 채무이행의 거절을 인정함이 현저히 부당하거나 불공평하게 되는 등의 특별한 사정이 있는 경우에는 채무자가

Grothe(2025), BGB § 212 Rn. 12.

22) 대법원 1997. 8. 22. 선고 97다13023 판결은, 상대방이 경과실로 착오에 빠져 의사표시를 취소한 자에 대하여 불법행위로 인한 손해배상을 청구한 사안에서, "불법행위로 인한 손해배상책임이 성립하기 위하여는 가해자의 고의 또는 과실 이외에 행위의 위법성이 요구된다 할 것인바, 피고가 계약보증서를 발급하면서 소외 회사가 수급할 공사의 실제 도급금액을 확인하지 아니한 과실이 있다고 하더라도 민법 제109조에서 중과실이 없는 착오자의 착오를 이유로 한 의사표시의 취소를 허용하고 있는 이상, 피고가 과실로 인하여 착오에 빠져 계약보증서를 발급한 것이나 그 착오를 이유로 보증계약을 취소한 것이 위법하다고 할 수는 없다."라고 판시하여 표의자의 불법행위책임을 부정한 바 있다.

23) 대법원 2017. 11. 14. 선고 2015다10929(반소) 판결은 "계약이 의사의 불합치로 성립하지 아니한 경우 그로 인하여 손해를 입은 당사자가 상대방에게 부당이득반환청구 또는 불법행위로 인한 손해배상청구를 할 수 있는지는 별론으로 하고, 상대방이 계약이 성립되지 아니할 수 있다는 것을 알았거나 알 수 있었음을 이유로 민법 제535조를 유추적용하여 계약체결상의 과실로 인한 손해배상청구를 할 수는 없다."라고 하여 계약의 불성립의 경우에 민법 제535조를 유추적용할 수 없다고 하였으나 착오 등에 의해 법률행위가 취소된 경우에도 마찬가지라고 보는 것이 타당할 것이다.

24) 이창현, 앞의 논문, 314면. 다만 최근에는 영미법에 초점을 맞추어 시효중단으로서의 승인과 시효이익포기로서의 승인을 동일하게 판단해야 한다는 시각이 최근 유력하게 주장된다. 진도왕, "소멸시효의 중단사유로서 채무승인에 관한 시론적 고찰– 미국 소멸시효법에서의 시사점", 아주법학 제15권 제4호, 2022, 219면 이하; 모승규/김제완, "다수 채무에 대한 일부 변제시 변제의 충당과 시효중단 – 영미법상 partial payment와 acknowledgment 법리의 시사점: 대법원 2021. 9. 30. 선고 2021다239745 판결을 바탕으로", 법학논총 제40권 제1호, 2023, 55면 이하 참조.

소멸시효의 완성을 주장하는 것이 신의성실의 원칙에 반하여 권리남용으로서 허용될 수 없다(밑줄은 필자가 첨가).”라고 본 점을 고려하면, 충분히 승인의 착오취소의 경우에도 위 법리에 포섭할 수 있을 것이다.

4. 승인여부의 판단

승인이 있는지 여부는 문제가 되는 표현행위의 내용·동기와 경위, 당사자가 그 행위 등에 의하여 달성하려고 하는 목적과 진정한 의도 등을 종합적으로 고찰하여 사회정의와 형평의 이념에 맞도록 논리와 경험의 법칙, 그리고 사회일반의 상식에 따라 객관적이고 합리적으로 이루어져야 한다.[25] 예컨대 형사재판절차에서 피해자를 위하여 손해배상금의 공탁이 이루어진 경우 그와 같은 공탁이 공탁금액을 넘는 손해배상채무에 관한 묵시적 승인에 해당하는지 여부는 공탁서에 기재된 공탁원인사실의 내용을 중심으로, 공탁의 경위와 목적 및 공소사실의 다툼 여부, 인정되는 손해배상채무의 성격 및 액수와 공탁금액과의 차이, 그 밖의 공탁 전후의 제반 사정을 종합하여 판단하여야 한다.[26] 이하에서는 구체적인 유형별로 검토하고자 하며,[27] 특히 일부변제와 상계를 중심으로 서술하고자 한다.

(1) 일부 변제

일부변제는 특별한 사정이 없는 한 소멸시효의 중단사유인 채무의 승인으로 인정된다.[28]

1) 하나의 소송물인 특정채무에 대한 일부변제

채무자가 특정채무 중 일부를 변제한 경우에 채무자는 그 특정 채무에 대한 인식을 전제로 승인한 것이므로 특정채무의 시효는 중단된다. 즉 동일한 소송물인 채무의 일부를 변제한 경우에 채무승인이 인정되는 것은 문제가 되지 않는다.[29]

2) 다른 소송물인 복수채무에 대한 일부변제

소송물이 다른 복수채무를 부담하는 채무자가 일부변제한 경우에 모든 채무가 승인에 의해 시효가 중단되는지에 대해서는 면밀한 검토가 필요하다.

판례는 동일 당사자 간의 계속적인 금전거래로 인하여 수 개의 금전채무가 있는 경우에 채무의 일부 변제는 채무의 일부로서 변제한 이상(즉 그 수액에 관하여 다툼이 없는 이상) 그

25) 대법원 2008. 7. 24. 선고 2008다25299 판결 등 참조. 이창현, 앞의 논문, 311면에서는 “채권자의 관점에서 채무자의 행위가 채무의 존재에 대한 인식을 표명한 것이라고 합리적으로 평가할 수 있는 경우라면, 채무승인으로 인한 시효중단효가 인정되어야 할 것이다.”라고 본다.

26) 대법원 2010. 9. 30. 선고 2010다36735 판결.

27) 계좌이체 등 채무승인으로 인정되는 유형에 대한 독일에서의 논의는 MüKoBGB/Grothe(2025), BGB § 212 Rn. 14 ff. 참조.

28) 민법주해 Ⅲ, 536면(윤진수 집필); 이창현, 앞의 논문, 318면; MüKoBGB/Grothe(2025), BGB § 212 Rn. 14; Staudinger/Peters/Jacoby(2019), § 212 Rn. 19.

29) 대법원 1980. 5. 13. 선고 78다1790 판결 등 참조.

채무 전부에 관하여 시효중단의 효력을 발생하는 것으로 보아야 하고, 동일 당사자 간에 계속적인 거래관계로 인하여 수 개의 금전채무가 있는 경우에 채무자가 모든 채무액을 변제하기에 부족한 금액을 채무의 일부로 변제한 때에는 특별한 사정이 없는 한 기존의 수 개의 채무 전부에 대하여 승인을 하고 변제한 것으로 보는 것이 상당하다고 본다.30) 금전채무와 채무에 대하여 발생하는 이자채무 또는 금전채무 불이행의 경우에 발생하는 지연손해금채무를 부담하고 있는 채무자가 일부변제 한 경우도 마찬가지일 것이다.31) 한편 동일한 채권자와 채무자 사이에 다수의 채권이 존재하는 경우 채무자가 변제를 충당하여야 할 채무를 지정하지 않고 모든 채무를 변제하기에 부족한 금액을 변제한 때에는 특별한 사정이 없는 한 그 변제는 모든 채무에 대한 승인으로서 소멸시효를 중단하는 효력을 가진다. 채무자는 자신이 계약당사자로 있는 다수의 계약에 기초를 둔 채무들이 존재한다는 사실을 인식하고 있는 것이 통상적이므로, 변제 시에 충당할 채무를 지정하지 않고 변제를 하였으면 특별한 사정이 없는 한 다수의 채무 전부에 대하여 그 존재를 알고 있다는 것을 표시했다고 볼 수 있기 때문이다.32) 같은 맥락에서 판례는 채무자가 채권자에게 부동산에 관한 근저당권을 설정하고 그 부동산을 인도하여 준 다음 피담보채권에 대한 이자 또는 지연손해금의 지급에 갈음하여 채권자로 하여금 그 부동산을 사용수익할 수 있도록 한 경우라면, 채권자가 그 부동산을 사용수익하는 동안에는 채무자가 계속하여 이자 또는 지연손해금을 채권자에게 변제하고 있는 것으로 볼 수 있으므로, 피담보채권의 소멸시효가 중단된다고 본다.33) 요컨대 채무자의 변제액이 채권자의 채권액 전액을 만족하기에 충분하지 않아 변제충당의 법리가 적용되면 각 채무에 대한 일부 변제로 취급되어 결국 각 채무에 대한 승인이 인정되어 모든 채무의 시효가 중단된다고 보아야 할 것이다.34) 더 나아가 이러한 법리는 복수의 채무 중 일부가 시효가 완성된 경우에도 유지된다. 예컨대 원금채무에 관하여는 소멸시효가 완성되지 아니하였으나 이자채무에 관하여는 소멸시효가 완성된 상태에서 채무자가 채무를 일부 변제한 때에는 액수에 관하여 다툼이 없는 한 원금채무에 관하여 묵시적으로 승인하는 한편 이자채무에 관하여 시효완성의 사실을 알고 그 이익을 포기한 것으로 추정된다.35)

---

30) 대법원 1980. 5. 13. 선고 78다1790 판결 등.

31) 금전채무에 대하여 발생하는 이자채권 또는 금전채무 불이행의 경우에 발생하는 지연손해금채권은 그 원본채권의 일부가 아니라 그와는 별개의 채권으로서 원본채권과는 별개의 소송물이고, 각 소송물별로 원금채권 부분과 이자채권 내지 지연손해금채권 부분을 각각 따로 비교하여 판단하여야 하며, 별개의 소송물을 합산한 전체 금액을 기준으로 판단하여서는 아니 된다(대법원 2023. 11. 30. 선고 2023다266383 판결; 대법원 2005. 4. 29. 선고 2004다40160 판결; 대법원 2009. 6. 11. 선고 2009다12399 판결 등 참조).

32) 대법원 2021. 9. 30. 선고 2021다239745 판결 "동일한 채권자와 채무자 사이에 다수의 채권이 존재하는 경우 채무자가 변제를 충당하여야 할 채무를 지정하지 않고 모든 채무를 변제하기에 부족한 금액을 변제한 때에는 특별한 사정이 없는 한 그 변제는 모든 채무에 대한 승인으로서 소멸시효를 중단하는 효력을 가진다. 채무자는 자신이 계약당사자로 있는 다수의 계약에 기초를 둔 채무들이 존재한다는 사실을 인식하고 있는 것이 통상적이므로, 변제 시에 충당할 채무를 지정하지 않고 변제를 하였으면 특별한 사정이 없는 한 다수의 채무 전부에 대하여 그 존재를 알고 있다는 것을 표시했다고 볼 수 있기 때문이다."

33) 대법원 2014. 5. 16. 선고 2012다20604 판결; 대법원 2009. 11. 12. 선고 2009다51028 판결 참조.

34) 이창현, 앞의 논문, 319면.

3) 검 토

영미법상으로는 소멸시효기간이 완성되기 전에 일부를 변제한 경우에 그와 같은 일부변제에 '잔여채무 전체를 변제하기로 하는 새로운 약속(renew debtor's promise to pay entire amount owed)'이 포함되어 있는 경우에 한하여 시효의 중단을 인정한다.[36] 즉 채무승인으로 인정되기 위해서는 제반 상황에 비추어 채무자에 의한 '잔여채무를 변제하겠다는 약속을 추론할 수 있는' 정도에 이르러야 한다고 본다.[37] 독일 등 대륙법 국가는 일부변제시에 잔존 채무를 변제하기로 하는 의사나 약속은 필요하지 않다고 본다.[38] 앞에서 살펴본 것과 같이 우리 판례와 통설은 특별한 사정이 없는 한 일부변제 그 자체로 시효의 중단으로서의 채무승인이 된다고 본다.[39] 반면에 시효이익 포기가 인정되기 위해서는 시효 완성의 사실을 알고 시효에 의하여 의무를 면한다는 이익을 받지 않겠다고 하는 채무자의 효과의사를 필요로 한다.[40] 요컨대 소멸시효 중단사유로서 채무승인은 시효이익을 받는 당사자인 채무자가 소멸시효의 완성으로 채권을 상실하게 될 자에게 상대방의 권리 또는 자신의 채무가 있음을 알고 있다는 뜻을 표시함으로써 성립하는 이른바 관념의 통지로 여기에 어떠한 효과의사가 필요하지 않는 반면, 시효완성 후 시효이익의 포기가 인정되려면 시효이익을 받는 채무자가 시효의 완성으로 인한 법적인 이익을 받지 않겠다는 효과의사가 필요하다.[41]

(2) 소송상 상계항변

소의 변론에서 상계를 항변으로 제출하는 소송상 상계의 항변[42]과 관련하여 채무자의 상계의 의사표시에는 원고가 청구하는 채무에 대한 승인이 포함되어 있다고 볼 수 있는지가 문제된다.[43] 수동채권의 존재를 인정하면서 자신의 채권을 자동채권으로 하는 소송상 상계항변(이하 '확정적 상계항변')은 채무승인을 인정해야 할 것이다.[44] 독일 또한 소송상 상계는

35) 대법원 2013. 5. 23. 선고 2013다12464 판결.

36) Yeiter v. Knights of St. Casimir Aid Society, 461 Mich. 493, 607 N.W.2d 68 (2000); Guild v. Meredith Village Sav. Bank, 639 F.2d 25, 30 U.C.C. Rep. Serv. 1021 (1st Cir. 1980).

37) Clark v. Diefendorf (1929) 109 Conn 507, 147 A 33; Chemical Financial Services Corp. v. Zagaro, 173 Misc. 2d 745, 661 N.Y.S.2d 926 (Sup 1997).

38) Retzlaff, NJW 2013, 2854, 2856 ff.; MüKoBGB/Grothe(2025), BGB § 212 Rn. 6.

39) 채무자가 가압류 목적물에 대한 가압류를 해제받을 목적으로 피보전채권을 변제하는 경우 또는 근저당권설정등기를 말소하기 위하여 피담보채무를 변제하는 경우에는 특별한 사정이 없는 한 다른 별개의 채무에 대하여서까지 채무를 승인하거나 소멸시효의 이익을 포기한 것이라고 볼 수는 없다(대법원 1993. 10. 26. 선고 93다14936 판결; 대법원 2014. 1. 23. 선고 2013다64793 판결 참조)는 판례의 입장을 고려하면, 그 채무가 별개로 성립되어 독립성을 갖고 있는 경우에는 일부변제를 복수의 채무 전부의 시효중단사유로 보아서는 안 될 것이다.

40) 대법원 2008. 7. 24. 선고 2008다25299 판결.

41) 대법원 2013. 2. 28. 선고 2011다21556 판결 등. 한편 의사표시에 의한 처분행위에 해당하므로 채무자가 소멸시효 완성 후에 한 소멸시효 이익의 포기행위는 소멸하였던 채무가 소멸하지 않았던 것으로 되어 결과적으로 채무자가 부담하지 않아도 되는 채무를 새롭게 부담하게 되는 것이므로 채권자취소권의 대상인 사해행위가 될 수 있다. 대법원 2013. 5. 31. 자 2012마712 결정.

42) 이 개념에 대해서는 조무제, "소송상 상계의 항변", 사법논집 제12집, 1981, 98면.

43) 통설은 이를 긍정한다. 민법주해 Ⅲ, 535면(윤진수 집필).

원고의 동의나 원고와의 합의 등이 불필요하다는 점에서 상계항변에 의한 시효중단을 인정한다.[45] 독일민법 제212조 제1항 제1호 등의 채무승인으로 인정되는 사유와 비교하면 충분히 채무승인으로 볼 수 있다.[46] 즉, 상계가 독일민법 제212조 제1항 각호의 채무승인의 하위 범주로 포함되어 열거되지 않았다고 하더라도[47] 충분히 그와 같은 평가를 받을 수 있는 사유라면 채무승인으로 인정될 수 있다.

다만 수동채권의 존재가 확정되는 것을 전제로 하여 행하여지는 일종의 예비적 항변으로서의 소송상 상계항변(이하 '예비적 상계항변')[48]은 수동채권에 대한 채무의 승인이라고 보기 어려울 수 있다.[49] 즉 예비적 상계항변의 경우에 피고의 상계의사에는 채무승인이 포함되어 있다고 볼 수 있는지에 대해서는 구체적인 논의가 필요하다. 먼저 피고가 원고의 청구가 정당하다고 생각하지 않았다면 상계항변을 하지 않았을 것이라고 생각해 볼 수도 있다.[50] 그러나 채무승인이 소멸시효의 중단사유로서 인정된 이유는 상대방이 권리행사를 하지 않아도 된다는 신뢰부여라는 점[51]에 있다면 개별사안에서 채권자에게 이러한 신뢰를 부여한 것으로 볼 수 있는지에 대한 고민을 통해 예비적 상계항변이 채무승인에 해당하는지를 평가할 필요가 있다.[52] 그러나 일반적으로 예비적 항변으로서의 상계항변이 가지는 의미, 즉 자동채권에 대한 채무자의 명시적이고 묵시적 채무승인이 있다고 보기는 어려울 것이다.[53] 피고인 채무자는 출혈적 성격을 지닌 상계를 통해 원고의 청구금액을 지급하지 않겠다는 의사를 표명한 것일 뿐 자동채권의 존부에 대한 어떠한 평가도 내리지 않았다고 보아야 할 것이다. 같은 맥락에서 우리 판례[54]는 "상계항변이 먼저 이루어지고 그 후 대여금채권의 소멸을 주장하는 소멸시효항변이 있었던 경우에, 상계항변 당시 채무자인 피고에게 수동채권인 대여금채권의 시효이익을 포기하려는 효과의사가 있었다고 단정할 수 없다. 그리고 항소심 재판이 속심적 구조인 점을 고려하면 제1심에서 공격방어방법으로 상계항변이 먼저 이루어지고 그 후 항소심에서 소멸시효항변이 이루어진 경우를 달리 볼 것은 아니다."라고 하면서

44) 이창현, 앞의 논문, 321면.
45) Retzlaff, NJW 2013, 2854, 2857.
46) BGH, NJW 2012, 3633=NZM 2013, 29; BGHZ 107, 395=NJW 1989, 2469.
47) 입법적 배경에 대해서는 Erman/Schmidt-Ränsch, 13. Aufl., 2011, § 212 Rn. 10.
48) 실무상 소송에서의 상계항변은 일반적으로 소송상의 공격방어방법으로 피고의 금전지급의무가 인정되는 경우 자동채권으로 상계를 한다는 예비적 항변의 성격을 갖는다고 보아야 할 것이다. 대법원 2013. 2. 28. 선고 2011다21556 판결; 조무제, 앞의 논문, 103면.
49) 이창현, 앞의 논문, 322면 이하에서는 기본적으로 예비적 항변으로서의 소송상 상계항변은 채무승인이 될 수 없다고 본다.
50) Retzlaff, NJW 2013, 2854, 2855.
51) BGH, NJW 2012, 3633.
52) Beater, Anerkenntnis durch Aufrechnen mit bestrittener Forderung, MDR 1991, 928; Retzlaff, NJW 2013, 2854, 2857. 독일의 판례 또한 개별사건에 중점을 두어 채무승인여부를 판단한다. BGHZ 107, 395=NJW 1989, 2469.
53) Staudinger/Peters/Jacoby(2019), § 212 Rn. 27.
54) 대법원 2013. 2. 28. 선고 2011다21556 판결.

예비적 상계항변이 시효가 완성된 수동채권에 대한 소멸시효이익을 포기한 것으로 보지 않았다.[55)]

한편 예비적 상계항변의 경우에 당사자가 소송상 상계항변으로 달성하려는 목적, 상호양해에 의한 자주적 분쟁해결수단인 조정의 성격 등에 비추어 볼 때, 당해 소송절차 진행 중 당사자 사이에 조정이 성립됨으로써 수동채권의 존재에 관한 법원의 실질적인 판단이 이루어지지 아니한 경우에는 그 소송절차에서 행하여진 소송상 상계항변의 사법상 효과도 발생하지 않는다고 봄이 타당하다.[56)]

(3) 기한유예 및 세금요청 등

1) 기한유예 요청

채무자가 채권자의 변제독촉에 대하여 형편이 나아지면 갚겠다고 한 경우에는 채무를 승인한 것으로 볼 여지가 있다. 회생절차 내에서 이루어진 변제기 유예 합의도 채무에 대한 승인이 전제된 것이므로 채무승인의 효력이 있다.[57)] 채권자가 기한유예의 요청을 거절한 경우에는 채무자의 기한유예의 요청을 표명한 때로부터 다시 소멸시효가 진행하며 채권자가 유예기간을 정하지 않았다면 기한유예의 의사를 표명한 때에는 그 때로부터, 채권자가 유예기간을 정하였다면 그 유예기간이 도래한 때부터 소멸시효는 재진행된다.[58)]

2) 명의신탁에서 수탁자의 신탁자에 대한 세금납부 요청

부동산 실권리자명의 등기에 관한 법률 시행 전에 명의수탁자가 명의신탁 약정에 따라 부동산에 관한 소유명의를 취득한 경우 위 법률의 시행 후 같은 법 제11조의 유예기간이 경과하기 전까지 명의신탁자는 언제라도 명의신탁 약정을 해지하고 당해 부동산에 관한 소유권을 취득할 수 있었던 것으로, 실명화 등의 조치 없이 위 유예기간이 경과함으로써 같은 법 제12조 제1항, 제4조에 의해 명의신탁 약정은 무효로 되는 한편, 명의수탁자가 당해 부동산에 관한 완전한 소유권을 취득하게 된다 할 것인데, 같은 법 제3조 및 제4조가 명의신탁자에게 소유권이 귀속되는 것을 막는 취지의 규정은 아니므로 명의수탁자는 명의신탁자에게 자신이 취득한 당해 부동산을 부당이득으로 반환할 의무가 있다 할 것인바, 이와 같은 경위로 명의신탁자가 당해 부동산의 회복을 위해 명의수탁자에 대해 가지는 소유권이전등기청구권은 그 성질상 법률의 규정에 의한 부당이득반환청구권으로서 민법 제162조 제1항에 따라 10년의 기간이 경과함으로써 시효로 소멸한다.[59)] 문제는 신탁자가 일반적으로 부동

55) 물론 시효이익의 포기는 효과의사를 필요로 하므로 효과의사까지는 인정할 수 없다는 것으로 그 사정범위를 좁혀서 읽을 수도 있을 것이다.

56) 대법원 2013. 3. 28. 선고 2011다3329 판결.

57) 대법원 2016. 8. 29. 선고 2016다208303 판결.

58) 대법원 2006. 9. 22. 선고 2006다22852, 22869 판결 참조.

59) 대법원 2009. 7. 9. 선고 2009다23313 판결.

산 그 자체를 점유하고 있다는 점인데, 점유에 의해 소유권이전등기 청구권의 소멸시효가 진행되지 않는지이다. 이에 대해 판례는 부정적이다. 즉 판례는 "명의신탁계약 및 그에 기한 등기를 무효로 하고 그 위반행위에 대하여 형사처벌까지 규정한 부동산 실권리자명의 등기에 관한 법률의 시행에 따라 그 권리를 상실하게 된 위 법률 시행 이전의 명의신탁자가 그 대신에 부당이득의 법리에 따라 법률상 취득하게 된 명의신탁 부동산에 대한 부당이득반환청구권의 경우, 무효로 된 명의신탁 약정에 기하여 처음부터 명의신탁자가 그 부동산의 점유 및 사용 등 권리를 행사하고 있다 하여 위 부당이득반환청구권 자체의 실질적 행사가 있다고 볼 수 없을 뿐만 아니라, 명의신탁자가 그 부동산을 점유·사용하여 온 경우에는 명의신탁자의 명의수탁자에 대한 부당이득반환청구권에 기한 등기청구권의 소멸시효가 진행되지 않는다고 보아야 한다면, 이는 명의신탁자가 부동산 실권리자명의 등기에 관한 법률의 유예기간 및 시효기간 경과 후 여전히 실명전환을 하지 않아 위 법률을 위반한 경우임에도 그 권리를 보호하여 주는 결과로 되어 부동산 거래의 실정 및 부동산 실권리자명의 등기에 관한 법률 등 관련 법률의 취지에도 맞지 않는다."라고 본다.[60] 이에 계약명의신탁에서 신탁자의 수탁자에 대한 소유권이전등기청구권은 민법 제168조의 사유에 의해 시효가 중단되었는지를 확인하는 것이 매우 중요하다. 특히 채무의 승인에 의한 중단이 중요하게 되는데, 그 이유는 신탁자와 수탁자 간에는 법적 효력은 차치하더라도 최소한 신탁자를 소유자로 생각하는 합의가 있을 수 있기 때문이다. 판례는 소유자인 수탁자가 신탁자에게 소유자가 부담하는 세금을 납부할 것을 요청한 경우, 수탁자는 자신의 소유가 아니라 신탁자의 소유임을 스스로 인정하는 것을 전제로 하여서만 취하였을 행태로 보아 위와 같은 행위를 채무승인으로 보아 시효의 중단을 인정한다.[61]

3) 기 타

첫째, 채무자가 채권자에 대하여 자신 소유의 부동산에 담보 목적의 가등기를 설정하여 주는 것은 제168조 소정의 채무의 승인에 해당한다.[62]

둘째, 면책적 채무인수가 있은 경우, 인수채무의 소멸시효기간은 채무인수와 동시에 이루어진 소멸시효 중단사유, 즉 채무승인에 따라 채무인수일로부터 새로이 진행된다.[63] 이행인수는 채무의 존재를 인식하고 이를 표시하는 것이므로 채무승인에 해당한다.[64] 병존적 채무인수도 자신의 채무의 존재를 인식하고 이를 채권자에게 표시한 것이므로 채무승인이 된다.[65]

60) 대법원 2009. 7. 9. 선고 2009다23313 판결.
61) 대법원 2012. 10. 25. 선고 2012다45566 판결.
62) 대법원 1997. 12. 26. 선고 97다22676 판결.
63) 대법원 1999. 7. 9. 선고 99다12376 판결.
64) 이창현, 앞의 논문, 326면.
65) 대법원 2010. 11. 11. 선고 2010다46657 판결.

셋째, 비법인사단의 대표자가 총유물의 매수인에게 소유권이전등기를 해주기 위하여 매수인과 함께 법무사 사무실을 방문한 행위는 소유권이전등기청구권의 소멸시효 중단의 효력이 있는 승인에 해당한다.[66]

넷째, 계속적 거래에서 동종 물품 주문이 채무승인에 해당하는지가 문제된다. 판례는 계속적 물품공급계약에 기하여 발생한 외상대금채권은 특별한 사정이 없는 한 개별 거래로 인한 각 외상대금채권이 발생한 때로부터 개별적으로 소멸시효가 진행하는 것이지 거래종료일부터 외상대금채권 총액에 대하여 한꺼번에 소멸시효가 기산한다고 할 수 없는 것이고,[67] 각 개별 거래시마다 서로 기왕의 미변제 외상대금에 대하여 확인하거나 확인된 대금의 일부를 변제하는 등의 행위가 없었다면, 새로이 동종 물품을 주문하고 공급받았다는 사실만으로는 기왕의 미변제 채무를 승인한 것으로 볼 수 없다고 본다.[68]

마지막으로, 피고의 주주총회에서 재무제표 승인이 이루어진 것만으로는 채무자인 피고가 채권자인 원고에 대하여 원고의 대여금 채권이 존재함을 인식하고 있다는 뜻을 표시한 것으로 볼 수 없다.[69] 주주총회에서 승인된 대차대조표 등 재무제표에는 채권자나 구체적 채무내역 등이 기재되어 있지 않고, 재무제표에 대한 주주총회 승인결의는 회사의 대내적 업무처리 과정일 뿐 채권자 등에 대한 대외적 의사표시의 성격을 가진다고 볼 수는 없기 때문이다.

Ⅲ. 채무승인에 의한 소멸시효 이익의 포기

소멸시효의 완성 후에 채권자의 유인행위 등에 의해 채무자가 일부변제 등에 의해 채무승인을 하는 경우에 채무자는 시효이익을 포기한 것으로 추정되는 경우가 있다.[70] 이에 이하에서는 어떠한 경우에 채무승인이 시효이익의 포기로 연결되는지를 검토해 보고자 한다.

1. 소멸시효이익의 포기가 인정되기 위한 요건 및 그 효과

소멸시효의 이익은 소멸시효가 완성하기 전에는 미리 포기하지 못하게 한다(제184조 제1항). 권리자가 의무자의 궁박을 이용하여 약자인 의무자로 하여금 포기를 강제하는 것을 막기 위한 목적에서이다. 다만 시효완성 전에 시효이익을 포기하는 의사표시는 의무자가 권리를 '승인'하는 것으로 보아 소멸시효 중단사유로서 인정된다(민법 제168조 제3호 및 제177조).

---

66) 대법원 2009. 11. 26. 선고 2009다64383 판결.

67) 대법원 1978. 3. 28. 선고 77다2463 판결; 대법원 1992. 1. 21. 선고 91다10152 판결 등 참조.

68) 대법원 2005. 2. 17. 선고 2004다59959 판결; 대법원 2007. 1. 25. 선고 2006다68940 판결 등 참조.

69) 대법원 2013. 9. 26. 선고 2013다42922 판결.

70) 참고로 시효가 완성된 후 채권자 및 채권양수인에 의해 지급명령(민사소송법 제462조 이하)이 신청된 경우에 채무자가 그 지급명령에 대해 2주 이내에 이의신청을 하지 않으면 채권자의 주장대로 지급명령이 확정되어 채권자는 집행권원을 얻게 된다.

판례는 민법 제184조 제1항의 반대해석상 시효완성 후에는 소멸시효의 이익을 포기할 수 있다고 본다.[71] 시효이익 포기의 의사표시를 할 수 있는 자는 시효 완성의 이익을 받을 당사자 또는 그 대리인에 한정된다.[72] 시효이익의 포기는 처분적인 성격을 갖기 때문에 처분능력 · 권한이 있어야 하고, 시효이익 포기의 의사표시는 시효의 완성으로 권리를 상실한 자 또는 그 대리인에 대하여 이루어져야 한다.[73] 예컨대 보증의 경우 주채무와 보증채무는 별개의 채무이므로 소멸시효 완성 여부, 시효이익 포기 여부도 별개로 판단되어야 한다. 판례는 이러한 이유에서 주채무의 시효완성 후 보증인이 보증채무를 승인한 뒤 다시 주채무의 소멸시효 완성을 주장할 수 있다고 본다. 통상의 경우 보증인이 보증채무를 승인하였다고 하더라도 그 의사는 주채무의 존속을 전제로 한 것, 즉 주채무가 있으면 보증책임도 계속 부담하겠다는 뜻이지 주채무가 소멸된 경우까지도 그와 상관없이 보증인이 독자적으로 책임을 지겠다는 취지는 아니라 할 것이므로, 특별한 사정이 없는 한 주채무의 소멸시효 완성을 주장할 수 있다는 것이다. 즉, 판례는 "보증채무에 대한 소멸시효가 중단되는 등의 사유로 완성되지 아니하였다고 하더라도 주채무에 대한 소멸시효가 완성된 경우에는 시효완성의 사실로써 주채무가 당연히 소멸되므로 보증채무의 부종성에 따라 보증채무 역시 당연히 소멸된다. 그리고 주채무에 대한 소멸시효가 완성되어 보증채무가 소멸된 상태에서 보증인이 보증채무를 이행하거나 승인하였다고 하더라도, 주채무자가 아닌 보증인의 위 행위에 의하여 주채무에 대한 소멸시효 이익 포기 효과가 발생된다고 할 수 없으며, 주채무의 시효소멸에도 불구하고 보증채무를 이행하겠다는 의사를 표시한 경우 등과 같이 그 부종성을 부정하여야 할 다른 특별한 사정이 없는 한 보증인은 여전히 주채무의 시효소멸을 이유로 보증채무의 소멸을 주장할 수 있다고 봄이 상당하다."라고 판시하였다.[74] 다만 특별한 사정을 인정하여 보증채무의 본질적인 속성에 해당하는 부종성을 부정하려면 보증인이 주채무의 시효소멸에도 불구하고 보증채무를 이행하겠다는 의사를 표시하거나 채권자와 그러한 내용의 약정을 하였어야 하고, 단지 보증인이 주채무의 시효소멸에 원인을 제공하였다는 것만으로는 보증채무의 부종성을 부정할 수 없다.[75]

소멸시효이익의 포기는 시효 완성의 사실을 알고 시효에 의하여 의무를 면한다는 이익을 받지 않겠다고 하는 효과의사에 의한 것이어야 한다.[76] 시효이익의 포기는 재판 외에서 해도 무방하나, 상대방에 대한 의사표시로 행하여 져야 하므로 그 의사표시가 상대방에게 적

71) 대법원 2008. 11. 27. 선고 2006다18129 판결 등 다수. 참고로 소멸시효 완성의 효과에 관한 절대적 소멸설에 따르면 이는 의무자가 시효이익을 받지 않겠다는 의사를 표시한 데 대해 법률이 특별한 효력을 부여한 것으로 이해하는 반면, 상대적 소멸설에 따르면 시효원용권자가 실체법상 시효원용권을 포기하는 의사표시로 이해한다.

72) 대법원 2014. 1. 23. 선고 2013다64793 판결.

73) 소멸시효 이익의 포기는 가분채무의 일부에 대하여도 가능하다. 대법원 1987. 6. 23. 선고 86다카2107 판결 및 대법원 2012. 5. 10. 선고 2011다109500 판결.

74) 대법원 2012. 7. 12. 선고 2010다51192 판결.

75) 대법원 2018. 5. 15. 선고 2016다211620 판결.

76) 대법원 2008. 7. 24. 선고 2008다25299 판결.

법하게 도달한 때에 비로소 효력이 발생된다.[77] 그 의사표시는 명시적일 필요는 없고 묵시적인 것이라도 무방하다. 채무자가 소멸시효 완성 후에 시효의 이익을 포기한 경우에는 그 때부터 새로이 소멸시효가 진행한다.[78] 소멸시효 이익을 포기한 자는 더 이상 소멸시효의 완성을 주장할 수 없다. 다만, 소멸시효 이익의 포기는 상대적 효과가 있을 뿐이어서 특별한 사정이 없는 한 다른 사람에게는 영향을 미치지 아니한다(소위 '포기의 상대효'). 따라서 다른 소멸시효 원용권자는 여전히 소멸시효 완성을 주장할 수 있다. 예를 들어 주된 채무자가 시효이익을 포기초하여도 보증인, 물상보증인, 제3취득자 등에게는 영향이 없다.[79] 그렇지만 소멸시효 이익의 포기 당시에는 그 권리의 소멸에 의하여 직접 이익을 받을 수 있는 이해관계를 맺은 적이 없다가 나중에 시효이익을 이미 포기한 자와의 법률관계를 통하여 비로소 시효이익을 원용할 이해관계를 형성한 자는 이미 이루어진 시효이익 포기의 효력을 부정할 수 없다. 왜냐하면, 시효이익의 포기에 대하여 상대적인 효과만을 부여하는 이유는 그 포기 당시에 시효이익을 원용할 다수의 이해관계인이 존재하는 경우 그들의 의사와는 무관하게 채무자 등 어느 일방의 포기 의사만으로 시효이익을 원용할 권리를 박탈당하게 되는 부당한 결과의 발생을 막으려는 데 있는 것이지, 시효이익을 이미 포기한 자와의 법률관계를 통하여 비로소 시효이익을 원용할 이해관계를 형성한 자에게 이미 이루어진 시효이익 포기의 효력을 부정할 수 있게 하여 시효완성을 둘러싼 법률관계를 사후에 불안정하게 만들자는 데 있는 것은 아니기 때문이다.[80]

2. 시효이익 포기의 의사가 있는지에 대한 판단

시효이익 포기의 의사표시가 존재하는지 여부의 판단과 관련하여 판례는 그 표시된 행위 내지 의사표시의 내용과 동기 및 경위, 당사자가 그 의사표시 등에 의하여 달성하려고 하는 목적과 진정한 의도 등을 종합적으로 고찰하여 사회정의와 형평의 이념에 맞도록 논리와 경험의 법칙, 그리고 사회일반의 상식에 따라 객관적이고 합리적으로 이루어져야 한다는 입장이다.[81]

판례가 언급한 일반기준은 매우 모호하다는 점에서 이하에서는 구체적인 사실관계에서 위 기준에 의해 어떻게 판단하였는지를 확인할 필요가 있다.

(1) 경매절차에서 채무자가 배당이의 등 하지 않는 경우

대법원 2012. 5. 10. 선고 2011다109500 판결 등[82]은 다른 채권자가 신청한 부동산경매

---

77) 대법원 2008. 11. 27. 선고 2006다18129 판결

78) 대법원 2009. 7. 9. 선고 2009다14340 판결; 대법원 2013. 5. 23. 선고 2013다12464 판결.

79) 대법원 1995. 7. 11. 선고 95다12446 판결.

80) 대법원 2015. 6. 11. 선고 2015다200227 판결.

81) 대법원 2008. 7. 24. 선고 2008다25299 판결.

82) 대법원 2001. 6. 12. 선고 2001다3580 판결; 대법원 2002. 2. 26. 선고 2000다25484 판결; 대법원 2010. 5. 13.

절차에서 채무자 소유의 부동산이 경락되고 그 대금이 이미 소멸시효가 완성된 채무를 피담보채무로 하는 근저당권을 가진 채권자에게 배당되어 채무의 변제에 충당될 때까지 채무자가 아무런 이의를 제기하지 아니하였다면, **경매절차의 진행을 채무자가 알지 못하였다는 등** 다른 특별한 사정이 없는 한 채무자는 채권에 대한 소멸시효 이익을 포기한 것으로 본다. 그러나 판례는 소멸시효가 완성된 경우 채무자에 대한 일반채권자는 채권자의 지위에서 독자적으로 소멸시효의 주장을 할 수는 없지만 자기의 채권을 보전하기 위하여 필요한 한도 내에서 채무자를 대위하여 소멸시효 주장을 할 수 있으므로,[83] 채무자가 배당절차에서 이의를 제기하지 아니하였다고 하더라도 채무자의 다른 채권자가 이의를 제기하고 채무자를 대위하여 소멸시효 완성의 주장을 원용하였다면, 시효의 이익을 묵시적으로 포기한 것으로 보지 않는다.[84]

(2) 채무자가 채무를 승인한 경우

종전의 판례는 채무자가 소멸시효의 완성 후에 채무의 승인을 한 경우에는 채무자가 소멸시효의 완성을 알았던 것으로 사실상 추정하면서 나아가 채무자가 소멸시효의 완성을 모르고 채무를 승인한 것이라는 증명을 사실상 인정하지 아니함으로써 결과적으로 채무자가 소멸시효 이익을 포기한 것으로 보아 채무자의 소멸시효 항변을 받아들이지 않았다.[85] 예컨대 판례는 일반적으로 채무자가 소멸시효의 완성 후에 한 채무의 승인, 전부·일부변제 또는 기한유예신청 등의 경우에 소멸시효의 완성 사실을 알고 한 것으로 추정하고 소멸시효의 이익을 포기한 것으로 본다.[86] 그러나 최근의 판례는 "시효완성 후 시효이익의 포기가 인정되려면 시효이익을 받는 채무자가 시효의 완성으로 인한 법적인 이익을 받지 않겠다는 효과의사가 필요하기 때문에 시효완성 후 소멸시효 중단사유에 해당하는 **채무의 승인이 있었다고 하더라도 그것만으로는 곧바로 소멸시효 이익의 포기라는 의사표시가 있었다고 단정할 수 없다.**"라고 판시하여[87] 효과의사의 존부라는 측면에서 종전 판례의 적용범위를 제한하고 있다.[88] 그 대표적인 예시로 소멸시효가 완성된 채권을 수동채권으로 한 소송상 상

선고 2010다6345 판결.

83) 대법원 2012. 5. 10. 선고 2011다109500 판결.

84) 대법원 2017. 7. 11. 선고 2014다32458 판결.

85) 대법원 1967. 2. 7. 선고 66다2173 판결 등 참조. 예를 들어 소멸시효가 완성된 뒤 채무자의 변제기 유예 요청 또는 일부 변제가 있은 경우, 채무자는 채무 전체를 승인한 것으로 봄이 상당하고 또한 채무자는 당시 소멸시효가 완성된 것을 알았다고 봄이 상당하다고 하여, 채무 전체에 관하여 소멸시효 이익을 포기한 것으로 보고 있다. 한편, 원금채무에 관하여는 소멸시효가 완성되지 아니하였으나 이자채무에 관하여는 소멸시효가 완성된 상태에서 채무자가 채무를 일부 변제한 때에는 그 액수에 관하여 다툼이 없는 한 그 원금채무에 관하여 묵시적으로 승인하는 한편 그 이자채무에 관하여 시효완성의 사실을 알고 그 이익을 포기한 것으로 추정되며, 채무자의 변제가 채무 전체를 소멸시키지 못하고 당사자가 변제에 충당할 채무를 지정하지 아니한 때에는 제479조, 제477조에 따른 법정변제충당의 순서에 따라 충당되어야 할 것이다(대법원 2013. 5. 23. 선고 2013다12464 판결).

86) 대법원 1992. 5. 22. 선고 92다4796 판결; 대법원 2001. 6. 12. 선고 2001다3580 판결; 대법원 2010. 3. 11. 선고 2009다100098 판결; 대법원 2002. 2. 26. 선고 2000다25484 판결; 대법원 2012. 5. 10. 선고 2011다109500 판결.

87) 대법원 2013. 2. 28. 선고 2011다21556 판결; 대법원 2016. 6. 23. 선고 2013다209978 판결.

계항변이 채무승인에 의한 시효이익 포기에 해당하는지에 대한 판례를 검토해 본다. 갑이 을을 상대로 시효가 완성된 대여금채권에 기하여 대여금반환을 구하는 소를 제기하자, 을이 1심에서 대여금채권의 존재를 증명하는 서증에 대하여 그 진정성립을 인정한 후 상계 항변을 하였다가 항소심에 이르러 시효항변을 한 경우에 을이 상계 항변에 의해 자신의 시효이익을 포기하였는지가 문제된다. 대법원 2013. 2. 28. 선고 2011다21556 판결에서는 "시효완성 후 시효이익의 포기가 인정되려면 시효이익을 받는 채무자가 시효의 완성으로 인한 법적인 이익을 받지 않겠다는 효과의사가 필요하기 때문에 시효완성 후 소멸시효 중단사유에 해당하는 채무의 승인이 있었다 하더라도 그것만으로는 곧바로 소멸시효 이익의 포기라는 의사표시가 있었다고 단정할 수 없다."라고 하면서, "소송에서의 상계 항변은 일반적으로 소송상의 공격방어방법으로 피고의 금전지급의무가 인정되는 경우 자동채권으로 상계를 한다는 예비적 항변의 성격을 갖는다. 따라서 이 사건과 같이 상계 항변이 먼저 이루어지고 그 후 대여금채권의 소멸을 주장하는 소멸시효항변이 있었던 경우에, 상계 항변 당시 채무자인 피고에게 수동채권인 대여금채권의 시효이익을 포기하려는 효과의사가 있었다고 단정할 수 없다. 그리고 항소심 재판이 속심적 구조인 점을 고려하면 제1심에서 공격방어방법으로 상계 항변이 먼저 이루어지고 그 후 항소심에서 소멸시효항변이 이루어진 경우를 달리 볼 것은 아니다."라고 판단하였다.[89] 특히 위 판결은 "갑이 을을 상대로 지급명령을 신청하였는데, 을이 이에 응하지 아니하고 이의를 제기한 후 응소하여 갑의 이 사건 대여금청구를 기각하여 달라는 판결을 구하였다는 점에서 기본적으로 을은 갑이 주장하는 대여금채권의 존부에 관하여 다툴 의사가 있었던 것"에 초점을 맞춘다. 요컨대 소송에서 채무자가 소멸시효항변을 하기에 앞서 소송상 상계 항변을 하였다는 사정만으로 채무자에게 시효완성으로 인한 법적인 이익을 받지 않겠다고 하는 의사표시가 있었다고 단정할 수 없다.

같은 맥락에서 채무자가 개인회생신청을 하면서 채권자목록에 소멸시효기간이 완성된 채권을 기재하는 행위는 통상 채무자는 강제집행을 중지시키거나 일정 기간 담보권 실행을 못하게 하는 한편 변제계획에 따른 변제를 완료하여 궁극적으로 채무에 대한 면책을 받으려는 목적으로 개인회생절차를 밟게 되는 점 등을 고려하면, 시효이익을 포기하려는 효과의사까지 있었다고 보기는 어렵다.[90]

88) 권영준, "소멸시효와 신의칙", 재산법연구 제26권 제1호, 2009, 20면은 종래 판례가 무리한 추정의 토대 위에서 시효이익포기의 범위를 넓히는 이유에 대해서 "시효완성을 엄격하게 새겨 권리자의 이익이 쉽게 박탈되지 않도록 하려는 고려"라고 선해한다.

89) 더 나아가 동 판결은 "대여금채권의 소멸시효가 완성된 후 을이 상계 항변을 하였다는 점을 들어 갑으로 하여금 을이 더 이상 시효를 원용하지 않을 것이라는 합리적인 기대 내지 신뢰를 가지게 하였다고 볼 수 없으므로, 상계 항변을 한 후 소멸시효의 항변을 한 것이 신의칙에 반한다고 볼 수도 없다."라고 보았다.

90) 대법원 2017. 7. 11. 선고 2014다32458 판결.

(3) 정 리

최근 판례는 시효완성 후 시효이익의 포기가 인정되려면 시효이익을 받는 채무자가 시효의 완성으로 인한 법적 이익을 받지 않겠다는 효과의사가 필요하기 때문에 시효완성 후 소멸시효 중단사유에 해당하는 채무의 승인이 있었다 하더라도 그것만으로는 곧바로 소멸시효 이익의 포기라는 의사표시가 있었다고 단정할 수 없다고 본다.[91] 채무자가 소멸시효의 완성 후에 채무의 승인을 하였다면 오히려 채무자가 소멸시효의 완성을 몰랐다고 봄이 경험칙에 부합하므로 위와 같은 판례의 변화는 타당하다. 요컨대 채무자가 소멸시효의 완성 후에 채무의 승인을 하였다고 하더라도 채권자가 당시 채무자가 소멸시효의 완성을 알고 있었다는 사실을 증명[92]하지 못한 경우에는 채무자가 소멸시효의 이익을 포기한 것으로 볼 수는 없다. 다만, 채무자가 소멸시효의 완성 후에 채무를 승인하게 되면 채권자는 채무자가 이제는 소멸시효의 완성을 주장하지 않을 것으로 신뢰할 것이므로 그 뒤 채무자가 소멸시효의 완성을 주장하는 것은 채무자가 소멸시효의 완성을 알지 못하였다고 하더라도 선행행위에 반하는 모순행위로서 신의칙에 위배된다고 볼 여지가 있다.

3. 시효완성 후 채권자가 채무자의 일부변제를 유인하는 행위에 대한 통제

채권자가 자기 권리의 소멸시효가 완성된 사실을 알면서도 채무자에게 일부변제 등을 요구하여 시효이익의 포기를 유인한 경우에 채무자는 원칙적으로 시효완성을 주장할 수 없다. 권리자 입장에서는 사회가 관용할 수 있는 당연한 절차라고 할 수 있기 때문이다. 문제는 어떠한 경우가 사회가 관용할 수 없는 예외적인 상황인지에 대한 판단이다.

(1) 일 본

1) 권리자는 채무자에게 시효완성을 알려야 할 고지의무를 부담하는가?

일본민법 제146조는 우리와 같이 “시효이익을 사전에 포기할 수 없다.”고 규정하고 있다. 일본민법 제146조는 일반적으로 시효제도가 공익상의 제도로서 사전에 시효이익의 포기를 인정하는 것은 이 제도의 취지에 합치하지 않다는 점(시효의 공익성)[93]과 채권자는 우월적 지위를 이용하여 채무자에게 시효이익의 포기를 강제할 수도 있다(남용방지)는 점을 고려하여 입법된 것으로 이해된다.[94] 먼저 시효의 완성사실을 알고 한 채무승인은 시효이익을 포

91) 대법원 2013. 2. 28. 선고 2011다21556 판결.

92) 대법원 2015. 3. 26. 선고 2012다25432 판결은 하자보수보증보험계약에 따른 보험금청구권의 소멸시효가 문제된 사안에서 “피고는 소멸시효 완성 후 보험금지급채무를 변제함으로써 그 채무를 묵시적으로 승인한 것으로 볼 수 있으며, 이 경우 아파트 신축공사에 관한 하자보수보증보험 업무를 전문적으로 취급하는 보증보험회사인 피고로서는 시효완성의 사실을 알고서 채무를 승인함으로써 시효이익을 포기하였다고 보아야 한다.”라고 판시하였다.

93) 梅謙次郎, 前揭書, 375頁.

94) 河上正二, 『民法総則講義』, 日本評論社, 2007, 540頁; 慶野菜穂子, 「時效と合意」, 消滅時効法の現状と改正提言, 商事法務, 2008, 52－53頁. 그 밖에 일부 견해는 채무자의 보호를 위해 사전포기를 허용하지 않았다고 본다.

기한 것으로 본다. 문제는 채무자가 시효완성사실을 모르고 채무를 승인한 경우이다. 일본 최고재판소는 소멸시효완성 후에 채무자가 그 채무를 변제한 경우, 그 후에 시효원용권을 행사할 수 있는가 하는 '시효완성 후의 채무승인에 의한 시효원용권의 상실'의 문제에 대해 最判 昭和41(1966)年 4月 20日[95](이하 「1966년 판결」)에서, 신의칙을 근거로 "시효가 완성된 후에 채권자에게 채무자가 채무를 승인한 이상 시효완성의 사실을 알지 못한 때라도 그 후 그 채무에 대하여 그 완성된 소멸시효를 원용하는 것은 허용되지 않는다."라고 판시하였다.

그 후의 일본 최고재판소 및 하급심 판결에서 1966년 판결을 인용하며 동일한 판단을 내리면서,[96] 신의칙에 의한 시효원용권의 제한은 일정한 평가를 얻었다. 그러나 1966년 판결이 '채무를 승인한 이상'이라고 논하면서, 시효원용권을 상실하는 '채무승인행위'란 어떠한 경우인지가 학설로 다투어졌다.[97] 통설은 일반적으로 '채무승인행위'에 의해 자기의 의무를 자인한 자에게 시효의 이익을 향유하도록 하는 것이 '선행행위와 모순하는 행위'로서 신의칙에 반한다고 논한다.[98] 일부는 채무자의 채무승인으로 채무의 존재가 명확해 졌다는 것을 이유로 채무자의 시효원용을 인정하지 않는다.[99] 이러한 사고는 채권자의 신뢰보호의 필요성에 초점을 맞춘다.[100]

2) 신의칙에 의한 권리자의 기만적 행위의 통제

일본의 하급심 판결인 宇都宮簡判 平成24(2012)年 10月 15日(이하 '2012년 판결')은 소비자 Y에게 사업자 X가 가지는 채권의 시효가 완성된 후 X가 Y에게 일부변제 등을 유도하여 Y가 일부를 변제한 사안에 관한 것이다. Y의 일부변제 후 X가 Y에게 잔존채무 및 지연손해금의 이행을 요청하자 Y는 시효의 완성을 주장하였고 이에 대해 X는 시효완성 후 시효이익을 포기한 것으로 평가할 수 있다고 주장하였다. 한편 Y는 자신이 시효의 완성을 원용하는 것이 신의칙에도 반하지 않는다고 주장하였다.

内田貴, 『民法 I [第4版]』, 東京大学出版会, 2008, 334頁; 山本敬三, 『民法講義 I 総則[第2版]』, 有斐閣, 2005, 510頁.

95) 民集 20巻 4号 702頁.

96) 예컨대 東京簡判 平成 11年 3月 19日, 判タ 1045号 169頁에서는 시효완성 후에 채권자의 청구에 의하여 정기적으로 변제한 채무자가 채권자와의 협의로 채무의 존재를 인정하고 원금을 감액하여 이를 분할지급하는 데 합의한 경우, 채무의 존재를 인식하고 명확히 승인하였다고 하며 소멸시효의 원용권 상실의 재항변을 인정한다.

97) 시효이익의 상실이 발생하는 사실에 대해서는 鈴木禄弥, 『民法講義(第2訂版)』, 創文社, 2003, 326頁.

98) 河上正二, 前掲書, 540頁; 山本敬三, 前掲書, 608頁; 加藤雅信, 『新民法体系 I 民法総則(第2版)』, 有斐閣, 2005, 393頁; 近江幸治, 『民法講義 I 民法総則(第6版)』, 成文堂, 2012, 353頁.

99) 四宮和夫, 『民法総則(第8版)』, 弘文堂, 2010, 412頁; 田山輝明, 『民法要義1民法総則(第4版)』, 成文堂、2010, 314頁; 金山直樹, 『時効における理論と解釈』, 有斐閣、2009, 514頁.

100) 다만 佐久間毅, 『民法の基礎1－総則』, 有斐閣, 2008, 430頁은 채권자의 신뢰 보호라고 구성하는 것은 타당하지 않다고 논한다. 그는 채무승인의 경우에 시효원용이 인정되지 않는 이유로 채무의 승인은 채무자가 채무이행의 의사를 표시한 점, 채무승인에 의해 채무의 존재가 명확해져 증명 곤란의 문제가 발생하지 않는 점, 그러한 상황하에서는 권리자의 권리상실을 발생시켜서는 안 되는 점을 든다. 西村信雄, 「判批」, 民商 55巻 6号, 1967, 93頁에서는 채권자는 시효완성을 알고 있으나 채무자가 이를 알지 못하는 경우에는 오히려 시효원용을 못하게 하는 것이 신의칙에 반한다는 점을 지적한다.

이에 대해 2012년 판결은 "권리자는 시효가 완성된 사실을 채무자에 고지할 의무가 없다."는 점을 다음과 같이 확인한다.

> "일반적으로 소멸시효기간이 경과한 후에 채무자가 채무의 전부 또는 일부를 변제한 때는 채무자가 시효완성의 사실을 알지 못하였더라도 이에 의하여 이후 그 채무에 대하여 소멸시효를 원용하는 것은 허용되지 않는다고 해석하는 것이 상당하다. 시효완성 후에 채무자가 채무를 승인하는 것은, 시효에 의한 채무소멸의 주장과 양립될 수 없는 행위로, 채권자는 이를 더 이상 채무자가 시효를 원용하지 않는다는 취지라고 고려하므로, 그 후에 있어서는 채무자에게 시효의 원용을 인정하지 않는다고 해석하는 것이 신의칙에 비추어 상당하며, 이와 같이 해석하더라도 영속한 사회질서의 유지를 목적으로 하는 시효 제도의 존재이유에 반하지 않기 때문이다. 그리고 **채권자가 시효완성 후에 채무자에 대하여 채무의 변제 및 승인을 구하는 것은 그 태양이 상당한 한 채권자의 권리행사로서 부당하지 않으며, 또 시효가 완성된 사실을 채무자에 고지할 의무도 없다.**"

다음으로 2012년 판결은 "채권자가 시효완성 후에 채무자에 대하여 채무의 변제 및 승인을 구하는 것은 그 태양이 상당한 한 채권자의 권리행사로서 부당하지 않다."라고 본 후,[101] "본 사안의 경우에는 채무자가 시효를 원용하지 않는다고 채권자가 신뢰하는 것이 상당하다고 인정할 수 있는 상황이 발생하였다고는 할 수 없으므로, 가령 X가 더 이상 Y가 시효를 원용하지 않을 것이라고 신뢰하였더라도 이 신뢰는 신의칙상 보호하기에 부족하다."라고 판단하였다.[102]

2012년 판결 이전에도 일본 하급심 판결은 예외적으로 일부변제 후 채무자가 시효완성을 원용하지 못하게 하는 것이 신의칙에 위반된다고 볼 수 있는 경우에는 하급심 판결 등에서 채무자가 시효이익을 포기하였다 하더라도 시효를 원용할 수 있다고 본다.[103] 예컨대 札幌簡裁 平成 10年 12月 22日(判タ 1040号 211頁)은 "거래 경험, 법적 지식에 있어서 압도적으로 앞서는 채권자가 시효의 완성의 사실을 알면서도 법적으로 무지한 채무자에게 구태여 이를 고지하지 않은 채 채무의 일부변제를 강제하는 경우 및 채권자가 채무자의 시효원용의 주장을 방지하기 위하여 시효완성 후 감언을 늘어놓으며 소액을 변제시킨 다음, 태도를 바꾸어 잔원금 및 다액에 이르는 지연손해금을 청구하는 경우에, 채무자가 시효를 원용하는

101) 2012년 판결은 "채무의 승인에 의하여 시효원용권 상실의 효과가 발생하는 것은 신의칙에 비춘 판단이므로, 채무자의 행동이 채무승인에 해당하는지, 해당하더라도 이에 의하여 시효원용권을 상실하였다고 보는 채권자의 인식을 보호하여 마땅한지에 대해서는 사안의 내용, 시효완성 전의 채권자와 채무자의 교섭 과정, 시효완성 후에 채무를 승인하였다고 인정할 수 있는 사정의 유무, 그 후의 채무자의 변제 상황 등을 종합하여, 채권자와 채무자 간에 있어서 더 이상 채무자가 시효를 원용하지 않을 것이라고 채권자가 신뢰하는 것이 상당하다고 인정할 수 있는 상황이 발생하였는지에 따라 판단하는 것이 상당하다고 해석된다."라고 본다.

102) 결국 Y의 시효원용에 의해 X의 청구는 기각되었다.

103) 물론 바라보는 관점에서는 애당초 신의칙에 의해 시효이익을 포기하지 않은 것으로 볼 여지도 있을 것이다. 그러나 당사자의 시효이익 포기의 의사표시가 신의칙에 의해 효력이 없다라는 논리보다는 시효이익을 포기하였으나 신의칙에 의해 시효완성을 원용할 수 있다는 논리가 더 정치하다.

것은 채무승인행위를 한 다음이라고 하더라도 신의칙에 반하지 않는다."라고 본다. 또한 東京地裁 平成7年 7月 26日(金商 1011号 38頁)[104)]에서도 "채권자가 소멸시효완성 후에 기만적 방법을 이용하여 채무자에게 일부변제하면 잔존 채무는 없다고 오신하게 하여 그 결과 채무자가 그 채무의 일부를 변제한 경우에까지 이러한 오신을 발생시킨 채권자의 신뢰를 보호하기 위하여 채무자의 소멸시효의 원용권을 상실시킬 수 없다고 본다.[105)]

(2) 미 국

미국의 경우에 출소기간 완성의 효력은 주마다 상이하나 일반적으로 출소기간법(Statute of Limitations)에 의해 정해진 기간이 경과되면 소권(訴權)만이 소멸되며 기존의 채무는 자연채무(自然債務)로 존재하게 된다.[106)] 출소기간법은 일반적으로 실체법상의 권리를 소멸시키는 것이 아니라 구제수단을 제한하는 것에 불과하다. 따라서 무조건부(unqualified)의 채무의 승인(acknowledgment)은 출소기간이 완성된 채무를 부활시키는 결과를 발생시킨다.[107)] 즉 출소기간의 완성에 의해 제소가 제한되는 채권이라고 하더라도 채무자가 그 변제를 새로이 약속한 경우에 그러한 약속은 유효하며 그 때부터 출소기간이 다시 진행된다는 것이 일반적이다.[108)] 결과적으로 출소기간이 완성된 채무라고 할지라도 채무자가 명시적으로 새로 변제를 약속하거나,[109)] 채무의 승인 또는 일부의 변제(part payment)[110)] 또는 출소기간의 완성을 항변하지 않겠다는 의사표시 등에 의해 묵시적으로 변제의 약속을 했다고 볼 수 있는 경우에는 기존의 출소기간 완성의 효력은 사라지게 되며 그 때로부터 새로이 출소기간이 진행되게 된다.[111)]

미국의 일부 주에서는 채권추심자가 입법을 통해서 채무자에게 출소기간 이후에 채무의 승인 또는 포기의 의무가 없음을 공지하지 않고 출소기간이 완성된 채무의 승인(acknowledgment)을 의무자에게 구하거나 출소기간 완성 이익의 포기를 요구하는 행위를

---

104) 上野隆司, 「判批」, 金融法務事情 1607号, 2001, 4頁, 石松勉, 「判批」, 岡山商大論叢 34巻 2号, 1998, 138頁.

105) 이 판결은 신의칙에 의해 포기한 시효원용권을 재행사할 수 있다는 입장보다는 채무자에 의한 시효이익의 포기를 애당초 인정하지 않은 입장으로 이해된다.

106) 파산절차에서의 면책(discharge)도 채무자체를 소멸시키는 것은 아니며, 채무자의 변제의무만을 소멸시키는 것이다. 11 U.S.C. § 524(f). 경우에 따라서는 소권뿐만 아니라 구제수단(remedy) 또는 의무(liability)를 소멸시키나 채무 그 자체는 소멸시키지 않는 것으로 설명하기도 한다. Neil L. Sobol, Protecting Consumers from Zombie−Debt Collectors, 44 N.M. L. Rev. 327, 345 (2014).

107) Michael E. Chaplin, Reviving Contract Claims Barred by the Statute of Limitations: An Examination of the Legal and Ethical Foundation for Revival, 75 Notre Dame L. Rev. 1571, 1581 (2000).

108) Restatement (Second) of Contracts § 82 (1981).

109) 예를 들어 A가 B에 대한 채무의 출소기간이 완성된 경우에 A가 B에게 나중에 변제할 수 있을 때에 변제하겠다는 문서에 서명을 하여 교부하였다면, B는 A에게 변제의 자력이 생긴 이후에 변제를 청구할 수 있으며, 새로운 변제약속에 대한 출소기간도 변제의 자력이 생긴 때로부터 새로이 진행된다. Restatement (Second) of Contracts § 82, illustration 9 (1981).

110) 51 Am. Jur. 2d Limitation of Actions § 316; Samuel Williston & Richard A. Lord, A Treatise on the Law of Contracts § 8:31 (4th ed. 2008). 자발적 일부변제(voluntary partial payment)가 새로운 약속으로 간주되는 경우에 대하여 자세히는 4 Williston on Contracts § 8:32 (4th ed.) 참조.

111) Restatement (Second) of Contracts § 82 (1981).

불공정관행으로 보아 금지시킨다.[112] 대표적으로 노스캐롤라이나주는 채권추심자에게 채무의 승인이나 출소기간완성 이익의 포기와 같이 채권을 부활시키는 행위의 법적 효과를 채무자에게 고지하도록 한다.[113]

4. 소 결

일반적으로 현대거래에 있어서의 사업자・소비자의 관계(B2C)에서는 주로 계약내용에 관한 사항이 문제된다. 그러나 소비자금융업자와 소비자의 관계에서처럼 일부 사안에서는 B2C에 있어 계약내용뿐만 아니라 소비자인 채무자의 시효원용권의 포기 또는 행사여부에 대한 영역에서도 보호의 문제로 연결될 수 있다. 예컨대 우위적 지위에 있는 소비자금융업자 등이 의도적으로 시효완성의 포기를 유인하는 것을 기만적 행위로 보아 신의칙에 기하여 소비자가 사업자에게 시효를 원용할 수 있게 하는 것이 소비자 보호의 방법론으로 고려될 수 있을 것이다. 요컨대 거래 경험・법적 지식의 격차를 이용하여 「기만적 방법」 또는 「위압적 행위」에 의해 일부변제를 유도하였다면, 그로 인한 「채권자의 신뢰」를 보호하기 위해 시효원용권을 포기한 것으로 해석하기 보다는 채무자의 이익을 보호하기 위해 신의칙상 채무자의 시효원용권 행사는 가능하다고 보는 것이 타당할 것이다.[114]

Ⅳ. 맺음말

채무의 승인에 의해 채권의 소멸시효가 중단되거나 완성된 소멸시효이익의 포기가 될 수 있다. 시효의 중단이나 포기나 그 효과는 시효의 재진행이라는 점에서 같다.[115]

한편 채무의 승인은 의사표시를 필요로 하지 않은 관념의 통지에 불과하지만 소멸시효이익의 포기란 소멸시효로 인하여 발생한 법률상의 이익을 받지 않겠다는 채무자의 일방적인 의사표시라는 점에서 양자는 다르다.[116] 그럼에도 불구하고 복수의 채무를 부담하는 채무자가 채무 중 일부를 변제한 경우에는 시효가 완성된 채권 전액에 대하여 소멸시효이익

112) N.C. Stat. Ann. § 58－70－115(1).

113) Neil L. Sobol, Protecting Consumers from Zombie－Debt Collectors, 44 N.M. L. Rev. 327(2014). 우리의 경우에도 시효가 완성된 채권을 저렴하게 양수받아 채무승인을 유도하여 시효이익의 포기를 이끌고 양수채권의 행사를 하는 자들의 행위를 저지하기 위한 입법적인 노력이 주장되고 있다. 대표적으로 차상휘/송양호, “죽은 채권 부활 금지법에 관한 연구”, 법학연구 제49집, 2016, 313면 이하; 박지원/정영수, “소멸시효완성채권의 불공정추심행위 규제에 관한 소고”, 법조 제66권 제3호, 2017, 472면 이하.

114) 石松勉, 「判批」, 銀行法務21 619号, 2003, 94頁에서는 채무자의 귀책성 및 채권자의 신뢰의 요보호성을 고려하여 채무자의 시효원용권 행사가 신의칙상 허용되는지를 판단해야 한다고 본다. 시효완성 후 일부변제와 신의칙과 관련하여 신의칙의 의미에 대한 상세한 분석은 上野達也, 「消滅時効完成後の一部弁済と信義則」, 産大法学 57巻3・4号, 2024, 481頁 이하 참조.

115) 시효이익을 포기한 경우에도 그 효과는 시효의 재진행이다. 대법원 2013. 5. 23. 선고 2013다12464 판결 “채무자가 소멸시효 완성 후에 채권자에 대하여 채무 일부를 변제함으로써 시효의 이익을 포기한 경우에는 그때부터 새로이 소멸시효가 진행한다.”

116) 의사표시가 아닌 시효중단사유로서의 채무승인과 다르다. 대법원 2013. 2. 28. 선고 2011다21556 판결.

을 포기한 것으로 추정되며 시효가 완성되지 않은 채권의 소멸시효는 중단된다. 이러한 이유에서 일부 견해는 미국법이 출소기간 중단으로서의 채무승인이나 채무승인에 의한 출소기간완성 이익의 포기가 인정되기 위해서 공통적으로 변제의 약속(promise to pay)을 요구한다는 점에 주목하여 우리의 경우에도 일부변제를 포함하여 시효중단으로서의 채무승인과 시효이익 포기로서의 채무승인을 동일한 관점에서 접근하자고 주장한다. 요컨대 일부 견해는 일부변제에 의한 채무승인과 시효이익 포기가 요건 및 그 효과에 있어서 동일한 평가를 받고 있다는 점에 초점을 맞추어 양자를 동일한 기준으로 판단해야 한다고 본다.[117)]

일응 타당한 주장이다. 생각건대 동일한 기준으로 양자를 바라보는 것에 대해서는 다음과 같은 이유에서 재고가 필요하다.

첫째, 시효가 완성되기 전에는 승인 이외에 다른 중단조치에 의해 채권자의 권리보전이 가능하지만 시효완성 후에는 채무자의 포기 이외에는 채권자의 권리가 보장되지 않는다는 점에서 채무자의 효과의사를 필요로 하는 것은 시효이익 포기에 국한하는 것이 타당하다.

둘째, 시효중단으로서의 채무승인은 채권자에게 권리를 행사할 필요가 없게 한 신뢰보호를 기초로 하지만, 시효이익의 포기는 채권자에 대한 일방적인 의사표시에 의한 채무자 자신의 권리포기에 해당하므로 양자는 다르다.

셋째, 시효중단으로서의 채무승인은 지금까지 경과한 시간의 이익을 포기한 것[118)]에 불과하지만 소멸시효이익의 포기는 완전한 이익(권리소멸 또는 원용권)의 포기에 해당하므로 양자는 다르다.

넷째, 시효중단으로서의 채무승인의 요건과 시효이익포기로서의 채무승인의 요건은 같다고 **할 수 없다. 왜냐하면 우리 판례는 "원금채무에 관하여는 소멸시효가 완성되지 아니하였으나 이자채무에 관하여는 소멸시효가 완성된 상태에서 채무자가 채무를 일부 변제한 때에는 그 액수에 관하여 다툼이 없는 한 그 원금채무에 관하여 묵시적으로 승인하는 한편 그 이자채무에 관하여 시효완성의 사실을 알고 그 이익을 포기한 것으로 추정"되는 것으로** 보는데, 일부변제에 의해 시효중단으로서 채무의 승인을 인정하면서도 시효이익 포기는 '추정'되는 것으로 보았다는 점에서 시효이익 포기를 바로 인정하지 않았다고 볼 수 있다.[119)] 요컨대 일부변제가 시효이익의 포기로 추정되는 것을 넘어 포기한 것으로 보기 위해서는 다

117) 소멸시효이익 포기로서의 채무승인으로 통일해야 한다는 견해(이창현, 앞의 논문, 302면)와 시효중단으로서의 채무승인으로 통일해야 한다는 견해(모승규/김제완, 앞의 논문, 55면)으로 나뉜다.

118) 梅謙次郎, 『訂正增補民法要義卷之一・總則編』, 有斐閣、1984(復刻版), 376頁; 『法典調査会民法議事速記録四(日本近代立法資料叢書4)』, 商事法務研究会, 1984, 582－583頁.

119) 대법원 2013. 2. 28. 선고 2011다21556 판결에서도 "소멸시효 중단사유로서의 채무승인은 시효이익을 받는 당사자인 채무자가 소멸시효의 완성으로 채권을 상실하게 될 자에 대하여 상대방의 권리 또는 자신의 채무가 있음을 알고 있다는 뜻을 표시함으로써 성립하는 이른바 관념의 통지로 여기에 어떠한 효과의사가 필요하지 않다. 이에 반하여 시효완성 후 시효이익의 포기가 인정되려면 시효이익을 받는 채무자가 시효의 완성으로 인한 법적인 이익을 받지 않겠다는 효과의사가 필요하기 때문에 시효완성 후 소멸시효 중단사유에 해당하는 채무의 승인이 있었다 하더라도 그것만으로는 곧바로 소멸시효 이익의 포기라는 의사표시가 있었다고 단정할 수 없다(밑줄은 필자가 첨가)."라고 설시하였다.

른 요건 구비가 필요하다고 볼 여지도 있다. 설사 일부변제라는 하나의 행위에 의해 두 가지 법리(시효중단과 시효이익포기)가 충족되었다고 하여 두 가지 법리를 하나로 통일시킬 필요는 없다. 두 가지 법리의 교집합이 넓어진다는 것이 논리필연적으로 집합에 대한 구분이 필요 없다는 것으로 이어지지는 않는다.

마지막으로, 시효중단과 시효이익포기의 효과가 모두 시효의 재진행이라는 점에서 양자를 통일적으로 보려고 하지만, 이는 타당하지 않다. 효과가 같은 것은 요건에 의한 결과라는 점에서 요건이 다르면 다른 접근을 할 수 있으며, 오히려 그 효과에 대한 재고가 필요하다고 볼 수도 있다.

「약관규제법」의 민법전 편입론

약관법의 민법전 신설안을 중심으로

서 희 석

부산대학교 법학전문대학원 교수

본고는 약관법연구회(회장: 장경환 교수)의 발표회(2023.9.2. 경희대)에서 사용한 발표자료("약관규제법의 민법전 편입 방안")에 그 후의 사정 등을 반영하여 대폭적으로 수정 가필한 것이다.

본고는 박동진 교수님의 화갑을 기념하고 축하하기 위하여 작성된 것이다.
필자는 교수님과 직접적인 학연이 있는 것은 아니지만, 교수님의 학문적 업적을 통하여 많은 가르침을 받아왔고, 무엇보다 교수님이 배출한 훌륭한 문하생들과 여러 방면에서 교류를 계속할 수 있는 소중한 기회를 누려왔다.
특별한 인연에 감사드리며 앞으로도 항상 건강하시기를 기원드린다.

Ⅰ. 서 론

「약관규제법」[1]의 민법전 편입에 관하여는 그동안 편입의 당부를 둘러싼 논의(긍정론, 부정론)와 (편입을 긍정하는 경우) 그 방법론에 관한 논의(전부편입안, 일부편입안 등)가 전개되어 왔다. 필자는 「약관규제법」의 민법전 편입의 당부에 관하여는 긍정론의 입장에 따라, 그 이론적 논거로서 특히 다음의 3가지 논점－「약관규제법」의 적용대상이 소비자계약에 한정되지 않는다는 점(따라서 「약관규제법」의 민법전 편입의 당부는 소비자계약법의 민법전 편입의 당부와 직접 관련은 없다는 점), 「약관규제법」은 사회적 약자를 보호하기 위한 '사회법'이 아니라 약관의 특수성으로부터 이를 규제하여 계약 상대방의 사적자치를 실현하는 데 도움을 주기 위한 '*私法*'으로 이해할 수 있다는 점, 약관의 내용통제가 민법의 기본원리에 반하는 것이 아니라는 점－을 제시한 바 있다.[2] 이러한 이론적 관점에 더하여 '약관에 의한 계약'(부합계약)이 현대 계약의 실무에서 차지하는 비중을 고려하면 '약관에 의한 계약'에 관한 규율을 계약법에 신설하는 것은 계약법의 현대화라는 관점에서 꼭 필요한 과제라 하지 않을 수 없다. 한편 민법전 편입의 방법론에 관하여 필자는 「약관규제법」상 *私法*규정(제1장, 제2장)의 '전부편입안'과 *私法*규정 중 제1장 중심의 '일부편입안'의 두 가지 방법론을 제시한 바 있다.[3]

그런데 「약관규제법」은 약관규제의 법리를 체계적으로 구성한 완결된 구조의 법률로서 약관에 대한 편입통제(편입요건)・해석통제(해석원칙)・내용통제라는 민사규제의 법리(*私法*규정)뿐만 아니라 행정규제(이른바 추상적 내용통제) 및 형사규제까지도 포괄하는 법률이다.[4] 따라서 이들 내용 중에서 민사규제의 법리(사법규정)만을 민법전에 편입하는 것은 「약관규제법」상 약관규제의 완결성을 훼손하는 결과가 될 수 있다.[5] 이러한 부정론의 논거는 (그 이론적 당부는 차치하고) 사실상 「약관규제법」상 사법규정의 민법전으로의 편입 논의의 동력을 약화시키는 유력한 근거가 되어 왔다고 생각된다. 완결된 구조의 법률을 해체하면서까지 계약법의 현대화를 지향할 필요성에 수긍하기가 어렵다는 인식이 근저에 존재하기 때문이다. 무엇보다 주무부서인 공정거래위원회의 태도가 미온적이다.

본고에서는 이러한 점들을 논리적 배경으로 하여 '**「약관규제법」의 민법전 편입론**'의 지평을 보다 넓히는 시론을 제시해보고자 한다. 즉, 지금까지의 논의가 '「약관규제법」'상 사법규정의 민법전 '편입'에 한정되어 있었기 때문에 약관규제의 완결성의 손상이라는 부정론의

---

1) 정식 명칭은 「약관의 규제에 관한 법률」이다(1986.12.31. 제정, 1987.7.1. 시행). 이하 제정법률은 '꺾은 괄호(「 」)'로 표기하기로 한다.
2) 졸고, "소비자법의 민법전편입 방안", 법학논총(전남대) 제31집 제1호(2011.4) (이하, "서희석, 소비자법의 민법전 편입 방안"으로 인용한다), 269면.
3) 서희석・백경일, "소비자법의 민법전 편입에 관한 연구", 2009년도 법무부 연구용역 과제 보고서(2009), 189면 이하. 한편 서희석, 소비자법의 민법전 편입 방안, 270면에서는 '일부편입안'만을 제시하였다.
4) 서희석, 소비자법의 민법전 편입 방안, 269면.
5) 서희석, 소비자법의 민법전 편입 방안, 269면.

논거에서 완전히 자유롭지 못한 측면이 있었다면, 이를 극복하는 방안으로서 약관규제의 완결성을 손상시키지 않으면서 계약법의 현대화라는 목적을 달성할 수 있는 방법론을 제시하고자 한다. 이는 약관에 관한 규율을 민법전에 규정하기 위하여 반드시 「약관규제법」상 사법규정의 전부 또는 일부를 민법전에 편입하는 것이 전제될 필요는 없다는 새로운 관점에 따른 제안이다.[6] 다시 말하면 「약관규제법」은 가능한 한 그대로 유지하되 민법전에 '약관에 의한 계약'(부합계약)에 관한 규율을 신설한다는 발상이다. 이를 **'약관법의 민법전 신설안'**(또는 간단히 '약관법 신설안')이라고 명명할 수 있을 것이다. '약관에 의한 계약에 관한 규율'은 「약관규제법」의 규율내용에 한정되는 것이 아니라는 점에서(가령 약관의 변경 등) 통칭하여 이를 '약관법'이라 할 수 있고, 나아가 「약관규제법」의 내용에는 기본적으로 변화가 없고 민법전에만 규율내용을 도입하는 것이라는 점에서 이를 민법전 '신설'이라 할 수 있을 것이다.

아래에서는 우선 「약관규제법」의 민법전 편입에 관하여 지금까지 필자가 제기한 방법론(전부편입안, 일부편입안)을 다시 한번 정리하여 제시하고,[7] 나아가 약관법의 민법전 신설안(약관법 신설안)을 상술한다. 약관법 신설안에도 두 가지 방안이 있을 수 있는바, 「약관규제법」상 약관규제에 관한 핵심규율을 신설하는 방안('핵심규율 신설안')과 이를 보다 일반화하여 기본원리만을 신설하는 방안('기본원리 신설안')이 그것이다.

Ⅱ. 「약관규제법」 편입안

「약관규제법」상 사법규정(제1장, 제2장)의 전부 또는 일부를 민법전에 편입할 것을 제안하는 방안이다. 민법전 편입의 결과 「약관규제법」의 해당 내용은 삭제된다.

1. 전부편입안

(1) 개 관

전부편입안은 「약관규제법」 중 기본적으로 제1장(총칙)과 제2장(불공정약관조항)의 사법규정의 전부를 민법전으로 편입하는 방안이다(다만 「약관규제법」 제1조, 제2조, 제3조 제1항은 제외). 이 경우 「민법」은 약관규제에 관한 사법적 규율의 法源으로, 그리고 「약관규제법」은 약관규제에 관한 행정규제 등(제3장 이하)을 담는 法源으로 각각 위치지어져서 병존하게 된다. 다시 말하면 약관규제에 관한 사법규정은 「민법」에서, 공정거래위원회에 의한 추상적

6) 이러한 방식은 소비자법의 민법전 편입방식 중 필자가 제안하는 이른바 '일반화방식'의 일환으로 위치지어진다. 지금까지 필자는 일반화방식의 대상으로 부실표시, 정보제공의무, 상황의 남용·현대적 폭리행위를 그 예로 들면서, 「약관규제법」의 민법전 편입(사법규정의 전부편입 또는 일부편입)은 일반화방식과는 구별되는 별도의 방식으로 분류하여 제안한 바 있다. 본고의 '약관법 신설안'은 약관에 의한 계약에 관한 규율에 대하여 일반화방식을 통한 민법전 신설을 제안하는 것이다.

7) 기존 제안에 대하여 일부 내용에 수정제안이 있을 수 있다.

내용통제 등의 행정규제에 관한 사항 등은 「약관규제법」에서 각각 규율하는 2원적 규율체계가 형성된다.

규정의 위치에 관하여는 계약총칙(민법전 제3편 채권 제2장 계약 제1절 총칙)에 새로운 관(제1관의2 또는 제4관)[8]을 신설하여 '약관에 의한 계약'이라는 이름으로 통합적으로 규율하는 방안과, 「약관규제법」의 제1장과 제2장의 규율내용(약관의 정의(定義), 편입통제, 약관의 해석, 내용통제 등)에 따라 현행 민법의 체제 내로 분산하여 수용하는 방안이 있을 수 있으나, 새로운 관을 신설하는 방안이 통합적인 규율이라는 관점에서 보다 적합할 것으로 생각한다.

(2) 개정안의 내용

전부편입안에 의한 「민법」과 「약관규제법」의 개정 내용은 다음과 같다.

약관규제법(개정안)	민법(개정안)
제1장 총칙 제1조 (목적) 이 법은 사업자가 그 거래상의 지위를 남용하여 불공정한 내용의 약관(約款)을 작성하여 거래에 사용하는 것을 방지하고 불공정한 내용의 약관을 규제함으로써 건전한 거래질서를 확립하고, 이를 통하여 소비자를 보호하고 국민생활을 균형 있게 향상시키는 것을 목적으로 한다. (유지)	제3편 채권 제2장 계약 제1절 총칙 제1관 계약의 성립 제2관 계약의 효력 제3관 계약의 해지, 해제 **제4관 약관에 의한 계약 (신설)**
제2조 (정의) 이 법에서 사용하는 용어의 정의는 다음과 같다. (유지) 1. "약관"이란 그 명칭이나 형태 또는 범위에 상관없이 계약의 한쪽 당사자가 여러 명의 상대방과 계약을 체결하기 위하여 일정한 형식으로 미리 마련한 계약의 내용을 말한다. 2. "사업자"란 계약의 한쪽 당사자로서 상대 당사자에게 약관을 계약의 내용으로 할 것을 제안하는 자를 말한다. 3. "고객"이란 계약의 한쪽 당사자로서 사업자로부터 약관을 계약의 내용으로 할 것을 제안받은 자를 말한다. 제3조 (약관의 작성 ~~및 설명의무 등~~) ① 사업자는 고객이 약관의 내용을 쉽게 알 수 있도록 한글로 작성하고, 표준화·체계화된 용어를 사용하며, 약관의 중요한 내용을 부호, 색채, 굵고 큰 문자 등으로 명확하게 표시하여 알아보기 쉽게 약관을 작	제553조의2 (약관의 계약 내용 편입) ① "약관"이란 그 명칭이나 형태 또는 범위에 상관없이 계약의 일방 당사자(이하 "약관사용자"라 한다)가 다수의 상대방과 계약을 체결하기 위하여 일정한 형식으로 미리 마련한 계약의 내용을 말한다. (편입/신설)

8) '제1관의2'를 신설하는 방안은 (약관에 의한) 계약의 성립에 중점을 두는 방안이다. 이에 반해 약관의 해석, 약관의 내용통제 등은 계약의 성립에만 관련되는 것은 아니므로 제4관을 신설하는 방안도 생각해볼 수 있다. 필자는 지금까지는 전자의 방안(제1관의2 또는 제2관)을 제안하였으나, 본고에서는 후자의 방안(제4관)을 기본으로 채택하기로 한다. 이것은 일본의 개정민법이 채택하는 방식이기도 하다(제5관 정형약관).

성하여야 한다. (유지)	
② 사업자는 계약을 체결할 때에는 고객에게 약관의 내용을 계약의 종류에 따라 일반적으로 예상되는 방법으로 분명하게 밝히고, 고객이 요구할 경우 그 약관의 사본을 고객에게 내주어 고객이 약관의 내용을 알 수 있게 하여야 한다. 다만, 다음 각 호의 어느 하나에 해당하는 업종의 약관에 대하여는 그러하지 아니하다. 1. 여객운송업 2. 전기·가스 및 수도사업 3. 우편업 4. 공중전화 서비스 제공 통신업. (삭제)	② 약관사용자는 계약을 체결할 때 상대방에게 약관의 내용을 계약의 종류에 따라 일반적으로 예상되는 방법으로 분명하게 밝히고, 상대방이 요구할 경우 그 약관의 사본을 상대방에게 내주어 상대방이 약관의 내용을 알 수 있게 하여야 한다. 다만, 약관의 규제에 관한 법률(이하 "약관규제법"이라 한다) 기타 다른 법령에서 이와 다르게 정한 경우에는 그러하지 아니하다. (편입)
③ 사업자는 약관에 정하여져 있는 중요한 내용을 고객이 이해할 수 있도록 설명하여야 한다. 다만, 계약의 성질상 설명이 현저하게 곤란한 경우에는 그러하지 아니하다. (삭제)	③ 약관사용자는 약관에 정하여져 있는 중요한 내용을 상대방이 이해할 수 있도록 설명하여야 한다. 다만, 계약의 성질상 설명이 현저하게 곤란한 경우에는 그러하지 아니하다. (편입)
④ 사업자가 제2항 및 제3항을 위반하여 계약을 체결한 경우에는 해당 약관을 계약의 내용으로 주장할 수 없다. (삭제)	④ 약관사용자가 제2항 및 제3항을 위반하여 계약을 체결한 경우에는 해당 약관을 계약의 내용으로 주장할 수 없다. (편입)
제4조 (개별 약정의 우선) 삭제	제553조의3 (개별 약정의 우선) 편입
제5조 (약관의 해석) 삭제	제553조의4 (약관의 해석) 편입
제2장 불공정약관조항 (삭제)	
제6조 (일반원칙) 삭제	제553조의5 (일반원칙) 편입
~ 제14조(소송 제기의 금지 등) 삭제	~ 제553조의13(소송 제기의 금지 등) 편입
제15조(적용의 제한) 국제적으로 통용되는 약관이나 그 밖에 특별한 사정이 있는 약관으로서 대통령령으로 정하는 경우에는 제7조부터 제14조까지의 규정을 적용하는 것을 조항별·업종별로 제한할 수 있다. (삭제)	제553조의14 (적용의 제한) 국제적으로 통용되는 약관이나 그 밖에 특별한 사정이 있는 약관으로서 약관규제법 또는 그 하위법령으로 정하는 경우에는 제553조의6부터 제553조의13까지의 규정을 적용하는 것을 조항별·업종별로 제한할 수 있다. (편입)
제16조 (일부 무효의 특칙) 약관의 전부 또는 일부의 조항이 제3조제4항에 따라 계약의 내용이 되지 못하는 경우나 제6조부터 제14조까지의 규정에 따라 무효인 경우 계약은 나머지 부분만으로 유효하게 존속한다. 다만, 유효한 부분만으로는 계약의 목적 달성이 불가능하거나 그 유효한 부분이 한쪽 당사자에게 부당하게 불리한 경우에는 그 계약은 무효로 한다. (삭제)	제553조의15 (일부 무효의 특칙) 약관의 전부 또는 일부의 조항이 제553조의2제4항에 따라 계약의 내용이 되지 못하는 경우나 제553조의5부터 제553조의13까지의 규정에 따라 무효인 경우 계약은 나머지 부분만으로 유효하게 존속한다. 다만, 유효한 부분만으로는 계약의 목적 달성이 불가능하거나 그 유효한 부분이 한쪽 당사자에게 부당하게 불리한 경우에는 그 계약을 무효로 한다. (편입)
제3장 약관의 규제	
제17조(불공정약관조항의 사용금지) 사업자는 민법 제553조의5부터 제553조의13까지의 규정에 해당하는 불공정한 약관 조항(이하 "불공정약관조항"이라 한다)을 계약의 내용으로 하여서는 아니 된다. (수정 유지)	

전부편입안은 「약관규제법」의 사법규정(제1장, 제2장) 전부를 민법에 편입하는 것을 기본으로 하는 「약관규제법」의 민법전 편입 방안이다. 「민법」과 「약관규제법」의 개정안에서 주의할 점은 다음과 같다.

첫째, 「약관규제법」의 제1조(목적)와 제2조(정의)는 그대로 유지한다. 이들은 제1장의 「민법」으로의 편입 후에도 기본적으로는 「약관규제법」에 존속할 필요가 있기 때문이다.

둘째, 「약관규제법」의 정의규정 중에는 '약관'만을 「민법」 제553조의2의 제1항에 편입(신설)한다(「약관규제법」에도 약관의 정의규정은 필요하므로 이를 유지한다). 반면 '사업자'나 '고객'의 정의규정은 일반법인 「민법」의 정의규정으로 편입되기에는 적절하지 않으므로 「약관규제법」에서는 이를 유지하되, 「민법」에서는 '약관사용자' 및 계약의 '상대방'으로 대체하여 표현한다.

셋째, 「약관규제법」 제3조 제1항은 「민법」으로 편입하지 않고 그 내용을 유지한다. 이는 약관 작성 시의 주의사항을 정한 것으로 흔히 '약관의 투명성 원칙'[9]에 관한 규율로 설명되는데, 이 원칙을 위반한 경우의 효과가 무엇인지가 「약관규제법」상 반드시 명확한 것은 아니라는 점에서 이를 「민법」으로 편입하는 것은 적절하지 않다고 생각된다.

넷째, 약관에 관한 「민법」의 규율 중 제1조에 해당하는 제553조의2는 제1항에서 약관의 정의규정을 두고 제2항~제4항은 약관의 편입통제에 관한 「약관규제법」 제3조 제2항~제4항을 그대로 편입하는 형태로 규정한다. 즉, 제553조의2는 약관의 정의와 약관의 편입통제에 관한 규율(편입요건)을 통합하여 규정하는 조문이다.

다섯째, 「약관규제법」 제17조는 '불공정약관조항의 사용금지'라는 제목하에 "사업자는 제6조부터 제14조까지의 규정에 해당하는 불공정한 약관 조항을 계약의 내용으로 하여서는 아니 된다"고 규정하는데, 제6조부터 제14조의 규정은 「민법」으로 편입되는바, 「약관규제법」 개정안(제17조)에서는 「민법」의 해당 조문을 연결규정 형태로 둔다. 이로써 약관의 내용통제는 (공정거래위원회에 의한) 추상적 내용통제이든 (법원에 의한) 구체적 내용통제이든 「민법」에 따라 이루어진다는 점이 명확해진다.

(3) 평 가

전부편입안은 기본적으로 「약관규제법」의 사법규정 전부를 가능한 한 「민법」으로 편입함으로써 약관규제에 관한 사법상의 규율(「민법」)과 공법상의 규율(「약관규제법」)을 준별하는 2원체계를 지향하는 편입방안이다. 따라서 규율체계가 명확해지고(사법과 공법의 준별, 구체

9) 약관의 투명성 원칙에 관하여는 우선 장경환·최광준, "약관조항의 투명성의 원칙(上): 독일에서의 논의와 우리 약관법에의 도입을 중심으로", 경희법학 제56권 제4호(2021), 419면 이하; 김화, "약관에 있어서 투명성 원칙에 대한 고찰－독일법상의 논의와 우리 약관규제법에 있어서의 함의", 비교사법 제26권 제3호(2019), 101면 이하; 이병준, "약관의 형식적 요건에 관한 고찰－소위 "깨알약관" 사건을 계기로", 서울법학 제24권 제2호(2016), 113면 이하를 참조.

적 내용통제와 추상적 내용통제의 준별) 기존의 「약관규제법」의 내용도 전체적으로 큰 틀의 변화없이 유지된다는 장점이 있다. 다만 개별적 내용통제에 관한 「약관규제법」의 상세한 규율까지 모두 「민법」으로 편입되는 결과 「민법」의 볼륨이 지나치게 늘어나게 되어 다른 계약총칙 규율과의 균형이 문제될 수 있다. 또한 약관규제에 관한 완결된 구조의 법률인 「약관규제법」을 그 내용에 따라 분리·해체하는 것에 대한 반론이 편입 부정론의 입장에서 제기될 수 있다.

2. 일부편입안

(1) 개 관

일부편입안은 「약관규제법」의 사법규정 중에서 일부 핵심적인 내용(약관의 정의, 편입통제, 개별 약정 우선의 원칙, 약관의 해석, 내용통제의 일반원칙 등)을 민법전으로 편입하고 개별적 내용통제에 관한 부분(black list: 제7조~제14조)은 「약관규제법」에 유지하는 방안이다. 약관규제에 관한 핵심적인 규율을 「민법」에 둠으로써 계약법의 현대화라는 목적을 달성하고, 아울러 개별적 내용통제에 관한 부분은 「약관규제법」에 유지시킴으로써 「민법」상 규율을 단순화하고 규율의 효율성을 지향하고자 하는 편입방안이라 할 수 있다.[10]

규정의 위치는 전부편입안과 마찬가지로 계약총칙에 신설되는 하나의 관(제1관의2 또는 제4관)으로서, 이곳에 위 핵심적인 내용을 통합적으로 규정한다.

(2) 개정안의 내용

일부편입안에 의하여 「민법」에 편입되는 내용과 「약관규제법」에서 삭제 또는 유지되는 부분은 다음과 같다.

약관규제법(개정안)	민법(개정안)
제1장 총칙 제1조 (목적) 이 법은 사업자가 그 거래상의 지위를 남용하여 불공정한 내용의 약관(約款)을 작성하여 거래에 사용하는 것을 방지하고 불공정한 내용의 약관을 규제함으로써 건전한 거래질서를 확립하고, 이를 통하여 소비자를 보호하고 국민생활을 균형 있게 향상시키는 것을 목적으로 한다. (유지)	제3편 채권 제2장 계약 제1절 총칙 **제4관 약관에 의한 계약**
제2조 (정의) 이 법에서 사용하는 용어의 정의는 다음과 같다. (유지)	제553조의2 (약관의 계약 내용 편입) ① "약관"이란 그 명칭이나 형태 또는 범위에 상관없이 계약의 일방 당사자(이하 "약관사용자"라 한

10) 본고 외에 일부편입안을 제안하는 견해로서 이병준, "민법개정과 약관규제법", 소비자법연구 제7권 제1호(2021.2), 351−352면이 있다. 이 견해는 「약관규제법」의 일부 내용을 '순화'(조정)하여 민법전으로 편입할 것을 제안한다.

1. "약관"이란 그 명칭이나 형태 또는 범위에 상관없이 계약의 한쪽 당사자가 여러 명의 상대방과 계약을 체결하기 위하여 일정한 형식으로 미리 마련한 계약의 내용을 말한다. 2. "사업자"란 계약의 한쪽 당사자로서 상대 당사자에게 약관을 계약의 내용으로 할 것을 제안하는 자를 말한다. 3. "고객"이란 계약의 한쪽 당사자로서 사업자로부터 약관을 계약의 내용으로 할 것을 제안받은 자를 말한다.	다)가 다수의 상대방과 계약을 체결하기 위하여 일정한 형식으로 미리 마련한 계약의 내용을 말한다. (편입/신설)
제3조 (약관의 작성 ~~및 설명의무 등~~) ① 사업자는 고객이 약관의 내용을 쉽게 알 수 있도록 한글로 작성하고, 표준화·체계화된 용어를 사용하며, 약관의 중요한 내용을 부호, 색채, 굵고 큰 문자 등으로 명확하게 표시하여 알아보기 쉽게 약관을 작성하여야 한다. (유지)	
② 사업자는 계약을 체결할 때에는 고객에게 약관의 내용을 계약의 종류에 따라 일반적으로 예상되는 방법으로 분명하게 밝히고, 고객이 요구할 경우 그 약관의 사본을 고객에게 내주어 고객이 약관의 내용을 알 수 있게 하여야 한다. 다만, 다음 각 호의 어느 하나에 해당하는 업종의 약관에 대하여는 그러하지 아니하다. 1. 여객운송업 2. 전기·가스 및 수도사업 3. 우편업 4. 공중전화 서비스 제공 통신업. (삭제)	② 약관사용자는 계약을 체결할 때 상대방에게 약관의 내용을 계약의 종류에 따라 일반적으로 예상되는 방법으로 분명하게 밝히고, 상대방이 요구할 경우 그 약관의 사본을 상대방에게 내주어 상대방이 약관의 내용을 알 수 있게 하여야 한다. 다만, 약관의 규제에 관한 법률(이하 "약관규제법"이라 한다) 기타 다른 법령에서 이와 다르게 정한 경우에는 그러하지 아니하다. (편입)
③ 사업자는 약관에 정하여져 있는 중요한 내용을 고객이 이해할 수 있도록 설명하여야 한다. 다만, 계약의 성질상 설명이 현저하게 곤란한 경우에는 그러하지 아니하다. (삭제)	③ 약관사용자는 약관에 정하여져 있는 중요한 내용을 상대방이 이해할 수 있도록 설명하여야 한다. 다만, 계약의 성질상 설명이 현저하게 곤란한 경우에는 그러하지 아니하다. (편입)
④ 사업자가 제2항 및 제3항을 위반하여 계약을 체결한 경우에는 해당 약관을 계약의 내용으로 주장할 수 없다. (삭제)	④ 약관사용자가 제2항 및 제3항을 위반하여 계약을 체결한 경우에는 해당 약관을 계약의 내용으로 주장할 수 없다. (편입)
제4조 (개별 약정의 우선) 삭제	제553조의3 (개별 약정의 우선) 편입
제5조 (약관의 해석) 삭제	제553조의4 (약관의 해석) 편입
제2장 불공정약관조항 (유지)	
제6조 (일반원칙) ① 유지 ② 유지	제553조의5 (약관조항의 무효) ① 편입/신설 ② 편입/신설 **③ 약관조항의 무효에 대하여는 본조에 의하는 외에 약관규제법 제7조 내지 14조의 규정을 적용한다.** (신설)
제7조 (면책조항의 금지) ~ 제15조 (적용의 제한) 유지	
제16조 (일부 무효의 특칙) 약관의 전부 또는 일부의 조항이 제3조제4항에 따라 계약의 내용이 되지 못하	제553조의6 (일부 무효의 특칙) 약관의 전부 또는 일부의 조항이 제553조의2제4항의 규정에

는 경우나 제6조부터 제14조까지의 규정에 따라 무효인 경우 계약은 나머지 부분만으로 유효하게 존속한다. 다만, 유효한 부분만으로는 계약의 목적 달성이 불가능하거나 그 유효한 부분이 한쪽 당사자에게 부당하게 불리한 경우에는 그 계약은 무효로 한다. (삭제)	의하여 계약의 내용이 되지 못하는 경우나 전조의 규정에 의하여 무효인 경우 계약은 나머지 부분만으로 유효하게 존속한다. 다만, 유효한 부분만으로는 계약의 목적 달성이 불가능하거나 그 유효한 부분이 한쪽 당사자에게 부당하게 불리한 경우에는 그 계약을 무효로 한다. (편입)

일부편입안에서 「민법」에 편입되는 내용은 「약관규제법」 제1장(총칙) 중 약관의 정의(제2조제1호), 편입통제(제3조제2항~제4항), 개별 약정 우선의 원칙(제4조), 약관의 해석(제5조), 내용통제에 관한 일반원칙(제6조) 및 일부 무효의 특칙(제16조)이다. 반면에 제1장 중 편입되지 않는 부분은 목적(제1조), 사업자 및 고객의 정의규정(제2조제2호 및 제3호), 약관의 작성에 관한 주의사항(제3조제1항)이다(이것은 전부편입안과 같다). 한편 「약관규제법」 중 내용통제에 관한 제2장(불공정약관조항)은 기본적으로 「민법」으로 편입되지 않고 유지된다. 다만 「민법」에는 내용통제의 일반원칙(제6조)을 (중복적으로) 두고 약관조항의 무효에 관한 개별규정(이른바 black list: 제7조~제14조)은 「약관규제법」에 유지하면서 「민법」에 연결규정(제553조의5 제3항)을 신설하여 「약관규제법」으로의 연결을 도모한다. 일부 무효의 특칙(제16조)은 「민법」으로 편입한다. 「약관규제법」상 편입통제에 관한 규율(제3조)과 내용통제의 일반원칙(제6조) 및 구체적 무효사유로의 연결규정이 「민법」으로 편입・신설되기 때문에 이 특칙은 「민법」에 두는 것이 적절하기 때문이다.[11]

(3) 평 가

일부 편입안은 약관규제에 관한 핵심적 사항만을 민법의 계약총칙에 편입(신설)함으로써 계약법의 현대화라는 목적을 달성하고 나아가 기존의 「약관규제법」의 내용도 전체적으로 큰 틀의 변화 없이 존속할 수 있다는 장점이 있다. 또한 제2장의 규율내용을 「민법」으로 편입하지 않고 「약관규제법」으로의 연결규정을 통해 구체적 내용통제가 가능하도록 고안된 방안이라는 점에서 전부편입안에 비해 「민법」의 규율내용이 단순화되고 전체적으로 규율의 효율성이 도모된다. 그러나 (민사규제가 모두 「민법」에서 이루어지는 전부편입안과 달리) 내용통제에 관한 규율이 「민법」과 「약관규제법」으로 2분화된다는 점이 문제로 지적될 수 있다. 또한 약관규제에 관한 완결된 구조의 법률인 「약관규제법」을 분리・해체하는 것에 대한 반론이 편입 부정론의 입장에서 제기될 수 있음은 전부편입안에서와 같다.

11) 「약관규제법」에 유지할 경우에는 편입통제에 관한 부분("제3조제4항에 따라 계약의 내용이 되지 못하는 경우")은 삭제하여야 한다.

Ⅲ. 약관법 신설안

이상에서 서술한 전부편입안과 일부편입안은 「약관규제법」의 사법규정의 전부를 편입할지 일부만을 편입할지의 차이는 있지만, 계약법에서 '약관의 의한 계약'(부합계약)을 규율한다는 목적(=계약법의 현대화)을 달성하기 위한 편입방안이라는 점에서는 공통한다. 반면에 양 편입방안에 대해서는 「약관규제법」의 규율내용의 전부 또는 일부를 민법전에 편입함으로써 해당 조문을 「약관규제법」에서 삭제할 것을 제안하는 것이라는 점에서, 「약관규제법」상 약관규제의 완결성이 손상된다는 문제점이 편입 부정론으로부터 제기될 수 있다. 이와 같은 반론을 극복할 수 있는 방안이 약관법의 민법전 신설안(약관법 신설안)이다.

약관법 신설안은 「약관규제법」의 규율은 유지한 채 그 내용과 저촉되지 않는 범위에서 또는 그를 포섭할 수 있는 내용으로 '약관에 의한 계약'(부합계약)에 관한 규율을 민법전에 신설하는 방안이다. 이 방안에 의하면 「민법」과 「약관규제법」은 약관규제에 관한 일반법과 특별법으로 재편되며, 「약관규제법」에서 규율하지 않고 있는 내용(약관의 변경 등)도 「민법」에 신설할 수 있게 된다. 여기에도 규율 내용의 일반화의 정도에 따라 두 가지 방안이 가능한데, 「약관규제법」상 약관규제에 관한 핵심규율을 가능한 한 그대로(중복적으로) 또는 약간의 내용조정을 통해 「민법」에 신설하는 방안('핵심규율 신설안')과 약관규제에 관한 기본원리만을 일반화하여 「민법」에 신설하는 방안('기본원리 신설안')이 그것이다.

민법전 신설안의 규정의 위치는 전부편입안이나 일부편입안과 같다. 즉, 민법전의 계약총칙(제3편 채권 제2장 계약 제1절 총칙)에 하나의 관(제1관의2 또는 제4관)을 신설하여 '약관에 의한 계약'이라는 제목으로 관련 규정을 통합적으로 둔다. 신설하는 내용은 약관의 정의(편입요건에 함께 규정), 약관의 편입요건(편입통제), 개별 약정 우선의 원칙(편입요건에서 함께 규정), 약관의 해석, 약관조항의 무효(내용통제), 약관조항의 변경이다. 이 중 '약관조항의 변경'은 「약관규제법」에 존재하지 않는 내용을 신설하는 것이고, 나머지는 모두 「약관규제법」에 존재하는 약관규제에 관한 핵심규율을 가능한 한 그대로(중복적으로) 또는 약간의 내용조정을 통해 신설하거나 기본원리만을 일반화하여 신설하는 것이다. 구체적인 조문의 내용과 그 취지는 핵심규율 신설안과 기본원리 신설안으로 나누어 기술한다.

1. 핵심규율 신설(중복규율)안

(1) 편입요건

제553조의2 (약관의 계약 내용 편입) ① "약관"이란 그 명칭이나 형태 또는 범위를 불문하고 계약의 일방 당사자가 다수의 상대방과 계약을 체결하기 위하여 일정한 형식으로 미리 마련한

계약의 내용이 되는 모든 조항을 말한다.
② 계약의 일방 당사자로서 상대방에게 약관을 계약의 내용으로 할 것을 제안하는 자(이하 "약관제안자"라 한다)는 계약을 체결할 때에 계약의 종류에 따라 일반적으로 예상되는 방법으로 약관을 명확하게 제시하거나 기타 적절한 방법으로 상대방에게 약관의 내용을 알 수 있게 하여야 한다. 그러나 약관의 규제에 관한 법률(이하 "약관규제법"이라 한다) 기타 법령에 다른 규정이 있거나 계약의 성질상 현저히 곤란한 경우에는 그러하지 아니하다.
③ 제2항에서 상대방이 약관을 계약의 내용으로 하는 것에 명시적 또는 묵시적으로 동의한 경우 약관은 해당 계약의 내용으로 편입된다.
④ 약관제안자와 상대방이 약관의 내용과 다르게 합의한 사항이 있을 때에는 그 합의 사항은 약관보다 우선한다.

1) 개 관

제553조의2는 약관이 계약 내용으로 편입되기 위한 요건(편입요건)을 정하기 위한 조문이지만, 내용적으로는 3가지 부분으로 구성되어 있다. 먼저 제1항에서는 약관의 정의규정을 두고 있고, 제2항과 제3항에서는 약관의 편입요건으로서 약관제안자가 약관내용을 명시하고 그 동의를 받을 것을 규정한다. 제4항에서는 약관 내용과 다른 개별 약정이 약관보다 우선한다는 원칙(개별 약정 우선의 원칙)을 정한다.

2) 약관의 정의

약관의 정의에 관한 제1항은 「약관규제법」 제2조 제1호의 그것을 그대로 따르되 약간의 조정을 거친 것이다. 즉 "~계약의 내용이 되는 모든 조항"(하선은 필자)이라고 표현함으로써 약관이 약관조항의 총체라는 점을 표현한다. 이러한 태도는 독일 민법(제305조제1항) 및 일본 개정민법(제548조의2제1항)상 약관(정형약관)의 정의와도 일치한다. 이로써 약관과 약관조항이 구별되고, (후술하는) 내용통제가 '약관조항'에 대한 것으로 구성된 의미도 명확해진다.

한편 「약관규제법」의 정의규정 중 '사업자'와 '고객'에 관한 것은 민법에 신설하기가 적절하지 않으므로 「약관규제법」 편입안과 마찬가지로 규율을 두지 않는다.

3) 약관의 편입요건

약관이 계약 내용으로 편입되기 위해서는 약관제안자가 계약을 체결하면서 약관을 계약 내용으로 할 것에 대하여 제안하고 그에 대해 상대방으로부터 동의를 얻어야 한다(제2항, 제3항). 이때 약관제안자는 계약의 종류에 따라 일반적으로 예상되는 방법으로 약관을 명확하게 제시하거나 기타 적절한 방법으로 상대방에게 약관의 내용을 알 수 있게 하여야 한다(약관의 명시의무). 다만 법령에 다른 정함이 있거나(가령 「약관규제법」 제3조제2항 단서의 약관인 경우) 계약의 성질상 현저히 곤란한 경우에는 약관의 명시의무는 면제된다. 이러한 편입요건은 「약관규제법」상 그것과 몇 가지 점에서 차이가 있다.

첫째, 「약관규제법」상 약관의 편입요건(흔히 '편입통제'로 불린다)은 약관의 명시의무와 (고객이 요구할 경우의) 사본교부의무(제3조제2항) 및 중요내용의 설명의무(제3조제3항)이지만, 여기서는 약관의 명시의무와 사본교부의무를 "약관을 명확하게 제시하거나 기타 적절한 방법으로 상대방에게 약관의 내용을 알 수 있게 할 의무"로 일반화하였다('명시의무'). 중요내용의 설명의무는 「민법」상 편입요건에서는 제외되지만 「약관규제법」상 편입요건으로는 유지된다(후술).

둘째, 약관제안자의 제안에 대한 상대방의 (명시적 또는 묵시적) '동의'를 받아야 한다는 점을 추가하였다. 이것은 독일 민법상 약관의 편입요건(제305조제2항)을 참조한 것이다. 묵시적 동의를 명문화한 것은 실무상 명시적인 동의를 받지 않는 경우가 많다는 점을 감안하여 묵시적인 동의로 충분하다는 점을 확인차 규정한 것이다.

셋째, 「약관규제법」상으로는 약관의 명시의무와 사본교부의무는 제3조 제2항 단서에서 정하는 업종(여객운송업, 전기·가스 및 수도사업, 우편업, 공중전화 서비스 제공 통신업)의 약관인 경우에만 예외가 인정되지만, 여기서는 '약관규제법 기타 법령에 다른 규정이 있거나' '계약의 성질상 현저히 곤란한 경우'도 약관의 명시의무가 면제될 수 있다는 취지로 예외를 확장적으로 규정하였다(제2항 단서). 따라서 위 업종의 약관에 해당하지 않는 경우라도 다른 법령에서 예외가 인정되거나 계약의 성질상 현저히 곤란한 경우에는 '명시의무'가 면제될 수 있다. 다만 이 경우에도 약관을 계약의 내용으로 하는 것에 대한 상대방의 동의는 필요하며 이때 동의는 묵시적으로도 가능하다(제3항).

넷째, 「약관규제법」은 '중요내용의 설명의무'를 약관의 계약 내용 편입요건으로 규정한다(제3조제3항·제4항). 즉, 사업자는 계약의 성질상 설명하는 것이 현저하게 곤란한 경우가 아니 한 약관에 정하여져 있는 중요한 내용을 고객이 이해할 수 있도록 설명하여야 하는바, 사업자가 이를 위반하여 계약을 체결한 경우에는 해당 약관을 계약의 내용으로 주장할 수 없다. 이 의무는 약관의 편입요건에 관한 우리 「약관규제법」의 중요한 특징으로서 계약체결과정에 있어서의 정보제공의무의 실질을 갖는 것이라는 견해[12]가 유력하지만, 「민법」상 약관의 편입요건으로서는 이를 일반화하지 않고 다만 「약관규제법」의 특칙으로 유지한다. 따라서 「약관규제법」이 적용되는 약관이라면 '중요내용의 설명의무'는 여전히 약관의 편입요건으로 기능한다.

4) 개별 약정 우선의 원칙

제4항은 「약관규제법」상 '개별 약정 우선의 원칙'(제4조)을 그대로[13] 규정한 것이다. 이

---

12) 졸고, "약관규제와 계약법", 외법논집 제41권 제3호(2017.8, 이하 "서희석, 약관규제와 계약법"으로 인용한다), 52면.

13) 다만 「약관규제법」상 일부표현("약관에서 정하고 있는 사항에 관하여")은 의미가 중복된다고 보아 삭제하였다.

원칙의 법적 성질에 관하여는 약관의 해석통제의 일 유형 또는 의사표시의 해석의 문제로 파악하는 견해도 있으나, 개별적인 합의사항이 약관조항보다 우선한다는 점을 정한 것으로 약관의 편입요건에 관련된다고 보는 견해가 타당하다고 생각된다(다수설).[14] 이 견해에 따르면 개별 약정 우선의 원칙은 편입요건에 관한 조문의 하나의 조항으로 규정될 수 있다. 이와 같은 점을 감안하여 개별 약정 우선의 원칙은 제553조의2 제4항으로 규정한다.

(2) 약관해석의 원칙

제553조의3 (약관의 해석) ① 약관은 신의성실의 원칙에 따라 공정하게 해석되어야 하며 상대방에 따라 다르게 해석되어서는 아니 된다.
② 약관의 뜻이 명백하지 아니한 경우에는 상대방에게 유리하게 해석되어야 한다.

「약관규제법」 제5조는 약관의 해석원칙으로서 신의성실의 원칙·공정해석의 원칙(제1항 전단), 객관적·통일적 해석의 원칙(동 후단), 고객유리 해석의 원칙(제2항)의 3가지를 규정한다. 신의성실의 원칙은 법률행위나 의사표시의 해석 일반에도 타당한 것을 수용한 것이고, 공정해석의 원칙은 공정성을 약관해석의 기준으로 삼아야 함을 정한 것이다. 이에 반해 나머지 두 개의 원칙은 법률행위나 의사표시의 해석에는 적합하지 아니한 약관에 특유한 해석원칙이다.[15]

약관에 특유한 해석원칙은 약관의 성질과 관련된다. 즉, 객관적·통일적 해석의 원칙은 약관의 '정형성'("다수의 당사자와 계약을 체결하기 위하여 일정한 형식으로")에 관련된 해석원칙으로서, 약관의 정형성을 고려할 때 약관은 객관적이고 통일적(획일적)으로 해석되어야 한다는 것이다. 고객유리 해석의 원칙은 약관의 '사전성'("미리") 및 일방성("계약의 일방 당사자가")에 관련된 해석원칙으로서, 약관이 일방 당사자(사업자=약관제안자)에 의하여 사전에 미리 마련된 것이라는 점에서 약관의 뜻이 명백하지 아니한 경우에는 고객을 보호하기 위하여 고객에게 유리하게 해석되어야 한다는 것이다.

제553조의3은 「약관규제법」상 약관의 해석에 관한 제5조를 그대로 신설(중복규율)할 것을 제안하는 것이다.

(3) 약관의 내용통제

제553조의4 (약관조항의 무효) ① 신의성실의 원칙을 위반하여 공정성을 잃은 약관조항은 무효이다.
(주) 내용통제의 일반기준을 '상대방에게 부당하게 불리한 약관조항'인지의 여부로 설정할 수도 있다.

---

14) 학설의 상세는 서희석, 약관규제와 계약법, 53-54면을 참조.
15) 서희석, 약관규제와 계약법, 56면.

② 상대방에게 부당하게 불리한 약관조항 또는 계약의 목적을 달성할 수 없을 정도로 계약에 따르는 본질적 권리를 제한하는 약관조항은 공정성을 잃은 것으로 추정된다.
③ 약관조항의 무효에 대하여는 제1항에 의하는 외에 약관규제법 제7조 내지 제14조의 규정을 적용한다.
④ 약관조항이 제1항 또는 제3항의 규정에 따라 무효인 경우 계약은 나머지 부분만으로 유효하게 존속한다. 다만, 유효한 부분만으로는 계약의 목적 달성이 불가능하거나 그 유효한 부분이 한쪽 당사자에게 부당하게 불리한 경우에는 그 계약을 무효로 한다.

1) 개 관

약관의 내용통제는 계약내용으로 편입된 개별 약관조항의 불공정성을 심사하여 유효·무효 여부를 결정하는 약관규제의 방법이다.[16)]「약관규제법」은 약관조항의 내용통제와 관련하여 일반원칙(제6조)과 구체적 무효사유(제7조~제14조)를 두고 있다.

제553조의4는 약관조항의 내용통제의 기준 및 그 효과를 규정하기 위한 것이다. 여기서는 「약관규제법」상 3가지 내용을 하나의 조문으로 포괄하고 있다. 첫째, 내용통제의 일반원칙으로서 「약관규제법」 제6조의 내용을 약간의 조정을 거쳐 규정한다(제1항, 제2항). 둘째, 「약관규제법」상 내용통제의 구체적인 기준 내지 구체적 무효사유(black list, 제7조~제14조)로의 연결규정을 둔다(제3항). 셋째, 약관조항이 무효인 경우의 효과(일부 무효의 특칙)를 정하는 「약관규제법」 제16조의 내용을 약간의 조정을 거쳐 규정한다(제4항).

2) 내용통제의 일반원칙

「약관규제법」상 약관조항의 내용통제의 일반기준은 '(불)공정성'이다. 동법상으로는 "신의성실의 원칙을 위반하여 공정성을 잃은 약관 조항은 무효이다."(제6조제1항)라고 규정하고 있기 때문에 신의칙과 (불)공정성의 관계에 대한 이해에 따라 내용통제의 일반기준이 무엇인지가 문제될 수 있지만, (최상위의 기본이념인 신의칙에 기반한) '(불)공정성'이 무효성 판단의 일반기준이 된다고 할 것이다.[17)] 그런데 (불)공정성 또한 추상화된 개념이기 때문에 이를 보다 구체화하기 위하여 「약관규제법」은 불공정성이 추정되는 3가지 경우를 제6조 제2항에서 규정하고 있다. 즉 ① 고객에게 부당하게 불리한 조항, ② 고객이 계약의 거래형태 등 관련된 모든 사정에 비추어 예상하기 어려운 조항, ③ 계약의 목적을 달성할 수 없을 정도로 계약에 따르는 본질적 권리를 제한하는 조항은 공정성을 잃은 것으로 추정된다. 또한 이러한 '일반원칙'과 더불어 불공정성 또는 무효성의 판단은 제7조~제14조의 개별규정을 통해 구체화된다.

16) 서희석, 약관규제와 계약법, 68면.
17) 서희석, 약관규제와 계약법, 68-69면.

제553조의4는 「약관규제법」상 약관의 내용통제에 관한 이러한 구조를 그대로 「민법」으로 수용하는 것을 전제로, 제1항과 제2항에서 「약관규제법」상 내용통제(무효성 판단)의 일반원칙에 관한 제6조의 제1항(일반기준=불공정성)과 제2항(불공정성의 추정)을 각각 규정(신설)한다. 다만 제2항에서 불공정성의 추정사유는 약간의 조정을 거쳐 규정한다. 즉, 불공정성의 추정사유(①②③) 중에서 ②는 이른바 '의외조항'으로서 내용통제의 대상으로는 적절하지 않다는 지적[18]을 반영하여 추정사유에서 제외한다.[19]

그런데 약관의 내용통제의 일반기준을 (불)공정성에서 구하는 것보다 '부당한 불리성'(상대방에게 부당하게 불리한지 여부)에서 구하는 것이 보다 적절하다는 점을 시사하는 견해가 있다.[20] 이것은 불공정성이 추정되는 가장 전형적이고 중요한 사유인 ①을 약관의 내용통제의 일반기준으로 설정하자는 제안으로서, 약관조항의 무효성 여부는 '(불)공정성'까지 갈 필요없이 '부당한 불리성(상대방에게 부당하게 불리한지 여부)'을 일반기준으로 하여 판단하는 것이 보다 현실적이고 간명하다는 점을 근거로 든다. '부당한 불리성'은 독일 민법상 약관의 내용통제의 일반기준이기도 하다(제307조제1항). 제1항의 (주)는 이를 표현한 것이다. 이에 따르면 제1항은 "신의성실의 원칙을 위반하여 상대방에게 부당하게 불리한 약관조항은 무효이다."로 규정하고, 제2항은 "상대방이 계약의 거래형태 등 관련된 모든 사정에 비추어 예상하기 어려운 약관조항 또는 계약의 목적을 달성할 수 없을 정도로 계약에 따르는 본질적 권리를 제한하는 약관조항은 상대방에게 부당하게 불리한 것으로 추정된다."[21]와 같이 규정할 수 있을 것이다.[22]

3) 구체적 무효사유로의 연결규정

「약관규제법」 제7조부터 제14조까지의 규정은 약관조항이 무효가 되는 구체적 사유를 규정한 것이다(이른바 black list). 제553조의4 제3항에서는 "약관조항의 무효에 대하여는 제1항에 의하는 외에 약관규제법 제7조 내지 제14조의 규정을 적용한다."고 규정하여 「약관규제법」으로의 연결규정을 둔다. 내용통제(무효성 판단)의 일반원칙(제1항, 제2항)과 제3항을 통해 연결되는 구체적 무효사유(「약관규제법」 제7조~제14조)와의 관계가 문제될 수 있으나, 보통은 「약관규제법」상 구체적 무효사유에 따라 약관조항의 무효여부가 판단될 것이고, 일반원칙(제1항, 제2항)에 따라 무효여부를 판단하는 것도 기본적으로는 가능하다고 해석할 것

18) 이병준, "약관규제법의 민법편입", 소비자법과 민법(세창출판사, 2010), 216면 이하를 참조. 독일 민법 제305조의 c도 같은 취지이다.

19) 이러한 조정을 거치는 경우에도 의외조항에 관한 「약관규제법」 제6조 제2항의 규율내용은 유지되기 때문에 의외조항의 효력(=무효추정)에 관한 실무의 해석에 실질적인 변화가 생기는 것은 아니다.

20) 서희석, 약관규제와 계약법, 68-70면.

21) 제2항에서 ②를 삭제하는 형태로 즉, "계약의 목적을 달성할 수 없을 정도로 계약에 따르는 본질적 권리를 제한하는 약관조항은 상대방에게 부당하게 불리한 것으로 추정된다."와 같이 규정할 수도 있다.

22) 이 경우 「민법」과 「약관규제법」 제6조의 규율과의 저촉이 문제될 수 있다. 그 해결책으로서는 「약관규제법」 제6조를 「민법」과 보조를 맞추어 개정하는 방안을 고려할 수 있을 것이다(후술하는 각주 25)도 참조).

이다.[23)]

4) 일부 무효의 특칙

제553조의4 제4항은 「약관규제법」 제16조(일부 무효의 특칙)의 내용에 약간의 조정을 가하여 신설하는 것이다. 「약관규제법」 제16조에서는 편입통제에 따라 약관(조항)이 계약의 내용이 되지 못하는 경우(제3조제4항)와 내용통제에 따라 약관조항이 무효가 되는 경우(제6조~제14조)를 포괄하여 「민법」상 법률행위의 일부 무효의 원칙(=전부무효, 제137조)에 대한 특칙(=일부무효)을 규정하지만, 여기서는 편입통제에 따라 약관(조항)이 계약의 내용이 되지 못하는 경우는 제외하고 약관조항이 무효가 되는 경우만을 대상으로 일부 무효의 특칙을 규정한다. 편입통제에 따라 '약관'이 계약의 내용으로 편입되지 못하는 경우(제553조의2 제3항)에는 일부 무효의 특칙을 별도로 둘 필요는 없다고 생각되기 때문이다.[24)]

(4) 약관의 변경

제553조의5 (약관조항의 변경) ① 약관제안자가 계약의 내용으로 편입된 약관조항을 변경(새로운 내용의 추가를 포함한다. 이하 같다)하고자 하는 경우에는 계약의 상대방으로부터 그 변경에 대한 개별적 동의를 받아야 한다. 그러나 그 변경이 계약을 한 목적에 반하지 않고 상대방에게 불리하지 아니한 경우로서 개별적 동의를 얻는 것이 약관제안자에게 상당한 부담을 주는 때에는 그러하지 아니하다.
② 제1항 단서의 경우에는 약관제안자가 변경의 취지 및 내용, 변경의 효력발생시기를 정하여 우편이나 이메일 또는 휴대전화 문자 발송, 약관제안자의 홈페이지 게시 등 적절한 방법으로 상대방에게 통지 또는 공지하여야 변경의 효력이 발생한다.

「약관규제법」에는 없는 내용으로서 약관조항의 변경에 관한 규정을 신설한다. 약관조항의 변경은 실무에서는 상당히 빈번히 이루어지고 있으나 「약관규제법」에 관련 규율이 존재하지 않기 때문에 그 방법과 효력에 관하여 논란이 있다. 위 신설 제안은 기본적으로 변경 또는 신설하는 약관조항에 대하여 상대방의 개별적 '동의'가 필요하다는 점(제553조의2 제3항)을 원칙으로 하되 상대방에게 불리하지 아니한 경우로서 일정한 요건을 추가적으로 갖춘 경우에는 개별적 동의가 필요하지 않다는 예외를 규정한다(제1항). 또한 예외의 경우 약관변경의 방법과 효력발생에 대해서도 규정한다(제2항).

---

23) 판례는 보통의 경우 일반원칙(「약관규제법」 제6조)과 구체적 무효사유(동 제7조~제14조)를 동시에 무효의 근거로 든다(서희석, 약관규제와 계약법, 71면).

24) 다만 「약관규제법」상 '중요내용의 설명의무'(제3조 제3항) 위반으로 특정 '약관조항'이 계약의 내용으로 편입되지 않는 경우에는 동법 제16조(일부 무효의 특칙)에 따라 해결하게 될 것이다.

2. 기본원리 신설안

(1) 편입요건

제553조의2 (약관의 계약 내용 편입) ① "약관"이란 그 명칭이나 형태 또는 범위를 불문하고 계약의 일방 당사자가 다수의 상대방과 계약을 체결하기 위하여 일정한 형식으로 미리 마련한 계약의 내용이 되는 모든 조항을 말한다.
② 계약의 일방 당사자로서 상대방에게 약관을 계약의 내용으로 할 것을 제안하는 자(이하 "약관제안자"라 한다)가 계약을 체결할 때 약관을 계약의 내용으로 하는 것에 대해 상대방의 명시적 또는 묵시적인 동의를 받으면 약관은 그 계약의 내용으로 편입된다.
③ 제2항의 경우 약관제안자는 계약의 종류에 따라 일반적으로 예상되는 방법으로 약관을 명확하게 제시하거나 기타 적절한 방법으로 상대방에게 약관의 내용을 알 수 있게 하여야 한다. 그러나 약관의 규제에 관한 법률(이하 "약관규제법"이라 한다) 기타 법령에 다른 규정이 있거나 계약의 성질상 현저히 곤란한 경우에는 그러하지 아니하다.
④ 약관제안자와 상대방이 약관의 내용과 다르게 합의한 사항이 있을 때에는 그 합의 사항은 약관보다 우선한다.

약관의 계약 내용 편입에 관한 제553조의2의 구조는 핵심규율 신설안과 기본적으로 같다(약관의 정의, 편입요건, 개별 약정 우선의 원칙). 다른 점은 편입요건에 관한 제2항과 제3항의 규율 방식이다.

편입요건에 관하여 핵심규율 신설안에서는 「약관규제법」의 규율내용을 가능한 한 살린다는 관점에서 약관의 명시의무를 제2항에서 먼저 규정하고 동의요건을 제3항에서 추가하고 있지만, 여기서는 상대방의 동의가 약관이 계약 내용으로 편입되기 위한 핵심적 요건이라는 관점에서 이를 먼저 규정하고(제2항), 「약관규제법」상 편입요건에 관한 명시의무(핵심규율 신설안 제553조의2 제2항과 같은 취지임)를 추가하는 방식을 채택하고 있다(제3항).

(2) 약관해석의 원칙

제553조의3 (약관의 해석) ① 약관은 상대방에 따라 다르게 해석되어서는 아니 되며, 객관적이고 통일적으로 해석되어야 한다.
② 약관의 뜻이 명백하지 아니한 경우에는 상대방에게 유리하게 해석되어야 한다.
(주1) 「약관규제법」상 약관의 해석에 관한 규정을 그대로 신설하는 안으로 대체할 수 있다(핵심규율 신설안).
(주2) 약관해석의 원칙을 규정하지 않는 것으로 할 수 있다.

제553조의3에서는 「약관규제법」 제5조의 약관의 해석에 관한 원칙 중 약관에 특유한 해석원칙 두 가지만을 규정한다. 신의성실의 원칙·공정해석의 원칙은 규율을 두지 않는다.

'신의성실의 원칙'은 법률행위(의사표시) 해석의 일반원칙으로서도 타당하지만, 민법전에 이에 관한 일반적 규율이 없다는 점에서 별도의 규율을 두지는 않기로 한다. 또한 약관의 일방성과 사전성이라는 성질을 감안하면 공정한 해석은 계약의 상대방에게는 중요한 의미를 갖는 것이지만, 공정성을 넘어 '상대방(고객)유리 해석의 원칙'을 채택하고 있다는 점에서 '공정해석의 원칙'은 약관규제에 관한 한 당연히 전제가 되어 있다고 보아 특별히 규율을 두지 않기로 한다.

제1항은 객관적·통일적 해석의 원칙을 규정한 것인데, 이는 약관의 '정형성'으로부터 도출되어 나오는 약관해석의 원칙이다. 즉 약관은 다수 당사자와 계약을 체결하기 위하여 일정한 형식으로 마련한 계약 내용이라는 점에서 객관적으로 또한 통일적(획일적)으로 해석되어야 함을 정한 것이다. 「약관규제법」은 "고객에 따라 다르게 해석되어서는 아니 된다"고 표현하지만, 여기에 "객관적이고 통일적으로 해석되어야 한다'는 부분을 추가하여 그 의미를 명확히 한다.

제2항은 「약관규제법」상 '상대방(고객)유리 해석'의 원칙(제5조제2항)을 그대로 규정한 것인데, 이는 약관의 '일방성'과 '사전성'으로부터 도출되어 나오는 약관해석의 원칙이다. 즉, 약관은 계약의 일방 당사자가 사전에 미리 마련한 계약의 내용이라는 점에서 상대방(고객)을 보호할 필요성이 존재한다. 따라서 상대방을 보호하기 위해서 약관의 뜻이 명백하지 아니한 경우에는 상대방에게 유리하게 해석되어야 함을 정한 것이다.

약관해석과 관련하여 당사자가 개별 약정을 합의한 경우 그 약정의 해석이 문제될 수 있다. 약관제안자와 상대방이 개별 약정을 합의한 경우에는 그 합의사항은 약관에 우선하기 때문에(제553조의2 제4항) 이 경우 그 합의사항은 계약해석의 일반원칙에 따라 해석하면 되고 약관해석의 원칙은 적용되지 않는다. 따라서 그러한 취지의 규율은 별도로 둘 필요가 없다.

한편 제553조의3의 (주)에서는 본문의 제안을 대체하는 안으로서 「약관규제법」상 약관의 해석에 관한 제5조의 내용을 그대로 신설하자는 안(주1)과 약관해석의 원칙을 규정하지 않는 안(주2)을 병기하고 있다. 전자는 「민법」과 「약관규제법」의 규율이 달라지는 것은 바람직스럽지 않다는 점을 중시한 제안으로서 핵심규율 신설안과 같다. 후자는 「민법」에 약관해석의 원칙을 두는 것은 규율의 중복이므로 생략할 수 있다는 점을 중시한 제안이다.

(3) 약관의 내용통제

제553조의4 (약관조항의 무효) ① 신의성실의 원칙을 위반하여 상대방에게 부당하게 불리한 약관조항은 무효이다.
② 약관조항의 무효에 대하여는 제1항에 의하는 외에 약관규제법 제6조제2항 내지 제14조의 규정을 적용한다. 이 경우 '고객'은 '상대방'으로 본다.
③ 약관조항이 제1항 또는 제2항의 규정에 따라 무효인 경우 계약은 나머지 부분만으로 유효하

게 존속한다. 다만, 유효한 부분만으로는 계약의 목적 달성이 불가능하거나 그 유효한 부분이 한쪽 당사자에게 부당하게 불리한 경우에는 그 계약을 무효로 한다.

약관의 내용통제에 관한 핵심규율 신설안 중 (주)의 제안을 받아들여 내용통제의 일반기준을 '상대방에게 부당하게 불리한지" 여부로 설정한다(제1항). 이것은 약관의 내용통제의 일반기준의 현실성과 간명성을 도모하기 위한 것이다(핵심규율 신설안 제1항 (주)의 관련 내용을 참조). 이 경우 「민법」과 「약관규제법」 제6조의 규율과의 저촉이 문제될 수 있으므로 「약관규제법」 제6조도 「민법」과 보조를 맞추어 개정하는 것이 적절할 것이다.[25]
제2항은 (개정되는) 「약관규제법」 제6조 제2항(불공정한 약관조항 또는 고객에게 부당하게 불리한 약관조항으로 추정되는 규정) 및 구체적 무효사유에 관한 제7조~제14조로의 연결규정을 둔 것이다. 제3항은 핵심규율 신설안 제4항(일부 무효의 특칙)과 같다.

(4) 약관의 변경

약관조항의 변경에 관하여서도 핵심규율 신설안(제553조의5)의 내용을 그대로 채용한다.

핵심규율 신설안과 기본원리 신설안은 「약관규제법」의 내용을 가능한 한 유지한 채로 약관규제에 관한 핵심규율이나 기본원리를 신설함으로써 「약관규제법」상 약관규제의 완결성을 손상하지 않으면서 계약법의 현대화라는 목적을 달성하고자 하는 방안이다. 이 방안에 의하면 「민법」과 「약관규제법」의 관계가 약관규제에 관한 일반법과 특별법의 관계로 재편된다는 점에서 「약관규제법」 편입안과는 구별되는 특징이 발견되는 반면, 「약관규제법」이 기본적으로 그대로 유지되기 때문에 경우에 따라 규율의 중복이라는 문제점이 발생할 수 있다. 이 문제점을 해소하기 위해서는 가능한 한 기본원리 신설안에 입각하되 규율의 일반화 내지 추상화를 강화할 필요가 있다.

Ⅳ. 결 어

1. 「약관규제법」은 약관에 대한 편입통제(편입요건)·해석통제(해석원칙)·내용통제라는 민사규제의 법리(私法규정)뿐만 아니라 행정규제(이른바 추상적 내용통제) 및 형사규제까지도 포괄하는 법률이다. 따라서 그 사법규정을 민법전에 편입하는 것은 필연적으로 「약관규제법」

---

25) 「약관규제법」 제6조는 가령 다음과 같이 개정할 수 있을 것이다.
제6조(일반원칙) ① 신의성실의 원칙을 위반하여 공정성을 잃은 약관 조항은 무효이다. 고객에게 부당하게 불리한 약관 조항도 같다.
② 약관 조항 중 다음 각 호의 어느 하나에 해당하는 조항은 공정성을 잃은 것 또는 고객에게 부당하게 불리한 것으로 추정된다.
1. 고객이 계약의 거래형태 등 관련된 모든 사정에 비추어 예상하기 어려운 조항
2. 계약의 목적을 달성할 수 없을 정도로 계약에 따르는 본질적 권리를 제한하는 조항

의 해체를 수반하는 것이다. 이와 같은 의미에서의 「약관규제법」 해체안이 Ⅱ에서 검토한 「약관규제법」 편입안(전부편입안과 일부편입안)이다. 「약관규제법」 편입안은 계약법의 현대화를 실현하기 위하여 「약관규제법」의 전부 또는 일부를 민법전으로 편입하는 방안으로서 전체적으로 그 규율내용에 변화가 없다는 점에 특징이 있는 반면, 「약관규제법」의 해체에 따라 동법에 따른 약관규제의 완결성이 훼손될 수 있다는 한계가 있다.

본고에서는 「약관규제법」상 약관규제의 완결성을 손상시키지 않으면서도 계약법의 현대화라는 목적을 달성할 수 있는 방안으로서 약관법의 민법전 신설안(약관법 신설안)을 새롭게 제시해보았다. 이 방안은 「약관규제법」의 내용은 가능한 한 그대로 유지하되 민법전에 '약관에 의한 계약(부합계약)에 관한 규율'(약관법)을 신설할 것을 제안하는 것이다. 약관법 신설안에는 규율 내용의 일반화의 정도에 따라 「약관규제법」상 약관규제에 관한 핵심규율을 가능한 한 그대로(중복적으로) 또는 약간의 내용조정을 통해 「민법」에 신설하는 방안(핵심규율 신설안)과 약관규제에 관한 기본원리만을 일반화하여 「민법」에 신설하는 방안(기본원리 신설안)의 두 가지 방안이 존재한다. 이들 방안에 의하면 「약관규제법」은 약관규제의 완결성을 유지하면서 「민법」의 특별법으로 위치지어지고, 또한 「약관규제법」과는 다소 다른 규율(편입요건으로서의 '동의'의 명시, 약관의 내용통제의 일반기준의 변경, 약관의 변경에 관한 조문의 신설)을 「민법」에 실현할 수 있다는 장점이 있다. 반면에 「약관규제법」이 기본적으로 유지되기 때문에 규율의 중복이라는 문제점이 발생할 수 있다. 이 문제점을 해소하기 위해서는 가능한 한 기본원리 신설안에 입각하되 규율의 일반화 내지 추상화를 강화할 필요가 있다.

2. 「약관규제법」의 민법전 편입 또는 약관법의 민법전 신설에 관하여 본고에서 검토한 4가지 방안에는 어느 것도 장점과 단점(한계 내지 문제점)이 병존한다. 따라서 4가지 방안이 각각 절대적이라거나 서로 배타적인 관계에 있다고 인식할 필요는 없다. 가령 핵심규율 신설안 또는 기본원리 신설안과 일부편입안을 병합하는 방안도 고려해볼 수 있다. 이 경우에는 핵심규율 신설안 또는 기본원리 신설안에 따른 조문안을 「민법」에 편입하고 해당 「약관규제법」의 내용은 삭제하는 조합이 될 것이다. 또한 개별 조문안의 작성에 있어서 (주)의 제안 또는 다른 방안의 조문안을 참조하여 보다 합리적이고 적절한 내용으로 구성해보는 것도 가능할 것이다.

본고의 검토가 「약관규제법」의 민법전 편입론의 지평을 넓히고 관련 입법 논의를 심화시키는 계기가 되기를 기대해본다.

로마법에서 점유의 기원과 그 유형들

성 중 모

서울시립대학교 법학전문대학원 교수

이 글은 2024년 11월 발간된 비교사법 제31권 제4호에 게재된 논문을 편집한 것이다.

민법의 연구와 교육에 평생의 노력을 경주하시어 괴연한 업적을 성취하신 박동진 교수님께 졸고가 가납되기를 바란다.

humani nihil a se alienum
인간적인 것 그 무엇도 인간들 자신과 무관한 것은 없다.
－키케로[1]－

Ⅰ. 도 입

1. 사실로서의 점유

로마는 물건에 대한 사실상의 지배를 추상화하여 점유라는 법형상을 고안하여 다양한 법적 처리의 수단으로 이용하였다. 점유는 사실이었기에 완전한 형태의 법적 지배인 소유권과 근본적으로 다르다고 보았다.[2] 소유와 점유를 엄격하게 나누는 사고는 법에서 논리필연적으로 도출되지 않는다.[3] 예컨대 게르만법의 게베레(Gewere)는 사실과 권리가 확연히 분화되어 있지 않다. 게베레는 분명히 물권이되 家主(=가부장, Herr) 권한의 일부였다. 그 객체는 물건뿐만 아니라 비자유인(Schalk, deo, diorna)까지 포괄했다.[4] 이 게베레도 점유적 관계를 일부 포함하고 있으나 그때의 점유적 관계란 엄격한 의미에서의 사실상 지배가 아니기에 현재 점유의 이해에 그대로 원용할 수 없는 한계가 있다.[5] 전 세계의 많은 법체계가 여전히 '점유는 사실'이라는 로마법 명제의 영향하에 있다. 우리 법제에서도 사실인 점유와 권리인 소유의 준별은 전제되어 있다.

2. 절대적 권리에 대립하는 점유

우리 민법의 점유는 사실임에도 불구하고 여러 법률효과를 야기한다. 그런데 점유는 단일한 근원을 갖는 것이 아니라 역사적으로 발전된 여러 형상들이 모인 호수다. 우리 점유의 기원을 로마법의 포세시오(possessio)와 게르만법의 게베레로 나누어 설명하기도 한다. 그러나 판덱텐 학에서의 변화를 제외한다면 우리의 점유도 압도적으로 로마적 점유이다. 그런데 로마 점유의 특징은 무엇일까? 포세시오는 실증적 시각에서 파악하는 점유이고, 게베레는 자연법적 시각에서의 점유다.[6] 자연법적 사유에 따르면 사실상의 점유가 있는 자에게 적법 권원을 부정하기 힘들다. 물론 전자에도 자연법적인 고려 요소들은 존재했다. 즉 로마에서

1) 마르쿠스 툴리우스 키케로, 성중모 옮김, 법률론, 아카넷, 2025, 41면.
2) 현승종, 로마법, 일조각, 1982, 96면.
3) Max Kaser/Rolf Knütel. Römisches Privatrecht, 20. Aufl., C.H.Beck, 2014, S. 115.
4) Heinrich Mitteis/Heinz Lieberich, Deutsche Rechtsgeschichte, C.H.Beck, 1992, S. 30.
5) 그리하여 '점유는 권리가 아님에도 불구하고 법률효과를 갖는다'는 모순적인 명제의 해결은 철저히 로마법적 전통하에서 풀어야 할 문제이다. 同旨의 저술로는 Youn Seok Choi(최윤석), Der Besitzerwerb des Erben: Historische Entwicklungen, die Lösung des § 857 BGB und ihre Anwendungsproblemme (Rechtshistorische Reihe), Perter Lang, 2013.
6) Mitteis/Lieberich, 2II3, 4II1, 6II1, 9III7, 24VI, 27I8, 27II2, 28II3/4, 29II3, 37I5.

도 점유는 점차 시간이 지나면서 일반화되고 추상화된 전문용어로 굳어져 갔지만 초기로 갈수록 사실과 권리의 경계는 확연치 않았다. 소유권이 현재는 절대권이 되었지만 역사 초기에 소유권이란 따로 존재하지 않았고 다만 다른 쟁투자(Prätendent)와의 다툼에서 더 나은 권리(besseres Recht)를 갖고 있었으면 그것으로 상대방 쟁투자를 배척할 수 있었을 뿐이다.

점유에 관한 대표적인 학설휘찬(Digesta)[7]의 법문들을 보자.

– Nihil commune habet proprietas cum possessione. (D.41,2,12,1).
  소유권은 점유와 공통점이 없다.

– Eam enim rem facti, non iuris esse. (D.41.2.1.3).
  점유는 사실문제이지 권리문제가 아니기 때문이다.[8]

물론 학설휘찬은 고전기 로마법학이 이미 황혼을 맞이하고 쇠락한 후인 6세기의 작품이다. 위 개소는 고전적인 단호한 교조적 명제이지만, 로마법의 진수를 보여주는 언명이다. 로마의 소박했던 법문화가 그리스 철학의 영향으로 학문성을 갖추게 되면서 철저한 도그마틱적 사고를 관철시킨 인류 문화의 고점에서 이룩한 성취다.[9]

일반적으로 현대의 민법전들은 로마의 소유권 개념을 계승했고 로마법에서부터 포괄적 지배권으로서의 소유권 개념이 존재했다고 인정된다.[10] 소유권 자체의 개념보다 우리 민법과 로마법을 더 밀접하게 이어주는 제도는 소유권에 기한 반환청구권이다. 우리 민법(제213조)에서처럼 로마법에서도 소유물반환소권(vindicatio)이 핵심적 법형상이었다. 이 소유물반환소권이 도그마틱적 소유권(dominium)의 탄생에 지대한 영향을 미쳤다. 소유물반환소권이 보호하는 이익이 절대적이지 못했을 때에는 기껏해야−누군가가 응소의무를 부담하지 않는−대물소권(actio in rem)으로 불릴 수밖에 없었고 상대권자들의 다툼에 늘 그러하듯 일정한 금전, 즉 神聖賭金(sacramentum)을 걸고 재판하였다. 물론 패소하면 걸었던 돈은 몰취된다. 소유물반환소권이 제도로서 정립되면서 절대권인 소유권을 갖는 자는 원고적격을, 물건의 점유자나 고의의 점유포기자 등은 피고적격을 갖게 된다. 소유물반환소권이 정립되면서 원

7) 'Pandectae'(會典)라고도 불린다. 유스티니아누스 황제의 입법사업 결과물 중 일부. 533년 12월 16일 공포되고 2주 후에 발효하였다. 고전시대 법학 문헌들을 발췌하여 편찬하였다. 텍스트, 즉 법문(法文)이 9,000개가 넘는다. 편찬위원회(위원장은 트리보니아누스)는 콘스탄티노폴리스와 베뤼토스의 법학교수들, 고위 관리들, 저명한 변호사들로 구성되었다. 때로 고전기에 저술된 문헌에 있던 법을 현대화할 목적으로 다수의 삭제, 추가, 대체가 실행되었다.

8) Youn Seok Choi, S. 11−12.

9) Luigi Cappogrossi Colognesi, Storia di Roma. La formazione di un ordinamento giuridico, il Mulino, 2009, p. 146 이하. 세르비우스가 주창한 新법학은 기존의 가치주의적 법학을 타파하고 전면에 나섰다. 희랍의 회의주의 아카데미아 학파의 영향을 받아 자연과 법규범을 분리하였다. 그리하여 그에 따르면 사람들에게 이익을 주기 위하여 합목적적이어야 할 법규범은 가능한 한 명료하여야 한다. 요컨대 규범이 효력을 가지려면 공동체의 구성원 간 합의가 필요하며 일단 합의가 되면 제도적 강제력을 통하여 법의 효력을 보장하여야 한다. 제도로서의 법의 탄생이다. 법에 대한 이러한 입장은 φύσις(phusis, 불변의 자연)와 νόμος(nomos, 가변의 현상)를 구별하기 시작한 소피스트들과 그 흐름을 잇는 회의주의가 취한다. 세르비우스는 특히 아카데미아 학파의 회의주의에 영향을 받아 제도에 의하여 강제되는 실정적 법을 법으로 보았고 그에 부합하는 학문의 필요성을 주장했다.

10) 프랑스민법전(Code civil) 제544조; 오스트리아민법전(ABGB) 제354조; 독일민법전(BGB) 제903조.

고=소유권자, 피고=점유자라는 도식이 도그마틱으로 확정되었던 것이다. 그에 따라 사실로서의 점유 개념이 소유권의 대립개념으로 정립되었다.

Ⅱ. 본 론

1. usus와 possessio[11)]

우선 로마에서 점유의 기원은 usus와 possessio 두 가지다. 우선 고전기에 확고한 도그마틱적 개념인 possessio점유 개념이 확고히 자리잡기 전 더 일상적인 용어 'usus'가 존재했다.[12)] 우리 민법에 규정되어 있는 점유도 이질적인 두 점유인데 로마의 두 종류의 점유가 각각 발전한 점유 유형을 이어받았기 때문이다. 사비니도 로마법의 예에 따라 『점유법(Das Recht des Besitzes)』에서 로마 점유법을 사용취득(usucapio)[13)]에서의 점유와 特示命令(interdictum)에 의하여 보호되는 특시명령 점유(possessio ad interdicta)로 나누어 설명한다.[14)] 두 점유 모두 '사실'이어서 점유를 하기 위해 물건을 지배하는 행위, 즉 占取가 필요하다.

'Possessio'(점유)라는 용어는 가부장들에 대한 공유지(ager publicus) 분배로부터 시작했다. 로마에서 법도그마틱이 자리잡고서(소위 '신법학 시기')야 통용되기 시작한 것이고 그 전에는 usus이라는 통용되었다. 고전기 이전에는 usus가 점유를 포함하여 용익을 의미하는 더 넓은 의미로 쓰였다.

1) usus

usus는 '사용'이라는 기본적 의미를 갖는다.[15)]

피고가 자신이 정당한 권원(iustus titulus)을 갖는다는 것을 증명해야 했던[16)] 소유물반환소

---

11) 우리 민법의 점유 개념을 파악하기 위해서 usus도 possessio도 고려해야 하는데, 이 글에서는 possessio를 '점유'로, usus는 'usus점유'로 옮기기도 하였다.

12) Max Kaser, Römisches Privatrecht I, 1971, § 94 Ⅰ. 2, Ⅱ. 1 Ⅲ. 1.

13) Usucapio는 로마 시민법의 단기 취득시효이다. 12표법에 존재하던 제도이다. 즉 종속의 관계를 비종속의 관계로 변경시키는 목적으로 이용되었다. 아버지의 권력 안에 있던 여자의 남편은 그녀에 대하여 1년의 사용(usus)으로 가부장권을 취득하였는데, 다만 아내가 3일 밤을 아버지의 집에서 보냄으로써 시효취득을 중단시킬 수도 있었다. 토지를 해당 권리이전 방식 없이 취득했던 자 또는 비소유자로부터 취득했던 자는 2년의 경과로 소유자가 되었다. 기타 물건의 경우 사용취득 기간이 1년이었다. 도품은 시효취득에서 제외되었다.

14) Friedrich Carl von Savigny, Das Recht des Besitzes, Gießen, 1803.

15) 고전기 로마법에 소위 有體物(corpus) 도그마가 있었다. 물권의 객체는 유체물뿐이라는 것이다. 그리하여 예컨대 대인적 구속에 지배되는 권리는 객체가 될 수 없었다. 점유와 관련하여, 법사료에 등장하는 'possessio iuris'(권리의 점유)나 'quasi possessio'(준점유)라는 용어는 도그마틱이 최고로 발전했던 고전기의 용어가 아니라 고전기 이후 또는 6세기 유스티니아누스 황제의 창조 내지 개찬이라고 보는 견해도 고전기에 유체물 도그마가 견고했음을 전제한다.
그런데 'usus iuris'라는 표현은 고전기의 용어로 인정된다. possessio와 usus의 이러한 차이에서 possessio는 usus보다 더 도그마틱적이고 학술화된 개념인 것을 알 수 있다.

16) 이상훈, 로마법상 점유의 개념: 문제맥락에 따른 구별, 서울대학교 법학연구소, 서울대학교 법학 62권 2호

송은 앞에서 말한 대로 현대적인 절대적 소유권 개념의 형성에 결정적으로 기여하였지만, 12표법 전부터 존재했던 古로마법의 법률소송(legis actio)이 사용될 때에는 소유물반환소송이 대물소송(actio in rem) 정도의 의미를 가지며 엄격한 의미의 절대적 소유권의 보호수단이 아니었다. 그보다는 'ex iure Quiritium'(퀴리테스인들의 권리에 기하여)에서 보듯이 로마 정주민(퀴리테스인)자격과 부동산 소유권의 査定분배 후 분배의 선언(declaratio)이라고 볼 수 있다. 그러므로 법률소송은 지위와 지위의 충돌이었던 것이다. 이 때 법률소송에서 두 권리(물론 이 권리들도 현대적 시각에서는 물권일 수밖에 없다)가 주장되는데 하나의 소유권이 결정되고 다른 당사자의 권리는 아무것도 없는 전부 아니면 전무 내지 양자택일의 권리 배치가 아니었다. 두 권리 중 더 좋은 권리에게 승리를 선언하는 소송 절차였다. 절대권이 없었다는 의미는 소유권과 점유가 제대로 분화되지 않았다는 의미이다. 로마에서도 古시기에는 소유권도, 점유도, 제한 물건도 없었다. 결국 두 당사자 모두 상대권만 가졌다. 상대방보다 조금이라도 나으면 승소했다. 이런 맥락에서 "어떤 점유자라도 점유를 갖는 자는 바로 그 점에서 점유를 하지 않는 자보다 우월한(많은) 권리를 갖는다"(qualiscumque enim possessor hoc ipso, quod possessor est, plus iuris habet quam ille qui non possidet. D.43.17.2)라는 학설휘찬의 법문을 이해할 수 있다.

역사적으로 소유권은 점차 상대권에서 절대권으로 발전하였다. 신성도금 절차[17]에서는 상대권을 갖는 자, 즉 habere와 관련하여 상대방보다 더 나은 권리를 갖는 자가 승소한다는 점은 많은 부분 이미 증명되었다.[18] 푸블리키우스 소권(actio Publiciana)은 시효가 완성되지 않아 아직 권리를 확정적으로 취득하지 못한 자를 일정한 권리를 주어(시효완성자처럼) 물권적으로 보호한다. 푸블리키우스 소권에서도 상대방을 이기기 위해서 내가 소유자일 필요가 없는 것이다. 다만 상대방보다 나은 권리를 가지면 되었다. 이렇듯 소유권은 당사자들이 갖는 상대적 권리에 불과했다[19]. 전체성과 혼융성의 원리에 기한 소유권 개념과 그와 대비되는 점유와 제한 물권 개념은 역사적으로 한참 지나서야 가능했던 것이다.

반면 이미 12표법의 소유권은 유체물의 專有였다. 그것을 로마인들은 퀴리테스인들[20]의 법에 기하여 갖는 자신의 것(=권리, suum ex iure Quiritium)이라 불렀다. 그 법적 지위를 갖는 자가 누리는 그리하여 보호받는 상태를 usus라 불렀다. 그리고 그것이 침해되면 소유물반환소권으로 보호받았다. 소유물반환소권으로 보호받는 이러한 권리가 공동체 정주자에게 지위(=자격, entitlement)로 부여되었다. 토지, 사람들, 가축, 농기구 등 모든 것이 속했다. 그

(2021.6). 소유물반환소송에서 점유자로서 피고의 지위가 되면 유리하게 취급되었다. 로마법률가들의 법원칙은 "상황이 동일하면 점유자의 지위가 더 강하다"(Pap. D.29.1.36.3)라고 선언되기도 했다.

17) 일정금액을 신에 대한 서약과 함께 공탁하고 재판 결과 패소하면 도금을 몰취당하는 절차.

18) Max Kaser, Eigentum und Besitz, 1956, 6 ff.; ders., RPR I, S. 108; Max Kaser, In bonis esse, SZ 78 (1961), S. 173 ff.

19) Kaser, SZ 78, S. 185.

20) 퀴리테스인들이란 로마시민에 대한 별칭이다.

것을 'familia'(그리하여 이 개념은 '家'도, '농장부속물'도, '奴隸團'도 의미할 수 있었다)라 불렀다. 토지와 사람들과 대가축은 마음대로 처분되지 못하였다. 이것들이 familia라고 불리는 것의 중핵이고 중요했다. 그것이 재산이다.

로마인들은 소유권에 해당되는 권리를 'meum esse'라고 표현하기도 했다. 라틴어 동사 'habere'는 의미가 '갖는다'인데, 엄격한 의미의 소유권도 아니고 엄격한 의미의 점유, 즉 고전기의 possessio도 아니었다.

대표적으로 매도인은 매수인이 매매 목적물을 habere하도록 해주어야 하는 의무를 부담했다. 로마 매매법에서 매도인은 매수인에게 안전한 인도를 하면 되었다(D.18,1,78,1: "vacuam possessionem tradi"). '안전한'(vacua) 점유의 이전이란 매도인 또는 제3자의 사실적 즉 점유법적 침해의 우려가 없는 점유의 인도를 의미하였다. 매도인은 매수인이 방해받지 않고 물건을 점유하고 향유할 수 있도록(Ulp.D.45,1,38) 해야 했다. 단 매도인은 하는 의무만 부담하였다. 소유권 이전에 필요한 행위를 물론 하여야 했지만 법적 행위를 할 의무는 없었다. 그러니까 매수인도 habere licere('누구의 방해도 받지 않고 가지고[사용하고] 있는 상태)에 있는 한 책임을 묻는 매수인 소권(actio empti)을 행사할 수 없었다. 그리하여 안전 개념은 licere 개념과 밀접한 연관성을 갖는다. 매도인은 매수인이 추탈(evictio)될 때 담보책임을 질 뿐이었다. 매수인이 제3자로부터 소유물반환소권으로 피소된 경우, 매수인은 추탈담보소권(actio auctoritatis[de auctoritate])으로 양도인에게 담보인(auctor)으로서 소송상 방어에 원조할 것을 요구할 수 있다. 양도인은 양수인이 제3자에게 추탈당하지 않도록 원조하여야 할 의무를 부담한다. 양도인이 원조 의무를 이행하지 않거나 원조했으나 무위로 끝난 경우, 양수인은 양도인에게 실제로 지급된 매매대금의 2배액을 청구할 수 있었다. 현대적 시각에서 볼 때, 매수인에게 소유권을 이전하지 못한 매도인에게 강력한 제재가 뒤따랐던 것이다.

매수인이 habere하게 되면 그 때부터 그 habere는 usus가 되어 usu－capio(사용취득)라는 취득시효의 요건이 되었다. 그 사용(usus)은 매매계약을 통하여 매도인에게 권리 일정한 의무를 부담시키기는 했지만 완전한 권원을 갖추지는 못했다는 의미이다. 그러므로 정당한 가짐을 의미하는 licere와는 다르다. licere는 추탈의 위험을 벗어난 경우(가장 안전하게 되는 경우는 물론 매수인이 물건을 시효취득하는 경우이다)에 사용되던, 그렇지 않더라도 외부로부터 진정한 소유자에 의한 공취가 없는－사실상의 안정적인－사태에 사용되던 용어였다.

추탈의 위험을 벗어난다는 의미는 진정한 소유자의 소유물반환소송과 관련하여 파악하여야 한다. 그 소송의 피고적격은 usus를 향유하는 즉 habere하는 자이다. 만일 진정한 소유자로부터 권리 주장을 받게 되면 매수인은 더 이상 licere하지 못한다. 물건 가짐의 정당성을 표현한 것이 habere licere인 것이다. 그런데 이 licere는 사전적인 확보된 정당성이기도 하지만 사후적으로 보아 결과적으로 사실적으로 그리하여 권리적으로 침해된 바 없다는 의미도 갖는다. 그런데 필요한 사용취득을 위한 사용(usus) 기간과 매도인이 매수인에게 권리를 취득시킬 담보책임(auctoritas) 기간(물론 두 기간이 같겠지만)은 12표법에 의하면, 부동산의 경우 2년,[21] 동산의 경우 1년이고 그 기간을 경과하면 취득원인을 증명할 필요가 없게 된다. 1, 2년 시간의 경과로 매수인은 확실하게 licere를 확보하는 것이다.

> 12표법 6표의 3: 토지 사용취득의 권원은 2년이고, 나머지 모든 물건의 그것은 1년이다. auctoritas fundi biennium <esto. 'ceterarum rerum' annus esto>.[22]

이 기간이 경과하면 양수인이 사용취득에 의하여 시민법상 완전한 소유권을 취득하기 때문에 더 이상 추탈의 위험 하에 있지 않게 되는데, 예외적으로 물건이 도품이거나 양수인이 외국인(hostis)인 경우에는 양수인의 사용취득이 배제되고 양도인의 담보책임은 영속적이 된다(소위 'aeterna auctoritas(영속적 담보책임)').[23]

2) possessio

로마의 possessio는 현재의 점유와 마찬가지로 물건에 대한 사실상의 지배다. 상대방의 이러한 점유는 권리를 증명해서 종료시킬 수 있었다. 로마의 점유법은 possessio라는 단일한 용어를 사용함으로써 일견 혼란이 야기될 것 같지만 사용취득, 특시명령, 所持(=執持, detentio) 등 다양한 영역에서 점유와 관련하여 일관적이고 이성적으로 논변하고 있다.

(1) 기 원

possessio는 로마에서 비교적 새롭게 등장한 개념이다. 그보다 시간적으로 오래된 usus와 비교된다. 물론 로마법에서는 possessio가 언제나 물건에 대한 사실상 지배, 즉 체소(corpus)[24]에 결부되어 있다. 그러므로 로마에서 원칙적으로 중복(=공동) 점유란 있을 수가 없다.[25] 12표법에서 possessio라는 이 용어가 부동산에 국한되어 쓰였다는 관찰을 이해하려면 우리는 가부장이 국가로부터 부동산을 배분받아 경작했던 로마의 역사를 알아야 한다.

로마의 공유지는 국가(로마 국민)에 속한(국유) 땅이고 주로 전쟁과 정복에 의해 마련되었다. 공유지의 일부는 분배(adsignatio, ager adsignatus)나 매각(ager quaestorius, 매각은 재무관의 관할)에 의해 사인이 경작할 수 있는 농지가 될 수 있었다. 공유지는 영구적, 장기 또는 단기로 임대될 수 있었는데, 임차인은 조세(vectigal)를 납부하였다. 이렇듯 납세지(ager vectigalis)는 국가 정부나 지방자치시 정부가 소유하며 영구적으로 대여하는 땅이었다.[26]

---

21) 키케로, 토피카, 23절(성중모 번역, 아카넷, 2022, 27면).
22) 키케로, 『카이키나 변론(Pro Caecina)』 19.54; Gai. 2.42~44; 2.53~54; Ulpianus, Regulae, 19.8.
23) Rafael Brägger, Actio auctoritatis, Dunker & Humblot, 2012, S. 44.
24) corpus는 유체물(res corporalis)이고 권리(ius, iura) 등 무체물과 대립한다. 예컨대 corpora nummorum은 summa(금액)과는 달리 물질로서의 화폐를 의미한다.
25) 다만 이미 로마법 사료에서 중복(공동) 점유에 대한 사안들이 다루어지고 있다.
26) 원래 국유지의 임대는 호구감찰관(censor)에 의해 실행되었고, 기간도 5년으로 제한되었다(leges censoriae,

공유지나 납세지가 있는 로마에서 possessio는 이 토지들과 관련되어 있다. 우리가 점유로 번역하고 있는 용어 possessio의 동사형은 possidere이다. pos+sedere로 분석된다. 동사형 sedere는 '앉다'의 의미이다. 그 앞에는 어원적으로 100% 확실한 것은 아니지만 pos는 potis의 변형으로 보인다. 결국 possidere는 물건을 (깔고) 앉는다는 의미이다. potis는 原이탈리아어 단어 *potis에서, 더 나아가 원인도유럽어 단어 *pótis에서 유래한 것으로 추정된다. *pótis는 소유자, 주인, 남편(가부장의 지위를 갖는 존재)이라는 의미이다. 그리스어에서도 πόσις는 남편이라는 의미인데 상호 관련된 것으로 인정된다.[27)]

(2) 점유 삼분법에 따른 각종 점유의 성질

가. 보호를 받는 범위나 정도가 다름

우선 점유(possessio)를 이탈리아의 로마법학자 리코보노(Riccobono)는 세 가지로 나누었다.[28)] 시민법적 점유(possessio civilis)는 인도(traditio, ex iusta causa)나 사용취득에 의하여 시민법적 소유권(quiritary ownership)을 취득하기 위한 요건이었다. 비악취물인 경우에는 인도만으로 소유권 이전이 가능했고, 악취물인 경우에는 특정한 방식을 거쳐야 했는데 거치지 않았거나 진정한 권리자로부터 양수받지 못하는 경우 사용취득으로 시효취득하여 비로소 권리를 취득할 수 있었다.

특시명령 점유는 행정관이 내리는 명령인 특시명령으로 보호하는 점유였다. 특시명령의 보호는 물건 소유자와 체결한 계약에 따라 타인의 물건을 보관하는 자들에게 부여되었는데, 그들은 물건을 자기 것으로 점유할 의사는 없지만 물건에 대한 침탈이 있는 경우 구제받을 수 있었다. 즉 질물을 보관하는 채권자(creditor pigneraticius), 간득(=허용)점유(precarium)[29)]로 물건을 갖고 있는 자, 공유지 임차인, 영차인(emphyteuticarius), 계쟁물보관인(sequester)과 같은 자들은 제3자가 물건을 침탈하면 특시명령을 신청할 수 있었다.[30)] 단, 수치인이나 사용차주는 특시명령의 보호를 받지 못했다.

---

leges locationis). 고전 후 시기의 법에서는 납세토지가 영차지(ager emphyteuticarius)와 동일시되었다. 영차인의 지위는 상속되었고, 영차인이나 그 상속인이 차임지급의무를 다하는 경우 임대를 해지할 수 없었다. 불법적으로 점유하는 제3자로부터 토지를 회복하기 위해 도입된 법무관법상 소권은 비록 임차인이 완전한 소유자가 아니지만 소유물반환소권을 모델로 하였다(actio vectigalis/ actio quae de fundo vectigali proposita est).

27) 가부장이 갖는 possidere라는 지배력은 사적 차원의 점유가 아니었다.

28) Salvatore Riccobono, Zur Terminologie der Besitzverhältnisse: Naturalis possessio, civilis possessio, possessio ad interdicta, SZ. 31, 1910, 321 ff.

29) 懇得점유, 즉 시혜점유는 종래 容假점유 또는 허용점유로 불렸다. 간득점유자(=수혜점유자)의 청에 의하여 시혜자가 허락하는 동안만 상대방(간득점유자=수혜점유자)에 부여된 무상의 점유이다(D. 43.26.1pr.). 간득점유자는 오로지 사기에 대해서만 책임을 졌다. 간득에 의한(precario) 물건 점유는 법정관 고시에 의한 보호를 받았지만 사용취득되지는 않았다. 다른 한편 시혜자는 간득점유에 관한 특시명령(interdictum de praecario)에 의해 점유물의 반환을 청구하였다.

30) 타인의 물건을 점유하는 자들 중 일부는 법무관법에 따른 특수한 특시명령이 부여되었다. 지상권자(superficiarius)는 지상물에 관한 특시명령(interdictum de superficiebus)으로 보호받았고, 용익물권자 중에서도 준특시명령(interdicta utilia)을 이용할 수 있는 자도 있었다.

마지막으로 자연적 점유(possessio naturalis)는 시민법적으로도 官職法(ius honorarium)으로도 효력이 없는 사실상의 지배력이었다. 자연적 점유는 로마법제에서 인정되는 점유가 아니라 단지 所持(=占持, detentio)에 불과했다. 소지자는 rem sibi habendi(= 자신을 위하여 물건을 갖는다는) 의사가 없고, 물건의 소지에 대한 정당한 점유 원인(iusta causa possessionis)이 없다. 반의어인 시민(법)적 점유(possessio civilis)는 점유 취득에 정당한 원인(iusta causa)에 기초하며 시민법하 일정한 요건이 충족되면 사용취득이 인정될 수 있는 점유를 의미했다. 시민적 점유는 푸블리키우스 소권(actio Publiciana)으로 보호되었다. 고전시대 법에서는 시민적 점유가 아니었던 상태가 유제법에서 시민적 점유로 인정되었기 때문에, 시민적-자연적 점유라는 고전시대의 구별이 유제 법에서는 혼란되었다. 고전시대 법에서 정신 이상이 있는 자와 미성년자는 법적으로 유효한 의사(animus)를 가질 수 없어, 시민적 점유를 취득할 수 없었다. 또한 임차인, 수치인, 사용차주의 점유는 자연적 점유인데, 그들은 소유자를 위하여 물건을 가지고 있다고 인정되었기 때문이다. 그리하여 그들은 특시명령에 의한 보호를 주장할 수 없었다.

나. 시간에 따른 변화

시민법상 점유(法定 점유, civilis possesio)와 자연적 점유(naturalis possessio)가 구별된다.[31)] 시민법상 점유는 점유의 정당한 사유[원인](iusta causa possessionis)가 있는 경우의 점유다. 이 점유에 의하여 시효취득할 수 있다. 즉 이 점유는 사용취득의 요건이다. 시효취득하기 위해서 그 밖의 요건으로 선의(bona fides)가 요구된다. 그러므로 사용취득은 현재의 취득시효에 해당하기도 하지만 동시에 즉시취득적 성격도 갖는다. 시민법상 점유는 물건에서 인간이 누릴 수 있는 자연적 이득의 배타적 이용을 목적으로 물체를 자주점유하는 것이다. 소유권취득이 전제되어 있다. 즉 自主란 소유자의 의사(animus domini=animus rem sibi habendi)를 갖는 상태다. 로마법에서 자주점유만 시민법상 정규 점유다. 점유는 원칙적으로 단순한 소지 의사를 넘어서 소유의 의사를 전제할 때만 쓰일 수 있는 개념이다. 그래서 시민법상 점유는 소유권 점유취득시효의 하나의 요건이 된다.

자연적 점유(naturalis possessio)는 유체적 점유(possessio corporalis)라고도 한다. 이 점유가 우리의 현재 점유와 흡사하다. 현대에는 점유의 부류에 들어가지만 로마에서는 점유가 될 수 없었다. 이러한 기본 전제에서 베렌츠는 로마에서 다음과 같이 점유의 파악이 시기에 따라 달라졌다고 본다.

고전기 이전시기의 법에서는 시민법상 점유(civilis possesio)와 자연적 점유(naturalis possessio)

31) 리코보노(Riccobono) 입론 이후 통설적 분류이다. 로마에서 시민법적 점유와 자연적 점유를 구별하는 것은 채권법에서 시민법적 채권과 자연적 채권을 구별하는 것과 궤를 같이 한다. 이렇게 '자연적'이라는 한정사는 그리스 철학이 로마 법학에 영향을 주고 나서는 통상 사용되던 개념이었다. Wolfgang Kunkel, Martin Josef Schermaier, Römische Rechtsgeschichte, 2005, S. 131.

를 구별한다. 시민법상 점유는 물건의 자연적 이득의 배타적 이용을 목적으로 물체를 자주점유하는 것이고 소유권취득을 목표로 한다. 즉 시효취득의 요건이다. 자연적 점유는 자연법상 법률관계의 틀 안에서, 예컨대 용익권이나 임대차 관계에서 물건을 소지하는 것이다. 그리하여 '아무도 스스로 점유의 권원을 변경할 수 없다'는 법명제는 고전기 이전시기 법체계에 속한다. 그러한 권원의 변경은 단지 법의 일반규정에 따라서만 가능하다. 점유보호란 방해받지 않는 점유의 이용이다. 前점유자는 간청하여('시혜[=간득]점유(precarium)'[32]의 경우), 隱秘 또는 强暴로 점유하게 된 現 점유자를 상대로 자력구제가 허용되었다.

반면, 고전기법상 점유는 자연적 기본관계에 속하고 법적 기본관계에 속하지 않는데, 그것은 자연이 모든 고등 생물에게 가르친 것이다. 그것은 전적으로 자주점유이다. 자주점유자이기를 의욕하지 않는 자는 점유자가 아니다. 점유의 취득은 전적으로 사실적으로 정해지고 어떠한 법규칙에 의하여 제한되지 않는다. 점유의 평화보호가 이 법체계에서는 前점유자를 상대로 간청하여, 은비 또는 강포로 점유한 점유자를 위해서도 가능하다.

제정기에는 양 법체계 간에 강한 상호 영향이 진행되는데, 그 과정에서 점유란 단지 자주점유라는 원칙이 일반적으로 관철된다. 이 시기의 가장 중요한 성과는 순수하게 법적인, 물체적 이전이 없는 간접점유의 가능성을 인정한 것이었다. 그것은 특히 양도법에서 유체적 이전의 대체를 갈음하는 것이 이른바 '점유개정'을 통하여 가능하였는데, 이는 前점유자의 의사를 통하여 장차 취득자를 점유자로 승인하고 그 점유를 그를 위하여 행사하는 것이었다.[33]

이렇게 종합된 점유 관련 법이론에서 원칙적으로 자주점유자만이 점유자였다. 그리고 점유를 구성하는 기본적 요소로 체소(corpus)와 심소(animus)가 있다. 그런데 체소와 심소는 각 사안에서 그 비중이 다르다. 예컨대 선점에서는 심소보다 체소에 의한 물건 지배가 결정적이다. 사용취득에서는 물체적 지배보다는 정당한 원인(iusta causa, iustus titulus)이, 즉 심소 쪽이 더 중요하다. 그럼 누가 자주점유자였는가? 물론 소유자가 점유를 하는 것은 자주점유이겠지만 법적으로 크게 다투어지지는 않았을 것이다. 그보다는 소유자도 아니면서 자신이 소유자라고 생각(오신)하는 점유자, 소위 선의점유자(bonae fidei possessor)가 문제되었고, 타인의 것을 자기의 것으로 하려는(삼으려는) 악의 점유자(malae fidei possessor)도 있다. 후견인, 보좌인도 소유자로서 처신하면서 자주점유자가 될 수 있다. 그 밖에 심지어 절도나 강도도 소유자로서 처신하는 경우 다시 말해 소유자의 지위에(domini loco) 있으면 점유자, 즉 자주점유자였다.

(3) 시민법 점유 발현의 유형[34]

로마 시민법에서 다음의 점유 유형들이 특히 문제되었다. 등기가 없었던 시절이라 동산

32) 수혜점유자의 청에 의하여 시혜자가 허락하는 동안만 상대방(수혜점유자)에 부여된 무상의 점유"(D.43.26.1pr.).
33) Okko Behrends, Römisches Recht, Göttingen, 2022.
34) Fritz Schulz, Classical Roman Law, Oxford, 1951, p. 429.

뿐 아니라 부동산에서도 점유가 큰 역할을 했다.

가. 비악취물[35]의 양도에 필요한 요건이 점유이전인 인도(traditio)였다. 경제적으로 중요한 물건인 악취물의 경우 단순한 인도로 양도할 수 없고 악취행위[36]나 법정양도[37]와 같은 요식행위를 통해야 양도할 수 있었지만, 비악취물인 경우에는 더 간편한 양도방식인 인도가 이용되었다.

나. 사용취득의 요건이다. 우리민법 제245조 제1항의 原型이라고 볼 수 있다. 물론 로마에서 취득시효에 필요한 점유는 자주점유였고 소유의 의사가 크게 중요했다. 다시 말해 사용취득에는 정당한 원인[사유](iusta causa, iustus titulus)이 요건이었다. 정당한 원인이란 증여(donatio)와 같은 현실행위 또는 매매(emptio venditio)와 같은 계약으로 소유권의 취득을 정당화할 수 있는 행위였다. 정당한 원인이 있다고 사용취득자가 오신한 경우 사용취득은 인정되지 않았다.

다. 선의점유자는 과실을 취득한다.

그런데 물론 실제로 과실을 拾集하고 채취하는 것은 노예다. 노예가 취득한 것을 매개로 하여 노예주가 과실의 소유권을 취득한다. 로마법에서도 점유하는 양태를 자신이 직접하는 점유와 매개자로서의 제3자를 이용하는 점유를 대별한다.

라. 先占(occupatio)에서 점유(취득)는 소유권 취득의 요건이다.

무주물 선점을 통한 소유권 원시취득이 문제가 되던 시기였다. 사슴을 잡은 포수의 사례가 법사료에서 소개된다. 우리 민법 제252조의 선구이다. 전리품의 노획도 같은 법리로 처리되었다.

마. 로마 시민법의 점유는 아니지만 법정관법에서 보호받는 사례들

로마법의 法源으로 초기에는 12표법에 기반을 둔 시민법이 중요했으나 후기로 가면서 법정관에 의한 법형성이 이루어졌다. 그러한 법규범은 법정관법(ius praetorium)이라 불린다.

타주점유 중 일부와 자주점유는 사법담당 정무관인 법정관이 보호의 필요가 있다고 판단

---

35) 로마 물건의 분류로 악취물과 비악취물이 있다. 握取物(res mancipi)은 건물, 이탈리아의 토지, 노예, 대가축 등이며, 무체물 중에서 이탈리아 내의 토지지역권도 악취물에 속한다. 악취행위(mancipatio)와 법정양도(in iure cessio) 등 엄정한 요식행위에 의해서만 권리를 이전할 수 있다. 악취물은 농업경제 시기에 중요한 의미를 가지는 물건들이므로 농부들의 재산평가의 기준이 되었다. 악취물이 아니면 비악취물이다. 제국 후기에는 악취물과 비악취물의 구분이 그 의미를 상실하게 된다.

36) 악취행위(mancipatio). 악취물에 대한 소유권이전의 엄격한 방식으로 규정된 의식, 양수인에 의한 일정한 형식의 엄격한 구술 표현, 로마시민 5인의 증인, 저울잡이(libripens)의 출석 등이 요구되었다. 형식 문언은 다음과 같다. "이 노예(이 물건)는 시민법상 나의 것이고 그를(그것을) 이 청동조각과 청동저울에 의하여 내가 매입한다는 것을 선언한다." 양수인의 이러한 주장에 대하여 양도인은 부인할 수 없었다. 악취물의 소유권 이전은 악취행위에 의해서만 실행될 수 있었다. 다만 사용취득을 통한 시민법상 소유권의 취득은 가능하였다. 외견상 소액의 금전이 지급되지만 대금은 허구일 뿐인 매매('一錢(한푼)식 매매'(mancipatio nummo uno))이다.

37) 法廷양도(in iure cessio). 시민법상의 소유권 양도를 목적으로 정무관 면전에서 소유물반환소송의 형태로 이루어지는 擬制적 재판. 원고(양수인)는 시민법상의 소유권이 그에게 있음을 주장하고(vindicare), 소유물반환청구反訴(contra vindicare) 여부를 법무관이 물었을 때 피고(양도인)가 침묵하거나 원치 않는다고 답변하면, 법무관은 시민법상의 소유권을 원고(양수인)에게 귀속시켰다(addictio). 그리하여 쟁점결정이나 심판인 면전 절차 없이 양도가 확정되었다.

되면 특시명령이라는 행정적 명령을 내려 점유의 교란(침탈 및 방해)을 겪고 있는 자의 점유를 보호해 준다. 사실상의 평화적 목적이라고 할 만한 점유보호가 이루어졌고 그 수단은 시민법이라는 정규 법체계가 아니라 사법정무관인 법정관이 보호하던 점유 특시명령이었다.[38)]

특시명령에는 unde vi(부동산점유회수 특시명령), uti possidetis(부동산점유보호 특시명령)가 공적 성격 때문에 먼저 제도가 확립되었고, 동산의 경우 적용되는 utrubi(동산점유보호 특시명령)가 그 후에 뒤따랐다. 우리 민법 점유소권의 선구이다.

3) 소결: usus점유와 possessio점유의 특성 비교

possessio는 원래 공유지에 가부장이 갖던 사실적 지배다. 보호의 필요성에 주목되었다. 다른 한편 usus는 주로 취득시효와 관련된 개념이다. 그 기원에 있어서 possessio는 공법적인 성격을 가졌다면 usus는 사법적인 성격이었다.

고전기 이전부터 usus는 사용취득의 요건인데 후에 시민적 점유의 토대가 된다. 그러나 possidere는 가부장이 공유지에 갖고 있었던 사실상 지배이다. 공공 토지가 gentes(씨족단체)에 의해서 가부장에게 분여되었다. 씨족단체가 사라지면서 ager publicus populi Romani(로마국의 공유지)가 되었다. 도시에서는 부동산이 사유화되었다. 공화정에서는 가부장들이 공유지에 제한된 점유를 가졌다. 국가는 환수할 수도 있었다. 제3자의 침탈이나 방해에 대한 보호가 필요했기 때문에 특시명령 점유의 기원이 된다.

2. possessio, usus 그리고 usucapio

점유의 3분법은 고전기 이후의 도그마틱적 분류다. 그 이전 시기에 점유의 두 뿌리가 되었던 기원을 살펴야 한다. 그 하나는 공유지분배와 관련된 possessio이며, 두 번째 뿌리는 소유물반환소송과 밀접한 관련을 갖는 usus이다.

1) usus와 usucapio

usus가 담보책임을 위한 문답계약에서는 'habere'라 불렸다. 그러므로 usus와 habere는 본질이 다른 것이 아니다. usus든 habere든 아직 소유권 이전이 확실시되지 않은 상황에서 매수인이 물건에 대해 갖는 관계이다. 12표법에서도 usus는 사용 즉 점유관계를 구성하는데, 매수인에 의한 완전한 취득이 이루어지지 않은 경우 발생한다.

로마시민이 usus에 관련되는 경우로는 양도인이 소유권의 결여로 인해 또는 요구되는 권리이전방식을 거치지 않음으로 인하여 사용취득이 문제될 때이다. usucapio는 명칭 자체가

---

38) 쌍방적인 일반 소송절차와 행정 처분인 특시명령은 구별된다. 특시명령에서는 상대방이 순응할 경우에만 명령이 실효적이었고, 명령에 불복하면 정식재판으로 가지만 대체로 통상의 소송절차보다 더 복잡하고 지연되기 쉬웠다. 또 특시명령은 재판이 아니었기 때문에 증인심문과 증거조사 절차가 없었다. 정무관이 신청인의 주장이 자신의 이익 또는 공익을 위하여 보호의 가치가 있는 것으로 판단하면 신청인이 주장한 바를 그대로 인정하기도 하였다.

'usus로 취득한다'는 의미이다. 사용취득으로써 시민법상 소유권을 취득하였다. 원래 로마에서 소유권은 퀴리테스인들의 권리에 기한 소유권밖에 없었다. 각 시민(=퀴리테스인)은 공동체에서 분여 받은 지위로서의 소유권을 가졌다.[39] 그러다가 자연적 소유권(in bonis esse)이 생겼다. 악취물이 정식의 양도절차는 악취행위나 법정양도인데 그러한 정식의 양도절차를 거치지 않고 단순한 인도에 의해서 양도되면 양수인은 자연적 소유권을 취득하는 데 불과하게 된다. 시민법적 소유자는 여전히 양도인이다. 이때 양수인이 소유자가 되는 기제는 물론 존재한다.

그것이 바로 사용취득이다.[40] 사용취득은 악취물의 흠결 있는 양도방식을 치유시켜주는 수단이었다. 가이우스는 다른 가능성도 알려준다.[41] 즉 악취물이건 비악취물이건 양도인 소유가 아닌 물건이 인도의 방식으로 양도되었을 때 적용된다. 물론 양수인은 선의(bona fide)여야 한다. 그리고 아직 소유권이 없는 그래서 점유는 있는데 아직 제대로 된 소유권이 아닌 것이 자연적(=非法定, in bonis) 소유권으로서의 법무관법상 소유권(bonitary ownership)인데, 매수인은 자신의 점유가 최소한 법무관법상 소유권임을 증명할 수 있어야 했다. 그래야지만 iusta causa possessionis 즉 titulus usucapionis가 인정되었다. 그러한 causa로는 교환, 매매, 증여, 유증 등이 있었다. 도품(12표법[42])이나 폭력으로 점취한 물건(lex Iulia et Plautia) 등은 사용취득할 수 없었다. 매수자 자신이 절도나 폭력행사자라는 의미가 아니라 도품이나 폭력으로 점취된 물건을 선의로 매수한 매수인도 사용취득을 하지 못한다는 의미이다.[43] 속주의 토지도 사용취득의 객체가 될 수 없었다. 로마시민으로서 거래할 수 있는 능력, 즉 通商權(commercium)을 가져야 했다. 통상권이 없는 외국인은 인도에 의하여 매수하고 사용을 계속하더라도 결코 소유권을 취득할 수 없었다.[44]

2) 두 점유의 통합

usus와 possessio는 적용범위도 기능도 달랐다. usus점유는 소유권반환소권의 물건들에 적용되었다. 여성과 아동(사람까지 그 범위에 들어간다!), 동산, 부동산, 상속재산 모두 포괄하였다. usus점유는 소유물반환소송의 피고적격 결정 사유이고 인도와 시효취득에 의한 권리취득의 기초이기도 하다. 반면 possessio점유는 처음에 공유지에만 인정되었다. 시간이 지남

39) Gaius, Institutiones(법학제요), 2.40−42.

40) Usucapio(동사적 표현으로는 'usu capere' 또는 '(longa) possessione capere'는 지역권(servitutes), 혼인, 상속(hereditas) 등 usus가 가능한 영역들에서 이용되었다.

41) Gaius, Institutiones(법학제요), 2.43.

42) 아티니우스 법(lex Atinia)이 그 기원이라고도 한다.

43) Gaius, Institutiones(법학제요), 2.45.

44) Cicero, De officiis(의무론), 1.37: 키케로는 12표법 법문 구절을 보고하고 있다: '외국인에 대해서는 auctoritas가 영속적이다. adversum hostem (여기서는 敵이라기보다 외국인(peregrinus)의 의미) aeterna auctoritas', 국문 번역인 키케로(임성진 옮김), 의무론, 아카넷, 2024에서도 "외국인(호스티스)을 상대로 소유권은 영구불변하다."로 되어 있다.

에 따라 동산에도 확장되었다. possessio점유는 정치적이고 신성한 지배였다. 물건에 대한 경제적 사용이 중요한 게 아니었다. 반면 usus점유는 물건의 사용이고 이용(Nutzung)이었다. usus는 반드시 지배가 수반되는 개념이 아니었다. 현재의 점유라면 언필칭 이용이 아니라 '지배'가 필수적 요소일텐데 possessio점유와 통하고 usus점유와는 다르다. 그리고 그 의미로 habere도 쓰였다.

그러나 옛 인적단체들이 공유토지를 possessio점유한다면 이용하는 것이 목적일 수밖에 없다. 경작을 위한 이용일 것이다. 옛 로마와 같은 농업 사회에서 이용은 지배와 동의어였다, 그 둘이 다르다고 관념화하기 어려웠을 것이다. 사용가치(Gebrauchswert=Nutzwert)를 파악하여야 했다. 엄밀히 말하면 사용과 과실수취를 다 할 수 있는 이용(Nutzung)이 주목적인 농업사회에서 점유는 사용과 수익과 결부되지 않을 수 없었다. 땅을 놀리는 것은 죄악시되었다. 그래서 자기소유 토지를 경작불능의 토지로 만드는 자는 호구감찰관에 의한 징계를 받았고, 공유지를 그렇게 만들었다면 국가에 의하여 환수당하기까지 했다.[45] 공유지에서 조세(vectigal)를 납부하지 않아도 환수당했다. 그것은 경작을 하지 않았다는 방증이기 때문이다.

자 이제 우리는 possessio점유와 usus점유가 내용상 크게 다를 수 없다는 것을 알 수 있다. 농업을 주된 산업으로 하던 로마에게 경작이라는 이용과 지배는 동전의 양면일 수밖에 없기 때문이다. 물건의 지배(Sachherrschaft)는 실력행사(Gewalt)이자 이용(Nutzung)이다. 이러한 점에서 순수히 추상적인 학술적 개념일 뿐 반드시 현실적이라 할 수 없는 '이용이 전제되지 않는'(!) possessio는 순전한 인위적 가공품일 뿐이다.

Ⅲ. 결론: 법학의 학문성과 possessio의 등장

1. 학문성

점유법의 발전은 법학의 학문성과 밀접한 관계를 갖는다. 법은 로마에서 세르비우스 시기의 비약적 발전이 없었다면 학문으로 창발하기 어려웠을 것이다. 학문학(Wissenschaftslehre)에서는 인간의 인식활동 영역이 학문이 되려면 보편적이고, 객관적이고, 구분되어 있어야 한다고 본다. 사물 및 사태를 설명하되 그 원인(aitia)에서 설명해야 보편적이 되고, 정당화를 통한 논증절차가 있고 예측가능해야 객관적이 되며, 인식된 내용이 체계적으로 구분되어 있어야 한다.[46]

법학은 세르비우스 시기에 학문성 요건들을 갖추었고 베버적 의미에서 형식적 합리성을 갖추었고 물건에 대한 이용 내지 지배라는 사태는 技術的인 'possessio' 개념으로 발전하였

45) Max Kaser, Römisches Recht als Gemeinschaftsordnung, Tübingen, 1939, S. 23.
46) 김헌, 김기영, 이윤철, 최자영, 김경현, 김남우, 성중모, 박믿음, 나는 시민이다 그리스와 로마에서 만나는 최초의 시민들, 아카넷 2021.

다. 그렇게 하여 사람의 물건과의 관계는 권리로, 사실로 다른 두 길을 가게 되었다. 추상적 법규가 구체적 사실에 적용되면서 법적 결정은 이루어진다. 대전제인 추상적 법규가 정립되는 것이 가장 우선되어야 한다. possessio는 일반적 수준에서 사실을 가지고 만들어진 추상적 법규이다.

현대법의 통일되고 경화된 도그마틱적 점유 개념도 로마법의 두 가지 점유 개념이 발전하면서 영향을 준 것을 확인할 수 있다. 제245조 취득시효 관련 조문과 제204-206조 점유소권 관련 조문들을 볼 때 우리 민법에도 로마적 개념이 선명한 자취를 남기고 있다. 물론 로마도 초기에는 법이 학문으로 정립되지 못하였으나 그리스로부터 학문의 요소들을 수입한 후 법에서도 학문이 성립할 수 있었다.

2.

위에서 고찰한 바와 같이 로마에서 법학이 학문으로서 성립한 후, 점유는-반드시 실현되는 것은 아니지만-통상 소유자로서 가질 수 있는 점유 의사/소유자 의사(animus possidendi= animus domini)와 결합된 유체물에 대한 물리적 지배였다. 점유의 역사적 기원은 공유지의 가부장에 대한 분배대여다. 가부장들이 토지를 경작하게 되었는데 그 경작이라는 이익을 향유하는 사태를 설명하는 개념이 possessio였던 것이다. 점유가 애초에는 공적 차원의 제도였음을 알 수 있다.

점유 외에 고전기 이전시기에 매매계약 등 권리이전 절차에 수반하여 발전한 또 다른 점유가 usus점유였다. 이 종류의 점유는 공유지 분배와 관련된 possessio와는 달리 매매계약과 소유물반환소송(추탈소송)이나 사용취득과 관련하여 발전하였다. 사용취득은 양도절차를 제대로 거치지 않은 물건에 대한 usus점유를 매수인이 가지는데 일정 기간을 기다려 매수인에게 권원(titulus)을 부여하는 제도이다. 매도인은 usus나 habere, 즉 일상적 의미의 '가짐'을 급부할 것을 매수인에게 의무로 부담하는데 그 때 소유권을 취득하기 전의 매수인의 상태를 usus라고 한다. usus는 확실히 그 기능이-물론 기간이 완료했을 때-추탈을 저지하는 데 있었다. 더 나아가 일정한 이유로 소유권을 취득하지 못한 점유자(예컨대 물건을 무권리자로부터 선의로 취득한 경우)도 점유취득 후 일정한 기간이 경과하면 법적 소유자가 될 수 있었다. 이 영역에서 점유가 시효제도 내의 요건으로 작용하였다. 우리 민법 제245조의 기원이다.

고전기 이전의 usus점유 개념은 고전기의 더 기술적인 개념인 possessio점유로 수렴되었다. usus점유도 따지고 보면 태양이나 성질은 결국 possessio점유와 다른 것이라고 할 수 없지만 다만 그 관점 내지 용처에서 다른 것이다. usus점유가 매수인의 권리취득을 유리하게 만들어주는 권리취득을 가능케 해주는 요소였다면, possessio점유는 경작이라는 사태를 점유로 포착하여 보호를 해주려 한 것이다(우리 민법 제204조 내지 제206조 해당). 공적으로 행정적 명령으로 점유를 부여받아 공유지를 경작하는 가부장을 그 차용한 토지에서 평화롭게 농경을 할 수 있도록 지원하는 제도가 바로 특시명령이다. 공유지를 빌려 차지하고 깔고 앉은 토지이용자에게 이러한 보호가 주어지지 않는다면, 경작 자체도 공유지 분여도 모두 무의미하게 될 것이기 때문이다. 그래서 특시명령에 의한 점유보호의 예외적인 상황들이 아닐 것이 요구되는 것이다. 즉 강포, 은비, 간득점유(precarium) 등으로 점유를 취득한 자에게는 점유보호가 거부되었던 것이다.

[전체 내용 도해]

1. 점유의 두 기원 usus와 possessio

2. usus

매매계약체결	usus, habere, 권원 없음	usucapio (1－2년)	licere 권원 있음
	－매수인은 소유물반환소송(vindicatio)에서 권원 증명필요		－증명 불필요
	－매도인은 추탈(evictio)에 담보책임(auctoritas)		－담보책임 없음
	－bonitary ownership		－quiritary ownership

3. possessio
   부동산에서 시작. 공유지 분배받은 점유자인 가부장의 경작을 보장해주려는 취지. possessio는 '정주'라는 의미. 경작＝지배＝점유.

4. 점유 개념의 형성
   후에 두 개념이 통합되면서 possessio로 일원화된다. possessio는 로마에서도 이미 그 이전의 역사적 다양성을 捨象시킨 인공적이고 도그마틱한 개념이다.

독점적·배타적인 사용·수익권 행사 제한 법리에 관한 대법원 전원합의체 판결에 대한 소고

대법원 2019. 1. 24. 선고 2016다264556 판결

손 홍 락

동아대학교 법학전문대학원 교수

이 논문은 민사법의 이론과 실무 제23권 제1호(2019.12)에 게재된 논문을 수정한 것입니다.

부족하고 부끄럽기만한 이 졸고는 제가 연구자로서의 삶을 꿈꾸며 쓰고 발표한 첫 번째 글입니다. 글은 부족하지만, 이 글을 쓸 당시 저의 간절하고도 소중했던 마음을 담아 존경하는 박동진 교수님께 올리고 싶습니다. 그러한 마음을 가질 수 있도록, 그리고 그 마음 앞으로도 변함없이 지켜가겠노라 다짐할 수 있도록, 따뜻한 사랑과 학은을 베풀어 주신 박동진 교수님께 깊은 감사와 존경의 말씀 올립니다. 교수님의 화갑을 축하드리오며 항상 강녕하시기를 소망합니다.

Ⅰ. 서 론

1. 토지소유자가 그 자신 소유 토지가 도로 등 일반 공중을 위한 용도로 사용되고 있음을 이유로 지방자치단체 등을 상대로 임료 상당 부당이득반환 청구를 제기하는 민사사건은 흔히 볼 수 있다. 나아가 최근에는 자신 소유 토지에 설치된 시설 철거 및 그 토지 인도를 구하는 소송도 빈번하게 제기되는 실정이다.

경험이 일천한 필자 역시도 위와 같은 유형의 소송을 적지 않게 접할 수 있었다. 그때마다 관련 법리를 검토하다 보면, 학계 교수님들은 물론, 유독 실무계 특히, 여느 다른 주제 못지않게 판사님들이 작성하신 논문들이 상당 기간에 걸쳐 축적되어 오고 있음을 느낄 수 있었다.

2011년경에 발표된 어느 판사님의 논문 서문에서도 확인할 수 있는 바와 같이, "기존에 형성된 대법원의 '배타적 사용수익권의 포기 이론'에 따라 원고 청구의 부당이득반환청구의 당부를 판단하다 보면, 그보다 유용한 도구가 없기는 하나, 잠시 그 주류적인 판례의 흐름에서 벗어나 도대체 '배타적 사용수익권의 포기'가 어떤 이름으로 보유하고 있는 어떤 성질의 권리를 포기한다는 것인지 질문하기 시작하면, 깔끔 명료한 답은 잘 나오지 않고 이에 대해 친절하게 설명하는 대법원판결도 찾아볼 수 없는"[1] 면이 없지 않았기 때문은 아니었을까 추측된다.

2. 1960년대 택지조성사업, 1970년대 새마을사업 등으로 대표될 수 있는 우리나라 개발경제시대 당시에는 미처 토지 소유권에 대한 공적 부담에 관한 제도 정비가 완비되지 못한 상태에 있었음을 부인할 수 없다. 그러한 시대적 현실을 배경으로 발생한 사회적 현상(sein)[2] 안에서 토지 소유자가 행사하는 청구권의 요건 충족 여부를 판단하기 위한 합리적 판단기준으로서, 대법원은 '독점적·배타적인 사용·수익권 행사 제한'이라는 법리를 적용함으로써 지난 30, 40년 동안 조화롭고 슬기롭게 그 난제를 해결하기 위해 노력해 온 것으로 이해된다.[3]

---

1) 김민정, "사실상 도로로 사용되는 토지에 대한 소유자의 배타적 사용수익권의 포기란 무엇이고, 토지의 특정승계인에게 어떤 효력이 있는가-대법원 2009. 3. 26. 선고 2009다228, 235 판결과 대법원 2009. 8. 20. 선고 2009다38247, 38254 판결 관련", 재판실무연구(2010), 광주지방법원, 2011, 72면.

2) 조무제, "지방자치단체가 사인의 토지를 도로로 사용함으로 인한 부당이득", 판례연구 제1집, 부산판례연구회, 1991, 229면에서는 지방자치단체의 도로 점유로 인한 부당이득에 관한 사안을 일본 등 외국의 판례에서 거의 찾을 수 없는데 비하여 우리의 경우에는 1960년대 후반 이후에 그와 같은 사안이 많이 발생한 것은 당시의 경제발전의 급박한 필요에서 위법 여부를 돌볼 겨를 없이 강행한 행정방침에 연유한 것이라고 추측한다. 김문관, "배타적 사용수익권이 포기된 토지를 제3자가 점유하는 경우, 토지 소유자의 방해배제 및 부당이득반환청구", 판례연구 제14집, 부산판례연구회, 2003, 각주 1); 임한흠, "도로부지로 된 토지에 대한 종전 소유자의 사용수익권 포기와 그 특정승계인의 부당이득반환청구", 민사재판의 제문제 제10권, 한국사법행정학회, 2000, 각주 3)에서도 각 위 내용을 인용하고 있다.

3) 서경환, "배타적 사용수익권 포기 법리의 문제점과 그 대안으로서의 통행지역권", 사법논집 제54집, 사법발전재단, 2012, 469면에서는 "'배타적 사용수익권 포기' 법리는 우리나라 대법원이 독자적으로 개발한 판례 법리이다. 우리 민법에 근거 조문이나 그 밖의 실정법적 근거가 없음은 물론이고, 세계적으로 유사한 입법례를 찾아볼 수

우리 대법원은 2019. 1. 14. 선고 2016다264556 전원합의체 판결(이하 '대상판결'이라 한다)을 통하여 '독점적 · 배타적 사용 · 수익권 행사 제한 법리'에 대한 최종적인 의견을 밝히고 있는데, 이하에서는 대상판결이 다수의견에 대한 보충의견을 통하여 밝힌, 『이 법리는 '사적자치의 원칙을 전제로 토지 소유자의 의사에 기초하여 독점적 · 배타적인 사용 · 수익권 행사가 제한되는 것'이라는 입장』을 모티브로 하여, 이를 중심으로 대상판결 쟁점별로 대상판결의 의미를 필자 나름의 시각으로 한번 생각해 보고자 한다.

Ⅱ. 대상판결 사실관계와 소송 경과

1. 사실관계[4)]

(1) 원고는 용인시 처인구 (주소 생략) 전 1,587㎡(이하 '이 사건 토지'라 한다)의 현 소유자이고, 그 토지에는 우수관(이하 '이 사건 우수관'이라 한다)이 매설되어 있었는데, 이 사건 우수관이 설치되기 전에는 저지대인 이 사건 토지로 빗물과 인접 토지의 생활하수가 흘러와 도랑의 형태로 이 사건 토지를 가로질러 악취를 풍기고 주변경관을 해치고 있었다.

(2) 이 사건 토지를 소유하던 망인을 포함한 마을 주민들은 1970~1980년경 새마을운동 사업을 추진하면서 주민회의를 거쳐 이 사건 토지에 우수관 시설을 설치하여 인근에 위치한 주택들에서 나오는 오수가 유입되도록 함으로써 악취 및 경관 문제를 해결하기로 하였다. 이에 따라 이 사건 토지를 관통하던 도랑을 대체하여 이 사건 우수관이 매설되었는데, 이로써 이 사건 토지 중 실제 밭으로 이용할 수 있는 면적이 증대되었다.

(3) 이후 망인이 1994년경 사망하였고, 원고가 1995. 5. 29. 협의분할에 의한 상속을 원인으로 이 사건 토지의 소유권이전등기를 마쳤다.

(4) 이 사건 토지 진입로 부분(원심판결 별지 도면[5)]의 15, 37의 각 점 주변 부분)부터 이 사건 단독주택(망인이 1987. 3. 3. 건축한 연면적 221.19㎡의 스레트 연와 목구조 단독주택으로서 원심판결 별지 도면의 12, 13, 31의 각 점 주변 부분에 위치하고 있다가 2011년경 이후 철거되었다)이 위치하던 곳의 앞부분까지는 콘크리트로 포장되어 있고, 포장도로 중간에 둥근 맨홀이 설치되어 있으며, 그 출입구 부근에 사각형의 이 사건 우수관 맨홀 덮개가 설치되어 있다.

(5) 피고는 2008. 11. 19. 이 사건 토지의 좌측 상단부(원심판결 별지 도면의 2, 3, 28의 각 점 주변 부분)에 한강수계개발사업의 일환으로 우수관을 설치한 바 있는데, 그 우수관의 위

없으며, 우리와 민법 체계가 비슷한 일본의 학설이나 판례에서도 그 뿌리를 찾을 수 없다. 우리나라 대법원이 1970년대 중반 이래 수십 년간 축적된 판례를 통하여 만들어낸 독창적인 작품이다"라고 설명한다.

4) 대상판결에서 정리한 사실관계이며, 이 사건 원고 청구 중 상고되어 대상판결에서 쟁점이 된 부분의 사실관계에 한정된다. 한편 별지 도면 표시 17, 37, 38,의 각 점을 순차로 연결한 ㄴ부분 지하에는 오수관(이하 '이 사건 오수관'이라 한다)이 매설되어 있었고, 그 지상은 도로로 사용되고 있었다.

5) 원심 별지 도면은 이와 같다.

치가 이 사건 우수관과 일부 중첩된다.

(6) 이 사건 단독주택이 철거되기 전까지 망인과 원고는 피고에게 이 사건 우수관의 철거 또는 부당이득반환을 요구한 적이 없다.

(7) 이 사건 우수관은 이 사건 토지 주변 주민들의 편익을 위한 시설일 뿐만 아니라 공공수역의 수질보전 역할도 하고 있다. 이 사건 우수관이 철거될 경우 인근 주민들이 그들의 주택에서 우수와 오수를 배출하기 곤란해진다.

2. 당사자 주장 요지[6)]

원고는 이 사건 토지 소유자로서 이 사건 토지에 매설된 이 사건 우수관 (및 이 사건 오수관)의 관리주체인 피고(용인시)를 상대로 이 사건 우수관 및 오수관의 철거와 함께 그 부분 토지 사용에 따른 차임 상당의 부당이득반환을 구하고, 이에 대하여 피고는 망 소외인(이하 '망인'이라 한다)이 이 사건 우수관 (및 오수관)이 설치된 토지의 지하부분에 대하여 스스로 오수관(과 우수관)을 매설할 수 있도록 토지를 제공함으로써 그 부분에 대한 독점적이고 배타적인 사용 · 수익권을 포기하였으므로, 그 상속인인 원고도 그러한 제한이 있는 토지를 상속하였으며, 피고가 이들을 설치한 사실도 없으므로 그로 인하여 점유 상당의 부당이득을 취한 바도 없다고 주장하였다.

3. 제1심법원 판결: 수원지방법원 2013가단53256 판결

제1심법원은, 이 사건 우수관 (및 오수관)의 매설 및 관리책임 주체를 용인시장으로 판단하고, 망인이 이 사건 토지를 독점적이고 배타적인 사용수익권을 포기하였다고 볼 수 없다고 판단[7)]하면서, 원고의 피고에 대한 이 사건 우수관 (및 오수관) 철거청구를 모두 인용하

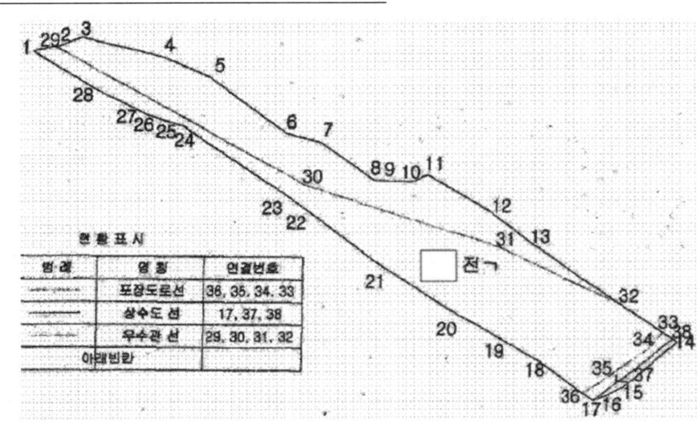

6) 대상판결의 쟁점이 되는 주장에 한하여 기재하였다.

7) 망인이 1987. 3. 3. 이 사건 토지상에 주택을 신축하였고 그 주택에 관한 건축물대장에 오수정화시설이라는 언급이 있기는 하지만, ① 토지소유자 망인이 이 사건 오수관과 우수관 부분 토지에 관한 독점적이고 배타적인 사용수익권을 포기하였다는 직접적인 증거가 없는 점, ② 이 사건 토지 경계 좌측 부분 안쪽에 제2의 오수관이 매설되어 있었고, 피고가 그중 일부를 철거하였으며 나머지 부분도 철거할 예정인 바, 건축물대장상 '오수정화시설'이라는 표현은 피고가 철거하기로 한 제2의 오수관을 지칭하는 것으로 보이는 점, ③ 이 사건 우수관은 이 사건

고, 피고에게 피고가 이 사건 우수관 (및 오수관) 부분 점유를 개시할 당시(매설 당시) 상태 현황인 도로를 전제로 이 부분 차임 상당 부당이득액의 지급을 명하는 내용의 판결을 선고하였다.

4. 원심법원 판결: 수원지방법원 2014나46157 판결

그러나 원심법원은 피고의 망인의 이 사건 우수관에 대한 독점적·배타적 사용수익권 포기 주장을 받아들여[8] 이 사건 제1심판결 중 이 사건 우수관 부분에 관한 철거청구 및 그 해당 부분 부당이득금반환을 명한 판결 부분을 취소하고 나머지 피고(항소인)의 항소를 기각하는 판결을 선고하였다.

5. 대상판결: 대법원 2016다264556 전원합의체 판결[9] 요지[10]

(1) 대법원 판례를 통하여 토지 소유자 스스로 그 소유의 토지를 일반 공중을 위한 용도로 제공한 경우에 그 토지에 대한 소유자의 독점적이고 배타적인 사용·수익권의 행사가 제한되는 법리가 확립되었고, 대법원은 그러한 법률관계에 관하여 판시하기 위하여 '사용·수익권의 포기', '배타적 사용·수익권의 포기', '독점적·배타적인 사용·수익권의 포기', '무상으로 통행할 권한의 부여' 등의 표현을 사용하여 왔다.

이러한 법리는 대법원이 오랜 시간에 걸쳐 발전시켜 온 것으로서, 현재에도 여전히 그 타

이 사건 토지의 중앙 부분을 길게 관통하여 매설되어 있어 이를 유지한 채 토지 전체에 대한 개발행위를 한다는 것은 현실적으로 매우 어려워 보이는 점, ④ 이 사건 우수관의 주된 용도가 인근 주택들에서 나오는 오수를 이 사건 오수관으로 유입되도록 하는 연결통로 용도인 것으로 보이는 점, ⑤ 위와 같은 상황에서 토지소유자 망인이 1개 필지의 토지에 우수관 1개와 오수관 2개를 매설하는 것을 동의하였을 것으로 보이지는 않는 점 등의 사정에 비추어 이 사건 우수관과 오수관이 장기간 매설되어 있었다는 사정만으로 망인이 이 사건 토지를 독점적이고 배타적인 사용수익권을 포기하였다고 볼 수 없다고 판단하였다.

8) 피고의 '이 사건 우수관'에 대한 독점적·배타적 사용·수익권 포기 주장에 대하여, ① 이 사건 우수관이 설치되기 전 이 사건 토지에는 인근 주택의 생활하수가 흘러가는 작은 도랑이 있었던 사실, ② 그 후 1970~1980년경 새마을운동의 일환으로 이 사건 토지 지하에 이 사건 우수관이 설치된 사실, ③ 위 설치 당시 망인의 동생인 소외 4가 이 사건 토지가 위치한 마을의 이장이었던 사실 및 ① 이 사건 토지의 인근에 거주하는 다수의 이웃들이 이 사건 우수관의 설치에 망인의 적극적인 동의가 있었다는 취지로 사실확인서를 작성하여 제출한 점, ② 망인 역시 자신의 무허가 건물을 위하여 이 사건 우수관을 사용하였을 것으로 보이는 점, ③ 이 사건 우수관은 이 사건 토지를 가로질러 매설되어 있는데다 그 규모 역시 커 망인의 동의하에 설치되었다고 보는 것이 자연스러운 점, ④ 원고가 이 사건 토지 지상의 건물을 철거하기 전에는 피고에게 이 사건 우수관의 철거 및 부당이득을 요구한 적이 없는 점 등의 사정을 인정하면서, 위와 같은 사실 및 사정을 종합하여 보면, 망인은 이 사건 우수관 매설 당시 그 매설부지에 대한 독점적이고 배타적인 사용수익권을 포기하였다고 봄이 상당하다는 이유로 이 부분 피고 주장을 받아들였다. 다만 '이 사건 오수관'의 경우, 피고가 이 사건 오수관을 설치할 당시 망인이 이에 동의하거나 그 매설부지에 대한 사용수익권을 포기하였다고 인정할 증거가 부족하다는 이유로 피고 주장을 배척하였다.

9) 위와 같은 이 사건 원심법원의 판결에 대하여 피고는 상고하지 않았으나, 원고가 이에 불복하여 상고하였으므로, 원고 청구 중 원고 승소로 확정된 이 사건 오수관 부분은 상고심의 심판대상이 되지 않고, 원고가 불복하는 이 사건 우수관 부분에 대한 항소심 판결 부분만이 그 심판대상이 되었으며, 대상판결 쟁점은, 독점적·배타적인 사용·수익권 포기에 관한 기존의 대법원 판례를 적용하여 원고의 이 사건 우수관 철거 및 부당이득반환청구를 배척할 수 있는지 여부이다.

10) 대상판결 다수의견에 대한 보충의견, 반대의견 1, 반대의견 2는 본 소고 본문에서 논의에 필요한 범위 안에서 이를 별도로 제시하고자 한다.

당성을 인정할 수 있다. 다만 토지 소유자의 독점적이고 배타적인 사용 · 수익권 행사의 제한 여부를 판단하기 위해서는 토지 소유자의 소유권 보장과 공공의 이익 사이의 비교형량을 하여야 하고, 원소유자의 독점적 · 배타적인 사용 · 수익권 행사가 제한되는 경우에도 특별한 사정이 있다면 특정승계인의 독점적 · 배타적인 사용 · 수익권 행사가 허용될 수 있다. 또한, 토지 소유자의 독점적 · 배타적인 사용 · 수익권 행사가 제한되는 경우에도 일정한 요건을 갖춘 때에는 사정변경의 원칙이 적용되어 소유자가 다시 독점적 · 배타적인 사용 · 수익권을 행사할 수 있다고 보아야 한다.

(2) 토지 소유자가 그 소유의 토지를 도로, 수도시설의 매설 부지 등 일반 공중을 위한 용도로 제공한 경우에, 소유자가 토지를 소유하게 된 경위와 보유기간, 소유자가 토지를 공공의 사용에 제공한 경위와 그 규모, 토지의 제공에 따른 소유자의 이익 또는 편익의 유무, 해당 토지 부분의 위치나 형태, 인근의 다른 토지들과의 관계, 주위 환경 등 여러 사정을 종합적으로 고찰하고, 토지 소유자의 소유권 보장과 공공의 이익 사이의 비교형량을 한 결과, 소유자가 그 토지에 대한 독점적 · 배타적인 사용 · 수익권을 포기한 것으로 볼 수 있다면, 타인[사인뿐만 아니라 국가, 지방자치단체도 이에 해당할 수 있다, 이하 같다]이 그 토지를 점유 · 사용하고 있다 하더라도 특별한 사정이 없는 한 그로 인해 토지 소유자에게 어떤 손해가 생긴다고 볼 수 없으므로, 토지 소유자는 그 타인을 상대로 부당이득반환을 청구할 수 없고, 토지의 인도 등을 구할 수도 없다. 다만 소유권의 핵심적 권능에 속하는 사용 · 수익 권능의 대세적 · 영구적인 포기는 물권법정주의에 반하여 허용할 수 없으므로, 토지 소유자의 독점적 · 배타적인 사용 · 수익권의 행사가 제한되는 것으로 보는 경우에도, 일반 공중의 무상 이용이라는 토지이용현황과 양립 또는 병존하기 어려운 토지 소유자의 독점적이고 배타적인 사용 · 수익만이 제한될 뿐이고, 토지 소유자는 일반 공중의 통행 등 이용을 방해하지 않는 범위 내에서는 그 토지를 처분하거나 사용 · 수익할 권능을 상실하지 않는다.

(3) ① 위와 같은 법리는 토지 소유자가 그 소유의 토지를 도로 이외의 다른 용도로 제공한 경우에도 적용된다. 또한, 토지 소유자의 독점적 · 배타적인 사용 · 수익권의 행사가 제한되는 것으로 해석되는 경우 특별한 사정이 없는 한 그 지하 부분에 대한 독점적이고 배타적인 사용 · 수익권의 행사 역시 제한되는 것으로 해석함이 타당하다.

② 상속인은 피상속인의 일신에 전속한 것이 아닌 한 상속이 개시된 때로부터 피상속인의 재산에 관한 포괄적 권리 · 의무를 승계하므로(민법 제1005조), 피상속인이 사망 전에 그 소유 토지를 일반 공중의 이용에 제공하여 독점적 · 배타적인 사용 · 수익권을 포기한 것으로 볼 수 있고 그 토지가 상속재산에 해당하는 경우에는, 피상속인의 사망 후 그 토지에 대한 상속인의 독점적 · 배타적인 사용 · 수익권의 행사 역시 제한된다고 보아야 한다.

③ 원소유자의 독점적 · 배타적인 사용 · 수익권의 행사가 제한되는 토지의 소유권을 경

매, 매매, 대물변제 등에 의하여 특정승계한 자는 특별한 사정이 없는 한 그와 같은 사용·수익의 제한이라는 부담이 있다는 사정을 용인하거나 적어도 그러한 사정이 있음을 알고서 그 토지의 소유권을 취득하였다고 봄이 타당하므로, 그러한 특정승계인은 그 토지 부분에 대하여 독점적이고 배타적인 사용·수익권을 행사할 수 없다.

이때 특정승계인의 독점적·배타적인 사용·수익권의 행사를 허용할 특별한 사정이 있는지 여부는 특정승계인이 토지를 취득한 경위, 목적과 함께, 그 토지가 일반 공중의 이용에 제공되어 사용·수익에 제한이 있다는 사정이 이용현황과 지목 등을 통하여 외관에 어느 정도로 표시되어 있었는지, 해당 토지의 취득가액에 사용·수익권 행사의 제한으로 인한 재산적 가치 하락이 반영되어 있었는지, 원소유자가 그 토지를 일반 공중의 이용에 무상 제공한 것이 해당 토지를 이용하는 사람들과의 특별한 인적 관계 또는 그 토지 사용 등을 위한 관련 법령상의 허가·등록 등과 관계가 있었다고 한다면, 그와 같은 관련성이 특정승계인에게 어떠한 영향을 미치는지 등의 여러 사정을 종합적으로 고려하여 판단하여야 한다.

(4) 토지 소유자의 독점적·배타적인 사용·수익권 행사의 제한은 해당 토지가 일반 공중의 이용에 제공됨으로 인한 공공의 이익을 전제로 하는 것이므로, 토지 소유자가 공공의 목적을 위해 그 토지를 제공할 당시의 객관적인 토지이용현황이 유지되는 한도 내에서만 존속한다고 보아야 한다. 따라서 토지 소유자가 그 소유 토지를 일반 공중의 이용에 제공함으로써 자신의 의사에 부합하는 토지이용상태가 형성되어 그에 대한 독점적·배타적인 사용·수익권의 행사가 제한된다고 하더라도, 그 후 토지이용상태에 중대한 변화가 생기는 등으로 독점적·배타적인 사용·수익권의 행사를 제한하는 기초가 된 객관적인 사정이 현저히 변경되고, 소유자가 일반 공중의 사용을 위하여 그 토지를 제공할 당시 이러한 변화를 예견할 수 없었으며, 사용·수익권 행사가 계속하여 제한된다고 보는 것이 당사자의 이해에 중대한 불균형을 초래하는 경우에는, 토지 소유자는 그와 같은 사정변경이 있은 때부터는 다시 사용·수익 권능을 포함한 완전한 소유권에 기한 권리를 주장할 수 있다고 보아야 한다. 이때 그러한 사정변경이 있는지 여부는 해당 토지의 위치와 물리적 형태, 토지 소유자가 그 토지를 일반 공중의 이용에 제공하게 된 동기와 경위, 해당 토지와 인근 다른 토지들과의 관계, 토지이용상태가 바뀐 경위와 종전 이용상태와의 동일성 여부 및 소유자의 권리행사를 허용함으로써 일반 공중의 신뢰가 침해될 가능성 등 전후 여러 사정을 종합적으로 고려하여 판단하여야 한다.

Ⅲ. 대상판결 검토

1. 토지 소유자의 독점적 · 배타적인 사용 · 수익권 포기 또는 그 행사 제한에 관한 법리의 타당성

가. 판례의 전개

「대법원 1973. 8. 21. 선고 73다401 판결은, 원고의 선대인 망인이 소유하던 토지를 분할하여 그중 주택지 부분은 각각 분양하여 매도하고 위 각 주택지에서 공로로 통하는 토지 부분은 매도하지 않고 주택지 매수인들의 통행에 제공한 사안에서, “위 소외 망인은 위 각 주택지를 매각처분할 때 특단의 사정이 없는 한 그 주택지 매수인 기타 그 주택지 내에 거주하게 될 모든 사람에게 주택지에 접한 본건 토지를 무상으로 통행할 수 있는 권한을 부여하였다고 볼 것이고, 위 주택지 일대가 주택단지로 형성되어 그 주민들이 본건 토지를 공로에 이르는 통로로 상용하게 되자 인근 주민 등도 통행하게 됨에 따라 본건 토지가 사실상 도로화되어 불특정 다수인들이 통행하게 되리라는 것은 당초 통로(도로)로 공여할 때부터 미리 알 수 있었던 것이어서 그들의 통행을 인용할 의무를 처음부터 부담하게 되었다고 할 것이고, 위 소외 망인으로부터 본건 토지를 상속 취득한 원고는 위 인용의무를 승계 부담한 것이라고 볼 것”이라고 판단하였다.

대법원 1974. 5. 28. 선고 74다399 판결은, 종전의 토지 소유자가 일단의 택지를 여러 사람에게 분양할 때 그 택지로부터 공로에 이르는 통행로로 제공하기 위하여 그 소유의 토지에 도로를 설치한 사실이 인정됨을 전제로, “특별한 사정이 없는 한 위 토지들의 소유자는 그 주변의 택지를 분양할 때 그 택지의 매수인 기타 그 주택지 안에 거주하게 될 모든 사람들에 대하여 그 주택지에 접한 이 사건 토지들을 무상으로 통행할 수 있는 권한을 부여하였다고 볼 수 있기 때문에 이 토지의 소유자들은 위의 토지에 대한 독점적이고 배타적인 사용 · 수익권을 행사할 수 없다.”라고 판단하였고, 이러한 판시는 대법원 1985. 8. 13. 선고 85다카421 판결에도 원용되었다.

이후 대법원 1989. 7. 11. 선고 88다카16997 판결에서 “어느 사유지가 종전부터 자연발생적으로 또는 도로예정지로 편입되어 사실상 일반의 통행로로 사용되고 있는 경우 토지 소유자가 그 사용 · 수익권을 포기하였다거나 도로로서의 사용승낙을 하였다고 의사 해석을 함에 있어서는”이라고 설시함으로써 ‘사용 · 수익권의 포기’라는 표현이 사용되었고, 대법원 1991. 2. 8. 선고 90다7166 판결에서 “소외 회사는 자신이 조성한 아파트단지의 효용증대를 위하여 이 사건 토지에 대한 배타적인 사용 · 수익권을 포기하고 스스로 이를 도로로 제공하였다고 볼 것”이라고 설시함으로써 ‘배타적 사용 · 수익권의 포기’라는 표현이 사용되었으며, 대법원 1993. 5. 14. 선고 93다2315 판결에서 "적어도 이 사건 대지상에 도로 등을 개설하여 사용하는 것을 승낙하고 그 대지 부분에 대한 독점적 · 배타적 사용 · 수익권을 포기하였다고 볼 수 있다."라고 설시함으로써 '독점적 · 배타적 사용 · 수익권의 포기'라는 표현이 사용되었는데, 이후의 판결들에서 이러한 표현들은 반복하여 원용되었다.

이처럼 대법원 판례는 토지 소유자 스스로 그 소유의 토지를 일반 공중을 위한 용도로 제공한 경우에 그 토지에 대한 소유자의 독점적이고 배타적인 사용 · 수익권의 행사가 제한되는 법리를, '무상으로 통행할 권한의 부여', '사용 · 수익권의 포기', '배타적 사용 · 수익권의 포기', '독점적 · 배타적인 사용 · 수익권의 포기' 등의 표현을 사용하여 판시하여 왔다」.[11)12)]

나. '독점적·배타적인 사용·수익권의 포기'의 법적 성질에 관한 기존 견해들

(1) 기존 대법원 판례가 설시하는 '독점적 · 배타적인 사용 · 수익권의 포기'의 법적 성질에 관하여 대상판결 선고 전까지 여러 의견이 제시되었는데, 대략적으로 '물권변동을 가져오는 법률행위로서의 권리포기라는 견해',[13)] '채권적 의미의 사용승낙으로 보는 견해',[14)] '권리를 행사하지 않는 사실적 상태로 보는 견해',[15)] '형평의 원칙 등에 입각한 상대적 개념으로 보는 견해',[16)] '소유권 불행사의 의사표시라는 견해',[17)] '무상통행권으로 보는 견해'[18)] 등

---

11) 대상판결이 다수의견에 대한 보충의견을 통하여 견지한 판례 전개 상황을 그대로 옮긴 것이다.

12) 한편 반대의견 2는 88다카16997 판결 이전의 대법원판결은, '무상통행권 부여'를 원인, 즉 '법률요건'으로 하여 그 '법률효과'로서 토지 소유자의 배타적 사용수익권 행사가 제한된다고 선언한 것임에 반해, 88다카1669 판결 등은 토지 소유자의 권리행사가 제한되는 법률효과를 발생시키는 새로운 원인으로 배타적 사용수익권 포기라는 새로운 법리를 전개한 것이라는 의견을 밝히고 있다. 또한, 반대의견 2는 88다카1669 판결 등은 토지 소유자의 권리행사를 제한할 수 있는 법률요건으로서 '권리 포기'에 관한 법리를 선언하고 있는데 반하여, 최근 10년여 사이에 선고된 대법원 2009다228 판결 등은 권리 포기의 대세적 · 영구적 효력을 부정하고 채권적 효력만 인정하는 별개의 새로운 법리를 선언하고 있다는 입장이다.

13) 대법원 판례가 사용하는 '포기'의 법적 성질을 권리의 종국적 소멸이라는 물권변동을 초래하는 본래적 의미의 포기라고 보아야 한다고 주장해 온 견해이다. 그 논거로, 포기의 문언적 의미로서, 사용을 승낙하였거나 현실적으로 권리를 행사하지 않고 있다고 하여 그러한 상태를 포기로 지칭하지는 않는 점, 포기로 인하여 타인이 자신의 부동산을 점유 사용함에도 불구하고 부당이득반환청구의 손실요건을 흠결하게 만드는 점, 대법원이 '…배타적 사용수익권을 포기 또는 상실한 사실이 있다면…'이라는 표현을 사용하여 포기와 상실을 등가적으로 사용한 점 등을 들었다. 서경환, 전게 논문, 479면; 권영준, "배타적 사용수익권 포기 법리에 관한 비판적 검토", 법학 제47권 제4호, 서울대학교 법학연구소, 2006, 308－311; 문춘언, "배타적 · 수익권의 포기와 신의칙 적용", 판례연구 제26집, 부산판례연구회, 2015, 52면 등 참조.

14) 배타적 사용수익권 포기를 일반 공중의 무상통행을 수인할 의무를 부담할 행위 내지 일반공중에게 무상통행권을 부여하는 채권적 행위로 보는 견해이다. 권영준, 전게 논문, 321면; 서경환, 전게 논문, 480면; 문춘언, 전게 논문, 52－53; 김문관, 전게 논문, 110면 등 참조.

15) 서경환, 전게 논문, 480면은, "배타적 사용수익권의 포기는 단순히 독점적이고 배타적인 사용 · 수익을 하지 않는 사실상태 또는 토지 소유자의 소극적인 심리상태를 의미할 뿐이고, 일반 공중의 무상통행권은 그 반사적 이익에 불과하다는 견해이다"라고 설명한다. 임한흠, 전게 논문, 257면 참조.

16) 서경환, 전게 논문, 480－481은, "'포기'의 개념을 물권의 포기 또는 채권적 포기라고 단정할 수 없고, 포기란 법률행위로서의 포기라기보다는 토지 소유자에 대하여 추단되는 '처음 통행로로 제공할 당시의 주관적 의사'를 의미함과 동시에 그 결과 토지 소유자 내지 승계인이 일반 공중 또는 지방자치단체에 대하여 배타적 사용수익권을 '주장할 수 없다'는 의미를 함께 내포하는 상대적 개념으로 이해하는 견해이다. 이 견해는 나아가 이와 같이 포기를 절대적 · 영속적 개념으로 보지 않고 상대적 개념으로 파악하는 경우 위 법리가 적용되는 영역을 가능한 한 최소화하고 배타적 사용수익권의 '회복'을 용이하게 인정할 수 있다고 주장한다"고 설명한다. 이 견해에 대한 다른 설명은 류준구, "종전 소유자가 독점적 · 배타적 사용수익권을 포기한 토지의 소유권을 특정승계한 자가 위 토지를 도로로 사용점유하고 있는 지방자치단체를 상대로 인도 또는 부당이득반환을 구할 수 있는지 여부", 재판과

으로 정리될 수 있어 보인다.[19)]

그러나 대상판결 반대의견 1(이하 '반대의견 1'이라 한다)이 집약적으로 설시[20)]하고 있듯이 대법원의 '독점적 · 배타적인 사용 · 수익권 포기'의 법적 성질을 위와 같은 기존 견해로 설명하기에는 각기 일정한 한계를 지니고 있었다. 이에 관한 상세한 논의는 기존의 여러 선행 연구에서 충분히 이루어진 바 있으므로, 본 소고에서는 이에 관한 논의를 굳이 반복하지는 않으려 하며, 이하에서는 본 졸고 논의에 필요한 범위에 한정하여 이를 언급하고자 한다.

(2) 다만, 대상판결에 대하여 부족하나마 나름의 시각으로 평석을 작성해 보겠다고 나선 사람으로서 이 법리에 관한 개인적 생각을 먼저 밝히는 것은 기본적인 의무이거나 도리일 수 있다고 생각된다. 이에 비록 이 부분 기존 논의 및 이 법리에 대한 평가 내지 대안으로 제시되는 여러 의견과 관련하여 필자의 생각이 모두 정리되어 결론에 이른 것은 아니지만, 간략하게나마 현재 단계의 필자 의견을 말씀드리고자 한다.

필자의 소견은 대상판결에 대한 평석이라는 이름으로 아래에서 말씀드리는 의견에 사실상 대부분 녹아들어 있다. 결국, 이 법리의 법적 근거는 다름 아닌, 토지 소유자와 그 특정승계인의 의사에 있다고 생각한다. 즉 '독점적 · 배타적인 사용 · 수익권 행사를 제한'하는 토지 소유자 등의 자발적인 그 스스로의 의사에 따라 그 의사표시를 요소로 하는 법률행위가 성립하고, 그 법률행위에 따른 법률효과로서 '독점적 · 배타적인 사용 · 수익권 행사'라는 결과가 발생하는 것이다. 다만 그 의사표시라는 것이 대부분 1960년대 내지 1970년대를 비롯하여 상당히 오래전에, 게다가 대부분 뚜렷한 처분문서 등의 증거 없이 묵시적으로 이루어

판례 제22집, 대구판례연구회, 2013, 165면 등 참조; 김문관, 전게 논문, 110－112 참조.

17) 반대의견 2가 대표적이다.

18) 김민정, 전게 논문, 82면 이하에서는 묵시적인 무상 통행지역권 설정행위에 대하여 검토하고, 당사자 사이에서 무상의 통행지역권을 설정하기로 하는 묵시적 합의가 있었다고 적극적인 의사해석을 하는 것이 물권법 체계에 더 부합한다는 의견을 밝히고 있으며, 서경환, 전게 논문, 501면 이하에서는 새로운 대안으로서 일본의 묵시적 통행지역권을 설명하고 우리나라에서의 도입 필요성과 가능성에 대하여 검토하고 있다.

19) 서경환, 전게 논문, 479－481; 문춘언, 전게 논문, 51－54; 장성욱 · 이현석, "배타적 사용 · 수익권 포기 법리에 대한 비판", 일감법학 제14호, 건국대학교 법학연구소, 2018, 168－171 등 참조; 대상판결 선고 후 출간된 논문으로는 양형우, "토지소유자의 독점적 · 배타적 사용 · 수익권 행사의 제한－대법원 2019. 1. 15. 선고 2016다264556 판결", 홍익법학 제20권 제2호, 홍익대학교 법학연구소, 2019, 532－535 등 참조.

20) 반대견해 1은, 대법원의 기존 법리에는 우리나라의 법체계상 받아들이기 어려운 문제가 있다며, 다음과 같은 논거를 든다. 즉 ① 사용 · 수익권의 포기를 '소유권을 이루는 권능의 일부포기'로 볼 경우 소유권의 본질에 어긋날 뿐만 아니라, 사실상 영구 제한물권의 설정과 마찬가지의 결과를 가져오며 공시의 원칙이나 물권법정주의와도 부합하지 않는다. ② 사용 · 수익권의 포기를 '채권적 의미의 포기 또는 사용승낙'으로 보는 것이라면, 왜 채권계약의 당사자가 아닌 제3자에게 그 효력이 미치는지 설명하기 어렵다. ③ 사용 · 수익권의 포기를 '권리 불행사의 상태'로 보는 경우에도, 소멸시효가 완성되었거나, 장기간 권리를 행사하지 않던 토지 소유자의 새삼스러운 권리행사가 신의성실의 원칙(이하 '신의칙'이라고만 한다) 또는 이른바 실효의 원칙에 위반되는 경우가 아닌 한, 권리가 소멸하거나 그 행사가 불가능하게 되었다고 볼 수 없다는 점에서 부당하다. ④ 사용 · 수익권의 포기를 '신의칙상 권리행사 제한'으로 보더라도, 적법하게 소유권을 취득한 자의 권리행사를 신의칙이라는 명목하에 쉽사리 배척하는 것이 되어 받아들일 수 없다. ⑤ 일반 공중의 통행 등으로 인하여 소유자가 토지를 사용 · 수익할 수 없는 상태에 이르렀다면 이는 금전적 전보가 필요한 이른바 '특별한 희생'에 해당한다고 볼 수 있다. 그런데도 토지 소유자의 사용 · 수익권의 포기를 긍정함으로써 국가 또는 지방자치단체에 대한 부당이득반환청구를 배척하게 되면, 이는 실질적으로 보상 없는 수용을 인정하는 것과 마찬가지가 되어, 공공필요에 의한 재산권의 수용 · 사용 또는 제한에 대하여 정당한 보상을 지급하여야 한다는 헌법 제23조 제3항의 취지에 어긋난다.

진 경우가 많아, 그 당사자 의사를 규범적·합리적으로 해석하기 위한 그 의사해석 내지 법률행위 해석을 위한 합리적인 기준을 제시하는 것이 이 법리의 요체라고 생각한다. 이와 같이 우리 대법원은 이 법리를 통하여 다분히 후견적 입장에서 묵시적 의사표시로 추단되는 당사자 의사 해석을 위한 기준을 제시하고, 그 의사해석의 기준을 설정함에 있어 신의칙이나 형평의 원칙 등을 고려한 것이라 생각한다(대상판결은 다수의견에 대한 보충의견을 통하여 '헌법 제119조'를 언급하기도 한다). 따라서 '독점적·배타적인 사용·수익권 포기' 내지 '독점적·배타적인 사용·수익권 행사 제한'의 법적 성질은 그와 같은 의사를 의욕한 토지 소유자의 의사에 다름 아니라고 생각한다.[21] 그 의사는 채권적인 성질을 가질 수밖에 없다고 생각되나, 다만 그 의사로 성립되는 법률행위의 성질을 반드시 전형계약에서 유추할 필요는 없고, (그 동기가 무엇이건) 그 스스로 자발적인 의사로 '독점적·배타적인 사용·수익권 행사를 제한하겠다는 의사'를 표시한 것으로 의사해석된다면 그와 같은 의사 특정 이외에, 어떠어떠한 의사표시라고 반드시 명명할 필요는 없지 않을까 하는 생각도 든다. 나아가 그 의사 및 그 의사를 요소로 하는 법률행위의 구체적 내용은 각 개별 사건별로 의사해석을 통하여 확정한 후 그 의사 내용대로의 법률효과를 인정하게 될 것으로도 생각된다.[22]

위와 같은 생각은 (필자의 소견으로는) 기존 논의에서의 형평의 원칙 등 신의칙의 작용국면과 다소 차이가 있다고 생각된다. 즉 기존 논의는 사실상 도로 등 일반 공중을 위한 용도로 사용되고 있는 토지에 관하여 그 토지 소유자의 소유권 중 일부 권능 행사를 제한하기 위하여 신의칙 등이 작용할 수 있다는 것이고, '독점적·배타적인 사용·수익권 포기'라는 이 법리는 그 기저에 놓여 있는 그와 같은 신의칙 발현으로 토지 소유자의 소유권 일부 권능 제한의 효과를 가져왔다는 취지로 이해된다. 이는 '유연한 소유권 이념의 발현'[23]으로도 이해될 수 있다고 생각된다. 다만 기존의 '독점적·배타적인 사용·수익권 포기' 법리를 이와 같은 관점에서 이해하게 되면, 법원이 '신의칙'을 명시적으로 제시하지 아니한 채, '독점

---

21) 가령 토지 소유자가 장기간 권리를 행사하지 않았다는 사정으로 인하여 일반 공중이 무상통행이라는 반사적 이익을 얻는 효과가 발생한 것이라기보다는 토지 소유자의 그와 같은 거동은 묵시적으로나마 자신이 보유한 토지를 일반 공중을 위한 용도로 무상제공하고 그 용도로 사용되는 범위 안에서 그 자신 소유권의 해당 권능 행사를 그 스스로 제한하겠다는 의사가 추단될 수 있는 의사표시로 평가될 여지가 있는 것이라 생각한다.

22) 가령 직관적으로 일례를 상정하여 본다면, (해당 토지를 당해 일반 공중을 위한 용도로 제공하는 것이므로) 의사표시의 상대방은 해당 토지를 해당 용도로 사용하게 될 불특정 다수인 및 이를 점유·관리하는 자가 될 수도 있을 것이라 생각되고, 그들이 이를 해당 용도로 사용하겠다는 의사로 이를 사용하는 이상 그 사용행위로부터 그 의사를 추단 가능하므로 이러한 형태의 법률행위 성립도 가능할 수 있으리라 생각된다. 다만 대상판결이 제시하는 이 법리에 의할 때, 각 개별 사건에서 개별적으로 어떠한 법률행위가 성립하는지 여부를 굳이 구체적으로 특정하여 밝힐 필요는 없는 것이다.

23) 권영준, "민법학, 개인과 공동체, 그리고 법원", 비교사법 제22권 제4호, 한국비교사법학회, 2015, 1437-1441 참조. 같은 논문, 1438면은, 기존 대법원 판례에 대하여, "형식적으로는 사유재이지만 실질적으로는 공공재인 사실상 도로에 대한 소유권이 일반적인 소유권과 같이 취급될 수 없다는 유연한 사고방식의 발현이었을지도 모른다" 고 설명하고, 같은 논문, 1438-1439에서 "미국 재산법의 핵심 관념 중 하나인 권리의 다발 개념을 떠올려 본다면",.. "여기에서 각각의 다발은 재산권에 수반되는 각각의 이익, 나가서 일정한 경우에는 의무까지도 표상한다. 이러한 관점에 따르면 재산권은 법으로 보호되는 이익 또는 법에 의하여 부과되는 의무의 총체이다"... "재산권은 당연히 보호되는 것이 아니라 각 이익의 보호필요성 및 다른 이익과의 형량결과에 따라 사회정책의 관점에서 그 보호 여부와 범위가 결정된다"고 설명한다.

적 · 배타적인 사용 · 수익권 포기'로 인하여 토지 소유자의 부당이득반환청구 및 물권적 청구권이 배척되는 효과를 가져온다는 것인 이상, 대상판결 반대의견 2(이를 '반대의견 2'라고만 한다)가 지적하는 바와 같이, 대법원이 명확한 법적 근거도 없이 자체적인 법률요건을 형성하여 토지 소유자의 재산권을 제한하는 결과를 초래하였다는 비판에 직면할 여지가 있을 수 있어 보인다. 반대의견 1 역시 마찬가지 입장으로 이해된다.[24)]

이와 같이 필자의 이 법리에 대한 소견은, 신의칙, 형평의 원칙, 헌법 제119조 제1항의 원칙 등 일련의 법원리가 이 법리에 투영되어 소유권에 내재한 사회적 구속성을 실현시키는 매개체로서 일반 공중을 위한 용도로 제공된 토지의 토지 소유자의 소유권을 제한하는 결론을 정당화하는 규범적 개념으로 활용된 것이라기보다는, 신의칙 등의 법원리가 이 법리를 통하여 당사자의 의사를 합리적 · 규범적으로 해석하는 기준을 설정하는 매개체로서 작동하는 것으로 이해한다.

결국, 아래에서 다시 살펴보는 바와 같이, 이 법리는 법원이 독자적으로 창조한 법률요건을 이루는 규범이 아니라, 사적 자치의 원칙에 따른 당사자 의사해석을 위한 규범적 · 합리적 해석기준으로서 의미를 갖는 것으로 평가할 수 있다고 여겨지고, 그 의사해석을 위한 해석기준에 신의칙, 형평의 원칙 등 관념이 투영되어 있는 것이라 생각되므로, 대상판결이 밝힌 이 법리에 대한 기존의 여러 견해들은 대부분 이와 궤를 달리하고 있는 것으로 이해된다.

다. 사적 자치의 원칙에 따른 의사해석 또는 법률행위 해석기준으로서 이 법리의 정당성

(1) 의사표시는 법률효과 발생을 목적으로 하는 의사의 표현행위이므로, 법률효과 발생을 위해서는 내심의 의사가 외부에서 인식될 수 있는 형태로 표시될 것이 요구되지만, 개인에게 부여된 사적자치의 권능은 의사의 표시방법을 언어와 문자와 같은 방식에 한정하지 않고, 의사표시자의 내심적 의사가 추단될 수 있는 일체의 행위형태가 의사표시의 수단으로 사용될 수 있는 가능성을 제시한다.[25)] 이와 같이 의사표시는 언어나 문자를 통하여 자신의 효과의사를 표시할 수 있을 뿐만 아니라 표시자의 행동을 통하여 묵시적(추측할 수 있는 행위)으로도 표시될 수 있으며,[26)] 적극적인 사람의 동작뿐만 아니라 소극적인 침묵도 그 표시수단으로서 의미는 제한될 수 없다.[27)]

(2) 대상판결은 그 다수의견의 보충의견을 통하여, 이 법리는 민법 등 조문의 해석론이 아니고, 토지 소유자와 이해관계인들 사이에서 구체적 타당성을 도출하기 위한 실무상 필요

24) 마찬가지로 반대견해 1은 이러한 관점에서, "토지 소유자의 권리행사가 신의칙에 어긋나거나 권리남용에 해당하는 경우와 같이, 민법 등 법률의 명문규정과 그에 기초한 법리가 적용될 수 있는 경우에만 토지 소유자의 사용 · 수익권을 포함한 소유권 행사가 제한될 수 있다. 그 이외에 토지 소유자의 권리행사를 불허 또는 제한할 수 있는 독자적인 사유로서 법률에 명문으로 규정되어 있지도 않은 '독점적 · 배타적인 사용 · 수익권의 포기'를 인정하는 것은 허용될 수 없다"고 하면서 판례변경의 필요성에 대하여 기술하고 있는 것으로 이해된다.

25) 최신섭, "묵시적 의사표시와 그 효과", 비교사법 제7권 2호(통권 13호), 한국비교사법학회, 2000, 397면 참조.

26) 최신섭, 전게 논문, 415면 참조.

27) 최신섭, 전게 논문, 397면 참조.

성에 따라 오랜 기간 토지 소유자의 권리행사 제한에 관한 중요한 기준으로 기능해 왔음을 확인하면서, 이 법리는 사적 자치의 원칙을 전제로 하는 것임을 명백히 천명하고 있다. 즉 토지 소유자의 독점적·배타적인 사용·수익권 행사가 제한되는 것은 원천적으로 그의 '의사'에 기초한 것이기 때문이라는 점을 거듭 분명하게 밝히고 있는 것이다. 아울러 이 법리가 그와 같은 토지 소유자 본인의 의사에 기초하여 인정되는 이상 다양한 각 개별 사건[28]에서 법원이 그 독점적·배타적인 사용·수익권 행사 제한의 원인 행위의 법적 성질이 무엇인지까지 심리하여 이를 특정할 필요나 의무는 없다는 입장을 천명하고 있다.

그러면서, 아울러, 대법원 88다카16997 판결이 「토지 소유자가 그 사용·수익권을 포기하였다거나 도로로서의 사용승낙을 하였다고 의사 해석을 함에 있어서는」이라고 설시한 다음 구체적인 판단기준을 제시하였고, 위와 같은 설시는 그 이후의 대법원 판례에서도 반복되어 현재까지 이어지고 있는 점 등에 비추어, 독점적·배타적인 사용·수익권 행사의 제한에 관한 기존 판례에 설시된 "의사표시", "의사 해석"이라는 표현은 모두 사적 자치의 영역에서 토지 소유자의 사용·수익권에 대한 제한이 용인되는 법리가 적용되는 것임을 의미한다고 설명한다.[29][30]

이와 같이 후술하는 바와 같은 대상판결이 밝히는 구체적인 판단기준이란, 토지 소유자의 의사해석을 하는데 있어 고려하여야 하는 기준요소들에 대한 것으로서, 결국 토지 소유자의 독점적·배타적인 사용·수익권 행사 제한이 문제되는 사안에서 당사자인 토지 소유자의 의사해석 또는 그 의사를 본질적 요소로 하는 법률행위 해석을 위한 해석기준으로써 판단기준이라고 할 수 있어 보인다(대상판결은 다수의견에 대한 보충의견을 통하여, 사적 자치의

---

28) 이 법리가 문제되는 다양한 개별 사건들 예시는 대상판결 다수의견에 대한 보충의견 기재 내용 및 김영훈, "배타적 사용수익권의 포기 법리의 성격과 그 적용범위", 민사판례연구 36집, 2014, 75－79; 장성욱·이현석 전게 논문 157－165 등 참조.

29) 반대견해 2는 기존 대법원판결을 '88다카16997판결 이전 선고된 판결들', '88다카16997 등 판결', '2009다228판결 등' 3가지 범주로 분류하고 이 3가지 범주의 판결들이 각기 다른 법적 성질에 기초하고 있다는 의견이지만, 대상판결은 기존 대법원판결들은 일부 표현상의 예외적인 판결들이 있기는 하였으나, 대법원이 확인 적용해 온 이 법리는 일관하여 토지 소유자는 그 스스로 의사에 기초하여 자발적으로 '독점적·배타적 사용·수익권 행사 제한'을 의욕하였고, 그와 같은 당사자 의사에 기초한 법률행위(다만 그 법률행위의 유형이나 종류를 특정할 필요는 없다)의 효과로서 그가 보유한 토지 소유권에 대한 독점적이고 배타적인 사용·수익권 제한 효과가 발생한 것이었다는 취지로 이해된다.

30) 한편 대상판결은 다수의견에 대한 보충의견에서, 반대의견 2가 제시하는 '소유권 불행사의 의사표시'라고 하는 '상대방 있는 채권적 의사표시'라는 대안에 대하여, 「그 반대의견의 설시만으로는 소유권 불행사의 의사표시에 따라 형성되는 '사용대차와 유사한 법률관계'라는 생소한 법률관계가 과연 무엇인지 불분명하고 불확정적인 상태로 남게 된다는 단점」이 있고, 「구체적인 사안에서 위와 같은 의사표시의 존부 자체를 확정하기 어렵다」거나, 「과연 어느 시점에서 토지 소유자의 어떠한 행위와 토지이용상태를 포착하여 의사표시 또는 법률행위가 존재한다고 볼 것인지 확정하기 어렵고, 이는 사실심의 과도한 심리 부담으로 이어질 염려가 있다」고 하여, 반대의견 2가 제시한 '소유권 불행사의 의사표시'라고 하는 '상대방 있는 채권적 의사표시'를 기존 대법원판결의 법리를 대체할 법리로 채택하기는 어렵다는 입장을 밝히고 있다. 그러나 생각건대 이는 기존 대법원판결이 설시해 온 '토지 소유자의 독점적·배타적인 사용·수익권 행사 제한' 법리를 반대의견 2가 제시한 바와 같은 유형의 법률행위에 따른 이론으로 재구성하는 것 자체에는 여전히 여러 문제가 있을 수 있다는 취지이지, '토지 소유자의 독점적·배타적인 사용·수익권 행사 제한'의 법리가 사적 자치의 원칙을 전제로 당사자의 의사에 따라 그 법률효과가 발생한 것이라는 점을 부정하는 취지는 아니라고 생각된다.

원칙을 기초로 하는 시장경제질서와 경제 영역에서의 정의로운 사회질서 형성을 기본 원칙으로 선언한 헌법 제119조의 원칙은 민사법 관계에서 권리의무 내용을 정하기 위한 법률행위 해석의 기초로도 작용하게 되는데, 이 법리도 그 연장선에 있다고 설명하고 있다).

나아가 대상판결은 뒤에서 쟁점별로 다시 살펴보는 바와 같이, 원소유자가 독점적 · 배타적인 사용 · 수익권을 포기한 경우 그 토지 소유권을 취득한 특정승계인 역시 사적 자치의 원칙을 전제로 그 의사에 기초한 법률효과로서 그 역시 독점적 · 배타적 사용 · 수익권 행사의 제한을 받게 된다는 취지를 밝히고 있음을 알 수 있다.

(3) 한편 대상판결 이전 대법원판결의 '의사표시 해석의 문제점'을 지적하는 기존 견해들은 대체적으로 "배타적 사용수익권을 포기하였다고 의사해석을 하려면 그 의사표시에 자발성과 진실성이 담보되어 있는지 신중하게 검토하여야 하고, 특히 묵시적인 방법으로 그러한 의사표시를 했다고 해석하려면 더욱 각별한 신중함이 필요한데, 판례의 의사표시 해석은 지나치게 의제적이다.[31] 불특정 다수인이 토지를 통행의 목적으로 하고 있어 소유자가 현실적으로 토지를 지배하지 않게 되었더라도 이러한 사실적 지배의 측면에서 바로 법률적 지배의 상실을 초래하는 의사해석을 하는 것은 매우 신중하게 하여야 한다"[32]거나, "토지 소유자가 일반 공중으로 하여금 자신의 토지를 무상통행할 수 있도록 제공하였거나 이를 용인하였다 하더라도 이는 '어느 정도 권리의 제한을 사실상 감수하겠다'는 의사표시 정도로 해석하는 것이 실제 의사에 가깝다고 보인다. 대법원 판례가 내세우는 여러 객관적 정황이 있다 하더라도 그것만으로 토지 소유자가 '자신의 부당이득반환청구를 포함하여 사용 · 수익에 관한 일체의 권리를 소멸시키는 결과'를 의욕하였다고 해석하는 것은 경험칙상 수긍하기 어렵다"[33] 등의 의견이었다.[34]

그러나 대상판결은 다수의견에 대한 보충의견을 통하여, 「헌법 제119조는 사적 자치의 원칙을 기초로 하는 시장경제질서와 경제 영역에서의 정의로운 사회질서 형성을 기본 원칙으로 선언하고 있는데(대법원 2007. 11. 22. 선고 2002두8626 전원합의체 판결 등 참조), 이러한 원칙은 민사법 관계에서 사인 간의 권리 · 의무의 내용과 한계를 정하는 데에도 당연히 적용된다. 대법원판결들도 이러한 원칙에 기초하여 법률행위의 해석에 관하여 그 법률행위에 이른 과정, 당사자들이 얻거나 부담하는 이익과 불이익의 내용과 정도, 당사자들에게 예측하지 못한 불이익이 발생할 가능성이 있는지 여부 등 제반 사정을 종합하여 판단하여야 한다는 입장을 밝혀 왔는데(대법원 2017. 12. 21. 선고 2012다74076 전원합의체 판결 등 참조), 독

31) 이광만, "도로로 무상제공된 토지를 특정승계한 자의 무상통행 수인의무의 승계 여부", 판례연구 9집, 부산판례연구회, 1994, 53면; 박철우, "도로부지로 무상제공된 토지소유권의 법적 성질과 부당이득", 제11집, 서울지방변호사회, 1998, 195-196 참조.

32) 안희길, "배타적 사용수익권 포기 법리에 관한 판례의 동향", 청연논총 제13집, 사법연수원, 2016, 151면.

33) 서정환, 전게 논문, 486-487.

34) 유사한 취지로, 권영준 전게(각주 12) 논문, 323-325; 김문관, 전게 논문, 107-108; 문춘언, 전게 논문, 64면; 김승정, "배타적 사용수익권 부존재확인청구의 가부", 대법원판례해설 제91호, 법원도서관, 2014, 45면 등 참조.

점적 · 배타적인 사용 · 수익권 행사 제한에 관한 기존의 판례 법리도 이러한 입장의 연장선에 있다고 보아야 한다」고 하여, 이 법리 적용이 문제되는 사건에 있어, 당사자 의사해석을 할 때에는 위와 같은 대원칙을 고려하여 그 의사해석 기준을 설정할 필요가 있음을 천명하고, 나아가, 이 법리를 적용할 때에는 어디까지나 토지 소유자 및 그 특정승계인의 권리행사를 제한하는 예외적인 법리로서 신중하게 적용되어야 함을 밝히고 있다.

이와 같이 대상판결은 '토지 소유자의 독점적 · 배타적인 사용 · 수익권의 행사 제한'이라는 결과는 사적 자치의 원칙을 전제로 당사자의 의사에 기초하여 그 의사에 따른 법률효과로 발생되는 것임을 밝히고 있다고 보이고, 다만 후술하는 바와 같이, 토지 소유자의 독점적 · 배타적인 사용 · 수익권 행사의 제한이 문제되는 상황의 특수성에 비추어, 당사자 의사를 해석 및 탐구하는데 필요적절한 판단기준을 아울러 제시하고 있는 것으로 평가할 수 있어 보인다.

라. 재판규범이 아닌 청구권 행사 요건 충족 여부 판단의 기준으로서 이 법리의 정당성

(1) 반대의견 2는 대법원이 형성해 온 배타적 사용 · 수익권 포기에 관한 법리는 '토지 소유자의 권리행사를 제한할 수 있는 법률요건으로서 권리 포기에 관한 법리선언'이었다고 평가하고, 배타적 사용 · 수익권 포기라는 법적 효과를 도출해 낼 수 있는 성문법상의 근거가 전혀 없으므로 폐기되어야 한다는 입장이다.

(2) 그러나 대상판결은 다수의견에 대한 보충의견을 통하여 기존 대법원 판례가 말하는 '포기'란 사용수익권의 '소멸'을 의미하는 것도 아니고, '영구적 포기'를 의미하는 것이 아니었다는 점을 밝히고 있다. 즉 일부 예외적인 판시들을 제외하고는 대부분 사용 · 수익권 포기라는 표현 앞에 '독점적 · 배타적'이라는 수식어를 붙임으로서 일반 공중의 무상 이용이라는 토지이용현황과 양립 또는 병존할 수 있는 토지 소유자의 사용수익 권능까지 소멸한 것으로 판단하지 않았음은 분명하고, 아울러 대법원 2013. 8. 22. 선고 2012다54133 판결 등에서 명시적으로 표현하고 있는 바와 같이, "그로써 소유권의 본질적 내용인 사용 · 수익권 자체를 대세적 확정적으로 상실하는 것을 의미하지는 않는다"고 판시해 왔음을 그 근거로 든다.

앞서 살펴보았듯이 대상판결은 '토지 소유자의 독점적 · 배타적인 사용 · 수익권 포기 또는 행사 제한'의 근거가 본질적 · 근원적으로 그 토지 소유자 및 그 특정승계인의 의사에 있음을 분명히 밝히고 있다고 평가할 수 있어 보인다. 따라서 이와 같은 대상판결에 의하면, 대상판결이 제시하는 토지 소유자의 독점적 · 배타적인 사용 · 수익권 행사 제한이 인정되기 위한 요건은, 결국 특수한 상황과 사정하에서 이루어진 토지 소유자의 의사표시에 관하여 그 의사를 해석하는 기준을 구체화하여 제시한 것으로 평가하지 않을 수 없다고 생각된다.

(3) 한편 반대의견 2는 위와 같은 대상판결에 대하여, 대법원이 88다카16997 판결 등에

서 선언한 배타적 사용·수익권 포기 법리는 소유권 행사가 제한되는 일정한 법률요건을 정한 것이었는데, 대상판결 다수의견이 이를 법률효과에 관한 것으로 해석하면서 그 법리가 법률요건에 관한 것인지 법률효과에 관한 것인지 불분명하게 만들어 버렸다고도 한다.

그러나 이 사건 제1심판결 및 원심판결을 통하여도 알 수 있는 바와 같이, 토지 소유자의 독점적·배타적인 사용·수익권 포기 내지 행사 제한이 문제되는 사안 역시도, 사실심인 하급심은 다른 사건들과 마찬가지로 토지 소유자가 자신 소유 토지에 대한 독점적·배타적인 사용·수익권을 포기한 사실이 있는지 여부를 우선 판단하는 것으로 이해된다. 즉 이 사건 제1심법원 역시, '…점 등에 비추어 보았을 때 이 사건 우수관과 오수관이 장기간 매설되어 있었다는 사정만으로 망인이 이 사건 토지를 독점적이고 배타적인 사용수익권을 포기하였다고 볼 수 없고, 달리 이를 인정할 증거가 없다'고 판시하고 있다(이 사건 제1심법원이 원고 청구를 기각하면서 제일 먼저 제시한 논거가 '토지소유자인 망인이 독점적이고 배타적인 사용수익권을 포기하였다는 직접적인 증거가 없는 점'을 들었던 것은 앞서 각주 7에서 본 바와 같다).

즉 토지 소유자의 독점적·배타적인 사용·수익권 포기 또는 행사 제한 사실 존부는 일차적으로는 토지 소유자의 독점적·배타적인 사용·수익권 포기 또는 행사 제한 의사의 존부 확정과 다르지 않다고 이해된다[35](그 의사의 존재로 인하여 성립되는 법률행위가 강학상 어느 유형의 법률행위에 해당하는가는 별개의 문제이다). 다만 그 의사 존부 판단은 그와 같은 의사를 기재해 둔 명시적인 처분문서가 없는 이상 그와 같은 독점적·배타적인 사용·수익권 포기 또는 행사 제한을 기꺼이 자발적으로 받아들이고 의욕할 만한 사정 등을 기초로 그와 같은 의사를 기꺼이 표시한 것으로 추단할 수 있는 사실 및 사정들이 존재하는지를 심리하여 결정하는 과정을 거칠 수밖에 없는데, 그와 같은 의사의 존부 판단은 결국 그와 같은 의사에 대한 해석의 기준과 맞물려 있다[36]고 생각되며, 기존 대법원판결들은 물론 (기존 대법원판결에서 제시되었던 기준을 보완하여) 대상판결이 이를 제시하고 있는 것으로 이해된다.

그렇다면 대법원 판례가 형성해 온 독점적·배타적인 사용·수익권 포기 또는 행사 제한의 법리는 (성문법에 근거도 없이) 그 자체가 어떠한 특별한 법률요건으로서 대법원 판례에 의해 창설된 것이라기보다는 사적 자치의 원칙을 전제로 당사자의 독점적·배타적인 사

35) 한편 "당사자에 의하여 무엇이 표시되었는가 하는 점과 그것으로써 의도하려는 목적을 확정하는 것은 사실인정의 문제이고, 인정된 사실을 토대로 그것이 가지는 법률적 의미를 탐구 확정하는 것은 이른바 의사표시 해석으로서, 이는 사실인정과 구별되는 법률적 판단의 영역에 속하는 것"(대법원 2001. 3. 15. 선고 99다48948 판결 등 참조)이라는 판결을 들지 않더라도, 법률행위 해석은 법률문제로서 상고이유가 되는 것이므로, (토지 소유자의 독점적·배타적 사용·수익권 포기 여부는 그 자체로 대법원이 형성한 독자적인 법리에 관한 것으로서 법률문제라기보다는) 토지 소유자의 독점적·배타적 사용·수익권 포기 또는 행사 제한에 관한 당사자 의사해석에 관한 문제로서 법률문제로 대법원의 심판대상이 될 수 있을 것으로 이해된다.

36) 대상판결은 다수의견에 대한 보충의견에서 '소유자의 어떠한 행위와 이용상태를 의사표시 또는 법률행위'로 특정하여 확정하기가 어렵고, 이를 시도할 경우 사실심의 과도한 심리 부담으로 이어질 염려가 있다는 뜻을 밝히고 있는 것으로 이해된다. 생각건대, 이는 이 법리를 적용할 때의 독자적인 문제라기보다는 묵시적 의사표시가 문제될 수 있는 사안에서는 어느 정도 공통적으로 나타날 수 있는 사실심 심리상의 어려움일 수 있어 보이며, 이 같은 경우 당해 법률행위의 특정 정도는 완화될 수 있는 것으로 이해된다.

용 · 수익권 포기 또는 행사 제한 '의사' 자체에 기초하여 성립된 일정한 법률행위가 법률요건이 되는 것이고, 그 법률요건이 성립된 결과로서 그 의사를 표시한 당사자가 그 자신의 의사에 구속되어 독점적 · 배타적인 사용 · 수익권의 포기 또는 행사 제한이라는 법률효과가 발생하는 것일 뿐이며, 다만 그 의사해석 또는 그 의사를 요소로 하는 법률행위 해석의 기준을 기존 대법원판결을 비롯한 대상판결이 제시하고 있는데 이를 '독점적 · 배타적인 사용 · 수익권 포기 또는 행사 제한'에 관한 법리의 중요한 일부분으로 이해할 수 있어 보인다.[37]

(4) 이런 관점에서 본다면, 결국 토지 소유자의 독점적 · 배타적인 사용 · 수익권 포기 또는 행사 제한에 관한 법리의 중요한 한 의미는, 대법원의 토지 소유자의 독점적 · 배타적인 사용 · 수익권 포기 또는 행사 제한의 의사표시에 대한 해석기준에 관한 것이라 할 수 있어 보이고, 대상판결이 다수의견에 대한 보충의견을 통하여 밝힌 바에 의하면, 토지 소유자 의사에 기초한 법률행위인 이상 각 사건마다 강학상 그 법적 성질까지 반드시 심리하여 밝힐 필요는 없다는 취지인 것으로 이해된다.

결국, 대상판결은, 대법원이 독자적인 법률요건을 창설하여 재판규범으로 활용해 온 것이 아니라, 당사자가 주장하는 청구권의 요건 충족 여부 내지 그 청구 당부 판단을 위한 당사자 의사해석의 기준 등에 대한 법리를 형성해 온 것일 뿐이라는 것이다(앞서 언급한 기존 대법원판결에 관한 의사해석의 문제점에 대하여는 아래 항에서 더 생각해 본다).

2. 판단기준

가. 대상판결이 제시하는 기준

대상판결은, 독점적 · 배타적인 사용 · 수익권 포기 또는 행사 제한에 대한 판단기준에 관하여, 기존 대법원판결에서 제시해 온 것처럼, ① 소유자가 토지를 소유하게 된 경위와 보유기간, ② 소유자가 토지를 공공의 사용에 제공한 경위와 그 규모, ③ 토지의 제공에 따른 소유자의 이익 또는 편익의 유무, ④ 해당 토지 부분의 위치나 형태, 인근의 다른 토지들과의 관계, 주위 환경 등 여러 사정을 종합적으로 고찰할 것을 제시하면서, 나아가 ⑤ 토지 소유자의 소유권 보장과 공공의 이익 사이의 비교형량을 새로이 추가 제시하고 있다.

나. 대상판결 이전부터 제시되어 온 판단기준 및 검토

종래 배타적 사용 · 수익권 포기 법리의 적용 요건(판단기준)과 관련하여는 통상 자발성과 효용성 요건이 주로 제시되었다. 즉 토지 소유자가 자발적으로 당해 토지를 사실상 도로 등 일반 공중을 위한 용도로 제공하거나, 적어도 그 제공과정에서 자발적으로 이를 수인한 경우(자발성 요건), 토지 소유자가 당해 토지를 사실상 도로 등 일반 공중을 위한 용도로 제공

37) 다만 생각건대 대상판결은 이 법리가 '사적 자치의 원칙'을 전제로 함을 명백히 하면서도 친절하게 모든 것을 설명하고 있지는 않고, 간접적으로만 이를 밝히고 있는 것으로 이해된다.

함으로써 발생하는 비용보다 이로 인하여 얻는 효용이 더 큰 경우(효용성 요건)에는 배타적 사용 · 수익권 포기가 인정될 가능성이 높다는 것이었다.38)

생각건대, 앞서 언급한 대로 대상판결은 토지 소유자의 독점적 · 배타적인 사용 · 수익권 행사가 제한되어 그 점유자를 상대로 부당이득반환을 청구하지 못하고, 나아가 그 점유 부분의 반환을 청구할 수 없는 법률효과 발생의 본질적 · 근원적 원인을 토지 소유자의 의사와 그 의사해석에 기초한 것임을 밝히고 있으므로, 위와 같이 기존 대법원판결들에서 제시되었던 판단기준 역시, 당사자 의사해석을 위한 의사해석의 기준으로 평가하지 않을 수 없다고 이해된다. 따라서 대상판결이 제시하는 의사해석 기준을 통하여 토지 소유자 의사표시 당시, 토지 소유자가 자발적으로 당해 토지를 일반 공중을 위한 용도로 제공하고, 그에 상응하는 사용수익에 따른 대가를 기꺼이 포기할 의사를 가졌을 것이라고 인정할 수 있는지 등에 대한 의사해석에 대한 세밀한 심리가 필요해 보인다.

앞서 언급한 기존 대법원판결에 대한 의사표시 해석의 문제점을 지적한 여러 견해들 역시, 토지 소유자의 의사가 '어느 정도의 권리제한을 사실상 감수하겠다'는 의사였다고 보아야 하지, '자신의 부당이득반환청구를 포함하여 사용수익에 관한 일체의 권리를 소멸시키는 결과'를 의욕하였다고 해석하는 것은 경험칙에 반한다거나 지나친 의제라는 것이었다.

위와 같은 비판을 불식시키는 것은 결국, 구체적 사건에서 드러나는 다양한 사실관계 아래에서 대상판결이 제시하는 의사해석 기준에 비추어 토지 소유자가 기꺼이 '자신 소유 토지를 일반 공중을 위한 용도로 무상 제공하고, 부당이득반환청구를 포함하여 사용수익에 관한 일체의 권리를 소멸시키는 결과'를 의욕하였을 것으로 판단하는데 무리가 없는 사건들에서 위 법리가 적용 · 인정되는 것이 온당할 것으로 이해된다. 가령 토지 소유자가 자신의 토지 중 일부를 일반 공중을 위한 용도로 무상 제공하고 그에 상응하는 사용수익 상당 대가를 포기하더라도 그 행위로 인하여 얻게 되는 유무형의 반대급부가 그 포기로 인한 경제적 손실을 충분히 상회하는 경우와 같은 사례일 수 있다. 그러한 사안이라면 그 당사자는 기꺼이 그와 같은 의사를 의욕할 수 있다고 생각된다(다만 공용부담에 관한 제도가 정비되기 이전에 발생한 독점적 · 배타적인 사용 · 수익권 행사 제한의 의사표시로 인한 문제는 이 법리와 양립 가능한 다른 법리 또는 다른 제도적 구제방안으로 그 해결책을 모색할 필요가 있을 수 있음은 별론으로 하고자 한다39)).

---

38) 권영준, 전게(각주 12) 논문, 316면은, "위에 나타난 바와 같이 배타적 사용수익권 포기를 인정하는 데에 고려하여야 할 요소들이 많은 관계로, 구체적인 사안에서 그 포기 여부를 가리는 것은 쉽지 않다"고 하고, "다만 일련의 대법원판결들로부터 다음과 같은 포괄적인 판단요소를 추출할 수 있다는 점만 언급하기로 한다"고 하면서 제시한 판단요소가 '자발성'과 '효용성'이다. 같은 취지로 대법원판결을 해설한 김승정, 전게 논문, 40–41; 권순호, "일반 공중의 통행에 제공된 토지에 관한 배타적 사용수익권 행사 제한과 신의성실의 원칙", 대법원판례해설 제97호 하권, 법원도서관, 2014, 65면; 안희길, 전게 논문, 146–147 등 참조.

39) 이 법리가 문제되는 사안 대부분은 토지 소유자가 자신의 토지 일부를 무상 제공함으로써 반대급부로 그 일부 토지 무상 제공으로 인한 손실을 초과하는 유무형의 이익을 얻는 경우라고 이해되기는 하나, 다른 한편, (그와 무관하게) 공적부담에 대한 제도가 완비되지 못하고 있었던 과거 1960, 1970년대 시대 분위기상 토지 소유자가

결국, 대상판결을 비롯한 기존 대법원판결들이 제시하는 의사해석 기준 자체에 어떠한 법리적인 문제가 있다기보다는 이를 구체적인 사건에 적용함에 있어, 다양한 사실관계와 각 사건마다 나타나는 여러 사정들을 종합하여 토지 소유자의 의사를 세밀하게 탐구하고 규범적·합리적으로 이를 해석하여 구체적 타당성을 확보하는 것이 오히려 중요한 문제일 수 있다고 생각된다.

다. 대상판결이 제시하는 '토지 소유자의 소유권 보장과 공공의 이익 사이의 비교형량' 이라는 기준에 대한 검토

(1) 대상판결은 토지 소유자의 독점적이고 배타적인 사용·수익권 행사의 제한 여부를 판단하기 위하여 '토지 소유자의 소유권 보장과 공공의 이익 사이에 비교형량'을 하여야 한다고 판시하였는데, 대상판결이 제시한 이와 같은 기준을 어떤 의미로 바라보는 것이 좋을지 생각해 보고자 한다.

(2) 민법 제211조는 "소유자는 법률의 범위내에서 그 소유물을 사용, 수익, 처분할 권리가 있다"고 규정하여 법률에 의하여 소유권이 제한될 수 있음을 밝히고 있음은 물론, 소유권은 신의칙, 권리남용금지의 원칙 등에 의하여도 일정한 제한이 있을 수 있다. 이와 같은 소유권의 제한을 소유권의 내재적 제한이라 한다. 소유권도 공공복리를 위해서 신의에 좇아 행사되어야 하며 남용은 금지된다. 이러한 관점에서 볼 때 소유권도 공공의 이익을 위하여 그 내용이나 행사에 관하여 제한을 받으며, 일정한 의무를 수반하는 상대적 권리라 할 수 있다.[40] 또한, 소유권은 물건의 가치를 전면적으로 지배할 수 있는 물권으로 사용, 수익, 처분의 권능뿐만 아니라, 점유, 보존, 관리, 개발 등 물건에 대하여 가질 수 있는 모든 권능을 내용으로 하나, 소유권은 법률의 범위 내에서만 행사될 수 있다는 등의 제한 가능성을 함께 가지고 있다.[41]

한편 기존 대법원판결들이 밝힌 독점적·배타적인 사용·수익권 포기 법리에 관하여, 형평의 원칙을 고려한 우리 대법원의 독자적인 고유법리라고 평가한 것으로 이해되는 견해[42]의 요지는, '토지소유자가 위 사용·수익권을 물권적 또는 채권적으로 포기한다는 의미가 아니라, 토지 소유자의 주관적 사정 등이 금반언의 원칙으로 의사추단을 통하여 적용되고, 공공이익의 보호, 법적 안정성, 토지 소유자도 도로개설로 인한 개발이익을 취득한 점, 보상

국가와 지역발전 및 이웃과 일반 공중을 위하여 기꺼이 자신의 토지 일부를 무상으로 제공할 의사를 가질 개연성도 충분히 있을 수 있다고도 생각된다. 이와 같은 경우, (표시행위로 추단되는 효과의사로 인하여 이 법리의 적용대상이 된다하더라도 그와는 별개로) 당시 이와 같은 희생을 기꺼이 감내하고 선택하신 분들을 어떻게 배려해 드려야 할 것인지는 현재적 관점에서 여러 가지 가능성을 모두 열어 놓고 진지하게 고민해 보아야 하는 점은 우리 사회 모두의 숙제일 수 있다고 생각된다.

40) 이성진, "토지소유자의 배타적 사용수익권 포기－대법원 2019. 1. 24. 선고 2016다264556 전원합의체 판결", 토지법학 제35권 제1호, 한국토지법학회, 2019, 215면; 곽윤직, 『민법주해－물권(2)』, 박영사, 2011, 51면, 63면.

41) 이성진, 전게 논문, 215면 참조.

42) 김문관, 전게 논문, 93면 이하 참조.

재원 마련의 어려움 등 정책적인 고려가 형평의 원칙으로 적용되어, 제반 사정을 고려할 때 토지 소유자가 지방자치단체 등에게 그 독점적 · 배타적 사용 · 수익권을 행사할 수 없다는 의미인 것으로 보아야 한다'[43]는 것이었다.

(3) 앞서 언급한 대로 대상판결은 토지 소유자의 독점적 · 배타적인 사용 · 수익권의 행사 제한이라는 결과는 그 당사자의 의사에 기초하여 발생한 법률효과라는 점을 밝히고, 그와 같은 법률효과를 발생시키는 당사자 의사를 해석함에 있어 고려하여야 할 그 의사해석 기준을 제시하고 있는 것으로 평가할 수 있다고 생각한다.

대상판결은 사적 자치의 원칙에 따라 토지 소유자의 의사에 기초하여 독점적 · 배타적인 사용 · 수익권 행사 제한의 법률효과를 도출하고 있는데, 그와 같은 의사를 추단하는 과정에서 위에서 제시된 여러 사정을 고찰하고, 나아가 토지 소유자의 소유권 보장과 공공의 이익 사이의 비교형량을 아울러 요청하고 있는 것이라 이해된다.

그렇다면 대상판결이, "토지 소유자의 독점적이고 배타적인 사용 · 수익권 행사의 제한 여부를 판단하기 위하여 '토지 소유자의 소유권 보장과 공공의 이익 사이에 비교형량'을 하여야 한다"고 선언한 이유는 무엇일까.

생각건대, 대상판결이 독점적 · 배타적 사용 · 수익권 행사 제한 여부 판단기준으로 새롭게 부가하고 있는 위 요건은, 단순히 토지 소유자가 그 스스로 자발적으로 '자신의 토지를 일반 공중을 위한 용도로 무상 제공하고 자신의 독점적 · 배타적인 사용 · 수익에 관한 권리 행사가 제한되는 결과'를 의욕한 것이라 평가할 수 있을지에 관한 당사자 의사해석에 필요한 의사해석의 일기준이라는 의미를 넘어, 기존 대법원판결들에 대하여 형평의 원칙에 입각한 판례고유법리라고 평가한 견해가 설명하고 있는 바와 같은 취지, 즉 정책적 관점에서 형평의 원칙이 발현될 필요성을 밝힌 것으로 이해될 수도 있어 보인다.[44][45] [그럼에도 불구하고 아래에서 보는 바와 같이, 본질적으로는 위 판단기준(내지 판단요건) 역시도 신의칙(내지 그 파생원칙)이 의사해석의 기준으로 작용하고 있다는 점에서 다르지 아니하다고 생각된다]

다만 다른 한편 아래에서 언급하는 바와 같이, 대상판결이 이 법리가 사적 자치의 원칙을 전제로 한 것임을 분명히 한 이상, 이 부분 대상판결의 취지는 위와 같은 관점과는 다소 다른 평면에서의 의미, 즉 위 기준은 (사적 자치의 원칙을 기초로 하는 시장경제질서와 경제 영역

---

43) 류준구, 전게 논문, 165면에서 정리한 설명을 그대로 차용하였다.

44) 대상판결은 다수의견에 대한 보충의견에서 「확립된 대법원 판례가 오랫동안 토지 소유자의 권리행사 제한에 관한 중요한 판단 기준으로 기능하여 온 것은, 많은 사건에서 위 법리를 적용함으로써 구체적 타당성을 실현하는 결론에 이르렀고, 그러한 결론이 일반인의 법의식과 법감정에 부합하기 때문이다. 즉, 위 법리는 토지 소유자가 해당 토지를 일반 공중의 사용에 제공함으로써 자신의 사용 · 수익권에 대한 제한을 수인하고 그에 대한 이익을 누린 것으로 평가되는 사안에서 관계자들 사이의 이해관계를 적절히 형량하는 법리로서 기능하여 온 것이다」라고 한다.

45) 대상판결 선고 이후 발간된 논문 중 김상헌, "배타적 사용 · 수익권 포기 법리의 타당성 여부를 재론하여", 재산법연구 36권 1호, 한국재산법학회, 2019, 8면은 "대상판결은… 자발성 요건과… 효용성 요건에 더하여 토지 소유자의 소유권 보장과 공공의 이익 사이의 비교형량을 그 기준으로 제시하여 배타적 사용수익권 포기 법리가 형평의 원칙에 근거한 것임을 분명히 하였다"라고 설명한다.

에서의 정의로운 사회질서 형성을 기본 원칙으로 선언한 헌법 제119조의 원칙은 민사법 관계에서 권리의무 내용을 정하기 위한 법률행위 해석의 기초로도 작용한다는 관점에서) 구체적 타당성 확보를 위한 당사자 의사해석의 일기준인 동시에, 토지 소유권자의 독점적·배타적인 사용·수익권 포기의 성립을 제한하기 위한 추가적인 소극적 요소로 이해하는 것은 어떨까 하는 의견이다.

법률행위의 해석은 당사자가 그 표시행위에 부여한 객관적인 의미를 명백하게 확정하는 것이지만, 당사자의 표시행위로부터 그 객관적인 의미가 명확하게 드러나지 않는 경우에는 그 표시행위의 내용과 그 법률행위가 이루어진 동기 및 경위, 당사자가 그 법률행위에 의하여 달성하려고 하는 목적과 진정한 의사, 거래의 관행 등을 종합적으로 고려하여 사회정의와 형평의 이념에 맞도록 논리와 경험의 법칙, 그리고 사회 일반의 상식과 거래의 통념에 따라 합리적으로 해석하여야 한다는 것이 우리 대법원의 법률행위 해석에 대한 기본 입장이라고 할 수 있다.

즉 대상판결이 토지 소유자의 독점적·배타적 사용·수익권 행사 제한의 근거가 당사자 의사에 기초한 것임을 명백히 천명한 이상, 토지 소유자의 의사가 그 자신의 독점적·배타적인 사용·수익권 행사를 그 스스로 자발적으로 제한하겠다는 의사로 의사해석되지 않는 경우라면, 대상판결이 부가하고 있는 위 요건은 살필 필요조차 없이 토지 소유자의 독점적·배타적인 사용·수익권 포기 주장은 배척되어야만 할 것이고, 다만 여러 사정을 종합적으로 고찰한 결과 토지 소유자가 그 스스로 독점적·배타적인 사용·수익권을 포기한 것으로 의사해석 될 수 있는 경우라 하더라도, 대상판결이 추가적으로 제시하고 있는 위 요건, 즉 토지 소유자의 소유권 보장의 필요성과 공공의 이익 사이에 비교형량을 하여, 토지 소유자의 소유권을 희생함으로써 달성되는 공공의 이익이 토지 소유자의 희생보다 작은 경우라면 그와 같은 경우에도 토지 소유자의 독점적·배타적 사용·수익권 포기 주장은 배척되는 것이 이 부분 대상판결의 취지에 따르는 것일 수도 있다고 생각한다. 결국, 위 추가 요건은 토지 소유자의 독점적·배타적인 사용·수익권 행사 제한 의사가 인정되는 경우라도, 그 행사 제한의 필요성이 없거나, 그 행사 제한으로 인하여 소유자가 입게 되는 불이익이 그로 인한 공공의 이익을 초과하는 경우[46]에는 토지 소유자의 독점적·배타적 사용·수익권 포기 또는 행사 제한의 성립을 조각하는 소극적 요소로 기능하는 것으로 이해하는 것은 어떨까 하는 의견이다.[47][48]

46) 가령 대상판결이 제시하는 사정변경의 원칙 해당요건을 충족시키기는 어려운 경우라 할지라도, 당해 토지가 공중을 위한 용도로 기여하는 바를 대체할 수 있는 시설이 인근에 병존하고 있어, 공중에게 다소의 불편함이 초래되더라도 그 대체시설을 이용할 수 있는 상황에서, 토지소유자가 해당 토지에 대한 독점적·배타적 사용·수익권을 회복하여 연접한 자신의 토지와 연결하여 건축행위를 할 이익이 큰 경우와 같은 경우를 상정해 볼 수 있다.

47) 대상판결은, 이 사건에 대한 판단 부분에서 「위와 같은 사실관계를 앞에서 본 법리와 판단기준에 비추어 살펴보면, 이 사건 우수관 설치 당시 망인은 자신이 소유하던 이 사건 토지와 그 지상 단독주택의 편익을 위하여 자발적으로 이 사건 우수관을 설치하도록 한 것으로 볼 수 있고, 망인의 독점적이고 배타적인 사용·수익권의 행사

3. 적용범위: 특정승계인을 중심으로

가. 대상판결이 제시하는 기준

대상판결은 이 법리의 적용 범위와 관련하여, 물적 범위로서 기존 대법원판결들에서 많이 나타난 사실상 도로 등 도로 용도로 자신의 토지를 제공한 경우뿐만 아니라 그 이외의 용도로 제공한 경우에도 적용된다고 판시하고, 인적범위로서 상속인의 경우, 상속인이 상속개시시에 피상속인 재산에 관한 포괄적 권리의무를 승계하므로 독점적 · 배타적인 사용 · 수익권이 포기된 이후 상속한 경우 그 상속인의 독점적 · 배타적인 사용 · 수익권도 마찬가지로 그 행사가 제한된다고 판시하였다.

나아가 대상판결은 기존에 여러 비판에 직면해 있었던 특정승계인에 대한 법리와 관련하여, 특정승계인은 특별한 사정이 없는 한 그와 같은 사용 · 수익의 제한이라는 부담이 있다는 사정을 용인하거나 적어도 그러한 사정이 있음을 알고서 그 토지의 소유권을 취득하였다고 봄이 타당하므로, 그러한 특정승계인은 그 토지 부분에 대하여 독점적이고 배타적인 사용 · 수익권을 행사할 수 없다고 하면서도, ① 특정승계인이 토지를 취득한 경위, 목적, ② 그 토지가 일반 공중의 이용에 제공되어 사용 · 수익에 제한이 있다는 사정이 이용현황과 지목 등을 통하여 외관에 어느 정도로 표시되어 있었는지, ③ 해당 토지의 취득가액에 사용 · 수익권 행사의 제한으로 인한 재산적 가치 하락이 반영되어 있었는지, ④ 원소유자가 그 토지를 일반 공중의 이용에 무상 제공한 것이 해당 토지를 이용하는 사람들과의 특별한 인적 관계 또는 그 토지 사용 등을 위한 관련 법령상의 허가 · 등록 등과 관계가 있었다고 한다면, 그와 같은 관련성이 특정승계인에게 어떠한 영향을 미치는지 등의 여러 사정을 종합적으로 고려하여 특정승계인의 독점적 · 배타적인 사용 · 수익권의 행사를 허용할 수 있다고 천명하고 있다.

를 제한하는 것을 정당화할 정도로 분명하고 확실한 공공의 이익 또한 인정되므로, 망인은 이 사건 계쟁토지 부분을 포함한 이 사건 토지에 대하여 독점적이고 배타적인 사용 · 수익권을 행사할 수 없게 되었고, 망인의 상속인인 원고의 독점적이고 배타적인 사용 · 수익권의 행사 역시 제한된다고 보아야 한다」고 판시하고 있다. 즉 대상판결 스스로 「…제한하는 것을 정당화할 정도로 분명하고 확실한 공공의 이익 또한 인정되므로…」라고 설시하고 있는 점에 비추어 보더라도, 토지 소유자의 독점적 · 배타적 사용 · 수익권 행사 제한은 적어도 분명하고 확실한 공공의 이익이 인정되는 경우라야만 이를 인정할 수 있을 것이다.

또한, 대상판결은 다수의견에 대한 보충의견에서, '이 법리의 적용시 고려하여야 할 사항'이라는 제목 아래, 「국가나 지방자치단체가 사유지를 공익 목적으로 사용하는 경우 토지 소유자의 독점적 · 배타적인 사용 · 수익권의 포기 또는 그 행사 제한에 관한 법리는 어디까지나 토지 소유자의 권리행사를 제한하는 예외적인 법리로서 적용되어야 한다」는 점을 거듭 강조하고 있는 사정도 충분히 고려되어야 할 것으로 생각된다.

48) 한편 반대의견 2는 "다수의견과 보충의견에 따르면, 토지를 일반 공중의 이용에 제공함에 따른 토지 소유자의 이익이나 편익이 인정되고 공공의 이익과 소유자의 권리행사 제한 사이의 비교형량을 통해서 공공의 이익이 우선한다고 판단되는 경우에는 그와 같은 이유만으로도 토지 소유권의 부당이득반환청구권 행사를 배척할 수 있다는 것이 된다"라고 한다.

나. 대상판결 법리검토

(1) 기존 대법원판결에 나타난 특정승계인 법리와 관련하여 "과연 특정승계인이 사용수익 제한이 존재하는 사정을 알았다는 사정만으로 그에게 종전 소유자의 독점적 배타적 사용수익권 포기의 효력이 미치게 되는 근거가 무엇인지"에 대하여 민법 제220조 유추적용설,[49] 무상통행지역권 설정의무 승계설[50], 판례고유법리설[51] 등의 견해가 제시되었으나 모두 일정한 한계를 가지고 있었고, 기존 대법원판결이 "특정승계인의 의사를 일률적으로 현재 상태를 수인하겠다는 의사로 단정하는 것은 의사해석의 범위를 넘는 것으로 타당하다고 볼 수 없다"는 취지의 비판이 적지 않았다.[52]

무상통행지역권 설정의무 승계설, 판례고유법리설 등으로 명명[53]한 위 견해처럼, 특정승계인의 권리행사를 제한하는 기존 대법원판결은 신의성실의 원칙에 의할 때만 논리적으로 설명될 수 있다는 견해도 있었다.[54]

그러나 위와 같은 견해들에 대하여, 민법 제220조 유추적용설의 경우, 주위토지통행권의 인정범위가 인근 토지 소유자에 한정된다는 점에서, 무상통행지역권 설정의무 승계설의 경우, 지역권이라는 물권이 등기 없이 성립될 수 없다는 점 등에서, 판례고유법리설의 경우, 법원이 법해석을 넘어 법창조를 한 것이라는 점 등에서, 신의칙을 주장하는 견해에 대하여

49) 류준구, 전게 논문, 164면은 이 견해에 대하여, "독점적·배타적 사용수익권의 포기가 문제되는 대부분의 사건이 토지를 분할한 후 그중 일부를 양도한 경우인 것에 착안하여, 위와 같은 경우 분할양도의 직접 당사자간에 생긴 무상통행권이 소유자의 변동에 따라 박탈되거나 유상으로 바뀐다면 피통행지의 특정승계인은 예상외의 이득을 얻고, 기존 무상통행권자에게는 불측의 손해를 입게 하기 때문에 부당하므로, 토지의 일부 양도 등에 의한 무상통행권을 규정하고 있는 민법 제220조를 유추적용하여, 종전 소유자의 독점적·배타적 사용수익권 포기의 효력이 그 토지의 소유권에 당연히 수반되는 것으로 보아 특정승계인에게도 승계되는 것으로 보자는 견해"라고 설명한다. 이는 이광만, 전게 논문과 임한흠, 전게 논문의 의견을 설명한 것으로 보인다.

50) 류준구, 전게 논문, 165면은 이 견해에 대하여, "토지의 종전 소유자의 독점적·배타적 사용수익권 포기가 인정되는 경우, 토지의 종전소유자와 그 토지를 도로로 사용·점유하는 지방자치단체 등과 사이에 묵시적으로 물권인 무상의 통행지역권을 설정하는 합의가 체결된 것으로 볼 것인데, 이러한 합의의 존재 사실을 토지 현황의 조사, 관계자의 진술 등을 통해 쉽게 파악할 수 있는 특정승계인이, 자신이 그 합의의 당사자가 아님을 이유로 들어, 도로부지의 인도 또는 부당이득반환을 구하는 것은 신의성실의 원칙에 반하므로, 특정승계인은 위 합의에 따른 무상통행지역권 설정의무를 승계하게 되는 것으로 보자는 견해"라고 설명한다. 이는 김민정, 전게 논문의 의견을 설명한 것으로 보인다.

51) 류준구, 전게 논문, 165면은 이 견해에 대하여, "위 견해는, 독점적·배타적 사용수익권 포기 법리는, 토지소유자가 위 사용수익권을 물권적 또는 채권적으로 포기한다는 의미가 아니라, 토지 소유자의 주관적 사정 등이 금반언의 원칙으로 의사추단을 통하여 적용되고, 공공이익의 보호, 법적 안정성, 토지 소유자도 도로개설로 인한 개발이익을 취득한 점, 보상재원 마련의 어려움 등 정책적인 고려가 형평의 원칙으로 적용되어, 제반 사정을 고려할 때 토지 소유자가 지방자치단체 등에게 그 독점적·배타적 사용수익권을 행사할 수 없다는 의미인 것으로 보아야 하고, 따라서 이러한 상황을 인식하고 토지의 소유권을 특정승계한 사람도 신의칙상 그 부담을 승계하는 것으로 보아야 한다는 취지에서, 대법원의 판례의 누적을 통해 형성한 고유의 법리라고 하는 견해"라고 설명한다. 이는 김문관, 전게 논문의 의견을 설명한 것으로 보인다.

52) 류준구, 전게 논문, 164면 이하 참조.

53) 류준구, 전게 논문이 칭하는 견해명을 그대로 따른 것이다.

54) 권영준, 전게(각주 12) 논문, 323면 및 그 논문 각주 48 참조. 그 논문 각주 48은 이재철, "특정승계인의 무상통행권수인의무의 승계 여부와 그 권리행사의 제한", 대법원판례해설 제15호, 법원도서관, 1992, 117면을 들어, "90다7166판결은 신의칙 위배 여부에 관한 주장이 있는지에 관하여 심리할 필요가 있다고 부가하여 신의칙에 의한 사안의 해결을 유도하고 있다. 이에 관하여 위 판결은 특정승계인의 권리행사를 신의칙이나 정의관념의 차원에서 제한하여야 함을 판시한 것이라 평석하고 있다"고 위 판례해설을 설명하고 있다.

는 일반조항으로의 도피라는 점 등의 논거로 그 견해의 한계점이 지적되어왔다.

(2) 이러한 기존 논의들 아래에서, 대상판결은 독점적 · 배타적인 사용 · 수익권 행사가 제한된 토지 소유권을 특정승계한 특정승계인 역시, 그 자신의 의사에 기초하여 그와 같은 제한이 있는 토지 소유권을 취득하면서 그 제한을 용인하였으므로 그러한 특정승계인은 그 토지 부분에 대한 독점적이고 배타적인 사용 · 수익권을 행사할 수 없다는 원칙을 밝히면서, 특정승계인에게 그 토지 부분에 대한 독점적 · 배타적인 사용 · 수익권 행사가 인정된다고 의사해석할 수 있는 구체적인 기준을 밝히고 있는 것으로 이해된다.

즉 대상판결은 다수의견에 대한 보충의견을 통하여, 「이처럼 독점적 · 배타적인 사용 · 수익권 행사의 제한에 관한 기존 판례에 설시된 '의사표시', '의사 해석'이라는 표현은 모두 사적 자치의 영역에서 토지 소유자의 사용 · 수익권에 대한 제한이 용인되는 법리가 적용되는 것임을 의미한다. 또한 대법원 판례는 토지의 원소유자가 독점적 · 배타적인 사용 · 수익권을 포기한 경우에 그 토지의 소유권을 취득한 특정승계인은 도로 등으로 제공된 토지에 대하여 독점적 · 배타적인 사용 · 수익권을 행사할 수 없다고 판단하면서, 그 이유로 '특정승계인이 그와 같은 사용 · 수익의 제한이라는 부담이 있다는 사정을 용인하거나 적어도 그러한 사정이 있음을 알고서 토지 소유권을 취득하였다고 봄이 타당하다.'는 점을 든다. 이와 같이 판례는 특정승계인의 소유자로서의 권리행사를 제한하는 근거로서 사용 · 수익의 제한에 대한 '특정승계인의 용인 또는 인식'을 제시하고 있는데, 이 역시 대법원 판례가 사적 자치의 원칙을 전제로 하고 있음을 보여준다」고 하면서, 「헌법 제119조는 사적 자치의 원칙을 기초로 하는 시장경제질서와 경제 영역에서의 정의로운 사회질서 형성을 기본 원칙으로 선언하고 있는데(대법원 2007. 11. 22. 선고 2002두8626 전원합의체 판결 등 참조), 이러한 원칙은 민사법 관계에서 사인 간의 권리 · 의무의 내용과 한계를 정하는 데에도 당연히 적용된다. 대법원판결들도 이러한 원칙에 기초하여 법률행위의 해석에 관하여 그 법률행위에 이른 과정, 당사자들이 얻거나 부담하는 이익과 불이익의 내용과 정도, 당사자들에게 예측하지 못한 불이익이 발생할 가능성이 있는지 여부 등 제반 사정을 종합하여 판단하여야 한다는 입장을 밝혀 왔는데(대법원 2017. 12. 21. 선고 2012다74076 전원합의체 판결 등 참조), 독점적 · 배타적인 사용 · 수익권 행사 제한에 관한 기존의 판례 법리도 이러한 입장의 연장선에 있다고 보아야 한다」고 설명한다.

나아가 대상판결은 다수의견에 대한 보충의견을 통하여 이 법리 적용시 고려하여야 할 사항이라고 특별히 명시하면서 「대법원 판례는 위와 같은 경우에 특정승계인의 독점적 · 배타적인 사용 · 수익권의 행사 역시 제한된다고 보지만, 이는 토지 소유권의 승계취득이라는 사정만을 이유로 한 제한이 아니라 특정승계인의 의사에 대한 해석까지 거친 후 내려진 판단이라는 점은 앞서 본 바와 같다. 다만 기존의 실무례를 살펴보면, 법원이 위와 같은 특정승계인의 사용 · 수익권 행사의 제한에 관하여 판단할 때 특정승계인 본인의 주관적인 사정 또는 특정승계인 본인을 기준으로 한 이익이나 편익의 유무에 대한 관심과 배려가 부족하였다고 볼 여지가 있다. 다수의견에서는 기존 판례의 설시를 보완하여 특정승계인의 독점적·배타적인 사용·수익권의 행사를 허용할 특별한 사정이 있는지 여부에 관한 판단 기준을 제시하고 있다. 향후 실무에서는 이러한 새로운 판단기준을 충분히 고려하여 특정승계인의 권리행사 제한 여부를 신중히 판단하여야 할 것이다」라는 입장을 밝히고 있다.

생각건대, 비록 대상판결이 기존의 이 부분 법리를 밝힌 대법원판결들을 유지하기 위하여 '특별한 사정이 없는 한' 특정승계인이 사용수익 제한이라는 부담이 있다는 사정을 용인하거나 적어도 그러한 사정이 있음을 알고서 그 토지 소유권을 취득하였다고 봄이 타당하다고 설시하면서, 특별한 사정이 있는 경우에 대한 구체적인 판단기준을 제시하는 형식으로 이 부분 법리 설시를 하고는 있으나, 이 부분 대상판결의 실질적인 의미는 대상판결이 특정승계인에게도 독점적·배타적인 사용·수익권 제한의 법률효과가 발생하는 근거를 사적 자치, 즉 특정승계인의 의사에 기초한 법률행위에 그 원인이 있다는 점을 천명한 이상, 특정승계인의 승계 당시 특정승계인이 원소유자의 독점적·배타적인 사용·수익권 포기 내지 행사 제한을 그대로 용인하면서 그 자신도 그 효과에 구속된다는 의사를 가지고 이를 취득한 것인지 여부를 규범적·합리적 의사해석을 통하여 밝히도록 하되, 그 의사해석의 기준을 상세하게 제시하고 있는 것으로 이해된다. 이와 같은 관점에서 특히 대상판결은 특정승계인 본인의 의사해석을 위한 합리적인 기준을 제시하고 있는 것으로 평가할 수 있어 보인다(다시 한 번 언급하지만, 대상판결은 다수의견에 대한 보충의견을 통하여 「토지 소유권의 승계취득이라는 사정만을 이유로 한 제한이 아니라 특정승계인의 의사에 대한 해석까지 거친 후 내려진 판단」이라고 직접 설명하고 있다).

이와 같은 관점에서 본다면 대상판결이 특정승계인이 토지 소유권을 특정승계하면서 그 원소유자가 초래한 '독점적·배타적인 사용·수익권 행사 제한' 상태를 그 의사에 기초하여 이를 승계하는 구체적인 모습까지 상세하고 친절하게 직접 설명하고 있지는 않지만, 각 개별 사건에서 각 사건 마다 원소유자와 특정승계인 사이에서 원소유자의 기존 '독점적·배타적인 사용·수익권 행사 제한' 의사에 기초하여 성립된 법률행위의 효과를 특정승계인이 이를 그대로 승계하는 것으로 의사해석되면, 해당 토지를 당해 용도대로 계속 사용하는 불특정 다수인 등 역시 그 계속 사용행위로부터 그 승계에 대한 동의 의사가 추인되거나 묵시적 의사표시로서 그 의사가 추단된다고 평가할 수 있을 것이므로, 이 같은 경우 특정승계인 역시 해당 토지의 '독점적·배타적인 사용·수익권 행사 제한'의 법률효과를 적용받게 될 것으로 예상할 수 있어 보인다.

(3) 한편 대상판결이 기존 대법원판결의 큰 골격을 유지하고 있어, 일견 특별한 사정이 없는 한 원칙적으로 특정승계인은 독점적·배타적인 사용·수익권을 행사할 수 없고 예외적으로 독점적·배타적인 사용·수익권을 행사할 수 있다는 것이므로, 증명책임상 특별승

계인에게 불이익이 돌아가는 것이 아닌지 하는 우려가 있을 수 있다고 보인다.[55)]

그러나 대상판결의 위와 같은 판시만으로 독점적 · 배타적인 사용 · 수익권 행사 제한이 있는 토지를 특정승계한 특정승계인이 그 스스로 행사 제한의 효과를 그 자신에게 귀속시킬 의사로 이를 취득한 사실이 추정된다는 취지로까지 판시한 것이라고 단정하기는 어렵다고 생각된다. 즉, 통상 특정승계인이 토지 소유권자로서 원고가 되어 그 소유권에 기하여 해당 토지 부분 점유자를 상대로 부당이득반환청구 또는 그 지상 또는 지하의 시설 철거 및 인도청구를 구하는 소를 제기하면, 피고가 원고 청구에 대한 항변[56)]사유로서 원고의 독점적 · 배타적인 사용 · 수익권 포기 또는 행사 제한 사실을 주장하게 되는 구조이므로, 토지 소유자인 원고의 청구에 대하여 그 독점적 · 배타적인 사용 · 수익권 포기 또는 행사 제한 사실을 주장하는 점유자인 피고가 원칙적으로 그 주장사실에 대한 증명책임을 부담한다고 보는 것이 온당할 것으로 생각되며, 대상판결의 판시만으로 그 증명책임이 원고에게로 전환된다고 단정하기까지는 어렵다고 생각된다.

(4) 결국, 각 구체적인 개별 사건에서 세밀한 심리를 통하여 대상판결이 제시하고 있는 특정승계인의 의사해석 기준(특히 특정승계인의 주관적 사정에 관한 기준들, 가령 특정승계인의 해당 토지취득가액이 독점적 · 배타적인 사용 · 수익권 행사 제한을 전제로 이를 반영한 가액이라고 평가되는지 여부 등) 등을 기초로 특정승계인의 의사를 규범적 · 합리적인 의사해석을 통하여 특정승계인이 그 토지를 승계할 당시 '원소유자가 그 자신 소유 토지를 일반 공중을 위한 용도로 무상 제공하여 독점적 · 배타적인 사용 · 수익에 관한 권리 행사가 제한된다는 사정을 용인하거나 적어도 이를 알면서 그 자신 역시 이를 받아들일 의사'였다고 평가할 수 있을지에 관한 사려 깊은 심리 및 판단이 향후 대상판결이 제시한 이 법리를 적용한 각 개별 사건 해결의 요체라고 생각된다.

---

55) 대상판결 선고 후에 발간된 이성진, 전게 논문, 221－222는 "부동산 물권에 관한 공시의 원칙이나 물권법정주의를 고려해 본다면, 특별한 사정이 없는 한 즉 원칙적으로 특정승계한 자는 배타적 사용수익권을 행사할 수 있고, 특별한 사정이 있다면 예외적으로 이를 행사할 수 있다고 보는 것이 더욱 합리적인 태도일 것이다. 즉 원칙적으로 특정승계인은 배타적인 사용수익권을 행사할 수 있으나, 행사를 불허할 특별한 사정에 관하여 상대방 측에서 증명책임을 부담하도록 하는 것이 형평상 타당할 것이다"라고 한다.

56) 다만 대상판결이 제시하는 이 법리는 토지 소유자가 행사하는 청구권의 요건 충족 여부를 판단하기 위한 합리적 판단기준이라는 것이므로, 이와 같은 관점에서 볼 때, 원고의 청구원인이 물권적 청구권이라면 피고가 원고의 독점적 · 배타적 사용 · 수익권 포기를 주장하는 것은, 피고가 자신의 '정당한 점유권원의 존재'를 주장하는 것으로 '항변'에 해당하고 그 항변사실에 대한 증명책임을 부담하는 것이겠지만, 원고의 청구원인이 부당이득반환청구라면, (피고가 주장하는 독점적 · 배타적 사용 · 수익권 포기 사실이 인정되면 부당이득반환 요건사실 중 손해발생사실이 인정되지 않는 것이 되고) 이 경우 피고 주장은 (우리 판례 논리에 의할 때) '점유가 없었더라도 소유자에게 차임 상당 이익이나 기타 소득이 발생할 여지가 없는 특별한 사정이 있는 때'에 해당하는 주장이라 볼 수 있어, 이러한 특별한 사정은 점유사실로부터 원고의 손실발생사실을 사실상 추정시키는 경험칙의 적용을 방해하는 기능을 한다고 볼 수 있어, 피고의 이에 관한 주장은 엄밀한 의미의 '항변'이라기보다는 원고의 손해발생사실에 대한 '간접반증'으로서 의미를 갖는다고 이해된다.

4. 사정변경의 원칙 적용

가. 나아가 대상판결은, 대법원 2013. 8. 22. 선고 2012다54133 판결[57] 등에서 확인한 사정변경 원칙에 관한 법리를 다시금 천명하였다.

나. 통상 신의칙이 적용례로서 계약상 의무 수정의 일례로 사정변경원칙(이른바 행위기초론)이 언급된다. 이 이론은 계약의 내용으로 되지 않았거나 계약의 체결이나 실현의 기초로 된 일정한 사정이 처음부터 존재하지 않거나 사후에 변경 또는 소멸된 경우에, 급부의무의 감액 또는 증액을 통하여 계약을 변화된 사정에 적응시키거나 적응이 불가능하다면 계약의 해소를 허용하여야 한다는 것이다.[58]

사적 자치의 원칙에 따라 개인의 의사에 권리형성력이 부여되고, 사적 자치의 실현으로 법률행위가 성립하면 당사자는 그 법률행위에 따른 법률효과로 발생된 의무의 준수가 요구되는 것이지만, 사정의 극심한 변동으로 말미암아 그 법률행위의 내용을 지킬 것을 요구하는 것이 정당하지 않게 된 경우에는, 사정변경의 원칙에 따라 그 법률행위 내용의 수정 내지 파기가 요구되기도 하는 것이다.[59]

대상판결은 우리 대법원이 일정한 요건 아래 일정한 경우 사정변경의 원칙에 기초하여 계약해제권을 인정[60]해 온 것과 마찬가지로, 대상판결에서 설시하는 바와 같은 요건, 즉 ①(토지 소유자의 의사에 따라 그 의사에 부합하는 토지이용상태가 형성되고 그에 대한 독점적・배타적인 사용・수익권 행사가 제한되었더라도) 그 후 토지이용상태에 중대한 변화가 생기는 등으로 독점적・배타적인 사용・수익권의 행사를 제한하는 기초가 된 객관적인 사정이 현저히 변경되고, ② 소유자가 일반 공중의 사용을 위하여 그 토지를 제공할 당시 이러한 변화를 예견할 수 없었으며, ③ 사용・수익권 행사가 계속하여 제한된다고 보는 것이 당사자의 이해에 중대한 불균형을 초래하는 경우라는 요건이 충족되면, 토지 소유자나 그 특정승계인이 사정변경의 원칙을 주장하여 당초 그 의사에 기초하여 형성된 법률관계의 해소가 가능하다

---

57) 가령 권영준, "세밀한 정의를 향한 여정—박병대 대법관의 민사판결 분석", 법과 정의 그리고 사람: 박병대 대법관 재임기념 문집, 사법발전재단, 2017, 69면 이하는 이 판결에 대하여 "대상판결은 '그 후 토지이용상태에 중대한 변화가 생기는 등으로 배타적 사용・수익권을 배제하는 기초가 된 객관적인 사정이 현저히 변경된 경우'에는 포기된 배타적 사용수익권이 회복될 수 있다고 판시하였다. 만약 배타적 사용수익권의 포기가 물권적인 의미를 가진다면 사정변경에 따른 배타적 사용수익권의 회복은 설명하기 어려울 것이다. 이 점에서 대상판결은 위와 같은 새로운 판례의 흐름을 재확인하였다. 대상판결이 가지는 더 중요한 숨은 의미는 배타적 사용수익권 포기와 신의성실의 원칙 사이에 연결고리를 생성하였다는 점에서 찾을 수 있다. 대상판결에 관한 대법원 판례해설은 신의성실의 원칙에서 배타적 사용수익권의 포기를 인정하는 이유를 찾는 것이 가장 적절하다고 설명하고 있는데, 이는 대상판결이 신의성실의 원칙을 염두에 두고 선고된 것임을 추측케 한다"고 평석하고 있다. 결국, 우리 대법원 판결이 제시하는 독점적・배타적 사용・수익권 포기의 법리는 물권적 의미에서 포기를 전제로는 설명할 수 없고, 통상 신의칙 적용의 일례로 제시되는 사정변경의 원칙을 우리 대법원이 명시적으로 인정하였다는 점에 방점을 둔 평석으로 이해된다.

58) 지원림, 『민법강의』 제14판, 홍문사, 2016, 47면 참조.

59) 지원림, 앞의 책, 1240면 참조.

60) 가령 계속적 보증에서 사정변경을 이유로 한 특별해제권을 인정한 대법원 1992. 5. 26. 선고 92다2332 판결; 사정변경으로 인한 계약 해제 가능성을 인정한 대법원 2007. 3. 29. 선고 2004다31302 판결 등 참조.

는 점을 거듭 천명한 것이라 이해된다.

5. 토지 소유자 등의 청구원인별 검토

가. 부당이득반환청구권의 경우

(1) 대상판결은 다수의견에 대한 보충의견을 통하여 「독점적 · 배타적인 사용 · 수익권의 행사 제한에 관한 법리는 구체적 사안에서 소유자의 독점적 · 배타적인 사용 · 수익권 행사를 받아들일 것인지에 대한 판단기준 또는 도구개념으로서의 역할을 수행한다고 보면 충분하다」고 하면서, 부당이득반환청구의 경우, 토지 소유자에게 민법 제741조가 규정하는 요건사실인 '손해'가 인정되면 되는지 판단하면 되는데, 독점적 · 배타적인 사용 · 수익권 행사가 제한되는 경우 그 토지 소유자의 점유자에 대한 부당이득반환청구는 그 토지 소유자에게 손해가 발생할 여지가 없는 사정이 있어 부당이득반환청구의 요건사실이 인정되지 아니한다는 입장을 거듭 확인하고 있다.

(2) 반대견해 2는 그 보충의견을 통하여, 다수의견과 그 보충의견은 토지 소유자의 이익이나 편익과 함께 중대한 공공의 이익이 인정되는 경우에는 부당이득의 성립요건 중 '손해'를 부정하는 결과가 될 수 있다고 하면서, 이는 민법상 부당이득 제도가 '이익의 반환'을 목적으로 하는 제도로서 '손해의 배상'이라는 불법행위 제도와는 그 취지와 목적을 달리하므로, 부당이득반환청구권자에게 이익이 생겼다든지 상대방의 이익과 권리자의 손해를 비교형량을 한다든지 하는 것은 우리 민법이 예정하고 있는 부당이득의 성립요건이 아니고, 토지의 무상제공을 통해서 소유자에게 이익이 생긴다고 하더라도 그것이 부당이득 성립을 부정하는 소극적 요건이 될 수는 없으므로, 다수의견은 민법상 부당이득의 법리에 어긋난다는 입장을 밝히고 있다. 또한, 반대견해 2는 다수의견에 대한 보충의견이 제시하는 바와 같은 비교형량의 결과 토지 소유자의 권리행사를 제한할 필요성이 인정되더라도 부당이득의 범위를 조정하는 차원을 넘어 부당이득의 성립 자체를 배제하는 논리는 받아들이기 어렵다고 한다.[61)]

(3) 기존 대법원판결은 초기에 배타적 사용수익권 포기를 점유 요건과 연관시켜 판단하다가 그 이후에는 이를 손실요건[62)]과 연관시켜 판단해 왔다.[63)] 대상판결 역시 독점적 · 배타적인 사용 · 수익권을 포기한 경우 부당이득반환청구가 인용되기 위한 요건사실 중 '손해'의 발생 사실이 인정되지 않는다는 취지로 이해된다.

---

61) 대상판결 선고 후 발간된 논문인 이성진, 전게 논문, 216-217면도 반대견해 2과 동일한 취지의 의견이다.

62) 권영준, 전게(각주 12) 논문, 315면은 "이러한 입장에 의하면 토지소유자가 배타적 사용수익권을 포기하였다는 점은 부당이득반환청구권의 요건사실 중 손실요건을 부정하는 기능을 하게 된다. 즉 어차피 배타적으로 사용하여 이익을 얻는 상태라면, 주민들이 이를 도로로 이용한다고 하여 상실될 이익도 없는 것이므로, 부당이득반환청구에 있어서 필요한 손실이 결여되었다는 논리이다. 이러한 판례의 변화와 더불어 배타적 사용수익권 포기 여부는 점유라는 요건사실과 분리되어 별도로 논의되기 시작하였다"고 설명한다.

63) 권영준, 전게(각주 12) 논문, 313-316면; 문춘언, 전게 논문, 41-48면 등 참조.

생각건대, 대상판결이 토지 소유자의 독점적 · 배타적인 사용 · 수익권이 제한되는 근거를 그 당사자 의사에 기초한 것이라 천명한 이상, 토지 소유자의 해당 토지 부분 점유자에 대한 부당이득반환청구가 인정될 수 없는 근거 역시 기본적으로는 그 당사자의 의사에서 찾아야 한다고 이해된다. 즉 토지 소유자가 그 스스로 자발적인 의사로 그 자신 토지를 일반 공중을 위한 용도로 제공할 당시, 그 자신이 그로 인하여 얻는 반대급부가 있는 등의 사정이 있어 자발적으로, 향후 일반 공중을 위한 용도로 무상 제공하고 당해 토지 부분에 대한 사용이익을 받지 않아도 상관없다는 의사로 이를 제공한 것이라면, 그 해당 부분 토지를 토지 소유자가 독점적 · 배타적으로 사용 · 수익하지 못하더라도 이로써 토지 소유자가 어떠한 손실(손해)을 입게 되는 것은 아니기에, 민법 제741조가 규정한 요건사실인 '손해'가 인정되기는 어려운 것이라 생각된다.

비록 부당이득 제도가 이익의 반환을 목적으로 하는 제도라 하더라도, 그 요건사실로 손해의 발생을 요구할 뿐만 아니라, 그 반환의 범위 역시 청구권자의 손실을 한도로 하는 것이므로, 토지 소유자의 의사에 기초하여 해당 토지의 독점적 · 배타적인 사용 · 수익권이 제한되어 그로 인하여 해당 토지를 점유하고 있는 자가 이익을 얻게 되더라도, 해당 토지의 독점적 · 배타적 사용 · 수익권 행사를 그 스스로 제한한 토지 소유자에게는 그 사용수익액 상당의 손실이 발생하지 않을 사정이 있다고 보지 않을 수 없는 이상, 부당이득반환 청구는 인용되기 어렵다는 결론에 이르게 된다.

나. 물권적 청구권의 경우

(1) 대상판결은 다수의견에 대한 보충의견을 통하여, 「토지 소유자가 소유물반환청구권을 행사할 때 이를 저지할 민법 제213조 단서의 '점유할 권리'가 있는지, 소유물방해제거청구권 또는 소유물방해예방청구권을 행사할 때 민법 제214조의 '방해'가 있는지는 구체적인 사안에서 사실인정과 판단을 거쳐 비로소 확정되는 것」이라고 하면서, 민법 제213조 단서의 '점유할 권리'에 관하여, '권리'라는 표현에도 불구하고 이는 엄격한 의미에서의 권리만에 한정되는 것이 아니고, 그 점유의 보유가 정당화되는 법적 지위를 모두 포함하는 것이어서, 토지 소유자의 독점적 · 배타적인 사용 · 수익권 행사가 제한되는 경우 그 해당 토지를 점유하고 있는 자는 민법 제213조 단서의 점유할 권리가 인정되므로, 그를 상대로 한 물권적 청구권은 받아들여질 수 없다는 입장을 밝히고 있다.

(2) 이에 대하여 반대의견 2는 민법 제213조 단서의 '점유할 권리'는 그 점유의 보유가 정당화되는 법적 지위를 모두 포함하는 것이지만, 그 법적 지위는 일정한 법률요건이 존재함을 전제로 한다고 하면서, 매수인에게 '매매계약의 효력'으로서 점유할 권리가 생기는 것과 달리, 토지 소유자의 독점적 · 배타적인 사용 · 수익권 행사가 제한되는 경우 그 해당 토지를 점유하고 있는 자에게는 그러한 법적 지위가 인정될 수 없다는 취지이다.

(3) 생각건대, 대상판결이 (비록 친절하게 모든 것을 상세하게 설명하고 있지는 않지만) 근본적으로 토지 소유자의 독점적 · 배타적 사용 · 수익권 행사 제한이라는 법률효과가 당사자의 의사에 기초한 일정한 법률행위를 원인으로 한 결과라는 점을 전제하고 있는 것이라면, 해당 토지 점유자는 위와 같은 법률행위의 효과로서 이를 점유할 권원 내지 그 점유의 보유가 정당화되는 법적 지위를 취득한 것이라고 보지 않을 수 없다고 이해된다.

즉 대상판결은 다수의견에 대한 보충의견을 통하여, 「토지 소유자의 독점적 · 배타적인 사용 · 수익권 행사가 제한되는 것이 그의 의사에 기초한 것이라고 볼 때에 법원으로서는 그 법적 성질이 계약인지 단독행위인지, 상대방 있는 법률행위인지 아니면 상대방 없는 단독행위인지 등 강학상 법률행위의 유형 중 어느 것에 해당하는지를 심리하여 반드시 특정하여야 하는 것은 아니다」고 하여, 구체적인 법률행위의 유형은 각 사건마다 달라질 수 있으나, 그 본질적 성질은 당사자 의사표시를 요소로 하는 법률행위임을 분명하게 밝히고 있으므로, 매매계약의 매수인이 매매계약의 효력으로서 점유할 권리가 인정되는 것과 마찬가지로, 토지 소유자의 '일반 공중을 위한 용도로 무상 제공하겠다'는 취지의 독점적 · 배타적인 사용 · 수익권 행사 제한 의사에 기초한 법률행위의 효력으로서 그 의사에 부합하는 용도로 사용 또는 이용하기 위하여 해당 토지를 점유하고 있는 자는 이를 점유할 권리 내지 법적 지위가 인정될 수 있을 것이라 이해된다.

6. 사안의 해결

가. 대상판결은, Ⅱ.1. 부분 기재와 같은 사실을 인정하고, 그 사실관계를 판시와 같은 법리 및 판단기준에 비추어, 망인은 이 사건 계쟁토지 부분을 포함한 이 사건 토지에 대하여 독점적이고 배타적인 사용 · 수익권을 행사할 수 없게 되었고, 망인의 상속인인 원고의 독점적이고 배타적인 사용 · 수익권의 행사 역시 제한된다고 본 원심판결의 정당성을 승인하면서 피고의 상고를 기각하였다.

나. 생각건대, Ⅱ.1. 부분 기재와 같은 대상판결 및 각주 8) 부분 기재와 같은 이 사건 원심이 각 인정한 사실 및 사정에 비추어 보면, 망인은 기꺼이 그 스스로 자발적으로 이 사건 토지 지하에 이 사건 우수관을 설치하여 그 자신 소유의 이 사건 토지 및 그 지상 단독주택의 편익을 도모함과 동시에 인근 주민들을 위한 용도 등으로 이를 무상으로 제공하겠다는 의사로 이를 제공한 사실이 추인 내지 추단 가능하다고 판단되고, 나아가 망인의 이 사건 계쟁토지 부분 소유권 보장과 공공의 이익 사이의 이익을 비교형량 하더라도 (원고가 제출한 증거들만으로는 현 상황에서 달리 공공의 이익보다 원고 소유권 보장의 이익이 더 긴요하고 중대하다고 인정할 자료가 부족하고) 이 사건 우수관으로 인하여 이 사건 토지 주변 주민들에게 편익이 제공됨은 물론 공공수역의 수질보전 역할이라는 분명한 공공의 이익이 인정되므로, 어느 모로 보나 망인의 이 사건 토지에 대한 독점적 · 배타적인 사용 · 수익권 행사가 제한되

는 결론에는 영향을 미칠 수 없으며, 그 상속인인 원고 역시 그 행사가 제한된다는 결론에 이를 수 있어 보인다. 그렇다면 이와 같은 결론의 원심판결은 정당하므로 피고의 이 사건 상고는 이유 없다고 하겠다.

Ⅳ. 결 론

1. 금전 지급을 구하는 민사소송 중 그 소명이 약정금인 사건이 있다. 법원은 약정금의 지급을 구하는 당사자 청구의 당부를 판단하면서, 당사자 사이에 원고가 구하는 바와 같은 내용의 약정금을 지급하기로 약정한 사실이 있는지를 심리하고, 그 과정에서 쌍방 당사자의 의사해석을 한다. 당해 법원은 그 사건 판결을 하면서, 당사자가 주장하는 바와 같은 내용의 약정금 지급약정이 있는지 여부에 대한 판단을 넘어, 당사자가 약정금으로 주장하는 금원 지급채무를 발생시킨 법률행위인 당해 약정의 내용이 실질적으로 어떠한 성질로 평가될 수 있는지, 가령 대여인지 투자인지, 민법상 전형계약인 소비대차인지, 준소비대차인지, 민법이 예정하지 않고 있는 비전형계약인지 등에 관하여 일일이 규명할 필요는 없다고 할 수 있다.

다만 그와 같은 약정금 소송이 일정한 사회현상에 기초하여 사회 곳곳에서 장기간에 걸쳐 공통적 반복적으로 제기되는 유사한 내용의 약정에 기초한 것으로, 관련된 사회문제를 해결하거나 적어도 법률문화 발전을 위해서라도 그 약정의 실질이 규명될 필요가 있는 경우가 있을 수 있다.

대상판결은 지금까지 우리 대법원이 오랜 기간에 걸쳐 다듬고 형성해 온 토지 소유자의 독점적·배타적인 사용·수익권 행사 제한에 관한 법리에 관하여 같은 오랜 기간 제기되어 온 여러 의견들에 대하여 대법원 전원합의체 판결로 일응 그 답변을 한 의미 있는 판결이라 생각된다.

여러모로 부족한 필자가 사실 대상판결을 정확하게 이해하지는 못하고 있을 것이다. 다만 소견으로는 대상판결은 다수의견의 보충의견을 통하여 토지 소유자의 독점적·배타적 사용·수익권 포기는 영구적 포기가 아닌 그 행사 제한을 의미하는 것으로, 그 행사 제한의 효과는 사적 자치의 원칙을 전제로 당사자 의사에 따라 발생한 것임을 밝힌 것으로 이해된다. 다만 그 의사에 기초한 의사해석 결과 어떠한 법률행위가 성립하는지는 일률적으로 예정할 수 없고, 구체적인 각 사건에서도 이를 심리하여 반드시 특정하여야 하는 것도 아니라는 취지로 이해된다.

따라서 대상판결이 유지하고 있는 기존 대법원판결들에서 그러하였듯, 토지 소유자의 '의사해석을 함에 있어서는'이라고 설시한 다음 구체적인 판단기준을 제시하였는바, 그렇다면 그 구체적인 판단기준은 기본적으로는 당사자 의사해석의 기준으로서의 의미를 가진다고 보지 않을 수 없다고 생각된다. 나아가 대상판결은 그 판단기준으로 '토지 소유자의 소유권 보장과 공공의 이익 사이의 비교형량'을 새롭게 제시하였는데, 이에 관하여는 필자 소견으로 (사적 자치의 원칙을 기초로 하는 시장경제질서와 경제 영역에서의 정의로운 사회질서 형성을 기본 원칙으로 선언한 헌법 제119조의 원칙이 민사법 관계에서 권리의무 내용을 정하기 위한 법률행위 해석의 기초로도 작용한다는 관점에서) 구체적 타당성 확보를 위한 당사자 의사해석의 일 기준인 동시에, 토지 소유권자의 독점적 · 배타적 사용 · 수익권 행사 제한이라는 효과 발생을 제한하기 위한 추가적인 소극적 요소로 기능하는 의미로도 해석해 보았다.

또한, 대상판결은 특정승계인에게 종전 소유자의 독점적 · 배타적인 사용 · 수익권 행사 제한의 효과가 승계되는 것 역시 특정승계인의 의사에 기초한 그 의사해석의 결과라는 점을 분명히 확인하면서, 특정승계인의 의사해석의 기준을 제시하였다는 점에서 의의가 있다. 아울러 대상판결은 토지 소유자가 독점적 · 배타적인 사용 · 수익권 행사 제한의 상태에서 벗어나 완전한 소유권을 행사할 수 있도록 하는 사정변경의 원칙이 적용되기 위한 요건을 거듭 확인하고 있다.

2. 어쩌면 우리나라만의 독특한 시대적 현실을 배경으로 발생한 사회적 현상(sein)에 대하여 우리 대법원이 구체적 타당성을 실현하는 법리로 오랜 기간 다듬고 발전시켜 온 이 법리에 대한 담론 과정을 통하여, 우리 법률문화는 한 단계 더 발전하고 우리 사회는 더 성숙해져 가는 것을 느끼게 된다. 이 기회를 빌어 우리 대법원을 비롯한 모든 분들께 진정한 경의를 표하며 너무나 부족하여 부끄럽기 그지없는 졸고를 마치고자 한다.

누가 「고려 불상」을 소유하는가?: 후론

대법원 2023. 10. 26. 선고 2023다215590 판결의 평석을 겸하여

송 호 영

한양대학교 법학전문대학원 교수

본 논문은 한양대학교 법학연구소에서 간행한 『법학논총』 제36집 제1호(2019.3)에 실린 논문 "누가 「고려불상」을 소유하는가?"를 기반으로 한 것인데, 논문의 발표 당시에는 1심 판결만 내려진 상태였지만, 논문 발표 후 2023. 10. 26. 확정된 대법원 판결을 반영하여 논문을 수정·보완하였기에 원래의 논문제목에 '후론'을 부가하였다.

박동진 교수님과는 1999년 광운대 법대에서 함께 근무하면서 인연을 맺게 되었는데, 그는 늘 자상한 품성과 진지한 학구열을 가지신 분으로서 필자의 마음속에는 동료학자이자 선배교수이기 이전에 인생의 선배로 자리 잡고 계시는 분이다. 30대 중반에 만난 박교수님께서 벌써 화갑을 맞이하신다는 것이 도저히 믿기지 않지만, 필자의 초라한 글로써 박교수님의 화갑을 축하 겸 위로(?)하고자 한다. 아마 고희가 되어서도 박교수님은 지금 그대로의 모습일 것 같다.

Ⅰ. 들어가며

오늘날 문화재에 대한 국민들의 관심은 그 어느 때보다 높다. 그것은 2011년 프랑스 정부로부터 환수한 외규장각 의궤에서 촉발된 관심일 수도 있고 최근 한류의 바람을 타고 외국에서 문화강국으로 인정받는 우리 문화에 대한 자긍심의 연장선일 수도 있다. 어떻든 조상으로부터 물려받은 우리 문화재를 잘 보호하여 후손들에게 물려주어야 한다는 것은 현세대의 당연한 사명이며, 국민들 사이에 문화재보호에 관한 의식이 날로 높아지고 있음은 매우 고무적인 일이다. 특히 역사적으로 일제강점기와 미군정기간 동안 수많은 우리 문화재가 불법하게 또는 합법을 가장하여 부당하게 반출된 경험을 가지고 있는 우리 국민들로서는 그러한 불행한 사태를 재현해서는 안 된다는 무거운 소명을 가지고 있다할 것이다.[1] 나아가 국외로 불법하게 반출된 문화재에 대해서도 적절한 수단을 동원해서 반드시 환수하는 노력을 계속 기울여야 한다. 그렇지만 외국에 소재하는 우리 문화재가 모두 불법하게 반출된 것은 아니듯이, 외국에 소재하는 우리 문화재가 모두 한국으로 돌아와야 하는 것도 아니다. 문화재에 지나치게 민족적 감정을 덧씌워 외국에 소재하는 우리 문화재는 어떠한 수단과 방법을 동원해서라도 우리나라로 돌아와야 한다는 생각은 대단히 위험천만하다. 더구나 외국에 있는 우리 문화재를 우리 문화재라는 이유만으로 절도 등의 범죄행위를 통하여 국내로 가져왔다고 하여 그러한 범죄행위가 정당화되거나 그 문화재가 당연히 우리의 소유권으로 귀속되지도 않는다. 다른 재화와는 달리 문화재는 한 국가나 민족의 정체성을 담고 있는 특수한 성격을 가지고 있기 때문에 누가 문화재를 소유하는가의 문제에 대해 국민감정과 법적 판단은 일치하지 않는 경우가 종종 있다. 예컨대, 1911년 프랑스 루브르박물관에 소장되어 있던 레오나르도 다빈치의 작품 '모나리자'를 이태리인 빈센초 페루자(Vincenzo Peruggia)가 절취하였다가 발각되어 처벌을 받은 사건이 있었는데, 그 당시에 '모나리자'는 엄연히 프랑스 루브르박물관이 적법하게 보유한 작품임에도 불구하고 이태리국민들의 상당수는 아직도 이태리 화가인 레오나르도 다빈치가 그린 작품임을 이유로 모나리자가 이태리로 돌아와야 한다고 생각하고 절도범인 페루자를 국민영웅으로 여기기도 한다.[2] 최근 우리나라에서도 위와 같은 맥락의 사건이 발생하였다. 한국인 절도범들이 일본의 신사(神社)에서 불상을 훔쳐 국내로 반입하였다가 적발되었는데, 우리 정부가 절도범으로부터 압수한 불상을 일본 측에 돌려주려하자, 불상의 소유권을 주장하는 국내 사찰(대한불교조계종 부석사[3])

1) 특히 일제 강점기 우리 문화재 반출에 대한 상세한 연구로는 정규홍, 『우리 문화재 반출사』, 학연문화사, 2013, 27면 이하 및 황수영 편, 『일제기 문화재 피해자료』, 국외소재문화재재단, 2014, 62면 이하 참고.

2) 모나리자 도난사건을 상세히 다룬 소설형식의 문헌으로는 R.A.스코티 지음/이민아 옮김, 『사라진 미소』, 시사IN북, 2010 참고.

3) 아래에서 살펴볼 사건의 원고인 부석사는 충청남도 서산에 소재하는 사찰로서, 흔히 알려진 경상북도 영주의 부석사와 다른 사찰이다. 이를 구분하기 위해 본고에서는 '서산 부석사'로 표기한다.

이 우리 정부를 상대로 불상의 인도를 구하는 소를 제기한 사건이다. 이 사건에서 절도범들은 그들이 훔친 불상이 고려시대 문화재임을 내세워 마치 국익을 위한 일을 한 것처럼 여론에 업혀볼 생각으로 국민참여재판을 신청하기도 하였다.[4] 그렇지만 절도범들에게는 대법원에서 유죄로 확정되었다. 이 사건은 처음에는 단순한 절도문제를 다룬 형사사건으로 출발하였지만, 불상의 소유권을 주장하는 사찰(서산 부석사)이 등장함에 따라 이제 민사사건으로 새로운 단계를 맞게 되었다. 1심 법원은 원고인 서산 부석사에 불상의 소유권을 인정하였지만, 2심 법원과 대법원은 원고의 소유권을 인정하지 않았다. 사건은 문화재에 대한 일반적인 국민감정과 문화재의 소유권에 관한 법적 평가는 다를 수 있음을 보여준다. 이 사건을 돌이켜 보면서 무엇을 '우리' 문화재라고 할 수 있는지, 문화재의 반환분쟁에서 국제규범과 국내규범이 어떻게 작용하는지를 살펴보고자 한다.

본고의 제목에서 「고려 불상」이란 아래 사건의 개요에서 살펴보게 되는 바와 같이 절도범들이 국내로 반입한 불상을 가리키는 것으로써, 사안과 관련해서는 근대법질서가 확립되기 이전에 반출된 문화재를 상징하며, 넓게는 국제적인 문화재반환분쟁의 대상이 될 수 있는 우리나라 문화재를 상징하는 의미로 사용한 것이다.

Ⅱ. 사건의 개요 및 법원의 판단

1. 사건의 개요

2012. 10. 8. 일본 대마도에서 불상 2점이 절취되어 후쿠오카(福岡)를 경유하여 부산항을 통해 국내로 반입되었다. 절도범들은 부산 국제여객터미널에서 세관원들에게 불상은 일본 골동품가게에서 구입한 모조품이라고 속여 국내로 반입하게 되었다. 그중 한 점은 동조여래입상으로 대마도 가이진(海神) 신사(神社)에 소재하던 것으로써 1974. 6. 8. 일본정부로부터 국가지정문화재로, 다른 한 점은 관세음보살좌상으로 대마도 관음사(觀音寺[5])에 소재하던 것으로서 1973. 5. 18. 나가사키현 지정문화재로 등록된 것이었다.

2012. 12. 17. 일본 경찰은 불상의 도난사건을 수사하면서 인터폴을 통해 한국경찰에 수사의뢰를 요청하였으며, 이에 한국 경찰은 부산 세관에서의 반입기록 등을 조사하여 절도단들을 특정하여 이들을 검거하게 되었고, 2103. 1. 24. 문화재청은 경찰청과의 수사공조를 통해 도난당한 불상 2점을 압수하였다. 2013. 2. 15. 일본 정부(外務省)는 우리 외교부에 불상의 반환을 요구하였다. 법무부가 2점의 불상에 대해 절도사건의 피해물건 환부절차를 밟으려고 하자, 2013. 2. 19. 서산 부석사는 그중 관세음보살좌상에 관하여 불상의 소유권에 기

4) 뉴시스, "日서 국보급 문화재 훔친 절도범 '국민참여재판' 신청", 2013.3.13. 인터넷판 기사, https://news.naver.com/main/read.nhn?mode=LSD&mid=sec&sid1=102&oid=003&aid=0005026132 (2024.8.11. 최종접속)
5) 일본식 발음으로는 '간논지'라고 불리지만, 본고에서는 '관음사'라고 부르기로 한다.

대마도 신사의 위치 (중앙일보 사진에서 발췌)	동조여래입상 (구글 이미지에서 발췌)	관세음보살좌상 (연합뉴스 사진에서 발췌)

《대마도의 사찰에서 도난된 고려불상들》

한 반환청구권 내지 방해배제청구권을 피보전권리로 하여 불상에 대한 점유이전금지가처분을 대전지방법원에 신청하였다. 2013. 2. 25. 대전지방법원은 위 가처분신청을 인용하여 관세음보살좌상에 대해서는 일본으로 점유의 이전이 금지되었다. 민사소송과는 별개로 절도단에 대한 형사소송에서 2013.6. 28. 유죄가 선고되고[6] 2점의 불상은 몰수되었다. 2점의 불상 중 동조여래입상은 2015. 7. 13. 형사소송법 절차에 의거하여 환부결정이 내려지고, 이에 2015. 7. 17. 동조여래입상은 일본 측에 인계되었다.

서산 부석사는 2016. 4. 20. 대전지방법원에 대한민국을 상대로 몰수한 관세음보살좌상(이하 '불상'이라고 칭함)에 대해 유체동산인도를 내용으로 하는 본안소송을 제기하였다.

2. 법원의 판단

가. 1심 법원의 판단[7]

원고(서산 부석사)는 이 사건 불상이 원고에 봉안되기 위하여 제작된 것인데, 불상(관세음보살좌상)은 고려 말경에 왜구에 의해 약탈당한 것이기에 불상의 소유자인 원고에게 이를 인도하여야 한다고 주장하였다. 2017. 1. 26. 대전지방법원은 아래와 같은 이유로 "이 사건 불상은 원고의 소유로 넉넉히 추정할 수 있고, 과거에 증여나 매매 등 정상적인 방법이 아닌 도난이나 약탈 등의 방법으로 일본 쓰시마(대마도) 소재 관음사로 운반되어 봉안되어 있

6) 형사소송에 있어서는 2심(2013.10.30)을 거쳐 대법원(2014.1.29)에서 유죄로 확정되었다.
7) 대전지방법원 2017. 1. 26. 선고 2016가합102119 판결.

었다고 봄이 상당하다"고 하여 원고의 청구를 인용하였다.[8)]

1) 이 사건 불상이 관음사에 봉안되어 있던 중인 1951. 5.경 당시 관음사의 주지인 안도가 우연히 불상을 들어 올리다가 이 사건 불상 내부에서 복장물을 발견하였다. 복장물로는 각종 만다라와 후령, 관음결연문, 목합 등이 있었다. 결연문에는 '남섬부주고려국서주부석사당주관음주성결연문'이라는 제목과 함께 다음과 같은 취지의 내용(번역)이 기재되어 있고, 시주자 32명의 이름이 기재되어 있다. '무릇 듣기에 모든 불보살들이 큰 서원을 내어 중생 제도에 너나를 떠나 평등하게 보인다. 그러나 부처님 말씀에 인연이 없는 중생은 교화하기 어렵다고 하였으니 이 금구(金口, 부처님 말씀)에 의거하여 제자 등이 함께 대서원을 내어 관음1존을 만들고 부석사에 봉안하고 영충공양하는 까닭은 현세에서는 재앙을 소멸하고 복을 부르는 것이며 후세에서는 함께 극락에 태어나기를 원하는 바람 때문이다. 천력3년(1330년) 2월.' 현재 충남 서산지역의 고려시대의 명칭은 서주이고, 대한불교조계종은 고려말 서주지역에 소재한 부석사와 원고는 동일한 사찰이라고 밝히고 있으므로, 이 사건 불상은 1330년경 원고에 봉안하기 위하여 제작된 것으로 볼 수 있다(관음사에 있는 이 사건불상에 대한 안내문에도 이 사건 불상이 고려시대 말기에 만들어진 고려 불상이라는 취지로 기재되어 있다). 우리나라 사찰에서는 불상의 개금(改金), 보수, 이안(移安, 신주나 영정 따위를 다른 곳으로 옮겨 모심) 등의 불사가 있을 때에는 관련된 새로운 기록과 유물을 넣는 전통이 이어져 오고 있고, 위와 같은 복장물의 경우 신도들의 불심을 담는 기록물이기 때문에 정상적인 교류로서 불상이 이전될 경우에는 불상을 주는 측에서는 복장물을 빼고 대신 어느 사찰에서 조성하여 다른 사찰에 이안한다는 내용 등 불상의 이안에 대한 기록물을 넣는다는 것이 전문가들의 의견이다. 또한 대한불교조계종에 대한 사실조회회신 역시 불상을 이운(移運, 불상을 옮겨 모심)할 때에는 불상의 내부에 원문을 적어 그 내용을 밝히고, 때로는 전각 내부에 사찰의 이력을 기록하는 현판 등에 그 기록을 남기기도 하며, 이는 사람의 경우 호적등본에 해당되는 것으로 불상의 내력을 종합적으로 살펴볼 수 있는 자료이고, 이러한 자료가 없을 경우 불상의 현상이 비정상적으로 변경된 것으로 간주할 수 있다는 내용이다. 그런데 앞서 본 바와 같이 이 사건 불상의 제작 당시 넣어두었던 복장물이 1951년경까지 발견되지 않은 상태로 있었고, 이안(또는 이운)에 관한 기록도 발견되지 않았다.

2) 관음사의 연혁약사에 의하면 관음사는 1526년경 창건되었고 당시 이 사건 불상을 봉안하였다. 따라서 이 사건 불상은 1330년 서산에서 제작된 후 1526년경 이전에 일본으로 이동되었다고 추정할 수 있다. 그런데 이 사건 불상과 관련하여, 재단법인 서일본문화협회가 발행한 '대마의 미술'에 전 일본 규슈대학(九州大學) 교수 키쿠다케 쥰이치는 다음과 같은 취지의 내용을 기고하였다. '관음사의 연혁에 의하면 코노헤이사에몬모리치카가 조선으로 건너가 악행을 저질러 절연을 당한 후 불교를 수양하여 귀국하여 관음사를 열었다고 한다. 왜구의 한 집단이었다고 생각되는 코노씨가 창립한 관음사에 천력3년(1330년) 제작된 고려불상이 존재한다는 것은 왜구에 의한 불상 등의 일방적 청구가 있었던 것으로 추측된다.' 위 글의 전체적인 취지는 왜구가 이 사건 불

8) 아래에 법원의 판단 이유를 정확하게 전달하기 위해 이를 요약·정리하지 않고 원문을 그대로 인용한다. 밑줄은 이해의 편의를 위해 필자가 그은 것임.

상을 정상적이지 않은 방법으로(일방적으로) 가져왔다는 것으로 보인다.

3) 고려사(조선시대에 편찬된 고려시대의 역사서)에는 이 사건 불상이 제작된 1330년 이후인 1352년부터 1381년까지 5회에 걸쳐 왜구들이 현재의 서산 지역을 침입하였다는 기록이 있고, 대마도 향토사학자 등이 발간한 잡지인 '대마도의 자연과 문화'에도 역시 그 무렵 왜구들이 서산 지역을 침탈한 사실이 있다는 내용이 기재되어 있다.

4) 이 사건 불상에는 화상의 흔적이 있고, 보관(寶冠)과 대좌(臺座)가 존재하지 않는 등 일부 손상된 상태이다. 이와 같은 불상의 형상에 비추어 볼 때, 이 사건 불상이 정상적인 경로로 이전되었다고 보기는 어려워 보인다. 증인 김문길(전 부산외국어대학교 교수, 현 한일문제연구소 소장)은 '문헌 등에 의하면 왜구들은 주로 사찰에 방화를 한 후 불상을 가지고 나온 것으로 보인다. 따라서 불상의 화상 흔적은 불상이 약탈되었다는 근거로 볼 수 있다. 관음사가 쓰시마(대마도) 내에서 몇 차례 이동하기는 하였으나, 본인이 아는 한도에서는 그 과정에서 화재로 인하여 이전되었다는 기록은 없었다.'라는 취지로 증언하였다.

나. 2심 법원의 판단[9)]

피고 대한민국(소관청: 대전고등검찰청)은 대전고등법원에 항소하였는데, 국제사법공조 절차에 따라 대한민국 정부는 일본 쓰시마 관음사에 대해 소송을 고지하였고 이에 관음사가 피고 보조참가인으로 소송에 참가하게 되었다.

2심 법원은 몇 가지 쟁점에 대해 다음과 같은 이유로 원고의 청구를 기각하였다. 우선, 원고가 이 사건 불상의 소유권을 원시취득 하였는지 여부가 문제되었다. 이에 대해 법원은 여러 사료를 통해 고려시대 서주 부석사가 불상의 제작자에게 의뢰하여 불상을 제작하였음을 인정할 수 있다고 하면서, 자기의 노력과 재료를 들여 건물을 건축한 사람은 그 건물의 소유권을 원시취득 한다는 법리[10)]를 이 사건 불상에 대해서도 적용하여 불상의 소유권은 서주 부석사에게 원시적으로 귀속되었다고 보았다. 그런데 원고인 서산 부석사가 고려국 서주 부석사와 동일한 권리주체라고 볼 수 있는지에 대해 법원은 서주 부석사가 현재의 원고에 이르기까지 동일성을 유지하면 존속하였다고 인정하기에 부족하다고 판단하였다. 이에 따라 원고의 청구는 기각되는 결론에 도달하지만, 법원은 피고 보조참가인(일본 관음사)이 이 사건 불상의 소유권을 취득하였는지와 관련한 예비적 쟁점들에 대해서도 판단하였다. 피고 보조참가인이 시효취득하였는지를 판단하는 준거법의 결정에 관하여, 원고는 공서양속에 따라 일본 민법이 아닌 대한민국 민법이 적용되어야 한다고 주장한 데 대해, 법원은 일본 민법을 적용하는 것이 공서양속에 위반된다고 보기 어려울 뿐만 아니라 대한민국 민법을 적용하더라도 불상의 취득시효 완성여부의 판단에 결론이 달라지지 않는다고 하여 원고의 주장을 배척하였다. 또한 법원은 당시 우리나라 문화재보호법상 일반동산문화재에 대하여

9) 대전고등법원 2022. 12. 14. 선고 2017나10570 판결.
10) 대법원 1992. 3. 27. 선고 91다34790 판결.

민법 제249조의 선의취득에 관한 규정의 적용을 배제하는 조항에 의하더라도 이를 취득시효에 확대 적용할 수는 없고, 1970년 UNESCO협약상 피고 보조참가인이 (시효취득에 의하여) 불상에 관한 소유권을 취득할 수 없다는 원고의 주장에 대해서도 본 사건의 불상은 1970년 UNESCO협약의 발효 이전에 반출된 것이므로 협약의 대상이 아니라고 판단하였다.

법원은 방론으로 1995년 UNIDROIT협약의 취지를 고려하여 이 사건 불상이 일본으로 불법 반출된 것이라면 기원국인 우리나라에 반환되는 것이 바람직하다고 할 수 있다는 의견을 달아두었다.

다. 대법원의 판단[11)]

원심에 대해 원고는 상고하였는데, 여기서도 원고가 고려국 서주 부석사와 동일성을 가진 권리주체인지가 문제되었다. 이에 대해 대법원은 여러 사료를 들어 고려국 서주 부석사가 독립한 사찰로서의 실체를 유지한 채 존속하여 원고에 이르렀다고 보아, 원심의 판단에는 논리와 경험법칙을 위반하여 자유심증주의의 한계를 벗어나거나 사찰의 실체와 동일성에 관한 법리를 오해한 잘못이 있다고 판단하였다. 그렇지만 대법원은 피고 보조참가인이 불상을 시효취득하였는지에 대한 원심의 예비적 판단을 그대로 수용하여 원고의 상고를 기각하였다. 구 섭외사법 제12조는 동산 및 부동산에 관한 물권 기타 등기하여야 할 권리는 그 목적물의 소재지법에 의하고, 그 권리의 득실변경은 그 원인된 행위 또는 사실이 완성할 때의 목적물의 소재지법에 의하도록 규정하고 있으므로, 취득시효 완성으로 피고보조참가인이 불상의 소유권을 취득하는지 여부를 판단하는 준거법은 구 섭외사법 제12조에 따라 그 시효기간 만료 시점에 불상이 소재하던 일본국에서 시행되던 민법이며 일본국 민법을 적용한 결과가 대한민국의 선량한 풍속 기타 사회질서에 위반된다고 보기 어렵다고 본 원심의 판단은 정당하다고 보았다. 이에 따라 피고 보조참가인이 법인격을 취득한 1953. 1. 26.부터 이 사건 불상을 도난당한 2012. 10. 6.경까지 계속하여 이 사건 불상을 점유하였고, 이 사건 불상이 고려 시대에 왜구에 의하여 약탈되어 일본으로 불법 반출되었을 상당한 개연성이 있다는 등의 사정만으로는 피고보조참가인의 이 사건 불상에 관한 자주점유의 추정이 번복되지 않으며, 이 사건 불상이 문화재에 해당하더라도 점유취득시효 규정의 적용이 배제되지 않으므로 피고보조참가인이 이 사건 불상에 관한 취득시효가 완성된 1973. 1. 26. 당시의 일본국 민법에 따라 이 사건 불상의 소유권을 취득하였기에 원고가 이 사건 불상의 원시취득자로 인정된다고 하더라도 이 사건 불상의 소유권을 상실하였다고 판단한 원심 판결에 잘못이 없다고 판시하였다.

---

11) 대법원 2023. 10. 26. 선고 2023다215590 판결.

Ⅲ. 쟁점에 대한 검토

1. 국제협약상 쟁점

가. 1970년 UNESCO협약의 의미

우선 이 사건의 피고가 대한민국 정부라는 점에 대해 생각해볼 필요가 있다. 이 사건은 당초 한국 출신의 문화재도굴단이 일본 사찰에서 불상을 훔쳐서 국내로 불법하게 반입하였다가 적발된 단순 절도사건에서 비롯되었다. 이에 따라 2013. 2. 15. 일본 정부(外務省)는 우리 외교부에 불상의 반환을 요구하였다. 일본 정부의 이러한 요구는 우리나라와 일본이 모두 가입한 국제협약에 따른 것이며, 그 국제협약이란 1970년 UNESCO협약 즉, 1970년 UNESCO에서 제정한 「문화재의 불법적인 반출·입 및 소유권 양도의 금지와 예방수단에 관한 협약[12]」을 의미한다.[13] 협약의 명칭에서 알 수 있듯이 동 협약은 불법반출된 문화재의 반환에 주안점을 둔 것이 아니라, 문화재의 불법적인 반출입과 불법적인 거래(소유권의 양도)를 '금지'하고 '예방'하기 위한 수단을 강구하는데 맞추어져 있다. 그러한 점에서 불법반출문화재의 피해자가 동 협약을 근거로 '반환'을 요구할 수 있는 것은 아니다.[14] 그렇지만 1970년 UNESCO협약은 문화재의 불법적인 유통을 막는 국제적인 규범의 틀을 마련하였다는 점에서 큰 의미가 있다. 그런데 1970년 UNESCO협약과 관련하여 유의할 점은 동 협약에는 자기집행적(self-executing) 효력이 없다는 점이다. 즉, 동 협약에서 체약국 정부에 대해 요구하는 각종의 조치들은 직접 체약국에 효력을 미치는 것이 아니라, 체약국 정부가 협약의 규율내용을 반영하는 국내 입법(implementation)을 하거나 행정적 조치를 취함으로써 비로소 효력을 가지게 된다. 만약 체약국이 동 협약에는 가입하였더라도 협약에서 요구하는 사항들에 대한 국내 입법이나 상응하는 행정적 조치를 취하지 않았다면 협약의 내용이 그 체약국에는 적용되지 못하는 한계가 있다. 우리나라는 1970년 UNESCO협약의 이행을 위해 구 문화재보호법을 개정하여 제20조(외국문화재의 보호)를 신설하였고,[15][16] 일본은 2002년에

12) 정식명칭은 Convention on the Means of Prohibiting and Preventing the Illicit Import, Export and Transfer of Ownership of Cultural Property. 이하 본고에서는 '1970년 UNESCO협약'이라 부른다.

13) 1970년 UNESCO협약에 우리나라는 1983년에, 일본은 2002년에 가입(Acceptance)하였다.

14) 도난 또는 불법 반출된 문화재의 원소유자가 문화재의 현재 보유자에게 직접 반환을 청구할 수 있는 국제규범은 이른바 1995년 UNIDROIT협약이다. 동 협약의 정식명칭은 UNIDROIT Convention on Stolen or Illegally Exported Cultural Objects (Rome, 1995). 우리나라와 일본은 아직까지 동 협약에 가입하지 않았다.

15) 제20조(외국문화재의 보호) ① 인류의 문화유산을 보존하고 국가 간의 우의를 증진하기 위하여 대한민국이 가입한 문화재 보호에 관한 국제조약(이하 "조약"이라 한다)에 가입된 외국의 법령에 따라 문화재로 지정·보호되는 문화재(이하 "외국문화재"라 한다)는 조약과 이 법에서 정하는 바에 따라 보호되어야 한다.
② 문화재청장은 국내로 반입하려 하거나 이미 반입된 외국문화재가 해당 반출국으로부터 불법반출된 것으로 인정할 만한 상당한 이유가 있으면 그 문화재를 유치할 수 있다.
③ 문화재청장은 제2항에 따라 외국문화재를 유치하면 그 외국문화재를 박물관 등에 보관·관리하여야 한다.
④ 문화재청장은 제3항에 따라 보관 중인 외국문화재가 그 반출국으로부터 적법하게 반출된 것임이 확인되면 지

1970년 UNESCO협약에 가입하면서, 동 협약을 이행하기 위해 "문화재의 불법적인 수출입 등의 규제 등에 관한 법률"(文化財の不法な輸出入等の規制等に関する法律)을 제정하였다.

나. 1970년 UNESCO협약에 따른 반환의 근거

본 사건에서 1970년 UNESCO협약을 검토해야 하는 이유는 불상의 소유권을 주장하는 원고의 청구에도 불구하고 피고인 대한민국이 일본 측에 불상을 돌려주어야 하는 의무가 있는지를 알아보기 위한 것으로써, 본 사건의 판단에 있어서 중요한 의미를 가진다. 이 사건과 관련하여 일본 측에서 볼 때 불상의 반환을 요구할 수 있는 UNESCO협약의 근거규정은 협약 제3조와 제7조 (b)항이다.

제3조 본 협약의 당사국이 본 협약상의 규정에 위반하여 문화재를 반입, 반출 또는 소유권을 양도함은 불법이다.

제7조 본 협약의 당사국은 다음 사항을 약속한다.

(중략)

(b) (i) 본 협약이 관계국가에서 발효된 이후에 그 국가 영역내의 박물관 및 그 유사기관이 타 당사국으로부터 출처되어 불법적으로 반출된 문화재의 취득을 방지하도록 국내입법에 따라 필요한 조치를 취한다. 본 협약이 양 관계당사국에서 발효된 이후, 언제나 가능한 때에 출처 당사국으로부터 불법적으로 이전된 문화재의 제공을 그 당사국에 통고한다.

(ii) 출처 당사국의 요청에 따라 본 협약이 양 관계당사국에서 발효된 후 반입된 상기 문화재의 회수 및 반환에 관한 적절한 조치를 취한다. 단, 요청국은 선의의 매수인이나 그 문화재의 정당한 권리자에게 공정한 보상을 지급하여야 한다. 회수 및 반환 요청은 외교관청을 통하여야 한다. 요청당사국은 회수 및 반환청구를 하는데 필요한 증빙서류 및 기타 증거를 자국의 경비 부담으로 제출해야 한다. 당사국은 본조에 의거하여 반환되는 문화재에 관세나 기타 부과금을 과하여서는 아니 된다. 문화재의 반환 및 인도에 부수되는 모든 비용은 요청 당사국이 부담하여야 한다.

협약 제3조는 본 협약상의 규정에 위반한 문화재의 반출·입 및 소유권양도를 불법(illicit)으로 천명하고 있다.[17] 다만 협약 자체가 불법성의 기준을 제시하지는 않고 문화재보

체없이 이를 그 소유자나 점유자에게 반환하여야 한다. 그 외국문화재가 불법반출된 것임이 확인되었으나 해당 반출국이 그 문화재를 회수하려는 의사가 없는 것이 분명한 경우에도 또한 같다.

⑤ 문화재청장은 외국문화재의 반출국으로부터 대한민국에 반입된 외국문화재가 자국에서 불법반출된 것임을 증명하고 조약에 따른 정당한 절차에 따라 그 반환을 요청하는 경우 또는 조약에 따른 반환 의무를 이행하는 경우에는 관계 기관의 협조를 받아 조약에서 정하는 바에 따라 해당 문화재가 반출국에 반환될 수 있도록 필요한 조치를 하여야 한다.

16) 2014년 국가유산법제의 개편에 따라 「문화재보호법」은 폐지되고 해당조문은 「국가유산기본법」 제30조(외국문화유산의 보호)에서 규율하고 있다.

17) 아울러 협약은 제11조에서도 불법(illicit)에 관한 규정을 두고 있다. 즉, "외국 군대에 의한 일국의 점령으로부터 직접적으로 또는 간접적으로 발생하는 강제적인 문화재의 반출과 소유권의 양도는 불법으로 간주된다."

호를 위해 당사국이 제정한 국내법이 해당문화재의 반출과 반입 및 소유권양도를 불법한 것으로 규정하고 있다면 동 협약에 의해서 불법으로 간주하는 것으로 해석된다.[18] 오키프(Patrick J. O'Keefe)교수는 협약 제3조는 짧지만 가장 해석하기 어려운 규정이라고 하면서, 다음과 같은 해석론을 제시한다. 문화재가 반출된 국가의 국내법에서 문화재의 반출행위를 불법한(illicit) 것으로 규정하고 있다면, 그 문화재를 반입한 국가도 그 문화재의 반입행위를 불법한 것으로 다루어야 한다는 것이다. 왜냐하면 문화재의 반출·반입 행위에 대한 불법성 판단이 관련국 상호간에 엇갈려서는 안 되기 때문이다.[19] 따라서 일본의 문화재보호법에 의해 문화재의 무단 반출행위가 불법한 것이라면, 이를 반입한 우리나라에서도 UNESCO협약 제3조의 취지에 좇아 불법으로 판단하여야 한다. 특히 우리나라 구 문화재보호법에서는 제20조에서 외국문화재의 보호에 관한 특별규정을 두고 있는데, 동조 제5항은 대한민국에 반입된 외국문화재가 불법반출된 것으로 증명되고 조약[20]에 다른 정당한 절차에 따라 그 반환을 요청하는 경우에는 문화재청장은 조약에서 정한 바에 따라 해당 문화재가 반출국에 반환될 수 있도록 필요한 조치를 하도록 규정하고 있다.

위 UNESCO협약의 규정에 의하면 사건의 불상은 한국과 일본 양 당사국이 모두 UNESCO협약에 가입한 이후에 도난되어 국내로 반입된 것이므로, 일본 측으로서는 일응 우리 정부에 대하여 도난된 불상의 반환을 청구할 수 있는 것이다. 동 협약에 의하면 도난문화재 반환의 요청은 협약의 당사국이 그리고 그 "반환에 관한 적절한 조치"를 취해야 하는 의무는 협약의 상대 당사국이 부담한다. 협약에서는 구체적으로 "회수 및 반환 요청은 외교 관청을 통하여야 한다."고 규정하고 있다. 따라서 동 협약에 의거할 경우에 도난된 불상의 반환은 가이진 신사나 관음사가 청구할 수 있는 것이 아니라 일본 정부가 요청하게 되는 것이고, 그에 대한 반환에 필요한 조치는 한국 정부가 하게 되는 것이다. 이것은 1970년 협약이 당초부터 체약국 정부가 취해야 할 행정법적 조치에 중점을 두고 있기 때문이다.

이에 따라 불상의 반환을 요청받은 우리 정부는 동 협약에 따라 우리나라 형사소송법상 절도 피해물건의 환부절차를 거쳐 일본 정부에 이를 반환하려 하였던 것이다. 실제로 2점의 불상 중에서 동조여래입상에 대해서는 2015. 7. 13. 형사소송법 절차에 의거하여 환부결정이 내려지고, 동조여래입상은 가이진 신사에서 위임한 일본 문화재청 관계자를 통해 일본으로 인도되었다.

---

18) 석광현, "대마도에서 훔쳐 온 고려 불상의 서산 부석사 반환을 명한 제1심판결의 평석: 국제문화재법의 제문제", 『국제사법연구』 제23권 제1호(2017), 36면. 또한 같은 취지로 서헌제·박찬호, 『도난·불법반출 문화재에 관한 법리적 연구』, 한국법제연구원, 2007, 43면.

19) Patrick J. O'Keefe, Commentary on the 1970 UNESCO Convention, Second Edition, Institute of Art and Law, 2007, p. 41.

20) 구 문화재보호법 제20조에서 규정한 '조약'이란 대한민국이 가입한 문화재 보호에 관한 국제조약을 의미하는 것으로써, 1970년 UNESCO협약이 이에 해당한다.

다. 1970년 UNESCO협약의 적용대상 문화재

여기서 1970년 UNESCO협약의 적용대상인 문화재에 대해 좀 더 자세히 살펴볼 필요가 있다. 협약의 적용대상인 문화재는 시기적으로 분쟁의 당사국이 협약에 모두 가입한 이후에 불법반입된 문화재가 그 대상이다. 협약에는 소급효가 적용되지 않기 때문에 동 협약이 당사국에 발효되기 이전에 발생한 사건에 대해서는 협약이 적용되지 않는다. 한국은 1983년 2월 14일에 그리고 일본은 2002년 9월 9일에 동 협약에 가입하였기 때문에 2002년 9월 9일 이후에 발생한 사안에 대해서는 양국간에 협약이 적용되므로, 2012년 발생한 본 사건에 대해 UNESCO협약이 적용될 수 있다.[21)]

다음으로 문제의 불상이 협약의 적용대상이 되는 문화재의 항목에 해당하는지를 검토하여야 한다. UNESCO협약은 제1조에서 문화재(cultural property)를 “고고학, 선사학, 역사학, 문학, 예술 또는 과학적으로 중요함으로써 종교적 또는 세속적 근거에서 각국에 의하여 특별히 지정된 재산으로, 다음 범주에 속하는 재산을 의미한다.”고 하면서 그에 해당하는 범주들을 아래와 같이 열거하고 있다.

(a) 진귀한 수집품과 동물군, 식물군, 광물군, 해부체의 표본 및 고생물학적으로 중요한 물체
(b) 과학, 기술 및 군사의 역사와 사회사를 포함하여 역사와 관련되고 민족적 지도자, 사상가, 과학자 및 예술가의 생애와 관련되며, 국가적으로 중대한 사건과 관련된 재산
(c) (정규적 또는 비밀리의) 고고학적 발굴 또는 고고학적 발견의 산물
(d) 해체된 예술적 또는 역사적 기념물 또는 고고학적 유적의 일부분
(e) 비문, 화폐, 판각된 인장같은 것으로 백년이상의 골동품
(f) 인종학적으로 중요한 물건
(g) 미술적으로 중요한 재산으로 다음과 같은 것.
  (i) 어떤 보조물의 사용 또한 어떤 재료를 불문하고 전적으로 손으로 제작된 회화, 유화 및 도화(손으로 장식한 공업용 의장과 공산품은 제외)
  (ii) 재료 여하를 불문한 조상 및 조각물의 원작
  (iii) 목판화, 동판화, 석판화의 원작
  (iv) 재료 여하를 불문한 미술적인 조립품 및 몽타아지의 원작
(h) 단일 또는 집합체를 불문하고(역사적, 예술적, 과학적 및 문학적등으로) 특별히 중요한 진귀한 고판본, 필사본과 고서적, 고문서 및 고출판물
(i) 단일 또는 집합체를 불문하고 우표, 수입인지 또는 유사 인지물
(j) 녹음, 사진, 영화로 된 기록물을 포함한 고문서
(k) 백년이상된 가구와 오래된 악기

---

21) 석광현, “대마도에서 훔쳐 온 고려 불상의 서산 부석사 반환을 명한 제1심판결의 평석: 국제문화재법의 제문제”, 35면.

즉, UNESCO협약 제1조는 문화재의 정의에 대해 일반적 정의방식[22]과 열거방식[23]을 결합하고 있다.[24] 1954년 헤이그협약에서의 문화재의 정의[25]에 비해 1970년 UNESCO협약은 문화재의 정의를 2중의 기준에 의해 더욱 세분화하였는데, 그 이유는 1954년 헤이그협약은 무력분쟁시의 문화재보호를 목적으로 하고 있기 때문에 문화재에 관한 정의를 개괄적으로 정의하더라도 당사국의 이해관계에 영향이 크지 않지만, 1970년 UNESCO협약은 반입국과 반출국 사이에서 무엇이 반환대상인 문화재로 인정될 것인지에 대해 관점이 대립될 수 있기 때문에 이를 좀 더 구체적으로 정의할 필요가 있었던 것이다.[26] 그러한 점에서 UNESCO 협약의 문화재정의는 문화재 반출국가와 반입국가간의 타협의 결과물이라고 할 수 있다.[27] 그런데 UNESCO협약 제1조에서 열거하고 있는 범주에 해당한다고 해서 동 협약이 적용되는 문화재로 인정되는 것은 아니라, "각국에 의하여 특별히 지정된"(specifically designated by each State) 것이면서 위의 범주에 해당하여야 동 협약의 적용을 받는 문화재(the term 'cultural property')라고 할 수 있다. 각국이 위 두 가지 조건(일반적 정의와 열거된 범주)을 전제로 무엇을 문화재로 지정할 것인지는 각국의 재량에 맡겨져 있다.[28]

라. 1970년 UNESCO협약의 이행과 관련한 문제

그렇다면 이 사건의 불상이 "각국에 의하여 특별히 지정된" 문화재인지가 문제된다. 다시 말하자면, 협약의 국내이행을 위해 제정된 일본의 법률에 의할 때 사건의 불상이 '특별히 지정된' 문화재에 해당하는지가 관건이다. 일본이 동 협약의 이행을 위해 제정한 "문화재의 불법적인 수출입 등의 규제 등에 관한 법률"(文化財の不法な輸出入等の規制等に関する法律)은 문화재를 다음과 같이 정의하고 있다.

---

22) "고고학, 선사학, 역사학, 문학, 예술 또는 과학적으로 중요함으로써 종교적 또는 세속적 근거에서 각국에 의하여 특별히 지정된 재산."

23) 위 (a)에서 (K)까지의 범주.

24) Irini A. Stamatoudi, Cultural Property Law and Restitution, A Commentary to International Conventions and European Union Law, Edward Elgar, 2011, p 36.

25) 제1조 [문화재의 정의] 이 협약상의 "문화재"라는 용어는 그 출처나 소유권에 관계없이 다음을 포함한다.
   가. 종교적이거나 세속적인 성격을 불문한 건축이나 예술, 역사적 기념물; 고고학 유적지; 역사적 혹은 예술적 가치를 지닌 건물의 집단 전체; 예술작품; 예술적, 역사적 또는 고고학적 중요성을 가지는 원고나 책을 비롯한 물건; 과학적 수집물과 상기 규정된 문화재에 관한 서적이나 기록문서, 복제물 등의 중요한 수집물 등과 같은 모든 민족의 문화유산으로서 큰 중요성을 가지는 동산이나 부동산
   나. 박물관과 대형 도서관, 기록물 보관소 등과 같이 가목에서 정의된 동산 문화재의 보존과 진열을 주목적으로 하는 건물이나 무력충돌시 가목에서 정의된 동산 문화재를 대피시키기 위한 보호시설
   다. "기념물 다량 보유지역"이라 일컫는, 가목과 나목에서 규정하는 문화재를 다수 보유하는 지역

26) Patrick J. O'Keefe, Commentary on the 1970 UNESCO Convention, Second Edition, Institute of Art and Law, 2007, p. 35.

27) 김형만, 『문화재반환과 국제법』, 삼우사, 2001, 102면.

28) Irini A. Stamatoudi, Cultural Property Law and Restitution, A Commentary to International Conventions and European Union Law, p. 36.

제2조 이 법에서 "문화재"라 함은 국내 문화재 및 협약의 당사자인 외국(이하 "외국"이라 한다)이 협약 제1조 규정에 따라 지정된 물건을 말한다.

2. 이 법률에서 "국내 문화재"라 함은 협약 제1조 (a) 내지 (k)까지 적시된 분류에 속하는 물건 중 문화재보호법(昭和 25년 법률 제124호) 제27조 제1항의 규정에 의하여 지정된 중요문화재, 동법 제78조 제1항의 규정에 의하여 지정된 중요유형민속문화재 및 동법 제109조 제1항의 규정에 따라 지정된 사적, 명승, 천연기념물을 말한다.

일본의 이행법률에 의하면 협약 제1조의 "지정된 물건"에 해당하는 '국내 문화재'는 일본의 문화재보호법상 유형문화재 중에서 지정된 중요문화재, 중요유형민속문화재, 사적・명승・천연기념물이 해당한다. 이는 일본 문화재보호법에 따른 유형문화재 중에서 지정된 중요문화재(국보)는 동 법률의 보호대상이지만 유형문화재 중에서 등록유형문화재는 그 대상에서 제외된다. 일본의 문화재보호법상 문화재의 분류를 도표로 정리하면 아래와 같다.

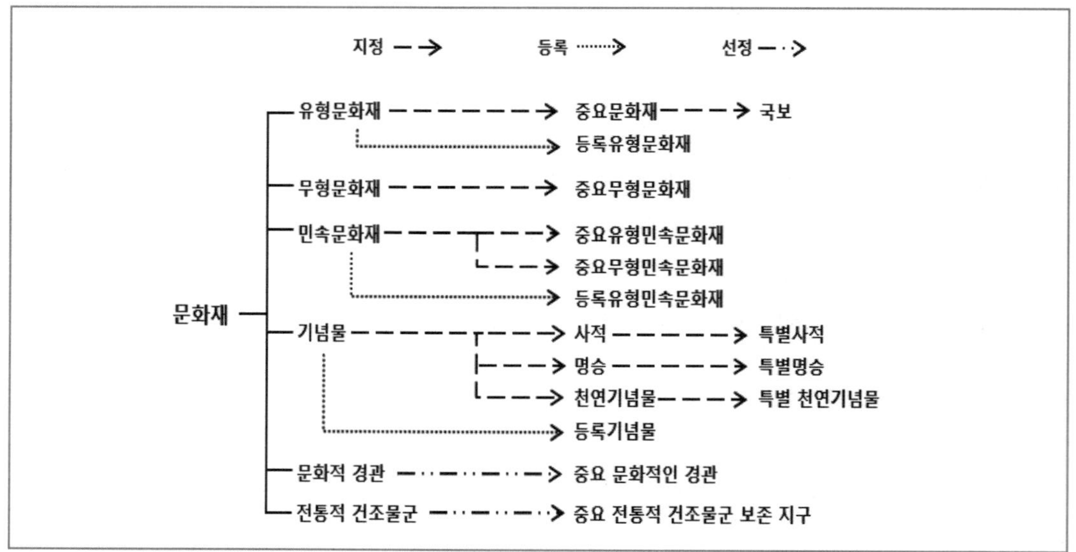

그렇다면 본 사건의 불상은 일본에서 어떤 문화재에 해당하였는지를 살펴본다. 2점의 불상 중, 동조여래입상은 국가지정문화재로 그리고 문제의 관세음보살좌상은 나가사키현의 지정문화재로 등록된 것이다. 상기 일본의 법률에 비추어보면 동조여래입상은 일본정부가 지정한 중요문화재로 협약의 이행법률에서 정한 보호대상에 해당하지만, 관세음보살좌상은 지방에 등록된 유형문화재로써 이행법률상의 보호대상에 해당하지 않는다.

그렇다면 동조여래입상은 UNESCO협약 제1조에서 규정하는 "각국에 의하여 특별히 지정된" 문화재에 해당하여 반환의 대상이 되지만, 관세음보살좌상은 그에 해당하지 않아 반환대상이 아니라고 주장할 수도 있다. 그렇지만 이러한 해석론을 합리적이라고 할 수는 없다.

왜냐하면 협약이 표현하고 있는 "각국에 의하여 특별히 지정된" 문화재를 체약국의 이행법률에 명시된 것으로만 한정해서 적용하는 것으로 새기게 된다면 명시되지 아니한 문화재는 협약의 보호대상에서 제외되는데, 그렇다면 체약국은 이와 같은 문제점을 피하기 위해 지정 문화재를 무한정 늘리게 될 것이다.[29)]

한편 우리나라의 사정을 살펴보면, 우리나라는 1983년에 UNESCO협약에 가입하면서 협약의 이행을 위해 별도의 단행법률을 제정한 것이 아니라 기존의 문화재보호법을 개정하여 협약이 요구하는 사항들을 반영하는 방식을 취하였다. 특히 외국으로부터 문화재의 불법반입을 막기 위해 구 문화재보호법에 제20조(외국문화재의 보호)[30)]를 신설하였다. 그런데 정작 우리나라 문화재에 대해서는 어떤 문화재가 협약에서 규정하는 "특별히 지정된" 문화재인지를 정하지 않았다. 다시 말하자면 우리 문화재보호법(개편된 국가유산법제)에서는 우리 문화재에 대한 특별한 지정을 하지 않았기 때문에, 만약 우리 문화재가 외국으로 불법 반출되더라도 상대국에 대하여 1970년 UNESCO협약에 의거하여 반환요구를 할 수 없게 된다. 우리나라 구 문화재보호법은 제4장 [국가지정문화재]에서 제23조에 보물 및 국보의 지정, 제24에서 국가무형문화재의 지정, 제25조에서 사적 · 명승 · 천연기념물의 지정 그리고 제26조에서 국가민속문화재의 지정을 규정하고 있었다. 또한 2024년 개편된 국가유산법제에 따른 「문화유산의 보존 및 활용에 관한 법률」 제4장 [국가지정문화유산]에서 제23조에 보물 및 국보의 지정, 제25조에 사적의 지정, 그리고 제26조에서 국가민속문화유산의 지정에 관한 규정을 두고 있다. 이는 국내 문화재(문화유산)의 분류에 관한 것이지 UNESCO협약에서 말하는 "특별한 지정"과는 다른 것이다. 그것은 우리나라가 1983년에 1970년 UNESCO협약에 가입하였던 때보다 훨씬 이전인 1962년에 제정되었던 문화재보호법에서 이미 제7조에서 [보물, 국보의 지정]에 관한 규정을 두었음을 볼 때, 그 당시 사용되었던 용어상 "지정"이 1970년 UNESCO협약의 이행을 위한 "지정"과는 거리가 있음을 알 수 있다. 그렇다면 엄밀히 따져서 우리나라 문화재는 국보로 지정된 것이더라도 UNESCO협약에서 말하는 "특별한 지정"을 받은 문화재가 아니기 때문에 비록 국보급 문화재가 다른 나라로 불법 반출되더라도 그 문화재를 보유한 국가를 상대로 UNESCO협약에 의거하여 문화재의 반환 요청을 할 수 없다는 결론에 이르게 되는 셈이다. 이러한 추론이 타당하다고 볼 수는 없다. 이것은 협약이행을 위한 국내입법의 불비의 문제일 수도 있지만, UNESCO협약의 기본정신에 부합하지 않는 해석이다. UNESCO협약에서의 "특별한 지정"은 협약 제1조에 열거된 항목의 범위 내에서 각 체약국에게 특정한 물건을 문화재로 취급할 수 있는지에 대한 재량을 준 것으로 이해하여야 한다. 그렇다면 협약 제1조에 열거된 항목 유형에 해당하면서 해당 국가의 법률

29) 한 국가의 모든 골동품과 예술품을 지정하게 되면 협약의 '특별지정'의 조항이 무색해질 우려가 있다는 비판에 대해서는 김형만, 『문화재반환과 국제법』, 105면 참고.

30) 현 「국가유산기본법」 제30조(외국유산의 보호)에 해당.

에 따라 문화재로 분류되어 문화재리스트에 등재되어 있으면 해당국으로부터 "특별한 지정"을 받은 문화재로 인정함이 타당하다.

나아가 UNESCO협약은 제1조가 요구하는 '특별한 지정'을 받지 못한 문화재에 대해서도 보호하기 위한 규정을 두고 있다. 즉, 협약 제4조는 비록 제1조에서의 '특별한 지정'을 받지 못한 문화재라 하더라도, "본 협약의 목적을 위하여"[31] 일정한 범주에 속하는 재산에 대해서는 각국의 문화적 유산(cultural heritage)으로 인정하고 있다.[32] 협약의 적용대상 문화재를 각국 법에 의한 특별지정에 맡겨두는 경우에 보호가치가 있는 문화재라도 특별지정에서 누락될 수도 있고 또한 어떤 문화재는 두 나라 이상의 문화유산에 걸쳐서 있는 수도 있기 때문에 그러한 문화재를 협약의 보호대상으로 하기 위해 보완적인 규정을 둔 것이다.[33] 또한 UNESCO협약 제13조 (d)항은 양도불능한 문화재의 유형에 대해 언급하고 있다. 동 조항에 의하면 협약의 당사국은 각국의 법률에 따라 "각 당사국의 파기할 수 없는 권리. 즉, 특정 문화재를 양도 불능으로, 따라서 사실상 반출되어서는 아니 되는 것으로 분류하고 선언할 권리를 인정하고, 그것이 반출되었을 경우에는 관계국가에 의한 동 문화재의 회복을 용이하게 한다."는 점을 확인하여야 한다. 그러한 예로써 우리 문화유산법 제39조(수출 등의 금지)를 둘 수 있는데,[34] 동조 제1항은 "국보, 보물 또는 국가민속문화유산은 국외로 수출하거나 반출할 수 없다"고 규정하고 있는 바, 만약 우리나라의 보물로 지정된 문화재가 적법한 절차를 거치지 아니하고 반출된 경우에는 협약 제13조 (d)항을 근거로 반환을 청구할 수 있다. 이것은 결국 협약 제1조에서 정한 '특별한 지정'에 의하지 아니하더라도 반출국의 법률에 의해 양도불능으로 분류된 문화재에 대해서는 반입국도 그 양도불능의 효력을 인정하여야 함을 의미한다.

요컨대 1970년 UNESCO협약상 보호대상인 '특별히 지정된' 문화재에 대한 판단은 UNESCO협약의 취지를 고려할 때 다소 유연하게 해석하여야 한다. 그렇다면 문제된 관세음보살좌상도 동 협약의 보호대상에 해당할 수 있으며 이것이 불법적으로 반출되어 우리나라

---

31) "본 협약의 목적"에 대해 협약은 구체적으로 규정하고 있지 않지만, 협약의 전문을 살펴보면 "자국의 영역 내에 존재하는 문화재를 도난, 도굴 및 불법적인 반출의 위험으로부터 보호하는 것은 모든 국가에 부과된 책임임을 고려하며, 이러한 위험을 회피하기 위하여서는 모든 국가가 자국의 고유문화 유산과 다른 모든 국가의 문화유산을 존중할 도덕적 의무감에 대하여 보다 민감하여 지는 것이 필요하다는 점을 고려하고, … 문화재의 불법적인 반입과 반출 및 소유권의 양도가 국가간의 그러한 이해에 장애가 되며, 관계국가에 이러한 목적으로 국제협약을 권고함으로써 이해를 증진하는 것이 유네스코의 사명의 일부분임을 고려"하여야 한다는 표현에서 협약의 목적을 간취할 수 있다고 본다.

32) 동 협약 제4조에 의하면 그러한 범주에는 (가) 관계국가 국민의 각 개인 또는 집단에 의하여 창조된 문화재, 또한 관계국 역내에 거주하는 외국인 또는 무국적인에 의하여 그 국가의 영역 내에서 창조된 관계국에 중요한 문화재, (나) 국가 영역 내에서 발견된 문화재, (다) 출처국 주무관청의 동의하에 고고학, 인종학 또는 자연과학 사절단에 의하여 획득된 문화재, (라) 자유로이 합의된 교환의 대상이 되어온 문화재 등이 속한다. (마) 출처국 주무관청 동의하에 선물로서 증여 받거나 합법적으로 구입한 문화재

33) Irini A. Stamatoudi, Cultural Property Law and Restitution, p. 38. 또한 서헌제 · 박찬호, 『도난 · 불법반출 문화재에 관한 법리적 연구』, 41면.

34) 구 문화화재보호법 제39조(수출 등의 금지)에 해당함.

로 반입된 이상 우리 정부로서는 UNESCO협약 및 그 실행을 위한 우리 문화재보호법상 관련 규정에 따라 이를 일본 측에 반환할 의무가 있다.

2. 국제사법상 쟁점

가. 준거법의 결정

문제된 사건에 "외국적 요소가 있는 법률관계"가 있을 때에는 국제사법에 따라 사건에 적용할 준거법을 정하게 된다. 이때 외국적 요소가 있는 법률관계가 무엇을 의미하는지에 대해서는 학자에 따라 설명을 달리한다. 일설에 의하면 ① 대한민국에서의 외국인과 대한민국 국민간의 법률관계 및 외국에서의 대한민국 국민과 외국인간의 법률관계, ② 법률관계에 관련된 목적물이 외국에 있는 경우, ③ 외국에서 발생한 법률행위나 불법행위 등이 문제된 경우 등을 의미하는 것으로 설명한다.[35] 이러한 설명에 의할 때 본 사건의 불상이 도난당한 곳이 일본이었다는 점에서 ③의 경우에 해당될 수 있어 외국적 요소가 있는 법률관계로 다루어질 수 있다. 또한 외국적 요소가 있는 법률관계를 좀 더 넓게 이해하여, 국제사법이론상의 연결점(connecting factor)으로 승인되고 있는 요소들[36]에서 외국관련이 있는 때에는 일단은 섭외성(涉外性) 또는 국제성이 있는 섭외사건으로 보고, 다만 그러한 섭외사건이 구체적인 연결원칙을 정한 국제사법의 개별 조문의 적용대상이 되는지의 여부를 판단함에 있어서는 당해 조문의 해석의 문제로서 그러한 섭외성이 의미있는 것인가의 여부를 판단하여야 한다는 설명도 있다.[37] 이러한 설명에 의하더라도 본 사건에서 불상이 도난된 당시 있었던 불법행위지 또는 도난당시 소유권의 대상이 된 불상의 소재지 등이 연결점으로 작용할 수 있기 때문에 일응 본 사건이 외국적 요소가 있는 법률관계로 볼 수 있음은 달라지지 않는다. 이와 같이, 이 사건은 "외국적 요소가 있는 법률관계"와 관련되어 있기 때문에 준거법의 결정문제가 등장하게 된다. 여기에는 시간적 저촉문제와 장소적 저촉문제가 있다.

(1) 시간적 저촉문제

1심 법원의 판결에 의하면 "이 사건 불상은 1330년 서산에서 제작된 후 1526년경 이전에 일본으로 이동되었다고 추정할 수 있다"고 하며, 일본에서 불상이 도난된 사건은 2012년에 발생하였다. 그렇다면 이와 같이 장기간 지속된 법률관계에 있어서 어느 시기의 국제사법을 적용할 것인지에 대한 시제법(intertemporales Recht)의 문제가 제기될 수 있다.[38] 그렇지만 불상이 서산에서 제작되어 일본으로 이동되었다고 추정되는 14세기 내지 16세기 당시에는

35) 김연 · 박정기 · 김인유, 『국제사법』, 제3판, 법문사(2012), 4면.
36) 당사자의 국적, 주소, 거소, 상거소, 행위지, 이행지, 불법행위지, 물건의 소재지, 등록지, 법인의 본거지 등.
37) 석광현, 『국제사법 해설』, 박영사, 2013, 52면.
38) 석광현, "대마도에서 훔쳐 온 고려 불상의 서산 부석사 반환을 명한 제1심판결의 평석: 국제문화재법의 제문제", 12면.

한반도와 일본지역에 통용되던 국제사법은 존재하지 않은 것으로 보인다.[39] 그렇다면 본 사건에서 시제법의 결정은 별다른 의미를 가지지 못하고, 2012년 불상 도난 당시의 국제사법을 기준으로 삼아야 한다.[40]

(2) 장소적 저촉문제

(가) 준거법의 지정

우리 국제사법 제33조는 물권의 준거법으로 "동산 및 부동산에 관한 물권 또는 등기하여야 하는 권리는 그 동산·부동산의 소재지법에 따른다"고 하고(제1항), 물권의 득실변경에 관해서는 "그 원인된 행위 또는 사실의 완성 당시 그 동산·부동산의 소재지법에 따른다"고 하여 소재지법주의(lex rei sitae)를 채택하고 있다. 물권에 관한 준거법에 대해서는 비교법적으로도 동산과 부동산을 구별하지 않고(이른바 同則主義) 목적물의 소재지법주의를 채택하는 것이 일반적이다.[41] 그렇다면 문화재에 관한 권리(특히 소유권)의 준거법은 어떠한가? 문화재도 동산인 문화재와 부동산인 문화재로 나뉠 수 있는데, 문화재의 소유권분쟁과 관련하여 주로 문제가 되는 것은 동산문화재이다.[42] 문화재에 대해서 별도의 준거법 규정을 두는 나라는 찾기 어렵다.[43] 물론 우리 국제사법도 문화재에 관한 권리에 대해 별도의 규정을 두고 있지 않다. 문화재도 물건에 속하는 이상, 문화재에 관한 권리에 관한 준거법은 국제사법 제33조에 따라 소재지법주의에 따르게 될 것이다. 이에 관해서는 "법리적"으로는 아무런 문제가 없다. 그러나 필자는 그럼에도 불구하고 문화재에 대해서는 일반적인 물건에 적용되는 소재지법주의와는 다른 준거법원칙을 적용할 "현실적"인 필요성이 있다고 주장하여 왔다.[44] 그 이유는 다음과 같다.

첫째, 문화재에 대해서 다른 일반적인 물건과는 다른 특성을 인정하여야 한다는 점이다. 역사적으로도 이미 동로마제국의 유스티니아누스 황제가 제정한 시민법대전(Corpus iuris civilis)에는 일정한 문화재를 불융통물(res extra commercium)로서의 성격을 가진 것으로 규

39) 석광현, 상게논문 13면.
40) 同旨 석광현, 상게논문, 13면.
41) Bernd von Hoffmann, Internationales Privatrecht, 7. Aufl., München, 2002, S. 473.
42) 부동산인 문화재에 대해서도 예컨대 건물을 해체하여 다른 나라로 반출하여 새로운 토지 위에 이를 다시 조립해서 복원한 경우에 섭외적인 소유권분쟁의 문제될 수 있다.
43) 다만 국제법협회(Institut de Droit international)가 1991년 제65차 스위스 바젤회의에서 채택한「문화유산의 보호 관점에서 예술품의 국제거래」(La vente internationale d'objets d'art sous l'angle de la protection du patrimoine culturel) 결의문(Resoultion) 제3조에서 "예술품의 반출에 관해서는 기원국(country of origin)의 법률 규정이 적용된다."고 규정한 것과 유럽공동체 회원국간의 불법반출 문화재의 반환을 위한 1993년 유럽경제공동체 지침(Council Directive 93/7/EEC) 제13조는 "반환된 문화재의 소유권에 관한 사항은 청구한 국가의 법에 따른다."고 규정한 것 등은 기원국법주의를 채택한 것으로 평가된다. 그에 관한 상세한 설명은 Michael Anton, Internationales Kulturgüterprivat− und Zivilverfahrensrecht, Berlin−New York, 2000, S. 812 ff. 참고.
44) 송호영, "해외로 불법반출된 문화재의 민사법상 반환청구법리에 관한 연구",『비교사법』제11권 4호(2004), 249면 이하 및 송호영, "국제사법상 문화재의 기원국법주의(lex originis)에 관한 연구",『재산법연구』제30권 제1호(2013), 79면 이하.

정되어하고 있고,[45] 이를 계수하여 각국의 실정법(특히 문화재보호법)에서 문화재에 대한 권리를 제한하거나 양도를 금지하는 규정들을 두는 경우가 많이 있다. 문화재에 대해서는 거래의 안전보다 문화재 자체를 보호하는 것에 더 큰 가치를 두더라도 그리 부당한 것이라고 하기 어렵다.

둘째, 소재지법주의가 자칫 문화재의 소유권을 세탁(ownership laundering)하는 수단으로 악용될 수 있다는 점이다.[46] 소재지법주의의 연결점인 소재지를 변경함으로써 그 물건을 취득하였다고 주장하는 장소나 현재 그 물건이 소재하고 있는 장소는 쉽게 조작될 수 있다. 즉, 물건을 절취하거나 은닉한 자는 자신들에게 유리한 나라의 법령이 적용되는 소재지를 미리 정해 놓고, 그에 맞추어 물건의 소재지를 옮김으로써 준거법의 변경(Statutenwechsel)을 가져올 수 있게 된다. 특히 문화재의 경우에 나라마다 문화재에 대한 법적 규율이 상이한데, 문화재를 밀거래하려는 자들은 여러 나라들의 관계법령을 살펴보고서 문화재에 대해서도 선의취득을 인정하거나 취득시효나 소멸시효가 상대적으로 짧은 나라를 택해서 그곳으로 문화재를 옮겨 선의취득이나 취득시효의 요건을 완성시켜 소유권을 세탁한 후에, 이를 합법적으로 유통시킬 수 있게 된다.

셋째, 문화재에 대해서도 소재지법주의를 고수하게 되면 문화재를 보호하는 다른 나라의 법규를 고려하지 않는 결과를 초래하게 되며, 또한 불법반출된 문화재를 원소유자에게 반환하는 것을 기본정신으로 하는 국제규범[47]과도 어울리지 않게 된다.

이처럼 소재지법주의가 가지는 문제점을 극복하기 위한 대안으로 필자는 문화재에 관한 권리의 준거법을 정하는 원칙으로 기원국법주의(lex originis)를 제안한 바 있다.[48] 문화재에 대해 기원국법주의를 주장하는 대표적인 학자는 독일의 제임(Erik Jayme)교수이다. 그는 기원국을 판단하는 기준으로 ① 신앙적 가치, ② 창작자의 국가적 정체성, ③ 문화재가 생성된 곳, ④ 문화재로 존치하는 곳, ⑤ 문화재가 소재하던 곳, ⑥ 문화재가 발견된 곳, ⑦ 문화재가 계수된 곳, ⑧ 역사적 관련성이 있는 곳, ⑨ 불융통물로 지정된 곳 등을 제시하며 이와 같은 다양한 요소들을 고려하여 기원국(originis)을 결정해야 한다고 주장한다.[49] 필자도 그의 주장에 동조하고 있다. 이러한 주장에 대해 석광현교수는 기원국법주의는 기원국의 개념이 불확실하다는 점과 기원국법이 적용되는 문화재의 범위와 준거법인 기원국법이 규

---

45) Amaile Weidner, Kulturgüter als res extra commercium im internationalen Sachenrecht, Berlin · New York, 2001, S. 15.

46) Lyndel v. Prott, The Protection of the Cultural Heritage, Académie de droit international, RdC 217 (1989), 215 ff., 258.

47) 1970년 UNESCO협약 및 1995년 UNIDROIT협약 등.

48) 송호영, "국제사법상 문화재의 기원국법주의(lex originis)에 관한 연구", 91면 이하 참고. 문화재에 관한 권리의 준거법적용원칙으로 기원국법주의를 채택해야 한다는 주장은 독일의 Erik Jayme교수에서 비롯된 것이다.

49) Erik Jayme, Internationaler Kulturgüterschutz: Lex originis oder lex rei sitae—Tagung in Heidelberg, IPRax, 1990, S. 347 f.; *ders*, Kunstwerk und Nation: Zuordungsprobleme im internationalen Kulturgüterschutz, Heidelberg, 1991, S. 7 ff.

율하는 사항의 범위가 명확하지 않다는 점을 비판하면서 문화재에 대해서도 여전히 소재지 법주의를 적용하는 것이 타당하다고 주장한다.[50] 물론 필자도 소재지법주의에 입각한 그의 비판이 부당하다고 생각하지는 않는다. 다만 기원국법주의는 소재지법주의가 가지는 객관성에도 불구하고 준거법지정을 기계적으로 적용함에 따라 생기는 부작용을 개선하기 위해 등장한 학설이며 아직까지 보완해야 할 점이 많이 있음도 인정한다. 그럼에도 불구하고 필자가 기원국법주의를 주장하는 것은 문화재의 특수성을 강조하기 위함이다. 문화재의 불법적인 유통을 막기 위해서는 도난되거나 불법하게 반출된 문화재는 원소유자에게 돌아갈 수 있어야 한다. 그러한 정신을 담은 국제규범이 1995년 UNIDROIT협약이다. 동 협약은 문화재에 대한 선의취득을 인정하지 않고 원소유자에게 무조건적인 반환의무를 부과하고 있다(제3조 및 제5조).[51] 동 협약은 자기집행적 효력이 있기 때문에, 협약에 가입한 국가의 국내법이 선의취득제도를 인정하고 있더라도 동 협약 규정이 우선하게 되어 문화재의 선의취득은 인정되지 않는다. 따라서 문화재반환문제에 관해 분쟁에 관여된 모든 국가가 UNIDROIT협약에 가입하고 있다면, 동 협약의 효력으로 원소유자는 선의취득자에게 문화재의 반환을 청구할 수 있기 때문에 선의취득 문제에 관한 한 준거법 지정을 운운할 필요가 없게 된다. 그러나 현실적으로는 UNIDROIT협약의 규정과 국내법 규정의 충돌의 이유로 많은 나라들이 협약가입에 주저하고 있는 형편이며, 설령 UNIDROIT협약에 가입하였더라도 협약에 소급효가 없어서 협약의 발효이전의 문제에 대해서는 협약이 영향을 미칠 수 없으며, 협약 발효 이후라고 하더라도 선의취득 이외의 문제[52]에 대해서는 해결책이 될 수 없다. 이러한 사정에서 UNIDROIT협약의 제정에도 불구하고 국제적인 문화재반환분쟁에 있어서는 국제사법상 준거법을 정하는 원칙이 여전히 중요한 문제로 남아있다. 이에 대하여 필자는 문화재의 준거법을 정하는데 있어서 소재지법주의보다 기원국법주의가 UNIDROIT협약의 기본정신과 더 부합하다고 생각한다.

(나) 사안에의 적용

위에서 본 국제사법상 준거법선택 원칙을 사안에 적용해본다. 우선 소재지법주의(lex rei sitae)에 의하게 되면, 우리 국제사법 제33조가 "동산 및 부동산에 관한 물권 또는 등기하여야 하는 권리는 그 동산·부동산의 소재지법에 따른다"고 하고 있으므로(제1항) 본 사건에서 2012년 당시 불상을 점유하고 있던 일본의 관음사가 그 소유자로 추정되는지를 규율하는 준거법은 불상의 소재지인 일본 민법이며,[53] 또한 물권의 득실변경은 "그 원인된 행위

---

50) 석광현, "국제적 불법거래로부터 문화재를 보호하기 위한 우리 국제사법과 문화재보호법의 역할 및 개선방안", 『서울대 법학』 제56권 제3호(2015), 136~137면 및 "대마도에서 훔쳐 온 고려 불상의 서산 부석사 반환을 명한 제1심판결의 평석: 국제문화재법의 제문제", 15~17면.

51) 동 협약은 선의취득을 부정하는 대신에 선의취득자에게 일정한 요건 하에서 공정하고 합리적인 보상의 지급을 요구할 권리를 인정하는 선에서 선의취득자와 원소유자 사이의 이해관계를 조정하고 있다(동 협약 제4조 및 제6조).

52) 예컨대 문화재에 대한 취득시효의 문제 등.

또는 사실의 완성 당시 그 동산·부동산의 소재지법에 따른다"고 하여(제2항), 도난된 불상의 선의취득과 시효취득의 준거법에 대해서도 불상의 취득당시 또는 시효완성 당시 소재지법인 일본법이 준거법이 된다.[54)]

그렇다면 기원국법주의(lex originis)에 의하면 어떻게 될 것인가? 현재 학계에서 필자를 제외하고 명시적으로 기원국법주의를 지지하는 입장을 찾아보기 어려우므로, 이에 대한 필자의 설명으로 답을 갈음한다. 기원국법주의에 대해 흔히 하기 쉬운 오해 중의 하나가 문화재가 생성된 곳을 문화재의 기원(origin)으로 생각하는 것이다. 이러한 생각에 의하면 사건의 불상은 고려시대 한반도에서 제작된 것이고 고려와 조선을 거쳐 대한민국이 국가승계를 한 것으로 보면 불상에 대한 기원은 한국이 될 것이다. 그렇지만 국제사법에 있어서 준거법 결정을 위한 연결요소로서의 起源(origin)과 역사적·문화적 분류를 위한 由來(origin)는 엄연히 구분하여야 한다. 어떤 문화재가 어디에서 생성되었는지는 국제사법상 연결요소인 문화재의 기원국을 판단하는 데 있어서 여러 기준 중의 하나일 뿐이다. 역사적으로 고려에서 제작된 불상은 문화적·예술적으로 '한국'문화재로 분류할 수는 있으나, 그것이 법적인 의미에서 한국이 기원국인 문화재로 이어지는 것은 아니다. 가령 1975년 전라남도 신안 앞바다에서 14세기 원나라 시대 침몰된 무역선에서 인양한 유물이 국외로 반출되어 거래되었다고 가정한다면, 그 유물은 역사적·문화적으로는 중국에서 유래한 것이더라도 그 유물에 관한 권리의 준거법을 정하는 연결요소로서의 기원은 한국이라고 할 것이다. 다시 말하자면, 국제사법상 기원국을 판단함에 있어서는 어느 하나의 기준이 아니라 여러 기준을 종합적으로 고려하여 판단하여야 한다. 비록 고려에서 제조된 불상이더라도 그 불상이 어떤 연유로 일본으로 건너와서 그곳 토착민들로부터 오랜 세기동안 신앙의 대상으로 이어져왔고 근자에는 불상의 역사적·문화적 가치에 터잡아 일본정부로부터 문화재로 지정되어 일본법의 보호대상이 되었다면, 국제사법상 준거법을 결정함에 있어서 그 불상의 기원국은 일본으로 보는 것이 타당하다. 여기서 기원국이란 준거법을 결정하는 연결요소로 작용한다는 것일 뿐이지, 그것이 해당문화재가 기원국가의 소유로 된다거나 기원국가에 귀속되어야 함을 의미하는 것이 아님을 유의하여야 한다.

결국 본 사건에서 법원은 국제사법상 준거법을 결정함에 있어서 소재지법주의(lex rei sitae)에 의하든 기원국법주의(lex originis)에 의하든 불상에 관한 권리 또는 그 권리의 득실변경에 관한 사항은 일본법을 준거법으로 하여 판단하여야 한다.

---

53) 석광현, "대마도에서 훔쳐 온 고려 불상의 서산 부석사 반환을 명한 제1심판결의 평석: 국제문화재법의 제문제", 13면.

54) 석광현, 상게논문, 15면.

3. 실질법상 쟁점

가. 개 설

실질법상 쟁점에서 가장 우선시되는 문제는 과연 원고가 고려국 서주 부석사와 동일성이 인정되는 사찰인지 여부이다. 원심과 대법원은 여기에서 판단이 엇갈린다. 원고가 서주 부석사와 동일성이 인정되지 않는다면 소송에서 추가적으로 실질법상 쟁점을 논의할 실익은 없게 되므로 당사자들로서는 매우 중요한 문제이다. 그런데 사안의 부석사뿐만 아니라 우리나라의 사찰 대부분이 목조로 건축되어 있어서 화재나 재난에 취약하여 고찰들은 대부분 중수를 거듭한 적이 많은 점을 감안하면 그 동일성을 어떻게 판단할지가 매우 어려운 문제이다.[55] 본 사안에서 대법원은 여러 사료를 들어 원고가 서주 부석사와 동일성이 있는 것으로 판단하였는데, 이는 법리적인 문제라기보다 실질적으로는 사실관계의 확정에 관한 문제이므로 여기에서는 이에 관한 자세한 논의는 생략한다.

국제사법의 준거법결정원칙에 따라 일본법을 준거법으로 정한 경우에, 일본의 실질법에 따라 사건 불상에 관한 권리에 대해 살펴보아야 한다. 여기서 불상에 관한 권리란 결국 불상에 관하여 누구에게 소유권이 인정되는지에 관한 것이며, 소유권에 관하여 규율하는 법은 「민법」이다. 이론상으로는 불상이 "1330년 서산에서 제작된 후 1526년경 이전에 일본으로 이동되었다고 추정"되는 시기에 통용되던 법률과 현재의 법률 사이에 적용될 법을 가리는 실질사법의 시제법에 관한 문제가 제기될 수 있으나,[56] 1526년경 전후에 통용되었던 실질사법의 존재를 확인할 수 없으므로 시제사법의 문제는 별다른 의미를 갖지 못하고, 2012년 일본에서 불상이 도난된 당시의 일본 민법을 적용하여야 한다. 그렇다면 2012년 관음사에서 도난사건이 발생한 당시에 불상의 소유권은 일본 민법상 누구에게 있었는지를 검토하여야 하며, 그것은 도난 당시 관음사가 불상을 점유하였던 상태에 대한 법적 평가에서 비롯된다. 이에 대해서는 민법상 다음과 같은 쟁점이 검토대상이 된다. 권리의 적법추정의 문제, 불상의 선의취득의 문제 및 취득시효의 문제가 그것이다. 이에 대해 차례대로 살펴본다.

나. 권리의 적법추정

1526년경 관음사가 사건의 불상을 '어떤 사유로' 취득한 이래로 현재 점유하고 있는 경우에 그로 말미암아 2012년 불상 도난 당시에 관음사가 소유자로 추정이 되는 것인지가 문제된다.

일본 민법 제188조는 "점유자가 점유물에 대하여 행사하는 권리는 적법하게 가지는 것으

55) 과거 현등사가 리움미술관을 상대로 현등사 사리구의 반환을 청구한 사건에서 법원은 사리구의 원소유자인 현등사와 현재의 현등사가 동일한 사찰임을 입증할 수 없다고 판단한 적이 있다.

56) 석광현, "대마도에서 훔쳐 온 고려 불상의 서산 부석사 반환을 명한 제1심판결의 평석: 국제문화재법의 제문제", 18면.

로 추정한다"고 규정하고 있다. 이는 우리 민법 제200조의 내용과 동일하다. 따라서 이에 관한 해석론도 우리 민법과 일본 민법 사이에 차이가 없다. 동 조문에 의해 점유자가 주장하는 점유의 정권원(正權原)이 추정되고, 특히 일본 민법 제186조 제1항[57]에 의하여 점유자는 특별한 사정이 없는 한 소유의 의사로 점유하는 것으로 추정되므로 점유자는 원칙적으로 소유자로 추정되는 결과가 발생한다.[58] 추정의 효과는 반증을 들어서 깨드려질 때까지는 정당한 것으로 다루어진다. 동 조항이 인정하는 추정력의 법적 성질은 법률의 규정에 의해 인정된 법률상 추정이며, '권리'를 적법하게 가지는 것으로 추정하므로, 이는 권리추정이다.[59] 법률상 추정에는 증명책임의 전환이 수반되고[60] 권리추정에 의해 점유자는 일응 정당한 권리를 가진 것으로 취급되기 때문에 점유자에게 권리가 없음을 주장하는 자가 그에 관한 증명책임을 부담한다.[61] 즉, 점유자의 권리를 부정하고자 하는 자는 상대방의 점유 사실을 반증으로 동요시켜 추정의 적용을 회피하든가 아니면 점유자의 점유할 권리가 없음을 본증으로 입증하여 추정을 복멸시켜야 한다.[62]

이러한 법리를 사안에 비추어보면, 2012년 도난 당시에 불상을 점유하고 있던 관음사는 일본 민법 제186조 제1항에 의해 '소유의 의사'를 가지고 점유한 것으로 추정되고 또한 일본 민법 제188조에 의해 관음사가 불상에 대하여 행사하는 권리(즉, 소유권)는 적법한 것으로 법률상 추정되므로, 관음사의 소유권을 부정하는 원고가 그에 관한 증명책임을 부담하게 된다. 원고가 제시한 자료를 보면 몇 가지 정황을 통해 과거에 불상이 부석사에서 약탈된 것으로 여길만한 개연성을 보여주기는 하지만, 그것으로 법률상 권리추정을 복멸시킬 만한 법적 의미를 갖는 증거에는 이르렀다고 보기 어렵다.[63] 대법원도 바로 이 점을 지적하고 있다.

다. 선의취득 및 취득시효

(1) 선의취득

판결에서 언급하고 있는 여러 기록을 보면 관음사는 불상을 부석사로부터 직접 취득한 것으로는 보이지 않는다. 그렇다면 관음사가 불상을 약탈한 왜구를 통해서 혹은 왜구로부터 이를 양수한 제3자를 통해서 이를 다시 양도받았다고 가정한다면, 관음사로서는 선의취득 또는 취득시효에 의해 불상의 소유권을 인정받을 수 있는 것인지가 문제된다.

---

57) 일본 민법 제186조 제1항: 점유자는 소유의 의사를 가지고 선의이며 평온하고 공연하게 점유한 것으로 추정한다. 이는 우리 민법 제197조 제1항과 같은 내용이다.

58) 谷口知平 [外]編., 『新版 注釋民法(7)』, 有斐閣, 2007, 91면(田中整爾 집필); 我妻榮(著)・有泉亨(補訂), 『新訂 物權法(民法講義 Ⅱ)』, 岩波書店, 2008, 491면; 松井宏興, 『物權法』, 成文堂, 2016, 250면.

59) 김증한, 김학동, 『물권법』, 제9판, 박영사, 1998, 212면.

60) 박재완, 『민사소송법』, 제2판, 박영사, 2018, 353면.

61) 김증한, 김학동, 『물권법』, 214면.

62) 김용담(편집대표), 『주석 민법』 (물권 1) 제4판, 한국사법행정학회, 2011, 346면(김형석 집필).

63) 同旨 석광현, "대마도에서 훔쳐 온 고려 불상의 서산 부석사 반환을 명한 제1심판결의 평석: 국제문화재법의 제 문제", 20면.

일본민법 제192조는 卽時取得이라는 제목에서 거래행위에 의해 평온하고 공연하게 동산의 점유를 시작한 자는 선의이며, 과실이 없는 때에는 즉시 그 동산에 대해 행사할 권리를 취득한다고 규정한다. 만약 그러한 물건이 도품 또는 유실물인 때에는 피해자 또는 유실자는 도난 또는 유실된 때로부터 2년간 점유자에 대하여 그 회복을 청구할 수 있다(제193조). 이는 우리 민법에서 선의취득에 관한 민법 제249조 및 도품 및 유실물에 대한 특례인 제250조와 약간의 표현상 차이 외에는 동일한 내용이다. 선의취득의 요건에서 평온, 공연, 선의는 일본 민법 제186조 제1항에 의해 추정된다. 무과실도 추정되는가에 대해서는 다툼이 있으나,[64] 일본 판례는 선의취득을 주장하는 점유자가 자신에게 과실이 없었음을 입증하여야 한다는 입장을 취하고 있다.[65] 그런데 선의취득이 성립하려면 양수인이 양도인으로부터 거래행위를 통해 물건을 인도받아 점유하였어야 한다. 사안에서 관음사가 불상을 어떠한 과정에서 통해서 취득하였는지, 특히 증여 등 '거래행위'를 통해 취득하였는지는 알 수 없다. 따라서 불상의 취득경위가 밝혀지지 않는 한 부석사뿐만 아니라 관음사측에서도 선의취득의 성립여부를 가지고 다투기는 매우 어렵다고 본다.

(2) 취득시효

그렇다면 관음사가 불상을 취득한 경위에 대해서는 불분명하므로 2012년 도난당시 관음사의 점유상태에 터 잡아 취득시효가 성립하는지가 더 중요한 쟁점이 될 수 있다. 일본민법 제162조는 20년간 소유의 의사를 가지고 평온, 공연하게 타인의 물건을 점유한 자는 그 소유권을 취득한다고 하고(제1항), 10년간 소유의 의사를 가지고 평온, 공연하게 타인의 물건을 점유 한자는 그 점유를 개시한 때에 선의이며 과실이 없는 경우에 그 소유권을 취득한다고 정하고 있다(제2항). 일본 민법이 취득시효에 있어서 부동산과 동산을 구별하지 않고 규정한 것을 제외하면 동산소유권의 취득시효에 관한 우리 민법 제246조와 유사하다.[66] 취득시효에서 요구되는 소유의 의사, 평온・공연한 점유는 일본민법 제186조 제1항에 의해서 점유자에게 추정되므로, 이러한 사실상 추정을 다투는 자가 반증으로 이를 부인하여야 한다. 관음사가 어떤 연유로 사건의 불상을 취득하였을 당시에 '악의의 무단점유'가 아니었던 이상 법률에 의해 소유의 의사를 가진 자주점유로 추정되므로, 비록 불상의 취득당시에 관음사에게 소유권이 없음을 알고 있었더라도 평온・공연하게 20년간 점유를 하였다면 관음사에게 불상의 소유권이 인정된다. 관음사의 소유권을 부인하려면 그 소유권을 부인하는 자가 관음사의 점유가 타주점유라는 점 또는 20년간의 점유가 평온・공연하지 않은 점유였음

---

64) 국내에서는 권리의 적법추정에 관한 민법 제200조에 의하여 점유자의 무과실도 추정된다는 견해와 제200조는 무과실의 추정과는 무관하기에 점유자의 무과실은 추정되지 않는다는 견해로 나뉜다. 판례는 후자의 입장을 취하고 있다(대법원 1962. 3. 22. 선고 4294민상1174・1175 판결).

65) 最判昭41・6・9 民集 第20卷 5号 1011頁.

66) 다만 우리 민법은 점유자가 악의인 때에는 시효기간은 10년이고 선의・무과실인 때에는 5년으로 시효기간에 있어서 차이가 있다.

을 증명하여야 한다. 만약 관음사가 불상을 점유하기 시작한 때부터 선의이며 과실이 없는 점유였다면 취득시효기간은 10년으로 단축된다. 취득시효기간의 기산이 문제될 수 있으나, 취득시효제도를 규정한 일본민법이 제정된 시점을 기산점으로 잡더라도 불상이 도난당한 2012년 현재 위 기간은 이미 완료되었다.

사안에서 관음사는 취득시효 요건을 충족하였다고 할 수 있고, 이를 번복할 만한 증거가 제시되었다고 보기는 어렵다.[67] 이에 따라 관음사에 대한 취득시효의 요건이 완성되면 그 반사적 효과로써 불상에 관하여 원시취득한 원고의 소유권은 상실한다.

Ⅳ. 맺으며

1심에서의 사안은 하나의 물건(고려 불상)을 두고 이해관계가 서로 대립하는 당사자 사이에서 누구에게 소유권이 귀속되어야 하는지를 다투는 것이 아니라, 불상의 소유권을 주장하는 측(서산 부석사)과 불상을 피해자(일본 관음사)에 반환해야 하는 의무를 부담하는 측(대한민국 정부) 사이의 다툼이라는 점에서 특이한 면이 있다. 피고 대한민국이 부담하는 반환의무는 1970년 UNESCO협약에 따른 것이므로, 이때까지는 원고의 소유권에 대한 사법상 쟁점과 과 국제협약에 따른 피고의 반환의무에 대한 공법상 쟁점이 혼재되어 있다. 그렇지만 2심에서부터는 불상의 소유권을 주장하는 일본 관음사가 피고 보조참가인으로 참가함으로써 사안의 쟁점은 불상의 소유권에 관한 사법상 문제로 집중되었다. 다툼의 대상이 된 문제의 불상은 처음부터 줄곧 우리나라에 소재하였던 것이 아니라, 고려시대 제조되어 서주 부석사에 보존되어 있었지만 확인되지 않은 사유에 의해 오랜 기간 동안 외국(일본)에 소재하고 있다가 도난에 의해 국내로 반입된 것이라는 점에서 불상의 소유권을 둘러싸고 실질법상 문제뿐만 아니라 국제법적 문제와 국제사법적 문제가 얽혀 있다. 따라서 사안에서 불상의 소유권을 판단함에 있어서 국제협약상의 문제, 국제사법적 문제 및 국내 실질법상 문제들에 대해 정교한 심사가 요구된다.

첫째, 국제협약, 즉 한국과 일본이 모두 가입한 1970년 UNESCO협약상의 문제에 있어서는 문제의 고려 불상이 동 협약의 보호대상인 이른바 "특별히 지정된"(specially designated) 문화재인지를 검토하여야 한다. 일본이 동 협약의 이행을 위해 제정한 법률에 의하면 도난당한 2점의 불상 중 국가지정문화재로 지정된 동조여래입상은 이에 해당하지만, 문제된 관세음보살좌상은 나가사키현의 지정문화재에 등록된 것에 그치므로 협약이 의미하는 '특별한 지정'의 대상에서 제외된다고 볼 수도 있다. UNESCO협약의 보호대상을 좁게 해석해야 할 합리적인 이유가 없을 뿐만 아니라, 우리나라에서는 아직까지 협약이 요구하는 '특별한 지

67) 同旨 석광현, "대마도에서 훔쳐 온 고려 불상의 서산 부석사 반환을 명한 제1심판결의 평석: 국제문화재법의 제문제", 27－28면.

정'이 이루어지지 않은 상황에서 협약에 대한 상호주의 원칙을 고려한다면 관세음보살좌상에 대해서도 협약의 보호대상으로 인정하는 것이 타당하다. 그렇다면 일본에서 불법하게 국내로 반입된 문화재에 대해서 우리 정부로서는 UNESCO협약상 '문화재의 회수 및 반환에 관한 적절한 조치'를 취할 의무가 있게 되고(제7조 b항 ii호) 또한 이를 이행하기 위한 구 문화재보호법의 관련규정상 반입된 문화재를 일본정부 또는 피해자에게 반환할 의무가 있다(제20조 제4항 및 제5항).[68] 사안에서처럼 불상의 '소유권'을 다투는 사건에서 UNESCO협약 및 문화재보호법상 정부에게 부여된 불법반입 문화재의 반환의무가 곧바로 원고의 소유권을 배척하는 근거로 바로 이어지는 것은 아니다. 그렇지만 우리 정부가 형사소송법상 절도사건의 피해물건 환부절차에 따라 불상을 일본 측에 반환(점유이전)하려 했던 것에 대해 가처분신청이 있었고 이어서 유체동산인도를 내용으로 하는 소가 제기되었던 이상, 우리 정부에 관음사를 포함한 일본 측으로 불상을 반환할 의무가 있는지에 대해 검토할 필요성이 있었던 것이다.

둘째, 국제사법상의 문제이다. 처음 사안이 단순한 절도사건에 머물렀을 당시에는 국제사법상 문제와는 직접적인 관련이 없었으나, 국내에서 불상에 대해 소유권을 주장하는 소가 제기됨으로써 사안은 "외국적 요소가 있는" 사법상 법률관계로 성격이 전환되어 국제사법상 준거법의 결정이 중요한 문제로 부각된다. 이에 대해서는 "1330년 서산에서 제작된 후 1526년경 이전에 일본으로 이동되었다고 추정"되는 시점과 2012년 일본에서 도난당한 시점의 격차에 따라 적용될 시제법 문제가 있을 수 있으나, 불상이 일본으로 이동되었다고 추정되는 14세기 내지 16세기 당시에는 한반도와 일본지역에 통용되던 국제사법은 존재하지 않은 것으로 보여서 사안에서 시제법은 별다른 의미를 가지지 못한다. 장소적 저촉문제와 관련하여서는 우리 국제사법 제33조가 물권의 준거법으로 목적물소재지법주의(lex rei sitae)를 채택하고 있어서 도난당시 불상의 소재지였던 일본법이 준거법이 된다. 필자는 이에 대해 문화재의 특수성을 감안하여 문화재에 대해서는 기원국법주의(lex originis)를 채택하여야 한다고 주장하지만, 기원국법주의에 의하더라도 사안의 경우 준거법은 일본법이 된다는 점에서 소재지법주의와 차이가 없다.

셋째 실질법상 문제이다. 국제사법에 따라 준거법이 일본법으로 지정되면 일본 민법에 따라 불상에 관한 권리를 검토하여야 한다. 여기에도 이론적으로는 시제법의 문제가 있을 수 있으나 국제사법의 경우에서와 마찬가지 이유로 2012년 도난 당시의 일본 민법을 적용하여야 한다. 여기에는 권리의 적법추정의 문제, 불상의 선의취득의 문제 및 취득시효의 문제가 검토대상이다. 점유자에 대한 권리의 적법추정에 관한 규정은 법률상 추정이자 권리추정이므로 역사적 개연성에 의해서 권리의 추정을 복멸시키기에는 한계가 있다. 일본 관음사

68) 현「국가유산기본법」 제30조 제4항 및 제5항에 해당됨.

가 선의취득 또는 취득시효에 의해 불상의 소유권을 가지는지에 관해서 선의취득의 전제가 되는 '거래행위'를 통한 물건의 인도여부가 불명확하기 때문에 선의취득의 성립여부는 판정하기 어렵다. 그렇지만 관음사가 불상을 입수한 당시에 '악의의 무단점유'를 한 것이 아닌 한, 불상에 대한 취득시효가 완성하여 관음사가 소유권을 취득하였다고 보아야 한다.

필자는 이 사건을 '우리 문화재'라는 선입견을 떠나서 최대한 객관적이고 학리적으로 분석하고자 하였다. 그렇지만 상기의 결론이 문화재에 대한 필자의 평소 주장과 완전히 맞아 떨어지지 않는 부분도 있다. 필자는 문화재에 대해서는 다른 재화와 달리 불융통물(res extra commercium)로서의 성질을 감안하여 선의취득이나 취득시효의 성립을 해석상 제한할 필요가 있다거나,[69] 전시(戰時) 또는 식민통치시기에 반출된 문화재 및 유통을 상상하기 어려운 문화재(예, 종교문화재나 왕실문화재)에 대해서는 입증책임을 전환하여 현재의 소지자가 적법하게 취득하였음을 증명하도록 하자고 주장한 바 있다.[70] 이러한 주장의 기저에는 문화재의 불법거래를 막기 위함에 있다. 문화재분쟁에 관련된 국가들이 모두 1995년 UNIDROIT협약에 가입하여 동 협약이 각국의 실질사법의 역할을 하기 까지는 사법부가 문화재의 특수성을 감안한 판단을 하여 이를 보완할 필요가 있다는 것이 필자의 생각이다. 국제사법상 준거법의 결정에 있어서도 기원국법주의(lex originis)를 주장하는 것도 같은 맥락이다. 더욱이 1995년 UNIDROIT협약에 가입하더라도 협약의 소급효가 없는 이상 과거에 불법 반출된 문화재가 실효적으로 반환될 수 있도록 하기 위해서는 이와 같은 '예외적인' 법리 구성이 필요하다고 생각한다. 그렇지만 이러한 법리를 모든 문화재에 대해 일률적으로 적용하는 것은 전체 법질서를 해칠 위험이 있다. 이러한 법리는 예외적이고 제한적으로 적용되어야지 문화재라는 이유로 일반화해서는 안 된다고 생각한다. 예외없는 원칙이 없지만, 예외는 원칙을 증명하는 선에서 존재의 의미를 갖는 것이지 예외가 원칙을 압도해서는 안 된다. 사안처럼 근대법질서가 형성되기 훨씬 이전에 발생한 사건에 대해, 더구나 오랜 세월 동안 그 지역의 신앙의 대상으로 여겨져 왔던 문화재에 대해서까지 '예외적인' 법리를 적용하는 것은 지나치다는 생각이다. 만약 이러한 예외적인 법리를 본 사안에도 적용하는 것이 타당한지에 대해 다툴 필요가 있더라도 그것은 일단 도난된 불상을 현재의 피해자인 관음사에 돌려주고 난 다음에 그 불상에 대해 정식으로 소유권을 다투는 소송에서 이를 다루어야 한다. 그 과정에서 문화재에 대한 특수한 성격에 따른 예외적인 법리를 적용할 것인지가 검토되어야 할 것이다. 대법원 판결의 결과가 국민감정상으로는 아쉬울 수 있으나, 법리적으로는 올바른 판단이다. 다만 이러한 법리를 도난 또는 불법 반출된 문화재에 대하여 기계적으로 적용하는 것은 피해야 한다. 왜냐하면 예컨대 도난문화재라도 어떤 연유로 이를 점유한 자가 취

69) 송호영, "해외로 불법반출된 문화재의 민사법상 반환청구법리에 관한 연구", 257면.

70) Ho-Young Song, International Legal Instruments and New Judicial Principles for Restitution of Illegally Exported Cultural Properties, Penn State Journal of Law & International Affairs, Vol. 4 Issue 2, pp. 744-746.

득시효 기간을 넘겨 점유하고 있다면 취득시효의 완성을 이유로 원소유자로서는 더 이상 반환을 청구할 수 없다는 결론으로 이어지기 때문이다. 이러한 이유에서 민법의 일반 법리를 원칙으로 하면서도 문화재의 불융통적 성질을 고려한 특수한 법리를 법원에서 어느 정도 수용할 필요가 있다고 본다.

치료기회상실로 인한 손해배상과 관련된 대법원 판결의 검토

엄 복 현

경북대학교 법학전문대학원 교수

이 글은 박동진 교수님의 학은에 감사드리고 화갑을 축하하기 위하여 작성된 것으로, 의료법학 제20권 제3호(2019.12)에 게재된 내용 중 일부를 수정·보완한 것입니다.

필자는 박동진 교수님의 지도로 박사학위를 취득하였습니다. 필자가 현재의 자리에까지 오게 된 것은 전적으로 박동진 교수님의 지도 덕분입니다. 이 자리를 빌어 박동진 교수님께 다시 한 번 깊은 감사의 말씀을 드립니다.

Ⅰ. 서 론

의사의 과실 있는 진료행위로 인하여 환자가 적시에 치료를 받지 못하여 사망하거나 중대한 후유증이 남게 된 경우에, 의사의 가해행위와 환자의 생명·신체침해 사이에 상당인과관계가 인정이 되어야 환자는 의사에게 손해배상책임을 추궁할 수 있다. 따라서 의사의 과실 있는 진료행위와 환자에게 발생한 생명·신체침해 사이에 인과관계를 입증할 수 없다면 환자는 의사에게 어떠한 책임도 추궁할 수 없다.[1)]

우리나라의 판결들은 환자로 하여금 적절한 치료를 받을 기회를 상실하게 한 의사의 과실 있는 진료행위가 환자의 생명·신체침해의 한 원인이 된다면 양자 사이의 인과관계를 인정한다. 예컨대, 우리나라의 판결들은 환자의 치유가능성이 50%가 되지 않더라도 의사의 가해행위와 환자의 생명·신체침해 사이에 상당인과관계를 인정하기도 하였다.[2)] 의사의 과실 있는 진료행위로 인하여 적시에 치료 받지 못하고 뒤늦게 치료를 받았으며, 이로 인하여 5년 이상 생존율이 일정부분 감소하였고 결국 사망한 사안들에서도 의사의 과실 있는 진료행위와 환자의 사망 사이에 인과관계를 인정하고 책임의 범위를 제한한 판결들도 있다.[3)] 이처럼 우리 법원은 환자로 하여금 적절한 치료를 받을 기회를 놓치게 한 의사의 과실 있는 진료행위가 환자의 생명·신체를 침해한 것에 한 원인이 되었다면 양자 사이에 인과관계를 인정하되 사안에 따라 손해배상책임의 범위를 제한하고 있다. 따라서 우리 법원에서는 의사의 가해행위와 환자의 생명·신체침해 사이에 인과관계가 부정되더라도 의사의 가해행위가 환자의 다른 보호법익을 침해하였음을 이유로 하여 이로부터 발생한 정신적 고통에 대한 위자료 배상이라도 인정해 주는 치료기회상실의 법리가 특별히 부각되지는 않았다.

그러나 아무리 인과관계 입증의 정도를 완화하더라도 가해행위와 발생한 손해 사이에 인과관계의 입증이 곤란한 경우가 있다. 대표적으로 의사의 과실 있는 진료행위로 인하여 말기암환자가 적절한 치료를 받지 못한 경우를 들 수 있다. 말기암환자의 경우에는 의사가 주의의무를 다하였어도 환자가 사망이라는 결과를 피하기 어렵기 때문이다. 이와 같이 의사의 과실 있는 진료행위가 있고 환자에게 생명·신체침해라는 결과가 발생하였음에도 불구하고, 의사가 주의의무를 다하였어도 환자의 생명·신체침해라는 결과를 회피하기 어려웠다고 하여 의사에게 어떠한 책임도 추궁할 수 없다는 것은 국민의 법감정에도 맞지 않고 환자의 보호에도 불리한 측면이 있다.[4)] 따라서 이와 같은 경우에 생명·신체침해가 아닌 치료기회의

1) 다만 의사의 설명의무 위반으로 인하여 환자의 자기결정권이 침해당하여 환자가 위자료 배상을 받게 되는 경우도 있다.
2) 대법원 1998. 7. 24. 선고 98다12270 판결, 부산고등법원 2007. 4. 5. 선고 2006나16604 판결 등.
3) 대법원 2007. 5. 10. 선고 2006다72680 판결, 서울고등법원 2005. 12. 20. 선고 2004나54864 판결 등.
4) 류화신, “적절한 의료를 받을 기대와 손해배상책임 여부－일본 최고재판소의 최근 판결을 중심으로”, 의료법학 제13권 제1호, 대한의료법학회(2012), 398면.

상실과 같은 다른 보호법익의 침해를 근거로 환자에게 손해배상을 인정해 줄 수 있는지가 문제된다.

후술하겠지만 우리나라의 판결은 환자로 하여금 적절한 치료를 받을 기회를 놓치게 한 의사의 과실 있는 진료행위와 환자의 생명·신체침해 사이에 인과관계가 인정되지 않더라도, 해당 의료과오로부터 발생한 정신적 고통에 대한 위자료 배상을 인정하고 있다. 이 때 다음과 같이 두 가지의 경우로 사안을 해결하고 있다. 첫째는 의사로부터 적절한 치료를 받아 볼 기회를 상실한 것을 이유로 하여 이로부터 발생한 정신적 고통에 대한 위자료만을 인정하는 경우이다(이하 '제1판례'라 한다). 둘째는 의사의 주의의무 위반의 정도가 일반인의 처지에서 보아 수인한도를 넘어설 만큼 현저하게 불성실한 진료를 행한 것이라고 평가될 정도에 이른 경우라면, 의사의 과실 있는 진료행위가 그 자체로서 불법행위를 구성하여 이로 말미암아 환자가 입은 정신적 고통에 대한 위자료의 배상을 명할 수 있다는 경우이다(이하 '제2판례'라 한다).[5)]

우리 대법원은 2000년대 초중반까지는 제1판례의 논리에 따라 치료기회상실의 문제를 해결하였으나, 2000년대 중반 이후부터 현재는 주로 제2판례의 논리에 근거하여 치료기회상실의 문제를 해결하고 있다.[6)] 이하에서 국내 판결례의 검토를 통하여 우리 법원이 치료기회상실이 문제되는 사안에서 어떠한 논리로 위자료 지급을 명하고 있는지 살펴보고, 최근에 주로 선고되고 있는 제2판례의 논리의 타당성을 살펴본다.

Ⅱ. 적절한 치료를 받아 볼 기회를 상실하였음을 이유로 위자료 배상을 명한 판결(제1판례)

제1판례와 관련된 판결로는 대법원 2001. 11. 13. 선고 2001다50623 판결, 대법원 2003. 2. 14. 선고 2002다53766 판결, 대법원 2006. 10. 13. 선고 2006다45121 판결, 서울고등법원 2022. 5. 26. 선고 2020나2046685 판결,[7)] 서울고등법원 2008. 1. 24. 선고 2007나33813 판

---

5) 한편, 하급심 판결 중에는 의사의 과실 있는 진료행위가 환자에게 생명·신체침해의 결과를 발생시키지 않았더라도, 의사의 과실로 인하여 치료가 늦어지게 되었음을 이유로 하여 이로부터 발생한 정신적 고통에 대한 위자료 배상을 인정한 판결도 있다(부산지방법원 2023. 8. 22. 선고 2022가단309555 판결, 서울중앙지방법원 2008. 6. 11. 선고 2005가단363905 판결, 청주지방법원 2010. 9. 10. 선고 2009가단3418 판결 등). 위와 같은 경우는 매우 예외적인 경우이고, 하급심판결에 불과하여 본 논문에서는 상세히 다루지 않는다.

6) 다만, 아래에서 보듯이 하급심에서는 최근까지도 제1판례의 논거에 따른 판결도 상당수 있다.

7) 치료기회상실과 관련된 주요 내용은 다음과 같다. "다만 고인은 앞서 본 바와 같은 서울대병원 의료진의 과실이 아니었다면 조금이나마 이른 시점에 신세포암을 진단받아 그 진행 상태에 따른 적절한 치료를 받을 수 있었을 것이고, 그에 따라 비록 종국적으로 그 생명을 건지지는 못한다 할지라도 다소나마 생존기간을 연장할 수 있는 여지도 있었을 것인데, 위와 같은 서울대병원 의료진의 과실로 인하여 적절한 치료를 받을 기회를 박탈당하였을 뿐만 아니라, 약 3개월 동안 전신 상태의 저하를 가져오는 독성을 지닌 췌장암 관련 항암제를 불필요하게 투여받았다. 이러한 치료기회 상실 및 불필요한 항암제 투여 등으로 인하여 고인과 그 유족인 원고들이 정신적 고통을 받았을 것임은 경험칙상 명백하므로, 피고 서울대병원은 고인과 원고들에게 그 정신적 고통에 상응하는 위자료를 지급할 의무가 있다."

결, 서울고등법원 1996. 4. 16. 선고 94나27924 판결, 서울중앙지방법원 2024. 12. 13. 선고 2022가단5302971 판결,[8] 부산지방법원 서부지원 2022. 10. 14. 선고 2019가단102985 판결,[9] 인천지방법원 2007. 1. 10. 선고 2005가합5115 판결, 서울지방법원 1993. 9. 22. 선고 92가합49237 판결 등이 있다. 이하에서는 대법원 2003. 2. 14. 선고 2002다53766 판결의 사실관계와 법리를 중심으로 살펴본다.

1. 사실관계

소외인(1972년생)은 피고가 운영하는 X 병원(이하 '피고병원'이라 한다)에서 교통사고로 인한 혈복증 등으로 치료를 받다가 성인성 호흡곤란증후군에 의한 호흡부전으로 사망한 사람이고, 원고들은 그의 부모이다.

소외인은 1997. 7. 14. 22:55경 승용차를 운전하다가 중앙선을 침범하여 운행한 과실로 반대차로에서 진행하여 오던 승용차의 앞부분을 충격한 후 전복되어 다발성골절상을 입었다. 교통사고 직후 소외인은 근처의 Y병원에 후송되어 응급처치를 받은 후 피고병원으로 전원되었다. 소외인은 피고병원에서 응급수술을 받았지만, 수술 후에도 지속적인 호흡곤란 증상과 혈액 응고 장애를 보이고 다발성 장기부전 증세를 나타내고 있었다.

이에 따라 피고병원은 소외인의 뇌손상 가능성을 생각하고 이를 확인하기 위하여 소외인의 뇌 부분을 전산화단층촬영(CT)하기로 하였다. 피고병원의 의사는 1997. 7. 18. 소외인에 대한 뇌 부분 전산화단층촬영을 실시한 다음 소외인을 촬영대 옆 침대로 옮기던 중 기관절개 부위에 삽입하였던 관이 1/2 정도 빠져있는 것을 발견하고 재삽관을 시도하였으나 삽관이 이루어지지 않았다. 이 후 그 관을 제거하고 새로운 관을 삽입한 후 중환자실로 옮겼으나 심한 호흡곤란 증세가 계속되고 결국에는 사망하였다.

소외인의 부모인 원고들은 피고병원 의사들의 진료상 과실로 인하여 소외인이 사망에 이르게 되었으므로, 그 사용자인 피고는 소외인과 그 가족들이 입은 모든 정신적, 재산적 손해를 배상할 책임이 있다고 주장하였다.

---

8) 치료기회상실과 관련된 주요 내용은 다음과 같다. "다만, 피고의원 의료진의 진료상의 과실과 원고의 현재 폐암 증상 사이에 인과관계가 인정되지 않는다고 하더라도 원고는 적절한 검사를 통하여 폐암을 조기에 발견하여 그 진행 상태에 따른 적절한 치료를 받을 수 있는 기회가 있었는데, 피고의원 의료진의 위와 같은 과실로 인하여 약 7개월 정도 먼저 발견하여 치료받을 기회를 상실하는 결과가 초래되었고 이로 인하여 원고가 정신적 고통을 입었음을 경험칙상 인정할 수 있으므로 피고의원 의료진은 원고가 입은 정신적 고통에 대하여 금전으로나마 이를 위자할 의무가 있다고 봄이 타당하다."

9) 치료기회상실과 관련된 주요 내용은 다음과 같다. "결국 피고 병원 의료진의 위와 같은 과실과 원고에게 발생한 악결과 사이에 상당인과관계가 인정된다고 보기 어려우므로, 원고의 이 사건 청구 중 적극적 손해의 배상을 구하는 부분은 받아들이지 아니한다. 다만 피고 병원 의료진의 위와 같은 잘못으로 인하여 원고는 폐암을 조기(2018년 11월경보다 최대 9개월 정도 일찍)에 진단받고 치료받을 기회를 상실하게 됨으로써 정신적 고통을 받았을 것임은 경험칙상 명백하므로, 피고 병원 의료진의 사용자인 피고는 원고가 입은 정신적 손해를 배상할 책임이 있다."

2. 1심(서울지방법원 2000. 8. 23. 선고 98가합75535 판결)의 판단

1심은 피고병원 의사들의 진료행위에 과실이 있다고 판단하였으나 위 과실과 환자의 사망 사이에 상당인과관계가 인정되지 않음을 이유로 피고에게 손해배상책임이 없다고 판시하였다. 이에 원고가 항소하였다.

3. 원심(서울고등법원 2002. 8. 22. 선고 2000나48281 판결)의 판단

가. 의사의 과실 있는 진료와 사망 사이의 인과관계는 부정

먼저 의사의 과실부분에 대한 판단은 다음과 같다. 피고병원 의사들은 소외인이 성인성 호흡곤란증후군으로 지속적인 심한 호흡장애를 보이고 있어 기관절개 부위에 관을 삽입하여 호흡을 보조하고 있던 상태여서 만약 기도확보에 문제가 생기면 치명적인 결과를 초래할 수 있으므로 불가피하게 전산화단층촬영 검사를 하게 되었을 경우에는 삽입한 관이 빠지지 않도록 충분한 주의를 기울였어야 함에도 이를 게을리 하여 삽입한 관이 빠지게 하였고, 기관 절개 부위에 삽입한 관이 빠진 것을 발견하였으면 즉시 빠진 관이나 새로운 관을 기관 절개 부위에 정확하게 삽입하여 기도를 확보하고 그 관을 통해 호흡을 보조함으로써 호흡곤란증이 악화되지 않도록 하였어야 함에도 삽입 시간을 지체하였을 뿐만 아니라 관의 삽입방법도 부적절하게 하여 소외인의 호흡곤란을 악화시킨 잘못이 있다.

그러나 소외인의 상태를 살펴보건대, 피고병원 의사들이 소외인의 기관절개 부위에 삽입한 관이 빠지지 않도록 하고 관이 빠져 있는 것을 발견한 뒤에도 신속하고 정확하게 재삽관하여 소외인의 호흡곤란을 악화시키지 않도록 주의를 다하였다 하더라도 생존기간을 다소 연장시킬 수 있을지언정 사망의 결과를 피하기는 어려웠을 것으로 보인다. 따라서 피고병원 의사들의 위와 같은 과실과 소외인의 사망 사이에는 상당인과관계가 있다고 단정할 수 없고, 또한 소외인의 생존기간이 다소 연장된다고 하더라도 그 기간 동안 어느 정도의 노동능력이 남아 있을지 여부도 불분명하여 그 손해액 산정도 불가능하므로, 원고들의 일실수입 및 장례비 상당의 손해배상청구 부분은 이유 없다.

나. 치료기회상실에 따른 위자료는 인정

피고병원 의사들의 위와 같은 과실이 없었더라면 소외인은 성인성 호흡곤란증후군에 대한 적절한 치료를 받을 수 있었고 나아가 그 치료를 통해 다소나마 생존기간을 연장할 수 있는 여지도 있었을 것인데 피고병원 의사들의 위와 같은 과실로 인하여 그 치료를 받아 볼 기회를 상실하였다고 할 것이고, 이로 인하여 소외인이나 그 가족들인 원고들이 정신적 고통을 받았을 것임은 경험칙상 명백하므로, 피고는 그 사용자로서 이를 금전으로나마 위자할 의무가 있다.

그 범위는 여러 사정을 종합하여 소외인 2,000만원, 원고인 부모는 각 500만원으로 책정되었다.

4. 대법원(대법원 2003. 2. 14. 선고 2002다53766 판결)의 판단

피고병원 의사들의 과실과 망인의 사망 사이에 상당인과관계가 있다고 단정할 수 없다는 이유로 원고들의 일실수입 및 장례비 상당의 손해배상청구를 기각한 원심 판결에 대하여 원고만이 상고하였다. 대법원도 원심의 판단을 받아들이고 원고들의 상고를 기각하였다.

5. 제1판례의 검토

가. 적절한 치료를 받을 기회를 상실한 것에 대한 위자료 배상은 인정

제1판례의 논거에 의하면 의사의 과실 있는 진료행위와 생명·신체 침해 사이에 인과관계가 인정되지 않더라도 적절한 치료를 받을 기회를 침해받았음을 이유로 위자료 배상을 인정하고 있음을 알 수 있다. 의사의 과실 있는 진료행위와 생명·신체 침해 사이에 인과관계가 부정되어 치료기회상실이 독자적으로 문제되는 사안에서 대법원이 직접 논거를 전개한 것은 아니지만, 적절한 치료를 받을 기회를 상실한 것을 이유로 위자료배상을 명한 하급심판결들을 그대로 확정한 점에서[10] 치료기회상실 사안에 있어서 위자료배상을 인정한 하급심판결의 태도를 간접적으로 지지하고 있음을 알 수 있다.[11][12]

일본 최고재판소와는 달리 우리 대법원은 치료기회상실만이 문제되고 있는 사안에 대하여 본격적으로 논의를 전개하고 있지는 않다. 제1판례와 관련하여 세 건의 대법원 판결이 있었지만 세 건 모두 미공간 판결들이었으며, 세 건 모두 적절한 치료를 받을 기회를 상실한 것을 이유로 정신적 고통에 대한 위자료만을 인정한 원심 판결을 유지하고 있는 것에 불과하기 때문이다. 그러다보니 우리나라의 판결이 치료기회상실과 관련하여 침해법익을 불투명하게 접근하고 있다는 비판도 있다. 우리나라 판결의 태도가 ① 환자의 사망과 오진과실 사이에 사실적 인과관계를 인정하고 다만 손해배상 범위로서 상당인과관계를 따져서 재산적 손해와 사이에는 상당인과관계를 부정하고, 정신적 손해와 사이에는 상당인과관계를 인정한 것인지, ② 아니면 오진과실과 '환자의 사망' 사이의 책임성립의 인과관계를 아예 부정하고, 다만 '환자의 치료기회'라는 새로운 보호법익을 만들어서 의사의 오진과실과 '환자의 치료기회상실'이라는 새로운 보호법익과의 상당인과관계를 인정한 것인지 불투명하다는 것이다.[13]

---

10) 대법원 2001. 11. 13. 선고 2001다50623 판결; 대법원 2003. 2. 14. 선고 2002다53766 판결; 대법원 2006. 10. 13. 선고 2006다45121 판결.

11) 박영호, "의료소송상 기회상실 이론의 도입에 대한 소고", 사법논집 제46호(2008), 492면.

12) 앞의 각주 7)−9)에서 살펴보듯이 하급심에서는 사안에 따라 최근에도 제1판례의 논거에 따른 위자료 배상을 인정하고 있다.

위와 같은 비판은 매우 적절한 것으로 생각된다. 다만 우리나라 판결의 태도가 ①처럼 '환자의 사망과 오진 과실 사이에 사실적 인과관계를 인정하고 다만 손해배상 범위로서 상당인과관계를 따져서 재산적 손해와 사이에는 상당인과관계를 부정하고, 정신적 손해와 사이에는 상당인과관계를 인정한 것'으로 판단한 것으로 생각되지는 않는다. 대법원 2001. 11. 13. 선고 2001다50623 판결의 원심, 대법원 2003. 2. 14. 선고 2002다53766 판결의 원심, 서울고등법원 2022. 5. 26. 선고 2020나2046685 판결에서 '다소마나 생존기간을 연장할 수 있는 여지도 있었을 것인데'라고 표현하였기 때문에 환자의 사망을 침해법익으로 본 것이라고 생각할 수도 있다. 그러나 이와 같은 판결의 내용이 의사의 과실 있는 진료행위가 환자의 생명을 침해했다는 의미는 아니다. 만약 여명을 단축시킨 것이라면 이것은 생명침해가 되고 환자는 위자료뿐만이 아니라 재산적 손해까지 모두 배상받을 수 있어야 하기 때문이다.[14] 위 사안들은 의사의 과실 있는 진료행위와 환자의 사망 사이의 상당인과관계를 부정하고, 치료기회를 상실하였다는 것을 이유로 위자료 배상만을 인정하고 있을 뿐이다. 따라서 우리나라 판결의 '다소마나 생존기간을 연장할 수 있는 여지도 있었을 것인데'라는 표현은 연명했을 수도 있다는 가능성(즉 가해행위와 생명침해 사이에 인과관계가 인정되지 않은 상태)에 대한 표현 정도로 받아들이면 충분할 것으로 생각된다.

그렇다고 하여 우리나라 판결이 ②처럼 '오진과실과 환자의 사망 사이의 책임성립의 인과관계를 아예 부정하고, 다만 환자의 치료기회라는 새로운 보호법익을 만들어서 의사의 오진과실과 환자의 치료기회상실이라는 새로운 보호법익과의 상당인과관계를 인정한 것인지' 여부도 확실하지 않다. 우리나라 판결들은 치료기회상실이 문제된 사안에서 환자의 생명·신체 외에 다른 독자적인 피해법익의 근거를 명시하고 있지도 않기 때문이다. 즉 위자료 지급의 근거인 환자가 입은 정신적 고통이 어느 법익의 침해에 의한 것인지를 명확히 드러내지 않고 있다는 문제점을 보이고 있다.[15] 비록 민법 제750조에 의하면 손해의 발생만 있으면 불법행위가 성립한다고 규정하고 있지만, 논리의 전개상 손해배상책임이 인정되기 위해서는 '가해행위가 법익을 침해하고, 법익침해로부터 손해가 발생'하여야 한다. 치료기회상실의 법리가 문제되는 사안들은 의사의 과실 있는 진료행위와 생명·신체라는 법익침해 사이에 인과관계가 인정되지 않는 사안들이다. 따라서 환자는 생명·신체침해로부터 발생한 재산적·비재산적 손해에 대하여 배상을 받을 수가 없다. 만약 이 경우에 적절한 치료를 받을

13) 박영호, "설명의무위반 및 치료기회상실을 근거로 한 가족들의 독자적 위자료 청구권", 법조 통권 제629호(2009), 52－53면. 하급심판결 이유 부분을 보면 정신적 고통의 원인에 대해 '생존을 연장할 여지도 있었을 것인데', '치료를 받아 볼 기회를 상실하였다', '적합한 적정 진료를 받지 못하였다', '후유장해를 다소나마 줄일 수 있는 개연성이 전혀 없다고 단정할 수 없다' 등을 언급하고 있지만, 이런 표현만으로는 치료기회상실이 문제되는 사안에서 무엇이 보호법익인지 명확히 밝힌 것이라고 보기는 어렵다.

14) 일실소득 부분은 환자의 기왕의 상태로 인해 부정될 수도 있지만, 장례비, 추가치료비 등은 재산적 손해로 인정될 수 있다.

15) 류화신, 앞의 논문(주 4), 399면.

기회를 상실하였음을 이유로 정신적 고통에 대한 위자료배상이 인정되기 위해서는 생명·신체와는 다른 어떠한 독자적인 피해법익이 침해당하였는지에 대한 검토가 필요한 것이다.[16)]

나. 손해배상범위는 위자료에 한정하며, 가족에게도 위자료가 인정됨

우리 법원은 '원심에 의하면 피고는 간암의 의심을 가질 수 있었을 것임에도, 자신이 시행한 검사결과만을 가벼이 믿은 나머지 그러한 의심을 가지지 아니한 채, 신우신염으로 진단하는 등의 진단과 치료를 거듭한 결과 소외인을 뒤늦게 전원케 함으로써 그 간암의 진단 및 치료의 적기를 놓치게 한 과실이 있다고 판단하여, 이로 인한 정신적 손해에 관하여 위자료의 지급을 명하고 있다'고 판시하거나[17)] '피고병원 의사들의 위와 같은 과실로 인하여 그 치료를 받아 볼 기회를 상실하였다고 할 것이고, 이로 인하여 소외인이나 그 가족들인 원고들이 정신적 고통을 받았을 것임은 경험칙상 명백하므로, 피고는 그 사용자로서 이를 금전으로나마 위자할 의무가 있다'고 판시하거나,[18)] '환자 및 이를 지켜보는 보호자들로서는 긴박한 상태라고 판단되는 환자가 그 상태에 적합한 적정 진료를 받지 못하였다는 점에 대한 정신적 고통을 느꼈으리라고 인정되므로, 피고 법인은 위와 같은 정신적 손해를 금전으로나마 위자할 의무가 있다'고 판시하였다.[19)]

적절한 치료를 받을 기회를 놓치게 한 의료진의 과실행위와 환자의 생명·신체 침해 사이에 인과관계가 인정되지 않더라도, 적절한 치료를 받지 못하였음을 이유로 정신적 고통에 대한 위자료 배상만을 인정하고 있고, 위자료는 본인뿐만 아니라 가족의 위자료도 인정하고 있다. 우리 판결은 적절한 치료를 받을 기회를 놓치게 됨으로써 어떠한 법익이 침해받았는지에 대하여 명확히 언급하고 있지는 않다. 다만 치료기회상실로 인하여 정신적 고통만이 발생하는 것으로 보고 위자료 배상만 인정하였다. 또한 가족들도 환자 곁에서 환자와 함께 정신적 고통을 받았을 것이 명백하다고 하여 가족도 위자료 배상을 받을 수 있음을 명시하고 있다.

---

16) 한편 서울고등법원 2008. 1. 24. 선고 2007나33813 판결 이유에서 '환자들은 적절한 치료를 받을 기대권을 가진다'고 표현함으로써 적절한 치료를 받을 기회를 놓치게 한 의료진의 과실행위가 환자의 기대권을 침해하고 있는 것으로 설시하고 있다. 이 판결만 놓고 본다면 의료과오소송에서 기대권을 생명·신체와는 다른 독자적인 보호법익으로 본 것이라고 생각할 수도 있다. 그러나 이 판결에서도 기대권이 생명·신체와는 다른 독자적인 보호법익인지에 대한 자세한 언급은 없으며, 이 판결 외에 명시적으로 기대권을 가진다고 언급한 판결은 없다. 이에 더하여 우리 민법의 불법행위법의 체계상 기대권침해론은 현재 채택되기 어렵다. 상세한 내용은 엄복현, "치료기회상실로 인한 손해배상에 있어서 피침해법익", 의료법학 제20권 제3호, 대한의료법학회(2019), 119-121면 참조.

17) 대법원 2001. 11. 13. 선고 2001다50623 판결.

18) 대법원 2003. 2. 14. 선고 2002다53766 판결의 원심.

19) 대법원 2006. 10. 13. 선고 2006다45121 판결의 1심.

Ⅲ. 현저히 불성실한 진료행위를 하였음을 이유로 위자료 배상을 명한 판결(제2판례)

제2판례와 관련된 판결로는 대법원 2023. 8. 18. 선고 2022다306185 판결, 대법원 2018. 12. 13. 선고 2018다10562 판결, 대법원 2014. 2. 13. 선고 2013다77294 판결, 대법원 2006. 9. 28. 선고 2004다61402 판결, 서울고등법원 2012. 10. 11. 선고 2011나78707 판결 등이 있다. 제2판례의 논리는 대법원 2006. 9. 28. 선고 2004다61402 판결에서 처음 설시된 이후 현재까지도 이어지고 있으며, 제2판례의 설시 이후 대법원에서는 제1판례의 논리에 따른 판례는 거의 나오고 있지 않다.[20] 이하에서는 가장 최근에 선고된 대법원 2023. 8. 18. 선고 2022다306185 판결의 사실관계와 논리를 중심으로 살펴본다.

1. 사실관계

피고는 내과의원(이하 '피고 의원'이라 한다)을 운영하는 의사로 다음과 같이 소외인을 진료하였다. 원고 1은 소외인의 남편, 나머지 원고들은 소외인의 자녀다.

소외인은 2003.경부터 피고 의원에서 수시로 내과 진료를 받았는데, 2018. 2. 21. 감기몸살 증상이 있어 원고 1과 함께 피고 의원에 내원하였다. 소외인은 11:10경 피고 의원에서 비타민C 20㎖를 섞은 아미노산 영양제인 트리푸신 250㎖(총 270㎖)을 주사를 통하여 투여받았고, 그동안 세프라딘(항생제) 1g, 덱타손주(기관지염 및 천식 치료제) 5㎎도 주사 투여받았다.

소외인은 위 11:10경부터 30분 동안 위 수액 270㎖의 2/3 이상을 투여받았는데, 11:40경 갑자기 호흡곤란을 일으켜 즉시 수액의 투여가 중단되었다. 피고는 청진기 등을 이용하여 소외인에게 일어난 호흡곤란의 원인을 천식으로 파악하고, 덱사메타손 5mg을 주사로 추가 투여하였다.

소외인은 덱사메타손 주사를 투여 받고도 가슴이 답답함을 호소하였다. 피고는 소외인과 원고 1에게 '택시를 타고 큰 병원으로 가라'고 말하여 전원을 권고하였다. 소외인은 피고로부터 이와 같은 권고를 받은 후 환자대기실에 앉아 있다가 옆으로 쓰러지듯 눕고 10초 후 다시 일어나 앉았다가 옆에 있던 원고 1의 부축을 받고 피고 의원을 걸어 나오게 되었다.

소외인은 피고 의원을 나온 후 5분이 채 지나지 않아 피고 의원 건물 앞에서 주저앉아 쓰러졌고, 이에 주변에 있는 사람이 119에 신고하였다. 소외인은 출동한 119 구급차로 대구가톨릭대학병원 응급실로 후송되던 중 심정지가 발생하였다.

---

20) 다만, 앞에서 언급하였듯이 하급심에서는 제1판례의 논거에 따른 판결이 계속 나오고 있다.

소외인은 대구가톨릭대학병원에서 의식불명 상태로 치료를 받다가 2019. 12. 20. 심근경색으로 사망하였다(이하 소외인을 '망인'이라 한다).

이에 원고들은 피고를 상대로 '피고는 환자에게 진료비 등을 받고 의료행위를 하기로 한 계약을 충실히 이행하지 않았거나 의료인으로서 마땅히 취해야 할 주의를 기울이지 않은 과실로 망인을 사망에 이르게 하였다. 따라서 피고는 손해배상으로 원고들에게 망인의 사망에 따른 손해배상금을 지급할 의무가 있다'는 취지로 소를 제기하였다.

2. 1심(대구지방법원 서부지원 2022. 3. 23. 선고 2018가단61434 판결)의 판단

가. 망인에게 일어난 악결과(사망)에 대한 피고 의원의 손해배상책임은 부정

원고들이 제출한 증거들만으로는 망인이 투여받은 비타민C 등이나 그 투여 속도로 인하여 망인에게 쇼크 및 심정지가 발생하였음을 인정하기에 부족하고, 달리 이를 인정할 증거가 없다.[21] 또한 원고들이 제출한 증거들만으로는 원고들 주장과 같이 피고가 망인의 경과를 관찰하고 119에 신고하는 등 구급차로 망인을 상급병원에 이송하였다고 하더라도, 망인이 상급병원에 도착하기 전에 심정지가 발생하였을 가능성을 배제할 수 없는 등 여전히 망인에게 같은 결과가 발생하였을 가능성을 배제할 수는 없다. 따라서 원고들의 이 부분 주장도 이유 없다.[22]

나. 현저히 불성실한 진료를 원인으로 한 위자료 인정

피고가 망인에게 호흡곤란이 발생하였을 때 망인의 혈압, 맥박, 호흡수 등을 측정하지 않았고, 망인의 상태를 지속적으로 관찰하지 않았으며, 택시를 불러 망인이 즉시 탑승할 수

21) ① 망인에게 일어난 쇼크 및 심정지는 심인성이나 아나필락시스 중 그 원인이 있는 점, ② 망인에게 아나필락시스에 의한 쇼크가 일어났다면, 그 원인 물질은 망인이 투여받은 비타민C, 트리푸신, 세프라딘, 덱타손주인데, 이 법원이 촉탁한 감정기관은 위 비타민C 등에 의한 아나필락시스의 가능성이 희박하다거나 부작용을 언급한 경우에도 '부작용이 없는 약은 없다'는 전제 하에 일반적인 부작용의 가능성을 언급하는 정도에 그쳤고, 특히 세프라딘의 경우 그 투여 전에 피부반응검사를 거쳐 투여하였기 때문에 아나필락시스를 일으켰을 가능성은 없는 점, ③ 위 감정기관은 망인에게 심근경색과 같은 심실기능 이상에 의한 심인성 쇼크가 일어났을 확률이 높다고 평가한 점, ④ 망인에 대한 위 수액의 투여 속도는 일반적인 경우보다 빨랐으나, 특히, 원고들이 주장한대로 30분 동안 수액의 95% 이상을 주사하였다고 하더라도, 그와 같은 투여 속도에 관하여 감정기관은 망인이 당시 신부전이 아닌 경우에는 이로 인하여 망인의 쇼크가 발생할 가능성은 희박하다고 평가하였고, 망인이 당시 신부전이었다는 사실을 인정할 증거도 없는 점 등을 감안하였다.

22) ① 망인에게 아나필락시스 쇼크 또는 심근경색 등에 의한 심인성 쇼크가 일어났거나 그 징후인 호흡곤란이 일어났다고 하더라도, 피고 의원에서 취할 수 있는 조치는 그와 같은 경과를 관찰하는 것 외에는 달리 그 원인을 정확하게 진단하거나 이를 치료할 인적·물적 시설이 없었던 점, ② 따라서 피고 의원에서도 망인을 상급병원에 빠르게 이송하는 조치 외에는 달리 할 수 없었던 점, ③ 망인과 원고 1이 피고로부터 전원 권고를 받고도 피고 의원에서 약 7분 동안 머물렀는데 그동안 망인은 의식을 잃지 않고 있었고 원고 1의 부축을 받아야 하는 상태였지만 걸을 수 있는 상태였으므로, 이를 감안하면 망인이 피고 의원에 머무를 당시에는 긴급하게 119에 신고를 하여야 할 상태로는 보이지 않는 점, ④ 망인과 원고 1이 피고 의원에서 걸어나온 뒤 3분이 지나서 쓰러졌고, 망인이 쓰러지자마자 바로 그 주변의 사람이 신고하여 119 구급차로 후송되었으므로, 이를 감안하면 피고가 망인을 관찰하다가 119에 신고를 해야 하는 상황임을 인식할 수 있는 때는 망인이 쓰러진 그 시점이거나 그 직전으로 보이는데, 이를 인식하고 피고가 즉시 119에 신고하였다고 하더라도 망인이 이송되는 시간은 별다른 차이가 없었을 것인 점 등을 감안하였다.

있게 하거나 구급차를 호출하는 등의 방법으로 이송 과정에 관여하지 않은 행위는 일반인의 처지에서 수인한도를 넘어설 만큼 현저하게 불성실한 진료를 행한 것이라고 평가된다는 등의 근거를 들어 피고가 망인 및 원고들이 입은 정신적 고통을 배상할 의무가 있다고 판단하였다. 그 이유를 요약하면 다음과 같다.

① 망인에게 호흡곤란이 발생하였을 때, 피고는 망인의 상태를 파악할 수 있는 혈압, 맥박, 호흡수 등을 측정하여야 하는데(위 각 진료기록감정 회신결과 참조), 피고는 당시 이를 측정하지 않았다.

② 망인이 택시를 이용하기 위하여 피고 의원을 나가게 되면, 즉시 의료진의 도움을 받을 수 없게 된다. 또한 망인은 원고 1의 부축을 받아 걸을 수 있는 상태였고, 망인이나 원고 1이 피고 의원 안에서 피고 의원 밖의 교통상황을 잘 파악할 수 있는 것도 아니었다. 따라서 당시는 피고 의원 의료진의 도움이 없이는 망인이나 원고 1이 스스로 망인에 대한 이송을 적절하게 할 수 있는 상황이 아니었다. 그렇다면, 피고는 만연히 망인과 원고 1이 피고 의원 밖으로 나가는 것을 방치할 것이 아니라, 즉시 탑승할 수 있는 택시를 불러 망인이 즉시 탑승할 수 있게 하거나 망인과 원고 1에게 비용을 지불할 수 있는지 등을 물어 구급차를 호출하는 등 그 이송 과정에 관여했어야 한다. 그러나 피고나 피고 의원의 의료진은 망인의 이송과정에 전혀 관여하지 않았다.

③ 당시 피고나 피고 의원 의료진이 망인에 대한 혈압 등의 측정, 관찰, 이송에의 관여를 하지 못할 특별한 사정, 예를 들면 다른 위중한 환자가 발생하였다거나 위와 같은 조치에 과다한 비용이 소요된다는 등의 사정이 있었음을 인정할 증거도 없고, 피고 스스로도 그와 같은 주장을 하지 않았다. 오히려, 피고나 피고 의원 의료진이 당시 별다른 시간과 비용을 들이지 않더라도 혈압 등의 측정, 관찰, 이송에 관여를 할 수 있었다고 판단된다.

④ 망인에게 호흡곤란 및 심정지가 발생한 원인이 피고가 한 진료행위에 의한 것이 아니라는 점, 망인에게 발생한 호흡곤란 및 심정지에 대하여 피고 의원에서 피고나 그 의료진이 할 수 있었던 유의미한 조치는 없는 점은 앞서 본 바와 같으나, 이는 전문적인 의료 지식으로 사후에 알 수 있는 것이다. 따라서 이 사건의 경과를 일반인의 처지에서 보면, 피고가 한 일련의 행위는 호흡곤란이 발생한 후에 망인이 받은 조치는 호흡곤란을 완화하는 주사제 투여가 전부였고, 피고는 그와 동시에 사실상 진료를 종료하였으며, 그 후에는 망인이 피고 의원에서 머물러도 아무런 진료를 받지 못하고 스스로 전원을 하여야 하는 처지가 되었다는 점에서 그 자체로 진료 거부로 오인될 수 있는 정도에 이르렀다고 판단된다. 나아가 피고가 한 일련의 행위가 객관적으로 망인의 사망을 야기하거나 방치하는 것이 아니었음은 별론, 적어도 일반인은 피고의 행위로 망인이 사망하였을 것이라고 합리적 의심을 할 수 있고, 이는 궁극적으로 의료 전반에 대한 신뢰를 낮출 수 있다고 판단된다.

이와 같은 피고의 조치로 인하여 망인이나 그 가족들인 원고들이 정신적 고통을 받았을 것임은 경험칙상 분명하므로, 피고는 위자료로 배상할 책임이 있다. 위자료의 범위에 관하여 보건대, 앞서 본 바와 같은 피고가 한 망인에 대한 일련의 행위, 피고의 주의의무 위반 정도, 망인과 원고들이 겪었을 정신적·육체적 고통, 망인, 원고 1의 나이 및 망인과 원고들 사이의 관계, 특히 원고 1의 경우 이 사건 당시 현장에 있었고 망인에 대한 이송을 실질적으로 책임져야 하는 부담을 안은 점 등 그 밖에 이 사건 변론에 나타난 모든 사정을 참작하면, 위자료는 망인에게 15,000,000원, 원고 1에게 5,000,000원, 나머지 원고들에게 각 1,000,000원을 인정함이 타당하다.

3. 원심(대구지방법원 2022. 11. 23. 선고 2022나309014 판결)의 판단

원고와 피고 모두 항소하였으나, 원심은 양측의 항소를 모두 기각하였다.

4. 대법원(대법원 2023. 8. 18. 선고 2022다306185 판결)의 판단

대법원은 피고가 일반인의 수인한도를 넘어설 만큼 현저하게 불성실한 진료를 행하였다고 보기 어렵다고 하며 파기환송 판결을 하였다. 주요 내용은 다음과 같다.

의료진의 주의의무 위반 정도가 일반인의 처지에서 보아 수인한도를 넘어설 만큼 현저하게 불성실한 진료를 행한 것이라고 평가될 정도에 이른 경우라면 그 자체로서 불법행위를 구성하여 그로 말미암아 환자나 그 가족이 입은 정신적 고통에 대한 위자료 배상을 명할 수 있으나, 이때 수인한도를 넘어서는 정도로 현저하게 불성실한 진료를 하였다는 점은 불법행위의 성립을 주장하는 피해자가 증명하여야 한다.

의료진이 임상의학 분야에서 요구되는 수준에 부합하는 진료를 한 경우 불성실한 진료를 하였다고 평가할 수는 없으므로, 수인한도를 넘는 현저히 불성실한 진료는 의료진에게 현저한 주의의무 위반이 있음을 전제로 한다. 그리고 수인한도를 넘는 현저히 불성실한 진료로 인한 위자료는, 환자에게 발생한 신체상 손해의 발생 또는 확대와 관련된 정신적 고통을 위자하는 것이 아니라 불성실한 진료 그 자체로 인하여 발생한 정신적 고통을 위자하기 위한 것이다. 따라서 불성실한 진료로 인하여 이미 발생한 정신적 고통이 중대하여 진료 후 신체상 손해가 발생하지 않더라도 별도의 위자료를 인정하는 것이 사회통념상 마땅한 정도에 이르러야 한다.

원심판결 이유 및 기록을 위 법리에 비추어 보면, 이 사건에서 앞서 본 사실과 같이 망인이 피고 의원에 내원하였다가 주사를 투여 받은 후 전원 권고를 받고 피고의원을 부축 받아 걸어 나왔다면, 원심이 들고 있는 것처럼 망인의 혈압 등을 측정하지 않았다거나 이송 과정에 적극적으로 관여하지 않았다는 행위만으로 피고가 일반인의 수인한도를 넘어설 만큼 현저하게 불성실한 진료를 행하였다고 보기 어렵다. 그런데도 원심은 판시와 같은 이유만으로 이와 달리 판단하여 피고에게 위자료 배상책임을 인정하였다. 이러한 원심판단에는 의료사고의 과실과 손해배상책임에 관한 법리를 오해하여 판결에 영향을 미친 잘못이 있다.

5. 제2판례의 검토

가. 치료기회상실의 경우와 부적절한 치료를 받은 경우를 구분하지는 않음

현저히 불성실한 진료행위에 대해 언급한 제2판례를 근거로 치료 자체를 받지 못한 치료기회의 상실과 치료는 받았으나 적절한 치료는 받지 못한 경우를 구분하는 견해가 있다.[23] 이 견해에 따르면 치료조차도 못 받아 본 치료기회상실의 경우가 그나마 치료는 받았는데 그 치료나 사후관리에 과실이 있는 이 사건 사안의 경우보다 그 위법성의 정도가 훨씬 더 크다고 한다. 따라서 이 사건과 같이 치료는 받았으나 제대로 된 최선의 치료가 이루어지지 않은 경우에 있어서 그 피침해법익은 '환자의 적절한 치료를 받을 기대' 정도로 생각할 수 있는데 이러한 피침해법익의 이익은 앞서 본 '치료기회상실'보다 훨씬 약하다고 한다. 그러므로 이러한 경우에 위법성을 인정하여 손해를 인정하기 위해서는 침해행위의 불법성이 매우 커야만 한다. 따라서 치료기회상실 사안은 의사의 진료행위가 현저히 불성실하지 않아도 손해배상을 인정해 줄 수 있지만, 치료는 받았으나 제대로 된 치료가 아닌 경우에는 의사의 진료행위가 현저히 불성실해야만 손해배상이 가능하다는 것이다.

그러나 이와 같은 구별이 타당한지는 의문이다.[24] 치료기회 자체를 상실하게 된 것이나 치료를 받았으나 부적절한 치료를 받게 되어 제대로 된 치료를 받지 못하게 된 것이나, 양자 모두 의사의 과실 있는 진료행위가 적시에 제대로 된 치료를 받을 기회를 놓치게 하였다는 점에서는 크게 다르지 않기 때문이다. 앞에서 '치료기회의 상실'과 '치료는 받았으나 부적절한 치료를 받은 것'을 구분하여야 한다는 견해도[25] 그 견해를 언급한 논문의 결말 부분에서 양자는 거의 유사한 개념이라고 설명하고 있다.[26]

한편, 치료기회상실론은 의사가 무엇을 잘못하여 그 처치의 수행상 예상하지 못한 결과를 발생시키거나 혹은 판단상의 과실이 있다는 구체적인 의료과실을 문제 삼지 않고, 의사가 환자와 체결한 계약이나 기타 사정에 기한 환자에 대한 기본채무 내지 추상채무를 위반하여 환자에 대한 진단을 제대로 하지 않아 치료의 기회조차 부여하지 않은 것을 문제 삼는다는 견해도 있다. 이에 따르면 통상의 의료사고에서는 적어도 의사는 환자의 건강회복을

---

23) 박영호, 앞의 논문(주 11), 474－475면.

24) 류화신, 앞의 논문(주 4), 412면에서도 이와 같은 구별이 실익이 있는가에 대하여 의문을 준다고 언급하고 있다. 하지만 그러한 구별이 왜 실익이 없는지에 대해서는 설시가 없다. 다만 413면에서 치료기회의 상실 사안이든지 불성실한 진료를 받은 사안이든지 간에 모두 '적시에 적절한 의료를 받을 기회를 피침해이익'으로 볼 수 있다고 하며 양자를 구별할 필요가 없음에 대하여 간접적으로 설시하고 있다. 그 내용은 다음과 같다. "이미 언급한 우리나라 대법원 2004다61402 판결이 비록 질환을 간과한 경우가 아니라 사후 관리에서의 현저히 불성실한 진료 여부를 검토한 것이라고 하더라도 이 또한 환자의 증상을 간과한 것으로서 적시에 적절한 의료를 받을 기회를 피침해이익으로 볼 수 있을 것이다"(류화신, 위의 논문, 413－414면).

25) 박영호, 앞의 논문(주 11), 474－475면.

26) 위의 논문, 496면.

위하여 적극적인 작위행위로서 진료나 치료행위를 하였는데 그러한 진료나 치료행위에 잘못이 있다는 것을 문제로 삼는다고 한다. 반면에 치료기회상실론은 아무 것도 하지 않는 부작위로서의 기본적 채무불이행을 문제로 삼는다는 점에서 통상의 의료과실과는 그 비난의 대상을 달리한다고 한다.[27)]

그러나 환자로 하여금 적합한 치료를 받을 기회를 놓치게 한 의사의 과실은 오진뿐만 아니라 검사실시 후 사후관리 미흡 등에서도 충분히 나타날 수 있다.[28)] 따라서 치료기회상실의 법리가 부작위로서의 기본적 채무불이행만을 문제로 삼는다는 견해에도 찬동하기 어렵다.

뿐만 아니라 의사의 주의의무 위반의 정도가 수인한도를 넘어설 만큼 현저하게 불성실한 진료를 행한 것이라고 평가될 정도에 이른 경우라면 '그 자체로서 불법행위'를 구성하여 손해배상책임을 부담한다는 표현도 적절하지 않다는 비판이 있다. 이 표현대로라면 손해가 발생하지 않아도 주의의무 위반의 정도만 크다면 손해배상이 가능하다는 의미가 되기 때문이다.[29)]

오히려 제2판례의 의의는 적절한 치료를 받을 기회를 놓치게 한 의료진의 과실행위와 발생한 생명・신체 침해 사이에 인과관계가 부정되더라도, 적절한 치료를 받을 기회를 의사의 과실 있는 진료행위로 인하여 침해당하는 법익으로 보고 이로 인한 정신적 고통에 대한 위자료 배상을 명하는 경우에 있어서,[30)] 이 법익은 생명・신체와는 전혀 다른 것이어서 의료과실의 위법성의 정도가 수인한도를 초과하여 현저히 불성실하다는 정도까지 입증되어야 하는지에 있는 것으로 보는 것이 타당하다.[31)]

나. 생명·신체침해 이외에 다른 이유를 근거로 손해배상책임을 인정할 경우 의사의 과실 있는 진료행위가 현저히 불성실한 정도에 이르러야 함

의사의 과실 있는 진료행위와 생명・신체 침해 사이에 인과관계가 입증되지 않아도 적절한 치료를 받을 기회의 상실을 이유로 위자료배상을 인정할 경우 의사의 손해배상책임이 무분별하게 확장될 수 있다는 우려가 있다.[32)] 이렇게 되면 지나치게 피해자 구제만을 강조하게 되어 그 부작용으로 방어진료나 과잉진료 등의 폐해를 초래하여 결국은 의학과 의료기술의 발전을 기대할 수 없게 되고, 그 피해는 다시 국민 모두에게 되돌아간다는 것이

---

27) 김상찬, "의료사고의 민사적 책임과 분쟁해결의 법리", 건국대학교 대학원 박사학위논문(1994), 174면; 송영민, "치료기회상실론에 관한 고찰", 동아법학 제58호(2013), 594면.

28) 대법원 2003. 2. 14. 선고 2002다53766 판결.

29) 이동진, 위자료 산정의 적정성에 관한 사법정책연구, 서울대학교 산학협력단(2013), 21면.

30) 물론 이 판결에서도 적절한 치료를 받을 기회가 피침해법익인지에 관하여 명확히 언급하지는 않았다. 현저하게 불성실한 진료를 행한 경우에 한정하여 의사 측의 불법행위책임을 인정할 수 있다고만 설시할 뿐 그 근거에 대해서 별다른 설시가 없다. 양창수, "2006년도 민사판례 관견", 서울대학교 법학 제48권 제2호(2007), 168면.

31) 박영호, 앞의 논문(주 11), 497면; 신현호・백경희, 의료분쟁조정・소송 총론, 육법사(2011), 329면; 안법영・백경희, "의료과오소송에서의 성실진료의무와 수인한도", 한국의료법학회지 제17권 제1호(2009), 111면 이하.

32) 안법영・백경희, 위의 논문, 111면.

다.[33] 따라서 현저히 불성실한 진료행위를 근거로 의사의 책임이 지나치게 가중되는 것을 방지하여야 한다는 것이다. 피침해법익이 기대권이든 의료수준에 적합한 치료를 받을 이익이든 간에 이것은 생명 · 신체와 같이 절대적으로 보호되어야 할 보호법익이 아니므로 침해행위의 태양을 통하여 그 외연을 획정하여야 한다. 따라서 일반적인 의사라면 통상 실시할 것이 기대되는 의료수준조차 만족하지 못한 경우에만 치료기회상실로 인한 손해배상책임이 문제가 된다는 것이다.[34]

위법성을 피침해이익의 성질과 침해행위의 태양과의 상관관계로부터 판단하여야 한다고 볼 경우, 피침해이익이 강한 것이면 침해행위의 불법성이 적더라도 가해행위에 위법성이 있는 것이 되지만, 피침해이익이 그다지 강한 것이 아니면 침해행위의 불법성이 크지 않는 한 가해행위에 위법성이 없는 것으로 볼 수 있다. 따라서 일반적인 의료과오소송에서 문제가 되는 생명 · 신체 침해의 경우에는 생명이 가지는 최고의 가치성으로 인하여 피침해이익이 크기 때문에 가해행위의 불법성이 적더라도 가해행위가 위법한 것으로 인정될 수 있다. 그런데 치료기회상실 사안과 같이 의료과실과 생명 · 신체 침해 사이의 인과관계가 존재하지 않는 경우에도 손해배상이 인정되는 경우에, 그 피침해이익이 무엇이든 간에 이것은 생명 · 신체보다 훨씬 약하다고 볼 수 있다. 결국 이러한 경우에 위법성을 인정하여 손해를 인정하기 위해서는 침해행위의 불법성이 매우 커야만 한다는 것이다.[35]

이와 같은 태도는 일본 최고재판소 판례의 입장이기도 하다. 일본 최고재판소는 적절한 치료기회를 놓치게 한 의료진의 과실 행위와 생명 · 신체 침해 사이에 인과관계가 인정되지 않더라도, 의료진의 과실 행위가 연명할 상당한 정도의 가능성을 침해한 것으로 판명되면 위자료 배상을 인정하고 있다.[36] 그러나 연명할 상당한 정도의 가능성을 침해하였는지 여부도 불분명한 경우에는 즉 의료진의 과실행위가 생명 · 신체를 침해하였는지에 대한 가능성조차도 입증하기 어려운 경우에는, 적절한 치료를 받을 기대를 침해하였음을 이유로 위자료 배상을 인정하고 있다. 다만 이 경우에는 의사의 의료행위가 현저하게 부적절한 경우에만 위자료 배상이 인정될 수 있다고 보았다.[37] 즉 의료과오소송에서 생명 · 신체 외에 기대권이 독자적인 보호법익이 될 수 있음을 인정하고 있고, 생명 · 신체와는 다른 것이 피침해법익이 될 경우에는 의사의 의료행위가 현저하게 부적절하여야 한다는 것이다.

제2판결의 논거도 위와 같다. 그러나 이와 같은 제2판결의 논거가 타당한지는 의문이다. 치료기회상실의 법리가 논의되게 된 배경은 의료과오 소송에서 의료과실과 발생한 생명 · 신체 침해 사이에 인과관계를 입증하기 곤란한 경우가 다수 발생하며, 이와 같은 경우에도

33) 김선중, 의료사고손해배상소송, 육법사(2012), 50면.
34) 金丸義衡, "医療過誤における期待権侵害", 甲南法学 53巻2号(2012), 194면.
35) 박영호, 앞의 논문(주 11), 474면.
36) 最高裁第二小法廷 平成12(2000)年 9月22日 平9(オ)42号 판결(民集 54巻7号 2574면) 등.
37) 最高裁第二小法廷 平成23(2011)年 2月25日 平21(受)65号 판결(裁判集民 236号 183면).

실질적으로 환자를 보호해 주기 위함이다. 그러나 위와 같이 의료진의 주의의무 위반의 정도가 일반인의 수인한도를 넘어설 만큼 현저하게 불성실한 진료를 행한 것으로 평가될 정도에 이르렀음을 환자측인 원고가 입증하여야만 위자료배상을 인정받을 수 있다면, 오히려 환자측의 입증부담이 가중되어 실질적으로 환자측을 구제하기에 공허한 법리가 될 수 있다.[38)]

특히 의료행위의 특수성, 의료과오에서 의료진 과실의 입증곤란성, 생명을 다루는 의료행위의 중요성, 치료기회상실의 법리도 의사의 과실 있는 진료행위를 전제로 한다는 점 등을 고려할 때,[39)] 의사의 과실 있는 진료행위가 있고 환자의 보호법익이 침해당하여 손해가 발생하였다면 그 보호법익이 생명・신체이든 치료를 받을 기회이든 간에 수인한도론에 따른 제한 없이 손해배상이 이루어지는 것이 타당한 것으로 생각된다.

Ⅳ. 치료기회상실과 관련된 대법원 판결의 변화와 그 타당성: 결론에 갈음하며

1. 치료기회상실이 문제되는 사안에서 생명신체 외에 다른 보호법익을 인정

적절한 치료를 받을 기회를 놓치게 한 의료진의 과실행위가 있고 이로 인하여 생명・신체 침해가 발생한 경우, 우리 판례는 치유가능성이 50%가 되지 않더라도[40)] 또는 의사의 과실 있는 진료행위가 치유가능성을 약간 상실시켰더라도[41)] 의사의 과실행위와 악결과 사이에 인과관계를 인정하고 재산적・비재산적 손해에 대한 손해배상책임을 인정하고 있다. 다만 손해배상책임의 범위를 사안에 따라 제한하고 있다. 따라서 치료기회상실의 법리가 독자적으로 문제되는 경우는 많지 않다.

그러나 의료행위의 특수성으로 인하여 적절한 치료를 받을 기회를 놓치게 한 의료진의 과실행위와 환자의 생명・신체 침해 사이에 인과관계 입증이 곤란한 경우가 발생하기도 한다. 이 때 우리 판결은 적절한 치료를 받을 기회를 놓치게 한 의료진의 과실행위와 생명・신체침해 사이에 인과관계를 부정하면서, 다만 적절한 치료를 받을 기회를 상실하게 하였음을 이유로 정신적 고통에 대한 위자료 배상만을 인정하고 있다(제1판례의 논거).[42)] 우리 판결이 의료과오소송에서 의료진의 과실 있는 진료행위와 생명・신체 침해와의 인과관계 입

---

38) 신현호・백경희, 앞의 책(주 31), 330면.

39) 의료행위의 특수성과 이로 인한 의료과오소송의 특수성에 대해서는 莇立明・中井美雄, 医療過誤法, 青林書院(1994), 35－40면; 김병일, 의료계약법론, 한국학술정보(2006), 231－235면 참조.

40) 대법원 1998. 7. 24. 선고 98다12270 판결; 부산고등법원 2007. 4. 5. 선고 2006나16604 판결 등.

41) 대법원 2007. 5. 10. 선고 2006다72680 판결; 서울고등법원 2005. 12. 20. 선고 2004나54864 판결 등.

42) 대법원 2001. 11. 13. 선고 2001다50623 판결; 대법원 2003. 2. 14, 선고 2002다53766 판결; 대법원 2006. 10. 13, 선고 2006다45121 판결 등.

증이 곤란한 경우에도 환자의 보호를 위해 손해배상책임을 인정하고 있다는 점에서 매우 의의가 있다.

의사의 과실 있는 진료행위와 생명·신체 침해 사이에 인과관계를 부정하면서도 정신적 고통에 대한 위자료 배상을 인정하기 위해서는 논리의 전개상 환자의 생명·신체 외에 다른 독자적인 피해법익의 존재를 인정할 수 있어야 한다. 그러나 우리 판결들은 적절한 치료를 받을 기회를 상실하였기 때문에 정신적 고통에 대한 위자료 지급을 명할 수 있다고 판시하면서, 어떠한 법익이 피해를 입었는지에 대하여 명확하게 밝히고 있지 않다는 문제점이 있다.[43] 논리의 전개상 가해행위가 법익을 침해하고 이로부터 발생한 손해에 대하여 손해배상책임이 이루어지는 것이기 때문에,[44] 단순히 정신적 고통만이 발생했다는 이유로는 손해배상책임을 인정할 수가 없다. 정신적 고통이 어느 법익의 침해로부터 나타났는지가 명확히 드러나야 하는데 우리나라 판결은 이에 대한 명확한 언급이 없다.[45] 또한 위법성의 판단을 위해서도 피침해법익이 확정되어야 한다. 그러나 우리나라 판결은 이에 대한 언급 없이 단순히 치료를 받아 볼 기회를 상실함으로 인하여 정신적 고통을 받았을 것이라고만 하고 있다.

최근에 주류를 이루고 있는 제2판례의 논거에서 적절한 치료를 받을 기회를 놓치게 한 의료진의 과실행위와 생명·신체 침해 사이에 인과관계를 부정하면서, 다만 그 주의의무 위반의 정도가 수인한도를 넘어설 만큼 현저하게 불성실한 진료를 행한 것이라고 평가될 정도에 이른다면, 그 자체로서 불법행위를 구성하여 환자가 입은 정신적 고통에 대한 위자료의 배상을 인정하였다.[46] 그러나 최근에 선고된 제2판결의 논거에서도 피침해법익이 무엇인지는 명확하게 밝히고 있지는 않다.

결국 우리 법원은 치료기회상실이 문제되는 사안에서 생명·신체 침해와는 다른 피침해법익을 상정하여 위자료 배상을 인정해주고 있는데, 그 피침해법익이 무엇인지를 구체적으로 밝히지 않고 있다. 이에 따라 그 피침해법익이 무엇인지에 관하여 치유가능성론, 연명이익론, 연명할(후유장해가 남지 않을) 상당한 가능성침해론, 기대권침해론, 자기결정권침해론 등 다양한 견해가 있다. 치유가능성론, 연명이익론, 연명할(후유장해가 남지 않을) 상당한 가능성침해론은 생명·신체와 다르지 않기 때문에 치료기회상실 문제에 있어서 생명·신체와는 다른 독자적인 보호법익이 될 수 없다. 기대권침해론은 환자의 주관적인 기대권이 보호법익이 될 수 있는지에 관한 중대한 문제점이 있으며, 자기결정권침해론은 치료기회상실의

43) 류화신, 앞의 논문(주 4), 399면.

44) 예를 들어, 생명·신체 침해의 경우, 의사의 과실 있는 진료행위가 생명·신체라는 법익을 침해하고 이로부터 발생한 재산적·비재산적 손해에 대하여 손해배상책임이 이루어지는 것이다.

45) 하급심판결들을 살펴보면 정신적 고통의 원인에 대해 '생존을 연장할 여지도 있었을 것이다', '치료를 받아 볼 기회를 상실하였다', '적합한 적정 진료를 받지 못하였다', '후유장해를 다소나마 줄일 수 있는 개연성이 전혀 없다고 단정할 수 없다' 등을 언급하고 있지만, 이런 표현만으로는 치료기회상실이 문제되는 사안에서 무엇이 보호법익인지 명확히 밝힌 것이라고 보기는 어렵다. 박영호, 앞의 논문(주 13), 52-53면; 류화신, 앞의 논문(주 4), 399면 등도 같은 비판을 제기하고 있다.

46) 대법원 2006. 9. 28. 선고 2004다61402 판결 등.

문제가 의료사고 전반에서 나타날 수 있다는 점에서 치료기회상실 문제에 있어서 바람직한 해결책이 되지 못한다.[47)]

따라서 치료기회상실 사안에서 생명・신체와는 다른 독자적인 보호법익은 '의료수준에 적절한 치료를 받을 이익'으로 보는 것이 가장 타당한 것으로 생각된다.[48)] 즉 '의료수준에 적절한 치료를 받을 이익'은 본질적으로는 의료의 장에서 인간으로서 존중될 권리, 즉 인간으로의 존엄 그 자체이며, 헌법에 규정된 행복추구권에 기초한 이익이라고 할 수 있다.[49)]

2. 생명신체 이외의 보호법익 침해에 대해서는 현저히 불성실한 진료에 이를 것을 요하는 제2판례 논거의 부당함

앞에서 살펴보았듯이 치료기회상실이 문제되는 사안에서 우리 대법원은 의료과실과 생명・신체 침해 사이에 인과관계가 부정된다고 하더라도 의료과실이 존재한다면, 치료받을 기회의 상실 또는 현저히 불성실한 진료 등을 근거로 위자료의 배상 정도는 인정하고 있음을 알 수 있다. 즉, 우리 대법원 역시 생명・신체 이외에 적절한 치료를 받을 이익과 같은 보호법익을 명시적이지는 않지만 상정하고 있음을 알 수 있다.

제1판례의 논거에 의하면 의료과실로 인해 적절한 치료를 받을 기회를 상실한 것으로 인정되면 위자료 배상이 가능했다. 그러나 최근에는 치료기회상실로 인한 위자료 배상을 받기 위해서는 의사의 과실이 현저히 불성실한 진료에 이르러야 한다는 제2판례의 논거가 주류를 이루고 있다.[50)] 이에 따라 비록 의료진의 과실은 있었지만 수인한도를 초과할 정도로 현저히 불성실한 진료에 이르지 않았다는 이유로 치료기회상실에 대한 위자료 배상은 실질적으로 거의 이루어지지 않고 있다. 제2판례의 논거가 설시된 대법원 2006. 9. 28. 선고 2004다61402 판결, 대법원 2014. 2. 13. 선고 2013다77294 판결, 대법원 2018. 12. 13. 선고 2018다10562 판결, 대법원 2023. 8. 18. 선고 2022다306185 판결 모두 1심에나 원심에서는 위자료 배상을 인정하였으나, 대법원에서 전부 원고청구기각의 취지로 파기환송되었다.

제2판례의 논거에 대해 적절하게 치료를 받을 기회나 기대는 생명・신체와는 전혀 다른 것이어서 의사의 과실의 위법성의 정도가 수인한도를 초과하여 현저히 불성실할 정도에 이르러야 한다고 한 것이라고 해석할 수도 있다고 한다.[51)] 그러나 치료기회상실의 법리가 의사의 과실 있는 진료행위와 생명・신체 침해 사이에 인과관계가 입증되지 않더라도 적절히

---

47) 각 견해에 대한 상세한 내용 및 비판에 대해서는 엄복현, 앞의 논문(주 16), 111－126면 참조.

48) 엄복현, 위의 논문, 127면. 김민규, "수진기회상실론", 재산법연구 제22권 제3호(2006), 323면과 송영민, 앞의 논문(주 27), 595면에서도 치료기회상실론의 치료기회상실은 손해의 일종이 아니라, 의료수준에 적합한 진료를 받을 기회의 보장이라는 의사의 행위의무를 창출하기 위한 보호법익이라고 보고 있다.

49) 平野哲郎, 平野哲郎, "適切な医療行為を受ける期待権侵害の不法行為の成否", 民商法雑誌 145巻2号(2011), 254－255면.

50) 다만, 앞에서 살펴보았듯이 하급심에서는 제1판례의 논거에 따른 판례가 최근에도 선고되고 있다.

51) 박영호, 앞의 논문(주 11), 496－497면.

치료를 받을 기회를 상실하였음을 이유로 손해배상책임을 인정하여 환자를 실질적으로 보호하려는 법리임을 고려할 때, 위와 같은 제한은 오히려 환자에게 입증부담만 가중시키는 것으로 타당하지 않은 것으로 보인다.[52)]

또한 제2판례의 논거에 대해, 위와 같은 경우는 인과관계의 증명이 어려운 것에 더하여 구명가능성조차 없어 치료기회의 박탈이 문제되지 않는 상황이므로, 기존의 치료기회상실론과는 논의의 결이 다르다는 견해도 있다.[53)] 그러나 앞에서 살펴보았듯이 치료기회상실론은 의료과실과 생명·신체 침해 사이의 인과관계의 부존재 여부와 상관없이 의료진의 과실로 인해 적절한 치료를 받을 기회 그 자체의 박탈을 의미한다.[54)] 현저히 불성실한 진료에 이르렀는지 여부와 무관하게 의료과실이 존재하고 적절한 치료를 받을 기회를 침해하였다면, 위자료 배상을 인정하는 것이 타당하다.

따라서 치료기회상실과 관련하여 제2판례의 논거와 같은 접근은 실질적으로 치료기회상실에 대해 어떠한 손해배상도 인정하지 않겠다는 것으로서 타당하지 않고, 실제로 제2판례의 논거를 설시한 대법원 판결들을 살펴보아도 전부 위자료 배상을 부정하였다. 결국, 의료과실로 인한 손해배상청구는 생명·신체의 침해가 발생하거나 설명의무 위반에 해당하지 않는 한 인정하지 않겠다는 것과 마찬가지이다.

제1판례의 논거와 같이 의료과실이 존재하고 이에 따라 적절한 치료를 받을 기회를 상실하게 되었다면, 과실의 중대성 유무와 상관없이 위자료 배상을 인정하고, 과실의 중대성 여부는 손해배상액 산정에 있어서 고려되어야 하는 요소로 파악하는 것이 타당하다.

---

52) 신현호·백경희, 앞의 책(주 31), 330면.

53) 백경희, "의료민사소송에서 불성실한 진료에 대한 손해배상청구에 관한 소고", 법학논총 제26집 제2호, 조선대학교 법학연구원(2019), 16면.

54) 물론 의료과실과 생명·신체 침해 사이에 인과관계가 인정될 경우에는 치료기회상실에 대한 부분 역시 위자료 계산시 고려되는 경우가 대부분이므로, 치료기회상실 그 자체가 별도로 문제되는 경우가 드물 것이다. 결국, 치료기회상실은 의료과실과 생명·신체 침해 사이에 인과관계가 부정되는 경우에 주로 문제가 될 것이다.

위법성 판단 기준의 구체화에 관한 관견(管見)

윤 태 영

아주대학교 법학전문대학원 교수

이 글은 존경하는 박동진 교수님께서 각별한 관심을 기울여 주신 필자의 논문("기본권의 대사인적 효력과 위법성 판단", 재산법연구, 제34권 제4호, 2018, 35면 이하)을 기초로 대폭 수정·보완한 것이다.

평소 박동진 교수님께서는 학문적으로뿐만 아니라 여러 측면에서 크나큰 도움을 주셨고, 특히 교수님의 불법행위법 관련 연구는 필자가 연구를 시작하는 데에 이정표가 되었다. 졸고가 박동진 교수님의 화갑을 기념하는 논문집에 수록될 기회를 얻게 된 것을 무한한 영광으로 생각하며, 이 자리를 빌어 박동진 교수님의 은혜에 깊은 감사의 말씀을 드린다.

Ⅰ. 머리말

불법행위가 성립하기 위해서는 그 요건으로 행위의 위법성이 요구된다(민법 제750조). 인간의 공동생활 자체가 일정한 범위에서는 불가피하게 타인에 대해 해를 끼칠 가능성을 내포하고 있기 때문에, 다른 사람에게 해가 되더라도 그 행위가 모두 위법하다고 평가할 수는 없다. 결국 그것이 사회생활상 허용되는지 여부를 따져야 하는데, 그것이 곧 위법성의 문제이다. 여기서 위법이라는 것은 어떤 행위가 법체계 전체의 입장에서 허용되지 않아 부정적 평가를 받는 것을 의미한다. 즉 가해행위가 사회통념상 용인될 만한 정도를 넘어야 위법성이 인정된다. 그리고 통설은 위법성을 판단함에 있어 관련 행위 전체를 일체로만 판단하여 결정할 것이 아니라 피침해이익과 침해행위를 상관적으로 고찰하여야 한다는 상관관계이론을 취하고 있다.[1] 우리 판례도 위법성은 "문제가 되는 행위마다 개별적·상대적으로 판단하여야"[2] 한다고 하여 통설의 입장과 같이 구체적인 사건마다 위법성을 판단하여 왔다.

이렇게 상관적으로 고찰함에 있어서도 침해행위가 형사법규위반, 공서양속위반 등에 해당하면 위법성을 판단하는 것이 수월할 수 있다. 그러나 현대사회가 복잡해지고 불법행위의 양상은 예측할 수 없을 정도로 다양하기 때문에 어떤 행위가 위법한지 여부가 명확하지 않은 경우가 있을 수밖에 없다. 그리고 특히 이러한 위법성 판단에 있어서는 구체적 타당성을 위하여 해당 사안마다 판사의 주관에 의존해 온 것이 사실이다. 나아가 불법행위법은 이렇게 판사가 사안별로 법형성작용을 하는 법이라는 속성을 가지고 있다는 명분이 있다 보니, 불법행위법의 목적이나 기능의 사상적 기초 및 이러한 기초를 통한 불법행위법 전체 영역을 통괄하는 체계적 이론 구축이라는 시도는 많지 않았다.[3] 불법행위법은 손해의 전보, 보험제도, 국가정책, 산업 발전의 고려, 가해자의 이익과 피해자의 손해와의 불일치 등 다른 어떤 분야보다도 다양한 요소를 고려하여 가치판단의 기초를 견고하게 구축하여야 함에도 불구하고, 사안마다 판사의 직관적 판단에만 의존하여 왔다고 해도 과언이 아니다. 어쩌면 '구체적 타당성의 추구'라는 명제를 내세워, 학계가 불법행위법의 각 요소를 분석해내어 가치판단을 정당화하는 작업까지는 감히 엄두를 못낸 것은 아닌가 하는 생각도 든다.

---

1) 우리나라에서는 상관관계이론이 통설이라고 하면서 위법성의 본질에 관한 논의를 전개하고 있다. 이에 대해서는 김형배, "민사법의 위법성개념의 구조－결과불법·행위불법 이원설의 검토", 고시계 제35권 10호(통권 제404호), 1999.10, 15면 이하; 양창수, "불법행위의 요건으로서의 위법성", 월간고시 제141권, 1985. 10, 38면 이하; 어인의, "불법행위에 있어서의 위법성", 고시계, 제41권 8호(통권 제474호), 1996.7, 40면 이하; 서광민, "불법행위 성립요건으로서의 위법성과 고의 과실", 고창현박사화갑기념논문집, 1987, 548면 이하; 김윤구, "불법행위에 있어서 위법성 개념", 법학연구 창간호, 충북대학교법과대학법학연구소, 1989, 85면 이하 참조.

2) 대법원 2001. 5. 8. 선고 2000다35955 판결; 대법원 2003. 6. 27. 선고 2001다734 판결; 대법원 2006. 9. 8. 선고 2004다55230 판결 등 참조.

3) 피해자측의 과실이라는 하나의 사실이 피해자에 대한 불법행위 성립요건임과 동시에 또 다른 가해자와의 관계에서는 피해자의 배상액의 감경사유로 작용할 수 있도록 해석하는 것에 대해 비판하면서, 판례에서 인정한 피해자측 과실상계를 유형별로 검토하면서 해결책을 제시하고자 하는 것도 이러한 취지에서 비롯된다고 생각된다. 이에 관한 자세한 내용은 박동진, "피해자측 과실이론과 과실상계", 비교사법 제17권 제3호, 2010, 229면 이하 참조.

그렇다면 피침해이익과 침해행위와의 상관관계적 이익형량에 있어 판사의 직관에 맡긴 판정이 아니라, 합리성을 추구하기 위하여 법적 가치판단 또는 평가를 위한 최소한의 합리적 기준을 제시하는 것은 불가능한 것인가? 그것을 위해서는 위법성 판단에서 작용할 수 있는 여러 불확정한 요소들이 어떻게 상호작용하고 구체화되는가 하는 점을 일정한 기준에 입각하여 밝혀내는 것이 중요하다. 특히 이러한 작업은 인격권, 환경권, 영업권과 같이 오늘날 특히 그 중요성이 부각되었지만 그 보호 범위를 명확하게 확정하기 어려운 이익 침해에 대한 위법성 판단에 있어서 더욱 그러하다.

그뿐만 아니다. 이러한 구체화를 위한 작업은 단순히 위법성 판단에 그치는 것이 아니라 인격권 등의 불확정한 권리의 개념을 확정해 간다는 의미도 있다. 예컨대 인격권이나 영업권이라는 개념은 다양한 이익에 보호를 부여하기 위해 전통적으로 상당히 넓은 개념으로 기능하고 있다. 그러나 오늘날 인격권이 생명 · 신체 · 소유권과 함께 보호되는 법익이라는 점은 일반적으로 인정되고 불법행위법상 고유한 보호법익으로서의 위치에도 거의 이견이 없지만, 어떤 인격을 보호한다는 것인가, 어느 정도로 보호하는 것인가 하는 물음에는 명확한 답을 내기가 어렵다. 따라서 인격권의 침해가 문제되는 상황에서 그 위법성의 판단을 구체화하면서 인격권과 충돌하는 다른 법익을 보다 보호할 가치가 있는지, 시대상황에 맞게 변화하는 새로운 법익이 어떤 근거에 의해 보호되는지를 구체화 하다보면 불확정한 권리 개념이 확정되어 가는 효과도 있다.[4)]

그런데 상관관계적으로 판단한다는 것은 이익형량을 전제로 하여 어느 한쪽 손을 들어주는 것인데, 이익형량설이 내세우는 원칙은 전통적으로 우월적 이익의 원칙이다. 이 원칙은 법적으로 보호되는 서로 다른 이익 사이에 충돌이 있는 경우에 행위를 통하여 보전되는 이익이 침해되는 이익보다 우월하면 위법성이 조각된다는 것이다. 그런데 생명과 재산이 충돌하는 경우와 같이 권리의 우열관계가 수긍이 가는 경우[5)]도 있지만, 대부분의 경우 어느 권리의 손을 어떤 근거로 들어주어야 하는지 명확하지 않은 경우도 많다. 따라서 충돌하는 권리의 여러 요소는 물론 기타 부대적인 상황까지도 고려해서 판단을 할 수밖에 없는데 과연 이러한 여러 요소들이 어떻게 이익형량에 영향을 주는지 평가하고 이것을 어떻게 체계화하는지 분석해 볼 필요가 있다. 이와 관련하여 이 글에서는 우리나라에서의 이익형량론의 문제점을 분석하고 해외에서 이익형량을 체계화하고자 하는 연구를 조사 분석하여 시사점을 찾고자 한다.

---

4) 불확정한 개인정보의 개념이 이익형량을 통해 명확해지는 점을 규명하고자 한 내용은 김형진, "개인정보자기결정권과 이익형량－대상판결: 대법원 2016. 8. 17. 선고 2014다235080 판결", 민사법학 제108호, 2024, 295면 이하 참조.

5) 이익형량설은 생명과 재산이 충돌하는 경우 생명은 재산보다 무한히 고차적인 것이므로 생명의 편에 긴급권이 주어져야 한다는 헤겔의 긴급피난 이론에서 단서를 찾을 수 있다고 한다(이형국, "긴급피난이론으로서의 목적설과 이익(법익)형량설", 「법철학과 형법」, 황산덕 박사 회갑기념논문집, 1979, 359면 참조.

Ⅱ. 위법성 판단에 있어서의 이익형량

1. 위법성의 의의 및 기능

종래 우리나라의 통설은 위법행위 내지 위법성의 의미를 일반적·이론적으로 규명함이 없이, 위법성의 발현형태를 침해된 이익 측면과 침해행위 측면의 두 가지 관점에서 개별적 실증적으로 고찰해 왔다. 그래서 피침해이익 면에서는 각종 재산적 이익(소유권, 제한물권, 광업권, 어업권, 무체재산권, 용수권, 채권, 상호 등)의 침해의 경우와 비재산적 이익(생명, 신체, 자유, 명예등 각종의 인격적 이익과 가족권)의 침해의 경우로 나누어 위법성을 검토하고 있다. 그리고 침해행위 측면에 있어서는 형벌법규위반, 단속법규위반, 사회질서위반, 권리남용 등에 비추어 위법성을 검토하고 있다.[6] 이렇게 종래에는 위법성의 평가를 발생된 침해 사실 하나에 착안하여 판단하는 결과불법론이 지배적이었는데, 결과불법론은 타인의 생명·신체·건강·자유·소유권이나 그 밖의 권리를 침해한 경우 그 침해결과를 야기한 행위가 위법성 조각사유가 없는 한 위법하다고 보는 견해이다.

이에 반하여 근래에는 위법성의 본질을 가해행위에서 찾으려 하는 행위불법론이 유력하다.[7] 이 행위불법론은, 위법성의 평가에 있어서는 어떠한 행위의 결과로서 보호법익의 침해가 있었는가, 그러한 침해는 법규범이 행위자에게 부과한 주의의무를 해태함에 의하여 야기된 것인가의 두 가지 점이 함께 고찰되어야 한다는 견해이다.[8] 행위불법론이 설명하는 바에 따르면, 고의로 인한 가해의 경우 마치 가해결과만 발생하면 곧 위법성이 인정되는 것처럼 보이나 실은 보호법익 침해라는 결과 이외에 고의라고 하는 행위자에 대한 비난가능성이 함께 고려된 것이라는 점을 강조한다. 더욱이 현대 불법행위의 대부분을 차지하는 과실불법행위의 경우 보호법익 침해라는 결과보다도 그 결과가 주의의무의 해태로 인하여 야기되었다는 것이 중요한데, 주의의무를 해태했다는 점은 과실 인정의 근거임과 동시에 위법성 인정의 근거이기도 하다는 것이다. 주의의무란 법질서에 의하여 가해자에게 부과되었던 행위규범이고 가해자가 그 행위규범에 위반하여 행위하였다는 점이 바로 위법성의 대상이 된다.

한편 과실과 위법성을 엄격하게 분리하는 전통적 이론을 비판하며, 과실에 위법성을 포함하여 양자의 일원적 구성을 시도하는 과실 일원론도 있다.[9] 위법성의 본질에 대하여 행위

---

6) 곽윤직, 전게서, 397면 이하; 김기선, 한국채권법각론, 1982, 284면 이하; 김석우, 채권법각론, 1978, 504면 이하; 김증한·안이준, 신채권각론(하), 1965, 763면 등

7) 서광민, 불법행위의 책임귀속구조에 관한 연구, 고려대박사학위논문, 1987, 29면; 양창수, 전게논문, 45면; 정기웅, 불법행위에 있어서 위법성 판단－상관관계이론을 중심으로, 재산법연구 제3권 제1호, 한국재산법학회, 1986, 78면 등.

8) 민법주해, 제18권, 채권(11), 209면 이하 참조.

9) 윤종근, 불법행위법상의 과실개념에 관한 일고, 숭실대학교 박사학위논문, 1996, 255면 이하; 최상호, 불법행위법에 있어서의 위법성과 과실, 안암법학 창간호, 안암법학회, 1993, 419면 이하 참조.

불법론을 취하고 과실을 객관적·추상적 과실로 보는 한 '과실'과 '위법성'의 융합이 불가피한 것도 사실이다. 그러나 우리 불법행위법이 그 성립요건으로서 '권리' 대신 '위법성'을 요건으로 한 이유, 즉 '권리'로 할 경우 보호범위가 지극히 한정된다는 점을 극복하기 위한 입법자의 고려를 감안할 때, '위법성'은 보호범위 확대와 제한의 기능을 수행한다는 점에서 매우 중요하다. 특히 인격권이나 영업권과 같은 권리에 대해서는 불법행위가 성립할 수 있는가의 판단문제에 있어서 위법성이라는 요건이 필수적이다. 즉 그 침해행위로 인해 얻는 이익과 침해된 이익의 비교형량을 통하여 상관적으로 판단할 수밖에 없고 또한 침해행위의 태양이 사회의 법감정에 용납할 수 없는 범위에 있는지 여부에 의하여 판단되어야 하므로, 이에 위법성이 그 기능을 다하는 것이다.

2. 위법성 판단기준

위법성 판단의 중심문제는 법익 주체로서의 피해자 지위와 행동의 자유 주체로서의 가해자 지위라는 두 가지 주체의 이익 충돌을 전제로 하여, 양 이익의 보호 요청을 어떻게 조정해 나갈 것인가 하는 문제이다. 그런데 이 문제는 궁극적으로는 민법뿐만 아니라 헌법이 보장하는 각종 기본권 상호간과 각 기본권을 뒷받침하는 원리·사상 간의 충돌을 어떻게 조정하는가 하는 기본권 보호요청 이론을 탐구하는 문제와 연결된다.[10] 헌법이 정한 기본권은 국가로부터의 침해에 대한 방어권으로서의 기능뿐만 아니라 국가에 대한 보호요청의 기능도 가지고 있다. 여기에서 나온 것이 기본권의 대사인적 효력 문제이다. 기본권은 원칙적으로 국가에 대하여 효력을 가지는 대국가적 방어권이지만, 2차적으로는 국가 이외의 제3자인 사인, 기업, 정당, 노조 등 사회적 세력에 의해 기본권이 위협당하는 새로운 상황에도 적용된다. 불법행위법상 위법성 판단에 있어, 침해행위와 피침해이익의 이익형량의 문제도 결국 사인간의 기본권 보호 요청의 문제에 연결된다.

이와 관련하여 오늘날 통설적 견해인 간접효력설은 기본권의 효력이 '법률의 개괄적인 조항, 즉 민법 제103조의 공서양속, 민법 제2조의 신의성실 및 권리남용, 제750조 불법행위 등과 같은 사법상의 일반조항을 통해서만 사인 간에도 적용된다는 학설[11]이다.[12] 이 견해에

10) 1975년의 독일연방헌법재판소의 판결(BVerfG 25. 2. 1975, BVerfGE 39, 1.)에서 승인되고 판례·학설상 확립된 국가의 기본권 보호의무라는 논리를 사인간 적용에 적합하게 보호권적 구성을 시도한 대표자는 민법학자인 Canaris다(Vgl. Claus−Wilhelm Canaris, Grundrechtswirkung und Verhältnismäßigkeitsprinzip in der richterlichen Anwendung und Fortbildung des Privatrechts, JuS 1989, 161 ff.).

11) 성낙인, 「헌법학」, 법문사, 2014, 915면 참조.

12) 판례도 간접적용설을 취하고 있다. 즉, 공립학교가 종교교육을 거부한다는 이유로 퇴학처분을 하여 이에 대한 불법행위책임이 문제된 사건에서 우리 대법원은, "헌법상의 기본권은 제1차적으로 개인의 자유로운 영역을 공권력의 침해로부터 보호하기 위한 방어적 권리이지만 다른 한편으로 헌법의 기본적인 결단인 객관적인 가치질서를 구체화한 것으로서, 사법(사법)을 포함한 모든 법영역에 그 영향을 미치는 것이므로 사인간의 사적인 법률관계도 헌법상의 기본권 규정에 적합하게 규율되어야 한다. 다만 기본권규정은 그 성질상 사법관계에 직접 적용될 수 있는 예외적인 것을 제외하고는 사법상의 일반원칙을 규정한 민법 제2조, 제103조, 제750조, 제751조 등의 내용을 형성하고 그 해석기준이 되어 간접적으로 사법관계에 효력을 미치게 된다. 종교의 자유라는 기본권의 침해와 관

따르면 기본권 규정이 사법질서에 직접 적용된다기보다는 사법의 일반조항을 통하여 간접적으로 적용되고, 이러한 관점에서 사법상의 일반조항은 헌법이 사법에 돌입하는 장소 내지 연결고리라고 할 것이다. 이 가운데에서도 특히 불법행위법상 위법성을 판단할 때에는 헌법상의 기본권 충돌을 염두에 두고 있는 판례들이 많이 나오고 있다. 특히 인격권, 영업권, 환경권 등 그 권리의 모습을 명확하게 확정할 수 없는 권리들에서 이러한 경향이 두드러지는데, 표현의 자유, 언론·출판의 자유, 재산권 등과의 관계에서 불법행위책임을 판단할 때 종종 헌법상 기본권이 언급되고 있다. 몇 가지 예를 들어보면 다음과 같다.

국회의원이 '각급학교 교원의 교원단체 및 교원노조 가입현황 실명자료'를 인터넷을 통하여 공개한 사안에서 우리 대법원[13]은, "하나의 법률관계를 둘러싸고 두 기본권이 충돌하는 경우에는 구체적인 사안에서의 사정을 종합적으로 고려한 이익형량과 함께 양 기본권 사이의 실제적인 조화를 꾀하는 해석 등을 통하여 이를 해결하여야 하고, 그 결과에 따라 정해지는 양 기본권 행사의 한계 등을 감안하여 그 행위의 최종적인 위법성 여부를 판단하여야 하며, 이러한 이익형량과정에서, 첫째 침해행위의 영역에 속하는 고려요소로는 침해행위로 달성하려는 이익의 내용 및 그 중대성, 침해행위의 필요성과 효과성, 침해행위의 보충성과 긴급성, 침해방법의 상당성 등이 있고, 둘째 피해이익의 영역에 속하는 고려요소로는 피해법익의 내용과 중대성 및 침해행위로 인하여 피해자가 입는 피해의 정도, 피해이익의 보호가치 등이 있으며, 일단 권리의 보호영역을 침범함으로써 불법행위를 구성한다고 평가된 행위가 위법하지 않다는 점은 이를 주장하는 사람이 증명하여야 한다"고 하여, 권리의 충돌상황에서의 위법성 판단에 있어 헌법상의 가치를 탐구하는 입장을 취하고 있다.

생명, 신체 등을 해하거나 형사법규위반 등이 있으면 위법성을 인정하기가 그리 어렵지 않을 것이다. 그러나 민법상 구체적으로 어떤 권리라고 아직 명확히 정의내리기 어려운 인격권이나 영업권, 종교의 자유, 환경권 등이 침해된 경우 결국 그 침해행위와의 상관관계면에서 침해된 이익과 침해행위로 달성하려는 이익을 비교형량하여 위법성을 판단하는 것이 판례의 입장이다.

3. 위법성 판단에 있어서의 이익형량의 한계

(1) 권리의 서열화의 문제점

이익형량론에 의거하여 위법성을 판단해야 하는 상황은 민법적 관점에서 권리가 충돌하는 경우이다. 예를 들어 언론사의 취재로 인해 언론의 자유라는 권리와 인격권이 충돌하는 것이 대표적이다. 그런데 이런 상황에서 이익형량론은 한계에 부딪히게 되는데, 즉 권리의

련한 불법행위의 성립 여부도 위와 같은 일반규정을 통하여 사법상으로 보호되는 종교에 관한 인격적 법익침해 등의 형태로 구체화되어 논하여져야 한다"고 한 바 있다(대법원 2010. 4. 22. 선고 2008다38288 전원합의체 판결).

13) 대법원 2011. 5. 24. 자 2011마319 결정.

서열화, 헌법적 관점에서 보자면 기본권의 서열화가 가능한가 하는 점이다.

헌법재판소 결정 중에서는 어느 한 기본권의 우위를 판단한 예도 있다. 국민건강증진법 시행규칙 제7조 위헌확인 사건에서 우리 헌법재판소는 다음과 같이 판시하면서 혐연권이 흡연권보다 상위의 기본권이라고 한 바 있다.[14)]

> "흡연자들의 흡연권이 인정되듯이, 비흡연자들에게도 흡연을 하지 아니할 권리 내지 흡연으로부터 자유로울 권리가 인정된다(이하 이를 '혐연권'이라고 한다). 혐연권은 흡연권과 마찬가지로 헌법 제17조, 헌법 제10조에서 그 헌법적 근거를 찾을 수 있다. 나아가 흡연이 흡연자는 물론 간접흡연에 노출되는 비흡연자들의 건강과 생명도 위협한다는 면에서 혐연권은 헌법이 보장하는 건강권과 생명권에 기하여서도 인정된다. 흡연자가 비흡연자에게 아무런 영향을 미치지 않는 방법으로 흡연을 하는 경우에는 기본권의 충돌이 일어나지 않는다. <u>그러나 흡연자와 비흡연자가 함께 생활하는 공간에서의 흡연행위는 필연적으로 흡연자의 기본권과 비흡연자의 기본권이 충돌하는 상황이 초래된다. 그런데 흡연권은 위와 같이 사생활의 자유를 실질적 핵으로 하는 것이고 혐연권은 사생활의 자유뿐만 아니라 생명권에까지 연결되는 것이므로 혐연권이 흡연권보다 상위의 기본권이라 할 수 있다. 이처럼 상하의 위계질서가 있는 기본권끼리 충돌하는 경우에는 상위기본권우선의 원칙에 따라 하위기본권이 제한될 수 있으므로, 결국 흡연권은 혐연권을 침해하지 않는 한에서 인정되어야 한다."</u>

한편 대법원 판례 중에서도 이익형량을 통해 어느 한쪽의 이익이 우월함을 밝힌 판결도 있다. 변호사정보 제공 웹사이트 운영자의 인맥지수 공개에 대한 불법행위책임에 있어서 우리 대법원[15)]은, "변호사의 승소율이나 전문성 지수 등을 제공하는 서비스를 하는 행위는 그에 의하여 얻을 수 있는 법적 이익이 이를 공개하지 아니함으로써 얻을 수 있는 정보주체의 인격적 법익에 비하여 우월한 것으로 보여 원고들의 개인정보에 관한 인격권을 침해하는 위법한 행위로 평가하기는 어렵다"고 하여 불법행위책임을 인정하지 않은 반면, "운영자가 변호사들의 개인신상정보를 기반으로 한 인맥지수를 공개하는 표현행위에 의하여 얻을 수 있는 법적 이익이 이를 공개하지 않음으로써 보호받을 수 있는 변호사들의 인격적 법익에 비하여 우월하다고 볼 수 없어, 결국 운영자의 인맥지수 서비스 제공행위는 변호사들의 개인정보에 관한 인격권을 침해하는 위법한 것"이라고 판단하였다.

앞에서 언급한 헌법재판소의 '혐연권' 관련 결정에서는 생명권이라는 기본권과 연계시켜 혐연권이 상위의 권리라고 판단한 반면, '인맥지수' 사건에서는 어떤 이유에서 우월적 권리인지 명백히 밝히고 있지 않다. 생명권과 재산권이 충돌할 경우와 같이 일반적으로 우위로 볼 수 있는 기본권인 경우에는 비교형량이 가능하다고 할 수 있다. 그러나 대부분의 기본권

---

14) 헌재 2004. 8. 26. 2003헌마457, 판례집 16-2상, 355.
15) 대법원 2011. 9. 2. 선고 2008다42430 전원합의체 판결.

들 간에는 기본권의 우열을 가리기 어렵다. 실제로 권리 충돌이 문제된 대부분의 대법원 판례들에서는 이익형량을 채택하면서도 다른 대안이 없거나 방법이 적절하지 못함을 들면서 위법성을 판단하고 있는 반면, 직접적으로 어느 권리가 우선하는 권리라고 하고 있지는 않다.

공립학교가 종교교육을 거부한다는 이유로 퇴학처분을 하여 이에 대한 불법행위책임이 문제된 사건[16]에서도 종립학교와 학생 사이의 관계에 있어 학생의 법익이 보다 두텁게 보호될 필요성이 있음을 언급하면서도, "학생이 가지는 소극적 종교행위의 자유 및 소극적 신앙고백의 자유는 부작위에 의하여 자신의 종교적 신념을 외부로 표현하고 실현하는 기본권이라는 점에서 학교법인이 가지는 종교교육의 자유와의 사이에서 위계질서를 논하기는 어려우며 양자의 기본권 모두 인격적 가치 및 자유권적 가치를 가지므로 추상적인 이익형량만으로는 우선하는 기본권을 정할 수 없다"고 하면서 이익형량의 한계를 드러내고 있다. 따라서 결국, "그 종교교육의 구체적인 내용과 정도, 종교교육이 일시적인 것인지 아니면 계속적인 것인지 여부, 학생들에게 그러한 종교교육에 관하여 사전에 충분한 설명을 하고 동의를 구하였는지 여부, 종교교육에 대한 학생들의 태도나 학생들이 불이익이 있을 것을 염려하지 아니하고 자유롭게 대체과목을 선택하거나 종교교육에 참여를 거부할 수 있었는지 여부 등의 구체적인 사정을 종합적으로 고려하여 사회공동체의 건전한 상식과 법감정에 비추어 볼 때 용인될 수 있는 한계를 초과한 종교교육이라고 보이는 경우에는 위법성을 인정할 수 있다"고 하면서 다른 대안적 수단이라는 조치를 취하였는가 하는 점 등에서 위법성을 파악하고 있다. 이렇게 이익형량을 직접적으로 하지 않고 다른 수단을 택할 가능성이 있는지를 가지고 위법성을 판단한 사례는 자주 눈에 띈다. 국회의원이 교원노조 가입현황 실명자료를 인터넷을 통하여 공개한 사안에서, 우리 대법원은[17] "이와 같이 충돌되는 기본권들 사이에 실제적인 조화를 이룰 수 있는 해석이나 방안이 무엇인지를 살펴서 그 행위가 허용되는지 여부를 판단하여야 할 것이며, 교육관련기관의 정보공개에 관한 특례법과 그 시행령에 따라 공시되고 있는 범위를 넘어서 아무런 제한 없이 학생이나 학부모의 알권리에 기초하여 교원 개개인의 노동조합 가입 여부나 특정 노동조합에 관한 정보에 대한 접근·수집·공개가 허용된다고 단정할 수는 없다"고 하여 다른 대안적 조치가 있었는가를 우회적으로 표현하고 있다.

(2) 규범조화적 해석 원칙을 통한 위법성 판단의 어려움

이익형량으로 어떤 한 권리가 우월하다고 판단하기 어렵기 때문에 다른 행위를 가지고 위법성을 판단한 예도 많다. 시민단체들이 마이클잭슨의 공연을 반대하여 영업권 침해가 문

---

16) 대법원 2010. 4. 22. 선고 2008다38288 전원합의체 판결.
17) 대법원 2011. 5. 24. 자 2011마319 결정.

제된 사건[18]에서는, “공연기획사가 관계당국으로부터 합법적으로 공연개최허가를 받고 은행과 적법하게 입장권판매대행계약을 체결한데 대하여 시민단체의 간부들이 위 은행에게 공연협력의 즉각 중지, 즉 공연기획사와 이미 체결한 입장권판매대행계약의 즉각적인 불이행을 요구하고 이에 응하지 아니할 경우에는 은행의 전 상품에 대한 불매운동을 벌이겠다는 경제적 압박수단을 고지하여 이로 말미암아 은행으로 하여금 불매운동으로 인한 경제적 손실을 우려하여 부득이 본의 아니게 공연기획사와 체결한 입장권판매대행계약을 파기케 하는 결과를 가져왔다면 이는 공연기획사가 은행과 체결한 입장권판매대행계약에 기한 공연기획사의 채권 등을 침해하는 것으로서 위법하다고 하여야 할 것이고, 그 목적에 공익성이 있다 하여 이러한 행위까지 정당화될 수는 없는 것이다”고 하여 다른 강압적 수단을 사용했는가를 기준으로 위법성을 판단하였다.

이렇게 판례를 통해서도 알 수 있는 바와 같이, 대부분의 사례에서 권리 대 권리 나아가 기본권 대 기본권의 충돌 시 어느 것이 우선한다는 서열화는 쉽지 않다는 점이다. 따라서 기본권이 충돌할 때 헌법학에서도 ‘규범조화적 해석 원칙’ 또는 ‘실제적 조화의 원칙’을 강조하는 것으로 보인다. 이 원칙은 헌법의 통일성과 관련하여 요청되고 있는 것으로서, 헌법상 보호되는 법익들은 헌법규범의 해석을 통하여 각 법익이 모두 실현될 수 있도록 상호 조정되어야 한다는 것이다.[19]

그런데 민법상 손해배상책임이 있는지를 결정한다는 것은 어느 한쪽의 손을 들어주어야 하는 문제이므로, 그 전제로서 위법성을 판단함에 있어서 규범조화적 해석을 고집하기는 쉽지 않다. 판례들 가운데 일부는 실제적 조화의 원칙을 취했는가를 하나의 위법성 판단기준을 삼은 것도 있지만, 불법행위책임에 있어서는 대부분의 경우 어느 하나를 선택할 수밖에 없는 경우가 많다. 문제는 이러한 경우에 판례의 대부분이 어떤 기준에서 우월했는가를 명백히 밝히지 않고 있고, 또 여러 요소를 위법성 판단 기준으로 언급하면서도 어떻게 서로 작용했는가를 언급하지 않은 채 주관에 의하고 있다는 점이다. 나아가 우리 학계에서도 이러한 이익형량의 경우 어떤 가치에 중점을 두어야 하는가를 구체적으로 규명하지 않아 왔다.

Ⅲ. 이익형량을 구체화하고자 하는 시도

그렇다면 권리의 충돌 시 이익형량을 위해 어떤 요소를 고려하여야 한다는 기준을 제시하는 것은 불가능한 것인가? 또한 어떠한 구조 속에서 이러한 요소들을 검토해야 하는지 그 구조를 제시할 필요는 없는가? 이하에서는 구체적 위법성 판단기준 및 여러 판단요소의 상호작용을 밝히는 시도로서 오스트리아 및 독일에서 유력한 조류를 형성하고 있는 ‘동적 체

18) 대법원 2001. 7. 13. 선고 98다51091 판결.
19) 장영수, “기본권의 대사인적 효력과 기본권의 충돌”, 고려법학 제38권, 2002, 123면.

계론(Bewegliches System)'과 미국의 '다원적 불법행위론(the Mixed Theory)' 일본에서의 '헌법적 중층구조론'을 간단하게나마 살펴보고자 한다. 이러한 이론은 민법의 여러 분야와 관계가 있지만 우리 불법행위법상 위법성 판단에 있어서의 상관관계론을 구체화하는 것과도 관련이 있기 때문이다.

1. 동적 체계론

(1) 동적 체계론의 기본 구상

동적 체계론이란, 한마디로 말하면 일정한 법영역에서의 법규범 또는 법률효과를 복수의 '요소(Elemente)' 또는 '힘(Kräfte)'의 협동작용의 결과로서 설명하고 정당화하려고 하는 구상이다.[20] 동적 체계론은 1940년대 오스트리아의 Walter Wilburg[21]에 의해 처음 제창되어, 오스트리아 및 독일에서 유력한 고려방법으로 평가받아 왔다. 그 후 1950년대 독일의 Josef Esser, 70년대 미국의 법철학자 Ronald Dworkin, 그 후 독일의 Robert Alexy, Claus-Wihelm Canaris, 오스트리아의 Franz Bydlinski 등 오스트리아 및 독일의 유력한 학자들에 의하여 이 이론을 발전시키고자 하였다.[22] BGB 제823조에서 권리나 보호법익의 개념은 사회적 상황에 따라 그 해석 범위가 확장되거나 재구성될 수 있는데, 일반적 인격권, 환경권, 개인정보 자기결정권 등은 조문에 명시되지 않았지만, 동적 체계론을 통해 그 내용이 구체화되었다고 할 수 있다.

동적 체계를 채택하기 위해서는 원리로서의 요소의 확정이 필요하며, 그 요소는 법제도 전체의 기반을 이루는 거시적 차원에서 찾아야 하는데, 이를 위해서는 불법행위법의 내적 체계가 무엇인지 알아야 거시적 차원도 명확하게 설명 가능하다고 본다. Wilburg는 동적 체계론을 한마디로 정의하지는 않았지만, "손해배상책임은 복수의 요소에 의해 그것들이 여러 강약을 가지고 다양하게 결합하여 종합적으로 배상의무를 기초지운다"고 서술하고 있다.[23]

F. Bydlinski는, 동적 체계론의 특징으로서 우선, 복수의 요소가 전제되어 있는 점을 거론한다.[24] 즉 일정한 법영역(예컨대, 손해배상법)을 단일한 기본사상(예컨대, 과실책임의 원칙)만 가지고 설명할 수는 없다는 인식이 그 전제에 있다. 그러나 한편으로 요소는 몇 가지로 한

---

20) 山本敬三, "民法における動的システム論の検討ー法的評価の構造と方法に関する序章的考察", 法学論叢 138巻 1・2・3号, 1995, 208면.

21) Walter Wilburg, Die Elemente des Schadensrechts, 1941; ders., Entwicklung eines beweglichen Systems im Bürgerlichen Recht, Rede, gehalten bei der Inauguration als Rector magnificus der Karl-Franzens-Universität in Granz am 22. Nov. 1950(이것에 대한 영어 번역본으로, Translated by Herbert Hausmaninger, The Development of a Flexible Systems in the Area of Private Law, 2000가 있다).

22) 동적 체계론에 관한 자세한 소개는 이승현, "민법상 손해배상법의 내부적 체계와 동적 체계론에 따른 입법의 관계에 대한 고찰", 경희법학 제54권 제2호, 2019, 197면 이하.

23) Walter Wilburg, Die Elemente des Schadensrechts, 1941, S. 28.

24) Franz Bydlinski, Eine Skizze über bewegliches Systemdenken im Vertragsrecht, in:Pacte, convention, contract, Mélanges en l'honneur du Professeur Bruno Schmidlin, 1998, S. 193.

정하고 있다. Wilburg도 손해배상법을 4개의 요소[25]로 설명하려고 하였다. 즉 ① 침해 또는 위태화를 통한 타인의 권리영역의 이용, ② 책임부담자의 영역에서 발생한 사정에 의한 손해사실의 야기, ③ 책임부담자의 영역으로부터의 하자의 비난, ④ 책임부담자의 경제력 또는 배상가능성이 그것이다. 이 점에서 동적 체계론은 예견이 불가능한 수많은 특별한 관점들을 고려하려는 다른 이론들과는 구별된다.

그러나 동적 체계론을 강조하는 견해조차도 체계라는 이름을 붙이는 것에 주저한다. Canaris에 의하면, 체계개념에 있어 특징적인 것은 통일성(Einheit)과 질서(Ordnung)라는 표준이라고 하면서,[26] 동적 체계론은 다수 요소가 어떻게 상호작용하는지 통일성을 가시적으로 표현하기 어렵다는 점에서 한계를 가지고 있는 점을 인정하고 있다.

Canaris는 위법성에서 문제되는 요소가 원칙적으로 동순위라는 점, 요소가 상호 교환가능하다는 점과 함께, 완결적인 구성요건 형성의 포기를 동적체계의 본질적 표준으로 거론하고 있다.[27] 즉 동적체계에 있어서는 개별사례에 있어 그 요소들의 형량이 행해지고, 그 결과로서 법률효과가 발생하는지 여부가 결정된다. 소송에서는 법관이 개별사례마다 형량을 하는 것으로 된다.[28] 결국 개별사례마다 형량이 행해진다고 하는 것에서 '동적'이라고 하고 있다.

동적 시스템론은 구체적인 문제에 대하여 자신이 특정한 평가를 주장하는 것까지는 의도하지 않는다는 입장이라는 점에 유의하여야 한다. 즉, 구체적인 문제에 대해 무엇을, 어떻게 고려하여 평가할 것인가의 틀만을 제시하고, 실제 평가는 각 판단자에게 위임하고자 하는 성격을 갖는다고 보아야 한다.

(2) 이익형량의 방법

그렇다면 형량은 전적으로 법관에게 맡기는 것인가? 이 점에서 형량의 방법을 시도한 Alexy의 견해가 주목된다.[29] Alexy는 형량의 예로서 소송무능력 결정사건(BVerfGE 51, 324)을 인용하고 있다. 이 사건에서는 소송 부담 때문에 발작증세나 심근경색 위험이 있는 피고인에 대한 공판절차의 실시에 대한 적법성이 문제로 되었다. 연방헌법재판소는 이 사건에서 '피고인의 생명 및 신체적 완전성이 가능한 한 침해되지 않도록 할 요청'이라는 <원리 1>과 '형사사법이 가능한 한 잘 기능하도록 배려해야 하는 사회적 요청'이라는 <원리 2>가 충돌하고 있는 것을 확인한 후, 양 원리 사이에는 절대적인 우위는 없고, 충돌은 양원리의 형량에 의해 해결되어야 한다고 하였다. 형량에 있어서는 추상적으로는 같은 순위의 원리

25) Walter Wilburg, Die Elemente des Schadensrechts, 1941, SS. 28－29. 최근 동적 체계론에 관한 빌부르크의 견해는 국내에 자세히 번역되어 소개되어 있다. 자세한 내용은 발터 빌부르크(이동진 번역), "민법에서 동적 체계의 발전(Entwicklung eines beweglichen Systems im bürgerlichen Recht), 서울대학교 법학 제64권 제1호, 2023, 617면 이하 참조.

26) Claus－Wilhelm Canaris, Systemdenken und Systembegriff in der Jurisprudenz, 2. Aufl., 1983, SS. 11－13.

27) Claus－Wilhelm Canaris, Systemdenken und Systembegriff in der Jurisprudenz, 2. Aufl., 1983, S. 75.

28) Franz Bydlinski, Juristische Methodenlehre und Rechtsbegriff, 2. aufl., 1991, S. 529.

29) Robert Alexy, Zum Begriff des Rechtsprinzips, in: Rechtstheorie, Beiheft 1, 1979, SS. 59－87.

중, 구체적 사례에 있어서 어떤 원리에 보다 높은 중요도가 부여되는가가 문제된다고 한다. 즉 헌법재판소에 의하면 원리가 충돌할 때 해결책은, 사례의 여러 사정을 고려하여 원리간의 조건부 우선관계를 확정하는 것에 있다. 조건부 우선관계의 확정이란, 그 사례에 관하여 일방의 원리가 다른 일방의 원리에 우선하는 조건을 가지고 있는가 하는 것에 있다. 다른 조건 하에서는 우선순위가 역으로 되는 경우도 있다. 헌법재판소는 이 사건에 대하여, "피고인이 공판절차의 실시에 있어 생명을 잃거나 건강에 심각한 손해를 입는 것이 용이하게 예상되는 구체적 위험이 존재한다면(조건) 소송의 계속은 피고인의 기본법 제2조 제2항 제1문[30]에 기초한 기본권을 침해한다"고 판단하였다.

이 명제는 일방의 원리가 우선하는 것이 아니라 기본권 침해가 존재하는 조건을 서술하고 있다. 만약 어느 행위가 기본권을 침해한다고 한다면, 그 행위는 기본법상 금지되어 있는 것을 의미한다. 따라서 이 명제는 "어느 행위가 <조건 C>를 충족할 때에는 그 행위는 기본법상 금지된다"고 하는 형태의 원칙의 정형화라고 이해할 수 있다. 그러나 한편으로 <조건 C>에 따르면 <원리 1>이 <원리 2>에 우선한다는 점도 나타내고 있다.

이렇게 <조건 C>가 이중의 역할을 하는 것은 명제의 구조로부터 필연적으로 명확하게 된다. 왜냐하면 "<원리 1>이 <원리 2>에 <조건 C>의 하에서 우선한다"고 하는 우선명제는, "<조건 C>가 존재할 때에는 <원리 1>의 법률효과가 타당하다"고 하는 것을 의미하기 때문이다. 즉 조건부 우선관계에 관한 우선명제로부터, 우선조건이 존재하는 경우에는 우선하는 원리의 법률효과를 지지하는 원칙이 도출된다. 따라서 조건부 우선관계와 원칙의 관련에 관한 다음 법칙을 도출할 수 있다. 즉, <원리 1>이 <원리 2>에 <조건 C> 하에서 우선하고, <원리 1>로부터 <조건 C> 하에서 <법률효과 R>이 발생할 때에는 C를 구성요건, R을 법률효과라고 하는 원칙(C→R)이 도출된다고 한다.[31]

2. 다원적 불법행위론

불법행위법이 발달한 미국의 경우, 불법행위법의 목적·기능의 재구축과 여러 요소의 통괄분석을 통한 구체적 사건에 적용이라는 연구가 활발하게 행해지고 있다. 여기에는 종래부터 지적되어 온 피해자의 보상이나 가해자에 대한 제재, 가해행위의 억지라는 전통적인 목적이나 기능뿐만 아니라, '경제학적 설명'이나 '교정적 정의' 등과 같은 개념이 포함되는 설명이 행해지고 있다. 그 하나의 방법으로서 영미법상 법경제학적 접근방법에 의해 불법행위법의 기능을 해명해내는 시도는 우리에게도 이제는 많이 소개되어 있는 부분이다. 그런데 여기서 한걸음 더 나아가 목적·기능의 하나만을 중시하는 것이 아니라, 불법행위법이 가진 다양한 목적·기능을 인정하고 그러한 복수의 목적·기능의 상호관계를 명확하게 하여, 그

30) 기본법 제2조 제2항 제1문 누구도 생명 및 신체적 완전성에 대한 권리를 가진다.
31) Robert Alexy, Theorie der Grundrechte, 1985, SS. 79-84.

것을 기초로 문제로 되는 분야에 불법행위법을 검토하는 방법이 유력하게 행해지고 있다.

(1) Englard의 이론(상호보완성(相補性))

Englard는 현실의 불법행위법은 다원주의적이라고 하면서 다음과 같이 결과책임의 이론을 적극적으로 평가한다.[32] 즉, 결과책임이론은 불운한 결과에 대하여도 '책임'을 지는 것이 인격이라는 관념의 본질에 적절하다고 하고, 그 '책임'이 법적 책임으로 높아질 때에 가해행위의 비난성이나 위험한 행위의 억지라고 하는 다양한 목적이 추구된다고 한다.

불법행위법의 현대적 과제의 대부분에는 교정적 정의의 요소와 배분적 정의의 요소가 함께 포함되어 있다.[33] 교정적 정의란 국가가 법을 공평하게 집행함으로써 실현되는 정의인데 반하여 배분적 정의는 약자적 지위에 있는 사람을 위해 기존의 분배구조에 조정을 가하는 것이다. 양자는 서로 다르지만 불법행위법은 그 어느 쪽도 배제할 필요는 없다. 오히려 서로 바람직한 영향을 한정적으로 결합함으로써, 양자의 가치를 가장 적절하게 실현하도록 시도할 필요가 있다. Englard는 이러한 인식을 '상호보완성(complementarity)'이라는 개념으로 정당화하고자 하였다.[34]

이익형량을 통한 위법성 판단이 가장 문제되는 것 중 하나가 명예훼손 또는 프라이버시 침해 국면이다. 이에 대하여 Englard도 명예훼손의 법리를 단일한 근거로 설명하는 것은 곤란하다고 한다. 특히 종래 불법행위법에서 중시되어 오던 경제적 효율성과 관련하여, 명예훼손에 있어 어떻게 효율성을 계산하면 좋은가, 또한 억지해야 하는 활동이란 잘못된 정보의 유포인 것인가, 징벌적 손해배상이 필요한가 하는 여러 문제들에 대하여 다루기 쉬운 수학적 모델을 만들 수는 없다고 한다.

그는 교정적 정의에 대하여도 다음과 같은 의문을 가지고 있다. 교정적 정의에 의하면 불법행위는 각자의 권리의 충돌로서 받아들여지고 원고의 자유와 피고의 자유의 관계만 문제될 뿐, 사회적 이익은 여기에 영향을 주지 않는다. 명예훼손에 있어서는 평판에 대한 원고의 권리와 의견 표명에 대한 피고의 권리의 충돌이 문제로 된다. 그러나 Englard는 공공 이익에의 배려 – 표현의 자유는 민주주의 사회의 근간이라는 점 – 를 완전하게 제외하는 것은 현실적이지 않다고 하고, 정당화되는 것도 아니라고 지적한다.

이러한 문제점에 대한 해결책으로서 Englard의 이론은 교정적 정의와 배분적 정의의 '상호보완성'이라는 발상을 핵심으로 하고 있다.[35] 즉 Englard는 불법행위의 책임 유무를 판단할 때 고려되는 여러 가지 근거에 있어 교정적 정의, 배분적 정의라고 하는 관점을 중핵으

32) Izahk Englard, The Philosophy of Tort Law 70, 1993, at 66.
33) Englard는 도구주의(instrumentalism)와 비도구주의(noninstrumentalism)라는 대립, 공법과 사법이라는 대립에 대해서도, 이것과 동일하게 이해할 수 있다고 한다.
34) Izahk Englard, The Philosophy of Tort Law 70, 1993, at 55.
35) Izahk Englard, The Philosophy of Tort Law 70, 1993, at 222.

로 하면서 그 구체적 내용을 검토하고 있다. 교정적 정의에 포함되는 것은 개인의 권리보호와 당사자간의 공정, 도덕적 비난성 등이다. 이에 대하여 손실의 분산과 경제적 효율성 등은 배분적 정의에 포함된다.

Englard에 따르면 불법행위법은 다양한 근거를 가지고 판단된다. 그리고 그러한 근거는 교정적 정의와 배분적 정의 가운데 어느 쪽에 중점을 두어야 할 것인가에 따라 유형화된다.[36] 교정적 정의와 배분적 정의에 기초하여 구체적으로 어떠한 근거를 원용하는가는 사안마다 판단해야 한다고 한다.

(2) Schwartz의 이론(교정적 정의와 경제적 억지의 혼합이론)

G. T. Schwartz는 불법행위법의 근거를 둘러싼 논의가 경제적 억지론과 교정적 논의로 분열하고 있다고 지적한다. Schwartz는 이러한 인식 하에 어떤 일방에만 의거해서는 안 되고, 양자를 종합적으로 고려해야 한다는 이론 구축을 시도하였다. Schwartz는 이 이론을 '혼합이론(mixed theories)'이라고 칭하고 Englard이론과 비슷한 입장을 가진 것이라고 스스로 인정하고 있다.[37] 그러나 Schwartz는 Englard의 이론에 대하여, 불법행위법의 근거로 되는 것의 내용이 애매하고 그러한 근거의 상호관계가 애매하다고 비판한다.

Schwartz에 의하면, 교정적 정의를 근거로 내세워 불법행위법을 주장하는 논자는 다음과 같은 이유로 경제적 억지라고 하는 목적이 불법행위법의 구조에 맞지 않는다고 주장한다고 본다. 첫째, 불법행위책임을 지는 것은 손해를 야기한 불법행위의 피고만이다. 이것은 교정적 정의에 합치하지만 억지에는 합치하지 않는다. 둘째, 불법행위소송은 사고 피해자에 의해 제기된다. 이것은 교정적 정의에서는 이해할 수 있지만, 경제적 견지에서는 소의 인센티브를 피해자에게 주고 억지를 하게 하는데 지나지 않는다. 따라서 피해자가 원고의 지위를 얻는 것은 우연한 사정이다. 셋째 불법행위책임을 지는 것은 원고에게 손해를 준 불법행위자이다. 이러한 인과관계 요건은 교정적 정의에 합치하나 경제적 견지에서는 문제가 발생한다. 손실 회피에 최적인 자가 사고의 원인이라고 한정할 수 없기 때문이다.

그러나 Schwartz는 다음과 같은 이유에서 경제적 억지도 위법성 판단의 중요한 요소라고 본다. 경제적 견지에서 중요한 것은 사후적으로 책임을 과하는 것이 아니고 사전에 책임을 예측하게 하는 것이다. 피고가 책임을 예측할 수 있는 한 피고의 적절한 억지반응을 이끌어낼 수 있다. 불법행위법의 중요한 요소 가운데 하나가 사회경제적으로 위법행위를 억지하게 하는 것이다. Schwartz의 견해는 교정적 정의를 기초로 하지만 경제적 억지도 정당한 목적

36) Izahk Englard, The Basis of Tort Liability: Moral Responsibility and Social Utility in Tort Law, 10 TEL Aviv U. STUD. L. 89, 90, 1990. Englard는 배분적 정의, 교정적 정의는 형식적인 개념이고, 실질적 기준에 의해 보충되어야 한다고 한다. 그리고 그 내용은 어떠한 도덕이론을 채용하는가에 의해 좌우된다고 한다. 또한 배분적 정의는 경제적 실효성만을 내용으로 하는 것은 아니고, 우선은 사회연대라고 하는 관념에서 도출된다고 한다.

37) Gary T. Schwartz, Mixed Theories of tort Law: Affirming Both Deterrence and Corrective Justice, 75 Texas L. Rev. 1801, 1819 n. 132, 1997.

이라고 하고 있다.

Schwartz는 교정적 정의와 경제적 억지의 혼합 이론을 주장하면서도 문제되는 영역마다 양자가 달리 작용하고 있음을 설명하고 있다. 이것을 종합해보면 다음과 같다. 과실책임과 엄격책임에 대해서는 경제적 억지와 교정적 정의는 협동 관계에 있다. 대위책임[38]에 대해서는 교정적 정의가 아니라 경제적 억지가 정당화의 역할을 담당한다. 남의 땅의 침범 등에서 방문자에게 유리한 사정의 고려는 교정적 정의에 의해 해결된다. 그런데 이러한 이론의 조합에서 Schwartz는 교정적 정의에 반하지 않는 한 경제적 억지에 기초하여 책임을 평가해야 한다고 주장한다.

이러한 이론을 종합해 본다면 혼합이론의 구조는 다음과 같이 정리할 수 있다. 제1단계에서는 경제적 억지에 기초하여 평가를 한다. 제2단계에서는 교정적 정의에 기초하여 평가를 한다. 만약 제1단계의 평가가 제2단계의 평가에 반하는 경우에는 제1단계의 평가는 채용할 수 없다. 경제적 억지와 교정적 정의는 이러한 형태에서 '상호보완적' 관계를 가지는 것으로 된다. 검토의 순서로 보면 경제적 억지의 검토가 종료된 후에 교정적 정의의 검토가 시작된다고 할 수 있다.[39]

(3) Owen의 이론(공통선의 추구)

Owen은 사고에 의한 불법행위법에서는 비난(fault)이 중심적 역할을 담당하고 있다고 평가하고 있다.[40] 그리고 그 비난의 내용을 구체화하기 위하여 철학적·경제학적 검토가 필요하다고 하고 있다. 여기에서 역할을 하는 것이 윤리학, 도덕적 비난, 공적 이익이라고 하는 관념이다. 불법행위의 성립에는 인과관계와 손해의 발생이 필요하나, 중심적 문제는 '위법하게' 손해를 야기하였는지 여부이다. Owen에 의하면 '위법하게' 손해를 야기한 경우, 도덕적으로 비난받고 과실이 인정되게 된다.

Owen은 Englard와 Schwartz와 마찬가지로, 다원주의적 입장에 있는 것을 명확하게 하고 있지만,[41] 구체적으로는 '자유'와 '평등' 그리고 '공통선(共通善)'을 조합하는 구성을 한다.

첫째, 자유는 Owen에 의하면 가장 중요한 가치이다. 자유는 자유의사 – 자기 자신의 인생의 목적을 합리적으로 선택하는 능력과, 그 목적을 달성하기 위한 수단을 택하는 것 – 로

38) 대표적인 예로서, 불법 소프트웨어나 음란물 등의 무단 자료 게시자를 대신하여 온라인 서비스 업체가 저작권자의 손해를 책임지는 것을 말한다.

39) Id. at 1825–6.

40) Owen의 문제의식으로서 중요한 것은 제조물책임의 합리성이다. Owen은 제조물책임의 논문 가운데에서 제조물책임을 합리적으로 운용하기 위해서는 충분한 기초이론이 필요하다고 서술하고 있다. 법원은 제조물책임의 문제해결에 적절하게 생각되는 사회정책에 대하여 합리적으로 설명해 내려고 하였다. 그리고 종래의 판례와 학설을 검토하여, 그러한 정책으로서, ① 보상과 손실의 이전 및 분산, ② 묵시적인 안전 표시와 소비자의 기대, ③ 억지, ④ 과실의 추정, ⑤ 위험의 관리, ⑥ 비용의 내부화를 지적하였다(David G. Owen, Rethinking the Policies of Strict Product Liability, 33 VAND L. Rev. 681, 685, 1980).

41) David G. Owen, The Moral Foundations of Products Liability Law: Toward First Principles, 68 NORTE DAME L. Rev. 427, 434, 1993.

부터 나온다. 우리들은 자신에게 가장 가치 있는 인생의 목적을 선택하고 스스로의 선택과 행위를 통하여 그것을 실현하려고 한다. 그것은 인간의 도덕적 특권이자 책임이다. 이러한 중요성에 기초하여 자유는 평등, 이타주의, 공동체의 이익 등에 우선하는 지위에 있다. 법의 가장 중요한 기능은 자유를 보호하고 확대하는 것에 있다.[42)]

둘째, 각자의 자유가 확대되면 사람들 사이에서 자유가 충돌하는 문제가 발생한다. 여기에서 각자의 자유에 경계를 두는 것이 필요하게 된다. 그리고 경계를 둘 때 근본적인 기준이 평등이다. Owen에 의하면 평등은 다음과 같은 내용을 가지고 있다.[43)] 먼저, 고의에 의해 손해가 발생한 경우를 보자. 사람은 자신의 이익의 확대만을 목적으로 하여 타인에게 손해를 주려는 것과 같은 선택을 하여서는 안 된다. 왜냐하면 "타인을 부당하게 해하는 것 없이 스스로의 목적을 추구해야 한다"고 하는 추상적 권리가 평등으로 보장되어 있기 때문이다. 고의로 손해를 주는 행위는 이 추상적 권리를 일탈하는 것이므로 불법으로 평가받는다. 그러나 손해가 우연하게 발생한 경우에는 사정이 다르다.[44)] 복잡한 사회에서 사람들이 자신의 목적을 추구하려고 하면 우발적인 손해가 발생하는 것은 피할 수 없다. 그러면 누가 그 손해를 부담해야 하는가. '수동적' 피해자보다도 '능동적' 행위자 쪽이 사고에 대한 비난을 받아야 된다고 하여 행위자에게 손해를 부담시키는 것은 잘못이다. '수동적' 피해자를 '능동적' 행위자에 우선시키는 것은 행위보다도 안전을 우선하는 발상에 입각해 있다. 그러나 설령 자기의 안전을 유일한 목적으로 하는 자라도 동적인 세계에서는 환경이 항상 변화하기 때문에 그것에 따라 행위하지 않으면 안 된다. 행위가 가진 이러한 중요성을 고려하면 행위와 안전의 가치는 동일하다고 할 수 있다. 따라서 사고가 발생하였다고 하여 위법하다고 해서는 안 된다. 또한 설령 부작위라도 타인의 선택의 폭을 제약하고 있기 때문에 타인의 행위의 이익을 해하고 있는 것으로 된다. 즉 '수동적' 피해자도, '능동적' 행위자도 불이익을 주고받고 있는 것이다. 이렇게 손해가 우연히 발생하는 경우에는 행위와 안전, 작위와 부작위라는 것만으로는 비난의 대상이 되지 않는다.

셋째, 공통선은 자유가 각자의 이익의 실현을 목적으로 하는 개념이라는 점에서 구별된다. 공통선이란 그와 대조적으로 집단 전체의 이익에 관한 개념이다. 사람들이 사회를 구성하여 공동의 부를 늘리는 것에 의해 각자의 이익으로 되는 것도 있다. 그러나 공통선에 의하면 각자의 부는 집단 전체의 부에 복종하는 것으로 된다. 여기에서 자치는 그 자체로서 가치를 가지는 것이 아니고, 사회적인 이익을 증가하기 위한 도구로서 가치를 인정받는데 지나지 않는다.[45)] 그리고 Owen은 공리와 효율성을 이러한 공통선의 주요한 내용으로 고려

42) David G. Owen, Philosophical Foundations of Fault in Tort Law, in the Philosophical Foundations of Tort Law 202, 204, 1995.
43) Id. at 206.
44) Id. at 208.
45) Id. at 212–214.

하고 있다. 그리고 그것들은 불법행위책임을 포괄하는 데에는 불완전한 것이나 불법행위법의 중심적 문제의 해결에 역할이 되는 지침을 제공한다고 한다. 이것에 의하면 손실을 야기하는 행위의 정당성은 그 행위에 의한 사회적 편익과 사회적 손실의 비교에 의해 결정된다. 사회적 편익이 사회적 손실을 상회한다고 예상되는 경우, 행위는 정당한 것으로 된다. 역으로 손실 쪽이 크다고 보이는 경우 행위는 불법으로 된다.

자유, 평등, 공통선은 가해행위의 도덕적 성질을 평가하는 가치로서 설득력을 가지고 있다. 그러나 이러한 요소들의 불법행위법에의 적용 결과가 상호 대립할 가능성이 있다. 이 경우 어느 쪽을 우선할 것인가가 문제된다.

여기에서 자유는 공동체에 대하여 우선적인 지위에 있다. 따라서 2개의 가치가 현저히 대립하는 경우에는 원칙적으로 자유가 공동체에 우선해야 한다. 그러나 자유라고 하는 가치는 그 추상성 때문에 각각의 사안에 있어 수미일관한 명확한 해결을 주지 않는 경우가 있다. 이러한 이유에서 자유는 불충분한 지침밖에 제시하지 못하고, 효율성이 명확하게 설득력 있는 지침을 제공할 수 있으면 공동체의 쪽이 자유에 우선하여야 한다. 이렇게 자유가 회답을 주지 않는 경우, 공리와 효율성이 불법행위법에 도덕적인 의미를 제공하는 것으로 된다. 그것은 2차적이지만 중요한 역할로 된다.[46] 고의적 불법행위에 있어서는 기회와 재산보다도 생명, 신체의 가치를 중시하여야 한다. 그러나 손해가 우연히 발생한 경우에는 행위와 안전은 같은 가치를 가지므로 그러한 이익의 서열은 인정되지 않는다고 한다.[47]

3. 헌법적 중층구조론

일본에서도 불법행위법의 구조를 헌법상의 기본권 보호체계와 긴밀히 연계지어 해석하고자 하는 이론적 입장이 유력하게 전개되었다. 대표적 인물은 야마모토 교수로 특히 기본권의 사인 간 효력 문제와 관련하여 간접적 적용을 전제로 하되, 그 정당화 원리를 '국가의 기본권 보호의무'로부터 도출하고자 하였다.[48] 이와 같은 이론은 단순히 해석론적 수준을 넘어서, 민법이 갖는 공법적 성격의 확장을 시도하는 한 형태로 볼 수 있다.

야마모토 이론의 핵심은 다음 세 가지 축으로 정리된다. 첫째, 사인의 기본권 침해에 대해 국가는 원칙적으로 자력구제를 금지하고 있기 때문에, 민법상 구제구조를 통해 간접적으로 보호의무를 이행해야 한다는 점이다.[49] 둘째, 민법의 해석과 구성에 있어 '헌법적 중층구조론'을 제안하여, 불법행위법상 '권리침해' 및 '과실'의 해석에 있어서도 기본권의 보장구조

46) David G. Owen, The Moral Foundations of Products Liability Law: Toward First Principles, 68 NORTE DAME L. Rev. 427, 457, 1993.

47) David G. Owen, Philosophical Foundations of Fault in Tort Law, in the Philosophical Foundations of Tort Law 202, 216, 1995.

48) 山本敬三, "憲法・民法関係論の展開とその意義－民法学の視角から(1)", 法学セミナー 646号, 2008, 17면 이하 및 "憲法・民法関係論の展開とその意義－民法学の視角から(2)", 法学セミナー 647号, 2008, 44면 이하 등 참조.

49) 山本敬三, "基本法としての民法", ジュリスト 1126号, 1998, 263면.

를 반영해야 한다는 입장이다.[50] 셋째, 이러한 보호구조 속에서도 국가는 비례성과 균형성의 원칙, 즉 '과소보호 금지'와 '과잉개입 금지'라는 이중의 제약을 받으며, 이는 불법행위법상 양자의 기본권 형량구조로 나타난다.[51] 즉 국가가 기본권의 가해자와 피해자 사이의 사인간 분쟁에 개입하는 경우 가해자에게는 과잉 개입의 금지, 피해자에 대한 관계에서는 과소 보호의 금지라는 원칙이 적용되는데, 이것은 결국 쌍방의 기본권을 비교형량하여 문제를 해결해야 한다는 것이다. 그리고 어떤 행위가 사회적으로 유용한가 하는 점은 형량의 대상으로 해서는 안 된다고 하면서, 피해자의 기본권과 형량되어야 할 것은 가해행위가 사회에 가져오는 이익이 아니라 가해자의 기본권이라는 점을 분명히 하고 있다.

특히 '표현의 자유'와 '프라이버시'가 충돌하는 사안에서 야마모토 이론은, 단순히 일본 민법 제709조상의 불법행위의 요건만으로는 해결이 곤란하며, 불법행위법에서 문제되는 보호법익은 바로 기본권과 중첩된다는 전제하에 양 원리의 위헌 심사 기준을 빌려 민법적 책임구조를 구성해야 한다고 보았다.[52] 이때 균형성의 원칙은 중심 판단기준으로 작용한다. 가령 프라이버시 침해의 위험이 클수록, 표현의 자유 보호의 필요성은 더 강하게 입증되어야 한다는 식이다. 야마모토 교수는 이를 통해, 불법행위법을 단지 사적 분쟁 해결의 틀로 한정하지 않고, 헌법상의 권리질서를 민법 속으로 반영함으로써 권리의 실질적 보호를 실현하고자 하였다. 이는 동적 체계론이 주장하는 '고정되지 않은 요소들의 상호작용'과도 연결되며, 위법성 판단 역시 단일기준이 아닌 복수 가치 간 형량을 전제로 해야 함을 뒷받침한다.

이러한 관점은 오스트리아 불법행위법 전면개정을 목표로 한 토의안(Diskussionsentwurf)에서의 논의와도 공통점을 보인다. 예컨대 제1295조는 위법성 요건을 계약위반, 보호법규위반, 선량한 풍속 위반, 기타 위법행위 등으로 세분화하며, 위법성 판단을 '결과의 발생 여부'가 아닌 '다층적 요소의 형량'으로 전환하려는 시도를 보여준다.[53] 야마모토 이론과의 차이점은, 전자가 민법의 해석론을 헌법적 질서에서 출발시킨 반면, 후자는 법제도 내부의 해석형식을 중심으로 위법성 판단 기준을 동적으로 재조정하려 한다는 점이다. 요컨대, 야마모토 이론은 동적 체계론과 궤를 같이하면서도, 보다 강하게 헌법적 가치의 개입을 요청하고 있다는 점에서 '공법화된 불법행위법'의 이론적 초석을 제공하는 의미를 지닌다고 평가할 수 있다.

---

50) 위법성을 요건으로 하는 우리나라 제750조와 달리 일본에서는 일반불법행위를 규정한 제709조에서 '권리침해'를 불법행위의 요건으로 하고 있다(최근 '법률상 보호되는 이익'도 추가되었다). 이 때문에 우리나라의 위법성에서 다루는 상관관계 이론의 논의가 일본에서는 권리침해 국면에서 논의된다.

51) 山本敬三, 「公序良俗論の再構成」, 有斐閣, 2000, 65면 참조.

52) 山本敬三, 전게 "憲法・民法関係論の展開とその意義－民法学の視角から(2)", 20면.

53) 이에 관한 자세한 내용은 이승현, 전게논문, 218면 참조.

4. 시사점

독일의 동적 체계론은 위법성의 상호관계만을 설명하는 것이 아니라 손해배상 측면에서 다양하게 설명될 수 있는 이론이다. 즉 인과관계, 과실은 물론이고 나아가 부당이득, 무효 등에서도 어떻게 요소들이 서로 상호작용하는가를 설명해 내고자 한 이론이다. 즉 손해배상책임은 여러 복수의 요소에 의해 그것들이 다양한 강도를 가지면서 다양하게 결합하여 종합적으로 발생한다고 설명하고 있다. 그리고 그러한 요소들이 무한히 확대되는 것이 아니라 한정된 요소를 가지고 어떻게 결합하는가를 규명하고자 하였다. 그 결합하는 방법이 이익형량인데, 본고에서는 이익형량의 방법으로 유력한 Alexy의 이론을 소개해 보았다. 즉 조건을 설정한 후 어떤 원리가 충돌할 경우, "어느 행위가 ＜조건 C＞를 충족할 때에는 그 행위는 위법하다"고 하는 원칙을 보여주고 있다.

이익형량에서 문제가 되는 것은 어떤 요소들을 기준으로 하는가인데, 동적 체계론에서는 다양한 요소들을 고려하면서 그것을 조합하는 방법론만을 제시하고 어떤 요소가 기준이 되어야 하는 것까지 명확하게 제시하고 있지 않다. 이와 달리 다원적 불법행위론에서는 이익형량의 방법론보다는, 교정적 정의와 경제적 억지, 자유, 평등, 공통선 등의 요소를 이익형량에서 서로 형량을 해야 할 중요한 가치로서 제시하고 있다. 한편 일본의 헌법적 중층구조론은 양 권리를 중심으로 다양한 요소를 고려하여 위헌 심사 기준을 빌려 위법성을 판단해야 한다는 점이 핵심인데, 이것은 우리나라의 일부 판결에서 보여주는 바와 같다고 할 수 있다. 다만 우리나라 판례는 원칙적인 기준만을 설시하고 있는 바와 달리 보다 구체적인 내용을 설시해야 함을 강조하고 있는 것으로 보인다.

이러한 이론들은 우리 판례를 규명하는 데에도 유용한 시사점을 제공한다고 볼 수 있다. 예컨대 앞에서 언급한 종교교육과 관련한 국내 사건에 대해 Alexy의 이론을 적용해보면, '고등학교 평준화정책에 따른 학교 강제배정제도의 현실 속에서 대안적 제도 마련이 없다면'이라는 ＜조건＞ 하에서는 '종교의 자유'가 '종교교육의 자유'에 우선하므로, '종립학교의 종교교육의 강제'는 위법하다는 판단이 내려진다.

다만 동적 체계론이나 다원적 불법행위론, 헌법적 중층구조론 모두 이익형량을 어떤 기준에 의하여야 할 것인가에 대하여 명확한 해결책을 제시하고 있지는 않는다. 동적 체계론에서는 그 이름이 나타내는 바와 같이 개별 사례마다 형량이 행해지는 동적인 이론으로, 동적 체계론을 주장하는 사람들도 어느 하나의 기준의 제시를 포기하고 있는 것으로 보인다. 다원적 불법행위론에서는 어떤 가치에 중점을 두어야 하는 것인지 여러 가치들을 주장하고 있지만 역시 각각의 상황에 따라 중요시되는 가치가 달라질 수밖에 없다. 그리고 그 가치들이 추상적이기 때문에 구체적인 기준으로 제시되기는 어렵다고 할 수 있다. 헌법적 중층구조론에서도 이미 우리나라의 일부 판결에서 보여주고 있는 시도인데 이러한 헌법적 해석에 정당성을 부여하는 시도로 보인다.

Ⅳ. 맺음말

민법상 불법행위책임을 인정함에 있어서는 양자택일이 불가피한 상황이 있을 수밖에 없고 이 경우 어느 법익을 우선시킬 것인가에 대해 판단을 내릴 수밖에 없다. 이것이 불법행위법에서는 손해배상책임 유무로 결정되는데, 어느 법익이 더 중요한 것인가를 따지는 이익형량의 원칙에 따를 수밖에 없다. 그런데 기본권을 서열화시키기는 곤란하므로 구체적인 사정을 고려해서 판단하여야 하는데, 법관의 자의적 판단에 맡기는 것이 아니라 법적 안정성을 위해 이익형량에서 고려하여야 하는 구체적 판단기준을 어느 정도 제시할 필요가 있다. 사회가 복잡해지면서 종래 절대권으로 인정하지 않는 새로운 권리 개념이 등장할 뿐만 아니라 다양한 불법행위 유형들도 등장하고 있는데, 이러한 기준을 제시하지 못한다면 '판사가 만드는 법'이라는 불법행위법의 속성은 더욱 강화될 수밖에 없다.

본고는 독일의 동적 체계론과 미국의 다원적 불법행위론, 일본의 헌법적 중층구조론을 통해 해결책이 될 만한 시사점을 찾고자 하였으나 이러한 이론은 역사도 깊고 주장하는 학자에 따라 내용에서도 미묘한 차이를 보이는 복잡한 내용을 가지고 있으므로 어떤 이론이라는 소개 정도에 그치고 말았다. 다만 세 가지는 모두 전통적 불법행위법이 갖는 고정적 요소 중심의 구성요건 사고를 넘어, 복수의 규범적 요소의 상호작용과 가치 형량에 기반한 구조로 위법성을 재해석하고자 한다는 점에서 공통된다.

동적 체계론의 논의는 위법성 개념을 하나의 고정된 법적 사실의 존재 여부로 판단하기보다는, 다수의 구성요소 사이의 조화적 작용과 형량을 통해 판단해야 한다는 점을 강조한다. 이는 법관의 판단을 자의적인 것으로 만드는 것이 아니라, 오히려 Alexy가 지적하듯 비례성 원칙과 조건부 우선 관계와 같은 구조적 기준을 통해 형량의 합리성과 정당성을 확보하려는 시도이다. 다원적 불법행위론 역시 불법행위법을 하나의 원칙으로 설명하려는 시도를 비판하면서, 다양한 가치들이 충돌하고 조정되는 장으로 보았다. 이는 동적 체계론과도 친화적인 시각으로, 고정적 요건 중심 사고를 넘어서, 정책적·규범적 가치를 동등한 수준에서 고려하는 '개방형 구조'의 법이론을 추구하고자 한다. 야마모토 이론은 이러한 체계적 사고에 헌법적 정당성을 부여한다. 그는 민법적 책임구조를 헌법상의 기본권 보장 체계로부터 출발해 재구성하며, 불법행위법의 권리침해 및 과실 요건 해석에 있어서 기본권 간의 균형, 즉 과소보호와 과잉개입을 피하는 원칙을 중심에 둔다. 이로써 민법상 위법성 개념은 공법적 질서와의 결합을 통해 실질적 정의에 접근할 수 있게 된다.

이러한 이론들을 검토한 결과, 이익형량에 있어 명확한 기준을 제시할 만한 만족스러운 체계를 제시한다고는 할 수 없다. 이것은 어쩌면 불법행위법이 지향하는 구체적 타당성이라는 관점에서 부득이한 결과로도 보인다. 다만 판사의 직관에 맡기고 그것에 대한 어떤 이론적 체계화를 시도하는 연구가 거의 없는 우리와 달리, 독일과 미국의 학계에서는 어떤 형식으로든 위법성 판단기준에 원칙을 제시하려고 한 시도가 일찍부터 있어 왔다는 점은 우리에게 시사하는 바가 크다.

기망에 의한 주식 취득과 불법행위 장기소멸시효 기산점

이 계 정

서울대학교 법학전문대학원 교수

늘 자상함과 여유로운 미소를 잃지 않는 박동진 교수님의 화갑을 누구보다 축하드리고 싶습니다. 앞으로도 학계의 든든한 어른으로 남아주시기를 바랍니다.

Ⅰ. 서 론

투자자가 기업에 대한 주식을 매수함에 있어 매수할지 여부, 매수함에 있어서 어떤 가격으로 매수할지, 어떤 시기에 매수할지 등에 관하여 해당 기업에 대한 정보에 의존하게 된다. 그런데 해당 기업의 신용상태에 관한 문서(이하 '기업신용문서'라고만 한다)가 허위인 것이 밝혀진 경우에 매수인들은 그 문서 작성에 관여한 직원에 대하여 일반불법행위책임(민법 제750조)을, 위 직원을 고용한 회사에 대하여 사용자책임(민법 제756조)을 각 청구할 수 있다.[1] 그 경우에 해당 직원과 회사는 소멸시효가 완성되었다는 항변을 할 수 있다.

우리 법은 불법행위에 있어서 소멸시효를 단기소멸시효와 장기소멸시효로 나누어 규정하고 있다. 단기소멸시효에 관하여는 "피해자나 그 법정대리인이 손해 및 가해자를 안 날로부터" 3년간 불법행위로 인한 손해배상청구권을 행사하지 않으면 그 청구권은 시효로 인하여 소멸한다고 규정하고 있으며(민법 제766조 제1항), 장기소멸시효에 관하여는 "불법행위를 한 날로부터 10년을 경과한 때" 불법행위로 인한 손해배상청구권은 시효로 소멸한다고 규정하고 있다(민법 제766조 제2항). 기망에 의한 주식 취득에 있어서 단기소멸시효는 별로 문제되지 않는다. 매수인들은 기업신용문서가 허위로 밝혀지면 그로부터 얼마 지나지 않아 소 제기를 하는 것이 통상적이기 때문이다. 관건은 매수인들의 손해배상청구권이 장기소멸시효로 인하여 소멸되었는지 여부에 있다.

기망에 의하여 주식을 취득한 경우에 장기소멸시효의 기산점과 관련하여 다음과 같은 견해가 있을 수 있다. 제1설은 기업신용문서가 허위임이 밝혀져 주식 가격이 하락한 후에 해당 주식을 처분한 시점부터 장기소멸시효가 기산된다는 견해이다('처분시설'이라고 약칭한다). 매수인들의 손해는 잠재적으로 존재하다가 해당 주식의 처분으로 처분가격이 산정됨으로써 손해가 구체적으로 현실화되었다고 보는 견해이다. 제2설은 매수인들이 해당 주식을 매수한 시점부터 장기소멸시효가 기산된다는 견해이다('매수시설'이라고 약칭한다). 매수인들은 해당 주식을 시가보다 고가에 매수함으로써 손해를 입은 것인바, 그 손해는 매수인들이 해당 주식에 대한 매매대금을 지급한 시점에 이미 발생하였다는 견해이다.

본 논문에서는 위 견해 중 어느 견해가 타당한지에 대해서 검토하고자 한다. 이를 위해 장기소멸시효의 기산점에 대하여 구체적으로 논하고, 본 사안과 유사성을 갖는 기망에 의한 물건 취득에 관한 판례 입장을 검토하고, 처분시설이 법리적으로 문제가 없는지에 관하여

---

1) 자본시장과 금융투자업에 관한 법률(이하 '자본시장법'이라고 한다) 제179조는 중요사항에 관하여 허위 표시를 하여 재산상의 이익을 얻고자 한 행위를 통해 금융투자상품의 매매, 그 밖의 거래를 한 자에 대하여 손해배상청구를 할 수 있음을 규정하고 있으며, 손해배상청구권은 그 행위가 있었던 때로부터 5년이 지나면 시효로 소멸한다고 규정하고 있다. 본 논문은 위 제179조에 대한 논의가 아니라 허위의 기업신용문서 작성에 대하여 민법상의 일반불법행위·사용자책임을 지는 경우를 상정하여 장기소멸시효를 논하고 있으나 위 제179조의 소멸시효에 대해서도 적용되는 논의이다.
한편 본 논문은 법무법인 바른에 제공한 자문의견을 발전시켜 논문으로 작성된 것임을 밝혀둔다.

논하고자 한다.

Ⅱ. 장기소멸시효 기산점에 관한 판단

1. 소멸시효의 기산점의 체계

가. 소멸시효는 일정한 기간의 경과로 채권자의 권리를 소멸시키는 제도이다. 채권자에는 약간의 가혹함이 따르지만 「법적 안정성」이라는 법의 이념에 의하여 정당화되는 제도이다.

소멸시효 기산점의 체계에 있어서는 채권자의 인식 내지 인식가능성을 요건으로 하는 주관적 체계와 채권자의 인식 또는 인식가능성을 고려하지 않고 권리발생 후 일정 기간 경과만을 요건으로 하는 객관적 체계가 있다.[2] 우리 법은 민법 제166조 제1항에서 「권리를 행사할 수 있는 때」로부터 진행한다고 규정하여 소멸시효 기산점의 대원칙을 천명하고 있다.

이에 대하여 대법원은 「법률상 장애・사실상 장애 이분론」에 따라 ""권리를 행사할 수 없는 때"라 함은 그 권리행사에 법률상의 장애사유, 예를 들면 기간의 미도래나 조건불성취 등이 있는 경우를 말하는 것이므로 사실상 그 권리의 존재나 권리행사 가능성을 알지 못하였거나 알지 못함에 있어서의 과실유무 등은 시효진행에 영향을 미치지 아니한다."라는 점을 명확히 해 왔다.[3] 즉 소멸시효 기산점에 있어서 권리행사에 법률상 장애가 있는 경우만 고려하고 사실상 장애는 소멸시효 진행을 방해하지 않는다고 선언함으로써 우리 법이 객관적 체계를 취하고 있음을 명확히 하고 있으며, 이러한 판례의 설시는 아래의 통설과 부합한다.

통설은 소멸시효는 객관적으로 권리가 발생하고 그 권리를 행사할 수 있을 때로부터 진행하며 「채권자의 권리의 인식가능성」은 사실적 장애에 불과하므로 소멸시효 기산점과 관련하여 고려하여서는 아니된다는 입장이다.[4] 소멸시효에는 'contra non valentem agere nulla currit praescriptio(소를 제기할 수 없는 자에 대해서는 시효는 진행되지 않는다)'라는 법언이 있지만, 위 법언은 객관적 체계보다 「채권자의 인식가능성」에 초점을 맞춘 주관적 체계에 부합하므로 민법 제166조 제1항의 소멸시효 기산점에 대해서는 원칙적으로 위 법언이 적용되지 않는다고 볼 수 있다.[5]

---

2) 권영준, "소멸시효와 신의칙", 재산법연구 제26권 제1호(2009.6), 13면.

3) 대법원 1984. 12. 26. 선고 84누572 전원합의체 판결, 대법원 1992. 3. 31. 선고 91다32053 전원합의체 판결, 대법원 2004. 4. 27. 선고 2003두10763 판결, 대법원 2011. 10. 27. 선고 2011다54709 판결 등 참조.

4) 편집대표 곽윤직, 민법주해 (3), 총칙 (3), 박영사(2000), 462면(윤진수 집필부분); 곽윤직・김재형, 민법총칙 제9판, 박영사(2014), 429면; 편집대표 김용덕, 주석민법(총칙 3), 한국사법행정학회(2019), 864-865면(이연갑 집필부분); 홍성균, "소멸시효 기산점에 관한 객관적 체계의 완화", 비교사법 통권 제25권 제4호(2018.11), 1366면("우리나라의 소멸시효 기산점에 관하여는 원칙적으로 객관적 체계가 확고하게 자리 잡고 있다고 평가되며, 학설은 적어도 해석론으로서는 이 점에 큰 이견이 없어 보인다").

5) 다만, 우리 민법은 천재지변, 법정대리인이 없는 제한능력자 등의 사유에 대하여 '시효의 정지'를 규정하고 있는바, 이에 대해서는 'contra non valentem agere nulla currit praescriptio' 법언으로 설명할 수 있다. 위 법언은 중세법학자 바르톨로스(Bartolos)에 의해 정립된 것인바, 위 법언에 설명으로는 Reinhard Zimmermann, Art. 14:203, in: *Commentaries on European Contract Laws* (edited by N. Jansen & R. Zimmermann), Oxford

나. 이러한 통설과 달리 「채권자의 인식가능성」을 기준으로 소멸시효 기산점을 정해야 하므로 「채권자가 권리를 행사하는 것을 요구 내지 기대할 수 있는 시기」가 소멸시효 기산점이 되어야 한다는 소수설이 주장되고 있다.[6)]

그러나 이러한 소수설은 현행 민법에서는 받아들이기 어렵다. ① 민법 제166조 제1항을 위와 같이 해석하면, 채권자의 주관적 인식을 중시하는 민법 제766조 제1항(불법행위에 대한 단기소멸시효 규정)을 별도로 두는 이유가 무색해지고(반면, 통설에 따르면 민법 제766조 제1항은 민법 제166조 제1항의 예외로서 민법 제766조 제1항을 둔 이유를 명확하게 설명할 수 있다), ② 채권자의 권리행사 가능성에 따라 소멸시효를 결정하게 되면 채권자의 권리행사 가능성 내지 인식에 중점을 두어 심리하게 되므로 소멸시효 기산점이 매우 불명확해지는바, 소멸시효의 본질적 기능인 「법적 안정성의 요구」와 충돌하게 되며,[7)] ③ 채권자의 권리행사 가능성 내지 인식을 중시하게 되면 소멸시효 완성이 끝없이 늦추어지게 되어 소멸시효의 기능(일정한 시간의 경과에 의하여 당사자 분쟁을 종식시키는 기능)이 약화될 수 있다.[8)] 끝으로 ④ 일본이나 독일은 민법을 개정하면서 「채권자의 인식」을 중시하는 주관적 체계를 도입하였으나[9)] 우리는 그와 같이 민법을 개정한 적이 없으므로 위 소수설은 입법론은 몰라도 현행법의 해석론이 될 수 없다.[10)]

(2018)(이하 위 책을 "*Commentaries on ECL*"이라고 약칭한다), [2]; Reinhard Zimmermann, *Comparative Foundations of a European Law of Set-Off and Prescription*, Cambridge (2002), pp. 132-134.

6) 서종희, "불법행위 손해배상청구권의 소멸시효 기산점에 관한 유형별 고찰", 재산법연구 제32권 제2호(2015.8), 111면 이하; 일본에는 星野永一, "時効に関する覚書－その存在理由を中心として", 民法論集 第4券, 有斐閣(1978), 310頁.

7) 편집대표 곽윤직, 민법주해 (3), 총칙 (3), 박영사(2000), 462면(윤진수 집필부분); 편집대표 김용덕, 주석민법(총칙 3), 한국사법행정학회(2019), 865면(이연갑 집필부분).

8) 이 때문에 채권자의 권리행사 가능성 내지 인식을 소멸시효의 기산점으로 채택한 나라는 별도의 장기소멸시효 규정을 통해 소멸시효 완성이 끝없이 늦춰지게 되는 문제를 극복하고 있다. 가령 일본은 "권리를 행사할 수 있는 때로부터 10년"(예외적으로 생명 또는 신체 침해로 인한 손해배상청구권은 20년)이 경과하면 소멸시효가 완성되는 것으로 규정하고 있으며(일본 민법 제166조, 제167조), 독일은 생명, 신체 등의 침해를 이유로 하는 손해배상청구권을 제외하고 다른 손해배상청구권은 "1. 인식 또는 중대한 과실로 인한 불인식에 관계없이 그 손해배상청구권 성립시로부터 10년의 소멸시효에 걸리고, 또한 2. 그 청구권의 성립 여부에 관계없이 또한 인식 또는 중대한 과실로 인한 불인식에 관계없이 행위시, 의무위반시 또는 손해를 발생시키는 기타 사건의 발생시부터 30년의 소멸시효에 걸린다."라고 규정하고 있으며, 일반적인 청구권도 인식 또는 중대한 과실로 인한 불인식과 상관없이 그 성립시로부터 10년의 소멸시효에 걸리는 것으로 규정하고 있다(독일 민법 제199조 제2항, 제3항, 제4항, 번역은 양창수 역, 2024년판 독일민법전, 박영사(2024)를 참조하였음을 밝혀둔다). 프랑스도 "기산점의 연기, 시효의 정지 또는 중단은 소멸시효기간을 권리의 발생일로부터 20년을 넘게 하는 효력을 가지지 못한다."라고 규정하고 있다(프랑스 민법 제2232조 제1항, 번역은 (사)한불민사법학회, 프랑스민법전, 박영사(2023)를 참조하였음을 밝혀둔다). 이런 장기소멸시효 규정을 별도로 두고 있지 않은 우리나라에서 채권자가 권리를 행사하는 것을 요구 내지 기대할 수 있는 시기로부터 소멸시효가 기산하는 것으로 해석하면 별도의 장기소멸시효 규정이 없는 관계로 소멸시효 완성이 끝없이 늦춰지게 된다.

9) 일본은 2017년 민법을 개정하면서 우리 민법의 제166조에 해당하는 일본 민법 제166조를 개정하면서 "채권자가 권리를 행사할 수 있음을 안 때로부터 5년간 행사하지 않은 때" 채권이 소멸한다고 규정함으로써 주관적 체계에 따른 기산점을 도입하였고(서희석, "일본 민법(채권법) 주요 개정사항 개관", 비교사법 제24권 제3호(2017.8), 1132면 이하), 독일은 2002년 민법을 개정하면서 '청구권이 성립하고 채권자가 청구권을 발생시키는 사정 및 채무자의 신원을 알았거나 중대한 과실 없이 알았어야 하였던 연도가 끝나는 날'부터 3년의 시효가 진행된다고 하여 주관적 체계에 따른 기산점을 도입하였다(독일 민법 제195조, 제199조 제1항).

10) 2013년에 마련된 민법개정안은 '채권자가 권리를 행사할 수 있다는 사실과 채무자를 안 때'로부터 5년이 경과하면 소멸시효가 완성되고, '권리를 행사할 수 있는 때'로부터 10년이 경과하면 소멸시효가 완성된다는 안인바, 채

다. 판례 중에는 법률상 장애로 보기 어려운 경우에도 소멸시효 기산점을 늦추는 취지의 판례가 있다. 보험금청구권에 관한 판례,[11] 법인 내부의 의사결정절차의 하자를 이유로 하는 부당이득반환청구권에 관한 판례,[12] 하수급인의 수급인에 대한 저당권설정청구권에 관한 판례[13] 등에서 「채권자의 권리인식가능성」이 고려된 바 있다.[14]

그러나 이러한 판례에 대해서 마치 대법원이 소멸시효 기산점과 관련하여 「채권자의 권리인식가능성」을 중요하게 고려하고 있다고 평가하는 것은 판례에 대한 정확한 이해가 아닌 것으로 보인다. 앞서 본 바와 같이 민법 제166조는 명백히 「법률상 장애 · 사실상 장애 이분론」에 따라 채권자의 주관적 인식을 고려하지 않는 객관적 체계를 취하고 있기 때문이다. 대법원은 소멸시효 기산점과 관련하여 「법률상 장애 · 사실상 장애 이분론」에 따른 객관적 체계를 따르면서도 객관적 체계에 의하여 발생하는 지나친 가혹함으로부터 채권자를 구제하고자 매우 예외적으로 형평의 원칙에 따라 소멸시효 기산점을 늦춘 사안도 있다고 평가하는 것이 정확한 이해로 볼 수 있다.[15] 즉 위 판례는 법관에게 주어진 형평의 감각에 따라 민법 제166조에서 요청하는 「법적 안정성」을 희생하면서 「구체적 타당성」을 살렸던 매우 특수한 사안이며, 이와 같은 매우 특수한 사안이 아닌 한 객관적 체계에 따라 소멸시효 기산점을 판단해야 할 것이다.

판례도 "법률관계에는 불명확한 부분이 필연적으로 내재하는바 그 법률관계의 주장에 일정한 시간적 한계를 설정함으로써 그에 관한 당사자 사이의 다툼을 종식시키려는 것을 취지로 하는 소멸시효제도에 있어서는, 애초 그 제도가 누구에게나 무차별적 · 객관적으로 적용되는 시간의 경과가 1차적인 의미를 가지는 것으로 설계되었음을 고려하면, 법적 안정성의 요구는 더욱 선명하게 제기된다."[16] "채권자에게 객관적으로 자신의 권리를 행사할 수 없는 장애사유가 있었다는 사정을 들어 그 채권에 관한 소멸시효 완성의 주장이 신의성실의 원칙에 반하여 허용되지 아니한다고 평가하는 것은 소멸시효의 기산점에 관하여 변함없이 적용되어 왔던 법률상 장애/사실상 장애의 기초적인 구분기준을 내용이 본래적으로 불명확하고 개별 사안의 고유한 요소에 열려 있는 것을 특징으로 하는 일반적인 법원칙으로서의 신의칙을 통하여 아예 무너뜨릴 위험이 있으므로 더욱 주의를 요한다."[17]라고 선언함으로써 매우 특별한 경우가 아닌 한 객관적 체계를 따라야 함을 명확히 하고 있다.

권자의 인식을 중시하는 주관적 체계와 이를 보완하는 장기소멸시효의 신설을 제안하고 있다(송덕수, "시효에 관한 2011년 민법개정안 연구", 법학논집 제15권 제4호(2011.6), 이화여자대학교 법학연구소, 25면 이하; 위계찬, "소멸시효에 관한 민법개정논의에 대한 평가와 전망", 인권과 정의 통권 제511호(2023.2), 13면 참조).

11) 대법원 1993. 7. 13. 선고 92다39822 판결 등.
12) 대법원 2003. 2. 11. 선고 99다66427, 73371 판결 등.
13) 대법원 2016. 10. 27. 선고 2014다211978 판결.
14) 위 판례에 대한 소개로는 홍성균(주 4), 1385면 이하.
15) 편집대표 김용덕, 주석민법(총칙 3), 한국사법행정학회(2019), 870면(이연갑 집필부분).
16) 대법원 2010. 9. 9. 선고 2008다15865 판결, 대법원 2016. 10. 27. 선고 2016다224183, 224190 판결.
17) 대법원 2010. 9. 9. 선고 2008다15865 판결.

특히 대법원은 “부동산경매절차에서 채무자에 대한 송달이 공시송달의 방법으로 이루어짐으로써 채무자가 경매진행 사실 및 잉여금의 존재에 관하여 사실상 알지 못하였다고 하더라도 소멸시효기간이 진행한다.”라고 보아 채무자의 잉여금에 대한 공탁금지급청구권이 시효로 소멸한다고 판단하였다(강조점-필자).[18] 즉 「채권자의 권리인식가능성」이 아니라 객관적 체계에 따라 소멸시효 기산점을 판단해야 함을 명확히 하고 있는바, 그동안의 대법원의 입장의 논리적 귀결로 평가할 수 있다.

2. 민법 제766조 제2항의 ‘불법행위를 한 날’의 의미

가. 민법 제766조 제2항의 행사기간의 기산점을 해석함에 있어서도 소멸시효의 기산점에 관한 대원칙인 민법 제166조를 그대로 투영해야 한다.[19] 민법 제766조 제2항의 기간이 제척기간이 아니라 소멸시효인 이상,[20] 소멸시효를 규율하는 민법 제166조의 해석론이 그대로 적용되는 것은 당연하기 때문이다. 따라서 민법 제766조 제2항의 장기소멸시효의 기산점을 판단함에 있어 「피해자의 인식가능성」은 고려할 필요가 없이 객관적 체계에 따라 판단해야 한다.

앞서 본 바와 같이 민법 제166조의 객관적 체계에 의하여 발생하는 지나친 가혹함으로부터 채권자를 구제하고자 판례는 일정한 예외를 인정하여 왔지만, 불법행위로 인한 손해배상청구권에서는 이러한 예외를 인정할 여지가 줄어든다. 불법행위의 경우 소멸시효 제도의 가혹함으로부터 피해자를 구제하고자 주관적 체계를 같이 취하고 있기 때문이다. 즉 민법 제766조 제1항은 ‘손해 및 가해자를 안 때로부터’ 소멸시효(이하 ‘단기소멸시효’라고만 한다)가 진행된다는 점을 규정함으로써 객관적 체계의 가혹성을 완화하고 있기 때문이다. 피해자가 손해의 발생사실과 그 손해가 가해자의 불법행위로 인하여 발생하였다는 사실을 현실적이고도 구체적으로 인식하지 않은 경우에 소멸시효가 진행되지 않도록 함으로써 피해자를 보호하고 있다. 이러한 피해자의 불인식은 사실적 장애로 볼 수 있다는 점에서 민법 제166조의 중대한 예외에 해당한다. 따라서 불법행위로 인한 손해배상청구권에 있어서 「피해자의 권리에 대한 객관적 인식가능성」은 단기소멸시효 기산점 판단에 있어서 이미 충분히 고려되므로, 「피해자의 권리 인식가능성 여부」는 장기소멸시효의 기산점에 있어서 특별히 고려해야 할 사정은 아니라고 보는 것이 우리 법의 해석에 부합한다.

나. 이와 같이 장기소멸시효의 기산점과 관련하여 객관적 체계에 충실하게 해석하는 것이 타당한바, 이에 맞게 장기소멸시효의 기산점인 ‘불법행위를 한 날’의 의미를 해석할 필요가 있다.

---

18) 대법원 2024. 4. 30. 자 2023그887 결정.
19) 서종희, “불법행위 손해배상청구권의 장기행사기간의 법적 성질”, 성균관법학 제25권 제4호(2013.12), 217면 이하.
20) 대법원 2005. 5. 13. 선고 2004다71881 판결.

이에 대해서는 가해행위시설과 손해발생시설이 대립하고 있으며 판례는 "'불법행위를 한 날'이란 가해행위가 있었던 날이 아니라 현실적으로 손해의 결과가 발생한 날"이라고 보아 손해발생시설을 취하고 있다.[21] 가해자의 고의·과실, 책임능력, 가해행위의 위법성뿐만 아니라 가해행위에 의하여 손해가 발생하여야 불법행위로 인한 손해배상청구권이 성립한다. 손해가 발생하지 않아 손해배상청구권이 성립하지 않은 상황에서는 권리를 행사할 수 없는 법률상 장애가 있는 것으로 볼 수 있는바, 판례의 입장인 손해발생시설은 민법 제166조의 대원칙이 투영된 해석론으로 타당하다.

결국 손해가 발생하여 불법행위로 인한 손해배상청구권이 성립한 시점(불법행위요건충족시점)부터 장기소멸시효는 진행된다.

3. 손해단일성의 원칙과 장기소멸시효의 기산점

가. 하나의 가해행위에 의하여 여러 손해가 발생한 경우 손해의 발생은 「손해단일성의 원칙(Grundsatz der Schadenseinheit)」에 따라 판단해야 한다. 「손해단일성의 원칙」은 독일 법원이 손해배상청구권의 성립에 관하여 확립하여 온 원칙으로 단일한 행위에 따른 전체 손해는 최초의 일부 손해과 함께 발생한 것으로 파악해야 하는 원칙을 의미한다.[22] 즉 처음에 **일부 손해**가 일단 발생하였으면 그로부터 **객관적으로 예견가능한 모든 범위의 손해**는 모두 최초 손해와 함께 「단일한 손해」를 구성하는 것이므로 그 전부에 대하여 손해배상청구권이 즉시 성립한다는 것이다.[23] 따라서 처음에 가해행위에 기하여 일부라도 손해가 발생한 경우에는 **그 일부 손해가 발생한 때**에 전체 손해에 대한 소멸시효도 같이 진행하는 것이다.

「손해단일성의 원칙」의 귀결에 따라 손해의 범위를 정확히 수량화할 수 없는 경우에도 손해배상청구권은 발생된 것으로 취급되는바,[24] 일단 발생한 손해가 확정적으로 증명될 수 있는 것인지 여부는 중요하지 않다.[25] 이러한 「손해단일성의 원칙」은 소멸시효 제도의 목적에 의하여 정당화된다. 하나의 가해행위에 기하여 이미 최초 손해가 발생하였음에도 나중에 발생한 손해발생 시점을 소멸시효 기산점으로 삼는다면 소멸시효가 무한정 연장되는 불합리함이 있는바, 「손해단일성의 원칙」은 이러한 불합리함을 막고 법적 안정성에 기여할 수 있기 때문이다. 또한, 피해자로 하여금 신속하게 소를 제기할 유인을 제공함으로써 분쟁의 신속한 해결을 도모할 수 있다.

---

21) 대법원 2005. 5. 13. 선고 2004다71881 판결, 대법원 2019. 8. 29. 선고 2017다276679 판결 등.

22) Grothe in Münchener Kommentar zum BGB 9. Auflage 2021, § 199 Rn. 9; RGZ 83, 354 (360); 87, 306 (312); BGHZ 50, 21 (24) = NJW 1968, 1324; BGH NJW 1986, 1162 f.; 1991, 2833 (2835); 1998, 1303 (1304); NJW-RR 1998, 742 (743); BGH NZG 2017, 753 (755). PECL도 손해단일성의 원칙을 채택하고 있다 (Reinhard Zimmermann, Art 14:301, in: *Commentaries on ECL*, [2]).

23) 홍성균(주 4), 1403면; 이은경, 소멸시효에 관한 외국 판례 연구, 박영사(2023), 23면; 서종희(주 6), 85면.

24) Mansel in Jauernig, Bürgerliches Gesetzbuch 19. Auflage 2023, § 199 Rn. 2; BHG NZG 2017, 753 (755).

25) MüKoBGB/Grothe(주 22), § 199 Rn. 24.

나. 「손해단일성의 원칙」은 위와 같은 정당성에 힘입어 2002년 독일 민법 개정 당시에도 입법자에 의해서 널리 승인을 받았으며[26] 일본과 우리의 판례에서도 인정되고 있다.

일본의 경우 개정 전 일본 민법 제724조 후단[27]의 기산점과 관련하여 최고재판소는 "당해 불법행위에 의해 발생하는 손해의 성질상, 가해행위가 종료한 때로부터 상당한 기간이 경과한 후 손해가 발생한 경우에는, 당해 손해의 **전부 또는 일부**가 발생한 때가 제척기간의 기산점이 되다고 해석해야 한다"라고 판시하여 일부 손해가 발생한 경우에도 제척기간 내지 소멸시효가 진행된다는 점을 명확히 하였다(강조점－필자).[28]

대법원도 "자동차 사고로 인하여 피해자가 상해를 입는 등의 불법행위가 성립하는 경우 이에 관하여 장래에 발생하는 재산적 손해와 정신적 손해를 모두 불법행위의 성립시점에 발생하는 것으로 파악하는 것과 같은 이치일 것이다."라고 판시함으로써 손해단일성의 원칙에 입각한 판시를 한 바 있다.[29] 또한, "원심이 인용한 제1심판결이 인정한 바와 같이 원고 권오식이 1981. 5. 29. 이 사건 사고로 인하여 제4, 5요추 추간판탈출증의 상해를 입고 수술 등의 치료를 받았는데 그 후 위 상해가 재발하였다면, 원고가 위 사고로 입은 상해의 부위 및 정도, 위 상해에 대한 치료방법과 경과 및 요추추간판탈출증의 경우는 후유증이 생기는 것이 대부분이며 이 사건의 경우도 치료종결 후에 병증이 재발한 점 등에 비추어 볼 때 위 상해로 인하여 생긴 판시 후유장해는 이 사건 사고일인 1981. 5. 29. 당시 현실적인 것으로 되었다고 봄이 상당하므로, 이 사건 손해배상청구권의 민법 제766조 제2항에 의한 소멸시효가 1981. 5. 29.부터 진행한다고 판단한 원심은 정당하다"라고 판시하여 마찬가지로 손해단일성의 원칙을 인정하고 있다(밑줄－필자).[30]

한편, 대법원 판결 중에는 원고가 부상을 입은 때로부터 발생한 후유장해에 대하여 후유장해가 발생한 시점부터 소멸시효가 기산된다는 판결도 있다. 이 판결도 손해단일성의 원칙에 의하여 설명이 가능하다. 즉 최초의 손해배상청구권이 성립한 시점에 **예견가능한 후속손해**에 대하여 손해단일성의 원칙이 적용되는바,[31] 위 판결의 후유장해는 예견가능한 후속손해가 아니므로 별도의 소멸시효 기산점이 적용되는 것이다. 마찬가지로 성폭력 피해를 입은 피해자에게 성범죄로 인한 외상 후 스트레스 장애(PTSD)가 뒤늦게 나타난 사안에서도 PTSD가 성폭력 최초 피해시 예견가능한 손해가 아니므로 PTSD 현출 시에 소멸시효가 기산되는 것도 같은 논리의 적용의 결과이다.[32]

---

26) MüKoBGB/Grothe(주 22), § 199 Rn. 9.

27) 개정 전 일본 민법 제724조 후단은 불법행위시로부터 20년이 경과한 때에 불법행위로 인한 손해배상청구권은 소멸한다고 규정하고 있었는데 판례는 이를 제척기간으로 해석하였다(最高裁 平成 元年 12月 21日 判決(民集 43卷 12号 2209頁)). 일본은 2017년 민법 제724조를 개정하면서 위 기간이 소멸시효에 해당함을 명확히 하였다.

28) 最高裁 平成 16年 4月 27日 判決(民集 58卷 4号 1032頁).

29) 대법원 2008. 4. 17. 선고 2006다35865 전원합의체 판결.

30) 대법원 1993. 7. 27. 선고 93다357 판결.

31) MüKoBGB/Grothe(주 22), § 199 Rn. 11.

32) 대법원 2021. 8. 19. 선고 2019다297137 판결(다만, 대법원은 PTSD 진단을 받은 때에 소멸시효가 기산된다고 판

Ⅲ. 기망에 의한 주식 취득의 손해 발생 시점

1. 기망에 의한 물건 취득과 손해 발생 시점

기망에 의해 매수인으로 하여금 물건을 실제 가치보다 고가로(또는 가치가 없는 물건을 고가로) 매수하게 한 위법행위를 한 경우에 손해 발생 시점이 언제인지가 장기소멸시효 기산점 판단에 있어서 관건이 된다.

이에 대하여 대법원의 입장은 비교적 명확하다고 볼 수 있다. 대법원은 "매수인이 매도인의 기망행위로 인하여 부동산을 고가에 매수하게 됨으로써 입게 된 손해는 부동산의 매수 당시 시가와 매수가격과의 차액"이라고 판시하고 있다.[33] 즉 실제 지출한 매매대금에서 취득한 물건의 시가(정상가격)를 공제하라는 것으로 매매대금을 지출하는 시점에 불법행위로 인한 손해배상청구권이 발생한다고 보고 있는 것이다.

이러한 입장은 학설에 의해서도 지지를 받고 있고,[34] 비교법적으로도 정당화된다. 즉 영미법에서는 기망행위로 인하여 물건을 취득한 경우 손해액 산정의 원칙적 방법은 「out-of-pocket cost 방식(초과지출액 배상방식 또는 차액산정방식)」으로 피해자가 실제 지출한 금액을 손해액으로 하되, 다만 기망행위로 인하여 얻은 물건의 객관적 가치(actual value)를 공제하는 방식을 채택하고 있다.[35] 우리 판례의 입장은 이러한 「out-of-pocket cost 방식」으로 이해할 수 있다.

기망행위에 의하여 물건을 매수한 경우에 매매대금을 지출함으로써 바로 손해배상청구권이 성립한다는 판례의 입장은 다음과 같은 여러 판례에서도 두드러진다.

① "어음의 할인요청을 받은 자가 할인금을 지급하고 어음을 할인, 취득하였으나 그에 대한 양도배서가 위조된 경우에는 특별한 사정이 없는 한 그 위조된 배서를 믿고 **할인금을 지급하는 즉시** 그 어음의 액면금 상당이 아닌 그 지급한 할인금 상당액의 손해를 입었다."는 판례,[36] ② "분식회계 및 부실감사로 인하여 기업어음의 가치 평가를 그르쳐 기업어음을 매

시하였다).

33) 대법원 2010. 4. 29. 선고 2009다91828 판결, 대법원 2007. 6. 1. 선고 2005다5812,5829,5836 판결, 대법원 1980. 2. 26. 선고 79다1746 판결("피고가 매수한 부동산이 개발제한 구역으로 결정되어 가격이 떨어지고 매수하려는 사람도 없어 상당한 가격으로 현금화 하기가 어려운데도 원고에게 바로 비싼 값에 전매할 수 있다고 기망하여 매매계약을 체결하였다면 이는 불법행위로 되고, 그로 인하여 원고가 입은 손해는 다른 사정이 없는 한 매수가격과 매수 당시의 싯가와의 차액 상당액이다." 밑줄-필자).

34) 김웅재, "기망행위에 속아 물건을 고가에 매수한 뒤 그 물건가격이 변동한 경우 손해배상의 범위 및 손해배상액 산정의 기준시점", 민사판례연구 (39), 박영사(2017), 407-408면; 장상균, "시세조종행위로 인한 손해배상 청구소송에 있어서 손해액의 계산", 대법원판례해설 제49호, 법원도서관(2004), 748면.

35) Harvey McGregor, *McGregor on Damages*, 19th ed., Sweet & Mawell (2014), p. 1809("The normal measure of damages is the purchase price of the shares less their actual value at the time of auqusition"); 장상균(주 34), 750면.

36) 대법원 1994. 11. 22. 선고 94다20709 판결.

입한 사람이 입은 손해액의 산정과 관련하여서는 증권거래법 제197조 제2항 및 제15조를 적용할 수 없으며, 기업어음의 대금에서 기업어음의 실제가치, 즉 분식회계 및 부실감사가 없었더라면 형성되었을 기업어음의 가액을 공제하는 방법으로 산정하여야 한다."는 판례,[37) ③ "증권신고서와 투자설명서의 중요사항에 관한 부실 기재로 사채권의 가치평가를 그르쳐 사채권 매입으로 인하여 손해를 입게 되었다는 이유로 민법의 불법행위에 기한 손해배상을 청구하는 경우에, 그 손해액은 사채권의 매입대금에서 사채권의 실제가치 즉 증권신고서와 투자설명서의 중요사항에 관한 부실 기재가 없었더라면 형성되었을 사채권의 가액을 공제한 금액으로서, 원칙적으로 불법행위 시인 **사채권의 매입 시**를 기준으로 산정하여야 한다" 는 판례,[38) ④ "투자자가 감사인의 부실감사로 인하여 비상장기업의 가치 평가를 그르쳐 해당 기업의 주식을 매수하고 **매입대금을 지급한 경우**, 특별한 사정이 없는 한 투자자는 **그때** 해당 주식의 매입대금에서 해당 주식의 실제 가치, 즉 분식회계 및 부실감사가 없었더라면 형성되었을 주식의 가액을 공제한 금액 상당의 손해를 입은 것"이라는 판례[39), ⑤ "특정 주식의 가격상승 등에 관한 기망으로 피해자로 하여금 주식을 매수하게 한 것이 불법행위에 해당하는 경우에, ... 불법행위로 인한 재산상 손해는 주식의 매수대금에서 **취득 당시** 객관적인 가액 상당을 공제한 차액이라고 볼 수 있다."라는 판례[40) 등에서 두드러진다.

부언하면, 위 판례 모두 기망행위가 개입되어 피해자가 해당 물건(어음, 사채, 주식)의 실제 가치보다 높은 가격으로 매수한 경우에 해당 물건의 매입시에 불법행위가 성립한다는 점을 명확히 하고 있는 것이다.

또한, 불법행위는 특별한 사정이 없는 한 불법행위로 인한 손해배상청구권이 성립한 날부터 지연손해금이 발생하는바,[41) 결국 지연손해금이 발생하는 날이 장기소멸시효의 기산점이 된다. 대법원은 증권신고서와 투자설명서의 중요사항에 관한 부실 기재로 채권의 가치평가를 그르쳐 후순위사채를 매입한 사안에서 "피해자의 손해는 후순위사채를 인수하면서 그 인수대금을 지급한 날에 곧바로 발생하고 그 손해배상청구권의 지연손해금도 이때를 기산으로 발생한다."고 판시하였는바, 부실 기재라는 기망행위로 인하여 사채를 매입한 경우에 매입시점에 지연손해금(= 장기소멸시효 기산점)이 발생한다고 밝혔다.

2. 기망에 의한 주식 취득과 손해 발생 시점

가. 기망행위에 의하여 주식을 매수하게 된 경우에도 위에서 검토한 판례와 같이 「out－

37) 대법원 2008. 6. 26. 선고 2007다90647 판결.
38) 대법원 2016. 9. 28. 선고 2014다221517 판결.
39) 대법원 2022. 11. 30. 선고 2017다841, 858 판결, 대법원 2020. 4. 29. 선고 2014다11895 판결.
40) 대법원 2024. 1. 4. 선고 2022다286335 판결.
41) 대법원 2011. 1. 13. 선고 2009다103950 판결. 다만, 예외적으로 변론종결시에 지연손해금이 발생한다고 한 판례로는 대법원 2011. 1. 13. 선고 2009다103950 판결.

of－pocket cost 방식」 즉 실제 매수가격과 정상가격(정상주가) 사이의 차액을 손해로 보는 「차액산정방식」에 따르는 것이 타당하다.[42] 미국은 SEC Rule 10b－5에 의하여 「증권의 매매와 관련된 사기행위(securities fraud)」를 규율하고 있는데,[43] 중요한 사항에 대한 허위진술이나 중요한 진술의 생략과 같은 사기행위로 인하여 피해자가 주식을 매수한 경우에, 피해자의 손해를 위와 같은 「차액산정방식」에 따라 산정하고 있다.[44]

그런데 「차액산정방식」의 문제는 매수시점의 정상주가를 정확하게 알기 어렵다는 점에 있다. 이에 따라 활용하는 방법이 「사건연구(event study) 방법」이다. 「사건연구(event study) 방법」이란, 특정사건이 발생한 기간 중의 주가와 당해 사건(불법행위)이 없었더라면 형성되었을 주가를 비교하여 그 차이가 통계적으로 의미가 있는 경우 그 차이를 가지고 정상주가를 추정하는 방식을 의미한다.[45] 이처럼 「사건연구(event study) 방법」은 「차액산정방식」 즉 해당 주식 매수시에 손해가 발생하였음을 전제로 한 손해배상액 계산방법인 것이다.

이에 대하여 대법원은 허위공시로 인한 손해배상에 관하여 "허위공시 등 위법행위가 시장에 알려지기 이전의 자료를 기초로 하여 그 위법행위가 공표되지 않았다고 가정하였을 경우 예상할 수 있는 기대수익률 및 정상주가를 추정하고 그 기대수익률과 시장에서 관측된 실제 수익률의 차이인 초과 수익률의 추정치를 이용하여 그 위법행위의 공표가 주가에 미친 영향이 통계적으로 유의한 수준인지 여부를 분석하는 사건연구(event study) 방법을 사용할 수 있다."라고 판시함으로써 「사건연구(event study) 방법」을 긍정한 바 있다.[46]

나. 앞서 언급한 바와 같이 「차액산정방식」은 매수시점의 정상주가를 정확하게 알기 어려우므로 「사건연구(event study) 방법」을 이용하지만, 「추정기준(presumed test)」을 활용할

---

42) 이와 같은 견해로는 이동신, "유가증권 공시서류의 부실기재에 대한 책임", 증권거래에 관한 제문제(상), 재판자료 제90집, 법원도서관(2001), 402－403면("유가증권의 모집 · 매출시에 그 가격이 부실표시에 의하여 분식된 경우에 증권의 취득자가 발행인 등에 대하여 청구할 수 있는 배상액은 손해배상의 일반원칙에 의하면, 통상의 손해와 알았거나 알 수 있었을(예견가능한) 특별한 사정으로 인한 손해로서 상당인과관계 있는 손해이다(제한배상주의: 민법 제393조, 제763조). 이론적으로는 부실표시가 없었다면 취득시 당해 증권이 가졌을 공정한 가격과 취득가액과의 차액이다"); 임정하, "불공정거래행위에 대한 손해배상의 범위", 증권 불공정거래의 쟁점 제2권, 서울대학교 금융법센터(2024), 231－233면, 241면.

43) § 240.10b－5 Employment of manipulative and deceptive devices.
It shall be unlawful for any person, directly or indirectly, by the use of any means or instrumentality of interstate commerce, or of the mails or of any facility of any national securities exchange,
(a) To employ any device, scheme, or artifice to defraud,
(b) To make any untrue statement of a material fact or to omit to state a material fact necessary in order to make the statements made, in the light of the circumstances under which they were made, not misleading, or
(c) To engage in any act, practice, or course of business which operates or would operate as a fraud or deceit upon any person, in connection with the purchase or sale of any security.
(https://www.law.cornell.edu/wex/securities_fraud, 2024.11.1. 방문).

44) 류근관, "증권집단소송의 손해배상액 산정 방법에 관하여", 기업소송연구(2005.3), 224면; 임정하(주 42), 236면; Richard A, Booth, "The Inherent Ambiguity of Out－of－Pocket Damages in Securities Fraud Class Actions", *The Journal of Corporation Law*, Vol 46:2, 2021, pp. 321－322.

45) 장상균(주 34), 758－759면.

46) 대법원 2008. 11. 27. 선고 2008다31751 판결, 대법원 2004. 5. 28. 선고 2003다69607, 69614 판결.

수도 있다. 자본시장법 제126조는 증권신고서와 투자설명서에 거짓 기재로 인하여 증권의 취득자(피해자)가 손해를 입은 경우에 '① 피해자의 실제 매수가격－변론종결시 그 증권의 시장가격[47]' 또는 '② 피해자의 실제 매수가격－변론종결 전 처분시 그 처분가격'을 손해배상액으로 추정하고 있다.

원래는 피해자의 매수시점의 정상가격을 산정하여야 하는데 이를 알기 어려우므로 피해자들의 손해배상액 증명에 대한 책임을 경감시키고자 위와 같이 손해배상액 추정 조항이 마련된 것이다. 즉 위 조항은 손해배상청구권이 피해자의 매수시점에 성립되었음을 전제로 그 손해배상액 계산을 용이하게 하고자 마련된 조항이다.

그런데 위 조항에 의하여 손해배상청구권의 소멸시효의 기산점이 늦춰진다고 해석하는 견해가 있을 수 있는데 그와 같이 해석하는 것은 타당하지 않다. 그와 같이 해석하는 경우에는, 피해자가 주식을 처분한 경우에 비로소 손해가 발생하여 그 주식 처분시에 손해배상청구권이 성립한다고 보는바, 주식을 처분하지 않은 상태에서 소를 제기한 경우에 피해자는 불법행위의 손해 요건이 충족되지 않은 상태에서 성립되지도 않은 청구권을 행사하는 것이 된다. 이러한 결론은 매우 불합리하다. 자본시장법 제126조는 불법행위에 있어서 손해 요건을 충족시키기 위하여 마련된 조항이 아니라, 피해자의 손해배상청구권이 소 제기 이전에 이미 성립된 상황에서 단지 그 손해배상액 증명을 경감시키고자 마련된 조항이라고 보는 것이 위 조항의 취지에 부합한다. 위 견해에 따라 소멸시효 기산점이 늦춰진다고 해석하면 피해자가 처분하지 않는 한 영원히 소멸시효가 진행되지 않는다는 매우 납득하기 힘든 결과가 발생한다.

또한, 위 견해는 피해자가 주식을 처분하지 않더라도 소 제기로 인한 변론종결시에 비로소 손해가 발생한다고 하는바, 마찬가지로 불합리하다. 소 제기시에 피해자는 불법행위의 손해 요건이 충족되지 않은 상태에서 소를 제기한 것이라고 주장하고 있기 때문이다. 또한 피해자가 소를 제기하지 않는 한(즉, 변론종결이 발생하지 않는 한) 피해자의 손해배상청구권의 소멸시효가 영원히 진행되지 않는다는 비합리적인 결론에 이르게 된다.

위 제126조는 피해자가 부실공시로 정상가격보다 높은 가격에 매수하였으므로 매수 시점에 손해배상청구권의 요건을 충족하였고(즉, 피해자는 소 제기 당시 이미 적법하게 손해배상청구권의 요건을 갖춘 것이고), 다만 법원은 피해자의 매수시점의 정상가격을 산정하기 어려우므로 위 제126조의 추정에 의하여 손해배상액을 산정할 수 있음을 밝힌 규정으로 이해해야 할 것이다. 손해의 발생 여부와 손해의 금전적 평가(손해 범위 산정)의 문제는 엄밀히 구별되어야 하는 것이다.[48]

---

47) 참고로 일본은 '피해자의 실제 매수가격－소 제기시 그 증권의 시장가격'으로 규정하고 있다(일본 금융상품취인법(金融商品取引法) 제19조 참조).

48) 헌법재판소 2003. 12. 18. 선고 2002헌가23 결정("불법행위에 의한 재산권의 침해 즉 '손해'는 침해 순간에 이미 확정되어 존재하는 것이지만, 그 침해로 인한 '손해액'은 미리 확정되어 있는 것이 아니라 법관의 손해배상액 산

앞서 설명한 바와 같이 특별한 사정이 없는 한 불법행위로 인한 손해배상청구권의 요건을 충족한 날부터 장기소멸시효가 진행됨과 동시에 지연손해금이 발생한다.[49] 즉 지연손해금이 발생하는 날이 장기소멸시효의 기산점이 된다. 판례는 자본시장법 제125조, 제126조의 부실공시책임으로 인한 손해배상청구권의 지체책임은 피해자의 매수시점부터 발생한다고 판시하고 있는바,[50] 위에서 전개한 해석론과 위 판례는 일치하며 결국 피해자의 주식 매수시점부터 장기소멸시효가 진행된다고 보아야 할 것이다.

3. 매수인의 하자담보책임으로 인한 손해배상청구권의 기산점 관련

하자담보책임은 매도인이 직접적으로 기망행위를 한 것은 아니지만 하자 있는 물건을 급부함으로써 하자 없는 완전물을 교부할 의무를 위반한 경우에 발생하는 책임이다. 매수인은 매도인의 위 의무 위반에 대하여 손해배상청구권을 행사할 수 있고(민법 제580조 제1항, 제575조 제1항, 제581조 제2항), 이 경우에 매도인은 매수인에게 「하자가 없었다면 있었을 물건의 가치」와 「하자 있는 물건의 가치」의 차액을 배상할 의무가 부담하고(「차액산정방식」이 적용)[51] 이 점에서 앞서 본 '기망에 의하여 주식을 취득한 피해자의 손해배상청구권' 논의와 일맥상통한다.

그런데 판례는 매도인의 하자담보책임으로 인한 손해배상청구권과 관련하여 "하자담보에 기한 매수인의 손해배상청구권은 권리의 내용·성질 및 취지에 비추어 민법 제162조 제1항의 채권 소멸시효의 규정이 적용되고, 민법 제582조의 제척기간 규정으로 인하여 소멸시효 규정의 적용이 배제된다고 볼 수 없으며, 이때 다른 특별한 사정이 없는 한 무엇보다도 매수인이 매매 목적물을 인도받은 때부터 소멸시효가 진행한다고 해석함이 타당하다."라고 함으로써 인도시에 소멸시효가 진행된다고 판시하였다.[52] 손해배상청구권의 소멸시효 기산점

정이라는 평가작용에 의하여 비로소 결정되는 것"이라고 판시하면서 손해의 발생 여부와 손해배상액 산정은 구별되는 문제임을 명확히 하고 있다. 밑줄-필자); 김웅재(주 34), 430면.

49) 대법원 2011. 1. 13. 선고 2009다103950 판결.

50) 대법원 2016. 9. 28. 선고 2014다221517 판결("자본시장법 제125조 제1항은 증권신고서와 투자설명서 중 중요사항에 관하여 거짓의 기재 또는 표시가 있거나 중요사항이 기재 또는 표시되지 아니함으로써 증권의 취득자가 손해를 입은 경우에는 그 손해를 배상하도록 규정하고 있고, 제126조 제1항은 그 손해액에 관하여 추정 규정을 두고 있다. 자본시장법 제125조 제1항에서 정한 이와 같은 손해배상책임은 민법의 불법행위책임과는 별도로 인정되는 법정책임이지만 그 실질은 민법의 불법행위책임과 다르지 아니하고, 제126조 제1항은 증권의 취득자가 입은 손해액의 추정 규정에 불과하므로, 자본시장법 제125조 제1항에서 정한 손해배상채무에 대한 지연손해금의 발생 시기에 대하여도 민법의 불법행위책임에 기한 손해배상채무의 경우와 달리 볼 것은 아니다. … 위 법리에 의하면 원고의 이러한 손해는 원고가 이 사건 후순위사채를 매수하면서 그 매수대금을 지급한 날인 2009. 10. 22. 곧바로 발생하며, 나아가 그 손해배상채무에 대한 지연손해금도 그와 동시에 발생한다고 해석된다."라고 판시, 밑줄-필자); 편집대표 김용덕, 주석 민법, 채권각칙 6, 제5판, 한국사법행정학회(2022), 290면(진상범 집필부분).

51) 서강대학교 산학협력단(책임연구원 이준현), 민법 개정안(계약법 각론) 예비초안 연구, 법무부 연구용역 보고서(2023.12), 41면; 서광민, "매도인의 하자담보책임", 민사법학 제11·12호, 한국민사법학회(1995), 182면. 다만, 위와 같은 차액산정방식은 하자 있는 물건의 가치를 측정하기 곤란할 수 있으므로 판례는 하자보수비용을 손해배상으로 인정하기도 한다(대법원 2021. 4. 8. 선고 2017다202050 판결). 참고로 독일 민법 제441조 제3항은 "매매대금은 계약체결시에 하자 없는 상태의 물건의 가치와 실제 가치 사이에 성립하는 비율에 따라 감축된다."라고 규정함으로써 매매 시점을 기준으로 비율적 산정을 하고 있다.

을 매수시가 아니라 인도시로 하였지만,[53] 적어도 대법원이 「차액산정방식」에 따른 손해를 인정함에 있어서 매수인의 처분시로 소멸시효 기산점을 늦추지 않았다는 점, 객관적 체계에 맞게 매수인의 하자 인식가능성 여부를 전혀 고려하지 않고 소멸시효 기산점을 해석하였다는 점은 주목할 만하다.

Ⅳ. 기망에 의한 주식 취득의 장기소멸시효 기산점

1. 매수시설의 타당성

서론에서 언급한 바와 같이 기망에 의하여 주식을 취득한 경우에 장기소멸시효의 기산점과 관련하여 처분시설과 매수시설의 대립이 있을 수 있다. 위에서의 논의를 종합하여 볼 때 다음과 같은 이유로 매수시설이 타당하고 처분시설은 타당하지 않다.

첫째, 대법원이 그동안 기망행위에 의하여 물건이나 주식을 매입한 경우에 해당 물건 또는 주식의 매입시에 불법행위가 성립한다는 점을 여러 차례 밝힌바 있다. 즉 실제 매수가격과 정상가격(정상주가) 사이의 차액이 곧 손해이고, 이러한 손해는 매수시에 이미 발생하였으므로 불법행위로 인한 손해배상청구권은 매수시에 성립하고 이때부터 장기소멸시효가 진행된다고 보아야 할 것이다.[54]

만약 처분시설에 따르는 경우에 매수인이 취득한 주식을 처분하지 않는 한 장기소멸시효가 진행되지 않는다는 부당한 결론에 도달하게 된다. 처분시설에 따르면 근거없이 시효에 걸리지 않는 권리를 인정하는 결과가 발생하는 것이다.

둘째, 주식 처분시를 장기소멸시효 기산점으로 삼는 것은 「손해단일성의 원칙」에 반한다. 가령 매수인이 기망에 의하여 주식 10,000주를 취득한 후에 소 제기 10년 전에 3,000주를 처분하고, 소 제기 직전에 7,000주를 처분하였다고 가정하면, 처분시설에 따르면 10년 전에 처분이 된 부분(3,000주 부분)에 대해서는 장기소멸시효가 완성되었다고 판단하고, 소 제기 직전에 처분한 부분(7,000주 부분)에 대해서는 장기소멸시효가 완성되지 않았다는 결론을 취하게 된다. 이러한 판단은 「손해단일성의 원칙」에 반한다.

앞서 본 바와 같이 단일한 행위에 기하여 일부라도 손해가 발생한 경우에는 그 일부 손

52) 대법원 2011. 10. 13. 선고 2011다10266 판결.

53) 독일 민법은 하자로 인한 청구권의 소멸시효에 대하여 부동산에 있어서는 인도시로부터, 기타에 있어서는 물건의 교부시부터 진행한다고 규정하고 있다(독일 민법 제438조 제2항).

54) 대법원은 등기관계서류가 위조되어 매수인이 어차피 소유권을 취득할 수 없었던 사안에서 매수인이 대금을 지급한 경우에 매수인이 입은 손해는 '매수인이 출연한 금액'이라고 하였는바, 매수인의 손해배상청구권이 발생하는 시점을 매매대금 지급시로 본 것이다(대법원 1992. 6. 23. 선고 91다33070 전원합의체 판결). 장기소멸시효는 매매대금 지급시로부터 기산된다고 판시한 것으로 이해할 수 있다(김웅재(주 34), 180－181면; 이소은, "민법 제766조 제2항의 소멸시효 기산점과 '잠재적 손해의 현실화 법리'에 관한 연구", 민사법학 제102호(2023.3), 134면; 편집대표 곽윤직, 민법주해 (19), 채권 (12), 박영사(2005), 405면(윤진수 집필부분)).

해가 발생한 때에 나머지 손해를 예견할 수 있으면 나머지 손해에 대한 소멸시효도 같이 진행한다. 허위의 기업신용문서 작성이라는 단일한 기망행위가 있었고 그로 인하여 매수인은 해당 주식을 매수함으로써 손해를 입게 되었는바, 매수인이 주장하는 손해에 대하여 **소멸시효 기산점이 쪼개질 수는 없고 단일한 소멸시효 기산점이 적용**되어야 한다. 따라서 주식 매수시에 원고들의 손해 전부에 대하여 장기소멸시효가 진행되어야 한다고 보는 것이 손해단일성의 원칙에 부합하고, 해당 주식 처분시마다 별도의 소멸시효 기산점이 발생한다고 보는 처분시설은 타당하다고 보기 어렵다.

셋째, 부실공시로 인한 자본시장법 제125조, 제126조의 손해배상청구권은 피해자가 정상가격보다 높은 가격에 매수한 시점에 이미 성립하는 것이고, 다만 법원은 피해자의 매수시점의 정상가격을 산정하기 어려우므로 위 제126조의 추정에 의하여 손해배상액을 산정할 수 있는 것이다. 따라서 자본시장법 제126조는 이미 손해가 발생하였음을 전제로 손해배상액 계산을 용이하게 하고자 마련된 조항이므로, 위 제126조에 근거하여 장기소멸시효 기산점을 주식 처분시로 해석하는 것은 타당하지 않다.

2. 예상되는 주장에 대한 반박

가. 잠재적 손해의 현실화 법리와 관련하여

대법원은 “가해행위와 이로 인한 현실적인 손해의 발생 사이에 시간적 간격이 있는 불법행위에 기한 손해배상채권의 경우, 장기소멸시효의 기산점이 되는 ‘불법행위를 한 날’의 의미는 단지 관념적이고 부동적인 상태에서 잠재적으로만 존재하고 있는 손해가 그 후 현실화되었다고 볼 수 있는 때, 즉 손해의 결과발생이 현실적인 것으로 되었다고 할 수 있을 때로 보아야 한다.”라는 「잠재적 손해의 현실화 법리」를 판시하여 왔고, 이에 따라 결과 발생이 현실화된 경우에 장기소멸시효가 진행된다고 판시하여 왔다.[55)]

위 법리에 대해서는 손해가 언제 현실화된다고 볼 수 있는지 명확하지 않다는 점, 소멸시효 기간을 지나치게 장기화하여 법적 안정성을 저해한다는 타당한 비판이 있다.[56)] 다만, 신체에 누적되어 사람의 건강을 해치는 물질에 의하여 발생한 불법행위 또는 일정한 잠복기간이 지난 후에 증상이 나타나는 불법행위의 경우,[57)] 화재에 대한 안정성을 갖추지 못한 상태로 건물을 시공하였는데 상당한 기간이 경과하여 화재로 인해 건물이 붕괴된 경우[58)] 등 손해배상청구권이 나중에 비로소 성립한 경우에 위 법리는 타당성을 지닌다.

---

55) 대법원 1979. 12. 26. 선고 77다1894, 1895 전원합의체 판결, 대법원 2017. 11. 9. 선고 2013다26708, 26715, 26722, 26739 판결, 대법원 2008. 6. 12. 선고 2007다36445 판결, 대법원 2022. 1. 14. 선고 2019다282197 판결.

56) 이소은(주 54), 147－151면.

57) 대법원 2011. 9. 29. 선고 2008다16776 판결(혈우병 환자인 피해자가 가해자가 제조·공급한 혈액제제로 인하여 HIV(인간면역결핍바이러스, Human Immunodeficiency Virus)에 감염되었는지가 문제된 사안임).

58) 대법원 1998. 5. 8. 선고 97다36613 판결.

이러한 잠재적 손해의 현실화 법리에 기하여 주식의 처분으로 처분가격이 산정된 시점에 매수인의 손해가 현실화되었으므로 처분시설이 타당하다는 견해가 있을 수 있다.

그러나 매수인이 주식을 매수함으로써 이미 교환가치 차액에 상당하는 손해를 입었고, 매수인이 해당 주식을 처분함으로써 얻은 매매대금은 '해당 주식의 정상가격'으로 추정할 수 있거나 손해배상액 산정에 있어서 고려해야 할 '손익상계의 대상'이라고 보아야 할 것이다.[59] 그리고 손해배상청구권은 이러한 손익상계의 대상이 발생한 때가 아니라 가해행위에 기하여 손해가 발생한 때에 성립한다.

결국 잠재적 손해의 현실화 법리에 의하여 처분시설을 정당화하기 어렵다.

나. 설명의무·정보제공의무 위반에 관한 판례와의 정합성과 관련하여

대법원 판례 중에는 ① 금융투자업자가 설명의무 등을 위반함에 따른 일반투자자의 손해는 수익증권의 미회수금액의 발생이 확정된 시점에 현실적으로 발생한다는 판례,[60] ② 자산운용회사와 판매회사가 투자자들에게 투자의 위험성을 제대로 설명하지 않은 경우 투자자들의 손해는 만기 시점이나 투자자들이 실제 환매한 시점에 발생한다는 판례,[61] ③ 사모투자전문회사의 운용자가 정보제공의무를 위반함에 따라 사모투자전문회사의 유한책임사원으로 투자에 참여한 투자자가 입은 손해액은 미회수금액의 발생이 확정된 시점에 발생한다는 판례[62] 등이 있는바,[63] 위 판례에 비추어 처분시설에 따라 장기소멸시효의 기산점을 판단해야 한다는 견해가 있을 수 있다.

그러나 위 판례에서 문제가 되는 설명의무·정보제공의무는 그 의무위반만으로는 재산상 손해가 바로 발생하지 않는다는 특징이 있다. 가령 자산운영회사가 투자자에게 투자의 위험성을 설명하지 않았다고 하더라도 해당 펀드가 운용이익을 창출한 것으로 판명되면 투자자에게는 손해가 발생한 것이 아니므로 불법행위로 인한 손해배상청구권이 발생하지 않는다. 이 때문에 과연 투자자에게 손해가 발생하였는지 여부를 사후적으로 판단할 필요가 있다. 위 설명의무위반행위·정보제공의무위반행위 그 자체가 투자대상물의 교환가치에 직접적으로 영향을 미치는 행위도 아니고 투자자의 손해를 곧바로 야기하는 행위는 아닌 것이기 때문이다. 가령 매도인이 매수인에게 물건을 인도하면서 사용방법에 대하여 설명의무를 제대로 이행하지 않은 경우라도 해당 물건의 교환가치는 그대로이므로, 매수인이 그 단계에서는

---

59) 대법원 2023. 4. 27. 선고 2021다262905 판결(부당한 표시·광고로 인하여 피해자가 토지를 매수한 사안에서 피해자가 해당 토지를 보유함으로써 얻는 이익은 손익상계의 대상이라고 판시); 김웅재(주 34), 439면 이하.

60) 대법원 2018. 9. 28. 선고 2015다69853 판결.

61) 대법원 2011. 7. 28. 선고 2010다76368 판결.

62) 대법원 2016. 9. 30. 선고 2015다19117, 19124 판결.

63) 그 외에도 신탁회사가 신탁재산인 금전의 구체적인 운용방법을 미리 정하여 놓고 고객에게 계약 체결을 권유하는 등 고객보호의무 위반이 인정되는 경우에 고객이 입은 손해는 미회수금액의 발생이 확정된 시점에 현실적으로 발생한다는 판례가 있다(대법원 2018. 6. 15. 선고 2016다212272 판결).

어떠한 손해를 입었다고 보기 어려워 설명의무위반으로 인한 손해배상청구를 할 수 없는 것이다(사후에 비로소 손해가 야기된 일이 발생해야 비로소 손해배상청구를 할 수 있을 뿐이다).

하지만 주식취득 과정에서 문제가 되는 기망행위는 물건의 교환가치에 직접적인 영향을 미치고 피해자에게 교환가치 차액의 손해를 즉시 발생시키는 위법행위인바, 설명의무위반행위 · 정보제공의무위반행위가 문제가 되는 위 판례와 기망에 의한 주식 취득 사이에 「사안구조적 유사성」이 인정되기 어렵다. 따라서 설명의무 · 정보제공의무 위반에 관한 판례를 유추[64]하여 처분시설을 주장할 수는 없다.[65]

Ⅴ. 결 론

소멸시효 제도에 대해서 의구심이 있을 수 있지만, 소멸시효 제도는 "사태를 흐리게 하는 시간의 힘(verdunkelnde Macht der Zeit, obfuscation power of time)"[66]으로 인하여 채무자로서는 사태의 진상을 밝히기도 어렵고 채권자 청구에 방어하기도 어렵다는 점을 고려한 의미있는 제도이다.[67] 개별 결과에서 채권자의 권리 박탈이라는 다소 가혹한 결과를 낳을 가능성이 있지만, 소멸시효는 현대의 법체계에서 필수불가결한 제도로 인정되고 있다.[68]

기망행위에 의하여 주식을 실제 가치보다 고가로(또는 가치가 없는 주식을 고가로) 매수한 경우에 매수시설에 따른 결론이 매수인에게 다소 가혹할 수 있다. 그러나 시간의 경과에 따라 상황을 최종적으로 정리함으로써 법적 안정성을 구축하고자 하는 소멸시효 제도의 본질에 비추어 그러한 가혹함은 매수인이 불가피하게 견뎌야 하는 몫이 될 수밖에 없다.

---

64) 유추는 하나의 사안과 결론을 중심 논리(fixed point)로 삼고 다른 사안과 사안구조적 유사성이 인정되는지 여부를 판단하여 그 사안구조적 유사성이 인정되면 그 중심 논리를 다른 사안에 적용하는 것이다. 따라서 사안구조적 유사성이 인정되지 않으면 유추를 인정할 수 없다. 유추의 법리에 대한 설명으로는 이계정, "2023년 민법 판례 동향", 서울대학교 법학 제65권 제2호(2024.6), 409－410면; Edward H. Levi, *An Introduction to Legal Reasoning*, University of Chicago Press (2013), p. 1 이하; Cass R. Sunstein, *Legal Reasoning and Political Conflict*, Oxford (1996), p. 62 이하; 최봉경, "민법에서의 유추와 해석－판례를 거울삼아", 법철학연구 제12권 제2호(2009.12), 18면 이하. 판례는 "법률의 유추적용은 법률의 흠결을 보충하는 것으로 법적 규율이 없는 사안에 대하여 그와 유사한 사안에 관한 법규범을 적용하는 것이다. 이러한 유추를 위해서는 법적 규율이 없는 사안과 법적 규율이 있는 사안 사이에 공통점 또는 유사점이 있어야 한다. 그러나 이것만으로 유추적용을 긍정할 수는 없다. 법규범의 체계, 입법 의도와 목적 등에 비추어 유추적용이 정당하다고 평가되는 경우에 비로소 유추적용을 인정할 수 있다."라고 설명한다(대법원 2020. 4. 29. 선고 2019다226135 판결).

65) 대법원은 토지를 매수한 현재의 토지 소유자가 오염물이 매립되어 있음을 발견하고 오염토양 정화비용을 지출한 경우에 그 비용지출시부터 토양오염을 유발한 종전 토지 소유자에 대하여 불법행위로 인한 손해배상청구권을 행사할 수 있다고 판시한 바 있다(대법원 2016. 5. 19. 선고 2009다66549 전원합의체 판결). 위 판결에 기초하여 처분시설이 타당하다는 주장이 있을 수 있다. 그런데 위 판결은 가해자(종전 토지 소유자)가 토지환경보전법에 따른 토지정화의무를 계속해서 부담하는 사안으로 그러한 의무를 피해자(현 토지 소유자)가 대신 이행하였다는 특수성에 비추어 피해자에게 오염토양 정화비용에 대하여 손해배상청구권을 인정한 것이다. 즉 공법 규정에 따른 정화의무가 지속되는 특수성에 의하여 장기소멸시효의 기산점을 늦춘 것인바, 이러한 특수성에 기초한 판례를 일반적으로 확대 적용하는 것은 타당하지 않으므로 위 주장은 타당하지 않다.

66) Bernhard Windscheid & Theodor Kipp, *Lehrbuch des Pandektenrechts*, 9. Aufl., Bd. 1, 1906, § 105(S. 544).

67) 양창수, "「유럽계약법원칙」의 소멸시효규정", 민법연구 제8권, 박영사(2007), 136－137면.

68) Ole Lando, Eric Clive, André Prüm & Reinhard Zimmermann, *Principles of European Contract Law－Part III*, Kluwer Law International(2003), p. 160.

결국 기망행위에 의하여 주식을 매수한 경우에 매수인이 입은 손해는 매수가격과 정상가격(정상주가) 사이의 차액이므로, 이러한 손해는 매수시에 발생하고, 불법행위로 인한 손해배상청구권의 장기소멸시효는 매수시부터 진행한다고 보아야 할 것이다.

간접점유 동산의 양도와 선의취득

이 동 진

서울대학교 법학전문대학원 교수

박동진 교수님의 화갑을 축하드리며 존경과 감사의 마음을 담아 졸고를 헌정합니다.

Ⅰ. 서 론

양도인이 동산을 양도하려면 그 동산을 양수인에게 '인도'하여야 한다(민법 제188조 제1항, 이하 법명의 지시 없이 인용하는 조문은 모두 민법의 그것이다). 이때 '인도'는 당사자의 의사에 의한 점유이전을 가리킨다. 다른 한편, 양도인이 정당한 소유자가 아니라 하더라도, 때문에 처분행위로는 무효인 때에도, 양수인이 평온, 공연하게 그 목적인 동산을 양수하여 선의이며 과실 없이 이를 점유하게 되면 그 소유권을 취득한다(제249조). 양수인의 점유가 양도-양수에 의한 것이어야 하는 이상, 여기에도 점유이전이 필요하다.

그런데 점유에는 직접점유 이외에 간접점유도 포함된다(제194조). 직접점유의 이전에 의한 동산 양도와 선의취득에 별 논란이 없는 것과 달리, 간접점유의 설정(점유개정, 제189조) 또는 이전에 의한 동산 양도와 선의취득은 여러 문제를 제기한다. 그중 목적물반환청구권의 양도(제190조)에 의한 선의취득의 인정 여부는 근래 학설상 상당한 주목을 받았다. 그러나 이는 간접점유 동산의 양도와 선의취득의 문제 중 일부일 뿐이다. 목적물반환청구권의 양도에 의한 선의취득의 인정 여부 문제조차도 더 큰 맥락 속에서 살펴볼 필요가 있다.

한편, 그 사이 판례는 이 문제와 관련하여 일련의 법리를 정착시켜가고 있었다. 그러나 이들 법리는 공교롭게도 미공간 판례에 의하여 선언되어서인지 별 주목을 받지 못하였다.

이 글에서는 이러한 관점에서 한편으로는 그사이 나온 판례와 그 적용을 소개, 분석하고, 다른 한편으로는 그간 주목받지 못한 독일 외의 나라의 논의까지 참고하여 간접점유 동산의 양도와 선의취득의 문제를 검토하고자 한다.[1)]

Ⅱ. 간접점유 동산의 양도

1. 간접점유 동산 양도에서 인도의 방법과 의미

가. 목적물반환청구권 양도와 점유개정, 점유지시

(1) 제190조는 제3자가 점유하고 있는 동산에 관한 물권을 양도하는 경우에는 양도인이 그 제3자에 대한 반환청구권을 양수인에게 양도함으로써 동산을 인도한 것으로 본다고 규정한다. 제3자가 점유하고 있는 동산에 대하여 양도인이 점유를 갖고 있다면 이는 간접점유이므로, 이 규정은 간접점유 동산의 양도를 원칙적으로 인정하는 규정이기도 하다.

(2) 그러나 제189조가 정하는 점유개정도 간접점유 동산의 양도에 쓰일 수 있다.

1) 필자는 2011년 법무부 민법개정위원회의 민법개정 작업과 관련하여 법무부 연구용역 과제보고서로 제출한 이동진, 동산 소유권 이전에 관한 연구-입법론적 고찰, 2011, 46면 이하에서 이 문제를 다룬 바 있다. 그러나 이 보고서는 접근이 거의 불가능한 상태이고, 이 글의 중요한 주제 중 하나인 선의취득의 문제와 이 글에서 다루는 판례를 고려하지 못하였으며, 그 사이 필자의 견해가 바뀐 부분도 있다.

(a) 대법원 2007. 11. 15. 선고 2006다63174 판결(미공간)은 소외인이 피고보조참가인에게 임치해둔 냉동갈치를 원고에게 양도담보하면서 소외인이 '채권자(즉, 원고)의 대리인으로서' 점유 · 사용 · 보존 · 관리하고 그 비용도 부담하기로 약정한 다음, 피고보조참가인에게 이 사건 냉동갈치를 담보조로 양도하였고 출고지시는 원고 명의의 출고증으로 할 것임을 밝히는 양도통지서까지 보냈는데, 이후 소외인이 이를 피고에게 양도한 다음 원고가 아닌 피고에게 출고시켜주자 원고가 피고를 상대로 손해배상을 청구한 사안에 대한 것이다. 대법원은, 소외인은 (원고의) 점유보조자가 아닌 간접점유자라면서, "동산을 간접점유하고 있는 동산 소유자라고 할지라도 양수인에게 상위의 간접점유를 설정함으로써 점유개정의 방법으로 그 소유권을 이전할 수 있다"고 판시하였다. 그리하여 "동산의 간접점유자가 직접점유자의 점유를 변경시키지 아니하고 점유를 이전시키는 방법은 목적물반환청구권의 양도방법 외에는 있을 수 없다거나, 점유개정은 양도인이 직접점유자인 경우에만 적용된다는" 피고의 상고이유를 물리쳤다.[2)]

종래 학설 중에는 이 문제를 의식하지 아니한 채 점유개정에 의하여 직접점유가 간접점유로 전환된다고 하여 점유개정에 의한 양도에서 양도인의 점유로 직접점유만을 상정하고 논의한 예도 있으나,[3)] 이 문제를 정면에서 의식하고 논의하는 문헌은 대체로 양도인이 간접점유자인 때에도 점유개정에 의하여 동산 소유권을 양도할 수 있다면서, 계층적 간접점유와 관련하여 이 인도방식이 실익이 있다고 설명한다.[4)] 그러나 점유개정은 점유매개관계를 설정하기로 하는 의사표시만으로 성립하므로 외부적 공시가 전혀 이루어지지 아니하고, 직접점유자조차도 간접점유가 이전되었다는 점을 알 수 없으며, 결과적으로 당사자 사이에 점유개정의 선후를 조작하여 물권의 우선순위를 바꿀 수도 있는 점, 제190조가 제3자가 점유하고 있는 동산의 양도방법을 정하고 있으므로 간접점유 동산에 대하여는 그 밖의 양도방법은 없다고 보아야 하는 점, 계층적 간접점유의 설정은 목적물반환청구권 양도의 방법으로도 가능한 점, 특히 이 경우에 점유개정을 인정하면 제190조, 제450조의 대항요건이 무력화될 수 있다는 점을 들어 이에 명시적으로 반대하는 견해도[5)] 있다.

(b) 판례 · 통설이 타당하다.

임치인-소유자와 수치인, 질권설정자와 질권자가 각각 있을 때, 직접점유자인 수치인,

---

2) 이후 위 법리를 원용한 예로 대전지방법원 2018. 10. 31. 선고 2018가단593, 20970 판결, 서울동부지방법원 2020. 12. 23. 선고 2020가합107825 판결, 같은 법원 같은 날 선고 2020가합111992 판결, 수원고등법원 2021. 10. 8. 선고 2020나22564 판결 등이 있다. 한편 위 대법원 2007. 11. 15. 선고 2006다63174 판결은 점유보조자와 직접점유자의 구별과 관련하여서도 선례로 기능하고 있는데, 이 글에서는 이 점은 다루지 아니한다.

3) 곽윤직 · 김재형, 물권법 제9판, 2024, 160면; 박동진, 물권법강의, 제2판, 2022, 107면; 지원림, 민법강의, 제21판, 2024, 384면.

4) 김증한 · 김학동, 물권법, 제9판, 1996, 119면; 송덕수, 물권법, 제4판, 2019, 203면; 양창수 · 권영준, 민법 II 권리의 변동과 구제, 제4판, 2021, 136면; 이영준, 물권법, 전정신판, 2009, 269면; 곽윤직 편집대표 민법주해[IV]-물권(1), 1992, 225면(이인재 집필부분); 김용덕 편집대표 주석민법 물권(1), 제5판, 2019, 323면(손철우 집필부분).

5) 양선영, "간접점유 동산에 대한 양도담보-창고업자 임치물의 인도방식을 중심으로", 증권법연구 제23권 제3호(2022), 327-328면.

질권자 이외에 임치인-소유자와 질권설정자도 간접점유자로서 점유보호를 누릴 이익이 있다. 그렇다면 이 둘을 결합하여 직접점유자인 수치인 이외에 임치인-소유자-질권설정자와 질권자가 있을 때에는 직접점유자에 대한 직근(直近) 간접점유자인 임치인-소유자-질권설정자 이외에 질권자 또한 점유보호를 누릴 이익이 있다고 봄이 자연스럽다. 이는 계층적 간접점유가 인정됨을 뜻한다.[6] 판례,[7] 학설도[8] 이를 인정하는 데 이론(異論)이 없다.

그런데 이처럼 계층적 간접점유가 인정되려면, 반대설의 주장과 달리, 목적물반환청구권의 양도 외에 점유개정에 의한 간접점유의 설정이 허용되어야 한다. 제2의 간접점유자뿐 아니라 제1의 간접점유자에게도 여전히 점유가 남아 있어야 하고, 직접점유자는 제2의 간접점유자가 아니라 원칙적으로 제1의 간접점유자에게 목적물을 반환하거나, 적어도 일정한 사유가 생기면 제1의 간접점유자에게 목적물을 반환하여야 하는바, 제1의 간접점유자가 그의 유일한 목적물반환청구권을 양도해버리면 이러한 목적을 달성할 수 없고 제1의 간접점유자는 점유매개관계에서 이탈하게 되기 때문이다.[9] 물론 (반대설이 염두에 두고 있는) 제2의 간접점유자가 질권을 취득하는 경우에는 목적물반환청구권의 양도로도 계층적 간접점유가 성립하나, 이는 목적물반환청구권을 양도함으로써 질권설정자의 하위 간접점유를 배제함과 동시에 질권자가 질권설정자에게 상위의 간접점유를 부여하는 것으로 해석되기 때문이다. 반면 위 대법원 2007. 11. 15. 선고 2006다63174 판결 사안처럼 제2의 간접점유자가 양도담보를 받는 경우, 신탁적 양도설을 따르는 한,[10] 목적물반환청구권을 양도해버리면 제1의 간접점유자-양도담보설정자는 목적물에 대한 하위의 간접점유를 잃어버린다. 통상의 양도담보에서는 그에게 직접 또는 하위 간접점유가 유보되어야 하므로 이렇게 해서는 그 목적을 달성할 수 없다. 물론 순서를 바꾸어 양도담보설정자가 목적물을 (반환받아) 직접점유하면서 점유개정으로 양도담보를 설정해준 뒤 목적물을 (다시) 수치인에게 맡기는 경우 계층적 간접점유가 인정되고 양도담보설정자와 양도담보권자의 간접점유 모두 점유자로 보호받을 수 있으나, 이것이 허용된다면 애초에 양도담보설정자로 하여금 일단 목적물을 반환받고 양도담보 뒤 다시 목적물을 맡기게 할 이유도 없다. 점유개정은 본래 이러한 우회를 피하기 위하여

6) 필자는 이동진, "보호예수유가증권의 반환관계와 증권예탁결제원의 공탁권", 저스티스 통권 제127호(2011), 482면에서 이를 '중첩적 간접점유'라고 하였다. 같은 표현으로 박세민, "다수인의 간접점유", 민사법학 제63-1호(2013), 283-285면; 박형준, "주식의 약식질과 관련된 실무상 문제점", 민사재판의 제문제 제17권, 2008, 191-193면. 그러나 이 표현은 평행하게 간접점유가 중첩되는 상황, 가령 이른바 병존점유와 혼동될 소지가 있으므로 더는 쓰지 아니하기로 한다.

7) 대법원 2008. 10. 23. 선고 2007다35596 판결; 2012. 8. 23. 선고 2012다34764 판결 등.

8) 김증한·김학동(주 4), 199면; 박동진(주 3), 136면; 박세민(주 6), 283면 이하; 송덕수(주 4), 235면; 양창수·권영준(주 4), 244면; 이영준(주 4), 336면("다층적 간접점유"); 이은영, 물권법, 개정신판, 2002, 330면; 지원림(주 3), 327면; 곽윤직 편집대표 민법주해[IV] - 물권(1), 1992, 315면(최병조 집필부분, "다단계적 간접점유").

9) 이 점에서 이영준(주 4), 269면이 간접점유의 점유개정은 양도인이 종국적으로 그 물건에 대한 법률관계에서 이탈하기를 원하지 아니하는 경우에 쓰인다고 설명하는 것을 이해할 수 있다.

10) 우선 이동진, "양도담보설정자의 담보목적물에 대한 시효취득의 허부 및 그 소급효 제한", 민사법학 제77호(2016), 72-73면.

인정된 것이었다.

제189조는 "계약으로 양도인이 점유를 계속"할 것을 요구할 뿐 그 점유가 직접점유일 것을 요구하고 있지 아니하다. 제189조를 제188조와 묶어서 직접점유자의 인도에 관한 규정으로 보고 제190조를 간접점유자의 인도에 관한 규정으로 볼 수도 있으나 제189조에서 직접점유자가 양수인의 간접점유를 '설정'해줌으로써 인도하는 경우와 간접점유자가 양수인의 (상위의) 간접점유를 '설정'해줌으로써 인도하는 경우를, 제190조에서 간접점유자가 양수인에게 (자신의) 간접점유를 '이전'해줌으로써 인도하는 경우를 규정하고 있다고 읽는 것도 가능하다. 그러한 해석이 특별히 더 억지스럽다고 할 수도 없다.

물론, 간접점유자의 점유개정에 의한 동산 양도를 인정하면 외부적 공시가 전혀 이루어지지 아니하고 결과적으로 당사자 사이에 점유개정의 선후를 조작하여 물권의 우선순위를 바꿀 수도 있다. 그러나 이는 직접점유자의 점유개정에 의한 동산 양도에도 존재하는, 점유개정 자체의 문제로서, 현행법이 용인하는 바이다. 직접점유자가 간접점유가 이전되었다는 점을 알지 못하는 것은 계층적 간접점유에서도 생기는 일이고[11] 그 또한 문제라고 할 수 없다.

(3) 마지막으로, 점유지시에 의하여서도 간접점유 동산을 양도할 수 있다.

점유지시란 간접점유자가 직접점유자에게 이후에는 양수인을 위하여 직접점유할 것을 지시(하고 직접점유자가 이를 수락)하는 것을 말한다. 비교법적으로 널리 인정되는 방식이다. 일본민법 제184조는 '지시(指図)에 의한 점유이전'이라는 표제하에 '대리인에 의하여 점유하는[12] 경우에, 본인이 그 대리인에 대하여 이후 제3자를 위하여 그 물건을 점유할 것을 명하고, 그 제3자가 이를 승낙한 때에는, 그 제3자는 점유권을 취득한다'고 정하고, 스위스민법 제924조는 '① 인도가 없어도 제3자 또는 양도인 스스로 특별한 법률관계에 터 잡아 물건의 점유를 남겨둔 때에는 그 물건의 점유가 취득될 수 있다, ② 이러한 점유취득은 제3자에 대하여는 그에게 양도인이 이에 관하여 고지한 때에 효력이 있다'고 정하는바, 그중 제3자 점유 동산에 관한 부분을 점유지시(Besitzanweisung)라고 한다.[13] 이러한 명문 규정은 없으나 오스트리아의 판례·학설도 점유지시에 의한 인도를 인정하고 있다.[14] 미국·영국의 판례

---

11) 계층적 간접점유에서 양도인의 양도통지는 그것이 필요하다 하더라도, 직근(直近)의 하위 점유자에 대하여 하면 충분하고, 반드시 직접점유자에게까지 통지할 필요는 없다. 박형준(주 6), 191−193면; 양창수·권영준(주 4), 141면; 이동진(주 6), 482면. 간접점유 동산의 입질(入質)에, 양도와 달리, 점유자에 대한 통지를 요구하는 독일민법 제1205조 제2항의 해석도 같다. MünchKommBGB/F. Schäfer, 9. Aufl., 2003, § 1205 Rn. 29; OLG Karlsruhe WM 1999, 2451, 2452.

12) 일본민법 제181조는 '대리점유'라는 표제하에 '점유권은 대리인에 의하여 취득할 수 있다'고 정하는바, 대체로 우리의 간접점유에 해당한다. 小粥太郎 編集 新注釈民法(5) 物權(2), 2020, 29頁(金子敬明 執筆). 참고로 우리 민법 제332조의 표제도 '설정자에 의한 대리점유의 금지'이다. 이 용어가 질권자를 '대신하여' 질권설정자가 점유하는 것을 금지하는 취지이고 간접점유를 금지하는 취지가 아니라는 주장으로 최병조(주 8), 312면. 그러나 이 규정의 의미가 그에 국한된다고 할 수는 없다. 주 33 참조.

13) BaslerKommZGB/Ernst, 5. Aufl., 2015, Art. 924 N. 1 und 3.

14) PraxiskommABGB/Klicka/Reidinger, 4. Aufl., 2012, § 428 Rz. 10 ff.

도 같다.[15] 그 밖에 법은 아니나 DCFR(Draft Common Frame of Referrence) Ⅷ. －2:105 (2)도 '제3자가 물품을 양도인을 위하여 점유하고 있는 경우, 그 제3자가 양수인에게 소유권이 이전된다는 양도인의 통지를 받은 때, 또는 그 통지에서 정한 그 이후의 시점에 인도와 같은 효력이 발생한다. 통지가 Ⅷ. －1:208 점유－대리인을 통한 점유의 의미에서 점유－대리인에게 이루어진 때에도 같다'고 규정하여, 같은 태도이다.

흥미를 끄는 점은 독일에서의 처리이다. 점유지시(Besitzanweisung)는 본래 제3자가 점유하고 있는 물건의 양도방법으로 보통법이 인정하던 것으로서, 독일민법 제1초안도 이를 채택하고 있었다.[16] 이 규정은 이후 제2위원회에서 플랑크(Planck)와 아킬레스(Achilles)의 제안에 의하여 독창적인, 목적물반환청구권의 양도에 의한 동산 양도로 대체되고, 다시 점유법으로 옮겨져 독일민법 제870조, 즉 목적물반환청구권의 양도에 의한 인도가 되었다.[17] 다른 입법례와 달리 독일민법은 점유지시를 대체하는 장치를 도입하였고, 이 점에서 제190조를 둔 우리와 사정이 비슷한 것이다.

그리하여 독일에서는 제870조가 이 문제를 배타적으로 규율한다는 등의 이유에서 현행법상 점유지시에 의한 인도를 부정하는 견해도[18] 주장되고 있다. 그러나 판례 · 통설은 해석상 점유지시에 의한 양도도 가능하다고 본다. 이는 종전 간접점유의 이전이 아니라 (종전 간접점유의 해소와) 새로운 간접점유의 설정이고, 현실인도의 일종이라는 것이다.[19]

점유지시를 인정함이 타당하다. 적어도 양도인－간접점유자와 직접점유자가 합의하여 종전의 점유매개관계를 해소하고 양수인－간접점유자를 위하여 새로운 점유매개관계를 창설하는 경우 그 효력을 부인할 법적 근거가 없고, 결과적으로 양도인의 의사에 따라 양수인이

---

15) Bourdeau et al., 67A Am. Jur. 2d Sales § 918. Effect of carrier or other bailee holding or warehousing goods; Gordon and Surette, 8A Am. Jur. 2d Bailments § 189. Bailee's rights, duties, and liabilities, generally (이상 미국), RJ Smith, Property Law, 1996, p. 97; In re Hamilton Toung & Co. [1905] 2 KB 786; Dublin City Distillery v Doherty [1914] AC 847 (이상 영국). 이를 attornment라고 하는데, 어느 경우든 직접점유자의 승낙을 요한다.

16) 요호프(Johow)의 물권법 초안 제61조[지시에 의한 인도] 소지인이 사실상 지배하는 물건의 제3자에의 인도는 전 점유자가 같은 자[=제3자]와의 합의하에 소지인에게 그[=소지인]의 이의 없이 이후 그 제3자를 위하여 사실상 지배를 행사할 것을 지시함으로써 이를 할 수 있다. 또한, 제1초안 제804조: 다른 사람이 소지하고 있는 물건을 점유자가 제3자에게 인도하는 것은, 종전의 점유자가 소지인에게 장차 그 제3자를 위하여 사실상의 지배를 행사할 것을 지시하고, 그 제3자가 종전 점유자나 소지인에게 점유의사를 표시함으로써 할 수 있다. 소지인이 지시를 수령한 뒤 지체 없이 종전의 점유자 또는 그 제3자에게 그 지시에 이의한 때에는 그 제3자는 점유를 취득하지 못한다.

17) 그 입법과정에 대하여는 우선, Ernst, Eigenbesiz und Mobiliarerwerb, 1992, S. 277 f.

18) Martinek, Traditionsprinzip und Geheißerwerb, AcP 188 (1988), 573, 587. 비슷한 것으로, BeckOGK/Klinck, 1.1.2024, BGB § 929 Rn. 278.

19) BGH NJW 1959, 1536; 1960, 1952; RGZ 103, 151; MünchKommBGB/Oechsler, 9. Aufl., 2003, § 929 Rn. 67; Tiedke, Erwerb und Verlust des Sicherungseigentums an eingelagerter Wage, WM 1978, 446; *ders*, Die Übereignung eingelagerter Ware bei Ausstellung eines Lagerscheins, WM 1979, 1142, 1144; Wieling, Voraussetzungen, Übertragung und Schutz des mittelbaren Besitzes, AcP 184 (1984), 439, 456 (종전 점유의 해소와 새로운 점유의 설정이 아닌 점유이전임을 강조한다). 또한, Ernst(주 17), S. 295 ff.(다만, 독일민법 제783조 이하의 지시(Anweisung)와 구별하기 위하여 점유위임(Besitzbeauftragung)이라고 한다). 이를 소개하는 국내 문헌으로는 정태윤, "독일에서의 지시취득", 이화여대 법학논집 제18권 제3호(2014), 33－34면.

간접점유를 취득하므로 동산 양도를 부인할 수도 없다. 우리 학설 중에도 '양도인이 그의 점유매개자에게 양수인과 점유매개관계를 약정할 것을 위임하고 점유매개자가 위와 같은 위임을 수행'한 경우 현실인도가 있다면서, '창고에 임치 중인 상품을 매매하면서 창고업자에게 양수인과 창고계약을 체결할 것을 지시하고 이에 따라 창고계약을 체결한 경우'를 그 예로 드는 것이 있는데,[20] 수긍할 만하다.

나. 동산 양도와 질권설정에서 인도 요건의 의미

(1) 주지하는 바와 같이 민법은 부동산물권변동에 관하여 등기주의(제186조)를, 동산 양도에 관하여 인도주의를 취하고 있다. 제188조 제1항은 그 표현이다.[21] 이는 의용민법–일본민법의 의사주의–대항요건주의(제176조, 제178조)와 명확히 구별되는 태도로, 독일민법의 입법주의를 의식적으로 채택한 것으로 이해된다.[22]

문제는 이 전환의 이유가 무엇인가 하는 점이다. 김병로는 이에 관하여 "너무나 절대적으로 형식만 가지고 물권적 효력을 준다는 것은 안 될 말이다. 또 당사자의 의사표시로만 물권적 계약을 물권적 성립을 인정한다고 하면 말이야 … 채권계약과 혼동이 되요"라고 하여,[23] 물권계약과 채권계약의 혼동을 주된 이유로 내세웠다. 이러한 발언은 의용민법의 의사주의가 물권변동 시기와 관련하여 큰 논란을 초래하였다는 점을[24] 고려하여야 이해할 수 있다. 중요한 점은 여기에 공시(公示)의 필요성은 언급되어 있지 아니하다는 사실이다. 이는 어떤 의미에서는 당연하다. 단순한 의사주의가 아닌 대항요건주의를 취하고 있던 일본민법에서 제3자 관계는 어차피 등기를 요하였으므로 위와 같은 입법주의의 전환과 별 관계가 없었던 것이다.

그런데 이러한 사정은 우리와 달리 프랑스민법의 순수한 의사주의를 배경으로 한 독일민법에서도 타당하다. 입법과정에서의 논의를 보면 동산 양도에 인도를 요구한 까닭은 물권(변동)의 공시가 아닌 양도의사의 진지성의 확보에 있었음이 분명하기 때문이다.[25]

---

20) 이영준(주 4), 261, 316면. 같은 곳은 BGH NJW 1959, 1536(주 19)을 지시하여 이것이 점유지시에 관한 설명임을 드러낸다. 같은 취지로, 이인재(주 4), 229면. 그 밖에 반환청구권을 포함하는 계약상 지위 자체가 양도된 경우도 이에 포함된다는 것으로, 양창수 · 권영준(주 4), 141면. 이와 같이 구성할 여지도 있을 것이다. Tiedke, Die Übereignung(주 19), S. 1144 f.

21) 다른 문헌을 대신하여, 이인재(주 4), 184면 이하.

22) 양창수 편, 민법전 제정자료 집성. 총칙 · 물권 · 채권, 2023, 373면 이하.

23) 제26회 국회정기회의속기록 제30호, 1957, 6면 이하.

24) 우선 滝沢聿代, "物權變動の時期", 星野英一 編 民法講座 第2卷, 1984, 31頁 以下.

25) 윤진수, "물권행위 개념에 대한 새로운 접근", 민사법학 제28호(2005)=민법논고 II, 2008, 338면 이하; 제철웅, "선의취득제도의 해석론상의 문제점과 그 개선방향", 민사법학 제16호(1998), 107–108면. 오늘날에는 상당히 일반화된 이해이다. Oechsler(주 19), Rn. 3; Wiegand, Die Entwicklung der Übereignungstatbestände einschließlich der Sicherungsüereignung, Canaris und Heldlich (hrsg) 50 Jahre Bundesgerichshof. Festgabe aus der Wissenschaft, Band I. Bürgerliches Recht, 2000, S. 766 ff.; Mot. III 333("시간적 법상태의 공시(Kundbarmachung des zeitigien Rechtszustandes)"); Prot. III 196("인도를 통한 진지한 의사의 확인(durch die Übergabe den ernstlichen Willen festzustellen)").

이러한 점은 이른바 인도 요건의 형해화와 관련하여서도 시사하는 바가 있다. 간이인도(traditio brevi manu, 제188조 제2항)나 점유개정(constitutum possessorium, 제189조)의 경우 인도는 점유매개관계를 설정하는 법률행위에 의하여 이루어질 뿐 어떠한 외계(外界)의 변화도 초래하지 아니한다. 그럼에도 이러한 '인도'를 인정하지 아니하는 예는 비교법적으로 찾아볼 수 없다. 또, 특정 물건을 A가 B에게, B가 다시 C에게 인도할 의무가 있는 경우에 B가 A에 대하여 직접 C에게 인도할 것을 지시하고 A가 이에 응하여 C에게 인도하면 물권법적으로는 A로부터 B에게, 그리고 B로부터 C에게 순차 인도 및 양도가 '논리적 순간'에 이루어진다는 이른바 지시취득(Geheißerwerb)이 학설상 인정되고 있다.[26] 이때에도 동산이 물리적으로 이전되는, 즉 외계에 보이는 과정(A → C)과 법적인 물권변동 과정(A → B → C)이 달라진다.

이에 대하여는 특히 지시취득을 소재로 이 경우 A가 B의 점유매개자라거나 C가 B의 점유매개자라는 해석은 간접점유의 요건에 비추어 타당하지 아니하고 이 관계를 점유보조관계로 볼 수도 없으므로 순차 인도는 존재하지 아니한다면서 통과취득을 부정하는 견해가 있다.[27] 독일에서도 인도의 형해화가 공시원칙에 반한다는 지적이 있었다.[28] 그러나 현실인도가 달리 합의하지 아니하는 한 그 시점에 물권변동이 일어난다는 뜻이라면 또는 이제 물권변동도 일어난다는 의사의 진지성을 확보하는 장치라면, 특정 시점에 점유매개관계가 발효되게 하는 간이인도나 점유개정의 합의도 같은 기능을 할 수 있고, 나아가 A→B, B→C로의 물권변동을 염두에 두고, A가 C에게 하는 인도도 같은 기능을 할 수 있다. 즉, 인도에 물권변동의사를 명확히 하고 그 시점을 특정하는 기능(만)을 부여하는 한, 인도 요건과 관련하여 점유법적 관점에서 지시취득이 인도 요건을 충족하는지를 따질 일은 아니다.

또, 학설은 점유이탈동산은 양도인과 양수인 사이의 합의만으로 양도할 수 있다고 한다.[29] 독일에서도 같다.[30] 이는 명백히 인도주의의 예외이다. 비교법적으로는 프랑스민법처럼 의사주의를 취하여 아예 인도를 요구하지 아니하거나 일본민법처럼 인도를 단지 대항요건으로만 삼는 예, 미국 · 영국처럼 인도 시 소유권이 이전되는 것으로 하되 이를 임의규정으로 정하는 예도 있다.[31] DCFR Ⅷ. −2:101 (1)(e)도 같다.[32] 뒤의 예는 모두 이를 인도

26) 김증한 · 김학동(주 4), 115면; 김형배, 사무관리 · 부당이득[채권각론 II], 2003, 290면; 손철우(주 4), 311면 이하; 이인재(주 4), 217−218면; 정태윤(주 19), 33면 이하; 최병조(주 8), 214−219면.

27) 최윤석, "지시취득과 연쇄행위에서의 동산소유권취득−인도원칙포기에 대한 비판", 민사법학 제72호(2015), 179면 이하.

28) 특히 Heck, Grundriß des Sachenrecht, 1930, S. 234 ff. (§ 56).

29) 양창수, "점유이탈동산의 소유권양도", 고시계 제32권 제2호(1986) = 민법산고, 1998, 111면 이하; 양창수 · 권영준(주 4), 144면; 성중모, "목적물 반환청구권의 양도에 의한 동산 인도", 서울법학 제25권 제3호(2017), 160면 이하; 이인재(주 4), 228−229면.

30) Avenarius, Übereignung besitzloser Sachen und Vindikationszession, JZ 1994, 511.

31) Uniform Commercial Code § 2−401(미국); Sale of Goods Act 1979, sec. 18(영국).

32) 이를 소개한 국내 문헌으로 김진우, "권리자에 의한 동산소유권 이전체계−합의주의와 인도주의 및 유인론과 무인론의 절충안으로서의 DCFR과 그것의 한국법 및 동아시아 물권법의 통일화에의 시사점", 저스티스 통권 제145호(2014), 121면 이하. 또한 이동진, "동산 양도법상 인도주의 재고", 비교사법 통권 제105호(2024), 57면 이하도 참조.

시기의 문제로 다루고 있다. 물론 민법의 해석으로 인도 요건을 임의규정화하기는 어렵다. 그러나 위와 같은 사정은 인도 요건을 어떻게 해석할지와 관련하여 참고가 된다.

(2) 다만, 이러한 고려는 소유권과 함께 민법상 유이(唯二)한 동산물권인 질권에 대하여는 타당하지 아니하다. 질권설정은 질권자에게 목적물을 인도함으로써 그 효력이 생기는데, 이때 질권자는 설정자로 하여금 질물을 점유하게 하지 못한다(제330조, 제332조). 후자를 점유질의 원칙이라고 하는데, 결국 질권설정자가 직접점유자 내지 하위 점유자가 되는 형태의 간접점유를 확보하는 방식으로는 질권을 설정하고 유지하지 못한다는 뜻이 된다.[33] 이는 물권(변동)의 의사의 진지성을 확보하고 그 시점을 명확히 하는 기능을 뛰어넘는 것으로, 대체로 질권실행 가능성의 확보, 이중양도 내지 이중입질로부터의 보호 및 일반 채권자의 (채무자의 신용 및 자산상태에 대한 오해로부터의) 보호의 기능을 한다.[34] 그중 적어도 뒤의 둘은 공시와 일정한 관련을 맺고 있다.

그러므로 간접점유 동산에 대한 질권설정의 방법은 목적물반환청구권의 양도와 점유지시에 국한되고 점유개정은 배제된다. 목적물반환청구권의 양도에 의하는 경우 질권설정자는 자신의 목적물반환청구권을 양도함으로써 하위 점유자로서의 지위를 상실하고 질권자와 직접점유자 사이의 관계에서 빠진다. 그와 동시에 오히려 상위 점유자로서 질권설정자에 대한 간접점유를 취득한다. 점유지시에 의하는 경우도 같다. 이때 질권설정자는 직접점유자와 사이의 점유매개관계를 해소하고 질권자와 이를 설정하게 하는 한편, 질권자와 사이에서 상위 간접점유자의 지위를 취득하는 것이다. 반면 점유개정은 자신을 하위 간접점유자로 둔 채로 질권자를 자신의 상위 간접점유자로 삼으므로 정확히 제332조에 반한다.

2. 목적물반환청구권 양도와 점유지시의 요건 해명

가. 목적물반환청구권 양도의 요건

(1) 제190조의 해석과 관련하여 가장 문제가 되는 것은 여기에 제450조 이하의 대항요건이 적용되는가, 적용된다면 그 구체적 의미 내지 적용방식은 무엇인가 하는 점이다. 제190조의 목적물반환청구권이 채권적 반환청구권이라는 데, 적어도 지금은, 이론(異論)이 없는 이상,[35] 이 '양도' 또한 채권양도일 수밖에 없다. 그런데 제450조 이하는 채권양도에 관하여, 물권양도와 달리, 의사주의－대항요건주의를 취하고 있는바, 양자의 교착을 어떻게 해결하여야 하는가 하는 문제가 제기된다.

---

33) 즉, 점유질의 원칙은 단지 질권자가 질물을 점유하여야 한다는 데 그치지 아니하고, 질권설정자가 질권자보다 질물에서 더 먼, 상위의 간접점유자여야 한다는 점을 포함한다(제332조).

34) 이들 기능은 역사적으로, 다른 제도의 변천과 조응하여, 변하였다. Hromadka, Die Entwicklung des Faustpfandprinzips im 18. und 19. Jahrhundert, 1971, 184 ff.

35) 곽윤직·김재형(주 3), 161면; 김증한·김학동(주 4), 120면; 손철우(주 4), 332면; 송덕수(주 4), 204면; 이인제(주 4), 227면; 이은영(주 8), 299－300면. 상세한 것은 성중모(주 29), 173면 이하 참조.

(a) 종래의 학설은 이 점에 대하여 일치하여 채권양도 규정이 준용된다고 한다. 그리하여 '양도는 두 당사자의 합의만으로 효력이 생기지만, 점유매개자에 대한 통지 또는 그의 승낙을 대항요건으로 한다(통설)'거나,[36] 단순히 '채권양도 규정이 적용되고 통지나 승낙이 필요하다(이견 없음)'고[37] 설명한다. 그러나 양도인와 양수인 사이의 목적물반환청구권 양도의 합의만으로 일단 인도 및 양도가 이루어지나(의사주의) 통지 또는 승낙이 없으면 직접점유자(채무자) 및 제3자(양립할 수 없는 법적 지위 주장자)에게 '대항할 수 없'는 것인지, 합의만으로는 채권양도는 일어날지라도 동산 인도 및 양도는 이루어지지 아니하고 통지 또는 승낙까지 있어야 비로소 동산 인도 및 양도가 이루어지며, 이는 대항요건이 아닌 성립요건인지는, 위의 설명만으로 반드시 분명하지 아니하다. 나아가 위 학설들이 언급하는 대항요건으로서 통지 · 승낙이 채무자에 대한 대항요건으로서 확정일자 없는 통지 · 승낙인지(제450조 제1항), 아니면 제3자에 대한 대항요건으로서 확정일자부 통지 · 승낙(제450조 제2항)까지 요구되는지도 분명하지 아니하다. 이와 관련하여 일부 학설은 '통지 · 승낙이 있어야 대항할 수 있다'고 하면서 '제3자에게 대항하려면 확정일자 있는 증서가 필요'하다거나,[38] 확정일자 있는 통지 · 승낙이 있어야 비로소 동산 인도 및 양도가 이루어짐을 전제로 설명하는 등[39] 적어도 제3자와의 관계에서는 후자가 요구됨을 명확히 한다. 반대로 제3자에 대한 관계에서도 단순한 통지 · 승낙이 있으면 족하다는 견해도[40] 있다.

이 문제에 관한 가장 명확한 선례는 대법원 2008. 5. 29. 선고 2006다68254 판결(미공간)이다. 이 사건은 소외회사가 창고업자인 피고1에게 임치해둔 수산물을 수산업자인 피고2에게 매도하고 피고1에게 화물인도지시서를 팩스로 보낸 뒤 소외회사의 채권자인 원고가 소외회사의 피고1에 대한 인도청구권을 가압류하였고 이후 피고1이 소외회사의 지시에 따라 수산물을 피고2에게 출고해주자 원고가 피고들을 상대로 (가압류채권자로서의 지위 침해를 원인으로) 손해배상을 구한 것으로서, 대법원은 "제3자가 점유하고 있는 동산에 관한 소유권을 양도하는 경우에는 양도인이 그 제3자에 대한 반환청구권을 양수인에게 양도하는 방법으로 이를 할 수 있지만, 그 제3자에 대한 반환청구권은 물권이 아닌 채권에 불과하고 그 양도로 그 제3자 이외의 다른 사람에 대항하기 위하여는 확정일자 있는 증서에 의하여 그 양도사실을 통지하여야 한다"고 판시하고, 원고 청구를 인용한 원심판결을 확정하였다.[41] 동산 물권

36) 김증한 · 김학동(주 4), 120면. 한편, 이영준(주 4), 270면은 채권양도 규정이 준용되고 점유매개자에 대한 통지 또는 그의 승낙이 있어야 이들에게 '대항할 수 있'다고 설명한다. 이러한 설명이 김증한 · 김학동의 설명과 같은 취지인지는 반드시 분명하지 아니하다.

37) 곽윤직 · 김재형(주 3), 161면; 송덕수(주 4), 204면; 양창수 · 권영준(주 4), 141면. 좀 더 자세한 것으로 박동진(주 3), 110−111면(그 이유로 주로 공시의 필요성을 든다).

38) 이은영(주 8), 300면. 양선영(주 5), 331면도 비슷하다. 좀 더 명시적인 것으로 손철우(주 4), 337면(먼저 확정일자를 갖춘 자가 우선한다고 한다).

39) 양창수(주 29), 111면 이하.

40) 제철웅, 동산 선의취득법에 관한 연구(서울대학교 법학박사학위논문), 1995, 183−185면; 지원림(주 3), 384−385면.

41) 이 판결은 '대법원 1994. 3. 25. 선고 93다42757 판결 등 참조'라고 하여 1994년 대법원판결을 이 법리에 관한

변동을 제3자에게 대항하기 위해서는 확정일자 있는 통지·승낙까지 마쳐야 한다는 것이다.

다른 한편 수입화물을 운송한 운송인이 그 운송물을 자신이 지정한 보세창고에 반입한 후 그 반출에 필요한 서류를 화주에게 교부하였다면 운송인은 이로써 목적물반환청구권의 양도에 의한 인도를 완료하였다고 보아야 한다는 것이 확립된 판례이다.[42] 다만, 이들 판례는 물권 변동의 시기가 문제된 것이 아니라 (국제항공운송에서 운송인의 책임과 운송장의 기재사항 등을 정하는) 바르샤바협약(Convention for the Unification of Certain Rules Relating to International Transportation by Air; Warsaw Convention 1929) 제26조의 권리행사기간의 기산점으로서 '수취일'이 문제되었다는 점에서, 약간의 모순에도 불구하고,[43] 동산 양도에 관한 선례가 아니라고 볼 여지가 있고, 또 실제로 그 정도의 의미만 부여받고 있다.

(b) 양도인와 양수인 사이의 목적물반환청구권 양도합의만으로 동산 인도 및 양도가 이루어진다고 봄이 상당하다.

제190조가 목적물반환청구권의 양도를 규정하고 있고, 이것이 채권양도에 해당함은 부정할 수 없다. 그러나 제450조는 채권양도에 관하여 의사주의－대항요건주의를 규정하므로 대항요건을 갖추지 아니하여도 목적물반환청구권이 양도되지 아니하였다고 할 수는 없다.[44] 채권의 귀속에 관한 한 합의만으로 이미 귀속이 변경되었다고 보는 것이 일반적임을[45] 고려할 때, 합의만으로 일응 양수인에게 그 목적인 동산이 이전되었다는 해석도 가능하다.

그와 같이 해석하는 경우 목적물반환청구권이 양수인이 아닌 다른 사람에게 이중양도되고 제2양도에 관하여 먼저 통지·승낙이 이루어지거나 확정일자부 통지·승낙이 이루어지면 법률관계는 어떻게 되는가? 인도, 즉 점유취득 요건은 양도 시점에 갖추어지면 족하다. 그 이후 양수인이 점유를 잃었다는 점은 양도의 효력에 영향을 주지 아니한다. 설령 목적물반환청구권의 양수를 제3자에게 대항할 수 없게 되는 등으로 양수인이 간접점유를 잃는다 하더라도[46] 이미 취득한 양수인의 소유권에는 영향이 없는 것이다. 대항요건주의 하에서 양

선행 판결로 인용하고 있다. 그러나 대법원 1994. 3. 25. 선고 93다42757 판결은 유체동산인도청구권의 가압류결정이 송달되기 전 같은 채권을 양수하였다고 주장하면서 제3자이의의 소를 제기한 데 대하여 확정일자 있는 증서에 의한 통지 등이 필요하다고 판시한 것으로, 그 자체는 채권가압류와 채권양도 사이의 우열에 관한 판결이고 물권의 귀속에 관한 판결이 아니다.

42) 대법원 1986. 7. 22. 선고 83다카1372 판결; 1998. 11. 10. 선고 98도2526 판결; 1999. 9. 7. 선고 98다62008 판결; 1999. 12. 10. 선고 98다46587 판결 등.

43) 안승국, "항공화물운송에 의하여 수입한 물품에 대한 신용장개설은행의 양도담보 취득시기 및 이를 임의로 통관하여 처분한 수입업자의 배임행위 성부", 형사재판의 제문제 제2권, 1999, 182면 주 15는 "이 경우에 직접점유자인 운송인은 이미 수하인에 대한 인도청구권의 양도가 되었음을 미리 알고 있는 것이므로 통지나 승낙이 불필요함은 물론이"라고 한다. 그러나 채무자가 악의라는 사정이 대항요건을 면제해주는 효과를 가지지는 아니하므로 이러한 설명은 잘못이다.

44) 지명채권양도에서 대항요건주의는 오히려 이 점을 강조하는 쪽으로 발전하고 있다. 구체적인 것은 이동진, "대항요건을 갖추지 아니한 지명채권양도의 효력", 민사법학 제90호(2020), 269면 이하 참조.

45) 이동진(주 44), 291－294면.

46) 제190조, 제196조 제2항은 목적물반환청구권의 양도로 간접점유가 이전된다고 규정한다. 목적물반환청구권을 성립시키는 점유매개관계상 직접 또는 하위 점유자는 간접 또는 상위 간접점유자를 위하여 점유할 의사, 즉 점유매개의사를 가진다고, 적어도 규범적으로는, 해석할 수 있고, 목적물반환청구권의 양도가 허용되는 한 직접 또는

도인이 사실상 이중양도할 수 있음을 기화로 제2양수인과 양도합의를 하고 제2양수인에게 단순한 또는 확정일자부 통지 · 승낙을 해준다 하더라도 제2양수인은 채권인 목적물반환청구권을 취득할 뿐 그 목적물을 양수하지는 못한다. 양도인은 이미 무권리자이기 때문이다. 선의취득 문제가 남을 뿐이다. 모두 물권법의 법리에 충실한, 자연스러운 해석이고, 아무런 문제가 없다.

반면 판례와 일부 학설은 양수인이 목적물반환청구권 양도 합의만으로 소유권을 취득할지는 몰라도 확정일자부 통지 · 승낙이 없는 한 제3자에게 소유권 취득으로 '대항할 수는 없'다고 한다. 물권법의 인도주의보다 채권양도법의 의사주의－대항요건주의를 앞세우는 해석이다. 두 법리를 어떻게 결합할지에 관하여 선험적으로 어떤 답이 있는 것은 아니므로 검토해 볼 만한 대안이기는 하다. 그러나 그 결과 우리 물권법에 이질적인 대항요건주의가, 선의취득법 밖의 불확정적 물권 귀속이 도입된다. 명백한 단점이다. 이 해석이 제190조와 제450조의 결합에서 논리적으로 도출되는 것도 아니다. 제450조가 규율하는 것은 목적물반환청구권의 행사와 귀속일 뿐 그 목적물에 대한 소유권의 귀속은 아니기 때문이다. 앞의 해석보다 더 자연스럽거나 더 낫다고 볼 근거가 없다. 그리하여 아예 확정일자부 통지 · 승낙이, 일종의 성립요건으로, 요구된다고 해석한다면 이미 제450조를 떠난 법 창조가 된다. 그렇게 보아야 할 다른 실질적 이유가 없는 한 법적 근거 없이 그러한 해석을 고집할 이유가 없다. 또, 물권관계는 제3자에 대한 관계이므로 제450조를 여기에 적용하면 당연히 확정일자부 통지 · 승낙이 필요해진다고 할 수도 없다. 물권관계는 우선은 물건 자체, 즉 대상 관련적 관계이고 양도인 · 양수인을 제외한 모든 사람이 제450조의 제3자인 것도 아니기[47] 때문이다. 확정일자부 통지 · 승낙을 요구하는 해석은 어느 모로 보아도 자연스럽지 아니하고 합리적이지도 아니하다.

단순한 통지 · 승낙을 요구하는 견해는 어떠한가? 제450조 제1항에서 단순한 통지 · 승낙은 '채무자'에게 채권을 '행사'하기 위한 요건이다. 간접점유 동산 양도에서 채권양도의 채무자에 대응하는 자는 직접 또는 하위 점유자이다. 그런데 그는 동산 양도, 동산 소유권의 귀속과는 별 이해관계가 없다. 목적물반환청구권의 양도에 의하여 달성되는 또 다른 물권법적 효과, 즉 간접점유의 취득 또한 그에 대한 소유권 '행사'라고 할 수 없다. 간접점유의 제1의 기능인[48] 점유보호청구권은 간접점유자나 상위 간접점유자가 직접 또는 하위 간접점유자에

하위 점유자는 간접 또는 상위 간접점유자가 누가 되었든 그 적법한 양수인을 위하여도 점유할 의사, 즉 적법한 양수인을 위한 점유매개의사를 계속 갖고 있으리라고, 적어도 규범적으로는, 해석할 수 있다. 그러므로 직접 또는 하위 점유자가 특정 양수인을 위한 점유매개의사를 갖고 있지 아니함을 명시적으로 밝히는 등의 예외적 사정이 없는 한 일단 직접 또는 하위 점유자에게 목적물반환청구권을 행사할 수 있는 간접 또는 상위 간접점유자만이 간접점유를 가진다고 보아야 한다. 그 결과 대항요건 불비 등의 사정으로라도 더는 목적물반환청구권을 행사할 수 없게 된 양수인은 결국 간접점유를 잃는다.

47) 이동진(주 44), 278－279, 301면 이하. 일본민법 제178조의 '제3자'의 해석상으로도 가령 불법침탈자는 제3자에 해당하지 아니한다. 가령 日大判 1916(大正 5). 4. 19. 民綠22卷782頁.

48) 이상태, "간접점유의 연원", 일감법학 제11호(2006), 1면 이하; MünchKommBGB/F. Schäfer, 9. Aufl., 2003, §

게 행사하는 것이 아닌, 제3의 침탈자 · 방해자에 대하여, 특히 직접 또는 하위 간접점유자가 점유보호청구를 게을리 할 때, 간접 또는 상위 간접점유자가 이를 행사하는 것이기 때문이다. 이는 제450조 제1항의 단순한 통지 · 승낙과 그 기능이 전혀 달라서 적용도, 유추도 불가능하다. 그럼에도 불구하고 단순한 통지 · 승낙까지만 요구한다면 이는 이 요건과 점유지시의 요건과의 유사성을 의식한, 법 창조이다. 그러나 아래에서 보듯 오늘날의 법 발전 방향에 역행하는 법 창조이다. 이러한 법 창조를 감행할 이유가 없다.

제190조는 제450조의 대항요건을 명문으로 언급하지는 아니한다. 지명채권의 입질에 관한 제349조가 이를 명시적으로 언급하는 것과 다르다.[49] 오히려 제190조의 입법자료는 '현행법 제184조와 동일한 취지'라고 할 뿐이다.[50] 당시의 '현행법', 즉 일본민법 제184조의 점유지시는 대항요건을 규정하지 아니하므로, 이는 입법자가 채권양도의 대항요건의 적용을 예정하지 아니하였고 이 논란을 예상하지도 못하였음을 시사한다. 대부분의 나라는 앞서 본 바와 같이, 목적물반환청구권의 양도 대신 점유지시를 두고 있는데, 여기에는 적어도 확정일자부 통지 · 승낙은 필요하지 아니할 뿐 아니라 애초에 점유지시와 채권양도가 분리되어 서로 관련을 맺지 아니한다. 이는 채권양도법에서 (확정일자부) 통지 · 승낙을 대항요건으로 정한 일본민법에서도 같다. 그 대다수는 점유지시에 직접점유자의 승낙을 요구하지 아니한다. 반면 점유지시 대신 목적물반환청구권 양도에 의한 인도를 도입한 독일민법의 경우 채권양도에 대하여 의사주의를 취한다(제398조). 합의만으로 반환청구권이, 그리하여 동산이 이전된다. 여기에서 직접점유자에 대한 통지나 지시도, 그의 승낙도 요구하지 아니하는 것은 의식적인 입법적 개선이었다. 양도인에 대한 항변으로 대항할 수 있는 한 직접점유자에게는 불리할 것이 없다는 것이다.[51] 프랑스처럼 의사주의를 취하거나 미국 · 영국 및 DCFR처럼 인도주의를 임의규정화하는 경우 이러한 요건이 필요하지 아니함은 물론이다. 확정일자부 통지 · 승낙을 요구하는 경우 우리는 비교법적으로 유례없이 동산 양도를 어렵게 하는 나라가 된다. 이는 입법적 결단도, 해석상 필연도 아니다. 단순한 통지 · 승낙을 요구하는 것조차, 점유지시를 목적물반환청구권의 양도로 바꾼, 모법(母法)인 독일민법의 혁신을 포기하는 것이다.

제450조에서 통지 · 승낙의 주된 기능 중 하나로 꼽히는 채무자를 통한 공시는 동산 물권

---

868 Rn. 1 f.

49) 이 규정의 통지 · 승낙이, 적어도 양립할 수 없는 권리주장자에 대한 관계에서는 확정일자부 통지 · 승낙이라는 데는 의문이 없다. 김용덕 편집대표 주석민법 물권(3) 제5판, 2019, 686면 이하(이태종 집필부분).

50) 민법안심의록, 1957, 120-121면, 양창수(주 22), 378면.

51) 제1초안의 점유지시가 제2초안에서 목적물반환청구권의 양도로 바뀐 이유는 위와 같은 직접점유자의 승낙 또는 이의 없음을 요구하는 것이 불필요하고 번거롭다는 점과 관련되어 있었지만, 다른 한편, 독일 구 상법상 인도증권에서 소지인의 동의 없이 인도증권의 교부를 통하여 점유까지 이전되는 것에 착안하여 이를 지시증권이 아닌 운송증권(Fachtbrief) 등에까지 적용하려고 한 슈트로할(Strohal)의 견해가 당시 이미 유력하였다는 사정이 있었다. Strohal, Zum Besitzrecht der Entwurfs eines bürgerlichen Gesetzbuchs für das Deutsche Reich-Zweiter Beitrag, JherJahrb 31 (1892), 1, 41 ff. 경위는 Ernst(주 17), S. 278 ff. 일본민법 제184조의 해석상 승낙 요건은, 명문 규정에도 불구하고, 판례 · 통설에 의하여 무시되고 있다. 金子敬明(주 12), 51頁.

법에서는 작동할 수 없다. 설명한 바와 같이 인도주의는 공시와 무관할 뿐 아니라, 계층적 간접점유에서 목적물반환청구권 양도의 요건은 양도인의 목적물반환청구권에 대하여 갖추어지면 족하므로 직접점유자가 소유권의 귀속을 안다는 보장도 없다. 즉, 그러한 방식의 동산 소유권 공시는 민법이 예정하는 바가 아니다. 제190조에 제450조의 대항요건을 결합시키면 오히려 간접점유자의 점유개정과 불균형만 생긴다(주 5 및 그 본문).[52] 점유개정에 의한 양도에 어떤 요건도 두지 아니하고 합의로 만족하면서 목적물반환청구권의 양도에 대하여는 (확정일자부) 통지 · 승낙을 요구하는 것은 균형이 맞지 아니하다. 이 불균형은, 이미 현행법의 해석으로도 별 무리 없이 가능한, 목적물반환청구권의 양도에도 합의만을 요구하는 해석으로 해소되어야 한다.

다만, 간접점유 동산에 대한 질권설정의 경우에는 달리 볼 필요가 있다. 목적물반환청구권 양도만 있고 확정일자부 통지 · 승낙 없는 경우 질권설정자는 제2양수인 또는 제2질권자에게 확정일자부 통지 · 승낙을 해줌으로써 질권자의 점유를 깨뜨릴 수 있다. 이는 자신에게 점유를 돌릴 수 없을 뿐 점유개정에서와 같은 상황이고, 점유질의 원칙에 반한다. 이때에는 확정일자를 요한다고 봄이 옳다. 독일민법 제1205조도 간접점유 동산의 입질(入質)에 대하여는 양도와 달리, 점유자에 대한 통지를 요구한다(주 11 참조).

(2) 제190조의 양도가 인정되기 위해서는 목적물반환청구권만 있으면 족한가, 아니면 간접점유까지 있어야 하는가? 의식적인 서술인지는 분명하지 아니하나 제190조가, 동산 양도법의 맥락에서도, 간접점유의 이전이라거나[53] 아예 양도인이 점유를 갖고 있어야 한다고 하여[54] 이를 요구하는 듯한 견해가 있다.

간접점유가 인정되려면 반환청구권 이외에 하위 점유자에게 점유매개의사가 있어야 한다는 데 이론(異論)이 없다. 가령 반환청구권이 존재하더라도 점유매개의사가 단절되면 간접점유는 종료한다.[55] 그러나 이 요건은 제194조, 특히 그중 "타인으로 하여금 물건을 점유하

---

52) 어떤 경우 점유개정이고, 어떤 경우 목적물반환청구권의 양도인지는 당사자의 의사해석의 문제로서, 대개 가리기 어렵지 아니하다. 양도인이 하위 점유자로 남아야 하는 경우는 전자(前者), 하위 점유자로는 남지 아니하는 경우는 후자(後者)가 적합한 방식이기 때문이다. 가령 양도인에게 (간접점유라도) 점유가 유보된 형태의 통상적인 양도담보에서 목적물반환청구권 양도에 의한 이전은 생각하기 어렵고 점유개정을 할 수 있을 뿐이다. 이와 관련하여 대전지방법원 2018. 10. 31. 선고 2018가단593, 209703 판결은, 점유개정의 경우 양도인이 동산을 계속 점유함으로써 동산에 대한 법률관계가 유지되는 반면, 목적물반환청구권의 양도의 경우 양도인은 더는 동산을 점유하지 않게 되고 종국적으로 그 동산에 대한 법률관계에서 벗어나게 된다고 설명한 다음, "따라서 양도인이 담보의 목적으로 동산을 이전하는 경우처럼 종국적으로 그 동산에 관한 법률관계로부터 이탈하기를 원하지 않는 경우에는 통상 점유개정의 방법이 선택된 것으로 볼 수 있다"고 한다. 대체로 타당하나, 목적물반환청구권의 양도에 의하는 질권설정에서는 질권설정자가 하위의 점유자로는 남지 아니하나 상위의 간접점유자가 된다는 점에 주의하여야 할 것이다. 이에 대하여 양선영(주 5), 333면 이하는 하나의 사실관계에서 두 구성이 모두 가능함을 전제로 의사해석의 불확정성을 문제 삼으나, 그러한 경우는 거의 생각하기 어렵고, 특히 그곳에서 다루는 양도담보는 대개 그러한 경우에 해당하지 아니한다.

53) 김증한 · 김학동(주 4), 119면; 이인제(주 4), 229면 이하.

54) 이은영(주 8), 299면.

55) 대법원 2016. 12. 1. 선고 2016다224411 판결; 곽윤직 · 김재형(주 3), 203면; 김증한 · 김학동(주 4), 210면; 김용덕 편집대표 주석민법 물권(1), 제5판, 2019, 396면 이하(김형석 집필부분); 최병조(주 8). 312−316면.

게 한 자" 부분에 의하여 설정된다고 보아야 한다. 그러한 관계가 성립하는 한 제196조 제2항에 의한 제190조 준용만으로, 특별히 직접 또는 하위 점유자가 양수인을 위한 점유는 매개하지 아니할 뜻을 명시하지 아니하는 한, 간접점유의 이전이 가능하므로 제196조 제2항의 준용에도 문제는 없다. 반면 제190조의 문언은 반환의무자가 목적물을, 직접이든 간접이든, 점유할 것을 요구할 뿐 반환의무자와 반환청구권자 사이에 점유매개관계가 존재하여야 한다고 정하지 아니하고 제190조가 당연히 그 뒤에 나오는 제194조의 요건을 포함한다고 해석할 이유도 없다. 앞의 규정들이 규율하고 있는 이미 그 목적물을 양도인이 점유하고 있는 상황의 경우 양수인에게 점유를 이전할 때가 양도 시점이라고 봄이 원칙이겠지만, 제3자에 대한 반환청구권을 가지고 있을 뿐 제3자가 더는 점유를 매개하지 아니하겠다는 의사를 명확히 하는 등 간접점유를 잃은 때에는 반환청구권만의 양도로 소유권을 양도하겠다는 의사가 명확히 드러나고 그 시점 또한 확정된다고 봄이 옳다. 그와 반대로 해석한다면 이는 이른바 인도주의를 교조적으로 받아들여 그 근거가 불분명한 데까지, 그 실천적 효용과도 무관하게, 밀어 넣는 셈이 된다. 앞서 본 바와 같이 제190조는 독일민법 제931조를 모범으로 한 규정이다.[56] 그런데 독일민법 제931조의 입법자는 의식적으로 양도인의 점유, 즉 간접점유 문제를 열어두었다. 당시까지만 해도 보통법 전통에 따라 물권적 반환청구권의 양도(Vindikationszession)가 가능하다고 여겨졌기 때문이다.[57] 이후 이러한 이해는 도그마틱적 이유에서 폐기되었으나, 이제는 양도인이 점유이탈물에 관하여 반환청구권을 양도하면 소유권 양도의 합의로 전환(독일민법 제140조)된다고 설명한다.[58] 독일민법에서는 채권적 목적물반환청구권의 양도와 소유권 양도 합의는 모두 합의만으로 이루어진다. 우리 민법에서도, 제190조에서는 양도 자체의 요건인 합의 이외에 대항요건은 문제되지 아니한다고 해석하는 한, 같은 결론에 이를 수 있다. 거꾸로 양자의 유사한 취급을 위하여 대항요건을 요구하지 아니하는 해석이 타당하다고 할 수도 있겠다.

나. 점유지시의 요건

점유지시의 요건을 둘러싼 문제의 핵심은 직접 또는 하위 점유자가 양수인을 위하여 점유를 매개하는 데 적극적으로 동의하여야 하는가 하는 점이다. 미국 · 영국의 판례는 이를 요구한다(주 15 참조). 일본민법 제184조는 명문으로 이를 요하나, 이후 판례 · 통설은 해석상 이 요건을 무시하고 있다. 요호프의 독일민법 물권법 초안 제61조와 독일민법 제1초안

56) 같은 규정은 '제3자가 물건을 점유하고 있는 경우에는 소유자가 양수인에 대하여 물건의 반환청구권을 양도함으로써 인도에 갈음할 수 있다'고 정하는바, 제190조와 그 문언이 거의 같다. 이는 애초에 목적물반환청구권의 양도에 의한 동산 양도 자체가 독일민법의 독특한 창안물이었고 우리 민법 제정과정에서 참고가 된 거의 유일한 입법례였다는 점으로 설명될 수 있다.

57) Oechsler(주 19), Rn. 9-11. 뒤에서 볼 독일민법 제934조도 이를 전제한다.

58) Oechsler(주 19), Rn. 13 f. 아무도 점유하지 아니하는 물건 이외에 소유자-양도인이 그의 의사에 의하지 아니하고 점유를 잃은 물건도 점유이탈물이라는 점에 주의.

제870조는 이를 뒤집어 직접 또는 하위 점유자가 점유지시에 이의하지 아니하면 족하다는 태도를 취한다(주 16 참조). 오스트리아의 판례 · 통설은 직접 또는 하위 점유자에게 이의할 정당한 이익이 없다는 프란츠 비들린스키(F. Bydlinski)의 설득력 있는 비판 이래로 점유지시로 족하고 승낙은 필요하지 아니하다는 데 일치한다.[59] DCFR Ⅷ. −2:105 (2)도 같다.

통상 직접 또는 하위 점유자에게 점유지시에 이의할 정당한 이익이 존재하지 아니함은 부정할 수 없다. 그러나 점유매개의사는 자연적 의사이다. 점유매개관계를 설정할 때 직접 또는 하위 점유자에게 그 관계설정에 동의하는 한 간접 또는 상위 점유자를 위하여 점유를 매개할 의사가 수반 · 귀속될 수밖에 없는 것과 달리, 그 양수인 또는 점유지시만 있을 때 직접 또는 하위 점유자가 그에 따를 의사이리라고 단정할 근거가 충분하지는 아니하다.

그러나 반대로 통상 별다른 이해관계가 없는 직접 또는 하위 점유자가 적극적으로 동의의 의사표시를 할 것을 기대하기도 어렵다. 탈출구는 제190조, 제196조 제2항이, 독일과 같이, 목적물반환청구권의 양도 및 그에 의한 간접점유의 이전을 규정하고 있다는 사실에서 찾아야 한다. 일본, 스위스, 오스트리아에서 요건 완화는 이러한 대안이 없다는 사정과 무관하지 아니하다. 애초에 주관주의 점유법을 취하는 이들 나라에서는 목적물반환청구권이 (객관주의 점유법의 용어법에 따를 때 간접)점유의 필수요건도 아니다.[60] 반면 목적물반환청구권 양도에 의한 인도가 인정되는 독일, 우리 및 아예 동산 양도가 합의만으로 가능한 미국 · 영국, 프랑스, DCFR에서는 굳이 점유지시의 요건을 완화함으로써 거래상 수요에 대응할 필요가 없다. 점유지시에 의한 간접점유의 설정도 목적물반환관계를 요하는바, 기존 점유매개관계를 소멸시키고 새로운 관계를 창설하기 위해서라도 직접 또는 하위 점유자의 동의는 묵시적이라도 적극적인 형태로 있어야 한다. 이러한 형태의 점유지시는 나아가 질권설정에도 쓸 수 있을 것이다.

목적물반환청구권의 양도에 의한 동산 양도에 제450조의 대항요건이 필요하지 아니하다고 해석하는 한 이러한 점유지시는 그 요건이 더 강하다는 점에서, 따로 인정할 실익이 없는 것 아닌가 하는 의문이 제기될 수 있다. 그러나 판례 · 통설과 같이 제450조의 대항요건이 있어야 한다는 입장을 취하는 경우 점유지시를 부정할 수 없다는 사정은 큰 차이를 낳는다. 나아가 이 글의 주장과 같이 제450조의 대항요건이 필요하지 아니하다고 보는 경우에도 선의취득과 관련하여서는 두 방식의 구별이 의미를 갖는다.

---

59) OGH EvBl 1987/175, 652; Klicka/Reidinger(주 14), Rz. 12.

60) 金子敬明(주 12), 32頁(일본민법 제181조와 관련하여); PraxiskommABGB/Grüblinger, 4. Aufl., 2012, § 312 Rz. 4. 다른 한편 객관주의 점유법이라 하더라도 반환청구권을 필수요건으로 하지 아니하고 점유매개의사에 의지할 수 있다. 객관설을 취하여 직접점유를 독립적 점유, 간접점유를 비독립적 점유로 구분하는 스위스민법의 경우가 그러하다. BaslerKommZGB/Ernst, 5. Aufl., 2015, Art. 920 N. 7 ff.

Ⅲ. 간접점유 동산의 선의취득

1. 점유개정과 목적물반환청구권의 양도

가. 종래의 논의

(1) 무권리자가 동산을 양도하였을 때 양수인이 그 동산을 선의취득하려면 동산의 점유를 취득하여야 한다. 이는 거래행위에 의한 것이어야 하므로 통상 인도와 등치된다. 그런데 현실인도(제188조 제1항)와 간이인도(제188조 제2항)가 선의취득을 위한 인도에 해당한다는 데 별 의문이 없는 것과 달리 점유개정(제189조)과 목적물반환청구권의 양도(제190조)에 대하여는 논란이 있다.

(a) 먼저 점유개정을 본다. 리딩 케이스(leading case)인 대법원 1964. 5. 5. 선고 63다775 판결은 별다른 논거를 제시하지 아니한 채 "동산의 즉시 취득에 필요한 점유의 취득은 현실적인 인도가 있어야 하고 소위 점유개정에 의한 점유 취득만으로서는 그 요건을 충족할 수 없다고 해석함이 타당"하다고 하여 이를 부정하였다. 이후 대법원 1978. 1. 17. 선고 77다1872 판결은 위 판결을 '참조'하면서 "선의취득에 필요한 점유의 취득은 현실적인 인도가 있어야 하고 점유개정에 의한 점유취득만으로서는 그 요건을 충족할 수 없다"고 한 원심판단을 유지하였다. 이들은 점유개정에 의한 이중양도(담보)에서 제1양수인의 가처분에 대하여 제2양수인이 소유권을 선의취득하였음을 들어 제3자이의를 한 사건이었다(이하 제1판례군이라 한다).[61]

그러나 다른 한편 대법원 1975. 1. 28. 선고 74다1564 판결은 동산을 점유개정의 방법으로 매도함과 동시에 임차하여 계속 점유하던 중 무단으로 제3자에게 양도하고 인도한 사건에서 소외인이 "원고에게 위와 같이 2중으로 매도하고 피고가 먼저 인도를 받아 점유이전을 해옴으로써 소유하게 된 것이라는 원판시 인정사실을 인정하지 못할 바 아니"라고 한바 있고, 이후 1989. 10. 24. 선고 88다카26802 판결은 점유개정에 의한 동산의 이중양도담보 후 제1양수인의 처분금지가처분 집행에도 불구하고 제2양수인에게 동산이 인도되어 매각된 사안에서 제1양수인은 그 소유권 침해를 이유로 제2양수인에 대하여 손해배상을 구할 수 있다면서, "동산의 소유자가 이를 이중으로 양도하고 각 점유개정의 방법으로 매도인이 점유를 계속하는 경우 양수인들 사이에 있어서는 먼저 현실의 인도를 받아 점유이전을 해온 자가 소유권을 취득한다고 볼 것이나[…], 동산을 이중으로 양도한 양도인이 그 동산을 점유하고 있던 중 양수인 중 한 사람이 처분금지가처분집행을 하고 그 동산의 인도를 명하는 판결을 받은 경우에는 다른 양수인이 위 가처분집행 후에 양도인으로부터 그 동산을 현실의

61) 비슷한 예로 대법원 1996. 6. 28. 선고 96다14807 판결(소유권유보부 동산매매).

인도를 받아 점유를 승계하였다고 하더라도 그 동산을 선의취득한 것이 아닌 한 이와 같은 양수인은 가처분권자가 본안소송에서의 승소판결에 따른 채무명의에 터잡아 강제집행을 하는 경우 이를 수인하여야 하는 지위에 있어 가처분권자에게 위 가처분집행 후에 이루어진 현실의 인도를 가지고 대항할 수 없다"고 하였다(이하 제2판례군이라 한다).[62]

이후 오늘날까지 이 문제에 대한 선례로 기능하고 있는 것은 대법원 2004. 6. 25. 선고 2004도1751 판결이다. 이 사건에서 피고인은 동산을 점유개정의 방법으로 이중양도담보한 뒤 이를 제3자에게 무단매각하였다. 대법원은 "금전채무를 담보하기 위하여 채무자가 그 소유의 동산을 채권자에게 양도하되 점유개정에 의하여 채무자가 이를 계속 점유하기로 한 경우 특별한 사정이 없는 한 동산의 소유권은 신탁적으로 이전됨에 불과하여 채권자와 채무자 사이의 대내적 관계에서 채무자는 의연히 소유권을 보유하나 대외적인 관계에 있어서 채무자는 동산의 소유권을 이미 채권자에게 양도한 무권리자가 되는 것이어서 다시 다른 채권자와 사이에 양도담보 설정계약을 체결하고 점유개정의 방법으로 인도를 하더라도 선의취득이 인정되지 않는 한 나중에 설정계약을 체결한 채권자는 양도담보권을 취득할 수 없는데, 현실의 인도가 아닌 점유개정으로는 선의취득이 인정되지 아니하므로, 결국 뒤의 채권자는 양도담보권을 취득할 수 없"다면서 제1, 2양도담보권자 모두를 피해자로 인정한 원심판결을 파기하였다.[63] 이는 이중양도담보에서 제2양수인은 후순위양도담보권도 취득하지 못한다는 법리로 이어졌다(이하 제3판례군이라 한다).[64]

나아가 대법원 2007. 11. 15. 선고 2006다63174 판결(미공간)은 이 법리를 간접점유 동산의 점유개정에 확장하였다. 같은 판결에서 양도인은 간접점유자에 불과하였는데, 앞서 본 바와 같이 간접점유 동산의 점유개정을 인정하면서 위 2004년 판결과 그 법리 설시를 그대로 인용하여 이 경우 이중점유개정에도 불구하고 선의취득이 인정되지 아니한다고 하였다. 이는 위 법리가 간접점유 동산의 점유개정에도 적용됨을 뜻한다. 또한, 같은 판결은 바로 그 뒤에 "따라서 이와 견해를 달리하여 먼저 현실의 인도를 받아 점유한 자가 양도담보권을 취득한다는 취지의" 피고 상고이유는 받아들이지 아니한다면서 "상고이유에서 지적한 판례들은 모두 이 사건과 사안을 달리하는 것으로서 이 사건에 원용하기에 적절하지 아니하다"고 덧붙이고 있어 주목된다.

(b) 목적물반환청구권 양도는 어떠한가? 리딩 케이스인 대법원 1999. 1. 26. 선고 97다

62) 비슷한 예로 대법원 1997. 6. 27. 선고 96다51332 판결(제2양수인의 부당이득반환청구, 기각).

63) 정한익, "점유개정에 의하여 이중으로 양도담보설정계약을 체결한 후 양도담보설정자가 목적물인 동산을 임의로 처분한 경우 2차로 설정계약을 체결한 채권자에 대한 관계에서도 배임죄를 구성하는지 여부", 대법원판례해설 제50호(2004), 689면 이하.

64) 대법원 2004. 10. 28. 선고 2003다30463 판결(제2양도담보권자의 제1양도담보권자에 대한 손해배상청구 기각); 2004. 12. 24. 선고 2004다45943 판결; 2005. 2. 18. 선고 2004다37430 판결(제2양도담보권자의 배당이의 기각); 2007. 2. 22. 선고 2006도8649 판결(제2양수인의 취거, 절도); 같은 날 2006도6686 판결(이중양도담보 제1양수인에 대한 배임, 부정).

48906 판결은,[65] “양도인이 소유자로부터 보관을 위탁받은 동산을 제3자에게 보관시킨 경우에 양도인이 그 제3자에 대한 반환청구권을 양수인에게 양도하고 지명채권 양도의 대항요건을 갖추었을 때에는 동산의 선의취득에 필요한 점유의 취득 요건을 충족한다”고 하여 대항요건을 전제로 선의취득을 인정할 수 있다는 일반 법리를 선언하였다. 다만 당해 사안의 경우 부도 위기에 몰리자 임가공을 맡긴 철강재의 인도청구권을 대물변제조로 양도하고 그 다음 날 실제 부도가 났고, 당시 위 철강재는 소유권유보하에 있었는바, 대법원은 “원고 회사의 대표사원 박○○는 성일철강 대표이사 정○○과 처남 · 매부 사이로서 업종은 달라도 역시 사업하는 자로서 3년6개월간 약속어음 32매 액면금 10억원 가량을 융통어음으로 빌려주고 회수하는 계속적 거래를 해 온 처지이므로, […] 이 사건 철판의 공급자가 피고이고 통상 상당한 규모의 외상거래를 해온 사실을 알았다고 보아야 할 것이고, 이러한 상황에서 원고가 성일철강이 유성강재에 보관시켜 놓은 거액의 철판 전부를 성일철강의 부도가 임박한 상태에서 대물변제 받은 것이므로, 피고 회사에 조회하는 경우 소유권유보사실을 쉽게 알 수 있었”으므로 원고에게 과실이 없음이 증명되지 아니하였다면서 선의취득 자체는 부정하였다. 이후 대법원 2000. 9. 8. 선고 99다58471 판결도, “주권의 점유를 취득하는 방법에는 현실의 인도(교부) 외에 간이인도, 반환청구권의 양도가 있으며, 양도인이 소유자로부터 보관을 위탁받은 주권을 제3자에게 보관시킨 경우에 반환청구권의 양도에 의하여 주권이 선의취득에 필요한 요건인 주권의 점유를 취득하였다고 하려면, 양도인이 그 제3자에 대한 반환청구권을 양수인에게 양도하고 지명채권 양도의 대항요건을 갖추어야 할 것이”라면서도 사안에서는 양수인에게 중대한 과실(상법 제359조, 수표법 제21조)이 있어 선의취득이 부정된다고 하였다.

이상의 판례는 결과적으로 선의취득을 부정하여 선의취득의 요건이 되는 목적물반환청구권의 양도의 요건에 대하여도 불분명한 점을 남겼다.[66] 그러나 이들 판례에는 동산 양도의 요건으로서 목적물반환청구권 양도와 동산 선의취득의 요건으로서 그것의 요건이 당연히 같음이 전제되어 있다고 보인다. 동산 양도에 관하여 확정일자부 통지 · 승낙을 요구하는 것이 판례의 입장인 이상, 목적물반환청구권 양도에 의한 선의취득을 위해서도 확정일자부 통지 · 승낙이 필요하다고 해석될 가능성이 높은 것이다.

---

65) 안승국, “목적물반환청구권 양도방식에 의한 동산 선의취득과 선의취득자의 무과실”, 대법원판례해설 제32호(1999), 49면 이하.

66) 위 대법원 2000. 9. 8. 선고 99다584781 판결은 주식무상양도약정의 양수인이 채무자의 대표이사도 겸하고 있음을 들어 약정 자체로 대항요건으로서 채권양도통지를 한 것으로 볼 수 있다면서 채권양도의 대항요건도 갖추었고, “선의취득의 요건으로서의 주권의 점유 취득이 있었다”고 하였다. 이상과 같은 경위에 비추었을 때 위 통지의 효력도 갖는 약정은 확정일자부 증서가 아닌 단순한 통지였을 것으로 보이므로, 이 판결은 간접적으로 확정일자가 요구되지 아니한다는 뜻으로 해석될 소지가 있다. 그러나 본문에서 본 바와 같이 결론적으로 위 판결은 중대한 과실을 들어 선의취득을 부정하였으므로 이 부분 판시는 결론에 영향이 없는 방론에 그친다.

(2) 학설은 어떠한가?

(a) 점유개정에 의한 선의취득에 대하여는 대개 양도인이 직접점유자인 경우를 상정한 논의이지만, 오늘날 이를 부정하는 데 이론(異論)이 없다(부정설). 다만, 그 논거에는 약간의 상위(相違)가 있다. 양도인이 그 물건을 점유하고 있는 동안에는 양도인과 양수인 사이의 간접점유관계에 아무런 변동이 생기지 아니하므로 그 물건은 아직 양도인의 지배권으로부터 이탈한 것이라고 할 수 없다는 점을 드는 견해,[67] 점유개정은 거래에 관한 법률행위가 있었음을 외부에 전혀 표시하지 못하기 때문에, 과연 취득행위가 있었는지조차 판정하기 곤란하고 실제로 없는 거래행위가 있었던 것처럼 다루어질 염려가 있는바, 이러한 정확하지 못한 행위로 권리자의 권리를 빼앗는다는 것은 원권리자에게 너무 가혹하고 부당하므로, 양수인이 외부에서 비교적 잘 인식할 수 있는 점유를 취득한 경우에만 선의취득을 인정하여야 한다는 점을 드는 견해,[68] 이를 인정하면 동일한 양도인으로부터 이중양도가 있는 경우 시간적으로 후에 양수한 양수인이 항상 권리자로 확정되고, 또 진정한 소유자로부터 수탁받은 자가 불법처분한 경우 진정한 소유자가 수탁자에게 반환을 청구하여도 제3자의 선의취득을 이유로 이를 거부할 수 있으며 심지어 진정한 소유자가 물건을 회복하여도 선의취득자의 인도청구에 응하여야 하는바, 이는 불합리하다는 점을 드는 견해[69] 등이 주장된다.

그러나 과거의 학설로는 점유개정에 의하여 선의취득이 성립하나 그 효과는 아직 확정적인 것이 아니고 현실인도를 받아야 양수인이 비로소 확정적으로 소유권을 취득한다는 견해(절충설),[70] 선의취득은 양도인의 점유를 신뢰한 양수인을 보호하는 제도인바 점유의 이전이 현실인도인가 관념적 인도인가는 구별할 필요가 없다는 등의 이유에서 점유개정에 의한 선의취득도 제한 없이 인정하는 견해(긍정설)도[71] 있다.

다른 한편, 부정설의 입장에서는 대체로 현실인도가 있으면 선의취득이 될 수 있다고 보나, 이는 절충설이 상정하듯 점유개정에 의한 선의취득의 문제가 아니라 본래 인정되는 현실인도에 의한 선의취득의 문제라고 한다.[72]

(b) 반면 목적물반환청구권의 양도에 의한 선의취득은 인정하는 것이 통설이다(긍정설).[73] 그 근거로는 그러한 인도로 말미암아 처분자는 점유를 잃고 따라서 처분자와 진정한 권리

67) 김증한 · 김학동(주 4), 125면; 지원림(주 3), 390면.

68) 곽윤직 · 김재형(주 3), 167면; 송덕수(주 4), 212-213면; 지원림(주 3), 390면.

69) 이영준(주 4), 282면. 그 밖에 뒤의 논거와 유사한 논거를 드는 것으로 제철웅(주 25), 130면 이하.

70) 고상룡, 물권법, 2001, 163면; 황적인, 현대민법론 II, 1988, 100면.

71) 김기선, 한국물권법, 1990, 232면; 현병철, "선의취득-점유개정과의 관계", 고상룡 외 민법판례해설 II: 물권법, 1992, 106-107면; 현승종, "동산의 선의취득과 점유개정", 법조 제13권 제10 · 11호(1964), 11면 이하.

72) 김진우, "동산의 선의취득을 위한 양수인의 점유취득-점유개정에 의한 인도의 경우를 중심으로", 비교사법 통권 제27호(2004), 169면 이하. 송덕수(주 4), 213면은 절충설은 현실의 인도가 있기 전에는 법률관계가 확정되지 아니한다는 점에서 바람직하지 아니하다고 한다.

73) 곽윤직 · 김재형(주 3), 203면("학설이 일치한다"); 김증한 · 김학동(주 4), 125면("의문이 없다"). 또한 양창수 · 권영준(주 4), 150-151면.

자 사이에 비록 점유매개관계가 있었다고 하더라도 그것은 완전히 단절되어 버리기 때문이라는 설명이[74] 이루어지고 있다. 그러나 이에 대하여 양도인이 반환청구권의 양도를 통지하는 것은 외부에서 용이하게 인식할 수 있는 사정은 아니라면서 甲이 乙의 창고에 보관하고 있는 물건을 소유권을 유보하여 丙에게 매도하였는데 丙이 이를 그대로 丁에게 매도하고 乙에 대하여 丁을 위하여 보관할 것을 지시한 경우에 丁은 선의취득할 수 없다는 견해(제한적 부정설)도 있다. 점유개정과 균형이 문제된다는 것이다. 그리하여 이 견해는 무권리자가 목적물을 간접점유하는 경우 반환청구권을 양도받음과 동시에 선의취득하나, 간접점유하지 아니하는 경우는 반환청구권이 존재하여도 반환청구권의 양도 외에 양수인이 직·간접점유를 취득하여야 선의취득이 된다고 한다.[75]

근래에는 목적물반환청구권의 양도에 의한 선의취득을 전면적으로 부정하는 견해(부정설)도 주장되고 있다. 우리 민법의 해석으로는 양수인이 직접점유를 취득하여야 선의취득이 된다고 봄이 옳다는 것이다. 외부에서 점유이전을 인식할 수 없는 반환청구권의 양도만 있을 때에는 양수인의 소유권 취득이익보다는 원소유자의 소유권보유이익을 더 보호할 필요가 있고 양도인의 원소유자에 대한 신뢰와 양수인의 양도인에 대한 신뢰가 대립하는 경우 직접점유 취득에 이르기 전에는 원소유자를 더 보호해야 하며, 그로 인한 흠은 동산취득시효(제246조)로 대응할 수 있다고 한다.[76]

나. 검 토

(1) 제249조는 양수인의 점유취득을 요구할 뿐 그 방법을 특별히 제한하고 있지 아니하다. 이를 해석상 제한하는 것은 방법론적으로는 목적론적 축소에 해당한다. 그 당부를 가리

74) 김증한·김학동(주 4), 126면.

75) 이영준(주 4), 284-285면. 이를 따르는 것으로 이은영(주 8), 307면. 송덕수(주 4), 213면도 양도인에게 간접점유가 있어야 하고 반환청구권도 존재하여야 한다고 한다. 다만, 이 견해는 A가 B로부터 빌린 자전거를 C에게 전대하고 인도한 뒤 그 자전거를 D에게 팔면서 자전거의 반환청구권을 양도한 경우(양도통지까지 마친 때)에는 D는 자전거를 선의취득한다고 하여 이영준과 다른 결론에 이른다. 이 견해는 제한적 절충설이 상정하는 문제 상황을 오해한 것으로 의심된다. 그 밖에 이 견해는 甲이 자신의 시계를 乙에게 임대하고 인도해준 상태에서 丙에게 팔고 반환청구권을 양도(양도통지 포함)한 뒤 그 시계를 다시 丁에게 팔고 반환청구권을 양도한 경우 丙은 시계의 소유권을 취득하나 丁은 무권리자인 당시의 甲으로부터 매수한 것이어서 선의취득 여부만 문제되는바, 甲에게는 반환청구권이 존재하지 아니하므로 선의취득을 할 수 없다고 설명한다. 그러나 甲에게 반환청구권이 존재하는지는 채권양도법과 관계된 문제로서, 이와 같은 서술만으로는 결론을 내리기 어렵고, 또 결과적으로 甲이 丁에게 반환청구권을 단 한 순간도 취득시켜주지 못하는 한 선의취득의 요건이 갖추어지지 아니함은 위 학설대립과 무관하게 당연하다는 점에서 역시 의문이다.

76) 김진우, "목적물반환청구권의 양도에 의한 선의취득?", 민사법학 제39-1호(2007), 3면 이하. 이미 제철웅(주 25), 130면 이하도 비슷한 논거를 제시한 바 있으나, 같은 문헌은 목적물반환청구권 양도에 의한 선의취득을 전면 부정하는 데까지 이르지는 아니한다. 대체로 같은 취지로 지원림(주 3), 389면 주 21. 다른 한편 최윤석, "동산선의취득의 문제에 관한 연구-점유개정과 목적물반환청구권의 양도를 중심으로", 민사법학 제68호(2014), 782면 이하는 입법자료상 제249조와 관련하여 독일민법 제932조 내지 제934조가 참조되었음에도 그와 같은 규정을 명시적으로 두지 아니하였다는 사실로부터 제249조의 점유가 현실점유에 국한된다는 추론을 끌어낸다. 그러나 제249조 내지 제251조는 의용민법을 거의 그대로 받아들인 것으로 그 입법 당시의 이해에 따르면 오히려 점유개정을 포함한 모든 인도형태가 포함된다는 것이었고, 문언상으로도 양도와 선의취득의 '인도'를 구별하여 규율하려는 단서가 없다. 독일민법은 단지 참고만 되었을 뿐 반영된 바 없다고 봄이 옳다. 이는 어디까지나 이익형량에 따른 제249조의 목적론적 축소 여부의 문제인 것이다.

기 위해서는 선의취득의 근거와 여기에서 점유취득 요건의 목적부터 밝힐 필요가 있다.

(a) 선의취득은 왜 인정되는가? 그리고 선의취득의 요건으로서 점유는 무엇을 의미하는가? 판례 · 통설은 동산의 점유가 처분권한의 외관으로 기능한다는 전제하에 이를 과실 없이 믿고 거래한 양수인을 보호하는 제도, 즉 점유의 권리외관효에 근거한 제도라고 설명한다(점유의 권리외관효설).[77] 이에 대하여는 각각의 계약 당사자는 서로 상대방을 상대로 청산하게 하고 제3자에 대하여 반환청구를 함으로써 급여부당이득반환 등 계약적 청산을 교란하지 아니하게 하는 것이 선의취득의 기능이라는 견해(점유를 매개하지 아니하는 거래안전보호설)도[78] 있다.

먼저, 점유를 매개하지 아니하는 거래안전보호설은 타당하지 아니하다. 그러한 목적에 부합하는 제도설계는 무인적(無因的) 물권행위론이지, 양수인의 선의 · 무과실과 점유취득을 요하는 선의취득이 아니다. 이른바 점유이탈물에 대하여 선의취득이 제한되는 것(제250조, 제251조)은 권리외관책임의 한 요소로서 본인, 즉 원소유자의 외관야기가 없는 경우를 제한하기 위한 것일 뿐 선의취득 자체가 언제나 그 전자(前者)와 원소유자 사이의 점유위탁관계나 그 계약적 청산을 전제한다고 할 수도 없다. 제250조는 독일민법 제935조 제1항과 달리 점유이탈물의 선의취득을 아예 배제하기보다는 즉시취득 대신 2년의 기간을 부여한다. 위 견해는 그 배후에 계약적 청산관계가 없게 마련인 점유이탈물의 소유자와 그 무단처분자 사이의 법률관계에서도 완화된 형태의 단기취득을 가능하게 하는 이유는 설명하지 못한다.

그러나 점유의 권리외관효설도 반드시 설득력이 있다고 하기 어렵다. 통설은 제249조에서 양도인의 점유는 직접점유이든 간접점유이든 가리지 아니한다고 해석한다.[79] 그런데 간접점유만으로는 점유의 외관이 생기지 아니한다. 오히려 양도인이 점유자여야 하는가부터 의문이다. 통설은 이를 당연한 듯 전제하나,[80] 제249조는 양도인의 점유를 언급하지 아니한다. 점유의 권리외관효가 근거가 된다면 양수인이 양도인의 점유를 믿고 거래하면 족하고 목적물의 점유를 취득할 필요는 없을 것이나,[81] 제249조는 오히려 양수인의 점유취득만을 언급한다.

---

77) 가령 대법원 1998. 6. 12. 선고 98다6800 판결("동산을 점유하는 자의 권리외관을 중시하여 이를 신뢰한 자의 소유권 취득을 인정하고 진정한 소유자의 추급을 방지함으로써 거래의 안전을 확보하기 위한 제도"). 또한, 곽윤직 편집대표 민법주해[V]−물권(2), 1992, 425면(이인재 집필부분); 김용덕 편집대표 주석민법 물권(1), 제5판, 2019, 934면 이하(김진우 집필부분).

78) 제철웅(주 25), 116면 이하. 이 견해는 그곳 주 52에서 밝힌 바와 같이 Hager, Verkehrsschutz durch redlichen Erwerb, 1990, S. 228 ff.를 따른 것이다.

79) 다른 문헌을 대신하여 김진우(주 77), 942−943면. 나아가 양도인이 점유보조자여도 된다. 대법원 1991. 3. 22. 선고 91다70 판결. 점유보조자는 외관과 원소유자의 외관야기 두 측면 모두에서 그의 점유위탁을 받은 점유자와 구별되지 아니하기 때문이다. 직접점유자와 점유보조자의 구별은 제1차적으로는 점유보호를 구할 정당한 이익이 있는지의 문제이다.

80) 곽윤직 · 김재형(주 3), 164−165면; 김증한 · 김학동(주 4), 123면; 이은영(주 8), 305면.

81) 물론, 양도인의 무권한을 제외하면 처분행위의 요건이 모두 갖추어져야 하므로 인도주의를 택하는 한 양수인은 점유를 취득하여야 한다. 그러나 이를 따로 제249조에 명시하는 것은 다른 문제이다.

양도인의 점유조달력이 신뢰기초, 그 결과 양수인이 취득한 점유와 권리가 보호대상이라고 보아야 한다(점유조달력의 권리외관효설).[82] 양도인이 어떻게든 양수인에게 목적물의 점유를 조달할 수 있음을 보여준 경우 그 과정 자체가 신뢰의 대상이자 기초인 외관을 이루고, 선의취득은 그러한 신뢰에 터 잡은 양수와 그 사실적 측면으로서 점유취득을 보호한다. 이와 같이 이해할 때 무상행위에 대하여도 선의취득을 인정하는 제249조의 태도를 그럭저럭 설명할 수 있다.[83] 양도인이 목적물의 점유를 취득할 필요는 없고 제3자가 점유하는 물건이라 하더라도 어떻게든 양수인에게 점유를 취득시켰다면 제249조의 요건을 충족한다.[84] 같은 이유에서 B의 지시로 A가 C에게 목적물을 직접 인도하였는데 A와 B 사이의 원인행위가 무효인 경우에도 C는 선의취득을 할 여지가 있다. 이때 A→C의 전달은 B의 입장에서는 A의 점유조달력의, C의 입장에서는 B의 점유조달력의 실증이기 때문이다.[85]

(b) 이상과 같은 논의는 간접점유 동산에 대한 점유개정 또는 목적물반환청구권 양도에 의한 선의취득의 인정 여부의 해명에 어떠한 의미를 갖는가?

점유는 다양한 기능을 수행한다. 기본이 되는 것은 ① 점유보호기능(제204조 내지 제206조, 제208조)이다. 이는 점유의 사실상 지배 자체를 보호하는 것이므로 직접점유자에서 출발하되 정당한 이익이 있는 자를 간접점유자(제206조)로 추가하고 또 사실상 소지하고 있다 하더라도 정당한 이익이 없는 자는 점유보조자(제195조)로 제외한다. 자력구제의 제한적 허용(제209조)은 점유를 침탈하는 것이 객관적으로 위법함을 선언함으로써 이 기능을 보완한다. 점유 요건에 관한 일련의 규정은 기본적으로 이 기능을 염두에 두고 있다. ② 점유는 권리를 추정하게 하는 외관(제200조)이기도 하다. 이 기능도 현상(現狀)을 유지하는 데 봉사한다는 점에서 위 ①과 비슷하다. 그러나 ③ 점유는 동산 양도의 기초(제188조 내지 제190조)이기도 하다. 이때 핵심은 양도인이 점유하는 한 양도할 의사라면 그때 점유도 이전할 것이라는 추정이다. 즉, 동산 양도법에서 문제되는 것은 양도의사 약동(躍動)의 계기로서 점유이전, 인도인 것이다. 끝으로 ④ 양도인에게 점유조달력이 있는 경우 이는 양도인의 처분

82) 가령 Ernst, Ist der gutgläubige Mobiliarerwerb eine Rechtsscheinwirkung?, Festschrift für Gernhuber zum 70. Geburtstag, 1993, S. 114 ff. 이에 대하여 제철웅(주 25), 115면 이하는 위 견해가 양도인에게 점유가 남아 있지 아니하여야 한다는 점에서 점유개정에 의한 선의취득의 부정을 설명하고 있음에 착안하여 비판한다. 그러나 애초에 선의취득이 왜 인정되는가 하는 점과 점유개정에 의한 선의취득을 부정하는 근거, 양도인에게 점유가 남아 있지 아니하여야 한다는 명제에 대한 평가는 얼마든지 별개의 문제로 다룰 수 있다.

83) 이 문제에 대한 논란은 우선 김진우(주 77), 943면 이하; 이인재(주 77), 460면. 점유를 매개하지 아니하는 거래안전보호설은 이를 설명하기 어렵다. 실제로 제철웅(주 25), 120면 이하는 무상양수인에 대하여 선의취득을 부정하여야 한다고 한다. 그러나 입법론적으로 양수인의 보호가치가 낮아 이를 제외하는 것이 합리적이라 하더라도, 해석상 제외할 근거는 없다. 양수인의 신뢰투자가 어떤 고려하에 양수행위를 한 것으로 족한지, 아니면 그것이 유상행위여야 하는지는 입법적으로 선택할 수 있는 문제이기 때문이다.

84) 이영준(주 4), 277면은 선의취득을 위해서는 양도인이 점유하고 있어야 한다면서도, 점유가 없음에도 전양도인에게 요청하여 양수인에게 교부시켰다면 선의취득이 된다면서 BGHZ 36, 56을 든다.

85) 오늘날 독일의 판례·통설은 같은 결론에 이르고 있다. BGHZ 36, 56(주 83, "인도는 […] 반드시 무권리자인 양도인 자신이 점유를 이전함으로써 행하여질 필요는 없고", "점유는 양도인의 지시에 의하여 예컨대 양도인의 공급자와 같은 제3자인 직접점유자에 의하여 이전되는 것으로 족[하다]"). 판례 및 학설에 대하여는 정태윤(주 19), 42면 이하.

권에 대한 신뢰를 정당화하는 외관(제249조)이 된다. 중요한 점은 점유라는 하나의 개념을 쓰고 있으나 상황마다 포착하는 측면도, 기능도 서로 다르다는 사실이다. 똑같은 '점유'가 요건으로 쓰이더라도 그때그때 달리 해석할 필요가 있을 수 있다.[86)]

선의취득의 요건으로서 문제되는 점유취득은 그중 양도인의 처분권의 외관으로서 그의 점유조달력에 관계한다. 그러한 한 양수인이 직접점유를 취득하는 경우에 한한다는 견해는 명백히 부당하다. 양도인이 양수인에게 양도인과 독립된 간접점유를 조달해준 경우, 가령 양수인이 그 수령을 위하여 지정한 직접점유자에게 인도한 경우, 그 명확한 점유조달력에 비추어 선의취득이 인정되어야 한다는 데 의문이 없기 때문이다. 문제는 양도인도 간접점유자이고, 양수인에게도 물리적 이전 없이 자신의 간접점유에 기초한 간접점유를 관념적으로만 창출해주는 경우, 즉 간접점유 동산의 점유개정이나 목적물반환청구권 양도이다. 이때 양도인의 간접점유가 그러한 의미의 외관이 되려면 최종적으로 직접점유자의 승인(의 외관)까지 거슬러 올라가야 하는데, 간접점유자의 점유개정합의나 목적물반환청구권의 양도의 경우 이를 전혀 포함하지 아니하는 것이다. 간접점유가 단지 양도인의 주장에 불과할 수도 있다. 이러한 사정은 계층적 간접점유에서 더 심해진다.

물론, 그럼에도 불구하고 실제로 양도인이 간접점유자였다면, 양수인의 주관적 인식과 관계없이 그에게 점유를 조달하게 된다. 이때에 양수인에게 신뢰의 기초가 없는 신뢰라 하여 선의취득을 부정할 것인가, 아니면 결과적으로 양수인에게 점유가 조달되었으니 선의취득을 인정할 것인가? 입법론적으로는 둘 다 생각할 수 있는 접근이다. 독일민법 제934조는 목적물반환청구권의 양도에 의한 선의취득을 둘로 나누어, 양도인이 간접점유자인 (그리하여 양수인이 간접점유를 취득한) 때에는 목적물반환청구권의 양도로, 간접점유가 없었던 때에는 양수인이 점유를 취득한 때에 선의취득이 된다고 규정함으로써 후자를 택하였다. 이러한 태도가 선험적으로 타당한 것은 아니나, 이들이 외관이 될 만한 자격을 갖추지 못하였다는 이유로 선의취득을 범주적으로 부정하는 '해석'은 주저된다. 제189조, 제190조의 요건이 진정한 처분권자에 의한 양도를 염두에 두고 있어 외관으로 작용할 만한 요소가 포함되지 아니하였을 뿐, 실제 사안에서는 다소나마 점유조달력을 시사하는 요건 외의 외관이 수반될 수 있고 대개는 그러할 것이다. 이때에도 간접점유자의 양도라는 이유만으로, 결과적으로 간접점유가 조달되기까지 하였음에도, 양수인의 선의취득을 부정하는 것은 균형이 맞지 아니한 감이 있다. 제249조도 단지 '점유'라고 할 뿐이다.

(c) 그렇다면 점유개정에 의한 선의취득도 범주적으로는 인정하여야 하는가? 비교법적으

---

86) 주지하는 바와 같이 프랑스에서는 '동산에 관하여, 점유는 권원의 효력을 갖는다'고 정한 프랑스민법 제2276조 제1항으로부터 점유의 권리추정력과 선의취득의 두 법리를 도출한다. 그럼에도 프랑스에서 두 법리의 요건으로서 점유는 서로 다르게 해석되고 있다. V° JurisClasseur Civil Code, Art. 2276 et 2277－Fasc. unique: Presciption et Possession.－Prescription des choses mobilières, 15 novembre 2018 (par Dross), § 11 et suiv.; Répertoire de droit civil, Revendication, juillet 2017 (par Djoudi), n° 95－111, 161 et suiv.

로는 서로 다른 태도가 관찰된다. 일본민법과 프랑스민법은 해석상 이를 부정한다,[87] 독일민법 제933조는 이를 명문화하고 있다. DCFR Ⅷ. －3:101, －2:101 (1)(e), －2:105는 점유개정을 인도 내지 그 등가물로 정하지 아니함으로써 같은 태도를 취한다.[88] 반면 스위스민법의 해석은 점유개정에 의한 선의취득을 긍정한다.[89] 오스트리아의 학설은 크게 다투어지고 있다.[90]

점유개정에 의한 선의취득은 부정함이 옳다. 물론, 점유개정의 경우, 특히 직접점유자에 의한 점유개정의 경우 점유가 권리외관으로서 확고하게 존재하고 양수인에 대한 간접점유도 별문제 없이 조달된다. 그러나 점유개정에 의한 선의취득을 인정하는 경우 양도인이 순차 점유개정을 해주면, 선의·무과실인 이상, 최후의 양수인이 최종적으로 선의취득을 하게 된다. 즉, '시간에서 뒷선 사람이 권리에서 앞선다.' 이는 '시간에서 앞선 사람이 권리에서 앞선다(prior in tempore potior in iure)'는 물권법의 대원칙에[91] 대한 근거 없는 예외로서, 법을 우습게 만든다. 이러한 결론을 허용해서는 안 된다. 일부 학설이 양도인에게 점유가 남아 있지 아니하여야 한다고 설명하는 것은, 이러한 사태, 직접 내지 하위 간접점유자로서 양수인의 점유의 안정성을 흔들 수 있는 사태를 의식한 것이다.

그런데 이런 관점에서라면 목적물반환청구권 양도의 경우에도 추가적인 요건이 필요하다. 대항요건주의를 취하는 우리 채권양도법에서는 양도인이 목적물반환청구권의 양도에 합의하는 것만으로는 양수인의 목적물반환청구권이 안전하게 확보되지 아니한다. 양도인이 제2양도를 한 뒤 제2양수인에게 먼저 확정일자부 통지를 하거나 그로부터 확정일자부 승낙을[92] 받으면 이제는 제2양수인이 목적물반환청구권을 갖게 된다. 직접 또는 하위 점유자로서는 설령 제1양도사실을 알고 있었다 하더라도, 법률상 제2양수인에 대하여 목적물반환의무를 지는 한 그때부터는 제2양수인을 위하여 점유를 매개하려고 하는 것이 보통일 터이므로, 결과적으로 제2양수인이 간접점유도 취득하게 된다. 점유개정에 의한 선의취득을 금지하는 이유인 이미 양도한 사람의 자의에 의하여 양수인을 계속 바꿀 수 있는 상황과 비슷하다. 선의취득에서 이러한 결과를 용인해서는 안 된다. 전형적으로 이중양도 사안의 경우 제1양수인으로서 양도의 효력으로 소유자가 되지 못하였다면 목적물반환청구권을, 그리하여 간접점유를 빼앗아 올 수 있고 그 지위를 다시 양도인이 흔들 수 없을 정도가 되어야 선의

87) 小粥太郎 編集 新注釈民法(5) 物權(2), 2020, 159－164頁(藤澤治奈, 일본, 판례. 다만 학설상으로는 다툼이 있다); Djoudi(주 86), n° 106; Dross(주 86), § 72 et suiv.(프랑스, 판례·통설).

88) 이는 양도 시기에 관한 합의에 포섭된다. von Bar and Clive (Eds) Principles, Definitions and Model Rules of European Private Law. Draft Common Frame of Reference (DCFR) Full Edition Volume 5, 2009, pp. 4540 and 4476－4478.

89) BaslerKommZGB/Schwander, 5. Aufl., 2015, Art. 715 N. 9. 좀 더 자세한 것으로, Wieser, Gutgläubiger Fahrniserwerb und Besitzesrechtsklage, 2004, S. 68 ff.

90) PraxiskommABGB/Klicka/Reidinger, 4. Aufl., 2012, § 367 Rz. 9.

91) 유치권의 예외적 특성을 설명하면서, 대법원 2011. 12. 22. 선고 2011다84298 판결.

92) 이때 승낙은 채권양도를 인식하고 있다는 관념의 통지이다.

취득을 주장할 수 있다고 보아야 할 것이다. 목적물반환청구권 양도에 의한 선의취득을 인정하는 한 그 요건에는 확정일자부 통지 · 승낙(제450조 제2항)이 포함된다.

한편, 목적물반환청구권을 양도받을 때에는 양도인에게 간접점유가 없어 양수인도 간접점유를 취득할 수 없었는데 이후 양수인이 점유를 취득한 경우에는 그 시점에 선의취득이 이루어질 수 있다. 독일민법 제934조가 명문으로 정하는 바인데, 우리도 달리 볼 이유가 없다. 같은 취지에서 점유개정이든 목적물반환청구권의 양도든 양도인이 양수인에게 직접점유 기타 자신보다 하위의 간점점유를 이전해주어 더는 양수인의 점유취득을 임의로 바꿀 수 없게 되었다면 선의취득을 인정해도 좋을 것이다. 점유개정에 관한 제2판례군이 설시하는 바가 그러한 취지이다. 위 대법원 2007. 11. 15. 선고 2006다63174 판결(미공간)은 "따라서 이와 견해를 달리하여 먼저 현실의 인도를 받아 점유한 자가 양도담보권을 취득한다는 취지의" 피고 상고이유는 받아들이지 아니한다고 함으로써 제3판례군에 의하여 제2판례군이 폐기된 듯한 인상을 준바 있으나, 명백한 오류이다. 당해 사안에서 양수인은 "유체동산 점유이전금지가처분결정을 받아 집행하려다가 가처분 채무자를 잘못 골라 지정하였다는 이유로 집행불능된 직후에 원고의 추가 집행을 회피하고자 서둘러 이 사건 냉동갈치를 출고함으로써 현실인도받은 사실"이 있다는 이유로 선의 · 무과실이 부정되었다. 그것으로 족하고, 그러한 사정 없이 현실인도를 받았다면 오히려 선의취득을 인정하여야 한다. 이를 독립적인 현실인도에 의한 선의취득으로 볼 수도 있겠으나, 여기에서 인도는 양도에 수반되는 인도가 아니라는 점에서 점유개정 또는 목적물반환청구권 양도에 의한 선의취득의 특수한 사안유형으로 보는 것도 가능하다. 제2판례군은 여전히 타당하다.

(2) 점유개정과 목적물반환청구권의 양도에 의한 선의취득은 그 자체로는 간접점유만 취득한다는 공통점을 갖는다. 선의취득으로 소유권을 상실하는 원소유자의 입장에서 보면 크게 두 문제 상황이 있다. 원소유자가 양도인에 대한 점유위탁자로서 양도인에 대한 점유매개관계상 채권적 반환청구권을 가지는 경우와 원소유자가 양도인에 대한 점유위탁자가 아니어서 양도인에 대한 채권적 반환청구권을 가지지는 아니하는 경우가 그것이다.[93] 뒤의 사안유형은 문제가 없고, 앞서 본 기준에 따라 선의취득 여부를 판단하면 족하다. 목적물반환청구권의 양도에 의하여 간접점유가 조달되는 한 이 경우까지 현행법상 선의취득을 부정할 근거는 별로 없다.

(a) 문제는 앞의 사안유형이다. 이때에는 양도인이 목적물을 무단양도하여 더는 원소유자를 위한 점유를 매개하지 아니할 때에도 원소유자의 양도인에 대한 채권적 반환청구권은

93) 비슷한 유형화로 제철웅, "집행채무자 아닌 제3자 소유 동산의 경매와 부당이득반환의무", 인권과 정의 제279호(1999), 164-165면. 이는 독일, 일본에서 학설상 이루어지는 유형화이기도 하다. 한편 이영준(주 4), 338, 369면은 병존점유를 인정하고, 같은 문헌, 285면은 종전의 간접점유가 병존점유로 계속되는 한 새로운 간접점유자로부터 반환청구권의 양도에 의하여 양수한 제3자도 선의취득을 할 수 없다면서, 이를 무권리자가 간접점유를 하지 않는 경우에 포함시키는바, 결국 비슷한 유형구분을 하고 있다고 보인다.

여전히 존속한다. 이때 원소유자가 채권적 반환청구권을 행사하여 양도인을 상대로 목적물의 반환을 구할 수 있는가? 물론 이 경우 양수인에게는 완전한 점유가 조달되었고, 그 점에서 양도인과 양수인 사이의 관계만 보면 선의취득의 요건이 모두 갖추어졌다. 그러나 선의취득을 인정하면 제한적 부정설이 지적하듯(주 75의 본문) 원소유자가 양도인으로부터 반환을 받더라도 양수인의 물권적 반환청구(제213조)에 대항할 수 없게 된다. 즉, 양수인이 앞서는 것이다. 원소유자의 채권적 반환청구권이 사실상 실현될 수 있음에도 양수인의 선의취득을 인정하여 양수인을 앞세우는 것은 아무래도 균형이 맞지 아니하다. 이때에는 선의취득의 인정근거 자체와는 무관한 별개의 이유에서 선의취득을 부정하여야 한다(제한적 부정설).

이러한 상황이 생기는 전형적인 예로는 양도인이 점유개정에 의하여 이중양도담보를 하는 경우를 들 수 있다. 이때 양도인은 제1양도에 의하여 제1양수인－소유자에 대하여 점유수탁자가 되고, 따라서 제1양수인－소유자에 대하여 채권적 반환의무를 진다. 이후 제2양도를 하였을 때 제2양수인이 점유개정만으로 선의취득할 수 있다고 보면 제1양수인이 양도인에게 채권적 반환청구를 할 수 있음에도 더 늦은 제2양수인이 권리자가 된다. 물론 앞서 본 바와 같이 이 상황은 이미 점유개정에 의한 선의취득을 부정함으로써 회피된다. 반면 원소유자로부터 목적물을 소유권유보부로 매수한 직접점유자가 마치 자신의 소유인 것처럼 이를 점유개정의 방법으로 양도하고 그 양수인이 직접점유자에 대한 목적물반환청구권을 다시 제3자에게 양도하면 앞의 점유개정으로는 선의취득이 일어나지 아니하나 뒤의 목적물반환청구권 양도로 선의취득이 일어날 수 있다.[94] 이 상황은 앞서 본 바와 같이 원소유자의 이익과의 형량을 근거로 예외적으로 선의취득을 부정함이 옳다는 것이다.[95]

목적물반환청구권 양도에 의한 선의취득의 가능성을 인정한 대법원 1999. 1. 26. 선고 97다48906 판결에서는 양도인이 원소유자와 소유권유보매매관계에 있었으나 이후 그 목적물을 가공목적으로 제3자에게 인도한 뒤 제3자에 대한 반환청구권을 양도하였다. 이로써 양도인은 제3자에 대한 반환청구권을, 따라서 간접점유도 상실하므로 양수인의 선의취득이 인정되는 한 원소유자의 양도인에 대한 채권적 반환청구권은 불능이 된다. 즉, 당해 사안은 학설 대립과는 관계가 없는 사안이었다.

(b) 이와 비슷한 결론을 도출하는 다른 방법으로 학설상 이른바 병존점유(Nebenbesitz)가 논의되고 있다. 이는 어느 한 사람을 위하여 점유를 매개하는 점유매개관계에 있는 양도인이, 그 사람에게 점유매개관계의 단절을 명확히 하지 아니한 채 다시 다른 사람을 위한 점유매개관계를 설정하는 경우 앞의 점유매개관계가 소멸하지 아니하고 두 점유매개관계가 병존하며 그 결과 둘 다 간접점유자가 되는바, 이러한 간접점유는 선의취득의 기초가 되는

94) BGHZ 50, 45 (선의취득 인정). 이 사건에 대하여는 김진우(주 76), 15면 이하.
95) 점유개정과의 불균형을 문제 삼을 필요는 없다. 점유개정에서 범주적으로 선의취득을 부정하는 논리와 위 논리는 다르기 때문이다. 점유개정에 의한 선의취득에서 양도인이 원소유자와 점유위탁관계에 있지 아니하다면 위 논리는 적용되지 아니하나 여전히 앞서 본 이유에서 부정되어야 한다.

간접점유는 아니라는 독일의 이론구성이다. 우리 학설 중에도 이를 따르는 견해가 있다.[96] 그러나 이러한 점유매개의사는 모순적인 것으로, 가장 마지막 것만이 효력이 있고 간접점유가 병존할 수는 없다고 보아야 한다. 그것이 독일과 우리의 통설이기도 하다.[97]

2. 점유지시와 선의 · 무과실 판단, 이른바 화주이체

가. 점유지시와 선의·무과실 판단

(1) 점유지시는 제188조 제1항의 '인도'에 해당한다. 간접점유의 취득방법이기는 하나 점유개정과 달리 직접점유자의 점유매개관계 및 점유매개의사의 상대방이 새로 설정됨이 명확하여 오히려 현실인도에 가깝다.[98] 그러므로 점유지시에 의한 선의취득 또한 인정된다.

(a) 이와 같이 해석되는 이유는 무엇보다도 단순한 목적물반환청구와 달리 점유지시의 경우 양도인의 직접점유자에 대한 영향력, 즉 점유조달력의 외관이 창출된다는 데 있다. 비교법적으로도 그와 같이 보는 것이 일반적이다. 독일의 판례는 점유지시(Besitzanweisung)에 의한 선의취득을 제932조의 선의취득으로 보면서, 점유지시만으로는 부족하고 직접점유자가 그에 따르는 순간에 인도요건이 충족된다고 한다.[99] 오스트리아의 학설은 일반적으로 동산 양도를 위한 점유지시에는 직접점유자의 동의가 필요하지 아니하고 일방적 지시로 족하다고 하면서도 선의취득과 관련하여서는 무언가 더 필요하다고 한다. 직접점유자가 구두나 사실적으로, 즉 행위로 표시하고 양수인이 인식할 수 있었던 양도인 점유의 승인 및 소지인의 양수인을 향한 소지의사의 정향 내지 전환이 요구된다거나, 아예 직접적 소지의 실제 창출, 적어도 소유자에 대한 점유매개관계를 단절한다는 점유매개자의 통지가 필요하다는[100] 것이다.

이 점과 관련하여서는 역시 점유지시를 규정하고 있는 일본의 상황도 참고할 만하다. 일본의 판례는 과거 A가 B에게 점유를 위탁한 동산을 B가 무단으로 C에게 매각하고 점유개정에 의하여 인도한 다음 C가 D에게 다시 매각하고 이번에는 점유지시에 의한 점유이전을 한 사안에서 "외관상 종래의 점유상태의 변경이 없다"는 이유를 들어 D의 즉시취득을 부정하였다.[101] 그러나 수십 년 뒤 이번에는 A가 소유하는 동산을 인도받은 B가 동산의 점유를

96) 이 이론은 마틴 볼프(Martin Wolff)가 처음 주장한 것으로 상당한 지지를 받고 있다. 문헌은 우선 MünchKommBGB/F. Schäfer, 9. Aufl., 2003, § 854 Rn. 18 f.

97) F. Schäfer(주 96), Rn. 20. 최병조(주 8), 469-470면은 이것이 (권리 적법성의 추정, 점유취득시효 등이 전제하는) 점유의 배타성에 반한다고 한다.

98) 이러한 점에서 제188조 제1항의 '인도'가 현실인도뿐 아니라 관념화된 인도방법을 포괄하는 인도의 전형을 의미한다는 이인재(주 4), 211면의 서술에 동의할 수 있다. 그러나 통설은 이에 반대한다.

99) 아마도 BGHZ 161, 90. 명시적으로 이에 찬성하는 것으로 MünchKommBGB/Oechsler, 9. Aufl., 2003, § 929 Rn. 67; Oechsler(주 19), Rn. 67; Tiedke, Erwerb und Verlust(주 19), S. 449 f. 학설상으로는 뒤의 요건, 즉 직접점유자가 따라야 한다는 요건에 반대하는 견해도 상당하다.

100) Iro, Besitzerwerb durch Gehilfen, 1982, S. 241-248; Karner, Gutgläubiger Mobiliarerwerb, 2006, S. 367 ff., insb. 383. 또한, Klicka/Reidinger(주 90), Rz. 9.

101) 日大判 1937(昭和12). 9. 16. 新聞4181号14頁.

C에게 위탁한 뒤 그 동산을 D에게 매각하고 점유지시로 인도한 사안에서, 점유지시에 의한 선의취득을 일반적으로 인정할지 여부에 대하여는 별다른 설시를 하지 아니한 채 당해 사안에서 선의취득을 긍정하였다. 사안에서는 창고업자인 C에 대하여 하도(荷渡)지시서가 교부되고 C가 그 임치인대장(臺帳)상의 명의를 바꾸어주었다는 사정이 있었는데, 일본 최고재판소는 이 명의변경에 의하여 인도가 완료되었다고 처리하는 것이 거래관행임을 지적하고 있다.[102] 이들 판례의 관계에 대하여는 여러 해명시도가 있으나,[103] 선의취득을 위한 점유지시는 일방적인 점유지시로는 족하지 아니하고 일본민법 제184조의 법문이 요구하는 승낙 등 추가적인 표지가 필요하다는 뜻으로 보는 것이 설득력이 있다.

오스트리아와 일본은 모두 점유지시만을 인정한다. 그러므로 점유지시에 의한 선의취득에서 모든 문제를 해결해야 하므로 그 요건을 어느 선에서 설정할 것인지가 좀 더 미묘한 판단하에 놓인다. 그러나 독일과 우리는 보다 요건이 단순한 목적물반환청구권 양도에 의한 선의취득이 병존하므로 점유지시의 요건 자체를 완화할 필요는 없다. 점유지시가 직접점유자에 대하여 행해지고 그 제3자가 명시적 · 묵시적으로 이에 동의하여 종전 점유매개관계를 해소하고 양수인을 위한 점유매개관계를 설정하였을 때에는 선의취득이 가능하다고 보아야 한다. 이를 막을 법리상 근거가 전혀 없을 뿐 아니라 그 결론도 오히려 사회통념에 부합한다.

(b) 다만, 이 경우에도 앞서 본 목적물반환청구권의 양도에 의한 선의취득의 제한사유, 즉 원소유자의 채권적 반환청구권과의 경합은 여전히 문제가 된다. 점유지시와 그에 대한 동의로 해소되지 아니하는 원소유자의 채권적 반환청구권이 존재하는 경우 이익상황이 완전히 같기 때문이다. 그러므로 이때에는 점유지시에 의한 선의취득도 제한되어야 할 것이다.

그 밖에 간접점유 동산에서 양도인이 이탈하는 인도방식으로 점유지시와 목적물반환청구권의 양도가 둘 다 가능하므로 이들 사이의 관계를 어떻게 볼 것인가 하는 문제가 제기된다. 시간에서 앞선 권리취득만이 유효하다고 보아야 할 것이다. 점유지시와 그에 대한 동의가 앞서는 경우 이후 이루어진 목적물반환청구권 양도는 이미 합의에 의하여 해소된 채권의 양도로 효력이 없고, 또 목적물반환청구권 양도가 이루어진 뒤의 점유지시와 동의로는 제1양수인의 채권적 청구권을 배제할 수 없기 때문이다.

(2) 이와 같은 고찰은 목적물반환청구권 양도에 의한 선의취득의 요건으로서 선의 · 무과실 판단에서도 고려되어야 한다.

독일민법이, 그리고 우리가 간접점유의 취득에 관하여 목적물반환청구권의 일방적 양도로 족하다고 한 것은, 간접점유가 제1차적으로는 점유보호와 관계하는 개념이고 이는 직접점유자가 아닌 제3의 침탈자 · 방해자에 대한 것으로, 직접점유자가 적극적으로 점유매개의사의 번의(翻意), 즉 양수인을 위하여 점유를 매개할 뜻은 없음을 밝히지 아니하는 한 종전

102) 日最判 1982(昭和57). 9. 7. 民集36卷8号1527頁.

103) 藤澤治奈(주 87), 163頁 以下.

간접점유자를 위한 의사가 당연히 새로운 간접점유자에게 이전되리라고 전제하는 것이 오히려 편리하고 합리적이었기 때문이다. 점유지시만 규정한 일본, 스위스 및 점유지시만 인정하는 오스트리아에서 대체로 직접점유자의 동의를 요구하지 아니하는 방향으로 해석이 진전된 것도 같은 이유에서이다. 이러한 해석은 동산 양도법에 대하여도 유지될 수 있다. 동산 양도법에서는 양도인의 양도의사 및 그 시점의 확인만이 중요하기 때문이다.

그러나 이 접근은 선의취득법에서는 문제에 봉착한다. 여기에서 중요한 것은 양도인이 직접점유자까지 소급하는 점유조달력을 가지고 있는가 하는 점이기 때문이다. 목적물반환청구권 양도에 의한 선의취득을 인정하는 한 다른 경우에 비하여 이때의 외관기초가, 그 법률요건만으로는 허약함을 알 수 있다. DCFR VⅢ. −3:101, −2:101 (1)(e), −2:105는 점유지시는 인도의 등가물로 하여 선의취득의 기초로 삼으면서도 목적물반환청구권의 양도는 인도 등가물이 아닌 합의에 의한 양도(시기의 결정으)로 파악하여 선의취득을 부정함으로써[104] 양자 사이에 위계를 설정한다.

목적물반환청구권의 양도에 의하여 '인도한 것으로 보는'(제190조) 민법에서 이러한 위계를 두기는 어렵다. 그러나 목적물반환청구권의 양도에 의한 선의취득 여부 판단과 관련하여서는 선의·무과실 요건과 관련하여 양도인의 점유조달력을 신뢰할 만한 구체적 사정이 있는지를 신중하게 심사할 필요가 있다. 스위스민법에서는 점유지시에 의한 선의취득이 인정된다는 데 이론(異論)이 없으나,[105] 그 대신, 특히 점유지시의 경우 취득자가 의심스러운 정황을 확인할 기회를 갖지 못하는바 그로써 이익을 얻어서는 안 된다는 이유에서 선의·무과실 판단을 엄격히 하여야 한다는 지적이 이루어지고 있다.[106] 이러한 점에서는 제249조가 독일민법 제929조와 달리 단순 과실을 요건으로 하고 그 증명책임도 양수인에게 지우는 것이 오히려 도움이 될 수도 있겠다.

나. 이른바 화주이체(貨主移替)

(1) 목적물반환청구권 양도에 의한 동산 양도 및 선의취득 여부가 실무상 문제되는 대표적인 사안유형에 이른바 화주이체(貨主移替)를 둘러싼 법률관계가 있다. 창고업자 또는 운송업차에게 임치한 물건을 매각 또는 양도담보하는 경우 임치인, 즉 화주(貨主)는 목적물반환청구권을 양도하기도 하지만 창고업자가 관리하고 있는 화주명부의 화주명의를 변경하는 방법을 취하기도 하고, 오히려 그렇게 하는 일이 흔하다.[107]

화주이체는 목적물반환청구권의 양도로 볼 수도 있지만 점유지시로 볼 수도 있다. 양자

104) 이는 양도 시기에 관한 합의에 포섭된다. von Bar and Clive(주 88), pp. 4540 and 4476−4478.

105) Schwander(주 89), N. 9.

106) Wieser(주 89), S. 106.

107) 양선영(주 5), 340−341면. 이러한 관행은 다른 나라에서도 보이는 듯하다. 위 일본 판례 참조. Tiedke, Erwerb und Verlust(주 19), S. 449 f.가 다루는 사례도 비슷하다.

의 구별은 의사표시해석의 문제로서 당사자가 법적 구성을 명시하지 아니한 이상 경제적·사실적 목적을 달성하는 데 적합한 법적 구성을 부여하는 것은 법원의 역할이다. 창고업자가 화주의 지시 내지 요청에 응하여 화주명부의 화주명의를 변경해주어 화주이체가 이루어졌다면, 이는 점유지시와 그에 대한 동의로 봄이 상당할 것이다. 목적물반환청구권 양도에 확정일자부 통지 또는 승낙을 요구하는지와 관계없이 화주이체가 먼저 이루어졌다면 그 양수인에게 동산 양도 또는 선의취득이 이루어질 수 있다. 이러한 결론이 상식적이다.

(2) 위 대법원 2008. 5. 29. 선고 2006다68254 판결(미공간)에서는 소외회사가 창고업자인 피고1에게 임치해둔 수산물을 수산업자인 피고2에게 매도하고 피고1에게 화물인도지시서를 팩스로 보낸 뒤, 피고1이 보관자 명의를 피고2로 변경하고, 소외회사의 채권자인 원고가 소외회사의 피고1에 대한 인도청구권을 가압류하였다.[108] 앞의 명의변경은 전형적인 화주이체에 해당하고, 같은 판결의 원심 인정사실과 같이 화주이체가 확정일자부 가압류보다 먼저였다면 이로써 이미 피고2 앞으로 새로운 점유매개관계가 설정됨과 동시에 소외회사에 대한 점유매개관계는 묵시적으로 해소되었다고 봄이 상당하다. 이후 송달된 가압류는 피압류채권 부존재로 아무런 효력이 없게 된다. 대법원은, 목적물반환청구권 양도에 의한 동산 양도에 확정일자부 통지·승낙이 필요하다는 입장을 취한다 하더라도, 원고 청구를 기각하였어야 했을 것이다.

또 다른 사안으로 서울동부지방법원 2020. 12. 23. 선고 2020가합111992 판결, 같은 법원 같은 날 선고 2020가합107825 판결(주 2 참조)이 있다.[109] 이 사건에서도 창고업자에게 보관되어 있던 수입육에 대하여 원고 앞으로 양도담보가 이루어진 뒤 다시 피고 앞으로 이중 양도담보가 이루어졌다. 당해 사안에서 원고는 이후 확정일자부 양도통지를 하였고, 피고는 그 전에 이른바 화주이체가 이루어졌다고 주장하였다. 법원은 이 사건에서 간접점유의 점유개정이 아닌 목적물반환청구권 양도가 이루어졌다고 판단한 다음, 화주이체의 관행은 동산 양도에 관한 법리에 우선하는 규범적 의미를 갖는 상관습에 이르렀다고 할 수 없다고 보아 피고 주장을 배척하였다. 그러나 매각이 문제된 위 대법원 2008. 5. 29. 선고 2006다68254 판결(미공간)과 달리 이 사건에서는 양도담보가 문제되었으므로 애초에 점유개정에 의한 간접점유의 이전이 있다고 보아야 할 뿐 아니라,[110] 원고의 확정일자부 양도통지가 있기 전에

108) 화물인도지시서의 팩스 수신시점은 2003. 10. 2. 14:56이고, 명의변경은 "그 무렵" 이루어졌다. 가압류결정의 송달시점은 2003. 10. 2. 17:30경이다. 원심은 부산고등법원 2006. 9. 14. 선고 2006나3257 판결 참조.

109) 양선영은 위 사건 원고 대리인 중 한 사람으로, 양선영(주 5)의 논문은 이들 사건과 관련하여 검토한 쟁점을 다룬 것으로 추정된다. 이 논문은 위 사건이 모두 종결되어 확정된 한참 뒤에 공간되었다.

110) 같은 판결은 양도담보약정에 '소유권을 양도하고 그 인도를 마쳤다는 내용을 명시한 점', '비용은 설정자가 부담하기로 약정하면서도 양도하였다는 내용의 양도증서를 작성, 교부한 점', '양도담보권자를 위한 물품보관계약서를 작성하기도 하였다는 점' 등에 비추어 양도담보 후에도 간접점유자의 지위에 남아 있었다고 보기 어렵고 법률관계에서 이탈하였다고 봄이 상당하다고 한다. 일일이 논할 필요조차 없이 부당한 의사표시해석이다. 위 합의는 어느 것이나 양도담보와 모순되지 아니하고 (신탁적 양도설에 따르는 한 당연하다) 양도담보는 양도담보설정자에게 직접 또는 하위의, 그러니까 더 앞서는 점유를 유보하는 것이 전형적이며 당해 사안에서도 그러하므로 (때문에 화주이체가 가능하였던 것이다) 당연히 당해 법률관계에서 이탈하지 아니한 채 상위의 간접점유를

이른바 화주이체가 이루어졌다면[111] 점유지시에 의한 양도 또는 선의취득이 가능해지는바, 어느 것이 앞서는지 확정하였어야 했다. 법원은 이 점을 확정하지 아니한 채 결론을 내렸는바, 목적물반환청구권 양도에 의한 동산 양도에 확정일자부 통지 · 승낙이 필요하다는 입장을 취한다 하더라도 이는 부당했다.

Ⅳ. 결 론

이하에서는 이 글에서 검토한 바 중 핵심적인 부분을 간단히 정리하는 것으로 결론에 갈음하기로 한다.

1. 동산 양도의 요건으로서 인도와 동산 선의취득의 요건으로서 인도 내지 점유취득은 서로 다른 기능을 한다. 전자(前者)는 양도의사의 진지성과 그 시점을 명확히 하는, 말하자면 양도의사가 약동하는 시점 내지 계기인 반면, 후자는 양도인에게 목적물의 점유를 조달할 능력이 있다는 외관에 해당한다. 그러므로 목적물반환청구권 양도에 의한 인도의 경우 전자는 합의로 충분하다. 판례는 전자에 대하여도 확정일자부 통지 · 승낙을 요구하는 취지로 보이나, 이는 부당하다. 합의로 족하다고 보아야 한다.

2. 간접점유자의 점유개정에 의한 간접점유의 이전도 가능하고, 이는 전형적으로 양도담보설정의 경우에 그러하다. 그 결과 동산 양도가 이루어질 수 있다. 그러나 점유개정은 양도인이 자의적으로 권리 귀속을 바꿀 여지를 남기므로 점유개정에 의한 선의취득까지 인정할 수는 없고, 같은 이유에서 목적물반환청구권 양도에 의한 선의취득에는 확정일자부 통지 · 승낙까지 필요하다고 봄이 상당하다. 나아가 동산 질권의 경우 그 설정에도 확정일자부 통지 · 승낙이 필요하다고 볼 것이다. 또한 목적물반환청구권 양도에 의한 선의취득에서는, 점유조달능력의 외관이 당연히 확보되지는 아니한다는 점을 선의 · 무과실 판단에서 고려할 필요가 있다.

3. 다른 한편, 직접점유자에게 양수인을 위한 점유를 지시하고 직접점유자가 이에 명시적 · 묵시적으로 동의함으로써 성립하는 점유지시도 간접점유 동산의 양도방법으로 인정되고, 이때에는 점유지시에 의한 선의취득도 가능하다. 이른바 화주이체는, 상관습에 비추어도, 그 전형적인 예이다. 이러한 인도방법은 목적물반환청구권 양도에 의한 동산 양도 또는 선의취득에 확정일자부 통지 · 승낙이 필요하다고 보는 판례에 따르더라도 점유지시에 이를

설정해주려는 의사로 보아야 한다. 그러나 동시에 주목되는 바는 간접점유의 점유개정에 의하는 경우 무방식의 약정만으로 물권변동이 일어나는 반면, 목적물반환청구권의 양도에 의하는 경우에는 판례에 따를 때, 확정일자까지 필요해지는 현저한 불균형이 생긴다는 사정을 이 사건도 여실히 보여주고 있다는 점이다.

111) 양선영(주 5), 341－344면은 화주이체가 상관습법에 따른 권리변동 방식이 되려면 이것이 독자적인 인도방법으로 인정되어야 한다는 전제하에 이를 부정한다. 그러나 점유지시에 의한 인도 및 양도가 가능한 이상 화주이체는 점유지시에 대한 동의, 즉 종전 점유매개관계의 해소와 새로운 점유매개관계의 설정의 의사표시로서의 표시가치를 가지고, 그렇게 해석되어야 한다는 의미의 상관습을 인정하는 데는 별 문제가 없다고 보인다.

요구할 근거는 없고, 점유지시의 효력을 부인할 근거도 없다. 이 점은, 점유이탈물의 양도는 합의만으로 가능하다는 점과 함께, 목적물반환청구권 양도에 의한 동산 양도가 합의로 족하다고 보아야 하는 또 다른 근거를 이룬다.

4. 점유개정이나 간접점유를 수반하지 아니하는 목적물반환청구권의 양도라 하더라도 이후 실제로 현실점유를 취득하거나 양수인을 위한, 양도인과 독립된 간접점유를 설정해주면 선의취득을 인정하여야 한다. 판례 중에는, 방론이기는 하나, 점유개정에 대하여 이를 부인하는 듯한 설시를 한 것이 보이나, 명백히 부당하다. 다른 한편, 어느 경우든 원소유자의 채권적 반환청구권의 상대방이 목적물에 대한 점유를 유지하고 있어 반환청구권이 불능이 되지 아니한 때에는 선의취득의 요건을 다 갖추었다 하더라도 아직은 선의취득을 인정할 수 없다. 이는 선의취득의 법리 자체에서 도출되는 결론이라기보다는 이익형량을 통하여 인정된 예외이다.

5. 점유와 간접점유 및 인도는 점유보호와 자력구제, 동산 양도, 권리적법성 추정 및 동산 선의취득 각각의 맥락에서 서로 다른 기능을 갖고 있고, 때문에 반드시 일관되게 통일적으로 해석하기 어려운 측면이 있다. 중요한 것은 개념의 통일성이 아닌 실제 이익상황에 맞는 해결이다.

의사표시 도달에 대한 의제와 약관법상의 내용통제

이 병 준

고려대학교 법학전문대학원 교수

이 논문은 2024년 10월 고려대학교 법학연구원 민사법센터와 약관법연구회에서 공동개최한 약관법 특별세미나에서 발표한 논문이다. 이 때 좋은 토론을 하여 주신 연세대학교의 서종희 교수님과 홍윤선 교수님에게 감사드린다.

Ⅰ. 들어가며

1. 도달주의와 증명책임

민법 제111조 제1항에서는 의사표시가 상대방에 대하여 그 통지가 도달한 때에 효력을 발생하는 것으로 규정하고 있다. 도달에 선행하는 개념으로서 통지는 표의자가 의사표시를 상대방에 대하여 발송하는 행위를 말한다.[1] 그리고 의사표시가 상대방의 영역에 진입하여 의사표시를 인식할 수 있는 상태가 되었을 때 도달이 인정된다.[2] 따라서 의사표시가 효력을 발생하기 위해서 상대방이 현실적으로 의사표시를 수령하거나, 통지의 내용을 알았을 것까지는 요구하지 않더라도,[3] 그 내용을 살펴볼 수 있는 가능성(인식가능성)은 마련되어야 한다. 이 규정을 통하여 입법자는 의사표시가 효력을 발생하기 위한 요건을 설정하고 표의자와 수령자 사이의 적절한 이해관계의 조정을 도모하고 있다. 그리고 이러한 법리는 의사표시의 효력발생을 넘어서 관념의 통지나 의사의 통지와 같은 준법률행위에 유추적용 된다.[4] 더 나아가 정보제공의무의 이행에도 적용되므로 제공된 정보가 상대방에게 도달을 해야 제대로 이행된 것으로 취급을 한다.[5]

도달에 대한 증명책임은 표의자가 부담하는 것이 일반적이다.[6] 따라서 표의자는 도달 자체에 대한 증명책임은 물론, 도달 시점에 대한 증명책임을 모두 부담한다.[7] 따라서 실제로 의사표시가 도달하였더라도 의사표시 상대방이 도달하지 않았다고 주장하면 사업자는 도달하였다는 사실을 증명하지 못하면 의사표시의 효력발생을 주장하지 못하게 된다. 이는 도달주의를 취한 이상 표의자가 부담해야 하는 불이익이다. 그런데 위와 같은 사정이 존재하기 때문에 사업자는 의사표시가 도달하지 않았다고 주장하면서 자신의 의무나 불이익한 법률효과를 회피하려는 고객의 부당한 주장에 대비해야 하는 정당한 이해관계를 갖는다.[8]

도달에 대한 증명이 사업자에게 어렵다고 하여 판례에서 도달에 대한 증명책임을 쉽게 완화하여 주지도 않는다. 도달에 관한 증명책임은 우편을 이용하는 경우에 판례상 많이 문제되고 있으나, 대법원에서는 통상의 우편에서는 도달의 추정을 인정하지 않고 있다.[9] 등기

---

1) 이영준, 민법총칙, 개정증보판(2007), 470면.

2) 이영준, 민법총칙, 473면. 최근에 이에 관한 독일의 논의에 관하여 박규용, 독일 민법에서 의사표시의 도달에 관한 논의, 법학연구 제23권 제4호, 2023.

3) 대법원 1997. 11. 25 선고 97다3128 판결.

4) 이영준, 민법총칙, 472면: 윤재석, 민법주해Ⅲ, 제2판(2022), 474면; 윤강렬, 주석민법[민법총칙 3], 2019, 818면.

5) 보증계약에서 통지의무라는 측면에서 조명하는 문헌으로 김상중, 보증계약에서의 위험귀속과 채권자의 통지, 정보제공의무, 법조 제52권 제7호, 2003. 은행의 정보제공의무와 관련하여 김형석, 은행의 정보제공책임, 민사판례연구 제32권, 2010, 508면.

6) 윤태식, 민법주해[Ⅲ], 485면; BGHZ 24, 308; BGH NJW 1964, 1176.

7) 엄동섭, 의사표시의 도달에 관한 판례분석, 서강법학 제7권, 2005, 125면.

8) Staudinger/Coester-Waltjen, 2013, § 308 Nr. 6 Rn. 1.

9) 대법원 2009. 12. 10. 선고 2007두20140 판결: 보통우편의 방법으로 발송되었다는 사실만으로는 그 우편물이 상당한 기간 내에 도달하였다고 추정할 수 없고, 송달의 효력을 주장하는 측에서 증거에 의하여 이를 입증하여야

우편에 대해서만 도달에 대한 추정의 효력을 예외적으로 인정하고 있다.[10] 그에 따라 사업자가 도달에 대한 증명의 어려움을 면하기 위해서는 비용을 들여서 등기우편을 이용해야 한다. 그런데 이 경우에도 고객의 주소가 잘못된 경우에는 도달이 인정되지 않을 위험이 존재한다.

2. 도달에 대한 증명책임을 면하기 위한 목적으로 약관에 사용되는 도달의제 조항

표의자인 사업자는 자신의 부담으로 돌아가는 의사표시 부도달에 대한 위험 및 증명책임의 부담을 약관에서 의사표시의 도달을 의제함으로써 해결하려고 하는 경우가 많다.[11] 예컨대 도달하지 않았다는 사실을 수령자에게 증명하도록 하는 등 도달에 대한 증명책임을 전환하는 조항, 반대 증명을 배재한 채 의사표시의 도달을 의제하는 내용의 조항을 통하여 이 문제를 해결하려고 한다.[12]

사업자가 증명책임을 면하기 위해서는 기본적으로 의사표시가 통지가 되어 도달하는데 필요한 시간이 지난 후에는 도달이 인정될 수 있도록 간주하는 것이 필요하다. 예컨대 사업자의 의사표시가 도달하지 않더라도 통지만으로 효력을 발생하게 하는 경우, 연착이나 부도달의 경우 통상 의사표시가 도달하여야 할 때 고객에게 도달한 것으로 의제하는 조항이 여기에 해당한다.[13] 신용카드회원규약에서 "카드사로부터의 통지 또는 송부서류 등이 연착하거나 도착하지 아니한 경우에는 통상 도착하여야 할 때에 회원에게 도착한 것으로 합니다"라고 규정하고 있었다.[14] 독일 구은행약관에서는 "통상적인 우편을 이용하여 은행에게 알려진 최후의 고객 주소로 서면의 통지를 한 경우에는 도달하는 것으로 본다"라고 규정하고 있었다.

그런데 고객 시각에서는 민법 제111조 제1항이 보장하고 있는 바대로 의사표시가 도달하여 의사표시의 내용을 인식할 수 있는 기회가 보장되어야 한다. 사업자가 의사표시의 도달을 약관조항을 통하여 의제하게 되면, 의사표시의 내용을 고객이 알 수 있는 기회를 보장받지 못한 상태에서 그에게 불리한 법률효과가 발생할 위험이 있다.[15] 따라서 이러한 이해관계 충돌을 조정하기 위하여 약관법 제12조 제3호에서는 "고객의 이익에 중대한 영향을 미치는 사업자의 의사표시"인지와 의제를 하는데 "상당한 이유"가 존재하는지 여부라는 표지들을 통하여 당사자 사이의 이해관계 충돌을 적절하게 조정하고 있다.[16] 제12조 제3호에 의

한다.

10) 대법원 2007. 12. 27. 선고 2007다51758 판결: 우편물이 등기취급의 방법으로 발송된 경우에는 반송되는 등의 특별한 사정이 없는 한 그 무렵 수취인에게 배달되었다고 보아야 한다.

11) BeckOK BGB/Becker, § 308 Nr. 6 Rn. 3; Stoffels, AGB-Recht, Rn. 659.

12) MüKoBGB/Wurmnest, § 308 Nr. 6 Rn. 1.

13) 손지열, 민법주해[XII], 1999, 394면; 공정거래위원회 약관심사지침[공정거래위원회예규 제375호] Ⅲ. 8. (2) (가); 서울중앙지방법원 2023. 5. 23. 선고 2022가단5152367 판결.

14) 이은영, 약관규제법, 342면; 약관심사지침 Ⅲ. 8. (2) (다).

15) 약관심사지침 Ⅲ. 8. (1) (나); 권영준, 주석민법[채권각칙1], 691면; Stoffels, AGB-Recht, Rn. 659.

하면 사업자의 의사표시가 고객의 이익에 중대한 영향을 미치고 사업자가 도달의 의제에 대하여 상당한 이유가 없는 경우에는 도달 의제조항은 무효이나, 고객의 이익에 중대한 영향을 미치는 의사표시가 아니거나 중대한 영향을 미치는 의사표시지만 사업자에게 도달의 의제에 상당한 이유가 있는 경우에는 도달 의제조항이 유효하게 된다.

약관법 제12조 제3호를 통한 이해관계 조정이 판례에서 어떻게 이루어지고 있는지는 아래의 판결을 통하여 구체적으로 살펴볼 필요가 있다. 이 판결 법리는 제12조 제3호가 문제되고 있는 거의 모든 판례 사례에서 적용되어 제12조 제3호에 관하여 판례의 근본법리를 형성하고 있다.

[보험계약에서 보험계약자의 주소변경 사건][17]

개인용 자동차종합보험계약을 체결하면서 보험료 상당 부분을 계약 당일에, 나머지 보험료는 추후 특정일에 지급하기로 당사자 사이에 합의를 보았다. 해당 보험계약에 적용되는 개인용자동차보험 특별약관의 보험료 분할납입 특별약관 규정에 의하면 "주소변경을 통보하지 않는 한 보험증권에 기재된 보험계약자 또는 기명피보험자의 주소를 회사의 의사표시를 수령할 지정장소로 한다"고 규정하고 있었다. 보험회사에서는 보험증권에 기재된 주소로 보험계약자에 대하여 약관조항에 따라 보험증권에 기재된 종전 주소로 보험료납입최고서를 발송하였으나, 보험계약자의 이사로 인하여 주소가 맞지 않아서 도달하지 못하게 되어 반송되었다. 보험회사에서는 약관조항에 따라 보험증권에 기재된 원고의 종전 주소지로 분납보험금 지급의 최고를 하였으므로 이 사건 보험계약은 제2회 분납보험료 납입일자부터 30일이 경과한 시점에 해지되었다고 주장하였다.

분납보험료 납부 지체를 이유로 보험계약을 해지하기 위해서는 상법 제650조 제2항[18]에 따라 상당한 기간을 정하여 보험계약자에게 최고하여야 하고, 그 최고가 보험계약자에게 도달하여야 한다. 본 사안에서 주소변경으로 인하여 결국 최고가 보험계약자에게 도달하지 못하였다. 그런데 위 약관조항은 보험계약자의 종전 주소로 최고의 서면을 발송하기만 하면 보험계약자가 이를 실제 수령하지 않았더라도 계약해지가 될 수 있는 것처럼 규정하고 있었다. 따라서 고객이 실제 수령하지 아니하고 보험회사의 최고서면 발송만으로 효력을 발생시키는 것이고, 실질적으로는 상법 제650조 제2항의 최고라는 절차를 일부 완화한 것이 된다. 만약 약관조항을 기초로 의사표시가 도달된 것으로 의제하게 된다면, 도달의 의제로 고객은 의사표시 효과가 자신에게 불이익할 수도 있는데도 불구하고 사실상 인식할 수 있는

16) 약관심사지침에 의하면 '상당한 이유'가 있는지의 여부는 당해 약관을 설정한 의도 및 목적, 당해 업종에서의 통상적인 거래관행, 관계법령, 거래대상 상품 또는 용역의 특성, 사업자의 영업상의 필요 및 고객이 입을 불이익의 내용과 정도 등을 종합적으로 고려하여 판단한다고 보고 있다[Ⅲ. 8. (1) (라)].

17) 대법원 2000. 10. 10. 선고 99다35379 판결. 이에 관련된 논의로 권순희, 계속보험료의 납입지체와 해지예고부 납입최고의 효력, 상사판례연구 제6권, 2006 참조.

18) 상법 제650조(보험료의 지급과 지체의 효과) ② 계속보험료가 약정한 시기에 지급되지 아니한 때에는 보험자는 상당한 기간을 정하여 보험계약자에게 최고하고 그 기간내에 지급되지 아니한 때에는 그 계약을 해지할 수 있다.

기회가 박탈된 상태에서 의사표시가 효력을 발생하게 된다는 위험에 처하게 된다. 이에 따라 대법원에서는 제12조 제3호를 적용하여 해당 약관은 무효라고 판단하였다.[19)]

그러나 대법원에서는 더 나아가서 "특별약관 조항은 위와 같은 무효의 경우를 제외하고 보험회사가 과실 없이 보험계약자 또는 피보험자의 변경된 주소 등 소재를 알지 못하는 경우에 한하여 적용되는 것이라고 해석하여야 한다"고 하여 제한해석 내지 효력유지적 축소해석을 하였다.[20)] 결국 대법원은 도달 의제가 불공정하여 무효라고 선언하면서도 제한해석 내지 효력유지적 축소해석이라는 방법을 사용하여 일부 내용의 약관에 대하여 그 효력을 인정하고 있다.

3. 문제의 제기와 본 논문의 논의 순서

학계에서 약관법 제12조 전체를 개괄적으로 논의한 논문이 있으나,[21)] 아직도 충분히 제12조 제3호가 검토된 것으로 보이지 않는다. 따라서 본 논문에서는 제12조 제3호 관련된 심도 있는 논의를 진행해 보려고 한다. 그리고 앞에서 살펴본 대법원 판례가 제12조 제3호의 입법취지를 제대로 구현하고 있는지도 비판적으로 분석해 보려고 한다.

본 논문에서는 제12조 제3호에서 도달의 의제를 무조건 금지하지 않고 "중대한 영향"이 있는 경우로 한정하는 입법이유를 먼저 살펴보려고 한다(Ⅱ). 이와 같이 입법이유를 제대로 파악하여 본 금지조항의 입법목적을 제대로 설정해야지만 이 규정이 갖는 의미를 올바르게 파악할 수 있는 길이 열리기 때문이다. 그 다음으로 본 규정의 적용범위에 대하여 살펴 본 후(Ⅲ) 적용되기 위한 금지의 내용에 대하여 구체적으로 살펴보려고 한다(Ⅳ). 마지막으로 본 규정에 위반한 경우의 법률효과에 대하여 논해보려고 한다(Ⅴ).

우리 문헌에서 이에 관한 논의가 많지 않은 관계로 동일한 규정 내용을 가지고 있는 독일의 학설과 판례를 많이 참조하였다. 그러면서 되도록 많은 판례와 공정거래위원회 심결례를 소개하려고 노력하였다.

---

19) 해당 판결에서 대법원은 "보험계약자 또는 피보험자가 개인용자동차보험 보통약관에 따라 주소변경을 통보하지 않는 한 보험증권에 기재된 보험계약자 또는 기명피보험자의 주소를 보험회사의 의사표시를 수령할 지정장소로 한다고 규정하고 있는 개인용자동차보험 특별약관의 보험료 분할납입 특별약관 제3조 제3항 후단을 문언 그대로 보아 보험회사가 보험계약자 또는 피보험자의 변경된 주소 등 소재를 알았거나 혹은 보통일반인의 주의만 하였더라면 그 변경된 주소 등 소재를 알 수 있었음에도 불구하고 이를 게을리한 과실이 있어 알지 못한 경우에도 보험계약자 또는 피보험자가 주소변경을 통보하지 않는 한 보험증권에 기재된 종전 주소를 보험회사의 의사표시를 수령할 지정장소로 하여 보험계약의 해지나 보험료의 납입최고를 할 수 있다고 해석하게 되는 경우에는 위 특별약관 조항은 고객의 이익에 중대한 영향을 미치는 사업자의 의사표시가 상당한 이유 없이 고객에게 도달된 것으로 보는 조항에 해당하는 것으로서 위 약관의 규제에 관한 법률의 규정에 따라 무효라 할 것"이라고 판단하였다.

20) 이를 축소해석으로 설명하는 문헌으로 권영준, 주석민법[채권각칙1], 692면.

21) 최병규, "약관규제법 제12조 의사표시 의제－독일법과의 비교를 중심으로", 「경제법연구」 제15권 제1호, 2016.

Ⅱ. 제12조 제3호의 입법배경과 입법목적

1. 우리 입법자의 의사

우리 입법자료에 의하면 그 입법이유가 자세히 나와 있지 않다. 다만 본 규정은 의사표시 도달의 의제조항에 관한 규정이고, 고객의 부도달의 항변을 배제하는 것은 고객의 이익을 부당히 침해하는 것이 된다고 기술되어 있을 뿐이다.[22] 하지만 이 내용만으로는 이 규정의 의미를 충분히 이해하기는 어렵다. 따라서 유사한 규정내용을 가지고 있는 독일의 입법과정을 살펴보는 것은 매우 의미가 있다.

2. 독일의 입법자의 의사

독일의 약관법의 제정과정에서 정부안에 의하면[23] 도달을 의제하는 조항은 전면적으로 무효로 규정하고 있었다.[24] 그런데 독일 국회 법제위원회에서는 이를 절대적 금지조항으로 입법하는 것은 과한 것으로 판단하였다. 왜냐하면 은행처럼 대량거래를 하는 경우에는 도달을 의제하는 것이 조직상 필요가 있고, 도달의 의제로 불필요한 비용을 절감할 필요성도 인정될 수 있기 때문이다.[25] 이러한 측면에서 독일의 입법자는 규정 내용을 수정하여, 고객에게 의사표시가 "특별한 의미를 갖는" 경우로 도달 의제조항이 무효로 되는 요건을 제한하였다. 이와 같은 불확정된 개념을 사용함으로써 약관조항의 불공정성을 판단하기 위하여 구체적 조항마다 "특별한 의미를 갖는" 것인지를 판단하는 것이 필요하게 되었다.

3. 상대적 금지조항으로서의 제12조 제3호와 제14조 제2호의 관계

약관법 제12조 제3호에서는 고객의 이익에 중대한 영향을 미치는 사업자의 의사표시가 상당한 이유 없이 고객에게 도달된 것으로 보는 조항은 무효로 선언하고 있다. 제12조 제3호에서 구체화를 필요로 하는 "중대한 영향"이라는 표현을 사용함에 따라 이 사유는 상대적 금지조항에 해당한다.[26]

그런데 제12조 제3호는 사실의 추정에 관한 제14조 제2호와의 관련성 속에서 이해하는 것도 매우 중요하다.[27] 제14조 제2호에서는 "상당한 이유 없이 고객에게 입증책임을 부담시

22) 소비자문제를 연구하는 시민의 모임, 약관규제의 입법, 1986, 66면.
23) 구약관법안 제9조 제15호 c.
24) BT-Drs. 7/3919, 6, 39.
25) BT-Drs. 7/5422, 7.
26) 독일의 입법자는 평가가 필요한 조항, 즉 상대적 금지조항 목록에 이 조항을 두고 있다.
27) 그에 반하여 제12조 제3호와 제7조 제2호의 관련성을 논의하는 문헌도 있다(황원재, "약관의 규제에 관한 법률상 심사기준과 그 의미", 「재산법연구」 제35권 제1호, 2018, 240면 이하).

키는 약관조항"을 무효로 선언하고 있다. 만약 제12조 제3호가 없었다면 도달의 의제는 사실에 관한 추정에 해당하고[28] 사업자가 부담하고 있는 증명책임을 완화하는 조항에 해당하기 때문에 제14조 제2호에 따라 불공정성 여부가 판단되어야 한다. 따라서 제12조 제3호는 제14조 제2호에 대한 예외를 인정하는 특별규정에 해당한다.[29] 그런데 제12조 제3호에서 "중대한 영향"이 있는 의사표시만 불공정한 것으로 보고 "중대한 영향"이 없는 의사표시에 대하여는 불공정하지 않은 것으로 보게 됨으로써 제14조 제2호와의 관계를 고려하면 "중대한 영향"이 없는 의사표시에 대하여는 실질적으로 숨은 허용요건을 창설하는 의미를 갖는다고 볼 수 있다. 이러한 측면에서 제12조 제3호는 중대한 영향이 없는 의사표시에 대한 허용요건을 제14조 제2호와의 관계에서 규정하고 있는 것이다.[30] 이렇게 해석해야만 제12조 제3호와 제14조 제2호의 관련성을 제대로 파악하고 그 한계설정을 할 수 있다.[31] 제12조 제3호에 따라 일단 유효성이 긍정되는 "중대한 영향"이 없는 의사표시에 대한 도달의 의제는 추가적으로 일반조항인 제6조에 기초하여 그 불공정성 여부가 심사될 수 있음을 주의해야 한다.[32]

Ⅲ. 제12조 제3호의 적용범위

이하에서는 제12조 제3호의 적용범위에 대하여 살펴보려고 한다. 예외적 허용요건을 규정하고 있다는 점을 감안하면 법률에서 허용하는 경우 이외에는 엄격히 제한하여야 할 것이다. 왜냐하면 예외규정의 경우는 그 적용범위를 입법목적에 구현하는 한도에서 좁게 해석하는 것이 타당하기 때문이다.

1. 적용이 긍정되는 경우

1) 사항적 적용범위

본 조항은 사업자의 의사표시에 적용될 뿐만 아니라, 통지와 같은 의사의 통지 내지 감정의 표시에 모두 유추적용될 수 있다.[33] 또한 각종의 통지에 대하여도 제12조 제3호를 유추적용해야 한다.[34]

---

28) Erman/Roloff, § 308 Rn. 52.
29) BeckOK BGB/Becker, § 308 Nr. 6 Rn. 2; Stoffels, AGB－Recht, Rn. 662.
30) Wolf/Dammann, § 308 Nr. 6 Rn. 1; BeckOK BGB/Becker, § 308 Nr. 6 Rn. 2; Staudinger/Coester－Waltjen, 2013, § 308 Nr. 6 Rn. 7.
31) Ulmer/H. Schmidt, § 308 Nr. 6 Rn. 5; Wolf/Dammann, § 308 Nr. 6 Rn. 18 f.; BeckOK BGB/Becker, § 308 Nr. 6 Rn. 4.
32) BeckOK BGB/Becker, § 308 Nr. 6 Rn. 4.
33) Wolf/Dammann, § 308 Nr. 6 Rn. 2; BeckOK BGB/Becker, § 308 Nr. 6 Rn. 9; BeckOGK/Weiler, § 308 Nr. 6 Rn. 19; MüKoBGB/Wurmnest, § 308 Nr. 6 Rn. 3; Stoffels, AGB－Recht, Rn. 667.
34) Ulmer/H. Schmidt, § 308 Nr. 6 Rn. 4; MüKoBGB/Wurmnest, § 308 Nr. 6 Rn. 6; BeckOK BGB/Becker, § 308

공정거래위원회에서도 도달이 문제되면 그것이 의사표시이던 준법률행위에 해당하는 의사의 통지 내지 감정의 표시이던 상관없이 본 조항을 적용하였다. 그에 따라 대금납부안내, 융자안내, 입주안내, 계약의 해제통고 등을 포괄적으로 규정하고 있는 제반 안내문의 발송에 대하여 본 조항의 적용가능성을 인정하였다.[35)]

2) 인적 적용범위

제3자의 의사표시는 대리에 관한 규정을 통하여 본인인 사업자에게 의사표시의 효력이 귀속될 수 있는 경우에 대하여만 본 규정이 적용된다.[36)] 그리고 본인에게 효력이 귀속될 수 없더라도 해당 의사표시를 통하여 본인에게 유리한 법률효과가 발생하는 경우에도 적용될 수 있다.[37)]

그에 반하여 고객의 의사표시에 대하여 도달의 의제가 이루어지는 경우에는 제12조 제3호를 적용할 수 없다.[38)] 왜냐하면 명문의 규정을 통하여 사업자의 의사표시에 대하여 본 조가 적용되는 것으로 규정하고 있기 때문이다.

3) 도달에 대한 의제 여부

제12조 제3호는 의사표시 "도달"의 문제를 규정하는 조항에 대하여 적용된다. 우선 "도달한 것으로 봅니다"와 같이 도달이라는 사실을 의제를 하는 경우에 적용된다. 사업자에게 최후로 알려진 고객의 주소로 우편을 보냈으나, 반송된 경우처럼 특정한 사건이 일어났을 경우 도달의 사실을 대체하는 조항도 본 조의 적용대상이 된다. 또한 우편송달 후 3일이내 또는 마지막으로 변경된 주소지에 도달한 것처럼 특정한 시점에 의사표시가 도달한 것으로 의제하는 조항에 대하여도 본 규정이 적용된다.[39)]

제12조 제3호는 의사표시의 도달을 의제하는 경우, 즉 반증이 불가능한 의제만을 명문으로 규정하고 있다. 그렇지만 반증이 가능한 추정의 경우도 결국 사업자의 증명책임을 완화하는 결과를 가져오는 것은 동일하므로 제12조 제3호를 유추적용해야 할 것이다.[40)] 이를 통

Nr. 6 Rn. 9; Stoffels, AGB－Recht, Rn. 667.

35) **[리베라종합건설(주)의 '리베라 아이누리아파트 공급계약서'상 불공정약관조항에 대한 건]** 시정권고: 제2006－106호 사건번호: 2006약관0430.

36) Wolf/Dammann, § 308 Nr. 6 Rn. 2; BeckOGK/Weiler, § 308 Nr. 6 Rn. 20; MüKoBGB/Wurmnest, § 308 Nr. 6 Rn. 3.

37) Wolf/Dammann, § 308 Nr. 6 Rn. 2; BeckOK BGB/Becker, § 308 Nr. 6 Rn. 9.

38) 손지열, 민법주해[XII], 1999, 394면; BeckOK BGB/Becker, § 308 Nr. 6 Rn. 9.

39) MüKoBGB/Wurmnest, § 308 Nr. 6 Rn. 7; BeckOK BGB/Becker, § 308 Nr. 6 Rn. 10.

40) 하급심 판결이기는 하지만, 도달에 대한 추정의 효력을 부여하고 있는 약관조항에 대하여 제12조 제2호를 의문의 여지없이 적용하고 있는 판례로 서울중앙지방법원 2015. 5. 21. 선고 2014가합47158 판결. Wolf/Dammann, § 308 Nr. 6 Rn. 8; Ulmer/H. Schmidt, § 308 Nr. 6 Rn. 5; BeckOK BGB/Becker, § 308 Nr. 6 Rn. 10; Staudinger/Coester－Waltjen, 2013, § 308 Nr. 6 Rn. 1; MüKoBGB/Wurmnest, § 308 Nr. 6 Rn. 3; Stoffels, AGB－Recht, Rn. 663. 독일의 학설은 더 나아가 의사표시의 도달이 추정되는 경우, 즉 고객에게 반대사실의 증명을 통하여 번복이 허용되는 경우에 대하여도 적용되는 것으로 본다. 입법과정에서 이미 살펴본 바와 같이 독일의 입법자는 사업자에게 도달에 대한 증명을 완화할 필요성을 인정하였다. 이는 독일 민법 제308조 제6호의 확

하여 중대하지 않은 의사표시의 경우 도달을 추정할 수 있도록 할 수 있는 가능성을 마련하여 대량적으로 의사표시가 이루어지는 경우 절차의 완화를 도모할 수 있는 기회를 마련하려는 입법목적을 추정의 경우도 반영할 필요가 있다. 의제는 반대증명의 문제를 포함하고 있으므로 법형식에 있어서 사실상 차이가 없다는 점도 논거로 들기도 한다.[41)]

2. 적용이 부정되는 경우

1) 도달을 포기하거나 통지를 의제하는 경우

공정거래위원회에서는 [**리베라종합건설(주)의 '리베라 아이누리아파트 공급계약서'상 불공정약관조항에 대한 건**]에서 "고객의 계약서상 등재 주소지로 발송한 날로부터 효력을 발생하는 것"으로 보는 조항에 대하여 제12조 제3호를 적용하였다.[42)] 그러나 제12조 제3호는 우체국을 통한 전송처럼 통지를 통하여 효력을 발생하는 경우에는 적용되지 않은 것으로 본다. 즉 통지를 통하여 바로 법률효과가 발생하고 도달을 요구하지 않은 경우에는 본 조의 적용대상이 되지 않는다.[43)] 왜냐하면 의사표시의 통지를 통하여 고객이 구체적으로 인식할 수 있도록 하자는 것이 도달주의 원칙인데, 아예 의사표시 통지 자체를 부정하게 되면, 인식될 수 있는 기회조차 마련되지 않기 때문이다. 의사표시의 도달 자체를 약관조항을 통하여 포기하는 경우에는 일반조항인 제6조에 불공정성을 판단해야 하며, 일반원칙에서 벗어나고 있는 이상 원칙적으로 불공정한 것으로 보아야 할 것이다.[44)] 따라서 고객의 이익에 영향을 미치는 중대한 사항에 대한 것인지의 여부를 판단할 필요가 없다.[45)]

공정거래위원회에서는 [**근로복지공단의 회원가입약관상 불공정약관조항에 대한 건**]에서 "보험료, 기타 징수금의 납입 등의 통지에 대하여 공단은 사무대행기관전산망(고용·산재보험 토탈서비스)의 공지사항에 등록함으로서 해당 보험사무 대행기관에 통지한 것으로 갈음할 수 있다"는 조항에 대하여 제12조 제3호를 적용하였다.[46)] 그런데 도달 자체를 의제하지 않고 공지 등을 통한 다른 형태로 통지와 함께 도달을 대체는 하는 경우도 제12조 제3호를

장해석하여 의사표시 추정에 대하여 본 규정을 적용하는 경우에만 달성될 수 있다. 만약 도달을 추정하는 경우를 본조의 적용대상에서 제외하게 되면, 증명책임의 변경에 관한 절대적 금지조항(제309조 제12호)에 해당하게 된다. 만약 이와 같이 해석하게 된다면 고객에게 부담이 덜 되는 추정은 절대적으로 금지됨에 반하여, 강한 효력을 갖는 의제는 상대적으로 유효할 수 있게 된다. 따라서 제308조 제6호의 규정은 특별규정으로 제309조의 제12호의 적용을 배제하는 것으로 보고 있다.

41) BeckOK BGB/Becker, § 308 Nr. 6 Rn. 10.

42) 시정권고: 제2006-106호 사건번호: 2006약관0430.

43) MüKoBGB/Wurmnest, § 308 Nr. 6 Rn. 4; BeckOK BGB/Becker, § 308 Nr. 6 Rn. 11; Staudinger/Coester-Waltjen, 2013, § 308 Nr. 6 Rn. 1.

44) MüKoBGB/Wurmnest, § 308 Nr. 6 Rn. 4; BeckOK BGB/Becker, § 308 Nr. 6 Rn. 11; 유사한 입장으로 황원재, "약관의 규제에 관한 법률상 심사기준과 그 의미", 「재산법연구」 제35권 제1호, 2018, 239면.

45) 그러나 [**리베라종합건설(주)의 '리베라 아이누리아파트 공급계약서'상 불공정약관조항에 대한 건**]에서는 고객의 이익에 영향을 미치는 중요한 사항인지 여부를 판단하고 있다.

46) 시정권고: 제2006-092호 사건번호: 2006약관1593.

적용할 수 없고 일반조항인 제6조에 의하여 불공정성을 판단해야 한다.[47] 이와 같은 조항은 극도의 대량거래적 성격으로 인하여 사업자에게 그 필요성이 요구되기 때문에 정당화될 여지가 충분히 있으므로 그 가능 여부를 검토해야 한다. 경우에 따라서는 이 문제는 증명책임을 전환하는 경우에 해당할 수 있기 때문에 제14조 제2호에 따라 판단해야 하는 경우도 있다.[48]

통지의 의제 또는 추정이 이루어는 경우에는 제12호 제3호를 적용할 수 없다.[49] 왜냐하면 이러한 사유는 사업자가 조직상의 요구가 필요 없는 사업자의 지배영역에서 일어나는 사정을 기초로 하는 것이고, 또한 도달 전의 문제에 해당하기 때문이다.[50]

2) 제3자에게 수령권한을 부여하는 경우

제3자에게 수령권한을 부여하거나 수령사자를 임명하는 조항은 도달을 의제하는 조항에 해당하지 않는다.[51] 예컨대 제3자에 대한 의사표시에서 고객이 상호 수령권한을 부여하거나,[52] 사업자에 대하여 다수의 연대채무자가 존재하는 경우 한 연대채무자에 대한 의사표시가 모든 의사표시에 대하여 효력을 발생한다는 조항[53]이 여기에 해당한다.

이와 같은 조항의 효력은 일반조항인 제6조에 따라 그 유효성을 판단해야 한다.[54] 그러나 그 경제적 효과에서는 도달의제 조항과 동일하기 때문에 제6조를 판단함에 있어서 제12조 제3호에 따른 기준을 참조해야 할 필요성은 있는 것으로 보인다.[55]

3) 인식을 의제하는 조항

제12조 제3호는 도달을 의제하는 경우에만 적용된다. 따라서 인식 자체를 의제하는 조항에 대하여는 본 조항이 적용되지 않는다.[56] 예컨대 소멸시효기간의 시기를 충족하기 위하여 이와 같은 의제조항이 사용될 수 있다. 이와 같은 조항은 제6조 내지 제14조 제2호에 기하여 그 유효성을 판단해야 할 것이다.

---

47) Wolf/Dammann, § 308 Nr. 6 Rn. 10; BeckOK BGB/Becker, § 308 Nr. 6 Rn. 12.
48) 독일법에 대하여 이와 같은 견해로 BeckOK BGB/Becker, § 308 Nr. 6 Rn. 13.
49) Wolf/Dammann, § 308 Nr. 6 Rn. 9; MüKoBGB/Wurmnest, § 308 Nr. 6 Rn. 4; BeckOK BGB/Becker, § 308 Nr. 6 Rn. 13.
50) Wolf/Dammann, § 308 Nr. 6 Rn. 9; BeckOK BGB/Becker, § 308 Nr. 6 Rn. 13.
51) Staudinger/Coester－Waltjen, 2013, § 308 Nr. 6 Rn. 1.
52) KG NJW－RR 1992, 859.
53) BGH NJW 1989, 2383.
54) BeckOK BGB/Becker, § 308 Nr. 6 Rn. 14; Stoffels, AGB－Recht, Rn. 664.
55) 이와 같은 입장으로 BGH NJW 1989, 2383; Ulmer/H. Schmidt, § 308 Nr. 6 Rn. 5; MüKoBGB/Wurmnest, § 308 Nr. 6 Rn. 4; BeckOK BGB/Becker, § 308 Nr. 6 Rn. 14.
56) Wolf/Dammann, § 308 Nr. 6 Rn. 8,9; BeckOK BGB/Becker, § 308 Nr. 6 Rn. 15.

Ⅳ. 제12조 제3호에 따른 금지의 내용

1. 사업자의 의사표시에 대한 도달의 의제

제12조 제3호는 의사표시의 도달을 의제하는 내용을 담고 있는 모든 약관조항을 그 적용대상으로 한다. 이러한 의제조항은 크게 보면 2가지 요소로 구성된다.[57] 첫째는 사업자의 특정한 행위 내지 요건사실을 기술한다. 예컨대 우체국을 통한 우편물의 송부, 특정한 주소로의 송부, 구체적으로 설정된 기한의 도과와 같이 특정한 요건사실을 기술한다. 둘째는 기술된 요건사실이 충족되면 도달하는 것으로 의제하는 부분이 존재한다.[58]

예컨대 [**케이티글로벌수빅인코퍼레이션의 수빅암펠로스타의 임차소유권 매매계약서상 불공정약관에 대한 건**]에서는 “계약취소 또는 해지 통지서가 등기우편으로 고객의 주로로 발송되면 고객의 수령 여부와 관계없이 상기 내용들이 충분히 통지된 것으로 간주한다”는 조항이 있었다.[59] 여기서는 “통지서가 등기우편을 통하여 발송”이 특정한 요건사실에 해당하고 이러한 요건사실이 충족되면 도달 여부와 상관없이 도달을 의제하고 있는 것이다. 이와 유사하게 [**인천국제공항공사의 공사·용역·물품구매·상업시설계약일반조건, 공사상업시설계약특수조건상 불공정약관조항에 대한 건**]에서는 “계약자의 주소지로 우편발송한 후 3일이 경과”한 경우에 도달한 것으로 보는 조항에 대하여 공정거래원회는 제12조 제3호를 적용하였다.[60] 여기서는 “발송 후 3일의 경과”가 바로 특정한 요건사실에 해당한다.

2. 고객에게 중대한 영향을 미치는 의사표시

1) 중대한 영향

(1) 중대한 영향의 의미와 인정의 범위

약관법은 명문으로 “중대한 영향을 미치는 의사표시”를 제12조 제3호에서 핵심적인 불공정성 판단표지로 설정하고 있다. 이에 따라 우리 학설은 “중대한 영향을 미치는 의사표시”라는 표현에 상당한 의미를 부여하여 이를 제한적으로 해석해야 하는 것으로 보인다. 즉 “중대한 영향을 미치는 의사표시”를 고객의 계약상 지위와 급부 내용에 “본질적인 영향”을 의미하는 것으로 해석하고 있다.[61]

그에 반하여 독일에서는 이와 유사한 “중요한 의미를 갖는(von besonderer Bedeutung)”

57) MüKoBGB/Wurmnest, § 308 Nr. 6 Rn. 3.
58) Stoffels, AGB-Recht, Rn. 663; Ulmer/H. Schmidt, § 308 Nr. 6 Rn. 5.
59) 시정권고: 제2008-066호 사건번호: 2008약관2681.
60) 시정권고: 제2005-012호 사건번호: 2004독관3822.
61) 손지열, 민법주해[XII], 1999, 394면; Wolf/Dammann, § 308 Nr. 6 Rn. 4.

의사표시라는 요건을 입법적으로 잘못 표현된 것으로 보고 규정의 입법목적을 충분히 살리기 위하여 그 의미를 확장하고 있다. 이에 따라 고객에게 중대한 영향을 미치는 의사표시라고 함은 사업자가 한 의사표시 내지 기타 통지를 통하여 고객에게 불이익한 법률효과 발생하는 경우를 말한다고 보고 있다.[62] 다시 말하면 불이익한 법률효과가 발생하기만 하면 이 요건을 충족하는 것으로 넓게 해석하고 있다.[63] 고객에게는 자신의 법적 지위에 대한 변경을 일으키는 의사표시에 대하여는 의사표시가 도달하도록 요구하여 고객이 의사표시의 내용을 인식할 수 있도록 기대할 수 있어야 한다. 이 견해의 기본적인 목적은 제12조 제2호에 해당하는 독일 규정의 입법목적을 충분히 살리는 것에 있다. 즉 도달의 의제가 인정하는 허용범위를 줄이기 위하여 이 개념표지를 넓게 해석하고 있는 것이다.

중대한 영향의 의미를 좁게 해석하고 있는 우리 학설에서는 고객에게 중대한 영향을 미치는 의사표시에는 계약의 취소나 해제, 급부변경의 청약, 이행지체를 발생시키거나 시효중단 사유가 되는 이행의 청구 등이 포함된다고 보고 있다.[64] 판례는 해지의 전제가 되는 최고[65]와 채권양도의 통지[66] 경우를 중대한 영향을 미치는 의사표시라고 보았다. 그에 반하여 의미를 넓게 보는 독일 문헌에서는 최고,[67] 저당권에 기한 경매에 대한 예고통지,[68] 소비대차의 해지,[69] 무권대리인의 대리행위에 대한 추인,[70] 은행에서 하는 기한의 설정과 결산보고,[71] 신용카드회사의 월간 단위의 이용요금계산서의 발송, 입주자대표회의에 대한 소집 등이 속한다고 보고 있다. 더 나아가 약관이 이미 당사자 사이에 적용되고 이에 따라 계약체결에 관한 약관조항도 의미가 있는 경우에는 승낙의 의사표시에 대한 의제도 제12조 제3호가 적용될 수 있다고 한다.[72]

"중대한 영향"이라는 표지가 사용된 것은 은행에서 하는 단순한 통지에 대하여 도달을 의제하는 것이 가능하도록 하기 위한 목적에서이다. 즉 "중대한 영향"이 없는 경우에 도달의 의제를 예외적으로 허용하기 위한 것이다. 따라서 도달 의제가 허용되는 것은 원칙에 대한 예외를 인정하고 있다는 측면에서 그 적용범위가 아주 좁다고 보아야 한다. 그러므로

62) Wolf/Dammann, § 308 Nr. 6 Rn. 4; MüKoBGB/Wurmnest, § 308 Nr. 6 Rn. 5; Staudinger/Coester−Waltjen, 2013, § 308 Nr. 6 Rn. 6; BeckOK BGB/Becker, § 308 Nr. 6 Rn. 16; Stoffels, AGB−Recht, Rn. 668.

63) 여기서 법적 불이익이 기준이 되므로 경제적 중요성은 불이익을 판단함에 있어서 중요하지 않다.

64) 손지열, 민법주해[XII], 1999, 394면; 황원재, "약관의 규제에 관한 법률상 심사기준과 그 의미", 「재산법연구」 제35권 제1호, 2018, 240면; 공정거래위원회 약관심사지침 III. 8. (1) (다).

65) 대법원 2000. 10. 10. 선고 99다35379 판결.

66) 대법원 2007. 9. 21. 선고 2006다26021 판결.

67) Ulmer/H. Schmidt, § 308 Nr. 6 Rn. 7; Wolf/Dammann, § 308 Nr. 6 Rn. 4; MüKoBGB/Wurmnest, § 308 Nr. 6 Rn. 5.

68) Ulmer/H. Schmidt, § 308 Nr. 6 Rn. 7; MüKoBGB/Wurmnest, § 308 Nr. 6 Rn. 5.

69) BGH NJW 1989, 2383.

70) MüKoBGB/Wurmnest, § 308 Nr. 6 Rn. 5; Staudinger/Coester−Waltjen, 2013, § 308 Nr. 6 Rn. 6; BeckOK BGB/Becker, § 308 Nr. 6 Rn. 17.

71) Ulmer/H. Schmidt, § 308 Nr. 6 Rn. 7.

72) OLG Hamm WM 1986, 1364; BeckOK BGB/Becker, § 308 Nr. 6 Rn. 17.

"중대한 영향"이라는 법문의 명시적 표현과 다르게 고객의 보호를 위하여 이를 고객의 법적 지위에 영향을 미치는 것으로 보는 독일의 해석론은 타당하다고 생각된다.

(2) 일반적인 의제의 경우

약관조항에서 모든 의사표시에 대한 의제를 일반적으로 규정하고 있는 경우에는 조항의 해석을 통하여 고객에게 중대한 영향이 있는 의사표시에 대한 의제가 포함되는지를 확정해야 한다. 통상적으로 고객에게 중대한 영향이 있는 의사표시가 포함되어 있다고 보아야 하므로 이러한 경우에는 전체 조항이 무효가 된다. 이 경우 사업자가 조항의 전부무효를 방지하려면, 고객에게 중대한 영향을 미치는 의사표시를 의제조항의 적용범위에서 명문의 규정을 통하여 제외시켜야 한다.

2) 중대한 영향이 없는 경우

고객의 법적 지위를 변경시키지 않거나 고객의 법적 지위를 향상시키는 의사표시는 고객에게 중대한 영향이 있는 것으로 볼 수 없다.[73] 이와 같은 의사표시에 대한 도달의 의제가 이루어진 경우는 제12조 제3호에 따라 불공정하지 않은 것으로 판단된다. 우리 문헌에서 중대한 영향이 없는 경우로 각종 정보의 통지, 상계의 통지, 고객의 요청사항에 대한 승인이 포함되는 것으로 보고 있다.[74] 이 사유 중에서 상계의 통지는 이로 인하여 채권이 소멸하는 법률효과가 발생하는 측면에서 고객에게 중대한 영향력 있는 사유에 해당하는 것으로 보아야 하므로 여기에 포함할 것은 아니라고 생각된다. 또한 정보의 통지에 대하여도 주의를 기할 필요가 있다. 예컨대 전자상거래법의 경우 정보제공의무의 이행시점은 철회권 행사기간의 개시시점과 연관되기 때문에(동법 제17조 제1항 참조) 법적인 지위에 영향을 주는 것이므로 여기에 해당한다고 할 수 없을 것이다.

추가적으로 도달의 의제로 발생하게 되는 법률효과로 인하여 침해되는 경제적 가치가 적은 경우에도 중대한 영향이 없는 것으로 판단할 여지가 있다.[75]

V. 제12조 제3호 위반의 법률효과

1. 2가지 사례유형에 따른 효력

제12조 제3호의 위반과 관련하여 2가지 사례유형을 구분해야 한다. 첫째, 해당 조항에서 모든 사업자의 의사표시에 대하여 도달을 의제하는 경우에는 조항 전체가 무효이다.[76] 이

73) Wolf/Dammann, § 308 Nr. 6 Rn. 5; BeckOK BGB/Becker, § 308 Nr. 6 Rn. 18.
74) 손지열, 민법주해[XII], 1999, 394면; 황원재, "약관의 규제에 관한 법률상 심사기준과 그 의미", 「재산법연구」 제35권 제1호, 2018, 240면; 공정거래위원회 약관심사지침 III. 8. (1) (다).
75) Wolf/Dammann, § 308 Nr. 6 Rn. 4; BeckOK BGB/Becker, § 308 Nr. 6 Rn. 19.

경우는 임의규정인 민법 제111조 제1항이 적용되어, 도달이 있어야 의사표시가 효력을 발생하고 도달의 주장 및 증명책임은 모두 사업자가 원칙적으로 부담하는 것으로 해석되어야 한다.[77] 그런데 우리 판례는 전체조항의 무효를 선언하면서도 규정을 수정 내지 제한해석하여 유효한 한도에서 해당 조항의 효력은 유지된다고 보았다(이에 대하여 다음 항에서 자세히 살펴보려고 한다).

둘째, 해당 조항에서 개별적으로 도달 의제의 효과가 적용될 개별적인 사례군을 열거하는 경우에는 해당 조항 자체는 둔 채 개별적인 사례별로 그 유효성을 판단해야 한다.[78] 도달의 의제로 무효가 된 조항을 대신하여 다시 일반원칙이 적용된다.

도달 의제조항이 유효한 경우에도 반증이 가능한 추정적 효과만 인정해야 한다.[79] 이러한 해석은 고객에게 의사표시가 도달하지 않았다는 반증이 항상 가능할 수 있도록 하기 위한 목적을 가지고 있다. 더 나아가 이와 같은 반증의 가능성을 부정하는 약관은 중대한 영향이 있는지 여부와 상관없이 제6조에 기하여 무효이다.[80]

2. 판례가 하는 제한해석의 문제점

서두에서 살펴본 바와 같이 판례는 제12조 제3호에 반하는 약관조항을 무효로 보면서도 해당 조항을 제한해석하여 사업자의 과실 없이 고객의 소재를 알지 못하는 경우에 한하여 도달의제조항이 유효한 것으로 보는 효력유지적 축소라는 법리를 계속하여 여러 판례에 적용하고 있다. 이러한 판례의 근본적인 문제점은 다음 판례 사례를 통하여 구체적으로 살펴보기로 한다.

[대출금채권 양도통지 사건][81]

A산업은 B은행과 사이에 여신거래약정을 체결하고 이에 기하여 금전을 대출받았다. C는 A산업의 B은행에 대한 위 대출금채무를 연대보증하였다. 그 후 B은행은 D에게 위 대출금채권을 양도하고 그 채권양도의 통지 권한도 D에게 위임하였다. D는 주채무자인 A산업에 대하여 대출관련 서류에 신고된 주소가 아닌 다른 주소로 채권양도통지서를 발송하였으며(1차통지), 소송 중에 다시 주채무자인 A산업의 신고된 최종 주소로(2차통지), 그 후 A산업의 대표자 주소로 다시 채권양도 통지서를 발송하였다(3차통지). 여신거래약정의 은행여신거래기본약관에는 “채무자는 거래에 필요한 채무자의 명칭・상호・대표자・주소 등과 인감・서명을 은행이 정한 용지에 의하여 미리 신고하고(제15조 제1항), 은행이 채무자가 신고한 최종 주소로 서면통지 또는 기타 서류 등을 발송한 경우에는 보통의 우송기간이 경과한 때에 도달한 것으로 추정한다(제16조 제1항)”고

76) BeckOK BGB/Becker, § 308 Nr. 6 Rn. 21.
77) BeckOK BGB/Becker, § 308 Nr. 6 Rn. 21.
78) Ulmer/H. Schmidt, § 308 Nr. 6 Rn. 8; Stoffels, AGB–Recht, Rn. 670.
79) BeckOK BGB/Becker, § 308 Nr. 6 Rn. 22.
80) Ulmer/H. Schmidt, § 308 Nr. 6 Rn. 6; BeckOK BGB/Becker, § 308 Nr. 6 Rn. 22.
81) 대법원 2007. 9. 21. 선고 2006다26021 판결.

규정되어 있었다.

원심인 대전고등법원[82]에서는 채권양도 사실을 보증채무자에게만 통지하고 주채무자에게 통지하지 아니한 경우에는 그 양도로써 주채무자는 물론 보증채무자에게도 대항할 수 없다는 법리 아래, 1차통지의 경우 A산업은 이미 해산되고 B은행에 신고한 최종 주소에서도 이사하여 그 소재가 불명하였던 점에 비추어 약관 제16조 제1항에 의한 위 통지의 도달 추정은 번복되었다고 보아 그 통지의 효력을 부인하였다. 또한 2차통지 및 3차통지의 각 채권양도통지가 유효하다거나 또는 제1심에서의 A산업에 대한 소장 부본 송달과 채권양도통지서의 서증 제출에 의하여 채권양도의 통지가 적법하게 이루어졌다는 원고의 주장에 대하여는 이를 모두 배척한 다음, 주채무자인 A산업에 대한 적법한 채권양도의 통지가 없는 이상, 보증채무자인 C에 대하여도 그 채권양도를 주장할 수 없다고 하여, C에 대한 이 사건 양수금 청구를 기각하였다.

그러나 대법원에서는 "약관의 규제에 관한 법률 제12조 제3호는 의사표시에 관하여 정하고 있는 약관의 내용 중 고객의 이익에 중대한 영향을 미치는 사업자의 의사표시가 상당한 이유 없이 고객에게 도달된 것으로 보는 조항은 무효로 한다고 규정하고 있는데, 은행이 채무자의 변경된 주소 등 소재를 알았거나 혹은 보통일반인의 주의만 하였더라면 그 변경된 주소 등 소재를 알 수 있었음에도 불구하고 이를 게을리 한 과실이 있어 알지 못한 경우에도 이 사건 약관 제16조 제2항을 문언 그대로 해석·적용한다면 이는 고객의 이익에 중대한 영향을 미치는 사업자의 의사표시가 상당한 이유 없이 고객에게 도달된 것으로 보는 것이 되므로 위 법률의 규정에 따라 무효라 할 것이고, 따라서 위 약관조항은 위와 같은 무효의 경우를 제외하고 은행이 과실 없이 채무자의 변경된 주소 등 소재를 알지 못하는 경우에 한하여 적용되는 것이라고 해석하여야 한다"는 기존의 대법원의 법리를 반복한 후,[83] 1차통지에서 "채권양도통지 당시 A산업은 이미 해산되고 그 신고한 최종 주소에서도 이사하여 소재가 불명할 뿐 아니라 그 대표자의 주민등록도 말소된 상황이어서, B은행 또는 위 통지를 위임받은 D로서는 A산업의 변경된 주소 등 소재를 알 수 없어 그 신고된 최종 주소로 위 통지를 발송하였던 것임을 알 수 있고, 이와 같이 B은행 또는 D가 A산업의 소재를 알지 못한 데에 어떠한 과실이 있었다고 보기도 어려운바, 사정이 그러하다면 이 사건 약관 제16조 제2항은 위 통지에 관하여 유효하게 적용된다고 할 것이므로, 위 채권양도의 통지는 위 약관조항에 따라 보통의 우송기간이 경과한 때에 주채무자인 삼도산업에 도달한 것으로 간주할 수 있다"고 판단하였다.

본 논문에서는 대법원에서 제한해석을 통하여 사실상 효력유지적 축소해석을 하고 있고

82) 대전고법 2006. 4. 6. 선고 2004나5998 판결.
83) 사업자 측에 과실을 인정하여 도달은 부정한 판결로 대법원 2006. 12. 21. 선고 2005다31668 판결.

그 문제점에 관하여 논하려고 하지는 않겠다.[84] 다만 대법원에서 제한해석을 함으로써 약관법 제12조 제3호를 통하여 입법자가 허용하려고 하였던 도달에 대한 의제의 한계를 넘어서서 새로운 허용요건을 만들고 있다는 점을 지적하려고 한다. 앞에서 설명한 바와 같이 도달의제 조항에 관한 약관법의 규정은 사실상의 추정에 관한 특칙으로 규정된 것이고 고객에게 중대한 영향이 없는 의사표시에 대하여 도달의제를 허용하는 규정이다. 그리고 이러한 규정은 예외규정이므로 입법목적을 고려하여 좁게 해석해야만 의사표시의 도달을 요구하는 민법 제111조 제1항의 입법취지를 살리고 고객의 이익을 충분히 보호할 수 있다.

이러한 측면에서 본 조상 인정된 예외를 함부로 확대해서는 안 된다. 그런데 판례는 약관법의 명문에서 인정되는 사유 외에도 사업자에게 주소를 모르는데 귀책사유가 없는 경우에도 도달 의제를 허용하는 요건을 제한해석이라는 명목으로 새롭게 신설하고 있는 것이다. 따라서 본 판결은 이 법리를 통하여 사실상 입법자가 마련한 예외적인 허용요건 외에도 추가로 고객의 중대한 영향이 있는 의사표시에 대하여 도달 의제 조항이 인정될 수 있는 요건을 인정하고 있다.

이와 같은 대법원의 시각은 공정거래위원회 약관심사지침에도 반영되어 보험회사가 보험계약자 등의 변경된 주소 등 소재를 알았거나 보통 일반인의 주의만 기울였더라면 알 수 있었음에도 이를 게을리 하여 알지 못한 경우에도 보험증권에 기재된 종전 주소지를 의사표시의 수령 장소로 의제하는 조항[85]과 고객의 책임 없는 사유로 사업자의 의사표시가 도달되지 않거나 연착하는 경우가 있음에도 불구하고, 금융기관의 각종 통지가 보통의 우송기간이 경과한 때에 도달된 것으로 보는 조항[86]만을 무효로 보고 있다. 따라서 주소지를 알 수 없는 것이 사업자에게 귀책사유가 없는지 그리고 고객에게 도달하지 않은 것에 귀책사유가 없는지를 추가로 판단하고 있다.

3. 도달장애 이론의 적용

하지만 판례가 설정한 법리가 결과적으로 잘못된 것은 아니다. 다만 이러한 법리를 약관의 유효성 판단이 아니라, 약관을 대신하여 적용되는 민법 제111조 제1항과 연관하여 적용되는 도달장애 이론에 의하여 설명될 수 있다.

1) 도달장애 이론

민법에는 도달이 수령자 측의 사유로 이루어지지 않은 경우, 즉 도달의 장애에 대하여 명문의 규정이 없다. 이러한 문제가 발생하는 것은 우리 민법 제111조 제1항을 통하여 도달주

84) 이에 관하여 자세한 것은 김화, 약관에 있어서 효력유지적 축소해석–독일법상의 논의를 중심으로, 민사법학 제82호, 2018.
85) 약관심사지침 Ⅲ. 8. (2) (나).
86) 약관심사지침 Ⅲ. 8. (2) (라).

의를 취하였기 때문이다. 표백주의 내지 발송주의를 취하였다면 도달의 장애로 인식을 하지 못하였다는 수령자 측의 주장은 해당 이론에서는 중요하지 않은 사실이기 때문이다. 그렇지만 도달주의를 관철한다면 수령자 측의 사유로 도달이 되지 않더라도 도달이라는 요건이 충족되지 않았기 때문에 의사표시의 효력은 발생하지 않은 것이 된다.

정당하게 도달을 위하여 노력한 표의자를 보호하기 위하여 학설은 수령자가 고의·과실로 의사표시의 도달을 불가능하게 한 경우에는 신의칙에 관한 제2조를 적용하거나,[87] 조건성취 방해에 관한 제150조[88]를 유추적용하여[89] 도달을 의제할 것을 제안하고 있다.[90] 제150조도 결국에는 권리의 행사와 의무의 이행은 신의에 좇아 성실히 하여야 한다는 법질서의 기본원리가 발현된 것으로서, 누구도 신의성실에 반하는 행태를 통해 이익을 얻어서는 안 된다는 사상을 포함하고 있는 것[91]이므로 두 견해가 근본적으로 다르다고 할 수 없지만 일반조항인 제2조보다 구체적인 조문을 근거로 삼는 것이 타당하므로 제150조 유추적용설이 더 타당하다고 할 수 있다.

수령자가 존재하거나 체결하는 계약관계 또는 법률규정에 의하여 법률적으로 중요한 의사표시를 수령해야 하는 경우에는 도달장애 이론이 적용될 수 있다.[92] 이러한 경우에는 의사표시의 수령자는 의사표시가 도달할 수 있는 조치를 취해야 할 책무를 부담한다. 이와 같은 책무를 수령자가 유책하게 위반한 경우에는 수령자가 유책하게 책무위반이 없다면 통상적 사정 아래에서 의사표시를 수령하여 인식할 수 있는 때에 의사표시가 도달한 것으로 보아야 한다.[93] 따라서 수령자가 법률적으로 중요한 의사표시를 수령해야 하는 지위에 있고 고의 또는 과실로 수령할 수 있는 적절한 보조자를 지정하지 않는 등 수령할 수 있는 조치를 취하지 않은 경우에는 실제로 의사표시가 도달하지 않았다고 하더라도 도달하지 않았다는 주장을 할 수 없다. 그 결과 수령자가 유책하게 책무를 위반하지 않았다면 의사표시를 인식할 수 있는 시점에 의사표시가 도달하는 것으로 보게 되는 의제의 효과가 발생하게 된다. 판례는 "상대방이 정당한 사유 없이 통지의 수령을 거절한 경우에는 상대방이 그 통지의 내용을 알 수 있는 객관적 상태에 놓여 있는 때에 의사표시의 효력이 생기는 것으로 보아야 한다"[94]고 봄으로써 이와 같은 장애이론을 적용하여 도달을 의제한 적이 있다.

---

87) Jauernig/Mansel, 19. Aufl., 2023, § 130 Rn. 15.J

88) 제150조(조건성취, 불성취에 대한 반신의행위) ① 조건의 성취로 인하여 불이익을 받을 당사자가 신의성실에 반하여 조건의 성취를 방해한 때에는 상대방은 그 조건이 성취한 것으로 주장할 수 있다.
② 조건의 성취로 인하여 이익을 받을 당사자가 신의성실에 반하여 조건을 성취시킨 때에는 상대방은 그 조건이 성취하지 아니한 것으로 주장할 수 있다.

89) Medicus, Allgemeiner Teil des BGB, 10. Aufl.(2010), Rn. 282; Neuner, Allgemeiner Teil des Bürgerlichen Rechts, 12. Aufl.(2020), § 33 Rn. 43.

90) 이와 같은 독일의 장애이론에 대하여 자세히 논하고 있는 문헌으로 박규용, 독일민법에서 의사표시의 도달에 관한 논의, 법학연구 제23권 제4호, 2023, 160면 이하 참조.

91) 이와 같은 대법원의 판시 내용으로 대법원 2021. 1. 14 선고 2018다223054 판결 참조.

92) MüKoBGB/Einsele, § 130 Rn. 36.

93) 이영준, 민법총칙, 480면.

이러한 도달장애 이론에 대하여 경청할 만한 반대이론이 독일에서 주장되고 있다.[95] 입법자가 제111조 제1항을 통하여 달성하려고 하였던 표의자와 수령자 사이의 위험분배와 도달에 관한 증명책임을 고려할 때 도달장애 이론은 매우 엄격하게 제한되어야 한다는 것이다. 즉 제2조와 제150조 유추적용을 통하여 도달을 의제하려고 하는 시도는 타당하지 않다고 한다. 유추적용이 인정되기 위해서는 입법자가 의도하지 않은 법률상의 흠결이 존재해야 하는데, 여기서는 존재하는 것으로 볼 수 없다고 한다. 즉 입법자는 민법 제113조에서 상대방의 소재를 알지 못하는 경우에는 공시송달이라는 방법을 이용하라고 규정하고 있다는 것이다. 즉 표의자는 상대방의 주소지를 알지 못하는 경우에는 공시송달이라는 방법을 이용하여 자신의 의사표시를 할 수 있다. 공시송달을 이용한 경우에는 도달은 의제되므로 도달장애 이론은 더 이상 문제될 것이 없다. 공시송달을 이용하는 경우에는 비용이 발생하기는 하지만, 이러한 비용은 표의자에게만 발생하는 것이고 수령자에게는 발생하지 않는 것이다. 하지만 이러한 주장도 수령자가 의사표시를 수령할 의무가 존재하지 않은 경우에만 인정되는 것이다. 따라서 계속적인 법률관계가 존재하고 수령자가 의사표시를 수령할 의무를 부담하거나 제대로 된 주소를 알릴 책무를 부담하여 수령할 수 있는 상태를 만들어야 하는 경우에는 예외를 이 견해에서도 인정하고 있다.

2) 변경된 주소를 통지할 책무를 약관에 규정한 경우

약관상 변경된 주소 내용을 제공할 책무를 고객에게 부과한 경우 이러한 책무를 위반한 대상 판결 사례들에서 도달장애 이론을 동일하게 적용할 수 있다. 왜냐하면 주소가 변경되어 제대로 된 주소를 표의자가 알지 못하는 경우에는 원래 알려주었던 주소로 해당 내용이 통지될 것이기 때문에 수령자에게 행한 우편내용은 반송되거나 아니면 도달하지 않은 채로 있을 것이다. 이러한 경우에는 수령자는 우편내용을 받지 못하거나 늦게 받는 것에 책임이 있다.

표의자가 상대방의 주소지를 알지 못하는 경우에는 의사표시는 공시송달이라는 방법을 통하여 송달하는 것이 가능하다(민법 제113조). 그러나 이 절차는 통상의 우편보다는 복잡하고 추가적인 비용을 발생시킨다. 수령자가 고의·과실로 변경된 주소지를 통지하지 않아 중요한 내용의 의사표시의 도달을 불가능하게 한 경우에는 신의칙에 관한 제2조를 적용하거나,[96] 조건성취 방해에 관한 제150조를 유추적용하여[97] 도달을 의제할 필요가 있다. 독일 판례에 의하면 이와 같은 도달의제가 인정되기 위해서는 도달장애가 수령자의 영역에 있을

---

94) 대법원 2008. 6. 12. 선고 2008다19973 판결; 대법원 2008. 6. 12. 선고 2008다19973 판결.
95) HKK/Oestmann, §§ 130－132 Rn. 37.
96) Jauernig/Mansel, 19. Aufl., 2023, § 130 Rn. 15.J
97) Medicus, Allgemeiner Teil des BGB, 10. Aufl.(2010), Rn. 282; Neuner, Allgemeiner Teil des Bürgerlichen Rechts, 12. Aufl.(2020), § 33 Rn. 43.

뿐만 아니라, 수령자가 의식적으로 도달을 방해 또는 지연시키거나, 법률적으로 중요한 의사표시의 도달이 이루어져야 한다는 사실을 알고 있음에도 불구하고 자신에게 해당 의사표시가 도달하도록 충분한 조치를 취하지 않은 경우이어야 한다.[98)]

그런데 이 경우에도 원칙적으로 표의자는 수령자가 해당 내용을 인식할 수 있도록 도달을 위하여 노력해야 한다. 독일의 다수설은 앞에서 이루어진 의제가 적시의제(Rechtzeitigkeitsfiktion), 즉 적시에 도달한 것으로만 의제되는 것으로 해석하고 있다.[99)] 이러한 해석을 하는 이유는 2번째 통지를 할지 여부에 관한 선택권을 표의자에게 부여하기 위해서이다. 즉 2번째 통지를 하지 않으면 첫 번째 도달이 이루어진 것이 아닌 것이 된다. 2번째 통지를 동일한 내용으로 하면 적시의제의 효과로 첫 번째 통지가 도달할 수 있었던 시점에 해당 내용이 도달된 것으로 보게 된다. 그리고 2번째 통지를 다른 내용으로 하게 되면 당연히 2번째 통지가 도달한 때 효력을 발생하게 된다. 2번째 통지가 필요하지 않은 경우는 정당한 이유 없는 거절로 통지가 필요 없는 것으로 보이는 경우와 도달방해로 인하여 다시 통지하더라도 도달하지 않을 것으로 보이는 경우이다. 이러한 경우에는 표의자에게 다시 2차통지를 하라고 요구하는 것이 기대불가능하다고 보기 때문에 도달의 의제(Zugansfiktion)가 바로 이루어진다.[100)]

3) 도달장애 이론의 법이론적 기능

일단 약관조항이 불공정하여 무효로 선언된 이상 해당 약관조항은 적용될 수 없고 사법상의 일반원칙을 보충적으로 적용하여야 한다. 제111조 제1항의 법적 성격은 임의규정이므로[101)] 이때 보충적용될 수 있다. 그런데 이때 도달장애 이론이 제111조 제1항의 적용범위를 제한하여 고객 측에서 사업자에게 변경된 주소를 알릴 책무가 존재함에도 불구하고 이러한 책무를 이행하지 않은 경우에는 도달을 의제할 수 있게 된다. 따라서 대법원이 취한 입장대로 무효인 부분을 제외하는 제한해석을 하고 약관조항의 일부를 적용해야만 이러한 결론이 도출될 수 있는 것은 아니다.

Ⅵ. 나가며

의사표시의 도달을 의제하는 의제조항에 관한 약관법 제12조 제3호는 사실의 의제를 규정하고 있는 제14조 제2호에 대하여 예외적인 허용요건을 규정하고 있다. 즉 중요하지 않은 의사표시에 대하여 예외적으로 도달을 의제할 수 있는 가능성을 사업자에게 마련하고 있다.

98) BGH NJW 1996, 1968.

99) Medicus, Allgemeiner Teil des BGB, 10. Aufl.(2010), Rn. 279; Neuner, Allgemeiner Teil des Bürgerlichen Rechts, 12. Aufl.(2020), § 33 Rn. 43.

100) 하지만 이 경우에도 표의자는 도달의 의제라는 법률효과가 발생하지 않는 것을 원하는 경우에는 이 법률효과의 발생을 거부할 수 있다(Neuner, Allgemeiner Teil des Bürgerlichen Rechts, 12. Aufl.(2020), § 33 Rn. 43).

101) 이영준, 민법총칙, 2007, 467면; 윤강렬, 주석민법[민법총칙 3], 818면.

이러한 취지에서 맞추어 제12조 제3호의 의미와 내용 및 적용범위를 결정해야 한다.

첫째, 의사의 통지와 관념의 통지 같은 준법률행위는 제111조 제1항에 기하여 유추적용될 수 있기 때문에 제12조 제3호에서도 동일한 결과를 인정하는 것이다. 그에 반하여 도달의 의제에 대하여만 제12조 제3호를 적용해야지 의사표시의 효력을 발생하기 위하여 도달을 아예 포기하거나 통지를 의제하는 조항은 본 조의 적용범위에 들지 않는다.

둘째, 입법목적을 제대로 구현하기 위해서는 고객에게 중요한 의사표시의 의미도 되도록 넓게 해석하여 제12조 제3호를 통하여 허용되는 범위를 좁히는 것이 타당하다. 이에 따라 고객의 법률적 상태를 불이익하게 변경하는 모든 경우를 중요한 의사표시로 이해하는 견해가 타당하다.

셋째, 제12조 제3호에 위반하는 조항은 원칙적으로 전부무효가 된다. 그런데 대법원에서 무효라고 선언한 후 제한해석을 통하여 일부 약관조항의 효력을 인정하는 판례법리는 제한해석을 통한 효력유지적 축소라는 방법을 통해서가 아니라, 약관조항이 무효인 경우에 임의규정인 제111조 제1항이 적용되고 이 임의규정이 다시 도달장애 이론에 의하여 제한되는 법리를 통하여 동일하게 달성할 수 있다. 이러한 측면에서는 주소를 모르는지에 관하여 귀책사유가 존재하는지의 여부를 판담함으로써 정당한 이해관계를 조정을 하고 있는 판례이론은 그 결론에 있어서는 타당하지만, 잘못된 곳에서 이론을 구성하고 있다. 이러한 결론을 도모하기 위하여 약관법의 정통이론대로 약관의 전부를 무효로 선언할 수 있다.

인공지능의 활용과 개인정보의 보호

이 소 은

영남대학교 법학전문대학원 교수

이 글은 제2회 2024. 10. 19. 사법학자·공법학자대회에서 발표한 내용을 다듬은 것입니다.
논문 제출 이후 「인공지능 발전과 신뢰 기반 조성 등에 관한 기본법」이 제정되어, 2026. 1. 22. 시행을 앞두고 있음을 밝힙니다.

존경하는 박동진 교수님의 화갑을 축하드리며, 이 글을 드립니다. 교수님께서는 늘 저에게 따뜻한 관심을 기울여 주시고, 저를 격려하여 주셨습니다. 부족한 글로나마 교수님께 감사한 마음을 전해드립니다.

Ⅰ. 들어가며

‘인공지능 시대’라는 표현이 어색하지 않을 정도로, 인공지능은 우리의 일상 깊숙이 스며들어 있다. 스마트폰에 내장된 인공지능 비서, 번역과 글쓰기를 도와주는 인공지능 서비스, 원하는 이미지나 동영상을 만들어주는 인공지능 서비스, 뉴스를 진행하는 인공지능 아나운서 등, 인공지능 기술은 다양한 분야에서 널리 활용되고 있다. 이러한 인공지능 기술의 일상화는 인공지능을 둘러싼 법적 분쟁이 다양한 국면에서 발생할 수 있다는 것을 시사한다.[1) 이 글에서는 그 가운데 개인정보 보호와 관련된 법적 문제를 다루고자 한다.

인공지능의 활용과 관련된 개인정보 보호 문제는 크게 두 유형으로 나누어볼 수 있다.[2) 첫 번째는 인공지능의 개발 단계에서 개인정보가 포함된 데이터를 이용하는, 입력(input) 단계에서의 문제이다. 인공지능의 훈련에 사용되는 학습 데이터에 개인정보가 포함되어 있는 경우, 그 개인정보를 어떠한 요건 아래 적법하게 활용할 수 있는가 하는 문제가 이에 해당한다.[3) 두 번째는 인공지능의 활용 단계에서 개인정보와 관련한 데이터 생성, 의사결정, 데이터 분석 등을 수행하는, 산출(output) 단계에서의 문제이다. 구체적으로는 인공지능에 의하여 생성된 데이터에 정보주체가 공개되기를 원하지 않는 개인정보가 포함되어 있는 경우, 인공지능 알고리듬이 정보주체의 개인정보에 기초하여 자동화된 의사결정을 내리는 경우, 인공지능에 의한 데이터 분석을 통하여 정보주체가 식별될 위험이 높아지거나 그에 대한 감시가 심화될 우려가 있는 경우 등에 발생할 수 있는 법적 문제를 들 수 있다.[4)

인공지능의 활용이 야기하는 위와 같은 개인정보 보호 문제들은 일견 새로운 것처럼 보이지만, 종전에는 존재하지 않았던 완전히 새로운 문제라고 보기는 어렵다. 인공지능 개발 단계에서의 문제는 개인정보 보호법(이하 “개인정보법”이라고 한다)[5) 제15조부터 제20조까지의 조문이 규정하고 있는 개인정보 수집, 이용, 제공의 적법 요건 문제로 환언될 수 있고, 인공지능 활용 단계에서의 문제는 개인정보 정정・삭제 요구권(제36조), 개인정보 처리정지 요구권 및 동의 철회권(제37조), 자동화된 결정에 대한 거부권(제37조의2)과 같이 개인정보 처리를 거부할 수 있는 정보주체의 권리 문제로 연결될 수 있기 때문이다. 다만 인공지능에 특유한 문제, 가령 학습 데이터를 스크레이핑(scraping) 방식으로 수집하는 과정에서 정보주체와의 상호작용이 배제되는 문제, 일단 학습 데이터로 활용된 개인정보를 인공지능 모델에

1) Daniel J. Solove, Artificial Intelligence and Privacy (February 1, 2024). 77 Florida Law Review (forthcoming Jan 2025), GWU Legal Studies Research Paper No. 2024-36, GWU Law School Public Law Research Paper No. 2024-36, Available at SSRN: https://ssrn.com/abstract=4713111 or http://dx.doi.org/10.2139/ssrn.4713111, p. 5; 최경진 편, 인공지능법, 박영사(2023), i면.
2) 이러한 유형화는 Solove(주 1), pp. 6-7을 참고한 것이다.
3) Solove(주 1), p. 15.
4) Solove(주 1), pp. 6-7.
5) 이하 본문에서 개인정보법의 조문을 인용할 때에는 법률 제명을 인용하지 않고 조문 번호만을 인용한다.

서 삭제하는 것이 개인정보 데이터베이스에 포함되어 있는 개인정보를 삭제하는 것만큼 단순하지 않다는 문제, 정보주체의 개인정보에 기초하여 인공지능이 일정한 의사결정을 내린 경우 그 의사결정의 논리적 과정을 설명하기 어렵다는 문제 등으로 인하여 개인정보의 활용과 보호를 둘러싼 법적 문제가 더욱 복잡한 양상으로 나타나는 것이다.[6)]

이 글에서는 인공지능 개발 단계의 개인정보 보호 문제와 인공지능 활용 단계의 개인정보 보호 문제를 나누어, 개인정보법의 해석론과 입법론을 전개하고자 한다. 이하 본문에서는 먼저 인공지능 기술이 어떠한 맥락에서 개인정보자기결정권에 대한 침해를 야기할 수 있는지 분석하고(Ⅱ), 인공지능 개발 단계에서 활용되는 학습 데이터에 개인정보가 포함되어 있는 경우, 인공지능 개발자가 그 개인정보를 적법하게 처리할 수 있는 요건에 관하여 검토한다(Ⅲ). 그 다음으로 인공지능 활용 단계에서 정보주체가 학습 데이터에 포함되어 있는 자신의 개인정보에 대하여 개인정보법상 삭제요구권, 처리정지요구권, 동의철회권 등의 권리를 행사할 수 있는지, 자동화된 결정에 대한 거부권 및 설명요구권의 행사 요건과 효과는 무엇인지, 추론된(inferred) 정보에 대하여는 정보주체가 어떠한 권리를 행사할 수 있는지 등을 살펴본다(Ⅳ). 마지막으로 향후 과제를 제시함으로써 글을 끝맺고자 한다(Ⅴ).

Ⅱ. 인공지능과 개인정보자기결정권의 문제

인공지능은 왜 개인정보 보호 문제를 야기하며, 인공지능이 야기하는 개인정보 보호 문제에는 어떠한 특성이 있는가? 아래에서는 인공지능 기술의 발전을 배경으로 한 개인정보법의 해석론과 입법론을 전개하기에 앞서, 인공지능이 무엇을 의미하는지, 오늘날 인공지능 기술의 특징은 무엇인지, 인공지능 기술이 어떠한 맥락에서 개인정보자기결정권에 대한 침해를 야기할 수 있는지 살펴본다.

1. 인공지능의 개념

'인공지능(artificial intelligence)'이라는 단어를 처음 사용한 것은 컴퓨터 과학자 존 매카시(John McCarthy)였다고 알려져 있다. 매카시는 1956년에 마빈 민스키(Marvin Minsky)와 함께 다트머스(Dartmouth) 대학교 수학과에서 최초의 인공지능 콘퍼런스[7)]를 주최하였는데, 이때 처음으로 '인공지능'이라는 단어를 사용하였다고 한다. 한편 '인공지능'이라는 단어가 등장하기 이전인 1950년에 이미 앨런 튜링(Alan Turing)이 컴퓨터가 인간처럼 사고할 수 있는지를 평가하는 기준(이른바 튜링 테스트)을 제시한 바 있다는 사실을 떠올리면,[8)] 인공지능에 대한

6) Solove(주 1), p. 16.

7) 이를 흔히 다트머스 콘퍼런스(Dartmough Conference)라고 한다. 이에 관한 소개로 Meredith Broussard, Artificial Unintelligence: How Computers Misunderstand the World, MIT Press (2018), p. 70.

8) 이에 관한 설명으로 앨런 튜링 지음, 노승영 옮김, 곽재식 해제, 앨런 튜링 지능에 관하여, 에이치비 프레스

관심과 그에 관한 연구는 상당히 오래된 역사를 가지고 있다고 할 수 있다.

그러나 인공지능 기술이 주목받기 시작한 것은 비교적 최근의 일이다.[9] 2011년에는 IBM의 왓슨(Watson)이 인간과의 제퍼디(Jeopardy!) 게임에서 승리하였고,[10] 2016년에는 구글의 알파고(AlphaGo)가 인간과의 바둑 대국에서 승리하였다.[11] 이는 대중적으로 인공지능 기술이 주목받는 계기가 되었다.[12] 인공지능에 대한 사회적 관심은 이후 OpenAI가 대형 언어 모델(large language model)에 기반한 생성형 인공지능 프로그램인 ChatGPT를 출시하면서 더욱 증폭되었다.[13]

인공지능 기술의 발달과 그에 대한 높은 관심에도 불구하고, 인공지능의 개념에 관해서는 아직 명확한 합의가 존재하지 않는 듯하다.[14] 법학 분야로 논의를 한정하여 보면, 인공지능은 '기계를 사용하여 인간의 인지 기능 일부에 근접하고자 하는 기술의 집합'[15]이라고 정의되기도 하고, '문제 해결, 의사결정, 언어 인식, 인지 등 인간의 지능이 요구되는 과업(task)을 수행할 수 있는 컴퓨터 시스템'[16]이라고 정의되기도 한다. 올해 3월 유럽연합 의회를 통과한 유럽연합 인공지능법(Artificial Intelligene Act, 이하 "EU 인공지능법"이라고 한다)은 인공지능 시스템을 '다양한 수준의 자율성을 가지고 작동하도록 고안되었으며, 활용 단계 이후에 적응성(adaptiveness)을 보일 수 있고, 명시적·묵시적 목적을 위하여 입력값(input)으로부터 물리적·가상적 환경에 영향을 미칠 수 있는 예측, 콘텐츠, 추천, 의사결정 등의 산출물(output)을 어떻게 생성할 것인지를 추론하는 기계 기반 시스템'이라고 정의하고 있다(제3조 제1항).[17]

인공지능이라는 단어의 사전적 의미는 '인간이 만들어낸 지능'이므로, 인공지능의 개념을 정의하기 위해서는 '지능'을 먼저 정의할 필요가 있다. 그런데 인간의 '지능'을 정의하는 것은 매우 어려운 문제이기 때문에, 인공지능의 개념을 명확히 정의하려는 시도는 모든 사람의 동의를 얻어내기 어려운 경우가 많다.[18] 가령 EU 인공지능법은 '일정한 입력값으로부터

(2019), 67면 이하.

9) 과거 인공지능 연구가 두 차례의 암흑기를 맞게 되었던 이유에 관한 설명으로 최경진 편(주 1), 3면(윤상원 집필 부분).

10) IBM 홈페이지의 설명(https://www.ibm.com/history/watson-jeopardy, 2024.10.7. 최종방문) 참조.

11) Google DeepMind 홈페이지의 설명(https://deepmind.google/technologies/alphago/, 2024.10.7. 최종방문) 참조.

12) Meredith(주 7), p. 90.

13) Solove(주 1), p. 9.

14) Ryan Calo, Artificial Intelligence Policy: A Primer and Roadmap, 51 U.C.D. L. Rev. 399, 404 (2017-2018).

15) Calo(주 14), p. 404.

16) Solove(주 1), p. 9.

17) 우리나라에서 22대 국회에 제출되어 있는 인공지능 관련 법률안들도 이와 유사한 정의를 채택하고 있다. 가령 「인공지능 산업 육성 및 신뢰 확보에 관한 법률안」(의안번호 2200053, 안철수 의원 대표발의)은 인공지능을 "자율성을 가지고 외부의 환경 또는 입력에 적응하여 학습, 추론, 지각, 판단, 언어의 이해 등 인간이 가진 지적 능력을 전자적 방법으로 구현한 것"이라고 정의하며, 「인공지능 발전과 신뢰 기반 조성 등에 관한 법률안」(의안번호 2200543, 정점식 의원 대표발의)은 인공지능을 "학습, 추론, 지각, 판단, 언어의 이해 등 인간이 가진 지적 능력을 전자적 방법으로 구현한 것"이라고 정의한다.

18) 앨런 튜링은 '지능'이라는 개념이 "수학적이라기보다 심정적"이라고 표현하기도 하였다. 앨런 튜링(주 8), 27면.

산출물을 어떻게 생성할 것인지를 추론'하는 것이 곧 지능이라고 보는듯하나, 지능이라는 개념을 위와 같이 한정 지을 근거는 희박하다. 한편 인간의 '지능'이란 무엇인가, 나아가 이를 모방하는 인공지능이란 무엇인가를 명확히 정의하는 것은 이 글의 범위를 벗어나는 것이기도 하다. 그러므로 아래에서는 인공지능의 개념을 직접적으로 정의하기보다는 오늘날 인공지능 기술의 특성을 살펴봄으로써 이 글의 논의 대상인 '인공지능'의 개념을 구체화하고자 한다.

2. 오늘날 인공지능의 특성

오늘날 인공지능의 특징은 기계학습 알고리듬(machine learning algorithm)을 사용한다는 점이다.[19] 과제를 해결하는 방법을 인간이 지정하는 대신, 기계학습 알고리듬을 통하여 과제 해결 방법을 스스로 학습하도록 하는 것이 기계학습의 핵심이라고 할 수 있다.[20] 기계학습은 비지도 학습(unsupervised learning), 지도 학습(supervised learning), 강화 학습(reinforcement learning)으로 나뉜다.[21] 비지도 학습 방식에서는 시스템에 다량의 데이터를 입력한 다음, 기계로 하여금 그 데이터를 이해하고, 해당 데이터에서 규칙성을 찾아내며, 그 데이터를 압축하거나 표시하거나 시각화하는 유용한 방법을 고안하도록 한다. 지도 학습 방식에서는 시스템이 여러 유형으로 분류되거나 일정한 라벨(label)이 표시된 데이터를 학습하도록 한 다음, 시스템에 새로운 사례를 제시하고 그 사례를 예측하도록 한다. 강화 학습 방식에서는 시스템에 일정한 보상이나 제재를 함으로써 시스템이 보상을 최대화하고 제재를 최소화할 수 있는 최적의 방법을 찾아내도록 한다. 하나의 인공지능 서비스를 시장에 출시하기까지 위의 여러 가지 학습 방식이 함께 활용되는 경우도 많다.[22]

오늘날 인공지능 연구의 기반을 이루고 있는 심층신경망(deep neural network) 또는 흔히 딥러닝(deep learning)이라고 부르는 기술은 우리 뇌의 작동 기전을 참고한 결과이다.[23] 우리 뇌의 뉴런과 같은 역할을 하는 퍼셉트론(perceptron)을 다층적으로 구성하여, 다수의 퍼셉트론으로 구성된 층(layer)은 수직적인 정보의 분화를, 한 층을 구성하는 퍼셉트론의 숫자를 의미하는 노드(node)는 수평적인 정보의 분화를 처리하도록 한 것이다.[24] 이러한 딥러닝

한편 지능을 어떻게 정의하는지에 따라, 인공지능은 지능적이지 않다는 결론이 도출될 가능성도 있다. 예컨대 김소형, "인공지능이 갖는 가치 위계의 한계", 동서철학연구 제110호(2023), 330－336면.

19) Solove(주 1), p. 10; 정종구, "인공지능 시대의 개인정보 개념에 대한 연구－자연어 처리를 중심으로", 한양대학교 법학논총 제38권 제2호(2021), 215면.

20) Rishi Bommasani et al., On the Opportunities and Risks of Foundation Models, Stanford University Center for Research on Foundation Models, Available at https://crfm.stanford.edu/assets/report.pdf, p. 3.

21) Brian Christian, The Alignment Problem: Machine Learning and Human Values, Norton (2020), p. 11.

22) 가령 OpenAI의 ChatGPT의 경우 지도 학습과 강화 학습 방식이 함께 활용되었다. 최경진 편(주 1), 28－29면(임준호 집필부분).

23) 최경진 편(주 1), 6면(윤상원 집필부분).

24) 최경진 편(주 1), 6면(윤상원 집필부분).

모델의 등장은 컴퓨터가 더 많은 양의 연산을 소화할 수 있게 되고, 더 많은 데이터를 처리할 수 있게 되었기 때문에 가능하였다.[25)]

이후 인공지능 기술은 자연어 처리(natural language processing) 분야에서 파운데이션 모델(foundation model)[26)]이 등장함에 따라 한 단계 더 발전할 수 있었다. 파운데이션 모델은 주로 비지도 학습 방식으로 하나의 작업에서 학습한 지식을 다른 작업에 적용하는 전이 학습(transfer learning) 및 적응성(adaptiveness)을 핵심으로 한다.[27)] 파운데이션 모델은 자연어 처리 분야에 그치지 않고 이미지, 음성, 표 형식 데이터 등 다양한 형태의 데이터 처리 및 학습에 활용되고 있으며, 여러 가지 형태의 데이터를 함께 처리하고 학습하는 멀티모달(multi-modal)[28)] 모델로 발전하기도 하였다.[29)] 파운데이션 모델은 컴퓨터 하드웨어의 개선, 트랜스포머 구조의 개발,[30)] 학습데이터의 양적인 증가 등으로 인하여 크게 발전할 수 있었다.[31)]

정리하면, 다량의 데이터를 스스로 또는 사람의 지시 아래 학습하고, 그 학습 결과를 다양한 영역에 적용하는 것이 오늘날 인공지능의 특징이라고 할 수 있겠다.

3. 인공지능 기술 발전에 따른 개인정보 보호 문제

가. 검토 방향

인공지능 시스템이 다양한 과업을 수행할 수 있게 된 것은 분명 새로운 현상이다. 그러나 새로운 현상에 대응하여 새로운 입법을 마련하는 것이 언제나 바람직한 해결책이라고 할 수는 없다.[32)] 또한 이 글의 앞부분에서 밝힌 것과 같이 인공지능 기술이 야기하는 개인정보 보호 문제는 그다지 새로운 것이 아니기도 하다.[33)] 그러므로 이 글에서는 먼저 현행 개인정보법의 해석론을 전개하고, 현행 개인정보법의 해석론으로는 대응하기 어려운 문제에 한하여 입법론을 제시하기로 한다.

---

25) Bommasani et al.(주 20), p. 4.

26) 범용 모델(general-purpose model)과 같은 개념이다. 용어에 관한 설명으로 박상철, "인공지능의 법적 규율 I: 범용모델과 생성모델", 서울대학교 법학 제65권 제1호(2024), 66면.

27) Bommasani et al.(주 20), p. 4; 박상철(주 26), 67면.

28) 예컨대 의료 분야에서 이미지, 구조화된 데이터, 의료 분야의 임상 텍스트 등 여러 가지 형태의 정보를 융합하고 적용하는 경우가 대표적이다. Bommasani et al.(주 20), p. 5.

29) Bommasani et al.(주 20), p. 5.

30) 정보의 이해 및 압축을 담당하는 인코더(encoder)와, 이를 바탕으로 텍스트 등의 생성을 담당하는 디코더(decoder)로 구성되어 있다. 최근에는 거의 모든 분야의 인공지능에 트랜스포머 구조가 활용되고 있다고 한다. 최경진 편(주 1), 10면(윤상원 집필부분).

31) Bommasani et al.(주 20), p. 4.

32) 특히 인공지능 기술과 관련하여서는 아직 그 규제 방식과 강도에 관한 사회적 합의가 존재한다고 보기 어려워, 인공지능 개발과 활용 등을 규율하는 입법을 도입하는 데는 신중할 필요가 있다. 가령 EU 인공지능법과 유사한 입법을 도입하는 데 반대하는 견해로 이상용, "개인정보보호법상 자동화된 결정 규정의 해석과 바람직한 운영 및 개선방안", NAVER Privacy White Paper(2023), 25-26면; 박상철(주 26), 70면.

33) Solove(주 1), p. 14.

나. 구체적 검토

이 글의 앞부분에서 밝힌 것과 같이, 이 글에서 다루는 개인정보 보호 문제는 크게 ① 개발 단계에서의 문제와 ② 활용 단계에서의 문제로 나누어볼 수 있다.

(1) 개발 단계에서의 개인정보 보호 문제

앞서 살펴본 것과 같이, 오늘날 인공지능 기술 개발에서는 데이터 학습이 필수적인 요소이다. 만약 학습 데이터에서 개인정보[34]로 볼 수 있는 정보를 모두 제거하거나, 개인정보를 모두 익명처리하여 해당 정보에서 개인정보로서의 성격을 제거하거나, 개인정보를 모두 가명처리하여 해당 정보를 가명정보로 처리할 수 있다면(제28조의2 이하 참조), 인공지능 개발 단계에서의 개인정보 보호 문제는 발생하지 않을 것이다.[35] 그러나 모든 인공지능 개발자가 모든 학습 데이터와 관련하여 위와 같은 처리를 할 것을 기대하기는 어렵다.[36] 어떤 정보가 개인정보에 해당하는지를 판단하기 위해서는 그 맥락을 함께 살펴볼 필요가 있는데, 인공지능 모델에 일정한 규칙을 적용하는 것만으로는 개인정보를 정확히 제거하기 어렵기 때문이다.[37] 최근 인공지능 기술은 텍스트 문서, 이미지, 음성 등의 비정형 데이터를 중심으로 발전하여 왔는데, 이러한 비정형 데이터에 대해서는 익명처리 및 가명처리가 어렵다는 문제도 있다.[38] 또한 데이터의 성격에 따라서는 그 데이터에서 개인정보를 제거하는 것이 데이터의 유용성을 감소시키는 경우도 있다.[39] 어떠한 이유로든 학습 데이터에 개인정보가 포함되어 있는 이상, 학습 데이터의 활용에 대해서도 개인정보법의 규율이 적용될 수밖에 없다. 인공지능 개발자는 개인정보법상 개인정보처리자[40]에 해당하고, 인공지능 개발을 위한 데이터 학습도 개인정보법상 개인정보 처리[41]에 해당하기 때문이다.[42]

---

34) 개인정보법상 개인정보는 살아 있는 개인에 관한 정보로서 ① 성명, 주민등록번호 및 영상 등을 통하여 개인을 알아볼 수 있는 정보, ② 해당 정보만으로는 특정 개인을 알아볼 수 없더라도 다른 정보와 쉽게 결합하여 알아볼 수 있는 정보(이 경우 쉽게 결합할 수 있는지 여부는 다른 정보의 입수 가능성 등 개인을 알아보는 데 소요되는 시간, 비용, 기술 등을 합리적으로 고려하여야 함), ③ 위 ① 또는 ②의 정보를 가명처리함으로써 원래의 상태로 복원하기 위한 추가 정보의 사용·결합 없이는 특정 개인을 알아볼 수 없는 정보(가명정보)를 의미한다(제2조 제1호).

35) 최근 인공지능 개발의 맥락에서 개인정보를 보호하기 위한 여러 가지 기술적 시도에 관해서는 김병필, "인공지능 개인정보 보호 기술과 개인정보 보호 법제의 과제", 법경제학연구 제20권 제1호(2023), 120면 이하 참조.

36) Dawen Zhang et al., Right to be Forgotten in the Era of Large Language Models: Implications, Challenges, and Solutions, arXiv:2307.03941, available at https://do I .org/10.48550/arXiv.2307.03941, p. 6. 또한 대부분의 데이터는 잠재적으로 사람에 관한 것이라는 지적으로 Bommasani et al.(주 20), p. 8.

37) 가령 인공지능 모델에 자연인의 성명을 모두 삭제하라는 규칙을 지정하는 경우에는, 소설 등 작품에 등장하는 허구의 인물의 성명, 이미 사망하여 개인정보법상 정보주체가 될 수 없는 개인의 성명까지 모두 삭제될 수 있다.

38) 김병필(주 35), 119-120면; 개인정보보호위원회, 인공지능(AI) 개발·서비스를 위한 공개된 개인정보 처리 안내서(2024.7), 15면.

39) 김병필(주 35), 124면.

40) '업무를 목적으로 개인정보파일을 운용하기 위하여 스스로 또는 다른 사람을 통하여 개인정보를 처리하는 공공기관, 법인, 단체 및 개인 등'을 말한다(제2조 제5호).

41) '개인정보의 수집, 생성, 연계, 연동, 기록, 저장, 보유, 가공, 편집, 검색, 출력, 정정(訂正), 복구, 이용, 제공, 공개, 파기(破棄), 그 밖에 이와 유사한 행위'를 말한다(제2조 제2호).

학습 데이터 활용에 대한 개인정보법의 규율은 인공지능 개발자가 그 학습 데이터를 어떻게 취득하였는지에 따라 달라진다. ① 인공지능 개발자는 학습 데이터를 직접 취득할 수도 있고, ② 데이터를 보유하고 있는 제3의 개인정보처리자로부터 학습 데이터를 취득할 수도 있다. 인공지능 개발자가 학습데이터를 직접 취득하는 방법으로는, 인공지능 개발자가 서비스 제공 과정에서 취득하거나 생성한 데이터를 활용하는 방법(①-1), 인공지능 개발자가 스크레이핑(scraping) 등의 기법을 활용하여 인터넷에 공개된 데이터를 취득하는 방법(①-2)을 생각해볼 수 있다.

①-1의 경우에는 서비스 회원 가입, 서비스 이용 등의 단계에서 인공지능 개발자와 정보주체 사이의 상호작용이 예정되어 있으므로, 인공지능 개발자가 정보주체로부터 제15조에 따른 동의를 받았는지가 가장 중요한 쟁점이 될 것이다. 인공지능 개발자가 정보주체로부터 동의를 받을 때 인공지능 개발 목적으로 개인정보를 수집·이용한다는 점을 적절히 고지하지 않은 경우(제15조 제2항 참조), 기존에 보유하고 있던 개인정보를 정보주체로부터 별도의 동의를 받지 않고 인공지능 개발 목적으로 활용하고자 하는 경우에는 제15조 제1항의 다른 정당화 사유가 갖추어져 있는지, 제15조 제3항에 따른 개인정보의 추가 이용에 해당한다고 볼 수 있는지를 각각 검토할 필요가 있다.

①-2의 경우에는 인공지능 개발자와 정보주체 사이의 상호작용이 예정되어 있지 않고, 인공지능 개발자가 일일이 정보주체의 동의를 받을 것을 기대하기 어렵다.[43] 따라서 정보주체의 개별적·명시적 동의는 존재하지 않으나 정보주체의 동의가 있다고 객관적으로 인정되는 경우[44]를 제외하고는, 인공지능 개발자로서는 정보주체의 동의 외에 다른 정당화 사유를 갖추어 그 개인정보를 활용하여야 한다. 한편 인터넷에 이미 공개되어 있는 개인정보, 특히 정보주체가 스스로 인터넷에 공개한 개인정보는 그렇지 않은 개인정보와 비교하여 보호 필요성이 낮다고 볼 여지가 있으므로, 개인정보법상 정당화 사유를 다소 완화하여 적용할 것인지도 살펴볼 필요가 있다.

②의 경우에는 인공지능 개발자가 직접 개인정보를 수집하는 것이 아니라 제3의 개인정보처리자로부터 이를 제공받는 것이므로, 개인정보를 보유하고 있는 해당 개인정보처리자가 개인정보법상 제3자 제공(제17조) 또는 목적 외 제공(제18조)을 위한 적법 요건을 갖추어야 한다. 인공지능 개발자로서는 개인정보를 제공받은 목적 범위 내에서 해당 개인정보를 이용하여야 하고(제19조), 그 개인정보에 정보주체의 연락처 등 정보주체에게 알릴 수 있는 개인정보가 포함되어 있는 경우에는 개인정보의 수집 출처 등을 정보주체에게 알려야 한다(제20조).

42) 개인정보보호위원회, 인공지능(AI) 개발·서비스를 위한 공개된 개인정보 처리 안내서(2024.7), 9면.
43) Solove(주 1), p. 30.
44) 대법원 2016. 8. 17. 선고 2014다235080 판결 참조.

(2) 활용 단계에서의 개인정보 보호 문제

개인정보처리자에 의하여 자신의 개인정보가 처리되는 것을 원하지 않는 경우, 정보주체는 개인정보처리자에게 개인정보의 삭제를 요구하거나(제36조), 그 처리정지를 요구하거나, 개인정보 처리에 대한 동의를 철회할 수 있다(제37조). 위 조문들은 개인정보를 포함한 데이터가 인공지능 개발에 활용된 경우에도 마찬가지로 적용될 수 있다. 그런데 일단 정보주체의 개인정보를 포함한 데이터를 학습한 후에, 정보주체가 인공지능 개발자 또는 인공지능 서비스 제공자 등에 대하여[45] 이러한 권리를 행사하는 것이 가능한지 문제된다.

한편 인공지능은 주어진 데이터를 분석하여 새로운 개인정보를 추론하고 생성할 수 있다. 가령 정보주체가 최근 구입한 물건 내역을 분석하여 정보주체의 건강 상태를 추론하는 경우,[46] 정보주체가 상점에서 구입한 식료품 내역과 그 식료품의 영양 정보를 결합하여 정보주체의 건강 상태를 추론하는 경우[47] 등을 생각해볼 수 있다. 이러한 추론은 사람에 의해서도 행해질 수 있지만, 인공지능은 더 많은 데이터를 처리하여 더 빠른 속도로 일견 정확해 보이는 추론을 할 수 있다는 차이점이 있다. 그에 따라 정보주체가 개인정보 추론에 대하여 어떠한 권리를 행사할 수 있는가 하는 문제가 더욱 중요해졌다. 우리 개인정보법은 개인정보 추론을 직접 규율하는 규정을 두고 있지 않아, 그 해석론과 입법론을 고민해볼 필요가 있다.

또한 인공지능은 개인정보를 단순히 처리하는 것에서 한 단계 더 나아가, 개인정보 처리에 기초하여 일정한 결정을 내릴 수 있다. 특히 인간의 개입이 완전히 배제된, 이른바 '완전히 자동화된 결정'의 경우에는 그 결정 과정의 복잡성, 불투명성 등으로 인하여 인공지능 개발자 또는 이용자와 정보주체 사이에 정보 비대칭 문제가 발생하게 된다.[48] 정보주체로서는 자신의 개인정보 가운데 어떠한 항목에 기초하여 인공지능이 그러한 결정을 하였는지, 그 개인정보와 결정 사이에 어떠한 추론 과정이 있었는지 알 수 없기 때문이다. 이러한 맥락에서 정보주체의 개인정보자기결정권을 보호하기 위하여, 개인정보법은 정보주체에게 완전히 자동화된 개인정보 처리에 따른 결정을 거부하거나 그에 대한 설명을 요구할 권리를 인정한다(제4조 제6호).[49] 자동화된 결정에 대한 정보주체의 거부권 및 설명요구권에 관하여

---

45) 이 글에서는 인공지능 시스템 또는 모델을 개발하는 개인 또는 법인을 '인공지능 개발자', 인공지능 개발자로부터 인공지능 시스템 또는 모델을 제공받아 구체적인 서비스에 적용하는 개인 또는 법인을 '인공지능 서비스 제공자'라고 부르기로 한다.

46) 이와 관련한 유명한 사례로, 온라인 쇼핑 웹사이트인 Target이 알고리듬을 통하여 특정 소비자의 임신 여부를 예측하고 임신 관련 상품을 추천하였던 사례를 들 수 있다. Charles Duhigg, "How Companies Learn Your Secretes", The New York Times Magazine (Feb. 16, 2012) 참조.

47) Article 29 Data Protection Working Party, Guidelines on Automated individual decision-making and Profiling for the purposes of Regulation 2016/679 (ec.europa.eu/newsroom/article29/document.cfm?doc_id=49826, 2024.10.7. 최종방문), p. 15.

48) 개인정보보호위원회, 자동화된 결정에 대한 정보주체의 권리 안내서(초안)(2024.5), 3면.

49) 개인정보보호위원회, 자동화된 결정에 대한 정보주체의 권리 안내서(초안)(2024.5), 3면.

는 개인정보법 제37조의2가 규정하고 있다.[50)]

Ⅲ. 인공지능 개발을 위한 데이터 이용과 개인정보 보호

1. 개인정보 처리의 적법 요건

개인은 자신에 관한 정보가 언제 누구에게 어느 범위까지 알려지고 또 이용되도록 할 것인지를 스스로 결정할 수 있는 권리(개인정보자기결정권)를 가진다.[51)] 개인정보를 대상으로 한 조사, 수집, 보관, 처리, 이용 등의 행위는 모두 원칙적으로 개인정보자기결정권에 대한 제한에 해당한다.[52)] 따라서 개인정보를 적법하게 처리하기 위해서는 개인정보 처리를 정당화할 수 있는 여러 사유(이하 "정당화 사유"라고 한다) 가운데 하나 이상을 갖추어야 한다. 개인정보법은 제15조에서 개인정보 수집·이용의 경우에 갖추어야 하는 정당화 사유를, 제17조에서 개인정보 제3자 제공의 경우에 갖추어야 하는 정당화 사유를, 제18조 제2항에서 개인정보 목적 외 이용·제공의 경우에 갖추어야 하는 정당화 사유를 각각 규정하고 있다.

그 가운데 '정보주체의 동의'는 실무적으로, 또한 법리적으로 가장 중요한 지위를 차지하고 있다. 정보주체의 동의는 개인정보자기결정권의 직접적인 발현인 동시에, 개인정보 처리를 위한 정당화 사유 가운데 유일하게 정보주체와의 상호작용을 상정하고 있는 사유이기 때문이다.[53)] 그러나 개인정보법은 정보주체의 동의를 다른 정당화 사유와 병렬적으로 규정하고 있으므로, 정보주체의 동의 외의 다른 정당화 사유도 동의만큼이나 중요하게 다루어질 필요가 있다.[54)] 또한 필자는 정당화 사유의 유무, 나아가 개인정보 처리의 적법성을 판단할 때, 개인정보법이 제정되기 이전의 대법원 판례[55)]가 제시하였던 이익형량 판단을 가미할 필요가 있다고 생각한다. 정보주체의 개인정보자기결정권 못지않게 개인정보처리자의 이익, 개인정보 처리를 통한 사회 전체의 이익도 중요한 가치를 가지므로, 이러한 이익을 세밀하

---

50) 제37조의2는 개인정보법이 2023. 3. 14. 법률 제19234호로 일부개정되면서 신설된 조문이다. 위 조문이 신설되기 전에도, 신용정보에 기초한 자동화평가에 관하여는 「신용정보의 이용 및 보호에 관한 법률」 제36조의2가 신용정보주체의 설명 요구 및 이의제기권을 규정하고 있었다. 신용정보법상 자동화평가 관련 규정의 내용에 관하여는 이대희, "인공지능에 의한 개인정보의 자동 처리에 대한 투명성 확보에 관한 연구—알고리즘에 의한 자동 의사결정에 따른 '설명권' 도입을 중심으로", 저스티스 통권 제200호(2024), 314—316면 참조.

51) 대법원 2016. 8. 17. 선고 2014다235080 판결; 대법원 2014. 7. 24. 선고 2012다49933 판결. 또한 헌법재판소 2005. 7. 21. 선고 2003헌마282, 425 결정; 헌법재판소 2009. 9. 24. 선고 2007헌마1092 결정; 헌법재판소 2022. 11. 24. 선고 2021헌마130 결정.

52) 대법원 2016. 8. 17. 선고 2014다235080 판결; 대법원 2014. 7. 24. 선고 2012다49933 판결. 또한 헌법재판소 2005. 7. 21. 선고 2003헌마282, 425 결정; 헌법재판소 2009. 9. 24. 선고 2007헌마1092 결정; 헌법재판소 2022. 11. 24. 선고 2021헌마130 결정.

53) 권영준, "개인정보 자기결정권과 동의 제도에 대한 고찰", 전남대학교 법학논총 제36권 제1호(2016), 675면; 이소은, "개인정보 보호법의 주요 개정 내용과 그에 대한 평가 – 개인정보 처리의 정당화 사유를 중심으로", 이화여자대학교 법학논집 제24권 제3호(2020), 263면.

54) 이소은, "개인정보자기결정권의 민사법적 보호", 서울대학교 박사학위논문(2018), 167면.

55) 대표적인 판결로 이른바 '변호사 정보제공 사건'에 관한 대법원 2011. 9. 2. 선고 2008다42430 전원합의체 판결 참조.

게 형량하여 개인정보 처리의 적법성 여부를 가리는 것이 바람직하다.

2. 인공지능 개발자의 학습 데이터 수집 · 이용

이 글의 앞부분에서 살펴본 것과 같이, ① 인공지능 개발자는 학습 데이터를 직접 취득할 수도 있고, ② 데이터를 보유하고 있는 제3의 개인정보처리자로부터 학습 데이터를 취득할 수도 있다. ②의 경우 인공지능 개발자가 아닌 제3의 개인정보처리자가 개인정보 제공의 정당화 사유를 갖추어야 한다는 차이점이 있다. 아래에서는 인공지능 개발자가 개인정보 수집 · 이용의 정당화 사유를 갖추어야 하는 ①의 경우로 논의의 대상을 한정하여 서술한다.

가. 인공지능 개발자가 정보주체의 동의를 받아 개인정보를 포함한 데이터를 수집하는 경우

이 경우는 다시 개인정보처리자가 처음부터 인공지능 개발 목적으로 개인정보를 수집하고 이용하는 경우와, 개인정보처리자가 다른 목적으로 수집한 개인정보를 인공지능 개발 목적으로 이용하는 경우로 나누어볼 수 있다.

(1) 인공지능 개발 목적으로 개인정보를 수집·이용하는 경우

개인정보처리자는 개인정보 수집 · 이용에 관하여 정보주체의 동의를 받을 때 개인정보의 수집 · 이용 목적, 수집하려는 개인정보의 항목, 개인정보의 보유 및 이용 기간 등을 정보주체에게 고지하여야 한다(제15조 제2항). 이는 정보주체가 자신의 개인정보가 어떠한 범위에서 수집되고, 어떠한 목적으로 이용되는지를 인식한 상태에서 이른바 알고 하는 동의(informed consent)를 할 수 있도록 돕기 위한 것이다.[56] 인공지능 개발자가 정보주체에게 '인공지능 개발'을 목적으로 그의 개인정보를 수집 · 이용한다는 점을 고지하고 정보주체의 동의를 받았다면, 그 고지가 개인정보법상 요건을 갖추지 못하였다는 등의[57] 사정이 없는 한 인공지능 개발자는 정보주체의 동의에 기초하여 그의 개인정보가 포함된 데이터를 인공지능 개발에 활용할 수 있다.[58]

최근 인공지능 기술이 크게 주목을 받으면서, 다수의 인터넷 관련 기업들이 개인정보 수집 · 이용 목적을 고지할 때 이용자의 개인정보를 인공지능 개발 목적으로 사용할 수 있다는 점을 명시하기 시작하였다. 다만 해당 내용의 구체성 정도는 기업마다 큰 차이를 보이고 있다. 국내 기업 중에는 '정보 검색, 다른 이용자와의 커뮤니케이션, 콘텐츠 생성 · 제공 · 추

56) 개인정보 처리에 관한 동의 시 고지와 '알고 하는 동의'의 관계에 관한 설명으로 정원준, "개인정보 동의제도의 실질화 방안 연구", 고려법학 제108권(2023), 323면.

57) 개인정보의 수집 · 이용 목적, 수집 · 이용하려는 개인정보의 항목 등 중요 내용의 경우 「개인정보 처리 방법에 관한 고시」(개인정보보호위원회고시 제2023－12호) 제4조에 따른 방식으로 고지되어야 한다.

58) 정찬모, "거대 언어모델 인공지능과 개인정보보호: 한국의 사례와 정책", IT와 법연구 제28호, 경북대학교 IT와 법연구소(2024), 220면.

천, 상품 쇼핑 등에서의 인공지능(AI) 기술 적용을 포함한 신규 서비스 요소의 발굴 및 기존 서비스 개선'과 같이 그 목적을 매우 구체적으로 규정하는 경우가 많은 반면,[59] 외국 기업 중에는 '본 정책에 명시된 목적을 위한 당사의 기계학습 또는 인공지능 모델 학습'[60]과 같이 다소 추상적으로 규정하는 경우가 많다.

'인공지능 개발'을 개인정보 수집 · 이용 목적으로 고지할 때에는, 정보주체의 개인정보가 구체적으로 어떠한 유형의 인공지능 개발에 어떠한 방식으로 활용되는지를 고지할 필요가 있다고 본다. 가령 인공지능 개발에 개인정보를 이용할 수 있다는 기술(記述)만으로는, 해당 개인정보 처리행위가 정보주체에게 구체적으로 어떠한 위험을 야기할 수 있는지 알기 어렵기 때문이다.[61] 따라서 단순히 '인공지능 개발 목적'만을 고지하는 것으로는 부족하고, 해당 인공지능 시스템이 어떠한 목적에서 어떠한 형태로 개발될 것인지를 밝히는 것이 바람직하다.

한편 인공지능에 대한 언급 없이 '신규 서비스 개발'이라고만 고지한 경우는 어떠한가?[62] 이 경우에 개인정보를 인공지능 개발 목적으로 이용하는 것은 개인정보의 목적 외 이용에 해당한다고 보아야 한다. 그러므로 이 경우 개인정보처리자로서는 제18조 제2항에 따라 정보주체로부터 목적 외 이용에 관한 동의를 받거나, 그 밖의 정당화 사유를 갖추어 개인정보를 인공지능 개발 목적으로 이용하여야 할 것이다. 개인정보보호위원회도 개인정보 처리방침에 '신규 서비스 개발'이라고만 기재한 채 이용자의 개인정보를 인공지능 챗봇 서비스 개발 · 운영에 이용하였던 이른바 '이루다' 사건에서, ① '신규 서비스 개발'이라는 기재만으로는 이용자가 '이루다' 개발 · 운영에 자신의 개인정보가 이용될 것을 예상하기 어렵고, ② 이용자의 개인정보자기결정권이 제한되는 등 이용자가 예측할 수 없는 손해를 입을 우려가 있다는 이유에서, 이는 개인정보의 목적 외 이용이라고 판단하였다.[63]

(2) 다른 목적으로 수집한 개인정보를 인공지능 개발 목적으로 이용하는 경우

개인정보처리자가 원래 보유하고 있던 정보를 인공지능 개발 목적으로 활용하려는 경우도 있을 수 있다. 이 경우 개인정보처리자가 정보주체로부터 당초 개인정보 수집 · 이용에 관한 동의를 받을 때에는 개인정보 수집 · 이용 목적으로 '인공지능 개발 목적'을 제시하지 않았을 것이므로, 이러한 목적을 다시 제시하고 정보주체로부터 재차 동의를 받지 않는 이상 정보주체의 동의에 기초하여 인공지능 개발 목적으로 그 개인정보를 이용할 수는 없다. 그렇다면 인공지능 개발 목적으로 개인정보를 이용하는 것이 제15조 제3항의 '추가적 이용'

59) 네이버 개인정보 처리방침(https://policy.naver.com/rules/privacy.html#a2, 2024.10.7. 최종방문).
60) X 개인정보 처리방침(https://x.com/ko/privacy#x-privacy-2, 2024.10.7. 최종방문).
61) Solove(주 1), p. 20.
62) 가령 Google은 "기존 서비스에서 수집하는 정보를 이용하여 새 서비스를 개발합니다."라고만 고지하고 있다. Google 개인정보 처리방침(https://policies.google.com/privacy?hl=ko#whycollect, 2024.10.7. 최종방문).
63) 개인정보보호위원회 보도자료, "개인정보위, '이루다' 개발사 ㈜스캐터랩에 과징금 · 과태료 등 제재 처분"(2021.4.29) 참조.

에 해당하는지를 검토할 필요가 있다.

제15조 제3항은, 개인정보처리자는 당초 수집 목적과 합리적으로 관련된 범위에서 정보주체에게 불이익이 발생하는지 여부, 암호화 등 안전성 확보에 필요한 조치를 하였는지 여부 등을 고려하여 정보주체의 동의 없이 개인정보를 이용할 수 있다고 규정한다. 시행령 제14조의2 제1항은 개인정보의 추가적 이용의 적법성을 판단할 때에는 ① 당초 수집 목적과 관련성이 있는지 여부, ② 개인정보를 수집한 정황 또는 처리 관행에 비추어 볼 때 개인정보의 추가적인 이용 또는 제공에 대한 예측 가능성이 있는지 여부, ③ 정보주체의 이익을 부당하게 침해하는지 여부, ④ 가명처리 또는 암호화 등 안전성 확보에 필요한 조치를 하였는지 여부를 고려하여야 한다고 규정한다. 만약 인공지능 개발 목적으로 개인정보를 추가적으로 이용하는 것이 위 기준을 충족한다면, 개인정보처리자는 원래 보유하고 있던 개인정보를 인공지능 개발 목적으로 활용할 수 있을 것이다.[64]

나. 공개된 데이터를 스크레이핑(scraping) 방식으로 수집하는 경우

(1) 개 관

위에서 살펴본 것처럼 인공지능 개발자가 정보주체의 동의를 받아 그 개인정보가 포함된 데이터를 인공지능 학습에 이용하는 경우도 있지만, 대부분의 경우 인공지능 개발을 위한 학습 데이터는 스크레이핑을 통하여 수집된다.[65] 스크레이핑은 자동화된 소프트웨어를 사용하여 웹 페이지에서 정보를 수집하고, 추가 사용을 위하여 해당 정보를 데이터베이스에 저장하는 작업을 포함하는 개념이다.[66]

스크레이핑을 통하여 수집되는 개인정보는 이미 인터넷상에 공개되어 있는 정보이다.[67] 공개된 개인정보는 그렇지 않은 개인정보와 비교하여 일반적으로 보호 필요성이 높지 않다고 할 수 있지만,[68] 공개된 개인정보라고 하여 개인정보자기결정권의 보호 영역 바깥에 있는 것은 아니다.[69] 또한 우리 개인정보법은 공개된 개인정보에 대하여 별도의 규정을 마련

---

64) 가령 인터넷 쇼핑몰을 운영하는 기업이 고객의 관심 분야를 파악하고 해당 상품을 추천하기 위한 목적으로 고객의 성별, 연령, 관심 품목 등의 정보를 수집한 후, 상품 추천을 위한 인공지능 프로그램의 학습데이터로 위 정보를 활용하는 것은 별다른 문제가 없으리라고 생각된다. 반면 인터넷 쇼핑몰을 운영하는 기업이 상품 배송 목적으로 고객의 성명, 연락처, 주소 등의 정보를 수집한 후, 이를 고객이 전혀 예상할 수 없는 신규 서비스와 관련된 인공지능 개발에 활용하는 경우에는 제15조 제3항의 요건을 갖추었다고 보기 어려울 것이다.

65) 김도엽, "인공지능 데이터 수집 단계에서의 공개된 정보 활용", 2024년 한국인공지능법학회 상반기 정기학술대회 자료집(2024.6), 8면.

66) 김도엽(주 65), 8면. 개인정보를 포함한 데이터의 스크레이핑 문제가 인공지능 개발에 특유한 것은 아니다. 다만 인공지능 기술의 기반이 되는 컴퓨터의 성능이 발전함에 따라 단시간 내에 다량의 데이터의 스크레이핑이 가능하게 되었다는 점, 인공지능 개발자에게 더욱 많은 데이터를 스크레이핑할 유인이 있다는 점에서, 스크레이핑 문제가 주목받게 되었다고 할 수 있다. Solove(주 1), p. 25.

67) '공개된 개인정보'의 개념에 관하여 이견이 있을 수 있으나, '정보주체 등에 의하여 제한 없이 일반 공중에게 공개된 개인정보'라고 정의하는 것이 타당하다고 생각된다. 오병철, "적법하게 공개된 개인정보의 보호와 활용", 경희법학 제52권 제4호(2017), 166면.

68) 이소은, "정보주체에 의하여 공개된 개인정보의 처리 요건－서울행정법원 2023. 10. 26. 선고 2021구합57117 판결에 대한 평석을 겸하여", 법조 제73권 제2호(2024), 310면.

하고 있지 않아,[70] 공개된 개인정보에도 개인정보법이 동일하게 적용된다. 따라서 공개적으로 접근 가능한 출처에서 수집한 데이터의 경우에도, 그 데이터에 개인정보가 포함되어 있는 이상 개인정보법상 개인정보 수집의 적법 요건을 갖추어야 한다.[71]

인공지능 개발자가 스크레이핑을 통하여 개인정보가 포함되어 있는 데이터를 수집하는 경우에는 정보주체와의 상호작용이 현실적으로 가능하지 않다. 따라서 인공지능 개발자가 정보주체의 동의를 받을 것을 기대하기는 어렵다. 그렇다면 정보주체로부터 개별적·명시적 동의는 받지 않았으나 객관적으로 동의가 있었다고 인정될 수 있는지, 정보주체의 동의 외의 다른 정당화 사유가 적용될 수 있는지 검토하여야 한다. 인공지능 개발의 맥락에서는 특히 '개인정보처리자의 정당한 이익을 달성하기 위하여 필요한 경우로서 명백하게 정보주체의 권리보다 우선하는 경우(이 경우 개인정보처리자의 정당한 이익과 상당한 관련이 있고 합리적인 범위를 초과하지 아니하는 경우에 한한다)'(제6호)의 적용을 고려해봄직하다.[72] 또한 법원이 인격권 침해 사건에서 널리 적용해온 이익형량에 관한 판례 법리의 적용 역시 고려해볼 수 있다.

한편 스크레이핑을 통한 개인정보 수집은 정보주체가 직접 운영하는 웹사이트에 자신의 개인정보를 게시하였고 인공지능 개발자가 이를 스크레이핑한 경우를 제외하고는, 제20조의 '정보주체 이외로부터 수집한 개인정보 처리'에 해당한다고 보아야 한다. 따라서 인공지능 개발자가 시행령 제15조의2 제1항의 기준에 해당하는 경우에는 정보주체에게 개인정보의 수집 출처, 개인정보의 처리 목적, 개인정보 처리정지요구권 및 동의철회권을 알려야 하고(제20조 제2항), 위 기준에 해당하지 않는 경우에는 정보주체의 요구가 있을 때 위 내용을 알려야 할 것이다(제20조 제1항).[73]

69) 공개된 개인정보도 개인정보자기결정권의 보호 대상이 된다고 본 판결로 대법원 2014. 7. 24. 선고 2012다49933 판결; 대법원 2016. 3. 10. 선고 2012다105482 판결; 대법원 2016. 8. 17. 선고 2014다235080 판결. 또한 헌법재판소 2005. 5. 26. 선고 99헌마513, 2004헌마190 결정; 헌법재판소 2010. 5. 27. 선고 2008헌마663 결정. 공개된 정보를 이용한 사안에서 프라이버시권 침해를 인정한 미국 대법원의 판결로 Carpenter v. United States, 138 S. Ct. 2206 (2018); U.S. Dep't of Justice v. Reporters Committee for Freedom of the Press, 489 U.S. 749 (1989). 또한 오병철(주 67), 182면도 참조.

70) 비교법적으로 공개된 개인정보를 보호 대상에서 제외하거나 그 보호 강도를 경감시키는 국가가 없는 것은 아니다. 캘리포니아 주 소비자 프라이버시법(California Consumer Privacy Act)은 공중에 공개된 정보(publicly available information), 공공의 이익과 관련된 정보로서 적법하게 수집된 진실한 정보는 위 법에 따른 개인정보로 보지 않는다고 규정한다(Cal. Civ. Code § 1798.140(v)(2)). 한편 유럽연합 일반 데이터 보호법(General Data Protection Regulation, 이하 "GDPR"이라고 한다) 제9조는 민감정보의 처리를 원칙적으로 금지하면서(제1항), 정보주체가 해당 개인정보를 명백히 공개한 경우에는 그러한 원칙이 적용되지 않는다고 규정한다(제2항 (e)).

71) 개인정보보호위원회, 인공지능(AI) 개발·서비스를 위한 공개된 개인정보 처리 안내서(2024.7), 6면.

72) 개인정보보호위원회, 인공지능(AI) 개발·서비스를 위한 공개된 개인정보 처리 안내서(2024.7), 12면; 최경진 외 12인 공저, 개인정보보호법, 박영사(2024), 233면.

73) 개인정보처리자에게 이러한 통지의무를 인정하는 법 규정은, 정보주체가 개인정보 처리에 대한 사후 거절(opt-out) 여부를 결정할 수 있도록 돕기 위한 것이다. 실제로 개인정보처리자가 통지의무를 이행하여 정보주체가 개인정보 처리에 대한 사후통제권을 행사할 수 있게 되었다면, 정보주체로부터 개별적·명시적 동의를 받지 않은 개인정보 처리행위가 좀 더 쉽게 정당화될 수 있다고 본다. 이소은(주 68), 315면.

(2) 객관적으로 정보주체의 동의가 있었다고 인정되는 경우

대법원은 공개된 개인정보의 처리가 문제되었던 판결에서, 공개된 개인정보는 공개 당시 정보주체가 자신의 개인정보에 대한 수집이나 제3자 제공 등의 처리에 대하여 일정한 범위 내에서 동의를 하였다고 볼 수 있으며, 정보주체의 동의가 있었다고 인정되는 범위 내인지는 공개된 개인정보의 성격, 공개의 형태와 대상 범위, 그로부터 추단되는 정보주체의 공개 의도 내지 목적뿐만 아니라, 정보처리자의 정보제공 등 처리의 형태와 정보제공으로 공개의 대상 범위가 원래의 것과 달라졌는지, 정보제공이 정보주체의 원래의 공개 목적과 상당한 관련성이 있는지 등을 검토하여 객관적으로 판단하여야 한다고 판시한 바 있다.[74] 또한 현행 표준 개인정보 보호지침[75]도, 개인정보처리자가 인터넷 홈페이지 등 공개된 매체 또는 장소에서 개인정보를 수집하는 경우 정보주체의 동의 의사가 명확히 표시되거나 인터넷 홈페이지 등의 표시 내용에 비추어 사회통념상 동의 의사가 있었다고 인정되는 범위 내에서만 이용할 수 있다고 규정하고 있다. 요컨대 정보주체의 동의가 있었다고 객관적으로 인정되는 경우에는 정보주체로부터 별도의 동의를 받지 않고 그 개인정보를 수집·이용할 수 있지만, 그 이용 범위는 정보주체의 동의가 있었다고 인정되는 범위로 한정된다.

필자는 2016년 대법원 판결이 제시한 고려 요소 중에서, '정보제공으로 공개의 대상 범위가 원래의 것과 달라졌는지', '정보제공이 정보주체의 원래의 공개 목적과 상당한 관련성이 있는지'가 가장 중요하게 고려되어야 한다고 생각한다.[76] 가령 누구나 쉽게 접근할 수 있는 포털사이트에 정보주체의 개인정보를 포함한 프로필이 게시되어 있는 경우에는 인공지능 개발을 위한 스크레이핑으로 인하여 공개의 대상 범위가 크게 달라지지 않는다. 따라서 이 경우에는 인공지능 개발이 정보주체의 동의 범위 내에 있다고 보더라도 큰 문제가 없을 것이다. 또한 변호사가 잠재적 고객과의 법률상담을 위하여 자신의 블로그에 성명, 전화번호, 주소, 학력 등을 게시한 경우와 같이 정보주체가 자신에 관한 정보를 널리 알리기 위하여 인터넷에 연락처 등의 정보를 게시한 경우, 인공지능 개발자가 이를 언어 기반의 생성형 인공지능 모델 학습에 활용하였다면, 정보주체의 공개 목적과 인공지능 개발 사이에 상당한 관련성이 있다고 볼 수 있을 것이다.[77] 인공지능 개발에 정보주체의 개인정보가 활용된 결과, 해당 인공지능 서비스의 이용자들이 정보주체에 관한 정보를 더 쉽게 접할 수 있게 되었기 때문이다.

---

74) 대법원 2016. 8. 17. 선고 2014다235080 판결(이른바 '로앤비 사건'). 이하 본문에서 "2016년 대법원 판결"이라고 한다.

75) 개인정보보호위원회고시 제2024-1호로 2024. 1. 4. 일부개정된 것을 말한다.

76) 이소은(주 68), 313면.

77) 또한 정보주체가 스스로 자유로운 의사에 기초하여 개인정보를 공개한 경우에는 개인정보의 수집·이용에 관한 묵시적 동의를 인정할 수 있다는 견해로 오병철(주 67), 190면. 위 경우 정보주체의 권리 범위가 축소될 수 있다는 견해로 최경진 외(주 72), 233면.

(3) 제15조 제1항 제6호의 적용

제15조 제1항 제6호의 정당화 사유가 인정되기 위해서는, ① 개인정보처리자의 이익이 정당한 것이어야 하고, ② 그 이익이 명백하게 정보주체의 권리보다 우선하여야 하며,[78] ③ 개인정보 수집·이용 행위가 개인정보처리자의 정당한 이익과 상당한 관련이 있고 합리적인 범위를 초과하지 않아야 한다. 개인정보보호위원회는 제15조 제1항 제6호가 인공지능 개발 목적의 공개된 개인정보 수집·이용의 적법 근거가 될 수 있다고 설명한다.[79] 또한 개인정보보호위원회가 최근 발간한 안내서에 따르면, 제15조 제1항 제6호의 '개인정보처리자의 정당한 이익'은 '개인정보 처리에 관한 합법적인 이익'으로서, 인공지능 개발자 및 인공지능 서비스 제공자의 영업상 이익은 물론, 인공지능 개발 및 인공지능 서비스 제공으로 인하여 얻을 수 있는 사회 전체의 이익까지 포괄하는 개념이라고 한다.[80]

필자는 위와 같은 개인정보보호위원회의 설명이 과연 합리적인 법 해석의 범위 내에 있는 것인지 의문을 가지고 있다. 법 문언에 '개인정보처리자의 정당한 이익'이라고 명확하게 표현되어 있는 개념을, '사회 전체의 이익'까지 포함하는 개념으로 해석하는 것은 지나친 확장해석이라고 보인다. 또한 개인정보보호위원회는 위 안내서에서 개인정보 처리와 관련한 이익형량 판단을 담고 있는 2016년 대법원 판결을 인용하며 마치 제15조 제1항 제6호가 2016년 대법원 판결의 취지를 그대로 반영한 조항인 것처럼 설명하고 있으나, 이 역시 동의하기 어렵다. 제15조 제1항 제6호의 적용 요건은 2016년 대법원 판결이 제시한 요건보다 엄격하게 규정되어 있고, 개인정보처리자의 이익보다 정보주체의 이익에 훨씬 충실한('명백하게' 정보주체의 권리보다 우선하는 경우) 조문이기 때문이다.[81] 대법원이 제15조 제1항 제6호를 매우 엄격하게 해석하고 있다는 점에서도,[82] 위와 같은 확장해석은 받아들이기 어렵다.

개인정보보호위원회의 설명처럼 제15조 제1항 제6호의 적용 범위를 넓히기 위해서는, 해당 조문을 개정하여 개인정보처리자의 이익과 정보주체의 이익, 나아가 사회 전체의 이익까지 형량 대상 이익으로 규정하고, '명백하게' 등의 문언을 삭제하여 정보주체의 이익에 가중

---

78) 법 문언상 '명백하게'의 의미가 분명하지 않고, 정보주체의 보호를 고려한 합리적인 해석이 필요하다는 견해로 김도엽(주 65), 14면.

79) 개인정보보호위원회, 인공지능(AI) 개발·서비스를 위한 공개된 개인정보 처리 안내서(2024.7), 12면.

80) 개인정보보호위원회, 인공지능(AI) 개발·서비스를 위한 공개된 개인정보 처리 안내서(2024.7), 13면. 개인정보보호위원회는 위 안내서에서 사회 전체의 이익의 예시로, ① 인공지능 학습에서 특정 개인정보가 배제되지 않도록 하여 인종, 종교, 지역, 성별, 소득, 재산 등에 따라 차별적인 예측값이 생성되지 않도록 함으로써 인공지능 생성물의 공정성을 높이는 것, ② 특정 언어로 표시된 데이터가 과소 학습됨에 따라 특정 언어에 대한 인공지능 성능이 저하되고 특정 언어를 사용하는 개인의 인공지능 접근성이 저하되는 것을 방지하는 것을 들고 있다.

81) 이소은(주 53), 267면; 최경진 외(주 72), 181면.

82) 대법원은 제15조 제1항 제6호의 적용이 문제된 사안(대법원 2023. 6. 29. 선고 2018도1917 판결)에서, 제15조 제1항 제6호의 요건은 가급적 엄격히 해석되어야 한다고 하면서, "제15조 제1항 제6호의 개인정보처리자의 정당한 이익을 달성하기 위하여 필요한 경우로서 '명백하게 정보주체의 권리보다 우선하는 경우'에 해당하는지 여부는, 개인정보처리자의 정당한 이익의 구체적인 내용과 성격, 권리가 제한되는 정보주체의 규모, 수집되는 정보의 종류와 범위, 정보주체의 동의를 받지 못한 이유, 개인정보처리자의 이익을 달성하기 위해 대체가능한 적절한 수단이 있는지 등을 종합적으로 고려하여 신중하게 판단하여야 한다."라고 판시한 바 있다(밑줄은 필자가 추가하였음).

치를 두는 현행법의 태도를 수정할 필요가 있다고 본다. 요컨대 현행 개인정보법 제15조 제1항 제6호에 근거하여 공개된 개인정보를 인공지능 개발 목적으로 활용하는 데에는 일정한 한계가 있을 수밖에 없다. 개인정보보호위원회의 설명과 같이 제15조 제1항 제6호를 무리하게 해석하는 것보다는, 2016년 대법원 판결의 취지를 참고하여 일반적인 이익형량 판단을 거치는 것이 솔직하고 타당한 해결일 것이다.

(4) 일반적 이익형량의 적용

인공지능 개발을 위하여 공개된 개인정보를 수집 · 이용하는 것이 제15조 제1항 제6호의 정당화 사유에 해당하지 않는 경우에는 인격권 침해 사건에 적용되는 이익형량 관련 법리가 적용될 수 있는지 검토해볼 필요가 있다.[83)]

2016년 대법원 판결은 개인정보자기결정권이라는 인격적 법익을 침해한다고 주장되는 행위가 이미 정보주체의 의사에 따라 공개된 개인정보를 그의 별도의 동의 없이 영리 목적으로 처리하였다는 것인 경우, "개인정보에 관한 인격권 보호에 의하여 얻을 수 있는 이익과 정보처리 행위로 얻을 수 있는 이익 즉 정보처리자의 '알 권리'와 이를 기반으로 한 정보수용자의 '알 권리' 및 표현의 자유, 정보처리자의 영업의 자유, 사회 전체의 경제적 효율성 등의 가치를 구체적으로 비교 형량하여 어느 쪽 이익이 더 우월한 것으로 평가할 수 있는지에 따라 정보처리 행위의 최종적인 위법성 여부를 판단하여야" 한다고 판시한 바 있다.[84)]

필자는 제15조 제1항 제6호를 포함한 개인정보법상 정당화 사유에도 불구하고, 이익형량에 기초한 위법성 판단의 가능성이 열려 있다고 생각한다.[85)] 개인정보법상 정당화 사유들은 개인정보자기결정권을 비롯한 인격권 침해가 문제되었던 사건에서 판례가 발전시켜 온 이익형량 법리를 배제하는 것이 아니기 때문이다. 따라서 인공지능 개발을 위하여 공개된 개인정보를 수집 · 이용하는 경우에도, 해당 개인정보를 처리하지 않음으로써 정보주체가 얻을 수 있는 이익과 해당 개인정보를 처리함으로써 인공지능 개발자, 나아가 사회 구성원들이 얻을 수 있는 이익을 비교형량하여 위와 같은 처리행위의 위법성을 판단할 수 있고, 또한 그렇게 할 필요가 있다고 생각된다.

---

83) 미국의 경우 개인정보 보호법제에 GDPR이나 우리 개인정보법과 같은 '정당한 이익'(legitimate interest) 규정을 두고 있지 않으나, 미국에서도 정당한 이익과 관련한 이익형량 법리를 적극적으로 적용하여야 한다는 주장이 있다. Charlotte A. Tschider, *AI's Legitimate Interest: Towards a Public Benefit Privacy Model*, 21 Hous. J. Health L. & Pol'y 125, 178－179 (2021).

84) 이러한 판시는 대법원 2011. 9. 2. 선고 2008다42430 전원합의체 판결을 참고한 것이다.

85) 개인정보법 시행 이후의 대법원 판결들은 이익형량을 통한 위법성 판단을 전면에 내세우고 있지는 않다. 그러나 개인정보법 위반 또는 개인정보자기결정권 침해가 문제된 사안에서 동의 유무 및 유효성, 주의의무 위반 여부, 손해 발생 여부 등을 판단할 때 여전히 이익형량을 중요한 근거로 제시하고 있다. 위와 같은 판결에 관한 설명으로 이소은(주 54), 178－179면.

Ⅳ. 인공지능 서비스와 정보주체의 권리 행사

1. 개인정보 처리를 거부할 권리

가. 개 관

자신의 개인정보가 더 이상 처리되는 것을 원하지 않을 때 정보주체가 행사할 수 있는 개인정보법상 권리로는 개인정보의 삭제요구권(제36조), 개인정보의 처리정지요구권 및 동의 철회권(제37조)이 있다.[86]

우선 정보주체는 제35조에 따라 해당 개인정보처리자가 처리하고 있는 자신의 개인정보를 열람한 뒤, 그 개인정보의 삭제를 요구할 수 있다(제36조 제1항 본문). 다만 다른 법령에서 그 개인정보가 수집 대상으로 명시되어 있는 경우에는 그 정보에 대한 삭제요구권이 인정되지 않는다(제36조 제1항 단서). 위와 같이 정보주체가 삭제요구권을 행사하면, 개인정보처리자는 지체 없이 그 개인정보를 조사하여 정보주체의 요구에 따라 삭제 등 필요한 조치를 한 후 그 결과를 정보주체에게 알려야 하고(제36조 제2항), 그 개인정보가 복구 또는 재생되지 않도록 조치하여야 한다(제36조 제4항).

한편 정보주체는 개인정보처리자에 대하여 자신의 개인정보 처리의 정지를 요구하거나 개인정보 처리에 대한 동의를 철회할 수 있다(제37조 제1항). 정보주체가 개인정보 처리의 정지를 요구한 경우, 개인정보처리자는 지체 없이 개인정보 처리를 정지하여야 하고(제37조 제2항 본문), 해당 개인정보를 파기하는 등 필요한 조치를 하여야 한다(제37조 제4항). 정보주체가 동의를 철회한 경우, 개인정보처리자는 지체 없이 수집된 개인정보를 복구·재생할 수 없도록 파기하는 등 필요한 조치를 하여야 한다(제37조 제3항 본문). 다만 법률에 특별한 규정이 있거나 법령상 의무를 준수하기 위하여 불가피한 경우, 다른 사람의 생명·신체를 해할 우려가 있거나 다른 사람의 재산과 그 밖의 이익을 부당하게 침해할 우려가 있는 경우, 공공기관이 개인정보를 처리하지 않으면 다른 법률에서 정하는 소관 업무를 수행할 수 없는 경우, 개인정보를 처리하지 않으면 정보주체와 약정한 서비스를 제공하지 못하는 등 계약의 이행이 곤란한 경우로서 정보주체가 그 계약의 해지 의사를 명확하게 밝히지 않은 경우에는 정보주체의 처리정지 요구를 거절하거나(제37조 제2항 단서), 동의 철회에 따른 조치를 하지 않을 수 있다(제37조 제3항 단서).

나. 개인정보가 학습 데이터로 활용된 경우 – 머신 언러닝(machine unlearning)의 문제

머신 언러닝은 인공지능 시스템에서 개인정보나 유해한 표현 등의 정보를 삭제하는 것을

86) 이하 이들 권리를 아울러 지칭할 때에는 “처리거부권”이라고 한다.

말한다.[87] 이러한 머신 언러닝은 대규모 언어 모델(large language model)에 기반한 챗봇 형태의 생성형 인공지능에서 특히 문제된다.[88]

생성형 인공지능은 암기된 학습 데이터를 재현할 수 있다.[89] 학습 데이터에 개인정보가 포함되어 있는 경우에는 이용자가 입력한 질문에 대한 답을 생성하면서 그 개인정보를 그대로 표시할 위험이 있다. 가령 이용자가 특정 인물 A에 대하여 알려달라는 질문을 입력하면, 생성형 인공지능은 해당 인물의 개인정보가 포함된 답을 생성하여 제시할 수 있다.[90] 한편 생성형 인공지능은 A에 관한 정보를 가지고 있지 않은 경우 사실과 다른 답을 생성하여 제시하기도 한다.[91] 이와 같이 생성형 인공지능이 만들어낸 답은 다시 생성형 인공지능에 의하여 암기되고, 이후 다른 이용자가 A에 관한 질문을 하였을 때 유사한 답이 다시 제시될 가능성이 있다.[92] 이러한 배경에서, 정보주체가 개인정보법상 개인정보 처리를 거부할 권리들을 적절히 행사하여 위와 같은 위험을 제거하거나 최소화할 필요가 생긴다.

그런데 인공지능 모델에 존재하는 개인정보를 삭제하거나 파기하는 작업이 언제나 쉬운 것은 아니다. 학습 데이터세트에서 개인정보를 제거하는 것은 이미 학습된 인공지능 모델에 직접적인 영향을 미치지 않고, 후속 모델 학습 이후에야 효과가 발생한다는 지적이 있다.[93] 한편 개인정보법은 정보주체가 처리거부권을 행사하였을 경우 개인정보처리자가 '지체없이' 삭제 등의 조치를 취하여야 한다고 규정하고, 같은 법 시행령은 '지체없이'를 '10일 이내'의 기간으로 구체화하고 있다(시행령 제43조 제3항 및 제44조 제2항). 문제는 후속 모델을 학습시키는 작업이 10일 이내에 이루어지기는 어렵다는 점이다.[94] 또한 환각 정보의 경우 모델의 학습 데이터세트에 처음부터 존재하지 않는 정보이므로, 이러한 현상을 제거하는 것은 거의 불가능하다는 문제도 있다.[95]

장래 인공지능 분야에서는 위와 같은 문제를 해결할 수 있는 기술을 확보하는 것이 매우 중요한 과제가 될 것으로 보인다.[96] 그러나 아직 그러한 기술이 개발 도상에 있는 현재 단계에서는, 인공지능 개발 및 인공지능 서비스 제공의 맥락에서 정보주체의 처리거부권 행사

87) 개인정보보호위원회, 인공지능(AI) 개발・서비스를 위한 공개된 개인정보 처리 안내서(2024.7), 30면. 이를 '기계 망각'이라고도 한다. 박상철(주 26), 82면.
88) OpenAI의 ChatGPT, Google의 Gemini 등이 이에 해당한다. Zhang et al.(주 36), p. 5.
89) Zhang et al.(주 36), p. 5; Bommasani et al.(주 20), p. 18; 김병필(주 35), 139면; 박상철(주 26), 75−76면.
90) '이루다' 사건에서 문제되었던 것처럼, 이용자가 개인정보와 관련된 질문을 하지 않았음에도 생성형 인공지능이 제3자의 개인정보를 포함한 답변을 할 가능성도 존재한다. 뉴스1, "집주소・계좌정보 '술술' … 'AI 이루다' 개인정보 유출 논란", 동아일보 2021. 1. 13.자 기사 (https://www.donga.com/news/It/article/all/20210113/104899076/1, 2024.10.7. 최종방문) 참조.
91) 이를 환각(hallucination)이라고 한다. Zhang et al.(주 36), p. 6.
92) Zhang et al.(주 36), p. 6; 정찬모(주 58), 212면.
93) Zhang et al.(주 36), p. 9.
94) Zhang et al.(주 36), p. 9는 이러한 작업에 적어도 수개월이 소요될 수 있다고 지적한다.
95) Zhang et al.(주 36), p. 9.
96) 개인정보보호위원회, 인공지능(AI) 개발・서비스를 위한 공개된 개인정보 처리 안내서(2024.7), 38면; Zhang et al.(주 36), pp. 10−11.

에 따른 개인정보처리자의 대응에 관한 특칙을 마련할 필요가 있다고 생각된다. 가령 안전성 확보조치에서와 같이[97] 삭제 등의 조치 방법을 좀 더 구체적으로 규정한다거나, 그러한 조치를 취하여야 하는 기간을 좀 더 장기(長期)로 규정하는 등의 특칙이 마련될 필요가 있다고 본다.[98]

다. 처리거부권 행사의 상대방

한편 인공지능과 관련하여서는 인공지능 개발자뿐 아니라 인공지능 서비스 제공자를 상대로 하여서도 처리거부권을 행사할 수 있는지 문제된다. 필자는 현행 개인정보법상, 인공지능 서비스 제공자를 개인정보처리자로 보기는 어렵다고 생각한다.[99]

우선 개인정보법상 개인정보처리자가 되기 위해서는 ① 업무를 목적으로 ② 개인정보파일[100]을 운용하기 위하여 ③ 스스로 또는 다른 사람을 통하여 개인정보를 처리하여야 한다. 그런데 인공지능 개발자로부터 인공지능 모델을 제공 받아 그 모델을 특정 서비스에 활용하는 사업자는 인공지능 개발에 활용된 개인정보파일을 직접 운용하는 사람이라고 보기 어렵다. 개인정보파일을 운용하는 주체는 인공지능 개발자이고, 인공지능 서비스 제공자는 특별한 사정이 없는 한 개인정보파일에 대하여 어떠한 지배·관리권도 가지지 못한다. 정보주체가 인공지능 서비스 제공자에게 처리거부권을 행사하더라도, 인공지능 서비스 제공자로서는 해당 인공지능 모델에서 정보주체의 개인정보를 삭제할 수 없다는 문제도 있다. 따라서 인공지능 개발자만을 개인정보처리자로 보아야 하고, 인공지능 서비스 제공자는 개인정보처리자로 볼 수 없다는 것이 개인정보법상 개인정보처리자 개념의 합리적인 해석일 것이다.

다만 위와 같은 해석에도 문제점이 없지 않다. 가령 특정 인공지능 서비스에서 자신의 개인정보가 노출된다는 것을 인지한 정보주체가 인공지능 개발자를 상대로 처리거부권을 행사하는 것이 언제나 쉬운 일은 아니다. 정보주체로서는 인공지능 서비스 제공자가 곧 인공지능 개발자라고 생각할 가능성이 높고, 인공지능 서비스 제공자와 별개의 인공지능 개발자가 존재한다는 사실을 알고 있는 경우에도 인공지능 개발자에 대한 권리행사 방법에 관하여는 알지 못할 가능성이 있다. 위와 같은 문제점은 제20조의 통지 제도를 적절히 활용함으로써 해결할 수 있으리라고 생각한다. 또한 인공지능 서비스 제공자로 하여금 개인정보 처

97) 안전성 확보조치의 경우 「개인정보의 안전성 확보조치 기준」(개인정보보호위원회고시 제2023-6호)에 구체적인 시행 방법과 기준이 규정되어 있다.

98) 이와 관련하여 개인정보보호위원회는 학습 데이터세트의 크기, 구성 방식·체계 등을 감안하여 10일 이내에 조치가 불가능한 경우 그 사유를 알리고 최대한 성실하게 요구에 응하여야 한다고 하나(개인정보보호위원회, 인공지능(AI) 개발·서비스를 위한 공개된 개인정보 처리 안내서(2024.7), 39면), 현행 개인정보법 및 같은 법 시행령에는 이와 같이 볼 수 있는 법적 근거가 없다.

99) 손영선, "생성형 인공지능과 개인정보 보호-헌법 및 개인정보 보호법적 검토", 연세대학교 법학연구 제34권 제2호(2024), 362-363면도 같은 취지이다.

100) 개인정보를 쉽게 검색할 수 있도록 일정한 규칙에 따라 체계적으로 배열하거나 구성한 개인정보의 집합물을 말한다(제2조 제4호).

리방침에 인공지능 개발자가 누구인지, 인공지능 개발자를 상대로 처리거부권을 행사하려면 어떻게 하여야 하는지 등을 기재하도록 할 필요도 있다고 본다.

2. 개인정보 처리에 기초한 자동화된 의사결정에 대한 권리

가. 개 관

인공지능이 일정한 의사결정에 활용되는 경우가 점차 늘어나고 있다.[101] 가령 인공지능 면접을 통하여 응시자의 개인정보를 분석하고 채용 여부를 결정하는 경우,[102] 인공지능 배차 플랫폼에서 개인정보 분석을 거쳐 계약 해지 여부를 결정하는 경우[103] 등을 생각해볼 수 있다. 그런데 인공지능이 언제나 적절한 의사결정을 할 수 있는 것은 아니다. 가령 학습 데이터 중 특정 집단에 관한 데이터가 부족하였던 경우, 인공지능은 해당 집단에 속하는 개인에 관하여 적절히 판단하지 못할 가능성이 높다.[104][105] 또한 일정한 요소가 어떠한 이유에서 결과에 영향을 미치는지를 파악하지 못한 상태에서 만들어진 예측 모델은 현실과 동떨어진 의사결정을 하게 만들기도 한다.[106]

정보주체는 자동화된 결정이 자신의 권리·의무에 중대한 영향을 미치는 경우 해당 개인

---

101) Rebecca Crootof, Margot E. Kaminski & W. Nicholson Price II, *Humans in the Loop*, 76 Vand. L. Rev. 429, 432－433 (2023).

102) 개인정보보호위원회, 자동화된 결정에 대한 정보주체의 권리 안내서(초안)(2024.5), 6면.

103) 개인정보보호위원회, 자동화된 결정에 대한 정보주체의 권리 안내서(초안)(2024.5), 7면. 이는 Uber의 자동화된 시스템에 의하여 계정이 중지된 운전자들이 Uber를 상대로 그 결정의 근거에 대한 설명을 요구하였던 사건(GHAM 4 april 2023, JAR 2023/136 m.nt. CMJ (Drivers/Uber) (Neth.))을 참고한 것으로 보인다. 위 판결에서 암스테르담 항소법원은 Uber가 운전자들에게 운전자에 관하여 작성된 프로필, 고객의 평가(평균 별점) 등을 알려줄 의무가 있다고 판단하였다.

104) Christian(주 21), p. 29; Solove(주 1), p. 44. 이상용(주 32), 17－18면. 이와 관련하여 가장 널리 알려진 사례로 미국의 COMPAS 사건을 들 수 있다. COMPAS 프로그램은 피고인의 재범 가능성에 기초하여 가석방 여부를 결정하는 프로그램으로, 통계학자 팀 브레넌(Tim Brennan)과 머신 러닝 연구자 데이브 웰스(Dave Wells)에 의하여 1998년에 개발되었다. 이후 위 프로그램은 미국의 여러 주에서 널리 활용되어 왔는데, 2016년에 발간된 ProPublica의 기사에서 위 프로그램이 흑인의 재범 가능성을 백인의 그것과 비교하여 훨씬 높게 예측한다는 문제점이 지적되었다. Julia Angwin et al., "Machine Bias", ProPublica, May 23, 2016 (https://www.propublica.org/article/machine－bias－risk－assessments－in－criminal－sentencing, 2024.10.7. 최종방문); Jeff Larson et al., "How We Analyzed the COMPAS Recidivism Algorithm", ProPublica, May 23, 2016 (https://www.propublica.org/article/how－we－analyzed－the－compas－recidivism－algorithm, 2024.10.7. 최종방문). 또한 COMPAS 프로그램의 문제를 다룬 연방대법원 판결로 Wisconsin v. Loomis, 881 N.W.2d 749 (Wis. 2016)도 참조.

105) 이러한 문제는 인간에 의한 의사결정에서도 동일하게 발견되지만, 그럼에도 불구하고 개인은 인공지능에 의한 의사결정보다 인간에 의한 의사결정을 선호한다는 연구결과도 있다. César A. Hidalgo et al., How Humans Judge Machines, MIT Press (2021), pp. 72－73.

106) 대표적인 사례로, 의료 분야의 인공지능 예측 시스템에서 고령 등의 위험 요소를 가진 환자가 오히려 일정 질병으로 인한 사망 가능성이 낮게 예측되는 경우를 들 수 있다. 이는 고령 환자 집단의 경우 병원에 입원하여 집중적인 치료를 받는 것이 일반적인 반면, 고령이 아닌 환자 집단의 경우 간단한 통원 치료만으로 치료를 받는 것이 일반적이기 때문이다. 고령 환자 집단의 경우 입원 및 집중적인 치료를 통하여 실제 사망률이 낮아진 것인데, '고령 환자 집단은 사망률이 낮다'는 부분에만 집중하면 '고령 환자 집단에 대하여는 간단한 통원 치료만으로 충분하다'는 엉뚱한 결론이 도출될 수 있다. 예컨대 Benjamin J. Lengerich, Rich Caruana, Mark E. Nunnally, and Manolis Kellis, "Death by Round Numbers: Glass－Box Machine Learning Uncovers Biases in Medical Practice", medRxiv preprint preprint doi: https://do I .org/10.1101/2022.04.30.22274520, pp. 5－6. 이러한 일련의 연구에 관한 설명으로 Christian(주 21), p. 82 이하.

정보처리자에 대하여 해당 결정을 거부할 수 있는 권리를 가진다(제37조의2 제1항 본문). 다만 자동화된 결정이 정보주체의 동의에 기초한 것인 경우, 법률에 특별한 규정이 있거나 법령상 의무를 준수하기 위하여 불가피한 것인 경우, 정보주체와 체결한 계약을 이행하거나 계약을 체결하는 과정에서 정보주체의 요청에 따른 조치를 이행하기 위하여 필요한 것인 경우에는 자동화된 결정에 대한 거부권이 인정되지 않는다(제37조의2 제1항 단서). 정보주체는 개인정보처리자가 자동화된 결정을 한 경우 그에 대한 설명 등을 요구할 수도 있다(제37조의2 제2항). 정보주체가 자동화된 결정에 대한 거부권 또는 설명요구권을 행사하면, 개인정보처리자는 정당한 사유가 없는 한 자동화된 결정을 적용하지 않거나, 인적 개입에 의한 재처리·설명 등의 필요한 조치를 하여야 한다(제37조의2 제3항).

개인정보법 제37조의2가 적용되기 위해서는, ① 완전히 자동화된 시스템으로 ② 개인정보를 처리하여 이루어지는 결정이어야 하고, ③ 개인정보처리자가 내린 결정이 정보주체의 권리 또는 의무에 영향을 미치는 것이어야 하며, ④ 완전히 자동화된 시스템에 의한 개인정보 처리와 결정 사이에 실질적 관련성이 있어야 한다.[107] 행정기본법상 자동적 처분(제20조), 신용정보법상 자동화평가(제2조 제14호, 제36조의2) 등과 같이 다른 법률에 자동화된 결정과 관련된 특별한 규정이 있는 경우에는 개인정보법 제37조의2가 적용되지 않는다.[108]

나. 제37조의2의 적용 범위

(1) 완전히 자동화된 시스템

제37조의2 제1항이 규정하는 '완전히 자동화된 시스템'은 사람의 실질적인 개입이 배제되어 있는 시스템을 말한다. 자동화된 결정을 변경할 수 있는 정당한 권한을 가진 사람[109]에 의한 '실질적이고 의미있는 개입'이 이루어졌다면, 완전히 자동화된 시스템으로 볼 수 없다.[110] 자동화된 시스템에 의하여 산출된 자료를 참고하되 결정 자체는 사람에 의하여 이루어진 경우 역시 자동화된 결정으로 볼 수 없다.[111] 반면 결정이 이루어지는 과정에서 단순 결재 등 형식적인 개입만 있었던 경우는 자동화된 결정으로 볼 수 있다.[112]

(2) 개인정보를 처리하여 이루어지는 결정

개인정보법상 개인정보 '처리'는 개인정보 수집, 생성, 연계, 연동, 기록 등 다양한 형태의 처리 행위를 모두 포함하는 개념이지만, 제37조의2 제1항의 개인정보 '처리'는 '개인정보를

107) 개인정보보호위원회, 자동화된 결정에 대한 정보주체의 권리 안내서(초안)(2024.5), 4-8면. 또한 「자동화된 결정에 대한 개인정보처리자의 조치 기준」 제정안 제3조도 참조.

108) 개인정보보호위원회, 자동화된 결정에 대한 정보주체의 권리 안내서(초안)(2024.5), 9-10면.

109) 의사결정을 취소할 수 있는 지위에 있는 자를 가리킨다는 설명으로 강태욱, "개정 개인정보 보호법상 자동화된 의사결정", 2024년 한국인공지능법학회 상반기 정기학술대회 자료집(2024.6), 61면.

110) 개인정보보호위원회, 자동화된 결정에 대한 정보주체의 권리 안내서(초안)(2024.5), 4면; 이상용(주 32), 37면.

111) 개인정보보호위원회, 자동화된 결정에 대한 정보주체의 권리 안내서(초안)(2024.5), 4면.

112) 개인정보보호위원회, 자동화된 결정에 대한 정보주체의 권리 안내서(초안)(2024.5), 4면.

자동화된 시스템을 통하여 분석·가공하는 등 실질적인 자동화 처리 과정을 거쳐 의미 있는 정보를 추출'하는 과정을 의미하는 것으로 해석된다.[113] 또한 제37조의2 제1항은 정보주체의 개인정보를 구체적이고 개별적으로 처리한 경우에만 적용된다.[114]

(3) 정보주체의 권리·의무에 영향을 미치는 결정

제37조의2가 적용되기 위해서는 개인정보처리자에 의한 결정이 정보주체의 권리·의무에 중대한 영향을 미치는 것이어야 한다. 이는 정보주체의 권리·의무에 법적인 영향을 미치는 경우로서, 그 영향의 정도가 정보주체의 권리·의무의 본질적인 내용을 제한하는 경우를 가리킨다.[115] 가령 개인정보처리자가 특정 콘텐츠를 추천하고 정보주체가 선택하는 맞춤형 광고, 뉴스 추천 등은 개인정보처리자에 의한 결정이 아니므로 제37조의2의 적용 대상이 아니다.[116] 본인 확인을 위한 단순 사실 확인 등은 정보주체의 권리·의무에 중대한 영향을 미치지 않으므로 제37조의2의 적용 대상이 아니다.[117]

법 문언상으로는 위와 같은 결정이 최종적 결정이어야 하는지, 중간적 결정이어도 제37조의2의 적용 대상이 될 수 있는지 분명하지 않으나, 개인정보보호위원회는 최종적 결정의 경우에만 제37조의2가 적용된다고 보고 있다.[118] 이에 따르면 결정이 최종적으로 확정되기 전에 정보주체가 개입하여 자신의 의견을 개진하고 개인정보처리자에 의한 검토가 이루어지는 경우에는 최종적 결정이 아니라고 한다.[119] 가령 개인정보처리자가 플랫폼 계정을 통한 사기활동을 자동화된 시스템으로 탐지한 후, 계정 박탈에 대한 최종 결정을 내리기에 앞서 임시정지 조치를 취하는 것은 최종적 결정이 아니어서 제37조의2의 적용 대상이 될 수 없다.[120]

(4) 자동화된 시스템에 의한 개인정보 처리와 결정 사이의 실질적 관련성

정보주체가 제37조의2에 따른 권리를 행사하기 위해서는 완전히 자동화된 시스템에 의한

---

113) 개인정보보호위원회, 자동화된 결정에 대한 정보주체의 권리 안내서(초안)(2024.5), 6면.

114) 개인정보보호위원회, 자동화된 결정에 대한 정보주체의 권리 안내서(초안)(2024.5), 6면; 이상용(주 32), 37면. 가령 취학 연령에 도달한 아동의 거주지, 성별 등의 정보를 단순 난수화하여 무작위 추출을 통해 기계적으로 학교를 자동 배정하는 경우는 이에 해당하지 않는다. 위 안내서, 7면.

115) 「자동화된 결정에 대한 개인정보처리자의 조치 기준」 개인정보보호위원회 고시 제정안(2024.5.10) 제2조 제3호. 위 고시 제정안 제3조 제2항은 이에 관한 판단기준을 좀 더 구체화하여, (i) 사람의 생명, 신체의 안전과 관련된 정보주체의 권리 또는 의무인지 여부, (ii) 정보주체의 권리가 박탈되거나 권리 행사가 불가능하게 되는지 여부, (iii) 정보주체가 통상적으로 받아들일 수 있는 한도를 넘어서는 의무가 발생하는지 여부, (iv) 정보주체의 권리 또는 의무에 지속적인 제한이 발생하는지 여부, (v) 정보주체에게 영향을 미치기 전의 상태로 회복하거나 해당 영향을 회피할 수 있는 가능성이 있는지 여부를 고려하여야 한다고 규정한다.

116) 개인정보보호위원회, 자동화된 결정에 대한 정보주체의 권리 안내서(초안)(2024.5), 7면.

117) 개인정보보호위원회, 자동화된 결정에 대한 정보주체의 권리 안내서(초안)(2024.5), 7면.

118) 「자동화된 결정에 대한 개인정보처리자의 조치 기준」 개인정보보호위원회 고시 제정안(2024.5.10) 제3조 제1항 제4호. 또한 개인정보보호위원회, 자동화된 결정에 대한 정보주체의 권리 안내서(초안)(2024.5), 8면도 참조.

119) 개인정보보호위원회, 자동화된 결정에 대한 정보주체의 권리 안내서(초안)(2024.5), 8면.

120) 개인정보보호위원회, 자동화된 결정에 대한 정보주체의 권리 안내서(초안)(2024.5), 8면.

개인정보 처리와 결정 사이에 실질적 관련성이 있어야 한다. 개인정보보호위원회의 설명에 따르면, 자동화된 시스템에 의한 개인정보 처리가 해당 결정의 원인으로 작용하는 경우에는 실질적 관련성이 인정된다고 한다.[121)]

다. 제37조의2의 한계

개인정보법의 많은 규정들은 '개인정보처리자'를 수범자로 한다. 제37조의2도 개인정보처리자에게 인적 개입에 의한 재처리, 설명 등 필요한 조치를 취할 의무를 부과하고 있다. 그런데 자동화된 의사결정의 맥락에서 개인정보처리자가 언제나 인공지능 개발자와 일치하는 것은 아니다. 대부분의 경우 개인정보처리자는 정보주체의 개인정보를 수집하고 그 정보를 자동화된 의사결정 시스템에 입력하는 인공지능 서비스 '이용자'에 가까울 것으로 생각된다. 그런데 이러한 개인정보처리자가 인적 개입에 의한 재처리, 설명 등 필요한 조치를 취할 수 있는 적절한 지위에 있는지는 다소 의문스럽다.[122)] 나아가 인공지능에 의한 자동화된 의사결정이 불합리한 결과를 도출하는 경우, 이는 개별 정보주체의 권리 행사에 따라 개별 개인정보처리자가 인적 개입을 통한 의사결정이나 설명을 함으로써 해결할 문제가 아니라, 인공지능 개발자가 인공지능 시스템 자체를 수정하고 보완하여 해결할 문제이다. 자동화된 의사결정의 결과 정보주체의 중요한 법익이 침해될 가능성이 있는 인공지능 시스템에 대하여는 반드시 사람이 그 운용을 감독하게 하고, 이상(anomaly)이나 기능 장애(dysfunction)가 발생할 경우 그에 대응하도록 하는 법 규정이 필요한 이유이다.[123)] 다만 이는 개인정보법의 규율 범위를 벗어나는 것이므로, 인공지능을 규율하는 별도의 법률에 규정되어야 할 것으로 생각된다.

사람이 의사결정에 개입한 경우에는 제37조의2가 적용되지 않는다는 점도 제37조의2의 분명한 한계이다.[124)] 가령 자동화된 시스템에 의하여 산출된 자료를 참고하되 결정 자체는 사람에 의하여 이루어진 경우에는 제37조의2가 적용되지 않는다. 그런데 만약 그 결정의 주체인 사람이 자동화된 시스템에 의하여 산출된 자료에 크게 의존하여 의사결정을 한다면, 이러한 의사결정은 형식적으로 사람에 의한 의사결정이되 실질적으로는 자동화된 의사결정과 크게 다르지 않다. 이러한 사안에서는 자동화된 시스템에 의하여 산출된 자료에 오류가 있어 사람이 불합리한 결정에 이르게 되었다고 하더라도 정보주체가 제37조의2에 따른 권리를 행사할 수 없다. 이처럼 제37조의2는 완전히 자동화된 시스템에 의한 의사결정만을 적용 대상으로 규정함으로써, 인간에 의한 의사결정에 앞서 인공지능 시스템이 정보주체의 개

121) 개인정보보호위원회, 자동화된 결정에 대한 정보주체의 권리 안내서(초안)(2024.5), 8면.

122) 이상용(주 32), 22면은 자동화된 의사결정과 관련하여 개인정보처리자가 최소 비용 회피자(least−cost avoider)가 아닐 수 있다고 하면서, 개인정보처리자를 수범자로 하는 규제가 비효율적일 수 있다고 지적한다.

123) 가령 EU 인공지능법 제14조는 고위험 인공지능 시스템의 경우 인간에 의한 감독을 의무화하고 있다.

124) 이대희(주 50), 316면. 우리 개인정보법 제37조의2와 유사한 내용을 규정하고 있는 GDPR 제22조에 대한 같은 취지의 비판으로 Crootof, Kaminski & Price II(주 101), pp. 445−446.

인정보를 분석하여 의사결정에 영향을 줄 수 있는 정보를 산출하는 경우는 적용 대상에서 배제하고 있다. 현행 제37조의2 아래에서 그 적용 범위를 벗어나는 사안들은 뒤에서 보는 '개인정보 추론'의 문제로 다루어야 할 것으로 생각된다.[125] 입법론적으로는 제37조의2의 적용 대상을 좀 더 유연하게 개정하는 방안이나, 사람이 자동화된 시스템에 의하여 산출된 자료를 근거로 삼아 의사결정을 하는 경우에 따라야 할 가이드라인을 제시하는 방안[126] 등을 논의해볼 필요가 있다.

인공지능의 투명성 또는 설명가능성에 내재한 한계에도 주목할 필요가 있다. 개인정보법 시행령 제44조의3 제2항에 따르면 개인정보처리자는 (i) 해당 자동화된 결정의 결과, (ii) 해당 자동화된 결정에 사용된 주요 개인정보의 유형, (iii) 해당 개인정보의 유형이 자동화된 결정에 미친 영향 등 자동화된 결정의 주요 기준, (iv) 해당 자동화된 결정에 사용된 주요 개인정보의 처리 과정 등 자동화된 결정이 이루어지는 절차를 정보주체에게 설명하여야 한다.[127] 그런데 인공지능이 사전에 학습한 데이터를 통하여 어떠한 경향성 내지 규칙을 도출하였는지, 개별 정보주체의 개인정보 가운데 어느 항목이 최종 의사결정에 어느 정도의 영향을 미쳤는지 등을 언제나 명확하게 설명할 수 있는 것은 아니다.[128] 이 글의 앞부분에서 소개한 것처럼 오늘날 인공지능은 트랜스포머 구조, 대형 언어 모델 등에 기반한 경우가 많은데, 이러한 모델은 구조가 복잡하여 뉴런 하나하나가 언제 어떻게 작동하는지 알기 어렵다.[129] 또한 설명이 가능하다고 하더라도 그 설명의 내용이 정보주체 입장에서 충분히 이해가능한 것이 아니라면, 설명요구권은 허울에 지나지 않게 된다는 문제도 있다.[130]

한편 정보주체가 자동화된 결정에 동의한 경우에는 자동화된 결정에 대한 거부권을 행사할 수 없다는 점(제27조의2 제1항 단서)도 문제이다. 앞의 예시(인공지능 면접을 통하여 채용 여부를 결정하는 경우, 인공지능 배차 플랫폼에서 계약 해지 여부를 결정하는 경우)에서 살펴본 것처럼, 자동화된 결정의 객체가 되는 정보주체는 개인정보처리자와의 관계에서 상대적으로 약자의 지위에 있는 경우가 많을 것이다. 그에 따라 개인정보처리자가 정보주체에게 자동화

125) 이상용(주 32), 53면; 박광배 · 채성희 · 김현진, "빅데이터 시대 생성정보의 처리 체계－추론된 정보의 처리에 관한 우리 개인정보보호법의 규율과 개선 방안에 관한 고찰", 정보법학 제21권 제2호(2017), 196면은 정보주체가 처리거부권을 행사하더라도 그 개인정보에 기초한 의사결정에는 영향을 미치지 않을 것이라고 한다. 필자는 바로 이 점에서 개인정보 추론에 대하여 제37조의2가 아닌 제37조만 적용하도록 하는 현행 개인정보법에 문제가 있다고 생각한다.

126) Solove(주 1), p. 49.

127) 이러한 항목들에 관한 설명의무가 개인정보처리자에게 지나친 부담을 줄 수 있다는 비판으로 이상용(주 32), 49면.

128) Sandra Wachter, Brent Mittelstadt & Chris Russell, *Counterfactual explanations without opening the black box: Automated decisions and the GDPR*, Harv. JL & Tech. 841, 842 (2017); 이대희(주 50), 304면. 이상용(주 32), 58면은 개인정보처리자의 설명의무 위반 여부를 판단할 때, 이러한 기술적 한계를 고려하여야 한다고 한다.

129) Wachter, Mittelstadt & Russell(주 128), p. 845; 최정희, "AI가 실수?... 왜 그런지 설명할 수 있어야 사용 가능하다", 이데일리 2024. 9. 3.자 기사(카이스트 최재식 교수 인터뷰, https://www.edaily.co.kr/News/Read?newsId=01220166639016512&mediaCodeNo=257&OutLnkChk=Y, 2024.10.7. 최종방문).

130) Solove(주 1), p. 48.

된 결정에 관한 동의를 요구하였을 때, 정보주체 입장에서 이를 거부하기 어려운 상황도 얼마든지 있을 수 있다. 그런데 정보주체가 당초 이와 같이 자동화된 결정에 동의하였으나 자동화된 결정 내용을 수용하기 어려워 이를 거부하려고 하여도, 제37조의2 제1항 단서에 따르면 거부권을 행사할 수 없다. 정보주체로서는 설명 또는 검토(시행령 제44조의2 제2항)만을 요구할 수 있을 뿐이다.[131] 이처럼 정보주체의 동의가 거부권을 배제하는 불이익한 효과를 가지는 만큼, 자동화된 결정의 맥락에서는 정보주체가 자유로운 의사에 기초하여 동의 의사를 표시하였는지를 엄격하게 검토할 필요가 있다고 본다.[132]

3. 개인정보 추론에 대한 권리

가. 개 관

개인정보 추론(inference)이란 일정한 (개인)정보를 가지고[133] 새로운 개인정보를 생성하는 것을 말한다.[134] 이러한 추론은 사람에 의해서 이루어질 수도 있지만, 인공지능에 의하여 훨씬 효율적으로 이루어질 수 있다.[135] GDPR은 이러한 자동화된 추론을 '프로파일링'[136]이라고 이름 붙이고, 이를 자동화된 의사결정(authomated individual decision-making)과 동일하게 규율하고 있다(제29조 제1항). 반면 우리 개인정보법은 개인정보 추론에 관한 명문의 규정을 두고 있지 않아, 개인정보법상 개인정보 추론을 어떻게 취급할 것인지가 문제된다.[137]

입법론으로서는 개인정보 추론을 자동화된 의사결정과 동일하게 또는 유사하게 취급하는 개정이 이루어질 필요가 있다고 생각된다. 앞서 지적한 것과 같이 개인정보법 제37조의2는 그 적용 범위가 상당히 좁기 때문이다. 한편 해석론으로서는 다음 두 가지 문제를 생각해볼 필요가 있다. 첫 번째는 개인정보처리자가 정보주체의 동의 또는 기타 정당화 사유에 기초하여 수집한 개인정보를 토대로 일정한 추론을 하는 경우, 그 추론에 관해서는 정보주체의 동의 기타 정당화 사유를 갖출 필요가 없는가 하는 문제이다. 두 번째는 위와 같이 추론된 개인정보에 대하여 정보주체가 어떠한 권리를 가지는가 하는 문제이다.

---

131) 구체적으로는 해당 자동화된 결정의 기준 및 처리 과정등에 대한 설명, 정보주체가 개인정보 추가 등의 의견을 제출하여 개인정보처리자가 해당 의견을 자동화된 결정에 반영할 수 있는지에 대한 검토를 요구할 수 있다.

132) 또한 가령 자동화된 결정에 동의하지 않는 경우 채용절차에서 배제된다고 고지하는 등으로 동의를 강제하여서는 안 된다. 개인정보보호위원회, 자동화된 결정에 대한 정보주체의 권리 안내서(초안)(2024.5), 16면.

133) 추론의 소재가 되는 정보가 반드시 개인정보일 필요는 없으므로, (개인)정보라고 표현하였다.

134) 박광배 · 채성희 · 김현진(주 125), 161면.

135) Solove(주 1), p. 32. 한편 개인이 인간에 의한 추론과 인공지능에 의한 추론 가운데 후자에 대한 선호도가 반드시 낮은 것은 아니라는 연구결과로 Hidalgo et al.(주 105), pp. 100-101.

136) GDPR에서 프로파일링은 '자연인과 관련된 특정 개인적 측면, 특히 해당 개인의 업무 성과, 경제적 상황, 건강, 개인적 선호도, 관심사, 신뢰도, 행동, 위치, 거동과 관련된 측면을 분석하거나 예측하기 위하여 개인정보를 이용하는 모든 형태의 자동화된 개인정보 처리'로 정의된다(제4조 제4항).

137) 이 점에서 우리 개인정보법 제37조의2를 비판하는 견해로 박노형 · 김효권, "자동화된 결정에 관한 개인정보보호법 정부 개정안 신설 규정의 문제점-EU GDPR과의 비교 분석", 사법 통권 제62호(2022), 369면.

나. 개인정보 추론과 정당화 사유

개인정보법은 개인정보 '처리'의 개념을 상당히 넓게 정의하고 있으므로, 개인정보 추론 역시 개인정보 '처리' 개념으로 포섭될 수 있다.[138] 다만 개인정보법은 여러 유형의 개인정보 처리행위 가운데 수집, 이용, 제공에 관한 규정만 두고 있어, 구체적으로 어떠한 요건 아래 개인정보처리자가 적법하게 개인정보 추론을 할 수 있는지는 해석에 맡겨져 있다.[139]

개인정보 추론도 개인정보 '처리'인 이상, 개인정보 추론은 원칙적으로 개인정보자기결정권에 대한 제한에 해당한다. 이러한 제한을 정당화하기 위해서는 개인정보처리자가 정보주체의 동의 등의 정당화 사유를 갖추어야 한다. 개인정보 추론에 적용되는 정당화 사유가 법에 규정되어 있지 않은 현재로서는 가장 비슷한 유형의 개인정보 처리에 적용되는 정당화 사유를 유추 적용하는 것이 불가피하다고 생각된다.[140] 필자는 개인정보 추론이 정보주체에 관한 (개인)정보를 활용하여 새로운 개인정보를 생성해내는 행위라는 점에서, 개인정보 '이용'에 가깝다고 생각한다. 따라서 개인정보처리자가 정보주체로부터 개인정보를 수집할 때 그 처리 목적으로 '개인정보 추론'을 명시하고 정보주체의 동의를 받았다면, 그 후에 이루어지는 개인정보 추론은 개인정보 이용에 관한 제15조 제1항 제1호에 의하여 정당화될 수 있을 것이다.[141] 반면 개인정보처리자가 정보주체로부터 개인정보를 수집할 때 그 처리 목적으로 '개인정보 추론'을 명시하지 않았다면, 그 후에 이루어지는 개인정보 추론은 목적 외 이용에 관한 제18조에 의하여 정당화될 수 있으리라고 생각된다.[142]

다. 추론된 개인정보에 대한 정보주체의 권리

인공지능이 개인정보 추론에 기반하여 일정한 의사결정을 내린 경우에는 앞에서 살펴본 자동화된 의사결정에 관한 규정이 적용된다. 반면 인공지능이 개인정보 추론만을 수행하고 일정한 의사결정을 내리는 데까지 나아가지 않은 경우에는 위 규정이 적용되지 않고, 제37조의2에 따른 거부권, 설명요구권 등이 인정되지 않는다.

추론된 개인정보도 개인정보인 이상, 정보주체로서는 앞에서 살펴본 처리거부권(제36조, 제37조)을 행사할 수 있어야 한다.[143] 또한 정보주체가 이러한 권리를 효율적으로 행사하기 위해서는 개인정보처리자가 개인정보 추론을 행하고 있다는 사실이 정보주체에게 적절히

---

138) 개인정보 추론은 개인정보법상 개인정보 '처리'의 예시로 제시된 행위(수집, 생성, 연계, 연동, 기록, 저장, 보유, 가공, 편집, 검색, 출력, 정정, 복구, 이용, 제공, 공개, 파기, 그 밖에 이와 유사한 행위) 가운데 '생성'에 가장 가깝다고 볼 수 있다.

139) 이소은(주 54), 108면.

140) 이소은(주 54), 109면.

141) 박광배 · 채성희 · 김현진(주 125), 177면.

142) 이소은(주 54), 109면; 박광배 · 채성희 · 김현진(주 125), 180면.

143) 이상용(주 32), 41면; 박광배 · 채성희 · 김현진(주 125), 190면. 참고로 GDPR은 프로파일링도 반대권(right to object)의 행사 대상이 된다고 명시적으로 규정하고 있다(제21조).

고지되어야 한다.[144] 개인정보를 수집할 때 그 처리 목적으로 '개인정보 추론'을 명시하는 것이 가장 바람직하겠지만, 그러한 조치가 취해지지 못한 경우에는 개인정보 처리방침을 통하여 이를 고지하는 방법도 가능할 것이다.

한편 인공지능이 (개인)정보를 기초로 추론한 정보가 민감정보에 해당하는 경우도 있을 수 있다.[145] 개인정보법과 같은 법 시행령에 따르면 민감정보는 사상・신념, 노동조합・정당의 가입・탈퇴, 정치적 견해, 건강, 성생활 등에 관한 정보, 그 밖에 정보주체의 사생활을 현저히 침해할 우려가 있는 개인정보로서(법 제23조 제1항), 유전자검사 등의 결과로 얻어진 유전정보, 「형의 실효 등에 관한 법률」 제2조제5호에 따른 범죄경력자료에 해당하는 정보, 개인의 신체적, 생리적, 행동적 특징에 관한 정보로서 특정 개인을 알아볼 목적으로 일정한 기술적 수단을 통해 생성한 정보, 인종이나 민족에 관한 정보 등도 이에 포함된다(시행령 제18조). 인공지능은 개인이 주로 사용하는 언어 표현을 통하여 그 개인의 성별을 추론할 수 있고,[146] 개인의 성명을 통하여 그 개인의 인종이나 민족을 추론할 수 있다.[147] 이와 같이 추론된 정보가 민감정보에 해당하는 경우에는 민감정보의 처리를 제한하는 제23조가 적용된다. 따라서 법령에서 민감정보의 처리를 요구하거나 허용하는 경우(제23조 제1항 제2호)가 아닌 한, 개인정보처리자는 민감정보 추론에 관하여 정보주체로부터 별도의 동의를 받아야 한다(제23조 제1항 제1호). 추론된 민감정보가 분실되거나 유출되지 않도록 안전성 확보에 필요한 조치도 취하여야 한다(제23조 제2항).

V. 나가며

개인정보자기결정권 개념은 물론, 이를 보호하기 위하여 마련된 개인정보법은 정보주체에게 자신의 개인정보의 처리에 관한 결정권을 부여하고, 개인정보 처리의 각 단계에 정보주체가 개입할 수 있도록 한다.[148] 개인정보법상 개인정보 처리에 관한 규율은 사람에 의한 개인정보 처리 또는 사람의 지시대로 작동하는 프로그램에 의한 개인정보 처리를 염두에 두고 마련된 것이다.[149] 반면 인공지능 기술은 인간의 개입을 축소하고 인공지능이 정보를 자동적으로 처리하도록 함으로써, 인간이 그로 인한 편익을 누리도록 한다.[150] 인간의 결정과 개입을 전제로 하는 개인정보 보호 법제와, 인공지능에 의한 자동적 처리를 전제로 하는

144) 박광배・채성희・김현진(주 125), 171면도 추론된 정보의 경우 정보주체에게 개인정보 추론에 관한 적절한 통지가 이루어지지 않을 경우 정보주체의 권리 행사가 어렵다고 지적한다.
145) Solove(주 1), p. 34; 이대희(주 50), 306면.
146) Christian(주 21), p. 40.
147) Christian(주 21), p. 39.
148) 최경진 편(주 1), 238면(최경진 집필부분).
149) 전승재・고명석, "이루다 사건을 통해서 보는 개인정보의 인공지능 학습데이터 활용 가능성", 정보법학 제25권 제2호(2021), 106면.
150) 최경진 편(주 1), 238면(최경진 집필부분).

인공지능 기술 사이의 충돌은 어느 정도 예견된 현상이라고 할 수 있다.[151)]

이 글에서는 인공지능 개발 단계와 인공지능 활용 단계로 나누어, 인공지능 기술이 야기하는 개인정보 보호 문제를 개관하였다. 그러한 문제들 가운데는 현행 개인정보법의 해석론으로 해결이 가능한 것들도 있는 반면, 새로운 입법이 필요한 것들도 있다. 다만 인공지능 기술로 인한 개인정보 보호 문제를 해결하기 위한 여러 가지 기술이 개발되고 있는 현재로서는, 성급하게 인공지능 기술 전반을 규제하는 법 제도를 만들기보다는 개인정보자기결정권 침해 위험이 높은 분야부터, 당시의 기술 수준을 함께 고려한 입법으로 차근차근 대응해 나가는 것이 바람직하리라고 본다.

151) 최경진 편(주 1), 238면(최경진 집필부분).

신탁을 둘러싼 분양계약의 해소와 부당이득반환 문제에 관한 고찰

장 명

서강대학교 법학전문대학원 교수

오랜 기간 학계의 발전을 위해 헌신하신 노고에 깊이 감사드리며, 회갑을 진심으로 축하드립니다.

Ⅰ. 서 론

건축물 분양사업에는 시행사, 시공사, 신탁회사, 수분양자 등 다양한 법적 주체들이 관여한다. 건축물 분양사업은 시기, 주체, 목적물, 분양방식 등에 따라 여러 가지 유형으로 구분할 수 있다. 대표적인 유형으로는, ① 분양의 시기에 따라 선분양과 후분양, ② 분양사업의 주체가 공적인지 사적인지에 따라 공공 분양과 민간 분양, ③ 분양조건 등과 관련된 관계 법령의 제한이 존재하는지에 따라 공적 분양과 사적 분양, ④ 분양대상자의 특성에 따라 일반분양, 특별분양, 단체분양 등이 있다.[1] 이처럼 건축물 분양사업은 이해관계인이 많고, 그 유형 역시 다양하기 때문에 법적 분쟁 역시 복잡한 형태로 전개되는 경우가 적지 않다. 그 중에서도 최근 실무적으로 논의가 활발한 사안으로는 선분양 및 그 해소를 둘러싼 법적 분쟁을 들 수 있다.

선분양이란 시행사가 건축물의 완공 내지 사용승인 이전에 수분양자와의 사이에 분양계약을 체결하여 향후 완공될 건축물을 수분양자에게 분양하고, 시행사는 수분양자가 분양계약에 따라 납입한 분양대금을 통하여 건축물의 분양사업에 필요한 자금을 조달하는 방식의 분양제도를 의미한다.[2] 최근 후분양을 활성화하기 위한 여러 가지 시도와 실제로 후분양을 하는 사례가 점차 증가하고 있지만, 여전히 건축물 분양사업의 대부분은 선분양으로 이루어지고 있다.[3]

선분양을 통하여 체결되는 분양계약의 법적 성질과 관련하여서는, ① 구분소유권의 이전에 중점을 두어 매매계약이라는 견해,[4] ② 분양대금이 건축자금에 충당되는 점에 주목하여 도급계약의 성격이 강하다는 견해,[5] ③ 매매와 도급의 성격을 모두 지니고 있는 혼합계약이라는 견해,[6] ④ 매매와 도급 이외에도 상권개발 등과 관련된 위임의 요소도 더해진 혼합계약이라는 견해,[7] ⑤ 매매계약의 일종이거나 매매의 성격이 강한 비전형계약이라는 견해[8] 등이 주장되고 있다. 분양사업에 관여된 당사자와 분양사업의 유형에 따라 체결되는 분양계

---

1) 강병기 · 김용민 · 이국철 · 이창석, 『부동산 분양대행업』, 형설출판사, 2005, 66－70면.
2) 주택과 관련된 선분양은 주택공급에 관한 규칙 제15조에서 그 법적 근거를 확인할 수 있다.
3) 이처럼 선분양이 선호되는 이유는 자력이 부족한 시행사의 입장에서 분양대금을 통하여 사업자금을 조달하고자 하는 유인이 크기 때문이다. 수분양자의 입장에서도 공정의 단계에 따라 부분적으로 자금을 납부할 수가 있어 일시적으로 거액의 자금을 마련하여야 한다는 부담에서 벗어날 수 있고, 통상적으로 선분양이 후분양에 비해 분양가가 저렴하다는 점 또한 선분양이 활발한 이유 중 하나로 평가할 수 있다.
4) 안정호, "아파트 분양광고보다 공유대지면적이 감소된 경우의 법률관계", 『민사판례연구[XXI]』, 박영사, 1999, 235면; 김대정, "아파트 분양계약의 사법상의 법률관계", 한독법학 제13호, 한독법률학회, 2002, 534면; 이정민, "집합건물의 분양과 하자담보책임－집합건물법 제9조와 관련한 몇 가지 법적 쟁점에 관하여", 사법논집 제38집, 2004, 479, 487면.
5) 박종두, "분양집합주택의 하자와 담보책임", 법조 제44권 제12호, 법조협회, 1995, 65면.
6) 윤재윤, "집합건물의 하자담보책임에 관한 실무상 쟁점", 저스티스 제73호, 한국법학원, 2003, 54면.
7) 이준형, "집합건물법 제9조에 따른 구분소유자의 하자담보추급권", 『민사판례연구[XXVIII]』, 박영사, 2006, 36－37면.
8) 장보은, "계약의 해소와 부당이득반환의 문제: 선분양계약에서의 신탁관계를 중심으로－대법원 2017. 7. 11. 선고 2013다55447 판결", 저스티스 제171호, 한국법학원, 2019, 291면.

약의 내용이 다양하다는 측면에서 볼 때, 이러한 분양계약 모두를 일관하여 하나의 법적 성질로 재단하는 것은 쉽지 않은 일이다. 다만 분양계약이 체결되는 목적과 당사자의 의사를 감안하면, 분양계약에 있어 가장 중요한 핵심은 분양사업자가 건축하는 건축물의 전부 또는 일부를 다수의 수분양자에게 매도하여 그 소유권을 이전하는 데 있다고 할 수 있으므로, 분양계약을 둘러싼 법적 성질에 관한 논의는 매매계약을 중심으로 이루어지는 것이 타당하다.[9)]

선분양을 통한 분양사업을 진행하더라도 많은 경우 시행사는 사업의 초기진행을 위하여 금융기관으로부터 대출을 받아 대상 토지를 매수한 다음 이를 담보로 제공한다.[10)] 이때 담보를 제공하는 대표적인 방법으로는 (근)저당권을 설정하는 방식과 신탁을 설정하는 방식이 있는데, 최근 일정 규모 이상의 건축물 개발사업에서는 (근)저당권을 설정하는 방식에 비하여 신탁을 설정하는 방식이 더 활발하게 이용되고 있다.[11)] 이와 관련하여 2003년 굿모닝 시티 사기분양 사건을 계기로 제정된 건축물 분양법[12)]은 분양관리신탁 방식에 따른 부동산 개발사업을 규율하고 있는데, 건축법이 적용되는 건축물 중 일정한 요건에 해당하는 건축물을 선분양하는 경우 건축물 분양법에 따른 요건을 반드시 준수하여야 하는 제한이 부과된다. 건축물 분양법이 수분양자를 보호하기 위해 어떠한 규정을 두고 있는지에 관하여는 후술하기로 한다.

한편, 건축물 분양법의 적용 여부를 불문하고 신탁과 결합되어 선분양 방식으로 분양사업이 진행되는 경우, 수분양자가 시행사와 체결한 분양계약에 따라 신탁회사에게 분양대금의 전부 또는 일부를 지급하였으나, 중도에 취소·해제[13)] 등의 사유로 분양계약이 해소된 경우 수분양자는 누구를 상대로 지급한 분양대금 상당액의 반환을 구할 수 있는지가 문제

---

9) 건축물의 분양에 관한 법률(이하 '건축물 분양법'이라 한다) 제2조 제2호 역시 분양이라 함은 "분양사업자가 건축하는 건축물의 전부 또는 일부를 2인 이상에게 판매하는 것을 말한다."라고 규정하고 있다.

10) 남궁주현, "수분양자의 신탁회사에 대한 분양대금반환청구에 관한 소고－하급심판결에서의 논의를 중심으로", 기업법연구 제34권 제3호, 한국기업법학회, 2020, 212면.

11) 신탁설정 방식이 선호되는 이유로는 시행사의 채권자가 신탁재산에 보전처분이나 강제집행을 할 수 없고, 도산절연의 효과를 누릴 수 있으며, 경매절차와 비교하여 공매절차가 채권회수에 효과적인 점 등이 언급되고 있다. 이에 관한 자세한 내용은 서희경, "시행사와 수분양자 간의 분양계약이 해제된 경우 시행사와 담보신탁 및 자금관리대리약정을 체결한 신탁회사의 분양대금반환책임", 재판과 판례 제26집, 대구판례연구회, 2017, 201면.

12) 2003년 발생한 동대문 굿모닝시티 분양 사건은 3천 명 이상의 수분양자에게 3,000억 원 이상의 피해를 입힌 분양사기사건이다. 이 사건을 계기로 건축물의 선분양과 관련된 문제점을 개선하여야 한다는 인식이 제고되었다. 2003. 9. 23. 개최된 상가 등 대형건축물 분양제도 개선방안에 관한 공청회에서는 건축물의 분양과정에서 발생할 수 있는 피해 유형을 고찰하는 한편, 이를 해결하기 위한 방안으로 분양신고제 도입, 상가건물 임대차보호법 전면개정, 건축물 분양법 제정 등이 논의되었고, 이 중에서 건축물 분양법 제정안이 채택되었다. 이에 따라 2004. 10. 22. 건축물 분양법이 제정되어 2005. 4. 23.부터 시행되고 있다. 이에 관한 상세한 내용은 국토연구원, 『상가 등 대형건축물 분양제도 개선방안에 관한 공청회』, 2003, 5－8, 32－34면 참조.

13) 계약해제의 효과로서 발생하는 원상회복의무의 법적 성질과 관련하여 이견이 전혀 없는 것은 아니지만, 판례(대법원 1995. 3. 24. 선고 94다47728 판결, 대법원 1997. 12. 9. 선고 96다47586 판결, 대법원 2003. 7. 22. 선고 2001다76298 판결 등)는 이를 부당이득반환의 일종으로 파악하고 있고, 본고에서는 논의의 편의상 원상회복의무의 법적 성질이 부당이득반환이라는 전제하에 서술하기로 한다. 나아가 원상회복의무의 법적 성질을 부당이득으로 파악하더라도 반환의 범위 등 민법상 부당이득과 일부 차이가 존재하는 점이 있으나, 본고에서는 논의에 필요한 범위에서만 해제와 관련된 별도의 서술을 하고, 기본적으로는 취소·해제 모두 계약이 해소되어 부당이득반환이 문제가 되는 주요한 원인이라는 측면에서 서술한다.

된다. 수분양자의 입장에서는 분양대금의 지급처가 신탁회사일 뿐만 아니라 자력이 부족한 시행사 대신 자력이 풍부한 신탁회사를 반환청구의 상대방으로 삼아야 대금반환의 가능성이 크기 때문에 신탁회사를 상대방으로 삼고자 하는 유인이 강할 수밖에 없다. 반면, 신탁회사의 입장에서는 수분양자가 분양계약을 체결한 상대방은 신탁회사가 아니라 시행사이고, 자신이 직접 계약의 당사자도 아닌 분양계약이 중도에 취소·해제되었다는 이유로 신탁회사가 분양대금 상당액을 반환할 의무를 부담하게 되면, 분양사업의 진행 과정에서 당초 예정된 공사비 지출에 지장이 발생하고, 그로 인하여 또 다른 법적 분쟁이 야기될 가능성이 높아지는바, 위와 같은 리스크를 감수해가면서 신탁을 통하여 분양사업을 진행할 동기가 약화될 수밖에 없다.

본고는 지금까지 이 쟁점과 관련하여 일부 선행 연구가 존재하는 것은 사실이나, 대부분의 논의가 건축물 분양법이 적용되거나 적용되지 않는 사안 중 어느 하나의 사안에 집중하여 이루어졌다는 점에서 양자를 균형 잡힌 시각에서 논의할 필요성에 주목하였다. 아래에서는 건축물 분양법이 적용되지 않는 경우와 건축물 분양법이 적용되는 경우를 구분하여 양자의 법적 규율을 둘러싼 내용을 검토한 후, 수분양자가 신탁회사에게 분양대금의 전부 또는 일부를 지급한 후 분양계약이 중도에 취소되거나 해제된 경우 건축물 분양법의 적용 여부에 따라 분양대금반환청구의 상대방이 달라질 가능성이 있는지, 즉 신탁회사를 분양대금반환청구의 상대방으로 포섭할 수 있는지 여부를 살펴본다. 나아가 신탁회사에 대한 직접청구가 부정되는 경우 수분양자가 시행사에 대한 분양대금 반환채권을 피보전채권으로 채권자대위권을 행사할 수 있는 가능성은 없는지, 만약 가능하다면 이를 위해 필요한 요건에는 어떠한 것이 있는지를 고찰한다.

Ⅱ. 담보신탁과 자금관리 대리사무계약(건축물 분양법이 적용되지 않는 경우)

1. 담보신탁

건축물 분양법이 적용되지 않는 사업장에서 분양사업의 시행사가 분양사업에 필요한 자금을 조달하기 위하여 금융기관으로부터 대출을 받는 경우 통상 담보신탁과 자금관리 대리사무계약이 체결된다. 담보신탁은 통상 "위탁자가 금전채권을 담보하기 위하여 그 금전채권자를 우선수익자로, 위탁자를 수익자로 하여 위탁자 소유의 부동산을 신탁법에 따라 수탁자에게 이전하면서 채무불이행 시에는 신탁부동산을 처분하여 우선수익자의 채권 변제 등에 충당하고 나머지를 위탁자에게 반환하기로 하는 내용"의 신탁을 의미한다.[14] 우선수익자 내

14) 대법원 2016. 11. 25. 선고 2016다20732 판결 등.

지 우선수익권은 신탁법에서 명시적으로 규정하고 있는 법률용어는 아니다. 다만 실무상으로 담보신탁과 관련된 사안에서 우선수익자를 지정하고 우선수익자에게 우선수익권을 부여하는 경우가 적지 않은데, 우선수익권이란 담보신탁에 있어 우선수익자로 지정된 채권자가 채무자의 채무불이행 시에 신탁재산을 처분한 대금에서 자신의 채권을 위탁자인 채무자나 그 밖의 다른 채권자들에 우선하여 변제를 받을 수 있는 권리를 지칭한다.[15] 대법원은, 우선수익권은 수익급부의 순위가 다른 수익자에 앞선다는 점을 제외하면 그 법적 성질은 일반적인 수익권과 다르지 않고, 채권자는 담보신탁을 통하여 담보물권을 얻는 것이 아니라 신탁이라는 법적 형식을 통하여 도산 절연 및 담보적 기능이라는 경제적 효과를 달성하게 되는 것일 뿐이므로, 그 우선수익권은 우선 변제적 효과를 채권자에게 귀속시킬 수 있는 신탁계약상 권리로 파악하고 있다.[16]

실무상 분양사업에 있어 시행사의 자력이 충분하지 않은 경우 시행사에게 자금을 대여하는 금융기관은 시행사의 고유재산과 독립한 신탁재산에 우선수익권을 확보함으로써 향후 발생할지 모르는 시행사의 자력부족 내지 도산 등의 위험에 대비하게 된다. 즉 Ⅲ.에서 살펴볼 분양관리신탁이 수분양자에 대한 보호를 주목적으로 하고 있는 것과 달리 담보신탁은 금융기관의 채권회수에 그 주된 목적이 있다.[17] 담보신탁계약에 따라 시행사의 채무불이행이 발생하면 우선수익자는 수탁자에 대하여 신탁재산의 처분을 요구하고, 그 환가대금으로부터 신탁상 정함에 따른 수익금을 지급받는 방법으로 채권의 만족을 얻게 되는 반면, 시행사가 금융기관에게 원리금을 모두 변제하는 경우에는 신탁이 종료하고, 잔여재산은 신탁상 정함에 따라 수익자 내지 귀속권리자에게 귀속하게 된다(신탁법 제101조 제1항).[18]

2. 자금관리 대리사무계약

시행사가 공동주택 등의 분양사업을 진행하는 과정에서 분양대금 등을 신탁회사로 하여금 관리하도록 하는 내용의 계약을 실무상 자금관리 대리사무계약이라 칭한다.[19] 수분양자가 납입하는 분양대금은 분양사업의 성공적인 진행을 위하여 엄격한 관리와 집행을 할 필요성이 있고, 이를 위해 자금관리 대리사무계약이 체결된다.

자금관리 대리사무 계약의 법적 성질 또한 시행사와 신탁회사 사이에 체결되는 계약의 목적이나 내용에 따라 여러 가지의 성질을 겸유할 수 있지만, 신탁회사가 분양대금이나 공사비 등 자금을 관리하고, 적절하게 집행을 하는 것이 자금관리 대리사무계약의 가장 본질

15) 대법원 2017. 6. 22. 선고 2014다225809 전원합의체 판결.
16) 대법원 2018. 4. 12. 선고 2016다223357 판결.
17) 이계정, "분양계약 해제에 따른 부당이득의 법률관계와 수분양자 보호방안", 자율과 정의의 민법학－양창수 교수 고희기념논문집, 박영사, 2021, 802면.
18) 최수정, "분양계약의 해제에 따른 분양대금의 반환－대법원 2018. 7. 12. 선고 2018다204992 판결을 계기로", 인권과 정의 제484호, 대한변호사협회, 2019, 54면.
19) 서희경, 앞의 논문, 212면.

적 특징이라는 점을 고려하면, 원칙적으로 위임계약이 그 중심을 이룬다고 볼 수 있다.[20)]

시행사는 분양사업의 주체로서 공사대금 등 비용 집행이 필요한 경우 금융기관과 시공사의 동의를 얻어 신탁회사에 자금집행을 요청하고, 신탁회사는 관리계좌 잔액의 범위 내에서 시행사가 지급을 요청한 금원 상당액을 시공사 등에게 지급한다. 이 경우 시공사 등이 신탁회사에 공사비 등을 직접 청구할 수 있는 권리가 있는지 여부를 살펴볼 필요가 있다. 즉 시행사와 신탁회사 사이에 체결된 신탁계약 및 자금관리 대리사무계약에서 공사비 등을 신탁회사가 당사자에게 직접 지급한다는 취지의 약정이 존재하는 경우 이러한 약정이 제3자를 위한 계약에 해당하는지 문제가 된다. 그러나 시행사와 신탁회사가 위와 같은 내용의 약정을 체결하였다고 하더라도, 이는 신탁회사가 자신의 명의로 예금계좌를 개설하여 그 계좌로 분양대금을 받아 자금관리를 하기로 하였기 때문이고, 특별한 사정이 없는 한 도급계약의 당사자도 아닌 신탁회사가 시행사의 시공사 등에 대한 공사대금 지급채무를 인수할 이유가 있다고 볼 수 없으므로 위와 같은 약정만으로는 시공사 등이 신탁회사에 대하여 직접 공사비 등을 청구할 권리가 있다고는 보기 어렵다.[21)]

3. 담보신탁과 자금관리 대리사무계약의 관계

실무상 분양사업을 수행하는 시행사는 동일한 신탁회사와 담보신탁과 자금관리 대리사무계약을 체결하는 것이 일반적이다. 다만 이는 시행사와 신탁회사의 관계, 자금관리의 시의성과 편의성을 도모하기 위한 차원이고, 담보신탁과 자금관리 대리사무계약이 서로 다른 신탁회사와의 사이에서 체결된다고 하더라도 법적으로 전혀 문제될 것이 없다. 또한 앞서 언급한 것처럼 담보신탁은 금융기관 등 우선수익자에 대한 채무이행을 보장하기 위하여 신탁회사가 신탁에 제공된 부동산을 보전 내지 관리하고, 그 과정에서 시행사가 채무를 이행하지 않는 경우 신탁회사가 신탁부동산을 처분하여 우선수익자의 채권회수를 주된 목적으로 하는 반면, 자금관리 대리사무계약은 시행사가 신탁재산을 분양하는 것을 전제로, 분양수입금이나 시행사가 금융기관으로부터 대출받은 금원 등을 신탁회사로 하여금 관리하도록 하는 것을 주된 목적으로 한다.[22)] 즉 담보신탁은 시행사의 채무불이행 등으로 인해 분양사업이 정상적으로 진행되지 않을 경우에 대비하여 채권담보의 목적으로 금융기관이 우선수익권을 취득하는 구조라면, 자금관리 대리사무계약은 시행사가 당초 예정된 분양사업이 정상적으로 진행되는 과정에서 사업자금의 수납이나 지출 등이 제3자에 의하여 투명하게 이루어질 수 있도록 분양대금 등 분양사업과 관련한 수입금을 신탁회사 명의의 자금관리계좌에서 보유하고 관리하는 구조라는 점에서 담보신탁과 자금관리 대리사무계약은 어디까지나

---

20) 아울러 많은 경우 자금관리와 관련하여 신탁회사에 대리권이 부여된다.
21) 대법원 2006. 9. 14. 선고 2004다18804 판결.
22) 서희경, 앞의 논문, 214–215면.

규율의 목적과 내용이 상이한 별개의 계약이다.[23] 따라서 동일한 신탁회사와의 사이에서 담보신탁 및 자금관리 대리사무계약이 체결된 경우에도 자금관리 대리사무계약에 따른 자금관리계좌 및 그 자금은 신탁재산과는 구분되는 별개의 목적재산이다.[24]

4. 분양계약이 취소·해제 등으로 해소된 경우 분양대금반환의 문제

가. 분양계약의 해소

건축물을 대상으로 한 분양계약의 당사자는 분양자인 시행사와 수분양자이고, 자금관리 대리사무계약의 당사자는 시행사와 신탁회사이다. 다만 이 경우 통상 분양계약과 자금관리 대리사무계약에 따라 수분양자는 신탁회사가 관리하는 관리계좌에 분양대금을 직접 입금한다. 신탁회사가 수분양자로부터 분양대금을 직접 지급받는 근거는 시행사와 신탁회사 사이에 체결된 자금관리 대리사무계약의 구체적인 내용에 따라 달라진다. 후술하는 바와 같이 건축물 분양법의 경우 원칙적으로 시행사로 하여금 신탁회사에 분양대금 채권을 양도하도록 강제하고 있으나, 건축물 분양법의 적용대상이 아닌 사업장에서는 반드시 채권양도가 이루어져야 하는 것은 아니고, 시행사로부터 자금의 수납을 위임을 받는 형태로도 충분히 분양대금을 납부받을 수 있다. 건축물 분양법의 적용 여부에 따른 비교가 선명하게 이루어질 수 있도록 본고에서는 신탁회사가 시행사로부터 단순히 자금수납의 위임만을 받은 경우를 상정하기로 한다. 이처럼 수분양자가 신탁회사 명의의 계좌로 분양대금을 입금하더라도 여전히 분양계약의 당사자는 분양자인 시행사와 수분양자로 유지되고, 다만 위와 같은 한 번의 입금으로 수분양자와 시행사 사이의 분양계약뿐만 아니라 시행사와 신탁회사 사이의 자금관리 대리사무계약에 의한 급부의 효과가 한꺼번에 이루어진다.[25] 위와 같은 법률관계는 분양사업이 정상적으로 진행되어 수분양자가 당초 예정된 분양목적물의 소유권을 취득한다면 아무런 문제가 없다. 그러나 수분양자가 분양계약에 따라 신탁회사의 관리계좌에 분양대금의 전부 또는 일부를 지급하였으나, 분양계약이 중도에 취소·해제 등을 원인으로 해소되는 경우 수분양자가 분양대금을 지급한 신탁회사를 상대로 분양대금 상당액의 반환청구를 할 수 있는지 여부가 중요한 쟁점으로 부상한다.[26]

---

23) 오상민, "담보신탁 및 대리사무에서 신탁회사의 분양대금반환책임", 판례연구 제29집 제2호, 서울지방변호사회, 2016, 12면.

24) 담보신탁의 경우 채무불이행 등 신탁부동산의 처분사유가 발생하기 이전에는 신탁부동산이 담보의 목적물로 잔존하고 있어야 하는 반면, 자금관리 대리사무계약은 시행사가 분양을 하는 것을 전제로 분양대금을 제3자에게 관리하도록 한다는 점에서 양 계약은 상호 충돌하고, 그 결과 양 계약이 동시에 체결되는 경우 그중 하나는 효력을 상실할 수밖에 없다는 견해도 존재하지만(유현송, "담보신탁계약과 대리사무계약의 상호관계", 인권과 정의 제438호, 대한변호사협회, 2013, 119면), 양 계약은 분양사업의 원활한 진행과 채권의 우선적 확보라는 목적과 기능에 따라 유기적으로 연결되어 있으므로, 위와 같은 사정만으로 양 계약이 모순되어 어느 하나의 계약의 효력이 반드시 상실되어야 한다고 볼 수는 없다[최수정, 앞의 논문(주 18), 56면].

25) 최수정, 위의 논문(주 18), 55면.

26) 그 밖에도 분양계약의 해소에서 문제가 되는 법적 쟁점으로는 기망 등 불법행위를 원인으로 하는 손해배상청구, 우선수익권의 침해를 원인으로 하는 손해배상청구 등이 있으나, 논의의 집중을 위해 본고에서는 위와 같은 논의

나. 삼각관계에서의 부당이득의 논의

1) 삼각관계에서의 부당이득(지시관계)의 의의

위 문제에 관한 고찰을 위해서는 삼각관계에서의 부당이득에 관한 논의를 검토할 필요가 있다. 삼각관계에서의 부당이득은 계약에 따른 급부가 계약상대방이 아닌 제3자에게 이루어지는 경우 지시에 흠결이 있거나, 보상관계 내지 대가관계의 흠결을 원인으로 발생하는 부당이득을 통칭하고,[27] 위와 같은 문제는 삼각관계에서의 부당이득 법률관계 중 지시관계에 가깝다고 볼 수 있다.[28] 지시관계란 급부수령자 丙이 지시자 乙에 대하여 일정한 급부를 청구할 수 있는 권리를 가지고 있고, 지시자 乙은 피지시자 甲에 대하여 동일 종류의 급부를 청구할 수 있는 권리를 가지고 있는 경우, 甲 · 乙 · 丙 사이의 결제를 간이하게 하기 위하여 乙이 甲에게 丙에 대하여 출연을 지시(Anweisung)하고, 위 지시에 따라 甲이 丙에게 급부를 하는 경우를 의미한다.[29] 甲과 乙의 관계를 보상관계, 乙과 丙의 관계를 대가관계라고 칭하기도 한다. 피지시자의 일회의 재산출연으로 연속되는 원인관계가 모두 변제되는 동시이행효와 그 결과 관념상 재산이 지시자를 경유한 것으로 의제되는 재산의 경유적 이동이 지시관계의 특징이다.[30]

위와 같이 수분양자와 시행자 사이의 분양계약이 취소 · 해제 등을 원인으로 소멸한다는 것은 보상관계에서 흠이 발생하였다는 것을 의미한다. 위와 같은 법률관계를 어떻게 규율하는 것이 바람직한지 고찰하기 위하여 우선 대법원 판례에 상당한 영향을 미친 독일의 논의부터 간단하게 살펴보기로 한다.

2) 독일법상 논의와 DCFR의 규정

법률상 원인의 흠결을 파악함에 있어 공평의 흠결이라는 통일적 기준으로 접근하는 공평설은 직접적 인과관계라는 개념을 통하여 지시관계에서의 부당이득의 해결을 시도하였는데, 위 견해는 부당이득이 성립하기 위해서는 이득과 손실 사이에 직접적 인과관계가 존재할 것을 요구하였다.[31] 재산이동이 직접적이었는지 여부를 중시하는 위 견해에 따르면, 甲이 丙에게 직접적으로 금원을 지급한 이상 직접적인 인과관계가 인정되므로, 甲의 丙에 대한

를 별도로 다루지 않는다.

27) 이계정, "삼각관계에서의 부당이득 법률관계와 질권자의 부당이득반환의무 유무－대법원 2015. 5. 29. 선고 2012다92258 판결", 법조 제66권 제1호, 2017, 631면.

28) 삼각관계에서의 부당이득의 범위에 포섭되는 것은 지시관계 이외에도 제3자를 위한 계약, 채권양도, 제3자에 대한 변제 등이 있다.

29) 김형배, 『사무관리 · 부당이득[채권각론Ⅱ]』, 박영사, 2003, 290면.

30) 박세민, "삼각관계상의 부당이득: 지시사례를 중심으로", 서울대학교 박사학위논문, 2007, 45면; 즉, 甲이 丙에게 급부를 하면, 甲의 乙에 대한 채무와 乙의 丙에 대한 채무가 동시에 변제되고(동시이행효), 그에 따라 관념적인 재산의 이동은 乙을 경유한 것으로 의제된다(재산의 경유적 이동)[이계정, 앞의 논문(주 27), 632면].

31) 정태윤, "독일에서의 부당이득의 삼각관계에 대한 논의가 우리 민법에도 그대로 타당한가?－채권이 양도되어 이행된 후 보상관계가 해제된 경우를 중심으로", 비교사법 제14권 제4호, 한국비교사법학회, 2007, 210－211면.

부당이득반환청구가 가능하다는 결론에 이르고, 이는 계약의 당사자가 아닌 丙에게 부당이득반환의무를 인정한다는 점에서 강한 비판에 직면하였다.[32)]

이러한 문제를 해결하기 위하여 유형론은 급부개념(Leistungsbegriff)을 중심으로 삼각관계에서의 부당이득을 규율하고자 시도하였다. 기본 계약의 취소나 해제로 인한 부당이득반환의 문제는 유형론에 의하면 급부부당이득의 전형적인 사례이다. 급부란 의식적이고 일정한 목적을 실현하는 타인재산의 증가행위(bewußt und zweckgerichtete Mehrung fremden Vermögens)를 의미한다.[33)] 여기에서 목적의 설정은 목적적 급부개념의 결정적 요소로 출연과 그 출연이 귀속될 채권관계를 연결하는 기능을 수행한다.[34)] 위 견해에 따르면, 甲이 乙의 지시에 따라 丙에게 출연하는 경우 甲과 丙 사이에서는 재산이 단순히 이동을 하는 것에 불과하고, 甲이 丙에 대해 고유의 급부목적(eigener Leistungszweck)을 가지고 있지 않은 이상 甲과 丙 사이에 급부관계가 형성되지 않는다. 甲의 丙에 대한 출연으로 인한 급부관계는 甲과 乙 사이, 乙과 丙 사이에 각각 형성되는 이상 지시관계에 흠결이 발생한 경우 부당이득의 청산은 甲과 乙 사이, 乙과 丙 사이의 급부관계를 중심으로 이루어지고, 甲의 丙에 대한 직접 청구(Durchgriff)는 원칙적으로 인정되지 않는다.[35)]

이처럼 급부관계설은 지시관계에 있어 직접적 인과관계설의 한계를 극복하는데 일조하였으나, 급부관계설 역시 지시관계를 제외한 제3자를 위한 계약이나 채권양도 등의 국면을 적절하게 설명하는데 한계가 있다는 지적이 제기되었다.[36)] ① 제3자를 위한 계약과 관련한 비판은, 낙약자의 수익자에 대한 이행은 동시에 요약자에 대한 채무이행을 구성하는데, 이 경우 낙약자의 급부는 2개의 급부목적을 가지기 때문에 급부관계설에 의하는 경우 부당이득반환청구의 상대방을 지정하는 데 어려움이 있고, ② 채권양도와 관련한 비판은, 채권양도가 이루어지면 계약관계와 급부관계에 분열이 발생하는데, 채무자가 양수인에게 변제한 이후 채무자와 양도인 사이의 계약이 무효가 되는 경우, 급부관계설에 따르면 부당이득반환청구의 상대방이 명확하게 설명되지 않는다는 것이다.[37)]

이러한 맥락에서 카나리스(Canaris)는 이른바 급부개념으로부터의 결별(Abscheid vom Leistungsbegriff)을 선언하였고, 이에 따라 급부개념만이 아니라 당사자가 예정한 실질적 이익상황을 고려하여 이를 유지하는 방향으로 문제를 해결하고자 하는 실질적 평가설이 대두되었다.[38)] 이 견해에 따르면, 삼각관계에서의 부당이득은, ① 하자 있는 원인관계에서 일방

32) 정태윤, 위의 논문(주 31), 210－211면.

33) Münchener Kommentar zum BGB Band 7, 9. Auflage 2024, § 812 Herausgabeanspruch Rn. 47(Schwab); Palandt, Bürgerliches Gesetzbuch Band 7, 79. Auflage, 2020, § 812 Rn. 14(Sprau); BGH 40, 272/77.

34) 최수정, "지명채권양도에 있어서 다수인 사이의 부당이득반환", 민사법학 제30호, 한국민사법학회, 2005, 316면.

35) 김형배, 앞의 책, 292면.

36) Esser · Weyere, Schuldrecht Band II Besonderer Teil Band 2, 8. Auflage, 2000, S. 48f.

37) 편집대표 곽윤직, 『민법주해[XVII] 채권(10)』, 박영사, 2005, 209－212면(양창수 집필부분); 김형배, 앞의 책, 308－312면.

38) Canaris, Der Bereicherungsausgleich im Dreipersonenverhältnis, in Festschrift für Karl Larenz zum 70.

당사자가 취득하는 대항사유를 타방당사자에게 주장할 수 있고, 제3자가 부당이득청구의 상대방이 됨으로 인해 위와 같은 항변사유를 주장할 수 있는 가능성이 박탈되어서는 안 되며, ② 원인관계의 일방당사자는 타방당사자가 제3자와의 관계에서 취득한 대항사유로부터 보호되어야 하고(이른바 exceptio ex iure tertii의 불허), ③ 무자력위험은 정당하게 분배되어야 하는바, 계약당사자는 스스로 계약의 상대방을 선택하고 상대방의 자력을 제3자보다 용이하게 인식할 수 있었던 이상 상대방의 무자력위험을 제3자에게 전가하여서는 안 된다.[39] 현재 독일에서는 삼각관계에서의 부당이득을 해결하기 위해서는 기본적으로 목적적 급부개념을 중심으로 판단하되, 실질적 평가기준을 통하여 보완하여야 한다는 견해가 지배적이다.[40] 독일 연방대법원(BGH) 역시 삼각관계에서의 부당이득 문제에 있어 목적적 급부개념을 기본으로 하면서도, 급부목적에 의한 당사자 확정이 불분명한 경우에는 개별 사안의 특수성에 기반하여 해결을 도모하고 있다.[41]

한편, 카나리스의 실질적 기준설에 상당한 영향을 받은 것으로 평가되는 DCFR은 부당이득의 유형에 따른 규율보다 일관된 모델에 따른 규율을 시도하고 있다. DCFR은 독일과 같이 별도의 급부개념을 전제로 하지 않고 계약법의 일반원칙에 따라 삼각관계에서의 부당이득의 해결을 도모하고 있는데,[42] 이를 위하여 DCFR Ⅶ.−2: 102에 명문의 규정을 두고 있다. 위 규정은 “제3자에 대한 채무의 이행”이라는 표제 하에 ‘수익자가 취득한 이득이 손실자가 제3자에게 부담하는 채무 내지 부담하는 것으로 여겨지는 채무를 이행한 결과라면, 그 이득은 손실자가 임의로 이행한 경우(a)이거나, 단순히 채무이행의 부수적 결과인 경우(b)에 정당화된다.’라고 규정하고 있다. 계약상대방이 아닌 제3자를 상대방으로 원상회복을 인정하면 스스로 선택한 상대방의 무자력 위험을 우회할 수 있다는 점에서 계약관계는 계약당사자 사이에 청산이 이루어져야 한다는 원칙을 인정하되, 예외적으로 채무 범위 밖에서 이행이 이루어진 경우와 채무이행에 임의성이 배제되는 경우에는 직접 청구를 인정한다는 의미이다.[43] 위 규정에 따르는 경우, 삼각관계에서의 부당이득 중 지시관계의 경우, 丙이 수령한 이득은 甲이 乙의 지시에 따라 乙에 대하여 부담하는 채무를 임의로 이행한 것이므로, 甲과의 관계에서 정당화된다. 실제로 채무이행을 한 경우만이 아니라 외견상 채무를 이행한 경우까지 손실자가 임의로 이행을 한 이상 그 이익이 정당화되므로, 삼각관계에서 보상관계가 취소되는 등 하자가 존재하는 경우라 하더라도 丙의 이득은 정당화되고 甲은 乙에게만

Geburtstag, 1973, S. 857; 장보은, 위의 논문, 301면.

39) canaris, ibid.., S. 802 ff.

40) Münchener Kommentar zum BGB Band 7, 9. Auflage 2024, § 812 Herausgabeanspruch Rn. 52, 53(Schwab).

41) BGHZ 61, 289 등.

42) 이상훈, 『유럽민사법 공통참조기준안(DCFR) 부당이득편 연구』, 경인문화사, 2017, 139면은, 그 결과 DCFR 해설서의 체계 역시 삼각관계에서의 부당이득의 전형적 유형인 지시관계가 아닌 제3자를 위한 계약부터 시작하여 관련 원칙을 밝히고, 이를 채권양도 사안과 지시관계 사안에 확대하는 형태를 취하고 있다고 서술하고 있다.

43) 이상훈, 위의 책, 139면.

부당이득반환청구가 가능하다.[44]

3) 판례의 입장

대법원은 앞서 검토한 독일의 입장을 상당 부분 수용하여 삼각관계에서의 부당이득 문제를 판단하고 있다. 구체적으로 살펴보면, 대법원은 "계약의 일방당사자가 상대방의 지시 등으로 상대방과 또 다른 계약관계를 맺고 있는 제3자에게 직접 급부한 경우(이른바 삼각관계에서의 급부가 이루어진 경우), 그 급부로써 급부를 한 당사자의 상대방에 대한 급부가 이루어질 뿐 아니라 그 상대방의 제3자에 대한 급부도 이루어지는 것이므로 계약의 일방당사자는 제3자를 상대로 법률상 원인 없이 급부를 수령하였다는 이유로 부당이득반환청구를 할 수 없다."라고 판시하여 급부관계설의 입장에서 계약의 당사자가 아닌 제3자를 상대로 하는 부당이득반환청구를 부정하면서, 나아가 그 근거로서 "계약의 일방당사자가 상대방에 대하여 급부를 한 원인관계인 법률관계에 무효 등의 흠이 있다는 이유로 제3자를 상대로 직접 부당이득반환청구를 할 수 있다고 보면 자기 책임하에 체결된 계약에 따른 위험부담을 제3자에게 전가하는 것이 되어 계약법의 원리에 반하는 결과를 초래할 뿐만 아니라 수익자인 제3자가 상대방에 대하여 가지는 항변권 등을 침해하게 되어 부당하기 때문이다."라고 판시함으로써 실질적 평가기준설이 제시하는 논거의 핵심을 차용하고 있다.[45]

이러한 대법원의 입장에 관하여 우리 민법의 경우 독일과 달리 물권행위의 유인론을 택하고 있다는 점에서 독일의 입장을 그대로 수용할 경우 물권적 청구권의 법리와 충돌한다는 비판이 제기되고 있다.[46] 그러나 ① 독일의 논의가 물권행위의 무인론을 전제로 하여서만 성립한다고 보기는 어렵고, 아울러 금전 급부를 원인으로 하는 삼각관계에서의 부당이득의 경우에는 금전의 점유자가 소유자라는 법리에 비추어 볼 때, 우리 민법과 충돌할 여지가 크지 않은 점, ② 계약관계의 청산은 계약당사자 사이에서 이루어지는 것이 타당하고, 만약 양수인에 대한 반환청구를 긍정하면 양수인의 무자력 위험을 채무자에게 돌리는 결과가 되는데, 이러한 결론은 결과적으로 계약법의 일반원칙에도 반한다고 볼 수 있는 점, ③ 민법 제548조 제1항 본문은 "당사자의 일방이 계약을 해제한 때에는 각 당사자는 그 상대방에 대하여 원상회복의 의무가 있다."라고 규정하여 해제로 인한 계약관계의 청산은 계약당사자 사이에 이루어져야 한다는 점을 명시적으로 밝히고 있고, 취소로 인한 계약관계의 청산의 경우에도 이와 달리 해석될 이유가 없는 점 등을 고려할 때, 채무자가 계약상대방이 아닌 급부수령자인 제3자를 상대로 계약해소를 원인으로 하는 부당이득반환청구를 하는 것을 인

---

44) 장보은, 앞의 논문, 297－298면.

45) 대법원 2008. 9. 11. 선고 2006다46278 판결 등. 대법원의 위와 같은 입장은 계약관계의 청산을 계약당사자 사이에서 이루어지도록 규율하고 있는 DCFR의 관점에도 부합한다고 볼 수 있다.

46) 정태윤, "다수당사자 사이의 부당이득에 관한 최근의 판례의 검토", 민사법학 제52호, 한국민사법학회, 2010, 512면.

정하지 않는 판례의 입장은 타당하다.[47)]

다. 수분양자의 구제 가능성

1) 직접 청구의 가능성

위와 같은 결론에 따른다면, 수분양자가 분양계약에 따라 신탁회사에 직접 분양대금을 납입한 이후 취소나 해제 등을 원인으로 분양계약이 해소된 경우 수분양자는 계약상대방인 시행사를 상대로 분양대금 상당의 부당이득반환을 청구하여야 하고, 신탁회사를 직접 상대방으로 하여 부당이득반환을 청구할 수 없다. 신탁회사는 시행사와의 자금관리 대리사무계약이라는 법률상 원인에 기하여 분양대금을 수령한 이상 분양대금 수령의 법률상 원인이 존재하고, 담보신탁계약과 자금관리 대리사무계약이 존속하는 한 분양계약이 중도에 해소되었다는 사정만으로 분양대금을 반환하여야 하는 것은 아니기 때문이다.

만약 분양자가 분양계약이 취소나 해제되었다는 이유로 신탁회사를 상대로 직접 분양대금의 반환을 구하는 것을 허용한다면, 이는 수분양자가 자기 책임하에 체결된 계약에 따른 위험부담을 신탁회사에게 전가하는 것이 되어 계약법의 원리에 반하는 결과를 초래할 뿐만 아니라, 신탁회사가 자금관리 대리사무계약에 기해 시행사에 가지는 권리를 침해하게 되어 부당하다고 볼 수 있다. 판례의 입장도 마찬가지이다.[48)]

2) 채권자대위권의 행사 가능성

수분양자의 신탁회사에 대한 직접 청구가 부정된다면, 수분양자가 시행사에 대하여 가지는 부당이득반환청구권을 피보전채권으로 하여 시행사의 신탁회사에 대한 사업비지출 요청권을 대위행사하는 것은 가능한지 검토할 필요가 있다. 이 경우 채권자대위권의 행사에 있어 보전의 필요성과 피대위권리의 존부가 쟁점이 될 수 있다.

이와 관련된 대표적인 판결은 대법원 2014. 12. 11. 선고 2013다71784 판결이다. 이 판결은 분양계약을 해제한 수분양자 甲이 분양대금 반환채권을 보전하기 위해 분양자 乙 주식회사를 대위하여 그로부터 분양대금 등의 자금관리를 위탁받은 수탁자 丙 주식회사를 상대로 사업비 지출 요청권을 행사한 사안이다. 이 사안에서 대법원은 “乙 회사가 대리사무 약정에 따라 丙 회사에 대하여 갖는 사업비 지출 요청권은 甲이 보전하려는 권리인 분양대금 반환채권과 밀접하게 관련되어 있고, 甲이 사업비 지출 요청권을 대위하여 행사하는 것이 분양대금 반환채권의 현실적 이행을 유효·적절하게 확보하기 위하여 필요한 경우이며, 甲이 乙 회사의 사업비 지출 요청권과 같은 대리사무 약정상 권리를 대위하여 행사하는 것이

47) 편집대표 곽윤직, 앞의 책, 205면(양창수 집필부분); 김형배, 앞의 책, 317면; 안춘수, 『불법행위·부당이득·사무관리』, 동방문화사, 2018, 388면; 편집대표 김용덕, 『주석 민법 제5판 [채권각칙 5]』, 한국사법행정학회, 2022, 780면(이계정 집필부분).

48) 대법원 2014. 12. 11. 선고 2013다71784 판결, 대법원 2015. 4. 23. 선고 2014다77956 판결 등.

채무자의 자유로운 재산관리행위에 대한 부당한 간섭이 된다고 보이지도 않으므로, 甲으로서는 乙 회사에 대한 분양대금 반환채권을 보전하기 위하여 乙 회사를 대위하여 丙 회사에 분양대금 상당의 사업비 지출 요청권을 행사할 수 있다"라고 판시하여 보전의 필요성을 인정하였다.

다만 이 사안에서 대법원은 시행사의 신탁회사에 대한 피대위채권의 존재는 부정하였다. 대법원은 이 사건 담보신탁계약과 이 사건 자금관리 대리사무계약은 그 계약 체결의 목적이나 규율 내용이 전혀 다른 별개의 계약이라는 점을 전제로 이 사건 자금관리 대리사무계약에 따라 丙 회사가 관리하는 분양대금은 애초부터 이 사건 담보신탁계약에서 정하고 있는 '신탁부동산의 처분대금이나 이에 준하는 것'에 해당한다고 볼 수 없다고 판단하였다. 또한 甲과 乙 사이의 분양계약이 해제되었다고 하더라도 乙과 丙 사이의 이 사건 담보신탁계약의 효력이 상실되거나 이를 일부 해지할 수 있다고 볼 수 없고, 여전히 丙은 유효하게 존속하는 이 사건 자금관리 대리사무계약에 기하여 乙로부터 위탁받은 자금을 관리하는 것이라고 판단하였다. 대법원은 위와 같은 판단을 근거로 이 사건 자금관리 대리사무계약이 해지되었다거나 이 사건 분양계약의 해제와 관련하여 乙과 丙 사이에 이 사건 분양대금의 반환에 관한 어떠한 약정이 있다는 등의 특별한 사정이 없으면, 이 사건 분양계약이 해제되었다는 사정만을 들어 丙이 이 사건 분양대금을 乙에게 반환하여야 하는 법률관계가 형성된다고 볼 수 없고, 더불어 이 사건 자금관리 대리사무계약에 의하면, 분양 개시 후 분양수입금관리계좌에 입금된 수입금 중 공사비를 제외한 모든 사업비의 지출은 시공사와 금융기관의 확인을 얻은 乙의 서면요청에 의하여 丙이 집행하여야 하는데, 위 확인을 얻었다고 인정할만한 증거가 없는 이상, 乙이 이 사건 자금관리 대리사무계약에 의하여 丙에게 바로 이 사건 분양대금 반환을 청구할 수 없어 이 사건 사업비 지출 요청권을 행사할 수 없다는 취지로 판단한 원심의 판단을 지지하였다.

수분양자는 시행사와 사이에 분양계약을 체결한 당사자이다. 그러나 담보신탁계약과 자금관리 대리사무계약은 시행사와 동일한 신탁회사 또는 별개의 신탁회사가 당사자이고, 수분양자는 위 각 계약의 당사자가 아니다. 특별한 사정이 없는 한 자금관리 대리사무계약은 분양계약의 효력을 전제로 성립되거나 유지되지 않는다. 수분양자가 지급한 분양대금이 사업비에 해당하여 시행사가 이를 근거로 지출요청을 할 수 있는지 여부는 시행사와 신탁회사 사이의 자금관리 대리사무계약의 내용에 따라 그 결론이 달라질 수 있고, 시행사의 자력이나 금융기관의 대출 규모 등을 감안할 때 필요한 경우 분양대금 역시 사업비로서 활용할 수 있고, 법적으로 이러한 내용의 계약체결이 금지되는 것은 아니다. 다만 설령 분양대금을 사업비의 일종으로 지출할 수 있다고 하더라도 자금관리 대리사무계약의 내용에는 사업비의 지출을 위하여 금융기관이나 시공사의 동의를 요건으로 하는 경우가 일반적이다. 이 경우 시행사가 신탁회사를 상대로 사업비의 지출을 요구하기 위해서는 위와 같은 동의권자의 동의를 받아야 하고, 이러한 결론은 수분양자가 시행사에 대한 분양대금 반환청구권의 보전을 위하여 시행사를 대위하는 경우에도 달라지지 않는다. 이러한 점에서 동의요건을 충족하지 못한 수분양자의 채권자대위 청구를 배척한 대법원의 입장은 타당하다. 결국 시공사나 금융기관이 동의를 거절하는 경우 수분양자로서는 신탁회사에 대한 대위청구에 앞서 또는 위와 같은 대위청구와 동시에 시행사에 대한 분양대금 반환채권을 피보전채권으로 하여 시공사나 금융기관을 상대로 동의를 구할 필요가 있다. 시공사나 금융기관이 이를 거절하기 위해서는 정당한 사유가 인정되어야 하고, 이러한 사유가 없는 한 시공사나 금융기관은 사업비 지출에 동의를 하여야 한다. 동의를 거절할 수 있는 정당한 사유인지 여부는 개별 사안에 있어 관련 약정이나 구체적인 사정 등을 종합적으로 검토하여야 최종적인 판단이 가능할 것이나, 통상 정당한 사유로는 해당 사업비 지출로 인하여 신탁재산이 현저하게 감소함으로써 향후 분양사업의 진행에 막대한 지장이 발생될 우려가 있는 경우나, 해당 사업비를 지출하면 시공사나 금융기관의 우선수익권이 침해되거나 장래 채권회수에 막대한 어려움이 발생할 것이 분명하게 예상되는 경우 등을 상정할 수 있을 것이다.

Ⅲ. 분양관리신탁과 대리사무계약(건축물 분양법이 적용되는 경우)

1. 건축물 분양법의 주요 규율

건축물 분양법은 건축물의 분양 절차 및 방법에 관한 사항을 정함으로써 건축물 분양과정의 투명성과 거래의 안전성을 확보하여 분양받는 자를 보호하고 국민경제의 건전한 발전에 이바지함을 목적으로 하는 법률이다(건축물 분양법 제1조). 건축물 분양법은 건축법 제11조에 따라 건축허가를 받아야 하는 분양면적 3,000㎡ 이상인 건축물과 업무시설 등 대통령령으로 정하는 용도 및 규모의 건축물을 건축법에 따른 사용승인서의 교부(이하 '사용승인'이라 한다) 전에 분양하는 건축물에 대하여 적용된다(건축물 분양법 제3조 제1항).[49]

건축물 분양법의 적용대상인 건축물에 대하여 분양을 하고자 하는 분양사업자는, ① 신탁업자와 신탁계약 및 대리사무계약을 체결하거나 금융기관 등으로부터 분양보증[50]을 받는 경우에는 건축법에 따른 착공신고 후 분양을 하여야 하고,[51] ② 해당 건축물의 사용승인에 대하여 다른 건설업자 둘 이상의 연대보증을 받아 공증받은 경우에는 골조공사의 3분의 2

49) 다만 위와 같은 요건을 충족하더라도 주택법에 따른 주택이나 관광진흥법에 따른 관광숙박시설 등 개별 법령의 적용대상인 건축물에 대해서는 적용을 배제하고 있다(건축물 분양법 제3조 제2항).

50) 분양사업자가 파산 등의 사유로 분양계약을 이행할 수 없게 되는 경우 해당 건축물의 분양(사용승인을 포함한다)의 이행이나 납부한 분양대금의 환급(분양받은 자가 원하는 경우로 한정한다)을 책임지는 보증을 말한다(건축물 분양법 제4조 제3항).

51) 신탁회사가 분양사업자로 되는 신탁계약이 체결된 경우에는 착공신고 후 분양을 위한 별도의 신탁계약이 필요하지 아니하다(건축물 분양법 제4조 제2항).

이상이 완료된 후 분양을 하여야 한다(건축물 분양법 제4조 제1항). 분양사업자가 건축물을 분양하려는 경우에는 원칙적으로 건축할 대지의 소유권을 확보하여야 하고, 소유권을 확보한 대지에 저당권 등이 설정되어 있는 경우에는 이를 말소하여야 한다(건축물 분양법 제4조 제6, 7항). 안정적인 분양사업의 진행을 위해 분양사업자로 하여금 대지의 제한 없는 소유권 확보를 강제하는 것이다.

나아가 분양사업자가 수분양자로부터 받는 분양대금은 계약금과 중도금 및 잔금으로 구분하고, 위 각 대금의 비율과 이를 받을 수 있는 시기를 대통령령으로 정하고 있다(건축물 분양법 제8조).[52] 분양사업자가 사업의 편의 등을 위해 자의적으로 분양대금의 비율이나 시기를 정하여 분양대금을 지급받음으로써 수분양자의 지위가 불안정하게 되는 것을 방지하기 위한 취지이다. 위와 같은 규정에 비추어 볼 때, 건축물 분양법의 핵심은 분양사업에 있어 상대적으로 열악한 지위에 있는 수분양자를 보호하고자 있는데 있다. 그 밖에도 건축물 분양법은 수분양자가 분양대금을 원활하게 반환받을 수 있도록 신탁계약 및 대리사무계약에도 일정한 제한을 가하고 있는바, 그 내용은 아래 관련 부분에서 상술한다.

2. 분양관리신탁

전술한 바와 같이 건축물의 사용승인 이전에 분양을 하고자 하는 분양사업자는 자금조달을 위해 분양관리신탁 및 대리사무계약을 활용할 수 있고, 이 경우 건축물 분양법에 따른 제한을 준수하여야 한다.

분양관리신탁이라 함은 건축물 분양법에 따라 건축물을 신축하여 분양하는 사업 등에 있어서 수탁자가 신탁부동산의 소유권을 보전하고 관리하는 방법으로 수분양자를 보호하는 한편, 위탁자가 채무를 불이행하는 경우 신탁부동산을 처분·환가하여 정산하는 것을 목적으로 하는 신탁을 의미한다.[53] 분양관리신탁이 설정되면 시행사가 소유하는 사업부지와 시공된 건축물은 신탁회사에 이전되고, 신탁회사는 이전받은 사업부지와 건축물을 선량한 관리자의 주의로써 관리하여야 하는바, 이러한 점에서 분양관리신탁은 관리신탁의 성질을 지니고 있다.[54] 건축물 분양법에 따른 분양관리신탁계약에는 일정한 내용이 반드시 포함되어야 하는데, 여기에 해당하는 사항으로는, ① 분양받은 자의 소유권등기 전날까지의 토지와 그 정착물의 소유권 관리에 관한 사항, ② 신탁받은 소유권의 처분에 관한 사항, ③ 신탁을

---

52) 원칙적으로 분양사업자가 수분양자로부터 지급받는 계약금은 분양대금의 20% 이내로 하고, 중도금은 분양대금의 70% 이내로 제한된다(건축물 분양법 시행령 제11조 제1항). 지급시기와 관련하여서는 계약금은 계약 체결 시 받을 수 있고, 중도금은 공사감리자의 공적확인서에 의한 건축공사비의 50% 이상의 투입이 확인된 때를 기준으로 그 전후 각 2회 이상으로 구분하여 받을 수 있으며, 최초로 납부하는 중도금은 계약일로부터 1개월이 지난 날부터 지급받을 수 있다. 마지막으로 잔금의 경우에는 원칙적으로 사용승인일 이후에 지급받을 수 있다(건축물 분양법 시행령 제11조 제2항).

53) 하태흥, "위탁자에 대한 조세채권과 신탁재산에 대한 집행", 사법 제23호, 사법발전재단, 2013, 283면.

54) 이계정, 앞의 논문(주 17), 804면.

정산할 때 수분양자가 납부한 분양대금을 다른 채권 및 수익자의 권리보다 우선하여 정산하여야 한다는 사항 등이 있다(건축물 분양법 시행령 제3조 제1항 제1 내지 제3호).

한편, 시행사는 건축물을 선분양하는 과정에서 금융기관으로부터 대출을 받아 자금을 조달하고, 금융기관은 대출채권을 안정적으로 회수하기 위하여 시행사와 신탁회사가 체결하는 분양관리신탁에서 우선수익자의 지위를 취득한다. 이러한 점을 고려하면, 분양관리신탁의 주된 목적이 수분양자 보호라는 점에서 채권회수에 주된 목적이 있는 담보신탁과 구별되지만, 분양관리신탁 역시 담보신탁으로서의 성질을 겸유하고 있다는 점은 부정하기 어렵다.[55]

3. 대리사무계약

분양관리신탁의 방법으로 건축물의 선분양 사업을 진행하기 위해서는 분양관리신탁과 더불어 대리사무계약을 체결하여야 한다. 건축물 분양법이 적용되지 않는 사업장에서 담보신탁과 함께 체결되는 자금관리 대리사무계약과 본질적인 차이는 없다. 즉 건축물 분양법에 따른 대리사무계약 역시 시행사가 분양사업을 진행하는 과정에서 분양대금 등을 신탁회사로 하여금 안정적으로 관리하도록 하는 내용의 계약이다.[56] 자금관리 대리사무계약과 마찬가지로 신탁회사를 통하여 건축물 분양사업에 있어 사업자금의 수납과 지출을 적정하고 투명하게 관리한다는 측면에서 위임계약의 성질을 지니고, 자금관리와 관련하여 신탁회사에게 대리권이 부여되는 경우가 많다.[57]

시행사와 신탁회사는 사적자치의 원칙에 따라 대리사무계약의 내용을 자유로이 정할 수 있는 것이 원칙이다. 다만 건축물 분양법은 수분양자를 보호하기 위한 목적에서 대리사무계약의 내용 중 일부를 제약하고 있다. 구체적으로 살펴보면, 대리사무계약에는 ① 수분양자를 보호하기 위한 분양수입금 관리계좌의 개설에 관한 사항, ② 분양사업자가 분양수입금 총액을 신탁회사에게 양도하여야 한다는 사항, ③ 분양대금은 신탁계약 및 대리사무계약에서 정한 토지매입비, 공사비, 설계비, 감리비 또는 그 밖의 부대사업비 등 해당 분양사업과 관련된 용도로만 사용할 수 있다는 사항, ④ 그 밖에 신탁계약의 목적을 달성하기 위하여 국토교통부령으로 정하는 사항 등이 반드시 포함되어야 한다(건축물 분양법 시행령 제3조 제2항 제1 내지 제4호). 나아가 건축물 분양법 시행령의 위임에 따라 국토교통부령으로 시행되고 있는 건축물 분양법 시행규칙은 대표적으로, ⑤ 계약금을 포함한 분양대금의 수납과 관리 등, ⑥ 부도나 파산 등으로 사업 추진이 불가능한 경우 분양수입금 관리계좌의 남은 금액은 분양받은 자에게 우선하여 지급하여야 한다는 사항을 포함한 분양대금의 지출 원칙, 방법 및 용도,[58] ⑦ 자금 집행순서 및 시공사에 공사비를 지급하는 방법・시기, ⑧ 분양계

55) 이계정, 앞의 논문(주 17), 804면.
56) 서희경, 앞의 논문, 212면.
57) 남궁주현, 앞의 논문, 217면.

약의 관리 등이 대리사무계약에 포함될 것을 요구하고 있다(건축물 분양법 시행규칙 제2조). 위와 같은 규정에 따라 분양관리신탁계약 및 대리사무계약을 체결하는 과정에서 시행사는 분양대금 총액을 신탁회사에게 양도하고, 신탁회사는 위와 같이 양도받은 분양대금을 별도의 독립된 계정으로 회계처리하여야 함은 물론 분양관리신탁계약 및 대리사무계약에서 정한 목적으로만 사용하여야 한다(건축물 분양법 시행령 제3조 제3항).

분양관리신탁계약과 대리사무계약에서 분양수입금 채권을 신탁회사에 양도하기로 한 이상 시행사는 수분양자와 분양계약을 체결하고 수분양자에 대한 채권을 신탁회사에 양도함으로써 계약상 채무를 이행한 것이고, 분양수입금에 관한 채권관계는 신탁회사와 수분양자 사이에 존속한다.[59] 수분양자 역시 특별한 사정이 없는 한 분양수입금 채권의 채권자인 신탁회사가 지정한 계좌로 분양대금을 직접 지급한다. 다만 위와 같은 채권양도로 인하여 분양수입금 채권이 시행사로부터 신탁회사로 이전되어도 여전히 분양계약의 당사자는 시행사와 수분양자인데, 이처럼 계약당사자 지위와 채권의 분리가 이루어진다는 점에서 단축급부와 구별된다.[60]

4. 분양관리신탁계약과 대리사무계약의 관계

건축물 분양법은 분양관리신탁계약과 대리사무계약의 관계에 관하여는 명시적인 언급을 하고 있지 않다. 건축물 분양법에 따라 분양관리신탁계약과 대리사무계약을 체결하는 경우 일반적으로 분양사업을 수행하는 시행사는 하나의 신탁회사와 양 계약을 체결한다. 다만 담보신탁계약과 자금관리대리사무계약에서 서술한 바와 같이 위와 같은 관행은 자금관리의 시의성과 편의성 등을 도모하기 위한 측면에 불과한 것이고, 분양관리신탁계약과 대리사무계약을 각각 별도의 신탁회사와 체결하더라도 법적인 측면에서 문제는 없으므로, 양 계약은 어디까지나 그 목적과 내용이 상이한 별개의 계약이다. 다만 분양관리신탁계약과 대리사무계약 모두 수분양자의 보호라는 동일한 목적을 추구하고 있으므로, 이와 같은 목적을 추구하는 한도 내에서 양 계약은 협력적이고 보완적인 관계에 있다.[61] 따라서 분양관리신탁계약과 대리사무계약을 해석하는 과정에서 일부 충돌되는 부분이 발생하더라도 수분양자의 보호라는 목적달성에 보다 도움이 되는 방향으로 적극적인 해석을 도모할 필요가 있다.

---

58) 위 규정의 내용에 따라 분양관리신탁계약 및 대리사무계약에서 수분양자에 대한 우선지급을 약정한 경우, 위와 같은 약정을 수분양자에게 직접 권리를 취득시키는 제3자 약관으로 해석하는 견해가 있다[최수정, 앞의 논문(주 18), 58면; 남궁주현, 앞의 논문, 226면]. 그러나 건축물 분양법의 위 규정은 신탁회사의 자금집행 순서에 관한 것으로 수분양자는 분양관리신탁의 수익자가 아니고, 분양관리신탁계약 및 대리사무계약의 당사자도 아니다. 나아가 위 규정은 부도·파산 등으로 사업 추진이 불가능한 경우를 예정하고 있고, 분양계약의 해소는 위와 같은 사유에 해당하지 않는다는 점도 함께 고려하면, 수분양자가 위와 같은 규정 및 약정만을 근거로 신탁회사에 대하여 분양대금 반환과 관련된 직접적인 권리를 취득한다고 보기는 어려울 것으로 생각한다[같은 취지로는 이계정, 앞의 논문(주 17), 825면].

59) 최수정, 앞의 논문(주 18), 63면.

60) 최수정, 앞의 논문(주 18), 63면.

61) 남궁주현, 앞의 논문, 219면.

5. 분양계약이 취소 · 해제 등으로 해소된 경우 분양대금반환의 문제

가. 분양계약의 해소

건축물 분양법에 따라 분양관리신탁과 대리사무계약이 체결되는 경우에도 건축물 분양법이 적용되지 않는 담보신탁 및 자금관리 대리사무계약과 마찬가지로 분양계약의 당사자는 시행사와 수분양자이고,[62] 분양관리신탁과 대리사무계약의 당사자는 시행사와 신탁회사이다. 수분양자는 시행사와의 사이에서 체결된 분양계약에 따라 신탁회사가 지정하는 관리계좌에 분양대금을 지급할 뿐 분양관리신탁이나 대리사무계약의 당사자가 아니다.

다만 건축물 분양법이 적용되지 않는 경우와 달리 건축물 분양법이 적용되는 경우에는 분양사업자인 시행사가 신탁회사에게 분양대금 채권을 양도하고, 신탁회사는 분양대금 채권자의 지위에서 수분양자로부터 분양대금을 직접 수령한다. 이러한 점에서 건축물 분양법이 적용되는 분양사업에서 수분양자가 신탁회사 명의의 계좌로 분양대금을 입금하는 경우에는 채권양도가 이루어지지 않아 수분양자의 시행사에 대한 변제와 시행사의 신탁회사에 대한 변제가 단축급부의 형태로 이루어지는 건축물 분양법이 적용되지 않는 사안과 구조적인 차이가 발생한다. 이와 같은 차이는 부당이득에 관한 논의에도 영향을 미치는데, 즉 건축물 분양법이 적용되지 않는 경우와 달리 건축물 분양법이 적용되는 경우에는 삼각관계에서의 부당이득 유형 중 채권양도 유형에 해당한다. 따라서 채권양도로 인하여 계약관계와 급부관계의 분열이 발생하는 건축물 분양법 적용 사안에 있어 수분양자가 신탁회사에 분양대금을 지급한 이후 취소나 해제 등을 원인으로 분양계약이 중도에 해소되면, 건축물 분양법이 적용되지 않는 사안과 달리 수분양자가 신탁회사를 상대로 분양대금의 반환을 청구할 수 있는지 여부를 별도로 살펴볼 필요가 있다.

나. 삼각관계에서의 부당이득(채권양도 유형)

1) 견해의 대립

삼각관계에서의 부당이득 유형 중 지시관계에서는, 급부자는 급부의 원인이 된 계약이 중도에 해소되더라도 수령자를 상대로 직접 부당이득반환을 구할 수 없고, 원래의 계약상대방을 상대로만 부당이득반환을 구할 수밖에 없다. 이러한 법리가 채권양도 유형에서도 그대로 확장될 수 있는지에 관하여 학설은 크게 양도인반환설과 양수인반환설로 대립한다.

양도인반환설은 지시관계에서의 부당이득 법리가 채권양도의 경우에도 확장되어 적용될

62) 시행사가 직접 분양계약을 체결하지 않고, 분양대행사를 통하여 수분양자와 분양계약을 체결하더라도 분양대행사는 대리인에 지나지 않고 분양계약의 당사자는 시행사이다. 분양계약에 시행사 이외에도 시공사나 신탁회사 등이 등장하는 경우가 있는데, 이 경우에도 특별한 사정이 없는 한 매도인으로서 분양자의 지위는 시행사가 가진다. 이에 관한 보다 상세한 내용은 장보은, 앞의 논문, 292면.

수 있다는 점을 전제로 하여 기본 계약이 해소된 경우 채무자는 양도인을 상대방으로 하여 부당이득반환을 청구할 수 있다는 견해로서, ① 계약관계의 청산은 계약당사자 사이에 이루어져야 한다는 계약법의 원리가 채권양도의 개입으로 달라질 이유는 없고, 계약의 일방당사자의 무자력위험은 그를 계약상대방으로 선택한 타방당사자가 부담하여야 하며, 제3자에게 전가되어서는 안 된다는 점, ② 양수인이 부당이득반환청구의 상대방이 되면 동시이행항변권과 같이 양도인이 기본 계약에 근거하여 가지는 대항사유의 우회를 허용하는 점, ③ 채무자가 채권자의 지시에 따라 제3자에게 직접 채무를 이행한 경우와 채권자가 제3자에게 채권을 양도하여 채무자가 제3자에게 채무를 이행한 경우는 이익상황에 있어 본질적인 차이가 존재하지 않으므로 이를 달리 취급할 필요성이 없는 점 등을 주요 논거로 삼고 있다.[63] 독일 연방대법원은 BGHZ 105, 365 사건 이래 양도인반환설의 입장을 견지하고 있다.[64] DCFR 역시 채권양도 유형에서 기본 계약이 무효·취소된 경우 계약관계 내에서 청산이 이루어지도록 하고 있는데, 즉 양수인이 채무자로부터 받은 이득은 그것이 임의의 채무이행인 한 Ⅶ.－2: 102 규정에 따라 정당화되므로, 기본 계약의 무효나 취소로 인한 청산은 양수인이 아니라 계약상대방인 양도인과의 사이에서 이루어진다.[65]

반면, 양수인반환설은 채권양도가 이루어진 이후 기본 계약이 해소된 경우 양도인이 아닌 양수인이 부당이득반환의 상대방이 된다는 입장으로, ① 기본 계약의 효력이 소급적으로 상실하면 양도 대상인 채권이 처음부터 발생하지 않은 것이 되어 양수인이 채무의 변제로 수령한 급부는 법률상 원인이 없고, 채권양도로 양도인과 채무자 사이에 이행의 문제가 남지 않은 이상 양도인에게 반환대상이 될 이득이 존재하지 않는 점, ② 채권 양수 시점부터 기본 계약의 해소가능성을 충분히 인식할 수 있는 채권양수인을 특별히 보호하여야 할 필요성이 없는 점, ③ 우리 법제가 물권행위의 유인론을 취하는 이상 기본 계약이 해소되면 채무자는 양수인을 상대로 물권적 반환청구권을 행사할 수 있으므로, 부당이득반환청구의 상대방 역시 물권적 반환청구의 상대방과 동일한 상대방을 지향하는 것이 타당한 점 등을 주요 논거로 한다.[66]

---

63) 김창희, “지명채권양도 후 기본관계가 해제된 경우 부당이득반환”, 원광법학 제27권 제3호, 원광대학교 법학연구소, 2011, 269－270면; 제철웅, “보상관계 또는 대가관계에서의 흠결이 이미 경료된 중간생략등기에 미치는 영향=대판 1997. 12. 26. 96다44860(판례공보 1998, 390); 대판 1996.11.15. 94다35343(판례공보 1997, 1)의 평석”, 저스티스 제33권 제1호, 한국법학원, 2000, 142－143면; 배성호, “채권이 양도된 후 보상관계가 해제된 경우 부당이득반환청구의 상대방”, 법학연구 제37집, 전북대학교 법학연구소, 2012, 284면; 최수정, 앞의 논문(주 34), 319－324면; 이계정, 앞의 논문(주 17), 815－821면; 이상훈, 앞의 책, 166－174면.

64) 이 판결은, 甲 보험회사와 乙이 화재보험계약을 체결한 상황에서 보험목적물에 화재가 발생하였고, 乙이 丙에게 위 보험계약에 따른 보험금청구권을 양도함에 따라 甲이 丙에게 보험금을 지급한 이후 위 화재가 乙 등의 방화범죄로 인한 것임이 밝혀지자 甲이 丙을 상대로 기지급한 보험금 상당액의 반환을 청구한 사안인데, 독일연방대법원은 금원을 수령한 丙이 아니라 계약상대방인 乙에게 그 반환을 청구하여야 한다고 판시한 사안이다.

65) 이상훈, 앞의 책, 164면.

66) 양창수, “매매대금채권 일부의 양수인이 대금을 수령한 후에 매매계약이 해제된 경우 그 금전반환의무는 매수인의 목적물인도의무와 동시이행관계에 있는가?”, 『민법연구 제7권』, 박영사, 2005, 371면; 윤진수, “부당이득법의 경제적 분석”, 서울대학교 법학 제55권 제3호, 서울대학교 법학연구소, 2014, 317－318면; 이동진, “채권양도, 부

그 밖에도 ① 채권양도가 이루어져 채권의 귀속주체가 변경되어도 계약관계 자체가 이전된 것이 아닌 이상 양도인과 채무자 사이의 계약관계는 여전히 유지되므로 원칙적으로 양도인을 상대로 부당이득반환을 청구하는 것이 합리적인 경우가 많을 것이라 하면서도, 반환의무자의 결정 문제는 모든 사안에서 도식적으로 이해하기보다 개별적인 채권양도 사안의 특수성을 고려하여 계약법 원칙에 부합하는 결론을 이끌어내는 것이 타당하다는 견해,[67] ② 가급적 계약당사자 사이에서 반환이 이루어져야 한다는 점을 전제로, 채권양도가 이루어진 경우에는 해당 채권양도를 부당이득법상 단축급부로 평가할 수 있는 경우와 평가할 수 없는 경우를 구별하여, 양도인과 양수인 사이에 급부시점을 기준으로 별개의 급부원인이 존재하고 양수채권의 변제와 다른 급부원인에 기초한 변제가 동시에 이루어지는 경우라면 부당이득법상 단축급부로 평가하여 양도인반환설에 따라야 한다는 견해[68]등이 주장되고 있다.

2) 판례의 입장

대법원 2017. 7. 11. 선고 2013다55447 판결은, 甲 주식회사가 수분양자인 乙 등과 상가 분양계약을 체결할 당시 丙 주식회사와 체결한 분양관리신탁계약 및 대리사무계약에 따라 분양대금채권을 丙 회사에 양도하였고, 乙 등이 이를 승낙하여 분양대금을 전부 丙 회사의 계좌로 납입하였는데, 그 후 乙 등이 甲 회사와 丙 회사를 상대로 분양계약 해제로 인한 원상회복 또는 분양계약 취소로 인한 부당이득반환으로 乙 등이 납부한 분양대금 등의 지급을 구한 사안이다. 이 사안에서 대법원은 수분양자인 乙 등이 신탁회사인 丙 회사를 상대로 원상회복청구나 부당이득반환청구를 할 수 없다고 판단함으로써 양도인반환설의 입장을 채택하였다.[69] 그 구체적인 근거로 대법원은, "계약의 일방당사자가 계약상대방의 지시 등으로 급부과정을 단축하여 계약상대방과 또 다른 계약관계를 맺고 있는 제3자에게 직접 급부한 경우(이른바 삼각관계에서의 급부가 이루어진 경우), 그 급부로써 급부를 한 계약당사자의 상대방에 대한 급부가 이루어질 뿐 아니라 상대방의 제3자에 대한 급부도 이루어지는 것이므로 계약의 일방당사자는 제3자를 상대로 하여 법률상 원인 없이 급부를 수령하였다는 이유로 부당이득반환청구를 할 수 없다. 이러한 경우에 계약의 일방당사자가 계약상대방에 대

당이득, 동시이행", 비교사법 제22권 제1호, 한국비교사법학회, 2015, 312면.

67) 장보은, 앞의 논문, 302－308면.

68) 윤지영, "채권양도와 부당이득", 『민사판례연구[XLI]』, 박영사, 2019, 647면 이하; 위 문헌은, 신탁계약 및 대리사무계약에 따라 분양대금채권이 양도가 이루어진 경우를 단축급부로 평가할 수 있는 사안이라고 보고 있다; 이 견해에 대하여 계약시점이 아닌 급부시점을 기준으로 하는 경우 계약시점의 법률관계와 급부시점의 법률관계가 달리 평가될 수 있는 가능성이 발생하는데 당사자의 법률관계를 이처럼 불명확하게 만들 필요가 없다는 지적으로는 최수정, 앞의 논문(주 18), 64－65면이 있고, 타당한 지적이다.

69) 대법원은 제3자를 위한 계약관계에서 낙약자와 요약자 사이의 법률관계(이른바 기본관계)를 이루는 계약이 무효이거나 해제된 경우 역시 "그 계약관계의 청산은 계약의 당사자인 낙약자와 요약자 사이에 이루어져야 하므로, 특별한 사정이 없는 한 낙약자가 이미 제3자에게 급부한 것이 있더라도 낙약자는 계약해제 등에 기한 원상회복 또는 부당이득을 원인으로 제3자를 상대로 그 반환을 구할 수 없다."라고 판시하여 급부의 상대방이 아닌 계약의 상대방을 상대로 반환을 청구하여야 한다는 점을 분명히 하였다[대법원 2005. 7. 22. 선고 2005다7566, 7573 판결, 대법원 2010. 8. 19. 선고 2010다31860, 31877 판결 등].

하여 급부를 한 원인관계인 법률관계에 무효 등의 흠이 있거나 계약이 해제되었다는 이유로 제3자를 상대로 하여 직접 부당이득반환청구를 할 수 있다고 보면 자기 책임 아래 체결된 계약에 따른 위험부담을 제3자에게 전가하는 것이 되어 계약법의 원리에 반하는 결과를 초래할 뿐만 아니라 수익자인 제3자가 계약상대방에 대하여 가지는 항변권 등을 침해하게 되어 부당하다"라는 점을 전제로, 乙 등이 분양계약에 따라 丙 회사 명의의 계좌에 분양대금을 입금한 것은 이른바 '단축급부'에 해당하고, 이러한 경우 丙 회사는 甲 회사와의 분양관리신탁계약 및 대리사무계약에 따른 변제로서 정당하게 분양대금을 수령한 것이므로 乙 등이 丙 회사를 상대로 법률상 원인 없이 급부를 수령하였다는 이유로 원상회복청구나 부당이득반환청구를 할 수 없다."라고 판시하였다.[70)]

삼각관계의 부당이득 유형 중 채권양도 사안 역시 지시관계와 마찬가지로 양도인반환설이 합리적인 결론이고, 이 점에서 위 대법원 판결은 결론적으로 타당하다.[71)] 채권양도가 이루어지더라도 기존의 계약당사자는 여전히 그대로 유지되고, 계약관계의 청산은 계약당사자 사이에서 이루어져야 한다는 계약법 원칙이 채권양도를 원인으로 수정될 이유가 없다. 채권양도는 양도인과 양수인 사이에서 이루어지고 채무자는 채권양도에 개입하지 않는데, 양수인반환설을 취하는 경우 채무자로서는 자신이 개입하지 않은 채권양도로 인하여 양수인의 무자력 위험을 부담하게 된다는 점에서 바람직하지 않다.[72)]

양수인의 무자력으로 채무자가 사실상 이득의 반환을 구할 수 없는 경우 이득소멸의 항변을 통해 양도인에게 무자력의 위험을 전가할 있다는 반론이 제기될 수 있지만,[73)] 부당이득반환의 대상은 수익자가 취득한 대상이라는 점에서 양수인의 무자력과 이득의 소멸이 등가교환되는 개념이라고 보기는 어렵고, 이득소멸의 항변을 인정하는 경우 기본 계약의 해소에도 불구하고 채무자는 여전히 목적물을 점유할 수 있는데, 이러한 결론 역시 부당한 이익상태의 교정이라는 부당이득법의 이념에 합치하지 않는 결론이다.[74)] 채무자가 양도인을 계

70) 대법원 2003. 1. 24. 선고 2000다22850 판결은, 계약상의 채권을 양수한 자는 민법 제548조 제1항 단서에서 규정하는 제3자가 아니라는 점을 전제로, 계약이 해제된 경우 계약해제 이전에 해제로 소멸하는 채권을 양수한 자는 계약해제의 효과에 반해 자신의 권리를 주장할 수 없고, 특별한 사정이 없는 한 채무자로부터 이행받은 급부를 원상회복할 의무가 있다고 판시하였는데, 위 판결을 근거로 대법원이 양수인반환설의 입장을 취하였다고 해석하는 견해도 존재한다[이동진, 앞의 논문(주 66), 281면 이하]. 다만 위 판결은 삼각관계에서의 부당이득 법리를 고려한 판결이라기보다는 민법 제548조 제1항 단서의 의미를 구체화한 판결이라고 봄이 타당하고, 민법 제548조 제1항 단서는 계약청산에 있어 상대방을 정하는 규정이 아니라는 점에서 이 판결을 근거로 대법원이 양수인반환설의 입장을 취하였다고 단정하기는 어렵다고 생각한다[이계정, 앞의 논문(주 17), 825면]. 본문에서 언급한 대법원 2017. 7. 11. 선고 2013다55447 판결 역시 대법원 2003. 1. 24. 선고 2000다22850 판결은 해당 사건과 사안을 달리하므로 이 사건에 원용될 수 없다고 판단하였다.

71) 다만 대법원은 이 사안을 단축급부로 파악하였는데, 건축물 분양법에 따른 분양관리신탁 및 대리사무계약이 체결되면, 시행사는 신탁회사에 분양수입금 채권을 양도하고, 신탁회사는 채권자의 지위에서 수분양자가 지급하는 분양대금을 직접 수령하는 것이므로, 이 사안을 두 개의 급부관계를 상정하는 단축급부로 이론적 구성을 하는 것은 적절하지 않은 측면이 있다.

72) 김창희, 앞의 논문, 270면.

73) Köndigen, Wandlungen im Bereicherungsrecht, FS Josef Esser, 1975, S. 67.

74) 최수정, 앞의 논문(주 34), 319면; 나아가 최수정, 앞의 논문(주 34), 321면은, 양수인반환설에 의하는 경우, 문제가 되는 채권이 부분적으로 또는 여러 차례에 걸쳐 양도된 경우 채무자로서는 각각의 급부수령자를 탐색하여 개

약의 상대방으로 선택한 이상 채무자는 양도인의 무자력 위험만을 부담하는 것이 바람직하다는 점에서 실질적 평가설은 채권양도의 국면에서도 여전히 타당성을 지닌다.

한편, 양도인반환설을 택하는 경우 채무자는 물권적 반환청구권은 양수인에게, 부당이득반환청구권은 양도인에게 행사할 수 있다는 결론이 되는데, 채무자에게 위와 같이 근거 없는 선택권을 부여하는 것은 적절하지 못하다는 비판이 있다.[75] 그러나 이러한 현상은 우리 법제가 물권과 채권을 준별하고, 부당이득반환청구권과 물권적 청구권의 경합을 인정하기 때문에 발생하는 결과로서 채무자에게 근거 없는 선택권을 부여한 것으로 볼 수 없고,[76] 특히 분양대금은 신탁회사에 지급이 이루어지면 신탁회사의 소유가 되어 수분양자는 신탁회사를 상대로 물권적 반환청구권을 행사할 수 없다는 점에서 양수인반환설에서 주장하는 위와 같은 현상은 처음부터 발생하지 않는다.[77]

마지막으로 쌍무계약에서 채권양도가 이루어지는 경우 양 채권의 쌍무성이 유지되지 않는다는 지적이 있는데,[78] 이 견해에 의하면 채권양도로 인하여 양 채권의 견련관계는 상실되고, 그 결과 양수인반환설을 취하면 항변권을 우회하는 위험성이 발생할 수 있다는 지적은 타당성을 잃는다. 그러나 채권양도가 이루어지더라도 채권은 동일성을 유지하며 단지 그 귀속주체만 달라지는 것이므로, 쌍무계약상 양 채권의 견련관계는 여전히 존속하는 것이고, 결과적으로 양수인반환설을 택하게 되는 경우 채무자를 합리적 이유 없이 우대하여 항변권을 우회하는 문제가 발생한다는 비판은 충분히 설득력을 지닌다.[79]

다. 수분양자의 구제 가능성

1) 직접 청구의 가능성

삼각관계에서의 부당이득 유형 중 채권양도 유형에서도 지시관계 유형과 마찬가지로 양도인반환설에 입각하는 이상, 신탁회사를 상대로 직접 부당이득반환청구가 가능한지의 문제는 건축물 분양법이 적용되지 않는 사안과 동일한 결론에 이른다. 즉 수분양자가 분양계약에 따라 신탁회사에 직접 분양대금을 납입한 이후 취소나 해제 등을 원인으로 분양계약이 해소된 경우 수분양자는 계약상대방인 시행사를 상대로만 분양대금 상당액의 부당이득반환을 구할 수 있고, 계약상대방이 아닌 신탁회사를 상대로 직접 부당이득반환을 청구할 수 없다. 신탁회사는 시행사와 분양관리신탁계약 및 대리사무계약을 체결하고, 이를 근거로 분양

별적인 수령액에 상응하는 부당이득반환청구를 해야 하는데, 이는 법률관계를 지나치게 복잡하게 만들 우려가 있으므로, 분쟁해결의 경제성이나 채무자보호의 관점에서도 양수인반환설이 우월성을 가지지 않는다는 점을 지적하고 있다.

75) 이동진, 앞의 논문(주 66), 293면.

76) 이상훈, 앞의 책, 172면.

77) 이계정, 앞의 논문(주 17), 68면.

78) Köndigen, op. cit., S. 66.

79) 김형배, 앞의 책, 329면; 배성호, 앞의 논문, 277−278면.

대금 채권을 양도받은 채권자이므로 신탁회사의 급부수령에 법률상 원인이 있고, 분양관리신탁계약 및 대리사무계약이 존속하는 한 중도에 분양계약이 해소되었다는 사정만으로 수령한 분양대금을 반환하여야 하는 것은 아니다.

만약 수분양자가 분양계약이 취소나 해제되었다는 이유로 신탁회사를 상대로 직접 분양대금의 상당액의 반환을 구하는 것을 허용한다면, 이는 수분양자가 자기 책임하에 체결된 계약에 따른 위험부담을 신탁회사에게 전가하는 것이 되어 계약법의 원리에 반하는 결과를 초래할 뿐만 아니라, 신탁회사가 분양관리신탁계약 및 대리사무계약에 기해 시행사에 대하여 가지는 권리를 침해하게 되어 부당하다고 볼 수 있다.

이와 관련하여 신탁회사가 보관하는 분양대금은 경제적 관점에서 신탁회사의 것이라고 볼 수 없고, 시행사의 안전한 분양사업 진행을 위하여 신탁회사가 보관하는 시행사의 자산이라고 평가하는 것이 현실에 부합하므로, 신탁회사가 신탁재산으로부터 직접 수분양자에게 분양대금 상당액을 지급하더라도 이를 신탁회사의 경제적 출연이라고 볼 수 없으며, 오히려 경제적 이익 귀속 관계에 비추어 보면, 시행사의 반환이라고 평가할 수 있는 점을 고려할 때, 시행사뿐만 아니라 신탁회사를 직접 상대방으로 부당이득반환을 구하는 것도 가능하다는 견해가 있다.[80] 그러나 법적 청구의 상대방을 사실상 내지 경제상 이해관계에 따라 결정하는 것은 당사자들의 법률관계를 불안정하게 하고, 법적 분쟁의 예방이나 해결의 관점에서도 적절하지 못한 측면이 있다. 신탁회사의 관리계좌에 입금된 신탁재산은 위탁자뿐만 아니라 수탁자의 고유재산으로부터도 독립한 재산으로 신탁채권자와 수익자를 위한 책임재산으로 기능한다는 점에서 분양대금이 사실상 내지 경제적으로 시행사의 자산으로 활용되는 측면이 있다는 이유만으로 신탁회사가 시행사와 더불어 수분양자의 분양대금 반환청구에 있어 상대방이 될 수는 없다고 봄이 타당하다.[81]

2) 채권자대위권의 행사 가능성

수분양자의 신탁회사에 대한 채권자대위권의 행사 가능성은, 구조적으로 건축물 분양법이 적용되지 않는 사안과 다르지 않다. 분양관리신탁계약 및 대리사무계약이 체결되는 사안에 있어서도 피보전채권인 수분양자의 시행사에 대한 분양대금 반환채권과 피대위권리인 시행사의 신탁회사에 대한 사업비지출 요청권은 밀접하게 관련이 되어 있고, 사업비지출 요청권을 대위행사하는 것이 분양대금 반환채권의 현실적 이행을 유효·적절하게 확보하기

80) 장보은, 앞의 논문, 306면.

81) 최수정, 앞의 논문(주 18), 65면; 건축물 분양법은 건축물의 사용승인 이전에 분양을 하고자 하는 분양사업자로 하여금 분양보증이나 분양관리신탁을 선택할 수 있도록 하고 있다. 건축물 분양법을 제정할 당시에는 분양보증 대신 분양관리신탁을 체결하더라도 분양보증에 상응한 정도로 수분양자를 보호할 수 있다고 판단하였던 것으로 보인다. 수분양자에 대한 직접 청구를 부정하는 위와 같은 결론에 따르는 경우 결과적으로 분양보증에 비하여 수분양자의 보호에 미흡한 점이 존재하는 것은 사실이다. 그러나 이는 입법 당시 미처 예상하지 못하였던 일종의 법적 공백이므로 이를 해석론으로 해결하기보다는 후술하는 바와 같이 입법적 해결을 도모하는 것이 바람직하다고 생각한다.

위하여 필요한 경우이므로, 설령 채무자인 시행사가 무자력이 아니라 하더라도 수분양자는 분양대금 반환채권을 피보전채권으로 하여 시행사의 신탁회사에 대한 사업비지출 요청권을 대위행사할 수 있다. 이 경우 신탁회사가 사업비를 지출하기 위해서는 시행사가 시공사나 금융기관 등의 동의를 얻을 필요가 있다. 만약 시공사나 금융기관 등이 동의를 하지 않는 경우 수분양자로서는 시행사에 대한 분양대금 반환채권을 피보전채권으로 하여 시행사를 대위하는 방법으로 시공사나 금융기관에게 동의를 구할 수 있다. 시공사나 금융기관은 특별한 사정이 없는 한 분양대금 반환을 위한 명목의 사업비 지출에 동의를 하여야 한다. 다만 시공사나 금융기관에 무조건적인 동의 의무가 있다고 볼 수는 없고, 분양관리신탁계약 및 대리사무계약에 의할 때 동의를 거부할 만한 정당한 사유가 인정되는 경우에는 시공사나 금융기관이 동의를 거절해도 무방하다. 이와 같이 시공사나 금융기관이 동의를 거절할 수 있는 정당한 사유에는 해당 사업비 지출로 인하여 신탁재산이 현저하게 감소하여 분양사업의 진행에 상당한 지장이 발생될 우려가 있는 경우, 해당 사업비를 지출하고 나면 시공사나 금융기관의 우선수익권이 침해되거나 채권회수에 어려움이 발생한다는 점이 분명하게 예상되는 경우 등이 있을 수 있다는 점은 담보신탁 및 자금관리 대리사무계약 부분에서 서술한 바와 같다.

다만 채권자의 채권회수에 주된 목적이 있는 담보신탁과 달리 수분양자의 보호를 위하여 제정된 건축물 분양법에 따라 설정된 분양관리신탁계약 및 대리사무계약 사안에서는 수분양자의 보호라는 관점이 동의를 거절할 수 있는 정당한 사유가 존재하는지 여부를 판단함에 있어서도 관철될 필요가 있고, 결국 건축물 분양법이 적용되지 않는 사안과 비교할 때, 시공사와 금융기관이 사업비지출 동의를 거절할 수 있는 정당한 사유의 범위는 보다 제한적으로 해석되어야 한다.

Ⅳ. 결 론

지금까지 건축물 분양법의 적용 여부를 기준으로 건축물 분양법이 적용되지 않아 담보신탁계약 및 자금관리 대리사무계약이 체결되는 사안과 건축물 분양법의 적용에 따라 분양관리신탁계약 및 대리사무계약이 체결되는 경우를 구분하여 각각의 경우에 있어 취소나 해제 등을 원인으로 중도에 분양계약이 해소된 경우 수분양자의 신탁회사에 대한 직접 청구의 가능성 및 채권자대위권 행사의 가능성을 고찰하였다.

건축물 분양법이 적용되는 사안의 경우 시행사는 신탁회사에 분양수입금 채권을 양도하여야 되고, 신탁회사는 채권자의 지위에서 수분양자로부터 분양대금을 지급받는다는 점에서 건축물 분양법이 적용되지 않는 경우와 구조적인 차이가 발생한다. 이러한 차이로 인하여 건축물 분양법이 적용되지 않는 사안은 삼각관계에서의 부당이득 유형 중 지시관계에 따른 단축급부가 쟁점이 되고, 건축물 분양법이 적용되는 사안은 삼각관계에서의 부당이득 유형 중 채권양도가 쟁점이 된다. 한편, 지시관계 유형에서 급부수령자가 아닌 계약상대방이 부당이득반환청구의 상대방이어야 한다는 결론이 채권양도 유형에도 확장되어 수분양자는 분양대금을 수령한 신탁회사가 아닌 분양대금 채권의 양도인인 시행사를 상대로 부당이득반환을 청구하여야 한다는 양도인반환설이 타당하다는 결론을 채택하면, 건축물 분양법의 적용 여부와 관계없이 수분양자는 신탁회사를 직접 상대로 부당이득반환청구를 할 수 없다는 결론에 이른다. 이 경우 수분양자로서는 분양대금 반환채권을 피보전채권으로 삼아 시행사의 신탁회사에 대한 사업비지출 요청권을 대위행사할 수 있고, 이를 위해서는 시공사나 금융기관의 동의를 구하여야 한다. 수분양자가 시공사나 금융기관을 상대로 위와 같은 동의를 구하기 위해서는 마찬가지로 채권자대위권을 행사하여야 하고, 동의를 거절할 수 있는 정당한 사유가 없는 한 시공사나 금융기관은 동의를 하여야 한다.

다만 이론적으로는 수분양자가 위와 같은 방법을 통하여 신탁회사로부터 분양대금을 반환받는 것이 가능하다 하더라도, 현실적으로는 시공사나 금융기관이 정당한 사유 유무를 불문하고 선뜻 동의를 해줄 가능성은 높지 않을 것으로 예상되고, 이 경우 시행사, 시공사, 신탁회사, 금융기관 등 분양사업의 다른 이해관계자들에 비해 상대적으로 열악한 지위에 있는 수분양자로서는 분양대금 상당액을 반환받기가 실질적으로 매우 어렵게 될 수밖에 없다. 결국 수분양자 보호의 사각지대를 최소화하기 위해서는 취소·해제 등을 원인으로 중도에 분양계약이 해소되는 경우 수분양자로 하여금 신탁회사에 대하여 직접 부당이득반환을 청구할 수 있는 권리를 인정하고, 이를 우선수익권으로 규정하는 내용의 입법적 보완이 함께 검토될 필요가 있다.[82] 다만 위와 같은 입법이 실현되는 경우 건축물 분양산업에 상당한 영향력을 미칠 수 있으므로, 위와 같은 입법을 시도함에 있어서는 입법이 요구되는 분양사업의 범위, 신탁회사나 시행사의 규모, 수분양자의 수, 분양대금의 액수 등 다양한 측면에서 면밀한 검토가 요구된다.

82) 같은 취지로 이계정, 앞의 논문(주 17), 828면; 위 문헌, 828면은 나아가 건축물 분양법상 분양관리신탁이 아닌 분양보증을 강제하는 방안도 검토할 필요성이 있다고 서술하고 있다.

담보물 제3취득자의 보증인에 대한 변제자대위 가능성

정 상 현

성균관대학교 법학전문대학원 교수

존경하는 박동진교수가 회갑을 맞았다고 한다. 우물 바닥의 진리를 찾아 온 긴 여정의 일부를 거쳐 간다. 박동진교수는 사랑으로 충만한 사람이었다. 지금도 사랑으로 가득 찬 눈을 갖고 있다. 신에 대한 사랑, 이웃에 대한 사랑, 학문에 대한 사랑, 제자 사랑… 조금만 사랑하는 것은 불가능한 모양이다. 무엇인가를, 누군가를 사랑한다는 것은 사람이 한 일이 아니라 사랑이 한 것이다. 가장 선한 것은 무릇 우리가 가장 사랑하는 것이어야 한다(Das beste sollte das liebste sein). 애벌레에겐 끝일 수 있으나 나비에게는 새로운 시작이다. 개인이 이룩한 객관적 달성보다는 노력하는 주관적 지향을 높이 사야 할 것이다. 박동진교수의 건강과 건승을 기원한다.

Ⅰ. 들어가며

(1) 채무자가 채권의 담보를 위하여 자기 소유 부동산에 저당권이나 질권 등 담보권을 설정해주는 것은 민법에 규정된 유력한 담보 수단이다(제356조 이하). 채권자는 저당권이나 질권을 취득함으로써 채권의 담보력을 강화시킬 수 있다. 담보로 제공되는 부동산이나 동산은 채무자 이외의 타인 소유라도 무관하다. 타인의 채무를 위하여 자기 소유물을 담보로 제공하는 자를 물상보증인이라고 한다. 담보물의 소유자가 변경되더라도 채권의 담보에는 영향이 없다. 채권의 담보로 제공된 부동산이 처분되어 다른 사람의 소유가 되더라도 피담보채무가 존속하는 한 담보권은 소멸하지 않으므로 그 양수인은 여전히 타인의 채무를 위하여 자신의 부동산을 담보로 제공한 결과가 된다. 이러한 담보물의 양수인을 제3취득자라고 한다. 물상보증인이나 담보물의 제3취득자 소유인 부동산이 저당권의 실행으로 경매되면, 타인 채무를 변제한 결과가 되어(제469조) 채무자에 대한 구상권이 발생한다.

(2) 이러한 구상권 확보를 위하여 타인 채무의 변제자는 채권자를 대위하여 채무자에 대한 채권 및 담보권을 행사할 수 있고, 다수의 담보제공자가 있는 경우에는 그들도 채권자를 대위하여 위와 같은 권리를 행사할 수 있다.[1] 이를 '변제자대위' 또는 '변제에 의한 대위'라고 한다. 즉 채무자에 대하여 채권자를 대위할 뿐만 아니라 다른 담보제공자인 물상보증인이나 담보물의 제3취득자에 대하여 채권자를 대위할 수 있다. 변제자대위는 담보제공자 사이에 구상할 수 있는 범위, 즉 부담액을 한도로 채권 및 담보에 관한 권리를 행사할 수 있다(제482조 제1항). 대위할 수 있는 부담액의 범위를 확정하기 위하여 민법 제482조 제2항은 보증인, 물상보증인, 담보물의 제3취득자 사이 또는 그들 상호간의 대위 가능성과 그 부담액의 산정방법을 규정한다.[2]

(3) 그런데 민법 제482조 제2항 제2호에 따르면 "제3취득자는 보증인에 대하여 채권자를 대위하지 못한다."고 규정한다. 동 조항 제1호에서 보증인은 담보권 등기에 미리 부기등기를 하면 담보물의 제3취득자에 대하여 채권자를 대위할 수 있다고 하면서 반대의 경우는 대위를 허용하지 않는 것이다. 피담보채무의 담보를 위하여 제공되는 물건은 질권의 대상이 되는 동산일 수도 있고 저당권이나 전세권의 대상이 되는 부동산일 수도 있다. 담보물은 또한 채무자 소유일 수도 있고 제3자 소유일 수도 있다. 예를 들어 채무자 甲이 채권자 乙에 대하여 부담하는 대여금 채무를 담보하기 위하여 甲 소유인 X토지와 丙 소유의 Y건물에

1) 채권자의 채무자에 대한 이행청구권, 손해배상청구권, 채권자대위권, 채권자취소권 등 대부분의 채권을 포함하고, 담보권에는 채권자가 갖는 질권, 저당권 등 물적 담보와 보증인에 대한 권리 등 인적 담보를 포함한다. 강현중(편집대표 박준서), 주석민법 채권총칙(3) § 460－526, 한국사법행정학회, 2000, 301면.

2) 그 외 다수의 연대채무자나 보증인 사이의 변제자대위는 각각 특별규정(제425조, 제447조, 제448조)에 따른 구상권 범위에서 가능하다. 다수의 연대채무자와 이들을 위한 연대보증인이 있는 경우 연대보증인은 어느 연대채무자에 대해서도 대위가 가능하지만, 연대채무자 중 1인이 자신의 부담부분을 초과하는 변제를 하더라도 위 연대보증인에 대해서는 채권자를 대위할 수 없다(대법원 1992. 5. 12. 선고 91다3062 판결).

乙 명의의 근저당권을 설정할 수 있다. 그 후 丁이 甲으로부터 X를 매수하고 戊가 丙으로부터 Y를 매수하여 각각 소유권이전등기를 넘겨받으면, 丁은 '채무자로부터 담보물을 취득한 제3자'가 되고, 戊는 '물상보증인으로부터 담보물을 취득한 제3자'가 된다. 이하에서는 특별한 경우가 아닌 한 丁은 채무자로부터 담보물을 취득한 자로서 '채무자형 제3취득자'라고 하고, 戊는 물상보증인으로부터 담보물을 취득한 자로서 '물상보증인형 제3취득자'라 부르기로 한다.

(4) 일반적으로 민법 제482조 제2항 제1호와 제2호, 제3호에서 등장하는 제3취득자가 채무자형에 해당한다는 해석에는 의문이 없다. 즉 보증인은 미리 담보등기의 부기등기를 전제로 채무자형 제3취득자에게 채권자를 대위할 수 있는 반면(제1호), 반대의 경우 채무자형 제3취득자는 보증인에 대하여 채권자를 대위할 수 없다(제2호). 제3취득자 사이에는 각 부동산의 가액에 비례하여 채권자를 대위한다(제3호). 이때 물상보증인형 제3취득자도 위 규정 제1호 내지 제3호에서 등장하는 제3취득자로 보아 채무자형과 동일한 법적 취급을 할 것인가? 물론 제1호는 보증인이나 물상보증인이 제3취득자에 대하여 채권자를 대위하는 문제이고, 제3호는 제3취득자 사이의 변제자대위가 가능하다는 전제에서 그 대위의 범위를 규정한 내용이므로, 채무자형이든 물상보증인형이든 모두 적용될 수 있을 것이다. 다만 제2호가 문제인데, 물상보증인형 제3취득자는 물상보증인의 지위와 유사하므로 보증인이나 다른 물상보증인에 대하여 채권자를 대위할 수 있다는 주장이 가능하다. 그리하여 이에 관해서는 견해는 나뉘고 판례는 명확한 의사를 나타내지 않고 있다.

Ⅱ. 구상권과 변제자대위

1. 변제자대위의 의의

채무의 이행은 채무자나 보증인에 의한 변제 외에 물상보증인 또는 담보 부동산의 제3취득자가 부동산에 설정된 저당권을 말소하기 위하여 채무를 변제하는 방법으로 가능하다. 또한 채권자에 의한 저당권 실행으로 담보 부동산이 경매됨으로써 변제와 동일한 효과를 나타낼 수도 있다. 어떤 방식으로든 타인의 채무를 변제(제469조)한 자들은 채무자에 대하여 구상권을 취득한다.[3] 그리고 이러한 구상권의 확보를 위하여 민법은 이들에게 이른바 변제자대위를 인정한다. 이는 채무자에 대하여 채권자를 대위하는 것만이 아니라 다른 담보제공자인 보증인, 물상보증인, 담보물의 제3취득자 사이에도 인정된다. 대위하는 구체적 방법은

3) 불가분채무자, 연대채무자, 보증인, 물상보증인, 담보물의 제3취득자, 후순위 담보권자가 구상권을 가짐은 민법의 개별적 규정에 의하여 분명하고, 제3자가 채무자의 부탁으로 채무자를 위하여 변제하는 경우에는 민법 제688조 소정의 위임사무처리비용의 상환청구권에 의하여, 제3자가 채무자의 부탁 없이 변제하는 경우에는 민법 제739조 소정의 사무관리비용의 상환청구권에 의하여 구상권을 취득할 수 있다(대법원 1994. 12. 9. 선고 94다38106 판결).

채권자의 승낙을 얻어야 하는 임의대위(제480조)와 변제할 정당한 이익이 있는 자의 법정대위(제481조) 두 가지가 있다.

2. 변제자대위의 법적 성질

가. 견해의 대립

변제자대위를 규정한 민법 제482조 제1항에서도 '채권과 그 담보에 관한 권리를 행사'할 수 있는 것으로 규정하고 있다. 여기서 대위변제자가 채권자의 권리를 행사할 수 있다는 의미와 관련하여 변제자대위의 법적 성질에 대한 견해가 나뉜다.[4] 첫 번째 견해는 대위변제자가 채무자에 대한 채권자의 권리를 대위하여 '행사'하는 것으로 이해하는 대위행사설이 있다.[5] 이와 달리 두 번째 견해는 채무자에 대한 채권자의 권리가 대위변제자에게 '이전'된다고 해석하는 권리이전설이다.[6] 두 번째 견해가 다수설이고, 판례 역시 채권자의 채권은 동일성을 유지한 채 법률상 당연히 변제자에게 '이전'한다거나[7] 변제한 가액의 범위 내에서 종래 채권자가 가지고 있던 채권 및 담보에 관한 권리를 법률상 당연히 '취득'하는 것으로 파악한다.[8]

나. 채권이전의 효과

채권의 이전 또는 취득은 법률의 규정에 따라 이루어지는 당연한 효과로 계약에 따른 채권양도와 다르다.[9] 변제자대위권과 구상권은 원본, 변제기, 이자, 지연손해금 유무 등에서 그 내용이 전혀 다른 별개의 권리이므로,[10] 변제자대위권을 행사하더라도 구상권이 소멸하지 않고 청구권의 경합이 발생할 수 있다.[11] 이에 반하여 변제자대위는 구상권을 확보하기 위한 것이기 때문에 병렬적인 경합관계가 아니라 구상권을 주된 권리, 변제자대위에 의하여

4) 변제자대위에 관한 법사학적 연구로 자세한 것은 김형석, "변제대위 제도의 연혁에 관한 소고", 사법연구 제8집, 청헌법률문화재단, 2003, 7면 이하 참조.

5) 장경학, 채권총론, 교육과학사, 1994, 523면; 이은영, 채권총론, 박영사, 2000, 716-717면.

6) 곽윤직, 채권총론, 박영사, 1997, 492면; 김증한, 채권총론, 박영사, 1988, 134면; 김기선, 한국채권법총론, 법문사, 1963, 349면; 이태재, 채권총론신강, 진명문화사, 1964, 380면; 김석우, 채권법총론, 박영사, 1977, 386면; 김주수, 채권총론, 삼영사, 1999, 467면; 김형배, 채권총론, 박영사, 1998, 702면; 이호정, 채권법총론, 한국방송통신대학출판부, 1993, 179면; 김상용, 채권총론, 법문사, 2000, 476면; 송덕수, 신민법강의, 박영사, 2022, 1006면; 김대정, 채권총론, fides출판, 2006, 368-369면; 김대정 · 최창렬, 채권총론, 박영사, 2020, 428면; 김준호, 민법강의, 법문사, 2017, 1212면; 양형우, 민법의 세계, 정독, 2022, 1135면.

7) 대법원 2021. 2. 25. 선고 2016다232597 판결; 대법원 2015. 11. 27. 선고 2014다208378 판결; 대법원 2011.1.27. 선고 2008다13623 판결.

8) 대법원 2024. 3. 12. 선고 2021다262189 판결; 대법원 2006. 2. 10. 선고 2004다2762 판결; 대법원 2004. 6. 25. 선고 2001다2426 판결; 대법원 2002. 7. 26. 선고 2001다53929 판결; 대법원 1996. 12. 6. 선고 96다35774 판결; 대법원 1995. 3. 3. 선고 94다33514 판결; 대법원 1988. 9. 27. 선고 88다카1797 판결.

9) 지원림, 민법강의, 홍문사, 2020, 982면.

10) 대법원 2022. 3. 17. 선고 2021다276539 판결; 대법원 2021. 2. 25. 선고 2016다232597 판결.

11) 김증한 · 김학동, 채권총론, 박영사, 1998, 365면; 장재현, 채권법총론, 현암사, 1998, 290면; 이인재(편집대표 곽윤직), 민법주해[XI], 채권(4), 박영사, 2004, 202면; 곽윤직, 앞의 책, 495면; 김준호, 앞의 책, 1212면; 양형우, 앞의 책, 1139면; 대법원 1997. 5. 30. 선고 97다1556 판결; 대법원 2015. 11. 12. 선고 2013다214970 판결.

취득한 권리를 종된 권리로서 경합된다는 견해도 있다.[12] 어떻든 판례는 변제자가 변제자대위권을 행사하지 않겠다는 특약을 채권자와 맺어도 구상권에는 아무런 영향이 없고,[13] 채무자와 구상권에 대하여 지연손해금 약정을 하여도 변제자대위권의 행사에는 적용되지 않는다고 한다.[14]

3. 변제자대위의 유형

변제자대위는 보증인과 물상보증인, 담보물의 제3취득자 사이에 구상할 수 있는 범위, 즉 각자의 부담액을 한도로 한다(제482조 제1항).[15] 이들 사이의 대위 가능성과 부담액의 산정 방법은 제481조 제2항 각호에서 규정한다.[16] 보증인은 담보물의 제3취득자에게 채권자를 대위할 수 있지만 미리 대위의 부기등기[17]를 해야 하고(제1호), 담보물의 제3취득자는 보증인에게 채권자를 대위할 수 없다(제2호). 담보물의 제3취득자 사이에는 각자 제공한 담보물 가액에 비례하여 채권자를 대위하고(제3호), 이를 물상보증인 사이에 준용한다(제4호). 다수의 보증인과 물상보증인 사이에는 우선 그 인원수에 비례하여 각자의 부담부분을 정한 후(인원수 비례), 전체 물상보증인들의 부담액을 합한 금액에서 그들 사이의 담보물 가액비율로(담보가액 비례) 채권자를 대위할 수 있도록 규정한다(제5호).

4. 변제자대위의 유형별 문제와 해법

보증인과 물상보증인, 담보물의 제3취득자 사이의 변제자대위 가능성과 대위 범위를 규정한 민법 제482조 제2항 각호는 규정 내용이 명확하지 못하여 해석상 논란을 야기하는 부분도 있고, 요건 미비로 부담액이 불공평하게 산정되는 원인을 제공하기도 한다. 제1호와 관련해서는 보증인이 제3취득자에게 채권자를 대위하기 위하여 미리 담보권 등기에 부기등기를 해야 하는데, 이때 '미리'가 어느 시점을 의미하는지 분명하지 않고, 과연 부기등기 자체가 필요한지도 의문이다. 제2호와 관련해서는 보증인에게 채권자를 대위할 수 없는 제3취득자는 채무자로부터 담보물을 취득한 제3자만 의미하는지, 물상보증인으로부터 담보물을

---

12) 김창종, "연대보증인의 구상권과 변제자대위", 사법논집 제20집, 법원도서관, 1989, 137면.

13) 대법원 1997. 5. 30. 선고 97다1556 판결.

14) 대법원 2009. 2. 26. 선고 2005다32418 판결.

15) 대법원 2021. 2. 25. 선고 2016다232597 판결.

16) 다수의 연대채무자나 보증인 사이의 변제자대위는 각각 특별규정(제425조, 제447조, 제448조)에 따른 구상권 범위에서 가능하다. 다수의 연대채무자와 이들을 위한 연대보증인이 있는 경우 연대보증인은 어느 연대채무자에 대해서도 대위가 가능하지만, 연대채무자 중 1인이 자신의 부담부분을 초과하는 변제를 하더라도 위 연대보증인에 대해서는 채권자를 대위할 수 없다(대법원 1992. 5. 12. 선고 91다3062 판결).

17) 부기등기는 독립적인 등기번호 없이 이미 설정한 저당권등기 등의 주등기에 가지번호를 덧붙여서 그 일부를 변경하는 등기를 의미한다(구연모, 부동산등기법, 박영사, 2022, 10면). 변경등기이 내용으로 변제자대위의 부기등기는 저당권등기를 변제자에게 이전하는 등기이다. 저당권부채권의 양도에서도 동일한 방법으로 양수인에게 저당권이 이전될 수 있다. 부동산등기법에서는 이를 '소유권 외의 권리의 이전등기'로 규정한다(부동산등기법 제52조 제2호). 채무자나 물상보증인의 저당권 설정등기에 부기하여 저당권 이전등기를 하고, 종전 권리자의 등기사항을 말소하는 표시를 기록한다(부동산등기규칙 제112조 제3항).

취득한 제3자도 포함하는지 불명확하다. 이 문제가 이 글의 논의 중심이다. 제3호와 제4호는 제3취득자 또는 물상보증인에 의하여 제공된 담보물 가액의 합계가 채무액보다 큰 경우는 그들 사이의 부담액이 합리적이라 할 수 있지만 채무액보다 작은 경우는 현실적이지 않은 결론에 이른다.[18] 제5호는 제3호와 제4호의 문제를 포함하여 특히 보증인과 물상보증인의 지위를 겸하는 자, 즉 이중지위자에 대한 부담액 산정방법을 전혀 규정하지 않은 입법의 불비가 있다. 필자는 이미 제1호의 부기등기와 그 필요성 여부, 제3호와 제4호의 부담부분 산정, 제5호의 이중지위자의 법적 취급에 대한 각각의 해결방안을 제시한 바 있다.[19] 제2호와 관련된 담보물 제3취득자의 법적 취급에 대해서는 이 글을 통하여 기존의 일반적 견해와 판례에 대한 다소의 의문점을 제시하고 대상판결의 평석과 함께 재조명의 기회를 갖고자 한다.

Ⅲ. 담보물 제3취득자의 법적 지위

1. 논의의 전제

(1) 민법 제482조 제2항에서 규정된 변제자대위의 관련자를 보면, 채무자, 보증인, 물상보증인, 채무자형 제3취득자, 물상보증인형 제3취득자가 있다. 물론 동일한 하나의 채무를 담보하기 위하여 다수의 부동산에 저당권이 설정되는 공동저당의 경우가 상정될 수 있고, 담보로 제공된 부동산이 채무자 소유이거나 물상보증인 소유일 수도 있다. 다만 제482조 제2항의 변제자대위 가능성을 살피기 위해 공동저당도 하나의 유형으로 포함하여 논의할 수는 있으나, 물상보증인형 제3취득자의 법적 지위에 관한 이 글의 논점을 명확하게 하기 위하여 공동저당 부동산이 동시배당 또는 이시배당될 때의 대위를 규정한 제368조의 적용 효과는 배제한다.

(2) 제3취득자가 보증인에 대하여 채권자를 대위할 수 없음은 제482조 제2항 제2호에서

---

18) 예를 들어 채무자가 채권자에 대한 6억 원의 채무를 담보하기 위하여 자기 소유인 2억 원 가액의 X토지와 1억 원 가액의 Y건물에 근저당권을 설정해준 후, X와 Y를 A와 B에게 매도하여 각각 소유권을 넘겼고, A가 6억 원을 전부 변제하여 근저당권을 말소한 경우, 제482조 제2항 제3호에 따르면 제3취득자 사이에는 담보물 가액에 비례하여 서로 대위가 가능하므로 X와 Y의 가액 비율은 2: 1로 변제액 6억 원에 대한 A와 B의 부담비율 역시 2: 1이고 A는 4억 원, B는 2억 원을 부담하여 A는 B를 상대로 2억 원의 범위에서 채권자를 대위할 수 있다. 그러나 B는 Y건물 가액 1억 원의 범위를 넘어서는 책임을 질 수가 없으므로 이러한 산정방법에 의할 때 B에게 2억 원의 범위에서 대위가 가능하다는 결과는 현실성도 없고 합리적이지도 않다. 이는 A와 B가 물상보증인이라도 마찬가지여서 제4호의 경우에도 동일한 문제가 발생한다. 만일 X의 가액이 8억 원이고 Y의 가액이 4억 원으로 이들을 합한 금액이 채무액 6억 원을 초과하거나 적어도 4억 원, 2억 원으로 합계액이 동일하다면 A와 B의 부담비율은 2:1로 A는 B에게 2억 원의 범위에서 채권자를 대위하더라도 문제가 없다.

19) 정상현, “보증인의 변제자대위를 위한 부기등기 필요성 검토와 민법개정 제안”, 성균관법학 제35권 제1호, 성균관대학교 법학연구원, 2023.3, 419면 이하; 정상현, “변제자대위의 부담액 산정방식 재검토와 민법 제482조 제2항의 개정제안”, 성균관법학 제34권 제3호, 성균관대학교 법학연구원, 2022.9, 101면 이하; 정상현 · 이상석, “보증인과 물상보증인의 지위를 겸하는 자의 변제자대위”, 외법논집 제43권 제1호, 한국외국어대학교 법학연구소, 2019.2, 237면 이하.

나타난다. 여기서 보증인에는 물상보증인도 포함한다는 해석이 일반적이다. 보증인은 타인의 채무를 담보하기 위하여 전 재산을 제공하는 인적 담보인 반면 물상보증인은 특정재산을 제공하고 채권자에게 우선변제권을 인정하는 물적 담보로, 담보의 대상과 법적 성격의 차이가 있을 뿐 그들의 법적 지위는 동일한 것으로 볼 수 있다. 제482조 제2항 제5호에서 보증인과 물상보증인 사이의 변제자대위는 인원수에 비례한다고 규정한 것 역시 이들의 동일한 법적 지위를 보여주는 근거가 된다. 대법원도 '보증인과 물상보증인 사이에 우열을 인정하지 않고 양자를 동등하게 취급'하고 있다.[20] 민법 제482조와 동일한 내용으로 규정되었던 일본 제정민법 제501조의 입법자 역시 보증인에는 물상보증인도 포함되는 것으로 이해하였던 것으로 보인다.[21] 학설은 제3취득자를 사후적인 물상보증인이라 하여 물상보증인과 동일하게 다루는 견해도 있고,[22] 독일의 입법례에 따라 제3취득자도 보증인에게 채권자를 대위할 수 있도록 민법 제482조 제2항을 개정해야 한다는 주장도 있다.[23]

(3) 제482조 제2항 제1호에서 보증인은 제3취득자에 대하여 미리 부기등기를 하여야 대위가 가능하다고 규정한다. 다만 여기서 제3취득자는 물상보증인형 제3취득자를 의미할 뿐 채무자형은 포함하지 않는다는 견해가 있다.[24] 즉 채무자형 제3취득자에 대하여 보증인이 채권자를 대위할 때에는 부기등기가 필요 없다는 것이다. 그 이유로 들고 있는 내용은 몇 가지로 나뉠 수 있지만 그 요지는 다음과 같다. 즉 변제자대위의 부기등기는 보증인의 피담보채무 변제로 저당권이 소멸될 것이라 신뢰하고 담보 부동산을 취득한 제3자를 저당권 실행으로 인한 소유권 상실의 위험으로부터 보호하기 위한 것인데, 채무자형 제3취득자는 이러한 신뢰를 보호하기 위하여 미리 부기등기를 할 필요도 없다는 것이다. 왜냐하면 저당권이 설정된 채무자 소유의 부동산을 취득한 제3자는 채무자가 변제하지 않는 한 자기 소유 부동산의 저당권 실행을 각오해야 할 뿐만 아니라 보증인이 변제하더라도 변제자대위의 과정을 거치면서 저당권의 실행으로 소유권을 상실할 것이므로 그가 책임을 면할 가능성은 없기 때문이라고 한다.[25] 생각건대 담보 부동산의 제3취득자는 채무자형이든 물상보증인형이든 피담보채무가 변제되지 않은 상태에서 이를 취득하면 채무자 외의 제3자가 변제하는

20) 법정대위자 상호 간의 관계에 관하여 민법 제482조 제2항 제5호가 '보증인과 물상보증인 사이에 우열을 인정하지 않고 양자를 동등하게 취급'하여 그에 따라 변제자대위를 제한하거나 같은 항 제4호가 물상보증인 상호 간에 그 재산의 가액에 따라 변제자대위의 범위를 제한하거나 민법의 해석상 공동보증인 상호 간의 변제자대위가 구상권의 범위에 따라 제한된다고 보는 것은 변제자대위의 순환을 방지하여 혼란을 피하고 '채무자의 무자력 위험을 보증인과 물상보증인 등 법정대위자 어느 일방이 종국적으로 부담하지 않도록 함으로써 당사자 사이의 공평을 도모'하고자 하는 데 그 취지가 있다(대법원 2022. 5. 12. 선고 2017다278187 판결).

21) 高橋眞, "<史料>債權總則(44)", 民商法雜誌 第95卷 第4号, 1987.1, 132頁 이하; 前田達明, 口述債權總論1, 成文堂, 1992, 479頁.

22) 김상용, 앞의 책, 485면 이하. 이와 유사한 주장으로 백경일, "물상보증인과 제3취득자 간의 변제자대위-대법원 2014. 12. 18. 선고 2011다50233 판결", 민사법학 제72권, 한국민사법학회, 2015.9, 75면 이하.

23) 김대정·최창렬, 앞의 책, 451면.

24) 양창수, "물상보증인의 변제자대위와 부기등기의 요부", 민법연구 제2권, 박영사, 1991, 168면 이하; 이성진, "물상보증인과 제3취득자 간의 변제자대위", 법학논집 제19권 제3호, 이화여자대학교 법학연구소, 2015.3, 287면.

25) 양창수, 앞의 논문, 168-172면.

한도에서는 그들의 구상권 확보를 위한 변제자대위에 따라 소유권을 상실할 위험이 있다는 사실은 동일하다.[26] 따라서 채무자형에 한하여 부기등기가 불필요하다는 주장에는 의문이 있으나 논점의 집중을 위해 이에 관한 더 이상의 논의는 다음 기회로 미룬다.

2. 견해의 대립

가. 논의의 쟁점

물상보증인형 제3취득자는 보증인이나 물상보증인에 대하여 채권자를 대위할 수 있는가? 이것은 결국 제482조 제2항 제2호의 제3취득자가 채무자형으로 한정되는지, 그 외 물상보증인형도 포함되는지에 대한 논의와 동일하다. 이에 대하여 학설은 나뉘고 판례는 명확하지 않다. 위 규정의 문언으로 보면 보증인이나 물상보증인에게 채권자를 대위하지 못하는 제3취득자에는 채무자형과 물상보증인형 모두 포함되는 것으로 보인다. 종래 다수설은 이를 당연하게 여겼고 담보물의 제3취득자는 채무자형이든 물상보증인형이든 보증인이나 물상보증인에 대하여 채권자를 대위하지 못하는 것으로 해석하였다.[27] 이에 반하여 물상보증인형 제3취득자는 채무자형 제3취득자와 달리 보증인이나 다른 물상보증인에 대하여 채권자를 대위할 수 있다는 주장이 등장하였다.[28]

나. 물상보증인형 제3취득자의 특별취급 근거

물상보증인형 제3취득자를 채무자형 제3취득자와 구분해야 한다는 견해의 주장 근거는 다양하지만 공통적으로 제시하는 논거의 요지는 다음과 같다.

(1) 첫째, 제3자가 취득한 담보 부동산의 전 소유자에 대한 법적 지위의 차이를 근거로 든다. 만일 물상보증인형 제3취득자를 채무자형 제3취득자와 동일하게 보면 이른바 '특정승계인은 그 전 소유자의 지위를 승계'한다는 원칙에 어긋난다는 주장이다.[29] 즉 채무자는 대

---

26) 동지 명순구, "변제자대위에 있어서 이해관계인간의 이익조정", 법학논집 제34집, 고려대학교 법학연구원, 1998.12, 258－259면 참조.

27) 김형배 · 김규완 · 김명숙, 민법학강의, 신조사, 2010, 1127면; 윤철홍, 요해 채권총론, 법원사, 1999, 330면; 곽윤직, 앞의 책, 497－498면; 김주수, 앞의 책, 473면; 김준호, 앞의 책, 1221면; 이은영, 앞의 책, 724면; 장재현, 앞의 책, 292면; 김증한 · 김학동, 앞의 책, 368면; 강현중, 앞의 책, 304면; 이인재, 앞의 책, 202면.

28) 이진만, "변제자대위에 있어서 대위자 상호간의 관계", 사법논집 제27집, 법원도서관, 1996.12, 75－77면; 이상태, "물상보증인의 지위", 민사법학 제34호, 한국민사법학회, 2006.12, 455면; 홍춘의 · 이상래, "물상보증인과 채무자로부터 담보부동산을 취득한 제3자 사이의 대위관계", 법학연구 제46집, 전북대학교 법학연구소, 2015.12, 79－80면; 김덕중, "제3취득자와 물상보증인 상호간의 변제자대위", 법학논고 제51집, 경북대학교 법학연구원, 2015.8, 50면; 조준현, "물상보증인과 제3취득자 상호간 변제자대위 여부와 범위", 원광법학 제31권 제2호, 원광대학교 법학연구소, 2015.6, 61면; 홍봉주, "제3취득자의 변제자 대위", 일감법학 제38호, 건국대학교 법학연구소, 2017.10, 468면; 사동천, "물상보증인으로부터 저당부동산의 소유권을취득한 제3자의 권리관계－대법원 2014. 12. 24. 선고 2012다49285 판결을 중심으로", 홍익법학 제19권 제1호, 홍익대학교 법학연구소, 2018.1, 215면; 주대성, "변제자대위에 있어 이해관계의 조정", 민사판례연구(XL), 박영사, 2018, 433면; 김영희, "담보부동산의 제3취득자와 변제자대위－대법원 2014.12.18. 선고 2011다50233 전원합의체 판결", 강원법학 제46권, 강원대학교 비교법학연구소, 2015.10, 390면; 지원림, 앞의 책, 988면; 양창수, 앞의 논문, 163면 이하.

29) 이성범, 민법 제482조 제2항의 문제점과 개선방안, 연구보고서 민21－04, 한국법학원, 2021, 45－46면; 조준현, 앞의 논문, 59면.

위 대상 채권이든 구상채권이든 그 채무를 궁극적으로 부담해야 하는 자로서 설령 그가 채무를 변제하더라도 구상을 청구할 수 있는 법적 지위를 갖지 못하는 반면 물상보증인은 그가 담보로 제공한 부동산에 관해서만 책임을 질 뿐이고 임의로 채무를 변제하거나 담보물이 경매되면 채무자에 대하여 구상권을 취득하는 것은 물론 보증인이나 다른 물상보증인, 담보물의 제3취득자에 대하여 채권자를 대위할 수 있는 법적 지위에 있다는 것이다. 이렇듯 제3자가 취득한 담보 부동산의 전 소유자로서 채무자와 물상보증인의 지위가 확연히 다른데도 물상보증인형 제3취득자를 채무자형 제3취득자와 동일하게 취급하는 것은 불합리하다는 주장이다.[30)]

(2) 둘째, 채권자를 대위하는 보증인의 지위에 비추어 물상보증인형 제3취득자를 채무자형 제3취득자와 구별해야 한다는 근거를 들기도 한다. 보증인이 주채무를 변제한 후 물상보증인에 대하여 채권자를 대위할 때는 인원수에 비례하여 변제액을 동등하게 분담한다(제5호). 반면 보증인이 물상보증인형 제3취득자에 대하여 채권자를 대위할 때 그를 채무자형 제3취득자와 동일하게 본다면 변제액 전부를 대위할 수 있게 된다(제482조 제2항 제1호). 이에 따라 물상보증인이 제공한 담보 부동산의 소유권이 제3자에게 처분되었다는 우연한 사정으로 이들에 대하여 채권자를 대위하는 보증인의 대위 범위가 달라지는 것은 불합리하다는 주장이다.[31)]

(3) 셋째, 물상보증인형 제3취득자를 채무자형 제3취득자와 동일하게 취급하면 이들의 구상권 행사나 변제자대위의 절차가 복잡하고 불필요한 과정을 야기하므로 불합리하다는 근거이다. 즉 저당권이 설정된 부동산을 물상보증인이 양도하고 이를 양수한 제3취득자가 저당권 실행으로 소유권을 상실하면 물상보증인은 제3취득자에 대하여 담보책임을 지는데(제576조, 제578조), 물상보증인이 이 책임을 면하기 위하여 미리 채무를 변제할 수도 있고 제3취득자가 소유권 상실을 우려하여 채무를 변제할 수도 있다. 이때 물상보증인형 제3취득자를 채무자형 제3취득자와 구별하지 않으면 대위변제한 물상보증인은 보증인에 대하여 인원수에 비례하여 채권자를 대위할 수 있는 반면(제5호), 물상보증인형 제3취득자는 보증인에게 채권자를 대위할 수 없다(제2호). 그렇다면 물상보증인형 제3취득자는 전 소유자인 물상보증인을 상대로 담보책임을 물을 수 있고 그 책임을 진 물상보증인은 다시 보증인에 대하여 채권자를 대위할 수 있다. 이러한 절차가 물상보증인형 제3취득자와 물상보증인 그리고 보증인 사이에 구상권과 변제자대위의 법률관계를 불필요하고 복잡하게 만든다는 주장이다.[32)]

따라서 물상보증인형 제3취득자는 채무자형 제3취득자와 달리 제482조 제2항 제2호의 제3취득자에서 제외하고 오히려 물상보증인과 동일하게 보아 보증인이나 다른 물상보증인에

30) 이진만, 앞의 논문, 75－76면; 홍춘의 · 이상래, 앞의 논문, 79면; 김덕중, 앞의 논문, 50면.

31) 김형석, 담보제도의 연구, 박영사, 2021, 50면; 이상태, 앞의 논문, 453－454면; 이진만, 앞의 논문, 76면; 홍춘의 · 이상래, 앞의 논문, 79면; 김덕중, 앞의 논문, 50면; 홍봉주, 앞의 논문, 467면; 이성진, 앞의 논문, 290－291면.

32) 이진만, 앞의 논문, 76면; 홍봉주, 앞의 논문, 467－468면.

대하여 채권자를 대위할 수 있도록 해석해야 한다는 것이다.

3. 판례 동향

가. 현재 대법원의 태도

(1) 우리 대법원은 현재 우선 보증인과 물상보증인을 동등한 법적 지위로 인정한다는 전제에서, 제482조 제2항 제2호에 등장하는 보증인에는 물상보증인을 포함하는 것으로 해석한다. 그리하여 물상보증인은 채무자형 제3취득자에 대하여 채권자를 대위할 수 있지만 채무자형 제3취득자는 물상보증인에게 대위할 수 없다고 한다. 즉 대법원은 "채무자로부터 담보부동산을 취득한 제3자는 채무를 변제하거나 담보권의 실행으로 소유권을 잃더라도 물상보증인에 대하여 채권자를 대위할 수 없다."는 태도를 분명히 하였다. 그 이유로 "만일 물상보증인의 지위를 보증인과 다르게 보아서 물상보증인과 채무자로부터 담보부동산을 취득한 제3자 상호 간에는 각 부동산의 가액에 비례하여 채권자를 대위할 수 있다고 한다면, 본래 채무자에 대하여 출재한 전액에 관하여 대위할 수 있었던 물상보증인은 채무자가 담보부동산의 소유권을 제3자에게 이전하였다는 우연한 사정으로 이제는 각 부동산의 가액에 비례하여서만 대위하게 되는 반면, 당초 채무 전액에 대한 담보권의 부담을 각오하고 채무자로부터 담보부동산을 취득한 제3자는 그 범위에서 뜻하지 않은 이득을 얻게 되어 부당"하기 때문이라고 한다(판결-①).[33] 이 판결은 채무자형 제3취득자가 물상보증인에 대하여 채권자를 대위할 수 없고 그 반대의 경우는 가능하다는 내용의 판결일 뿐 물상보증인형 제3채무자가 관련된 것은 아니다.

(2) 한편 최근 대법원은 물상보증인형 제3취득자가 다른 물상보증인형 제3취득자에 대하여 채권자를 대위하는 사안에서,[34] "수인의 물상보증인 또는 그로부터 담보의 목적이 된 부동산에 관한 소유권 등을 취득한 제3취득자 중 1인이 채무를 변제하거나 담보권의 실행으로 소유권을 잃은 때에는 다른 물상보증인 또는 그로부터 담보의 목적이 된 부동산에 관한 소유권을 취득한 제3취득자에 대하여 구상권의 범위 내에서 채권자를 대위하여 채권 및 그 담보에 관한 권리를 행사할 수 있고, 이때에도 특별한 사정이 없는 한 그 행사는 물상보증

---

33) 대법원 2014. 12. 18. 선고 2011다50233 전원합의체 판결.

34) 사실관계가 다수의 당사자 사이에 전개되는 복잡한 상황으로 전개되지만 명확한 법률관계 파악과 금액 산정의 곤란을 완화하기 위하여 가능한 범위에서 단순화하면, A가 C에 대한 채무를 담보하기 위하여 B가 자기 소유 X와 그 외 7건의 부동산을 담보로 제공한 후 그 지분을 나누어 D와 乙에게 매각하여 소유권을 넘겼다. E의 경매신청으로 X에 대한 경매절차가 진행되고 F가 매각대금 60억 원을 납입하였다. 경매법원은 물상보증인 B로부터 담보물 X의 지분 1/5,000을 취득한 D와 4,999/5,000을 취득한 乙에게 각 지분비율로 나누어 D에게 120만 원을 배당하였고, 乙에게 배당된 나머지 59억 9,980원은 그 전부채권자 피고 丙에게 35억 원, 피고 丁에게 15억 원을 배당하고, 나머지 9억 9,980원을 乙에게 배당하였다. 원고 甲은 乙에 대한 대여금채권을 담보하기 위하여 X의 지분과 제2-3부동산에 관한 근저당권을 취득하는 동시에, 물상보증인 B로부터인지 B에서 乙에게 이전된 것인지 명확하지 않으나 공동담보물의 일부인 제5-8부동산의 소유권을 취득하였다. 甲은 乙과 함께 A의 E에 대한 피담보채무를 변제공탁하였으나 X의 경매대가에 대한 우선변제권이 없어 위 배당에서 제외되었다. 이에 甲이 乙, 丙, 丁을 상대로 저당권자의 물상대위권을 주장하면서 배당이의의 소를 제기한 사안이다.

인 상호 간의 대위를 규정한 민법 제482조 제2항 제3호 및 제4호에 따라 각 부동산의 가액에 비례한다고 봄이 타당하다."고 판시하였다(판결-②).[35] 제1심법원은 본안 전 판결로 원고적격을 문제 삼아 소를 각하하였고,[36] 원심법원은 원고의 법정대위를 인정하면서 배당금을 계산하여 원고 일부 승소 판결을 하였다.[37] 그러나 대법원은 원고가 대위할 수 있는 금액에 따른 배당금을 정정하여 원심법원 판결을 파기, 환송하였다.[38]

나. 종래 대법원의 태도

(1) 앞에서 본 판결-① 이전의 대법원은 이와 다소 차이가 있는 내용을 판시하였다. 즉 보증인과 물상보증인을 다르게 취급하고 오히려 물상보증인을 제3취득자와 동일하게 보아 서로 대위가 가능하다는 판결이 있었다(판결-③). 나아가 물상보증인형 제3취득자를 물상보증인과 유사한 지위를 인정하고 물상보증인의 구상권에 관한 규정에 따라 물상보증인형 제3취득자의 채무자에 대한 구상권을 인정하는 판결이 있었다(판결-④).

(2) 판결-③의 사실관계와 판시내용은 다음과 같다. 丙의 乙에 대한 대여금채무를 담보하기 위하여 채무자 丙 소유 부동산 X와 채무자 아닌 丁 소유 부동산 Y, 戊 소유 부동산 Z에 관하여 공동근저당권을 설정한 후 甲이 丙으로부터 X를 매수하여 소유권이전등기를 마쳤고, 乙의 근저당권 실행으로 X, Y, Z에 대한 경매절차가 진행되자 甲이 丙의 피담보채무를 전액 변제하였다. 甲은 채무자 丙으로부터 근저당권이 설정된 X의 소유권을 취득한 채무자형 제3취득자로서 X, Y, Z의 가액비율[39]에 따라 물상보증인 丁과 戊에 대하여 채권자를 대위할 수 있다고 주장하며 乙을 상대로 공동근저당권에 대한 부기등기의 이행을 구하는 소를 제기하였다. 원심법원은 원고 甲의 청구를 모두 인용하였고,[40] 대법원 역시 이를 인용하고 상고를 기각하였다. 특히 대법원은 원고 甲이 채무자형 제3취득자로서 채무를 변제할 정당한 이익이 있고 변제로 채권자를 대위할 지위에 있으므로 '보증인에게 대해서는 대위할 수 없으나 물상보증인에 대해서는 각 담보재산의 가액에 따라 대위가 인정되는 법리'라고 판시하였다.[41]

---

35) 대법원 2024. 7. 31. 선고 2023다266420 판결.

36) 서울서부지방법원 2022. 2. 17. 선고 2021가합34339 판결.

37) 서울고등법원 2023. 6. 15. 선고 2022나2012426 판결.

38) 대법원은 원고 甲과 피고 乙은 모두 물상보증인으로부터 공동담보물인 부동산 또는 그 지분을 취득한 제3취득자라고 전제하였다. 원고 甲은 A의 C에 대한 채무를 담보하기 위하여 물상보증인 B가 제공한 제5-8부동산의 지분에 관하여, 물론 그 범위를 알 수 없고 제1심법원과 원심법원의 사실관계 설명에 다소 차이가 있지만, 적어도 물상보증인 B로부터 또는 B에서 乙로 이전되었다가 乙로부터 다시 이를 취득한 제3자이고, 乙 역시 B 소유의 X의 지분을 취득한 제3자임에 분명하다는 것이다. 그러므로 甲과 乙은 물상보증인으로부터 담보물을 취득한 제3자로서 피담보채무를 변제할 정당한 이익이 있고 민법 제481조에 따른 법정대위가 가능하고, 대위의 범위는 제482조 제2항 제3호에 따라 산정하면 된다는 취지를 나타냈다.

39) 부동산의 가액으로 X가 561만 2,000원, Y가 129만 2,000원, Z가 122만 4,000원이었고, 피담보채무액이 623만 1,351원이므로, Y에 대하여 99만 515원(X 가액 129만 2,000원/XYZ가액 합계 812만 8,000원)×채무액 623만 1,351), Z에 관하여 동일한 계산방법으로 93만 8,383원의 대위범위가 인정되었다.

40) 대구고등법원 1974. 7. 11. 선고 73나494 판결.

(3) 판결-④의 사실관계와 판시내용은 다음과 같다. 丙의 乙에 대한 2억 원의 대여금채무를 담보하기 위하여 채무자 丙 소유 X토지와 채무자 아닌 丁 소유 Y토지에 근저당권이 설정된 후 甲이 丁으로부터 Y를 매수하여 소유권이전등기를 마쳤고, Y에 대한 경매절차에서 戊가 2억 6,000만 원에 매수하여 경매비용을 제외한 나머지 매각대금이 乙에게 배당되어 대여금채무의 변제에 충당되었다. 이에 Y의 소유권을 상실한 甲이 채무자 丙을 상대로 구상금의 지급을 구하는 소를 제기하였다. 원심법원은 원고의 청구를 인용하였고,[42] 대법원 역시 이를 인용하고 상고를 기각하였다. 특히 대법원은 "타인의 채무를 담보하기 위한 저당권을 설정한 부동산의 소유자(물상보증인)로부터 그 소유권을 양수한 제3자는 채권자에 의하여 저당권이 실행되게 되면 저당부동산에 대한 소유권을 상실한다는 점에서 물상보증인과 유사한 지위에 있다."고 전제하고, "물상보증의 목적물인 저당부동산의 제3취득자가 그 채무를 변제하거나 저당권의 실행으로 저당물의 소유권을 잃은 때에는 물상보증인의 구상권에 관한 민법 제370조, 제341조의 규정을 유추적용하여 보증채무에 관한 규정에 의하여 채무자에 대한 구상권이 있다."고 판시하였다.[43]

4. 물상보증인형 제3취득자에 관한 일본민법 규정

(1) 담보물 제3취득자의 취급에 대한 외국의 법제는 동일하지 않다. 2016년 대폭적으로 개정된 현행 프랑스민법은 법정대위에 관한 이전의 열거주의를 버리고 일반규정을 도입하였다. 프랑스민법 제1346조는 변제에 관한 법정의 이해관계를 가지고 있는 자라면 누구나 변제자대위가 가능하도록 법정대위를 확장하였다.[44] 일반적인 견해와 판례는 보증인과 물상보증인의 동등한 지위를 인정하고,[45] 보증인과 물상보증인의 제3취득자에 대한 변제자대위는 인정하지만, 그 반대의 경우는 인정하지 않는다.[46] 독일민법은 변제자대위에 관한 임의대위나 법정대위를 엄격하게 구분하지 않았고 일반규정을 두는 대신 변제자에 따라 개별적으로 규정하였다. 담보물 제3취득자의 변제로 인한 대위와 관련하여 보증인의 법정대위에 관한 제774조 제1항[47]을 준용하고, 채무자 아닌 공동 저당물의 소유자가 변제한 경우의 법정대위에 관한 제1173조[48]를 준용한다(제1143조).[49]

41) 대법원 1974. 12. 10. 선고 74다1419 판결.

42) 대전고등법원 1997. 1. 16. 선고 95나6814 판결.

43) 대법원 1997. 7. 25. 선고 97다8403 판결.

44) Olivier Deshayes, Thomas Genicon et Yves-Marie Laithier, Réforme du droit des contrats, Du régime général et de la preurve des obligations, Art.1346, LexisNexis, 2016, p. 751.

45) Charles Aubry et Charles-Frédéric Rau, Droit civil français, 7eéd., Librairies techniques, 1968, n°240; François Grua, Le cautionnement réel, J.C.P., 1984, I., n°3167; Cass. civ., 23 nov. 1954, Bull. civ. I., n°331; Cass. civ. 2e, 5 mai 1976, Bull. civ. Ⅱ., n°143; Paris, 27 avr. 1936, D. H. 1936. 382.

46) Joseph Soulié, Essai sur la nature juridique et les effets du cautionnement réel sous la forme hypothécaire, Cléder, 1913, p. 104; Cass. civ., 16 mars 1938, D. P. 1939. 1. 41.

47) 독일민법 제774조(법정대위) (1) 보증인이 채권자를 만족시키는 경우 주 채무자에 대한 채권자의 청구권이 그에게 이전된다. (후략)

(2) 우리민법 제482조의 제정 당시 주로 참고한 외국법은 일본민법 제501조를 계수한 만주민법 제470조[50]였다.[51] 변제자대위에 관한 일본민법 제501조는 프랑스민법을 본받은 것으로 평가된다.[52] 만주민법과 일본민법은 조문의 형식만 다를 뿐 내용은 우리민법 제482조와 거의 동일하다. 우리 민법은 제정과정에서 입법이유를 밝히지 않았으나 일본민법은 공평의 이념을 바탕으로 대위의 순환을 방지하고 특정인에게 불공평한 결과를 야기하지 않도록 대위의 우선순위와 정도를 정한 것이라고 한다.[53] 일본민법은 제정 후 60여 차례의 개정이 있었는데, 변제자대위와 관련된 것은 두 번이었다. 그중 첫 번째는 2004년 12월 1일 법률 제147호에 의한 '민법의 일부를 개정하는 법률'을 통해서였다.[54]

(3) 중요한 것은 2018년 6월 20일 법률 제59호에 의한 개정이었다.[55] 당초 우치다 다카시(內田貴)의 '민법(채권법)개정검토위원회'[56]는 2008년 9월 23일과 12월 23일의 전체회의에서 변제자대위에 관한 개정안을 제안하였다.[57] 이에 대하여 법제심의회는 2010년 4월 27일부터 심의에 돌입하여 2015년 3월 31일 법무성의 '민법일부를 개정하는 법률안'[58]을 의회에 제출하였고, 2017년 6월 2일 법률로서 공포되어 2022년 4월 1일 시행되었다.[59] 개정 후 현

---

48) 독일민법 제1173조(공동저당물 소유자의 변제) (1) 일반 저당권으로 담보된 재산 중 하나의 소유자가 채권자를 만족시키는 경우, 그는 자신의 재산에 대한 저당권을 취득합니다. (중략) (2) 채권자를 만족시킨 소유자가 다른 재산의 소유자 또는 이 소유자의 법적 전임자에게 보상을 요구할 수 있는 경우, 이 소유자의 재산에 대한 저당권도 청구 금액만큼 그에게 이전되어야 한다. (후략)

49) 독일민법 제1143조(변제자대위) (1) 소유자가 채무자가 아닌 경우 채권자를 만족시키면 청구권이 소유자에게 전달된다. 이에 따라 보증인에게 적용되는 제774조 제1항을 준용한다. (2) 청구에 대한 일반 저당권이 있는 경우 제1173조를 준용한다.

50) 자세한 것은 柚木馨, 満州民法読本, 有斐閣, 1934, 138－139頁 참조.

51) 민의원법제사법위원회민법안심의소위원회, 민법안심의록(상권), 1957, 283－284면.

52) 제철웅, "프랑스법의 법정변제자대위－우리 법에의 원용가능성의 모색", 고시계 제48권 제3호, 고시계사, 2003.2, 35면 이하; 곽윤직, 앞의 책, 492면; 이호정, 앞의 책, 179면; 이은영, 앞의 책, 715면; 강현중, 앞의 책, 293면; 이인재, 앞의 책, 188면.

53) 広中俊雄, 民法中修正案(第三編)の理由書, 有斐閣, 1987, 414－415頁.

54) 제501조 제1호부터 제4호는 그대로 두고 제5호의 제3문을 별도로 독립시켜 제6호로 하였다.

55) 이는 독일민법(2002년), 프랑스민법(2016년) 등 서구 민법전 개정과 EU계약법원칙(PECL, 2000년), 공통참조기준초안(DCFR, 2009), EU공통매매법안(CESL, 2011) 등에 힘입은 민법현대화의 일환이었다.

56) 2006년 10월 7일 시작된 우치다(內田貴)의 '민법(채권법)개정검토위원회'가 2009년 10월 법무대신의 자문기구인 '법제심의회'에 민법개정을 위한 연구결과를 제공한 것이 계기가 되어, 2009년 11월 24일 법무성은 '민법(채권관계)부회'를 설치하고 개정작업을 시작하였다.

57) 民法(債権法)改正検討委員会, 第7回 全体会議 第5準備委 報告資料 第5－②, 2008.9.23, 15－19頁; 同, 第11回 全体会議 参考資料, 2008.12.23, 9－10頁.

58) 法務省, 民法の一部を改正する法律, 2015.3.31, 70－71頁.

59) 법제심의회 제8회 채권법 부회의 심의를 거쳐(法制審議会, 民法(債権関係)の改正に関する検討事項(5), 部会資料 10－2, 2010.4.27, 8－10頁), 2011년 4월 12일 제26회 부회의 '중간적인 논점정리'(法制審議会, 民法(債権関係)の改正に関する論点整理, 2011.4.12, 63－64頁), 2013년 2월 26일 71회 부회의 '중간시안'(法制審議会, 民法(債権関係)の改正に関する中間試案, 2013.2.26, 43－44頁), 2014년 6월 24일 제91회 부회의 '요강가안 원안'(法制審議会, 民法(債権関係)の改正に関する要綱仮案の原案(その2), 民法(債権関係) 部会資料 80－1, 2014.6.24, 19頁)과 2014년 8월 5일 제95회 부회의 '제2차 요강가안'(法制審議会, 民法(債権関係)の改正に関する要綱仮案の第二次案, 部会資料 82－1, 2014.8.5, 40頁), 2014년 8월 26일 제96회 부회의 '확정 요강가안'(法制審議会, 民法(債権関係)の改正に関する要綱仮案, 2014.8.26, 40－41頁), 2015년 2월 10일 제99회 부회의 '요강안'(法制審議会, 民法(債権関係)の改正に関する要綱案, 2015.2.10, 41－42頁)을 확정하였고, 2017년 4월 14일 중의원 본회의와 2017년 5월 26일 참의원 본회의를 통과하였다.

행 일본민법 제501조는 제3항 제1호와 제5호에서 제3취득자로부터 담보물을 취득한 제3자 역시 제3취득자로 보고, 물상보증인으로부터 담보물을 취득한 제3자는 물상보증인으로 보는 내용이 추가되었다.[60] 일본민법의 개정과정에서 보증인과 물상보증인을 겸하는 이중지위자를 보증인 1인으로 취급하는 내용이 삭제된 아쉬움이 있으나,[61] 이 글과 관련된 일본민법의 결정적 변화는 물상보증인형 제3취득자를 물상보증인과 동일하게 취급하는 규정을 신설하였다는 점이다.

Ⅳ. 학설과 판례의 검토 및 사견

1. 학설의 검토

(1) 앞서 본 바와 같이 채무자형 제3취득자와 물상보증인형 제3취득자의 구별에 관하여 견해는 나뉘고 판례는 명확한 입장을 표명하지 않는다. 물상보증인형 제3취득자를 보증인이나 물상보증인과 동일하게 파악하여 채무자형 제3취득자에 대하여 채권자를 대위할 수 있다고 보는 견해는 세 가지 근거를 제시하고 판례도 이와 유사한 내용을 밝힌다.

(2) 첫 번째 근거는 제3자가 취득한 담보 부동산의 전 소유자가 채무자와 물상보증인이라는 법적 지위의 차이에 기인한다. 그런데 담보 부동산의 제3취득자는 전 소유자가 다를 뿐 타인 채무의 담보로 제공된 부동산을 취득하였고 채무가 변제되지 않으면 자기 소유 부동산의 소유권을 상실한다는 결과에 차이가 없다.[62] 그럼에도 물상보증인형 제3취득자를 채

---

60) 현행 일본민법 제501조(변제에 의한 대위의 효과) ① 전2조의 규정에 의하여 채권자에 대위한 자는 채권의 효력 및 담보로서 그 채권자가 가지는 일체의 권리를 행사할 수 있다. ② 전항의 규정에 의한 권리행사는 채권자에 대위한 자가 자기의 권리에 기하여 채무자에 대하여 구상할 수 있는 범위 내(보증인의 1인이 다른 보증인에 대하여 채권자에 대위하는 경우에는 자기의 권리에 기하여 당해 다른 보증인에 대하여 구상을 할 수 있는 범위 내)에 한하여 대위할 수 있다. ③ 제1항의 경우에는 전항의 규정에 의하는 외에 다음에 규정하는 바에 의한다. 1. 제3취득자(채무자로부터 담보를 목적으로 한 재산을 양수한 자를 말한다. 이하 이 항에서와 마찬가지이다)는 보증인 및 물상보증인에 대하여 채권자에 대위하지 못한다. 2. 제3취득자의 1인은 각 재산의 가격에 따라 다른 제3취득자에 대하여 채권자에 대위한다. 3. 전호의 규정은 물상보증인의 1인이 다른 물상보증인에 대하여 채권자에 대위하는 경우에 대하여 준용한다. 4. 보증인과 물상보증인 사이에는 그 수에 따라 채권자에 대위한다. 다만 물상보증인이 수인인 때에는 보증인의 부담부분을 공제한 잔액에 대하여 각 재산의 가격에 따라 채권자에 대위한다. 5. 제3취득자로부터 담보의 목적이 된 재산을 양수한 자는 제3취득자로 보아 제1호 및 제2호의 규정을 적용하고, 물상보증인으로부터 담보의 목적이 된 재산을 양수한 자는 물상보증인으로 보아 제1호, 제3호 및 전호의 규정을 적용한다.

61) 2006년 시작된 '민법(채권법)개정검토위원회'에서 2008년 두 차례 회의 결과 "보증인(물상보증인을 겸하는 경우를 포함한다)의 1인은 그 수에 따라 다른 보증인에게 대위한다."는 내용을 제안하였다. 법무성 산하 법제심의회는 2013년 2월 26일 제71회 부회의 '중간시안'에서 "보증인과 물상보증인을 겸하는 자가 있는 경우 대위의 비율을 정할 때에는 그 자를 1인의 보증인으로 하여 계산한다."는 내용의 추가를 제안하였고, 2014년 6월 24일 제91회 부회의 '요강가안 원안'과 2014년 8월 5일 제95회 부회의 '제2차 요강가안'은 "보증인과 물상보증인을 겸하는 자가 있는 경우에 부담부분을 정함에 있어서 그 자를 1인의 보증인으로 계산한다."는 내용으로 약간 수정하였으나, 2014년 6월 24일 제92회 부회와 8월 5일 제95회 부회에서 이에 대한 이견이 제시되어 2014년 8월 26일 제96회 부회는 이중지위자를 1인의 보증인으로 보는 내용을 삭제하였고, 최종적인 민법 개정에서 이를 제외하였다.

62) 동지 명순구, "물상보증인의 변제자대위 요건으로서의 부기등기", 재판의 한 길, 김용준 헌법재판소장 화갑기념논문집, 박영사, 1998, 412면.

무자형 제3취득자와 달리 취급한다는 것은 동일한 법적 지위를 다르게 취급하는 점에서 오히려 형평을 잃은 주장이다. 제3취득자가 양수한 부동산이 채무자 소유였든 물상보증인 소유였든 전 소유자의 법적 지위가 이들의 변제자대위 가능성과 범위를 결정할 때 영향을 미친다는 전제는 이해하기 어렵다.[63]

(3) 두 번째 근거는 채권자를 대위하는 보증인의 지위에 비추어 물상보증인형 제3취득자를 채무자형 제3취득자와 구별해야 한다는 것이다. 이는 보증인과 물상보증인을 동일한 지위로 인정하고 그에 더하여 물상보증인형 제3취득자도 그들과 동일하게 보아야 한다는 전제에서 가능한 주장이다. 보증인과 물상보증인을 동일한 지위로 보는 것은 이들 사이의 변제자대위를 인정하고 그 범위를 동등하게 규정한 제482조 제5호에 근거한다. 그러나 이 전제가 물상보증인형 제3취득자에게까지 이어져야 할 이유는 없다. 보증인과 물상보증인이 동일한 지위이므로 물상보증인형 제3취득자도 동일하게 보아야 한다는 논리는 근거 없는 비약이다. 보증인과 물상보증인 사이의 인원수 비례 대위를 규정한 제482조 제2항 제5호를 제3취득자에 대한 보증인의 대위 가능성을 규정한 제1호와 연결하여 물상보증인형 제3취득자가 채무자형 제3취득자에게 채권자를 대위할 수 있다는 논리로 조작하는 것은 비교 대상이 일치하지 않는 규정을 억지로 짜맞추는 불합리한 해석일 뿐만 아니라 민법 규정 내에 존재하지도 않는 물상보증인형 제3취득자를 마치 당연히 실존하는 것처럼 연출하는 마술과 같다. 변제자대위의 가능성과 그 범위에서 민법 규정적 또는 법리적 측면에서 물상보증인과 물상보증인형 제3취득자를 달리 취급함으로써 물상보증인이 제공한 담보 부동산의 소유권이 제3취득자에게 양도되었다는 우연한 사정으로 그들에 대한 보증인의 대위변제자로서 지위가 달라지는 것은 불합리가 아니라 오히려 당연한 논리적 귀결이라고 해야 할 것이다.

(4) 세 번째 근거는 변제자형 제3취득자와 물상보증인형 제3취득자를 동일하게 취급함으로써 구상권 행사나 변제자대위 절차가 복잡해진다는 주장이다. 권리의 실현은 그의 법적 지위에 따라 가능할 수도 있고 그렇지 않을 수도 있다. 그것이 가능하더라도 법률관계의 유형에 따라 직접적일 수도 있고 우회적일 수도 있다. 구상권을 취득하거나 이를 확보하기 위하여 변제자대위의 과정을 거치는 것 역시 이러한 권리 실현의 여러 가지 방법 중 하나이다. 중요한 것은 권리자가 적법한 절차에 따라 정당하게 자기 몫의 권리를 실현할 수 있으면 되고, 가능한 한 그 실현을 법리적으로 뒷받침하는 것이 법률가의 사명이다. 따라서 그 절차가 복잡하다거나 불필요하다는 이유로 정당한 권리자의 권리 실현을 저지하는 법리가 오히려 불합리다고 생각한다.

---

63) 이와 유사하게 일본에서도 담보 목적물에 대한 전 소유자의 지위에 따라 제3취득자를 구분하는 것은 담보 부동산의 소유자로서 채무자와 대인적 급부의무를 부담하는 채무자를 혼동한 결과이고, 이는 채무자형 제3취득자가 채무자의 채무를 인수하지 않는 점에 비추어 보더라도 명백하다고 하면서, 제3취득자를 구분하는 이유로 서로 다른 전 소유자의 지위를 승계한다는 근거를 드는 것은 적절하지 않다는 견해가 있다(石田喜久夫, “第3取得者と物上保證人の代位關係”, 金顧取引法の諸問題, 1982, 239頁).

2. 판례의 검토

(1) 앞에서 제시된 일련의 판결을 보면 판결－③은 1974년 선고된 것으로 보증인과 물상보증인을 다르게 취급하고, 채무자형 제3취득자가 보증인에게는 채권자를 대위할 수 없으나 물상보증인에 대해서는 대위할 수 있다고 판시하였다. 그러나 이 판결은 보증인과 물상보증인을 동일한 법적 지위로 인정하면서 채무자형 제3취득자는 물상보증인에 대하여 채권자를 대위할 수 없다고 판시한 2014년 전원합의체 판결－①에 의하여 변경되었다.[64] 한편 1997년 선고된 판결－④는 물상보증인형 제3취득자를 물상보증인과 유사한 지위로 인정하면서, 판시사항으로 물상보증인형 제3취득자가 보증인이나 다른 물상보증인에 대하여 채권자를 대위할 수 있다고 명시하지는 않지만, 물상보증인의 구상권을 유추적용하여 채무자에 대한 구상청구를 인정함으로써 물상보증인형 제3취득자의 보증인 또는 다른 물상보증인에 대한 변제자대위 가능성을 간접적으로 시사한다. 나아가 판결－③을 파기한 판결－①과 시간적으로 매우 근접한 때에 판결－④와 동일한 판결이 선고되기도 하였다.[65] 이러한 판결의 동향에 비추어 판결－④의 핵심내용인 '물상보증인형 제3취득자는 물상보증인과 유사한 지위'에 있고 그의 변제는 '물상보증인의 구상권 규정'을 유추적용하여 '보증채무에 관한 규정'에 따라 구상할 수 있다는 판시는 이와 동일한 법리로 물상보증인형 제3취득자의 보증인에 대한 변제자대위 역시 가능함을 보여주는 것이다.

(2) 이와 관련하여 판결－②는 판시사항을 볼 때 물상보증인형 제3취득자가 보증인이나 다른 물상보증인에 대하여 채권자를 대위할 수 있는 듯한 표현으로 혼란을 가중시킨다. 이 판결의 사실관계를 살피면 물상보증인으로부터 담보 부동산 또는 그 지분을 취득한 제3자 사이의 변제자대위 범위 문제로 압축된다. 이에 대하여 대법원은 '수인의 물상보증인' 또는 '그로부터 담보물을 취득한 제3자' 중 1인이 채무를 변제하거나 담보권 실행으로 소유권을 잃은 경우, '다른 물상보증인' 또는 '그로부터 담보물을 취득한 제3자'에 대한 변제자대위는 특별한 사정이 없는 한 물상보증인 상호 간의 대위를 규정한 민법 제482조 제2항 제3호 및 제4호에 따라 '각 부동산의 가액에 비례'한다고 판시하였다. 그런데 여기서 '수인의 물상보증인' 또는 '그로부터 담보물을 취득한 제3자'라는 표현은 다소 다의적으로 읽힐 수 있다. 이를 단지 '수인의 물상보증인 사이'의 대위와 '그로부터 담보물을 취득한 제3자 사이'의 대

---

64) 이와 달리 담보부동산을 매수한 제3취득자는 물상보증인에 대하여 각 부동산의 가액에 비례하여 채권자를 대위할 수 있다고 한 대법원 1974. 12. 10. 선고 74다1419 판결은 이 판결의 견해에 배치되는 범위 내에서 이를 변경하기로 한다.

65) 타인의 채무를 담보하기 위하여 저당권을 설정한 부동산의 소유자인 물상보증인으로부터 저당부동산의 소유권을 취득한 제3취득자는 저당권이 실행되면 저당부동산에 대한 소유권을 잃는다는 점에서 물상보증인과 유사한 지위에 있다. 따라서 물상보증의 목적물인 저당부동산의 제3취득자가 채무를 변제하거나 저당권의 실행으로 인하여 저당부동산의 소유권을 잃은 때에는 특별한 사정이 없는 한 물상보증인의 구상권에 관한 민법 제370조, 제341조의 규정을 유추적용하여, 물상보증인으로부터 저당부동산을 양수한 제3취득자는 보증채무에 관한 규정에 의하여 채무자에 대한 구상권이 있다(대법원 2014. 12. 24. 선고 2012다49285 판결).

위만을 염두에 둔 것이라면 앞의 대위는 제482조 제2항의 제3호가 적용될 사안이고, 뒤의 대위는 제4호가 적용될 사안임이 명백하다. 그러나 대법원 판결의 표현을 전체적으로 읽으면 '수인의 물상보증인 사이', '물상보증인으로부터 담보물을 취득한 수인의 제3취득자 사이' 뿐만 아니라 '물상보증인과 그로부터 담보물을 취득한 제3자 사이'에도 동일한 규정이 적용 또는 유추적용될 수 있다는 뉘앙스가 발견된다. 이 판결에서 원고 甲과 피고 乙은 엄연히 물상보증인으로부터 담보물을 취득한 제3자인데, 이들 사이에 변제자대위의 범위를 언급하면서, 판결문에 굳이 '물상보증인 사이' 또는 '그로부터 담보물을 취득한 제3자'를 함께 제시함으로써 대법원의 판결 취지가 흐려지고 사실관계에 포함되지 않은 판시사항을 추가한 결과가 되었다. 물론 다른 사안에서 대법원이 사실관계와 일치하지 않는 법리를 추가적으로나 가정적으로 판시한 경우가 없지 않다.[66] 이 판결 역시 물상보증인으로부터 담보물을 취득한 제3자 사이의 변제자대위가 문제된 사안에 대하여, 물상보증인으로부터 담보물제3자가 보증인이나 다른 물상보증인에 대해서도 채권자를 대위를 할 수 있다는 해석을 추가하려는 의도인지는 알 수 없다.

3. 담보물 제3취득자의 지위에 대한 사견

가. 담보제공자의 담보의사 고려

(1) 민법 제482조 제2항에서 규정한 변제자대위 관련자는 보증인, 물상보증인, 제3취득자가 있지만, 그 법률관계를 구체적으로 고려하면 이들 외에 채무자도 등장할 수 있고 해석상 제3취득자는 채무자형과 물상보증인형으로 나눌 수 있다. 이들의 주된 관심은 채무가 변제되지 못했을 때 담보로 제공된 자기 재산이 어떻게 될 것인가에 있다. 최종적 책임자로서 채무자를 제외하더라도 타인의 채무를 위하여 부동산을 담보로 제공한 자들은 그 부동산의 소유권 등을 상실할 경우, 자기가 입은 재산상 손실을 구상권 또는 변제자대위권의 행사를 통해 회복할 방안을 찾을 것이다. 그렇다면 이러한 관련자의 주된 관심사로 변제자대위의 가능성과 그 범위를 산정하기 위해서는 타인의 채무에 대한 그들의 담보의사가 중요하다. 즉 이들이 타인의 채무를 담보하기 위하여 제공한 자기 재산권의 상실 위험을 감수할 수 있다고 생각하는 범위, 다시 말해 타인의 채무를 담보하기 위하여 어느 정도까지 자기 재산을 담보로 제공하려는 의사를 가졌는지 파악할 필요가 있다.

(2) 보증인은 인적 담보를 설정한 자로 타인의 채무를 담보하기 위하여 자신의 전 재산

66) 계약금계약은 요물계약이므로 계약금이 지급되지 않거나 일부 지급된 경우에는 계약금계약이 성립하지 않으므로 당사자가 임의로 매매계약을 해제할 수 없다고 전제하면서(대법원 1955. 2. 10. 선고 54다3 판결; 대법원 1955. 3. 10. 선고 4287민상388 판결; 대법원 1975. 12. 23. 선고 74다1761 판결), 이러한 경우에도 추가적으로 채무불이행에 근거하여 계약금계약을 해제할 수 있고 계약금 약정이 없었더라면 매매계약을 체결하지 않았을 것이라고 인정될 때에는 매매계약도 해제할 수 있다거나(대법원 2008. 3. 13. 선고 2007다73611 판결), 가정적으로 설령 매매계약을 해제할 수 있다고 하더라도 그 해약금의 기준이 되는 금원은 실제 교부받은 계약금이 아니라 약정 계약금이라고 봄이 타당하다는 판결(대법원 2015. 4. 23. 선고 2014다231378 판결)이 이에 해당할 수 있다.

을 담보로 제공하였으므로 채무 전액에 대한 담보의사를 가질 것이다. 물상보증인은 타인의 채무 담보를 위해 자발적으로 담보를 제공하였고, 제3취득자는 채무자형이든 물상보증인형이든 담보가 설정된 재산을 취득함으로써 담보로 제공된 차이는 있지만, 이들 모두 자기 소유 재산을 담보로 제공한 결과 담보의사는 제공된 재산의 범위로 한정된다는 공통점이 있다. 나아가 만일 피담보채무가 변제되지 않으면 물상보증인뿐만 아니라 채무자형이든 물상보증인형이든 제3취득자는 모두 담보로 제공된 자기 부동산의 소유권이 상실될 수 있음을 알았을 것이다. 그렇다면 채무자 외의 다른 제3자가 채무를 변제한 경우(제469조) 변제자대위에 관한 이들, 즉 물상보증인과 담보물 제3취득자의 법적 지위를 달리 볼 이유는 없다.

나. 채무인수와 이행인수 관련성

(1) 보증인이나 물상보증인, 제3취득자의 담보의사를 파악할 때 채무인수나 이행인수가 고려될 수 있다. 이들이 타인의 채무를 담보하는 상태에서 채무자가 변제하지 않음으로 인하여 부담하게 될 자신의 책임을 회피할 목적으로 채무를 인수할 수도 있다. 그렇게 되면 보증인이나 물상보증인, 제3취득자의 지위는 혼동으로 소멸되고 채무자로서 자신의 채무를 부담하거나 자기 소유 부동산을 담보로 제공한 결과가 되므로 그는 최종적인 구상의무자일 뿐 변제자대위는 고려할 필요가 없게 된다.

(2) 한편 타인 채무에 대한 이행인수 약정이 관련될 수도 있다. 특히 채무자형 제3취득자가 담보로 제공된 채무자 소유의 부동산을 양수하면서 피담보채무를 대신 이행하고 매매대금에서 그 채무액을 공제하기로 채무자와 별도로 약정하는 사례를 자주 볼 수 있다.[67] 그러나 이행인수 약정은 매도인과 매수인 사이의 내부적인 효과만 있을 뿐 직접 채권자에게 채무를 부담하지 않는다. 이때 인수인이 그 채무를 이행하지 않으면 채무자는 인수인에 대하여 채권자에게 이행할 것을 청구할 수 있고,[68] 이를 위반할 경우 인수인은 채무자에 대하여 채무불이행책임을 진다.[69] 따라서 채무자형 제3취득자가 채무자와 이행인수 약정을 하더라도 이는 내부적 효과만 있을 뿐이어서 그의 담보의사는 변함이 없다.[70]

---

67) 부동산의 매수인이 매매목적물에 관한 근저당권의 피담보채무를 인수하고 그 채무액을 매매대금에서 공제하기로 약정한 경우, 특별한 사정이 없는 한 매도인을 면책시키는 채무인수가 아니라 이행인수로 보아야 한다(대법원 2021. 11. 25. 선고 2020다294516 판결). 동지 대법원 2008. 8. 21. 선고 2007다8464, 8471 판결; 대법원 2007. 9. 21. 선고 2006다69479, 69486 판결; 대법원 2004. 7. 9. 선고 2004다13083 판결; 대법원 1995. 8. 11. 선고 94다58599 판결.

68) 대법원 2009. 6. 11. 선고 2008다75072 판결.

69) 대법원 2004. 7. 9. 선고 2004다13083 판결.

70) 물상보증인은 채무자가 아니어서 타인의 채무에 대하여 채무인수 또는 이행인수 약정을 할 지위에 있지 않으므로 물상보증인형 제3취득자가 물상보증인과 채무인수 또는 이행인수를 약정할 가능성은 거의 없다.

V. 나오며

(1) 변제자대위의 가능성과 범위를 결정할 때 법리적 측면에서 고려해야 할 담보의사를 보면, 물상보증인과 담보물 제3취득자를 달리 볼 이유가 없다고 생각한다. 다만 제482조 제2항 제1호에서 보증인이 담보물의 제3취득자에 대하여 채권자를 대위할 수 있고 제5호에서 보증인과 물상보증인 사이에는 인원수 비례하여 대위가 가능함을 규정한 반면, 제2호에서 제3취득자는 보증인에 대하여 대위할 수 없음을 규정한다. 따라서 민법 규정의 현실적 측면은 보증인과 물상보증인을 동일한 지위로 보고 담보물의 제3취득자는 이들과 달리 해석할 수밖에 없도록 한다. 일반적인 견해와 판례의 입장도 이와 동일하다는 사실은 앞에서 밝혔다.

(2) 제3취득자는 채무자 소유이든 물상보증인 소유이든 이미 타인의 채무를 담보하기 위하여 제공된 부동산을 양수하여 그 소유권을 취득한 자이다. 그들은 어떤 사정인지는 알 수 없으나 타인의 채무에 담보로 제공된 부동산을 취득함으로써 소유권을 상실할 위험에 처하였고, 적어도 그 소유물의 가액 범위에서 이를 감수할 수밖에 없다는 의사를 갖고 있다. 이러한 타인 채무에 대한 담보의사는 채무자형이든 물상보증인형이든 차이가 없다. 이들이 취득한 부동산이 채무자 소유였다거나 물상보증인 소유였다는 사실이 그들의 법적 지위를 다르게 만드는 요소가 될 수는 없을 것이다. 보증인이 주채무를 변제하고 이들에 대하여 채권자를 대위할 때 민법은 제482조 제2항 제1호에서 대위 가능성을 규정하였고, 제2호에서 제3취득자가 변제하거나 담보 부동산의 경매로 변제의 결과가 야기된 경우에는 보증인에게 대위할 수 없음을 규정하였다. 민법 규정 어디에도 물상보증인형 제3취득자를 채무자형 제3취득자와 구분해야 한다는 취지는 보이지 않는다. 법리로서 이와 달리 해석하려면 그 타당성과 필요성이 명확해야 하는데, 이를 주장하는 견해의 근거만으로는 그러한 필요성뿐만 아니라 민법 규정 또는 법리적 타당성을 발견할 수 없다. 다만 일본과 같이 민법 개정으로 물상보증인형 제3취득자를 물상보증인과 동일하게 본다는 명문의 규정을 두는 것은 정책적으로 가능한 일이다.

(3) 나아가 담보물의 제3취득자와 관련된 가장 최근의 판결-②는 물상보증인형 제3취득자 사이의 변제자대위에 관한 사안으로 대법원이 이들의 대위 가능성을 인정하고 대위 범위에 대하여 제482조 제2항 제4호를 적용한 것은 민법 규정에 비추어 당연한 결론이다. 그런데 판시사항에서 "수인의 물상보증인 또는 그로부터 담보의 목적이 된 부동산에 관한 소유권 등을 취득한 제3취득자 중 1인이 … 다른 물상보증인 또는 그로부터 담보의 목적이 된 부동산에 관한 소유권을 취득한 제3취득자에 대하여" 변제자대위가 가능하다고 표현한 것은 앞에서 논의한 물상보증인형 제3취득자의 물상보증인에 대한 대위 가능성과 관련하여 오해의 소지를 내포한다. 대법원의 판시 문장을 보면 물상보증인형 제3취득자도 물상보증인

또는 보증인에 대하여 채권자를 대위할 수 있는 것으로 해석될 수 있기 때문이다. 우리 글에서 '또는'의 용법은 단어나 어구, 문장을 '선택'할 수 있도록 하는 접속사 또는 접속부사이다. 대법원의 위 판시는 '수인의 물상보증인' 또는 '물상보증인형 제3취득자' 중 1인이 '다른 물상보증인' 또는 '물상보증인형 제3취득자'에 대하여 채권자를 대위할 수 있다는 표현이다.[71] 그럼에도 과연 대법원은 물상보증인형 제3취득자가 물상보증인에 대하여 채권자를 대위할 수 있다는 법리도 포함하여 판시한 것인가? 대법원의 판단은 타당하고 합리적이어야 하며 판시사항은 명확하고 구체적으로 표현되어야 한다. 대법원의 판결은 법적 안정성과 사법의 위상을 유지하기 위한 최후의 보루로 존중되어야 한다.[72] 법관이 만든 법(judge made law)으로서 보다 신중한 판시가 필요하다.

---

71) 이를 비유적으로 나타내면 'A 또는 B'가 'C 또는 D'에 대하여 채권자를 대위할 수 있다는 의미이다. 이때 접속사 '또는'으로 연결된 단어 A, B 그리고 C, D의 대위 가능한 조합을 예시하면, A가 C에게(①), A가 D에게(②), B가 C에게(③), B가 D에게(④) 대위할 수 있다. ①은 물상보증인이 다른 물상보증인에게, ②는 물상보증인이 물상보증인형 제3취득자에게, ③은 물상보증인형 제3취득자가 물상보증인에게, ④는 물상보증인형 제3취득자가 다른 물상보증인형 제3취득자에게 채권자를 대위할 수 있다는 내용이다. 앞에서 본 바와 같이 ①은 제482조 제2항 제4호에서 규정하고, ②는 제1호의 해석으로 인정되며, ④는 제3호에서 규정한다. 그런데 ③은 앞에서 이미 여러 차례 제시한 바, 변제자대위의 가능성에 대하여 견해가 나뉘고 판례가 명확하지 않다고 설명해 온 조합이다. 대상 판결의 사실관계는 ④, 즉 수인의 물상보증인형 제3취득자 사이의 대위 가능성에 관한 것이다.

72) 법원조직법이 상급법원의 판단은 당해 사건에 관하여 하급심을 기속하고(제8조), 대법원 판례의 변경은 대법관 14인 중 2/3의 합의체에서 신중하게 판결하도록 한다(제7조). 소액사건심판법에서도 대법원 판결에 상반되는 하급심 판결에 대하여 상고할 수 있도록 규정한다(제3조). 이러한 규정들의 취지를 통하여 대법원 판결에 대한 권위와 존중을 확인할 수 있다.

'변제를 위하여' 행해진 급부의 유형과 법적 효력

정 신 동

한국외국어대학교 법학전문대학원 교수

이 논문은 소비자법연구 제9권 제1호(2023.2)에 게재된 논문을 수정한 것입니다.

존경하는 박동진 교수님의 華甲을 진심으로 축하드리며, 학문과 인격으로 늘 귀감이 되어 주신 은혜에 깊은 감사의 마음을 담아 이 작은 글을 드립니다.

Ⅰ. 들어가며

1. '변제를 위한 급부'의 의의와 유사제도와의 구분

과거 우리 입법자는 민법을 제정함에 있어 '변제를 위한' 급부에 대해 큰 관심을 두지 않고, 민법 제466조에 "채무자가 채권자의 승낙을 얻어 본래의 채무이행에 갈음하여 다른 급여를 한 때에는 변제와 같은 효력이 있다."고 하여 변제의 특수유형으로서 대물변제에 관한 규정만을 마련하였다. 그간의 학계에서의 논의도 이와 유사하게 주로 대물변제에 초점이 맞춰져 있었다고 말할 수 있는데, 주로 대물변제의 법적 성질, 즉 요물계약성에 대한 찬반 논쟁이 집중적으로 이뤄진 바 있다.[1] 이에 반해 변제를 위해서 또는 이행(지급)을 위해서 급부가 행해진 경우는 본래의 채무이행을 위해 어음·수표가 교부된 판례 사안[2]을 위주로 고찰된 바 있고, 변제를 '위한' 급부 법리 자체를 집중적으로 논의한 바는 많지 않았다. 그런데 변제를 '위해' 급부가 행해지는 경우가 우리의 실제 경제생활, 특히 '대금 결제'에 있어 가지는 비중을 고려해 보면 이에 대한 연구가 상대적으로 큰 주목을 받지 못한 것은 의외의 결과로 보인다. 과거에 논의대상이 되었던 어음 내지 수표가 채무 지급을 위해 교부되는 경우도 생각할 수 있지만 오늘날 대부분의 대금 지불이 (현금 지급이 아니라) 신용카드, 체크카드 내지 모바일 지불서비스 등을 이용하여 행해지고 있기 때문이다.

채무자가 본래 의무를 부담하는 급부가 아닌 다른 급부를 제공하는 경우 항상 대물변제만 인정되는 것은 아니라는 점을 우리 판례는 분명히 하고 있다. 예컨대 최근에도 "채권자에 대하여 금전채무를 부담하는 채무자가 채권자에게 그 금전채무와 관련하여 다른 급부를 하기로 약정한 경우, 그 약정을 언제나 기존 금전채무를 소멸시키고 다른 채무를 성립시키는 약정이라고 단정할 수는 없다."[3]라고 판시하여 개별 당사자들의 합의 내용에 따라 다양한 유형이 나타날 수 있음을 분명히 한 바 있다. 나아가 판례는 본래 급부와 다른 급부를 이행하기로 하는 약정을 3가지로 구체화하고 있는데 "기존 채무의 이행에 관하여 채무자가 채권자에게 어음을 교부할 때의 당사자의 의사는 기존 원인채무의 '지급에 갈음하여', 즉 기존 원인채무를 소멸시키고 새로운 어음채무만을 존속시키려고 하는 경우와, 기존 원인채무를 존속시키면서 그에 대한 지급방법으로서 이른바 '지급을 위하여' 교부하는 경우 및 단지 기존 채무의 지급을 담보할 목적으로 이루어지는 이른바 '담보를 위하여' 교부하는 경우로 나

1) 예컨대 곽윤직, 대물변제의 요물계약성－대법원 1974. 6. 25. 선고 73다1819 판결, 서울대학교 법학 제20권 제2호, 서울대학교 법학연구소, 1980; 이병준, 본래 급부에 갈음하여 다른 급부를 이행하기로 하는 약정의 해석－대법원 2018. 11. 15. 선고 2018다28273 판결, 법조 제732호, 2018; 박영규, 대물변제의 법적 성질, 서울법학 제24권 제1호, 서울시립대학교 법학연구소, 2016; 천병주/김제완, 대물변제약정의 법적 성질과 효력－미국법상 accord and satisfaction 법리와의 비교 고찰, 비교사법 제25권 제1호, 2018.

2) 대표적으로 대법원 1996. 11. 8. 선고 95다25060 판결; 대법원 2000. 2. 11. 선고 99다56437 판결; 대법원 2003. 5. 30. 선고 2003다13512, 판결.

3) 대법원 2018. 11. 15. 선고 2018다28273 판결.

누어 볼 수 있"다고 한다.[4] 즉, 본래 급부와 다른 급부를 이행하는 경우 구체적으로 i) 변제를 갈음하는 급부(an Erfüllungs statt), ii) 변제를 위한 급부(eine Leistung erfüllungshalber) 그리고 iii) 담보를 위한 급부(eine Leistung sicherungshalber)가 문제될 수 있는데 이들은 각각 그 법률효과에 있어서 큰 차이를 나타내고 있다.[5] 특히 대물변제, 즉 변제를 '갈음하는' 급부는 채권관계가 해당 급부를 통해 소멸하는 경우를 말하는 것으로서, 채권자가 제공된 급부로부터 최종적으로 만족을 얻은 후에야 채권관계가 소멸되는 경우에는 변제를 '위한' 급부가 존재하는 것이 된다.[6] 그리고 채권자가 담보실행을 위한 요건이 충족되는 경우 제공된 대상물로부터 만족을 얻을 수는 있으나, 반드시 이를 실행할 필요는 없는 경우라면 담보를 위한 급부가 문제된다고 말할 수 있을 것이다.[7] 실제 구체적 사건에 있어서 문제되는 급부가 변제에 갈음하는 급부인지, 변제를 위한 급부에 해당하는지 또는 단지 담보를 위한 급부가 행해진 것을 봐야 하는지는 항상 쉬운 문제가 아니고, 당사자들의 명백한 약정이 없는 한 결국 의사표시 해석을 통해서 결정되어야 할 문제이다.[8]

2. 연구의 범위 및 방법

본고에서는 앞서 언급한 3가지 유형 중에서 '변제를 위하여' 행해진 급부의 유형과 법적 효력에 대해 논의해 보고자 한다. 가장 선행되어야 할 연구로서 변제를 갈음하는 급부와 변제를 위한 급부를 구분하는 문제를 검토해 보고, 구체적으로 변제를 위해 행해진 급부와 관련된 여러 법률효과에 대해 자세히 논해보고자 한다. 앞서 언급하였듯이 채무자가 본래 급부가 아닌 다른 급부를 제공하는 유형에는 담보를 위한 급부도 인정되고 있지만, 논의의 한계로서 이는 후속 연구로 미뤄두기로 한다.

나아가 본고에서는 변제를 위한 급부의 유형과 법적 효력을 논함에 있어 우리 민법 제정과정 중에 하나의 모델로 기능하였던 독일민법상의 논의를 토대로 진행해 보겠다. 독일 입법자는 '변제를 위해 제공된 급부'를 민법전 내에 명시적으로 규정할 생각은 없었지만, 독일민법 제364조 제2항에 대물변제를 규정함에 있어 '변제를 위해 제공된 급부'를 간접적으로 승인하였다는 점에서 좀 더 많은 논의가 진행되었기 때문이다.

4) 대법원 1996. 11. 8. 선고 95다25060 판결.

5) 이러한 3가지 유형에 대한 일반적 구분 기준에 대해서는 Köhler WM 1977, 242 참조.

6) 정준영/주석 민법, 채권총칙(4), 한국사법행정학회, 2014, 113면; 이병준, 본래 급부에 갈음하여 다른 급부를 이행하기로 하는 약정의 해석 – 대법원 2018. 11. 15. 선고 2018다28273 판결, 법조 제732호, 2018, 768면. 같은 내용의 독일문헌으로 Palandt/Grüneberg, § 364 Rn. 5; BeckOGK/Looschelders, § 364 Rn. 33; Staudinger/Olzen (2016), § 364 Rn. 21; Erman/Buck – Heeb, § 364 Rn. 10 참조.

7) MüKoBGB/Fetzer BGB § 364 Rn. 6; BGH NJW 2013, 1239 Rn. 11 참조.

8) BGH NJW 1992, 683, 684; Köhler WM 1977, 242 ff.; Palandt/Grüneberg, § 364 Rn. 5; jurisPK – BGB/Kerwer, § 364 Rn. 8; BeckOK BGB/Dennhardt, § 364 Rn. 3.

Ⅱ. '변제를 위한 급부'의 약정

변제를 위한 급부가 인정되기 위해서는 총 3가지의 법적 요건이 충족되어야 할 것이다. 우선 ⅰ) 기본채권 또는 본래채권이 도출되는 채권관계가 있어야하고, ⅱ) 본래 채무를 부담하였던 급부 내용과 다른 것이 행해져야 하며, 마지막으로 ⅲ) 이것이 변제를 위하여 제공된다는 당사자 간의 '약정(이하 '변제를 위한 급부 약정'이라 한다)'이 있어야 할 것이다.

'변제를 위한 급부 약정'의 존재는 다음 장에서 살펴보게 될 대물변제와의 구분문제, 즉 해당 급부가 대물변제에 해당하는지 여부를 결정할 때 결정적 기준이 된다. 그 외에도 '변제를 위한 급부 약정'은 구체적으로 4가지 기능을 수행하게 되는데[9] 우선 ⅰ) 제공된 또는 제공되는 급부와 채권관계 사이의 관계를 설정하는 역할을 한다. 즉 이행된 급부의 대상이 '채권자의 만족이라는 목적'을 위해서 제공된다는 점이 명확히 확정된다. 이러한 (목적에 대한) 약정 내용을 통해서 채무자는 자신이 변제를 '위해' 급부를 행하였던 한 (예컨대 제공된 다른 급부의 내용이 본래 채무의 내용과 다른 것이라는 이유로) 이를 다시 반환해 달라고 요구할 수 없게 된다. 나아가 '변제를 위한 급부 약정'은 ⅱ) 변제를 위해 제공된 대상에 대해 채권자가 어떤 구체적 권한을 가지게 되는지를 결정하는 역할을 하고,[10] ⅲ) 경우에 따라서 (예컨대 변제기나 소구가능성과 관련된) 기본채권의 내용을 수정하게 된다.[11] 그리고 ⅳ) 급부된 것을 환가함에 있어 채권자가 가지는 의무를 도출하게 되는 근거가 된다는 점[12]에서 (사적자치 원칙상 당연한 것이지만) 법적효력과 관련하여 결정적인 역할을 수행하게 된다.

Ⅲ. '변제를 위하여' 행해진 급부의 유형

개별 사안에 있어서 변제에 갈음하는 급부가 인정되어야 하는지, 아니면 단순히 변제를 위한 급부가 존재하는 것인지 여부는 당사자들의 의사표시 해석의 문제일 것이다. 변제에 갈음하는 급부 및 변제를 위한 급부[13] 모두 채권자와 채무자 사이의 명시적 합의 또는 묵시적 약정이 전제되어있기 때문이다.[14] 독일에서도 이는 궁극적으로 독일 민법 제133조 및 제155조에 따라 당사자들의 의사표시 합치를 해석할 문제라고 한다.

채무자에 의해 제공된 급부가 변제에 갈음하는 급부인지, 변제를 위한 급부인지 해석에

9) 자세한 내용으로 Köhler WM 1977, 244 참조.
10) 이에 대해서는 아래 Ⅳ.2 참조.
11) 이에 대해서는 아래 Ⅳ.2 참조.
12) 이에 대해서는 아래 Ⅳ.3 참조.
13) 담보를 위해 제공된 급부에 있어서도 마찬가지이다(MüKoBGB/Fetzer BGB § 364 Rn. 7 참조).
14) BeckOGK/Looschelders Rn. 32; Köhler WM 1977, 242 (244).

있어 다툼이 되는 경우에는 당사자들의 이해관계를 충분히 고려할 수밖에 없다. 이 중 가장 핵심이 되는 쟁점은 바로 *환가의 위험*(Risiko der Verwertung)을 누가 부담하느냐에 있을 것이다.[15] 대물변제의 경우에는 대물급부의 이행이 있으면 곧바로 채권이 소멸하는 반면, 변제를 위한 급부의 경우에는 급부의 이행이 있더라도 기존 채무는 급부 대상의 환가를 통하여 만족을 얻는 한도 내에서 소멸하기 때문에[16] 법률효과상 양자 사이의 가장 큰 차이점이 환가의 위험부담과 관련되어 있다. 만약 의사표시 해석의 결과 당사자들이 환가의 위험을 채권자에게 부담시킨 것으로 볼 수 있다면 변제에 갈음하는 급부, 즉 대물변제가 인정되어야 할 것이고, 이와 달리 환가의 위험이 채무자에게 있는 것으로 볼 수 있다면 변제를 위한 급부가 출발점이 되어야 할 것이다. 아래에서는 개별 사안에 있어 '변제를 위한' 급부가 인정될 수 있는 유형들을 채무자가 제공한 대상이 무엇인지에 따라 살펴본다.

1. 채무자가 새로운 채무를 부담하는 경우

채무자가 채권자의 만족을 위하여 채권자를 상대로 새로운 채무를 부담하는 경우, 예컨대 채무자가 약속어음을 발행한 경우 당사자들의 합의에 따라 변제에 갈음하는 급부, 변제를 위한 급부 또는 담보를 위한 급부 중 어느 하나에 해당하게 할 수 있다.[17] 다만 당사자 간의 명확한 약정이 없는 경우를 대비하여 독일민법의 경우는 채무자가 새로운 채무를 부담하는 경우에 대해 특칙을 두고 있다. 즉 독일민법 제364조 제2항이 별다른 특약 내지 특별한 정황이 없는 한, 즉 의심스러운 때에는 변제를 '위한' 급부가 인정되도록 규정하고 있다.[18] 이 조항의 밑바탕에는 채무자가 채권자의 만족을 위해 채권자에게 새로운 채무를 부담하는 경우 이는 '현존하는 유형의 재산'이 제공되는 것이 아니고 채무자의 재산으로부터 만족을 얻을 수 있는 추가적 수단이 제공되는 것에 불과하므로 채권자를 좀 더 보호해야 한다는 사고가 전제되어 있다.

이와 동일하게 우리 학설과 판례[19]도 채무자가 기존채무에 관하여 새로운 채무를 부담하는 경우 특별한 상황이 없는 한 지급을 '위한' 급부가 행해진 것으로 보고 있다. 예컨대 기존채무에 관하여 어음·수표를 급부한 경우 변제를 위한 급부가 당사자의 통상적인 의사에 적합하다라든가, 어음은 현실적으로 금전을 취득할 수 있는지가 확실치 않으며, 어음보다 현금성이 강한 수표의 경우에도 '이행에 갈음하여'라고까지 추정할 것은 아니라고 하고,[20]

---

15) BeckOGK/Looschelders, § 364 Rn. 32.

16) 이병준, 본래 급부에 갈음하여 다른 급부를 이행하기로 하는 약정의 해석－대법원 2018. 11. 15. 선고 2018다28273 판결, 법조 제732호, 2018, 767면 이하 참조.

17) Köhler WM 1977, 242.

18) 이 조항에 의해 독일에서도 어음수표 교부는 별다른 약정이 없는 한 변제를 위한 급부로 취급된다(BGHZ 96, 182 (186)＝NJW 1986, 424 (425); Staudinger/Olzen(2016), § 364 Rn. 51; BeckOGK/Looschelders, § 364 Rn. 57 참조)

19) 대표적으로 대법원 1996. 11. 8. 선고 95다25060 판결.

20) 이러한 판례로 대법원 2003. 5. 30. 선고 2003다13512 판결("채무자가 채권자에게 기존채무의 이행에 관하여 수

대물변제로서의 어음이 부도되더라도 본래의 채권이 부활하지 않는 점 등을 생각한다면 '변제에 갈음하여'의 의사는 없는 것이 일반적이라고 설명된다.[21)]

그런데 이러한 사고는 원칙일 뿐 항상 강제될 것은 아니다.[22)] 채무자가 본래의 급부가 아닌 다른 새로운 채무를 부담하였다고 하여도 채권자에게 불이익이 발생할 여지가 없는 경우도 가능하기 때문이다. 예컨대 본래 채권 대신에 새로운 채권을 채권자가 취득하였는데, 이 새로운 채권이 매우 쉽게 환가 가능하고, 본래 채권보다 더 쉽게 관철될 수 있는 경우도 있을 수 있다. 또한 소멸시효가 완성되는 기간도 더 늘어나는 것이 일반적이므로 시효의 항변과 관련하여 채권자는 본래 채권에 비해 더 유리한 지위를 가지게 된다. 따라서 당사자의 자유로운 합의에 따라 대물변제가 인정될 수 있는 사안도 충분히 가능하다. 그럼에도 불구하고 우리 판례와 학설이 취하고 있는 바와 같이 일단은 변제를 위한 급부로 추정하는 것이 더 합리적인 이유는 본래 채권을 관철하는 채권자의 이익을 좀 더 우선적으로 고려할 필요가 있기 때문이다. 예컨대 채권자가 새로운 채권을 환가함에 있어 실패하였는데, 이 채권이 아직 변제기가 도래하지 않아 이를 관철하는 것도 불가능한 경우 본래 채권을 관철할 채권자의 이익은 보호되어야 할 것이다.[23)]

2. 제3자에 대한 청구권

채무자가 채권자의 만족을 위하여 채권자를 상대로 새로운 채무를 부담하는 경우 외에 채무자가 채권자에게 제3자에 대한 청구권을 발생시키거나 양도한 경우에도 원칙적으로 변제를 위한 급부가 인정되어야 하는지 문제될 수 있다. 독일에서는 독일민법 제364조 제2항이 채무자가 채권자를 상대로 새로운 채무를 부담하는 경우만 규정하고 있기 때문에 제3자에 대한 청구권을 발생시키거나 양도한 경우에까지 직접 적용되지는 않는다고 하면서도 이 경우에도 변제를 위한 급부가 인정[24)]됨이 일반적일 것이라고 설명된다.[25)] 예컨대 독일 연방대법원은 채무자가 자신이 보험자에 대해 가지는 금전청구권을 채권자에게 양도하는 경우[26)] 당사자들의 명백한 의사의 합치 내지 기타 특별한 상황이 있지 않은 이상 변제를 위

표를 교부하는 경우 다른 특별한 사정이 없는 한 이는 '지급을 위하여' 교부된 것으로 추정할 것이고, 따라서 기존의 원인채무는 소멸하지 아니하고 수표상의 채무와 병존한다고 보아야 한다").

21) 정준영/주석 민법, 채권총칙(4), 한국사법행정학회, 2014, 115면 참조.

22) Köhler WM 1977, 242, 243 참조.

23) Köhler WM 1977, 242, 243.

24) BGH NJW 2014, 1239 Rn. 11; OLG Brandenburg GE 2005, 300; OLG Stuttgart BeckRS 2009, 86022; OLG Dresden MDR 2002, 817, 818; Staudinger/Olzen(2016), § 364 Rn. 36; Palandt/Grüneberg, § 364 Rn. 6; BeckOK BGB/Dennhardt, § 364 Rn. 5; Erman/Buck-Heeb, § 364 Rn. 13. 양도된 채권이 채무자에 대한 채권과 그 실질에 있어서(der Sache nach) 완전히 동일하다(deckungsgleich) 하다면 이 채권양도에 있어서는 이미 독일민법 제362조에 따른 정상적인 변제가 존재한다(BGHR 2001, 613 참조).

25) 이 경우 독일 판례는 대물변제에 해당하는 급부라는 점을 채무자가 증명해야 한다고 한다(OLG Koblenz WM 2007, 497 Rn. 32; OLG Stuttgart BeckRS 2009, 86022).

26) BGH NJW 1992, 683, 684; BGH NJW 1993, 1578, 1579.

한 급부로 보고 있다. 왜냐하면 통상 제3자의 지불능력과 관련된 위험, 즉 제3자가 자신의 재산상황 악화로 인해 채권자에게 더 이상 지급할 수 없는 위험을 채권자가 부담하는 것으로 해석하기는 어렵기 때문이다. 제3자의 신용 내지 지불능력과 관련된 위험의 부담을 채권자가 동의했을 법한 특별한 사정이 있는 경우에 한해서만 대물변제가 인정될 수 있을 것이다. 동일한 맥락에서 우리 판례[27)]도 "채무자가 채권자에게 채무변제와 관련하여 다른 채권을 양도하는 것은 특단의 사정이 없는 한 채무변제를 위한 담보 또는 변제의 방법으로 양도되는 것으로 추정할 것이지 채무변제에 갈음한 것으로 볼 것은 아니어서, 채권양도만 있으면 바로 원래의 채권이 소멸한다고 볼 수는 없다."고 판시하여 대물변제를 예외적으로 인정하고 있다.

마찬가지로 '신용카드를 통한 지불방식'에 있어서도 변제에 갈음하는 급부가 아니라 변제를 위한 급부가 제공되는 것으로 파악할 수 있다.[28)] 대개 가맹점에서 현금을 지급하는 대신에 신용카드로 반대급부를 이행하고자 하는 자의 경우 가맹점은 일단 신용카드사에게 해당 금액을 요구해야 되고, 그 때까지는 거래 상대방에 대한 채권 행사를 잠시 유보하게 된다. 가맹점은 신용카드사가 해당 금액의 지급을 거부한 경우라야 신용카드로 지불하고자 한 거래상대방에게 현금 지급 등의 이행을 개인적으로 요구할 수 있게 된다. 따라서 신용카드를 통한 지불방식에 있어서는 변제를 갈음하는 급부, 즉 매수인에게 매매대금의 지급을 요구할 수 있는 채권을 곧장 소멸시키는 대물변제가 인정되기 힘들다. 신용카드사로부터 관련 금액을 지급받지 못한 가맹점 사업자의 경우 매수인을 상대로 대금지급을 요청할 수 있어야하기 때문에 변제를 위한 급부가 제공된 것으로 봄이 바람직하다. 신용카드 거래에 있어서도 가맹점 사업자가 신용카드사의 지급거절 내지 (실제 발생할 개연성은 높지 않지만) 도산의 위험을 스스로 부담해야 한다고 해석하기 어렵고, 실제 카드 발행사가 가맹점에게 해당 금액을 지급한 경우에 가맹점이 고객에 대해 가지는 채권도 소멸된다고 봐야 할 것이다.

나아가 신용카드와 거의 유사한 구조를 나타내는 체크카드 거래의 경우에 있어서도 대물변제가 아니라 변제를 위한 급부가 인정됨이 원칙일 것이다.[29)] 비록 체크카드의 경우 (직불카드에 있어서와 마찬가지로) 신용공여 기능 없이 거래 승인 즉시 카드 이용자의 계좌에서 해당 금액이 차감되지만, 신용카드에 있어서와 마찬가지로 (고객이 서명한) 카드전표가 매입된 후에라야 가맹점에게 대금이 지급되는 경우라면 달리 볼 필요가 없다. 즉 체크카드의 경우에도 일정기간 동안 가맹점이 카드사에게 금전채권을 가지고 있는 것이 된다면 채무자의

---

27) 대법원 1995. 9. 15. 선고 95다13371 판결. 이 사안에서는 회원권 내지 보증금반환 채권 양도가 문제되었다.

28) 대표적인 독일 문헌으로 Freitag WM 2000, 2185; Pfeiffer NJW 1997, 1036 (1037). 신용카드거래를 변제를 위한 급부가 아니라 대물변제에 해당하는 거래로 보는 독일의 최근 견해로 Brechtel WM 2016, 1057 참조. 이 견해는 계좌이체를 대물변제로 보는 이상 신용카드를 통한 지급 역시 대물변제로 봐야 한다고 한다. 다만 현재 독일 내에서는 계좌이체를 정상적인 변제 방식으로 볼 것인지, 대물변제로 볼 것인지 논쟁 중에 있다.

29) 우리의 체크카드 기능과 유사한 독일의 EC－Karte에 대해서도 변제를 위한 급부가 인정됨이 일반적이다.

체크카드 사용으로 채권자에게 제3자에 대한 청구권이 발생하게 된다. 이 경우 가맹점이 카드사로부터 지급이 거부될 위험을 스스로 부담하리라고 해석하는 것은 신용카드거래에 있어서와 마찬가지로 어렵다고 보아야 할 것이다.

그 밖에 전자 결제시스템의 경우도 마찬가지로서,[30] 특히 스마트폰 등의 이동통신 단말기를 활용한 모바일 커머스(M-commerce)에 이용되는 모바일 전자 결제시스템의 경우에도 변제를 위한 급부가 인정되어야 할 것이다.[31] 이 경우에도 채권자가 금융기관에 대해 이체금액을 요구할 채권을 보유하게 되기 때문이다. 전 세계적으로 상당한 수의 이용자를 확보하고 있는 PayPal 결제시스템도 달리 취급할 이유가 없을 것이다. 채권자의 가상 계좌로 해당 금액이 (아무런 유보 없이) 입금이 된 경우라야 채권자의 만족 및 이로 인한 본래 채무의 변제가 발생하는 것으로 봐야 한다.[32]

3. 물건의 제공

채무자가 물건을 제공한 경우에 있어서도 사적자치의 원칙상 당사자들의 합의에 따라 변제에 갈음하는 급부, 변제를 위한 급부 또는 담보를 위한 급부 중 어느 하나에 해당할 수 있음은 의심의 여지가 없다. 다만 당사자들의 명확한 약정이 없는 경우 해석의 문제가 발생할 것인데 이 경우에는 앞서 검토한 두 가지 사례와 달리, 즉 채권자가 새로운 채권을 가지게 되는 경우와 달리 현존하는 유형의 재산이 제공된다는 점에서 별다른 고려 없이 변제를 위한 급부로 추정하는 원칙은 받아들이기 힘들 것이다.[33] 이러한 맥락에서 현재 독일 학계는 독일민법 제364조 제2항, 즉 채무자가 채권자를 상대로 새로운 채무를 부담하는 경우 특별한 상황이 없는 한 변제를 위한 급부로 본다는 규정이 유추 적용될 수 없다고 보고 있다.

결국 물건이 제공되는 경우에는 개별 사안에 있어 어떠한 구체적 정황이 있었는지가 중요한 판단기준이 될 수밖에 없다. 특히 해당 물건의 환가가 예정되었는지 여부가 굉장히 중요할 것이다. 만약 채권자가 해당 물건을 환가할 생각이 없고 이를 자신이 계속 보유하고자 하며, 이 물건의 가치가 예컨대 채권의 가액에 거의 부합하는 경우라면 변제에 갈음하는 급부, 즉 대물변제가 존재하는 것으로 해석될 수 있을 것이다. 이와 달리 채권자가 해당 물건을 현금화 하려고 하는 경우라면 이는 변제를 위한 급부에 더 적절할 것이다.[34] 다만 이는 하나의 해석 가능성에 불과한 것으로서 채권자가 채무자에 의해 교부된 물건을 현금화하려

30) Palandt/Grüneberg § 362 Rn. 12; Erman/Beck-Heeb § 362 Rn. 12; BeckOGK/Looschelders § 362 Rn. 176; jurisPK-BGB/Kerwer § 362 Rn. 48; Staudinger/Omlor, 2016, Vor §§ 244 - 248 Rn. B 100; Jauernig/Stürner §§ 364, 365 Rn. 9; Martens JuS 2014, 200, 202.

31) Söbbing WM 2016, 1066, 1068; Bach K&R 2005, 308, 312.

32) PWW/Pfeiffer, § 364 Rn. 19; Erman/Buck-Heeb, § 364 Rn. 10.

33) 이러한 지적으로 Köhler WM 1977, 242, 243.

34) Köhler WM 1977, 242, 243; Palandt/Grüneberg, § 364 Rn. 6; BeckOGK/Looschelders, § 364 Rn. 62. 이와 달리 대개는 대물변제가 인정될 것이라는 견해로 Erman/Buck-Heeb Rn. 13 참조.

고 하는 경우라 할지라도 경우에 따라서는 대물변제가 인정되어야 하는 때도 있을 수 있다. 예컨대 채권자가 물건을 '특정 공제금액'으로 받아들인 경우, 즉 환가되는 물건을 처음부터 확정된 금액 내지 가치로서 받아들인 경우를 생각할 수 있다. 또한 이미 고정적인 시장가격이 형성되어 있어 환가의 위험을 채권자가 부담하는 것으로 해석할 수 있는 (묵시적)약정이 있다면 대물변제로 판단될 수 있을 것이다.[35)]

현재 독일에서 채권자가 해당 물건을 '특정 공제금액'으로 받아들이는 사례, 즉 채권자가 물건을 현금화 하려고 하는 경우라 할지라도 대물변제가 인정되는 대표적인 사례로 '자동차 매매계약'이 자주 언급되고 있다. 과거 독일에서는 신차를 매수하고자 하는 자가 자동차 매매 대금 지급을 위해 (자신이 그때까지 사용 중에 있었던) 중고 자동차를 딜러에게 제공하고, 딜러 역시 대금 지급의 일환으로 해당 중고자동차를 인수하는 경우가 많았다. 즉 중고 자동차의 가치가 새로운 자동차 가격에 반영되어 그만큼 전체 매매 대금이 공제되는 방식으로 거래가 되고 있었는데 독일연방대법원은 물건의 매매계약에 있어서 대금(일부)의 지급의 방편으로 중고물품을 제공하는 경우 대물변제, 다시 말해 변제에 갈음하는 급부가 있는 것으로 판단했었다.[36)] 그러다 1970년에서 1990년까지 과세 문제로 인해 자동차 딜러가 중고차를 지불수단으로 인수하지 않고 단지 매수인을 위해 제3자에게 중고차 매매를 중개해주는 모델(Agentvertrag)이 널리 활용되다가, 부가가치세법상 관련 규정의 개정으로 조세 회피가 불가능해지자 실무상 다시금 과거의 모델로 돌아왔고,[37)] (비록 이를 교환계약 및 매매계약적 요소가 혼합된 비전형 혼합계약으로 파악하는 견해[38)]와 하급심 판결[39)]도 있지만) 현재까지 판례와 다수설은 이를 변제에 갈음하는 급부로 파악하고 있다. 중고자동차를 인수함과 동시에 사전에 약정된 중고차 가액만큼 본래 채권액이 공제되어 대금의 일부가 즉시 소멸됨에 당사자들이 합의를 했기 때문에 이를 변제를 위한 급부로 보지는 않는다. 즉 이 경우 환가의 위험이 자동차 딜러가 아닌 신차를 구매하는 자에게 부과되는 것으로 해석할 수는 없다.

Ⅳ. '변제를 위하여' 행해진 급부의 법적 효력

법적 효력과 관련하여 변제를 위하여 행해진 급부를 대물변제, 즉 변제에 갈음하여 제공되는 급부와 비교해 보았을 때 나타나는 가장 근원적인 차이점은 채무자의 본래 급부의무가 다른 급부를 수령함으로써 곧바로 소멸되는 것이 아니고, 일단 (담보와 함께) 존속한다는 점에 있다. 채권자는 본래의 청구권에 더하여 만족수단을 추가로 얻는 것이 된다. 아래에서

35) MüKoBGB/Fetzer BGB § 364 Rn. 10; Köhler WM 1977, 242, 243.
36) BGH NJW 1967, 553, 554; BGH NJW 1984, 430.
37) 이에 대해서는 Binder, NJW 2003, 393, 394 참조.
38) 예컨대 Honsell, Jura 1983, 523, 525; Schulin, JA 1983, 161, 164.
39) 예컨대 OLG Oldenburg, NJW-RR 1995, 689, 690; LG Wuppertal, NJW-RR 1997, 1416.

는 이러한 '변제를 위하여' 행해진 급부의 법적 효력을 세부적으로 검토해 본다.

1. 환가를 위한 채권자의 권한

이미 언급하였듯이 변제를 위한 급부가 제공되었다고 해서 이에 부합하는 채권관계의 소멸이 곧바로 발생되지는 않는다. 변제를 위한 급부는 이것이 제공되기 전까지의 기본채권을 존속시키면서 채권자가 만족을 얻을 수 있는 수단을 '추가'로 제공해줄 뿐이다.[40] 따라서 본래 채무는 채권자가 급부한 대상으로부터 최종적으로 만족을 얻을 때에 비로소 소멸하게 됨은 이미 설명하였다.

그런데 구체적으로 채권자가 어떤 권리를 취득하게 되느냐, 즉 변제를 위하여 제공된 대상에 대해 채권자가 취득하게 되는 구체적 권리는 무엇인지가 문제될 수 있다. 이 역시도 사적자치의 원칙상 당사자들의 의사표시 해석의 문제라고 할 수 있는데, 결국 문제가 되는 사안에 있어서 합의된 환가약정(Verwertungsabrede) 내지 상환약정(Tilgungsabrede)에 따라 해결될 문제가 된다.[41] 다만, 채권자가 자신의 만족을 위하여 대상물을 환가해야 한다는 점을 고려해 보면 대개는 환가를 위한 임의대리권 또는 처분권이 수여된 것으로 보는 것이 가장 적절할 수 있을 것이다. 이 문제와 관련하여 독일에서는 물건이 변제를 위해 제공되는 경우 단순한 처분권한이나 처분을 위한 임의대리권이 채권자에게 수여되는 것으로 보면 불합리한 결과가 야기된다는 지적이 있어 왔고, 이를 현재에도 지지하는 문헌들이 적지 않은 상황이다.[42] 이 견해에 의하면 채무자의 파산시 채권자가 환취권(Aussonderungsrecht) 내지 별제권(Absonderungsrecht)을 가지지 못할 것이고, 채무자가 수여한 임의대리권 내지 처분권도 소멸할 것이기 때문에 대리권 내지 처분권이 수여된 것으로 해석하면 채권자가 보호 받지 못한다고 지적한다.[43] 또한 채무자가 자신이 소유권을 가지고 있지 않은 물건을 변제를 위하여 채권자에게 제공하였다면, 채권자는 자신이 선의임에도 불구하고 진정한 소유자에게 해당 물건을 반환해야 하는데, 이는 변제를 위한 급부의 목적에 배치되는 것이라고 한다. 채권자는 대상물의 환가를 통해서 만족을 얻어야 하고, 따라서 단순한 수탁자와는 달리 자기 자신의 고유한 이익을 가지는데, 이러한 채권자의 환가 이익은 채권자 자신의 의사에 반해 물건이 타인에게 반환되어야 하는 경우 침해될 수 있다고 한다. 결국 이 견해는 단순한 대리권 내지 처분권을 넘어서서 담보목적의 급부가 제공된 것에 준하는 권리가 채권자에게 주어지는 것으로 이론 구성을 시도한다. 구체적으로 (환가의 목적에 구속되는) 소유권 이전이 일어난 것으로 보거나, 담보를 설정한 경우에 준하는 것으로 보고 관련 규정을 준용하려고

---

40) 정준영/주석 민법, 채권총칙(4), 한국사법행정학회, 2014, 113면.

41) 이 문제에 대한 자세한 논의로 Köhler WM 1977, 242 ff. 참조.

42) 예컨대 Köhler WM 1977, 242, 246; Palandt/Grüneberg, § 364 Rn. 7; Staudinger/Olzen(2016), § 364 Rn. 23; BeckOKBGB/Dennhardt, § 364 Rn. 4; jurisPK-BGB/Kerwer, § 364 Rn. 14.

43) Köhler WM 1977, 242, 246; MüKoBGB/Fetzer BGB § 364 Rn. 12.

한다.

그러나 대리권 내지 처분권을 넘어서서 소유권 이전 내지 담보를 위해 제공된 경우와 같이 보려는 견해에 대해서는 찬성하기 어려워 보인다. 아무리 채권자가 보호 받지 못하는 경우가 발생할 수 있다 할지라도 당사자의 분명한 의사 합치가 있지 않은 상황에서 이처럼 해석하는 것은 지나치게 가공적이기 때문이다. 소유권의 이전 내지 담보의 설정과 같은 것은 당사자의 (어느 정도) 분명한 의사표시가 있는 경우에 한해 인정되는 것이 바람직하고, 대개는 변제를 위해 제공된 대상물을 환가하기 위한 임의대리권 또는 처분권이 수여된 것으로 보아야 할 것이다.[44] 다만 이 경우 임의대리권 내지 처분권 수여의 의사표시를 채무자가 임의로 철회할 수는 없는 것으로 봄이 적절할 것이다. 민법 제128조는 임의대리의 종료를 규정하면서 "법률행위에 의하여 수여된 대리권은… 그 원인된 법률관계의 종료에 의하여 소멸한다. 법률관계의 종료전에 본인이 수권행위를 철회한 경우에도 같다."고 하여 본인이 수권행위를 철회할 수 있음을 전제하고 있다. 그러나 변제를 위한 급부 약정의 목적과 당사자들의 이해관계를 고려하면 철회할 수 없는 대리권 내지 처분권이 수여된 것으로 봄이 바람직 해 보인다.[45]

2. 부제소의 합의(pactum de non petendo)

변제를 위한 급부가 인정되는 경우에 채권자가 여전히 본래의 급부를 청구할 수 있는지에 대해서 우리 학설은 일치하고 있지 않고,[46] 판례 역시도 일관된 입장을 보이고 있지는 않다. 즉 변제를 위해 제공된 대상을 먼저 환가할 의무가 있다는 시각과 본래 채권의 관철과 변제를 위해 제공된 대상을 환가하는 것 중 어느 것을 먼저 주장할지는 채권자의 선택에 달려있다는 시각이 공존하는 가운데, 우리 판례는 "채권자는 선택적으로 약속어음을 청구하거나 그 원인되는 잔대금의 채무불이행을 이유로 매매계약의 해제를 할 수 있다"고 판시[47] 한 바 있는 반면, "어음이 '지급을 위하여' 교부된 경우에는 채권자는 어음채권과 원인채권 중 어음채권을 먼저 행사하여 만족을 얻을 것을 당사자가 예정하였다고 할 것이므로 채권자로서는 어음채권을 우선 행사하고, 그에 의하여서는 만족을 얻을 수 없을 때 비로소 채무자에 대하여 기존의 원인채권을 행사할 수 있다"고 판시[48]한 바 있다. 후자의 견해를 따르는 것이 변제를 위한 급부 약정을 체결한 당사자들의 의사에 가장 합치되는 것이라 생각되므로 채무자가 채권자에게 변제를 위해 급부를 행한 경우 본래 채권은 일시적으로 관철될 수 없다고 봐야 할 것이다. 물론 사적 자치의 원칙상 변제를 위한 급부약정을 체결하면서

44) 이러한 견해로 Erman/Buck－Heeb, § 364 Rn. 10.
45) 같은 취지의 문헌으로 Köhler WM 1977, 242, 246.
46) 정준영/주석 민법, 채권총칙(4), 한국사법행정학회, 2014, 114면 참조.
47) 대법원 1972. 3. 28. 선고 72다119 판결.
48) 대법원 1996. 11. 8. 선고 95다25060 판결.

본래 채권도 채권자가 주장할 수 있다는 특약을 두는 것은 항상 열려 있다.

그렇다면 채권자의 본래 채권이 (일시적으로) 관철될 수 없는 법리적 이유에 대한 설명이 필요할 것인데, 이 문제에 대해서는 현재 독일 내에서 대립되는 시각이 논쟁 중에 있다. 독일의 지배적 견해에 의하면 변제를 위한 급부에는 통상 본래 채권의 이행유예 내지 지급유예(Stundung)가 결합되어 있다고 본다. 그리고 이러한 지급유예는 변제를 위한 급부로 인해 채권자가 최종적으로 만족을 얻은 경우 본래적 의미에서의 채무 변제가 일어나거나, 만족 시도 자체가 실패로 돌아감으로써 종결된다고 한다.[49] 그런데 이처럼 지급유예로 이론을 구성하는 지배적 견해에 의할 경우 채무자의 이행지체가 발생할 수 없기 때문에 채권자를 지나치게 불리하게 만든다는 비판이 설득력 있게 제기되고 있다.

이에 유력한 반대견해에 의하면 변제를 위한 급부약정이 원칙적으로 소구가능성 및 집행가능성을 일시적으로 제한하는 합의를 포함하는 것으로 해석한다.[50] 이처럼 본래 채권의 소제기 가능성만 배제되는 것으로 보게 되면 여전히 채무자의 변제가능성은 존속하는 것이고 채권의 변제기가 연기되는 결과는 초래되지 않으며, 다만 채권이 일시적으로 소송을 통해 관철될 수 없다는 것만 문제가 된다. 결국 이것은 부제소 합의(pactum de non petendo; Stillhalteabkommen)[51]에 해당하는 것으로서 채무자에게 일반적으로 일시적 급부거절권, 즉 본래 청구권을 소송절차를 통해 관철하는 것에 대한 항변권을 부여하는 것이 된다. 이렇게 이론 구성하는 것이 채무자의 이행지체 문제와 관련하여 발생할 수 있는 채권자의 불이익을 방지하는 차원에서 가장 적절하다고 생각된다. 이를 넘어서서 지급유예에 있어서처럼 채무자의 이행지체 발생도 저지할 수 있는 급부의 변제기에 대한 (실체법상의) 일시적 항변권이 채무자에게 귀속되어야 하는지는 개별 사안에서 체결된 약정의 해석 문제로 보아야 할 것이다. 우리 판례도 "채권자가 기존 채무의 지급을 위하여 그 채무의 이행기가 도래하기 전에 미리 그 채무의 변제기보다 후의 일자가 만기로 된 어음의 교부를 받은 때에는 묵시적으로 기존 채무의 지급을 유예하는 의사가 있었다고 볼 경우가 있을 수 있고 이 때 기존 채무의 변제기는 어음에 기재된 만기일로 변경된다고 볼 것이나, 특별한 사정이 없는 한 채무자가 기존 채무의 이행기에 채무를 변제하지 아니하여 채무불이행 상태에 빠진 다음에 기존 채무의 지급을 위하여 어음이 발행된 경우까지 그와 동일하게 볼 수는 없다"고 판시[52]하여 실체법상의 변제기 도래 문제와 관련해서는 구체적 정황 및 이를 토대로 한 당사자의 의사에 따라 개별적으로 판단하는 것으로 보인다.

---

49) BGH NJW 1986, 424, 426; BGH NJW 1992, 683, 684; BGH WM 1992, 159, 160; OLG Düsseldorf BeckRS 2015, 20837 Rn. 34; Erman/Buck-Heeb, § 364 Rn. 11; Lorenz JuS 2009, 109, 111.

50) Köhler WM 1977, 242, 247 ff.; Palandt/Grüneberg, § 364 Rn. 8; Soergel/Schreiber, § 364 Rn. 6.

51) OLG Dresden MDR 2002, 817, 818; BeckOGK/Looschelders, § 364 Rn. 46.

52) 대법원 2000. 7. 28. 선고 2000다16367 판결.

3. 채권자의 환가의무

앞서 살펴보았듯이 채권자는 변제를 위한 급부 약정을 근거로 하여 수령한 대상을 환가할 수 있는 권한을 가지게 된다. 이러한 (대리권 및 처분권 등과 같은) 권한은 경우에 따라서 당사자의 약정에 의해 그 내용이 상세히 규율될 수도 있을 것이다. 그런데 현재 독일에서는 변제를 위한 급부의 경우 거래에 있어 통상적으로 요구되는 주의를 다해 수령한 대상물로부터 만족을 시도할 의무를 채권자가 부담함이 원칙이라고 설명된다.[53] 그리고 이러한 채권자의 환가의무는 대개 당사자들의 약정으로부터 도출되는 것이고, 당사자들 사이에는 위임관계와 유사한 독자적 유형의 법률관계가 존재한다고 설명한다.[54] 변제를 위해 제공된 급부의 환가와 관련하여 채권자가 부담하게 되는 의무를 세분화 하면 아래와 같다.

(1) 최적 내지 최선의 환가를 시도할 의무

변제를 위한 급부의 경우 채권자는 환가를 통해 만족을 얻어야 하므로, 환가 금액은 기본채권에 공제되어 반영되고 채권액을 넘어서는 가치가 환가된다면 이는 채무자에게 반환해야 한다. 이러한 환가에 있어서는 채권관계 일반에 내재되어 있는 충실의무, 즉 채무자를 위하여 가장 최선 내지 최적이라고 할 수 있는 환가를 시도할 의무가 채권자에게 부여된다고 볼 수 있다. 독일에서도 최적의 환가를 통한 만족이 실패한 경우에라야 채권자는 본래 채권을 주장할 수 있는 것으로 보고 있다.[55] 이러한 최적의 환가를 시도할 채권자의 의무는 변제를 위한 급부 약정이 당사자 간에 위임 유사한 법률관계를 형성한다는 점에서 쉽게 근거 지워질 수 있을 것이다. 민법 제681조는 "수임인의 선관의무"라는 표제 하에 수임인이 위임의 본지에 따라 선량한 관리자의 주의로써 위임사무를 처리하도록 규정하고 있다. 이는 무상의 위임인 경우에도 마찬가지여서 선관주의의무의 한 유형으로서 위임사무 처리와 관련된 충실의무가 인정됨이 일반적이다.

최적의 환가를 시도할 의무의 구체적 사례를 독일 판례상 문제되었던 사안을 중심으로 검토하면 다음과 같다. 우선 채무자가 제공한 물건을 채권자가 지인에게 호의로 저가 판매를 한 경우 또는 양도된 채권의 일부를 합리적 사유 없이 일부 면제해 준 경우에는 충실한

---

53) BGHZ 96, 182 (193)=NJW 1986, 424 (426); BGH NJW–RR 2001, 1430 (1431); OLG Köln VersR 1992, 1364 (1365); OLG Brandenburg GE 2005, 300; OLG Stuttgart BeckRS 2009, 86022; OLG Hamm BeckRS 2014, 08873; Köhler WM 1977, 242 (249 f.); Gernhuber Erfüllung § 9 I 4, 11; Soergel/Schreiber Rn. 6; Staudinger/Olzen, 2016, Rn. 24; BeckOK BGB/Dennhardt Rn. 4; Palandt/Grüneberg Rn. 7; Erman/Buck–Heeb Rn. 11, 12; BeckOGK/Looschelders Rn. 38: jurisPKBGB/Kerwer Rn. 14.

54) OLG Düsseldorf BeckRS 2015, 20837 Rn. 34; Palandt/Grüneberg, § 364 Rn. 7; Staudinger/Olzen(2016), § 364 Rn. 25; BeckOGK/Looschelders, § 364 Rn. 43.

55) BGH NJW 1986, 424, 426; BGH NJW 1992, 683, 684; BGH NJW 2007, 1357, 1358; OLG Hamm BeckRS 2014, 08873; BeckOK BGB/Dennhardt, § 364 Rn. 4; Soergel/Schreiber, § 364 Rn. 6; BeckOGK/Looschelders, § 364 Rn. 38.

환가를 위해 노력할 채권자의 의무를 위반한 것이 된다.[56] 또한 채무자의 동의를 받지 않고서 채권자가 양도된 채권에 대해 화해계약을 체결한다면, 이 채권자는 자신이 채권을 (예컨대 소송을 통해서) 완전히 관철하는 것이 불가능했었다는 점을 소명해야 할 것이다.[57] 다만 소송에서 전부 승소가 불가능하리라고 예상되는 경우에는 채권자에게 소를 제기할 의무가 발생하지는 않는다고 한다.[58] 채권자가 최적의 환가를 시도할 의무를 위반한 것으로 판단되는 경우에는 채무자에게 불완전이행을 이유로 손해배상 책임을 부담해야 하는데,[59] 이 경우 채무자는 손해배상청구가 가능한 금액만큼을 채권자의 본래 채권과 상계할 수 있다고 한다.

변제를 위하여 동산이 제공된 경우에는 채권자가 그 동산을 자기 자신이 소유하기 위해 예상되는 판매금액을 직접 채무자에게 지급하는 환가방식도 생각할 수 있을 것이다. 다만 이러한 경우에는 채권자와 채무자 간에 이해상충이 발생하므로 그 물건의 시장가격이 거의 고정되어 있는 경우에 한해서만 최적의 환가의무에 부합하는 것으로 보아야 할 것이다.[60]

(2) 신속히 환가를 시도할 의무

나아가 채권자는 가능한 한 신속히 (경우에 따라서는 즉시) 변제를 위해 제공된 급부의 환가를 시도할 의무를 부담하게 된다. 이는 변제를 위해 급부를 행한 채무자의 이익과 관련되는 것으로서, 우선 채무자 입장에서 본래 부담하고 있는 기본채무의 이행지체를 가능한 한 저지하기 위해 채권자가 신속히 환가를 시도할 필요성이 인정된다. 물론 이러한 채무자의 이익은 변제를 위한 급부 약정을 실체법상의 이행지체를 저지하는 지급유예 약정으로 보지 않고, 부제소 합의로 보는 경우에 고려될 수 있는 것이다. 또한 본래 채권금액을 초과하는 환가결과물이 나오는 경우 이 역시도 가능한 한 빨리 채무자에게 반환되어야 할 필요가 있다.

(3) 보존의무

채권자가 수령한 대상물을 주의를 다해 환가할 의무, 그리고 환가가 실패로 돌아갈 경우 이 대상물을 다시 채무자에게 반환해야 할 의무가 인정된다는 것은 일시적이기는 하지만 변제를 위해 제공된 급부 내용을 주의를 다해 보존할 의무도 있다는 것을 의미한다. 이처럼 보존의무가 발생한다는 점은 대물변제의 경우와 구분할 수 있는 또 하나의 차이점이다. 이러한 보존 내지 관리의무에는 소멸시효의 진행과 관련된 적절한 조치를 취하는 것도 포함될 수 있을 것이다.[61]

---

56) Köhler WM 1977, 242, 249.
57) Staudinger/Olzen(2016), § 364 Rn. 25; Palandt/Grüneberg, § 364 Rn. 7.
58) OLG Dresden MDR 2002, 817 (818); OLG Hamm BeckRS 2014, 08873; BeckOK BGB/Dennhardt, § 364 Rn. 4; Palandt/Grüneberg, § 364 Rn. 7; jurisPK–BGB/Kerwer, § 364 Rn. 14; BeckOGK/Looschelders, § 364 Rn. 38; Staudinger/Olzen(2016), § 364 Rn. 24.
59) Köhler WM 1977, 242, 249.
60) 이러한 지적으로 Köhler WM 1977, 242, 250.
61) Köhler WM 1977, 242, 250.

4. 환가비용의 부담

채권자가 환가를 시도하게 되면 환가가 성공적으로 종결되었는지, 아니면 실패로 끝나는지와 상관없이 환가에 수반되는 비용들이 발생할 수 있다. 이처럼 환가와 결부된 비용을 누가 어떻게 부담할 것인지의 문제는 사적자치의 원칙상 당사자들이 자유롭게 약정할 수 있을 것이다. 다만, 환가비용에 대한 당사자들의 약정이 존재하지 않는 경우에는 변제를 위한 급부약정의 목적을 고려해 보았을 때 채무자가 부담하는 것으로 해석함이 바람직할 것이다.[62] 채무자가 본래 의무를 부담하였던 것과 다른 방식으로 변제를 하려고 하고, 이를 채권자가 받아들였다고 해서 채권자에게 어떤 손해가 발생해서는 안 되기 때문이다.[63] 이는 변제를 위한 급부약정을 통해 위임 유사한 계약관계가 발생한다는 점을 고려해 보았을 때에도 마찬가지이다. 우리 민법은 제687조에서 "위임사무의 처리에 비용을 요하는 때에는 위임인은 수임인의 청구에 의하여 이를 선급하여야 한다"고 하여 수임인의 비용선급청구권을 규정하면서, 제688조 제1항을 통해 "수임인이 위임사무의 처리에 관하여 필요비를 지출한 때에는 위임인에 대하여 지출한 날 이후의 이자를 청구할 수 있다"고 규정하고 있다. 위임은 위임인을 위하여 그 사무를 처리하는 계약이지만 그 때문에 수임인에게 손해를 생기게 해서는 안 되므로 이미 수임인이 지급한 비용은 제688조에 의해 상환 청구하도록 하고, 제687조를 통해 사전에도 비용을 선급 청구할 수 있도록 하고 있다. 이러한 위임계약 규정의 기본 사고를 고려해 보면 환가의 성공 여부와 상관없이 환가와 결부된 비용은 (당사자의 특약이 없는 한) 모두 채무자가 부담하는 것으로 해석할 것이다. 독일의 경우도 특별히 다른 약정이 있지 않은 이상, 독일민법 제670조가 준용되어 환가비용을 채무자의 부담으로 봄이 일반적이다.[64]

5. 하자담보책임

변제를 위해 제공된 대상물에 대한 채무자의 담보책임은 존재하지 않는다. 채권자는 채무자에게 급부거절권이 없는 이상 본래 채권을 주장하는 식으로 충분히 보호받기 때문이다. 독일의 경우도 대물변제에 관해서는 특칙을 두어 "물건, 제3자에 대한 채권 또는 다른 권리가 변제에 갈음하여 공여된 경우에, 채무자는 권리의 하자 또는 물건의 하자에 대하여 매도인과 마찬가지로 담보책임을 진다"고 규정하고 있지만, 이를 변제를 위한 급부에 적용할 수

---

62) 채권자가 변제를 위해 자신에게 인도된 물건을 양도한 후에 물건의 하자 또는 권리의 하자를 이유로 양수인이 관련 청구권을 행사하는 경우에도 마찬가지라는 독일 문헌으로 Köhler WM 1977, 242, 252 f.; Staudinger/Olzen, § 364 2016, Rn. 25; Palandt/Grüneberg, § 364 Rn. 7; MüKoBGB/Fetzer BGB § 364 Rn. 13.

63) Köhler WM 1977, 242, 252.

64) BGH NJW 1984, 2573, 2574; OLG Schleswig BeckRS 2016, 03695; Köhler WM 1977, 242, 252); Staudinger/Olzen(2016), § 364 Rn. 25; Palandt/Grüneberg, § 364 Rn. 7; Erman/Buck−Heeb, § 364 Rn. 12; BeckOK BGB/Dennhardt, § 364 Rn. 4; BeckOGK/Looschelders, § 364 Rn. 40, 42.

는 없다고 한다.[65] 즉, 독일민법 제365조를 유추 적용하기 위해 필요한 규율의 흠결이 존재하지 않는다고 한다. 채권자는 하자 있는 물건을 다시 돌려주고 본래 채권을 행사할 수 있기 때문에 채권자에게 하자담보책임을 주장할 수 있는 권리가 인정될 필요가 없음에 의문의 여지가 없다고 생각된다.

V. 요 약

지금까지 변제를 위한 급부의 유형 및 법적 효력에 대해 검토한 결과를 요약하면 다음과 같다.

1. 채무자에 의해 제공된 급부가 변제에 갈음하는 급부인지, 변제를 위한 급부인지 해석에 있어 다툼이 되는 경우 당사자들의 이해관계를 토대로 환가의 위험(Risiko der Verwertung)을 누가 부담해야 하는지를 판단해야 한다.

2. 채무자가 채권자를 상대로 새로운 채무를 부담하는 경우 및 채무자가 채권자에게 제3자에 대한 청구권을 발생시키거나 양도한 경우 특별한 상황이 없는 한 변제를 '위한' 급부가 행해진 것으로 보아야 한다. 이 유형에 해당하는 신용카드 결제 및 모바일 결제서비스 등의 경우 변제를 위한 급부가 인정됨이 원칙이다.

3. 물건이 제공되는 경우에는 사안에 있어 구체적 정황이 중요한 판단기준이 되고, 특히 채권자가 해당 물건을 현금화 하려고 하는 경우라면 이는 변제를 '위한' 급부로 볼 수 있다. 다만 이 경우에도 채권자가 해당 물건을 '특정 공제금액'으로 받아들인 경우, 즉 환가되는 물건을 처음부터 확정된 금액 내지 가치로서 받아들인 경우에는 대물변제로 보아야 한다.

4. 채권자에게 변제를 위해 제공된 대상을 환가하기 위한 임의대리권 또는 처분권이 수여된 것으로 봄이 원칙이다.

5. 변제를 위한 급부약정은 원칙적으로 소구가능성 및 집행가능성을 일시적으로 제한하는 부제소 합의(pactum de non petendo)를 포함한다. 이를 넘어서서 지급유예에 있어서처럼 채무자의 이행지체 발생도 저지할 수 있는 변제기에 대한 일시적 항변권이 채무자에게 발생하는지는 당사자들이 체결한 약정의 해석 문제이다.

6. 변제를 위한 급부의 경우 채권자는 거래에 있어 통상적으로 요구되는 주의를 다해 수령한 대상을 환가할 의무를 부담한다. 이러한 채권자의 환가의무는 위임과 유사한 법률관계를 발생시키는 당사자들의 약정으로부터 도출된다.

7. 환가비용은 당사자들이 달리 약정하지 않는 이상 변제를 위한 급부약정의 목적을 고려해 보았을 때 채무자가 부담하는 것으로 해석해야 한다.

---

65) Köhler WM 1977, 242, 252 f.; Staudinger/Olzen(2016), § 364 Rn. 25, § 365 Rn. 3; Erman/Buck−Heeb § 364 Rn. 12, § 365 Rn. 1; BeckOK BGB/Dennhardt § 365 Rn. 1; BeckOGK/Looschelders § 365 Rn. 9.

8. 채권자는 채무자에게 급부거절권이 없는 이상 본래 채권을 주장하는 식으로 충분히 보호받기 때문에 변제를 위해 제공된 대상물에 대한 채무자의 담보책임은 존재하지 않는다.

담보해제의 청산

정 진 명

단국대학교 법과대학 교수

존경하는 박동진 교수님의 華甲을 축하드리며 존경과 감사의 마음을 담아 拙稿를 헌정합니다.

Ⅰ. 머리말

계약해제에 의한 반환 급부의 위험부담 문제는 민법에서 자주 논의되는 쟁점의 하나이다. 계약해제의 목적물이 우연한 사정으로 인하여 반환할 수 없게 된 경우에 계약해제를 인정할 것인지에 대한 문제는 목적물을 원상으로 반환하여야 한다는 원칙과 서로 충돌된다. 이처럼 계약해제의 경우에 발생하는 반환 급부와 관련된 위험의 반전은 해제권자의 상대방에게 불이익이 되므로 계약의 청산이라는 법적 사고가 부당하게 확장되는 결과가 된다. 따라서 미국 통일상법전[1]과 프랑스민법[2]은 계약해제의 목적물이 우연한 사정으로 인하여 반환할 수 없는 경우에 해제권자는 상대방에게 반환할 수 없는 목적물에 대한 비용을 지급해야 한다고 한다. 하지만 이러한 경우에도 계약해제 전 하자 있는 물건의 멸실 위험을 매수인이 부담하여야 하는지 아니면 매도인이 부담하여야 하는지에 대한 문제는 명확하지 않다. 예를 들어, 매수인이 매도인에게 5000만 원을 지급하고 자동차를 구매하였는데 그 자동차에 하자가 있어 1000만 원을 감액할 수 있으며, 하자 없는 자동차의 가상적 가치는 4500만 원이다. 그런데 매수인이 자동차의 하자를 알고 계약을 해제하기 전에 매수인이 구매한 자동차는 우연한 사정으로 인하여 매도인에게 반환할 수 없게 되었으며, 매수인은 계약해제 후 자신이 구매한 자동차에 하자가 있음을 알게 되었다. 이러한 경우에, 첫째로 매수인은 계약을 해제하고 매도인에게 매매대금의 반환을 청구할 수 있는지, 둘째로 매수인은 매매대금을 반환받는 대가로 매도인에게 자동차의 멸실에 대하여 보상하여야 하는지, 셋째로 매수인이 매도인에게 가액배상을 하는 경우에 그 가액은 객관적으로 산정되어야 하는지 아니면 계약상 합의된 가격에 기초하여 산정되어야 하는지가 문제된다.

이는 한편으로는 위험부담과 관련이 있다. 즉, 매수인은 구매한 자동차를 보유하고 있으므로 기본적으로는 우연한 사정으로 인한 자동차의 멸실 위험을 부담한다. 만일 매수인이 자동차를 반환할 수 없거나 이에 대하여 가액배상을 하지 않은 채 매도인에게 매매대금의 반환을 청구할 수 있다고 한다면 궁극적으로 우연한 사정으로 인한 자동차의 멸실 위험을 매도인이 부담하게 되며, 계약 관계를 계약 전의 상태로 소급하게 된다. 이는 다른 한편으로는 계약 당사자가 내린 자동차의 가격 결정에 영향을 미친다. 즉, 매수인의 계약해제를 배제하거나 매수인에게 매매대금으로 산정된 가액배상 의무를 지우는 경우에 매도인은 자신의 하자를 고려하지 않은 채 감액을 조건으로 매매대금을 보유하는 것이 되므로 매도인은 실제로 계약 후의 상태를 유지하게 된다. 반면에 매수인이 매도인에게 가액배상 없이 또는 자동차의 객관적 가치로 결정된 배상의무에 반해 매매대금의 반환을 청구할 수 있다면

---

1) 미국법상 담보해제에 대해서는 Uniform Commercial Code (UCC) 제2－608조 제2항이 있고, 계약해제에 대해서는 Restatement on Contracts 제349조, 제480조, 제481조가 있다.
2) 프랑스민법상 담보해제에 대해서는 제1647조가 있다.

계약 당사자가 자동차에 대해서 내린 가격 결정은 무시된다. 두 경우 모두 계약 당사자 중 한 사람이 계약 전의 상태를 유지하기 위하여 이미 이행된 급부의 반환을 청구할 수 있다. 이처럼 매수인이 구매한 하자 있는 물건이 우연한 사정으로 인하여 반환할 수 없게 된 경우에 매수인의 계약해제에 어떤 영향을 미치는지에 대한 문제를 해결하려면, 한편으로는 물건 위험 배분과, 다른 한편으로는 계약상의 보상 합의의 유효성에 관한 법적 결정이 내려져야 한다.

이 글은 매수인이 구매한 하자 있는 물건이 우연한 사정으로 인하여 멸실된 경우에 매수인이 담보해제를 할 수 있는지의 여부 및 담보해제의 경우 매수인이 가액배상의무를 부담하는지를 연구한 것이다. 우리 민법은 이에 대하여 어떠한 규정도 두고 있지 않으며, 관련 연구도 거의 없는 실정이다. 따라서 담보해제의 청산에 대한 로마법과 독일민법의 법이론적 체계를 살펴보고, 이를 토대로 국내법에서의 수용 가능성을 검토해 보고자 한다.

Ⅱ. 로마법

1. 해제소권과 방식

(1) 청산 소송으로서 해제소권

로마 전기 매매목적물에 하자가 있는 경우 매매계약의 청산 가능성이 상거래의 발전과 함께 요구되었다. 그러나 로마법은 이에 해당하는 일반적인 청산제도를 가지지 못했고,[3] 시장에서 경찰의 규제 수단으로만 사용되었던 해제소권(*actio redhibitoria*)이 유일한 구제제도로 기능을 하였다. 해제소권은 처음에는 하자 있는 노예를 판매한 매도인에 대한 특별 규율로 도입되었으나 유스티아누스에 의하여 그 적용 범위가 현저하게 확대되었다.[4] 즉, 구매한 물건에 하자가 있는 경우에 그 물건의 반환을 가능하도록 한 해제소권은 그때까지는 법교리적으로 파악하지 못하였던 청산관계의 하나의 모델로 발전되었다.[5] 하지만 해제소권은 로마법이 조건부 매매와 같은 계약의 청산을 알고 있는 한도에서 로마 전기에는 출처(Quellen)를 이유로 많은 논란이 있었다.[6] 그 이유는 로마 전기에는 급부의 원상회복에 대해서 사실소권(*actio in factum*)이 적용되었으며[7] 이후에는 계약소권이 적용되었기 때문이다.[8] 이와 더불어 매도인이 매매목적물에 대하여 소유권소권을 제기하는 한도에서 매매목

3) Leser, Der Rücktritt vom Vertrag, 1975, S. 2.
4) Mader, Mortuus redhibetur?, ZRG (RA), 1984, S. 207.
5) Lederle, Mortuus redhibetur, 1983, S. 12.
6) Lederle, a.a.O., S. 12. 물건 하자 책임에 대한 필요성은 처음에는 노예매매에서 발전하였으며, 노예매매에서 기망의 경향은 많은 전거에서 고려되었다(D. 21.1,1,2; 21.1,37; 21.1,44,1. 참조).
7) 이에 대한 전거로는 Proc D. 19,5,12; Paul D. 16,5,6.
8) 이에 대한 전거로는 Paul D. 18,5,6; Ulp. Iul. D. 18,2,2,4.

적물은 인도의 방식으로 반환이 이루어졌다.[9] 그리고 계약상의 이익에 기초한 일반 민사상의 매수인소권(*actio empti*)은 물건 하자에 대해서는 계약해제에 대한 독립적인 제도로 발전하지 못하였다. 즉, 매수인소권은 물건의 반환을 포함하는 한도에서 명예법상 "고등안찰관의 물건하자책임"을 인수함으로써 그 내용으로 사법상의 매매에 대해서도 물건 반환을 청구할 수 있었다.[10]

(2) 고등안찰관의 고시

고등안찰관(kurulische Ädilen)[11]은 기원전 2세기에 "*de mancipiis vendundis*"라는 고시를 통해 시장에서 노예와 가축 구매 시 특정한 신체적 하자에 대해서 매도인의 무과실책임을 도입하였다.[12] 고등안찰관은 이에 대한 법적 구제수단으로 해제소권(*actio redhibitoria*)[13]과 대금감액소권(*actio quanti minoris*)[14]을 인정하였다. 해제소권은 매수인이 구매한 노예의 하자로 인해 장애가 발생한 노예 구매계약의 청산을 위한 제도로 도입되었다. 원래 노예 상인들에게는 노예가 잘못되거나(*vitia*) 병든(*morbi*) 것을 숨김없이 말할 의무가 부과되었다(*palam pronuntianto*).[15] 만일 노예 상인들이 이를 준수하지 않거나 지시(*dicta*) 또는 약속(*promissa*)을 통하여 노예가 건강하다고 표명한 경우에 고등안찰관은 하자가 발견되었을 때 구매계약을 청산하기 위해 해제소권을 부여하였다. 이와 더불어 노예매매의 경우에는 통상적으로 매도인은 매수인과 노예에 대해 하자가 없다는 약정을 체결하였다.[16] 매도인이 이를 거부하면 즉시 하자가 있는 것으로 간주되어 2개월 이내에 해제소권이 승인되었으며, 전자의 경우 하자를 주장할 수 있는 기한은 6개월이었다. 이처럼 해제소권은 매매계약의 해소로 이어지며, 제1차적 급부교환관계는 청산관계로 전환된다.[17] 이에 대하여 대금감액소권은 매매계약이 계속되며, 이는 단지 물건의 가치와 매매가격 사이의 원래의 관계를 나타낼 뿐이다. 그리고 대금감액소권은 어떤 경우에도 매수인의 과책에 의한 노예의 사망에 영향을 받지 않는다.[18] 그런데 청산관계는 모든 급부교환관계와 마찬가지로 급부장애가 발생할 수 있으므로 급부장애법에 대한 이해를 통하여 청산관계를 설명할 수 있다. 즉, 급부장애에 대한

---

9) Wieacker, Lex commissoria, S. 37 ff.

10) Kaser, Das Römische Privatrecht, Bd. 1, 2. Aufl., 1971, S. 558.

11) 시장담당 안찰관은 기원전 367년 이래 시장을 감독하기 위해 선출된 명령권 없는 정무관이다.

12) D. 21.1,1,6.에는 고등안찰관 고시의 목표로서 매수인이 기망당하지 않도록 고려하여야 한다는 울피안의 언명이 포함되어 있다.

13) 해제소권에 대한 전거는 유스티니아누스의 법학제요 제21권 제1절에서 언급한 "*de aedilicio edicto et redhibitione et quanti minoris*"이며, 이는 "*de mancipiis vendundis*" 고시에 포함되어 있다.

14) 대금감액소권은 고시에서는 언급되지 않았으나 로마 전기에 확실히 존재하였다(Pringsheim, "Das Alter der ädilizischen actio quanti minoris", SZ 69 (1952), S. 234 ff., 266).

15) 인지 가능한 하자는 안찰관 고시의 보호를 받지 못한다(D. 21.1,1,6; 21.1,48,3).

16) 이에 대한 전거로는 D. 21.1,31,20; 21.1,28.

17) Lederle, a.a.O., S. 13.

18) 이에 대한 전거로는 D. 21.2,48 pr.

로마법의 해결방법은 매매목적물의 반환과 그 뒤에 존재하는 위험분배에 의미가 있다.[19] 이러한 측면에서 매매목적물의 반환이 문제되지 않는 대금감액소권은 청산관계와는 관련이 적다고 할 수 있다.

해제소권을 규정한 고등안찰관의 고시[20]는 매도인이 매수인에게 노예의 질병과 하자를 진단하도록 했다. 고시는 처음에는 신체적인 하자만을 인정하였으나 이후에는 노예가 도망자이거나 배회자이거나 또는 그가 가해자 책임(Noxalhaftung)을 지는 경우도 하자로 인정하였다. 그 결과 후자의 사례도 권리 하자가 아닌 물건 하자로 보게 되었다.[21] 또한 고시는 하자를 노예가 재산파괴자, 자살 후보자 또는 동물 전사인 경우도 인정하였다. 그리고 고등안찰관은 매수인이 묻지 않아도 매도인은 매수인에게 노예의 하자를 알릴 의무를 부여하였다. 그 결과 매도인이 매수인에게 노예의 하자에 대한 고지를 불이행하면 매수인은 매도인에게 노예를 반환할 수 있다(iudicium dabimus, ut id mancipium redhibeatur). 그리고 매도인이 보증한 속성이 결여되거나 명시적으로 제외한 경우 그리고 매도인이 악의적으로 이를 숨긴 경우에도 또한 같다.

고등안찰관의 고시는 6개월로 권리 행사가 제한되는 노예의 반환과 더불어 매수인이 매매대금 지급으로 노예에 대한 권리를 갖게 되는 것과 마찬가지로 자신의 활동 또는 그의 가족이나 재산관리인에 의하여 발생한 매매목적물의 실질적인 훼손에 대하여 배상하여야 하며, 이와 유사한 물건의 부합물과 과실도 반환할 것을 명하였다. 하지만 매매목적물 반환의무를 명한 고등안찰관의 고시는 소유물로 반환하라는 명령(*ut id mancipium redhibeatur*)과 매매목적물 훼손에 관한 배상 및 부합물의 반환에 관한 규정에 의하여 제한되었다.[22]

(3) 해제소권 방식에 대한 견해

(가) Rudorff의 재구성

Rudorff는 해제소권 부여를 구매한 노예의 완전한 반환을 요건으로 하는 매수인의 선이행급부로 이해하였다. 즉, 매수인은 해제소권 소송을 제기하기 전에 매매목적물과 그 부합물 그리고 물건의 손상에 대하여 배상을 하여야 한다고 한다.[23] 그러나 Rudorff의 해제소권 재구성은 지지를 받지 못했다. 그 이유는 매수인은 쟁점 결정(*litis contestatio*) 시점에 안찰관 앞에서 매도인을 완전히 만족시켜야 하고, 그리고 그가 승소한 후에는 매도인으로부터 무엇을 얻을 수 있는지를 기다려야 하므로 매수인의 선이행급부는 타당하지 않을 수 있기 때문이다. 즉, 매수인의 선이행급부는 급부의무가 너무 앞당겨지게 되어 논리적으로 타당하지

---

19) Lederle, a.a.O., S. 13.
20) 이에 대한 전거로는 Ulp. 1.1,1 h.t.
21) Lederle, a.a.O., S. 13.
22) Lederle, a.a.O., S. 15.
23) Rudorff, "Über die Litiscrescenz", ZGRW 14 (1848), 287 ff.(Lederle, a.a.O., S. 16 재인용).

않다는 비판이 있다.[24] Rudorff의 해제소권 재구성은 담보해제의 요건이 실제로 존재하는 경우에 적어도 매수인이 매도인에게 물건 반환과 물건 손상에 대한 배상의무를 이행하여야 한다는 것이다. 그러나 담보해제의 사실상의 요건은 안찰관(Ädil)이 아니라 심판인(iudex)이 검토한다.[25] 즉, 매수인이 이미 물건의 반환의무를 이행한 경우에만 심판인이 판결을 할 수 있으므로 매수인의 선이행급부에는 소송 절차가 개입되어야 한다. 여기에는 특별한 중재소송(*actio arbitaria*) 방식이 적절한 절차이다. 심판인은 이러한 중간 판결로 매수인에게 물건 반환을 명하는 '원상회복명령'을 내린다. 하지만 이러한 중간 판결은 강제력이 없으므로[26] 매수인이 물건을 원상회복하지 않으면 심판인은 매도인에게 매매대금을 반환하라는 판결을 내릴 수 없다. 이처럼 로마의 법률가들은 해제소권을 중재소송으로 이해하였다.[27]

(나) Lenel의 재구성

Lenel은 두 개의 원상회복조항을 삽입하여 해제소권의 중재적 성격(Arbitärcharakter)을 강조한다.[28] 우선 심판인은 소송 요건으로 노예의 하자 및 기한 준수를 검토하고, 다음으로 매수인에게 노예와 부합물 그리고 과실의 반환을 명한다. 이 경우 매수인은 노예의 건강 악화에 대하여 배상해야 한다. 매수인이 매도인에게 노예를 완전히 반환하면 심판인은 매도인에게 매매대금과 그 부합물을 매수인에게 반환할 것을 명하며, 만일 매도인이 이를 따르지 않으면 심판인은 소송물 상당액(*quanti ea res erit*)으로 배상을 명할 수 있다.[29]

(4) 물건 반환의 장애 시 해제소권의 방식

Lenel의 해제소권 방식에 대한 견해에 따르면, 매수인은 하자 있는 노예를 미리 반환하지 않고서도 안찰관에 의하여 해제소권을 부여받을 수 있다. 즉, 매수인은 심판인이 사실 조사를 한 후에만 노예를 반환할 준비가 되어 있으면 된다. 그러나 안찰관이 매수인에게 해제소권을 부여하고 소송이 제기되었을 때 노예를 더 이상 반환할 수 없다는 것이 나중에 밝혀질 수 있다. 이 경우 하자라는 중대한 사유로 인해 담보해제가 허용되어야 한다면 심판인이 매도인에게 어떤 판결을 내릴 수 있는지가 의문이다. 이 경우 심판인은 자신의 재량으로 원상회복조항이 이행된 것으로 간주할 수 있는지 아니면 소송을 기각하여야 하는지, 만일 소송을 기각한다면 다른 방식을 적용해야 하는지가 문제된다. 해제소권 소송의 중재적 성격은 전자의 해결책에 유리하다.[30] 그 이유는 중재소송은 절차적 특수성 외에도 성의소송(*bonae*

---

24) Lenel, Das Edictum perpetum, 3. Aufl., 1927, S. 559(Lederle, a.a.O., S. 16 재인용).
25) Kaser, Das römische Zivilprozeßrecht, 1966, S. 105 ff.
26) Kaser, Das römische Zivilprozeßrecht, S. 256 f.
27) 이에 대한 전거로는 Ulp. 1.1,29 pr.
28) Lenel, Das Edictum perpetum, S. 556(Lederle, a.a.O., S. 17 재인용).
29) 이에 대한 전거로는 Ulp. 1.1,29 pr., 1 h.t.
30) Lederle, a.a.O., S. 18－19.

fidei iudicium)에 상응하는 재판관의 재량권이 포함되어 있기 때문이다. 그러므로 물건이 멸실된 경우에도 원래의 방식이 존재한다는 견해가 있다.[31] 이 견해에 따르면, 심판인은 원상회복조항을 폭넓게 해석하고 이를 자신의 재량에 따라 이행한 것으로 간주할 수 있다고 한다. 그러나 로마의 법률가는 해제소권의 재량권을 인정하지 않았다.[32]

매수인은 급부의 반환이 방식서에 명시적으로 포함되어 있다는 요건하에서 쟁점 결정 이전에 반환할 급부가 발생하는 경우, 고시에 명시된 바와 같이, 매도인에게 손해배상과 부속물을 인도하여야 한다. 그리고 반환할 급부가 쟁점 결정 이후에 발생하는 경우 심판인은 방식서에 이에 관한 규정이 없더라도 동일한 원칙에 따라 반환할 급부에 관하여 판단하여야 한다. 이러한 방식서는 매수인의 책임 없는 사유로 노예가 사망한 경우에 수정될 수 있으며, 원상회복조항 대신에 면책 사유의 존재 여부를 확인하기 위해 심판인에게 명령권이 부여된다.[33]

2. 반환할 물건의 훼손

(1) 반환 장애의 체계에서 물건 훼손

매수인의 담보해제는 매수인이 구매한 하자 있는 노예를 반환할 수 없거나 평가절하된 상태로만 반환할 수 있는 경우에는 제한될 수 있다. 이러한 경우로는 노예의 건강 악화, 우연한 사망, 재양도 또는 노예해방, 가해자 인도, 도주 등을 들 수 있다. 그러나 고등안찰관의 고시는 노예의 건강 악화에 대해서만 규정하고 있으며, 그 이외의 담보해제에 대한 법률효과를 개발하는 것은 법률가들의 임무였다.[34] 그리고 노예의 건강 악화도 고시에서 분명하게 제한된 모델에 대해서만 인정하였다. 왜냐하면 그것은 물건이 단순히 훼손되었는지 아니면 전혀 반환할 수 없는지의 중요한 차이를 만들기 때문이다. 또한 고시에서 언급한 노예의 건강 악화는 불능 사례에도 의미가 있다. 왜냐하면 노예의 건강 악화와 불능 사례는 동일한 '과실 기준'이 적용된다는 점에서 비슷하기 때문이다. 두 경우 모두 매수인이 담보해제를 할 때까지 노예의 소유자이므로 진정한 의미의 과실이 있다고 할 수 없다.

해제소권은 물권적 효력이 없으며, 매수인은 물건의 반환과 함께 물건에 대한 소유권을 상실한다.[35] 즉, 매수인은 행위 당시에는 정상적으로 그가 원하는 대로 처리할 수 있는 자신의 물건을 손상시킨 것이다. 그리고 물건 훼손이나 불능의 경우 모두 동일한 방식으로 타인에 대한 책임 문제가 발생한다. 여기서 책임은 순전히 객관적인 것만 해당하며, 중요한 것은 매도인에게도 물건 훼손이 발생했는지 여부이다. 이에 대하여 페디우스(Pedius)는 매매

31) Biondi, Studi sulle actiones arbitrariae e l'arbitrium iudicis, 1913, S. 145(Lederle, a.a.O., S. 17 재인용).
32) 이에 대한 전거로는 Ulp. D. 1.25,8 h.t.
33) Lederle, a.a.O., S. 20.
34) Lederle, a.a.O., S. 21.
35) 이에 대한 전거로는 Ulp. D. 47,2,17,2.

가 완료되지 않은 채 노예에게 발생한 건강 악화는 매수인에게 고려되어야 한다고 한다.[36] 이 경우 노예의 건강 악화는 원상회복관계의 범위 내에서는 매수인에게 귀속되지 않으므로 매수인은 가치 감소에 대한 배상 없이 통상적인 규정에 따라 담보해제가 가능하다. 다만, 노예를 돌려받은 매도인은 가해자에게 손해배상이나 가해자 인도(*noxae deditio*)를 요구할 수 있다. 만일 재산관리인이 일정한 조치를 취한 경우 매수인은 자신이 가진 재산관리인에 대한 계약상의 보상청구권을 매도인에게 양도하면 된다. 그 결과 손해배상청구권은 원상회복관계에서 제외된다. 이와 달리 노예가 문제의 시점에 매도인과 함께 있었다고 하더라도 가치 감소가 있었다고 한다면 매수인은 원상회복관계로부터 어떠한 배상의무도 부담하지 않는다. 이 경우 손해배상에 대한 일반 규칙(예컨대, 가해자 인도)만으로 충분하다.[37] 한편 원상회복관계의 범위 내에서 가치 감소에 대한 규율은 반환할 물건의 손상이 현재 제거되어야 하는 매매와 관련되고, 이와 결부된 매수인 및 매매목적물이 서로 밀접한 관련이 있는 경우에만 필요하다. 만일 반환할 물건의 손상이 매매가 없더라도 발생하였다면 매매와 직접적인 관련이 없는 손해의 제거는 매매의 제거와 동시에 요구되지 않는다. 이처럼 로마의 법률가들은 물건 훼손의 경우 청산 원칙에 부합하는 해결책을 염두에 두었다.[38]

(2) 물건 훼손에 대한 가액배상의무

매수인이 구매한 하자 있는 물건을 훼손하는 경우 이로 인하여 해제소권의 목적이 좌절되며, 양 당사자는 매매가 없었더라면 존재했을 상태로 원상회복하여야 한다. 그런데 매도인에게 반환된 노예가 건강 악화로 인하여 매도인이 사용하기 부적합한 경우가 생길 수 있다. 예컨대, 노예가 동료 노예의 나쁜 본보기로 인해 주사위 놀이꾼, 와인 구매자 또는 배회자가 되었거나[39] 또는 매수인의 분노 폭발로 인해 도망자가 된 경우이다.[40] 하지만 고등안찰관의 고시는 이러한 경우에도 매수인에게 담보해제를 허용한다. 즉, 매수인은 노예에게 가한 추가적인 건강 악화로 인하여 원래 담보해제를 행사할 수 있는 하자를 이유로 하는 소제기권을 상실하지 않는다. 이 경우 고시는 심판인이 매수인에게 원상회복명령에서 부과한 가액배상의무만 명하도록 하였다.[41]

한편 매수인은 자신의 노무, 또는 자신의 가족이나 재산관리인의 노무에 의하여 야기된 노예의 건강 악화에 대해서도 배상의무를 진다.[42] 이 경우 노예의 건강 악화는 반환할 노예의 신체적, 정신적 손상이 모두 포함된다. 그리고 매수인은 우연한 사정에 의한 노예의 건

36) 이에 대한 전거로는 D. 21.1,25,4.
37) 이에 대한 전거로는 D. 21.1,1.
38) Mader, ZRG (RA), 1984, S. 226.
39) 이에 대한 전거로는 Ulp. 1.25,6 h.t.
40) 이에 대한 전거로는 Ulp. 1.23 pr h.t.
41) Lederle, a.a.O., S. 22.
42) 이에 대한 전거로는 Ulp. D. 21.1,1,1; 21.1,25,1; 21.1, 23 pr.; 21.1,25,6.

강 악화에 대해서는 책임을 지지 않으며, 자신의 '노무'[43] 또는 그가 책임을 지는 자의 '노무'에 기인한 손해에 대해서만 책임을 진다. 이에 대하여 폼포니우스(Pomponius)는 물건 훼손에 대한 매수인의 배상의무는 "직접적인 원인에서"(*ex quacumque causa*) 발생하며,[44] 매수인의 '노무'에 의한 물건 훼손 행위에 대한 과책(Verschulden)을 요구하였다.[45] 그리고 매수인의 배상의무는 물건 훼손을 야기하는 모든 행위가 아니라 보통인(*bonus pater familias*)의 기준에 따라 비경제적이고 부적절하게 보이는 의도하거나(*dolus*) 의도하지 않은(*culpa*) 행위에 대해서만 인정된다. 따라서 매수인이 노예에게 정상적인 노동을 시키고 그 과정에서 노예의 다리가 부러진 경우에는 매수인은 그에 대해서는 배상의무를 부담하지 않는다.

(3) 물건 훼손에 대한 책임의 법적 성격

물건 훼손에 대한 책임의 적법성 여부는 여전히 의문이다. 왜냐하면 매수인은 자신의 물건을 훼손하였기 때문에 불법행위 책임(aquilische Haftung)의 직접적인 사례에 해당하지 않으며, 또한 매수인은 물건 훼손 시 그가 물건을 반환하여야 하는지를 알지 못하였으므로 계약책임의 전형적인 사례에도 해당하지 않는다. 그러나 로마의 법률체계는 고의와 과실을 불법행위 책임의 표준으로 채택하였으며, 물건 훼손에 대한 책임을 불법행위 책임과 관련이 있다고 보았다.[46] 여기서 손해의 불법행위적 성격을 나타내는 한 가지 징후는 가해자 인도의 인정 가능성이다. 페디우스는 매수인의 다른 노예가 하자 있는 노예를 손상시킨 경우에 그 손상이 매매와 무관하게 발생했다는 전제하에 가해자 인도를 허용하였다.[47] 이처럼 로마 전기에는 해제소권의 경우 적어도 물건 훼손에 대해서는 불법행위 책임이 적용되었다고 할 수 있다.[48]

3. 반환할 물건의 멸실

(1) 해제청산: Mortuus redhibetur

매수인이 우연한 사정으로 인하여 반환할 물건을 멸실한 경우에 매수인은 물건 반환의 선이행의무를 이행할 수 없다. 이 경우 방식서의 문구를 준수하는 의견에 따르면, 반환할 물건이 멸실된 경우에 "만약 심판인의 판단에 따라 그 사람이 돌려보내진다면"(*si arbitratu*

43) 여기서 '노무(*opera*)'는 의도적인 행위를 설명하는 용어이다. 그러나 고시에 대한 해설에서 Ulpian은 "*dolus vel culpa*"라는 표현을 사용했으며(Ulp. 1.25,5; 1.31,9; 1.31,11 h.t.), D. 47,2,50,1－3에서는 "*ope*"를 도둑질에 대한 도움으로 설명한다.

44) 이에 대한 전거로는 Ulp. 1.23 pr h.t.

45) 이와 관련하여 보통법에서는 매수인이 우연한 사정을 제외한 모든 행위에 대해서 책임을 진다는 견해(Thibaut, System des Pandektenrechts, Bd. 1, 6. Aufl., 1823, § 497)와 과책에 대해서만 책임을 진다는 견해(Dernburg, Pandekten, Bd. 2, 6. Aufl., 1900, § 101 Anm. 6; Windscheid, Lehrbuch des Pandektenrechts, Bd. 2, 9. Aufl., 1921, S. 619)의 대립이 있었다.

46) Kaser, Das Römische Privatrecht, S. 505.

47) 이에 대한 전거로는 Ulp. 1.25,4.

48) Lederle, a.a.O., S. 29.

iudicis is homo redhibetur)이라는 조건이 성취되지 않았기 때문에 매수인의 소가 기각될 수 있다고 한다.[49] 그리고 mortuus redhibetur는 물건 반환의 소이며, 적어도 '반환'(*restituere*) 이라는 용어는 순전히 객관적인 책임과 연관되어 있으므로 반환 거절이 명백하다고 한다.[50]

그러나 mortuus redhibetur에 관한 전거[51]는 다른 원칙을 보여준다: 담보해제는 노예의 우연한 사정으로 인한 사망으로 배제되지 않는다. 즉, 로마의 법률가는 "사망하거나 심지어 반환되거나"(*mortuo vel etiam redhibito*), "사자를 되돌려 주거나"(*de mortuo redhibendo*), "사자가 반환될 수 있다"(*mortuum redhiberi potest*)는 표현을 사용하였다.[52] 이에 따라 노예의 사망뿐만 아니라 추가적으로 시신의 반환이 매수인의 매매대금 반환청구의 요건이 된다. 이와 관련하여 울피안은 담보해제권을 가진 매수인이 여러 명의 상속인을 남긴 경우를 다룬다. 폼포니우스는 노예가 매수인의 상속인과 함께 있지 않은 경우 상속인은 공동으로 소송을 제기해야 하며, 노예가 이미 반환된 경우 각 공동상속인은 그에게 배당된 매매대금 지분을 청구할 수 있다. 이 경우 안찰관은 공동상속인에게 특별한 사실소권을 부여하며, 급부는 처음부터 지분으로(*pro portione*) 정해진다. 그리고 이러한 원칙은 노예의 사망 시에도 동일하게 적용되어야 하므로 소송은 안찰관에 의하여 지분으로 부여된다. 따라서 폼포니우스는 매수인이 노예를 반환할 수 없는 것이 확실하더라도 해제소권을 허용하였으며, 그렇지 않으면 안찰관은 공동으로 소송을 제기할 것을 요구해야 한다고 하였다.

한편 노예의 시신을 어떻게 처리해야 하는지에 대한 의문을 제기하는 노예 사망 이후의 실제 상황도 매도인의 목적물 회수 의무에 찬성한다. 특히 노예를 장사지낸 자는 그가 장례 비용을 직접 부담했는지와 무관하게 노예의 소유자에게 장례 비용을 청구할 수 있다.[53] 이러한 배경에서 노예가 위험 이전 후 반환소송이 제기되기 전에 사망하면 실제로 매수인이 매도인에게 노예를 돌려주고 장례 비용을 없는 것으로 할 수 있는지, 매장 전에 시신을 반환할 수 없는 경우에만 해당 비용의 배상을 요구할 수 있는지의 문제가 있다. 그런데 mortuus redhibetur는 노예의 반환에 대한 의제가 아니라 이에 상응하는 가액배상의무 없이 매매대금을 회수할 수 있는 의미에서 반환할 물건의 위험부담에 관한 규정인 동시에 노예의 매장에 관한 권한 조항이다. Mortuus redhibetur에 대한 이러한 이해는 전적으로 타당할 수 있으며, 또한 추가적인 매도인의 의무로서 시장 경찰 제재로서의 행위에도 적합하다.[54]

---

49) 이러한 형식적인 정당성은 강박을 이유로 하는 반환 소권(*restitutorische actio quod metus causa*)에서 볼 수 있다(이에 대한 전거로는 Ulp. D. 4,2,14,11).

50) Kaser, Das Römische Privatrecht, S. 436.

51) Mortuus redhibetur 문제의 전거에 대한 자료는 거의 없으며, mortuus redhibetur 의제의 개념을 직접 다룬 개소도 존재하지 않는다(Mader, ZRG (RA), 1984, S. 208).

52) 특히 폼포니우스는 법률효과와 관련하여 "죽은 자"(*homo mortuus*)를 "반환받은 자"(*homo redhibitus*)와 동일하게 취급한다(이에 대한 전거로는 Ulp. D. 21.1,31,5, 6).

53) 이에 대한 전거로는 D. 11,7,31; Lederle, a.a.O., S. 31.

54) 해제청산(mortuus redhibetur)의 순수한 의제적 성격은 어떤 경우에도 전거에 고정되어 있지 않다.

Mortuus redhibetur의 전거가 해제청산 방식의 의제적 성격에 대한 정보를 거의 제공하지 않는 것처럼 해제청산의 정확한 적용 범위에 대한 결론을 도출하는 것을 허용하지 않는다.[55] 다만, Mortuus redhibetur에 대한 출처와 pro vivo habendus est에 대한 구절을 비교함으로써 mortuus redhibetur는 매수인의 과책에 의한 노예의 죽음에는 적용되지 않는다고 할 수 있다. 이러한 의제의 적용 범위에 대한 추가적인 제한은 mortuus redhibetur의 전거에서 추론할 수 없다.[56] 해제소권은 pro vivo habendus est가 적용되지 않는 경우, 즉 매도인의 책임있는 사유로 노예가 매매 당시 존재하던 질병으로 사망한 경우 외에 매수인이 살아있는 노예를 반환할 선이행의무를 이행하여야 하는 불운을 극복하도록 돕기 위해 개입하여야 한다. 이에 따라 매수인은 구매한 노예의 우연한 사정으로 인한 사망 이후에도 노예의 가치에 대한 배상 없이 하자를 이유로 매도인에게 매매대금의 반환을 청구할 수 있다. 오히려 매수인은 노예의 시신을 매도인에게 반환할 수 있다. 이는 매도인에게 노예의 우연한 사정으로 인한 사망으로 발생한 손실과 매장에 대한 권한을 부여하고, 매수인에게 계약 전의 상태로 되돌아갈 수 있도록 한다.

다른 한편 mortuus redhibetur로 인해 매도인에게 손실이 할당되는 것은 때때로 매우 광범위한 것으로 인식되어 mortuus redhibetur의 적용 범위에 대한 제한이 다양한 근거에 터잡아 가정되었다. 혼젤은 mortuus redhibetur가 하자로 인해 멸실된 경우에만 적용된다고 하고,[57] 마더는 어떤 방식으로든 전체를 반환하는(*quodammodo in integrum restituere*) 해제소권의 목적에서 적용 제한을 제시한다.[58] 즉, 계약 당사자가 매매계약을 체결하지 않은 것처럼 처리하여야 하는 경우에 매매목적물이 우연한 사정에 의한 침해로 발생한 손실은 매매를 고려하지 않았던 사람에게도 영향을 미쳐야 한다. 이에 따르면 위험은 물건이 매도인에 의해서 멸실된 경우, 즉 하자에 의한 물건 멸실의 경우 또는 양 당사자의 영역에 동일하게 영향을 미치는 자연재해의 경우에만 매도인이 부담하여야 한다.[59] 그러나 이러한 제한은 mortuus redhibetur의 전거에 명시되어 있지도 않고 내용에도 명시되어 있지 않다.[60] 즉, 어떠한 방식이든 전체를 반환하여야 한다는 mortuus redhibetur의 목적은 어떤 경우이든 노예의 죽음으로 인해 좌절된다. 따라서 계약 당사자 중 누가 이러한 반환 급부 장애의 결과를 부담할 것인지가 문제된다. 만일 매수인의 과책으로 인하여 노예가 사망한 경우 가액배상의무를 통해 매수인에게 불리하게 해결될 것이다. 하지만 매수인이 예방 차원 및 반환소권의 제재적 목적에서 매도인으로부터 하자 있는 노예를 받았고, 그 후 노예가 매수인의

55) Zwirlein, Zeup 2018, S. 573.
56) Lederle, a.a.O., S. 33.
57) Honsell, "Gefahrtragung und Schadensersatz bei arglistiger Täuschung", MDR, 1970, S. 719.
58) Mader, ZRG (RA), 1984, S. 216.
59) Mader, ZRG (RA), 1984, S. 218 ff.
60) Zwirlein, Zeup, 2018, S. 574.

관여 없이 사망한 모든 경우에 매수인은 매도인으로부터 매매대금을 반환받을 수 있다. 예컨대, D. 21.1,1,6(Ulp. 1 ad edictum aediliumcurulium)에서 언급된 반환 소권의 예방 목적은 우연한 사정으로 인하여 노예가 사망한 경우에 매도인의 비용으로 매수인만 계약 전의 상태로 회복하는 것을 정당화한다.[61] 즉, 매수인이 매매가 완료된 후 우연한 사정에 의한 멸실위험을 부담한 후에 매도인에게 사망한 노예를 반환하고 매매대금을 반환받음으로써 계약 전의 상태로 되돌아갈 수 있는 가능성은 로마법에서는 대가위험의 반환으로 볼 수 있다.[62]

(2) 가액배상: Pro vivo habendus est

울피안은 매수인이 반환하여야 할 노예가 사망하였을 경우에 그 노예가 매수인 또는 그의 가족이나 재산관리인의 과책으로 사망하였는지를 조사해야 하며, 만일 그 노예가 매수인의 과책으로 사망하였다면 "노예는 살아있는 것으로 간주된다"(*pro vivo habendus est*)고 의제하였다. 울피안에 의하면, 노예가 살아있다고 하는 의제는 해제소권에 필요한 매수인의 선이행급부가 여전히 가능한 것으로 볼 수 있으며, 그 결과 매수인은 노예가 아직 살아있다면 지급하였을 모든 금액을 매도인에게 지급해야 한다.[63] 하지만 울피안의 의제는 한편으로는 반환할 물건의 멸실을 무시하며, 다른 한편으로는 이를 통하여 물건 반환에 갈음하는 금전배상판결(*condemnatio pecuniaria*)의 근거를 제공하였다.[64] 그 결과 실제의 선이행급부는 더 이상 해제소권의 전제 조건이 아니며, 물건 반환은 가액배상의무로 대체된다. 이 경우 물건의 가치가 결정적이며(*praestentur ea omnia, quae praestarentur, si viveret*),[65] 이는 하자로 인해 노예의 가치가 감소하면 자동으로 가액배상의무에 고려하여야 한다는 의미이다.

울피안은 매수인의 과책으로 노예가 사망하였더라도 매수인에게 담보해제를 허용해야 한다는 근거로 노예의 사망과 하자 사이의 연관성을 들고 있다. 즉, 매수인의 과책은 그가 병든 노예를 의사에게 보내지 않았다는 것이라고 주장한다. 이와 더불어 울피안은 모든 사망원인에도 담보해제가 적용되어야 한다고 주장한다. 이는 매수인이 매도인에게 가액배상을 하여야 하므로 입증 사유로서 합리적인 것으로 보인다.

울피안의 의제에 의하면, 노예가 매수인의 과책에 의하여 사망한 경우 매도인은 가액배상을 통한 계약 전 상태(*status quo ante contractum*)를 유지하게 되어 완전한 보상을 받게 된다. 즉, 매도인은 매수인에게 매매대금을 반환하여야 하지만, 그는 매매대금에 대한 가치(적어도 금전적 가치)를 되돌려 받는다. 이 경우 노예의 사망은 우연한 사정에 의한 것이 아니라 매수인 또는 그의 가족이나 재산관리인의 과책에 의한 것이므로 이에 상응하는 물건

61) Zwirlein, Zeup, 2018, S. 575.
62) Zwirlein, Zeup, 2018, S. 575.
63) 이에 대한 전거로는 D. 21.31,11; Lederle, a.a.O., S. 31.
64) Zwirlein, Zeup, 2018, 571.
65) 이에 대한 전거로는 D. 21.31,11; Lederle, a.a.O., S. 31.

가치의 분배는 진정한 의미의 위험분배가 아니라고 할 수 있다.[66] 이처럼 pro vivo habendus est는 매수인의 과책에 의하여 노예가 사망한 경우에 적용되는 점에서 우연한 사정으로 인하여 노예가 사망한 mortuus redhibetur와 대조된다.

4. 소 결

로마 전기에는 매매목적물이 우연한 사정으로 인하여 멸실된 경우에도 매수인은 해제소권을 행사하여 매매대금을 반환받을 수 있었다. 하지만 해제소권의 일반적인 구조상 우연한 사정에 의한 물건 멸실의 경우 반대급부 없는 담보해제는 양립할 수 없다. 그리하여 로마 전기 법률가들은 우연한 사정으로 인한 물건 멸실의 경우에도 매도인이 모든 위험을 부담한다는 의미에서 하나의 예외를 만들고자 했다. 즉, 해제소권의 틀 내에서 예방 및 제재의 목적으로 매수인에 대한 물건 인도와 계약 청산 사이에 매수인이 구매한 물건이 멸실된 경우 mortuus redhibetur 의제를 적용하였다. 그 결과 매수인은 멸실된 물건에 대해서 가액배상을 할 필요가 없으며, 매도인도 더 이상 온전하지 않은 물건을 되돌려 받아야 하였다. 이러한 mortuus redhibetur 의제는 위험부담에 대해 반대되는 규정이 없는 경우 물건 멸실이 매도인에게서 발생한 사례에 대해서는 제한된다. 반면에 pro vivo habendus est는 가액배상 인정의 기초이며, mortuus redhibetur 의제의 법률효과를 제거하기 위한 반대의제가 아니라 독립적인 법률요건으로 간주된다.

로마 후기에는 해제소권에 대한 인식의 변화가 있었으며, 법률가들은 더 이상 해제소권의 법교리적 완성을 추구하지 않았다. 즉, 노예와 가축 구매에 관한 개별 규정은 유스티니아누스 이후에는 해제소권의 적용 영역이 확장됨에 따라 더 이상 적합하지 않았다. 그리고 법률의 체계화와 단순화를 향한 일반적인 경향도 이에 기여하였다.[67] 즉, 매매목적물의 순수한 가치 감소의 경우 고시 본문에 포함된 규정부터 시작하여 물건 멸실에 대해서 해당 원칙들이 개발되었으며, 여기서 결정적인 판단기준은 매수인 또는 그 가족이나 재산관리인의 과책이었다. 그것은 단순히 매수인이 물건 멸실에 인과적인 기여를 하였는지에 대한 것이며, 그렇지 않은 경우에는 고전적인 mortuus redhibetur 의제가 적용되었다. 하지만 매수인이 물건 멸실에 과책이 있는 경우에는 pro vivo habendus est가 적용되었으며, 이 문장의 고전적인 핵심은 과실에 대한 고려이다. 그리고 매도인의 증가된 위험부담에 대한 균형추로서 매수인 측의 경과실(*culpa levis*)도 고려되었다.[68]

---

66) Zwirlein, Zeup, 2018, S. 572.
67) Mader, ZRG (RA), 1984, S. 233.
68) 이에 대한 전거로는 Ulp. D. 21.1,31,12.

Ⅲ. 독일법

1. 입법사

독일민법전 제정 과정에서는 매매목적물이 우연한 사정으로 인하여 멸실된 경우에도 매수인은 여전히 담보해제를 할 수 있어야 한다는 것을 분명히 했다. 즉, 1892년 민법전편찬 제1 위원회의 채권법 조문 편집본 제91조는 다음과 같이 명시되어 있다: 매도된 물건에 하자가 있거나 우연한 사정으로 인하여 멸실되었다는 결과로 인한 경우에도 담보해제가 발생한다.[69][70] 이에 대하여 하자로 인한 물건 멸실과 순전히 우연한 사정으로 인한 물건 멸실을 구별하는 어려움을 회피하기 위해 하자로 인한 것이 아닌 우연한 사정으로 인한 물건 멸실의 경우에는 담보해제를 배제하기 위한 의도적인 결정이 내려졌으며,[71] 동시에 이는 로마법에 기원을 둔 관습법 전통을 따랐다. 또한 물건 멸실의 경우에 지출된 가치의 조사는 어려움을 초래할 것이라는 우려가 있어 가액배상 해결에 대해서는 단순화 이유로 반대의 결정을 하였다.[72] 따라서 초기의 독일민법은 물건 멸실의 문제를 하자로 인한 계약해소 전에 "전부 아니면 전무" 수준으로 결정을 내려야 하였다.[73]

독일민법은 매수인의 가액배상 없이 매도인이 전액 매매대금 반환 의무를 지는 우연한 사정으로 인한 물건 멸실 이후에도 담보해제를 허용하였다.[74] 즉, 매매목적물이 우연한 사정으로 인하여 멸실된 이후에도 매수인은 개정 전 독일민법 제467조,[75] 제350조[76]에 따라 가액배상 없이 담보해제를 할 수 있었다. 그 이유는 매수인은 개정 전 독일민법 제467조, 제346조[77]에 따라 가액배상의무를 부담하는 과책이 없으므로 그가 여전히 가지고 있는 것만을 반환하면 되었기 때문이다.[78] 하지만 매매목적물이 매수인의 과책에 의하여 멸실된 경

69) Protokolle der Beratungen der Ersten Kommission in Hortst Heinrich Jakobs/Werner Schubert, Die Beratung des Bürgerlichen Gesetzbuchs, Recht der Schuldverhältnisse, Bd. 1, 1978, S. 575.

70) 계약상의 해제권과 관련하여 민법전편찬 제2 위원회에 제출된 신청, 즉 우연한 사정의 경우 해제권을 배제하자는 의안은 기각되었다(Benno Mugdan, Die gesamten Materialien zum Bürgerlichen Gesetzbuch für das Deutsche Reich, Recht der Schuldverhältnisse, Bd. 2, 1899, S. 727, 729).

71) Protokolle der Beratungen der Ersten Kommission, S. 572; Motive zu dem Entwurfe eines Bürgerlichen Gesetzbuches für das Deutsche Reich, Bd. 2, 1888, S. 231.

72) Protokolle der Beratungen der Ersten Kommission, S. 573; Motive zu dem Entwurfe eines Bürgerlichen Gesetzbuches für das Deutsche Reich, S. 231.

73) Zwirlein, Zeup, 2018, S. 583.

74) 독일민법 제2독해 1. b 참조.

75) 개정 전 독일민법 제467조(담보해제의 실행): 약정해제권에 관한 제346조 내지 제348조, 제350조 내지 제354조 및 제356조의 규정은 담보해제에 준용된다. 제352조의 경우에는 하자가 물건의 변형 시에 비로소 드러났다고 하더라도 담보해제는 배제되지 아니한다. 매도인은 매수인에게 계약비용도 배상하여야 한다.

76) 개정 전 독일민법 제350조(우연한 사정에 의한 멸실): 해제권자가 수령한 목적물이 우연한 사정으로 멸실하여도 해제는 배제되지 않는다.

77) 개정 전 독일민법 제346조(해제의 효과): 계약상 일방에게 해제가 유보되어 있는 경우 해제가 실행되면 당사자는 상호 간 수령한 급부를 반환할 의무가 있다.

우 담보해제는 배제되었다(제467조, 제347조). 매수인이 우연한 사정으로 인한 물건 멸실 이후에도 매매계약을 해제한다면 매도인은 그 물건을 되돌려 받을 수 없음에도 매수인에게 매매대금을 반환하여야 하므로 물건 멸실에 대한 대가위험을 부담하게 된다.79) 그러므로 매수인의 과책에 의한 물건 멸실은 로마법(*pro vivo habendus est*)과 달리 담보해제를 배제하며, 우연한 사정으로 인한 물건 멸실의 경우에만 로마법(*mortuus redhibetur*)과 같이 매수인은 담보해제를 할 수 있었다. 이 경우 매수인은 고유한 부당이득법의 반환의무를 조건으로 하여 매도인에게 매매대금의 반환을 청구할 수 있었다.80)

1900년에 제정된 독일민법에 따르면 담보해제는 더 이상 매도인의 보증 약정 침해에 따른 시장 경찰적 제재가 아니라 약속한 결과의 실패에 대한 매도인의 사법적인 보관의무(Einstandpflicht)에 근거한다.81) 이러한 배경에서 매매목적물의 멸실 이후 매수인의 포괄적인 담보해제는 매우 광범위한 것으로 인식되었다. 이는 특히 매수인이 구매 목적을 위해 해당 물건을 사용하는 과정에서 우연한 사정으로 인하여 물건이 멸실된 경우에 해당한다. 이러한 "손해 전보"를 고려한 혼란스러운 감정은 매도인에게는 너무 광범위하므로 하자로 인한 물건 멸실의 구성에 대해서는 개정 전 독일민법 제350조의 목적론적 축소가 필요하게 되었다.82)

채권법현대화법은 이러한 불안한 감정을 고려하여83) 이전에 추구했던 "전부 아니면 전무"의 해결책에서 벗어나기로 결정했다. 즉, 계약해제는 매매목적물이 멸실된 경우에도 언제나 가능해야 하고, 오히려 위험 이전은 가액배상의 수준에서만 이루어져야 한다.84) 이처럼 채권법현대화법이 가치에 따른 청산으로 체계를 변경한 이유는 이것이 부당이득법의 일반 원칙인 차액설(Saldotheorie)의 틀 내에서 물건 가치의 산정에 도달하기 위한 것이다.85) 하지만 채권법현대화법 입법자는 이러한 계획을 실제로는 초보적으로만 시행하였다. 즉, 입법자는 가액배상의 최고액을 부당이득법과 달리 합의된 가격에 근거하여 할당하였고, 우연한 사정에 의한 물건 멸실 이후 가액배상 의무는 약정해제권에 한정하였으며, 법정해제권에 대해서는 결과적으로 "*mortuus redhibetur*" 법리를 유지하였다.86)

2. 매매대금을 기준으로 한 가액배상의무

독일민법의 경우 입법자가 의도한 가치에 따른 청산은 규범적으로는 다음과 같이 시행되

78) Larenz, Schuldrecht, Bd. 1, 1982, S. 379.
79) Leser, a.a.O., S. 61.
80) Zwirlein, Zeup, 2018, S. 583.
81) 물건 하자에 대한 담보책임의 법적 성질에 대해서는 Staudinger/Honsell, BGB, 13. Aufl., 1995, vor §§ 459 ff. Rn. 7 ff.
82) Honsell, MDR 1970, S. 719.
83) BT-Drs.14/6040, 192 ff.
84) BT-Drs.14/6040, 194.
85) BT-Drs.14/6040, 194 f.
86) Zwirlein, Zeup, 2018, S. 584.

었다. 즉, 계약해제의 의사표시가 상대방에게 도달한 후 성립한 원상회복관계에 있어서 매수인은 매도인에게 매매대금의 반환청구권을 가진다(제346조 제1문[87]). 이 경우 매수인은 매매대금의 수령과 매매목적물의 반환을 동시이행하여야 한다. 만일 매수인이 매매목적물을 반환할 수 없으면 그는 원상회복의무를 면한다(제275조 제1항[88]).[89] 그 대신에 매수인은 매도인에게 물건의 멸실 또는 훼손을 이유로 가액배상의무를 지며,[90] 또한 물건의 멸실 또는 용도에 좇은 사용에 의하지 않은 물건의 훼손에 대해서도 가액배상의무를 져야 한다(제346조 제2항 제1문 제3호[91]). 이 경우 가액배상의 최고액은 계약상 합의된 반대급부로 산정되며(제346조 제2항 제2문), 낮은 가격에 취득한 물건에 대해서는 더 낮은 가액배상을, 이와 반대로 비싼 가격에 취득한 물건에 대해서는 더 높은 가액배상을 하여야 한다. 이에 따라 매수인은 원칙적으로 계약이 제대로 이행되지 않은 측면, 예컨대 물건 하자와 그에 따른 가치 감소를 제외하고는 계약 후 상태(*status quo post contractum*)를 유지하게 된다.[92] 그리고 가액배상의 산정 시에 매매가격은 독일민법 제441조 제3항[93]을 유추적용하여 감액된다는 점에서 사적 자치에 따른 지급결정이 그대로 유지된다.[94] 이러한 가액배상의무와 매매대금 반환청구권의 균형은 경제적으로 감액의 결과에 상응한다.[95]

이러한 결과는 부당이득법의 차액설 틀 내에서 객관적인 평가 기준뿐만 아니라 구매한 목적물의 반환 시에 지급결정이 역행하는 것과 대조된다(제346조 제1항). 이에 대해 채권법 현대화법 입법자들은 해제 목적이 "계약이 체결되기 전에 존재했던 법적 상황을 복원하는 것"이라는 전제를 분명하게 명시했다.[96] 이 경우 당사자들이 계약을 체결할 때 목표한 헤지 효과(Hedge Effekt)가 유지된다. 즉, 당사자들은 지급결정을 통해 가격 하락으로부터 매도인을 보호하고 가격 상승으로부터 매수인을 보호함으로써 스스로 일반적인 가격 개발 위험을

---

87) 독일민법 제346조(해제의 효과) ① 계약 당사자 일방이 계약상 해제권을 유보하거나 법정해제권을 가진 경우에 해제 시에는 수령한 급부를 반환하고 수취한 수익을 인도하여야 한다.

88) 독일민법 제275조(급부의무의 배제) ① 급부가 채무자 또는 모든 사람에게 불능인 경우에는 급부청구권은 배제된다.

89) BGHZ 178, 355.

90) BT－Drs.14/6040, 196.

91) 독일민법 제346조(해제의 효과) ② 채무자는 다음의 경우에는 원상회복이나 반환에 갈음하여 가액을 상환하여야 한다.
1. 취득한 것의 성질상 원상회복이나 반환이 배제되는 경우
2. 수령한 목적물을 소비하거나 양도하거나 부담을 설정하거나 가공하거나 개조한 경우
3. 수령한 목적물이 훼손되거나 멸실된 경우, 다만, 용도에 좇은 사용에 의하여 훼손이 발생한 경우에는 그러하지 아니하다.
계약상 반대급부가 정해진 경우에는 가액산정은 이를 기초로 하여 산정된다.

92) Zwirlein, Zeup, 2018, S. 585.

93) 독일민법 제441조(대금감액) ① 매수인은 해제에 갈음하여 매도인에 대한 의사표시로서 매매대금을 감액할 수 있다. 제323조 제5항 제2문의 배제사유는 적용되지 아니한다.
③ 감액의 경우에 매매대금은 계약체결 시 하자 없는 상태의 물건의 가치와 실제의 가치 사이에 성립하는 비율에 따라 감축된다. 감액의 범위는 필요한 한도에서 사정에 의하여 정해진다.

94) BT－Drs.14/6040, 196.

95) Zwirlein, Zeup, 2018, S. 585.

96) BT－Drs.14/6040, 189.

제한했다.[97] 그러나 계약 당사자가 독일민법 제346조 제1항에 따라 상호 간에 수령한 급부를 반환하는 경우에는 이러한 효과가 완전히 상실된다. 즉, 매도인은 가격이 하락한 후에는 그 물건을 더 낮은 가격으로만 재판매할 수 있으며, 매수인은 가격 상승에 대하여 만일에 대비한 보전거래를 하여야 한다. 이는 가격 변화를 고려하면 계약 전 상태(*status quo ante contractum*) 유지가 아니라 계약이 없는 상태(*status sine contracto*)이다. 반면, 우연한 사정에 의한 물건 멸실 이후 감액에 대한 매수인의 사실적 언급은 만일에 대비한 헤지 효과를 유지하고, 매도인은 하자 무가치(Mangelunwert)와 관계없이 경제적으로는 계약 후 상태에 있게 된다. 이는 해제권을 계약이 원칙적으로 체결되지 않은 것으로 구성하는 경우 가치 평가 결정이 소급된다는 사실을 받아들이는 것과 반대된다.[98]

가액배상의 산정을 위한 계약상의 척도에 대한 정당화로서 소송경제적 측면이 남아 있다. 즉, 가액배상을 합의된 대가에 연결함으로써 통상 시간과 비용이 드는 물건의 '진정한' 거래가치에 대한 분쟁을 피할 수 있다.[99] 이는 객관적인 물건 가치를 산정하는데 있어 '불편한 어려움'[100]을 제거한다. 만일 채권법현대화법 입법자가 독일민법 제346조 제2항 제2문을 순수한 입증부담 규정으로 확대하였다면 이러한 장점이 시행될 수 있었을 것이다. 이 규정은 가액산정을 위한 출발점이지 고정된 기준점이 아니다. 매도인 또는 매수인이 소송상 더 높은 또는 더 낮은 객관적인 물건 가치를 계약상 합의된 가격으로 인정하고자 하는 경우 그들은 이를 실증적으로 소명하여야 하고, 경우에 따라서는 물건 가치가 가격과 차이가 난다는 것을 입증하여야 한다. 그러나 물건 가격과 물건 가치 사이에 현저한 차이가 존재하지 않고, 재차 이러한 가격의 성립을 정당화할 수 있으면 이러한 제안은 이와 결부된 비용을 이유로 통상적으로 중지된다.[101] 이러한 해석은 입법론적으로는 독일민법 제346조 제2항 제2문의 문구와 합의될 수 없다. 이러한 방식은 단지 적절한 감액을 통해 물건의 하자 무가치를 산정할 수 있도록 선택되었다.[102]

3. 법정 해제권의 경우(Mortuus redhibetur)

독일의 경우 매매대금을 기준으로 한 가액배상의무는 독일민법 제346조 제3항 제1문[103]

---

97) 이에 대해서는 Flume, "Der monetäre Wert des (Kauf-)Vertrags. Zur Bedeutung von Wert und Zeit für die Bestimmung des Nichterfüllungsschaden", AcP 115 (2015), 289.

98) Zwirlein, Zeup, 2018, S. 586.

99) BGH NJW 2009, 1070.

100) Protokolle der Beratungen der Ersten Kommission, S. 573; Motive zu dem Entwurfe eines Bürgerlichen Gesetzbuches für das Deutsche Reich, Bd. 2, 1888, S. 231.

101) Zwirlein, Zeup, 2018, S. 586.

102) BR-Drs.338/1/01, 45.

103) 독일민법 제346조(해제의 효과) ③ 가액배상의무는 다음의 경우에는 소멸한다.
1. 해제권을 발생시킨 하자가 목적물을 가공 또는 개조하는 동안 드러난 경우
2. 채권자가 훼손 또는 멸실에 대하여 책임이 있거나 목적물이 그에게 있었어도 동일하게 손해가 발생하였을 경우

에 따라 특정 상황에서는 적용되지 않는다: 첫째로 매매목적물이 동일한 또는 다른 사건의 결과로 계약해제의 상대방에게도 멸실된 경우에는 가액배상이 배제된다(제346조 제3항 제1문 제2호). 즉, 계약 전 상태 회복을 위한 가액배상은 필요하지 않다. 이러한 가상적인 추월적 인과관계에 대한 특별 구성 외에도, 매매목적물의 하자를 이유로 법정해제권이 발생한 경우 그 물건의 훼손 또는 멸실이 매수인에게 발생한 경우 그가 '자기물건과 동일한 주의'(*diligentia quam in suis*)를 하였는지에 대한 고려 없이 가액배상의무는 배제된다(제346조 제3항 제1문 제3호). 이는 매매목적물이 이미 우연한 사정으로 인하여 멸실된 경우 매수인은 매도인으로부터 매매대금을 돌려받고 매매목적물에 대한 가액배상은 하지 않아도 된다는 것을 의미한다.[104] 이 경우 매수인은 매매대금을 돌려받게 되는 반면, 매도인은 매매목적물에 대한 가액배상을 받지 못한 채 목적물을 다시 돌려주어야 하는 위험을 부담하게 된다.[105] 따라서 매도인은 우연한 사정에 의한 물건 멸실의 경제적 위험을 부담하는 반면, 매수인은 계약 전 상태로 돌아갈 수 있다(mortuus redhibetur). 이러한 원칙은 우연한 사정에 의한 매매목적물의 멸실뿐만 아니라 자기물건과 동일한 주의에 근거한 매수인의 행동에도 확대된다.[106]

1900년에 제정된 독일민법에서는 로마법의 시장 경찰적 제재가 계속 적용되었다. 이에 따라 독일민법 제346조 제3항 제1문 제3호에 규정된 매도인에 대한 위험 할당은, 한편으로는 정당하지 않은 것으로 비판을 받았고, 다른 한편으로는 하자 있는 물건의 소유권을 양도함으로써 매도인의 객관적인 의무 위반을 정당화하였다.[107] 이러한 위험 할당의 정당성은 매도인의 객관적인 의무 위반의 결과로서 채권법현대화법 입법자가 법정해제에 대해서 오랜 결과들의 지지를 중단하는 체제 변경을 선언하는 대신에 전통적인 추이를 계속 이어갔다면 더 분명해졌을 것이다.[108]

4. 소 결

1900년에 제정된 독일민법은 매매목적물이 우연한 사정으로 인하여 멸실된 후에도 매수인은 이에 상응하는 가액배상의무 없이 담보해제를 할 수 있었다. 하지만 채권법현대화법 입법자들은 1900년에 제정된 독일민법의 다양한 담보해제 및 계약해제의 배제를 가치에 따

3. 법정해제권의 경우 반환채권자가 자기의 사무에 적용하는 주의를 기울였음에도 불구하고 훼손 또는 멸실이 발생한 경우
잔존하는 이익은 반환되어야 한다.

104) 이 경우 매수인은 매도인에게 독일민법 제346조 제3항 제2문에 따라 잔존하는 이익(Eine verbleibende Bereicherung)을 반환하여야 한다. 그러나 이러한 조항은 물건 멸실의 경우에는 존재하지 않는다.

105) BGH NJW 2015, 1748.

106) Zwirlein, Zeup, 2018, 587. 이와 달리 개정 전 독일민법 제350조는 적어도 부분적으로는 다시 반환할 것을 확인하였다.

107) BT－Drs.14/6040, 196.

108) Zwirlein, Zeup, 2018, S. 588.

른 청산체계로 대체하여 이전의 해결책이 가진 문제를 제거하기를 원했다. 그러나 이러한 시도는 두 가지 이유로 성공하지 못했다. 첫째, 약정해제권에 대해서는 가액배상에 의한 해결을 성문화했으나 그 평가 기준은 매매대금을 기준으로 했다. 이는 의도치 않게 부당이득법과 계약해제의 결과 사이에 마찰을 일으켰다. 둘째, 가액배상의무는 그 입법 이유가 파악되지도 않고 정당화되지도 않은 채 이전의 해결책인 mortuus redhibetur의 존속을 지원하는 법정해제권에는 적용되지 않는다.

Ⅳ. 맺음말

1. 하자 있는 물건이 우연한 사정으로 인하여 멸실된 경우에 매수인의 계약해제에 어떤 영향을 미치는지가 문제된다. 이 경우 계약해제와 가액배상이라는 법제도를 통하여 네 가지의 해결방안을 얻을 수 있다. 첫째, 계약해제를 배제하는 방안이다. 이는 물건의 하자 무가치를 고려하지 않은 방안으로 매도인의 계약 후 상태 유지에 의미가 있다. 둘째, 매매대금의 전액 반환과 계약해제를 인정하는 방안이다. 이는 계약을 원상으로 회복하려는 계약해제의 취지에 부합하며, 매수인의 계약 전 상태 유지에 의미가 있다. 셋째, 객관적인 물건 가치의 배상하에 계약해제를 인정하는 방안이다. 이는 매도인의 계약 전 재산 상태 유지에 기여하지만 계약 당사자가 계약상 합의한 매매대금을 무시하는 것이 된다. 넷째, 매매대금을 기준으로 한 물건 가치의 배상하에 계약해제를 인정하는 방안이다. 이는 물건의 하자 무가치를 고려한 계약 후 상태 유지를 의미하므로 매도인이 물건의 가치 부족에 따라 감소되는 매매가격을 유지할 수 있도록 허용하는 것이 된다.

2. 하자로 인하여 매매목적물이 멸실되거나 훼손되는 경우에도 매수인의 해제권은 아무런 영향을 받지 않는다. 그러나 매매목적물이 우연한 사정으로 인하여 멸실 또는 훼손되는 경우에는 입법례에 따라 규정하는 바가 다르다. 물권변동에 대하여 성립요건주의를 취하고 있는 독일민법(구독일민법 제350조)과 스위스채무법(제207조 제1항)은 매수인에게 해제권을 인정함으로써 반환채무의 위험을 매도인에게 귀속시키고 있다. 이에 반하여 물권변동에 대하여 의사주의를 취하는 프랑스민법(제1647조)의 경우 반환채무의 위험을 매수인에게 부담시키고 있다. 우리 민법의 경우 매수인의 해제권 소멸에 대하여 특별한 규정을 두고 있지 않으므로 계약해제와 동일하게 다루어야 한다. 그런데 우리 민법 제553조에 의하면 매수인의 고의나 과실로 인하여 계약의 목적물이 현저히 훼손되거나 이를 반환할 수 없게 된 때에는 매수인의 해제권은 소멸한다. 따라서 하자 있는 물건이 우연한 사정으로 인하여 멸실된 경우에도 매수인은 계약을 해제할 수 있으며, 반환채무의 위험은 매도인에게 귀속하게 된다.

3. 매수인이 매매계약을 해제하는 경우 매수인은 매도인에게 수령한 매매목적물을 반환하여야 한다. 이 경우 매수인은 멸실된 매매목적물의 반환에 갈음하여 가액배상의무를 부담

하는지, 가액배상을 하여야 한다면 대체 가치는 객관적인 물건 가치로 산정하여야 하는지 아니면 계약상 합의된 가격에 기초하여 산정하여야 하는지가 문제된다. 첫째, 매수인은 매도인으로부터 매매목적물을 인도받아 소유하고 있으므로 우연한 사정에 의한 물건의 멸실 위험을 부담하여야 한다. 만일 매수인이 매도인에게 가액배상을 하지 않는 채 매매대금의 반환을 청구할 수 있도록 한다면 우연한 사정에 의한 물건의 멸실 위험을 매도인이 부담하게 되어 위험부담 법리와 부합하지 않는다. 둘째, 매수인이 가액배상으로 객관적인 물건 가치의 배상의무를 부담하는 경우 매도인은 매매대금을 반환하는 대신에 물건 가치를 되돌려 받게 되며, 반면에 매수인은 객관적인 물건 가치의 불이익을 받게 된다. 이는 물건의 하자 무가치를 자동으로 고려하여 문제를 해결하고 동시에 매도인에게 경제적으로 계약 전 상태에 놓이게 하는 반면, 객관적인 물건 가치를 잃을 위험을 매수인에게 지우며 매매대금 지급의무 및 이와 관련된 가격 위험이 더 이상 역할을 하지 못하게 되어 결과적으로는 계약 당사자가 내린 가격 결정이 무의미하게 된다. 셋째, 계약 당사자가 내린 가격 결정을 준수하여 계약 후 상태를 유지하면서 물건의 하자 무가치도 고려하여야 한다. 여기서 '매매가격에 따른 가치 대체'는 계약 당사자가 합의한 매매가격을 매매목적물의 하자로 인한 감액 가치와 비교하여 감액하는 것이다. 이 경우 매수인은 매매목적물의 하자로 인한 감액 가치와 관련된 매매대금의 일부만 되돌려 받게 되며, 그 외에 상실위험은 최종적으로 매수인이 부담하게 된다. 이는 궁극적으로 물건 하자에 해당하는 계약 부분에 대한 '부분 해제'에 해당한다.

4. 우리 민법 제548조는 계약해제의 효과로서 원상회복의무만 규정하고 있으며, 담보해제의 경우 청산관계에 대한 규정이 전혀 없다. 따라서 입법론적으로는 계약해제의 효과로서 가액배상 규정을 도입할 필요가 있으며, 이를 담보해제에 대해서 준용하는 규정의 신설도 필요하다고 생각한다.

상속재산의 분리

메이지민법 제정 과정에서의 논의를 중심으로

조 경 임

충남대학교 법학전문대학원 교수

1. 문제의식

상속재산 분리는 피상속인의 상속재산과 상속인의 고유재산을 분리하여, 상속채권자는 상속재산에서, 상속인의 채권자는 고유재산에서 각각의 채권을 우선적으로 변제받도록 하는 제도이다. 피상속인이 빚이 많으면 상속인은 한정승인으로써 스스로를 보호할 수 있고, 그 결과 상속인의 채권자들도 그 책임재산인 상속인의 고유재산을 지켜내게 된다. 반면 상속인이 가난하고 빚이 많은 경우, 상속채권자들로서는 그 책임재산인 상속재산을 지켜낼 방도가 필요하다. 재산분리 제도는 본질적으로 상속인이 가난하고 빚이 많은 경우 그러한 상속인의 채권자들로부터 상속재산을 지키려는 상속채권자, 유증받은 자를 보호하기 위해 발명된 매우 창의적인 제도이다. 하지만 아쉽게도 상속재산 분리제도는 한국과 그 연원이 된 일본 양국에서 그다지 활용되지 못하고 있다. 한정승인이나 상속재산파산제도의 틈바구니에서 그 존폐가 위태로운 상태라고도 말할 수 있다.[1] 하지만 한정승인, 상속재산파산 등 인접 제도의 정확한 이해와 운용을 위해서라도 상속재산 분리에 관해서는 보다 심도깊은 관심과 연구가 필요하다.[2] 이에 더하여 상속재산분리 제도를 뒷받침하는 이론과 법리가 정립된다면, 사해행위가 취소되어 사해행위의 목적물을 두고 수익자의 채권자단과 채무자의 채권자단이 경합하는 경우[3]처럼, 하나의 재산이나 재단을 두고 채권자團(단) 사이의 우열이 문제되는 상황에서 이를 참조하고 활용할 수 있으리라 생각한다.

이러한 문제의식 아래, 이하에서는 메이지민법 수정안이유서,[4] 메이지민법 기초자 중 1인인 우메 겐지로(梅謙次郎)의 민법요의,[5] 메이지민법 입법과정에서 작성된 법전조사회 의사속기록[6] 내용을 자료로 삼아, 우리의 재산분리제도와 메이지민법 사이의 다른 점을 중심으로, 재산분리에 관한 몇 가지 쟁점을 소개할 것이다. 그 과정을 통해 우리 민법상 재산분리 제도를 보다 정확하게 이해하고, 미비한 점과 개선방안 등에 대하여 고민해보려 한다.

---

1) 상속재산이 채무초과가 아닌 경우에는 한정승인 제도와 재산분리 제도를 통합하여 상속재산 청산제도를 운용하고, 상속재산이 채무초과인 때에는 상속재산 파산절차로 일원화하는 견해{최준규, “한정승인, 재산분리, 상속재산의 파산에 관한 입법론－비교법의 관점에서”, 서울대학교 법학 제60권 제2호(2019.6)}, 한정승인제도와 재산분리제도를 폐지하고 상속재산파산제도로 일원화하자는 견해(윤성묵, 상속재산을 둘러싼 이해관계의 조정 - 상속재산파산제도를 중심으로, 서울대학교 석사학위논문, 2019.8) 등이 대표적이다.

2) 한정승인과 상속재산 분리의 경우에 상속재산과 고유재산이 각각 어떠한 범위에서 분리되는지, 이들 제도와 상속재산의 파산과의 관계를 어떻게 정립할 것인지 등의 연구가 필요하다(최수정, “상속재산과 상속인의 고유재산의 관계－한정승인과 상속재산분리 제도의 비교를 통하여”: 정태윤・지원림논문집, 2023, 857면).

3) 예를 들어, 수익자의 고유채권자가 사해행위 취소에 따른 원상회복 전에 그 재산에 가압류한 경우 그 재산의 강제집행절차에서 취소채권자와 수익자의 고유채권자 중 누가 우선하는지 문제되는 상황이 대표적이다.

4) 法典調査会 編, 民法修正案理由書, 博文館, 1898 (1914, 1989).

5) 梅謙次郎,『民法要義』卷之五, 相續篇(18版), 207－243. (https://dl.ndl.go.jp/pid/2937476/1/113)

6) 法典調査會 民法議事速記錄. (https://law－platform.jp/pages/5d492e08ea0bef1fa438699b)

2. 상속과 재산분리 일반

가. 상속의 당연 · 포괄 승계

주지하다시피 상속은 포괄적 승계(universal succession)의 일종이고, 포괄적 승계는 포괄적 재산(universal juris)을 승계하는 것이다.[7] 사망과 동시에 상속인은 망자의 모든 권리와 모든 의무[8]를 동시에 물려받아 그 즉시 망자의 법인격 전체를 옷으로 입는다고 표현된다.[9] 로마인들은 상속을 "망자가 가졌던 포괄적 법적 지위를 승계하는 것(Haereditas est successio in universum jus quod defunctus habuit)"으로 정의하였다.[10] 망자의 육신은 소멸하지만 그의 법인격은 살아남아 적어도 법의 관점에서는 그 동일성이 이어져 상속인에게 전달된다고 이해하였다.[11]

헨리 서머 메인(Henry Summer Maine)은 로마법이 '죽지 않는' 단체로서의 속성을 개인에게도 적용한 것이 상속이 갖는 당연 · 포괄 승계라는 속성의 기원으로 보인다고 설명한다.[12] 고대의 저발전 사회에서는 사람들이 개인이 아닌, 시민, 씨족, 가족 등 어떤 집단의 구성원으로서의 지위를 가질 뿐이었으며, 개인의 특성은 그 소속단체에 흡수되었다.[13] 이러한 고대 저발전 사회에서는 집단의 대표자가 사망하더라도 그가 보유하던 권리와 의무, 재산은 그가 대표하는 집단의 권리와 의무, 재산으로서, 그 상태 그대로 그 승계인에게 전해졌다. 가족 역시 그러한 단체로서,[14] 고대 로마는 가장이 사망하더라도 그가 대표하는 가족의 포

---

7) 헨리 서머 메인(Henry Summer Maine)/김도현 옮김, 고대법(*the ancient law*), 박영사, 2023, 123면. 포괄적 재산은 특정한 한 시점에 특정한 한 사람에게 속한다는 단일한 상황으로 결합된 권리와 의무의 집합물로서, "특정 개인의 법적인 옷"이라고 표현되기도 한다(고대법, 123면). 어떤 사람이 다른 사람의 법적인 옷을 입어, 그의 모든 책임을 부담하고 그의 모든 권리를 가질 때 이런 일이 일어난다(고대법, 124면). 포괄적 승계가 진정하고 완전한 것이 되려면 그 이전이, 법률가들의 표현을 빌리면, 일거에(*uni icru*) 일어나야 한다(고대법, 124면). 이러한 포괄적 승계의 관념은 로마법에서 비롯되었는바, 상속(haereditas)은 로마법이 인정하고 있는 여러 형태의 포괄승계 중 하나이다.

8) 로마법은 초기시대부터 이미 피상속인이 남긴 부채를 상속인이 변제해야 한다는 인식이 있었다. 벌금채무는 피상속인의 사망과 함께 소멸하지만, 그 외 재산상의 채무는 사망으로써 상속인에게 이전된다고 보았다. 12표법은 상속인이 여러 명인 경우 분할 가능한 채무는 별도의 분할절차 없이 상속지분에 따라 상속인들에게 이전되며 분할 할 수 없는 채무인 때에는 상속인들이 연대책임(in soldium)을 진다고 정하고 있다(Max Kaser/Rolf Knütel/Sebastian Lohsse, *Römisches Privatrecht Ein Studienbuch*, überarbeitete und erweiterte Auflage, 2017, S. 423).

9) 헨리 서머 메인. 고대법, 125면; 영미법에서 상속이 개시되면 곧바로 상속인에게의 포괄승계가 이루어지지 아니하고 상속재산이 인격대표자(personal representative)에게 이전된다(편집대표 윤진수, 주해상속법 제1권, 2019, 556면, 이동진 집필부분). '상속인에게로의' 당연 · 포괄승계가 상속의 본질적인 속성이라고 단언하기는 어려울 것이다.

10) D.50.16.24. GAIUS, *Edictum Provinciale*, Liber Ⅵ.

11) 헨리 서머 메인, 고대법, 126면.

12) 헨리 서머 메인, 고대법, 129면.

13) 헨리 서머 메인, 고대법, 127면.

14) 로마의 가족은 아버지의 죽음으로 그 권한을 물려받은 자유민(가부장 pater familias), 그와 혼인한 가모, 이들의 아들과 손자들, 그 아내들, 가부장의 미혼 딸들과 가족 구성원의 모든 소유물과 재산으로 이루어진 단일체였다(테오도르 몸젠, 몸젠의 로마사 1, 김남우 · 김동훈 · 성중모 옮김, 푸른역사, 2013, 83면). 법률상 가족의 재산 일

괄적 재산－권리 · 의무 · 재산－이 승계인을 통해 죽지 않고 살아남아 이어지는 것[15]을 당연하게 받아들였다.[16] 헨리 서머 메인은 이와 같이 죽지 않고 이어지는 단체의 속성이 당연 · 포괄 승계 관념의 기원이며, 로마가 이러한 단체의 특성을 개인인 시민의 사망과 그로 인한 상속에 부여한 것이라고 설명한다.[17]

나. 포괄재산의 혼합과 재산분리

1) 포괄적 재산의 혼합 원칙

고대 로마에서의 가부장이 그랬듯, 개인이 사망하더라도 상속을 통해 법적 생명이 죽지 않고 이어진다는 관념에 기초하면, 피상속인의 권리 · 의무 · 재산(포괄적 재산)은 상속인을 통해 살아남아 그 생명을 이어간다. 상속인 개인은 종전부터 유지해 온 고유한 포괄적 재산을 가지고 있다. 상속인의 고유한 포괄적 재산과, 상속인으로서 승계한 포괄적 재산은 서로 섞이는 것이 원칙일까, 분리된 채 병존하는 것이 원칙일까.

로마에서는 초기 단계부터 상속인이 상속채무에 대해 무한책임을 지는 것으로, 즉 상속재산이 피상속인의 채무를 초과하는 경우, 상속인이 고유재산으로 이를 변제하여야 하는 것으로 인식되었다.[18] 피상속인의 포괄재산과 상속인 고유의 포괄재산이 서로 혼합됨을 원칙으로 알았던 듯하다. 반면 게르만법에서는 상속인이 상속채무를 상속재산으로써 책임지는 것이 원칙이었고, 상속인의 무한책임은 예외적이었다.[19]

2) 재산분리를 통한 상속인 책임 제한

다만 로마에서 상속인은 이러한 무한책임으로부터 벗어나기 위해 상속을 포기(ausschlagen)[20]하거나 거부(zurückweisen)[21]할 수 있었다. 하지만 해방된 노예가 상속인으로 임명된 때에는

체는 가부장의 재산으로, 그에게 예속된 사람들은 자기 재산을 가질 수 없었으되, 장성한 아들은 분가하여 자기 가족을 이루어 가부장으로부터 할당된 특유재산(peculium)을 가질 수 있었다. 새로운 가부장이 되는 것이다(몸젠의 로마사 I, 85면).

15) 현대에는 상속제도가 재산형성에 직 · 간접적으로 협력한 가족 구성원의 기여를 청산하는 것을 그 주된 목적으로 하는 제도라는 설명이 이루어지고 있다(최현숙/박규용, "상속에 있어서 청산 법리의 확대에 관한 소고", 법학연구 54(2014), 243 이하 등).

16) 헨리 서머 메인, 고대법, 131면.

17) 헨리 서머 메인, 고대법, 129면.

18) Max Kaser/Rolf Knütel/Sebastian Lohsse, Römisches Privatrecht 22. Aufl., 2022, S. 477.

19) Gierke, *Grundzüge des deutschen Privatrechts*, § 117 in: Holzendorf/Kohler (Hrsg.), *Enzyklopädie der Rechtswissenscahft in systematischer Bearbeitung*, 1. Band, 7. Aufl., 1915, S. 291; 김형석, "한정승인의 효과로서 발생하는 재산분리의 의미", 가족법연구 제22권 3호, 2008, 7면에서 재인용.

20) 아직 상속에 관여(se inmiscere)하지 않고, 상속을 받으려는 의사를 나타내기 전이면 상속을 포기(se abstinere)할 수 있는데, 이는 상속인 자격을 잃게 하는 것은 아니지만(Ulpianus D. 28,8,8 참조), 법무관은 그들을 상속인이 되지 않은 것처럼 대우하며 상속채무에 대한 책임을 면하게 해 준다(G. 2, 158; 160; 163; Inst. 2, 19, 2 및 5; Max Kaser/Rolf Knütel/Sebastian Lohsse, S. 467(Rz 82.3)에서 재인용.

21) 지정된 상속인이 상속을 원하지 않을 경우, 그는 단순히 상속을 수락하지 않으면 된다. 그는 또한 형식 없이 또는 묵시적인 행동으로 상속을 거부할 수 있다. *repudiare, omittere hereditatem*, G. 2, 169; Ps.－Ulp. 22, 29; Max Kaser/Rolf Knütel/Sebastian Lohsse, *Römisches Privatrecht* 22. Aufl., S. 468(Rz 82.7)에서 재인용. 일단

상속을 거부할 수 없어 무한책임을 져야 했다. 하지만 법무관(Praetor)은 그 상속인이 상속재산에 한하여 책임을 부담하도록 재산분리(separatio bonorum)를 허용하기도 하였는데, 이는 상속인의 책임이 상속재산의 범위로 제한된 가장 오래된 사례라고 한다.[22] 현재 재산분리 제도는 주로 상속채권자 등을 위한 제도로 활용되고 있는데, 역사상 재산분리의 첫 사례가 상속인의 책임 제한을 위해 이루어진 것이라는 점이 흥미롭다.[23]

3) 상속채권자를 위한 재산분리

유스티니아누스 황제가 편찬한 『학설휘찬』(*Digesta*) 제42권 제6장은'상속채권자'를 위한 재산분리(De separationibus)에 관해 다양한 사례를 소개하고 있다. 로마에는 상속인의 지급능력이 의심스러운 경우 상속채권자들을 보호하기 위한 2가지 방안이 있었다.[24] (1) 상환능력이 의심스러운 상속인에게는 법무관이 보증 제공을 요구할 수 있었고, 상속인이 이를 거부할 경우 법무관이 칙령(decree)으로 상속재산을 압류하고 매각하는 절차를 진행할 수 있었다.[25] (2) 상속인이 지급불능 상태에 빠져 그의 고유재산에 대해 집행이 개시된 경우, 상속채권자들의 요청에 따라 법무관이 칙령으로 상속재산과 상속인의 고유재산을 분리(separatio bonorum)하도록 명할 수 있었다.[26] 이로써 상속채권자들은 상속인이 지급 불능상태인 경우 상속인의 채권자들이 상속재산에서 변제받는 것을 막을 수 있었다.[27]

4) 상속인의 채권자를 위한 재산분리?

반면 로마에서 상속인의 채권자는 상속채권자와는 달리 상속재산과 고유재산의 분리를 요청할 수 없었는데, 누군가(상속인)가 채무를 추가로 부담하고, 그로 인해 기존 채권자들의 지위가 악화되는 결과는 거래 일반에서 흔히 일어나고 당연히 허용되는, 채권자로서 받아들여야 하는 일이기 때문이다.[28] 상속인이 자신의 채권자들을 속이고 채무초과상태의 상속을

상속을 거부하면 다시 수락할 수 없다.

22) G. 2, 155; Inst. 2, 19, 1 a. E.; Max Kaser/Rolf Knütel/Sebastian Lohsse, *Römisches Privatrecht* 22. Aufl., S. 478.

23) 이후 유스티니아누스 황제는 상속인이 채무초과 상태의 포괄적 재산을 상속받음으로 인해 어려움을 겪지 않도록, 기존에 존재했던 방법들－상속포기, 재산분리, 상속여부에 대한 숙고기간 부여 등－에 더하여, 재산목록작성(inventarium)의 특권(beneficium inventarii)을 누릴 수 있도록 하였다. 상속인이 일정한 기간 내에 기록관리인(tabularius) 등의 도움을 받아 상속재산목록을 작성하고, 고의적으로 생략한 내용이 없다는 점을 보증하면, 상속인은 그 항목에 해당하는 범위 내에서 책임을 부담하여 고유재산으로는 책임을 부담하지 않을 수 있었다(Max Kaser/Rolf Knütel/Sebastian Lohsse, *Römisches Privatrecht Ein Studienbuch*, überarbeitete und erweiterte Auflage, 2017, S. 424). 이는 한정승인 제도의 기원으로 설명된다(김형석, "한정승인의 효과로서 발생하는 재산분리의 의미", 8면).

24) Max Kaser/Rolf Knütel/Sebastian Lohsse, *Römisches Privatrecht*, 22. Aufl., S. 478.

25) D. 42.5.31. Ulpia., *Omnes Causae Iudiciariae*, Liber II; 상속채권자들이 상속인의 지급능력 부족을 입증할 수 없는 때에는 상속인에 대한 모욕을 이유로 법정 책임을 지기도 하였다(Ulp. D. 42,5,31).

26) D. 42.6.1.1. Ulpian., 64 ad ed.

27) 현재의 상속재산분리가 상속재산에 대한 청산 과정에서 이루어지는 것에 반해, 로마에서의 재산분리는 상속인 고유재산의 집행 과정에서 이루어졌던 것으로 보인다.

28) D. 42.6.1.2. Ulpian., 64 ad ed. 이는 메이지민법 제정 당시 우메 겐지로가 상속인의 채권자에게 상속채권자와

받는 경우가 있는데,[29] 이러한 경우에도 상속인의 채권자들은 재산분리를 청구할 수 없으며, 그러한 채무자와 거래한 스스로를 탓해야 할 것이라고 한다.[30]

5) 상속채권자의 고유재산으로부터의 배당변제?

상속채권자가 상속인의 고유재산에서 채권의 만족을 얻을 수 있는지에 관하여는 부정하는 견해가 다수이되, 인정하는 견해도 일부 존재하였던 것으로 보인다. 파울루스는 "상속채권자들이 재산의 분리를 요청하였는데, 상속재산이 충분하지 않고 상속인의 고유재산이 충분한 경우, 상속채권자들은 상속인에게 다시 청구할 수 없으며 처음에 청구한 대로 만족해야 한다"[31]며, 상속인의 채권자들이 고유재산에서 채권 전액을 상환받고 남은 것이 있다면 그것이 상속채권자들에게 돌아가야 한다고 생각하는 사람들[32]도 있으나, 자신은 이에 반대하는 입장임을 명확히 한다. 그 이유는, 상속채권자들은 재산분리를 청구함으로써 상속인의 고유재산으로부터 변제받기를 포기한 것이고, 그러한 선택으로 인해 손해를 보더라도 스스로 잘못 판단한 결과를 받아들여야 하며 번복할 수 없다는 취지이다.[33] 울피아누스 역시 상속인의 채권자는 재산분리를 청구할 수 없다는 입장이다. 상속인의 자력이 충분함에도 불구하고 상속채권자들이 상속재산을 고유재산으로부터 따로 분리하여 확보하기로 선택했다면, 그 오판으로 인한 손실은 스스로 감당해야 한다는 것이다.[34] 반면 파피니아누스는 이들과 다른 견해를 취한 듯 보인다. 재산분리를 청구한 상속채권자가 상속재산으로부터 채권 전체를 변제받지 못한 경우, 상속인의 채권자가 상속인의 고유재산으로부터 만족을 얻고 남은 부분에 대해서는 상속채권의 만족을 얻을 수 있다는 취지로 기술하고 있다.[35]

한편 상속인의 채권자들은 재산분리 후 상속재산이 매각되어 상속채권자들에게 변제되고 남은 것이 있으면, 그 잔액을 자신들에게 지급될 몫에 포함시킬 수 있었다.[36]

다. 우리 민법의 상속과 재산분리

1) 당연·포괄승계 및 혼합의 원칙

우리 민법은 로마법이 구상하였던 상속의 효과 그대로 상속인의 당연·포괄 승계를 그

동일한 수준으로 재산분리청구권을 인정하여서는 안 된다는 주장을 하면서 강력하게 들고 있는 논리이다[아래 4.가.2) 참조].

29) 상속인이 상속을 포기하거나 거부할 수 있음에도 이를 하지 않은 경우를 가리키는 것으로 보인다.

30) D. 42.6.1.5. Ulpian. 64 ad ed. 이 역시 우메 겐지로가 상속인의 채권자에게 재산분리 청구권을 인정할 필요가 없다는 주장을 하면서 들고 있는 논거이다[아래 4.가.2) 참조].

31) D. 42.6.5 Paul.13 quaest.

32) 파피니아누스가 이러한 이들 중 1인인 듯하다(D. 42.6.3.2. Pap. 27 quaest. 참조).

33) D. 42.6.5 Paul.13 quaest.

34) D. 42.6.1.17. Ulpian. 64 ad ed. 다만 상속채권자들이 상속인의 자산상태에 관해 전혀 알지 못했음을 입증한다면 관용을 요청할 수도 있을 것이라고 한다.

35) D. 42.6.3.2. Pap. 27 quaest. 참조.

36) D. 42.6.1.17. Ulpian. 64 ad ed

원칙으로 택하고 있다.[37] 상속인은 상속이 개시되는 시점에 피상속인의 권리・의무・재산을 일거(uni icru)에 총체적으로 이전받는다.

그리고 우리 민법 제1026조 제2호는 상속인이 한정승인이나 상속 포기를 하지 않으면 단순승인을 한 것으로 보는데,[38] 이는 우리 민법이 상속인의 단순승인을 상속의 기본 효과로 이해하고 있음을 보여준다.[39] 단순승인은 상속재산과 고유재산의 혼합 및 상속인의 상속채무에 대한 무한책임을 전제한다. 즉 우리 민법은 로마가 그랬듯 상속인에게 당연・포괄승계된 피상속인의 권리・의무・재산과 상속인 개인의 고유한 권리・의무・재산이 혼합하여 하나로 통합됨을 원칙으로 한다.

2) 예외적 분리

하지만 두 개의 법적 지위가 혼합하는 과정에서 갑자기 다액의 상속채무를 부담하게 되는 상속인, 상속인의 고유재산을 두고 상속채권자들이나 유증을 받은 자들(이하에서는 이들을 아울러 상속채권자들이라고 줄여 부른다)과 경합하게 된 상속인의 채권자들, 상속인의 고유채무가 많은 경우 상속재산을 두고 상속인의 채권자들과 경합하게 되는 상속채권자들처럼, 양 재산의 혼합으로 인해 예기치 못한 손실을 입게 되는 이들이 생길 수 있다.

우리 민법은 상속인에게 한정승인을 선택할 수 있도록 하는바, 채무초과 상태의 상속재산을 상속받게 된 상속인은 스스로 한정승인을 결정함으로써 상속채권자들로부터 자신의 고유재산을 보호할 수 있다. 그리고 상속인이 이와 같이 합리적인 결정을 함으로써 상속인의 채권자들 역시 장래의 책임재산을 지킬 수 있게 된다.

한편 상속인 고유의 채무가 많은 경우 굳이 상속인에게는 한정승인을 할 誘因(유인)이 없다. 이럴 때 상속채권자가 나서서 상속재산과 상속인의 고유재산의 분리를 청구할 수 있도록 하는 제도가 우리 민법 제1045조 이하의 재산분리이다.[40] 우리 민법은 여기에서 더 나아가 상속인의 채권자 역시 상속채권자와 같은 내용의 재산분리를 청구할 수 있도록 정하고 있다. 상속재산이 채무초과상태임에도 상속인이 한정승인을 하지 않는 경우, 상속인의 채권

37) 민법 제1005조; 영미법(커먼로)에서는 상속이 개시되어도 곧바로 포괄승계가 이루어지지 아니하고 상속재산이 인격대표자(personal representative)에게 귀속되며 그 인격대표자가 상속재산을 관리・청산・분배하도록 한다(김형석, "한정승인의 효과로서 발생하는 재산분리의 의미", 1면; 편집대표 윤진수, 주해상속법 제1권, 이동진 집필부분, 2019, 556면). 반면 우리 민법은 상속인의 의사와 무관하게 포괄승계가 이루어지므로, 상속인으로 하여금 사후적으로 승인(1025조), 포기(1024조), 한정승인(1028조) 등을 통해 포괄승계의 효과를 배제할 수 있도록 할 필요가 있다(김형석, "한정승인의 효과로서 발생하는 재산분리의 의미", 1－2면).

38) 정광현(한국가족법연구, 서울대학교 출판부, 1967, 393－394면)은 일정한 기간 내에 한정승인을 하지 않으면 단순승인으로 간주하는 단순승인 원칙에 반대하며, 상속인이 별다른 의사표시를 하지 않는 한 한정승인을 한 것으로 간주하여 한승승인을 상속의 원칙을 채택하여야 한다고 주장한다. 상속채권자는 피상속인의 재산을 목적으로 채권을 취득한 자이므로 그 이상을 상속인의 고유재산으로부터 변제받을 이유가 없다는 것이다.

39) 정광현, 한국가족법연구, 392－394면; 박광천, "상속의 한정승인", 상속법의 제문제, 재판자료 제78집, 법원도서관, 1998, 574면.

40) 상속채권자의 청구에 의한 재산분리가 있으면 상속채권자는 상속인의 채권자에 우선하여 상속재산으로부터 채권의 만족을 얻을 수 있다. 상속재산으로부터 변제받지 못한 부분이 있으면, 상속채권자는 상속인의 고유재산에 관한 집행에서 그 변제를 받을 수도 있다. 재산분리와 한정승인이 다른 점이다.

자가 나서서 재산분리를 청구할 수 있는 것이다.

3) 재산분리 제도의 개요[41)]

상속채권자, 유증을 받은 자, 상속인의 채권자는 상속이 개시된 날로부터 3월 내에 법원에 상속재산과 상속인의 고유재산의 분리를 청구할 수 있다(민법 제1045조). 법원이 그 청구에 따라 재산분리를 명하면,[42)] 재산분리를 청구한 자는 상속채권자, 유증을 받은 자에게 재산분리 명령이 있다는 사실을 알리고 그들이 채권을 신고하여 상속재산의 배당절차에 참여할 수 있도록 하여야 한다(민법 제1046조). 재산분리는 상속재산 청산을 위한 제도이지, 상속인의 고유재산 청산을 위한 제도가 아니다.[43)] 법원이 재산분리를 명하면, 상속재산과 고유재산의 혼합이 금지되며, 상속인의 피상속인에 대한 재산상 권리・의무가 소멸하지 않는다(민법 제1050조). 상속재산은 상속인 또는 법원이 선임한 관리인에 의해 관리된다(민법 제1048조).

법원이 재산분리를 명한 후 상속재산의 처분은 효력이 없는 것이 원칙이다.[44)] 하지만 부동산의 경우는 재산분리 사실이 등기[45)]되지 않은 한 제3자에게 대항할 수 없다(민법 제1049조). 즉 재산분리 명령으로 인해 그 처분이 실질적으로 금지된 부동산임에도 불구하고 그 사실이 등기되지 않은 이상, 제3취득자는 부동산인 상속재산에 관한 권리를 유효하게 취득할 수 있다.

채권신고를 거친 상속채권자, 유증받은 자 등은 상속재산으로부터 배당변제를 받는다(민법 제1051조). 저당권 등의 우선권 있는 채권자의 권리를 해할 수 없고(민법 제1051조), 상속채권자는 유증받은 자보다 우선한다(민법 제1036조). 상속채권자와 유증을 받은 자가 상속재산에서 그 채권 전액을 변제받지 못한 경우 상속인의 고유재산으로부터 변제받을 수 있다.

---

41) 우리나라 재산분리 제도의 전반적인 내용은 본고에서 상세히 다루지 않는다. 구체적인 내용은 편집대표 민유숙, 주석민법 상속, 제5판, 한국사법행정학회, 2020.7; 편집대표 윤진수, 주해상속법 제1권, 박영사, 2019; 법원실무제요 가사 [Ⅱ], 법원행정처, 2021 등 참조.

42) 통설에 따르면 가정법원이 상속재산의 상태, 상속인 고유재산의 상태, 그 밖의 사정을 종합하여 그 필요성을 판단한 후 상속재산 분리의 필요가 있는 때에 상속재산 분리를 명하는 심판을 하여야 하고 그 필요성이 없는 때에는 청구를 기각하여야 한다(법원실무제요, 1079면). 상속인의 자력이 채무초과상태가 아닌 때에는 상속인의 채권자의 신청에 의한 재산분리의 명령을 할 필요가 없고, 상속재산이 채무초과상태가 아닌 때에는 상속인의 신청에 의한 재산분리의 명령을 할 필요가 없다. 하지만 채무초과상태 여부가 명백하지 않은 경우, 그 때의 판단은 상속채권자 등의 보호필요성을 감안하여 이루어져야 한다(법원실무제요, 1080면).

43) 我妻栄, 相続法, 日本評論社, 1966, 211−222면; 반면 로마에서는 상속인이 지급불능 상태에 빠져 그의 고유재산에 대한 집행절차가 개시된 때에 상속채권자들의 요청에 따라 법무관이 재산분리를 명할 수 있었다고 하는바(Max Kaser/Rolf Knütel/Sebastian Lohsse, *Römisches Privatrecht* 22. Aufl., S. 478), 상속채권의 청산보다는, 상속인 파산으로 인한 청산이 문제되는 상황에서, 상속인의 채권자들이 상속인의 고유재산뿐 아니라 상속재산에 대해서까지 집행하는 것을 막기 위한 목적으로, 상속채권자들의 요청에 따른 재산분리가 일반적이었던 것으로 보인다.

44) 편집대표 민유숙, 주석민법 상속, 제5판 2020(김윤정 집필부분), 506면; 이동진, 주해상속법, 574면 등.

45) 이 등기는 가정법원이 촉탁할 것이 아니라 재산분리를 청구한 자가 신청하여야 한다(법원실무제요, 1081면). 부동산등기법에 재산분리의 등기절차가 마련되어 있지는 않다. 하지만 부동산등기실무상 부동산등기법 제23조 제3항의 상속에 따른 등기에 준하는 것으로 보아 청구인이 분리 심판의 확정을 증명하는 서면을 첨부하여 단독으로 신청할 경우 등기를 해 주고 있다(법원실무제요, 1081면).

다만 고유재산에 관한 한 상속채권자 등은 상속인의 채권자에 후순위이다(민법 제1052조).

4) 특이점

우리 민법은 현행 민법전이 제정되기 전까지[46] 재산분리에 관해서는 메이지민법 규정을 그대로 의용하여 사용하였다.[47] 재산분리에 관한 현행 우리 민법 규정들은 현행 일본 민법의 규정들[48]과 대체로 유사하다. 하지만 몇 가지 중대한 차이점이 있는데,[49] 그중에서도 특히 중요하다고 생각되는 점은 다음의 두 가지이다.[50]

- 일본은 상속채권자와 유증받은 자의 청구에 의한 재산분리(메이지민법[51] 1041조~1049조)와 상속인의 채권자가 신청한 재산분리(1050조)를 구별하여[52] 달리 규정하고 있는 반면, 우리 민법은 양자를 구분하지 않는다.
- 일본은 재산분리가 있으면 상속채권자가 상속재산에 관해 상속인의 채권자보다 우선하여 변제받는 내용의 1042조－재산분리의 효력규정－를 두고 있으나, 우리는 그러한 규정을 두고 있지 않다. 즉 우리 민법은 재산분리가 있는 경우 상속재산에 관해 상속채권자가 상속인의 채권자에 우선하여 배당변제를 받는다는 내용에 대해 아무런 규정을 두고 있지 않다. 상속인의 고유재산에 관한 집행이 있는 때에, 상속인의 채권자가 상속채권자에 우선한다는 규정(우리 민법 제1052조)을 두고 있을 뿐이다.

---

46) 일제강점기 우리나라의 재산분리에 관하여 조선친족상속법류집(1935)에서 관련된 내용을 언급하고 있어 소개한다. "조선에서는 상속인이 상속으로 얻은 재산 외에 고유한 재산을 가지지 않은 경우가 많고, 피상속인의 채무가 상속인의 채무보다 우선적으로 청산하는 것이 도의로 여겨지고 있다. 따라서 상속채권자가 상속인 채권자보다 먼저 상속재산에서 변제를 받을 수 있는 경우가 있을 수 있으나, 관습적으로 상속채권자와 상속인 채권자 간에 이러한 구별을 인정하는 경우는 드물다. 또한, 상속재산과 상속인의 고유재산을 구별하여 상속재산에 대해서는 상속채권자의 우선권을 인정하고, 상속인의 고유재산에 대해서는 상속인 채권자의 우선권을 인정하는 경우도 거의 없다. 이로 인해 상속인이 많은 채무를 지고 있는 경우에도 상속채권자가 상속재산으로 충분한 변제를 받지 못하는 경우가 있을 수 있으며, 또한 피상속인의 재산이 많을 때에도 상속인 채권자가 상속인의 고유 재산을 통해 채무를 청산하려고 해도 충분한 변제를 받지 못하는 경우가 있다. 이와 같이, 상속채권자나 상속인 채권자가 상속으로 인해 발생하는 손실을 피할 수 있는 방법이 아직 충분히 마련되지 않은 상태이다", 現行朝鮮親族相續法類集/南雲幸吉 編纂, 大阪屋號, 昭和10[1935], 433－434면.

47) 재산관계와는 달리 친족·상속 관계에 관해서는 일제강점기 초기에는 전부 한국인의 관습에 따르기로 하는 관습법 주의를 택하였다. 그 후 朝鮮民事領 제11조를 개정하여 일본 메이지민법 중의 일부－재산상속의 승인에 관한 규정(1017조－1037조), 상속재산의 분리에 관한 규정(1041조－1050조)－가 1923(大正 12)년 7월 1일부터 의용되도록 하였다(정광현, 한국가족법연구, 21－22면, 410면).

48) 재산분리에 관한 일본의 현행 민법 규정은 메이지민법 규정을 거의 그대로 이어받고 있다.

49) 民法案審議錄 下卷: 親族篇·相續篇(民議院法制司法委員會 民法案審議小委員會 編, 1957, 184면 이하를 살펴보면, 당시 민법안 제1054조 이하(현행 민법 제1045조 이하)가 참조한 외국의 입법례로 메이지민법 1041조 이하를 들고 있으나, 일부 내용이 변경된 점에 대해서는 별다른 언급은 없다. 한국가족법연구(정광현) 제3부가 우리의 친족상속법 제정경위에 관한 다양한 입법자료를 수록하고 있지만, 그중에서도 재산분리에 관하여 메이지민법 규정을 수정한 이유나 경위에 대한 내용은 찾지 못하였다.

50) 그 밖에도 일본 민법에는 우리 민법에는 없는 946조, 949조를 두고 있다. 946조는 선취특권자가 물상대위를 할 수 있다는 취지의 304조를 재산분리의 경우에 준용한다는 내용이며, 949조는 상속인이 그 고유재산에서 상속채권자 및 수유자에게 변제하거나 담보를 제공함으로써 재산분리청구를 저지할 수 있도록 한 규정이다.

51) 이하에서 법률의 명칭 없이 인용하는 조문은 메이지민법의 조문이다.

52) 일본은 전자－상속채권자와 유증받은 자를 위한 재산분리－를 1종 재산분리, 후자－상속인의 채권자를 위한 재산분리－를 2종 재산분리로 부른다. 이하에서는 간단히 1종 재산분리, 2종 재산분리라는 명칭을 함께 사용한다.

라. 메이지민법상 재산분리

1) 민법수정안이유서[53)]

메이지민법 제5편 재산분리에 관한 제4장의 수정안 이유는 다음과 같다.

「본 장의 규정은 기성법전에서 이를 볼 수 없지만 외국의 법전에는 어디라도 본 장과 같은 규정을 두고 있다. 현재 한정승인제도를 두어 상속인을 보호하는 이상 균형상 재산분리의 제도를 두어 피상속인의 채권자 및 상속인의 채권자를 보호하지 않으면 안 된다.

만일 재산분리의 제도가 없으면 상속인의 채무가 많은 경우에는 혼동(混同[54)])의 결과 피상속인의 채권자는 불측의 손실을 입게 되고 또 피상속인의 채무가 많은 경우에는 상속인의 채권자는 불측의 손실을 입게 될 것이다. 지금 여러 국가 법전의 재산분리의 제도를 보면 그 규정이 매우 구구하다. 본 안에서는 번잡하지 않게 전술한 목적을 달성하기 위하여 본 장의 규정을 두었다.」

수정안이유서는 한정승인이 상속인을 위한 제도이며, 재산분리제도는 피상속인의 채권자(상속채권자, 수유자), 상속인의 채권자를 위한 제도임을 명확히 하고 있다.

2) 특 징

메이지민법 수정안의 입법과정에서 작성된 법전조사회[55)] 민법의사속기록[56)]을 살펴보면, 제2종 재산분리를 인정할 것인지, 인정하더라도 제1종과 같은 정도로 상속인의 채권자를 보호하여야 하는지를 포함하여, 재산분리를 둘러싼 다양한 쟁점에 관해 활발한 논쟁이 이루어졌음을 확인할 수 있다. 그 과정에서 우리에게 낯선 개념·관념들도 발견하게 된다.

주된 쟁점 및 낯선 개념 등을 간략히 소개하면, 전술한 ① 제1종, 제2종 재산분리의 구분 외에도, ② 제1, 2종 재산분리를 청구할 수 있는 時限(시한)으로서, '상속재산과 고유재산이 사실상 혼합되지 않은 동안'의 의미, ③ 재산분리의 효력 및 재산분리를 청구할 수 있는 권리가 우선특권(선취특권)인지, 채권의 효력인지, ④ 제2종 재산분리를 청구할 수 있는 時限(시한)으로서, '상속인이 한정승인을 할 수 있는 기간'의 의미, ⑤ 상속채권자의 상속인 고유

---

53) 民法修正案理由書(親族相續), 299면. [https://dl.ndl.go.jp/pid/2385831/1/6]

54) 혼동이라는 표현이 우리가 아는 법률용어로서의 혼동을 가리키는 것인지, 아니면 1041조, 1050조상의 혼합을 가리키는 것인지 명확하지 않다. 상속재산과 고유재산의 혼합을 막을 수 있도록 상속채권자에게 재산분리를 청구할 수 있도록 정한 취지를 고려하면, 混合(혼합)으로 이해하는 것이 타당해 보이나, 메이지민법이 상속채권자를 위한 재산분리의 경우에는－상속인의 채권자를 위한 재산분리(1050조)와는 달리－1027조(현행 일본 민법 927조)와 같은 내용의 규정을 두지 않고 이를 준용하지도 않음으로써 혼동을 인정하고 있는 점을 고려하면, 문구의 표현 그대로 혼동으로 이해하는 것이 타당해 보이기도 한다.

55) 구민법 원안에 관한 수정안은, 1893년 칙령 제11호로 제정된 법전조사회 규칙이 정한 바에 따라 조직된 법전조사회의 주도 아래 마련되었다. 법전조사회의 성립과 조직, 민법수정안의 편찬과정에 관한 상세한 내용은 星野通, 明治民法編纂史硏究, 昭和18[1943], 151－208면 참조(서울대학교 도서관 소장 자료).

56) 법전조사회 민법의사속기록은 법률정보기반(legal Information Platform) 사이트에서 쉽게 접근할 수 있다(https://law－platform.jp/pages/5d492e08ea0bef1fa438699b).

재산에 대한 제2소권,[57] ⑥ 진정한 재산분리와 불완전한 재산분리, ⑦ 1045조에서 부동산에 관하여 재산분리를 "등기하면 제3자에게 대항할 수 있다"고 규정하지 않고 "등기하지 않으면 제3자에게 대항할 수 없다"고 규정한 이유가 무엇인지, ⑧ 재산분리의 명령이 있는 경우 피상속인에 대한 상속인의 재산상 권리의무가 소멸하는지[58] 등이 대표적이다.

이하에서는 재산분리에 관한 메이지민법 규정 중에서 특히 우리에게 시사하는 바가 크다고 생각되는 조문들을 중심으로, 민법수정안의견서, 법전조사회 의사속기록, 민법요의 등의 내용을 소개하고 우리 민법과 비교·검토해 볼 것이다.

3. 상속채권자를 위한 재산분리 (제1종)

가. 1041조 (상속채권자 또는 수유자의 청구에 의한 재산분리)[59]

상속채권자 또는 수증자는, 상속개시 시부터 3개월 이내에, 상속인의 재산 중에서 상속재산을 분리할 것을 가정법원에 청구할 수 있다. 상속재산이 상속인의 고유재산과 혼합되지 않은 동안에는, 그 기간이 만료된 후에도 마찬가지이다.

1) 민법수정안이유서[60]

「본조는 누가 재산분리를 청구할 수 있는지 및 재산분리의 청구를 할 수 있는 기간을 규정하였다. 대체로 수유자는 그를 보호할 필요가 상속채권자처럼 크지 않지만, 다수의 입법례에 따라 수유자 역시 상속채권자와 같이 재산의 분리를 청구할 수 있는 것으로 정하였다. 이들이 상속재산의 분리를 청구할 수 있는 기간에 관해서는 여러 국가의 입법례를 따라 상속개시시부터 3개월 이내로 정하였다. 상속개시 시부터 3개월 이내는 상속인이 승인 또는 포기를 결정하는 기간이므로 그동안에는 통상 혼동[61]이 생기지 않을 것이고, 가령 혼동이 생기더라도 상속개시 시부터 3개월이 경과하지 않은 동안 상속재산 분리의 청구를 할 수

57) 富井政章(토미이 마사아키)는 상속채권자가 재산분리 후 상속인의 고유재산에서 다시 배당변제를 받을 수 있는 권리를 제2소권으로 칭하고 있다(法典調査会 第185回 議事速記録 *未校正61巻56丁裏).

58) 우리 민법은 제1050조에서 재산분리 명령이 있는 때에는 피상속인에 대한 상속인의 재산상 권리가 소멸하지 않는다고 정한다. 상속인이 피상속인에 대하여 가지는 채권이 상속으로 인한 혼동에 의하여 소멸한다고 하면 상속인은 다른 상속채권자보다 불이익을 받게 되고 반대로 피상속인이 상속인에 대하여 가지는 채권이 상속에 의해 혼동으로 소멸한다고 하면 상속인이 다른 상속채권자보다 상속재산을 통해 우선변제를 받는 결과가 되어 재산분리제도의 취지에 반한다는 것이다(김윤정, 주석민법, 507면; 이성보, "상속재산의 분리", 재판자료 78, 1998, 163면). 반면 일본은 '상속인의 채권자'를 위한 재산분리에 관한 1050조에서 1027조(상속인이 한정승인을 한 때에는 그 피상속인에 대한 권리의무는 소멸하지 않는 것으로 간주한다)를 준용할 뿐, 상속채권자에 의한 재산분리에서는 혼동의 효과를 배제하지 않는다.

59) 현행 일본 민법 941조, 우리 민법 제1045조가 이와 유사한 내용을 정하고 있다.

60) 民法修正案理由書(親族相續), 300－301면. [https://dl.ndl.go.jp/pid/2385831/1/6]

61) 혼동이라는 표현이 우리가 아는 법률용어로서의 '혼동'을 가리켜 권리·의무가 소멸하는 경우를 말하는 것인지, 아니면 법문상의 '혼합'을 가리키는 것인지 명확하지는 않으나, 4장 전체의 수정안이유에서 사용된 '혼동'과는 달리[주 54) 참조], 이때의 혼동은 혼합으로 이해하는 것이 타당하다고 생각된다.

없도록 함은 매우 가혹하다. 그리고 실제 혼동이 생기지 않은 상황이라면, 3개월이 경과한 후에라도 분리의 청구를 하는 것을 할 수 있도록 하는 것이 당연하다. 프랑스에서는 재산분리의 청구를 상속인의 채권자에 대해 해야 하는 것으로 주장하는 견해가 있다. 본래 재산의 분리는 상속인의 채권자의 이해에 관한 것이다. 하지만 실제 사정을 알지 못하는 상속인의 채권자에게 그 청구를 하도록 함은 타당하지 않다. 따라서 본안에서는 상속인을 상대로 재산분리의 청구를 하도록 하는 입장 아래 본조의 규정을 두었다.」

2) 검 토

요약하면,

- 상속채권자와 수유자는 상속개시시부터 3월 이내에 재산분리를 청구할 수 있다. 통상 상속개시 후 3개월 이내의 기간 동안에는 상속재산과 고유재산이 혼합되는 일이 발생하지 않으리라는 기대를 전제로 한다. 즉 재산분리 청구는 본래 상속재산과 고유재산이 혼합되기 전에 할 수 있는 것이 원칙이다.[62]
- 하지만 상속인이 그 3개월의 기간 내에 단순승인하거나, 상속재산의 일부를 처분하는 등의 사유로 인해 단순승인을 한 것으로 간주되더라도 – 이 경우에는 법률적으로 상속재산과 고유재산이 혼합된 것으로 보아야 할 것임에도 불구하고 - 3개월의 기간이 경과하지 않은 한 상속인의 채권자는 재산분리를 청구할 수 있도록 정하고 있다.[63] 만일 이를 인정하지 않으면 상속인이 일부러 고유재산과 혼합재산을 혼합함으로써,[64] 재산분리를 회피할 수 있기 때문이다.[65]
- 상속개시 후 3개월이 경과하였더라도 실제로 상속재산과 고유재산이 혼합되지 않은 상태라면 상속채권자와 수유자는 재산분리를 청구할 수 있다. 양 재산이 혼합되기 전에는 재산분리의 청구가 가능하다는 원칙에 따른 것이다.[66]

본래 법전조사회 원안(1028조) 상 문구는 “상속인이 현실적으로 상속재산을 점유하지 않은 동안”이었다. 상속인이 재산을 점유하지 않는다면 언제까지든 재산분리 청구가 가능하게 되고 이는 권리관계가 불안정하게 할 것이라는 이소베 시로(磯部四郎)의 지적이 받아들여지면서 지금과 같은 문구로 변경되었다.[67] 한편 메이지민법 시대에는 재산분리 청구가 상속인을 상대로 하는 소송이었다. 한정승인이나 상속포기와 달리 반드시 소송을 제기하도록 한

62) 梅謙次郎, 『民法要義』, 212－214면.

63) 반면 상속인의 채권자는 상속인의 단순승인이 있거나 단순승인이 있는 것으로 간주되는 때에는, 상속개시 후 3개월이 지나지 않은 시점이더라도, 재산분리를 청구할 수 없다.

64) 梅謙次郎, 『民法要義』, 212－214면.

65) 메이지민법 제정당시의 일본에서는 재산분리나 한정승인이 피상속인의 명예를 훼손한다는 인식이 남아있었던 듯하다(梅謙次郎, 『民法要義』).

66) 아직 사실상 혼합이 이루어진 바 없다는 점은 재산분리를 청구하는 채권자가 증명하여야 한다(梅謙次郎, 『民法要義』, 212－214면.

67) 法典調査会 第187回 議事速記録 *未校正61巻132丁表

이유는, 상속재산과 고유재산이 혼합되었는지 여부에 관한 판단이 어렵고, 재산분리가 피상속인이나 상속인의 명예를 훼손하는 일이 될 수 있어서 상속인이 소송을 통해 다툴 여지가 높았기 때문이다.[68]

3) 우리 민법과의 비교

우리 민법 제1045조 (상속재산의 분리청구권)

① 상속채권자나 유증받은 자 또는 상속인의 채권자는 상속개시된 날로부터 3월 내에 상속재산과 상속인의 고유재산의 분리를 법원에 청구할 수 있다.

② 상속인이 상속의 승인이나 포기를 하지 아니한 동안은 전항의 기간 경과 후에도 재산의 분리를 청구할 수 있다.

전술한 바와 같이 우리 민법은 일본과 달리 상속재산의 분리를 청구할 수 있는 요건이나 기한 등에 관하여"상속채권자나 유증받은 자" 그룹과, "상속인의 채권자" 그룹 사이에 구별이 없다. 양 그룹의 채권자들 모두 상속개시된 날로부터 3월 내에 재산분리를 청구할 수 있다. 그 기간 내에 상속인이 상속의 승인이나 포기를 하였더라도 마찬가지이다.

그리고 양측 채권자 누구든 "상속인이 상속의 승인이나 포기를 하지 아니한 동안"이라면, 상속개시시부터 3월이 경과한 때라도 재산분리를 청구할 수 있다. 위의 기간을 내세운 이유에 관해서는, 그 기간 동안에는 아직 상속재산과 상속인의 고유재산이 혼합되지 않은 상태로 볼 수 있기 때문이라고 설명되나,[69] 이는 일본 조문의 문구와 그에 관한 해석을 그대로 들여온 것에 불과한 듯 보인다. 특히 상속인이 포기를 한 때에는 새로운 상속인이 그 자리를 대체하므로 그 새로운 상속인을 기준으로 재산분리의 기한을 판단해야 하는바,[70] 포기를 하지 아니한 동안이라는 문구가 필요한지, 실질적으로 어떤 의미를 가지는지 아리송하다. 향후 이를 명확히 하는 입법적 개선이 필요한 지점이라고 생각된다.

나. 1042조(재산분리의 효력)[71]

재산분리의 청구를 한 자 및 전조 제2항의 규정에 따라 배당가입의 신청을 한 자는 상속재산에 대해서 상속인의 채권자에 우선하여 변제를 받는다.

1) 민법수정안이유서[72]

「본조는 재산분리의 효과를 규정한다. 현재 만약 재산분리의 효력과 선취특권의 효력이

68) 梅謙次郎, 『民法要義』, 212－214면.
69) 법원실무제요 가사[II], 2021, 1079면.
70) 재산분리 청구 후 상속인이 상속을 포기하면 재산분리절차는 무효가 되며 그 상속인을 상대로 다시 재산분리를 청구할지가 문제된다(이성보, "상속재산의 분리", 138면).
71) 현행 일본 민법 942조와 같다. 우리 민법에는 이에 대응하는 내용의 규정이 없다.
72) 民法修正案理由書(親族相續), 301면. [https://dl.ndl.go.jp/pid/2385831/1/6]

같다면 민법 제2편[73]에서 이를 언급할 필요가 있을 것이다. 하지만 재산분리의 효력은 선취특권의 효력과 다른 점이 있다. 무릇 선취특권에 기초한 우선권은 1인의 재산에 관해 발생하는 것이다. 하지만 재산분리의 효력은 2인의 재산에 관해 생기는 것이기 때문이다.」

2) 검 토

상속채권자 및 유증자는 상속재산에 대해 상속인의 채권자에 우선하여 변제를 받는다.[74] 하지만 모든 상속채권자와 유증받은 자가 이러한 우선변제권을 누리는 것은 아니다. 스스로 재산분리를 청구한 자 및 정해진 기간 내에 배당가입을 신청한 자에 한하여 이러한 우선변제권을 누린다.[75] 이러한 신청을 하지 않은 자라면 그가 상속채권자나 유증받은 자인지 알 수 없고, 가령 그 존재가 드러난 경우라고 하더라도, 그 신청을 하지 않은 자는－법의 관점에서는－재산분리의 이익을 포기한 것으로 볼 수 있기 때문이라고 설명된다.[76]

이 조항은 상속채권자 및 유증받은 자의 특권을 인정하는 한편, 상속인의 채권자가 상속재산에 관한 배당변제에서 제외되지 않음을 밝히고 있다. 상속채권자 등이 상속재산에서 채권 전액을 변제받은 후 남는 금액이 있는 때에는 상속인의 채권자 역시 상속재산에서 배당변제를 받을 수 있다.[77]

우메 겐지로는 본 조항과 관련하여, 상속채권자와 유증받은 자가 재산분리를 청구할 수 있는 권리를, 우선특권이 아닌 채권자취소권과 유사한 채권의 효력으로 설명한다.[78] 우선특권(선취특권)이 아닌 이유에 대해서는 다음과 같이 설명한다. 우선특권은 단일한 배당절차에서의 문제인데, 재산분리는 총체적인 재산을 구별하는 것으로서, 상속재산과 고유재산 사이에서 우선특권이 발생하는 것은 아니기 때문이라는 것이다. 재산분리의 결과 각별로 분리된 재산 내에서는 우선특권, 담보물권, 채권자 평등 등이 문제되겠지만, 재산분리를 청구할 수 있는 권리를 우선특권으로 볼 수는 없다는 취지로 이해된다. 메이지민법이 그 주된 연원으

73) 물권편을 가리킨다.

74) 메이지민법 1042조는 수정안이유서에서 참조 외국 법령을 여럿 소개하고 있는데, 그중 이태리 민법(Codice civile del regno d'Italia, 1868) § 2055 및 § 2063와 그 내용이 가장 유사해 보인다[法律情報基盤(https://law－platform.jp)에 수록된 프랑스어 번역본이다].
§ 2055. 재산분리는 상속재산에 대해 그 상속채권자 및 수유자로서 분리를 청구한 사람이 상속채권자에 우선하여 변제받는 것을 그 원칙으로 한다. La séparation a pour objet de payer, avec le patrimoine du défunt, les créanciers et les légataires de celui－ci, s'ils ont demandé la séparation, de préférence aux créanciers de l'héritier.
§ 2063. 재산분리는 오직 그 청구자에게만 이익을 주는 것이며, 상속재산에 관한 각자의 권리와 우선특권에 영향을 미치지 않는다. La séparation des patrimoines ne profite qu'à ceux qui l'ont demandée, et ne change pas, relativement aux biens du défunt, la condition juridique et originaire qu'ils avaient entre eux, en suite de leurs titres respectifs et de leurs droits de préférence.

75) 우리 민법 제1051조 제2항은 재산분리를 청구하지 않은 상속채권자나 유증받은 자가 배당가입 신청을 하지 않은 때라도, 상속인이 그 채권자를 안 때에는 그들에게 변제를 하도록 정하고 있다. 반면 일본은 상속인으로 하여금 배당가입 신청을 한 채권자 및 수증자에 한하여 변제를 하도록 정하고 있다(현행 일본 민법 947조).

76) 梅謙次郎『民法要義』*未校正, 216－218.

77) 梅謙次郎『民法要義』*未校正, 216－218.

78) 法典調査会 第185回 議事速記録, *未校正61巻44丁表.

로 삼고 있는 프랑스 민법이 재산분리를 청구할 수 있는 권리를 특별우선특권(*privilège spécial*)으로 분류하고 있는 것과 구별된다.[79)]

이러한 그의 관점은 앞에서 본 바와 같이 수정안이유서에 그대로 반영되어 있다. 법전조사회 의사속기록에는 메이지민법이 재산분리를 순수한 우선특권으로 보지 않는 관점에서 제정된 것임을 강조하는 우메 겐지로의 발언이 여러 차례 발견된다.[80)] 우메 겐지로는 재산분리를 채권자취소권(*action paulianne*)처럼 채권자에게 인정되는 특별한 권리로서 채권이 가지는 효력의 일종이라고 설명한다.[81)] 그리고 재산분리를 2인의 채무자가 존재하여 각 채무자의 재산에 대해 청산절차가 있는 것과 같은 상황으로 이해하여도 무방하다는 설명도 덧붙인다.[82)]

3) 우리 민법과의 비교

메이지민법 1042조는 재산분리의 효력에 관한 규정이다. 일본 현행 민법 942조 역시 그 표제를 "재산분리의 효력"으로 적고 있다. 반면 우리 민법에는 상속재산에 관해 상속채권자나 유증받은 자가 상속인의 채권자에 우선하여 변제를 받는다는 내용의 규정이 없다.

우리의 입법자가 당연한 내용이라 규정할 필요가 없다고 생각한 것인지, 아니면 우리 민법이 받아들이지 않기로 결정한 선취특권의 일종으로 보아 규정하지 않은 것인지 알 수 없다. 어떠한 이유 때문이든, 상속채권자 등의 우선변제권에 관해 규정하고 있지 않은 점은

---

79) 프랑스 민법(code civil) § 878 피상속인의 채권자와 금전 수증자는 상속재산에 관해 상속인의 채권자보다 우선변제를 청구할 수 있다. 반대로, 상속인의 채권자는 상속재산에 포함되지 않은 상속인의 고유재산에 관해 피상속인의 채권자보다 우선변제를 청구할 수 있다.
Les créanciers du défunt et les légataires de sommes d'argent peuvent demander à être préférés sur l'actif successoral à tout créancier personnel de l'héritier.
Réciproquement, les créanciers personnels de l'héritier peuvent demander à être préférés à tout créancier du défunt sur les biens de l'héritier non recueillis au titre de la succession.
위 규정은 상속채권자에게 특별선취특권(privilège spécial)을 부여한 규정으로 이해하는 것이 일반적이다(김형석, "한정승인의 효과로서 발생하는 재산분리의 의미", 12면).

80) 法典調査会 第185回 議事速記録, *未校正61巻44丁表.

81) 메이지민법 및 우리의 재산분리제도는 재산분리가 있으면 상속재산과 고유재산이 분리된다고 하면서도, 상속채권자는 고유재산에서, 상속인의 채권자는 상속재산에서 배당변제를 받을 수 있도록 정하고 있고 그로 인해 각각의 청산과정에서 상속채권자團과 상속인의 채권자團 사이에 우열문제를 발생시킨다. 이러한 모습은 부동산 매매 기타 사해행위가 취소된 경우 그 취소의 효력이 취소채권자과 수익자 사이에 상대적으로 발생할 뿐이라고 함으로써, 취소된 사해행위의 목적인 부동산에서 채무자의 채권자團과 수익자의 채권자團 모두 배당변제를 받도록 하고 그들 사이의 우열이 문제되는 모습과 유사해 보인다. 우메 겐지로가 재산분리를 채권자취소권과 유사한, 채권의 특별한 효력으로 이해하는 관점에 대해서는 곱씹을 점이 적지 않다고 생각된다.

82) 法典調査会 第185回 議事速記録, *未校正61巻44丁表. 이러한 우메 겐지로의 설명 중에는 온전히 납득하기 어려운 점들이 있다. 우선 재산분리가 이루어짐으로써 2인의 채무자-피상속인, 상속인-가 존재하고 각 채무자의 재산에 대해 청산이 있는 것과 같은 효과가 발생한다는 지적은 적절하다. 하지만 단일한 배당절차에서의 문제가 아니므로 우선특권이 아니라는 설명에는 의문이 있다. 상속인의 채권자는 상속재산에서(1041조), 상속채권자는 상속인의 고유재산에서(1048조) 각 배당변제를 받을 수 있도록 하므로, 결국 개별적인 배당절차에서 상속채권자團과 상속인의 채권자團 사이의 우열 문제를 발생시키기 때문이다. 이러한 설명은 우메 겐지로가 재산분리로 발생하는 여러 단계의 법 효과를 뭉뚱그려 이해한 결과로 추측된다. 재산분리는 다양한 법 효과를 가져온다. 재산분리의 효력이라고 표현할 수도 있을텐데, ① 상속재산과 고유재산을 분리하는 효과(재산분리효), ② 상속재산에 관해서는 상속채권자에게 우선변제권을, 고유재산에 관해서는 상속인의 채권자의 우선변제권을 인정하는 효과(우선변제효), 그리고 ③ 상속재산의 처분을 금지하는 효과(처분금지효) 등이 이에 해당한다.

명백한 입법적 오류라고 생각된다. 재산분리의 명령이 있다고 하여 상속재산에 관해 상속채권자가 상속인의 채권자보다 우선하여 배당변제를 받아야 할 논리필연성이 있다고 볼 수 없으므로, 명문의 규정 없이 그와 같은 법 효과를 인정하기는 어렵다고 생각된다.

한편 우리 민법은 제1052조에서 고유재산에 관해 상속인의 채권자에게 우선변제권이 있음을 정하고 있다. 현행 우리 민법상 재산분리는 상속재산 청산 시에 기능하도록 할 목적으로 설계된 제도이지, 언제 있을지 모르는 고유재산 청산을 대비하는 제도로 보기 어렵다. 상속재산을 둘러싸고 경합하는 상속채권자 등과 상속인의 채권자 사이의 우열을 명확히 하는 것이 고유재산에 대한 우선순위를 정하는 것보다 중요하다. 입법적 개선이 필요한 지점이다.

다. 1045조(부동산에 관한 재산분리의 대항요건)[83)]

재산의 분리는 부동산에 관해서는 그 등기를 하지 않으면 이를 제3자에 대항할 수 없다.

1) 민법수정안이유서[84)]

「대체로 상속재산은 상속인에게 속하는 것이므로 상속재산의 분리 청구가 있은 후라도 상속인은 유효하게 상속재산을 처분할 수 있는 것이라고 하지 않을 수 없다. 하지만 상속인이 상속재산을 처분하고 이로써 상속채권자 및 유증을 받은 자에게 대항할 수 있다고 하면 재산분리 제도를 두는 실익이 없어지게 된다. 이것이 본 조항의 규정을 두어 재산의 분리를 제3자에게 대항할 수 있도록 한 이유이다. 그리고 제3자가 재산분리 청구가 있음을 알지 못하여 불측의 손해를 입지 않도록 하기 위하여 부동산에 대해서는 등기를 요하는 것으로 하였다.」

민법수정안이유서는 ① 상속재산이 상속인 소유라는 점,[85)] ② 하지만 재산분리 제도의 취지를 살리기 위하여 상속재산 분리 후 상속재산의 처분으로 상속채권자 및 유증을 받은 자에게 대항할 수 없는 것이 원칙인 점, ③ 단, 상속재산이 부동산인 때에는 제3자가 불측의 손해를 입는 일이 발생하지 않도록 하기 위하여, 재산분리의 등기가 이루어진 경우에 한하여 그 부동산의 처분으로 상속채권자 및 유증을 받은 자에게 대항할 수 없도록 한 점 등을 설명하고 있다.

---

83) 현행 일본 민법 945조; 우리 민법 제1049조가 같은 내용을 규정하고 있다.

84) 民法修正案理由書(親族相續), 302−303면. [https://dl.ndl.go.jp/pid/2385831/1/6]

85) 상속인 포괄승계의 원칙상 당연한 기술처럼 보이지만, 재산분리의 법 효과를 어떻게 구성하느냐에 따라 얼마든지 다른 결론이 가능하다. 상속인에게 피상속인 승계인으로서의 법적 지위(권리 · 의무 · 재산)와 기존의 고유한 법적 지위가 존재한다고 할 때, 재산분리로써 그 재산(상속재산과 고유재산)만 분리된다고 볼 수도, 권리 · 의무까지 함께 분리된다고 볼 수도 있다. 후자로 본다면, 상속재산에 관한 청산이 종료할 때까지−상속인 개인의 권리 · 의무와 피상속인의 권리 · 의무가 혼합되지 않으므로−상속인개인은 상속재산의 소유권자가 아니다. 따라서 상속인의 상속재산 처분행위는 무권한자의 처분행위로서 당연무효라는 결론으로 이어진다.

2) 상속재산의 처분 제한 "원칙"과 분리등기 없는 상속부동산의 "예외"

우리 민법 제1049조 역시 같은 내용을 정하고 있다. 재산분리의 효과에 관한 규정이라고 말할 수 있다.[86] 그런데 규정 내용이 친절하지는 않다. 우선, 상속재산분리 후 상속재산의 처분으로 상속채권자 및 유증을 받은 자에게 대항할 수 없는 것이 원칙이라는 점에 대해서는 아무런 언급이 없다. 본조에서 부동산에 관하여 재산분리의 등기를 하지 않으면 제3자에게 대항할 수 없다고 규정한 이상, 동산 기타 다른 재산에 관해서는 제3자에게 재산분리로 대항할 수 있는 것이 원칙임을 추론할 수 있다는 취지이다.[87] 하지만 과연 그러한지 의문이다.

재산분리를 제3자에게 대항할 수 있다는 의미도 모호하다. 민법수정안이유서에 따르면 재산분리가 있는 경우 상속재산의 처분으로 상속채권자 및 유증을 받은 자에게 대항할 수 없다고 하는데, 분리 이후 이루어진 상속재산의 처분이 원칙적으로 절대적 무효라는 것인지(그렇다면 그 근거는 무엇인지), 상속재산 소유자인 상속인의 처분이므로 원칙적으로 유효하되, 다만 재산분리의 실효성을 살리기 위해 상속채권자 및 유증을 받은 자에게는 대항할 수 없다는－상대적 무효－것인지(이 경우에도 그 이론적 근거는 무엇인지) 명확히 설명하고 있지 않다.

우리나라의 교과서와 주석서는 재산분리 명령이 있으면 상속인이 상속재산에 대해 처분권한을 상실하며, 만일 처분한 때에는 무권한자의 처분으로 무효라고 설명하고 있다.[88] 절대적 무효로 보는 것이다. 그리고 동산처럼 등기할 수 없는 상속재산에 관한 처분이 있는 경우에 관하여 국내의 교과서와 주석서들은 입을 모아'상속재산의 처분 제한의 원칙'으로 돌아간다고 한다.[89]

법전조사회의 의사속기록은 조사위원들 사이에서 오고 간 다양하고 재미있는 질문과 대답들을 보여주고 있다. 이노우에 쇼이치(井上正一)가 상속채권자가 재산분리를 청구하고 이로써 "제3자에게 대항할 수 있"다면 이러한 효력을 갖는 재산분리청구권은 물권으로 보아야 하는 것이 아니냐고 묻자,[90] 토미이 마사아키(富井政章)는 채권이 분명하다고 하면서도 이와 관련하여 1045조의 규정의 표현에 고민이 많았다고 부연한다. 재산분리가 채권의 효력인데, 물권처럼 보이는 규정의 표현 방식이 마음에 걸렸고, 또한 1045조 이전에 재산분리로써 제3자에게 대항할 수 있다는 원칙을 밝히는 규정을 두지 않은 터라, 부동산에 관해서는 등기하지 않으면 대항할 수 없다는 표현 대신, 재산분리를 "등기하면 제3자에게 대항할 수 있다"로 정하는 것이 낫지 않을지 고민하였다는 것이다. 이에 대해 우메 겐지로(梅謙次郎)는

---

86) 재산분리는 재산분리효, 우선변제효, 처분금지효 등의 법 효과를 수반한다. 주 82) 참조.

87) 아래 (1045조의 표현방식에 관한) 토미이 마사아키(富井政章)와 우메 겐지로(梅謙次郎)의 발언 내용 참조.

88) 이동진, 주해상속법, 573면; 김주수/김상용, 친족 · 상속법, 제15판, 법문사, 2018, 785면; 이성보 "상속재산의 분리", 160, 163면 등.

89) 김윤정, 주석민법, 506면 등.

90) 法典調査会 第185回 議事速記録, *未校正61巻44丁表.

지금의 문구대로 규정해야 한다는 의견을 단호히 일관한다. "등기하면 제3자에게 대항할 수 있다"고 표현하면, 등기하지 않으면 대항할 수 없는 것처럼, 즉 등기되지 않은 재산분리인 경우에는 상속인의 처분이 유효한 것이 원칙인 것처럼 해석될 우려가 크다는 이유이다[91].

이렇듯 1045조는 재산분리로써 제3자에게 대항할 수 있는 것이 원칙임을 전제로 하여 마련된 규정이다.[92] 한편 1049조를 반대해석하면 부동산에 관하여 재산분리를 등기하지 않으면 재산분리로써 제3자에게 대항할 수 없다는 결론으로 이어진다. 즉 재산분리의 등기를 하지 않은 부동산에 관한 상속인의 처분은 예외적으로 유효하다.

3) 다양한 해석

재산분리 후(재산분리의 등기를 할 수 없는) 동산의 처분은 원칙적으로 무효인데, 1045조에 의해 재산분리의 등기를 하지 않은 부동산의 처분은 유효라고 하니, 동산의 경우 선의취득이 인정될 가능성이 있다는 점을 고려하더라도, 양자가 모순되어 혼란스럽다. 마치 부동산의 선의취득을 인정한 것과 같은 결과이다. 법전조사회의 의사속기록을 보면 당시 위원들 역시 1045조의 명확한 의미와 그 이론적 근거에 대해 서로 전혀 다른 견해를 취하고 있음을 확인하게 된다.

요코타 쿠니오미(横田國臣)가 우메 겐지로에게 재산분리가 있는 경우 상속재산의 소유권이 피상속인에게 남아있는지 아니면 상속인에게 있는지 물었다.[93] 매우 본질적이고 어려운 문제라고 생각된다.[94] 피상속인의 법적인 생명을 잇는 존재인 상속인으로서의 지위 및 상속인 개인으로서의 지위가 혼재하고 있는 상황이다. 양쪽 지위의 혼합을 원칙으로 하면 상속재산은 그 소유자인 상속인이 자유롭게 처분할 수 있다고 보는 것이 자연스러우며, 따라서 그 처분의 효력을 제한하기 위해서는 별도의 이론적 근거가 필요하게 된다. 반면 양쪽 지위의 분리를 원칙으로 하면 상속재산은 상속인이 자유롭게 처분할 수 없다는 결론으로 이어진다. 우메 겐지로는 상속재산이 상속인의 소유라고 대답하였다.[95] 이에 대해 이소베 시로(磯部四郎)는 재산분리 후 법원이 별도로 관리인을 선임하지 않은 한, 상속인은 상속재산을 소유하는 상속인으로서의 지위와, 상속재산의 관리자로서의 지위를 별개로 보유하는데, 상속재산 관리자로서의 상속인에게는 상속재산을 관리할 권한만 있을 뿐 이를 처분할 권능은 없으므로, 그러한 지위에 있는 상속인이 상속재산을 처분한다면 이는 무권리자의 처분행위로서 무효라는 입장을 취하였다. 그리고 그에 더하여, 이처럼 절대적 무효인 때에는 제3자에게 대항할 수 있는지 문제되지 않으므로, 재산분리를 등기한 때에 제3자에게 대항할 수

91) 法典調査会 第185回 議事速記録, *未校正61巻44丁表.
92) 法典調査会 第187回 議事速記録, *未校正61巻134丁表.
93) 法典調査会 第185回 議事速記録, *未校正61巻44丁表.
94) 주 85) 참조.
95) 法典調査会 第185回 議事速記録, *未校正61巻44丁表.

있도록 한 위 규정이 삭제되어야 한다고 주장하였다.[96] 등기를 하든 하지 않든, 동산이든 부동산이든, 재산분리가 있는 경우 상속인이 상속재산을 처분한 행위는 무효라는 것이다.

한편 이노우에 요시치(井上正一)는 이상과는 또 다른 관점을 제시하였다.[97] 부동산에 관한 재산분리 등기가 있는 상황을 부동산이 압류되어 처분이 금지된 경우와 마찬가지로 이해하여야 한다는 것이다. 상속인은 소유자로서 부동산을 처분할 권능을 갖지만, 재산분리가 등기된 때에는, 마치 부동산을 압류한 채권자와의 관계에서는 그 처분의 효력이 없는 것과 다르지 않다고 한다. 따라서 재산분리가 등기된 후 상속인으로부터 부동산을 취득한 제3자는 재산분리를 청구한 상속채권자에게 부동산에 관한 권리를 주장할 수 없지만, 만일 상속인이 재산분리를 청구한 상속채권자에게 그 채무를 변제한다면, 그 처분은 유효하게 된다고 한다.[98]

우메 겐지로는『民法要義』에서 다음과 같이 서술하며 다양한 해석의 가능성을 열어두고 있다.

「재산분리가 있는 때에는 상속채권자와 유증자와의 관계에서는 상속재산이 아직 상속인에게 귀속되지 않은 것처럼 간주하여, 상속인이 상속재산을 처분하더라도 그 처분으로 상속채권자 및 유증자에게 대항할 수 없도록 정하였다. 이로써 재산분리제도를 둔 취지를 살리려는 것이다. 다만 부동산의 경우는 제3자가 불측의 손해를 입을 우려가 있어 등기를 하지 않으면 제3자에게 대항할 수 없는 것으로 한다.

재산분리로써 제3자에게 대항할 수 있는지에 관해서는 학자들 사이에 논란이 있으나 대항할 수 있다고 보는 것이 맞다. 본 조항에서는 이를 명시적으로 규정하는 대신 부동산에 한정하여 등기가 없으면 제3자에게 대항할 수 없다는 취지를 규정함으로써 간접적으로 이 문제를 해결하였다.

부동산 이외의 다른 재산에 관해서는 별도의 규정을 둘 필요가 없다. 동산의 경우 제3자가 선의취득의 요건을 갖추어 그 소유권을 취득하였다면 별 수 없이 상속채권자나 유증자가 손실을 입게 될 것이다. 기타의 경우에는, 상속채권자나 수증자가 재산분리 사실을 입증하여 동산을 되찾아 채권의 변제에 충당할 수 있을 것이다. 한편 제3자가 악의이거나 과실있는 선의자라면 보호할 필요가 없기 때문에 별도의 규정을 둘 이유가 없다.

유체물 이외의 권리에 관해서는 선의자를 보호할 필요가 있을 것처럼 보이지만 실제로 그 예가 거의 없다. 또한 1041조 2항의 공고가 있어 불측의 손해를 입는 자는 드물 것이다.

다만 부동산은 권리 변동이 등기에 의해 명확해지고, 이해관계가 중대한 경우가 많으므로 별도로 본 규정을 둔 것이다.」

96) 法典調査会 第185回 議事速記録, *未校正61巻44丁表.
97) 法典調査会 第185回 議事速記録, *未校正61巻44丁表.
98) 法典調査会 第185回 議事速記録, *未校正61巻44丁表.

라. 1048조 (고유재산의 배당변제)[99)]

재산분리의 청구를 한 자 및 배당가입을 신청한 자는 상속재산으로 전부의 변제를 수령할 수 없는 경우에 한하여 상속인의 고유재산에 대해 그 권리를 행사할 수 있다.

이 경우에는 상속인의 채권자는 그 자에 앞서 변제를 수령할 수 있다.

1) 민법수정안이유서[100)]

「현재 재산분리의 청구를 한 자 및 배당가입을 신청한 자가 상속인의 고유재산에 대해 권리를 가지는지 여부에 관해서는 종래 2가지 입법례가 있다. 이를 인정하는 경우와 그렇지 않은 경우이다. 본래 상속인은 상속채권자 및 수유자의 채무자이지만, 상속채권자 및 수유자는 상속재산만을 목적으로 하고 또 상속인의 채권자는 상속인의 고유재산을 목적으로 하는 것이기 때문에 그 두 종류의 채권자로 하여금 상속인의 고유재산에 대해 평등하게 변제받도록 하는 것은 타당하지 않다. 따라서 본안에서는 상속인의 채권자에 우선권을 부여하는 것으로 하였다.」

2) 고유재산으로부터의 배당변제 가능성

전술한 바와 같이 로마에서는 재산분리를 요청한 상속채권자가 상속인의 고유재산에서 채권의 만족을 얻을 수 없다는 견해가 유력하였다.[101)] 상속채권자들이 재산분리를 청구하였다면 이는 상속인의 자력이 부족하다고 판단한 결과일 것으로, 그 오판으로 인한 손해는 스스로 감당하여야 하며, 상속인으로부터 변제받기를 포기한 이상 이를 번복할 수는 없다는 취지이다.[102)]

메이지민법 제정 과정에서도 이에 대한 활발한 토론이 이루어졌다. 토미이 마사아키(富井政章)는 이를 제2소권으로 부르면서, 이를 인정하게 된 경위에 관해 설명하였다.[103)] 이러한 제2소권을 인정할지와 관련하여 입법례가 다양하고 메이지민법의 연원이 되는 프랑스에서도 학설이 첨예하게 대립하고 있다. 이는 상속인을 상속채권의 채무자로 볼지의 문제와 직결되며, 오스트리아 민법처럼 재산분리의 효과로 두 재산 사이에 진정한 분리가 이루어진다고 볼 때에는 제2소권을 인정하기 곤란하겠으나, 메이지민법은 상속인이 상속채권의 채무자라는 전제 아래 마련되었다고 설명한다.[104)]

---

99) 우리 민법 제1052조(고유재산으로부터의 변제) ① 전조의 규정에 의한 상속채권자와 유증받은 자는 상속재산으로써 전액의 변제를 받을 수 없는 경우에 한하여 상속인의 고유재산으로부터 그 변제를 받을 수 있다.
② 전항의 경우에 상속인의 채권자는 상속인의 고유재산으로부터 우선변제를 받을 권리가 있다.

100) 民法修正案理由書(親族相續), 304－305면. [https://dl.ndl.go.jp/pid/2385831/1/6]

101) D. 42.6.5 *Paul.13 quaest*; D. 42.6.1.17. *Ulpian. 64 ad ed.*

102) 전술한 2. 가. 참조.

103) 法典調査会 第185回 議事速記録, *未校正61巻56丁裏.

104) 法典調査会 第185回 議事速記録, *未校正61巻56丁裏,; 61巻33丁表.

한편 상속인이 한정승인을 한 경우 상속채권자는 상속인의 고유재산에서 배당변제를 받을 수 없다. 한정승인의 효과로 발생하는 재산분리와 상속채권자의 청구에 따른 재산분리의 효과 사이의 결정적인 차이점이다.[105)]

3) 고유재산에 관한 우선순위

토미이 마사아키에 따르면, 메이지민법은 벨기에 민법초안을 본 받아 상속채권자의 상속인의 고유재산에 대한 제2소권을 인정하였다. 그리고 상속인의 고유재산에 관한 한, 상속인의 채권자가 상속채권자에 우선하며, 이러한 효과는 상속인의 채권자가 재산분리를 청구하지 않은 때에도 같다.[106)] 이소베 시로(磯部四郎)는 상속인의 채권자가 나서서 재산분리를 청구하지 않은 때에도 고유재산에 대한 우선권을 누리는 것이 이상하다고 지적하였다. 고유재산이 많은 경우, 상속인의 채권자가 상속채권자들로 인해 고유재산에서의 배당에서 손해를 보지 않기 위해 재산분리를 청구하였다면 고유재산에서 우선권을 갖는 것이 타당하지만, 상속인의 채권자에게 이러한 의사나 행동이 없었는데도 고유재산에서 우선적으로 배당변제를 받는 이익을 누리는 것이 적절한지 의문이라는 것이다.[107)] 토미이 마사아키는 이에 대하여 다음과 같이 반박하여 설명하였다. 상속채권자는 상속재산에 관하여 우선권을 누리는데 고유재산에 대해서까지 상속채권자가 상속인의 채권자와 평등하게 취급되거나, 혹은 채권의 성격에 따라 우선변제권이라도 누린다면, 이는 상속인의 채권자에게 불공평한 결과가 되어 적절치 않다.[108)] 따라서 상속인의 고유재산에 관해 상속인의 채권자가 누리는 우선권은, 그가 1050조에 따라 재산분리를 청구하지 않은 때에도 인정된다.[109)]

4) 우선권을 갖는 채권자의 범위

상속채권자에 우선하여 변제를 받을 수 있는 "상속인의 채권자"의 범위에 대해서도 견해가 갈렸다. 우리나라의 주석서와 교과서는 공통적으로 채권자 평등의 원칙상 상속인의 채권자의 우선권은 재산분리 당시의 채권자뿐 아니라 그 후에 상속인에 대하여 채권을 가지게 된 채권자도 행사할 수 있다고 설명한다.[110)] 법전조사회 第185回에서 오간 질문과 답변을 살펴보자.[111)]

요코타 구니오미(横田國臣)가 상속인의 채권자가 언제 채권을 취득하였는지 문제되지 않냐고 물었다. 예를 들어 피상속인의 채권자가 재산분리 청구를 하였고 50엔의 채권을 변제

105) 따라서 상속인이 변제자력이 충분한 때에는 재산분리가 이루어지더라도 상속인에게는 별다른 이익이 없다. 상속인은 한정승인을 하여야만 상속채권자가 고유재산으로부터 배당변제받는 것을 차단할 수 있다.
106) 法典調査会 第185回 議事速記録, *未校正61巻56丁裏.
107) 法典調査会 第185回 議事速記録, *未校正61巻33丁表.
108) 法典調査会 第185回 議事速記録, *未校正61巻56丁裏; 梅謙次郎, 『民法要義』*未校正, 231－232.
109) 法典調査会 第185回 議事速記録, *未校正61巻56丁裏.
110) 김윤정, 주석민법, 512면; 김주수/김상용, 친족상속법, 787면 등.
111) 法典調査会 第185回 議事速記録, *未校正61巻56丁裏.

받지 못한 상황에서, 그 이후 상속인이 다른 채권자로부터 돈을 빌린 경우, 그 다른 채권자가 피상속인의 채권자보다 우선하여 상속인의 고유재산으로부터 변제를 받게 되는 것이냐는 질문이다.

토미이 마사아키와 우메 겐지로는 1048조가 상속인의 고유재산에 대해 배당절차가 열리는 경우에 관한 규정임을 강조하면서, 상속인에 대한 채권이 언제 성립하였는지는 문제되지 않는다는 점을 반복하여 설명하였다. 하지만 요코타 구니오미는 아무래도 이해가 가지 않는다며 납득하지 못하는 모습을 보였다. 상속채무가 남아있는 상황에서 상속인이 추가로 채무를 부담하였는데, 그 채권자가 상속채권자에 우선한다는 사실이 합리적이지 않다고 생각하는 모양새이다. 즉 상속개시 시점, 혹은 재산분리에 따른 상속재산 배당절차를 마친 시점 등 특정 시점을 기준으로 하여, 그 이전에 이미 상속인에 대하여 채권을 가지고 있던 채권자와 그 이후에 상속인에 대한 채권을 취득한 자를 구분하여 취급할 필요가 있다는 취지이다. 전자는 우선권을 가지지만 후자는 상속채권자에 우선한다고 보기 어렵다고 생각한 것이다.

하지만 상속채권자는 이미 상속재산을 통해 어느 정도 변제를 받은 자이다. 게다가 로마에서 그랬듯, 재산분리를 청구하여 상속재산으로부터 배당변제를 받은 상속채권자가 다시 상속인의 고유재산의 집행에서 배당변제를 받는 것은 허용될 수 없다는 견해도 존재한다. 상속인의 채권자가 언제 채권을 취득하였는지와 상관없이 상속인의 채권자團(단)이 상속채권자團(단)에 우선한다고 보는 것이 타당해 보인다.

한편 이소베 시로(磯部四郎)는 일관하여 상속채권자의 분리청구 이익과 상속인의 채권자가 누릴 분리청구의 이익 사이에 차이가 없다고 주장하면서, 다만 상속채권자는 피상속인의 사망 이후 늘어날 수 없지만, 상속인의 채권자는 계속 늘어날 수 있는데, 상속개시 이후에 상속인과 거래하여 채권을 취득한 자는 채무자가 상속한 지위를 인정하고 채권자가 된 것이므로 그에게는 분리청구의 이익을 줄 필요가 없다는 견해를 밝히고 있다. 1050조에서 재산분리를 청구할 수 있는 상속인의 채권자를, "상속 개시 시점까지 채권이 성립된 상속인의 채권자"로 그 범위를 한정해야 한다고 주장하였다.[112)]

4. 상속인의 채권자를 위한 재산분리(제2종)

가. 1050조(상속인의 채권자의 청구에 의한 재산분리)[113)]

상속인이 한정승인을 할 수 있는 기간 또는 상속재산이 상속인의 고유재산과 혼합되지

---

112) 法典調査会 第197回 議事速記録, *未校正64巻68丁表.

113) 법전조사회 원안(1028조 1항)은, "상속인이 현실적으로 상속 재산을 점유하지 않는 동안"으로 규정하였으나, 이에 대해 磯部四郎(이소베시로)가 "재산 혼합이 아직 발생하지 않은 동안 또한 동일하다"로 변경할 것으로 제안함에 따라 그 내용대로 문구가 변경된 것이다(法典調査会 第187回 議事速記録, *未校正61巻132丁表). 현행 일본민법 950조와 대체로 같은 내용이되, 이러한 공고를 관보에 게재하여야 한다는 내용이 추가되었다.

않은 기간에는 그 채권자는 재산분리의 청구를 할 수 있다.[114)]

제304조, 제1027조, 제1029조 내지 제1036조, 제1043조 내지 제1045조 및 제 1048조의 규정은 전항의 경우에 이를 준용한다. 단 제1029조에 정한 공고 및 최고는 재산분리의 청구를 한 채권자가 이를 하여야 한다.

1) 개 요

1050조는 제2종 재산분리에 관한 규정이다. 본 조문에는 우리에게 낯선 여러 쟁점들이 담겨 있다. ① 상속인의 채권자도 재산분리를 청구할 수 있는지, ② 상속인의 채권자가 상속채권자나 유증받은 자와 같은 수준으로 보호받는지, ③ 보호의 정도가 다르다면 어떠한 점에서 어떻게 다른지, ④ 재산분리의 효과 중에 1종과 다른 부분이 있는지 등이다.

결론부터 말하자면, ① 상속인의 채권자도 재산분리를 청구할 수 있으나, ② 상속채권자나 유증받은 자보다는 약한 수준으로 보호를 받는데, ③ 상속채권자나 유증받은 자가 상속개시시부터 3개월 이내에 재산분리를 청구할 수 있는 것과는 달리, 상속인의 채권자는 상속인이 한정승인을 할 수 있는 기간 동안 재산분리를 청구할 수 있다고 하여 그 권리행사기간이 다르다. ④ 상속인의 채권자가 청구한 재산분리가 있는 때에는 한정승인에서와 마찬가지로 피상속인에 대한 상속인의 권리·의무가 소멸하지 않는 반면, 상속채권자나 유증을 받은 자의 청구에 의해 재산이 분리된 때에는 상속개시시에 법률상 당연히 혼동의 효과가 발생한다.

2) 민법수정안이유서[115)]

「① 본안에서 상속채권자와 수유자를 위해 그들로 하여금 재산분리의 청구를 할 수 있게 했으므로 형평상 상속인의 채권자에게도 재산분리의 청구를 할 수 있게 하여야 한다. 다수의 입법례에 있어서는 상속인의 채권자에게 재산분리의 청구권을 부여하지 않는다.[116)] 그 이유는 상속인이 상속에 의해 새롭게 채무를 부담하는 것은 타인 명의의 채무를 부담하는 것과 같은데, 채권자는 원래 채무자가 새롭게 채무를 부담하는 것을 예기(豫期)해야 하는 것이므로, 상속인이 상속에 의해 채무를 부담하더라도 그 채권자가 재산분리를 청구하여 그로 인한 손실을 피할 수 없는 것으로 해야 한다는 것이다.[117)] 그러나 이러한 이유는 피상속

114) 우리 민법 제1045조는 "상속인의 채권자"가 "상속채권자"나 "유증을 받은 자"와 마찬가지로, 이라면 상속개시시부터 3월이 경과하였더라도 "상속인이 상속의 승인이나 포기를 하지 아니한 동안"에는 재산분리를 청구할 수 있도록 정한다.

115) 民法修正案理由書(親族相續), 305-306면. [https://dl.ndl.go.jp/pid/2385831/1/6]

116) 프랑스는 종래 재산분리제도를 상속채권자를 보호하기 위한 제도로 운용하여 상속인의 채권자의 재산분리청구를 허용하지 않았으나, 2006년 민법개정시 상속인의 채권자가 재산분리의 청구인으로 추가되었다(code civil § 878 피상속인의 채권자와 금전 수증자는 상속재산에 관해 상속인의 채권자보다 우선변제를 청구할 수 있다. 반대로 상속인의 채권자는 상속재산에 포함되지 않은 상속인의 고유재산에 관해 피상속인의 채권자보다 우선변제를 청구할 수 있다).

117) 앞서 살펴본 바와 같이 Digesta에도 같은 내용의 개소들이 있다. 우메 겐지로가 상속인의 채권자를 상속채권자

인의 채권자에게 재산분리의 청구권을 부여하지 않아야 한다는 이유도 될 수 있다.[118] 본안에서 피상속인의 채권자에게 재산분리의 청구권을 부여한 이상, 상속인의 채권자에게 이 청구권을 부여하지 않을 이유가 없다.

② 단, 피상속인의 채권자는 피상속인을 신용(信用)한 자로서 상속인을 신용한 자가 아니다. 따라서 상속인을 신용한 상속인의 채권자보다 피상속인의 채권자를 더욱 두텁게 보호해야 한다. 따라서 본조(本條)에서는 상속인의 채권자를 피상속인의 채권자처럼 두텁게 보호하지 않았다.

③ 일정한 사실이 있는 경우 상속인이 한정승인을 하지 못하게 하는 것은 상속채권자와 수유자를 보호하기 위한 것이다. 그런데 상속인이 한정승인을 할 수 없는 경우임에도 불구하고 그 채권자가 재산분리의 청구를 할 수 있게 한다면, 실제로는 상속인으로 하여금 한정승인을 하게 하는 것과 같은 결과를 초래하여 상속채권자 및 수유자의 이익을 해치게 될 것이다.[119] 따라서 상속인의 채권자는 상속인이 한정승인을 할 수 있는 동안에 재산분리의 청구를 할 수 있도록 정하였다. 또한 상속인이 실제로 상속재산을 점유하지 않는 동안[120]에 그 채권자가 재산분리의 청구를 할 수 있도록 한 것은 1041조와의 형평을 맞추기 위한 것이다.

④ 제2항의 규정은 상속인의 채권자가 재산분리의 청구를 했을 때 상속인이 한정승인을 한 경우와 실질적으로 동일한 결과를 초래하지 않게 하기 위해 정한 것이다. 그리고 제1048조를 상속인의 채권자가 재산분리의 청구를 한 경우에 준용한 것은 상속채권자 또는 수유자가 재산분리의 청구를 한 경우와 형평을 맞추기 위함이다.」

이하에서는 위의 쟁점들에 대하여 조금 더 상세히 살펴보기로 한다.

나. 상속인의 채권자도 상속채권자와 같은 조건 아래 재산분리를 청구할 수 있도록 해야 하는가(①, ②)

본 쟁점에 관해서 우메 겐지로와 이소베 시로 사이에 여러 차례에 거쳐 열띤 논쟁이 이어졌다. 이소베 시로는 양자를 동등하게 보호해야 한다고 주장하며 그와 같은 내용을 담은 수정안을 제출하였다.[121] 상속인의 채권자 역시 재산분리를 청구할 수 있도록 허용하는 이상, 상속채권자나 상속인의 채권자가 재산분리청구를 통해 누리는 이익을 동일하게 규율하

등보다 약하게 보호해야 한다고 주장하면서 제시한 논거이기도 하다.

118) 이소베 시로가 강력하게 주장한 내용이다. 그는 상속채권자 역시 피상속인이 언젠가 사망하여 그 상속인이 상속채무를 승계할 수 있음을 예기하여야 한다고 말한다.

119) 우메 겐지로는 채권자가 상속인 대신 한정승인을 할 수 있도록 정하고 싶었으나, 한정승인은 상속인의 자유의사에 기한 신분상의 의사표시이므로 차마 그렇게 규정할 수 없었다고 말한다.

120) 법전조사회 원안(1028조 1항)에서는 "상속인이 현실적으로 상속 재산을 점유하지 않는 동안"으로 규정하였다. 이에 대해 이소베 시로가 "재산 혼합이 아직 발생하지 않은 동안 또한 동일하다"로 변경할 것을 제안하여 그 내용대로 문구가 변경된 것이다(法典調査会 第187回 議事速記録, *未校正61巻132丁表).

121) 法典調査会 第197回 議事速記録, *未校正64巻68丁表.

자는 것이다.[122)]

우메 겐지로는 이론적인 이유과 실제적인 이유를 나누어 들며 이소베 시로의 주장에 반박하였다. 전술한 로마법의 논리와 일맥상통한다.[123)] 아래에서 법전조사회 속기록의 내용을 간단히 요약하여 소개한다.

「먼저 이론적인 이유이다. 상속인이 상속을 한다는 것은 마치 새로 돈을 빌리는 것과 같은데, 통상의 일반 채권자라면, 채무자가 언제 추가로 기존에 없던 채무를 부담하게 될지 알 수 없는바, 채권자는 이러한 위험에 대해서는 평소에 각오하고 있어야 하는 것으로, 상속인의 채권자도 마찬가지이므로, 상속인의 상속으로 상속채무가 늘어난다고 하더라도 이를 이유로 그로 하여금 상속재산과 고유재산을 분리할 수 있도록 하는 것은 적절하지 않다.[124)] 이 경우 채무자의 재산은 당연히 이후에 채권을 취득한 채권자를 위해서도 책임재산이 되는 것일 뿐이기 때문이다.[125)] 게다가 상속의 경우에는 상속인인 채무자가 한정승인을 함으로써 상속인의 채권자에게 부담을 지우지 않을 방안이 있다. 상속인으로서는 한정승인을 통해 자신의 재산상태가 악화되는 결과를 방지할 수 있는바, 그가 좋은 채무자라면 상속을 단순승인하여 상속재산으로 감당하지 못할 채무를 추가로 부담하지는 않을 것이다. 만일 채무자가 부주의 혹은 문외한인 까닭에 한정승인을 하지 않았다면, 이는 그러한 부주의하거나 무능한 자와 거래한 채권자가 감당해야 할 몫이다.[126)]

반면 상속채권자는 상속인의 채권자와는 상황이 다르다. 상속채권자는 피상속인의 자력 등을 신뢰하고 그와 거래한 자인데, 채무자의 사망으로 인해 누군지도 모르는 자－상속인－가 그 채무자가 되고 그 새로운 채무자가 고유한 채무를 부담하고 있어 상속채권자가 채무의 변제를 받기 어려운 상황에 처하게 된다면, 이는 상속채권자에게 지나치게 가혹하다.[127)] 더구나 피상속인은 채무를 늘리지 않는 반면 상속인의 채무는 계속 늘어날 수 있다.[128)] 따라서 상속채권자에게는 법이 재산분리를 청구할 수 있도록 해 주어야 하지만, 상속인의 채권자는 그렇지 않다.

다음은 실질적인 이유이다. 이소베 시로의 주장처럼 상속채권자와 마찬가지로 상속인의 채권자 역시 상속개시 후 3개월의 기간 동안에 재산분리를 청구할 수 있다고 하면,[129)] 상속인이 상속재산을 마음대로 사용한 후에라도 상속인의 채권자가 재산분리를 청구할 수 있게

122) 일본의 기성법전(구민법)의 초안에서는 이소베 시로가 주장하는 것과 같은 취지로 간단하게 재산분리에 관한 규정을 두고 있었으나, 원로원의 조사에서 이를 삭제하였다(法典調查会 第197回 議事速記録, *未校正64巻68丁表).

123) 전술한 2.나.4) 참조.

124) 法典調查会 第185回 議事速記録, *未校正61巻63丁裏.

125) 法典調查会 第197回 議事速記録, *未校正64巻68丁表.

126) 法典調查会 第197回 議事速記録, *未校正64巻68丁表.

127) 法典調查会 第185回 議事速記録, *未校正61巻63丁裏.

128) 法典調查会 第197回 議事速記録, *未校正64巻68丁表.

129) 우리 민법 제1045의 규정이 이소베 시로의 주장과 그 내용이 같다.

된다. 하지만 외부 사람은 상속재산이 얼마나 있는지 알기 어렵고, 상속인이 상속재산을 마음대로 사용하거나 처분하다 보면 상속재산이 얼마 남지 않게 될 수 있다.[130] 그렇게 3개월이 거의 다 지난 즈음에도 상속인의 채권자가 재산분리를 청구할 수 있도록 하면, 상속채권자는 얼마 남지 않은 상속재산만으로 상속채권의 배당변제를 받아야 하는 상황이 되는데, 이는 상속채권자에게 지나치게 가혹하다. 따라서 상속인의 채권자가 재산분리를 청구할 수 있는 기한과 상속채권자가 재산분리를 청구할 수 있는 기한은 똑같이 규율할 수 없다.

거의 모든 나라에서 상속채권자에게는 재산분리를 청구할 수 있도록 하지만, 상속인의 채권자로 하여금 재산분리를 청구할 수 있도록 하여 그를 보호하는 나라는 매우 드물다.[131] 적어도 양자를 동등하게 보호할 수는 없다는 전제 아래 수정안을 마련하였다.[132]」

이러한 우메 겐지로의 견해에 대한 이소베 시로의 재반박 내용도 매우 재미있다.[133] 이소베 시로는 우메 겐지로가 우려하듯 상속인이 상속재산을 마음대로 소비하는 것이 가능하며 흔한 일이라는 전제에 서면, 그러한 행위로 인해 상속인이 단순승인을 한 것으로 간주되어 상속인이 더 이상 한정승인을 할 수 없게 되고, 그 결과 상속인의 채권자는 1050조에 따라 재산분리를 청구할 수 없게 되는바, 이는 오히려 상속인이 성실한 때에만 1050조를 적용할 수 있도록 하는 왜곡을 발생시킨다고 한다. 상속인이 성실하지 못하거나 부주의하며 상속재산을 소비하는 등의 사유로 인해 재산분리를 청구할 권리를 상실하게 되는 것이 적절한지 의문이라는 것이다. 이러한 이소베 시로의 논리는 이어지는 다.항에서 보듯, 1050조가 상속인의 채권자가 재산분리를 청구할 수 있는 기간을 '한정승인을 할 수 있는 기간'으로 제한한 것에 반대하는 논거이기도 하다.

다. 왜 '한정승인을 할 수 있는 기간'인가

1050조는 상속인이 한정승인을 할 수 있는 기간 또는 상속재산이 상속인의 고유재산과 혼합되지 않은 기간에 상속인의 채권자는 재산분리의 청구를 할 수 있다고 정하고 있다.

상속인은 상속이 개시된 사실을 안 때로부터 3개월 이내에 한정승인을 할 수 있다.[134] 단순승인을 하였거나 단순승인을 한 것으로 간주된[135] 때에는 상속인이 더 이상 한정승인을 할 수 없으므로, '한정승인을 할 수 있는 기간'이라는 표현 안에는 상속인이 아직 단순승인을 하거나 단순승인으로 간주되지 않은 상태임이 전제되어 있으며 이는 결국 고유재산과

130) 이소베 시로는 상속인이 상속재산과 고유재산 중에 상속재산을 먼저 무분별하게 사용하고 처분할 것이라는 우메 겐지로의 전제에 동의할 수 없다고 한다.

131) 네덜란드는 명문으로 이를 부정하며, 프랑스는 이를 부정하였다가 2006년 개정시 인정하였다. 벨기에 민법초안은 허용한다.

132) 法典調査会 第185回 議事速記録, *未校正61卷63丁裏.

133) 法典調査会 第185回 議事速記録, *未校正61卷63丁裏.

134) 1017조 1항.

135) 1024조.

상속재산이 아직 혼합하지 않은 상태를 가리킨다.

상속인이 단순승인한 경우나 상속재산을 처분하는 등의 사유로 인해 단순승인이 간주된 경우 상속인은 이미 재산을 처분하였거나 언제든지 처분할 수 있는 위치에 있다.[136] 사실상 상속재산과 상속인의 고유재산 간에 혼합이 발생한 것으로 간주할 수 있는 것이다.[137] 이때에는 상속인이 새로운 채무를 지거나 다른 채무를 부담하는 행위를 하는 것은 일반적이며,[138] 피상속인의 채무와 유증 역시 이미 상속인이 부담하는 상황이라고 볼 수 있다.[139] 이렇게 된 이후에 상속인의 채권자가 재산분리를 청구할 수 있다고 하면, 상속채권자에게 발생하는 손해가 적지 않을 것이다.[140]

상속인이 이미 한정승인을 한 후라면, 상속인의 채권자는 재산분리를 청구할 수 없다.[141] 한정승인이 재산분리보다 상속인의 채권자에게 더욱 많은 이익을 주기 때문이다.[142] 반면 상속인의 채권자가 재산분리를 청구한 후에는 상속인이 한정승인을 할 수 있는데, 이는 재산분리가 한정승인처럼 상속인에게 이익을 주는 제도는 아니기 때문이라고 설명된다.[143] 재산분리가 있는 경우에는 상속채권자가 상속재산에서 변제받지 못한 부분을 상속인의 고유재산에서 변제받을 수 있다.[144] 상속인이 한정승인을 한 때에 상속채권자가 상속재산에서 변제받지 못한 부분이 있더라도 고유재산에서 변제받을 수는 없는 것과 구별된다. 즉 상속인의 입장에서는 상속인의 채권자의 청구에 따른 재산분리는 한정승인과는 달리 별달리 유익하지 않다.

법전조사회 의사속기록을 보면, 당시 조사위원들 중에 '한정승인을 할 수 있는 기간'이라는 제한을 두지 말자고 주장하는 이가 적지 않았으며, 그 문구에 대해서도 반대의견이 있었음을 확인할 수 있다. 이소베 시로는 '한정승인을 할 수 있는 기간'이라는 표현의 의미가 모호하고 불완전함을 지적하며, 해당 표현을 삭제하고, 상속인의 채권자도 상속채권자와 동일한 조건 아래 재산 분리를 청구할 수 있도록 해야 한다고 주장하였다.[145]

이소베 시로와 함께, 이노우에 쇼이치(井上正一) 역시 상속인의 채권자에게 상속채권자와 동일한 권리를 인정하자고 주장하면서, '한정승인을 할 수 있는 기간'이라는 제한을 삭제할

136) 梅謙次郎, 『民法要義』, 234－235.
137) 梅謙次郎, 『民法要義』, 234－243.
138) 梅謙次郎, 『民法要義』, 234－243.
139) 梅謙次郎, 『民法要義』, 234－243.
140) 梅謙次郎, 『民法要義』, 234－243.
141) 우리 민법과 구별되는 점이다. 우리 민법 제1041조는 상속인의 채권자로 하여금 상속채권자와 마찬가지로 상속개시 후 3개월 경과 전에는 상속재산의 분리를 청구할 수 있도록 정하고 있다. 이에 대해 우리의 교과서와 주석서는 상속인의 채권자 입장에서는 (재산분리보다 한정승인이 유리하므로) 실제로 재산분리를 청구할 실익은 없겠으나 다만 한정승인이 무효가 되는 경우가 있을 수 있으므로 그 때를 대비한다는 차원에서 의의가 있다고 설명된다.
142) 梅謙次郎, 『民法要義』, 235－236.
143) 梅謙次郎, 『民法要義』, 235－236.
144) 1048条.
145) 法典調査会 第197回 議事速記録, *未校正64巻68丁表.

것을 제안하였다.[146] 1050조(법전조사회 원안 1037조)의 '한정승인을 할 수 있는 기간'이 지나치게 짧고, 현실적으로 '상속재산을 점유하지 않은 동안'[147]이라는 표현을 추가하더라도 여전히 상속인의 채권자가 충분히 보호되지 않는다는 의견을 밝히며 다음의 예를 들어 설명을 덧붙였다. 만일 상속인이 1만 엔의 재산을 가지고 있고 그 채무가 8천 엔이나 9천 엔일 때 충분히 그 채권자는 변제를 받을 수 있는데, 만약 상속인이 상속채무가 4천 엔인 상태에서 단순승인을 하게 되면, 상속인의 채권자는 완전한 변제를 받을 수 있었음에도 결국 불충분한 변제를 받게 될 것이다. 상속인이 한정승인을 해 주면 좋겠지만, 자신의 고유채권자와 상속채권자 양쪽에서 변제를 독촉하는 상황이라면 상속인이 상당히 냉담해져 한정승인 같은 절차를 밟지 않게 될 수 있다. 또한 상속인들은 한정승인을 하는 것이 조상에게 불명예를 줄 것이라는 감정도 가질 수 있으므로, 이러한 경우 상속인은 굳이 자신의 채권자의 이익을 고려하기보다는 피상속인의 명예를 손상시키지 않도록 단순승인을 하고, 그 결과 상속인의 채권자에게 불이익을 끼치는 경우가 종종 생긴다. 즉 피상속인의 재산과 채무가 거의 같은 경우에는 그 상속인이 굳이 한정승인을 하지 않을 것이며, 만일 상속인이 악의적이라면 자신의 채권자에게 해를 끼칠 의도로 한정승인을 하지 않거나,[148] 혹은 상속재산을 처분하는 등으로 단순승인이 간주되도록[149] 할 수 있으므로, 상속인의 채권자가 피해를 입게 된다. 따라서 한정승인을 할 수 있는 동안이라는 제한을 폐지하는 것이 낫다.

이러한 의견에 대하여 우메 겐지로는 상속인이 한정승인을 할 수 없는 경우에는 상속인의 채권자가 재산분리를 청구할 수 없도록 해야 한다고 주장하였다. 상속인이 한정승인을 하지 않거나 은거 등으로 한정승인을 할 수 없는 상황임에도 상속인의 채권자가 재산분리를 청구할 수 있도록 한다면, 이는 그 채권자가 채무자를 대위하여 한정승인을 하는 것과 같은 결과가 되는데, 이는 상속의 승인이라는 순수한 재산적 법률행위가 아닌 행위에 대해 채권자대위를 인정하는 것으로서, 일본의 관습 등에 비추어 타당하지 않다고 한다.[150]

라. 재산분리와 혼동

1027조는 상속인이 한정승인을 한 경우 혼동을 인정하지 않는 내용의 규정이다. 1050조

146) 法典調査会 第185回 議事速記録, *未校正61巻63丁裏.

147) 주 120) 참조.

148) 상속인의 채권자로서는 상속인이 한정승인을 하기만 하면 상속인의 고유재산을 상속채권자와 나눌 일이 없으므로 걱정이 없다. 그런데 상속인이 소극적이거나 부주의하거나 악의적으로 한정승인을 하지 않으면 상속인의 채권자가 직접 나서서 재산분리를 청구해야 한다.

149) 상속인이 부주의하거나 악의적으로 상속재산을 처분하는 등의 행위를 하여 단순승인을 한 것으로 간주되면, 상속인의 채권자로서는 '한정승인을 할 수 있는 기간'이 도과하여 더 이상 재산분리를 청구할 수 없게 된다.

150) 다만 이는 이론이나 관습에 반하는 문제일 뿐으로, 실질적으로는 1050조의 재산분리가 상속인의 채권자가 상속인을 대위하여 한정승인을 한 것과 같은 결과를 의욕하고 마련한 규정이라고 한다. 채무자의 의사와 무관하게 그 채권자 등의 의사에 의해 한정승인의 결과가 발생하도록 하는 것이 적절한지에 대한 고민은 우리에게도 고민거리를 제공한다. 대표적으로, 우리의 상속재산파산제도가 한정승인으로 간주하는 것이 적절한지 검토가 필요하다고 생각된다.

는 '상속인의 채권자'를 위한 재산분리(2종)에서 위 규정을 준용한다. 우메 겐지로에 따르면, 상속인의 채권자를 위한 재산분리는 상속인이 한정승인을 해야 할 상황에서 이를 하지 않는 경우 상속인의 채권자가 그로 인해 발생할 수 있는 손해를 피하기 위해 어쩔 수 없이 재산분리를 청구하는 것이므로, 그 효력이 한정승인과 같아야 한다.[151] 더불어 상속채권자 및 수증자로서도, 상속인이 한정승인을 했을 때보다 1050조에 의한 재산분리가 있는 경우 더 불리한 처지가 되어서는 안 된다. 1050조가 1027조를 준용하는 이유이다.[152]

반면 '상속채권자'를 위한 재산분리(1종)에서는 1027조를 준용하지 않는다. 상속이 있으면 상속개시 시점에 법률상 당연히 혼동의 효과가 발생하는데, 상속채권자가 그 이후에 재산분리를 청구하였다고 하여 이미 이루어진 혼동의 결과를 부정할 이유가 없다는 것이다.[153] 그리고 만일 혼동을 인정하지 않는다면, 상속재산 가운데 별도로 상속인과 피상속인 사이의 채권·채무를 계산하여 정산하는 과정을 거쳐야 하는데, 굳이 번거롭게 할 필요가 없다는 것이다. '상속인의 채권자'가 청구한 재산분리(2종)는 혼동이 일어나지 않도록 정하지 않으면 상속채권자 및 수증자에게 불리한 결과가 발생할 수 있어 특별히 제1027조를 준용한 것으로,[154] 1종 재산분리와는 사정이 다르다는 취지이다.

상속채권자가 재산분리(1종)를 청구할 필요가 있는 상황을 떠올리면 대체로 상속재산에는 여유가 있는 반면 상속인이 무자력인 경우일 것이다. 피상속인과 상속인 사이의 권리·의무 사이의 혼동을 인정하더라도 상속채권자나 유증을 받은 자들에게 대단한 손해를 끼치기보다는 괜히 번잡하기만 할 가능성이 높다. 상속채무가 많아 상속인이 한정승인을 하기에 이른 경우, 즉 얼마 안 되는 상속재산을 두고 여러 상속채권자들이 경합하는 상황과는 다르다.

메이지민법의 이와 같은 규율은 상속채권자가 청구한 경우나 상속인의 채권자가 청구한 경우를 구분하지 않고 혼동을 부정하는 우리 민법과 구별된다. 실무에서 규정을 해석하고 적용함에 있어 참고할 만한 논리라고 생각된다.

5. 마치며

이상에서 메이지민법의 제정논의를 중심으로 우리나라와 일본의 재산분리 제도에 관해 살펴 보았다. 우리의 규정과 비교하며 음미해 볼 만한 지점이 적지 않다고 생각된다.

이 글에서는 필자의 역량 부족으로 재산분리에 관한 메이지민법 규정 가운데 일부에 한정하여, 관련 논의를 개략적으로 소개하는 데 그쳤을 뿐이다. 메이지민법은 우리 민법의 연

151) 梅謙次郎, 『民法要義』, 237－238.
152) 梅謙次郎, 『民法要義』, 237－238.
153) 梅謙次郎, 『民法要義』, 237－238.
154) 梅謙次郎, 『民法要義』, 237－238.

원으로, 그 제정과정의 논의는 우리 민법의 해석에 있어서도 귀중한 참고자료가 될 수 있다. 이후 재산분리에 관해서뿐만 아니라 메이지민법 제정 당시의 입법자료에 관한 연구가 보다 활발히 이루어지기를 기대하며 부족한 글을 마친다.

장래의 사정에 대한 쌍방 공통의 동기 착오와 사정변경의 원칙

대법원 2020. 12. 10. 선고 2020다254846 판결을 계기로

조 인 영

연세대학교 법학전문대학원 교수

이 논문은 연세대학교 신임교원 지원사업의 지원을 받아 민사법학지 96호에 게재되었던 것이다.

필자는 이 글을 쓰는 과정에서 우리나라에서 이 쟁점을 처음으로 독일의 주관적 행위기초론과 직접 연결지어 소개하신 분이 박동진 교수님이신 것을 알게 되었으며, 독일 법리에 누구보다 해박하시면서도 그와 다른 우리의 제도에 맞는 해법을 고민하고 해결책을 제시하신 연구에서 학자로서 나아가야 할 방향에 대한 큰 가르침과 깨달음을 얻게 되었다. 학교에서도 늘 자상하고 세심하게 후배들을 따뜻이 배려해 주시고 도와주시는 박동진 교수님의 은혜에 깊이 감사드리며, 교수님께서 늘 그래오셨듯 앞으로도 계속 오랫동안 모든 면에서 후배들의 사표가 되어 주시기를 기도드린다.

존경하는 박동진 교수님, 회갑을 진심으로 축하드립니다!

[사안의 개요]

1. 사실관계

가. 원고는 2006경부터 용인시에서 주택건설사업을 추진해 오던 중, 2016. 2. 17. 피고로부터 피고 소유의 토지(이하 '이 사건 토지'라 한다)를 임차하되, 보증금은 1억, 차임은 3천만원으로 하고, 임차기간은 계약일로부터 3년으로 하되 임차인 필요시 연장할 수 있도록 하는 내용의 임대차계약(이하 '이 사건 임대차계약'이라 한다)을 체결하였다. 위 임대차계약의 특약사항에는 "① 양지상미지주공동 사업의 견본주택 건축을 목적으로 한다. ② 피고는 계약과 동시에 가건물 건축 인허가에 필요한 제반 서류를 제공한다"라고 기재되어 있었다.

나. 원고는 2016. 2. 17.부터 2016. 4. 16. 사이에 피고에게 임차보증금 및 임대료 등 합계 1억 3,300만원을 지급하고, 2016. 4. 8. 기흥구에 가설건축물 축조신고서를 제출하였으나, 그 신고가 반려되었다.

다. 원고는 위와 같이 가설건축물 축조신고가 반려되어 이 사건 토지상에 견본주택 건축을 할 수 없게 되자 피고를 상대로 위 나.항 기재 1억 3,300만 원 및 이에 대한 지연손해금을 구하는 이 사건 소송을 제기하였다.

2. 사안의 경과

가. 1심 판결: 청구 기각[1)]

원고는, 이 사건 임대차계약은 이 사건 토지를 견본주택 건축부지로 사용하기 위한 것이었는데 건축신고 반려로 견본주택 부지로 사용하는 것이 불가능하므로, ① 이 사건 임대차계약은 실효되었거나, ② 이 사건 임대차계약을 해제, 또는 착오로 취소한다고 주장하였다.

1심은 ① 이 사건 토지를 견본주택 부지로 사용하는 것이 계약 체결시 확정적으로 불가능하였다고 볼 증거가 없는 이상 임대차계약이 무효라고 보기 어렵고, ② 견본주택 설치가 이 사건 임대차계약 체결의 동기로서 이 사건 임대차계약의 내용이 되었다고 보더라도 원고가 제출한 증거만으로는 원고가 이 사건 임대차계약의 체결 당시 중요부분에 대하여 착오를 일으켰다고 보기 부족하며, ③ 특약사항의 기재만으로는 견본주택 신고 반려가 약정해제사유라고 인정할 수 없고, ④ 원고의 건축신고 반려 또한 원고의 귀책사유일 뿐 법정해제사유가 되지 않는다고 판시하였다.

나. 2심 판결: 일부 인용[2)]

2심에서 원고는 1심에서의 무효, 취소, 해제 주장 외에 사정변경을 이유로 한 해제 및 해

1) 수원지방법원 2018. 11. 8. 선고 2018가단521112 판결.
2) 수원지방법원 2020. 7. 7. 선고 2018나87538 판결.

지 주장을 추가하였다. 이에 2심은 나머지 주장에 대해서는 원심을 그대로 원용하고 사정변경을 이유로 한 해제 및 해지 주장에 관한 판단만 추가하면서, '계약 성립의 기초가 된 사정이 현저히 변경되고 당사자가 계약의 성립 당시 이를 예견할 수 없었으며, 그로 인하여 계약을 그대로 유지하는 것이 당사자의 이해에 중대한 불균형을 초래하거나 계약을 체결한 목적을 달성할 수 없는 경우에는 계약준수 원칙의 예외로서 사정변경을 이유로 계약을 해제하거나 해지할 수 있'다는 종래 판례의 법리를 설시한 뒤,[3] ① 원고와 피고는 견본주택 건축을 목적으로 임대차계약을 체결하여 특약사항에 명시하였는바 이는 임대차계약에 있어 매우 중요한 사항인 점, ② 피고는 이 사건 사업을 추진하던 ○○마을 지주공동사업 추진위원회의 추진위원으로서 견본주택이 건축이 되지 않을 경우 원고가 이 사건 토지를 사용할 이유가 없다는 것을 임대차계약 당시부터 인식하고 있던 점, ③ 원고는 용인시장으로부터 가설건축물 축조신고와 주택사업계획승인신청 반려통보를 받음으로써 이 사건 토지 지상에 견본주택을 건축할 수 없게 되었고, 피고도 그 무렵 이를 알게 된 점, ④ 임대인은 사용, 수익에 필요한 상태를 유지할 의무를 부담하는데 이 사건 임대차계약 체결 당시부터 현재까지 소외인이 이 사건 토지를 무단으로 점유하고 있는 점 등에 비추어, 견본주택 건축은 이 사건 임대차계약의 성립의 기초가 된 사정으로서, 견본주택을 건축할 수 없어 원고가 임대차 목적을 달성할 수 없고 피고가 이 사건 토지를 사용·수익 가능한 상태로 인도한 것으로 볼 수도 없는 이상 위 임대차계약은 사정변경으로 해지되었다고 판시하였다. 이에 따라 2심은 해지 전 기간의 임료 반환청구는 기각하고, 보증금 1억 원 부분에 대한 청구를 인용하였다.

3. 대법원 판결: 상고 기각[4]

대법원은 2심과 마찬가지 이유로, 견본주택 건축은 이 사건 임대차계약 성립의 기초가 된 사정으로서, 견본주택을 건축할 수 없어 원고의 임대차계약 체결 목적 달성이 불가능하고, 피고가 원고에게 이 사건 토지를 사용수익 가능한 상태로 인도하였다고 볼 수도 없는 이상, 이 사건 임대차계약을 유지하는 것은 원고와 피고 사이에 중대한 불균형을 초래하므로, 이러한 경우는 계약준수 원칙의 예외로서 사정변경을 이유로 계약을 해지할 수 있다고 판시하고, 원고의 상고를 기각하였다.

3) 대법원 2017. 6. 8. 선고 2016다249557 판결 등 참조.
4) 대법원 2020. 12. 10. 선고 2020다254846 판결.

[연 구]

Ⅰ. 서 론

모든 계약에는 일정한 목적이 존재한다. 음식을 사는 것은 먹기 위해서이고, 차를 사는 것은 타기 위해서이다. 통상적인 경우 그와 같은 계약의 전형적 목적과 계약 목적물이 그에 부합한다는 성질은 쌍방이 이를 당연한 전제로 하여 계약의 내용으로 삼았다고 볼 것이므로, 만일 목적물에 그에 부합하지 않는 문제가 있다면(예컨대 음식물을 구입하였는데 부패해 있었던 경우 등) 굳이 이를 계약에 명시하지 않았더라도 당연히 착오를 이유로 계약을 취소하거나 채무불이행 또는 하자를 이유로 이를 해제할 수 있다.[5)]

그런데 계약이 거래 성질상 당연하다고 보기 어려운 특정한 목적이나 성질을 전제하는 경우, 예컨대 공장의 신축부지로 사용하기 위하여 토지를 매입하였거나,[6)] 일정한 조망ㆍ일조를 갖춘 건물로 예상하고 건물을 매수한 경우[7)]라면 어떠한가? 판례는 이를 '내용의 착오'가 아니라 '동기의 착오'로 보아 일정한 요건하에서 그 취소를 인정한다. 즉, 종래 우리 판례는 "동기를 당해 의사표시의 내용으로 삼을 것을 상대방에게 표시하고 의사표시의 해석상 법률행위의 내용으로 되어 있다고 인정"되며, "일반인이 표의자의 처지에 있었더라면 그와 같은 의사표시를 하지 아니하였으리라고 여겨질 정도로 중요한 부분에 관한 것"이라면 동기의 착오를 이유로 취소할 수 있다고 일관되게 판시하여 왔다.[8)] 성상(性狀; Eigenschaf)[9)]의 착오를 의사표시의 내용으로 취급하는 독일 민법[10)]과 달리 우리 민법은 그에 관해 별도로 규정하고 있지 않지만, 학설도 대체로 성질의 착오를 동기의 착오로 인정한다.[11)] 다만 판례는 "착오가 있다고 하려면 표의자의 인식과 그 대조사실이 어긋나는 경우라야 할 것이므로,

---

5) 착오 취소와 하자담보책임의 경합 여부에 대해 학설은 긍정설과 부정설이 대립하였으나, 대법원은 2018. 9. 13. 선고 2015다78703 판결에서 양자의 경합을 인정하였다. 종래 학설의 대립 등에 대해서는 편집대표 김용덕, 주석민법(민법총칙), 한국사법행정학회, 2019.5, 760-761면(김문관 집필부분) 및 편집대표 곽윤직, 민법주해(II), 총칙 2, 박영사, 2002, 521-522면(송덕수 집필부분); 이재목, "착오와 담보책임의 경합에 관한 해석론적 쟁점", 법률신문 제4761호(2020.1.6) 참조.

6) 대법원 1997. 4. 11. 선고 96다31109 판결 사안.

7) 대법원 2010. 4. 29. 선고 2009다97864 판결 사안.

8) 대법원 2019. 4. 23. 선고 2015다28968, 2015다28975(병합), 2015다28982(병합), 2015다28999 판결 등 참조; 동기는 일방의 표시가 있었다고 하여 법률행위의 내용이 될 수 없고, 매도인이 이를 보장한다든가 그것이 법률행위의 조건이 되었다든가 하는 때에 비로소 법률행위의 내용이 되는 것이므로, 표시 여부를 고려할 필요가 없고 그것이 법률행위의 내용의 중요부분인지 여부만을 기준으로 삼으면 족하다는 비판으로 양창수ㆍ김재형, 민법I, 계약법(제3판), 박영사, 2020, 776면.

9) 성질 및 특성으로 번역하기도 하나, 양창수 역, 독일민법전(총칙ㆍ채권ㆍ물권), 박영사, 2021, 51면에 따라 여기서는 '성상'으로 번역한다.

10) 독일민법 제119조(착오로 인한 취소) ② 사람이나 물건의 성상에 관한 착오도, 그 성상이 거래상 본질적이라고 여겨지는 경우에는, 의사표시의 내용에 대한 착오로 본다. 동일한 취지의 우리 민법 개정안에 대해서는 윤진수, 민법논고 II, 박영사, 2008, 52면 이하 참조.

11) 곽윤직ㆍ김재형, 민법총칙[민법강의 I], 제9판, 박영사, 2020, 319면; 지원림, 민법강의(제17판), 홍문사, 2020, 245면; 김학동, "동기의 착오에 관한 판례의 검토", 민사법학 제38호(2007.9), 368면.

표의자가 행위를 할 당시에 장래에 있을 어떤 사항의 발생이 미필적임을 알아 그 발생을 예기한 데 지나지 않는 경우는, 표의자의 심리상태에 인식과 대조에 불일치가 있다고 할 수 없어 착오로 다룰 수는 없다"[12]고 하여 착오의 범위를 제한하고 있다.

그런데 여기서 몇 가지 질문이 파생된다. 첫째는 장래의 사정에 대한 착오와 현재의 성질에 대한 착오의 구별 기준이다. 판례가 설시한 바와 같이 장래에 있을 미필적 사항에 대한 일방의 단순한 예견이나 희망이 착오가 될 수 없음은 분명하다. 그러나 계약 대상물의 현재 성질이 장래의 특정한 사정을 보장한다는 전제에서 당사자들이 계약을 체결한 경우, 예컨대 앞서 든 예와 같이 특정한 토지에 건축이 가능할 것이라는 전제하에 계약을 체결한 경우, 이는 장래의 사정에 대한 예견에 불과한가 또는 장래 건축가능한 토지라는 성질에 대한 착오인가? 나아가, 장래의 사정에 대한 예견은 범주적으로 착오의 대상에서 애초에 배제되어야 하는가, 혹은 그러한 예견이 법률행위의 내용에 편입되었다면 그러한 장래의 사정에 대한 착오도 동기의 착오로 인정될 수 있는가? 둘째, 이러한 동기의 착오가 당사자 일방이 아니라 쌍방 공통으로 이루어진 경우에도 착오에 의한 취소가 가능한가? 혹은 경우에 따라 법률행위의 해석이나 사정변경의 원칙만이 문제될 수 있을 뿐일까? 대상판결에서 원고와 피고는 계약서에 '견본주택 건축이 목적'임을 명시하였음에도 법원은 착오 취소 주장은 가볍게 배척하고 사정변경에 의한 해제만을 인정하였으나, 대상판결에서는 착오 여부도 문제될 수 있고, 착오가 인정될 경우 사정변경과의 관계 또한 검토할 필요가 있다.

본고에서는 이를 검토하기 위하여, 먼저 장래 사정도 착오의 대상으로 볼 수 있는지에 관하여 살펴본 뒤(Ⅱ), 우리 민법상 쌍방 공통의 동기 착오 문제를 해결하기 위한 기존의 학설과 법리를 검토한다(Ⅲ). 그리고 만일 장래의 사정에 대한 쌍방 공통의 동기 착오에 대해서도 취소를 인정한다면, 사정변경의 원칙과의 관계는 어떻게 설정해야 할 것인지를 살펴보고(Ⅳ), 대상판결에 관한 검토 결과를 요약하는 것으로 마무리하고자 한다(Ⅴ).

Ⅱ. 장래 사정에 대한 착오의 인정 여부

1. 학설의 논의

가. 부정설

종래 우리나라에서 착오의 대상이 장래의 사정인지 현재의 사정인지를 특별히 구분하는 논의는 많지 않았다. 그러나 최근 착오는 법률행위 당시의 원시적인 흠에 관한 것으로서, "계약체결 시점에 현존하는 객관적 사실에 대한 인식을 잘못한 것이라면 착오이지만, 의사표시 당시 아직 존재하지 않는 미래사실에 관한 것이라면 착오가 아니"라는 견해[13]가 제기

12) 대법원 2010. 5. 27. 선고 2009다94841 판결.

된 바 있다. 이에 의하면, 착오에 있어서는 시간적 요소를 고려하여야 하며, 장래의 기대 불충족은 애당초 착오에 관한 사안이 아니라 신의칙만이 문제될 수 있을 뿐이라는 것이다.[14)]

착오에 관하여 이처럼 시간적 요소를 고려하는 입장은 다수의 국제규범에서도 확인할 수 있다. 예컨대, 유럽계약법원칙(Principles of European Contract Law, 이하 'PECL'라 한다) 제4:103조는 '사실 또는 법률에 관한 본질적인 착오'에 관하여 '당사자는 다음의 경우에 계약의 체결시에 존재하는 사실 또는 법률에 관한 착오를 이유로 계약을 취소할 수 있다'고 규정하고 있으며, UNIDROIT 국제상사계약원칙(Principles of International Commercial Contract, 이하 'PICC'라 한다) 제3.2.1조는 '착오는 계약체결시에 존재하는 사실 및 법률에 관한 잘못된 추정을 의미한다'고 규정한다. PICC는 이와 같이 시간적 요소를 정해놓은 것은 채무불이행과 구별하기 위한 것으로서, 사실이나 법률을 잘못 인식하여 장래에 대해 전망을 잘못한 상태에서 계약을 체결했다면 착오에 해당하지만, 상황에 대한 인식은 정확하게 하였으나 그 전망에 대해 잘못 판단한 다음 이행을 거절한다면 이는 착오가 아니라 채무불이행의 문제라고 설명한다.[15)] 이와 동일한 태도는 유럽공통참조기준초안(Draft Common Frame of Reference, 이하 'DCFR'이라 한다) 제Ⅱ-7:201조에서도 찾아볼 수 있다.[16)]

나. 긍정설

긍정설은 장래 사정에 대한 착오를 특별히 구분하여 착오의 개념에서 배제하지 않고, 오히려 장래의 사정도 동기의 착오가 될 수 있다고 본다.[17)] 현재의 사정은 착오, 장래의 사정은 사정변경 · 신의칙으로 그 해결방법이 양분되는 것이 아니라, 장래의 사정도 착오의 대상이 될 수 있고 사정변경과도 경합할 수 있다는 것이다. 긍정설은 "장래 사정에 대한 기대는 많은 경우 계약체결 시점 또는 그 이전의 사정에 대한 평가에 기초하므로 양자를 인위적으로 구별하는 것은 법적으로 무의미하고, 장래 사정에 대한 착오라 하더라도 그것이 과거나 현재의 사정에 대한 평가와 밀접한 관련을 가진다면 객관적 등가성이 아닌 주관적 등가성이 문제되어 그 이익상황이 사정변경의 경우와 다르므로 착오로 고려함이 타당하다"고 하면

13) 전원열, "착오 개념의 정립을 위한 소고", 저스티스 통권 제146-1호(2015.2), 168면; 윤진수, "공통의 착오와 사정변경 및 보충적 해석", 민법기본판례, 제2판, 홍문사, 2016, 60면.

14) 전원열, 위 논문, 187면.

15) PICC, 제3.2.1조에 관한 주석(comment), 100면(https://www.unidroit.org/instruments/commercial-contracts/unidroit-principles-2016, 2021.7.28. 최종확인).

16) Christian von Bar 외 10인 편저, 안태용 역, 유럽민사법의 공통 기준안(총칙, 계약편): DCFR 제1권~제4권, 법무부, 2009, 239면(당사자 일방은 계약을 체결할 당시에 존재하였던 사실 또는 법률의 착오를 이유로 계약을 취소할 수 있다); Reiner Schulze · Tryderyk Zoll, European Contract Law, C.H. Beck, Hart, Nomos, 2018, p. 156; 영미법계도 착오의 대상을 계약 당시에 존재하는 사실로 제한한다. 김학동, "영미법상의 공통의 착오", 이화여자대학교 법학논집 14권 3호(2010), 122면 이하.

17) 김증한 · 김학동, 민법총칙, 박영사, 2013, 428-429, 432면; 편집대표 곽윤직, 민법주해 Ⅱ, 박영사, 1992, 417면; 김형석, "동기착오의 현상학", 저스티스 통권 제151호(2015), 122-125면; 이동진, "착오개념과 취소요건", 저스티스 통권 제178호(2020.6), 40면; 이동진, "계약위험의 귀속과 그 한계: 사정변경, 불능, 착오", 비교사법 제26권 제1호(2019.2), 80면.

서, 당사자들이 명백하게 장래 사정을 고려하여 자신들의 의무를 특정하고 구체화하여 계약 내용에 편입하였다면 그에 대하여 착오취소를 인정해야 한다고 본다.[18] 나아가 긍정설 중에는 주관적·객관적 등가성을 굳이 구별하지 아니하고 착오를 인정하는 견해도 있다.[19]

2. 판 례

판례는 동기의 착오에 관한 사안에서 장래의 사정과 현재의 사정을 특별히 명시적으로 구별하지 않는데, 구체적인 사안을 보면 이는 어떠한 사정의 기준 시점보다는 해당 사정의 발생이 미필적임을 당사자가 인식할 수 있었는지 여부에 따라 판단한 결과로 보인다. 이하 구체적인 사안을 살펴본다.

가. 장래의 사정에 관한 착오 취소를 부정한 판례

장래의 사정에 관한 착오를 부정한 판례는 주로 도시계획, 분양광고, 경제성 예측에 관한 사안으로 유형화해 볼 수 있다.

도시계획과 관련하여, 대법원은 ① 매매대상 토지를 공장설립이 가능한 '계획관리지역'으로 지정함에 대한 의견청취 공고가 이루어진 상태에서 원고가 공장설립이 가능할 것으로 믿고 매매계약을 체결하였으나 이후 '보전관리지역'으로 지정되어 공장을 설립할 수 없게 된 사안[20]이나 ② 피고 한국토지주택공사가 당초 16,867,000㎡ 면적을 택지개발예정지구로 고시하여 개발사업을 추진하면서 사업지 내 일부 토지를 분양하였다가 이후 사업 면적을 당초의 약 1/3에 불과한 5,160.097㎡로 변경하자 원고가 착오로 취소를 구한 사안[21] 및 ③ 매매계약 당시 체육시설부지로 지정되어 있던 토지에 관해 장차 공동주택, 호텔 등의 신축 인허가를 받을 수 있을 것으로 생각하고 매수하였으나 이후 도시계획이 변경되지 않은 사안에서, 장차 공장설립이 가능할 것이라는 생각이나 개발사업·도시계획 변경이 계획대로 진행될 것이라는 예상은 장래의 미필적 사실에 대한 단순한 기대에 불과하므로 착오가 인정되지 않는다고 하였다.[22] 반면 계약 당시에 이미 건축목적 달성이 확정적으로 불가능하였던 경우, 즉 ④ 원고가 한우를 사육하기 위하여 토지를 매수하였으나 도시계획법 관련 규정상 우사(牛舍)를 지을 수 없는 토지임을 알게 된 사안[23]이나, ⑤ 원고가 고층아파트 건설이 가능한 토지로 알고 이를 매수하였으나 서울기지부근에 위치한 관계로 보안상의 이유로 매매계약체결 당시부터 고층아파트 건축이 불가능한 토지였던 경우에는 동기에는 해당하나 상대방에게 표시되었다고 볼 증거가 없다는 이유로 취소를 부정하였다.[24]

---

18) 김형석, 각주 17), 120면 이하.
19) 이동진, "계약위험의 귀속과 그 한계: 사정변경, 불능, 착오", 비교사법 제26권 제1호(2019.2), 80면.
20) 대법원 2010. 5. 27. 선고 2009다94841 판결.
21) 대법원 2007. 8. 23. 선고 2006다15755 판결.
22) 대법원 2013. 11. 28. 선고 2014다202922 판결.
23) 대법원 1984. 10. 23. 선고 83다카1187 판결.

분양광고와 관련하여서는 분양자가 광고한 개발사업의 실현에 대한 기대가 이루어지지 아니한 경우,[25] 조망·일조가 확보될 것이라거나,[26] 백화점·공원 등의 시설이 들어설 것이라거나,[27] 해양공원 조성, 경전철 개통, 직선도로의 신설 등이 실현될 것이라는[28] 내용의 광고가 분양계약의 내용으로 되어 있다고 보기 어려운 경우 동기의 착오를 부정하였다. 다만 위 사안들은 장래 사정을 명시적 이유로 배척한 것은 아니고 분양광고에 있어서 다소간의 과장은 상거래 관행이나 신의칙에 반하는 것이 아니므로, 그 내용이 구체적으로 계약 내용으로 편입되지 않은 이상 동기의 착오가 적용될 수 없다고 보았다는 공통점이 있다.

경제성의 예측과 관련하여, ① 대법원은 원고가 온라인복권 시스템 구축과 운영 용역을 제공하는 대신 피고가 복권 매출액의 일정 비율에 해당하는 수수료를 지급하기로 하였는데 실제 매출액이 예상매출액보다 현저히 많이 발생한 사안이나[29] ② 피고가 석유광구 운영권의 지분을 매입하여 그중 일부를 원고에게 매도하였는데, 이후 광구를 운영할수록 손실이 누적되자 동기의 착오를 이유로 취소를 구한 사안에서도, 예상매출액이나 석유광구의 증산가능성·경제성은 장래의 미필적 사실의 발생에 대한 기대나 예상에 불과하여 법률행위 내용의 중요부분에 착오가 있다고 볼 수 없다고 하였다.[30] 특히 후자의 판결에서 대법원은, 구체적 사실관계에 비추어 볼 때 원고는 수익성과 위험성을 모두 인식하면서 투자위험을 감수하고 계약을 체결하였으므로 증산가능성과 경제성에 관한 전망이 그대로 실현될 것이라는 확신을 가졌다고 보기 어렵고, 마찬가지 이유로 원고는 사정변경을 예견할 수 있었으므로 사정변경을 이유로 계약을 해제할 수도 없다고 판시하였다. 그 밖에 대법원은 '의사표시에 착오가 있다고 하려면 법률행위 당시에 실제로 없는 사실을 있는 사실 또는 실제로 있는 사실을 없는 것으로 잘못 생각하듯이 표의자의 인식과 대조사실이 어긋나는 경우여야 하므로 판결선고 전에 그 선고결과를 예상하고 법률행위를 하였으나 실제로 선고된 판결이 그 예상과 다르다 하더라도 이 표의자의 심리상태에 인식과 대조사실에 불일치가 있다고는 할 수 없어 착오로 다룰 수는 없다'고 한 바도 있다.[31]

나. 장래의 사정에 대한 착오 취소를 인정한 판례

일부 판례는 장래의 사정에 대해서도 착오 취소를 인정한다. 판례는 매수인인 원고가 매

24) 대법원 1990. 5. 22. 자 90다카7026 결정.
25) 대법원 2015. 5. 28. 선고 2014다57228,57235,57242,57259 판결; 대법원 2015. 5. 28. 선고 2014다24327,24334, 24341,24358,24365,24372 판결 등.
26) 대법원 2010. 4. 29. 선고 2009다97864 판결.
27) 대법원 2019. 4. 23. 선고 2015다28968, 2015다28975(병합), 2015다28982(병합), 2015다28999(독립당사자참가의 소) 판결.
28) 대법원 2015. 7. 23. 선고 2012다15336,15343,15350,15367,15374,15381,15398,15404 판결.
29) 대법원 2011. 6. 24. 선고 2008다44368 판결.
30) 대법원 2020. 5. 14. 선고 2016다12175 판결 및 대법원 2020. 5. 14. 선고 2017다220058 판결.
31) 대법원 1972. 3. 28. 선고 71다2193 판결; 대법원 1991. 11. 12. 선고 91다10732 판결.

매대상 토지 중 20~30평 가량만 도로에 편입될 것이라는 중개인의 말을 믿고 주택 신축을 위하여 토지를 매수하였고 그와 같은 사정이 계약 체결 과정에서 현출되어 매도인도 이를 알고 있었는데 실제로는 전체 면적의 약 30%에 해당하는 197평이 도로에 편입된 경우[32], 또는 건물에 대한 매매계약 체결 직후 건물이 건축선을 침범하여 건축된 사실을 알았으나 매도인이 법률전문가의 자문에 의하면 준공검사가 난 건물이므로 행정소송을 통해 구청장의 철거 지시를 취소할 수 있다고 하여 매수인이 그 말을 믿고 매매계약을 해제하지 않고 대금지급의무를 이행한 경우 착오를 이유로 취소할 수 있다고 판시하였다.[33] 한편, 원고가 피고에게 원고 소유 부동산을 매도하면서 원고가 납부할 5억원 상당의 양도소득세를 피고가 부담하기로 약정하였는데, 이후 원고에게 3억 7천만원 상당의 양도세가 추가로 부과된 사안에서, 대법원은 이와 같은 착오가 매매계약의 내용의 중요부분에 관한 것으로서 이를 이유로 매매계약을 취소할 수 있다고 하면서, "부동산의 양도가 있은 경우에 그에 대하여 부과될 양도소득세 등의 세액에 관한 착오가 미필적인 장래의 불확실한 사실에 관한 것이어서 민법 제109조 소정 착오에서 제외되는 것이라고도 말할 수 없다"고 하였다.[34] 그와 유사하게, 매도인에 대한 양도소득세의 부과를 회피할 목적으로 매수인이 주택건설을 목적으로 하는 주식회사를 설립하여 여기에 출자하는 형식을 취하면 양도소득세가 부과되지 않을 것이라고 말하면서 그러한 형식에 의한 매매를 제의하여 매도인이 이를 믿고 매매계약을 체결한 사안에서도 법원은 착오 취소를 인정하였다.[35] 그 외에도 원고가 피고 소유 대지 및 서울시 소유 대지상에 건축된 건물을 피고로부터 매수하면서, 장차 서울시 소유 대지를 서울시로부터 불하받을 수 있을 것이라고 생각하고 이른바 연고권을 피고로부터 매수하였는데 실제로는 이를 불하받기 어렵거나 불하받더라도 일부분에 그칠 수밖에 없던 사안에서, 판례는 착오 취소를 인정한 바 있다.[36]

3. 장래 사정에 대한 착오 가능성

장래의 사정도 착오의 대상으로 볼 수 있는지 여부를 논의하기 위해서는 먼저 '성질의 착오'에 관하여 살펴볼 필요가 있다. 우리 학설은 통상 성질의 착오를 동기의 착오로 보고,[37] 성질이란 물건의 자연적이고 물리적인 속성뿐만 아니라 그 물건의 사용가능성, 유익성, 가치에 영향을 미치는 사실적·법률적 관계를 포함하는 것으로 본다.[38] 그러나 '사용가능성,

---

32) 대법원 2000. 5. 12. 선고 2000다12259 판결.

33) 대법원 1997. 9. 30. 선고 97다26210 판결.

34) 대법원 1994. 6. 10. 선고 93다24810 판결.

35) 대법원 1981. 11. 10. 선고 80다2475 판결; 학설은 법률의 착오 역시 동기의 착오로 본다. 송덕수, 민법총칙(제5판), 박영사, 2020, 전게서 297면.

36) 대법원 1991. 8. 27. 선고 91다11308 판결.

37) 이와 달리 성질이 거래에서 중요한 의미를 가질 경우 법률행위의 내용의 착오로 된다는 견해로는 이영준, 민법총칙(한국민법론 I), 박영사, 2005, 358면.

38) 지원림, 각주 11), 245면; 박찬주, "동기의 착오에 관한 새로운 이해", 법학논총 제28집 제1호, 223면. 다수의 견

유익성, 가치에 영향을 미치는 사실적・법률적 관계'가 구체적으로 무엇을 의미하는지에 관하여는 비교적 상세한 논의를 찾아보기 힘들다. 이는 우리의 다수 학설과 판례가 동기의 착오 또한 일정한 요건하에 민법 제109조에 따라 취소될 수 있는 것으로 판단해왔기 때문에,[39] 착오 규정을 적용함에 있어서 '성질'을 명확히 정의할 필요성이나 그것이 종국적인 결론에 영향을 미칠 가능성이 사실상 크지 않았기 때문이다.

그러나 동기의 착오를 취소 대상으로 보지 아니하는 독일에서는 일찍이 성상의 착오를 내용으로 볼 것인지, 동기로 볼 것인지에 대해 많은 논의가 있어 왔고, 종국적으로는 독일 민법 제119조 제2항에 "사람이나 물건의 성상에 관한 착오도, 그 성상이 거래상 본질적이라고 여겨지는 경우에는, 의사표시의 내용에 대한 착오로 본다."고 명시적으로 규정함으로써 그러한 논란을 입법적으로 해결한 바 있다. 이 때 위 법률에 규정된 '성상'의 의미에 관하여, 독일 판례는 물건의 성상은 자연적 성상뿐 아니라 그 물건의 거래관념상 그 유용성과 가치평가에 영향을 미치는 모든 사실적, 법적 관계,[40] 또는 물건 자체의 물리적 성질 외에 가치평가에 전형적이고 직접적으로 영향을 미치는 주변사정과의 관계도 성상의 개념에 포함되는 것으로 판단한다.[41] 나아가, 계약과 관련된 장래의 사정에 대한 착오(Irrtum über künftige Entwicklungen)도 성상으로 볼 수 있는지에 대해서는 종래 부정적인 견해와 판례도 존재하였으나,[42] 최근에는 그에 관하여 특정한 인식의 오류가 있었다면 장래의 사정 또한 착오에 포함될 수 있다는 견해가 유력하다.[43][44] 이러한 견해에 따르면 장래 어떤 사정이 확실히 발생할 것이라거나 현재의 사정이 계속 유지될 것이라는데 대한 공통적인 기대는 거래의 기초가 될 수 있으며, 착오뿐 아니라 사정변경과 경합할 수도 있다는 것이다.[45]

해는 토지의 건물 신축가능성 또한 성상의 착오로 본다. 김학동, 각주 11), 365면 참조.

39) 우리 민법상 내용의 착오만이 취소 대상이라고 보는 견해로는 송덕수, 각주 35). 293면 이하 참조.

40) RGZ 64, 266, 269; BGHZ 34, 32 (41) (Münchener Kommentar zum BGB/Armbrüster, 8 Auflage 2018, § 119, Rn. 107, 108에서 재인용); Basil Markesinis, Hannes Unberath, Angus Johnston(이하 Markesinis 등이라고만 한다), The German Law of Contract, A Comparatice Treaties (2nd edition), Hart Publishing, 2006, p. 298.

41) RGZ 149, 235 (238); BGHZ 16, 54 (57) (Münchener Kommentar zum BGB/Armbrüster, 8 Auflage 2018, § 119, Rn. 107, 108에서 재인용).

42) OLG Frankfurt OLGZ 1995, 35 (37); OLG Düsseldorf ZEV 1995, 32 (Münchener Kommentar zum BGB/Armbrüster, 8 Auflage 2018, § 119, Rn. 122, 123에서 재인용).

43) Münchener Kommentar zum BGB/Armbrüster, 8 Auflage 2018, § 119, Rn. 123; Jan Dirk Harke, Irrtum über wesentliche Eigenschaften: Dogmatische und dogmengeschichtliche Untersuchung, Duncker & Humblot, 2003, S. 131 ff.; Holger Fleischer, Informationsasymmetrie im Vertragsrecht: eine rechtsvergleichende und interdisziplinäre Abhandlung zu Reichweite und Grenzen vertragsschlussbezogener Aufklärungspflichten, C.H. Beck, 2001, S. 382 ff.; 주관적 행위기초에 관한 것이기는 하나, 쌍방 공통의 착오에서 착오는 장래에 관한 것도 가능하다는 것으로, Wolf/Neuner, Allgemeiner Teil des bürgerlichen Rechts, 11 Auflage, Beck, 2016, S. 516, § 42 Rn. 16.

44) 독일 연방대법원은 "급부의 일시적 불능을 초래하는 사정이 가까운 장래에 제거될 수 있다고 생각하고 계약을 체결하였으나 후에 그것이 당사자 쌍방의 착오로 판명된 경우, 그 계약에는 (중략) 행위기초상실의 근거규정인 민법 제242조(주: 독일 민법 제313조가 신설되기 전 신의성실의 원칙에 관한 규정)가 적용된다"고 판시한 바 있다(BGHZ 47, 48, Wolf/Neuner, Allgemeiner Teil des bürgerlichen Rechts, 11 Auflage, Beck, 2016, S. 516, § 42 Rn. 17에서 재인용).

45) Münchener Kommentar zum BGB/Armbrüster, 8. Auflage 2018, § 119, Rn. 123.

이러한 독일의 학설 이면에는 착오의 본질에 관한 태도의 변화가 존재한다. 즉, 종래 착오론은, 당사자가 의욕하지 않았던 법률행위에 효과를 부여하는 것은 자기결정과 자기책임의 원칙에 반하므로 그 효력을 부정하여야 한다는 의사주의와 일방의 의사에 따라 법률행위를 무효로 돌리는 것은 거래의 안전과 상대방의 신뢰보호를 위협하므로 외부로 표시된 의사에 효과를 부여해야 한다는 표시주의의 대립적인 틀 속에서만 주로 발전되어 왔다. 그리고 학설은 이 때의 '의사'를 무엇으로 볼 것인지에 관한 추상적이고 개념적인 논의에 집중되었다. 그러나 근래에 들어 착오를 위험배분에 기반하여 당사자가 위험을 인수했는지 또는 타방 당사자가 계약의 이행을 강제하는 것이 신의성실에 반하는지를 기준으로 하는 견해, 즉 성상의 착오를 '정보배분과 위험인수'의 틀에서 파악하려는 견해가 많은 지지를 받고 있다.[46] 곧, 어떤 의사표시를 한 당사자의 착오가 그의 위험영역에 있는 것에서 비롯된 것인지, 또는 상대방이 그러한 위험을 함께 부담하고, 따라서 계약의 유효성에 대한 그의 신뢰를 보호해야 하는지에 따라 착오 여부를 판단해야 한다는 것이다.[47]

이처럼 착오에 있어 위험인수 내지 정보배분을 고려하는 입장은 합리적이고 타당하다고 생각된다.[48] 당사자가 잘못된 관념을 갖고 계약을 체결하였으면서 그 위험을 일방적으로 외부에 전가시켜서는 안 되기 때문이다.[49] 계약을 체결함에 있어서는 본래 그에 따른 위험과 손익득실을 당사자 자신의 최대한의 능력과 정보 범위 내에서 판단하는 것이 원칙이다. 계약 체결 당시와 다른 사정이 발생하였다고 하여 계약을 무한정 취소할 수 있게 하면 당사자는 사전에 계약의 위험성과 경제성을 성실히 조사하고 교섭할 아무런 유인(誘因)이 없게 되며, 이는 자기결정과 자기책임이라는 민법의 대원칙에 반할 뿐만 아니라 사회 경제적으로도 재화의 효율적인 활용과 거래의 신뢰를 현저히 해한다. 따라서 어떤 당사자가 계약 당시 목적물에 관하여 몰랐던 사정을 알게 되었고, 그러한 사정으로 인해 자신이 의욕했던 것과 다른 효과가 발생하게 되더라도, 그것이 애초에 그 당사자의 위험영역에 있었고, 그가 이를 알았어야 했거나 충분히 알 수 있었던 것이라면 그로 인한 결과는 그 자신이 부담하도록 하는 것이 바람직하다.[50] 이처럼 애초에 당사자가 부담하였어야 할 위험에 대해서는 착오를

---

46) Münchener Kommentar zum BGB/Armbrüster, 8. Auflage 2018, § 119, Rn. 114 참조. 이동진, "착오개념과 취소요건–비교법적 고찰로부터의 시사", 저스티스 통권 제178호(2020.6), 9면; Markesinis 등, 각주 40), p. 323, 325.

47) Münchener Kommentar zum BGB/Armbrüster, 8. Auflage 2018, § 119, Rn. 116–118; Markesinis 등, 각주 40), p. 283; Stephan Lorenz, Der Schutz vor dem unerwünschten Vertrag: eine Untersuchung von Möglichkeiten und Grenzen der Abschlusskontrolle im geltenden Recht, Beck, 1997, S. 284.

48) 지원림, "민법개정과 착오법리", 재산법연구 제25권 제3호(2009), 152면; 지원림, "착오에 관한 약간의 문제제기", 재산법연구 제22권 2호(2005), 11면 이하는 공통의 착오의 경우에는 위험배분에 관한 통상의 착오와는 달리 쌍방이 위험을 모두 부담해야 한다고 본다.

49) 김상중, "동기의 착오에 관한 개정 예고안 제109조 제2항의 특색과 그 운용에 관한 제언", 민사법학 제27호(2005.3), 457면; 김상중, "계약목적물의 시가에 관한 잘못된 관념과 계약 당사자의 보호: 착오와 사기를 이유로 한 의사표시의 취소에 관한 판례의 고찰을 통한 시론적 접근", 법조 54권 2호(2005.2), 170면 참조.

50) 양창수, "주채무자의 신용에 관한 보증인의 착오", 민사판례연구 XI, 박영사, 1991, 55면; 지원림, "민법개정과 착오법리", 각주 48), 148면. 입법례 중에는 네덜란드민법 제6:228조 (1)과 같이 표의자의 자발적 위험부담을 취소

주장할 수 없다고 보는 한, 장래 사정만을 특별히 달리 볼 이유가 없을 것이다.[51]

장래의 사정에 대한 착오는 위험배분의 관점에서뿐만 아니라 일응 현재의 사정과의 명확한 구별이 어렵다는 측면에서도 인정되어야 한다.[52] 모든 사물과 현상은 현재의 상태에 항구적으로 고정되어 있는 것이 아니라 현재의 사정과 연결되어 동태적이고 계속적으로 변화한다는 점을 고려하면 더욱 그러하다. 예컨대, 곧 송아지를 낳을 수태한 상태의 소라고 생각하고 소를 매수하였는데 소가 수태한 것이 아니었다면, 수태한 소라는 사정은 문언상 현재의 사정이지만, 달리 보면 송아지를 낳을 것이라는 장래의 사정에 대한 현재적 표현이다. 건축이 가능한 토지라고 믿고 매수하였는데 이후 건축허가를 받지 못하게 된 경우 역시 현재의 건축 가능 여부는 장래의 건축허가 여부와 불가분적 관계에 있다. 이처럼 현재와 장래의 사정이 밀접하게 연결되어 있는 경우 이를 굳이 인위적으로 현재 사정과 장래 사정으로 구분하기보다는, 계약 당시 당사자가 수태한 소라고 믿고 있었는지, 그 원인을 누가 제공하였는지, 건축이 가능한 토지라고 확신할 만한 상황이었는지, 그러한 사정들이 매매대금을 정하는데 반영되었는지 등 계약체결 당시 당사자의 인식과 그에 따른 위험인수 가능성을 따져보는 것이 거래의 실제에 부합할 것이다.[53]

다른 한편, PECL이나 PICC등 각종 국제적인 규범들이 위험배분에 입각하여 착오를 상대방의 관여가 있는 경우(유발된 착오, 상대방이 알거나 알 수 있었던 착오, 공통의 착오 등)로 제한하면서, 시간적으로도 '계약 체결 당시 존재했던' 사정으로 규정하고 있는 것은 전술한 바와 같다. 그러나 그러한 태도가 우리 민법상 착오의 범위 또한 현재의 사정으로 제한된다는 근거라고 보기는 어렵다고 생각된다. 각 규범체계는 그 자체의 유기적이고 전체적인 틀 속에서 파악해야 하는데, 위 PECL이나 PICC 등은 착오 자체의 범위를 제한하는 대신 사정변경의 원칙을 명문으로 비교적 넓게 인정하고 있어서, 사정변경에 관하여 명문 규정이 없고 판례상 그 범위도 지극히 제한적으로만 인정되고 있는 우리나라와는 큰 차이가 있기 때문이다. 즉, 위 규범들은 착오의 범위를 현재 사정으로 한정하더라도 나머지를 사정변경의 원칙으로 충분히 규율할 수 있으므로 아무런 문제가 없다. 그러나 우리 민법상으로는 착오의

권의 소극적 요건으로 규정한 예도 있다; 박인환, "착오법의 변천과 정보리스크의 분배", 동북아법연구 제10권 제2호(2016), 273, 286－287면.

51) 프랑스에서도 당사자의 사용목적에 영향을 미치는 사정 또한 이것이 상대방에게 알려졌다면 물건의 본질적 성질의 착오로 무효화할 수 있다고 본다. 파기원은 토지가 7,800㎡라는 광고를 보고 원고가 이를 매수하여 분할 매도할 목적으로 구입하였고 피고도 이를 알고 있었는데 추후 실제 면적은 5,119㎡임을 알게 되었고 그러한 면적으로는 분할 매도가 현실적이지 않았던 사안에서 계약이 무효가 되었다고 판시하였다. Cass. Civ. 23 Nov. 1931, Hugh Beale et al, Cases, Materials and Text on Contract Law(2nd edition), Hart Publishing, 2010, p. 472.

52) Markesinis 등, 각주 40), p. 342; 장래의 사정에 대한 착오를 부정하는 견해 역시 장래와 현재의 구별이 어려운 경우가 있다고 한다. 전원열, 각주 13), 187면.

53) 동기의 내용과 성질이 아니라 당사자간의 합의 여부가 중요하다는 견해로 김형석, 각주 17), 104면; 과거 또는 현재의 사실과 장래 사실에 대한 관념을 구별하지 않는 판례의 태도는 사정변경원칙의 적용에 관하여 부정적인 태도를 취하더라도 개별 사례에서 타당성을 추구할 수 있게 한다는 설명으로 김상중, "동기의 착오에 관한 판례 법리의 재구성을 위한 시론적 모색", 사법질서의 변동과 현대화(김형배교수 고희기념논문집), 박영사, 2004, 29면.

범위를 그와 같이 좁히게 되면 장래의 사정에 관하여 규율할 수 없는 법률의 공백이 생기게 된다(이에 대해서는 아래 Ⅲ에서도 추가적으로 검토한다). 우리나라와 같이 사정변경에 관한 일반 규정을 두지 않고 있는 스위스에서도 특정하고 예견가능한 사태에 관한 착오인 이상 장래의 사정에 대한 착오를 스위스채무법 제24조 제4호[54]의 기초착오로 인정하고 있다는 것 역시 주목할 필요가 있다.[55]

결론적으로, 착오, 즉 어떤 사정에 대한 잘못된 인식 자체는 계약 체결 당시 존재하여야 하나, 그 사정 자체가 반드시 현재의 것에 한정되는 것은 아니다. 건축허가, 토지규제, 도시계획 등을 포함하여, 물건의 속성이나 지속성 때문에 그 물건의 사용가능성이나 가치에 영향을 미치는 사실적·법률적 관계라면 현재의 성상과 밀접히 연결된 장래의 사정도 착오의 대상이 될 수 있다.[56] 다만, 이 때 착오 여부는 당사자가 계약을 체결한 당시를 기준으로 하여 그러한 사정을 확실한 것으로 믿고 그 위험을 인수하였는지 여부에 따라 결정되어야 한다. 착오의 대상은 장래의 것이라도 무관하지만, 그러한 장래 사정에 관한 착오, 즉 장래에 어떤 사정이 발생할 것이라는 잘못된 인식 내지 확신은 계약 체결 시점에 존재해야 하는 것이다.[57] 그런데 당사자가 계약 체결 당시 장래 사정의 발생이 확실한 것으로 인식하였는지 여부는 내심에 관한 것이므로, 실제 소송에 있어서는 간접사실을 기초로 한 법원의 규범적 판단에 의할 수밖에 없다.[58] 판례가 도시계획, 도로편입 등과 관련하여 어떤 사안에서는 동기성을 인정하고 어떤 사안에서 부정한 것도, 결국 구체적인 당해 사안에서 제출된 자료에 비추어 볼 때, 당사자가 자신의 위험영역에 있는 사정에 관하여 잘못된 확신을 가질만 했는지, 혹은 그 불확실성을 알면서도 위험을 감수하려는 의사였는지 여부에 대하여 개별적 판단을 달리하였다는 측면에서 이해할 수 있다.[59] 실제로 앞서 소개한 대법원 2020. 5. 14. 선고 2016다12175 판결에서도 법원은 구체적 사실관계에 비추어 볼 때 '① 광구의 경제성

---

54) 스위스 채무법 제23조: 계약 체결에 있어서 중대한 착오에 있는 자에 대하여는 그 계약은 구속력을 잃는다. 제24조: (1) 다음 각호의 경우에는 중대한 착오로 본다. (중략) 4. 착오자가 거래에 있어서 신의칙에 따라 계약이 필수적인 기초라고 생각하였던 특정한 사정에 대한 착오.

55) Sandra Hotz, Japanische, deutsche und schweizerische Irrtumsregelungen: Ein rechtsvergleichender Beitrag zum Verhältnis von verbraucherschützenden Vertragslösungsrechten und allgemeinem Vertragsrecht, Mohr Siebeck, 2006, S. 121f; BGE 118 II 297 ff.; BGE 98 II 15, 19; 이동진, 각주 46), 16면 참조.

56) 민정석, "처분문서의 해석과 장래의 미필적 사실에 대한 착오로 인한 취소, 사정변경으로 인한 계약의 해지", 특별법연구 10권, 사법발전재단, 2012, 1079면; 박찬주, 각주 38), 223면; 건축가능성도 착오의 대상이라는 견해로 이영준, "착오에 의한 법률행위의 취소", 법조 제35권 7호(1986.7), 32면.

57) 다만 후술할 독일의 행위기초론과 관련하여 당사자들이 행위의 기초를 자명한 것으로 간주하였을 것이 요구되는지는 논란이 있다. Markesinis 등, 각주 40), p. 325 참조.

58) 여하윤, "불확실성이 존재하는 경우에 있어서 의사표시의 착오 문제－프랑스 "푸생 사건(affaire Poussin)"으로부터의 시사점을 중심으로", 중앙법학 제12집 제4호(2010), 25면; 착오 여부 판단에 있어서는 인식 여부뿐 아니라 규범적 요소, 즉 상대방이 거래의 성질이나 상황 또는 각 당사자의 지위 등에 비추어 표의자의 착오상태를 고지 내지 정정할 의무를 부담하고 있는지의 여부를 함께 고려해야 한다는 견해로 김상중, "동기의 착오에 관한 개정예고안 제109조 제2항의 특색과 그 운용에 관한 제언", 각주 49), 451면.

59) 편집대표 김용덕, 각주 5), 719면 또한 장래의 사정에 대한 착오를 부정한 판례 사안은 당사자가 행위 당시 불확실한 상황이나 해당 사항의 발생이 미필적임을 미처 알지 못한 사례라고 본다.

은 확인이 불가능하거나 불확실한 요소로서 이에 대한 인식을 객관적 상황의 인식이라고 볼 수 없고, ② 원고는 수익성과 위험성을 모두 인지하고 있었으며, ③ 원고가 경제성에 관한 피고의 전망을 확신하였다고 보기도 어려울 뿐 아니라 피고가 사업의 기본적 위험성을 고지한 이상 각자 스스로 투자위험을 감수하기로 하였다고 볼 것이고, ④ 원고가 경제적 전망을 확신하였다고 하더라도 석유개발사업은 본질적으로 고도의 투자위험을 동반하고 그에 대한 평가 역시 원고가 그 위험부담을 감수해야 하므로 이를 착오로 의율할 수 없다'고 하였는바, 이는 판례 역시 위험배분을 주요 요소로 고려함을 보여준다.[60]

4. 대상판결의 검토

대상판결 사안에서 장래 견본주택을 설치할 것이라는 사정은 이 사건 임대차 계약의 중요한 부분이며, 대상판결 또한 견본주택 건축이 임대차계약에서 매우 중요한 사항이라는 점은 명시적으로 인정한다.[61] 나아가 당사자들은 특약사항으로 '견본주택 건축을 목적으로 한다'는 점과 임대인에게 건축 인허가에 필요한 제반 서류를 제공할 의무가 있음을 명시하였으므로, 표시 요건 또한 갖추었다. 그러나 장래 사정에 대한 동기가 표시되었다고 하더라도, 장래의 특정한 사정에 대한 착오를 이유로 계약을 취소하기 위해서는 전술한 바와 같이 계약 체결 당시 당사자에게 장래 그러한 사정이 발생할 것이라는 사실에 대한 확신 내지 인식이 존재하여야 하고, 이 때 확신 내지 인식과 같은 내심의 사정은 통상적인 거래에서의 위험배분과 정보제공의무 등을 고려하여 판단할 수밖에 없다. 그런데 건축허가라는 것은 행정관청의 판단에 달린 것이므로, 대법원 1995. 11. 21. 선고 95다5516 판결에서와 같이 주무관청의 담당자가 사전에 허가 여부를 미리 알려주었다든지, 건축신고가 행정법상 재량의 영역이 아니어서 수리가 의무적이었는 등의 특별한 사정을 인정할 증거가 없는 한 임차인에게 건축허가에 관한 확신이 존재하였다고 보기 어렵다.[62] 통상적인 거래관념상으로도 건축허가 여부로 인한 위험은 임차인이 부담하는 것이 상당하다.[63] 그러므로 이 사건에서는 견본주택 건축이라는 동기를 표시하였다고 하더라도 특별한 사정이 없는 한 이는 장래에 대한 기대에 불과하고 법적으로 취소대상이 되는 동기, 즉 실제 인식과의 불일치가 있었다고 보기는 어려울 것이다.

---

60) 위험부담과 관련하여 프랑스의 푸생 사건도 참고할 가치가 있는데, 위 사건에서 법원은 원고가 전문가의 감정으로 그림이 푸생 작품이 아니라고 확신할 사정이 있었던 경우 손실을 감내할 각오, 즉 사행성(aléa)이 인정되지 않고, 일반적으로 시가 착오는 본질적 착오가 아니지만, 목적물의 질적 가치에 대한 착오는 본질적 착오라고 보았다. 푸생사건에 관하여는 여하윤, 각주 58) 및 한불민사법학회, 개정 프랑스채권법해제, 박영사, 2020, 113면 참조.

61) 의사표시의 착오가 법률행위의 내용의 중요부분에 착오가 있는 이른바 요소의 착오이냐의 여부는 그 각 행위에 관하여 주관적, 객관적 표준에 좇아 구체적 사정에 따라 가려져야 할 것이고 추상적, 일률적으로 이를 가릴 수는 없다. 대법원 1985. 4. 23. 선고 84다카890 판결 참조. 同旨 송덕수, 각주 35), 박영사, 2020, 291면.

62) 권영준, "2020년 민법판례동향", 서울대학교 법학 제62권 제1호(2021.3), 309－313면.

63) 민정석, 각주 56), 1079－1080면.

그러나 전술한 바와 같이 특별한 사정의 입증여부에 따라서는 당사자에게 예외적인 확신이나 인식이 있었다고 인정될 여지도 있다. 특히 대상판결 사안에서 원고는 전문개발업자였고, 피고는 지주공동사업 추진위원회의 추진위원으로서 쌍방 모두가 건축 관련 업무에 상당한 경험이나 지식을 가지고 있었을 것으로 보이는바, 원·피고가 사안과 같은 임대차계약을 체결하기까지는 주택사업과 관련된 견본주택의 건축 가능성과 필요성에 대해서 어느 정도 사전에 미리 알아보았을 가능성도 충분하다. 이처럼 쌍방이 예외적으로 건축가능성에 대한 확신을 가지고 있었던 경우라면 추후 그 확신이 어긋난 경우는 어떻게 되는가? 그 경우에는 쌍방 공통의 동기 착오가 문제되는데, 이에 대해서는 항을 바꾸어 살펴본다.

Ⅲ. 쌍방 공통의 동기 착오[64)]

1. 학설의 개관 및 검토

본래 착오는 내심의 효과의사를 법률행위의 핵심요소로 보고, 일방 당사자의 효과의사와 표시의사가 일치하지 않을 경우 그 효력을 부정하기 위해 논의된다. 따라서 일방이 아닌 쌍방 공통의 동기 착오시 통상적인 착오와는 다른 법리가 적용되어야 하는지, 그렇지 않다면 어떠한 법리로 해결해야 하는지가 문제된다. 이하에서 종래 논의를 간략히 살펴본다.

가. 법률행위의 보충적 해석론

법률행위의 보충적 해석론을 주장하는 견해는, 쌍방이 공통으로 동기에 관하여 착오를 일으킨 경우 일단 당사자들간에 그 특정한 동기를 달성하고자 하는 의사의 일치는 존재하는 것이고, 다만 그 동기가 실현되지 아니할 경우에 관한 계약 내용에 공백이 있을 뿐이므로, 당사자들이 어떠한 내용으로 법률관계를 규율하였을 것인지에 관한 가정적인 의사를 탐구하여, 즉, 이른바 법률행위의 보충적 해석을 통하여, 문제된 계약 내용을 수정하거나 당사자들의 가정적 의사가 일치하지 않으면 계약이 불성립한 것으로 보아야 한다고 본다.[65)] 대법원도 쌍방의 공통의 착오가 문제된 사안에서 "계약당사자 쌍방이 계약의 전제나 기초가 되는 사항에 관하여 같은 내용으로 착오가 있고 이로 인하여 그에 관한 구체적 약정을 하지 아니하였다면, 당사자가 그러한 착오가 없을 때에 약정하였을 것으로 보이는 내용으로 당사자의 의사를 보충하여 계약을 해석할 수 있는바, 여기서 보충되는 당사자의 의사는 당사자의 실제 의사 또는 주관적 의사가 아니라 계약의 목적, 거래관행, 적용법규, 신의칙 등에 비추어 객관적으로 추인되는 정당한 이익조정 의사를 말한다"고 판시한 바 있다.[66)]

---

64) 공통의 동기 착오 대신 '공통의 착오'라는 용어를 사용하는 견해로는 윤진수, "계약상 공통의 착오에 관한 연구", 민사법학 51권(2010.12), 129-132면 참조.

65) 이영준, 각주 37), 386면; 명순구, 민법총칙(민법학원론 I), 법문사, 2005, 425면; 이영준, 각주 56), 58-60면.

이러한 법률행위의 보충적 해석론에 대하여는 착오는 법률행위의 해석이 행하여진 후에 문제되는 것인데, 당사자가 잘못된 관념에 기하여 한 것이더라도 분명히 약정을 한 이상 보충적 해석이 행해질 여지가 없다거나,[67] 보충적 해석에 따라 계약 내용을 수정하면 일방 계약 당사자에게 불리한 결과가 초래될 수 있는데, 그와 같이 불이익을 입게 된 그 당사자는 변경된 내용에 따른 계약으로부터 벗어날 수 없어 부당하다는 비판이 있다.[68] 그 외에도 보충적 해석이라는 이름으로 당사자의 의사와는 무관하게 법관이 자의적으로 사후에 계약을 왜곡하여 사적자치의 원칙을 침해하는 수단으로 악용될 수 있다는 점이 지적되기도 한다.[69]

나. 주관적 행위기초론

주관적 행위기초론을 주장하는 견해는 쌍방의 공통의 착오는 우리 민법상 법의 흠결이 있는 경우이므로, 독일의 행위기초론으로 해결해야 한다고 한다.[70] 주관적 행위기초란 계약 체결시 당사자가 공통적으로 갖고 있던 특정 관념(Vorstellungen)이나 기대(Erwartungen)로서 그 계약을 확정하게 한 것[71]을 의미하는데, 쌍방의 공통의 착오에서는 그러한 주관적 행위기초가 결여 내지 소실되므로 신의칙상 불이익한 계약을 입은 당사자에게 탈퇴권을 부여하거나, 착오가 없었으면 합의하였을 내용으로 계약 내용을 수정하여야 한다는 것이다.[72] 이러한 주관적 행위기초론은 장래의 사정에 대한 당사자 쌍방의 기대 역시 주관적 행위기초를 형성할 수 있다고 본다.[73] 행위기초론은 독일에서 오랫동안 법리와 판례상으로 논의되어 오다가 2002년 독일 민법 개정 당시 제313조에 명문화되었다.[74] 동조 제1항은 '계약의 기초

66) 대법원 2006. 11. 23. 선고 2005다13288 판결, 2014. 4. 24. 선고 2013다218620 판결 등. 다만 2005다13288 판결은 공통의 착오가 아니라 본래적 의미의 보충적 해석이 문제되는 사안이라는 견해로 송덕수, "공통의 동기의 착오에 관한 판례 연구－대법원 2006. 11. 23. 선고 2005다13288 판결", 법조 제638호(2009.11), 375면.

67) 송덕수, 각주 66), 366면.

68) 송덕수, 각주 35), 310면.

69) 박동진, "쌍방의 공통된 동기착오", 민사법학 제35호(2007.3), 363, 370면; 윤진수, 각주 64), 117면; 이상민, "당사자 쌍방의 착오; 대상판결; 대법원 1994. 6. 10. 선고, 93다24810 판결", 민사판례연구 XVIII, 박영사(1996), 69면.

70) 편집대표 곽윤직, 각주 5), 525－526면; 이상민, 각주 69), 67면; 김상용, "계약당사자 쌍방의 공통착오와 주관적 행위기초의 상실", 사법행정 제36권 제1호(1995), 29면.

71) 이동진, 각주 46), 10면; 이재목, "독일 민법상 행위기초상실 법리에 관한 일고", 재산법연구 제31권 제2호(2014), 5면.

72) 독일에서 행위기초론을 받아들인 것으로 논의되는 판례로, OLG Bremen NJW 1953, 1393(18. 3. 1952) (원고가 유명 가수의 공연을 위해 피고로부터 체육관을 빌리면서 1500 마르크와 공연 수익의 15%를 지급키로 하였는데 가수의 질병으로 공연이 취소된 경우, 피고도 임차 목적을 알고 있었고 그러한 목적이 행위의 기초가 되었다는 이유로 계약 취소와 1500 마르크의 반환을 명한 사안), BGH MDR 1953, 282(16. 1. 1953) (서독에서 영업을 하던 상인이 동독에 위치한 광산에서 사용할 공구를 구입하여 원고가 공구 생산을 시작하였는데 베를린 장벽 설치로 공구를 사용할 수 없게 된 경우, 쌍방이 해당 공구를 장래에 동독에서 사용할 것임을 공통의 전제로 하였던 이상 신의성실의 원칙(BGB 242조)에 따라 기 생산분 외의 대금 지급의무가 소멸한다고 본 사안), BHG NJW 1984, 1746 (8. 2. 1984) (운송업자인 피고가 이란에 있는 원고에게 맥주를 운송하던 중 일부가 손상되자 그에 대한 보상으로 다음 운송분 가격을 할인해 주기로 하였는데, 이후 이란에 근본주의 정권이 출현하여 맥주의 주문과 판매가 금지된 경우, 피고는 원고에게 맥주판매가 금지되지 않았더라면 위 보상 합의에 의해 얻을 수 있었을 이익의 절반을 지급할 의무가 있다고 판시한 사안) 등 참조.

73) 송덕수, "교환목적토지의 소유권귀속에 관한 공통의 착오와 경계의 착오－대법원 1993.9.28. 선고, 93다31634(본소)·31641(반소)판결", 민사판례연구 XXI, 박영사, 1999, 26면.

가 되었던 사정이 계약 체결 후에 현저히 변경되었고 만일 당사자들이 그러한 변경을 예견하였다면 당사자들이 그러한 계약을 체결하지 않았거나 다른 내용으로 체결하였을 경우, 해당 사안에서의 모든 사정, 특히 계약이나 법률상 위험의 배분을 고려하여 당사자들이 수정이 없이는 그 계약을 유지하지 않을 것이라고 합리적으로 인정되는 선에서 수정(Anpassung)을 요구할 수 있다'고 규정한다. 제2항은 계약의 기초를 이루는 본질적인 관념이 잘못된 것으로 밝혀진 경우에도 동일하다고 규정하며, 제3항은 계약의 수정이 불가능하거나 일방이 이를 합리적으로 수용할 수 없을 경우 불이익을 입은 당사자는 계약을 해제할 수 있고, 계속적 계약관계의 경우에는 해지할 수 있다고 규정한다.[75] 제1항과 제2항을 과연 명확히 구별할 수 있는지 여부에 대해서는 독일에서도 논란이 있지만,[76] 어차피 그 효과는 동일하여 특별한 논의의 실익이 없다고 본다.[77]

그러나 우리나라에는 주관적 행위기초론에 관한 명문의 근거가 없을 뿐 아니라, 동기의 착오에 관하여 독일과는 다른 방향으로 학설과 판례가 전개되어 왔으므로, 독일의 이론을 그대로 수입하여 직접 적용하게 되면 기존에 누적된 법리와의 정합성이 문제될 수 있다. 즉, 독일에서는 내용의 착오와 동기의 착오를 엄격히 구분하여 동기의 착오는 취소대상으로 삼지 아니하고, 착오 취소의 당사자로 하여금 상대방에게 신뢰이익을 배상하도록 한다(독일민법 제122조). 다만 착오의 범위를 좁게 잡음으로 인해 착오 당사자의 보호에 미흡한 부분이나 신의칙에 타당하지 않는 문제는 사정변경이나 주관적 행위기초 또는 원시적 불능의 법리를 적용하는 방식으로 해결한다. 그러나 우리나라에서는 그와 반대로 통설과 판례가 동기의 착오도 취소 가능한 것으로 보아 착오의 범위를 독일보다 넓게 인정하는 대신, 사정변경을 지극히 제한적으로만 인정하고, 착오 취소시 신뢰이익 배상도 부정해 왔다. 따라서 사정변경(객관적 행위기초)은 제한적으로만 인정하면서, 그와 연장선상에 있는 공통의 착오(주관적 행위기초)를 전면적으로 인정하는 것은 전체적인 체계나 균형면에서 문제를 야기할 수 있다.

---

74) 독일에서의 행위기초이론 발전 과정에 대한 상세한 소개로 이재목, 각주 71), 2면 이하 참조.

75) 이는 계약 당사자가 공통적으로 가지고 있던 특정 관념, 표상. 기대를 '주관적 행위기초'로, 당사자의 의도에 비추어볼 때 계약이 의미있는 규율이 되기 위하여 그 존재가 객관적으로 필요한 사정을 '객관적 행위기초'로 구분하고, 전자는 쌍방의 착오, 후자는 등가관계의 현저한 파괴나 목적장애가 문제된다고 본 Larenz의 이론에 기초한 것이다; 이동진, 각주 46), 10면; 이재목, 각주 71), 6면.

76) 장래의 사정에 대한 착오를 인정할 것인지, 장래의 착오를 객관적 행위기초에 포함시킬 경우 착오의 대상이 된 사정을 과거, 현재, 장래의 것으로 구분하는 것이 과연 법적으로 가능한 것인가에 대한 비판으로 Flume, Rechtsgeschäft und Privatautonomie, Handler Jahre deutsches Rechtsleben I, 1960, S. 211 f.; Medicus, Bürgerliches Recht, 17. Aufl., 1996, S. 108(이재목, 각주 71), 6면에서 재인용).

77) 우리법상으로는 가급적 법률행위의 해석론에 의해 문제해결이 가능한 범위를 넓힘으로써 자기결정이라는 사적자치의 원칙에도 충실할 수 있는 법률행위의 보충적 해석론에 의하는 것이 바람직하다는 견해로 박동진, 각주 69), 354면.

다. 착오 규정 적용론

보충적 해석론 중에는 쌍방의 공통의 착오의 경우에도 착오에 관한 민법 제109조의 규정이 전면적으로 배제되는 것이 아니므로, 보충적 해석에 의하더라도 계약 내용을 확정할 수 없어서 계약의 수정이 불가능한 경우 착오에 의한 취소가 가능하다고 보는 견해가 있다.[78)]

이에 대해서는 착오는 의사와 표시의 불일치를 전제로 하는 것인데 쌍방의 공통된 동기 착오는 표시행위가 이미 결여되어 의사표시의 공백이 있기 때문에 민법 제109조의 착오 규정론을 적용할 수 없고, 이는 법률의 흠결로써 착오규정의 적용영역에 포섭될 수 없으며, 착오를 인정하면 취소만이 가능하게 되어 공통적으로 착오한 기초에 근거하여 계약을 유지시키는 것은 불가능하다는 비판이 있다.[79)]

라. 기 타

그 외에도 학설 중에는 사정변경의 원칙을 적용하여 당사자에게 해제권을 인정하는 것이 타당하다는 견해,[80)] 보충적 해석에 의하되 그에 따른 계약 적응이 부적절한 경우 신의칙에 기한 해소를 인정해야 한다는 견해[81)]도 있다. 이러한 견해가 착오를 배제하고 사정변경만을 인정하는 취지인지는 명확하지 않으나, 만일 착오 규정도 적용가능하다고 볼 경우에는 사정변경과 착오와의 관계가 문제될 것인데, 이는 아래 Ⅳ.항에서 검토한다.

마. 학설의 검토

생각건대, 앞서 살펴본 어떤 학설이든 쌍방 공통의 동기의 착오시 해당 계약에 대한 적절한 변용이 필요하다는 점은 부정하지 아니한다. 또한 쌍방 공통의 동기의 착오에 관하여 명문의 규정을 두지 않고 있는 우리 법제에서는 어떠한 학설에 의하더라도 전술한 바와 같은 다소간의 이론적 · 실무적 난점이 존재할 수밖에 없다. 그렇다면 이에 대해서는 우리나라의 특유한 법제도와 판례에 보다 부합하면서 실질적으로 타당한 결론을 도출하기에도 보다 용이한 방식을 택함이 옳다고 생각된다. 그러한 측면에서, 일차적으로는 양 당사자의 의사에 관한 보충적 해석을 시도하여 계약 내용에 대한 수정을 인정하되, 보충적 해석이 불가능한 경우에는 착오에 의한 취소 또한 인정할 수 있다는 견해에 찬성한다. 착오 취소를 부정하는 견해는 쌍방 공통의 동기착오는 표시행위가 이미 결여되어 의사표시의 공백이 있기 때문에 민법 제109조의 착오 규정론을 적용할 수 없다는 점을 지적하나, 이는 쌍방 공통의 동기착

78) 윤진수, "2006년도 주요 민법 관련 판례회고", 서울대 법학 제48권 1호(2007), 서울대학교 법학연구소, 385－386면; 윤진수, 각주 64), 179－180면; 김증한 · 김학동, 각주 17), 447면; 곽윤직 · 김재형, 각주 11), 317면; 김형석, 각주 17), 116면; 윤진수, 각주 13), 59면.

79) 박동진, 각주 69), 349, 370면.

80) 김학동, 각주 11), 372－373면; 조성민, "쌍방의 동기의 착오", 고시연구 통권 제357호(2003.12), 27면.

81) 지원림, "착오에 관한 약간의 문제제기", 각주 48), 22면.

오뿐 아니라 동기의 착오 일반에서 모두 문제될 수 있는데, 판례는 동기가 표시되었을 경우에만 그 취소를 인정하고 있고, 공통된 동기착오 역시 판례상의 표시 요건을 갖춘 경우에만 인정될 것이므로, 표시행위의 결여가 특별히 문제되지는 않을 것으로 보인다. 한편, 보충적 해석에 의한 당사자들의 의사가 일치하지 않으면 계약은 불성립하였다고 볼 것이므로 계약의 성립을 전제로 한 취소가 불가능하다는 비판은 일응 타당한 측면이 있으나, 보충적 해석은 어디까지나 당사자의 '가정적 의사'를 탐구하는 것이므로, 계약 체결 당시 당사자들이 계약을 체결할 실질적인 의사를 가지고 있었던 이상, 비록 추후 흠이 발견되었다 하더라도 계약이 애초부터 성립조차 하지 않았다고 보는 것보다는, 일단 형식적으로 계약이 성립하였지만 이를 취소할 수 있다고 보는 것이 거래의 안정과 신뢰에 더 부합한다.

이처럼 쌍방 공통의 착오에 대해 취소를 인정하는 태도는 각종 국제규범에서도 확인할 수 있다. PECL 4:105조는 "당사자가 착오를 이유로 계약을 취소할 권한이 있으나 상대방이 계약을 취소할 권한이 있는 당사자가 이해한 대로 이행할 의사가 있음을 표시하거나 실제로 그와 같이 이행하는 경우에는, 계약은 그 당사자가 이해한 대로 체결된 것으로 취급한다"고 규정하며(제1항 전문), "그러한 표시나 이행 후에는 취소권은 소멸"하고(제2항), 특히 "당사자 쌍방이 동일한 착오에 빠진 경우에는, 각 당사자의 청구에 의하여 법원은 착오가 없었다면 합리적으로 합의하였을 바대로 계약을 수정할 수 있"도록 하여(제3항), 4:105조에서는 계약의 수정권을, 제4:103조는 계약의 취소권을 인정한다.[82] PICC 역시 6.2.2조에서 수정권을, 제3.2.2조에서 취소권을 인정하며,[83] DCFR 역시 Ⅱ-7:203조에서는 수정권을, Ⅱ-7:201조에서는 취소권을 인정한다.[84]

마찬가지 태도는 각종 입법례에서도 발견된다.[85] 독일 민법은 313조에서 계약의 수정 및 해제권을 규정하고 있으며, 네덜란드 민법 제6:228조[86]나 미국의 계약법 리스테이트먼트,[87] 일본 개정 민법[88] 역시 공통의 동기착오시 취소를 허용한다. 우리나라에서도 2004년 민법

82) 양 당사자가 사실에 관한 중대한 오해에 기초하여 계약을 체결한 경우, 다르다고 판명된 사실로 인해 야기된 손해에 관하여 계약상 위험의 분배에 관한 예정이 있었는지를 먼저 조사한 뒤, 위험분배에 대한 예정이 없다면 당사자가 계약을 취소할 수 있다. 올 란도·휴빌 편, 김재형 역, 유럽계약법원칙 제1, 2부, 박영사, 2013, 350면.

83) 구체적 조문은 PICC, 100면. (https://www.unidroit.org/instruments/commercial-contracts/unidroit-principles-2016, 2021.7.24. 현재)

84) 보통유럽매매법(Common European Sales Law, CESL)은 본래 공통의 착오를 인정하였다가 이후 삭제하였는데(제48조 b, iv), 그 이유는 표의자와 상대방이 동일한 착오를 하는 경우는 거의 상상하기 힘들고, 쌍방 공통의 동기 착오는 계약해석 또는 사정변경에 의한 계약변경으로 해결할 수 있다고 보았기 때문이라고 한다. 박현정, "PICC, PECL, DCFR 및 CESL상의 착오의 비교검토", 외법논집 제39권 제4호(2015.11), 110면.

85) 각 입법례의 내용에 대해서는 Hein KÖtz, European Contract Law(2nd edition), Oxford University Press, p. 166 참조.

86) 네덜란드 민법 제6:228조 ① 사실이나 법적 권리에 관한 착오로 체결한 계약은 만일 당사자가 그 사정을 알았더라면 계약을 체결하지 않았을 경우 아래와 같은 조건 하에 취소할 수 있다. c. 상대방이 계약 체결 당시 착오한 당사자와 동일한 전제를 가지고 있었던 경우. 다만, 착오당사자가 그러한 착오를 알면서도 여전히 계약을 체결하였을 것이라고 상대방이 믿었던 경우는 그러하지 아니하다.

87) Robert E. Scott/Jody S. Kraus, Contract Law and Theory, Selected Provisions: Restatement of Contracts and Uniform Commercial Code, 2003, LexisNexis, p. 17.

개정위원회의 논의결과 제109조 제1항에서 '착오로 인하여 의사표시를 한 자는 만약 그와 같은 착오가 없었더라면 그 의사표시를 하지 않았을 것이라고 볼 수 있는 경우에 한하여, 다음 중 어느 하나에 해당하는 때에는 그 의사표시를 취소할 수 있다'고 하면서 3호에서 '상대방도 동일한 착오에 빠진 때'를 명시하는 내용으로 개정안을 마련한 바 있다.[89] 비록 위 법안은 통과되지 못하였으나, 개정안과 같이 쌍방 공통의 착오 또한 착오의 적용 범위임을 명시하고 그에 더하여 사정변경의 원칙까지 함께 규정한다면, 각종 국제규범이나 입법례와 마찬가지로 우리나라에서도 당사자들이 계약체결 당시 예견하지 못하였던 특정한 사정에 대하여 예외적으로나마 보다 유연하게 대처할 수 있는 근거로 활용될 수 있을 것이다.[90]

2. 판 례

우리 판례 중에 '쌍방의 공통의 동기 착오'를 별도의 특별한 유형으로 분류하여 그에 대해 명시적으로 판결한 내용은 찾아보기 힘들다. 다만 하급심 중에는 쌍방 공통의 동기 착오에 관하여 명시적으로 판단한 사례가 있고, 대법원 판례 중에도 공통의 동기 착오가 문제될 수 있는 사안들이 존재한다. 앞서 소개한 광구사건(대법원 2020. 5. 14. 선고 2016다12175 판결)이 그 대표적인 예이다. 위 사건의 원심[91]은 '이 사건 보상금 계약이 쌍방에 공통된 동기의 착오에 의한 의사표시에 해당하는지'에 관하여 명시적으로 판단하면서, 원고가 계약 당시 증산가능성이 있는 것으로 믿었으나 이후 경제성이 저하된 것은 단순히 장래의 미필적 사실의 발생에 대한 기대 또는 예상이 빗나간 것에 불과한 것이 아니라, 실제로는 없는 사실을 있는 사실로 잘못 인식한 동기의 착오에 해당하므로 착오를 이유로 취소할 수 있다고 보았다. 그러나 대법원은 당사자가 '경제성이라는 장래의 미필적 사실에 기대를 가지고 있었을 뿐 법률행위 내용의 중요부분에 착오가 있는 것으로 볼 수 없다'는 이유로 원심을 파기환송하고, '공통의 착오'의 인정 여부나 그 경우 일반 착오법리에 의한 취소가 가능한지에 대해서는 언급하지 아니하였다. 그 밖에도 법원은 건축허가 가능성[92]이나 감정평가금액,[93]

---

88) 윤태영, "의사표시에 관한 일본 민법 개정 내용의 고찰", 아주법학 제12권 2호(2018.8), 107－108면; 일본에서는 사정변경제도가 주관적 행위기초의 장애로 여겨져 온 사안을 대상으로 하는 것이 아니며, 이는 동기의 착오에 의해 해결되어야 한다고 본다. 일본 민법(채권편)개정검토위원회 편(대한민국 법무부 역), 일본 채권법 개정의 기본방침, 법무부, 2009, 268면.

89) 개정 논의 당시 제기된 개정안에 관한 상세한 검토는 윤진수, 각주 10) 참조.

90) 김서기, "당사자 쌍방의 공통하는 동기의 착오시 법원에 의한 계약수정의 이론적 근거에 관한 고찰", 법조 제649호(2010.10), 200면 이하; 우리나라에서 주관적 행위기초론을 주장하는 견해도 입법론에 있어서는 쌍방공통의 동기의 착오를 사정변경이 아닌 착오 부분에서 규율함이 바람직하다고 본다. 송덕수, "사정변경의 원칙에 관한 현안의 정리 및 검토", 이화여자대학교 법학논집 제23권 제1호(2018.9), 124면.

91) 서울고등법원 2016. 1. 21. 선고 2015나8508 판결.

92) 대법원 1995. 11. 21. 선고 95다5516 판결(지방자치단체인 피고의 주무계장이 원고에게 매매대상 토지에 관하여 건축법상 아무런 제한이 없다고 확인해 주어 원고가 이를 믿고 아파트를 건축하기 위하여 해당 토지를 매수하였으나 이후 건축이 불가능하게 된 사안).

93) 대법원 1998. 2. 10. 선고 97다44737 판결(원고가 감정평가금액에 따른 토지가액을 매매대금으로 하여 피고 소유 토지를 협의매수하였는데, 이후 용도지역을 잘못하여 감정가가 부당히 높게 책정된 것으로 밝혀진 사안).

양도세[94] 등에 관하여 쌍방 공통의 동기 착오가 있었던 것으로 보이는 사안들에서, 동기의 착오에 관한 일반 요건을 기준으로 취소 여부를 판단한 바 있다.

3. 대상판결의 검토

대상판결 사안에서 만일 계약 당시 당사자들이 건축허가가 곧 이루어질 것이라고 믿을 만한 구체적이고 특별한 사정이 있었다면, 쌍방 공통의 동기 착오가 문제될 수 있다. 앞서 검토한 바와 같이 쌍방 공통의 동기 착오를 일차적으로는 계약의 보충적 해석으로, 이차적으로는 착오로 해결해야 한다는 견해에 따르면, 먼저 원고와 피고는 건축허가가 나지 않을 경우 계약을 어떻게 하려는 의사였을지를 검토하여야 한다. 그런데 대상판결의 이유에 기재된 것처럼, 피고는 관련 주택사업의 추진위원으로서 이 사건 사업의 진행 내용 등에 대하여 잘 알고 있었고, 견본주택이 건축되지 않을 경우 원고가 이 사건 토지를 사용할 이유가 없다는 것을 임대차계약 당시부터 인식하고 있었다. 따라서 견본주택 건축이라는 목적을 달성할 수 없다면 당사자들은 임대차계약을 더 이상 유지하지 않을 의사였을 것으로 보인다.

그러나 다른 한편, 보충적인 해석은 본래 계약의 유지를 전제로 하여 당사자들의 가정적인 의사에 따라 당초의 계약 내용을 수정, 보완하거나 변경하여 의사의 흠결을 보충하기 위한 것이므로, 계약 자체를 해소시켜 버리는 것을 과연 계약 해석의 영역이라고 할 수 있는지에 대해서는 의문의 여지가 있다. 이처럼 보충적 해석은 계약의 존속을 전제로 그 세부적인 내용을 보완하거나 변경하는 데 한정되어야 한다고 보면, 대상판결 사안은 보충적 해석으로 해결할 수 없게 되므로, 이차적으로 착오에 의한 취소를 주장할 수 있을 것이다.

Ⅳ. 착오와 사정변경

1. 검토의 필요성

대상판결에서는 착오를 부정하고 사정변경만을 인정하였다. 본래 착오는 계약 성립시를 기준으로 계약의 효력을 판단하는 것이고, 사정변경은 계약의 성립 이후 당사자가 예견하지 못한 사정이 발생하는 경우 계약의 존속이나 효력 여부를 논하기 위한 것이므로,[95] 기본적으로는 양자의 적용영역이 구분된다. 그러나 전술한 바와 같이 예외적으로 착오 취소가 가능하다고 볼 경우, 당사자들이 예상했던 장래의 사정에 중대한 변경이 생겼다면 사정변경도 주장할 수 있을지, 양자의 관계에 대한 규명이 필요하다.[96]

---

94) 대법원 1994. 6. 10. 선고 93다24810 판결.

95) 고세일, “미국법상 착오와 사정변경의 법리”, 비교사법 제27권 제1호(2020.2), 104면. 다만 위 논문 역시 착오와 사정변경을 모두 적용할 수 있는 경우가 있음을 인정한다. 위 논문 각주 134) 참조.

96) 공통의 동기 착오에서는 부분적으로라도 사정변경원칙에 의하여 규율될 여지가 있다는 견해로 송덕수, 각주 90), 120면; 이동진, 각주 46), 40면은 “관념과 실재의 원시적 불일치는 사정변경으로 해결하기 어렵고, 착오법의 문제

2. 판례 및 학설의 태도

판례는 착오와 사정변경의 적용영역을 명시적으로 구별하지는 않는 것으로 보인다. 사정변경에 관한 대법원 2007. 3. 29. 선고 2004다31302 판결 사안에서 피고 제주시는 1999년 대상토지에 관한 개발제한구역을 해제한 후 공유재산매각입찰공고를 하였다. 원고는 위 토지에 음식점 또는 편의시설을 건축할 의도로 매각예정가의 무려 5배나 되는 금액을 지급하고 토지를 낙찰받아 2000. 2. 1. 소유권이전등기까지 마쳤다. 그런데 피고는 2000. 10. 5. 도시계획재정비수립계획을 결정한 뒤 2002. 4. 29. 이 사건 토지를 건축개발이 불가능한 공공공지로 편입하기로 결정하였다. 원심은 원고가 이 사건 토지를 건축가능한 토지로 알고 매수한 것은 동기에 해당하나 이것을 의사표시의 내용으로 삼았다고 보기 어려우므로 착오취소는 불가능하고, 다만 피고에 의하여 주도된 예상치 못한 현저한 사정변경으로 건축개발이 불가능하게 된 이상 사정변경이나 신의칙으로 매매계약을 해제할 수 있다고 보았다. 그러나 대법원은 착오에 대해서는 언급하지 아니하고, 사정변경에 의한 해제를 원론적으로 인정하면서도, 이 사건에서는 입찰공고나 매각조건 등의 구체적 사실관계에 비추어 건축가능성이 매매계약 성립의 기초가 되었다고 보기 어렵다는 이유로 사정변경을 부정하였다. 그러나 위 사안에서 건축가능성은 원고의 매수 동기나 계약의 기초로서, 만일 피고도 그러한 사정을 알았다면 원심에서 착오와 사정변경이 동시에 인정되었을 가능성도 있다.[97] 이처럼 착오와 사정변경이 모두 주장된 사안에서 양자를 병렬적으로 판단하는 판례는 어렵지 않게 찾아볼 수 있다.[98] 다만, 판례 중에는 "사정변경으로 인한 계약해제시 사정이란 계약의 기초가 되었던 객관적인 사정으로서, 일방당사자의 주관적 또는 개인적인 사정을 의미하는 것이 아니"라고 한 것도 있고,[99] 단지 '당사자들에게 계약성립의 기초가 된 사정'이라고만 판시한 것도 있다.[100]

학설은 사정변경에서의 사정이란 객관적 사정 내지 객관적 등가성만을 의미한다는 견해,[101] 객관적 사후 사정에 한정할 것이 아니라 그 사정이 양 당사자의 의사표시에는 결정

인 반면, 적극적 관념이 없는 경우 후발적 불일치는 사정변경의 문제로 다루어지는 수밖에 없다. 그러나 그 이외의 경우 착오와 사정변경이 둘 다 주장될 여지가 있다. 현재의 사태에 대한 그릇된 인식과 장래의 예상 밖의 사태전개가 합쳐져 인수한 계약위험의 범위를 넘는 경우를 생각해보면, 두 제도를 통합적으로 이해할 필요성은 더 커진다"고 한다. 사정변경 법리를 규정한 네덜란드 신민법 이유서 또한 '착오와 사정변경 모두가 원용될 수 있는 경계영역이 있고, 취소 사유인 동기가 장래 기대의 좌절에 있다고 하더라도 착오를 이유로 하는 취소권을 박탈해서는 안 된다'고 한다. 김형석, 각주 17), 122면 참조.

97) 윤진수, "2007년도 주요 민법 관련 판례 회고", 서울대학교 법학 제49권 제1호(2008), 322−325면.

98) 대법원 2012. 1. 27. 선고 2010다85881 판결; 대법원 2011. 6. 24. 선고 2008다44368(온라인 복권사건).

99) 대법원 2015. 5. 28. 2014다24327 판결; 대법원 2007. 3. 29. 선고 2004다31302 판결.

100) 대법원 2017. 6. 8. 선고 2016다249557 판결; 대법원 2014. 5. 16. 선고 2011다5578 판결 등.

101) 김증한·김학동, 채권각론, 박영사, 2006, 138면; 송덕수, 각주 94), 107면. 다만 위 논문은 사정변경원칙에서의 사정을 어떻게 이해하느냐에 따라 다른 학자가 주관적 사정으로 보는 것을 객관적 사정으로 이해할 수도 있다고 한다; 김형석, 각주 17), 124면.

적이지만 공통으로 잘못 인식한 경우를 포함한다는 견해,[102] 우리 판례의 '객관적 사정'은 '객관적 행위기초'로서 당사자의 주관적 목적 달성과 관련된 사정이라 하더라도 그것이 거래의 기초를 형성하였다면 '객관적 사정'이라고 할 수 있다는 견해[103] 등이 다양하게 존재한다.

3. 비교법 및 입법례

영미법에서 착오는 계약 체결시 존재하였던 사정에 관한 공통의 착오에만 적용되며, 계약 체결 이후 그 이행을 불법적이거나, 현실적으로 이행가능하지 않거나, 또는 계약시에 예상하였던 것과 극히 다르게 만드는 사정에 대해서는 목적좌절(frustration)의 법리가 적용될 뿐이므로,[104] 양 제도의 경합 문제가 발생할 여지는 거의 생기지 아니한다. 전술한 각종 국제규범들 또한 대부분 '계약체결시 존재하는' 사정에 관한 착오만을 인정하므로 착오와 사정변경의 적용 영역은 보다 쉽게 구분될 수 있다.[105]

그러나 착오의 대상이 되는 사정의 판단 시기에 관해 특별한 구분을 두지 않는 경우 양자의 경계는 불분명할 수 있다. 전술한 바와 같이 독일에서 행위기초의 탈락 내지 장애(Wegfall/Störung der Geschäftsgrundlage)는 ① 당사자들이 예견할 수 없던 후발적인 사정의 발생으로 계약의 목적 달성이 불가능한 경우, ② 엄밀한 의미에서 계약의 이행은 가능하지만 그 이행이 현실적으로 가능하지 않거나 반대급부의 가치가 현저히 변경된 경우, 그리고 ③ 행위기초에 관한 공통의 착오의 경우에 인정되는데, 2002년 개정된 독일 민법 제313조 제1항은 객관적 기초에 관한 ①, ②의 경우를, 2002년 신설된 동조 제2항은 주관적 기초에 관한 ③의 경우를 규정하면서, 양자의 효과를 모두 동일하게 규정하였다.[106] 따라서 그 경계가 불분명한 경우 어떤 규정을 적용하더라도 그 효과에 있어서는 아무런 차이가 없다. 행위기초상실 법리는 교회법상의 효력유지약관(clausula rebus sic stantibus)과 신의성실의 원칙에서 비롯된 것으로 알려져 있는데, 사정변경의 원칙 또한 효력유지약관이나 신의칙으로 설명되는 점[107]을 고려할 때, 이는 어찌 보면 당연한 결과이다. 이러한 독일의 법제도하에서는 계약의 전제가 되는 기초적 사정에 대한 착오와 이행불능, 사정변경 사이에 상당한 유사

---

102) 백태승, "사정변경의 원칙", 이영준 박사 화갑기념논문집 한국민법이론의 발전, 박영사, 1999, 58면.

103) 박영목, "사정변경으로 인한 등가관계 장애의 법적 해결", 고려법학 제71호(2013.12), 447면.

104) 박영목, 각주 103), 447면.

105) 유럽계약법원칙상 사정변경은 계약 체결 후에 발생한 경우에만 적용되며, 만일 일방 당사자에게 현저하게 곤란한 사정이 계약 체결 당시 이미 존재하였지만 당사자들은 이를 몰랐다면 사정변경이 아니라 착오에 관한 규정이 적용된다. 올 란도, 휴빌 편, 김재형 역, 유럽계약법원칙 제1, 2부, 박영사, 2013, 496면.

106) 독일의 행위기초론에서는 주관적·객관적 행위기초를 불문하고, 현재의 사실과 장래의 사태전개가 모두 행위기초에 포함되는 것으로 본다. MK/Finkenauer, 6. Aufl., 2012, § 313 Rn. 272 ff., 이동진, 각주 46), 제11면 각주 31에서 재인용.

107) 이재목, 각주 71), 2-3면; 권영준, "위험배분의 관점에서 본 사정변경의 원칙", 민사재판의 제문제 제19권(2010), 205-209면.

성이 있으나 착오나 이행불능보다는 사정변경을 적용하려는 경향이 있는데, 이는 독일법상 사정변경 법리가 계약상의 의무를 수정하고 세밀하게 조정할 수 있는 폭넓은 여지를 허용하기 때문이라고 한다.[108)]

4. 대상판결의 검토

생각건대, 본래 계약은 당연히 준수되어야 하는 것이 원칙이므로(pacta sunt servanda), 사정변경은 당사자들이 계약체결시 예상치 못했던 사정이 발생하여 법률행위의 내용에 현저한 변경을 가져올 때에만 예외적으로 인정되어야 한다. 또한 '사정변경'이라는 언어자체가 표상하듯 이는 당연히 실제로 어떠한 외부적 사정의 변경이 있어야 할 것이므로, 사정은 그대로이나 당사자의 주관적 인식이나 예상과 일치하지 않는 것에 불과하다면 사정변경을 쉽게 인정해서는 안 된다. 예컨대, 주택에 관한 매매계약을 체결하였는데 전쟁으로 주택이 파괴되었다면 사정변경에 해당하나, 어떤 주택에 관한 매매계약을 체결하였는데 알고보니 계약 체결 당시 화재로 그 주택이 이미 소실되어 존재하지 않는 상태였다면 계약 체결 전후에 변경된 객관적 사정은 없으므로, 원칙적으로 착오나 원시적 불능만이 문제될 뿐이다. 양도소득세 판례[109)] 사안에서도 당사자들이 예상했던 것보다 많은 세금이 부과된 것은 당사자들의 장래 사정에 관한 동기의 착오일 뿐, 외부적・객관적으로 부과되었어야 할 법률상의 양도소득세가 갑자기 변경된 것은 아니므로, 사정변경을 인정할 것은 아니다.

그러나 장래의 외부적 사정에 실제 불확실한 요소가 포함되어 있는데 당사자들이 이를 확신한 경우라면 어떠한가? 예컨대 주택을 건축하기 위하여 도시계획상 특별한 건축제한이 없는 토지를 구입하였는데 이후 도시계획상 건축이 불가능한 토지로 변경된 경우라면 착오와 사정변경이 동시에 문제될 여지가 있다. 도시계획이란 공익적 필요에 따라 언제든지 변경될 가능성이 있는 것이지만, 특별한 사정이 없는 한 도시계획이 쉽게 바뀌는 것은 아니므로, 현재의 상태가 장래에도 그대로 유지될 것이라고 당사자들이 확신하였고, 그렇게 믿은 데에 특별한 과실이 없으며 그러한 동기가 상대방에게 표시되었다면 이러한 경우에는 동기의 착오를 이유로 한 취소도 가능하다고 보아야 할 것이기 때문이다.[110)] 한편, 도시계획의 변경이라는 사정변경은 (물론 주류적인 판례의 태도로는 부정될 가능성이 높지만) 당사자들이 계약 체결 당시 예상하기 어려웠던 것으로서 계약의 기초에 현저한 변경을 가져오므로, 사정변경을 이유로 계약을 해지하는 것도 가능할 것이다. 이처럼, 예외적이긴 하지만 동기의 착오 중에서도 장래에 발생할 객관적인 사정에 관한 주관적 인식에 착오가 있는 경우에는

108) Markesinis 등, 각주 40), p. 319. 다만 목적좌절의 경우 중 이행이 엄격히 문자 그대로 불가능한 경우는 275조의 불능의 문제로 다루어진다.

109) 대법원 1994. 6. 10. 선고 93다24810 판결.

110) 물론 구체적인 사건에서 당사자가 그러한 확신을 가졌다고 볼 수 있는지는 별개의 문제이다. 전술한 Ⅱ. 다.(7) 참조.

착오와 사정변경이 경합할 수 있다.[111)]

한편, 법을 적용함에 있어서는 가급적 신의성실, 사정변경 등의 일반적이고 추상적인 법리나 조항보다 개별 구체적인 조항을 우선해야 하기 때문에, 법률요건뿐 아니라 계약의 성립과 존속, 소멸이라는 논리적 순서상 사정변경보다 착오를 먼저 검토하는 것이 타당하다.[112)] 그런데 법률효과의 측면에서 착오는 취소만이 가능하지만, 사정변경은 법리상으로 해제·해지뿐 아니라 수정도 가능하므로, 당사자의 효율적인 구제와 구체적 타당성 측면에서는 착오보다 사정변경을 먼저 검토할 필요가 있을 수 있다. 다만, 이러한 적용순서의 전도 문제는 전술한 바와 같이 공통의 동기 착오에 관한 법률행위의 보충적 해석론에 의해 어느 정도는 해결될 수 있을 것으로 보인다. 법률행위의 보충적 해석론에 의하면 쌍방 공통의 동기 착오시 당사자의 가정적 의사에 따라 수정된 내용대로 계약을 인정할 수 있기 때문이다.

결론적으로, 착오와 사정변경은 각각의 개별적 요건을 충족하는 이상 중첩적으로 적용될 수 있지만, 그 효과가 동일하다면 착오를 우선 적용함이 바람직하다고 본다. 즉, 사정변경의 원칙에 의하더라도 계약의 수정이 아니라 해제를 인정하는 경우에는 계약을 무효로 한다는 점에 있어서 착오에 의한 취소와 결론이 동일하므로, 일반 법리인 사정변경의 원칙을 적용하기 전에 먼저 개별규정인 착오를 적용하는 것이 타당할 것이다.

대상판결에서도, 만일 당사자 쌍방이 견본주택의 건축허가가능성에 관한 확신을 가질 만한 예외적인 사유가 존재하였다면, 향후 그러한 확신이 착오라고 밝혀진 경우 당사자는 착오에 의한 취소를 주장할 수 있고, 이는 사정변경과도 경합한다고 할 것이다. 다만, 착오 법리로는 취소가 가능하고, 사정변경의 법리로는 경우에 따라 해제와 해지 내지 수정이 모두 가능한바, 취소, 해제, 해지의 경우 부당이득의 반환 범위와 소급효 등이 모두 달라지므로, 당사자로서는 자신에게 가장 유리한 근거를 선택하여 주장할 수 있을 것이다.

Ⅴ. 결 론

지금까지 대상판결을 토대로 장래 사정에 대한 착오 인정 여부, 쌍방 공통의 동기 착오시 해결 방법, 착오와 사정변경의 관계에 대해 순차적으로 살펴보았다. 이를 요약하면 다음과 같다. ① 장래의 사정이라고 하더라도 계약 체결 당시 그러한 사정이 발생할 것이라는 사실에 대한 확실한 인식이 있었다면, 동기 착오에 관한 나머지 요건을 갖춘 이상 그러한 사실과 인식의 불일치를 이유로 법률행위를 취소할 수 있다. ② 만일 그러한 착오가 일방이 아니라 쌍방 모두에게 존재하였다면 1차적으로는 법률행위의 보충적 해석을 시도하되, 그것만

111) 이동진, “계약위험의 귀속과 그 한계”, 비교사법 제26권 제1호(통권 84호), 53-54면.

112) 참고로 사정변경은 ‘원칙’이 아니라 ‘법리’로 칭하여야 한다는 견해로 정상현, “매매목적 토지에 발생한 사정의 변경과 계약의 효력-대상판례: 대법원 2007. 3. 29. 선고 2004다31302 판결”, 저스티스 통권 제104호(2008.6) 참조.

으로 계약 내용을 확정하기 어렵다면 착오로 인한 취소도 가능하다고 보아야 한다. ③ 그 경우 착오와 사정변경의 원칙은 경합적으로 적용될 수 있다. 다만 그 적용에 있어서는 개별 법리와 조항을 우선하여야 하므로, 사정변경의 원칙에 따라 계약을 수정하지 않고 무효화할 경우라면, 착오에 의한 취소를 먼저 검토함이 논리상 바람직할 것이다.

대상판결에서는 장래의 사정이 동기로 표시되기는 하였지만, 건축허가 여부에 대한 통상적인 확신가능성이나 거래통념에 비추어 당사자들에게 그에 관한 확신까지 존재하였다고 보기는 어렵다. 그러나 만일 예외적으로 그러한 확신이나 인식의 존재가 인정된다면, 이는 쌍방 공통의 동기 착오에 해당하여 먼저 보충적 해석을 시도해야 할 것이다. 다만, 그러한 경우라 하더라도 대상판결사안에서는 당사자들에게 계약의 존속을 전제로 하는 다른 의사의 합치를 인정하기 어려우므로 더 이상 보충적 해석으로는 의사를 확정할 수 없고, 착오에 의한 취소를 인정해야 한다. 그 경우 착오와 사정변경은 경합적으로 적용될 수 있을 것이다.

의사 형성과정에서 표의자의 잘못된 인식이 개재된 경우, 영미법이나 다수의 국제규범은 착오 자체를 유발된 착오, 공통의 착오, 상대방에게 고지의무가 인정되는 착오 등으로 그 범위를 좁히되 그 외에는 예외적으로 사정변경의 원칙 등으로 해결하는 입장을, 독일은 착오를 법률행위 내용에 관한 것으로 한정하되, 기타 경우는 행위기초론에 의하여 해결하는 입장을 취해왔다. 반면 우리 판례와 주류적인 학설은 착오의 범위를 동기의 착오까지 포함하고, 동기의 표시를 명시적인 경우뿐만 아니라 묵시적인 경우까지 인정하는 것으로 넓혀놓은 다음, 사정변경의 범위는 그 적용을 극히 제한하는 방향으로 고유한 법리를 전개하여 왔다. 그러한 과정에서 동기의 착오에 관한 판례 사안은 법리적 명확성보다는 구체적 결론의 타당성을 도모하기 위해 활용된 측면이 크고,[113] 사정변경과의 경계도 다소 모호한 것이 사실이다. 비록 입법에 이르지는 못하였지만 민법 개정 논의 당시 착오의 요건을 구체화하고 사정변경을 명문으로 도입하는 방안이 논의된 바 있는데,[114] 판례 역시 향후 사정변경의 원칙의 적용 범위를 현실화하고, 동기의 착오는 그 범위를 보다 구체화하여 양자간의 관계를 명확히 설정하는 방향으로 발전해 나아갈 필요가 있을 것이다.

---

113) 판례가 해석론적 조작을 통하여 결과적 타당성을 얻고 있다는 견해로 지원림, “민법개정과 착오법리”, 각주 48), 146면; 윤진수, 각주 10), 54면; 김상중, 각주 53), 14면.

114) 사정변경에 관한 개정안의 상세 내용은 김재형 · 최봉경 · 권영준 · 김형석, 민법개정안연구, 박영사, 2019, 117면 이하 참조.

미국 계약법상 무효

진 도 왕

인천대학교 법학부 교수

박동진 교수님의 화갑을 축하드립니다. 교수님께서는 한국민사법학회 회장에 취임하시기 전에 그 산하의 미국법연구회의 회장을 맡으신 바 있는데, 교수님과의 인연도 그 연구회를 통해 이어질 수 있었습니다. 이 글은 필자의 부족한 역량을 여실히 드러내고 있지만, 교수님과 인연을 가지게 된 미국법연구회에서 공부한 내용을 담는 것에 의미를 두었습니다.

1. 서 론

본고에서는 미국 계약법상 무효(void)의 의미를 살피고자 한다. 국내에서 미국 계약법에 관한 선행연구들이 적지 않지만, 그들 중 다수는 개별 법제도에만 국한하여 치중한 나머지 해당 법제도를 뒷받침하는 기초 법리나 개념을 간단히 지나치거나, 심지어 오도(誤導)의 여지를 남기기도 하는 것 같다.[1] 우리 민법의 공부를 위한 비교법 연구와 그 일환으로 수행되는 외국법의 탐색이 결코 수월한 작업은 아니지만,[2] 모든 법제도나 법리는 일단위의 법개념들로 구성되어 정립된다는 점에서 기본 개념에 관한 연구에 우선적인 노력을 기울여야 할 것이다. 특히 우리와 다른 법계로 분류되는 영미법의 연구에서는 대륙법계의 경우와 달리 어림잡아 짐작하더라도 이해가 통할 수 있는 부분이 훨씬 적다는 점에서도 그러하다. 또한 외국법의 기본개념에 관한 연구에는 그에 상응하는 적절한 번역표현의 발견도 포함될 것이다. 법은 곧 언어이므로 외국법의 개념을 적확한 한국어로 표현해내는 작업은 그 개념에 대한 올바른 이해를 동반하게 하고, 나아가 후속 연구에 기여하는 것이기도 하다.

본고에서 다루고자 하는 바도 위와 같은 생각이 바탕이 되어 선택된 주제라고 할 수 있다.[3] 미국 계약법에 관한 영미의 문헌에서는 계약의 효력을 부정하는 대목에서 “void”, “voidable” 내지는 “rescission”, “cancellation” 등의 표현들이 매우 자주 등장하는데, 이에 대해 국내의 연구문헌에서는 특별한 구별 없이 그때그때 사정에 따라 “무효”, “취소”, “해제”로 번갈아가면서 번역하여 표현하고 있다.[4] 영미법사전에서도 이러한 번역표현을 단순히 나열해두고 사용자로 하여금 취사선택하도록 하고 있는데, 위 개념들의 이해가 선행되지 않으면 적절한 선택도 기대하기 힘들 것이다. 그러나 우리 민법상 무효, 취소, 해제는 그 개념상 준별되므로 이들을 미국 계약법상 용어에 대입할 때에도 각별한 주의가 필요하다. 특히 “void”나 “voidable”은 미국 계약법 제2차 리스테이트먼트에서 기본개념을 정의하고 있는 첫 번째 장(Chapter 1. Meaning of Terms)에 위치되어 있을 정도로 매우 중요한 개념요소임에도 불구하고 이에 관하여 큰 관심을 보이지 않은 것 같다. 여기에는 미국법을 포함하는 영미법이 이른바 소권법 체계에 기반한다는 점에 착안하여 미국 계약법에서는 권리 · 의무의 실체법상 효력 여부보다는 (“enforceability”로 요약되는) ‘소송에 의한 구제가능성’에 초점

1) 물론 필자도 이러한 지적에서 자유롭지 못하다.

2) 비교법 연구의 어려움에 관하여, 콘라트 츠바이게르트 · 하인 쾨츠(양창수 번역), 比較私法制度論, 대광문화사, 1991, 655–66면(역자 후기 중에서).

3) 발단은 한국민사법학회 산하 미국법연구회에서 진행하고 있는 제2차 계약법 리스테이트먼트 번역작업에 참여하던 중 제7조의 표제인 “Voidable Contract”의 적확한 번역표현을 찾다가 생긴 단순 호기심에 있다. 다수의 국내 연구문헌에서 “voidable”을 “취소”로 번역하는 것에 대해 강한 의문이 생겼지만, 미국법연구회에서의 열띤 논의로도 해소되지 않았다. 연구회에서 매달 다루어야 할 조문이 30여 개에 이르다 보니 1개 조문에 많은 시간을 할애할 수 없었던 탓에 적절한 수준에서 정리한 후 나중에 다시 논의하는 것으로 매듭지었기 때문이다.

4) 필자도 그러한 적 있는데, 좀 더 신중했어야 한다고 생각한다. 拙稿, 미국 계약법상의 무효법리, 재산법연구 제30권 제1호, 한국재산법학회, 2013, 66면.

을 두고 있음을 부각시킨 것[5]도 한 몫을 하였다고 생각한다. 물론 미국 계약법을 소권법 관점에서 이해하는 것이 틀렸다고 볼 수는 없지만,[6] 이러한 이해가 미국 계약법에 있어서 권리·의무의 실체법적 효력 여부의 무용론으로 이어지는 것은 곤란하다.

본고에서는 미국 계약법상"void contract(무효인 계약)"를 중심으로 그 연관 개념으로 "voidable contract"[7]과 "unenforceable contract(강제할 수 없는 계약)"의 개념을 검토한다. 후술하는 바와 같이, 강제할 수 없는 계약은 소권법 기반의 미국 계약법의 특징이 드러나는 개념유형으로서, 이에 대한 이해는 실체법상 효력 여부를 전제하는 앞선 두 개의 계약유형들(void and voidable contract)과의 관계를 파악하는 데에 필요하다. 또한 미국 계약법에서 "voidable"은 계약이 무효(void)로 될 수 있는 가능성을 내포한 것[8]이어서 그 실체를 파악하기 위해서는 "void"의 이해가 선행되어야 한다. 물론 무효(void)는 "부존재"의 관념에 기초하는 것이므로 이를 적극적으로 정의하여 증명하는 것은 불가하지만,[9] 분쟁 해결의 도구인 법에 있어서는 그 효력을 중심으로 윤곽을 잡아낼 수 있고, 또 그래야만 한다고 생각한다. 그리하여 이하에서는 ① 영국과 미국의 초기 판례, 미국 계약법 리스테이트먼트, 미국 개별 주들(캘리포니아주와 루이지애나주)의 계약법에서 나타나는 무효의 효력적 의미를 살피고, ② 무효에 관한 구체적 법리로서 일부무효에 관한 법적 취급도 검토한다. 그리고 서두에서 밝혔듯이 앞의 검토사항을 토대로 ③ "voidable"의 적절한 번역표현을 제시하고, 마지막으로 보론(補論)차원에서 ④ 미국법 관점에서 민법 제137조(법률행위의 일부무효) 개정안을 검토하고자 한다.

2. 미국 계약법상 "무효(Void)" 개념

(1) 연혁적 배경: 영국법에서의 무효

오래전부터 영국에서는 계약의 무효를 뜻하는 표현으로 "void"를 사용하여 왔다. 사전적

---

5) 가령 양명조, 미국 계약법, 법문사, 1996, 92면. 이를 따르는 가정준, 미국계약법의 구조와 이해, 재산법연구 제23권 제3호, 한국재산법학회, 2007, 7−8면. 또한 拙稿, 위의 논문, 65면(이 글에서도 선행연구들의 입장을 여과 없이 수용하여 기술하였으나, 좀 더 신중했어야 한다고 생각한다).

6) 이를 확인할 수 있는 흔적은 미국 계약법 리스테이트먼트의 여러 군데에서 발견되는데, 대표적으로 제8장의 경우 전체 장에 걸쳐 공서양속에 반하는 계약의 효력을 다루면서 그러한 계약의 효력을 "unenforceability(강제불가능)"로 표현하고 있다. Restatement (Second) of Contracts, Chapter 8 (1981). 한편 리스테이트먼트 제1조에서 계약을 "그 위반에 대해 법이 구제수단을 부여하는 약속 또는 약속들의 조합(a promise or a set of promises for the breach of which the law gives a remedy)"이라고 정의하는 대목도 소권법적 배경을 짐작할 수 있게 한다. 다만 동조는 그러한 정의에 덧붙여 "~ 또는 그 이행을 법이 의무로서 인식하는 약속 또는 약속들의 조합(~ or the performance of which the law in some way recognizes as a duty)"이라고 정의하고 있는데, 이는 실체법상 의무를 전제로 하는 것임에 유의해야 한다. Restatement (Second) of Contracts § 1.

7) 이것의 적절한 번역표현은 아래에서 제시한다.

8) Oliver Wendell Jr. Holmes. Common Law 308−311, 314−15 (1881).

9) Digges's Lessee v. Beale, 1 H. & McH. 67, 73 (Md. Prov. 1726). 우리 민법에도 무효에 관한 일반적 정의 규정은 존재하지 않는다.

의미에서 "void"는 부존재(lack of existence)를 뜻하는 것으로서, 이와 유사한 표현으로 "nullity"[10]가 있다. 관념적으로는 존재와 부존재를 구분하는 것에 어려움은 없을 것이다. 그러나 현실과 접목되어야 하는 법의 영역에서 그 효과적 측면을 고려하면 위의 "void"는 그저 부존재라는 일의적 개념으로만 이해될 수 없다. 이는 17세기 영국 법원이 판결례에서 "void"라는 표현을 사용하면서도 실제 그 법 효과에 관하여는 '완전한 부존재' 상태만을 전제하고 있지 않았던 점에서 알 수 있다. 즉, 당시의 영국 법원은 "void"가 효과 면에서 여러 단계로 세분화될 수 있다고 보았다.[11] 그리하여 ① 모든 경우에 있어서의 무효(absolutely void)뿐만 아니라 ② 특정 목적 또는 특정인에 대해서만의 무효(void to some purposes only or some persons only), ③ 후속적 행위를 통해서 효력이 인정될 수 있는 무효(void which may be made good by subsequent matter)를 모두 내포하고 있었다.[12]

①은 절대적 무효(absolutely void)로서, 그 예로는 주로 기혼여성(feme covert), 미성년(infant), 의사무능력(*non compos mentis*), 반도덕적 행위(*malum in se*)가 대표적이고, 이 외에도 국왕에 대한 충성의무 위반이나 교회 또는 공공예배당 외의 장소에서 이루어진 혼인 등도 포함되었다.[13] ②는 상대적 무효(relatively void)라고 할 수 있을텐데, 이는 특정 목적이나 특정인에 대해서는 무효의 효력이 미치지 않는 경우로서 주로 제3자의 이익보호와 관련된다.[14] 가령 1874년의 미성년자구제법(Infants Relief Act)[15]이 미성년자가 체결한 (필수품 거래를 제외한) 계약의 효력에 대해 "absolutely void"라고 규정한 것과 관련하여, 법원은 선의매수인(*bona fide* purchaser)과 같은 제3자를 고려하여 이를 법문 그대로 해석하지 않고 이때의 무효(void)는 특정인에 대해서는 그 효력이 미치지 않는다고 보았다.[16] ③은 유동적 무효에 해당하며, 주로 형평법을 중심으로 형성된 것으로 보인다. 가령 커먼로상 상속인 외의 자에 대한 부동산유증(devise)은 무효이지만, 나중에 유증자의 상속인이 동의(consent)하면 유효하게 될 수 있었다고 한다.[17]

한편 당시 영국법에서는 "voidable"의 개념도 인정되고 있었는데, 이는 법에 의해 허용되지 않는 행위를 한 경우로서, 그럼에도 불구하고 행위자는 그 행위를 한 후에 스스로 이를

10) 후술하는 바와 같이 프랑스의 영향을 받은 루이지애나주 민법전에서는 "void"가 아닌 "null" 또는 "nullity"로서 무효를 표현하고 있다. 또한 미국의 초기 판결들에서도 양자를 혼용하고 있었다. 가령 Stones v. Keeling, 9 Va. (5 Call) 143 (1804)(중혼에서 후혼을 "null(무효)"이라고 판결).

11) 대표적으로 Keite v. Clopton, 124 Eng. Rep. 799, 799 (1657) ("[A]n act or thing may be said [to be] ... void in several degrees.").

12) Id. at 799–800.

13) Matthew Bacon. New Abridgement of the Law 167–68 (1832).

14) Id. at 168–69.

15) Infants Relief Act (1874) CHAPTER 62, 37, 38 Vict., c. 62.

16) Stocks v. Wilson [1913] 2 K.B. 235, 246 (Robert W. Clark, Property Passing Under a Void Contract–Minor Difficulties, 26 McGill L.J. 110, 111(1980)에서 재인용).

17) Bacon, supra note 4, at 169. 참고로 당시 영국에서는 가산의 유출을 막기 위해서 부동산유증은 허용되지 않았고, 다만 동산유증만 허용되었다.

무효로 만들 수 없고, 다만 그 상속인(heir) 등이 법상의 일정 행위(some act in law)를 통해서 무효로 만들 수 있는 경우를 뜻하였다.[18] 그런데 이러한 개념은 오늘날의 “voidable”과는 꽤 거리감이 느껴지는데, 특히 행위자의 승계인인 상속인이 무효를 주장할 수 있다는 점이 그러하다. 확실하지는 않지만, 당시 “voidable”의 개념을 사용한 판결들은 토지양도(land conveyances)의 사안에 한정된 것으로서 이는 계약 일반에 걸쳐 통용된 것은 아니란 점에서,[19] 부동산권과 관련한 매우 특수하고 개별적인 법리였을 것으로 짐작된다.

(2) 미국의 초기 판결에서의 무효

위에서 살펴본 영국법에서의 무효의 개념은 미국법 초기 판결에서도 거의 그대로 나타난다. 원칙상 “void”는 법적 효력이 없는 것으로서, 누구도 구속하지 않고 또 어떠한 권리로 이전시키지 않으며 법적 근거로도 되지 않는 것이다.[20] 이는 어떠한 후속적 행위로도 추인(ratification)이나 승인(confirmation)될 수 없고, 별개의 새로운 계약의 약인(consideration)이 될 수도 없다. “Void”인 계약이 아직 미이행(executory) 상태인 경우에는 각 계약당사자는 그 계약을 강제할 수 없으나, 그 사실을 알고도 자발적으로 이행한 경우에는 그 이행된 급부는 법적으로 유효하고 이를 다시 반환시킬 수 없다.[21] 다만 특정상황 또는 특정인에 대해서는 무효의 효력이 미치지 않는 “relatively void(상대적 무효)”의 개념도 인정하고 있었다.[22]

반면에 “voidable”은 그 행위의 법적 효력은 있으나, 내재된 흠결로 인하여 무효로 될 수 있는 것을 의미하였다. 즉, 어떤 행위의 일방은 그 행위가 무효로 되기 전까지는 상대방에 대해 의무를 부담하고, 또한 나중에 추인(ratification)이나 승인(confirmation)될 수 있는 것을 말하였다.[23]

그러나 이는 미국법이 애초에 양자를 구분하여 개념정립한 결과라기보다는 개별 판결이나 법령에서 사용한 용어를 각각의 맥락에서 해석하여 그 효력을 정리하는 것이라 볼 수 있다. 실제로 당시의 미국의 판결이나 법령에서는 “void”와 “voidable”을 구분 없이 혼용하였는데, 특히 판결이나 법령에 “void”라고 명시하였어도 그 맥락상 실질은 “voidable”로 풀이되어야 하는 예가 적지 않았다. 가령 법령에 고율의 이자를 조건으로 하는 담보약정을

---

18) Id. at 166. 다만, 행위자 스스로 무효로 만들 수 없다는 점은 모든 사안에 적용되는 것은 아니어서, 가령 미성년자의 경우에는 성년에 달한 후에 그 스스로 무효를 주장할 수 있다고 한다.

19) Jesse A. Schaefer, Beyond A Definition: Understanding the Nature of Void and Voidable Contracts, 33 Campbell L. Rev. 193, 196 fn. 13(2010); Spalding's Lessee v. Reeder, 1 H. & McH. 187 (Md. Prov. 1751).

20) David S. Garland, et al. Editors. American and English Encyclopaedia of Law 1065 (1909). Gist v. Smith, 78 Ky. 367, 369(1880).

21) Joel Prentiss Bishop. Doctrines of the Law of Contracts, in Their Principle Outlines, Stated, Illustrated, and Condensed §§ 154–56(1878).

22) Garland, supra note 20; Pearsoll v. Chapin, 44 Pa. 9, 16(1862).

23) Cummings v. Powell, 8 Tex. 80. 85(1852).

"void"라고 규정하였더라도, 일반적으로 미국 법원은 이를 채무자의 선택에 따라 무효가 될 수도 있는 "voidable"로 해석하였다.[24)] 또한 보험약관에서 보험가입자의 약정위반의 경우에 관하여 "void"라고 명시하였더라도, 이는 그 맥락상 보험자의 책임이 면제되는 것으로 보고, 이를 단순히 보험약관의 무효로 새기기보다는 보험자의 선택에 따라 실권(forfeiture)을 유보하여 해당 약정을 유지시킬 수도 있는 "voidable"로 해석하였다.[25)] 이러한 해석은 관련 이익의 보편성 또는 개별성의 구분에 따른 결과이다. 즉, 어떤 계약내용과 관련된 커먼로 규칙이나 법령의 취지가 사회 일반의 이익을 지향하고 있는 경우에 그 계약이 그 취지에 위배되는 때에는 "void"이고, 반대로 그 취지가 특정인의 이익에 한정되는 경우로서 이에 위배된 계약은 "voidable"이다.[26)]

이렇듯 계약의 효력과 관련된 판례의 양태는 다소 무질서하였지만, 개별 판례들의 입장을 종합해 보면 다음과 같이 정리할 수 있다. 첫째, 어떤 목적에서든 또는 누구에게든 무효이고, 또 그것을 달리할 수 없는 경우(절대적 · 확정적 무효), 둘째, 특정 목적에서 또는 특정인에 대해서 무효이고, 다른 목적 또는 다른 사람에 대해서 유효인 경우(상대적 무효), 셋째, 어떤 목적에서든 또는 누구에게든 무효이거나, 특정 목적에서 또는 특정인에 대해서 무효이지만, 그것이 추인되면 그렇지 않은 경우(유동적 무효), 넷째, 일정 방식으로 무효가 되기 전까지는 유효한 경우(유동적 유효).[27)]

(3) 계약법 리스테이트먼트에서의 무효

1) "Void"의 개념

주지하는 바와 같이, 미국의 리스테이트먼트는 각 주별로 일치하지 않는 법개념이나 법리를 가급적 통일화시키는 것이 주요 목적 중 하나인데, 무효 개념에 관하여도 다르지 않았다. 앞서 살펴본 대로, 미국의 초기 판례에서 발견되는 "void"의 무질서한 용례는 리스테이트먼트 편찬과정에서 반드시 논의해야 할 만한 이슈였을 것이다. 실제로 1923년에 성안된 제1차 계약법 리스테이트먼트는 총 여섯 번의 수정안을 거친 결과물인데, 그 과정에서 "void"의 개념설정도 꽤 많은 논란 속에 있었다고 한다.[28)]

원래 제1차 리스테이트먼트의 처음 두 개의 초안에서는 "void contract"의 개념정의 규정이 별도로 존재했었다. 가령 두 번째 초안은 제11조에서 "void contract"를 "당사자들의 법률관계에 어떠한 변경도 발생시키지 않는 약속 또는 약속들의 조합"으로 정의하였다.[29)] 그

24) Ewell v. Daggs, 108 U.S. 143(1883).
25) Turner v. Meridan Fire Ins. Co., 16 F. 454(1883).
26) Chas. W. Mckinney, The Void and Voidable in Contracts, 50 Cent. L.J. 345, 345(1900).
27) Garland, supra note 20, at 1066; State v. Richmond, 26 N.H. 232, 237(1853).
28) Jesse A. Schaefer, supra note 19, at 197.
29) Restatement of Contracts § 11 (Preliminary Draft No. 2, 1924)("[a] promise or set of promises which produces no change in the legal relations of the parties.").

러나 이러한 정의는 다의적 해석이 가능하다는 지적에 따라 적극적 개념화를 포기하고, 이를 단순히 "contract(계약)"의 반대 개념으로 정의하는 소극적인 개념화를 시도하였다. 그리하여 제1차 리스테이트먼트의 최종안은 제1조에서 계약(contract)을 "그 위반에 대해 법이 구제수단을 제공하거나 또는 그 이행을 법이 의무로서 인식하는 약속 또는 약속들의 조합"으로 정의하는 한편,[30] 제13조("voidable contract")에서는 "void contract"을 "그 위반에 대해 법이 구제수단을 제공하지도 않고 그 이행을 의무로 인식하지도 않는 약속 또는 약속들의 조합"이라고 정의함으로써 제1조의 계약의 개념에 반대되는 내용으로 구성하였다.[31]

한편, 1979년에 성안된 제2차 계약법 리스테이트먼트에서는 그 편제상의 위치변화[32]가 있을 뿐 "void"에 관한 전반적인 기조는 크게 달라지지 않았다. 다만, 제1차 리스테이트먼트와 달리 추가적인 설명을 제시하고 있다. 즉, 그 위반에 대해 법이 구제수단을 제공하지도 않고 또 법이 그 이행을 의무로 인식하지 않는 약속으로 구성된 것을 "void contract"이라고 정의하면서, 그러한 약속은 계약이 전혀 아닌 것이며, 법적 효력이 부존재(void)하는 약속 또는 합의에 불과하다고 한다.[33] 그러나 이것은 특기할 만한 내용은 아니다. 제1차, 제2차 리스테이트먼트 모두 법적 효력이 있는 약속만을 계약으로 정의하고 있으므로, 결국 "void contract"은 유효한 계약이 아닌 것을 의미할 뿐이고, 거기에 별다른 개념화의 진전이 있는 것은 아니다.

2) "Voidable"의 개념

제2차 리스테이트먼트 제7조에서는 계약의 당사자들이 그 계약에 의해 형성된 법률관계를 의사의 표시(manifestation)로써 무효로 만들 수 있거나, 아니면 그 계약을 추인(ratificaiton)함으로써 무효로 만들 수 없게 하는 경우를 "voidable contract"이라고 정의하고 있다.[34] "voidable contract"의 일반적인 예에는 미성년(infant), 사기(fraud), 착오(mistkae), 강박(duress)뿐 아니라 보증약속(warranty)이나 기타 약속의 위반도 포함된다.[35] 전단의 예시들은 우리 민법상 취소사유와 일치하지만, 후단의 약속위반은 일종의 계약위반으로서 우리의 취

---

30) Restatement of Contracts § 1 (1932)("A contract is a promise or a set of promises for the breach of which the law gives a remedy, or the performance of which the law in some way recognizes as a duty.").

31) Id. § 13, Special Note ("A promise or set of promises for breach of which the law neither gives a remedy nor otherwise recognizes a duty of performance by the promisor, is often called a void contract, but this is a contradiction in terms in view of the definition of contract in § 1"). "void"의 개념정의 관한 소극성은 이를 "voidable contract"에 관한 규정인 제13조의 주석에서 참고사항 수준으로 기술하고 있다는 점에서도 드러난다.

32) 제2차 리스테이트먼트는 제7조에 "voidable contract"의 개념정의를 배치하고, 이 규정의 주석에서 "void"에 관한 짧은 설명을 제시하고 있다.

33) Restatement (Second) of Contracts § 7 comment a. 이 정의에 따르면 "void contract"은 그 자체로 계약이 아니므로 무효라기보다는 불성립 개념에 가깝다.

34) Restatement (Second) of Contracts § 7 ("A voidable contract is one where one or more parties have the power, by a manifestation of election to do so, to avoid the legal relations created by the contract, or by ratification of the contract to extinguish the power of avoidance.").

35) Restatement (Second) of Contracts § 7 comment b.

소사유들과는 이질적인 점이 눈에 띈다.

"Voidable"의 효력내용으로, ① 계약당사자는 그 계약을 무효로 만들 수 있는 권한(power of avoidance)을 부여받고, 그 권한을 행사하기 전까지 해당 계약은 유효(vaild)하며,[36] ② 그러한 권한행사로써 해당 계약은 그 성립시부터 무효가 되고, 계약당사자는 계약체결 이전의 지위를 회복하게 되며,[37] ③ 계약당사자가 그 계약을 추인(ratification)하면 이제 무효로 만들 수 있는 권한은 소멸하고, 해당 계약은 유효한 상태로서 강제력을 가지게 된다.[38]

3) "Unenforceable Contract"의 개념

영미법이 소권법체계 위에서 정립되었다는 점에서 미국법상 계약이 소송상 강제력을 가지는지 여부는 매우 중요하다. 이런 점에서 "void" 및 "voidable"과 "unenforceable"의 관계를 확인할 필요가 있다. 또한 후술하는 바와 같이, 우리 민법상 일부무효의 문제는 미국 계약법에서는 계약 내용 중 무효가 아닌 부분만을 강제할 수 있는지의 문제로 다루어진다.

제2차 리스테이트먼트는 제8조에서 "강제할 수 없는 계약(Unenforceable Contracts)"을 정의하고 있다.[39] 즉, 이는 그 위반에 대하여 손해배상(damages)이나 특정이행(specific performance)을 통한 구제가 허용되지 않지만, 추인(ratification)이 없더라도 다른 방법에 의해 이행의무가 발생한 것으로 인정되는 계약을 말한다.[40] 이 조문의 전단에서 언급하는 바는 지극히 당연한 내용을 전제하고 있다. 즉, 어떤 계약이 "void"인 경우에 그것은 법적 효력을 인정할 수 없으므로 설령 그것을 위반한 경우라도 소송상 구제(수단)가 허용되지 않을 것이다. 또 "voidable"의 경우에도 계약당사자가 그 계약을 무효로 만든 때에는(avoidance) 역시 법적 효력이 없게 되므로 원상회복의 문제는 별론으로 하더라도 무효가 된 계약 그 자체는 더 이상 소송으로 강제할 수 없다.[41] 여기까지는 "void" 및 "voidable"과 "unenforceable"의 개념내용이 자연스럽게 이어지는 편이다.

그러나 제8조의 후단내용에 의해서 차이가 발생한다. 이 차이는 이행의무가 법적으로 승인될 수 있는 범위 또는 방법에서 나타난다. "Void"는 원칙상 무효로서 법적 효력이 없는

---

36) Restatement (Second) of Contracts § 7 comment e.

37) Restatement (Second) of Contracts § 7 comment c. 그러나 미성년자의 경우에는 주마다 다른 설정을 하고 있다.

38) Restatement (Second) of Contracts § 7 comment e.

39) 제1차 리스테이트먼트에서는 제14조에 강제할 수 없는 계약에 관한 정의를 기술하고 있었는데, 내용상 큰 차이는 없다. Restatement of Contracts § 14 ("An unenforceable contract is one which the law does not enforce by direct legal proceedings, but recognizes in some indirect or collateral way as creating a duty of performance, though there has been no ratification.").

40) Restatement (Second) of Contracts § 8 ("An unenforceable contract is one for the breach of which neither the remedy of damages nor the remedy of specific performance is available, but which is recognized in some other way as creating a duty of performance, though there has been no ratification.").

41) 이 점에서 "voidable contract"은 "unenforceable contract"의 한 유형이라고 한다. Restatement (Second) of Contracts § 8 comment a.

것이므로 거기에 법적으로 승인될 이행의무는 없다. "Voidable"도 당사자가 해당 계약을 무효화시키는 한 마찬가지이지만, 추인의 방법을 통해서 이행의무를 법적으로 확인할 수 있다. 반면에 '강제할 수 없는 계약' 중에는 추인과 무관하게 그 계약의 이행의무가 법적으로 승인될 수 있는 경우가 있다(제8조 후단). 강제할 수 없는 계약은 주로 공서양속(public policy)이나 강행법규 위반에 따른 것이므로 당사자 개인의 선택으로서의 추인에 좌우될 수 없음은 당연하다.[42] 어쨌든 이러한(이행의무가 법적으로 확인될 수 있는) 강제할 수 없는 계약의 전형적인 예는 ① 완전히 "void"도, "voidable"도 아닌 불법적 계약, ② 사기방지법(Statute of Fraud) 또는 제소기간법(Statute of Limitation)에 부합하지 않는 계약이 있다.[43] 전자는 계약 내용의 전부가 아닌 일부만에 무효사유 또는 무효로 만들 수 있는 사유가 있는 경우로서, 이를테면 일부무효법리(리스테이트먼트 제183조 및 제184조, 이하에서 상술)를 통해 그 나머지 부분에 관한 법적 이행의무를 승인할 수 있는 유형이다. 후자는 주로 구제수단에 초점이 맞춰진 법에 의해 강제할 수 없게 된 계약유형으로서 그 법의 취지상 계약의 이행의무와 직접적으로 관련되지 않는다. 가령 제소기간법에서는 제소기간의 도과로써 소권(right of action)이 소멸하는 것이지 청구원인(cause of action)이 소멸되는 것은 아니다.[44] 따라서 제소기간을 도과한 계약은 소로써 강제할 수 없는 것이지만, 그 이행의무까지 법적으로 확인될 수 없는 것은 아니다.

이렇게 보면, 모든 "void"(또는 무효화된 "voidable")는 "강제할 수 없는 계약"으로 수렴되지만, 모든 "강제할 수 없는 계약"이 "void"(또는 무효화된 "voidable")라고 할 수 없다.

(4) 개별 주법에서의 무효: 캘리포니아주 및 루이지애나주

일견, 계약법 리스테이트먼트에는 미국 내 개별 주들의 계약법상 무효에 관한 구체적 특징들이 모두 반영되지 않으며(그것은 현실적으로 불가능한 일이기도 하다), 다만 그러한 특징들이 어느 정도 포섭될 수 있는 한도에서 대략의 틀을 제공한다. 따라서 미국 계약법상 무효의 모습을 구체적으로 확인하기 위해서는 개별 주들의 입장을 확인할 필요가 있다. 여기에서는 캘리포니아주와 루이지애나주의 경우만을 그 특징이 드러나는 수준에서 다루고자 한다.

1) 캘리포니아주

먼저 캘리포니아주의 경우를 살펴보면, 관련 내용은 민사법전(California Civil Code) 제3편 의무(Obligations) 제2장 계약(Contracts) 내의 여러 절에 걸쳐 산발적으로 규정되어 있다. 여기서는 계약의 유형을 크게 두 가지로 대별하고 있는데, 즉 ① 무효인 계약과 ② 무효가 아닌 계약으로 구분한다. 전자는 계약의 내용이 불법(unlawful), 전부불능(wholly impossible of

42) Restatement (Second) of Contracts § 8 comment a.
43) Restatement (Second) of Contracts § 8 comment b.
44) Am. Jur. 2d Limitation of Actions §§ 20-22.

performance), 불명확(unascetainable)한 경우이고,[45] 후자는 자유의사로 계약에 동의하지 않은 경우로서 당사자에 의해 무효가 될 수 있다고 하면서 그러한 표현으로 "rescission"을 사용한다.[46] 애초 무효가 아닌 계약은 "rescission"에 의해서만 소멸(extinguishment)된다.[47] 그리고 "Rescission"은 당사자 사이의 합의로 할 수 있고, 또 일방에 의해서도 가능하다.[48] 전자는 우리 민법상의 합의해제로 이해되고, 후자는 취소와 해제를 모두 겸유하는 것으로 볼 수 있다. 이는 후자의 "rescission"의 사유를 통해 알 수 있는데, 거기에는 계약이 착오, 사기, 강박, 부당위압 등 자유의사에 기초하지 않은 경우(우리 민법상 취소사유)뿐 아니라 귀책사유로 인한 계약이행의 좌절 등과 같은 채무불이행의 경우(우리 민법상 해제사유)도 포함되어 있기 때문이다.[49]

2) 루이지애나주

한편 루이지애나주 민사법전(Louisiana Civil Code)은 무효에 관하여 다소 독특한 태도를 취하고 있고, 용어상 표현도 다른 주들과 차이가 있다. 주지하는 바와 같이, 역사적으로 루이지애나주는 프랑스법의 영향을 많이 받았는데, 무효에 관한 내용도 다르지 않다.[50] 관련 내용은 제4편 계약, 제11장 무효(Nullity)에 규정되어 있다. 먼저 무효(null)인 계약은 계약의 유효요건을 갖추지 못한 계약으로 정의하고,[51] 이를 다시 절대적 무효(absolutely nullity)와 상대적 무효(relatively nullity)로 구분하다. 전자는 계약의 목적과 내용이 불법(illicity) 또는 부도덕(immoral)한 것으로서 공공질서에 위배되는 경우이고, 이러한 계약은 추인(confirm)될 수 없다.[52] 반면 상대적 무효는 제한능력이나 의사표시의 흠결과 같이 개인적 이익에 관한 법규칙을 위반한 경우로서, 이는 추인의 대상이 된다.[53] 절대적 무효와 상대적 무효는 법원에 의해 선언되어야 하고(재판상 무효), 이로써 해당 계약은 처음부터 존재하지 않았던 것으로 간주된다.[54] 여기서 상대적 무효의 사유와 그 효과를 보면, 이는 본래 의미의 상대적 무효가 아니라 오히려 유동적 유효에 해당하는 "voidable"의 그것과 일치한다. 원래 의미의 상대적 무효의 실현은 제2035조의 선의의 제3자 보호규정에 의하는 것으로 보인다. 참고로,

45) California Civil Code § 1598.
46) California Civil Code § 1566.
47) California Civil Code § 1688.
48) California Civil Code § 1689(a), (b).
49) California Civil Code § 1689(b)(1)－(2).
50) 프랑스민법 제3권, 제3편(채권관계의 발생연원), 제1부속편(계약), 제2장(계약의 성립), 제4절(제재) 내에 제1부속절에서 무효에 관한 사항을 정하고 있고, 무효의 개념 및 표현, 절대적·상대적 무효의 내용과 효과가 루이지애나주 민사법전의 무효 관련 내용과 매우 흡사하다. 프랑스민법 제1178조－제1185조(프랑스민법전, 사단법인 한불민사법학회(역), 박영사, 2023, 699－697면 참조).
51) Louisiana Civil Code § 2029.
52) Louisiana Civil Code § 2030.
53) Louisiana Civil Code § 2031.
54) Louisiana Civil Code § 2033①. 프랑스법과 마찬가지로 루이지애나법도 조문 내에 항을 따로 구분하여 기술하지 않는데, 여기에서는 편의상 그 기술순서에 따라 임의로 항을 부여하여 표기한다.

루이지애나주 민법은 일부무효에 관하여 잔부(殘部)유효를 원칙으로 하고 있다.[55)]

3. 미국 계약법상 일부무효의 법적 처리

(1) 서 설

우리 민법은 법률행위의 일부가 무효인 경우에 그 법률행위 전부를 무효로 하는 것을 원칙으로 하고, 다만 당사자가 그 무효부분이 없더라도 해당 법률행위를 하였을 것으로 볼 수 있을 때에는 나머지 부분에 대해서는 무효가 아니라고 한다(민법 제137조). 미국 계약법에도 이와 유사한 법리가 있는데, 다만 그것은 직접적으로 무효인(void) 계약을 겨누기보다는 "강제할 수 없는(unenforceable)" 계약을 중심으로 정립되어 있다. 그러나 앞서 설명한 바와 같이 무효인 계약(void contract)은 곧 강제할 수 없는 계약으로 귀결되며,[56)] 무효화 할 수 있는 계약(voidable contract) 역시 당사자 선택(election to avoid)으로 강제할 수 없는 계약이 될 수 있으므로, 계약의 일부가 강제할 수 없는 경우란 결국 그 일부가 그 자체로 무효이거나 또는 당사자에 의해 무효화될 수 있는 경우를 예정한 것이다. 후자의 경우는 우리 민법상 판례[57)]로 인정되어 온 법률행위의 일부 취소에 해당할 수 있는데, 이는 2013년 민법개정안 및 최근 민법개정안 예비초안에도 반영되어 있다.[58)] 한편 후술하는 바와 같이 미국 계약법은 계약의 일부에만 강제할 수 없는 사유가 있는 경우 그 전부를 강제할 수 없게 하는 것을 원칙으로 하면서, 특정 국면에서는 예외적으로 그 일부만을 강제할 수 없게 하고 나머지는 강제할 수 있는 것으로 취급하고 있다.

(2) 계약의 일부만 "강제할 수 없는" 계약의 법적 처리

1) 원칙: 전부 강제불가

계약이 한 개의 약속만으로 구성되어 있고 그 약속이 강제할 수 없는 경우, 그 약속이 가분성을 띠지 않는 한, 계약 전체가 강제할 수 없는 것이 된다. 두 개의 약속이 교환되는 계

55) Louisiana Civil Code § 2034.

56) Williston Samuel, Williston on Contracts § 12:1 (4th ed. 1990).

57) 대법원 1998. 2. 10. 선고 97다44737 판결.

58) 권영준, 2014년 법무부 민법 개정시안 해설－민법총칙·물권편, 민법개정총서 11, 법무부, 2017, 222면; 안병하, 민법 개정안(계약법 법률행위) 예비초안 연구, 법무부 연구용역 보고서, 2023, 89, 92면.

현행 민법	개정 제안
제141조(취소의 효과) 취소된 법률행위는 처음부터 무효인 것으로 본다. 다만, 제한능력자는 그 행위로 인하여 받은 이익이 현존하는 한도에서 상환(償還)할 책임이 있다.	제141조(취소의 효과) ① 취소한 법률행위는 처음부터 무효인 것으로 본다. 그러나 제한능력자는 그 행위로 인하여 받은 이익이 현존하는 한도에서 상환할 책임이 있다. ② 법률행위의 일부분이 취소된 경우에는 제137조를 준용한다.

약의 경우라도, 그중 한 개의 약속 이행이 공서양속에 위배되어 강제할 수 없는 것인 때에는, 그 약속과 교환되는 반대약속(return promises)은 선행 약속의 이행을 유인하는 기능을 하므로 역시 강제할 수 없는 것이 된다.[59] 그러나 반대약속을 한 수약자가 해당 공서양속(또는 법률)의 보호대상인 경우에는 약속자의 약속은 강제할 수 있는 것으로 될 수 있다.[60]

2) 예외 1: 가분성(apportionment)에 따른 일부만의 강제불가

관련한 내용은 제2차 리스테이트먼트 제183조에서 다루고 있다. 이에 따르면, 계약상 이행(performance, 급부)이 각각 상응되는 부분들의 여러 쌍으로 분할될 수 있고, 그래서 각 쌍으로 묶인 부분들이 서로 간에 "합의된 등가물(agreed equivalents)"로 볼 수 있는 경우, 그중 한 쌍이 공서양속에 반하지 않으면 그 위반에 관여하지 않은 당사자는 해당 부분의 급부를 강제할 수 있다.[61] 즉, 계약의 급부 중에서 일부가 공서양속에 반하더라도 언제나 그 계약 전체가 강제될 수 없는 것은 아니고, 가분성을 전제로 공서양속에 반하지 않는 나머지 부분에 대해서는 그 위반에 관여하지 않은 당사자에 의해 강제될 수 있다.

여기서 주목해야 할 것은 이른바 "가분성(apportionment)"의 의미이다. 이는 계약을 구성하는 개별 약속들 또는 급부의 내용이 단순히 분할될 수 있는 것만을 의미하지 않는다.[62] 거기서 더 나아가 분할된 일부 약속 또는 급부의 일부가 상대방의 반대약속 또는 반대급부의 일부와 상응하여 하나의 짝을 이룰 수 있어야 한다.[63] 이는 쌍무계약(bilateral contract)의 경우에 특히 더 중요한 요소가 될 것이다. 한편, 위의 가분성 개념에 따라 하나의 짝으로 묶여진 급부들은 계약당사자들의 합의된 등가물로 평가될 수 있어야 한다. 합의된 등가물인지 여부는 일차적으로 해당 계약에서 정한 바에 따를 수 있지만, 그렇지 않다면 여러 사정을 고려하여 공평(fairness)의 견지에서 판단해야 한다.[64] 물론 이것은 계약당사자들의 가정적 의사를 규명하는 작업의 일환으로 보아야 할 것이다. 계약의 급부내용 중 일부를 강제할 수 없는 상황에서 그 나머지 부분과 상응하는 반대급부의 일부를 각각 이행하게 하는 것은 일단 공평해 보일 수도 있겠으나, 그러한 결과가 당사자의 가정적 의사에 부합한다고 할 수

---

59) Restatement (Second) of Contracts § 178 comment f.

60) 가령 A가 B를 고용하면서 통상 근로시간인 8시간을 초과하여 10시간을 일하면 통상 임금의 두 배를 지급하기로 하는 약정을 체결하였고, 관련 법령이 노동자의 건강 보호를 위해서 8시간 초과 근로를 금지하고 있는 경우, B의 초과근로 약속은 강제할 수 없지만, A의 초과수당 지급 약속은 강제할 수 있는 것이 된다. Restatement (Second) of Contracts § 179 illustrations 5.

61) Restatement (Second) of Contracts § 183.

62) 리스테이트먼트에서는 이러한 단순한 분할가능성(divisibility 또는 separability)으로의 오해를 피하기 위해 "apportionment"라는 표현을 특히 강조한다. Restatement (Second) of Contracts § 183 comt. a; § 240 comt. b, c.

63) 가령 법률상 허가받지 않은 배관공의 배관설치 영업을 금지하고 있는데, A가 무허가 배관공인 B에게 배관작업을 의뢰하면서 그 인건비로 1,000달러, 자재비로 500달러를 지급하기로 하는 계약을 체결하였고, B는 그 계약에 따라 배관을 설치하였다. 이 경우 인건비에 해당하는 1,000달러의 채무이행은 법률위반으로서 강제할 수 없지만, 자재비에 관한 500달러의 채무이행은 강제할 수 있다. Restatement (Second) of Contracts § 183 illustrations 1 참조.

64) Restatement (Second) of Contracts § 183 comt. b, § 240 comt. e.

만은 없다. 일반적으로 계약의 당사자는 완전한 급부이행의 가치를 기대하고 계약을 체결하므로, 그 기대했던 급부 중 일부만을 제공받은 경우에 그로 하여금 그 일부에 상응하는 반대급부만을 이행하게 하는 것이 언제나 당사자의 기대를 만족시키지 않을 것이기 때문이다. 또 그것이 공평하다고 볼 수도 없을 것이다. 그러나 급부 일부만의 이행으로도 당사자에게 있어서는 완전한 급부의 가치에 대한 애초의 기대를 어느 정도(roughly) 충족시키는 경우에는 이를 "합의된 등가물"로 평가할 수 있고, 이에 계약의 일부만을 강제할 수 있게 하는 것은 당사자의 가정적 의사에 부합하고 또 공평에 반하지 않는다. 따라서 계약의 목적물이 무게 또는 수량을 기준으로 정해지거나 구성품목 별 단가(unit price)를 기준으로 대금이 정해졌다는 사실만으로 합의된 등가물을 판단하기에 충분하지 않고, 관련한 여러 사정을 고려해야 한다.[65)66)]

이렇게 가분성과 합의된 등가물의 요건을 충족한 상태에서, 급부의 일부만이 공서양속에 위배되고 그 나머지는 그렇지 않아야 한다. 또한 그 잔부에 대한 이행을 주장하는 당사자는 위의 공서양속 위반에 관여되지 않아야 한다. 이때 법원은 그 위반된 공서양속의 구체적 성질 및 당사자의 위반에의 관여도 또는 그 위반행위의 심각성 등을 고려하며, 그러한 위반행위의 예방이나 억제 가능성까지도 참작할 수 있다.[67)]

생각건대, 위 가분성 법리는 양적 평가와 질적 평가(규범적 판단)를 결합하여 계약 일부만의 강제에 합리성과 타당성을 모두 확보한다. 가분성을 전제로 계약의 내용 중 공서양속 등에 저촉되는 부분만을 도려내고 그렇지 않은 잔부(殘部, remainder)만의 이행이 당사자의 기대가치에 부응하는지(합의된 등가물)까지를 염두에 둔다는 점에서 그러하다. 그러나 가분성의 의미가 단순 분할가능성만을 가리키는 것이 아니라고 하더라도, 그 판단과정은 사실상 계량적 평가(calculation)로부터 출발할 수밖에 없다. 그리하여 계약의 내용이 애초부터 양적 분할이 어려운 경우에는 가분성의 법리는 적용될 여지가 없는데,[68)] 이는 본 법리의 한계라고 할 수 있다.

---

65) 가령 기계장비의 공급계약에 있어서 본체를 작동시키는 데에 필수적인 보조장치의 제공이 이행되지 않은 경우처럼, 나머지 부분의 이행 없이는 완전한 사용을 기대할 수 없을 때에는 그 일부이행과 그에 상응한 반대급부를 합의된 등가물로 볼 수 없을 것이다. 또 이러한 판단에는 그 나머지 급부를 시장에서 따로 구매하는 등 다른 방법으로 손쉽게 조달할 수 있는지 여부도 고려될 수 있다. Restatement (Second) of Contracts § 240 comt. e.

66) 가령 A는 B의 토지를 굴착 및 평탄화하는 작업, 그리고 그 작업이 끝나면 배수로 설치 등의 개량작업을 하되, 각 작업에 대해서 그 종료시 각각 75.000달러를 일시불로 지급받기로 하는 계약을 체결하였는데, A는 굴착 등의 작업을 완료하였으나, 개량작업은 정당한 이유 없이 그 이행을 거절하였다. B는 그 개량작업을 할 사람을 쉽게 구할 수 있었다. B는 A에 대해 굴착작업 등에 대한 75,000달러의 지급을 거절하였다. 이때 굴착작업과 75,000달러의 지급은 합의된 등가물이므로, A는 B에 대해 75,000달러의 지급을 소구하여 강제할 수 있다. 다만 B는 A의 개량작업 이행거절에 대해 손해배상을 구할 수 있다. Restatement (Second) of Contracts § 240 illustrations 6 참조.

67) Restatement (Second) of Contracts § 183 comt. b.

68) Id.

3) 예외 2: 중요성(essentiality)에 따른 일부만의 강제불가

이 법리는 계약 급부 중 일부가 전체에서 차지하는 중요도에 따라 그 일부만을 제외한 나머지 부분의 강제가능성을 판단한다. 리스테이트먼트 제184조에 따르면, 계약 내용의 일부가 공서양속(public policy)에 반하여 강제할 수 없는 경우에 그 일부의 이행이 전체 계약에 있어서 본질적인 부분(essential part)이 아니라면 법원은 해당 계약의 나머지 부분만을 강제할 수도 있다.[69)]

이는 계약 내용의 양적 분할가능성과 관계없이 해당 계약의 일부에 대한 질적 판단에 기대고 있으므로, 위의 가분성법리의 한계를 보완할 수 있다. 계약의 일부가 전체 계약에서 차지하는 의미나 비중이 그리 중요하거나 크지도 않은데, 단지 가분성이 없다는 이유로 계약 전체를 강제할 수 없게 하는 것은 합리적이지 않다. 그리하여 법원은 전체 계약에서 – 강제할 수 없는 – 일부가 본질적인 부분이 아닌 경우에 그 일부를 제외한 나머지 부분을 강제할 수 있다. 물론 여기에서 그 계약 일부가 '본질적'인 것인지 여부를 판단하는 일이 매우 중요할텐데, 이는 구체적 사안별로 당사자들 간에 이루어진 전체 계약 내용을 고려하여 판단할 수밖에 없다.[70)] 한편 이 법리는 주로 고용계약상의 경업금지약정(non–competition clauses)이 문제된 사안에서 자주 활용된다.[71)]

4. 결론: 약간의 시사점

(1) "Voidable"의 의미와 적절한 번역표현에 관하여

비교법 연구에 있어서 외국법의 용어를 국내의 적절한 법률용어로 표현하는 일은 매우 까다로우면서 신중을 기해야 하는 작업이다. 그 표현에서 법적 개념과 효과가 연상되기 때문이다. 본고에서 논의한 미국 계약법상의 "voidable"이란 용어도 그러한 문제의 한 가운데에 있다고 생각된다. 제2차 계약법 리스테이트먼트의 번역작업을 진행하고 있는 미국법연구회에서도 이에 관한 논의가 여러 차례 이루어졌으나, 아직 확정하지 못한 상태이다. 그러나 중지를 모아 일단은 "voidable"을 "취소할 수 있는"으로 표현하되, 역주를 통해 한국법과 미국법의 그 개념적 차이를 부연함으로써 불필요한 오해를 막기로 하였다. 이것도 좋은 방법

69) Restatement (Second) of Contracts § 184(1).

70) Restatement (Second) of Contracts § 184 comt. a.

71) 가령 의류소매업을 하는 A는 B를 회계담당자로 고용하면서, B가 고용관계가 종료된 후 3년간 같은 마을 내에서 의류소매업을 하지 않기로 하는 약정을 하였다. B는 A의 가게에서 5년간 일을 하면서 그 영업상의 고객들과 직접 거래하지 않았고 또 자신의 업무와 관련된 기밀 정보를 득하지도 않았다. B의 경업금지약정은 일종의 거래제한(restraint of trade)으로서 강제할 수 없는 것이지만, 그 외의 고용계약은 강제할 수 있다. Restatement (Second) of Contracts § 184 illustrations 1; Mailand v. Burckle, 20 Cal.3d 367, 143 Cal.Rptr. 1, 572 P.2d 1142 (1978). 그러나 이것이 계약의 내용이 가분성이 없다는 전제에서 그 일부가 전체 계약에서 차지하는 중요성만을 착안하여 결정한 사례로 볼 수 있는지 의문이다.

일 수 있겠으나, 다음의 이유에서 "voidable"을 "취소"로 표현하는 것에 반대한다.

우선 영미법은 취소의 개념을 독자적으로 정립시키지 않았다. 앞서 검토한 바대로, 연혁적으로 영국법과 미국법에서는 무효(void)의 법적 효력을 현실에 맞도록 세분화하는 과정에 주력하였고, 이 과정에서 도출된 "voidable"의 개념은 계약 일반에 걸쳐 사용된 것이 아니었다. 물론 사적자치의 중요성이 강조되면서 무효보다는 당사자의 의사에 보다 충실할 수 있는 "voidable"개념의 비중이 확대되고 그 내용과 효과도 점차 정교해진 것은 사실이다. 그렇다고 해도 연혁적으로 "voidable"이란 표현 자체는 "void"에 대비하여 계약이 무효화되는 모습을 '묘사'한 것에 가깝고, 그 자체로 독자성과 구체성을 가지는 개념도구라고 보기 어렵다. 이는 무효의 개념이 전개되는 과정에서 실제로는 "void"와 "voidable"을 엄격히 구분하지 않았다는 점에서도 그러하다. 또한 Holmes의 저서 "The Common Law"에서는 "rescission"과 "termination"을 메인테마로 다루는 과정에서 이들 효과의 양상을 설명하기 위해 "voidable"을 동원한 대목도 발견된다.[72)]

물론 이러한 이유들을 단순히 연혁적인 것으로 치부하고, 현재의 "voidable"의 기능과 효과에만 초점을 맞추면 일응 우리 민법상 취소를 떠올리기에 충분할 수도 있다. 당사자의 선택으로써 계약을 처음부터 무효인 것으로 만들 수 있는 점, 그러한 선택을 하기 전까지는 해당 계약을 유효로 취급하는 점, 그게 아니면 추인을 함으로써 그 유효성을 지속시킬 수 있는 점 등은 분명 우리 민법의 취소와 다르지 않다. 그런데 문제는 "voidable"이 인정될 수 있는 사유들에 있다. 앞서 살펴본 바와 같이, 리스테이트먼트에서는 그 사유로서 사기, 강박, 착오 등과 함께 계약위반도 포함시키고 있고, 캘리포니아주의 경우에는 "voidable"의 구체적 실현방법으로 "rescission"을 채택하면서 역시 그 사유에 계약위반까지 포함시킴으로써 우리 민법상 준별되는 취소와 해제를 포괄하고 있다. 이런 상황에서 "voidable"을 "취소"로 한정하여 표현하는 것은 – 이와 관련한 부연설명만으로는 해결하기 어려운 – 미국 계약법 내에서조차 개념 간 위계나 정합에 큰 문제가 될 것이다. 이러한 문제를 줄이는 방법으로, "voidable"은 해당 계약이 무효로 되는 효력작용을 묘사하는 수준에서 "무효화할 수 있는"으로 표현하고, 그 구체적 실현방법인 "rescission"은 그 맥락(사유)에 따라 "취소" 또는 "해제"로 각각 표현하는 것이 적절하다고 여겨진다.

(2) 민법상 일부무효법리에 관하여

1) 개정안 검토

현행 민법 제137조는 법률행위의 일부가 무효이면 전부를 무효로 하는 것을 원칙으로 삼고, 예외적으로 그 무효부분이 없더라도 법률행위를 하였을 것으로 인정되는 경우에 한하여

---

72) Holmes. supra note 8, at 308–311, 314–15.

나머지 부분은 무효가 되지 않는다고 규정한다. 이러한 전부무효의 원칙에 대해서는, (i) 법률행위 당사자의 의사해석의 관점에서 법률행위의 일부가 무효라도 그 나머지에 대해서는 유효로 존속시키려는 것이 당사자의 일반적 의사라는 점, (ii) 전부무효를 통해 처음부터 다시 새로운 법률행위를 하는 것보다 나머지 부분만이라도 유효로 존속시킴으로써 새로운 법률행위에 드는 비용을 줄이는 것이 효율적이라는 점, (iii) 비교법적으로 전부무효의 원칙보다는 잔부유효의 원칙이 우세하다는 점에서 비판을 받았다.[73] 이러한 지적은 이미 2004년 개정안과 2013년 개정시안에서도 반영되었던 것으로서 본 개정제안에서도 이를 이어가고 있다.[74] 그리하여 개정안에서는 현행 민법의 전부무효의 원칙을 과감히 뒤집고 잔부유효의 원칙을 채택하였다. 즉, 법률행위의 일부가 무효라도 나머지 부분은 유효인 것이 원칙이고, 다만 그 나머지 부분만으로는 법률행위를 하지 않았을 것으로 인정될 때에 한하여 전부를 무효로 하는 것이다. 이에 대해서는 그간 거듭된 개정안에서 제기되었던 것과 동일한 반론이 제기될 수 있는데, 즉 잔부유효의 원칙은 사적 자치를 침해할 수 있다는 것이다.[75] 이러한 문제는 현행민법상 허용되는 잔부유효의 예외가 적용될 때에도 발생할 수 있는 것인데,[76] 잔부유효가 원칙으로 격상되면 문제는 더 심화될 여지는 있다. 그럼에도 불구하고 본 개정안은 지난 개정안들에서 잔부유효 원칙을 지지하였던 근거에 더 무게를 두었다고 할 수 있다.

현행민법과 개정안은 모두 해석을 통한 보충이 필요한 추상적 규정이다. 원칙과 예외가 바뀌었을 뿐, 양자에 공통된 "법률행위의 일부분"에 관한 해석 필요성은 여전히 존재하고, 현행민법에서의 "그 무효부분이 없더라도 법률행위를 하였을 것이라고 인정될 때"나 개정안에서의 "그 나머지 부분만으로는 법률행위를 하지 아니하였을 것이라고 인정될 때" 모두 해석을 필요로 한다. 적절한 해석이 이루어지지 않으면 사적자치를 침해할 위험이 높다.[77] 그러나 관련한 해석론은 어느 정도 집적되어 있다고 생각된다. "법률행위의 일부분"에 관하여는 일부무효법리의 전제로서 법률행위의 일체성과 가분성의 논의가 전개되어 왔고,[78] 현행민법의 "그 무효부분이 없더라도~"에 관하여도 법률행위 당사자의 가정적 의사를 규명하는

73) 권영준, 앞의 책, 201－02면.

74) 안병하, 앞의 책, 88면 이하.

현행 민법	개정안
제137조(법률행위의 일부무효) 법률행위의 일부분이 무효인 때에는 그 전부를 무효로 한다. 그러나 그 무효부분이 없더라도 법률행위를 하였을 것이라고 인정될 때에는 나머지 부분은 무효가 되지 아니한다.	제137조(법률행위의 일부무효) 법률행위의 일부분이 무효인 때에도 나머지 부분은 효력이 있다. 그러나 그 나머지 부분만으로는 법률행위를 하지 아니하였을 것이라고 인정될 때에는 전부를 무효로 한다.

75) 권영준, 앞의 책, 204면.

76) 관련 논의의 상세는 김천수, 一部無效에 관한 民法 第137條의 解釋 및 適用範圍, 비교사법 제7권 1호(통권 12호), 2000, 127－29면.

77) 김천수, 위의 논문, 128면.

78) 관련하여 역시, 김천수, 위의 논문, 135면 이하.

방법론이 판례[79)]와 학설을 통해 정립되어 있으므로 이를 개정안의 해석에 활용할 수 있을 것이다.

2) 미국법 관점에서의 개정안

앞서 살펴본 바와 같이, 미국 계약법은 소송상 "강제할 수 없는 계약"에 관한 일부만의 강제불가 또는 잔부의 강제가능으로 논의되므로, 우리의 일부무효법리와는 표면적 차이가 있다. 그러나 미국법상 무효인 계약은 모두 강제할 수 없는 계약으로 치환되므로 우리의 일부무효법리와 접점이 없는 것은 아니고, 따라서 비교법적 연구에 의의가 없지 않다. 다만, 일부무효와 관련하여 소개한 미국법에서의 논의들이 그리 새로운 것만은 아님을 확인할 수 있다. 가령 가분성의 의미내용은 이미 우리 학설과 판례에서 활용하고 있으며, 그 표현에서 생경함이 느껴지는 '합의된 등가물'이란 것도 법률행위 당사자의 가정적 의사를 규명하는 과정에서 얼마든지 도출될 수 있는 것으로서 그리 특별하다는 생각은 들지 않는다.

그런데 주류적 해석론에 따르면 우리 민법 제137조는 법률행위의 양적 가분성을 전제하는 규정[80)]이므로 그것이 불가분하다면 일부의 무효는 곧 전부의 무효이고, 이는 개정안에서도 다르지 않다. 반면 미국의 경우에는 계약의 일부가 전체 계약에서 본질적인 부분이 아님에도 불구하고 단지 가분성이 없다는 이유로 계약 전체를 강제할 수 없게 하는 것은 합리적이지 않다고 보아 계약의 가분성을 절대적 기준으로 삼지 않는데, 그 한도에서 비교적 유연하고 합리적인 결론을 도출할 수 있을 것이라고 생각된다.

한편 민법 제137조의 개정안에서 핵심은 기존의 전부무효의 원칙을 버리고 잔부유효의 원칙을 세운 점이라 할 것인데, 앞서 언급한 바와 같이, 미국 계약법은 전부무효(전부 강제불가)를 원칙으로 삼고 있으므로 개정안과는 배치된다.[81)] 어느 입장을 취할 것인지는 거래

---

79) 가령 대법원 2010. 3. 25 선고 2009다41465 판결("복수의 당사자 사이에 어떠한 합의를 한 경우 그 합의는 전체로서 일체성을 가지는 것이므로, 그중 한 당사자의 의사표시가 무효인 것으로 판명된 경우 나머지 당사자 사이의 합의가 유효한지의 여부는 민법 제137조에 정한 바에 따라 당사자가 그 무효 부분이 없더라도 법률행위를 하였을 것이라고 인정되는지의 여부에 의하여 판정되어야 하고, 그 당사자의 의사는 실재하는 의사가 아니라 법률행위의 일부분이 무효임을 법률행위 당시에 알았다면 당사자 쌍방이 이에 대비하여 의욕하였을 가정적 의사를 말하는 것이지만, 한편 그와 같은 경우에 있어서 나머지 당사자들이 처음부터 한당사자의 의사표시가 무효가 되더라도 자신들은 약정내용대로 이행하기로 하였다면 무효가 되는 부분을 제외한 나머지 부분만을 유효로 하겠다는 것이 당사자의 의사라고 보아야 할 것이므로, 그 당사자들 사이에서는 가정적 의사가 무엇인지 가릴 것 없이 무효 부분을 제외한 나머지 부분은 그대로 유효하다고 할 것이다."). 또한 대법원 2013. 4. 26 선고 2011다9068 판결("민법 제137조는 임의규정으로서 법률행위 자치의 원칙이 지배하는 영역에서 그 적용이 있다. 그리하여 법률행위의 일부가 강행법규인 효력규정에 위반되어 무효가 되는 경우 그 부분의 무효가 나머지 부분의 유효·무효에 영향을 미치는가의 여부를 판단함에 있어서는, 개별 법령이 일부 무효의 효력에 관한 규정을 두고 있는 경우에는 그에 따르고, 그러한 규정이 없다면 민법 제137조 본문에서 정한 바에 따라서 원칙적으로 법률행위의 전부가 무효가 된다. 그러나 같은 조 단서는 당사자가 위와 같은 무효를 알았더라면 그 무효의 부분이 없더라도 법률행위를 하였을 것이라고 인정되는 경우에는, 그 무효 부분을 제외한 나머지 부분이 여전히 효력을 가진다고 정한다. 이때 당사자의 의사는 법률행위의 일부가 무효임을 법률행위 당시에 알았다면 의욕하였을 가정적 효과의사를 가리키는 것으로서, 당해 효력규정을 둔 입법 취지 등을 고려할 때 법률행위 전부가 무효로 된다면 그 입법 취지에 반하는 결과가 되는 등의 경우에는 여기서 당사자의 가정적 의사는 다른 특별한 사정이 없는 한 무효의 부분이 없더라도 그 법률행위를 하였을 것으로 인정되어야 한다.").

80) 양형우, 민법의 세계: 민법총칙(제16판), 도서출판 정독, 2025, 306면.

관념을 기초로 한 정책적 판단에 따라야 할 것으로 생각되는데, 다만 그러한 판단에 있어서 '계약당사자의 일반적 의사'에 대해서는 신중한 검토가 필요할 것이다. 개정안이 전제하듯 단지 가분적인 급부라고 하여서 그중 일부가 무효가 되더라도 나머지 부분만이라도 유효하게 존속시키고자 하는 것이 계약당사자의 '일반적' 의사일지는 다소 의문이 남는데, 이에 대해 미국 계약법은 계약당사자가 그 계약을 체결할 당시 해당 계약상의 급부이행의 완전한 실현을 기대하면서 계약을 체결하는 것이 일반적이라고 본다. 양자 모두 일반적 거래관념에서 크게 벗어나 있지 않다고 생각하지만, 둘 중에 굳이 원칙과 예외를 설정해야 한다면 후자에 무게를 더 두는 것이 타당하다고 생각한다.

81) 다만 루이지애나주 계약법은 잔부유효(잔부 강제가능)의 원칙을 두고 있으므로 이는 개정안을 뒷받침하는 근거가 될 수 있다. 각주 55) 참조.

대리모계약의 효력과 모자관계 결정

서울가정법원 2018. 5. 18. 자 2018브15 결정을 계기로 하여

최 성 경

단국대학교 법과대학 교수

이 논문은 홍익법학 제21권 제2호 (2020. 6.)에 게재되었던 것입니다.

후학들의 학문으로의 몰입을 독려하고, 민사법학의 발전을 위하여 여러 영역에서 세세하게 실천하셨던 박동진 교수님께서 회갑을 맞이하셨다. 늘 푸르르신 박동진 교수님께서 회갑을 맞이하셨다니 실감이 나지는 않는다. 그러나 박동진 교수님의 회갑은 더 짙어진 푸르름으로 학문적 도약과 실천을 알리는 기준시일 것으로 믿는다.

필자는 박동진 교수님의 2002년 『의료법학』 제3권 1호에 게재된 "대리모계약에의 한 출산과 그 법적 문제"를 통해서 대리모 관련 주제에 대한 연구의 기본적인 체계와 인식에 큰 도움을 받았다. 동 논문은 대리모에 관한 구체적인 연구가 활발하지 않은 시기에 관련 주제의 타당한 해결책을 논증하였고, 이후 연구자들에게는 사유와 연구의 방향을 제시해 주었다. 여기에 헌정하는 "대리모계약의 효력과 모자관계 결정"도 필자가 박동진 교수님의 동 논문을 읽으며 인용하고 생각을 정리하였던 글이다.

이에 박동진 교수님의 회갑을 기념하여 작은 감사의 마음이라도 전하고자 여기에 부족한 글을 올린다.

[사실관계]

신청인과 D는 2006. 8. 22. 혼인신고를 마친 법률상 부부이다.

신청인과 D는 자연적인 임신과 유지가 어렵게 되자, 서울***병원을 통하여 2016. 7. 26. 신청인과 D의 수정란을 E에게 착상시켰다. E는 2017. 3. 26. 22:48경 미국 ****** G병원에서 사건본인을 낳았고, 위 병원에서 발행한 출생증명서에는 사건본인의 엄마가 'E'로 기재되어 있다.

유전자검사의 결과, 사건본인은 신청인 및 D와 친자관계가 성립한다는 결과가 나왔다. 신청인은 2017. 12. 22. 서울특별시 C구청에 사건본인의 출생신고를 하면서 신고서의 모(母)란에 'D'를 기재하였다. 그러나 서울특별시 C구청의 가족관계등록공무원은 신고서에 기재한 모(母)의 성명과 출생증명서에 기재된 모(母)의 성명이 일치하지 않는다는 이유로 2017. 12. 26. 불수리처분을 하였다.

[소송의 경과]

(1) 신청인은 위 C구청의 불수리처분에 대하여 불복신청을 하였으나 제1심법원(서울가정법원 2018. 2. 14.자 2018호기13 결정)은 신청을 각하하였다.

이에 신청인은, 가족관계의 등록 등에 관한 법률(약칭: 가족관계등록법)이 정한 바에 따라 출생신고서에 출생증명서를 첨부하였고, 생명윤리 및 안전에 관한 법률(약칭: 생명윤리법)이 금지하는 영리 목적의 대리모계약도 아니며, 수정란을 착상하는 방법에 의한 대리모의 경우 법률상 금지된 것도 아니므로, 1심결정은 부당하다고 주장하면서, 1심에 불복하여 항고하였다.

(2) 원심법원(2018. 5. 18. 자 서울가정법원 2018브15 결정)은 아래와 같은 이유로 이를 기각하였다.

(3) 이에 신청인은 대법원에 재항고(대법원 2018스37)하였다가, 2019. 8. 8. 취하하여 위 결정은 확정되었다.

[결정이유]

법원은 우선 가족관계 등록 관련 규정을 열거한 후, 모자관계의 결정 기준, 제1심결정의 적법 여부, 대리모가 법률상 허용되는지 여부에 이르기까지 아래와 같은 설시를 하였다.

가. 관련 규정 (생략)

나. 모자관계의 결정 기준

… (생략)….

모자관계(母子關係)는 친생자로 추정하거나 그 친생자관계를 부인하는 명시적인 규정이 없고, 다만 혼인 외의 출생자에 대하여 생모가 인지할 수 있으나(제855조 제1항), 그 인지는 기아(棄兒) 등 모자관계가 불분명한 특수한 경우에 한하여 허용되고, 그 인지청구의 법적성질도 생부에 의한 인지청구(형성소송)와는 달리 '확인소송'에 해당하며, 일반적인 혼인 외의 출생자와 생모 사이에는 생모의 인지가 없어도 '출산'으로 당연히 법률상 친족관계가 생긴다고 해석하는 것이 일관된 판례(대법원 1967. 10. 4. 선고 67다1791 판결 등 참조)이다. 즉, 우리 민법상 부모를 결정하는 기준은 '모의 출산'이라는 자연적 사실이라고 할 것이다.

이에 대하여 인공수정 등 과학기술의 발전에 맞추어, 법률상 부모를 '출산'이라는 자연적 사실이 아니라 유전적인 공통성 또는 수정체의 제공자와 출산모의 의사를 기준으로 결정하여야 한다는 의견이 있을 수 있다. 그러나 '출산'이라는 자연적 사실은 다른 기준에 비해 그 판단이 분명하고 쉬운 점, 모자관계는 단순히 법률관계에 그치는 것이 아니라, 수정, 약 40주의 임신기간, 출산의 고통과 수유 등 오랜 시간을 거쳐 형성된 정서적인 부분이 포함되어 있고, 그러한 정서적인 유대관계 역시 '모성'으로서 법률상 보호받는 것이 타당한 점, 그런데 유전적 공통성 또는 관계인들의 의사를 기준으로 부모를 결정할 경우 이러한 모성이 보호받지 못하게 되고, 이는 결과적으로 출생자의 복리에도 반할 수 있는 점, 또한, 유전적인 공통성 또는 수정체의 제공자를 부모로 볼 경우 여성이 출산에만 봉사하게 되거나 형성된 모성을 억제하여야 하는 결과를 초래할 수 있고, 그러한 결과는 우리 사회의 가치와 정서에도 맞지 않는 점, 정자나 난자를 제공한 사람은 민법상 '입양', 특히 친양자입양을 통하여 출생자의 친생부모와 같은 지위를 가질 수 있는 점 등에 비추어 보면, 우리 민법상 부모를 결정하는 기준은 그대로 유지되어야 한다고 판단된다.

다. 제1심결정의 적법 여부

가족관계등록법에 의하면, 출생신고서에는 모의 성명, 본, 등록기준지 및 주민등록번호를 기재하여야 하고(법 제44조 제2항 제4호), 의사나 조산사가 작성한 출생증명서 또는 분만에 직접 관여한 자가 '모의 출산사실'을 증명할 수 있는 자료를 첨부하여 작성한 서면을 첨부하여야 하며 (법 제44조 제4항), 만일 출생증명서 등을 첨부할 수 없을 때에는 가정법원의 출생확인을 받아야 한다(법 제44조의2 제1항). 또한 가족관계등록규칙에 의하면, 출생증명서에는 출생의 연월일 및 장소, 모의 성명과 출생연월일을 기재하여야 하고(규칙 제38조 제2호, 제4호), 분만에 직접 관여한 자가 작성하는 서면에는 '모의 출산사실'을 증명할 수 있는 자료 등으로서 모 또는 자의 진료기록 사본 등 모의 임신사실 및 자의 출생사실을 증명할 수 있는 자료를 첨부하여야 한다(규칙 제38조의2). 나아가 혼인 외의 출생자에 대한 출생신고는 '모'가 하여야 한다(법 제46조 제2항).

위와 같은 출생신고에 관한 가족관계등록 법령의 문언이나 그 취지를 고려할 때에 출생신고서 및 출생증명서에 '모의 성명 및 출생연월일'을 기재하게 한 것은 우리 민법상 모자관계를 결정하는 기준인 '모의 출산사실'을 출생신고에 의하여 확인하고, 출산에 의하여 자연적으로 형성된 모자관계를 법률적으로도 일치시키기 위한 조치이므로, 출생신고서에 기재된 모의 인적사항과 출생증명서에 기재된 모의 인적사항은 동일하여야 하고, 만일 그것이 일치하지 않을 때에는 출생신고서를 수리하여서는 아니 된다.

이 사건 기록에 의하면, 사건본인의 출생신고서에 기재된 모(D)의 인적사항과 출생증명서에 기재된 모(E)의 인적사항이 일치하지 아니한 사실이 인정되므로, 서울특별시 C구청 가족관계등록공무원이 신청인의 출생신고를 수리하지 아니한 처분은 적법하고, 그에 대한 불복신청을 각하한 제1심결정에는 법령을 위반한 잘못이 없다.

라. 대리모가 법률상 허용되는지 여부

앞서 본 바와 같이 우리 민법상 모자관계의 결정 기준이 '모의 출산사실'인 점, 가족관계등록법상 출생신고를 할 때에는 출생신고서에 첨부하는 출생증명서 등에 의하여 모의 출산사실을 증명하여야 하는 점, 인간의 존엄과 가치를 침해하는 것을 방지함으로써 생명윤리와 안전을 확보하고 국민의 건강과 삶의 질 향상에 이바지하고자 하는 생명윤리법의 입법목적 등을 종합하여 볼 때, 남편이 배우자 아닌 여성과의 성관계를 통하여 임신을 유발시키고 자녀를 낳게 하는 고전적인 대리모의 경우뿐만 아니라, 본 건과 같이 부부의 정자와 난자로 만든 수정체를 다른 여성의 자궁에 착상시킨 후 출산케 하는 이른바 '자궁(출산)대리모'도 우리 법령의 해석상 허용되지 아니한다고 할 것이고, 이러한 대리모를 통한 출산을 내용으로 하는 계약은 선량한 풍속 기타 사회질서에 위반하는 것으로써 민법 제103조에 의하여 무효라고 할 것이다.

[연 구]

Ⅰ. 서 론

의과학의 발달은 과거에는 인간이 미처 예상하지 못한 영역에까지 선택과 가능성을 부여해 주고 있다. 그러한 영역은 어떤 경우에는 생명윤리적 사회적 갈등을 내포하고 있어, 포용적인 결단을 쉽게 내릴 수 없도록 하고 있다. 인간의 존엄성이나 행복추구권의 한계는 이러한 문제에서 사회적 확신을 얻지 못하고 표류한다. 대리모의 문제가 그 대표적인 영역이다.

대리모의 문제는 세계 각국의 입장도 다양하고, – 대리모 시술의 그 처음의 의도와는 달리 – 그 문제에 처해진 당사자들의 상황도 다양하다. 이러한 상황에서 대리모를 바라보는 법률적 시각도 달라질 수밖에 없다. 외국에서는 할리우드 스타들이나 유명인들의 대리모를 통한 출산 뉴스가 자주 들려오기도 한다.[1] 우리나라의 경우는 대리모 논의의 양상이 달라서 주로 불임부부의 출산의 내용으로 사회적 문제가 된다. 이러한 상황에서 출산대리모계약을 체결하고 대리모가 출산한 아이를 의뢰부모가 자신들의 이름을 기재하여 출생신고하면서, 대리모가 모의 이름으로 기재되어 있는 출생증명서를 첨부서류로 제출하자, 가족관계등록공무원이 출생신고서에 기재된 모의 이름과 출생증명서상의 모의 이름이 일치하지 않는다는 이유로 불수리하였고, 이에 불복신청 한 것에 대한 법원의 판단이 있었다.

이 연구에서는 법원의 이 결정과 관련하여, 대리모의 의의와 각국의 입법례를 정리해보고, 대리모와 관련된 사안이 다뤄진 사법부의 동향 및 학계의 논의를 살펴본다. 이후 대상결정의 주된 논점인 대리모계약의 효력과 모의 결정에 대하여 검토한다.

Ⅱ. 대리모의 의의

1. 정 의

일반적으로 대리모는 “출생한 자를 타인에게 인도할 것을 내용으로 하는 당사자 간의 합의에 의하여 夫 이외의 자의 정자로 수정한 후 임신 및 출산한 여성”[2]이라고 정의되고 있다. 이와 같은 정의는 “의학적 보조생식술”을 포함하지 않은 표현이라서 우리나라의 과거

---

1) 킴 카다시안은 임신 중독 증상 등을 앓았기 때문에 더 이상 자연 분만이 어려운 상황에서 대리모 출산을 선택하였다. https://www.newsen.com/news_view.php?uid=201905101634526710 (최종방문 2020.5.22); 성소수자인 CNN 간판 앵커 앤더슨 쿠퍼가 대리모를 통해 아들을 출산하였다. https://www.fnnews.com/news/202005011737520207 (최종방문 2020.5.22)

2) 박동진, “대리모계약에 의한 출산과 그 법적 문제”, 『의료법학』 제3권 1호(2002), 58면; 윤진수, “보조생식기술의 가족법적 쟁점에대한 근래의 동향”, 『서울대 법학』 제9권 제2호(2008), 80–81면; 이병화, “국제대리모계약에 관한 연구”, 『국제사법연구』 22(1)(2016), 125면.

"씨받이"라고 불리는 직접적인 성관계가 있는 경우도 포괄할 수 있는 표현이다.[3] 물론 이경우도 "수정한 후 임신 및 출산한"이라는 표현을 쓰고 있어서 당연히 체외수정을 전제로 한 것으로 볼 수도 있지만, 그렇게 해석하면 남편의 정자를 직접적으로 대리모에게 주입하여 인공수정하는 경우는 제외될 수 있기 때문에 부정확하다. 따라서 여기서는 "출생한 자를 타인에게 인도할 것을 내용으로 하는 당사자 간의 합의에 의하여 夫 이외의 자의 정자로 임신 및 출산한 여성"이라 하면서, 이를 "광의의 의미의 대리모"라고 하겠다. 실제로 몇 개의 우리나라 하급심 법원의 태도는 직접적인 성관계가 있는 경우도 대리모로 인식하고 있는 것으로 보이며, 대상결정에서도 그러한 표현이 있다.[4] 자녀의 출산이라는 목적으로 의학적 방법을 거치지 않고 직접적인 성적 접촉을 통하여 제3의 여성과 자녀를 얻는 계약을 체결하는 것이 인간 신체의 일부를 다른 목적으로 상당기간 이용하는 점에서 유사한 구조를 취하고 있기 때문이다.

대리모의 정의를 위와 같이 포괄적으로 정의하는 것도 의미가 있으나, 대상 결정이나 현재 우리나라에서 대리모의 문제로 인식하고 있는 것은 다음과 같이 정의하는 것이 좋겠다.

대리모는 "출생한 자를 타인에게 인도할 것을 내용으로 하는 당사자 간의 합의에 의하여, 의학적 보조생식술을 통하여 夫 이외의 자의 정자로 임신 및 출산한 여성"이다. 이러한 정의를 편의상 "협의의 의미의 대리모"라고 하겠다.

2. 유　형

협의의 대리모의 유형은 대략 5가지로 분류될 수 있다. 이러한 분류는 대리모계약의 유효성 여부에 대한 논의에서 특정 유형의 대리모를 인정하려고 하는 경우에 서로 다른 평가를 받고 있기에 구별의 실익이 있다. 또한 각각의 유형에 대한 학자들의 평가도 다양하게 나누어진다.

이에 대한 자세한 내용은 선행연구들[5]에서 밝힌 바 있으므로 여기서는 이해의 편의를 위하여 협의의 대리모를 간단히 표로 정리하기로 한다.[6] 다만 이 분류는 이하의 논의를 위한 것으로 필자의 견해에 의한 분류일 뿐이며, 여러 연구의 시점에 의해 다르게 분류되고 정의될 수 있다.

---

3) 고전적 의미의 대리모라는 표현으로도 쓰인다.

4) 그 밖에 아래의 Ⅳ. 우리 법원의 동향 참조.

5) 대표적으로 박동진, 앞의 글, 58-61면.

6) 대리모의 유형은 학자들마다 여러 가지로 분류・표현하고 있어서 다양하게 소개된다. 의학적으로 그 시술과 관련된 분류는 박준철・김종인・이정호, "체외수정을 통한 대리모 출산에 대한 인식 조사", 『대한생식의학회지』 제34권 제2호(2007), 75면을 참조.

[대리모의 유형]

유형	정자	난자	모체(자궁)	비고
1	부	처	대리모	출산대리모
2	부	대리모	대리모	유전적 대리모
3	부	대리모 이외의 제3자의 난자	대리모	제3자 난자제공 출산대리모
4	제3자	처	대리모	제3자 정자제공 출산대리모
5	제3자	대리모 이외의 제3자의 난자	대리모	제3자 정자 및 난자제공 출산대리모

이러한 대리모의 분류는 실제 사례에서는 혼합되어 발생하기도 한다. 상당수의 대리모계약은 소위 브로커들이나 인터넷 사이트를 통하여 이루어지는데, 해외 의료관광의 모습으로 시작하기도 한다. 또 불임 부부들은 처음엔 1유형의 대리모계약만 맺었다가 이후엔 성공률을 높이기 위해 정자와 난자 공여 계약까지 맺는 사례가 많다고 한다.[7)]

Ⅲ. 입법례

부모와 자식 간의 혈연의 중요성, 아동의 최선의 이익, 신체의 자유, 출산권, 행복추구권, 모성의 보호, 유아 매매, 모성 사망률[8)]등에 대한 각 국가의 사회적 인식이나 상황은 다르다. 이것은 여러 가지 가치와 기본권의 문제가 관련되어 있는 대리모 사안에서 어느 특정 국가의 입법례가 옳다고 할 수 없는 문제라는 점을 보여준다. 여기에서는 그동안 선행연구[9)]에서 입법례가 많이 소개되어 왔으므로, 간략히 소개한다. 다만 가장 최근에 대리모 관련법안을 통과시킨 미국 뉴욕주의 경우는 소개된 바 없으므로 관련부분을 소개한다.

---

7) https://www.donga.com/news/article/all/20190615/96002888/1 (최종방문 2020.5.19)

8) 태어난 아이 10만 명당 임신・출산과 관련한 임산부의 사망 수.
임신・출산과 관련 없는 병이나 사고, 재해, 범죄 따위가 원인인 사망은 포함하지 않는다. 연간 임산부 사망 수를 연간 출산 수로 나눈 값에 10만을 곱하여 구한다. 보건・의료 통계 지표로 이용한다. (https://dic.daum.net/word/view.do?wordid=kkw000521271&supid=kku010326397 최종방문 2020.5.19)

9) 김현경, "대리모 여성의 심리사회적 고통 체험 연구: Parse의 인간되어감 방법을 적용하여", 『사회복지연구』(2010), 52면; 나은지/권오성(2015), "대리모의 법적 문제점과 입법 필요성에 관한 연구", 『법학논총』 제28권 제2호(2015), 324면; 맹광호, "대리모계약의 유효성 여부", 『비교사법』 제12권 2호(2005), 84면; 박동진, 앞의 글, 75-76면; 서종희, "대리모계약에 관한 연구", 『가족법연구』 제23권 제3호(2009), 61-62면; 엄동섭, "대리모계약", 『저스티스』 제34권 제6호(2001), 97-101면; 오호철, "대리모에 관한 소고", 『법학연구』 제34집(2009), 179-181면; 윤혜란, "대리모계약규정을 위한 법률안의 제안", 『법학논총』 제16집(2006), 330-332면; 이병화, 앞의 글, 137-138면; 이인영, "대리모에서의 모성 결정에 관한 고찰", 『연세의료・과학기술과 법』 제2권 제1호(2011); 임종원, "대리모계약에 관한 법적 고찰", 『비교사법』 제14권 4호(2007), 427-429면; 현소혜, "대리모를 둘러싼 쟁점과 해결방안", 『가족법연구』 제32권 1호(2018), 115-127면; 김현진, "대리모 출생아의 친자관계", 『법학연구』 제22권 제3호(2019), 504-508, 514-516면; 이동수, "외국에서의 대리모출산과 친자관계 결정의 문제에 대한 소고-독일과 우리나라의 판례의 동향을 중심으로", 『가족법연구』 제33권 제2호(2019) 등.

1. 미 국

이미 잘 알려진 1987년“베이비 M사건”이래 미국은 대리모에 대하여 사회적으로 수용가능한 사회가 되었다. 그러나 정작 동 사건의 발생지인 뉴저지주에서는 2018. 5. 30. 출산 대리모계약을 합법화하는 법인 “뉴저지 출산대리모계약법(New Jersey Gestational Carrier Agreement Act)”에 Phil Murphy 뉴저지 주지사가 서명함으로서, 비로소 30년 동안 지속되었던 주내의 대리모 금지가 해제되었다.[10] 미국은 그 입법의 상세가 주별로 다르기 때문에 전체적으로 설명하는 것은 쉽지 않다. 다만 널리 알려진 바와 같이 대리모계약이 허용되고 있는 주가 많아서 허용국가로 인식하는 경우가 많다. 대표적으로 통일친자법(Uniform Parentage Act, 이하 ‘UPA’라고 한다)」을 채택한 주에서는 모두 대리모계약을 인정하고 있다.[11] 이에 대한 내용은 선행연구들이 있기에 생략하고, 여기서는 가장 최근에 대리모 출산 합법화 입법을 통과시킨 뉴욕주의 “아동－부모 보호법(Child－Parent Security Act, 이하 CPSA)의 대리모 관련 부분을 간략히 소개한다.

CPSA는 2020년 4월 3일 Andrew Cuomo 주지사에 의해 서명되었고, 2021년 2월 15일부터 시행된다. 2020년 CPSA이 통과되기 전, 뉴욕주에서는 출산 대리모가 불법이었다. 루이지애나주, 미시간주와 함께 뉴욕주는 출산 대리모가 불법인 3개 주(그리고 위반에 대한 형사 제재를 규정한 2개 주 중 하나) 중 하나였다. 특히 동성가족과 보조 생식기술(assisted reproductive technology; 이하 ART)을 활용하여 형성된 가정의 경우 부모의 권리를 확립하는 것이 어려웠다.[12] 가정관계법(Domestic Relations Law) 제8조(뉴욕의 기존 대리모금지법)는 임신에 사용되는 난자를 제공하는 유전적 대리모 약정에만 적용되도록 개정되었다(CPSA에 따라 허용되는 “출산”대리모 약정과 구별된다).[13]

CPSA § 581－203는 대리모계약으로 태어난 자녀에 대한 부모 판결을 얻기 위한 절차를 규정하고 있다. 이 경우 신청은 모든 당사자가 대리모계약을 이행한 후 (언제든지) 제기될 수 있다. 신청은 의도된 부모 측 변호사(들)와 대리모로 활동한 사람 측 변호사가 모두 반드시 서명해야 하며, 서명을 한 모든 변호사들은 대리모 협정의 실질적인 요건이 충족되었음을 증명(certify)해야 한다.[14]

법원은 대리모 계약이 법적 요건을 갖추었다고 판단하는 경우, 법원은 대리모 계약에 따라 출생한 아이의 출생시 의도된 부모를 법적인 부모로 선언하는 부모 판결을 하여야만 하

---

10) https://www.iflg.net/new－jersey－ends－surrogacy－ban/ (최종방문: 2020.5.20)
11) 이에 대하여는 현소혜 앞의 글, 117－119면 참조.
12) https://www.familyequality.org/resources/child－parent－security－act－new－york/ (최종방문 2020.5.20)
13) https://www.law.com/newyorklawjournal/2020/04/27/the－child－parent－security－act－is－a－game－changer－heres－what－you－need－to－know/ (최종방문 2020.5.20)
14) https://www.law.com/newyorklawjournal/2020/04/27/the－child－parent－security－act－is－a－game－changer－heres－what－you－need－to－know/ (최종방문 2020.5.20)

고, 나아가 대리모 역할을 한 사람과 그 사람의 배우자는 아동의 부모가 아니라고 선언하도록 규정하고 있다.[15)]

제3장에서는 보조 생식을 통해 임신하는 경우 기증자와 의도된 부모를 구별하기 위한 실질적인 규칙을 규정한다. 보조생식을 통해 태어난 경우 기증자는 아이의 부모가 아니고,[16)] 반면, 아이의 부모가 될 의도로 출산모의 동의하에 보조생식에 필요한 정자나 난자를 제공한 사람은 법적으로 태어난 아이의 부모가 된다.[17)]

보조생식을 통해 자녀를 출산하려는 의도된 부모가 서로 배우자인 경우, 보조생식술에 대한 배우자 사이의 동의는 추정된다.[18)]

보조생식을 통해 자녀를 출산하려는 의도된 부모가 배우자가 아닌 경우, 보조생식술에 대한 동의는 의도된 부모로서 함께 아이를 임신하고 양육하려고 한다는 상호간의 합의가 드러나는 방식으로 기록되어야 한다.[19)]

2. 영 국

영국은 대리모와 관련하여 "대리모계약법(Surrogacy Arrangements Act 1985. 이하 SAA)"과 "인간 수정 및 배아발생학에 관한 법(Human Fertilizaion and Embryology Act 2008. 이하 HFEA)"으로 규율하고 있다. SAA 제2조에서 상업적 대리모계약을 금지하고 있으며, HFEA 제33조 제1항에서 "수정란을 착상시키거나 정자와 난자의 주입의 결과로 포태한 여성은 그 자녀의 모(母)로 한다."는 규정을 두어 자녀의 모(母)를 의뢰부모가 아닌 대리모로 인정하는 출산주의를 취하고 있다. 이것은 일반적으로 대리모제도를 인정하는 나라의 경우 의뢰부모를 부모로 하는 입법례와는 다른 점이다.[20)] 다만 의뢰부부는 법원의 친권명령을 통하여 부모가 될 수 있도록 청구할 수 있다고 규정하고 있다(HFEA 54조).

3. 독 일

독일은 대리모계약을 허용하지 않는 나라로 분류할 수 있다. 「배아보호법(Embryonen-schutzgesetz)」 제1조 제1항 제7호에서는 대리모에게 인공수정시술이나 배아를 착상시키는 행위를 하는 자에 대한 형벌규정을 두고 있으며,[21)] 입양중개법(Adoptionsvermittlungsgesetz) 제13c조에서 대리모 중개는 금지하며, 제14b조에서는 형벌적 제재규정을 두고 있다. 또한 독일민법 제1591조에서 모성의 출산주의를 취하고 있으므로, 대리모 시술을 통하여 태어난

---

15) CPSA § 581-203 (c).
16) CPSA § 581-302.
17) CPSA § 581-303 (a).
18) CPSA § 581-304 (a).
19) CPSA § 581-304 (b).
20) 이 점에 대하여는 이동수, 앞의 글, 366면의 표 참조.
21) 특이한 점은 동법 제1조 제3항 제2호에서 대리모나 의뢰부모는 처벌하지 않는다고 규정하고 있는 점이다.

아이의 친모는 대리모가 된다.[22)]

4. 일 본

대리모 관련 입법상황이 우리와 유사한 일본은 대리모계약과 관련한 규정이 없다. 일본은 대리모를 인정하는 외국에서의 친자관계를 인정받은 법원의 재판도 승인하지 않는 등 엄격한 금지의 입장으로 파악된다.[23)]

Ⅳ. 우리 법원의 동향

우리 법원의 대리모 관련 사건을 하급심까지 검색하여 보았으나 예상대로 많지 않았다.

대리모 사건의 특성과 우리나라의 정서상 법원으로 사건을 가져가기에는 대리모측이나 의뢰인측이나 모두 부담이 크기 때문일 것이다. 대리모계약의 의뢰가 음지에서 이루어지는 것처럼 해결도 당사자들끼리 하는 경우가 많을 것으로 추측한다.

이러한 이유에서 여기에 소개되는 사건들도 대리모계약자체에 대한 사건이라기보다는 이혼사건, 친생자관계부존재확인의 소 등에서 대리모와 관련된 의미 있는 사실관계가 있는 사건들을 간추린 것이다. 또 직접적인 성관계를 통하여서 자녀를 출산하기로 약정한 사건에 대하여도 소개한다. 이 연구의 대상결정의 사실관계와 직접 관련이 있는 것은 아니지만, 대상결정은 판시사항에서 이러한 경우를 고전적인 대리모라고 칭하며, 고전적 대리모계약이 제103조 위반임을 당연한 전제로 하고 있기 때문이다. 이하에서 고전적 대리모계약을 포함한 대리모사건들을 살펴봄으로써, 의학적 보조를 통한 대리모계약을 체결한 경우에 대한 문제 상황을 조망해 보고, 그 시각의 재정립을 위한 도움을 얻고자 한다.

1. 대리모와 직접적인 성관계를 통하여 자녀를 출산한 경우

(1) 대구고등법원 1999. 7. 30. 선고 99르242(본소), 99르259(반소) 판결

1) 이 사건은 원고와 피고 사이의 이혼 사건으로, 원고는 대리모, 피고는 의뢰자인 남편이다. 원고와 피고는 전처의 양해 아래, 아이를 낳아주는 대가로 돈을 주기로 하는 이른바 "(고전적)대리모계약"을 2회 체결하고 직접적인 성관계를 하여 2명의 자녀를 출산하였다. 피고는 자녀들의 장래를 위하여 처와 상의하여 협의이혼 후 원고(대리모)와 재혼하였다. 피고는 원고와 결혼생활에서 원고가 전남편이 있었고 그와의 사이에 출산한 두 자녀들이 있다

---

22) 이동수, 앞의 글, 383면.

23) 平成 19年(2007) 3月 23日 宣告 平成 18年 (許) 第47号 決定, 民集 第61卷 第2號 617頁.
이 판결에 대하여는 권재문, "대리출산 자녀의 모자관계 결정기준", 『민사법학』 제49권 제1호(2010), 137－138면; 전혜정, "대리모가 낳은 자녀에 대한 친양자 입양", 『법학논고』 제37집(2011), 257－258면; 한삼인/김상헌, "대리모계약의 효력에 관한 소고", 『외법논집』 제37권 제1호(2013), 171면도 참조.

는 전력을 숨긴 채 피고와 혼인하였다는 사실을 알게 되었다. 또한 원고는 혼인기간 중에도 보험회사에 근무한다는 것을 빌미로 가정을 꾸려나가는데 등한하였으며, 변제할 자력도 없이 많은 액수의 채무를 지고 무단가출을 하는 등 방탕한 생활을 하였다. 이러한 상황에서 원고는 오히려 피고와 전처가 부정한 행위가 있음을 주장하면서 이혼청구를 하였다.

이에 대하여 법원은 대리모의 혼인 후의 태도로 인하여 혼인관계는 더 이상 지속할 수 없을 청도로 파탄되었다고 봄이 상당하고, 이는 민법 제840조 제2, 6호 소정의 재판상 이혼 사유에 해당하므로, 이 점을 들어 원고와의 이혼을 구하는 피고의 반소청구는 이유 있다하였다. 반면 피고가 원고와 혼인신고를 하지 아니한 상태에서 전처와 성관계를 가졌다고 하여 이를 원고에 대한 부정행위라고 하기는 어렵다고 하면서 이를 이유로 피고와의 이혼 및 위자료의 지급을 구하는 원고의 본소청구는 모두 그 이유가 없다고 판단하였다. 또한 혼인과정, 그 경위, 혼인기간 중의 생활, 혼인의 파탄경위와 그에 대한 책임의 정도, 사건본인들의 연령, 원고는 현재 채무로 도피 중인 상태인 점, 원고에게는 전남편과의 사이에 태어난 자녀가 둘 있으며 지금까지 계속 피고가 사건본인들을 양육하여 오고 있는 점 등 이 사건 변론에서 나타난 모든 사정을 감안할 때, 피고를 자녀들의 친권자 및 양육자로 지정하였다.

2) 이 사건에 대하여 법원은, 대리모와의 계약, 자녀들의 출산을 목적으로 실제로 10,000,000원을 지급한 것, 대리모 출산 후에는 전처와 자녀를 인도받아 양육한 것, 대리모의 제안으로 두 번째 자녀도 출산계약하고 출산한 것 등의 관계를 대리모계약으로 파악하고 있다. 그러나 자녀의 장래를 위하여 전처와 협의 이혼하고 대리모와 혼인 신고를 하여 그 이후의 이혼에 이르기까지의 사안과 판단에 대하여는 일반적인 이혼 사건처럼 다루고 있다. 다만 사건의 판단에서 금전의 수수와 자녀 출산계약이 2회 이루어진 점 등이 있었음을 확인하여 그러한 계약의 성질은 대리모계약이라고 전제하고 있는 것은 우리 법원의 태도를 살필 수 있는 부분이다. 물론 이 사건에서 자녀들의 친권 및 양육권의 판단에서 대리모계약으로서의 효력을 인정한 것은 아니다. 또한 출산모라고 하더라도 혼인관계의 파탄에서의 판단은 일반적인 혼인관계와 다르지 않게 판단하고 있음을 알 수 있다.

(2) 서울가정법원 2009. 4. 10. 자 2009브16 결정

1) 위의 사건과 마찬가지로 직접적인 성관계를 통하여 자녀를 출산한 베트남 대리모와 결혼 후 이혼한 사건에서 친권자와 양육자, 면접교섭권을 다룬 사안이다.

이 사건에서 법원은 대리모계약이 있었는지에 대하여 의문을 표하면서도, “설사 위와 같은 대리모 약정이 있었다 하더라도, 위 약정 안에 청구인의 면접교섭권을 전면적으로 배제하는 내용이 포함되어 있다고 보기 어렵고, 그러한 내용이 포함되어 있다고 하더라도, 우리나라의 경우 현재 대리모와 관련된 법률규정이 정비되어 있지 않으므로, 현행 민법에 의거하여 검토해 보아야 하는데, 비양육친의 자녀에 대한 면접교섭권은 천부적인 권리인바, 이를 전면적으로 배제하는 당사자간의 합의는 민법 제103조의 선량한 풍속 기타 사회질서에 위반한 사항을 내용으로 하는 법률행위로서 효력이 없다. 또한, 상대방의 주장과 같이, 청구인이 상대방의 제안에 따라 사건본인들을 출산하여 상대방에게 인도하고 그 대가로 돈을 받았다고 하더라도, 민법은 여자가 아이를 출산하면 바로 모자관계를 인정하고 있고, 청구인은 상대방과의 법률혼 상태에서 사건본인들을 출산하였으므로 법적으로 어머니의 신분을 가지고 있다. 게다가 청구인은 자신의 난자를 제공하여 유전자를 사건본인들에게 대물림하고 출산의 고통을 감수한 유전학적, 생물학적 어머니이기도 하므로, 당연히 어머니로서 사건본인들을 면접교섭할 수 있는 권리가 있다고 할 것이다."고 하였다.

2) 이 사건은 ① 우리 민법의 출산주의에 의하여 모자관계를 인정하고 있음을 확인하고, 이러한 점은 대리모가 출산한 경우에도 동일하게 적용된다는 점, ② 대리모 관련 규정이 없는 현재, 민법에 의거하여 판단하여 면접교섭권은 천부인권이므로 이를 전면배제하는 당사자간의 약정은 무효임을 밝혔다는 점에서 의미가 있다고 하겠다.

(3) 위의 (1)(2)의 사안은 자녀의 출산을 위하여 대리모와 직접적인 성관계를 하고 혼인과 이혼을 하는 과정에서 분쟁이 발생한 사건들이다. 과도한 혈연주의가 초래하는 가족관계의 붕괴와 부(夫)의 행복추구권을 위하여 직접적인 성관계를 용인하는 처가 처해진 상황을 살펴볼 수 있었다. 또한 우리 법원은 이처럼 직접적인 성관계를 한 경우에도 대리모계약으로 인식하고 판단하고 있으나 자녀의 양육권의 문제에서는 일반적인 이혼사건처럼 다루고 있다. 그러나 결과적으로 대리모의 양육권이나 친권을 인정하지 않았다.

2. 친인척 간의 대리모계약

(1) 서울가정법원 1996. 11. 20. 자 95드89617 결정

이 사건 원고인 대리모는 피고의 처남댁이고, 피고는 원고 남편의 매형이다. 즉 피고의 부인과 원고 남편은 누나와 동생 사이이다.[24]

선천성불임증이 있는 누나가 불임으로 불안정한 혼인생활을 하자, 위 4인은 고심 끝에 원고가 대리모가 되어 피고의 정자를 받아 인공수정을 통해 아이를 낳기로 합의하였다. 이후 피고의 정자를 받아 인공수정을 시도하여 자녀를 출산하였다.

그러나 막상 자녀가 출산되자 원고의 남편은 감당하기 어려운 정신적인 충격 등으로 밖으로 나돌면서 술집 여자와 바람을 피우기 시작하였다. 시누이 역시 출산한 사실에 대하여 별로 탐탁지 않게 생각하며 양육을 원고에게 맡기고, 피고와도 심한 갈등을 일으키는 등 관련당사자들은 사건본인의 출산과 관련된 윤리적인 문제 등으로 인한 극심한 정신적 고통에서 벗어나지 못하게 되었다.

24) 이 4인은 이후 이혼하여 관계가 달라지지만, 이해의 편의상 최초의 가족관계를 중심으로 설명하였다.

결국 원고는 출산한 지 6개월여 만에 남편과 이혼하고 대리출산한 자녀를 양육하며 혼자 살게 되었다. 피고는 자녀를 보러 원고의 집에 드나들다가 원고가 이혼한 지 두어 달 후부터는 원고의 집에서 원고와 동거하다시피 하였다. 그러자 피고의 부인(원고의 시누이) 격분하여 원고와 피고를 간통죄로 고소하였고, 이 때문에 원고와 피고는 간통죄로 40여일 동안 구속되었다. 결국 피고도 많은 위자료를 지급한 뒤 협의 이혼하기에 이르렀다.

그 후 원고와 피고는 사건본인의 양육문제 등을 고려하여 법률상 부부가 되기로 합의하고 동거하면서 혼인신고까지 하였으나, 피고는 원고와 함께 살면서 폭행과 외도를 하는 등 원만한 생활을 해나가지 못하였다.

결국 원고는 혼인생활 중 불화로 인한 스트레스로 정신과 병원에서 치료를 받는 등 힘든 혼인생활을 하다가 피고와 협의이혼을 하였다.

법원은 피고는 유책배우자로서 원고에게 위자료를 지급하도록 하였으나, 양육권과 관련하여서는 이 사건 제반사정을 참작하여, 양육자를 피고로 지정함이 사건본인의 원만한 성장과 복지를 위하여 보다 타당하다고 판단하였다.

(2) 이 사례는 친인척 간의 대리모계약은 단순히 윤리적인 문제를 넘어서서 양측 가족의 관계를 붕괴시키고, 관련자들이 정신적으로 충격을 받는 등 더 심각한 후유증을 남기게 될 수 있음을 보여주는 사례이다. 또 대리모계약의 합법화와 그중에서도 무상의 대리모계약만을 허용하자는 주장에 시사하는 점이 있다.

우선 아무리 대리모계약이 상호이해와 합의를 한 사안이라고 하더라도 예측치 못한 후유증을 유발할 수 있음을 알려주고 있다. 개인의 행복추구권과 가족관계구성권을 위하여 대리모계약을 체결한 결과가 오히려 가족의 붕괴와 개개인의 불행을 초래하게 되는 상황이 될 수 있음을 보여주면서, 대리모 제도가 행복추구권이나 가족관계 구성권의 해결책이 아닐 수 있음을 보여주고 있다. 또한 무상의 대리모계약을 주장하는 견해에 대하여, 친인척이 아닌 경우라면 과연 누가 무상으로 10개월의 기간을 대리로 임신을 하고 출산을 해 줄 수 있을 것인가 하는 물음과 함께 그러한 주장이 우리나라에서는 비현실적임을 지적하게 한다.

3. 친인척이 아닌 대리모계약

(1) 대구지방법원 김천지원 2009. 8. 25. 선고 2009드단393 판결

1) 이 사건 친생자관계부존재확인의 소에서 원고 甲과 乙은 출산대리모계약을 체결한 의뢰인 부부이고, 피고 丁은 출산대리모계약을 통하여 출생한 자녀이다.

원고들은 원고 중 처인 甲女의 자궁에 문제가 있어서 소외 丙女 사이에 원고들의 배아를 丙女의 자궁에 착상시켜 丙女가 임신, 출산하기로 하는 내용의 소위 대리모계약을 체결하였는데, 丙女은 원고들의 배아가 자신의 자궁에 착상되기 전에 불상자와 성관계를 가져 피고를 임신하였다.

원고들과 피고를 대상으로 실시한 유전자검사 결과에 의하면 피고는 원고들의 친생자가 아니었다. 피고는 甲과 乙을 부모로 하여 그들 사이에서 출생한 것으로 가족관계등록부상 등재되어 있었다. 이에 대하여 법원은 원고들과 피고 사이에 친생자관계가 존재하지 아니함의 확인을 구하는 원고들의 청구는 이유 있고, 원고들이 위 친생자관계부존재확인을 구하는 이익도 인정되므로, 원고들과 피고 사이에 친생자관계가 존재하지 아니함을 확인하는 판결을 하였다.

2) 이 사건은 출산대리모의 경우에 발생할 수 있는 또 다른 문제 상황을 제시한다. 출산대리모계약을 체결하는 경우에는 혈연을 중시하는 우리나라의 정서상 자신의 유전자를 담은 자녀를 원하여 동 계약을 체결하는 것이다. 그런데, 대리모가 그 시술을 위한 의무를 위반하여 타인과 성관계를 맺음으로써 원고들과 유전적으로 관련이 없는 자녀를 출산하였다는 상황은 얼마든지 생길 수 있는 것이다. 이러한 경우 의뢰인의 가족구성권, 행복추구권의 실현이라는 대리모계약에 대한 긍정론의 의미는 찾을 수 없다. 더구나 태어난 자녀의 환영받지 못한 삶은 굳이 인간의 존엄성을 거론하지 않아도 너무나도 참혹하다.

모든 제도가 그것의 이면에 단점이 있을 수 있고, 당사자의 의무이행과정에서 불이행이나 부작용이 있을 수는 있다. 그러나 이것은 아무런 선택권이 없는 아동이 그 삶을 불행하게 시작하는 단초가 될 수 있는 큰 위험을 안고 있는 것이다. 그러한 아동이 얼마 되지 않을 것이라는 막연한 희망은, 고단한 삶을 살아갈 그러한 아동들을 늘어가게 할 뿐이다.

이 사례를 살펴본다면 대리모를 위한 어떠한 국가적 지원이 마련된다고 하더라도 그 아동의 삶의 무게를 덜어줄 수 있는 대책은 없을 것만 같다.

(2) 대전가정법원 2019. 8. 14. 선고 2016드단51794 판결

1) 피고 甲, 乙은 2000. 8. 23. 혼인신고를 마친 법률상 부부이고, 피고 丙은 부를 피고 甲으로, 모를 피고 乙로 하여 그들 사이에서 출생한 것으로 가족관계등록부상 등재되어 있다.

피고 甲, 乙은 피고 乙의 자궁에 문제가 있어 원고와 사이에 피고 甲, 乙의 배아를 원고의 자궁에 착상시켜 원고가 임신, 출산하기로 하는 내용의 출산대리모계약을 체결하였고, 이를 통해 원고는 2014. 4. 3. 피고 丙과 丁을 낳았다.

피고 甲, 乙이 맞벌이 부부로 육아에 어려움을 겪어 원고가 피고 丙을 돌봐주기로 하였다. 이후 피고 甲, 乙이 피고 丙의 인도를 요청함에도 불구하고, 원고는 피고 丙이 자신의 친자임을 주장하면서 그 인도를 거절하였다.

피고 甲, 乙은 원고를 상대로 피고 丙의 인도를 구하는 심판을 청구하였고, 원고는 피고들을 상대로 친생자관계부존재 확인 등을 구하는 이 사건 소를 제기하였다.

이 사건에 대하여는 법원은 "피고 甲, 乙이 2016. 1. 5. 원고를 상대로 대전지방법원 천

안지원 2016느단5000호로 유아인도 심판청구를 한 사실, 위 사건이 이송되어 재배당된 대전가정법원 2017드단50408 유아인도사건의 2018. 7. 16. 작성된 조정조서에 원고가 이 사건 소를 취하하고, 피고 甲, 乙은 이에 동의하기로 하는 조정조항이 기재되어 있는 사실은 이 법원에 현저하다."고 하여 원고에게는 결국 이 사건 소송에 관한 권리보호의 이익이 없게 되었다고 하며, 각하하였다.

2) 이 사건은 아래의 조정사건에서 함께 검토하기로 한다.

(3) 대전가정법원 2018. 7. 16. 조정 2017드단50408

1) 이 사건은 위의 대전가정법원 2019. 8. 14. 선고 2016드단51794 친생자관계부존재확인청구사건에서의 피고인 의뢰부부가 원고인 대리모에 대하여 유아인도를 청구한 사건으로, 조정으로 종결되었다.

사실관계에 대하여는 위의 내용과 중복되는 부분을 제외하고 사안의 판단에 도움이 되는 부분에 대하여만 간단히 정리한다.[25)]

의뢰부부는 동 대리모와 인터넷사이트를 통하여 만나, 대리모가 이전에도 대리모 출산 경험이 있고, 태어날 아기에 대하여 어떠한 권리도 주장하지 않겠다는 말에 대리모계약을 체결하였다. 의뢰부부의 정자와 난자를 체외에서 수정한 후 대리모에게 착상시키는 방법으로 첫째 아이를 출산하고, 6년 후 쌍둥이 아기들도 동일한 방법으로 출산하였다. 쌍둥이 아기 출산 후 대리모는 쌍둥이 중 한 명을 돌봐주게 되었다. 이후 의뢰부부가 아기의 인도를 요구하자, 대리모는 무리한 금전적 요구를 하기에 유아인도를 구하게 되었다.

이 사건은 조정 조항의 주요내용만 간략히 정리하면 다음과 같다.

1. 대리모가 의뢰부부에게 조정 기일로부터 1년 후인 2019. 7. 15.까지 아기를 인도한다.
2. 아기가 인도되기 전 1년의 기간 동안 의뢰부부는 면접교섭을 할 수 있고, 인도 후(2019. 7. 16).부터 같은 해 12.31.까지 대리모는 아기를 면접교섭할 수 있다.
3. 의뢰부부와 대리모 사이에 아무런 채권채무관계가 존재하지 아니함을 확인한다.
4. 대리모가 제기한 위의 2016드단51794호 사건의 소를 취하하며, 향후 친생자확인 또는 부존재확인 소송을 제기하지 않기로 한다.

2) 위 두 사건(2016드단51794과 2017드단50408)은 대리모는 의뢰부부를 상대로 친생자관계부존재확인의 소를 제기하고, 의뢰부부는 대리모에게 유아인도를 청구한 사건이다. 두 사건의 특징적인 면은 의뢰부부인 甲, 乙의 배아를 대리모에 착상시키는 출산대리모계약으로 체결하여 첫째 아이 출산 후 6년이 지나, 같은 방식으로 다시 쌍둥이 아기를 출산하고, 그중의 한 아기를 대리모가 직접 양육을 도와주면서 오랜 기간 좋은 관계를 유지하였음에도 심각한 갈등이 생겼다는 점이다. 총 3명의 아기를 같은 대리모로부터 출산하고 육아까지 할

---

25) 이 사실관계는 청구원인을 요약한 것이어서 실제 사실관계와 다름이 있을 수 있다.

정도의 관계에서도 대리모계약은 오랜 시간이 경과한 후에도 문제가 발생할 수 있음을 알 수 있다.

이 사건은 조정으로 당사자 간에 해결이 되었으나 그 과정에서 당사자 간에 유아인도를 조건으로 금전적인 요구가 있었음이 나타나고, 최종적으로 의뢰부부에게 자녀를 인도하면서도 면접교섭과 관련하여서는 일정기간 이후에는 면접교섭을 하지 않는 사항으로 조정된 점은 주목할 만하다.

Ⅴ. 학계의 논의

1. 대리모계약의 효력 인정여부

(1) 유효설

대리모계약이 현재 유효하다는 것과 대리모계약을 허용해야 한다는 것은 서로 다른 측면의 논의이지만, 이와 관련한 논의가 워낙 다채롭게 주장되고 있으므로 논의의 편의상 허용하여야 한다는 견해도 함께 소개한다.

이들 견해는 그 계약의 허용 범위와 관련하여 다시 다양하게 나누어진다.

1) 대리모계약의 요건을 엄격하게 설정하는 것을 전제로 영리적·비영리적 목적의 출산대리모계약의 효력을 인정하자는 견해,[26][27] 2) 동성애자 또는 미혼남의 대리모 제도 이용금지, 유전적 대리모계약 배제, 출산비나 진료비 등 출산 필요비를 제외한 반대급부가 없는 것 등등을 전제로 대리모계약을 인정하자는 비영리 출산대리모 허용 견해,[28] 3) 「생명윤리 및 안전에 관한 법률」 제23조 제3항에 의해 난자와 자궁을 제공하는 형태의 유상적 유전적 대리모계약은 금지되어야 한다는 견해,[29] 4) 유상의 전통적(유전적) 대리모계약의 효력은 인정하여야 하지만, 무상의 의뢰모 아닌 제3자의 난자 제공형 출산대리모계약은 금지하여야 한다는 견해[30] 등 다양한 견해가 제시되고 있다.

부분적으로라도 대리모계약을 허용해야 한다는 견해들은 역시 다양한 근거들을 제시하고 있으나, 그 주요한 내용을 추려보면, 다음과 같은 것들이다.

① 대리모계약을 구체적인 내용도 검토함이 없이 민법 제103조의 '선량한 풍속 기타 사회질서'위반으로 무효라고 보는 것이 타당치 못한 점,[31] ② 난임부부의 행복추구권 보장,[32]

26) 현소혜, 앞의 글, 143면.

27) 이 견해는 비영리 목적의 의뢰모 아닌 자의 난자를 사용하는 방식의 출산대리모계약도 금지하는 입장이다. 이 견해는 의뢰부의 자격도 의뢰부모의 정자와 난자에 의한 수정란을 착상시키는 것을 전제로 하는 법률혼 관계에 있는 부부에 한정하여 인정하는 등의 요건을 전제로 하고 있다(현소혜, 앞의 글, 132-133면).

28) 박동진, 앞의 글, 92-94면.

29) 나은지/권오성, 앞의글, 318면의 견해가 여기에 해당되는 것으로 보인다.

30) 맹광호, 앞의 글, 78·103면.

③ 빈곤여성의 착취나 영아 매매 등의 문제는 영리적 대리모를 규제하는 것으로 어느 정도 해결이 가능할 뿐만 아니라, 추상적인 위험에 불과한 점,[33] ④ 우리나라에서 대리모계약을 금지하더라도 현실적으로는 외국 국적의 대리모를 이용한 출산이 계속 이어질 가능성이 높은 점,[34] ⑤ 의뢰부모의 출산권 제약[35]이나 개인의 종족 보존 및 양육에 대한 사생활의 권리를 침해할 수 있다[36]는 점, ⑥ 의뢰부모의 인수 거부시 이행강제 내지 부양책임 확보가 더 어려워지고, 무엇보다도 대리모로부터 출산한 자녀의 법적 지위를 불안정하게 만든다는 점,[37] 등이다.

(2) 무효설

대리모계약을 무효라고 보는 견해는 ① 친권포기 등을 목적으로 하는 대리모계약은 강행법규인 민법 제927조에 위반이라는 점,[38] ② 여성의 몸을 도구화·상품화, 궁핍한 여성착취, 친자관계의 정립에 관한 강행규정을 위반한다는 등의 이유로 민법 제103조 선량한 풍속 기타 사회질서에 위반[39]이라는 주장을 한다.

2. 대리모에 의해 출생한 자와의 모자관계

우리민법에 모자간의 친자관계에 대한 명문의 규정은 없으나 일반적인 모자관계에서는 출산으로 당연히 법률상 친자관계를 인정하고 있는 것으로 해석된다.

그렇다면 대리모로부터 출산한 자녀의 모(母)의 결정에서도 동일한 기준으로 보아야 할 것인가. 이에 대하여는 유전적 대리모와 출산 대리모를 나누어 소개한다.

(1) 유전적 대리모

유전적 대리모의 경우 대리모의 난자가 제공되고 대리모가 출산한 경우이기 때문에 일반적인 기준에 따라 대리모를 모(母)로 보는 것[40]이 다수의 의견으로 보인다.

(2) 출산대리모

출산대리모의 경우 난자제공자가 대리모가 아니고, 대리모가 출산만을 하였기에 모(母)를

31) 엄동섭, 앞의 글, 70면.
32) 윤진수(2008), 앞의 글, 94쪽.
33) 현소혜, 앞의 글, 127면.
34) 현소혜, 앞의 글, 128면; 박동진, 앞의 글, 81면.
35) 김민중, “대리모와 그 법률문제”, 『판례월보』 제224호(1991), 20면.
36) 서종희, 앞의 글, 78-80면 참조.
37) 현소혜, 앞의 글, 128면.
38) 이덕환, “대리모출산의 친자법적 문제”, 『법학논총』 제13집(1996), 211면.
39) 박동섭, 친족상속법(제4판), 박영사, 2013, 297면; 김현진, 앞의 글, 519면; 이동수, 앞의 글, 403면.
40) 배성호, “대리모에 의해 출생한 자의 법적 지위: 生命倫理法의 改正 내지 生殖補助醫療에 관한 새로운 民事特別法의 制定을 위한 試論”, 『人權과 正義』 345號(2005.5), 14면; 박동진, 앞의 글, 83; 현소혜, 앞의 글.

누구로 하여야 하는가에 대하여 다시 의견이 나뉜다.

1) 출산모설

이 경우에도 여전히 출산을 한 대리모가 모(母)라는 출산모설은 다음과 같은 근거에서 주장된다.

① 대리모계약을 의뢰하였다는 사실이나, 자녀와 유전적 관련성이 있다는 사실은 외관상 명백하지 않으므로, 외부적으로 그가 모(母)라는 사실이 즉시 확인되지 않는다.[41]

② 약 40주의 임신기간 동안 한 몸이 되어 육체적 일체성과 정서적 유대관계를 '모성'으로서 법률상 보호받아야 하는 것이다.[42]

③ 출산모인 대리모를 엄마로 보아 대리모 이름으로 출생신고를 하도록 함이 대리모 출생아의 성년이 된 후 자신의 뿌리를 알 권리를 보장해 준다는 측면에서 아동의 최선의 이익에도 부합한다.[43]

④ 나아가 유전적인 공통성 또는 수정체의 제공자를 부모로 볼 경우 여성이 출산에만 봉사하게 되거나 형성된 모성을 억제하여야 하는 결과를 초래할 수 있다.[44]

2) 난자제공자설

난자제공자설(유전적 기준설)은 출산모의 난자를 이용하는 유전적 대리모의 경우에는 출산모를, 의뢰모의 난자를 이용하는 출산 대리모의 경우에는 생물학적 모(母)인 의뢰모를 모(母)로 보아야 한다고 주장한다.[45] 이 견해의 근거는 다음과 같다.

자녀의 복지를 염두해 두면 유전적 모를 모(母)로 인정하여야 한다. 아이는 결국 유전적 모의 슬하에서 양육될 것이며, 대리모와 모자관계를 유지하여 발생하는 이익과 양육하는 모와의 관계를 양모자 관계로 남겨두는 불이익을 아이의 입장에서 비교할 때, 친생자의 지위를 바로 인정해 주는 것이 바람직하다.[46]

3) 의뢰모설

의뢰모설(의사기준설)은 대리모에 의한 출산과정을 계획하고 의도한 자를 모(母)로 보아야 한다고 주장하면서 특히 대리모로 출산한 자녀와의 사이에 아무런 유전적 관련성도 없고 자녀 생산의 의사도 없는 출산 대리모의 경우에는 출산모에게 자녀에 대한 어떠한 권리도 인정할 수 없다고 한다.[47] 이 견해는 의뢰모가 난자제공을 하지 않은 경우에도 의뢰모를 모

41) 현소혜. 앞의 글, 134면.
42) 김현진, 앞의 글, 516면.
43) 김현진, 앞의 글, 517면.
44) 김현진, 앞의 글, 517면.
45) 고정명/신관철, "대리모계약의 모성추정에 관한 고찰", 『법학논총』 제10집(1998), 36면; 맹광호, 앞의 글, 74-76면; 박동진, 앞의 글, 83-90면; 배성호, 앞의 글, 16면.
46) 박동진, 앞의 글, 90면.

(母)로 보아야 한다는 점에서 앞의 난자제공자설과 차이점이 있다.

4) 사안별 결정설

자녀의 최선의 복리에 따라 사안별로 법적인 모를 달리 정해야 한다는 입장도 있다.[48]

Ⅵ. 본 결정의 검토: 결론을 대신하여

앞서 살펴본 논의에 비추어 본 결정의 쟁점을 검토해 본다.

1. 대리모계약의 효력

앞서 본문에서 살펴본 대리모의 정의를 위와 같이 본다면 대리모계약은 ① 영아 매매 내지는 영아 증여, ② 대리모 신체의 일부에 대한 임대 내지는 도급계약,[49] ③ 사적자치에 의한 친모자 관계의 형성, ④ 친권과 양육권의 포기를 요소로 담고 있음을 알 수 있다. 이러한 내용의 대리모계약을 어떻게 보아야 유효한 것으로 할 수 있는지 의문이다. 앞서 살펴본 선행연구들의 내용도 면밀히 보면 현재로서는 대리모계약이 무효이지만 허용해야 한다(혹은 일정 유형을 허용해야 한다)는 입장에서 입법례를 제시하거나 입법론을 펼치고 있는 내용이다.

그렇다면 대상결정에서 현행의 법체계 아래서 대리모를 통한 출산을 내용으로 하는 계약은 선량한 풍속 기타 사회질서에 위반하는 것으로써 민법 제103조에 의하여 무효라고 판단한 것은 타당하다.

2. 대리모계약 허용 여부

대리모계약이 무효라고 보면서, 앞으로 대리모계약을 특정 유형이라도 허용해야 한다고 한다면, 허용해야할 타당성이 있어야 한다.

그렇다면 이러한 타당성 판단에서 고려해야 할 요소들은 무엇인가.

가장 중요한 고려요소는 출생한 아동의 복리이다. 그 밖에 의뢰부부의 행복추구권, 출산권 내지 가족구성권, 대리모(와 그 가족)의 복리, 신체의 불가침성, 대리모계약의 합법화의 사회적 영향 등이다.

이하에서는 이러한 기준에 의하여 대리모계약의 허용여부를 검토하여, 허용되어서는 안 된다는 입장을 밝힌다.

---

47) 윤혜란, 앞의 글, 330면; 김수정/현소혜, “대리모계약의 효력”, 『서울대학 법학연구』 제9권(2002), 13면도 의뢰모설을 긍정적으로 평가하고 있다.

48) 이병화, 앞의 글, 154－155면.

49) 대리모계약의 법적 성질이 무엇인지가 대리모계약의 유효성을 판단에 영향을 미치지 않는다고 생각하여, 이 연구에서는 그 논의는 생략하였다. 법적 성질에 대한 논의를 담고 있는 선행연구는 박동진, 앞의 글, 78－79면; 서종희, 앞의 글, 54면; 한삼인/김상헌, 앞의 글, 164면; 현소혜, 앞의 글, 111면 등.

(1) 출생아동의 복리

대리 임신을 계약화하는 일의 가장 큰 문제점은 사람들이 무의식적으로 아동을 하나의 상품으로 간주하고, 돈과 기술로 만들어 낼 수 있다는 생각을 하고 있다는 점이다. 이렇게 태어난 아동이 겪게 될 정체성의 혼란은 예견된 일이다. 아동은 자신이 태어나는 데에 어떠한 선택도 하지 못하고 세상으로 출생한다. 그 이후 선택권을 가졌던 대리모계약의 당사들에 의하여 자신의 거취가 정해지는 것이다. 앞서 Ⅳ. 우리 법원의 동향 2009드단393 등 아동에 대한 친생자관계부존재확인의 소가 제기된 사안들에서 본 바와 같이, 태어난 아동의 부모가 누구인지가 대리모의 행위에 의하여 다툼의 원인이 되고, 그렇게 태어난 아동은 아무에게도 환영받지 못한 채 소송의 당사자가 되기도 한다. 가장 안정적일 것으로 예상하였던 1유형 출산대리모계약에서도 아동의 복리가 현저히 침해되는 상황을 목도할 수 있었던 것이다. 심지어 95드89617에서처럼 친인척간의 대리모계약으로 태어난 아동도 엄청난 가족의 붕괴와 갈등의 한 가운데 서게 되는 점을 보았다. 어른들의 행복추구를 위하여 세상으로 태어나는 한 생명의 인간의 존엄은 고려된 적이 없는 것처럼 보인다. 인간의 존엄성의 중심에 놓여 있는 생명의 창조에 신중함을 가져야 할 이유이다. 아동의 최선의 이익을 위하여 국가가 해야 할 일이 있는 이유이기도 하다.

(2) 의뢰부부의 행복추구권, 출산권(가족구성권)

1) 앞서 살펴본 우리 법원에 제기된 대리모 관련 사건들(95드89617, 2009드단393, 2016드단51794, 2017드단50408)을 보면, 대리모계약이 오히려 의뢰부부의 가족과 대리모 가족을 해체시키고 갈등하게 하는 단초가 될 수 있음을 알 수 있었다. 하나의 생명이 탄생하는 것은 그것이 계약의 이행의 모습을 띄고 있더라도, 단순한 계약의 이행이 아니며, 가족간의 유대 및 자녀와 부모와의 유대, 그리고 그것을 용인한 주변 가족들과의 유대와 정서적 관계를 포괄하고 있는 것이기에, 일의적으로 계약당사자의 이행·불이행으로 끝나는 문제가 아닌 것이다.

2) 아무리 위중한 환자의 치료를 위해서도 장기매매를 허용하지 않듯이, 의과학의 역할은 인간의 행복추구를 위해 한계 없이 의학의 기술이 할 수 있는 모든 것을 해주는 것이 아니다. 행복추구권의 행사는 타인의 권리에 심각한 영향을 주는 경우에는 더욱 신중하게 하여야 하는 것이다.

3) 이와 관련하여 몇 개의 유의미한 통계들이 있다.

산부인과를 방문한 불임 환자와 근무하는 간호사 및 사무직 여직원에게 조사한 설문[50]으

50) 본원 산부인과를 방문한 불임 환자 및 본원에 근무하는 간호사, 사무직 여직원을 대상으로 설문지 조사를 통하여 이루어졌다. 배포된 설문지 중 회수된 211명, 즉 불임 환자 60명을 포함하여 기혼 여성 152명, 미혼 여성 58명을 대상으로 하였다고 한다(박준철·김종인·이정호, 앞의 글, 83면).

로 "본인이 자궁이 없는 불임 환자일 경우 체외수정을 통한 대리모 출산의 시행 여부"에 대한 것이었는데, 전체 응답자 중 8.1%만이 자궁이 없는 불임 여성의 치료 방법으로 대리모 시술에 찬성하였으며, 59.2%은 입양을 선택하였다. 또 아이 없이 부부로만 지내겠다는 답변도 32.7%에 이르렀다.[51] 출산 대리모는 불임 부부에게는 분명한 치료 방법임에는 분명하지만, 당사자인 불임환자와 이들을 가장 가까이서 지켜보는 간호사와 직원들마저도 체외수정을 통한 대리모 시술에 관하여 매우 부정적 시각을 가지고 있음을 알 수 있다.[52]

이것은 일반인들이 출산대리모제도가 불임환자들의 구제책이며 행복추구권을 보장하는 것이라고 생각하는 것과는 달리, 당사자들에게는 대리모제도가 선호하는 선택지가 아닐 수 있다는 것을 보여준다. 이 설문 연구에서는 "…심지어 일부에서는 설문 내용에 관한 설명 중 이에 대한 반감을 표현하며 설문에 응하지 않았다. 따라서 본 설문에서 자궁이 없는 불임여성의 치료 방법으로 대리모 시술에 찬성한다고 응답한 8.1%보다 실제 찬성률이 더 낮을 수 있을 것이다."[53]라는 분석을 하고 있는 점도 주목할 점이다. 이러하다면, 불임가족이 대리모 도입을 구제책으로 여기지 않을 수 있다는 것인데, 의뢰부부의 행복추구권, 가족구성권을 위하여 대리모계약을 허용해야 한다는 주장은 제3자의 일반론적 가정을 입법화의 근거로 삼은 것은 아닐까.

또한 국내에서는 일반인들의 대리모에 대한 인식도 부정적이다. 보건복지부 조사보고서에 의하면 일반 국민은 대리모 임신에 대해 '긍정적이다'는 응답이 14.7% 나타났고, 응답자의 85.3%가 부정적이었다.[54] 아울러 일반 국민의 대리모 임신의 법적 금지에 '찬성한다'는 응답은 68.0%에 이르는 것으로 나타났다.[55] 이러한 사회적 합의가 없는 상황에서 대리모 제도의 도입을 적극적으로 주장한다는 것은 매우 위험한 일이다.

(3) 대리모의 신체의 자유와 대리모 가족의 복리

1) 우리나라의 모성사망률이 높은 수준이라는 점도 대리모 제도가 쉽게 허용되어서는 안 되는 이유 중 하나이다.[56] OECD 회원국의 모성사망률 평균은 7.8명인데 비하여 우리나라는 11.3명(2018년기준)으로 평균을 훨씬 웃돈다(OECD 평균은 각 회원국의 이용 가능한 최근 자료를 활용하여 산출, 2018년 12월 추출).[57][58] 임신 출산과정에서 아이를 낳다가 사망하는 위험

51) 박준철 · 김종인 · 이정호, 앞의 글, 76－78면.
52) 박준철 · 김종인 · 이정호, 앞의 글, 81면 참조.
53) 박준철 · 김종인 · 이정호, 앞의 글, 79면.
54) 생명나눔 인식도 조사보고서, 2011.12, 보건복지부, 38면. 113면.
55) 생명나눔 인식도 조사보고서, 2011.12, 보건복지부, 38면. 114면.
56) 2018년 우리나라 모성사망률은 같은 해 출생아 십만명 당 11.3명으로 전년대비 44.7% 증가(2013년 11.5명, 2014년 11.0명, 2015년 8.7명, 2016년 8.4명, 2017년 7.8명, 2018년 11.3명).
57) 사망원인통계조사(국가승인통계 제101054호)에 의함.
58) http://index.go.kr/potal/stts/idxMain/selectPoSttsIdxMainPrint.do?idx_cd=2769&board_cd=INDX_001 (최종방문 2020.5.22)

과 자궁에 치명적인 부작용을 낳게 되는 위험이 상존하는 가운데, 대리모라는 윤리적으로 지지받지 못하는 제도를 허용하자는 주장은 대리모에게 추가적으로 생기는 위험을 고려하지 않는 것으로 보인다. 대부분의 대리모 후보들은 의학적으로 배란을 유도하거나, 임신촉진제를 사용하게 된다. 그 과정이 고통스럽다는 점은 널리 알려져 있으며, 그보다 장기적으로 어떤 영향을 미치는지는 알려져 있지 않다.

계약의 해지가 사실상 불가능하다는 점도 일반적인 계약의 경우와 다르다. 이미 대리모가 포태를 한 경우라면 사실상 그 계약은 해지가 불가능하며, 포태가 되지 않은 경우에는 포태할 때까지 계속적인 시도를 하기로 하는 내용을 담은 경우가 많기 때문이다.

2) 대리모 시술로 대리모는 수정란이 착상된 이후 10개월의 기간 동안 아이와의 유대감을 느끼며, 출산을 하게 되고, 그 과정 자체가 포괄적으로 모성을 이루는 것이기 때문에 단순히 수정란의 착상이나, 출산만을 목적으로 기계적인 판단을 하는 것은 대리모의 모성과 인격을 존중하지 않는 것이다.

3) 어느 법률행위가 개인의 기본권을 지나치게 제약하는 것일 때에는 그 자체가 직접 헌법에 위반되는 것은 아니지만 공서양속에 위반되어 무효로 될 수 있는 것이다.[59] 일단 의뢰인의 행복추구를 위하여 체결한 대리모계약이 이행에 들어가면, 대리모는 개인적인 성관계 등에 대한 자유도 제한되고,[60] 계속적인 수정란 착상을 위하여 노력하여야 하는데, 대리모는 10개월 동안뿐만 아니라 전후의 기간 동안 신체의 자유를 현저히 구속받는 것이다. 또한 친권이나, 양육권 포기를 비롯하여 – 많은 경우 면접 교섭도 배제되는 계약을 한다 – 아이와의 유대감도 인위적으로 단절하도록 강요하는 것이다.

4) 대리모의 가족들이 받는 정신적 충격도 고려해 보아야 한다. 특히 대리모제도를 허용해야 한다고 하면서 대리모의 자격요건에 출산을 한 경험이 있는 것을 요건으로 하고 있는 견해도 있는데,[61] 대리모의 자녀들은 엄마가 포태한 동생이 다른 집으로 양도되는 과정을 통해 충격을 받게 될 것이다.

또한 앞서 Ⅳ. 우리 법원의 동향에서 본 95드89617처럼 대리모를 하도록 적극적으로 대리모의 남편이 요구하고서도 대리모가 출산 후에는 오히려 이를 못마땅히 여기고 대리모와 갈등관계에 놓이며 이를 회복하지 못하는 경우는 얼마든지 있을 수 있다. 이것은 대리모계약이 단절적으로 "출산만"하는 것이 아닌 관련된 모든 가족과 정서적으로 연결되어 있음을 간과하여서 생긴 문제라고 할 수 있다.

---

59) 기본권의 제3자적 효력 등에 대하여는 윤진수, "한국민법상의 공서양속", 『민사법학』 제85호(2018.12), 388–389면.
60) 앞의 Ⅳ. 우리 법원의 동향에서 본 2009드단393에서는 그러한 의무를 위반하여 문제가 발생한 것이다.
61) 대리모의 자격을 출산 경험이 있는 자로 제한해야 한다고 하는 견해도 있다(현소혜, 앞의 글, 132면).

(4) 대체제도의 존재

우리나라는 친양자제도 등을 가지고 있으므로 극단적인 혈연주의만을 고수하지 않는다면, 대리모제도를 통하지 않고서도 충분히 아동을 가족으로 맞이할 수 있다.

또 앞서 대리모의 분류에서 살펴본 바와 같이 대리모 시술 중에서 의뢰부부의 정자와 난자를 수정하지 않는 경우(가령 제5유형 대리모의 경우)도 얼마든지 있을 수 있다는 것을 알 수 있었다. 이와 같은 사실은 대리모 제도를 통한 혈연 유지의 고수가 얼마나 무의미한가를 보여준다. 헌법상의 목적달성을 위한 수단의 적합성이나 침해의 최소성의 원칙에도 위반된다.

(5) 대리모 제도의 사회적 영향

사회적 경제적으로 여유가 있는 경우에도 불구하고, 친인척이 아닌데도, 대리모가 되고자 하는 여성을 찾는 것은 어려운 일일 것이다. 결국 대리모를 통한 행복추구와 출산권을 보장받는다는 명제는 빈부의 차이에 따라 참과 거짓이 달라진다. 혹자는 이러한 경우에 대하여 시험관아기 시술에 현재의 국가 지원제도가 있는 것처럼 대리모 시술에도 국가지원을 하면 이 빈부의 문제가 해결될 것이라고 할지도 모른다. 그러나 이 경우 국가지원을 하는 것이 타당하지도 않지만,[62] 국가의 지원이 있더라도 사회적 경제적으로 풍요로운 여성이 대리모를 지원하지는 않을 것이다. 그러므로 행복추구가 빈부의 격차에 의하여 좌우되도록 하는 것과 마찬가지의 결과를 낳는다.

(6) 대리모계약의 일정 유형 허용 여부

이미 살펴본 바와 같이 우리나라에서 대리모계약을 허용하자고 하는 견해들의 대부분은 전면적 허용의 견해가 아닌 일정한 제한을 두어 대리모계약을 허용하자는 입장이다. 이러한 견해에 대하여도 앞의 논증이 적용되지만 좀 더 살펴본다.

우선 무상의 대리모계약만을 가능하게 하자는 견해(실비제공을 하는 대리모계약을 무상이라고 하는 견해도 포함)는 – 현실의 상황에 접목하여보면 – 이상론에 가깝다. 그 누가 아무런 대가 없이 10개월의 임신기간과 출산의 고통을 짊어지는 계약의 당사자가 될 것인가. 그러한 의뢰인의 고통을 공감하여 무상으로 나설 수 있는 사람은 친인척 정도일 텐데, 그러한 관계의 대리모계약은 그 윤리적인 문제나 정서적인 갈등을 야기하고, 앞서 살펴본 95드89617에서처럼 대리모 쪽의 부부와 의뢰인 쪽의 부부 양측에 예기치 않은 불행을 초래하고 가족을 파탄 나게 하는 결과를 초래할 가능성이 높다. 그렇지 않다고 하더라도 친인척 간의 대리모계약을 오히려 비윤리적이라는 이유로, 대리모계약의 당사자 자격이 없다는 반대의

62) 물론 국가의 지원이 있는 입법례가 없는 것은 아니다. 캐나다는 2004년부터 대리모 출산제도를 합법화하고 대리모가 부담해야 하는 시술비 전액을 정부가 지원하고 있다. https://koreatimes.net/ArticleViewer/Article/110565 (최종방문 2020.5.20)

견해도 다수이기에 사실상 무의미한 제한이 된다고 본다. 그렇다면 결국 무상을 가장한 유상 대리모계약이 체결될 것이고, 이것은 음지에서는 상업화된 대리모 산업을 융성시키는 길로 들어서게 될 가능성을 부인할 수 없다.

또 출산모와만 유전적 관련성이 인정되는 유전적 대리모계약은, 설령 그것이 비영리 목적이더라도, 허용하지 않는 것이 낫다는 견해도 있다.[63] 또 유상의 유전적 대리모도 인정해야 한다는 견해도 있다.[64] 그러나 일정 영역만을 금지하면 다른 부분은 음지화될 뿐, 그 영역만이 준수되지는 않을 것이다. 개인의 신체적인 정보는 외부에서는 알기 힘들기 때문에 일정 유형만을 허용하는 것은, 그 위반 여부를 일일이 파악하기도 어려울 뿐더러 현재의 상황에서도 대리모계약이 암암리에 체결되고 있는 상황이라는 점에 비추어 보면, 그 제한은 효과적이지 않을 가능성이 크기 때문이다. 일정 영역만을 허용하는 것은, 지금의 상황과 크게 다르지 않은 상황을 다른 것처럼 보이게 하는 착시효과를 부여하는 것일 뿐이다.

대리모계약에 대하여 여성의 신체의 상품화, 아동 매매 등의 집중적인 비판에도 불구하고 현실적인 상황 등을 이유로 유상의 대리모계약도 인정하여야 한다는 견해도 있다.[65] 이 견해에 대하여 불법이 이미 자행되고 있다고 해서 이를 합법화시켜 주어야 하는가라는 의미 있는 반론이 있다.[66]

한편 현실적인 이유에서 허용을 주장하는 견해는 유전적 대리모는 허용하지 않는 입장에서 대리모의 자격에도 제한을 둔다. 또 대리모계약은 사실상 친양자 입양과 동일한 효과를 가지므로, 자녀의 법적 지위를 안정적으로 확보하기 위해 친양자 입양의 경우에 준하여 법률혼 부부에게만 그 자격을 인정하는 것이 균형에 맞다고 하면서 아직 국민적 합의가 없는 동성혼 관계에 있는 자에 의한 자녀출산까지는 허용하지 않아야 한다고 한다.[67] 그러나 대리모계약의 전 세계적 추세가 불임 여성을 위한 출산권에서 동성커플을 위한 출산권으로 진화되고 있는 시점에서,[68] 이러한 제한으로 대리모계약을 허용한다고 한다면, 시간의 문제일 뿐 무의미한 제한이 될 것이다. 또 무엇보다도 국민적 합의가 없다는 점에 대하여는 대리모계약도 자유롭지 못하다.

---

63) 박동진, 앞의 글, 92−93면; 오호철, 앞의 글, 190면.
64) 맹광호, 앞의 글, 103면.
65) 현소혜, 앞의 글, 133면.
66) 김현진, 앞의 글, 508면.
67) 현소혜, 앞의 글, 133면.
68) 앞서 살펴본 미국의 경우도 그러한 예이다. 또 현재 프랑스 상원에서 논의되는 생명윤리법 개정안, 이른바 '모두를 위한 인공수정' 법은 그야말로 인공수정을 통해 임신, 출산을 하는 모든 이들에게 공공의료보험 혜택을 준다는 내용이다. 의학적으로 인공수정과 체외수정은 다른 개념이지만, 프랑스에서는 이를 '의학적 도움을 받은 생식'(PMA, La Procréation médicalement assistée)으로 명명하며 자연적 임신의 반대 개념을 통칭하는 말로 쓰이고 있다. '모두를 위한 인공수정'법은 결혼이나 법적 효력을 인정받은 동거 등 이성 커플에 한해 불임과 난임 치료 명목으로 적용됐던 기존 혜택을 동성 커플과 미혼 여성에게 확대한다는 것이다. 인공수정과 체외수정의 검사와 시술에 드는 비용을 의료보험을 통해 환급받을 수 있도록 하는 게 법안의 골자인데, 이는 마크롱 대통령의 2017년 대선 공약이다. (http://mn.kbs.co.kr/news/view.do?ncd=4299295 최종방문 2020.5.22)

3. 모자관계의 결정 기준

대리모계약이 허용되지 않는다고 하더라도, 대리모를 통해 태어나는 경우는 여전히 있을 수 있다. 그리고 그 아동은 보통의 아동처럼 존귀하고 동일한 보호를 받아야 한다. 그렇다면 누가 모가 되어야 하는가를 정하는 문제는 매우 중요하다.

모자관계의 결정기준에서도 최우선적으로 고려되어 할 것 역시 아동의 복리이다. 자의 복리는 두 가지 측면에서 판단되어야 한다. 하나는 출생시 – 출생과 동시에 – 시간적 법적 공백 없이 누가 모로 인정되어야 아동의 복리에 적합한가이고, 다른 하나는 출생 이후 아동의 모로서 누가 양육을 담당하는 것이 아동의 복리에 부합하는가이다. 차례로 살펴본다.

(1) 모의 결정과 출산주의

출생시 모든 아동은 출생과 동시에 공백 없이 모가 정해져야 한다. 우리나라가 출산주의를 취하고 있는 것도 이러한 취지이다. 그러므로 출산한 대리모가 아동의 출생과 동시에 모가 되는 것이 우리 입법주의에 부합한다. 사적 자치로 이것을 배제할 수는 없는 것이다.

물론 대리모계약이 무효라는 전제에서라도 이와는 별개로 의뢰부모에게 부모성을 인정하는 입법을 하는 것이 불가능하지는 않다.[69] 그러나 다음과 같은 점에서 장차 그러한 입법을 하는 것을 찬성하지 않는다.

첫째, 대리모계약의 존재는 당사자들만 알 수 있는 사안이라서 외부에서, 그 진실성을 확인할 수 없다. 과장된 상황을 가정해 보면, 유전자 검사 전까지는 출산모가 아닌 누구라도 모의 주장이 가능해진다. 심지어 만일 의뢰모가 난자를 제공한 경우가 아니라면 유전자 검사를 해도 알 수 없는 경우가 있다. 아동에게 모의 결정은 생존과 양육에 관련된 매우 중요한 사항이므로 당사자의 주장에 이를 맡기는 위험에 놓이게 할 수 없다.

둘째, 대리모와 의뢰부부가 서로 출생한 아동의 인수를 거부하는 경우[70]에 자연적으로 확인이 되는 출산모인 대리모에게 모의 지위를 인정함으로써, 아동은 시간적, 법적 공백 없이 기초적인 생존 보장을 위한 양육의무자를 확보할 수 있다.

셋째, 대리모와 의뢰부부가 서로 출생한 아동의 모를 주장하는 경우를 가정해 보아도 마찬가지이다. 출산모에게 모의 자격을 부여하고, 추후 당사자간에 친양자 입양 등의 해결 방법을 모색하도록 하여야 한다. 대리모가 심경의 변화를 일으켜 아동을 계속 양육하고자 한다고 하여도 대리모계약 이행을 이유로 아동의 인도를 강제할 수 없는 것이다. 이러한 상황에 대하여 불법원인급여나 이행 강제 등의 법률적 분석을 하여도 그러하지만, 그 이전에, 임신기간과 출산의 과정 중에 포태중인 자와의 사이에 형성된 유대와 대리모의 모성을 존

69) 이와 같은 견해에 대하여는 이동수, 앞의 글, 380면.
70) 출생한 영아에게 장애가 있거나 하는 경우에 의뢰부모가 인수를 거부하고 대리모도 양육을 거부하는 경우가 있다.

중하여야 하기 때문이다. 그 시작이 어떠하였든, 임신과 출산, 생명 탄생의 일련의 시간은 계약의 이행으로 판단할 수 없다.[71)]

넷째, 대리모에게 모의 자격을 인정하는 것은 부수적으로 대리모계약의 체결을 저지하는 효과가 있을 것이다.

(2) 자의 양육과 사적자치에 의한 모의 결정

출생 이후 아동의 모로서 누가 양육을 담당하는 것이 아동의 복리에 부합하는가를 본다. 다만, 이러한 판단은 단계적으로 이루어져야 하고 일체적으로 판단하여서는 안 된다.

많은 경우 의뢰모를 모(母)로 인정하자는 견해들은 – 무의식적으로 – 출생시와 양육을 일체로 판단하여 아동의 복리를 위하여 의뢰모를 우선시키는 것으로 판단하는 것 같다. 그러나 보통의 출생의 경우와 달리 대리모에 의한 출생은 출생시와 양육단계를 분리하여 살펴보아야 할 필요가 있다. 장기적으로 양육을 누가 담당하는 것이 좋은가의 문제는 출생시 누가 모로 되는가와는 다른 입장에서 고려요소가 있다. 그리고 이 단계에서부터는 친자관계 형성에 사적자치가 관여할 수 있으며, 이때 고려되는 것이 친양자제도를 비롯한 양자제도인 것이다.

앞서 Ⅳ.우리 법원의 동향에서 본 바와 같이, 법원은 대리모를 통하여 태어난 아동의 양육을 의뢰부모에게 맡기는 조정이나 판단을 하고 있다. 이혼 사건[72)]에서 다뤄진 경우에는 기본적으로 이혼 시 양육자에 대한 일반적인 판단을 한 것으로 보이지만, 결과적으로는 대리모에게 양육을 맡기지는 않고 있다. 사법부가 명시적으로 밝히지 않았지만 출산모가 출생시의 모라고 보는 것은 인정하면서도, 추후 아동의 복리를 위하여 양육은 처음부터 양육의사를 갖고 있으며 그 밖의 여러 사정을 종합적으로 고려하여, 의뢰부모에게 아동을 부모로서 양육하도록 하는 것이 아동의 복리에 적합하다고 본 것으로 보인다.

다만 대상결정은 출생신고의 경우에 처음부터 모의 인정을 의뢰모로 하는 것에 대하여는 타당하지 않으며, 기존의 출산주의에 입각하여 대리모를 모(母)로 하는 것이 아동의 복리에 부합함을 설시한 것이라고 볼 수 있다.

(3) 정 리

아동은 출생 시에는 출산한 모가 모(母)로 인정되어야 한다. 그리고 이것은 사적 자치로 달리 정할 수 없다.

이후 양육단계에서부터는 – 그 시간적 간격이 출생 시로부터 매우 짧더라도 – 사적자치가 관여할 수 있는 단계로 친양자제도 등을 통해 양육에 적합한 자가 모(母)로 될 수 있다.

---

71) 이동수, 앞의 글, 375면도 유사한 입장으로 보인다.

72) 99르242(본소),99르259(반소); 2009브16; 95드89617 등.

그리고 이 단계에서 법원은 부모의 지위를 얻으려고 의도했던 노력, 아동의 성장에 필요한 환경, 가족 구성의 원만함 등의 특별한 사정도 감안하여 아동의 최선의 이익과 복리를 고려하여 간섭한다.

4. 위와 같은 쟁점 검토에 비추어 보아, 대상결정은 대리모계약의 유효성에 대한 판단이나, 모의 결정 등이 모두 타당한 의미 있는 결정이다.

권리자의 임의적 언동에 발생 또는 이행기 도래 여부가 달린 권리의 소멸시효 기산점

임치계약 해지통고에 따른 임치물 반환청구권에 관한 대법원 2022. 8. 19. 선고 2020다220140 판결의 판시 법리를 계기로 삼아

최 우 진

고려대학교 법학전문대학원 교수

박동진 선생님과의 인연 덕분에 학계에 발을 내딛고, 공부를 계속하게 되었습니다.
깊은 감사와 존경의 마음을 담아 졸고를 헌정합니다.

Ⅰ. 대법원 판시 법리와 이에 대한 문제 제기

대법원 2022. 8. 19. 선고 2020다220140 판결(이하 '연구대상판결'이라 한다)의 판시 법리가 이 연구의 계기가 되었다.

대법원 판례공보에 실린 연구대상판결 「판결요지」의 사실관계[1]는 다음과 같다.

『자동차 제조회사인 甲 주식회사와 자동차 배기가스 촉매제를 제조·납품하는 계약을 체결한 乙 주식회사가 甲 회사의 지시에 따라 丙 주식회사에 촉매제를 인도하면, 丙 회사가 인도받은 촉매제로 촉매정화장치를 제조하여 甲 회사에 납품하였고, 甲 회사는 丙 회사로부터 납품받은 촉매정화장치에 사용된 촉매제의 수량에 따라 乙 회사에 촉매제 대금을 지급하였는데, 乙 회사가 丙 회사를 상대로 촉매정화장치에 사용되지 않고 남은 잔여촉매제의 반환을 구하자, 丙 회사가 소 제기 5년 이전에 인도받은 촉매제에 대한 임치물 반환청구권은 소멸시효가 완성되었다고 항변한 사안』

대법원은 위 연구대상판결에서 위 사안의 원고인 乙 주식회사와 피고인 丙 주식회사 사이에 묵시적 임치계약이 성립하였음을 인정하였다. 그리고 다음과 같은 요지의 법리를 판시하면서 임치계약 해지에 따른 임치물 반환청구권의 소멸시효 기산점이 임치계약 해지일이라는 전제에 섰던 원심[2]의 판단에 법리오해 등의 잘못이 있다고 하였다. 원심판결을 파기·환송하였다.

『임치계약 해지에 따른 임치물 반환청구는 임치계약 성립 시부터 당연히 예정된 것이고, 임치계약에서 임치인은 언제든지 계약을 해지하고 임치물의 반환을 구할 수 있는 것이므로, 특별한 사정이 없는 한 임치물 반환청구권의 소멸시효는 임치계약이 성립하여 임치물이 수치인에게 인도된 때부터 진행하는 것이지, 임치인이 임치계약을 해지한 때부터 진행한다고 볼 수 없다.』

연구대상판결에 대한 연구자들의 평가는 그리 우호적이지 않다. 임치계약관계에서 임치인이 언제든지 계약을 해지하고 임치물 반환을 구할 수 있기는 하지만(제698조 단서, 제699조[3]), 그럼에도 원심 판단처럼 임치계약 해지일에 임치물 반환청구권의 소멸시효가 기산되어야 한다는 취지가 주장되곤 한다.[4] 위 판결 사안처럼 계속적 계약관계 중 일방 당사자의

1) 법원도서관 간행, 판례공보(2022년 10월 1일) 제643호, 2022하, 1866면 참조.
2) 서울고법 2020. 1. 23. 선고 2019나2023297 판결.
3) 민법의 조항을 가리킨다. 이하에서도 법 명칭 기재 없이 조항만 표시한 것은 민법 규정을 가리킨다.
4) 가령 김병선, "임치물반환청구권의 소멸시효 기산점", 법조(제760호), 법조협회(2023), 491면 이하; 김찬영, "임치계약 해지에 따른 임치물 반환청구권의 소멸시효 기산점", 민사판례연구(XLVI), 박영사(2024), 400면 이하; 양창수, "임치물 반환청구권의 소멸시효 기산점", 법률신문(제5028호), 법률신문사(2022. 10. 27.자), 12-13면; 오지용, "2022년 민법총칙 및 물권법 중요판례평석", 인권과 정의(제512호), 대한변호사협회(2023), 10면 등 참조. 반면, 연구대상판결이 본문에 기재된 사안을 임치계약관계로 본 부분에 대해서는 비판적 입장(이에 관해서는 김병

임의적 해지권과 계약목적물의 채권적 반환청구권이 행사된 사안은 아니었지만, 종래 「형성권의 행사로 인하여 생긴 청구권」에 관한 소멸시효 기산점을 다룬 판결례에서 형성권이 행사된 때로부터 해당 시효가 기산한다고 보는 판결례가 있기도 하였다.[5] 두 사안 유형 모두, 문제된 권리의 발생 및 이행기 도래 여부가 권리자의 임의적 언동(해지권이든 그 밖의 형성권이든)에 달려 있다는 점에서 공통한다.

그러나 연구대상판결의 판시 법리가 학계의 기존 논의 방향에서 완전히 벗어나 있는 것도 아니다. 실제로 종래부터, 형성권에 관하여 제척기간이 정하여져 있는 경우에, 그 기간 내에 형성권을 행사하여 그 효과로서 채권적 권리가 발생하면, 그 채권적 권리관계를 처리하여야 할 기간도 해당 형성권의 제척기간 내에 포함하고 있다고 풀이하는 견해[6]가 주류적 입장으로 소개되었다.[7] 나아가, 「해지통고를 한 후 일정기간이나 상당한 기간이 지난 후에 청구할 수 있는 권리」에 관한 소멸시효 기산점은 해지통고를 할 수 있는 때부터 정해진 유예기간이 지난 시점부터 진행한다고 보는 견해가 통설의 지위에 있었다.[8] 연구대상판결에 대한 위의 평가나 「형성권의 행사로 인하여 생긴 청구권」에 관한 기존 판결례와는 다른 방향이다.

비교연혁적으로 참고가치가 있는 일본의 메이지민법을 본다.[9] 이 법률 중 소멸시효법의 위와 같은 쟁점에 관한 실무와 학계의 논의 전개도 우리나라에서의 논의와 유사하게, 혼란

선, 위 논문, 473면 이하도 같은 취지이다)이지만, 법리상 임치계약을 해지하지 않아도 소멸시효가 기산된다는 판시에 찬성하는 견해로는 홍승면, 판례공보스터디 민사판례해석 Ⅳ-상, 서울고등법원 판례공보스터디(2023), 428면 이하 참조.

5) 대법원 1991. 2. 22. 선고 90다13420 판결(징발재산정리에관한특별조치법에서 정한 환매권 행사로 발생한 소유권이전등기청구권에 관하여); 대법원 2015. 11. 12. 선고 2011다55092, 55108 판결(유류분반환청구권을 행사함으로써 발생하는 목적물의 이전등기청구권 등에 관하여) 참조. 그 밖에 대법원 1975. 8. 19. 선고 75다273 판결(부동산 실권리자명의 등기에 관한 법률 시행 전의 부동산소유권 명의신탁에서, 신탁계약해제로 인한 소유권이전등기청구권에 관하여, 다만 여기서 언급한 「해제」가 소급효를 갖는 진정한 의미의 해제인지는 의문이다. 해당 판시의 사실관계로는 분명하다고 말하기 어렵지만, 소급효가 없는 계속적 등기명의신탁계약의 '해지'를 의미하는 것 아닌가 한다)도 참조.

6) 우선 곽윤직, 민법총칙[민법강의 Ⅰ](신정판), 박영사(1992), 558면 및 거기에 인용된 문헌 참조. 그 밖에 같은 취지로 김상용, 민법총칙, 화산미디어(2009), 696면 등도 참조. 다만, 곽윤직/김재형, 민법총칙[민법강의 Ⅰ](제9판), 427면은 형성권을 행사한 때부터 소멸시효가 기산된다는 취지로 설명하고 있다.

7) 편집대표 곽윤직, 민법주해(Ⅲ), 박영사(1992), 427면(윤진수 집필부분); 편집대표 김용덕, 주석 민법[총칙 Ⅲ], 제5판, 한국사법행정학회(2019), 876면(이연갑 집필부분) 참조.

8) 곽윤직/김재형(주 6), 431면(위 신정판도 같은 취지); 김상용(주 6), 700면; 송덕수, 민법총칙(제6판), 박영사(2021), 508-509면; 민법주해(Ⅲ)(주 7), 467면(윤진수 집필부분); 주석 민법(주 7), 467면(이연갑 집필부분) 등 참조. 다만, 이와 달리 형성권을 행사할 수 있는 때가 형성권 행사로 발생하는 채권의 소멸시효 기산점이 된다는 취지로 '제척기간 내 권리행사설'을 소개(전거는 밝히고 있지 않다)하는 문헌으로는 양창수 편집대표, 민법주해(Ⅳ), 제2판, 박영사(2022), 500면(오영준) 참조.

9) 일본은 2020. 4. 1.부터 재산법 분야에서 개정된 법률을 시행하고 있다. 이 개정 민법에 따르면, 채권에 관한 소멸시효의 기산은 채권자가 권리를 행사할 수 있음을 안 때로부터 5년간 행사하지 않은 때(제166조 제1호), 권리를 행사할 수 있는 때부터 10년간 행사하지 않을 때(같은 조 제2호)에 기산한다. 일본의 개정 소멸시효법의 주요내용에 관해서는 김성수, "개정 일본민법(2017년)의 '소멸시효' 주요개정내용의 소개를 중심으로, 아주법학(제12권 제1호), 아주대학교 법학연구소(2018), 37면 이하 참조. 이러한 채권자의 주관적 인식도 기산점의 기준으로 삼는 이원적 체계는 우리의 현행 민법의 시효기산 체계와 차이가 크다. 하지만, 우리의 현행 민법은 메이지민법의 규율과 해석론에 영향받은 바 크기도 하다. 이러한 이유에서, 이 글에서는 일본의 메이지민법에 관한 해석론 위주로 참고하기로 한다.

스럽다.

과거 일본의 대심원은, 계약의 해제로 인한 원상회복청구권은 해제로써 새로 발생한 청구권이라는 이유로 그 시효가 계약해제시부터 진행한다고 판시한 바 있다.[10] 그러나 학설의 주류는 이에 대해 반대하였다.[11] 또, 해약신청(申入) 후 일정기간 또는 상당한 기간이 경과한 후에 생기는 채권의 소멸시효 기산점에 관해서도, 실제로 해약을 한 경우와의 균형을 이유로 해약을 할 수 있는 때부터 그 일정기간 등이 경과한 후에 시효가 진행한다고 풀이하였다.[12]

물론, 일본 메이지민법에서 우리의 임치계약에 상응하는 기탁(寄託) 계약[13]에 관한 규율이, 우리 민법과 달리, 임치계약에 관한 임의적 해지권에 관해 언급하지 않고 있기는 하다. 단지 「기탁물의 반환 시기를 정한 때에도 언제든지 그 반환을 청구할 수 있」다고(같은 법 제662조[14]) 정하였다. 하지만 이러한 계속적 계약관계를 '고지(告知)'로써 종료시켜 그 결과로 기탁물반환을 청구할 수 있다고 보는 것이 주류의 해석[15]이었다. 반환 시기를 정하지 않은 때에 관해서는 명문의 규정은 없으나, 위와 같은 '고지'로써 채권자(기탁자)가 언제든지 그 반환을 청구할 수 있다고 풀이하였다.[16] 이러한 이유에서 일본의 구 대심원 판결 중에는 반환 시기를 정하지 않은 기탁에 관해서는 채권자가 보관을 맡겼을 때, 그 예입(預入)과 동시에 기탁물반환청구권에 관한 소멸시효가 진행된다고 판시한 것도 있었다.[17] 그러나 이후 위 대심원은, 반환 시기를 정한 기탁에 관해서는 마찬가지로 언제든지 그 반환을 청구할 수 있음에도, 「그 기한이 도래할 때까지 기탁을 받은 자(受寄者)가 그 물건을 보관하는 것은 기탁계약에 기하여 취득할 수 있는 권리를 행사하는 것과 다르지 않다.」라는 이유로 그 기탁 기간 중에는 시효가 진행되지 않는다고 보았다.[18] 이에 대해 학계에서는 반환 시기를 정하지 않은 기탁에 관해서도 기탁물 보관 중에는 소멸시효가 진행되지 않는다거나,[19] 기탁계약의 효력발생 시점부터 해약권의 시효가 기산된다고 하거나,[20] 또는 해약권은 기탁물반환

---

10) 大審院判決[大正 7年 4月 13日/大正7年(オ) 第213号], 大審院民事判決録 24輯, 669면 이하 참조.

11) 형성권의 소멸시효를 인정하지 않고, 형성권 행사로 생긴 청구권(또는 항변권)의 소멸시효만을 문제로 하는 입장과 형성권 자체는 제척기간에 걸린다고 해석하고 형성권 행사로 생긴 청구권도 그 제척기간 내에 행사하여야 한다는 입장으로 대별되는데, 어느 입장이든, 약간의 차이는 있지만, 대체로, 형성권을 행사할 수 있을 때 청구권의 소멸시효가 기산하는 것으로 본다고 한다. 川島武宜 編集, 注釋民法(5), 總則(5), 有斐閣(1967), 296－298면(平井宜雄) 및 거기에 인용된 문헌 참조.

12) 注釋民法(5)(주 11), 290－291면(平井宜雄) 및 거기에 인용된 문헌 참조.

13) 일본 메이지민법에서 기탁은, 당사자 일방이 상대방을 위하여 보관을 하는 것을 약정한 물건을 수취하는 것으로, 그 효력이 생겼고(제657조), 개정된 현행 민법에서는 당사자 일방이 어떤 물건을 보관하는 것을 상대방에게 위탁하고, 상대방이 이를 승낙하는 것에 의하여 그 효력을 발생한다(제657조).

14) 일본의 현행 민법 제662조도 같은 내용을 규정하고 있다.

15) 幾代通 編集, 注釋民法(16), 債權(7), 有斐閣(1967), 264－268면(打田畯一)과 그곳에 인용된 문헌 참조.

16) 注釋民法(5)(주 11), 290－291면(森島昭夫); 注釋民法(16), 268면(打田畯一) 참조.

17) 大審院判決[大正 9年 11月 27日/大正9年(オ) 第546号], 大審院民事判決録 26輯, 1797면 이하 참조.

18) 大審院判決[昭和 5年 7月 2日/昭和5年(オ) 第213号], 法律学説判例評論全集 19巻民法, 1016면 참조.

19) 川島武宜, 民法總則(法律學全集 第17卷), 有斐閣(1965), 514면 참조.

20) 末川博, 民法論集, 評論社(1959), 204면 이하(소비기탁으로서의 당좌예금과 소멸시효에 관한 장이지만 기탁계약

청구권의 이론적 전제이므로 기탁물의 반환청구가 가능한 때부터 기산한다[21]는 등 다양한 견해가 혼잡하게 전개되었다.

위와 같은 국내와 일본의 논의 전개는 임치계약의 해지통고에 따른 목적물의 채권적 반환청구권처럼, 그 발생 또는 이행기 도래가 권리자의 임의적 언동에 달린 권리의 소멸시효 기산점이 일의적으로 어느 일정 시점이라는 법리를 명료하게 제시하는 것이 매우 곤란함을 알려 준다. 하지만, 시민의 재산권을 '소멸'이라는 방법으로 박탈하는 효과를 가진 소멸시효법이, 아무리 그 자체로 정당한 목적을 가지고 있다 하더라도, 그 적용 가부를 좌우하는 요건 해당성 여부를 위와 같이 불명료하고 혼잡하며, 심지어 상호 모순적으로 보이도록 놓아 두는 상황은 타개하여야 한다.[22] 이를 위한 연구로서, 우선 비교연혁적 검토의 범주를 서구 쪽으로 넓혀보기로 한다.

Ⅱ. 서구의 논의와 법제에 관한 비교연혁적 검토

1. 법전편찬기 이전의 소권시효 기산점

고대 로마법에서 우리의 소멸시효에 견줄만한 제도는 「*praescriptio*」(전가문)이었다. 이는 소권 행사에 대한 소송상 항변(권)(*exceptio*)을 의미하였다.[23] 이러한 소권시효의 기산을 위해서는 '소권의 발생(*actio nata*)'이 요구되었다.[24]

그런데 주석학파(Glossatoren) 이래, 「소권의 발생이 채권자의 권능 속에 있는 경우에는 때때로, 아직 발생하지 않은 소권이 시효에 걸린다(*toties praescribitur actioni nondum natae, quoties nativitas est in potestate creditoris*)」라는 법언으로써 위 요건의 확장이 시도되었다고 한다.[25]'소권의 발생'을 초래하는 것이 권리자의 임의에 맡겨져 있는 경우에는 사물의 본성, 즉 시효의 목적에 따라 그 발생 이전에도 이미 시효가 기산되도록 하여야 한다는 것이었다.[26] 해지통고의 결과로써 비로소 이행기에 도래하는 채권도 여기에 해당하는 예로 거론되었다.[27]

의 반환청구권에 관한 소멸시효 문제를 서술하고 있다) 참조.

21) 注釋民法(5)(주 11), 288면(森島昭夫) 참조.

22) 민법 중 소멸시효법의 전체적인 가혹성과 불명료성의 문제와 이를 해결하기 위한 입법론적 개선방안의 모색으로는 졸고, "소멸시효 제도의 입법적 개선을 위한 소견", 재산법연구(제41권 제1호), 한국재산법학회(2024), 1면 이하 참조.

23) 졸고(주 22), 14면 및 15면의 각주 70)의 문헌 참조.

24) Friedrich Carl von Savigny, System des heutigen Römischen Rechts, 5. Bd., Veit und Comp(1841), S. 281 및 같은 쪽 각주 (b)의 문헌과 Heinrich Dernburg: Lehrbuch des preussischen Privatrechts und der Privatnormen des Reichs, 1. Bd., 5. Aufl., Buchh. des Waisenhauses(1894), S. 377 참조.

25) 이에 관해서는 Savigny(주 24), S. 282; Karl Spiro, Die Begrenzung privater Rechte durch Verjährungs-, Verwirkungs- und Fatalfristen Bd. 1, Stämpfli & Cie(1975) S. 50 등 참조.

26) 가령 Karl August Dominik Unterholzner, Ausführliche Entwickelung der gesammten Verjährungslehre aus den gemeinen in Deutschland geltenden Rechten, 2. Bd., Barth(1828), S. 318 f. 참조.

하지만 이러한 요건 확장에 반대하는 이론도 제시되었다. 특히 Friedrich Carl von Savigny는 '소권의 발생'이 이루어지기 위해서는 해당 소권이 실질적으로 현재의 것으로서 소구가능한 권리이어야 하고, 또 권리침해, 즉 권리자가 소를 제기하도록 하는 방해가 있어야 한다는, 이른바 권리침해설(Rechtsverletzungstheorie)을 주장하였다.[28] 이를 바탕으로, 그는 가령 무이자부 소비대차, 임치, 사용대차 등과 같이, 법률관계가 우선은 계속적 관계로 존재하지만, 채권자가 임의로 그 종료를 결정할 수 있는 경우, 그 대여일이나 임치일 등과 같이 해당 법률관계가 개시한 때에는 아직 소를 제기할 원인, 즉 권리침해가 존재하지 않으므로, 곧바로 그 법률관계 개시시부터 시효가 진행하지 않고, 대여자나 임치인이 반환청구를 한 때부터 기산한다고 설명하였다.[29]

2. 법전편찬기 이후의 시효 기산 규율

가. 프랑스

1804년 프랑스 민법전(*civil code*, Napoleonic Code[30])의 시효에 관한 법적 구성은 실체법적 이해와 소송법적 이해 사이를 오가면서 유동적이었다.[31] 같은 법은 소권에 관한 통상시효기간을 30년으로 정하고(제2262조), 그 밖에 공사도급계약에서의 하자담보책임에 관한 10년의 시효기간(제2270조)이나 6월, 1년, 2년 등의 단기시효기간(제2271조 이하)을 정하였지만, 그 기산점에 관한 일반적 규율은 정해두지 않았다. 조건부 채권이나 기한부 채권, 추탈담보책임 소권에 관한 시효진행 정지사유를 마련하였을 뿐이다(제2257조).[32] 그럼에도 시효기산에 관해서는 별도의 명문 규정[33]이 없다면 원칙적으로, 채권자가 자신의 청구권을 소로써

---

27) Unterholzner(주 26), S. 319 참조.

28) Savigny(주 24), S. 280 ff. 참조.

29) Savigny(주 24), S. 291 ff., 295 f.(해지통고기간이 있는 때에는 그 통고 후 해당 기간이 지난 후부터 시효가 기산한다고 본다) 참조.

30) 2008년 시효법에 관한 개정이 있었으므로, 이 법률을 「프랑스 구민법」이라 지칭한다. 2008년 프랑스 시효법 개정의 주요 내용 소개로는 남궁술, "프랑스 채권법 및 시효법 개정시안에서의 시효와 점유", 민사법학(제45-2호), 한국민사법학회(2009), 377면 이하 참조.

31) 가령 프랑스 구민법 제1234조는 시효를 채권(*obligation*)의 소멸사유 중 하나로 정하고, 제2219조는 일정한 시간의 경과로 권리를 취득하거나 의무를 면하는 방법으로 규정하나, 제2223조는 법관이 시효로 발생하는 청구이유를 직권으로 보완하지 못하도록 하고, 제2262조는 통상시효의 대상을 '소권(*action*)'으로 정한다. 이에 관해서는 Reinhard Zimmermann, „… *ut sit finis litium*", in JuristenZeitung(55. Jahrg., Nr. 18), Mohr Siebeck(2000), S. 856 참조. 또한, 프랑스에서 시효완성은 그곳 민사소송절차의 소송불수리 사유로 이해되고, 따라서 권리자의 소권을 무효화하는 소송법적 제도로 파악하는 고전적 이론이 암묵적으로나마 여전히 유지되고 있다. 이에 관해서는 졸고(주 22), 11면 참조.

32) 이와 같은 프랑스 구민법의 규율 내용이, 아직 발생하지 않았거나 또는 행사할 수 없는 권리에 대해서는 시효의 진행을 '정지'하는 것으로 구성하는 입법기술에 해당한다는 평가로는 注釋民法(5)(주 11), 279-280면(森島昭夫) 참조.

33) 프랑스 구민법은 같은 법률의 여러 군데에서 소권의 시효가 언제 기산하는지를 명시적으로 규정해두고 있다. 가령 공사도급계약에 관해서는 공사를 인수한 날(제2270조), 계약 외 손해배상채권에 관해서는 손해가 발생하거나 가중된 때(제2270조의1), 변호사의 비용・보수에 관한 소권은 판결 또는 당사자 사이의 화해가 있거나 수임이 해소된 때(제2273조), 법관이나 대리인, 보조자, 집행관의 책임에 관한 소권은 판결 또는 관계종료일 또는 집행이나 위탁증서의 송달이 있는 때(제2276조)가 그러하다. Murad Ferid/Hans Jürgen Sonnenberger, Das

주장・행사할 수 있었던 때부터 기산하는 것으로 이해되었다.[34)]

한편, 앞서 본 「소권의 발생이 채권자의 권능 속에 있는 경우에는 때때로, 아직 발생하지 않은 소권이 시효에 걸린다.」라는 법언에 따른 규율이 프랑스 구민법 자체에 명시적으로 선언되어 있지는 않았다.[35)] 물론, 프랑스의 보통법 이론에서도 위 규율이 적용되었던 것으로 파악되기는 한다.[36)] 그러나 프랑스 구민법 제정 후에는 위와 같은 법언의 적용 범위가 축소되었음을 확인할 수 있다. 가령 예금잔고 지급에 관한 채권과 같이 계속적 관계의 종료에 기한 채권은 그러한 위임 내지 사무처리 관계의 종료가 있는 시점부터 시효에 걸린다고 보았다.[37)] 반면, 채권자의 정산서 제시로써 발생하는 채권처럼, 그 발생 여부가 오로지 채권자의 임의적 언동에 좌우되는 권리의 시효에 대해서는 정산서가 실제 제시된 시점이 아닌, 그러한 청구가 가능한 시점, 즉 정산서 제시의 이행기가 도래한 시점부터 시효에 걸린다고 보았다.[38)]

나. 오스트리아

1812년에 발효된 오스트리아 일반민법전(Allgemeines bürgerliches Gesetzbuch; ABGB)[39)]의 규율 내용과 그 적용 결과는 프랑스와 달랐다. 오스트리아 민법 제1478조 제2문은, 「그 자체로 이미 행사될 수 있었던 권리의 단순한 불행사(der bloße Nichtgebrauch eines Rechtes, das an sich schon hätte ausgeübt werden können)」가 30년 동안 지속됨으로써 본래의 시효[40)]가 완성된다는 취지를 규정하였다. 이를 근거로 오스트리아에서는 「권리가 처음(zuerst) 행사될 수 있었을 때」인지가 시효기산 여부를 결정한다고 풀이되었다.[41)] 그리고 같은 맥락

Französische Zivilrecht, Bd. 1/1, Erster Teil: Allgemeine Lehren des Französischen Zivilrechts: Einführung und Allgemeiner Teil des Zivilrechts, 2. Aufl., Verlagsgesellschaft Recht und Wirtschaft mbH(1994), S. 268 참조.

34) *Gabriel Baudry-Lacantinerie/Albert Tissier, De la prescription, 3e éd., Larose & L. Tenin*(1905), *pp.* 298, 301; Ferid/Sonnenberger(주 33), S. 268 참조.

35) Spiro(주 25), S. 50 각주 6)에 따르면, *Jean Domat*와 *Robert-Joseph Pothier*의 저서에 이러한 사고가 언급되어 있지 않았고, 이것이 당초의 프랑스 민법전이나 20세기 이후의 대부분 저서에서, 아직 발생하지 않은 소권에 관한 시효 기산의 법리에 관하여 침묵하고 있는 이유로 추론된다.

36) *Baudry-Lacantinerie/Tissier*(주 34), *p.* 302(「*Sans doute, il serait trop absolu de poser en règle, comme on le faisait autrefois, la maxime: Toties praescribitur actioni nondum natae, quoties nativitas est in potestate creditoris. Mais il est des cas où cette idée doit être exceptionnellement prise en considération.*」); Spiro(주 25), S. 50 참조. 그 밖에 프랑스 구민법 제정 전의 원칙적 시효기산점에 관해서는 서종희, "일반소멸시효의 기산점 판단법리의 기원-*Boissonade* 민법초안부터 메이지 민법 제정까지", 법학연구(30권 2호), 연세대학교 법학연구원(2020), 6-7면 참조.

37) *Baudry-Lacantinerie/Tissier*(주 34), *p.* 300 및 같은 쪽 각주 1)에서 인용하는 판결례 참조.

38) *Baudry-Lacantinerie/Tissier*(주 34), *pp.* 300, 305 참조.

39) 이하 「오스트리아 민법」이라고만 한다.

40) 취득시효(Ersitzung)가 아닌 본래 의미의 시효(Verjährung), 즉 「*praescriptio*」에 해당하는 시효를 가리킨다. Michael Bydlinski, in: Peter Rummel(Hrsg.), Kommentar zum Allgemeinen bürgerlichen Gesetzbuch, 2. Bd. / 3. Teil, 3. Aufl., Manzsche Verlags- und Universitätsbuchhandlung(2002), § 1478 Rz. 1 참조.

41) M. Bydlinski(주 40), § 1478 Rz. 2 및 Rudolf Welser/Andreas Kletečka, Grundriss des bürgerlichen Rechts, Bd. I, 15. Aufl., Manzsche Verlags- und Universitätsbuchhandlung(2018), S. 247과 같은 쪽 각주 15)에서 인용하는 판결례 참조.

에서 급부의무의 이행기 도래가 해지통고[42]나 해제의 의사표시에 좌우되는 때는 그러한 통고나 의사표시가 허용되는 시점에 시효가 기산하는 것으로 다루어지고 있다.[43] 선택권이 부여된 경우처럼 이행의무가 권리자의 의사표시에 좌우되는 때나 환매권이 부여된 경우도 마찬가지이고, 해지통고기간이 부여된 때에는 그 기간만큼 시효의 기산이 연기된다고 본다.[44] 급부의무 이행이 전적으로 권리자의 의사에 좌우되는 때도 청구권의 발생 시점에 시효가 기산하고, 정산서 제시로써 지체상태에 이르게 될 경우에는 해당 정산서 제시가 객관적으로 가능했을 시점에 시효가 기산하는 것으로 본다고 한다.[45]

다. 독 일

1) 독일 민법전 제정 이전의 규율 상황

1794년 발효된 프로이센 일반분방법(Allgemeines Landrecht für die Preußischen Staaten)은, 모종의 계기(Gelegenheiten)가 있는 때에만 행사될 수 있는 권리에 대해서는 그러한 계기가 발생한 시점부터 시효가 기산하고(Erster Teil, Neunter Titel, 9. Abschnitt § 543), 채권의 시효는 그 이행을 처음으로 요구할 수 있었던 날부터 기산한다고 정하였다(§ 545). 이 법률에서 정한 소멸시효(erlöschende Verjährung)는 통상 30년의 기간이 지나면 완성되었는데(§ 546조), 위와 같은 규정들에 따라, 소멸시효는 일반적으로 그 대상이 되는 권리가 행사될 수 있는 때부터 진행하는 것으로 이해되었다.[46] 위 법률에서 정한 소멸시효의 대상은 '채권'이지 '소권'이 아니었으므로, 보통법 이론에 논의되던 '권리침해'나 그로 인한 '소권의 발생' 자체는 시효 기산의 요건으로 자리 잡지 못하였다.[47]

그래서 가령 매도인이 계약에 따라 그 대금을 확정하여야 함에도 이를 행하지 않은 경우, 매매대금에 관한 채권의 시효는 이미 기산한다고 보았다.[48] 해지가능한 소비대차에 기한 채권의 시효도 채권자가 해지권을 취득한 즉시 기산하며, 다만 해지통고기간이 있는 때는 그 기간만큼 시효가 연장된다고 보는 것이 실무에 부합한다고 하였다.[49]

2) 독일 민법전의 당초 규율 내용 및 그 형성 경과

이후 19세기 후반의 입안 과정을 거쳐 1900년에 시행된 독일 민법전(Bürgerliches Gesetzbuch;

---

42) 오스트리아 민법 제963조는 임치(Hinterlegung) 계약에 관하여, 보관기간이 명시적으로 정해지지도, 부수적 사정에 따라 인정되지도 않은 때는 언제든지 임의로 해지통고될 수 있음을 규정하고 있다. 한편, 임치물의 반환청구권에 관해서는 통상시효기간인 30년이 적용된다. M. Bydlinski(주 40), § 1478 Rz. 6 참조.

43) M. Bydlinski(주 40), § 1478 Rz. 3 참조.

44) M. Bydlinski(주 40), § 1478 Rz. 3 참조.

45) M. Bydlinski(주 40), § 1478 Rz. 3 참조.

46) Heinrich Dernburg, Lehrbuch des preußischen Privatrechts und der Privatrechtsnormen des Reichs, 1. Bd., 5. Aufl., Verlag der Buchh. des Waisenhause(1894), S. 377 참조.

47) Dernburg(주 45), S. 378 참조.

48) Dernburg(주 45), S. 378 참조.

49) Dernburg(주 45), S. 378 f. 참조.

BGB)[50]도 기본적으로 프로이센 일반분방법과 같은 관점을 갖고 시효의 기산점 문제에 접근하였다.

독일 구민법의 제1초안의 기초자는 시효의 대상을 소권이 아닌 실체법적 청구권으로 삼으면서,[51] 소제기의 권능이 발생한다든가 권리침해가 있는 시점이 아닌, 「청구권의 만족이 법적으로(rechtlich) 청구될 수 있는 시점(이행기 도래 시점, Fälligkeit)」부터 시효가 기산한다는 취지의 규정을 제1초안 제158조 제1항에 마련하였다.[52] 기존에 통용되던 권리침해설은 새로운 법률에 이질적이거나 원칙적으로 인정되지 않을 뿐더러, 시효진행에 관한 확실한 기산점을 알기 어렵게 하고, 증명곤란의 빌미를 제공하며, 의심스러운 청구권이 시효의 목적에 반하여 계속 존재할 수 있게 한다는 이유에서 거부되었다.[53] 그리고 제1초안 제158조 제3항은, 「청구권의 발생이 권리자의 단순한 의사에 달려있는 경우, 시효는 청구권이 발생될 수 있는 시점에 기산한다.」라고 정하고, 같은 조 제4항은 「청구권의 만족이 권리자의 청구(Verlangen) 또는 해지통고에 달려있는 경우, 시효는 청구 또는 해지통고가 행해질 수 있는 시점에 기산한다. 해지 시점으로부터 만족을 위한 기간이 정해진 경우, 시효는 해지가 행해질 수 있었던 시점부터 이러한 기간에 해당하는 상응하는 시간이 경과한 시점부터 기산한다.」라고 명시하였다. 이에 따라 의무부담자가 청구권의 존부에 대해 다투지 않는데도, 권리자가 자신의 청구권을 상실하는 경우가 생길 수도 있지만, 그러한 법률관계가 30년의 통상 시효기간(제1초안 제155조)이 넘도록 정리되지 않는 경우는 드물고, 그러한 경우 시효적용의 예외를 인정하는 것은 공공의 이익에 거의 도움이 되지 않는다고 보았다.[54]

이후 제2차 위원회(Zweite Kommission)도 권리침해설을 명확하게 배제하고 시효의 기산점에 대한 원칙을 실정법으로 명확히 해야 한다는 관점에서, 제1초안 제158조 제1항과 그 실질적 내용에서는 차이가 없이, 시효의 기산에 관한 규준 표지를 명확하게 알려 주는 표현으로서, 「시효는 청구권이 발생한 시점에 기산한다.」라는 안을 정하였다.[55] 다만, 위 위원회는 제1초안의 심의 과정에서, 위 제158조 제3항이 지나치게 광범위하여, 드물지 않은 사례들에서 청구권자에게 부당한 결과를 초래할 수 있다고 보아, 이를 삭제하였다.[56] 가령 매도인의 환매권이 30년 동안 보류된 매매계약에서 그 환매권이 설정된 매매계약의 체결 시점

---

50) 2001년 시효법 부분이 개정되어, 2002년부터 시행되었으므로, 이하에서는 「독일 구민법」으로 지칭한다.

51) 독일 구민법 제정 당시에 시효의 대상을 '청구권(Anspruch)'으로 규율한 경위에 관해서는 우선 졸고(주 22), 16－17면 참조.

52) Benno Mugdan(Hrsg. u. bearb.), Die gesammten Materialien zum Bürgerlichen Gesetzbuch für das Deutsche Reich, Bd. 1, Scientia Verlag Aalen(1979)(Neudruck der Ausgabe Berlin 1899), S. 521 참조.

53) 제1초안의 기초자는 시효의 기산점을 청구권의 발생 시점과 일치시킴으로써 시효기산점 결정의 안정적 기준을 제공하고자 하였다. 이에 관해서는 Mugdan(주 52), S. 521 참조.

54) Mugdan(주 52), S. 521 참조.

55) Albrecht Achilles/Albert Gebhard/Peter Spahn(Hrgs.), Protokolle der Kommission für die zweite Lesung des Entwurfs des Bürgerlichen Gesetzbuchs: Allgemeiner Theil und Recht der Schuldverhältnisse Abschn. I, Abschn. II Tit. I., Bd. I., Guttentag, Verlagsbuchhandlung(1897), S. 210 참조.

56) Protokoll(주 55), S. 211 참조.

부터 30년의 시효를 계산하여 매도인의 환매에 기한 청구권을 상실시킨다면 그에게는 심히 가혹한 일이 될 것이라고, 시효중단의 가능성으로도 충분히 정당화될 수 없다는 점을 우려하였다.[57] 또, 권리자의 의사에 달린 청구권에 해당하더라도, 권리자가 자기의 의사를 표시함으로써 의무도 부담하게 되는 경우처럼, 늘 언제든지 자기의 의사표시로써 그의 청구권을 발생시킬 수 있는 상태에 있는 것도 아님이 지적되었다.[58]

이러한 입안 중의 논의를 거쳐, 결국 독일 구민법은 제198조 제1문에서 「시효는 청구권의 발생으로써 기산한다.」라고 정하였다.[59] 제1초안 제158조 제1항의 「청구권의 만족이 법적으로 청구될 수 있는 시점」이라는 문언이 위와 같이 변경됨에 따라, 부작위에 관한 청구권시효의 기산을 명확히 하기 위해, 위 제198조 제2문에 「청구권이 부작위를 목적으로 하는 경우, 시효는 위반행위로써 기산한다.」라는 문언이 추가되었다.[60] 그리고 제199조는 「권리자가 의무부담자에게 해지통고를 한 때에 비로소 급부를 청구할 수 있는 경우, 시효는 해지통고가 허용되는 시점부터 기산한다. 해지통고 이후 일정한 기간이 경과한 때에 비로소 급부할 효력이 발생한 경우, 시효의 기산은 그 기간 동안 연기된다.」라고 규율하였다. 나아가, 제200조에 「청구권의 발생이, 권리자가 자신에게 부여된 취소권을 행사하는 것에 달려있는 경우, 시효는 취소가 허용되는 때부터 기산한다. 취소가 가족법 관계에 기한 경우에는 그러하지 아니하다.」라는 규정도 두었다. 이 조항에 따라, 취소가능한 거래는 그 체결로써 시효가 기산하고, 가령 법률행위가 취소되면, 기왕에 급여한 부분의 반환청구권은 취소권자뿐 아니라, 그 거래상대방의 반환청구권도 해당 급여가 제공됨으로써 곧바로 시효가 진행하는 것으로 보았다.[61]

이러한 규율에 따라 독일 구민법이 적용되던 시절, 임치인의 임치물반환청구권[62]이나 기한을 정하지 않은 사용대차 대주의 반환청구권[63]과 같은, 이른바 「청구즉시 이행되어야 하

---

57) Protokoll(주 55), S. 211 참조. 이후 독일 구민법 제503조는 환매권에 관한 제척기간(환매권 보류의 약정 후부터 부동산에 관해서는 30년, 그 밖의 경우는 3년) 규정을 별도로 마련하였다. 이 규율은 현행 법률 제462조에도 규정되어 있다. 한편, 우리 민법 제591조의 환매기간 규정도 함께 참조.

58) Protokoll(주 55), S. 211 참조.

59) 다만, 위 제198조 제1항에서 정한 「청구권의 발생(Entstehung des Anspruchs)」은 청구권의 이행기 도래, 즉 청구권을 처음으로 주장, 행사할 수 있고, 필요한 경우 소의 방식으로 관철할 수 있는 시점에 달려 있다는 의미로 해석되는 데 견해가 일치하였다고 한다. Frank Peters/Reinhard Zimmermann, „Verjährungsfristen", in: Gutachten und Vorschläge zur Überarbeitung des Schuldrechts(Hrsg. v. Bundesminister der Justiz), Bd. I, Bundesanzeiger (1981), S. 244(다만 여기서, 기한이 연기되거나 정지조건부 청구권도 이미 발생한 것으로 볼 수 있다는 점에서 위 제198조 제1항이 「청구권의 발생」을 언급한 것은 전적으로 잘못되었다고 비판한다) 및 거기서 인용한 판례와 문헌 참조.

60) Protokoll(주 55), S. 211 참조.

61) Helmut Coing, in: J. v. Staudingers Kommentar zum bürgerlichen Gesetzbuch: mit Einführungsgesetz und Nebengesetzen, 1. Bd., Allgemeier Teil, 11. neubearb. Aufl., J. Schweitzer Verlag(1957), § 200 Rn. 1; Börris von Feldmann, in: Münchener Kommentar zum BGB, Bd. 1, 3. Aufl.(1993), § 200 Rn. 3 f. 참조. 이 문헌에 따르면, 취소상대방의 반환청구권은 제200조 등 독일 구민법에 명시적으로 언급된 것은 아니지만, 같은 법 제142조에서 정한 취소의 소급효에 관한 사고에 부합하는 것으로 이해되었다고 한다.

62) 독일 구민법 제695조는 기간을 정한 임치의 경우일지라도 임치인이 언제든지 임치물의 반환을 청구할 수 있도록 정하고 있었다. 현행 법률 제695조 제1항도 같은 취지이다.

는 청구권(verhaltene Ansprüche)」에 대해서는 권리침해나 권리에 대한 다툼이 시효기산에 요구되지 않았기에, 그 임치 시점이나 차용물의 교부 시점부터 시효가 기산하는 것으로 풀이되었다.[64] 하지만 제1초안의 제158조 제3항과 같은 취지의 규율은 두고 있지 않았기에 보통법 시대에 통용되던 「소권의 발생이 채권자의 권능 속에 있는 경우에는 때때로, 아직 발생하지 않은 소권이 시효에 걸린다.」라는 법언의 규율 자체는 독일 구민법의 일반적 관점에서는 적합하지 않은 것으로 이해되었다.[65]

3) 2002년 이후의 규율 내용 및 그 형성 경과

그러나 20세기 후반 무렵, 권리자가 해지통고나 취소로써 청구권의 이행기에 이르도록 할 수 있는 때에 그의 임의적 시효연장 가능성을 박탈하려는 취지의 위 제199조, 제200조의 규율 내용에 대해, 다시 비판적 관점이 제시되었다. 가령 권리자가 조건부권리에 붙은 조건의 성취를 좌우할 수 있는 때, 권리자가 해제권 등 다른 형성권을 행사하거나, 심지어 정산서 제시를 함으로써 문제된 채권의 이행기 도래효를 가져올 수 있는 경우[66]는 근본적으로 달리 보기 어려운데도, 위 조항들의 적용대상으로 보지 않는다는 점이 지적되었다.[67] 채권자가 자신에게 부여된 권리의 시효기간을 가능한 한 길게 가져가기 위한 행태지향성을 보일 것이라는 염려도 그저 이론적 기우에 불과한 것 아니냐는 의심도 샀다.[68]

결국 이러한 지적과 의심은 2001년 채권법의 현대화에 관한 법률(Gesetz zur Modernisierung des Schuldrechts)에 따른 시효법 개정에 반영되었다. 위 제199조, 제200조는 불필요할 뿐 아니라, 권리자의 임의적 언동에 따라 시효 기산이 지체될 수 있는 비견할만한 사례[69]를 포함하여야 정당화할 수 있는데, 기존의 지배적 견해는 그러한 경우에 위 조항을 적용하지 않았음을 이유로,[70] 폐지되었다. 그에 갈음하여 사용대차 목적물의 반환청구권의 시효는 사용대

63) 독일 구민법 제604조 제3항은, 기간을 정하지 않고, 그 목적으로부터도 이를 추단할 수 없는 경우, 대주가 언제든지 목적물의 반환을 청구할 수 있다고 정하였다. 현행 법률 제604조 제3항도 같다.

64) Staudinger/Coing(주 61), § 198 Rn. 3[다만, 이 문헌의 § 198 Rn. 5에 따르면, 청구권이 정산권한 있는 직원의 의사표시에 달린 경우, 그러한 의사표시가 통상적 업무 과정에서 이루어졌어야 하는 시점 이전에는 시효가 기산될 수 없다는 설명이 있다]; MüKoBGB/von Feldmann(주 61), § 198 Rn. 2 및 여기서 인용하는 BGH NJW-RR 1988, 1374, 1376 참조.

65) Staudinger/Coing(주 61), § 198 Rn. 7 참조.

66) 주문확인 서류가 교부되면 대금을 지불하기로 한 약정에 관하여 위 제199조, 제200조의 적용을 고려하지 않은 독일 연방최고법원 판결례로는 BGH NJW 1971, 979 f.(BGH, Urteil vom 17. 2. 1971-Ⅷ ZR 4/70) 참조.

67) Peters/Zimmermann(주 59), S. 245 f. 참조.

68) Peters/Zimmermann(주 59), S. 246은, 독일 구민법 제201조(단기시효의 기산일을 같은 법 제198조부터 제200조까지의 규정에서 정한 시점이 속한 연도 말로 규율, 같은 취지는 통상시효에 기간의 기산점에 관한 현행 제199조 제1항 제2호에 상응한다)에 기하여 채권의 이행기가 정산계산서 발행·교부에 달린 거래에서 그 계산서 교부가 다음 해로 지연되면 최대 1년의 시효기간을 연장할 수 있음에도, 확실히 그러한 일이 발생하지 않거나 무시할 만한 정도로 예외적으로만 발생한다는 점을 논거로 제시하며, 위와 같은 의심을 표명한다.

69) Bundestag Drucksache 14/6040, S. 99는 합의된 보수(Vergütung)에 관한 정산서 교부로써 그 보수청구권의 이행기가 도래하는 사례를 비견할만한 사례로 들었다.

70) BT-Drucks(주 69), S. 99 참조(나아가 조건부 또는 기한부 청구권은 그 조건의 성취나 기한도래로 시효가 기산하나, 「청구즉시 이행되어야 하는 청구권」은 곧바로 이행기가 도래하여 이로써 시효가 기산된다는 점도 문제의 일례로 지적한다).

차가 종료한 때부터 기산한다는 규정(현행 제604조 제5항)과 임치 목적물 반환청구권의 시효는 반환청구가 있는 때부터 진행한다는 규정(현행 제695조 제2문)을 신설하였다.[71] 특히, 구민법이 정한 청구권의 통상시효기간이 30년이었기에 같은 법이 적용되던 시절에는 감내하기 어려운 일이 일어나지 않았지만, 현행 민법은 청구권의 통상시효기간을 3년(현행 제195조)으로 정하고자 하였으므로,[72] 위 제199조, 제200조와 같이 시효기산점을 정하면 기한을 정하지 않고 사용대차하거나 임치한 목적물은 그 대여 또는 임치 시점부터 3년이 지나면 더 이상 회수할 수 없는 불합리한 결과의 발생이 예견되었다. 입법자는 이를 피하고자 했다.[73]

라. 스위스

1911. 3. 말에 시행된 현행 스위스 채무법(Obligationenrecht)은 채권(Forderung)[74]을 시효의 대상으로 정하였다. 채권의 통상시효기간은 10년으로 정하였고(제127조), 5년의 단기시효기간에 관한 규정(제128조) 등을 두었다. 같은 법 제130조 제1항은 채권의 이행기 도래(Fälligkeit)로써 기산하도록 규율하였다. 여기서 정한 '이행기'는 당사자 약정이나 법률관계 성질에 따라 정해질 수 있고(제75조), 법률 규정에 따라 정해질 수도 있지만, 이렇게 정해지지 않는다면, 채권의 발생 시점에 도래하는 것으로 본다.[75]

또한, 위와 같은 이행기 도래가 채권자의 임의적 언동에 맡겨져 있는 경우에 채권자가 일방적으로 시효기산을 연기하지 못하도록 하고자,[76] 제130조 제2항에 「채권이 해지통고로써 설정되는 경우(Ist eine Forderung auf Kündigung gestellt)」, 시효는 해지통고가 허용되는 날부터 기산하도록 정하였다. 이 조항은 그 이행기 도래가 해지통고에 좌우되는 채권뿐 아니라, 채권자의 의사에 따라 정해지는 때에도 적용된다고 이해된다.[77] 그래서 가령 착오를 이유로

---

71) BT−Drucks(주 69), S. 258, 269 참조.

72) 구민법은 「청구권의 발생」이라는 객관적 사유만으로 30년의 통상시효기간이 진행한다고 규율하였지만[구민법 제198조, 위 2) 부분 참조], 현행 민법은 청구권이 성립하고, 또 채권자가 청구권을 근거 지우는 사정 및 채무자의 신원을 알았거나 중대한 과실 없이 알았어야 했던 연도가 끝나는 때부터 3년의 통상시효기간이 진행하도록 정한다(현행 제195조, 제199조 제1항).

73) BT−Drucks(주 69), S. 258 참조.

74) 당초 1881년 제정되어 1883년에 시행된 스위스 구채무법은 독일 구민법처럼 실체법적 청구권을 시효의 대상으로 삼았다(스위스 구채무법 제146조 이하 참조). 그러나 이를 개정한 1911년 시행 스위스 채무법은 시효의 대상을 「채권」으로 정하였다. 구채무법에서 현행 채무법과 같이 시효의 대상을 「채권」으로 바꾼 이유는 단지 물권적 청구권도 시효에 걸리는지에 관한 문제에 대해 미확정의 문제로 남길 수 있다는 데에 있었다고 한다. 이론적으로 시효의 대상을 달리 보려고 한 것이 아님은, 스위스 채무법을 입안하면서 위와 같은 표현을 철저하게, 일관하여 수정하지 않고, 가령 스위스 채무법 제133조(「주된 청구권, 부수적 청구권」), 제139조(「구상청구권」) 및 제60조(「손해배상에 관한 청구권」), 제67조(「부당이득반환청구권」), 제371조(「도급인의 하자로 완성물의 하자로 인한 청구권」) 등과 같이 「청구권」을 시효의 대상으로 정한 규정이 남아 있다는 점에서도 드러난다고 한다. 이에 관해서는 Spiro(주 25), S. 575 f. 참조. 스위스 입법자는 시효법적으로 「채권」과 「청구권」을 같은 개념으로, 즉 둘다, 채권자가 채무자로부터 급부(급여)를 청구할 수 있는 권한으로 이해한다는 설명으로는 Isabelle Wildhaber/Sevda Dede, in: Berner Kommentar, Obligationenrecht, Die Verjährung Art. 127−142 OR, Stämpfli Verlag AG(2021), Art. 127 OR, N. 7 참조.

75) BK/Wildhaber/Dede(주 74), Art. 130 N. 16 f. 및 거기서 인용하는 문헌 및 판결례 참조.

76) BK/Wildhaber/Dede(주 74), Art. 130 N. 60 및 거기서 인용하는 문헌 및 판결례와 Spiro(주 25), S. 52, 69 ff. 참조.

계약이 취소되는 때에 이미 제공된 급여의 부당이득반환채권에 관한 시효기간은 그 제공 시부터 기산한다고 풀이함이 스위스 연방법원 판례 입장이다.[78] 채권자에 의해 납기가 지정되는 거래(Geschäft auf Abruf)처럼 그 이행기 도래의 결정이 당사자 일방의 임의적 의사결정에 달린 경우에도 위 제130조 제2항의 적용이 고려된다.[79] 계좌를 통한 할부결제(Akontozahlung)가 과다하게 이루어진 경우의 계약상 반환채권 또한 계약당사자가 그 이행기 도래 시점을 정할 수 있는 한, 해당 과다 할부금의 지급 시점부터 시효가 진행한다고 본다.[80] 상품권(Gutschein) 제시에 따른 급여채권에 관해서도 통상 상품권 발행일에 시효가 기산한다고 보기도 한다.[81] 소비대차계약에 따른 대여금 반환채권에 관한 10년의 시효는 그 반환시기에 관한 별도의 약정이 없는 한, 대여가 행해진 후 6주[82]가 지나면 기산하는 것으로 풀이한다.[83]

다만, 위 제130조 제2항의 적용범위는 그리 확장적이지 않은 것으로 파악된다. 가령 신탁적 재산관리계약이나 예금계약, 임치계약[84]과 같은 계약관계 종료로 발생하는 목적물 반환채권에 관한 시효는 해당 계약관계 종료로써 진행하지, 해당 재산의 관리위탁이나 보관을 맡긴 날부터 기산한다고 풀이하지 않는다.[85]

3. 시사점

이상에서 살핀 바와 같이, 시효의 대상이 되는 권리가 그 권리 보유자의 해지통고 등 임의적 언동에 따라 발생하거나 그 이행기에 도래하는 때에 그 발생 또는 이행기 도래 전에도 시효가 기산한다고 볼 것인지에 관한 규율과 그 적용 범위는, 시효에 걸리는 권리를 어떠한 권리로 정할지(소권인지, 실체법상 권리인지), 원칙적 시효기산점을 정하는 규준 표지가 어떠한 문언으로 정해져 있는지(권리의 발생 시인지, 그 자체로 이미 행사할 수 있는 때인지, 이행기 도래시인지), 통상시효기간을 몇 년으로 정하는지(30년, 10년, 3년) 등에 따라, 시기별로, 또 국가별로 다양하게 전개되었다.

임치인의 해지통고로 발생하는 임치물 반환청구권의 시효기산점만 보더라도 그러하다. 시효의 기산점을 「그 자체로 이미 행사될 수 있었던」 때로 정하고 해당 권리를 발생시키는

---

77) BGE 122 Ⅲ 10 E. 6 및 BK/Wildhaber/Dede(주 74), Art. 130 N. 64; Spiro(주 25), S. 69 ff. 참조.
78) BGE 114 Ⅱ 131 E. 3 b 참조.
79) BGE 122 Ⅱ 10 참조.
80) BGer 4C.397/2005/zga(01.03.2006), 2.2.2. f. 참조.
81) BK/Wildhaber/Dede(주 74), Art. 130 N. 66; Spiro(주 25), S. 69 ff. 참조.
82) 스위스 채무법 제318조는 소비대차 목적물의 반환에 관한 확정기일이나 해지통고기간 또는 임의적 최고에 기한 만기도래를 정하지 않은 경우, 최초 최고(Aufforderung) 후 6주 이내에 반환하도록 정한다.
83) BGer 4P.333/2006/len(15. 3. 2007), 5.2. 참조.
84) 스위스 채무법 제475조 제1항은, 임치계약(Hinterlegungsvertrag)에서 임치인은 임치기간에 관한 약정이 있더라도, 언제든지 임치물의 반환을 청구할 수 있도록 규정한다.
85) BGE 122 Ⅲ 10 E. 5b; 91 Ⅱ 442 E. 5b 등 참조. 다만, 이와 달리 관리위탁이나 임치시부터 진행한다는 견해로는 Spiro(주 25), S. 54 참조.

해지통고 허용 시점부터 30년의 시효기간을 진행하게 하는 법제(오스트리아)도 있지만, 당초 임치 시점부터 시효기간이 진행한다는 명문의 규정을 두었다가 현재는 오히려 명문의 규정으로 임치계약 종료시점부터 기산한다고 규율하는 법제(독일), 일반적으로는 채권이 해지통고로써 설정되면 그 해지통고가 허용되는 시점부터 시효가 진행한다는 취지로 명문 규정을 두면서도, 임치계약 등에 관해서는 그 계약의 종료 시점부터 시효기간이 진행한다고 풀이하는 법제(스위스)도 있다.

법전편찬기 이전의 보통법 시대 이후 현재에 이르기까지, 시효 기산을 권리자의 임의적 언동에 맡겨 둠으로써 자의적 시효연장을 꾀하여 시효제도의 안정적 운용이 저해될 것이라는 염려는 비중 있게 다루어졌고, 여전히 완전하게 불식되지 않았다. 이러한 염려가, 일정한 사안에 관하여 시효의 대상이 되는 권리의 발생 전 또는 그 이행기 도래 전에도 시효 기산을 하도록 규율하는 주된 논거로 작용하였다. 하지만 다른 한편으로, 특히 10년 이하의 단기로 통상시효가 정해지는 법제에서는 위와 같이 시효 기산을 앞당기면서 불가피하게, 권리행사의 기대가능성이 없음에도 권리자에 대한 가혹한 권리 제약이 가해질 수 있다는 관점이 위 논거에 대한 반론을 키웠다. 특히, 19세기 초반 통상시효기간을 30년으로 정하고, 취득시효 제도와 소멸시효 제도를 실체법적 효력을 가지는 하나의 시효 체계로 규율한 법제(특히, 프로이센, 오스트리아)에서는 위와 같이 시효기산을 앞당기는 규율에 대한 논란이나 반론은 그리 주목받지 못하거나, 어렵지 않게 무마되었다. 반면, 시효의 대상을 소권으로 규율하거나, 실체법적 권리의 관철 저지효를 부여하는 제도로 규율하는 법제(프랑스, 독일, 스위스)에서는 시효 기산을 앞당기는 위와 같은 규율의 적용 범위를 확장하지 않았고(프랑스, 스위스), 나아가 통상시효기간을 3년으로 단축한 법제에서는 그러한 규율 자체를 폐지하는 데까지 이르렀음을 확인할 수 있다(독일).

이러한 서구 각국의 규율 상황 및 그 전개는 권리자가 임의로 권리의 발생 여부나 그 이행기를 정할 수 있을 때 그에 관한 시효 기산을 앞당기는 규율이 그 자체로 자명 또는 필수·불가결한 것이 아니고, 또 언제나 그 정당성을 획득하는 것도 아님을 시사한다. 더불어, 해당 법질서에 자리 잡은 시효제도의 목적, 대상이 되는 권리나 시효기간, 그 법적 효과와의 긴밀한 관련 속에서, 시효제도 운용의 안정성 확보 필요와 권리자의 권리행사·관철 보장 사이의 균형을 찾아 그 규율 내용과 관련 법리가 지속적으로 변화, 발전해 왔음을 깨닫게 한다. 그 과정에서 각국의 입법자는 권리자의 임의적 언동으로 좌우되는 일정한 유형의 권리(해지권이나 취소권) 행사에 따른 반환청구권의 시효기산점에 관한 일반조항을 두거나 개개 법률관계에 관한 특별조항을 두는 방식으로 법적 안정성을 추구해 왔음도 목도할 수 있다.

이러한 시사점과 이해 등을 바탕으로, 이하에서는 우리 소멸시효법의 해석 및 적용에 관해서도 권리자가 자신의 임의적 언동으로 권리의 발생 여부나 그 이행기를 정할 수 있을 때, 그에 관한 시효기산점을 앞당기는 규율이 허용될 수 있을지, 허용된다면 어떠한 근거로, 어떠한 범위에서 그리 볼 것인지를 살펴보고자 한다.

Ⅲ. 현행 소멸시효법의 규율 내용과 타당한 해석론의 모색

1. 시효기산점에 관한 법률문언의 규준 표지와 그것의 불명확성

민법 제166조 제1항은, 「권리를 행사할 수 있는 때」를 소멸시효 기산점으로 정한다. 일본 메이지민법 제166조 제1항[86]과 같은 문언이다. 현행 민법이 소멸시효를 일정 기간의 권리 불행사 상태(제162조: 「행사하지 아니하면」)에 실체적 권리의 소멸효를 부여하는 제도로 구성하고 있음을 염두에 둘 때, 위와 같은 시효기산점 규율은 당연한 귀결이라고도 말할 수 있다.[87] 그리고 이러한 사고에 더해, 권리의 '행사' 또는 '불행사'라는 표지에 방점을 찍어 보면, 비록 시효의 대상이 되는 권리가 아직 발생하거나 그 이행기에 도래하지 않았더라도, 계약 관계의 해지통고 등 당사자 일방의 임의적 언동에 따라 그러한 권리를 즉시 행사할 수 있거나, 또는 일정한 기간 경과 후에 행사할 수 있었음에도 그러한 행사를 하지 않았다면, '그러한 언동을 할 수 있는 때' 또는 '그때부터 일정한 기간 경과 후'가 다름 아닌 해당 「권리를 행사할 수 있는 때」이고, 그럼에도 그 권리를 행사하지 않았으니 시효를 진행하게 함이 자연스럽다는 생각이 들 수도 있다.

서구의 법제 중에도 시효기산점에 관하여 이와 유사한 문언의 규정을 두고 있는 곳이 있다. 오스트리아가 그러하다. 그곳 민법 제1478조 제2문은 「그 자체로 이미 행사될 수 있었던 권리의 단순한 불행사」가 30년간 지속되면 시효가 완성한다고 정한다. 이를 근거로 「권리가 처음 행사될 수 있었던 때」로서, 그 이행기 도래가 일방의 해지통고나 해제 의사표시에 달린 때에는 해당 권리의 발생 또는 이행기 도래 전에도 시효는 기산한다고 풀이한다.[88]

하지만 이제, 관점을 바꾸어 본다. 과연 「권리를 행사할 수 있는 때」라는 문언의 규준 표지가, 권리자의 임의적 언동으로 해당 권리의 발생 또는 이행기 도래를 좌우하는 경우, 문제된 권리의 발생 또는 이행기 도래 전으로 시효기산점을 앞당겨야 함을 자명하게 지시하고 있는가? 또, 그렇게 할 수 있는 경우가 언제인지도 분명하게 알려 주는가? 따져 본다면, 위 문언에서 「행사」의 대상이 되는 권리가 시효의 대상이 되는 권리 자체만을 가리키는지,

---

86) 현행 일본 민법 제166조가 정한 시효기산점에 관해서는 앞의 주 9) 참조.

87) 注釋民法(5)(주 11), 280면(森島昭夫)은 「원래 시효라고 하는 것은 권리를 행사할 수 있는 자, 즉 그 행사할 권리를 가지고 있는 자가 그 권리를 행사하지 않거나 기한 내에 행사하지 않았다고 하는 것이 이유가 된다. 그런데 아직 행사할 수 없는 권리의 소멸시효가 진행된다고 하는 것은 어불성설이다. 이는 시효의 정지를 말하는 것이라기보다도 시효의 성질상 당연히 권리를 행사할 수 있게 된 시점부터 시효의 진행이 기산된다고 말하는 것이 맞을 것이다.」라는 法典調査会速記録(5권 153면)에 실린 梅謙次郎의 설명을 인용하고 있다.

88) 위 Ⅱ. 2.의 나. 부분 참조.

아니면 그 권리의 행사가능 시점을 도래하게 하는 권리자의 다른 권리나 그 밖의 언동도 포괄하는지는 명료하지 않다. 민법 제166조의 다른 문언이나 다른 소멸시효법 규정에서도 이를 분명히 밝혀주고 있지 않다. 해석의 영역으로 넘어가야 한다.

그렇다면 그동안의 이론과 실무는 이를 어떻게 해석하여 적용하였는가? 역시 불명료하고 혼란스럽다.

가령 조건부권리의 시효기산점은 해당 조건이 성취된 때로 이해하는 데 이견을 찾기 어렵다.[89] 그렇지만, 만약 조건이 권리자의 의사결정에 의한 사실상태(가령 권리자의 미국 여행)에 좌우되는 단순수의조건일 때도 마찬가지인지, 아니면 권리자의 임의적 언동에 좌우되는 조건이므로, 권리자가 그 사실상태를 결정할 수 있는 때부터를「권리를 행사할 수 있는 때」로 보아 그때부터 시효가 진행한다고 보아야 할지, 명확하지 않다.[90] 조금 더 범위를 확대해 본다. 가령 보증인의 대위변제에 따른 구상권은 당연히 그 대위변제 시점부터 발생한다고 보아야겠지만,[91] 그 보증인이 변제 시점을 임의로 정할 수 있었다면 대위변제를 할 수 있었던 때, 즉 '구상권을 발생시켜 이를 행사할 수 있었던 때'를 시효기산점으로 정해야 하는 것 아닐까? 그 밖에 보증인이 아닌 자의 대위변제로 인한 구상권[92] 행사에 관해서도 마찬가지의 의문이 제기될 수 있다.

또, 권리의 작용 측면에서 형성권은 그 권리자가 해당 형성권의 행사 여부나 시기를 결정할 수 있는 것을 가리킨다.[93] 역시 권리자의 임의적 언동에 달려 있다. 하지만 대법원은「형성권의 행사로 인하여 생긴 청구권」에 관한 소멸시효의 기산점을 그 형성권 행사 시점, 즉 해당 청구권의 발생 시점으로 보았다.[94] 이른바 형성권적 기한이익 상실 특약이 있는 경우, 기한이익의 상실 사유가 발생하였다고 하더라도 채권자가 잔액을 일시에 청구할지 또는 종래대로 할부변제를 청구할지를 자유로이 선택할 수 있다고 하면서, 그러한 경우 할부채무를 1회 불이행하더라도 그 기한이익 상실에 따른 채권자의 잔존 채무 전액에 관한 이행청구권의 소멸시효는 잔액 변제를 구하는 취지의 의사를 표시한 때부터 진행한다고 보기도 하였

89) 우선 곽윤직/김재형(주 6), 432면; 민법주해(Ⅳ)(주 8), 498면(오영준) 등 참조.

90) 계속적 계약관계를 해소하기 위한 해지통고를 그 행사로 발생하는 반환청구권의 기한 도래를 좌우하는 불확정한 사실로 이해하고, 그 불확정기한 도래 시부터 시효가 기산된다고 보는 견해[김병선(주 4), 486−491면]도 있는데, 그렇다면 단순수의정지조건부 권리의 시효기산점도 조건성취시로 보아야 할까? 나아가, 기존에 형성권행사의 효과로 발생하는 채권적 권리의 소멸시효 기산점을 형성권 행사 전으로 앞당기거나, 청구 또는 해지통고 후 일정기간이나 상당한 기간이 지난 후에 청구할 수 있는 권리의 시효기산점을 앞당기는 학계의 기존 논의[위 I. 부분, 특히, 앞의 주 7), 8)의 문헌 참조]는 전면 폐기되어야 하는가? 의문이다.

91) 그래서 가령 수탁보증인의 대위변제로 인한 구상권의 소멸시효 기산점은 보증인이 변제 등 면책행위를 한 때로 설명하는 민법주해(IV)(주 8), 494면(오영준) 참조.

92) 불가분채무자, 연대채무자, 보증인, 물상보증인, 담보물의 제3취득자, 후순위 담보권자가 대위변제로써 구상권을 가짐은 민법의 개별적 규정에 의하여 분명하고, 제3자가 채무자의 부탁으로 채무자를 위하여 변제하는 경우에는 민법 제688조 소정의 위임사무처리비용의 상환청구권에 의하여, 제3자가 사무관리에 의하여 채무자를 위하여 변제하는 경우에는 민법 제739조 소정의 사무관리비용의 상환청구권에 의하여 구상권을 취득하는 수가 있을 수 있음에 관해서는 대법원 1994. 12. 9. 선고 94다38106 판결 등 참조.

93) 우선, 곽윤직/김재형(주 6), 65−66면 참조.

94) 앞의 주 5)의 판결례 참조.

다.[95] 사실 종래부터, 별도의 제척기간(존속기간)이 정해지지 않은 형성권은 원칙적으로 10년의 기간 내에 행사하여야 하고,[96] 형성권에 관하여 제척기간이 정해져 있다면, 그 형성권 행사로 발생하는 청구권에 관해서는 그 형성권을 행사한 때부터 소멸시효가 진행한다고 봄이 주류적 해석[97]이었다.[98] 형성권을 행사할 수 있을 때를 그 행사로 발생하는 권리의 「행사할 수 있는 때」로 보지 않았다.

계약의 취소권 행사로 발생하는 부당이득반환청구권도 그러하다. 종래 부당이득반환청구권은 그 청구권이 성립한 때부터 소멸시효가 진행한다고 보았다.[99] 하지만, 그 부당이득반환청구권이 청구권자의 취소통지로써 발생한 때에는 그 취소권의 행사가능 시점부터 시효가 진행한다고 보아야 할 것인가, 아니면 기존의 이해처럼 취소로 인하여 부당이득반환청구권이 성립한 때부터 진행한다고 볼 것인가? 역시 명확하지 않다.

이처럼, 시효의 대상이 되는 권리가 아직 발생하거나 그 이행기에 도래하지 않았더라도, 당사자 일방의 임의적 언동에 따라 그러한 권리를 즉시 행사할 수 있거나, 또는 일정한 기간 경과 후에 행사할 수 있었음에도 그러한 행사를 하지 않은 때에, 시효의 기산점을 '그러한 언동을 할 수 있는 때' 또는 '그때부터 일정한 기간 경과 후'를 해당 「권리를 행사할 수 있는 때」로 볼 것인지, 아니면 실제로 해당 언동을 함으로써 문제된 권리가 발생한 시점 또는 그 이행기 도래 시점으로 볼지는 민법 제166조 제1항 문언의 규준 표지만으로 간단히 해결할 수 있는 문제가 아니다.

2. 소멸시효법의 목적과 이에 터 잡은 민법 제166조 제1항의 규준 표지

가. 소멸시효법의 목적: 신의성실의 원칙에 기한 의무부담자 측 보호

종래 소멸시효의 목적 내지 존재이유로 공익적 측면의 법적 안정성과 태만한 권리자에 대한 제재가 앞세워졌다.[100] 이러한 제도 목적을 염두에 둔다면, 권리를 행사할 수 있음에도 이를 행사하지 않은 권리자에게는 곧바로 시효를 적용하여야 한다는 논리에 더 설득력을 부여할 수 있을 테다. 더구나, 권리자가 자신의 임의적 언동으로 문제되는 권리를 발생

95) 대법원 1997. 8. 29. 선고 97다12990 판결 등 참조.

96) 우선 곽윤직/김재형(주 6), 426－427면 및 가령 별도의 약정이 없는 때에 매매예약완결권은 해당 예약이 성립한 때부터 10년 내에 행사하여야 한다는 대법원 1992. 7. 28. 선고 91다44766, 44773(반소) 판결 참조.

97) 우선 곽윤직/김재형(주 6), 427면 및 양창수(주 4), 12－13면 참조. 그 밖에 이에 관한 판결례로는 앞의 주 5) 참조.

98) 그런데 역시 형성권에 해당하는 해지권 행사, 즉 해지통고로 발생하는 반환청구권에 대해, 마치 원래부터 당연하고 자명한 것이었다는 듯, 그 해지통고 가능시점이 그 반환청구의 「권리를 행사할 수 있는 때」라고 보는 대법원 판시(위 I. 부분 참조)를 보면, 「종전의 이해를 근본적으로 뒤엎는」다는 의견[양창수(주 4), 12면]에 공감하지 않을 수 없다.

99) 민법주해(Ⅳ)(주 8), 507면(오영준) 및 대법원 2017. 7. 18. 선고 2017다9039, 9046 판결 참조.

100) 우선 곽윤직/김재형(주 6), 416－417면 등 참조. 대법원도 과거, 「시효제도의 존재이유는 영속된 사실상태를 존중하고 권리 위에 잠자는 자를 보호하지 않는다는 데에 있고 특히 소멸시효에 있어서는 후자의 의미가 강하」다는 판시를 한 바 있다(대법원 1992. 3. 31. 선고 91다32053 전원합의체 판결).

하게 하거나 그 이행기에 도래하게 할 수 있음에도, 이를 장기간 행하지 않는다는 점이 공익적 측면의 법적 불안정성을 만약에 초래한다면, 그리고 그러한 불안정성이 권리자의 권리에 대한 소멸효 부여를 정당화할 정도에 이른다면, 비록 아직 그 권리가 실제로 발생하지도, 또 그 이행기가 도래하지도 않았다 할지라도, 그에 대한 제재는 정당하다고 말할 수도 있다고 본다.

그러나 법질서가 허용하는 범주 내에서 권리의 발생 또는 그 이행기 도래를 임의로 정할 수 있는 지위를 취득한 권리자가 일정 기간 그 권능에 속하는 결정과 언동을 취하지 않았다고 하여, 아직 발생하지도, 그 이행기가 도래하지도 않은 권리 자체를 소멸시킬 만한 공익적 측면의 법적 불안정성이 있다고 말할 수 있을까? 회의적이다.

비교연혁적 연구결과[101]에 따르면, 우리 소멸시효법의 연원에 해당하는 법제의 입법자들이 정당한 권리자의 권리를 시간의 경과라는 이유만으로 제약할 수 있는 근거가 무엇이고, 그 제약의 정도를 필요최소한 한도로 제한할 수 있는 법적 구성이 무엇인지를 숙고하였음을 알 수 있다. 게다가 우리가 현재 운용하는 소멸시효법 규율은, 입법자의 당초 의도[102]와 달리, 시효완성의 효과로 의무부담자 등의 원용을 소송법적으로든, 실체법적으로든 요구하고, 시효완성 후에 급여된 부분의 반환청구를 제한하는 구성을 취한다.[103] 이처럼 시효완성의 효과를 유동적이고 미온적으로 구성하는 것은 공익적 측면의 법적 안정성 지향과 태만한 권리자에 대한 제재라는 목적지향으로는 제대로 설명하기 어렵다. 그러한 지향성을 가졌다면, 시효완성의 효과를 의무부담자 측의 원용을 소송법적으로든, 실체법적으로든 전혀 요하지 않는 절대적 권리소멸로 구성하고, 직권으로 고려할 수 있으며,[104] 시효완성 후에 급여된 부분의 반환까지 허용하는 구성을 취했어야 할 것이다. 그러나 이렇게 규율한다면, 소멸시효법은, 모든 재산권에는 그것이 소유권이 아닌 한, 마치 그 자체로 행사에 관한 시간적 제약이 있고, 해당 권리자가 그러한 제약을 어기면 '태만'하다는 이유로 권리박탈의 제재를 받아야 한다는 가혹한 제도로 자리매김하게 된다.[105] 권리자 입장에서는 공익적 법적 안정성을 위한다면서, 도리어 자신의 권리는 안정적이고 평화롭게 보호해주지 않는다는 불평을 내뱉을 수 있다. 소멸시효법의 정당성 근거는 취약해질 수밖에 없다.

시효제도의 목적 내지 존재이유에 관한 관점 전환이 필요하다.

비교연혁적 검토 결과[106]를 살펴보면, 소멸시효법에서 추구하는 법적 안정성은 그 자체

101) 이에 관해서는 우선 졸고(주 22), 6면 이하 참조.

102) 우리 소멸시효법의 입법자는 절대적 소멸설을 확정하고자 시효의 원용에 관한 메이지민법(의용민법) 제145조를 의도적으로 삭제하였다. 이에 관해서는 졸고(주 22), 7면 각주 26)의 문헌 참조.

103) 소멸시효 완성 효과로 상대적 소멸설을 취하는 입장뿐 아니라, 절대적 소멸설을 취하는 입장도 마찬가지이다. 가령 곽윤직/김재형(주 6), 449면 참조.

104) 보통법 시대의 시효이론에서는 시효원용이 특별히 강조되지 않았고(직권으로 고려한다는 설명도 있었다고 한다), 과거 동독, 소련에서는 시효를 직권으로 고려하는 규율을 두기도 하였다. 이에 관해서는 졸고(주 22), 46-47면 참조.

105) 졸고(주 22), 24면 참조.

로 공공의 이익 보호를 위한 것이 아닌, 의무부담자 측의 사적 이익 보호를 통해 달성하려는 취지임을 알 수 있다. 즉, 권리의 행사·관철을 위한 쟁송 또는 집행 등의 공적 절차에서 시간의 인멸력에 따른 사실관계의 모호화로 인한 권리행사 상대방의 방어곤란 및 방어부담 가중을 해소해 주려는 것이고, 이로써 결과적으로 법적 안정성도 달성하려는 취지이다.[107]

이러한 목적을 추구하게 하는 원리적 규율은 신의성실의 원칙에서 찾아야 한다. 이 원칙에서 파생하는 권리행사자의 그 상대방 당사자에 대한 권리 행사 및 관철 과정에서의 배려의무가 소멸시효법의 규율을 정당화한다.[108] 아무리 정당한 권리자라 할지라도, 그는 어느 상대방(의무부담자 또는 의무부담자로 지목되는 자)에 대하여 일정 기간 계속하여 권리를 행사·관철하지 않음으로써 정당하게 형성된 해당 상대방의 권리불행사에 관한 기대와 신뢰를 존중할 신의성실의 원칙상 의무를 진다. 자신의 권리를 장기간 계속 행사·관철하지 않다가, 의무부담자 측이 방어하기 곤란한, 불리한 시기에 비로소 그 권리를 행사·관철하지 않도록, 상대방에 대한 배려의무를 부담한다. 이러한 의무발생을 인정할 수 있는 요건을 「권리를 행사할 수 있는 때」(제166조 제1항)라는 원칙적 시효기산점부터 사회통념에 따라 입법자가 정한 시효기간(통상의 민사시효는 10년, 상사시효는 5년, 그 밖의 3년 또는 1년의 단기시효기간 등)이 지났을 때로 일반적·추상적으로 규범화하고, 권리자가 이러한 의무를 위반하여 해당 상대방에 대하여 새삼스레 자신의 권리를 행사·관철하려 할 때, 그 행사·관철을 제약하는 규율이 소멸시효법이다.[109] 앞서 본 시효완성의 효과에 관한 법적 구성, 다시 말해 상대방, 즉 의무부담자 측이 스스로 시효완성을 원용하지 않을 수 있고, 또 시효완성 후 이미 급여된 부분의 반환이 제약되는 등의 법리는 이러한 내용의 소멸시효법 목적과 그 존재이유를 전제할 때, 무리 없이 설명 가능하다.

나. 민법 제166조 제1항의 규준 표지: 권리의 구체적 행사·관철 가능성 및 신의칙상 배려의무 발생

소멸시효법의 목적과 존재이유를 위와 같이 이해하면, 이 글에서 다루는 논제에 관해서도, 공익적 측면에서의 법적 안정성을 내세울 때와는 다른 방향의 접근로가 열린다.

이 길에 따를 때, 민법 제166조 제1항이 시효기산점의 원칙적 규준 표지로 제시한 「권리를 행사할 수 있는 때」는 단순한 권리자 측의 추상적 권리행사 가능성이 존재할 때면 족한 것으로 풀이할 수 없다. 우선, 어느 권리자가 문제된 권리를 어느 일정한 상대방에 대해 당장 구체적 쟁송, 집행 등의 절차로써 행사·관철할 수 있는 때이어야 한다.[110] 그뿐만 아니

106) 이에 관한 상세한 내용은 졸고(주 22), 6면 이하 참조.
107) 졸고(주 22), 26면 및 그곳 각주 127)에서 인용한 국내 문헌 참조.
108) 졸고(주 22), 27면 및 그곳 각주 128)에서 인용한 문헌 참조.
109) 졸고(주 22), 27면 및 그곳 각주 131), 132)에서 인용한 문헌 참조.

다. 여기에 더해, 그때부터 계속하여 그 행사·관철이 행해지지 않는다면 해당 상대방이 시간의 인멸력에 따른 방어부담을 가중적으로 지게 되고, 따라서 그가 권리자의 권리불행사에 관한 정당한 기대 또는 신뢰를 형성해갈 수 있는 때이어야 한다. 즉, 권리자가 의무부담자 측에 대해 자신의 권리 행사·관철을 적시에 하여야 할 신의성실의 원칙에 기한 배려의무를 부담하기 시작하는 때이어야 한다.

이러한 이해는 부작위를 목적으로 하는 채권의 소멸시효 기산점을 「위반행위를 한 때」로 정한 민법 제166조 제2항에서도 나타난다. 부작위채권의 위반행위가 없다면, 다시 말해 채무자가 그 채무를 이행하는 상태가 지속된다면, 채권자로서는 당장 구체적 쟁송, 집행 등의 절차로써 자신의 권리를 행사·관철할 수 없다. 채무자도, 채권자가 자기 권리를 행사·관철하지 않으리라는 기대나 신뢰를 쌓을 이유가 없다. 방어부담이 가중된다고 볼 이유도 없다. 설령 채무자가 스스로 위와 같은 기대 등을 가져도, 이를 정당하다고 평가할 수 없다. 채권자의 채무자에 대한 신의칙상 배려의무는 아직 발생하지 않는다. 그러나 위반행위를 한 때라면, 이제 그 권리를 적시에 행사·관철해야 할 배려의무가 발생한다고 보아야 한다.

이 글에 주요하게 다루는 바, 즉 시효의 대상이 되는 권리의 보유자 일방이 자신의 임의적 언동에 따라 그 권리를 즉시 행사할 수 있거나, 또는 일정한 기간 경과 후에 행사할 수 있는데도 일정 기간 그러한 언동을 취하지 않은 때에, 시효의 기산점인 「권리를 행사할 수 있는 때」를 '그러한 언동을 할 수 있는 때' 또는 '그때부터 일정한 기간 경과 후'로 볼 것인지, 아니면 실제로 해당 언동을 함으로써 문제된 권리가 실제 발생하거나 그 이행기가 도래한 시점으로 볼지의 논제도, 과연 언제가 해당 권리의 구체적 행사·관철이 가능한 때이고, 그때가 권리자의 의무부담자(또는 의무부담자로 지목되는 자)에 대한 신의성실의 원칙에 기한 배려의무를 부과할 수 있는 때인지라는 관점에서 살펴보아야 한다.

그렇게 보지 않고, 만약 「권리를 행사할 수 있는 때」를 해당 권리의 추상적 행사가능성의 의미로만 풀이하면, 그러한 가능성이 있는 때부터 시효는 일률적으로 진행하기 시작한다고 보아야 할 것이다. 권리자 자신의 임의적 언동에 따라 그 발생 또는 이행기 도래가 좌우되는 모든 권리에 대해서는, 그가 그러한 언동을 할 수 있는 때부터 10년, 경우에 따라 그보다 단기(5년, 3년, 1년 등)의 시간이 지나면 획일적으로 소멸효를 부여하는 결과에 이른다. 문제된 권리가 발생하거나 그 이행기에 도래하지 않았는데도, 그 추상적 행사가능성이 있는 때부터 1년, 3년, 5년 또는 10년이 지나면 해당 권리는 소멸한다. 이를 권리자가 감내할 수 있을까? 특히, 서구의 법제[111]보다 단기의 시효기간을 두고 있는 우리의 법제에서는 이러한

110) 다른 관점에서 표현하자면, 권리자가 시효의 중단을 위해 필요한 조처, 즉 청구(제168조 제1호)나 압류 또는 가압류, 가처분(제2호)을 할 수 있는 상태가 되어야 비로소 시효가 기산할 수 있다는 것이다. 같은 취지의 설명으로는 Peters/Zimmermann(주 59), S. 308 참조.

111) 입법 당시(19세기) 일반적으로 '평균적인 한 세대((Durchschnittsgeneration)'로 통용되던 30년을 통상시효기간으로 정한 프랑스 구민법, 오스트리아 민법, 독일 구민법에서라면, 달리 볼 수 있었을 것이다. 이에 관해서는 졸

가혹한 결과를 더욱 수긍하기 어려울 터이다.

민법 제166조에서 정한 시효기산점은, 권리자의 어느 일정한 상대방에 대한 구체적 쟁송, 집행 등의 절차를 통한 권리 행사·관철 가능성이 있는 때로서, 그때부터 시효기간 동안 계속된 권리 불행사로 인해 권리자에게 해당 상대방에 대한 신의칙상 배려의무를 부과할 수 있어야 한다. 그러한 때부터 10년, 경우에 따라 그보다 단기의 시간이 지날 때 의무부담자 측의 원용으로써 그 행사·관철이 저지될 수 있게끔 하여야, 소멸시효법은 제 기능을 하면서도, 감당할 수 있는 제도로 자리 잡을 수 있다.

이러한 규준 표지 충족 여부를 판단하려면, 문제되는 권리의 발생기초가 되는 법률관계의 성질과 내용을 고려하여야 한다. 이하에서는 유형별로 검토해 보고자 한다. 큰 틀에서는 우선, 권리의 발생이나 그 이행기 도래를 결정짓는 권리자의 언동에 관하여 이를 취해야 하는 모종의 기간제한이 있거나, 혹은 그 상대방 측이 그러한 언동 시기에 영향을 미칠 수 있는 경우(아래 3.의 가.)와 그러한 제한 또는 영향을 미칠 여지가 없는 경우(아래 3.의 나.)를 나누어 볼 필요가 있다.

3. 법률관계의 유형별 검토

가. 형성권 등에 행사기간이 있거나 그 상대방이 행사시기에 영향을 미칠 수 있는 경우

이 경우, 권리자는 형성권 등의 행사기간 경과나 그 밖에 다른 행사 제약사유가 없는 한, 언제든지 형성권 등을 행사하면서 그 효과로 발생하는 권리를 구체적 쟁송 절차로 행사·관철할 수 있을 것이다.

문제는 이때 권리자가 그 상대방에 대한 신의성실의 원칙에 기한 배려의무를 지는지이다.

물론, 가령 의사표시 하자로 인한 취소권 행사가 가능할 때, 취소권자가 장기간 그 행사 여부를 결정하지 않다가 어느날 갑자기 상대방에게 불리한 시기에 취소권을 행사하면서 기왕의 급여에 관한 반환청구를 소구한다면, 그 권리자에 대해서는 그 상대방이 자신에 대한 신의성실의 원칙에 기한 배려의무 위반을 주장해 볼 수 있을 것이다. 그런데 민법은 위와 같이 취소권 행사 여부가 결정되지 않은 미확정적 법률관계로 인한 상대방의 불안정한 지위를 완화하고자, 취소권 행사기간을 제146조에 별도로 마련해 두었다.[112] 즉, 추인할 수 있는 날로부터 3년 내에, 법률행위를 한 날로부터 10년 내에 취소권을 행사하지 않으면 취소권은 소멸한다. 이는 취소권자의 처지에서 본다면, 위 취소권 행사기간 내라면 원칙적으로 그 행사 여부를 자유로이 결정할 수 있는 시간을 법률로써 허여받은 것이라고도 풀이할 수 있다.

고(주 22), 31면 및 앞의 주 54)의 문헌과 해당 본문 부분 참조.

112) 그 취지에 관해서는 우선 민법주해(Ⅳ)(주 8), 104면(이동진) 참조.

따라서 이처럼 명문의 규정으로 취소권의 행사기간이 마련된 법률관계에서, 그 기간이 지나지 않았음에도 의무부담자 측이 취소로 인한 반환청구권이 행사·관철되지 않을 것이라는 신뢰나 그 단초를 쌓기 시작하였다고는 보기 어렵다. 설령 그렇다손 치더라도, 그러한 신뢰가 정당하다고도 볼 수 없다. 아직 취소 여부도 결정하지 않은 권리자 측에, 여전히 그 취소권 행사기간이 남아 있음에도, 취소권 행사 이후에 발생한 반환청구권에 관한 의무부담자 측의 방어곤란 및 방어부담 가중에 대해서까지 배려하라는 법적 의무를 부과하기란 곤란한 일이다.113)

해제권 행사에 관해서도 같은 맥락의 설명이 가능하다. 해제권에 대해서는 명문의 규정은 없지만, 실무에서는 해제권의 발생 시점부터 10년의 제척기간에 걸리는 것으로 해석한다.114) 여기에 더해, 민법 제552조는 해제권 행사기간을 정하지 아니한 때에는 상대방에게 해제권행사여부의 최고권을 부여한다. 이는 약정해제권115)과 법정해제권 모두에 적용되는 것으로 본다.116) 따라서 이렇게 부여된 해제권의 행사기간이 경과하지 않았고, 상대방이 그 해제권 행사여부의 최고권도 행사하지 않은 법률관계에서, 해제권자의 상대방이 자신에 대한 반환청구권이 행사·관철되지 않을 것이라 믿었다고 하여 이를 정당하다고 하거나, 해제권자에게 자신의 해제권 행사 이후에 발생한 반환청구권에 관한 상대방(의무부담자 측)의 방어곤란 및 방어부담 가중에 대해서까지 배려하라는 법적 의무를 지울 수는 없는 일이다.

종래 「형성권의 행사로 인하여 생긴 청구권」에 관한 소멸시효의 기산점을 다룬 판결례에서 형성권이 행사된 때로부터 해당 시효가 기산한다고 보는 판결례117) 중 위와 같이 해당 형성권의 행사에 관한 기간 제한이 있던 경우도 위와 같은 맥락에서 그 타당성을 설명할 수 있다.118)

나. 권리의 발생 등을 결정짓는 권리자의 언동에 행사기간 등과 같은 제약이 없는 경우

문제된 권리의 발생 또는 그 이행기 도래를 결정짓는 권리자의 의사결정에 관한 제척기간과 같은 모종의 시간적 제한이 걸려 있지도 않고, 그렇다고 그 상대방이 의사결정 여부에 관한 확답 여부나 최고에 관한 권리도 부여되어 있지 않은 때는 어떠할까? 여기에 해당할

---

113) 나아가 제한능력자의 거래 상대방에게는 추인 여부에 관한 확답촉구권(제15조)까지 보장되어 있는데, 이러한 경우에는 확답촉구권을 행사하지 않은 거래 상대방에 대한 배려의무를 인정하기는 더욱 곤란할 것이다.

114) 대법원 2004. 11. 25. 선고 2004다31418 판결; 대법원 2014. 6. 26. 선고 2013다63356 판결 등 참조.

115) 민법 제565조에 따른 해약금 약정에 기한 약정해제권은 당사자 일방의 이행착수 시점으로 그 행사시기가 제한되기도 한다.

116) 우선 편집대표 김용덕, 주석 민법[채권각칙 I], 제5판, 한국사법행정학회(2022), 547면(김형진) 참조.

117) 앞의 주 5) 참조.

118) 징발재산 정리에 관한 특별조치법 제20조 제3항은 환매권자가 국방부장관의 통지를 받은 날 또는 그 최후의 공고가 끝날 날로부터 3월이 경과하면 환매권 행사를 하지 못한다고 규정한다(대법원 1991. 2. 22. 선고 90다13420 판결 관련). 유류분반환청구권에 관해서는 민법 제1117조에 따라 상속의 개시와 반환하여야 할 증여 또는 유증을 한 사실을 안 때로부터 1년, 상속이 개시한 때로부터 10년의 소멸시효가 적용된다(대법원 2015. 11. 12. 선고 2011다55092, 55108 판결).

수 있는 유형으로는 1) 임치계약과 같이 계속적 계약관계를 해소하기 위한 해지권 등의 권리 행사로 인한 목적물 반환청구권이 문제되는 경우와 2) 그 밖에 권리의 청구 등 권리자의 임의적 언동으로 그 이행기가 도래하는 경우를 생각해 볼 수 있다.

1) 계속적 계약관계의 해소를 위한 권리 행사에 기한 목적물 반환청구권에 관하여

여기서는 채권각칙의 전형계약 중 소비대차, 사용대차, 임대차, 위임, 임치에 관해서만 살펴보기로 한다.

가) 소비대차의 경우

소비대차의 경우, 특히 반환시기를 정하지 않은 경우가 소멸시효의 기산점과 관련지어 문제된다. 이때, 대주는 차용물의 이전 후라면 상당한 기간을 정하여 반환을 최고함으로써 차주에게 차용물과 같은 종류, 품질 및 수량의 물건에 관한 반환청구를 할 수 있다(제603조 제1항 본문). 여기의 최고는 계속적 계약인 소비대차의 해지를 뜻하는 것으로 풀이하곤 한다.[119] 이에 따르면, 대주가 임의로 정한 시기에 상당한 기간을 정한 최고를 하면, 이로써 반환청구권은 발생하고 그 이행기도 도래한다.

그러나 대주는 반드시 위와 같은 최고를 한 후가 아니더라도, 차용물의 이전 후라면 언제든지 당장 차주(혹은 차주로 지목하는 자)를 상대로 위와 같은 최고를 하면서 차용물 반환청구권의 구체적 행사・관철을 시도할 가능성을 가진다.

한편, 소비대차는 당사자 일방이 금전 기타 대체물의 소유권을 상대방에게 이전할 것을 약정하고 상대방은 그와 같은 종류, 품질 및 수량으로 반환할 것을 약정함으로써 그 효력이 생긴다(제598조). 즉, 차용물 반환청구권은 소비대차계약의 기본적・필수적 내용에 속한다. 그 반환시기를 정한 바 없어도, 차주는 소비대차계약을 체결한 이상 마땅히, 언제라도 위와 같은 최고로써 차용물 반환을 요청받을 수 있고, 상당한 기간이 지나면 그에 응하여야 하는 법률관계에 속해 있다. 물론, 방어사유가 있다면, 그 사유로 대항할 수도 있다.

따라서 위와 같은 최고 및 상당한 기간 경과로 소비대차계약이 해소되기 전일지라도, 차용물이 차주에게 이전되었다면, 이후 자기를 위해 차용물을 계속 사용・수익해 온 차주로서는 대주로부터 상당한 기간을 정한 최고와 그 반환청구가 전혀 행사・관철되지 않은 상태가 지속됨으로써, 시간의 인멸력에 따른 방어부담을 가중적으로 질 수 있다. 그는 그러한 상태가 계속됨으로써 권리자의 권리불행사에 대한 기대나 신뢰를 쌓을 수 있다. 이러한 기대나 신뢰는 소비대차계약이 존속하는 중에 갖는 쌍방의 권리 향유 및 의무 이행 내용에 반하지 않는다. 반환시기 약정이나 최고 기간에 관한 별도 약정을 정하지 않은 이상, 대주가

119) 편집대표 김용덕, 주석 민법[채권각칙 Ⅱ], 제5판, 한국사법행정학회(2022), 793-793면(정상규) 및 거기서 인용한 문헌과 김병선(주 4), 489면 등 참조.

그 반환청구권이나 최고 여부를 결정하기 위한 모종의 기한이익을 가진다고 보기도 어렵다. 별도의 약정이 없는 한, 차주가 대주에게 그 확답을 촉구할 수도 없다. 보호할 가치가 있다.

물론, 반환시기의 약정이 없는 소비대차계약이 이자부로 체결될 수 있다. 차주가 차용물을 이전받고, 스스로 대주에 대해 이자지급 의무의 존재를 명시적으로든, 묵시적으로든 인정하거나, 이를 이행할 수도 있다. 만약 그러한 상황이라면, 대주의 차용물 반환청구권 불행사에 대하여 차주가 어떠한 기대나 신뢰를 형성한다거나 그 행사·관철에 대한 방어부담이 가중된다고 말하는 것은 새삼스러운 일이 된다. 그러한 자신의 선행행위(이자지급 의무의 존재 인정 또는 그 이행)에 반하는 기대나 신뢰 또는 방어부담의 가중 주장에 대해 보호가치를 부여하기 어렵다(모순행위 금지). 다만, 위 상황이 민법이 정한 소비대차계약의 기본적·필수적 권리의무관계(제598조)에서 비롯한 것은 아니다. 별도의 이자약정이 존재하여야 하고, 채무자가 이를 승인하는 취지의 위와 같은 행태가 존재하여야 한다. 이러한 특별한 사정은, 반환시기의 약정이 없는 소비대차계약이 체결되었다는 사실인정만으로는 확인할 수 없다. 시효완성의 효과를 주장하는 당사자는 그러한 약정의 존재나 이행 사실을 부인하려 할 것이다. 따라서 그 효과를 다투려는 측이 별도로 주장, 증명하여야 한다. 즉, '시효기산점'을 정하는 사정이 아닌, 시효중단 사유, 그중에서도 승인(제168조 제3호)의 사유로 다루어야 한다.

나아가, 「상당한 기간」이 시효기산점을 정하는 데에 어떠한 의미를 가지는지도 문제이다. 주류적인 견해는 반환시기의 약정이 없는 소비대차 차용물 반환청구권의 시효기산점을, (차용물이 이전되었음을 전제로) 소비대차계약 성립 시부터 상당한 기간이 경과한 때로 풀이한다.[120] 그런데 종래 대법원은, 「상당한 기간을 정하여 반환을 최고」하지 않았음을 차주의 항변권으로 취급하였다.[121] 이러한 입장을 견지한다면, 청구권에 항변권이 붙어 있다는 사정만으로 해당 청구권의 행사·관철 자체가 불가한 것은 아니므로[122] 「상당한 기간」 자체는 시효기산점을 정하는 데 영향을 주지 못하게 된다. 위 주류적 견해와 모순된다. 또, 반환시기의 약정 없는 소비대차 차용물 반환채무의 이행기가 최고 및 상당한 기간의 경과로써 도래한다는 기존의 해석과도 어울리지 않는다.[123]

여기의 「상당한 기간」을 제603조 제2항 본문에 둔 취지를 살펴보아야 한다. 이는 차주로 하여금 항상 이행준비를 하지 않아도 되게, 즉 적어도 상당한 기간 차용물을 소비하여 사용할 수 있도록 허용하기 위함이라고 한다.[124] 그럼에도 「상당한 기간」을 지나지 않아도 일단

120) 민법주해(Ⅳ)(주 8), 493면(오영준); 주석 민법[총칙 Ⅲ](주 7), 874면(이연갑) 등 참조. 그러나 기한의 정함이 없는 채권 일반의 경우와 마찬가지로 그 성립 시부터 기산한다는 견해로는 송덕수(주 8), 508면. 반면, '대주가 상당한 기간을 정하여 반환을 청구한 경우 그 상당한 기간이 경과한 때'라는 불확정한 사실이 발생한 때에 그 이행기가 도래하고, 그 이행기가 소멸시효의 기산점이라고 풀이하는 견해로는 김병선(주 4), 489면 참조.

121) 대법원 1963. 5. 9. 선고 63다131 판결 등 참조.

122) 우선 대법원 1991. 3. 22. 선고 90다9797 판결 등 및 민법주해(Ⅳ)(주 8), 485면(오영준) 참조.

123) 편집대표 곽윤직, 민법주해(ⅩⅤ), 박영사(1992), 10면(김황식) 및 대법원 2016. 8. 31. 자 2016마899 결정 등 참조.

124) 민법주해(ⅩⅤ)(주 123), 박영사(1992), 10면(김황식); 주석 민법[채권각칙 Ⅱ](주 119), 793면(정상규) 등 참조.

차용물 반환청구권의 구체적 행사·관철이 가능하고, 차주는 그에 관한 항변권만을 가질 뿐이라고 보는 것은 그 취지에 어울리지 않는다. 이러한 취지는 아래 임대차에서도 살필,[125] 기간을 정하지 않은 임대차계약에 관하여 해지통고기간(제635조 제2항)을 마련한 취지와 다르지 않다.[126] 앞서 언급한 바와 같이, 위 조항의 「최고」가 계속적 계약인 소비대차의 해지를 뜻하는 것으로 풀이한다면, 여기의 「상당한 기간」도 해지통고기간을 정한 것으로 봄이 타당하다.

그러므로 반환시기의 약정이 없는 소비대차계약에서, 대주가 차용물 반환청구권이라는 「권리를 행사할 수 있는 때」란 소비대차계약이 성립하여 차용물이 이전된 때부터 상당한 시간이 경과한 시점부터라고 보아야 한다. 이때부터 대주의 구체적 권리행사·관철 가능성이 생기고, 또 대주의 신의성실의 원칙에 따른 배려의무도 이때부터 발생한다고 보아야 하기 때문이다. 만약 이자부 약정이고, 그 이자지급의무의 존재를 차주가 승인하였다면, 대주는 이를 시효중단 사유로 내세울 수 있다.

나) 사용대차의 경우

민법 제613조 제2항은 차용물의 반환시기에 관하여 약정이 없는 경우에 「사용, 수익에 족한 기간이 경과한 때에는 대주는 언제든지 계약을 해지할 수 있다.」라고 정한다. 반면, 차주는 차용물 반환시기의 약정이 없다면, 계약 또는 목적물의 성질에 의한 사용, 수익이 종료한 때에 반환의무를 진다(제613조 제1항). 그런데 '계약 또는 목적물의 성질에 의한 사용, 수익'이란 계약 성립 시의 당사자 의사로부터 추측되는 개별적·구체적 계약 목적의 내용에 따라 정해진다고 본다.[127] 차주가 사용, 수익을 게을리하여 아직 사용, 수익이 끝나지 않았더라도 제대로 사용, 수익하였다면 그 계약 목적 내용에 족한 기간이 종료한 때를 차주의 사용종기로 이해한다.[128] 따라서 사용대차의 계약목적 내용이 정해지거나 이를 추단할 수 있는 사안에서는 그 목적에 따른 사용, 수익에 족한 기간이 경과하면, 그 목적달성이 사용대차 계약의 효력에 관한 일종의 해제조건으로 기능한다.[129] 그 성취로써 사용대차는 종료한다. 이로써 차주의 반환청구권은 발생하여 그 이행기에 도래하고, 그때부터 해당 청구권

따라서 차주를 단지 지체책임으로부터만 보호하려는 데 그치는 것으로 그 의미를 축소할 바는 아니다. 그러나 그러한 취지로 이해하는 송덕수(주 8), 508면 참조.

125) 아래 다) 부분 참조.

126) 주석 민법[채권각칙 Ⅱ](주 119), 794면(정상규)에서 소개하는 대법원 2002. 10. 11. 선고 2002다17364 판결 참조.

127) 주석 민법[채권각칙 Ⅱ](주 119), 892면(김연학) 참조.

128) 민법주해(XV)(주 123), 32면(김황식) 참조.

129) 민법 제613조와 유사하게, 기간을 정하지 아니한 사용대차에 관하여, 차주가 사용대차의 목적에 적합한 사용을 한 후에 목적물을 반환하여야 하고, 그 전이라도, 차주가 그러한 사용을 할 수 있었을 시간이 경과한 때는 대주가 목적물의 반환을 청구할 수 있다고 정한 독일 민법 제604조 제2항의 해석에 관하여 그 목적달성을 해제조건으로 설명하는 문헌으로는 Martin Häublein, in: Münchener Kommentar zum BGB, Bd. 5, 9. Aufl., C. H. Beck(2023), § 604 Rn. 2 참조.

의 행사 및 관철이 가능하므로, 그 종료 시점부터 시효기간이 진행한다고 보아야 한다.[130] 그 이전 시점에는 차주 측이든, 대주 측이든 위 반환청구권의 구체적 행사·관철 가능성이나 그 여부에 관한 어떠한 신뢰나 기대를 주장하거나, 이를 배려하라고 요구하기 어렵다.

다만, 반환시기에 관한 정함이 없고, 계약 또는 목적물의 성질로부터도 그 시기를 추단할 수 없는 때도 있을 수 있다. 이럴 때, 대주는 언제든지 그 차용물의 반환을 청구할 수 있다고 본다.[131] 기존의 논의에서 명확하게 밝혀진 것은 아니지만, 이러한 반환청구도 사용대차 계약 해지통고 의미가 담겨 있다고 이해해야 할 것이다.[132] 그렇다면, 그 반환청구권의 소멸시효는 그 「권리를 행사할 수 있는 때」로서 차주의 차용 시점, 즉 차용물의 인도 시점부터 곧바로 기산한다고 볼 수 있을까?

확실히, 이러한 사안에서 차용물을 차주에게 인도한 대주는 언제든지 당장 차주를 상대로 (계약이 해지통고로써 종료하였음을 이유로) 차용물의 반환을 청구하고, 이를 관철할 수 있다. 따라서 차주 입장이라면, 그 인도 시점부터 대주로부터 그러한 청구권이 행사·관철되지 않은 상태로 10년이 지나면 그 반환청구권이 행사·관철되지 않으리라는 기대나 신뢰를 형성할 만하다. 더 이상 반환청구에 대한 방어부담을 지지 않아도 된다는 이러한 기대나 신뢰는 보호해야 한다고 말할 수 있다. 더구나, 가령 차용물을 인도받은 바 없거나, 차용 즉시 해당 차용물을 반환하였음에도, 인도(하였다고 주장하는) 시점부터 10년이 지나서야 그 물건의 반환을 청구한다면, 차주로 지목되는 자가 그로 인하여 겪게 되는 방어곤란 및 방어부담 가중에 대한 권리주장자의 배려의무 위반을 충분히 지적할 만하다.

물론 다른 사안도 살펴볼 필요가 있다. 차주가 실제로 차용물을, 비록 반환시기를 정하지도 않았고, 또 계약목적의 내용이 정해지거나 추단되기도 어려운 상태에서 인도받았다면, 그는 대주의 해지통고나 반환청구가 있기까지는 이를 계약 또는 그 목적물의 성질에 의하여 정하여진 용법으로 사용, 수익할 권리를 갖는다. 또 그렇게 사용, 수익할 의무를 부담한다(제609조, 제610조). 그렇다면, 위와 같이 차용한 물건에 관한 차주의 사용대차상 권리와 의무가 별문제 없이 행사되고 이행되는 상태라면 어떨까? 소비대차와 마찬가지로 사용대차의 계약 내용에는 차주의 이익을 위한 차용물의 인도 및 사용, 수익뿐 아니라, 그 물건의 '반환'까지 기본적·필수적 권리의무 대상으로 포괄한다(제609조, 제615조).[133] 이러한 사용대차 계약의 내용 자체로 인하여, 반환 시기나 계약목적의 내용이 정해지지 않은 사용대차

130) 결과적으로 같은 취지를 주장하는 견해로는 김병선(주 4), 489–490면 참조.

131) 민법주해(XV)(주 123), 33면(김황식)과 주석 민법[채권각칙 II](주 119), 892–893면(김연학) 및 거기서 인용하는 대법원 판결례 참조.

132) 같은 취지로 이해되는 문헌으로 김병선(주 4), 489면 참조. 그 밖에 MüKoBGB/Häublein(주 129), § 604 Rn. 5 도 참조. 그 밖에 반환시기의 약정이 없는 소비대차에서의 '상당한 기간을 정한 최고'의 의미에 해지의 뜻이 포함되어 있다는 설명으로는 앞의 주 119)의 문헌 참조.

133) 같은 취지를 지적하는 문헌으로 김병선(주 4), 489면(다만 이 논문은, 이 글과 달리, 반환 시기를 정하지 않고, 또 계약목적 내용도 알 수 없는 때의 차용물 반환청구권에 관한 시효기산점 문제는 다루지 않고 있다) 참조.

의 차주는 그 계약관계가 존속하는 중 차용물을 자기를 위하여 계속 사용, 수익할 권능을 갖지만, 언제든지 대주로부터 (해지통고의 의미를 포함한) 반환청구를 받을 수 있다. 그러한 청구가 있으면, 차주는 곧바로 그 청구에 응하여 차용물의 사용, 수익을 중단하고 이를 원상회복하여(제615조) 반환하거나 다른 정당한 대항사유를 내세워야 한다. 만약 이러한 사용대차 관계 존속 중 대주의 반환청구권이 행사되지 않는다면, 차주로서는 시간의 인멸력에 따른 방어부담을 가중적으로 지게 될 것이다. 그러한 상태가 계속됨으로써 대주의 반환청구권 불행사에 대한 기대와 신뢰가 쌓일 수 있다. 사용대차계약이 존속 중이라면, 이러한 신뢰 등의 형성이 자기 이익을 위하여 차용물을 사용, 수익하던 차주의 사용대차계약에 기한 권리와 의무에 반한다고 볼 수 없다. 따라서 이러한 경우도 기본적으로는 달리 평가할 필요는 없다고 본다.

다만 앞서 살핀 사안, 즉 차주 측이 차용물 인수 자체를 부인하거나 이미 차용물을 인도하였다고 다투는 사안과 구별해 볼 부분이 없지는 않다. 차주가 사용대차 계약의 내용에 따라 목적물을 인도받아, 이를 차용물로써 계약 또는 그 목적물의 성질에 의하여 정하여진 용법으로 사용, 수익하고, 달리 대주의 승낙 없이 제3자에게 사용, 수익하게 하는 등의 계약위반 행위를 하지 않고 있다면, 그러한 행태로써 차주는 그 자체로 대주에 대한 사용대차 관계와 그 관계에 내재한 반환청구권의 존재를 묵시적으로 인정한다는 표시를 하였다고 볼 수 있기 때문이다. 즉, 시효중단사유로서 '승인'(제168조 제3호)에 해당하는 경우가 있을 수 있다는 것이다. 이는 이자부 소비대차 계약에서, 차주가 이자지급의무의 존재를 인정하거나 이자 또는 차용물의 일부를 지급한 때[134]와 유사한 상황이다.

요컨대, 반환시기가 정해져 있거나, 계약 또는 목적물의 성질로부터 그 시기를 추단할 수 있을 때는 그 시기가 도래하거나 계약목적에 따른 사용, 수익에 족한 기간이 지남으로써, 계약이 종료하고, 이때부터 차용물 반환청구권의 소멸시효는 기산한다. 반면, 반환시기에 관한 정함이 없고, 계약 또는 목적물의 성질로부터도 그 시기를 추단할 수 없는 사용대차 계약에서 차용물 반환청구권의 소멸시효는 그 차용물의 인도 시점부터 기산한다고 봄이 타당하다. 다만 대주는 차주가 사용대차 계약 또는 그 차용물의 성질에 따라 정하여진 용법으로 그 차용물을 사용, 수익하는 행태를 통해 그 차용물의 사용대차관계와 반환의무의 존재를 묵시적(추단적)으로 승인하였음을 주장, 증명함으로써 그 시효기간 진행을 중단할 수 있다.

다) 임대차의 경우

임대차계약에서도 임대인의 임대목적물 반환청구권은 임대차계약이 종료하여야 발생한다(제618조, 제654조, 제615조). 기본적으로 유상・쌍무계약일 수밖에 없는 임대차계약(제618조)에서도, 임대인은, 임대차기간에 관한 별도 약정을 하지 않는 한, 일방의 해지통고로써 임대

134) 위 가) 부분 참조.

차계약을 종료할 수 있다(제635조 제1항). 다만, 임대차계약에서는 해지통고 상대방, 즉 임차인으로 하여금 해지 후의 대책을 세울 수 있게 하려고,[135] 토지, 건물 기타 공작물에 대하여는 해지통고를 받은 날부터 6월, 동산에 대하여는 같은 날부터 1월의 해지통고의 기간을 부여한다(제2항).[136]

이러한 해지통고 여부는 임대인의 임의적 의사결정에 좌우되기는 한다. 그러나 임대차계약의 기본적이고 필수적 내용은 임차인의 목적물 사용·수익과 이에 대한 차임 지급이다(제618조). 임대차계약의 성립 자체가 인정되지 않는다면 모를까,[137] 일단 임대차계약 성립이 인정되는 이상, 임차인의 임대인에 대한 차임지급의무의 부담은 당연한 계약내용에 속한다. 따라서 임대차계약이 아직 종료하지 않고 존속 중인 상태에서, 그러한 차임지급의무를 부담하면서 그 임대목적물을 계속 사용·수익하고 있음에도, 임대인의 임대목적물 반환청구권 행사·관철에 대해 방어할 부담을 진다거나 그 불행사에 대한 어떠한 신뢰를 형성한다고는 보기 어렵다. 아무리 임대차계약관계가 오랫동안 지속되고 있더라도, 임차인은 임대차계약이 종료하여야 비로소 차임지급의무를 면하고, 임대목적물을 반환할 의무를 지게 된다. 이에 반하여 임대차계약이 종료하지 않았음에도, 종료 후에 구체화되는 임대목적물 반환청구권이 행사, 관철되지 않으리라 기대하는 것은 유상·쌍무계약일 수밖에 없는 임대차계약의 임차인 지위 및 그의 권리의무 내용에 어울리지 않는다. 보호가치를 부여할 수 없다.

나아가 임대인이 해지통고를 하더라도, 민법 제635조 제2항에서 정한 해지통고 기간이 지나기 전까지 임차인은 같은 조항의 규범목적에 따라 향후의 대책을 세울 시간을 가질 수 있고, 그 기간 중 임대인이 갖는 임대목적물 반환청구권의 구체적 행사·관철은 당장 강제될 수 없다. 따라서 임대인의 일방적 해지통고에 따라 목적물 반환청구권이 발생하더라도, 그 이행기는 임대차계약 종료시점에 도래하고, 소멸시효기간도 이때부터 진행한다고 보아야 한다.[138]

이와 달리, 임대인이 임대차계약 체결 시부터 또는 임대목적물을 인도할 때부터를 '기간을 정하지 않은 임대차계약'의 추상적 해지통고 가능성에 터 잡아 그 목적물반환청구권의 「행사할 수 있는 때」로 본다면, 우리 법제에서 원칙적으로 허용하는 영구임대차 계약[139]을 사실상 무용화하는 결과가 초래될 수 있기도 하다. 이러한 임대차계약이 체결되었음에도, 그 임대인이 해당 계약 체결 시 또는 그 목적물 인도 시부터 10년이 경과하면, 임대목적물 반환청구권을 상실한다고 볼 수 있기 때문이다.[140] 영구임대차 계약이 체결되더라도, 사실

135) 우선 민법주해(XV)(주 123), 132면(민일영) 참조.

136) 임대차기간의 약정이 있어도 당사자 일방 또는 쌍방이 그 기간 내에 해지할 권리(중도해지권)를 보류한 때에도 위와 같은 해지통고 기한에 관한 규정을 준용한다(제636조).

137) 차임지급 의무 자체를 다툰다면, 이는 임대차계약의 성립 자체를 다투는 것이 되고, 임대차계약의 성립이 인정되지 않는다면 임대목적물의 반환청구권 자체도 더 이상 문제되지 않는다.

138) 결과적으로 같은 취지로는 김병선(주 4), 490−491면 참조.

139) 대법원 2023. 6. 1. 선고 2023다209045 판결 참조.

상 임대인으로 하여금 10년 내 임대차계약 해지통고를 하도록 강제하는 규율이 형성될 수 있다. 주지하는 바와 같이, 임대차존속기간을 20년으로 제한한 제정 민법 제651조 제1항은 계약자유를 침해한 것으로 위헌이라는 헌법재판소 결정[141]이 있었다. 그렇다면, 영구임대차 계약의 존속기간을 사실상 10년으로 제한하는 위와 같은 해석에는 위헌의 소지가 없다 할 수 있을까? 피해야 한다.

라) 위임의 경우

위임계약의 경우, 수임인은 위임사무의 처리로 인하여 받은[142] 금전 기타의 물건 및 그 수취한 과실을 위임인에게 인도하여야 하고, 수임인이 자기 명의로 취득한 권리도 위임인에게 이전하여야 한다(제684조 제1항, 제2항). 이러한 취득물 등의 인도 및 이전의무의 이행기는 당사자 사이의 특약이 있거나 위임의 본뜻(本旨)에 따라 달리 추단할 수 있는 때가 아닌 한, 위임계약이 종료한 때에 도래한다고 본다.[143] 소멸시효의 기산점도 같다.[144]

한편, 위임계약의 각 당사자는 심지어 기간의 약정이 있더라도, 위임계약을 해지할 수 있다(제689조 제1항). 이처럼, 위임인의 임의적 해지에 따라 발생하는 취득물 등의 인도 및 이전청구권의 소멸시효 기산점도 위와 달리 볼 이유는 없다고 생각한다. 위임계약 관계가 존속 중이어서 수임인이 위임인의 사무처리로 인하여 받은 물건 등이나 위임인을 위하여 자기 명의로 취득한 권리에 관한 선관주의의무를 부담하고, 이를 이행하고 있는 상황에서, 수임인 혼자 위임인으로부터의 취득물 등 인도·이전청구권의 행사·관철이 없을 것이고, 이제 인도·이전할 필요도 없다고 기대할 수는 없는 일이다. 위임계약은 위임인의 사무처리를 목적으로 한다. 차용물 사용·수익 등 차주 자신의 이익을 목적으로 하는 소비대차,[145] 사용대차[146] 등과 달리, 위임계약이 종료되지 않은 상태에서 수임인이 그 계약내용에 따라 위임인의 사무를 처리하면서 위임인에게 인도·이전하여야 할 의무가 이행되지 않아도 된다거나 관철되지 않을 것이라는 신뢰를 쌓더라도, 이는 위임계약 자체의 본뜻에 분명히 반한다. 스스로 위임사무를 처리해 온 바와도 모순된다. 보호가치 있는 것으로 평가할 수 없다.[147]

---

140) 물론, 임대차계약 존속 중의 권리, 의무가 정상적으로 행사, 이행된다면, 그 목적물 반환청구권 존재의 승인이 추단될 여지는 있다. 앞의 나) 부분 참조. 그러나 계약 존속 중의 실제 권리의무 행사·이행관계가 반드시 그러한 중단사유를 추단한다고 단정할 수 없다.

141) 헌법재판소 2013. 12. 26. 선고 2011헌바234 전원재판부 결정.

142) 위임인으로부터 받은 것이건, 제3자로부터 받은 것이건 모두 이에 포함한다고 본다. 민법주해(XV)(주 123), 556면(이재홍); 편집대표 김용덕, 주석 민법[채권각칙 Ⅳ], 제5판, 201면(김형두) 등 참조.

143) 민법주해(XV)(주 123), 559면(이재홍); 주석 민법[채권각칙 Ⅳ](주 143), 206, 208면(김형두) 등 및 대법원 2007. 2. 8. 선고 2004다64432 판결 등 참조.

144) 대법원 2022. 9. 7. 선고 2022다217117 판결 참조.

145) 위 가) 부분 참조.

146) 위 나) 부분 참조.

147) 다른 측면에서, 위임인의 수임인에 대한 보수청구권도 별도의 약정 등이 없으면 위임사무의 종료 후에 발생하는데(제686조 제2항), 위임인의 임의해지권을 고려하여 시효기산점을 위임계약시로 앞당길 수 없다 할 것이다. 이에 관하여 대법원 2023. 2. 2. 선고 2022다276307 판결 참조.

더구나 일부 위임계약 유형에 관해서는 민법의 단기소멸시효가 적용될 수 있다. 가령 제163조 제4호는「변호사, 변리사, 공증인, 공인회계사 및 법무사에 대한 직무상 보관한 서류의 반환을 청구하는 채권」에 관하여 3년의 단기소멸시효를 적용하도록 정한다. 만약 위임인의 이러한 서류 반환청구권의 발생 여부가 그의 임의적 해지권 행사에 달려 있다는 점에만 착목하여, 수임인인 변호사 등이 해당 서류를 받은 때부터 3년의 시효기간이 기산한다고 보면, 수임사건이 진행 중인 상황에서도 서류 반환청구권의 소멸시효가 완성되는, 위임인으로는 도저히 감내하기 어려운 결과가 초래된다. 물론, 기존의 해석론도 위임사무의 직무집행 종료 시부터 시효를 기산하는 것으로 보았다.[148)]

마) 임치의 경우

(1) 통상의 임치

임치계약도, 임치인은 기간의 약정을 하든, 하지 않든, 언제든지 임치계약을 해지할 수 있다(제698조 단서, 제699조). 이러한 임의적 해지권 행사에 따른 임치물 반환청구권이「계약 성립 시부터 당연히 예정된 것」[149)]임은 앞서 본 위임계약의 경우와 다르지 않다.

그러나 앞서 본 위임계약과 마찬가지로, 임치계약도 임치인의 금전이나 유가증권 기타 물건의 보관위탁을 목적으로 한다(제693조). 임치계약이 종료하지 않고 존속하는 상태에서, 수치인이 임치인의 물건에 관한 보관위탁 사무를 처리하면서 임치인에게 그 임치물을 반환하여야 할 의무가 이행되지 않아도 된다거나 관철되지 않을 것이라는 신뢰를 갖거나, 이로써 임치인에게 반환하지 않아도 된다는 기대를 하는 것은 임치계약 자체의 내용에 명백히 반한다. 설령 수치인이 그렇게 믿었더라도, 그가 임치계약에 따라 물건의 보관위탁을 받은 점이 인정되는 이상, 그러한 신뢰에 대해 보호가치를 부여할 수 없다.

임치계약에 관하여 민법 제684조를 준용한다는 점도 고려하여야 한다. 앞서 본 바와 같이,[150)] 취득물 등의 인도·이전청구권의 소멸시효 기산점은 위임계약 종료 시부터 기산한다고 본다. 그런데도 임치계약의 주된 목적물인 임치물 자체의 반환청구권은 임치사무의 위탁 시부터 기산한다고 본다면, 임치인이 임치물 자체의 반환청구권을 상실하면서도 그 임치물 관련 취득물 등의 인도·이전청구권은 여전히 행사·관철 가능한 경우도 생길 것이다. 이러한 결과를 선뜻 수긍하기는 어려울 것이다.

또, 상법에는 창고업자의 임치계약에 관한 규율을 두는데(제1편 제11장), 여기서 임치물의 멸실 또는 훼손으로 인하여 생긴 창고업자의 책임은 그 물건을 출고한 날로부터 1년의 소멸시효에 걸리도록 정한다(제166조 제1항).[151)] 만약 창고업자나 그 사용인이 악의라면, 5년

148) 민법주해(Ⅳ)(주 8), 458면(오영준); 주석 민법[총칙 Ⅲ](주 7), 843면(이연갑) 등 참조.
149) 연구대상판결에서 인용한 문구이다.
150) 위 라) 부분 참조.
151) 단, 임치물이 전부 멸실한 경우에는 임치인과 알고 있는 창고증권소지인에게 그 멸실의 통지를 발송한 날로부

의 상사시효기간(제64조)이 적용된다(제166조 제3항).[152] 그런데 연구대상판결처럼 창고업자의 임치물 반환청구권의 소멸시효기간이 '임치물이 수치인(창고업자)에게 인도된 때'부터 진행한다고 보면, 상사시효기간인 5년 이상 창고업자에게 보관을 위탁한 임치물에 관해서는 임치물 반환청구권 자체가 소멸한다고 볼 수 있게 된다. 그렇다면, 임치물의 출고일 등을 기산점으로 삼는 위와 같은 멸실·훼손으로 인한 책임에 관한 단기소멸시효는 어떠한 의미를 가지는지, 의구심을 지울 수 없다.

요컨대, 임치인의 임의적 해지권을 감안하더라도, 임치인의 임치물 반환청구권의 소멸시효는 임치계약의 종료 시점, 즉 해지통고가 수치인에게 도달한 시점부터 기산한다고 봄이 타당하다.[153]

(2) 소비임치

소비임치는 소비대차에 관한 규정을 준용한다. 다만, 반환시기의 약정이 없는 소비임치계약이 체결된 경우, 임치인은 언제든지 그 반환을 청구할 수 있다(제702조). 그렇다면, 임치물을 수치인에게 이전한 때부터, 임치물 반환청구권이라는「권리를 행사할 수 있는 때」로 보아야 하는가?

차주의 차용물에 관한 사용·수익을 위하여 체결되는 소비대차와 달리, 소비임치는 주로 임치인의 이익을 위한 잠정적 보관을 목적으로 체결된다.[154] 위임계약이나 통상의 임치계약과 마찬가지로, 소비임치 계약도 기본적으로는 임치물의 보관위탁을 목적으로 하므로, 그 계약관계가 존속하는 한, 수치인이 임치인의 물건에 관한 보관위탁 사무를 처리하면서 임치인에게 그 임치물을 반환하여야 할 의무가 이행되지 않아도 된다거나 관철되지 않을 것이라는 신뢰를 갖거나, 이로써 임치인에게 반환하지 않아도 된다는 기대를 하는 것은 그 계약 자체의 내용에 반한다. 소비임치 계약이 체결되었음에도, 마치 자기를 위해 차용물을 이전받은 소비대차계약의 차주처럼, 계약관계가 종료하지 않은 상태에서도 수치인의 계속된 차용물 사용·수익, 보유나 그에 관한 기대 또는 신뢰에 보호가치를 부여할 수 없다. 따라서 소비임치 계약에서도, 임치인의 일방적 해지통고로 발생하는 임치물 반환청구권의 소멸시효는 그 해지로써 계약이 종료하는 때, 즉 해지통고의 의사표시가 도달한 날부터 기산한다고 봄이 타당하다.[155]

따라서 법적으로 금전의 소비임치계약 성격을 갖는 것으로 취급하는 입출금이 자유로운 예금계약[156]의 경우도, 그 예금반환채권의 소멸시효 기산점은, 예금계약이 성립한 때[157]가

터 기산한다(제166조 제2항). 이러한 단기소멸시효는 창고업자의 불법행위책임에는 적용되지 않는다고 본다. 편집대표 이동원/권순일, 주석 상법[총칙·상행위], 제5판, 한국사법행정학회(2022), 1072면(이창열) 참조.

152) 주석 상법[총칙·상행위](주 151), 1073면(이창열) 참조.

153) 결과적으로 같은 취지의 견해로는 주 4)에서 인용한 문헌 및 그중 김병선(주 4), 496면에서 인용하는 문헌 참조.

154) 편집대표 김용담, 주석 민법[채권각칙(4)], 제4판, 한국사법행정학회(2016), 817면(안법영) 및 민법주해(XV)(주 123), 666면(전효숙); 주석 민법[채권각칙 Ⅳ](주 143), 375면(정원) 등 참조.

155) 같은 취지로 주석 민법[채권각칙(4)](주 154), 825면(안법영) 참조.

아니라, 예금계약이 (일부) 해지되는 때로 보아야 할 것이다.[158] 그 밖에 정기예금이나 통지 예금, 당좌예금 등의 경우도 마찬가지이다.[159]

2) 그 밖에 권리자의 청구 등 임의적 언동으로 이행기에 도래하는 권리에 관하여

가) 청구 즉시 이행되어야 하는 청구권

법률행위 또는 법률 규정에 따라, 권리자가 청구하는 즉시 이행되어야 하는 청구권 (verhaltene Ansprüche)이 발생하더라도, 그 청구권이 일정한 계속적 법률관계의 종료로 발생하는 목적물 반환청구권이고, 그 법률관계가 위임, 임치 등과 같이 해당 목적물을 반환청구 권리자의 이익을 위하여 보유 또는 보관하거나, 임대차와 같이 의무부담자 측의 해당 청구권 목적물 보유에 관한 유상·쌍무의 반대급부가 그 내용상 필수적으로 견련한 때에는 해당 법률관계가 종료하지 않는 한 시효가 진행하지 않음을 앞서 살펴본 바 있다.

그렇다면, 위와 같은 반환청구권 외에, 의무부담자가 권리자의 청구나 이에 준하는 임의적 행태가 있으면, 그 즉시 이행하여야 하는 청구권은 어떨까? 개별 법률관계의 내용에 따라 달리 살펴야 하고, 그에 관한 특별규정[160]이 있으면 이를 우선 적용하여야 하겠지만, 다른 조건이 기본적·필수적으로 부가되지 않는 경우라면 원칙적으로, 그러한 청구권은 기한의 정함이 없는 청구권과 마찬가지로, 권리자가 그 발생 즉시 언제든지 해당 권리의 구체적 행사·관철이 가능하고, 의무부담자 측도 언제든지 권리자의 청구가 있으면 이를 이행하여야 하는 관계 속에 있다고 보아야 할 것이다. 따라서 이러한 경우라면, 권리자가 해당 권리가 발생한 때부터 일정 기간 계속하여 그 권리를 행사·관철하지 않는다면, 그 상대방인 의무부담자 측은 그에 대한 방어사유가 있을 때 그 방어부담이 점점 가중되고, 또 그 불행사 등에 대한 기대나 신뢰를 정당하게 형성할 수 있다. 따라서 이러한 청구권의 시효는 발생 즉시부터 기산한다고 봄이 타당하다.

---

156) 대법원 2023. 6. 29. 선고 2023다218353 판결 등 참조.

157) 그러나 예금계약이 성립한 때로 보는 견해가 통설이라는 설명으로는 민법주해(Ⅳ)(주 8), 495－496면(오영준) (특히, 이 주석서는 휴면예금관리재단의 설립 등에 관한 법률 제2조 제3호, 제4호의 휴면예금에 관한 정의에 비추어 예금계약 종료시를 시효기산점으로 삼는 견해를 비판하는데, 이 법률은 2016. 3. 22. 폐지되었거니와, 해당 조항이 예금채권의 시효기산점을 명시하고 있는 것도 아니다. 설령, 예금성립시부터 기산하는 것으로 취급함이 위 폐지 전 법률의 규율 취지에 부합하더라도, 그러한 사정이 예금채권의 시효기산점을 규범적으로 판단하는 데 결정적인 영향을 미치는지 의문이다); 주석 민법[총칙 Ⅲ](주 7), 875면(이연갑) 등 참조.

158) 같은 취지로 주석 민법[채권각칙(4)](주 154), 875－876면(안법영) 참조. 또한, 보통예금거래 종료일을 시효진행일로 보는 견해의 소개로는 민법주해(XV)(주 123), 696면(전효숙) 참조.

159) 우선 민법주해(Ⅳ)(주 8), 496－497면(오영준) 등 참조.

160) 가령 어음법 제34조 제1항 제1문은 일람출급의 환어음은 제시된 때를 만기로 정하는데, 같은 법 제70조 제1항은 인수인에 대한 환어음상 청구권은 만기일부터 3년의 소멸시효가 적용되도록 정한다. 더불어 어음법 제34조 제1항 제2문은, 일람출급의 환어음 발행일부터 1년 내에 그 지급을 받기 위한 제시를 하도록 정한다. 한편, 수표법 제51조는 수표 소지인의 배서인, 발행인, 그 밖의 채무자에 대한 상환청구권은 제시기간이 지난 후 6개월의 소멸시효에 걸리도록 정한다.

나) 단순수의정지조건부 권리

다음으로, 법률행위의 효력 발생을 권리자의 임의적 의사결정과 그에 따른 사실상태 발생, 즉 단순수의의 정지조건(가령 「권리자가 미국여행을 가면, 미화 1,000달러를 주겠다.」라고 약정한 경우 등)에 좌우되도록 정한 경우를 본다.[161)]

일반적으로, 조건부 권리의 소멸시효 기산점은 해당 조건이 성취한 때로 본다.[162)] 정지조건이 성취하기 전까지 권리자는 일종의 '기대권'을 가지고, 이에 관한 권리행사를 할 수 있지만(제148조, 제149조), 이는 조건이 걸린 권리 그 자체의 행사·관철이 아니다. 그 기대권이 행사되는 것이다. 물론, 조건성취 전에도 권리자가 임의의 시점에 스스로 일정한 행태를 취함으로써 단순수의조건에 해당하는 사실을 발생시키고, 이로써 해당 조건부 권리를 행사·관철할 수 있기는 하다. 그러나 정지조건부 법률행위는 사적자치에 따라 당사자들이 그 법률행위의 효력을 즉시 발생시키지 않고, 그 발생 시기를 불확실한 장래의 사실 발생에 따르도록 한 것이다. 그 조건이 성취되기 전에는 해당 권리를 현재의 권리로서 구체적으로 행사·관철하지 못한다.[163)] 더구나 단순수의조건은 당사자의 임의적 의사결정뿐 아니라, 그에 따른 사실상태(위의 예시에서는 '미국여행') 발생이 수반되어야 한다. 이러한 사실상태 발생은, 앞서 본 권리자의 '청구'와 달리, 다른 외부 사정의 영향을 받을 수 있다. 반드시 당사자의 임의적 의사결정에 뒤따르지 않을 수 있다.

따라서 아직 해당 조건이 성취되지 못한 상황에서, 의무부담자나 의무부담자로 지목되는 자가 권리주장자로부터 문제된 권리의 조건성취를 위한 행태 및 그에 기한 해당 권리의 행사·관철이 계속 이루어지지 않는다고 하여, 해당 권리의 행사·관철에 대한 방어부담이 가중된다거나, 그 불행사 등에 대한 정당한 기대나 신뢰를 쌓는다고는 보기 어렵다. 이와 달리, 단순수의정지조건부 법률행위의 시효기산점을 그 법률행위시 또는 권리자가 조건성취에 관한 의사결정을 할 수 있는 때부터 기산한다면, 특히 단기소멸시효(제163조, 제164조)가 적용되는 채권은 그 권리자에게 지나치게 가혹한 행사기간 제한이 붙게 된다. 법률행위의 효력을 불확실한 장래의 사실 발생 시까지 연기하려는 당사자의 의사는 과도하게 제한된다.

혹시나, 위와 같은 조건부 권리의 권리자가 자신의 단순수의정지조건 성취를 의도적으로 지연시켜 사실상 시효기간 연장의 효과를 누리려고 한다면, 의무부담자 측은 민법 제150조에 따라 조건성취에 대한 반신의행위로서 그러한 방해(의도적 지연)행위가 없었더라면 조건

---

161) 이와 달리, 권리자 일방의 의사에만 의존하는 순수수의조건(가령 「내 마음이 동하면 이것을 주겠다.」)은 무효로 봄이 지배적이다. 우선 곽윤직/김재형(주 6), 401면 참조. 따라서 이 글에서는 단순수의조건에 관해서만 살피기로 한다.

162) 우선 곽윤직/김재형(주 6), 432면; 민법주해(Ⅳ)(주 8), 498면(오영준) 등 참조.

163) 부관이 붙은 법률행위에서, 부관에 표시된 사실이 발생하지 아니하면 채무를 이행하지 아니하여도 된다고 보는 것이 타당한 경우에는 조건으로 보아야 한다는 대법원 2023. 6. 29. 선고 2023다221830 판결 등 참조. 물론, 조건부 권리에 관한 보전처분은 가능하다(대법원 1984. 6. 12. 선고 82도1544 판결 등 참조). 그러나 이러한 보전처분만으로 해당 권리의 관철에까지는 이르지 못한다.

이 성취되었을 것으로 인정되는 시점부터 시효기산을 주장할 수 있다고 볼 것이다. 그러나 실제 이러한 사안이 발생할 가능성이 있을지는 의문이다.[164)]

다) 그 밖의 경우

앞에서 언급한 몇몇 사례, 가령 채권자의 정산서 제시로써 그 이행기에 도래하는 채권이나, 보증인이나 제3자 등의 대위변제에 따른 구상권 등과 같이 권리자의 임의적 언동에 따라 그 채권의 이행기가 도래하거나 발생하게 되는 권리도 마찬가지이다. 이러한 사례도 반드시 권리자의 의사결정만으로 해당 권리의 발생 또는 그 이행기 도래의 법적 효력이 발생하지 않는다.

그중 정산서 제시로써 발생하거나 그 이행기에 이른 채권은 앞서 본 권리자 단순수의정지조건부 권리로 구성할 여지도 없지 않다. 그렇게 보지 않더라도, 그 구체적 행사·관철 가능성을 인정하기 위해서는 '정산서 제시'라는 권리자의 행태가 수반되어야 한다. 의무부담자나 의무부담자로 지목되는 자로서는 해당 행태를 통해 문제된 권리가 발생하거나 그 이행기가 도래하기 전에는, 아직 발생하지도 않았고 그 구체적 내용도 확정할 수 없는 권리에 대한 자신의 방어부담 가중을 내세우기 곤란하다. 설령, 상대방의 권리 불행사 등에 대한 기대나 신뢰를 가졌다고 주장하더라도, 이에 대한 보호가치를 부여할 수 없다. 만에 하나, 권리자가 정산서 제시 등의 행태를 의도적으로 지연시켜 그 권리의 이행기 도래나 발생으로 인한 불이익을 피하고자 한다면, 의무부담자 측은 민법 제150조의 적용 또는 유추적용[165)]을 주장할 수도 있을 것이다.

대위변제로 인한 구상권도 그 발생 및 이행기 도래 전으로 시효기산점을 앞당길 수 없다. 대위변제자의 행태(대위변제) 역시 외부적 사정에 따라, 반드시 권리자의 의사결정에 뒤따르지 않을 수 있다. 대위변제도 되지 않은 상태에서 구상채무자가 자신에 대한 구상권 행사·관철이 이루어지지 않으리라는 기대를 하기 어렵고, 하더라도 보호할 수 없다.

Ⅳ. 검토결과의 정리 및 입법적 개선 필요성 제언

소멸시효 제도는 일정한 입법목적을 위하여 시민의 권리를 제한하는 제도이다. 이러한 제도의 법적 효과가 가혹하다거나, 해당 권리자가 혼잡하면서도 불명료한 체계 속에서 사법기관의 선별적 해석과 적용을 통해서만 그 가혹한 효과를 회피할 수 있다는 평가를 받아서는 안 된다. 그러나 현행 소멸시효법과 이에 관한 기존의 실무와 학계의 논의는 위와 같은

164) 앞의 주 68)의 문헌 및 해당 본문 부분 참조.

165) 계약당사자 사이에서 정당하게 기대되는 협력을 신의성실에 반하여 거부함으로써 계약에서 정한 사항을 이행할 수 없게 된 경우에 민법 제150조 제1항을 유추적용할 수 있다는 대법원 2021. 1. 14. 선고 2018다223054 판결 등 참조.

평가를 받을 여지가 없지 않았다.[166)]

권리자의 임의적 언동에 따라 그 발생 여부 또는 이행기 도래 여부가 좌우되는 권리의 소멸시효 기산점에 관한 현행 소멸시효법 규율 내용 및 이에 관한 기존의 실무와 학계의 논의도 위와 같은 평가에서 자유롭기 어렵다. 현행 소멸시효법 규정 내용 및 체계 내에서라도, 소멸시효법의 목적과 규율 내용에 부합하는 타당한 해석론을 정립하기 위해서는 민법 제166조 제1항에서 정한 「권리를 행사할 수 있는 때」라는 규준 표지의 문언적 해석만으로는 부족하다. 그 의미가 '권리의 구체적 행사·관철 가능성'을 의미하고, 나아가 권리자가 의무부담자(또는 의무부담자로 지목되는 자)에 대해 자신의 권리 행사·관철을 적시에 해야 할 '신의성실의 원칙상 배려의무'를 부담하기 시작하는 때를 가리킨다고 풀이함이 타당하다. 그리고 이러한 규준 표지에 따라, 문제된 권리의 발생기초가 되는 법률관계의 내용과 성질을 고려하여 현행 소멸시효법 규정에 따른 소멸시효의 기산점을 도출해 내야 한다. 가령 권리자의 형성권 등의 행사에 해당 권리의 발생이나 그 이행기 도래가 좌우되는 법률관계에서, 그 형성권 등에 행사기간이 정해져 있거나 그 상대방이 확답촉구(최고) 등의 방법으로 행사시기에 영향을 미칠 수 있다면, 그 시효기산점의 규준 표지는 그 형성권 등의 실제 행사시기에 비로소 갖추어진다. 권리의 발생 등을 결정짓는 권리자의 언동에 행사기간 등 위와 같은 제약이 없다면, 그중 계속적 계약관계 해소를 위한 해지권 등의 권리행사에 기한 목적물 반환청구권의 경우, 개별 전형계약별로 살펴보면, 원칙적으로, 반환시기의 약정이 없는 소비대차의 경우는 해당 차용물의 이전 시부터 상당한 기간이 지난 시점에 시효기간이 기산한다고 보아야 한다. 반환시기의 약정이 없고 이를 추단할 수도 없는 사용대차의 경우는 해당 차용물의 인도 시부터 시효기간이 진행한다. 임대차, 위임, 임치(소비임치 포함)의 경우는 그 법률관계가 종료한 때부터 진행한다고 봄이 타당하다. 그 밖에 청구즉시 이행되어야 하는 청구권이 있다면, 달리 정한 바가 없는 한, 이는 해당 청구권의 발생 시부터 시효기간이 기산하고, 단순수의정지조건부 권리는 그 조건성취 시부터 기산한다고 볼 것이다.

그러나 위와 같은 소멸시효의 기산점 규준 표지를 정립하더라도, 권리자의 임의적 언동에 따라 문제된 권리의 발생 또는 그 이행기 도래가 좌우되는 유형의 모든 권리에 관한 소멸시효 기산점을 간명하게 제시하는 데에는 한계가 있다. 더구나 위에서 검토한 전형계약이 아닌, 비전형의 무명계약에 기한 권리가 문제될 때는 결국 앞서 든 규준 표지로써 소멸시효 기산점을 제시하여야 하겠지만, 사안에 따라 그 적용 결과가 일관성과 안정성을 확보할 수 있다고 단언하기 어렵다. 개별적·구체적 계약내용과 그 성질에 따라 시효기산점이 문제된 권리의 발생 또는 그 이행기 도래 전의 어느 시점으로 정해질 수도 있고, 아니면 그 권리가 발생한 때나 이행기에 도래한 시점으로 정해질 수도 있다.

---

166) 이에 관한 좀 더 상세한 검토는 졸고(주 22), 1면 이하(결론 부분은 52면) 참조.

사적자치에 따라 개별적으로 법률관계를 형성해 나가는 당사자들로서는 자기의 권리가 자신의 임의적 언동에 따라 발생하거나 그 이행기가 도래하도록 정하는 경우, 그 시효기산점이 언제부터인지를 간단하고 명료하게 예측하기에 곤란하다. 비교연혁적 검토 결과[167]에서 살펴본 바와 같이, 이러한 경우에 관한 시효기산점 규준 표지를 법률로 명문화함으로써, 당사자의 예측가능성과 법적 안정성을 확보할 필요가 있다.

다만 이러한 규정을 둘 때, 우리 소멸시효법의 목적뿐 아니라 그 대상이 되는 권리나 시효기간의 길이, 그 법적 효과 등을 아울러 보아, 시효제도 운용의 안정성 확보 필요와 권리자의 권리행사·관철 보장 사이의 균형을 찾아 그 규율 내용을 정해야 한다.[168] 사견으로는 앞서 본 소멸시효법의 목적에 터 잡아볼 때, 향후 시효의 대상이 되는 권리를 청구권에 한정하는 입법적 개선이 필요하다고 보지만,[169] 그렇지 않더라도 적어도 청구권이나 채권에 대해서는 그 시효기간의 원칙적 기산점[170]을 불명료하였던 기존의 「권리를 행사할 수 있는 때」보다는 그 권리의 「이행기가 도래한 때」로 정함이 타당하다고 생각한다. 후자의 문언이 앞서 본 소멸시효법 목적에 터 잡은 시효기산점 판단의 규준 표지, 즉 권리의 구체적 행사·관철 가능성 및 권리자의 의무부담자 측에 대한 적시의 권리 행사·관철에 관한 신의성실의 원칙상 배려의무 발생이라는 표지를 모두 함축하고, 또 명료하다고 보기 때문이다.[171]

그리고 위와 같은 규정 외에, 예외적으로, 그 이행기 도래가 권리자의 임의적 언동에 좌우되는 사안 유형으로서, 이미 해당 이행기 도래 전부터 문제된 권리(청구권)의 구체적 행사·관철 가능성이 인정되고, 또 권리자의 의무부담자 측에 대한 적시의 권리 행사·관철에 관한 신의성실의 원칙상 배려의무가 인정될 수 있는 경우에 관해, 권리자의 임의적 언동이 허용되는 시점부터 시효기산점을 삼는 규정을 두는 방안을 입법론으로 고려해 볼 수 있다.

하지만, 현행처럼 시효기간을 10년 또는 그보다 단기의 기간으로 정한다면, 독일 구민법 제199조, 제200조나 스위스 채무법 제130조 제2항과 같은 권리자의 해지통고 또는 취소로 권리가 발생하거나 이행기에 도래하는 경우에 관한 규율을 두는 것[172]은 위 규준 표지에 해당하지 않는 경우까지 시효기산점을 앞당기는 결과가 될 수 있어 적절하지 못하다. 만약 필요하다면, 해당 계약관계나 문제된 권리(청구권)에 관한 각칙 규율에 시효기산점에 관한 특칙을 둠이 바람직하다. 가령 소비대차나 사용대차에 관하여 반환시기의 약정이 없거나 이를 정할 수 없다면, 그 차용물의 이전 후 상당한 기간이 지난 때 또는 차용물의 인도 시점부터

167) 위 Ⅱ. 2.의 다., 라. 부분 참조.

168) 위 Ⅱ. 3. 부분 참조.

169) 이에 관한 상세한 검토 결과는 졸고(주 22), 28면 이하 참조.

170) 여기서는 입법론적으로 권리자의 주관적 인식 내지 인식가능성 표지를 추가하여 둘 것인지에 대해서는 일단 보류하고 살피기로 한다. 그러나 사견으로는 궁극적으로, 권리자의 주관적 인식 내지 인식가능성을 고려하는 이원적 체계로 시효기산점을 구성함이 타당하다고 본다. 이에 관해서도 졸고(주 22), 30면 이하 참조.

171) 「권리가 발생한 때」도 조건부 권리나 기한부 권리의 시효기간 기산점에 관해서는 불명료한 규준 표지가 된다. 앞의 주 59)의 문헌 참조.

172) 위 Ⅱ. 2.의 다., 라. 부분 참조.

시효가 기산한다는 규율을 소비대차법이나 사용대차법에 두는 것이다.

이와 달리 소비대차법이나 사용대차법에 관해서도 시효기산점을 그 계약관계의 종료 시로 정하는 규율을 두는 것도 가능하다. 시효기간을 어느 정도의 길이로 정할지는 입법재량 문제이다.[173] 따라서 소멸시효법 목적에 부합하는 시효기산점 규준 표지를 구비한 사안에서, 그보다 늦은 시점을 시효기산점으로 삼도록 법률에 규정함으로써 사실상 시효기간을 연장하는 효과를 가져오더라도, 그것 자체가 입법재량 범위를 일탈했다고는 보기 어렵고, 그렇기에 가능한 규율이라 생각한다.[174] 개인적으로는 소비대차나 사용대차에 관해서도 별도의 예외를 둘 필요 없이, 문제된 반환청구권의 이행기 도래 시부터 기산한다는 총칙의 원리적 규율만 두고, 소비대차나 사용대차에 관해서도 그 계약종료 시부터 시효가 기산한다는 규정을 두는 것이 더 간명하고, 법적 안정성 측면에서도 더욱 바람직하다고 생각한다.

물론 위와 같은 규율이 명문의 규정으로 자리 잡게 될 경우, 과거부터 염려되었던 상황, 즉 권리자가 자신의 임의적 언동으로 그 이행기 도래를 좌우할 수 있는 경우, 적시에 자기 권리를 행사·관철하여야 한다는 소멸시효법의 취지와 달리, 그 지위를 신의성실의 원칙에 반하도록 남용하여 시효완성 시점을 뒤로 늦추는 행태를 취하는 상황이 생기지 않으리라 단언할 수는 없다. 거의 발생할 가능성이 없다고 여겨짐에도 말이다. 그러나 이러한 상황에 대해서는 앞서 단순수의정지조건부 권리나 그와 유사한 권리에 관하여 본 바와 같이, 민법 제150조의 규율을 적용 또는 유추적용하는 방법으로 개별적·구체적 사안의 타당성을 확보할 수 있다. 비교적 단기의 시효기간을 두고 있는 우리 시효법제를 그대로 유지한다고 할 때, 위와 같이 드물게 발생할 상황을 염려하여 소멸시효의 기산점 자체를 불명료하고 불안정하게 규율할 필요는 전혀 없다고 본다.

173) 헌법재판소 2018. 8. 30. 선고 2014헌바148·162·219·466, 2015헌바50·440(병합); 2014헌바223·290, 2016헌바419(병합) 전원재판부 결정 참조.

174) 비교할 만한 입법례로는 독일 현행 민법 제604조 제5항을 들 수 있다. 위 II. 2.의 다. 3) 부분 참조. 또한, 일람출급 어음이나 수표의 시효기산점에 관한 어음법 및 수표법 규정도 여기에 해당한다고 볼 수 있다. 앞의 주 160) 참조.

쌍방미이행 쌍무계약의 당사자가 모두 도산한 경우의 법률관계

최 준 규

서울대학교 법학전문대학원 교수

이 글은 사법 69호(2024)에 게재되었다.

Ⅰ. 들어가며

쌍방미이행 쌍무계약의 당사자 '일방'이 도산절차에 들어간 후 계약상 법률관계의 추이(推移)는 계약법과 도산법이 얽힌 어렵고도 중요한 문제이다.[1] 이 글은 당사자 '쌍방'이 도산절차에 들어가면 계약상 법률관계가 어떻게 되는지 검토한다. 이 주제는 앞의 주제보다 어렵고 복잡하다. 그러나 현실에서 문제되는 경우가 드물어서인지 몰라도 거의 논의되지 않았다.[2]

하지만 다음과 같은 이유에서 검토 필요성이 있다. 첫째, 채무자회생 및 파산에 관한 법률(이하 '회생파산법') 제119조 제1항과 제335조 제1항은 쌍방미이행 쌍무계약의 당사자 일방이 도산한 경우 관리인(파산관재인)에게 해제(해지)권을 부여한다. 이에 대해 입법론으로 관리인에게 이행거절권을 부여해야 한다는 강력한 비판이 있다.[3] 하지만 입법에 진척이 없는데, 그 주된 이유는 이행거절권 행사 후 법률관계가 불명확하기 때문이다.[4][5] 그런데 이행거절권 구성 하에서 쌍방도산의 법률관계가 어떻게 전개되는지 검토하면 역으로 일방도산 상황에서 이행거절권 행사 후 법률관계를 명확히 정리하는 데 도움이 된다. 둘째, 계약당사자 일방이 도산하면 도산절차의 규범목적을 고려해 평시 계약법 법리가 변형될 수 있다. 그런데 '쌍방'이 도산하면 어느 한쪽 도산재단을 위한 계약법 법리의 변형은 정당화되기 어렵고, 결국 원칙인 평시 계약법 법리로 돌아와야 한다. 문제는 도산법 법리 중 무엇이 평시 계약법 법리의 '변형'인지, 그것이 '정당한' 변형인지 도산법 전문가에게조차 분명하지 않다는 점이다. 도산법 법리가 실무에서 익숙한 나머지 별다른 고민 없이 '원칙'으로 인식될 수 있고, 변형으로 인식되더라도 '당연히 정당화된다'고 오해하기 쉽다. 이러한 편향 또는 오해는 도산절차에서 계약상 법률관계의 이해에 여러 어려움을 일으킨다. 쌍방도산의 법률관계를 검토함으로써 이 문제를 입체적으로 바라볼 수 있고, 이는 궁극적으로 도산절차에서 계약상

---

1) 이에 관한 포괄적 연구로는 최준규, 계약법과 도산법, (2021); 김영주, 도산절차와 미이행 쌍무계약, (2020). 이 글은 선행연구의 성과를 토대로 선행연구의 문제점과 부족한 부분을 수정·보완하기 위해 작성되었다.

2) 외국도 사정은 비슷하다. 그러나 Sebastian Zeyns, §§ 103 ff. InsO in der Doppelinsolvenz, (2019)는 쌍방도산에 관한 쟁점을 망라한 뒤, 이를 깊이 있게 분석한다. 이 책은 Zeyns 변호사의 2019년 함부르크 대학 박사논문(Dissertation)을 출판한 것이다. 그는 위 박사논문으로 2022년 독일변호사협회(Deutshcer Anwaltverein) 도산법 분야 전문가모임(Arbeitsgemeinschaft Insolvenzrecht und Sanierung)으로부터 학술상을 받았다고 한다. 필자는 위 책의 주장에 모두 동의하는 것은 아니지만 위 책으로부터 많은 시사를 받았다. 이론과 실무가 긴밀하게 결합한 채 발전적이고 생산적인 논의, 수준 높은 논의가 이루어지는 독일의 상황이 부럽게 느껴진다.

3) 최준규(주 1) 222−238면; 이은재, "한국과 미국의 회생절차에서의 미이행계약에 대한 비교", 사법 35, (2016), 259면 이하; 김성용, "도산절차에서의 쌍무계약의 처리와 관련한 두 가지 의문", 비교사법 14−1, (2007), 51면 이하.

4) 한민, "미이행쌍무계약에 관한 우리 도산법제의 개선방향", 선진상사법률연구 53, (2011), 87−90면. 한편 김영주(주 1) 372면은 해제권 구성이 타당하지 않다거나 이행거절권 구성에 비해 불합리하다고 단정하기 어렵다고 평가한다. 즉 법개정 필요성 자체에 유보적이다.

5) 우리와 마찬가지로 해제권 구성을 취하는 일본 도산법이 이행거절권 구성으로 법률을 개정하지 않는 이유이기도 하다. 伊藤眞, 破産法·民事再生法, 第5版, (2022), 390頁은 이행거절권 구성을 취하면 일부 이행된 급부를 어떻게 처리할 것인지 문제된다고 지적한다. 이 글의 본문 Ⅱ.는 이러한 지적에 대한 응답이다.

법률관계의 해명에 도움이 된다.

요약하면 **쌍방도산의 계약상 법률관계를 검토함으로써 쌍방도산보다 훨씬 빈번한 일방도산의 계약상 법률관계를 올바로 이해할 수 있고, 특히 관리인 이행거절의 법적 효과를 명확히 정리하는 데 도움이 된다**(강조는 필자, 이하 같음). 이 글을 작성한 까닭이다.

글의 순서는 다음과 같다. 이행거절권 구성에서 어렵고, 논란이 큰 부분 중 하나가 계약당사자 일방이 '**일부 이행**'을 한 후 도산절차가 개시되었고 관리인이 이행거절권을 행사한 경우의 법률관계이다. 이 글에서는 주로 이 쟁점을 검토한다. 대표적 전형계약인 매매계약과 임대차계약의 당사자 '일방'이 도산한 경우의 법률관계를 먼저 살펴보고(Ⅱ.1), 이어서 당사자 '쌍방'이 도산한 경우의 법률관계를 분석한다(Ⅱ.2). 이러한 분석결과를 토대로 바람직한 회생파산법 입법론을 제안해 본다(Ⅱ.3). **일방도산에서 평시 계약법 법리의 변형, 쌍방도산에서 평시 계약법 법리로의 회귀**라는 쟁점에 관해서는 임대차계약 등에서 계약의 분할(Ⅲ.1), 도산해지조항의 효력(Ⅲ.2), 소유권유보부 매매의 법률관계(Ⅲ. 3)를 중심으로 살펴본다. 이 글의 Ⅱ. 부분은 이행거절권 구성을 전제로 하므로 입법론에 해당한다. 이에 반해 Ⅲ. 부분은 이행거절권 구성과 관련이 없고 현행법 해석론과 연결된다. 즉 Ⅲ. 부분에서는 관리인이 현행법에 따라 해제, 해지권을 행사할 수 있음을 전제로 검토를 한다.

Ⅱ. 당사자 일방의 일부 이행 후 관리인이 이행거절한 경우의 법률관계

아래에서는 회생파산법 개정을 통해 쌍방미이행 쌍무계약에서 관리인에게 해제(해지)권이 아니라 이행거절권이 부여됨을 전제로 법률관계를 검토한다.[6] 이행거절은 말 그대로 도산채무자 측에서 더는 자신의 채무를 이행하지 않고 그에 따라 상대방에게 반대채권도 행사하지 않겠다고 밝히는 것이다. 도산채무자 측에서 이행거절 의사를 밝히면 상대방 도산채권자의 채권은 강제이행이 확정적으로 불가능해짐에 따라 금전화되고, 상대방의 채권과 견련관계에 있는 도산채무자의 채권도 함께 금전화되어, 두 금전채권 사이에 공제가 일어남으로써 결과적으로 계약관계가 단일한 금전채권(=상대방 채권자가 갖는 도산채권으로서의 손해배상채권)으로 정리된다.[7] 계약이 해제(해지)되지 않았으므로 기이행 급부의 원상회복 또는 부당이득반환은 일어나지 않는다. 도산채무자 측에서 이행거절을 하면 상대방 채권자가 채무불이행을 이유로 법정해제권을 행사할 수 있는지 문제된다. 논란이 있지만, 일단 법정해제권 행사가 불가능하다[8]는 전제하에 검토한다. 이 글에서 상론할 여유는 없지만, **강제이행이**

6) 2021년 활동하였던 법무부 채무자회생법 개정위원회는 이러한 입법안을 마련한 바 있다. 구체적 내용은 Choi Joon-Kyu, "Contract Law and Insolvency Law: Continuity or Discontinuity?-On a Recently Proposed Amendment to. Korean Insolvency Law", Journal of Korean Law 22-2, (2023), pp. 305-312 참조.

7) 최준규(주 1), 94-95면.

8) Choi(주 6), pp. 299-302. 그러나 2021년 활동하였던 법무부 채무자회생법 개정위원회는 관리인의 이행거절을

불가능한 계약상 채무를 불이행했다는 이유로 채권자가 해당 계약을 해제하는 것은 원칙적으로 허용할 수 없다.[9] 채무자의 잘못에 비해 너무 큰 제재이고,[10] 도산채무자의 상대방 채권자에게 이행이익보다 큰 원상회복이익을 부여하는 것은 과도하기 때문이다.

1. 일방도산의 경우

가. 매매계약

1) 매도인이 먼저 점유를 이전한 후 도산하였고 매도인의 관리인이 매매계약 이행을 거절한 경우

매도인의 관리인이 이행거절권을 행사하면 – 비록 매매계약이 해제된 것은 아니지만 – 매수인은 점유권한(민법 제213조 단서의 '점유할 권리')을 상실한다.[11] 매도인의 관리인이 이행거절을 함으로써 매수인이 매도인에 대하여 갖는 소유권이전등기청구권을 더는 실행할 수 없게 되었으므로 – 이 점은 매수인이 매매대금을 완납하여 일방미이행 쌍무계약이더라도 마찬가지이다 – 매수인은 더는 그 목적물을 점유할 권한이 없다.[12] 매도인이 소유자라면 소유권에 기한 반환청구권을 행사하여 매수인으로부터 목적물을 반환받을 수 있다. 매도인이 소유자가 아니더라도 매도인이 매수인에게 목적물 반환을 청구할 수 있는가? 매매계약이 해제되었다면 소유자가 아닌 매도인은 급부부당이득반환 청구권이라는 채권적 청구권[13]을 행사하여 매수인으로부터 점유를 반환받을 수 있다. 그러나 매도인 측 이행거절로 매매계약이 해제된 것은 아니므로 소유자가 아닌 매도인이 위와 같은 채권적 청구권을 매수인에 대하여 취득한다고 볼 수 없다.

이유로 상대방이 채무불이행을 이유로 한 법정해제권을 행사할 수 있다고 보아, 그에 따른 개정안을 마련하였다. Choi(주 6), pp. 309–312.

9) 독일법 해석론으로 같은 취지로는 Zeyns(주 2), S. 59–61. 이러한 결론은 이른바 도산전형적 법률효과로서 도산법정지법에 따라 결정되어야 한다. 본문 Ⅱ.에서 살펴볼 일방도산 및 쌍방도산에서 이행거절의 법적 효과도 도산전형적 법률효과로서 도산법정지법이 준거법이 되어야 한다. 대법원 2015. 5. 28. 선고 2012다104526,104533 판결 참조.

10) 이에 관해서는 아래 판례도 시사하는 바가 크다.
"채무불이행에 따른 해제의 의사표시 당시에 이미 채무불이행의 대상이 되는 본래 채권이 시효가 완성되어 소멸하였다면, 채무자가 소멸시효의 완성을 주장하는 것이 신의성실의 원칙에 반하여 허용될 수 없다는 등의 특별한 사정이 없는 한, 채권자는 채무불이행 시점이 본래 채권의 시효 완성 전인지 후인지를 불문하고 그 채무불이행을 이유로 한 해제권 및 이에 기한 원상회복청구권을 행사할 수 없다." (대법원 2022. 9. 29. 선고 2019다204593 판결)

11) 최준규(주 1), 265면.

12) 참고로 미국연방도산법은 먼저 점유를 이전받았거나 매매대금 일부를 먼저 지급한 '**부동산 매수인**'을 보호하기 위해 특칙{§ 365(i), § 365(j)}을 두고 있다. 이는 정책적 관점에서 특별히 부동산 매수인을 보호하기 위해 마련된 규정이다.

13) 계약을 원인으로 소유권이전등기 등의 급부가 이루어진 경우, 그 계약이 취소되는 등 법률상 원인이 소멸하면 위 급부의 반환을 구하는 채권적 성질의 원상회복청구권이 발생한다. 대법원 1988. 9. 13. 선고 86다카1332 판결; 대법원 1993. 9. 14. 선고 92다1353 판결; 대법원 1994. 1. 25. 선고 93다16338 전원합의체 판결.

2) 매수인이 매매대금 일부를 지급한 후 매도인이 도산하였고 매도인의 관리인이 매매계약 이행을 거절한 경우

매수인은 매도인 측 이행거절을 이유로 이행이익 상당의 손해배상채권을 도산채권으로 행사할 수 있다. 매수인의 이행이익이 0 이하라면 매수인은 도산채무자인 매도인에게 행사할 권리가 없다. 매수인의 일부 선이행으로 매도인이 자신의 이행이익보다 더 많이 보유하게 되었더라도 **매수인은 그 초과분의 반환을 구할 수 없다**. 매수인은 이행이익 상당의 손해배상청구를 할 수 있을 뿐이고, 부당이득반환을 청구할 수는 없다. 매도인 측 이행거절로 매매계약이 해제된 것은 아니기 때문이다. 매도인 측 이행거절을 이유로 매수인이 법정해제권을 행사할 수 없음은 앞서 살펴본 바와 같다.[14)]

위 설명을 사례로 표현하면 다음과 같다(설명의 편의상 전형적 매매계약이 아니라 제작물공급계약을 사례로 들었다).

| 사례1 |

A는 자기가 생산한 동산 X를 B에게 500원에 공급하는 계약을 체결하였다(제작물공급계약). B는 X의 소유권을 이전받기 전에 대금 500원 중 100원을 먼저 A에게 지급하였다. 이후 A에 대하여 도산절차가 개시되었다. X의 시가는 300원으로 떨어졌고 현재까지 변동이 없다. 폐업을 한 A로서는 X를 더는 생산할 수 없기에 시가하락에도 불구하고 A의 관리인은 위 계약의 이행을 거절하였다. 관리인의 이행거절에 따라 B가 도산채권으로 청구할 수 있는 이행이익 상당액은 0원(∵ 0>=300[15)]−400[16)])이다. 폐업을 한 A입장에서 잔대금 400원보다 생산비용이 더 들기 때문에 이행이익이 (−)이지만 그렇다고 해서 선지급받은 100원을 도산채무로서 B에게 반환할 의무는 없다.

사례1의 법률관계를 다음과 같이 구성할 수 있는가?

A의 관리인이 이행거절을 함으로써 B가 A에 대해 갖는 소유권이전청구권(=인도청구권)은 300원의 금전채권으로 전환된다. B가 500원의 대금 중 100원을 선지급하였으므로 그에 상응하여 B가 A에 대해 갖는 전환된 금전채권은 60원(=300×1/5)이다. **A측 이행거절에도 불구하고 B는 자신이 선이행한 부분에 상응하는 위 60원의 채권을 원 계약상 채권에 갈음하는 금전채권이자 도산채권으로서 행사할 수 있다.** 이에 반해 미지급 매매대금 400원에 해당하는 부분은 B가 이행이익 상당의 손해배상채권을 행사할 수밖에 없는데 B의 이행이익이

14) Choi(주 6), pp. 318−319는 매수인의 법정해제권 행사를 허용하면 매수인은 이행이익보다 큰 원상회복이익을 얻을 수 있는데 이러한 결론이 부당하다고 지적한다.

15) 편의상 매매계약을 통해 매수인이 얻는 이득은 매매목적물의 시가라고 가정한다.

16) B입장에서 선지급한 100원은 반환받을 수 없는 매몰비용이므로 B의 이행이익을 산정할 때 고려하지 않는다. B는 잔금 400원을 지급함으로써 시가 300원 상당의 X를 얻게 되므로, B의 이행이익은 −100이다.

(-)이므로 청구할 것이 없다.[17)]

위 법률구성에 동의하기 어렵다. 그 핵심이유는 위 견해가 **1개의 계약을 법적 근거 없이 2개로 쪼개기 때문**이다. 계약이 2개로 쪼개짐에 따라 도산채무자의 상대방은 이행청구권에 갈음하는 금전청구권과 이행청구권에 갈음하는 금전 손해배상청구권이라는 2개의 채권을 행사할 수 있게 된다. A 측 이행거절로 B의 소유권이전청구권이 금전채권으로 전환될 필요가 있는 것은 맞다. 그러나 이는 어디까지나 계약관계를 하나의 금전채권으로 청산하기 위해서이지 계약을 2개로 쪼개기 위해서가 아니다.

3) 매수인이 매매대금 일부를 지급한 후 도산하였고 매수인의 관리인이 매매계약 이행을 거절한 경우

매도인은 매수인 측 이행거절을 이유로 이행이익 상당의 손해배상채권을 도산채권으로 행사할 수 있다. 매수인이 미리 지급한 매매대금 일부는 매도인의 손해를 산정하는 과정에서 고려된다. 즉 손익상계로서 매도인의 손해를 줄이는 요소로 작용한다. 문제는 매도인의 이행이익보다 매수인이 선이행한 매매대금 액이 더 큰 경우이다. 이 경우 매도인이 도산채무자인 매수인에게 초과분을 반환해야 하는지 논란이 있다. 이는 이행거절권 구성하에서 생기는 난제(難題)이다. 해제권 구성과 달리 이행거절권 구성에서는 쌍방 원상회복의무가 문제되지 않으므로 초과분 반환은 허용하지 않음이 일견 타당해 보인다.[18)] 그러나 ① 도산채권자에게 이행이익을 초과하는 이익보유를 허용함이 도산재단 보호라는 측면에서 타당한지, ② 매수인이 지급한 일부 매매대금에 해당하는 부분만 매도인이 소유권을 이전해주는 것은 불가능하므로 민법상 위험부담 규정(민법 제537조; 매도인의 의무이행이 매도인과 매수인의 귀책사유 없이 불가능해지면 매도인의 의무와 견련관계에 있는 매도인의 매매대금청구권은 원칙적으로 소멸한다)을 유추하여 - 설령 매매계약이 해제되지 않더라도 - 매수인이 선지급한 매매대금의 반환을 구할 여지는 없는지,[19)] ③ 관리인의 이행거절을 이유로 한 상대방 채권자의 법정해제권 행사를 부정한다면 상대방 채권자에게 이행이익을 초과하는 이득보유를 불허하는 것이 균형에 맞는 것 아닌지[20)] 의문이 남는다. 필자는 종래 초과분 반환을 긍정하는 입장이었다. 그러나 **쌍방도산의 상황까지 염두에 두고** 고심한 끝에 초과분 반환을 부정하는 쪽으로 견해를 변경하였다. 여기서는 먼저 결론만 밝히고 그 이유는 아래 Ⅱ. 2. 다.의 쌍방도산 상황에서 한꺼번에 언급하기로 한다.

위 설명을 사례로 표현하면 다음과 같다.

---

17) Zeyns(주 2), S. 71-75(Zeyns는 A와 B가 모두 도산한 상황을 염두에 두고 본문과 같은 주장을 한다).

18) <사례1>에서 초과분 반환이 허용되지 않음을 참조.

19) 최준규(주 1), 269-272면 및 Choi(주 6), pp. 315-317. 참고로 독일의 도산법 권위자인 Bork 교수도 이러한 해석론을 지지한다. Reinhard Bork, “Vorleistungen des Schuldners in der Insolvenz”, Festschrift für Jobst Wellensiek zum 80. Geburtstag, (2011), S. 208.

20) Choi(주 6), pp. 318-319.

| 사례2 |

A는 자기 소유 동산 X를 B에게 500원에 매도하는 계약을 체결하였다. B는 X소유권을 이전받기 전에 매매대금 중 100원을 먼저 A에게 지급하였다. 이후 B에 대하여 도산절차가 개시되었다. X의 시가는 460원으로 떨어졌고 현재까지 변동이 없다. B가 폐업을 하여 더는 X가 필요없게 되었기 때문에 B의 관리인은 위 매매계약의 이행을 거절하였다. A가 도산채권으로 청구할 수 있는 이행이익 상당의 손해배상은 0원이다(∵ 0>400−460). 이 경우 A는 B로부터 선이행을 받아 원래 이행이익보다 더 많이 보유하게 된 초과분 60원(=100−40)을 B 측 도산재단에 반환할 필요가 없다. A는 이행이익이 없으므로 이행이익 상당의 손해배상청구를 할 수 없고, 계약이 해제되지 않았으므로 어떠한 부당이득 반환청구도 할 수 없다.

매수인이 매매대금 일부를 먼저 지급했을 뿐만 아니라 매도인도 먼저 점유를 이전해 준 경우 매수인 측 이행거절에 따라 매도인이 매매목적물의 소유자로서 환취권을 행사하였다면, 법률관계가 어떻게 되는가? **매도인의 환취권 행사**는 매도인이 자신의 계약상 청구권(매매대금 청구권)을 포기한 것이므로 매도인의 매매대금 보유는 법률상 원인 없는 이득이고, 따라서 도산채무자인 매수인 측은 매도인에게 초과분의 반환을 청구할 수 있는가? 이를 긍정하는 견해가 있고,[21] 독일판례 중에는 위와 같은 사실관계에서 그 법적 근거는 밝히지 않은 채 매수인 측의 부당이득반환청구를 긍정한 것이 있다.[22] 그러나 위 Ⅱ. 1. 가. 1)에서 검토한 것처럼 **매수인 측 이행거절만으로 매수인은 점유할 권한을 잃으므로** 매도인의 환취권 행사를 매도인 자신의 계약상 청구권 포기 의사표시로 해석하는 것은 과도하다. 매도인은 매수인 측에서 이행을 거절하니 해당 매매목적물의 소유자로서 당연히 그리고 자연스럽게 그 물건의 반환을 구한 것뿐이다. 관리인의 이행거절을 이유로 상대방 채권자가 법정해제권을 행사할 수 없음은 앞서 지적한 바와 같다. 따라서 매도인의 환취권 행사에 관리인의 이행거절을 이유로 한 법정해제권 행사 의사표시가 담겨 있다고 볼 수도 없다. 위 사안이라고 해서 특별히 매도인의 부당이득반환의무를 긍정할 이유는 없다. 매도인의 선(先)인도가 없고 매수인의 일부 매매대금 지급만 있었던 사안(사례2)과 마찬가지로 다뤄야 한다. 따라서 환취권을 행사한 매도인의 초과분 반환의무는 부정해야 한다.[23][24]

위 설명을 사례로 표현하면 다음과 같다.

21) 최준규(주 1), 270−271면.
22) BGHZ 196, 160.
23) 같은 취지 Zeyns(주 2), S. 61−62.
24) 심사위원 B는 이러한 결론이 불공평하고, 채무자의 회생을 목적으로 한 이행거절권의 취지에 반할 여지가 있다고 지적하였다. 직관적으로 그렇게 보일 수 있다. 하지만 위 사례에서 매도인의 환취권 행사는 실질적으로 별 의미가 없다. 환취권 행사가 없더라도 어차피 해당 부동산은 언젠가는 소유자인 매도인 품에 돌아갈 것이기 때문이다. 이행거절 하에서 "일부 지급된 매매대금"은 현 상태 그대로 두어야 하지만, "이전된 점유"는 "물권법 법리"에 따라 원 상태로 되돌릴 수 있다.

| 사례3 |

A는 자기 소유 부동산 X를 B에게 500원에 매도하는 계약을 체결하였다. B는 X소유권을 이전받기 전에 매매대금 중 100원을 먼저 A에게 지급하였고, A는 매매대금 전부를 지급받기 전에 X의 점유를 B에게 이전하였다. 이후 B에 대하여 도산절차가 개시되었다. X의 시가는 460원으로 떨어졌고 현재까지 변동이 없다. B의 관리인은 위 매매계약의 이행을 거절하였다. 그러자 A가 환취권을 행사하여 B의 관리인에게 X부동산 인도를 요구하였다. A의 환취권 행사를 A가 B에게 갖는 매매대금청구권 포기의 의사표시로 해석할 이유는 없다. 이 경우 A가 도산채권으로 청구할 수 있는 이행이익 상당의 손해배상은 0원이다(∵ 0>400−460), 매매계약이 해제된 바 없고 A의 매매대금청구권이 소멸하지도 않았으므로 A는 자신이 지급받은 100원을 도산재단에 반환할 의무가 없다.[25)]

나. 임대차계약: 임차인이 차임 일부를 선지급한 후 도산하였고 임차인의 관리인이 임대차계약 이행을 거절한 경우

임대차계약의 경우 매매계약과 달리 계속적·이용형 계약이라는 성격을 갖는다. 따라서 (임차인 측) 관리인의 이행거절 후 법률관계를 설명하기가 더 까다롭다. 논란의 여지가 없지 않지만 이 경우에는 이행거절=해지라고 봄이 간명하고 실용적이다(이하 '1안').[26)] 이행거절 후 차임지급의무의 존속여부, 보증금반환의무 발생여부를 명확히 정리할 수 있기 때문이다. 임차인 측 이행거절로 임차인이 목적물 점유권한(민법 제213조 단서의 '점유할 권리')을 상실하였는데[27)] 임대차가 종료한 것은 아니므로 차임지급의무가 존속하고 임차인이 보증금반환청구도 할 수 없다는 것은 어색할 뿐만 아니라 임차인에게 가혹하다.

1안에 따르면 다음과 같은 결론이 도출된다. 관리인이 이행거절을 하면 그때부터 장래를 향해 임대차계약은 종료된다. 임대인은 도산채무자인 임차인 측 이행거절에 따라 이행이익 상당의 손해배상청구권을 도산채권으로 행사할 수 있다. 임대인의 이행이익보다 임차인이 선납한 차임이 크면 임대인은 그 초과분을 부당이득으로 반환해야 한다. 이행거절에 따라 임대차계약이 장래를 향해 종료하므로, 종료된 이후 시점에 관해 미리 지급한 차임은 그 법률상 원인이 없고 따라서 부당이득반환의 대상이 된다. 1안처럼 보면 매매계약에서 매도인의 초과분 반환을 부정한 것(사례2, 사례3)과 결론이 달라진다.

그러나 매매계약에서 매도인의 초과분 반환의무를 부정한다면, 임대차계약에서 임대인의 초과분 반환의무도 부정해야 한다. 이행거절의 법적 효과를 다음과 같이 구성하면(이하 '2안'), 초과분 반환의무를 부정할 수 있다. 임차인 측 관리인의 이행거절을 원칙적으로 해지

25) 만약 부당이득반환의무가 인정된다면 A는 이행이익인 40을 공제한 나머지 60의 초과분을 부당이득으로 반환해야 한다.

26) 최준규(주 1), 262−264면. 2021년 활동하였던 법무부 채무자회생법 개정위원회가 취한 입장이기도 하다.

27) 매매계약의 경우 본문 Ⅱ. 1. 가. 1) 참조.

로 보더라도, 임차인이 차임을 선납하였다면 이행거절 즉시 임대차계약이 해지된 것으로 보면 안 된다. 그 차임에 상응하는 임대기간 내에는 이행거절한 관리인이더라도 임대인에게 목적물의 점유 및 사용·수익을 요구할 수 있고, 점유할 권한도 잃지 않는다고 보아야 한다.[28] 임차인의 관리인이 선지급된 차임에 상응하는 기간 동안 임차목적물을 사용·수익하였다면 임대인의 초과분 반환은 문제되지 않는다. 설령 임차인의 관리인이 위 기간 동안 임차목적물을 사용·수익하지 않고 자진 반환했더라도 임대인의 초과분 반환은 문제되지 않는다. 도산채무자인 임차인 측에서 스스로 자신의 권리를 포기한 것일 뿐이고 임대차계약이 해지된 것은 아니기 때문이다.[29] 임차인이 차임을 먼저 지급해 놓고 약정 임대차기간이 지나기 전에 스스로 임대인에게 목적물을 반환한 것과 마찬가지 상황이다.[30]

2안을 사례로 표현하면 다음과 같다.

| 사례4 |

A는 자기 소유 부동산 X를 B에게 월 차임 100원에 1년간 임대 해주었다(보증금 없음). B는 6개월분 월 차임 600원을 A에게 선납하였다. 임대기간이 1달 정도 지나서 B에 대하여 도산절차가 개시되었다. B의 관리인은 임대차계약의 이행을 거절하였다. 이행거절에도 불구하고 B는 6개월 동안 X부동산을 점유하면서 사용·수익할 수 있다. A는 나머지 6개월 동안 X부동산을 B에게 월 100원에 임대해주지 못함으로 인해 입은 손해의 배상을 도산채권으로 청구할 수 있다. 가령 현재 월 차임 시세가 40원이고 A가 월 차임 40원에 다른 임차인을 즉시 구할 수 있다면 A는 360원{=(100−40)×6}의 이행이익 상당의 손해배상을 도산채권으로 청구할 수 있다. B가 6개월이 지나기 전에 X부동산을 A에게 반환하였더라도 A가 선납받은 600원 중 일부를 반환할 의무는 없다. 이 경우에도 A는 360원의 손해배상채권을 도산채권으로 행사할 수 있다. 다만, B가 2달 동안만 X부동산을 사용하고 반환하여 A가 4개월 간 X부동산을 제3자에게 임대함으로써 160원(=40×4)의 추가수익을 얻었다면, 이는 손익상계로서 A의 손해배상채권 액수를 산정할 때 고려되어야 한다. 이 경우 A는 360원이 아니라 200원(=360−160)의 손해배상채권을 도산채권으로 행사할 수 있다.

2안에 따르면 보증금이 수수되어 임대인의 보증금반환의무도 문제되는 경우 법률관계가 어떻게 전개되는지 검토해야 한다(임차인 측의 이행거절 시 보증금반환의무는 언제 발생하는지, 선지급된 차임과 보증금을 같게 취급할 것인지 다르게 취급할 것인지). 이는 아래 Ⅱ. 3.에서 검

28) 심사위원A는 매매대금 일부를 선지급한 매수인은 이행거절 후 매매목적물 점유권을 잃는데, 차임 일부를 선지급한 임차인은 왜 이행거절 후 즉시 임차목적물 점유권을 잃지 않는지 의문을 제기하였다. 선지급한 일부 매매대금과 달리 선지급한 일부 차임은 임차목적물 점유 및 사용·수익을 정당화하기 때문이다.

29) 심사위원B는 임대차계약의 이행을 거절한 임차인 측에 임차목적물 사용·수익을 실질적으로 강제하는 것은 회생채무자인 임차인의 회생을 저해할 수 있다고 지적하였다. 그러나 임차목적물이 당장 필요 없게 된 임차인은 임대인에게 이를 자진 반납하면 된다. 선지급 차임을 반환할 필요가 없는 임대인이 굳이 임차목적물 수령을 거절할 이유가 없다.

30) 그러나 쌍방이 합의해지하였다면 해지에 따른 법률관계가 발생함은 물론이다.

토한다.

2. 쌍방도산의 경우

위에서 소개한 일방도산 사례1, 2를 약간씩 변형하여 쌍방도산에 따른 계약상 법률관계를 검토한다. 먼저 쌍방도산에 따라 두 관리인이 모두 선택권을 갖는 경우 일반적으로 문제되는 쟁점을 살펴본 뒤(아래 가. 나), 이 글에서 주목하는 쟁점인 당사자 일방의 일부 이행 후 쌍방도산 상황이 발생한 경우 계약상 법률관계, 그중에서도 특히 초과분 반환의 문제를 검토한다(아래 다. 라. 마).

❙ 사례1-1 ❙

A는 자기가 생산한 동산 X를 B에게 500원에 공급하는 계약을 체결하였다(제작물공급계약). 이후 B, A에 대하여 차례로 도산절차가 개시되었다. X의 시가는 300원으로 떨어졌고 현재까지 변동이 없다. B의 관리인은 위 계약의 이행을 거절하였다.

가. 상대방의 이행거절을 이유로 손해배상청구를 하려면 본인이 이행선택을 해야 하는지

B 측 이행거절에 따라 A의 관리인이 200원의 이행이익 상당[31]의 손해배상채권을 도산채권으로 행사하려면, A의 관리인은 위 매매계약의 이행을 선택해야 한다. A의 관리인이 이행거절을 하면 그는 B를 상대로 200원 상당의 손해배상채권을 도산채권으로 행사할 수 없다. 자신의 계약상 의무를 이행하지 않겠다고 선언한 자가 상대방의 이행거절을 이유로 손해배상청구를 하는 것은 적반하장이기 때문이다.[32]

정리하면, ① A, B 측 관리인 모두 이행선택을 해야 비로소 이행선택의 효과가 나타나고, ② 두 관리인 모두 이행거절을 하면 서로 어떠한 권리도 행사할 수 없으며, ③ 한 관리인은 이행거절을 하고 다른 관리인은 이행선택을 하였다면 이행선택을 한 측에서 이행이익 상당의 손해배상채권을 도산채권으로 행사할 수 있다.[33]

나. 이행선택을 한 측이 자기채무를 이행할 자력이 있어야 손해배상청구를 할 수 있는지

A의 관리인이 이행선택을 한 경우 설령 A 측이 위 매매계약을 이행할 자력이 충분치 않더라도[34] 200원의 손해배상채권을 행사하는 데 문제가 없다.[35] 가령 A가 X를 생산하는데

---

31) A가 X를 생산하는 데 드는 비용이 300원이라고 가정한다.
32) 같은 취지 Zeyns(주 2), S. 40－47.
33) 해제권 구성에서도 결론은 같다. 즉 두 관리인 모두 이행을 선택해야 이행선택의 효과가 나타난다. 한 사람이라도 해제(해지)를 선택하면 계약은 해제(해지)된다. 두 관리인 모두 해제(해지)를 선택하면 서로 손해배상청구는 할 수 없지만 부당이득반환청구는 가능하다. 최준규(주 1), 183－184면 참조.
34) 돈으로 해결할 수 없는 다른 문제(ex. 매매목적물 제작에 필요한 기술을 상실하였는데 다른 곳에서 해당 기술을

300원이 드는데 A 측 도산재단으로 이 비용을 충당하기에 부족하고 달리 위 비용을 충당할 방법이 없더라도 A의 관리인은 위 계약의 이행을 선택하고 B에 대해 200원의 손해배상채권을 도산채권으로 행사할 수 있다. A가 보유한 200원의 손해배상채권은 쌍방미이행 쌍무계약을 하나의 금전채권으로 청산하는 과정에서 나온 결론으로서[36] A가 자기채무를 현실적으로 이행하지 않더라도 A에게 보장되어야 하는 액수이기 때문이다.

다만, 구체적 상황에 따라서는 B 측에서 먼저 이행거절을 하지 않았다면 A 측에서 먼저 나서서 이행선택을 하지 않았을 수 있다. 이 경우 나중에 선택권을 행사하는 A 측 관리인의 이행선택을 권리남용으로 보아 쌍방이 이행거절을 한 것으로 보아 서로 어떠한 청구도 하지 못하게 하거나, 먼저 선택권을 행사한 B 측 관리인의 이행거절을 소급하여 없었던 것으로 취급하고 두 관리인이 상호 협의하여 해당 계약의 운명을 결정하게 함이 바람직할 수 있다(협의가 결렬되면 쌍방 이행거절로 취급할 수밖에 없을 것이다).

다. 두 관리인이 모두 이행거절을 한 경우

| 사례1-2 |

A는 자기가 생산한 동산 X를 B에게 500원에 공급하는 계약을 체결하였다(제작물공급계약). B는 X의 소유권을 이전받기 전에 공급대금 500원 중 100원을 먼저 A에게 지급하였다. 이후 B, A에 대하여 차례로 도산절차가 개시되었다. X의 시가는 300원으로 떨어졌고 현재까지 변동이 없다. B의 관리인은 위 계약의 이행을 거절하였다. 폐업을 한 A로서도 X를 더는 생산할 수 없기에 시가하락에도 불구하고 A의 관리인도 위 계약의 이행을 거절하였다.

Ⅱ. 2. 가.에서 살펴본 것처럼 자신의 채무이행을 거절한 자가 상대방의 이행거절을 이유로 손해배상청구를 하도록 허용함은 부적절하다. 쌍방 관리인이 모두 이행거절을 하였다면 양측 모두 상대방의 이행거절을 이유로 한 손해배상채권 행사를 할 수 없다. <사례1－2> 처럼 쌍방의 이행이익이 모두 0 이하라면, 두 관리인 모두 이행거절을 할 가능성이 크다.

이 경우 선이행을 받은 자가 초과분 반환의무를 부담하는가? 가령 A가 X동산을 제작하는데 매우 큰 비용이 들어 A의 이행이익이 0원 이하인데[37] A가 B로부터 미리 100원을 받았다면 A는 100원의 초과이익을 B에게 도산채무로서 반환해야 하는가? 초과분 반환의무는 부

도입하는 것이 사실상 불가능한 경우, 제작에 필요한 원재료가 멸실되었는데 다른 곳에서 해당 원재료를 조달하는 것이 사실상 불가능한 경우)로 A측 이행이 어려워도 이행선택이 가능한가? 이는 보다 깊은 검토가 필요한 어려운 문제이다. 필자의 잠정적 생각은 다음과 같다. 위와 같은 사정이 발생한 데 A측 귀책사유가 있다면 A측 이행선택은 신의칙상 이를 인정할 수 없다. 그러나 A측 귀책사유가 없는 경우에는 A측 이행선택을 인정할 여지가 있다.

35) 같은 취지 Zeyns(주 2), S. 47－51.

36) 본문 Ⅱ. 참조.

37) A의 관리인이 이행거절을 한 이유이다.

정함이 타당하다. <사례1－2>와 달리 A만 도산하였다면 A는 초과분 반환의무를 부담하지 않는데(사례1 참조), A와 B가 모두 도산하였다고 해서 A가 돌연 초과분 반환의무를 부담한다는 결론은 어색하기 때문이다. B의 도산재단 보호를 이유로 A의 초과분 반환의무를 긍정할 수 있을까? 쉽지 않아 보인다. **A, B가 모두 도산하였는데 B의 도산재단 보호만 강조하는 것은 타당하지 않기 때문**이다. 사정이 이와 같다면 A는 도산하지 않고 B만 도산한 경우(사례2)에도 A의 초과분 반환의무는 부정함이 자연스럽다. <사례2>에서 A는 도산하지 않았다. A의 이행이익이 0 이하이므로 A는 더는 해당 계약의 이행을 하지 않을 것이다. 만약 A가 도산하였다면 A의 관리인은 이행거절을 선택할 것이다. **A가 도산한 경우와 도산하지 않은 경우 A의 법적 지위를 달리 취급할 합리적 이유가 없다.** 계약당사자 일방의 선이행으로 상대방이 누리는 초과이득은 두 당사자 중 누가 도산하든 반환되면 안 된다. 원상회복의무는 오직 계약이 해제 또는 해지된 때에만 발생한다.

선이행을 한 자가 갖는 채권(사례1－2에서 B의 소유권이전청구권)이 그 채무를 부담하는 자가 도산하고 도산관리인이 이행거절을 함으로써 금전채권으로 전환되므로, 선이행을 한 부분에 상응하는 금전채권은 원채권에 갈음하는 부분으로서 도산채권으로 행사할 수 있다는 주장은, 앞서 본 것처럼 타당하지 않다{Ⅱ. 1. 가. 2)}. 1개의 매매계약이 2개로 분할될 법적 근거가 없기 때문이다. <사례1－2>의 경우 B의 소유권이전청구권은 A의 관리인이 이행거절을 함으로써 300원의 금전채권으로 전환된다. 그렇다고 해서 쌍방 관리인이 모두 이행거절한 상황에서 B의 관리인이 60원(＝300×100/500)의 도산채권을 원 계약상 채권(소유권이전청구권)에 갈음하는 채권으로서 행사할 수 없다. 쌍방이행거절 상황이므로 두 관리인은 모두 서로에게 어떠한 청구도 할 수 없다.

라. 선 이행한 측은 이행선택하고 상대방은 이행거절한 경우

| 사례1–3 |

A는 자기가 생산한 동산 X를 B에게 500원에 공급하는 계약을 체결하였다(제작물공급계약). B는 X의 소유권을 이전받기 전에 공급대금 500원 중 100원을 먼저 A에게 지급하였다. 이후 B, A에 대하여 차례로 도산절차가 개시되었다. X의 시가는 650원으로 올랐고 현재까지 변동이 없다. B의 관리인은 위 계약의 이행을 선택하였다. A의 관리인은 위 계약의 이행을 거절하였다.

<사례1－3>의 경우 B의 관리인은 A에 대하여 A측 이행거절을 이유로 250원(＝650－400[38])의 손해배상채권을 도산채권으로 행사할 수 있다. B의 관리인이 130원(＝650×1/5)의 도산채권을 원 계약상 채권에 갈음하는 채권으로 행사할 수 있고, 나머지 4/5부분에 대한 이행

38) B가 선지급한 100원은 고려하지 않는다. 이행선택 여부를 결정하는 관리인 입장에서 도산재단으로부터 새로이 지출되는 비용이 아니라면, 비용으로 고려되지 않는다.

이익 120원(=520−400)을 이행거절에 따른 손해배상채권으로 행사할 수 있는 것이 아니다. <사례1−3>에서는 어느 방법을 따르든 결론이 갖지만, 후자처럼 보면 B의 관리인이 이행거절을 한 경우에도 B에게 130원의 도산채권을 인정해야 하므로 후자의 방법은 취할 수 없다.[39)]

마. 선 이행한 측은 이행거절하고 상대방은 이행선택한 경우

| 사례2−1 |

A는 자기 소유 동산 X를 B에게 500원에 매도하는 계약을 체결하였다. B는 X의 소유권을 이전받기 전에 매매대금 500원 중 100원을 먼저 A에게 지급하였다. 이후 B, A에 대하여 차례로 도산절차가 개시되었다. X의 시가는 300원으로 떨어졌고 현재까지 변동이 없다. B가 폐업을 하여 더는 X가 필요 없게 되었기 때문에 B의 관리인은 위 매매계약의 이행을 거절하였다. A의 관리인은 위 계약이 이행되면 시가 300원의 물건을 400원[40)]을 받고 팔게 되어 이득이므로(이행이익이 100원이다) 이행을 선택하였다.

<사례2−1>의 경우 A의 관리인은 100원의 손해배상채권을 도산채권으로 행사할 수 있다.

| 사례2−2 |

A는 자기 소유 동산 X를 B에게 500원에 매도하는 계약을 체결하였다. B는 X의 소유권을 이전받기 전에 매매대금 500원 중 300원을 먼저 A에게 지급하였다. 이후 B, A에 대하여 차례로 도산절차가 개시되었다. X의 시가는 460원으로 떨어졌고 현재까지 변동이 없다. B가 폐업을 하여 더는 X가 필요 없게 되었기 때문에 B의 관리인은 위 매매계약의 이행을 거절하였다. A의 관리인은 위 계약이 이행되면 시가 460원의 물건을 200원을 받고 팔게 되어 손해임에도 불구하고 이행을 선택하였다.

<사례2−2>의 경우 A의 관리인은 B측 이행거절을 이유로 손해배상채권을 행사할 것이 없다. A는 원래 40원의 이득을 보는 계약을 체결한 것인데 B가 300원을 선지급함으로 인해 260원의 초과이득을 누리고 있다. 이 경우 B의 관리인이 A에 대하여 초과분 260원의 반환을 구할 수 있는가? <사례1−2>와 마찬가지로 부정함이 타당하다. A만 도산한 경우 A의 관리인이 초과반환의무가 없는데(사례1 참조) A, B 모두 도산하였다고 해서 A의 관리인이 초과분 반환의무를 부담하는 것은 불합리하기 때문이다. <사례2−2>의 경우 결과적으로 쌍방 관리인이 모두 이행거절을 한 경우와 결론이 같다.

---

39) Ⅱ.2.다. 참조.

40) B가 선지급한 100원은 고려하지 않는다. 이행선택 여부를 결정하는 관리인 입장에서 도산재단에 새롭게 들어오지 않은 이득은 이득으로 고려되지 않는다.

3. 임대차계약 관련 입법론

앞서 살펴본 것처럼 일방도산이든 쌍방도산이든 선이행을 받은 자가 초과분을 반환하는 상황은 이행거절권 구성하에서 발생하지 않는다. 임대차계약에서 임차인이 차임 일부를 선납한 때도 마찬가지이다. 임차인 도산 시 임차인 측에서 차임 선납에 따른 초과분 반환을 임대인에게 요구할 수 없다면(사례4 및 그곳에서의 2안 참조), 임대인과 임차인 쌍방도산 시에도 임대인에 대한 초과분 반환청구권은 인정될 수 없다. 차임을 선납한 임차인은 관리인이 이행거절을 하였더라도 **선납한 기간 동안에는** 임대인에게 목적물 사용·수익을 요구할 수 있고, 임대인은 임차인에 대해 임대차계약에 따른 의무를 부담한다.

임차인이 보증금을 지급한 경우는 어떠한가? 보증금은 차임 지급을 담보하는 기능을 하지만, **지급된 보증금과 선납된 차임을 같게 취급할 수는 없다**. 보증금이 지급되었더라도 여전히 임차인은 차임 지급의무를 부담하기 때문이다. 임대차계약 체결 당시 목적물을 인도받으면서 지급한 보증금이 임대차기간 차임 총액을 초과한다고 해서 임차인이 차임 일체를 선납하였다고 볼 수 없다. 보증금 지급 시점을 기준으로 임차인은 차임을 전혀 지급하지 않았으므로 해당 임대차계약은 쌍방미이행 쌍무계약이다.

이행거절권 구성하에서 해석론만으로는 위 결론을 도출하긴 어렵다. 적어도 임대차계약에서 이행거절의 법적 효과에 관해서는 법으로 상세하고 명확하게 정해야 한다. 2021년 활동하였던 법무부 채무자회생법 개정위원회는 임대차계약의 이행거절 시 법적 효과를 해지와 같게 보는 입법안을 마련한 바 있다. 이를 수정한 필자 나름의 입법안을 다음과 같이 제시해 본다.

현행 규정	법무부 개정위원회 개정안	필자의 개정안
제119조(쌍방미이행 쌍무계약에 관한 선택) ① 쌍무계약에 관하여 채무자와 그 상대방이 모두 회생절차개시 당시에 아직 그 이행을 완료하지 아니한 때에는 관리인은 계약을 해제 또는 해지하거나 채무자의 채무를 이행하고 상대방의 채무이행을 청구할 수 있다. 다만, 관리인은 회생계획안 심리를 위한 관계인집회가 끝난 후 또는 제240조의 규정에 의한 서면결의에 부치는 결정이 있은 후에는 계약을 해제 또는 해지할 수 없다.	**제119조(쌍방미이행 쌍무계약에 관한 선택)**[41] ① 쌍무계약에 관하여 채무자와 그 상대방이 모두 회생절차개시 당시에 아직 그 이행을 완료하지 아니한 때에는 관리인은 채무자의 채무를 이행거절하거나 이를 이행하고 상대방의 채무이행을 청구할 수 있다. 다만, 관리인은 회생계획안 심리를 위한 관계인집회가 끝난 후 또는 제240조의 규정에 의한 서면결의에 부치는 결정이 있은 후에는 채무자의 채무를 이행거절할 수 없다.	[좌동]

② 제1항의 경우 상대방은 관리인에 대하여 계약의 해제나 해지 또는 그 이행의 여부를 확답할 것을 최고할 수 있다. 이 경우 관리인이 그 최고를 받은 후 30일 이내에 확답을 하지 아니하는 때에는 관리인은 제1항의 규정에 의한 해제권 또는 해지권을 포기한 것으로 본다. [이하생략]	② 제1항의 경우 상대방은 관리인에 대하여 채무의 이행의 여부를 확답할 것을 최고할 수 있다. 이 경우 관리인이 그 최고를 받은 후 30일 이내에 확답을 하지 아니하는 때에는 관리인은 제1항의 규정에 의하여 채무의 이행을 선택한 것으로 본다. [이하생략]	
제124조(임대차계약 등) ① 임대인인 채무자에 대하여 회생절차가 개시된 때에는 차임의 선급 또는 차임채권의 처분은 회생절차가 개시된 때의 당기(當期)와 차기(次期)에 관한 것을 제외하고는 회생절차의 관계에서는 그 효력을 주장할 수 없다. ② 제1항의 규정에 의하여 회생절차의 관계에서 그 효력을 주장하지 못함으로 인하여 손해를 받은 자는 회생채권자로서 손해배상청구권을 행사할 수 있다. ③ 제1항 및 제2항의 규정은 지상권에 관하여 준용한다. ④ 임대인인 채무자에 관하여 회생절차가 개시된 경우 임차인이 다음 각호의 어느 하나에 해당하는 때에는 제119조의 규정을 적용하지 아니한다. 1. 「주택임대차보호법」 제3조(대항력 등)제1항의 대항요건을 갖춘 때 2. 「상가건물 임대차보호법」 제3조(대항력 등)의 대항요건을 갖춘 때 [신설]	**제124조(임대차계약 등)** ①~④ [좌동] ⑤ 임대인인 채무자에 관하여 회생절차가 개시된 경우(상대방인 임차인이 제4항 각 호의 어느 하나에 해당하는 때는 제외한다) 또는 임차인인 채무자에 관하여 회생절차가 개시된 경우 관리인이 제119조에 따라 채무를 이행거절한 때에는 임대차계약이 해지된 것으로 본다. 이 경우 상대방은	**제124조(임대차계약 등)** ①~④ [좌동] ⑤ 임대인인 채무자에 관하여 회생절차가 개시된 경우(상대방인 임차인이 제4항 각 호의 어느 하나에 해당하는 때는 제외한다) 또는 임차인인 채무자에 관하여 회생절차가 개시된 경우 관리인이 제119조에 따라 채무를 이행거절한 때에는 이행거절

41) 회생파산법 제340조도 동일하게 개정한다.

	손해배상에 관하여 회생채권자로서 그 권리를 행사할 수 있다.	시점에 임대차계약이 해지된 것으로 본다. 이 경우 상대방은 손해배상에 관하여 회생채권자로서 그 권리를 행사할 수 있다. 다만, 임차인의 관리인이 이행거절을 할 때 임차인이 미리 지급한 차임(보증금은 선지급한 차임에 해당하지 않는다)이 있다면 이행거절 후로서 그 차임에 상응하는 기간이 종료한 때 임대차계약이 해지된 것으로 본다.

건설도급계약의 경우에도 임대차계약과 마찬가지 법리가 적용된다. 즉 도급인의 관리인이나 수급인의 관리인이 이행거절권을 행사한 경우 원칙적으로 그 시점을 기준으로 장래를 향해 도급계약이 해지된다. 그러나 도급인이 선급금(선급금은 공사대금 일부를 먼저 지급한 것이므로 임대차계약에서 보증금과는 다르다)을 지급하였고 도급인의 관리인이 이행거절을 하였다면, 도급인의 관리인은 선급금에 상응하는 공사 부분의 완성을 여전히 요구할 수 있고, 해당 도급계약 부분은 해지되지 않는다. 수급인이 이를 이행하지 않으면 채무불이행에 따른 손해배상책임을 부담한다. 수급인은 선급금과 관련이 없는 공사 부분에 한정하여 도급인 측의 이행거절을 이유로 손해배상채권을 행사할 수 있다.[42)]

Ⅲ. 일방도산에서 계약법 법리의 변형과 쌍방도산에서 계약법 법리로의 회귀

1. 임대차계약 등에서 계약의 분할

임차인 도산 후 임차인의 관리인이 임대차계약의 이행을 선택한 경우 임대인의 차임채권 중 도산절차개시 전의 것은 회생·파산채권으로 보고, 도산절차개시 후의 것은 공익·재단채권으로 봄(이하 '계약의 분할')이 학설의 대체적 견해이자 실무례이다.[43)] 임차인뿐만 아니라 임대인도 도산하였다면 위와 같은 차임채권의 분할 법리가 그대로 적용되는가? 필자의 생각은 다음과 같다.

임대차기간 2년, 월 차임 100만 원으로 정하였고 임차인이 도산절차에 들어갔다고 가정

42) 도급인의 이행거절에 따른 수급인의 손해배상채권(도산채권)과 도급인의 기이행 공사대금에 관하여 수급인이 채무를 이행하지 않아 도급인이 취득한 손해배상채권은 서로 상계가 가능하다.

43) 전대규, 채무자회생법, 제7판, (2023), 271면.

하자. 위 임대차계약 당사자의 현실적, 묵시적, 또는 가정적 의사에 비추어, 임대차기간이 1월인 경우에도 월 차임을 100만 원으로 정하였을 것이 분명하다면, 계약법 법리에 비추어 계약의 분할이 정당화된다(1영역). 당사자가 계약의 분할을 의도하였기 때문이다. 반면에 임대차기간이 2년이기 때문에 월 차임을 100만 원으로 정한 것이고 임대차기간이 그보다 짧았다면 그보다 높은 월 차임(가령 월 150만 원)을 당사자들이 정하였을 것이라고 명백히 예상된다면 아무리 임차인에 대해 도산절차가 개시되었더라도 계약의 분할이 정당화될 수 없다(2영역). 이러한 계약의 분할은 회생파산법에 명문 규정이 있는 경우에만 정당화될 수 있다(강행규정만이 당사자간 합의의 효력을 무력화시킬 수 있다).[44] 따라서 위 실무례가 항상 정당화될 수 있는지 의문이다. 다만 현실에서는 위와 같은 가정적 상황에 관한 계약당사자들의 의사가 불명확한 경우가 많다. 이 경우에는 법원이 **도산법 친화적 해석론**을 전개하여 도산절차개시 전 급부에 관한 채권을 도산채권으로 인정함이 바람직할 수 있다(3영역). 계약의 분할을 인정하는 실무례는 이러한 측면에서 정당화될 여지가 있다.

1영역과 2영역은 쌍방도산이라고 해서 법률관계가 달라질 이유가 없다. 즉 임대인과 임차인 모두가 도산하였더라도 결론은 같다. 1영역에서는 임차인 도산 전 차임채권은 도산채권이고 임차인 도산 후 차임채권은 공익·재단채권이다. 2영역에서는 차임채권 일체가 공익·재단채권이다. 이에 반해 3영역에서는 쌍방도산의 경우 결론이 달라져야 한다. 임대인도 도산하였으므로 임차인 측 도산재단에 유리한 방향의 도산법 친화적 해석론은 정당화될 수 없기 때문이다. 이 경우 **계약법 원칙으로 돌아가** – 임대차계약은 1개이다! – 계약의 분할을 부정하는 것에서 출발해야 한다. 즉, 임대인의 차임채권 일체를 공익·재단채권으로 보아야 한다. 계약의 분할을 인정받으려면 임차인 측 관리인이, 계약당사자의 의사에 비추어 계약기간을 짧게 정했더라도 월 차임은 같게 설정하였을 것임을 '증명'해야 한다. 우리 법은 민사소송에서 증명의 정도를 원칙적으로 고도의 개연성 및 법관의 확신을 기준으로 하므로,[45] 임차인의 관리인이 위 문턱을 넘어 증명에 성공한 경우에만 계약의 분할이 인정된다.

지금까지의 설명을 표로 표현하면 다음과 같다.

---

44) 회생파산법 제122조 제1항은 "채무자에 대하여 계속적 공급의무를 부담하는 쌍무계약의 상대방은 회생절차개시신청 전의 공급으로 발생한 회생채권 또는 회생담보권을 변제하지 아니함을 이유로 회생절차개시신청 후 그 의무의 이행을 거부할 수 없다."고 규정한다. 즉 계속적 급부를 목적으로 하는 쌍무계약에서 공급받는 자에 대해 회생절차가 개시된 경우, 회생절차개시신청 전 공급으로 인한 대금채권을 '항상' 회생채권으로 규정한다. 이러한 점에서 회생파산법 제122조 제1항은 계약법 법리와 상관없이 회생채무자를 위해 '항상' 계약의 분할을 인정하는 조항이다.

45) 이시윤, 신민사소송법, 제12판, (2018), 493–495면.

〈표 1〉

	계약당사자의 의사에 비추어 계약의 분할이 명백히 가능한 영역 (1영역)	gray area (3영역)	계약당사자의 의사에 비추어 계약의 분할이 명백히 불가능한 영역 (2영역)
임차인 도산	계약의 분할 긍정	계약의 분할 긍정 (∵ 도산법 친화적 해석론)	계약의 분할 부정
임차인 &임대인 도산	계약의 분할 긍정	원칙적으로 계약의 분할 부정 예외적으로 임차인 측에서 증명에 성공한 경우 계약의 분할 긍정 (∵ 계약법 법리로의 회귀)	계약의 분할 부정

이러한 생각의 틀은 쌍방도산상황에서 회생파산법 제122조 제1항의 적용이 문제된 경우에도 적용된다. 위 조항에 따르면 채무자에 대하여 계속적 공급의무를 부담하는 쌍무계약의 상대방은 회생절차개시신청 전의 공급으로 발생한 회생채권을 변제하지 아니함을 이유로 회생절차개시신청 후 그 의무의 이행을 거부할 수 없다. 공급을 받은 채무자가 회생절차에 들어가지 않았다면, 공급자는 기존 공급대금이 변제되지 않았음을 이유로 자신의 선이행 의무인 새로운 공급의무 이행을 거절할 수 있다고 봄이 대체로 타당하다(민법 제536조 제2항). 우리 판례는 회귀적, 계속적 가분급부를 목적으로 하는 계약에서 어느 한 기(期)의 채무가 이행되지 않았다면 그 후 상대방의 불안의 항변권을 적극적으로 인정하고 있다.[46] 따라서 공급자는 자신의 선이행 의무이행을 상대방의 기존 연체채무를 이유로 거절할 수 있다. 회생파산법 제122조 제1항은 평시라면 인정되었을 공급자의 불안의 항변권을 공급받는 자에 대해 회생절차가 개시된 경우에는 불허하겠다는 것이다. **회생채무자를 위해 계약법 법리를 변형**한 것이다. 그러나 공급자도 회생절차에 들어간 경우까지 회생파산법 제122조 제1항을 문자 그대로 적용하는 것은 정당화되기 어렵다. 공급받는 자의 회생만큼이나 공급자의 회생도 중요하기 때문이다. 회생파산법 제122조 제1항의 입법목적이 쌍방도산 상황까지 미친다고 보기 어려우므로 쌍방도산의 경우에는 위 조항의 목적론적 축소가 필요하다. 즉 평시에도 공급자에게 불안의 항변권이 인정되는 사안이라면 쌍방도산 시에도 공급자에게 불안의 항변권이 인정되어야 하고 그 경우 공급자의 공급대금채권은 공익채권으로 봄이 타당하다(계약법 법리로의 회귀). 쌍방도산 상황에까지 회생파산법 제122조 제1항이 기계적으로 적용될 수는 없다.

46) 대법원 2003. 5. 16. 선고 2002다2423 판결; 대법원 2012. 3. 29. 선고 2011다93025 판결 등.

2. 도산해지조항의 효력: 2원적 구성

계약당사자 일방에 대해 도산절차 개시 또는 개시신청이 있거나 도산절차 개시 원인에 해당하는 재산상태가 존재하는 경우, 이를 이유로 계약이 당연 해지(해제)되거나 상대방이 해지(해제)할 수 있도록 하는 조항을 도산해지조항이라 한다. 계약당사자 일방의 도산절차 내에서 도산해지조항의 효력을 부정할 것인지, 즉 해당 계약의 효력을 유지할 것인지에 대해서는 복잡다단한 논의가 있다. 여기서는 일방도산 상황에서 도산해지조항을 무효로 본다면, 쌍방도산의 경우에도 도산해지조항을 무효로 보아야 하는지 검토한다.

이 문제는 "일방도산 상황에서 왜 도산해지조항을 무효로 보아야 하는가?"라는 질문에서 출발해야 한다. 이 질문에 대한 필자의 답변은 위 Ⅲ. 1.에서 계약의 분할에 관하여 필자가 밝혔던 생각의 틀과 비슷하다.[47] 도산채무자의 계약상대방 입장에서 도산해지조항이 매우 중요한 의미를 갖는 경우가 있다(1영역). 채무자에 대해 도산절차가 개시되면 계약상대방은 그 계약이 제대로 이행될 것인지에 관하여 매우 큰 불확실성에 직면하고 도산절차가 진행됨에 따라 -그렇지 않은 경우와 비교해- 여러 불이익을 입을 수 있다. 이러한 불확실성과 불이익으로부터 선제적으로 벗어나기 위해 계약상대방은 도산해지조항을 둘 수 있고, 만약 도산해지조항이 없다면 그 계약을 아예 체결하지 않거나 다른 내용으로 체결하였을 수 있다. 그럼에도 불구하고 도산해지조항을 무효로 본다면 이는 도산채무자 측 이익을 위해 평시 계약법 법리를 변형한 것이다. 계약자유원칙을 침해하였기 때문이다. 필자는 위와 같은 사안에서 도산해지조항의 효력을 부정하는 법률 규정이 없음에도 불구하고 법원이 도산해지조항의 효력을 부정할 수는 없다고 생각한다. 당사자간 합의에 기초한 계약의 효력을 법적 근거 없이 부정할 수는 없기 때문이다. 반대로 도산해지조항이 없더라도 같은 내용의 계약을 체결하였을 것으로 판단되는 상황도 존재한다(2영역). 가령 금융리스의 경우 리스회사로서는 리스계약을 조기에 해지하여 자신에게 별다른 가치가 없는 리스물건을 반환받느니 리스계약의 효력을 계속 유지시켜 리스이용자가 리스물건을 활용하여 사업을 계속함으로써 리스료를 조금이라도 더 받는 것이 유리할 수 있다. 그럼에도 불구하고 리스계약에 도산해지조항이 (습관적, 관성적으로) 포함되었고, 리스회사가 계약에 따라 도산해지조항의 유효를 주장한다면 이는 리스계약에 묶여 있는(locked-in) 리스이용자(회생채무자)의 불리한 상황을 리스회사가 '악용'하여 다른 일반채권자보다 유리한 조건으로 재계약을 하려는 등의 불순한(!) 의도가 담긴 주장일 수 있다. 도산해지조항이 없더라도 금융리스 계약의 내용은 동일했을 가능성이 큰 것이다. 리스회사로서도 기본적으로 계약을 유지하는 것이 이익이기 때문이다. 이 경우 리스회사가 도산해지조항에 따라 리스계약의 해지를 주장하는 것은 신의칙, 권

---

47) 최준규(주 1), 286-300면.

리남용금지 원칙에 반한다고 평가할 수 있다. 이는 도산채무자 측 이익을 특별히 배려하여 평시 계약법 법리를 변형한 것이 아니다. 평시 계약법 법리에 따르더라도 리스회사의 계약해지 주장은 받아들일 수 없다. 그런데 현실에서는 1영역이나 2영역에 속한다고 판단하기 애매한 상황이 대부분이다(3영역). 금융리스의 경우에도 2영역에 속한다고 단정하기 어려운 상황이 많을 것이다. 이 경우에는 법원이 도산법 친화적 해석론을 전개하여 도산해지조항의 효력을 부정할 수 있다. 3영역은 도산채무자 측 이익을 고려해 평시 계약법 법리를 변형한 것이다.

일방도산 상황에서 도산해지조항의 효력에 관한 판례의 입장은 불분명하다. 도산해지조항을 무효로 본다면 그 이유 또는 법적 근거가 무엇인지도 그리 명확하지 않다. 리딩케이스인 대법원 2007. 9. 6. 선고 2005다38263 판결은 원칙적으로 계약자유 원칙을 강조하여 도산해지조항의 효력을 긍정하였지만, 쌍방미이행 쌍무계약의 경우 달리 볼 수 있다는 여지를 남겼다{당해 사안은 쌍무계약이 아닌 조합계약이 문제되었다. 따라서 쌍방미이행 쌍무계약에 관한 위 판시는 주론(ratio decidendi)이 아니라 방론(obiter dictum)에 가깝다}. 쌍방미이행 쌍무계약에서 도산해지조항의 효력이 문제된 하급심 판례 중에는 계속적 계약관계에서 상대방 당사자의 신뢰를 강조하여 도산해지조항의 효력을 긍정한 것도 있지만[48] 최근에는 부정한 판례가 나왔다.[49] 부정한 하급심 판례는 쌍방미이행 쌍무계약의 경우 도산재단의 보호를 위해 '원칙적으로' 도산해지조항의 효력을 부정할 수 있음을 시사한다. 위 판례는 "회생절차 진행 중에 계약을 존속시키는 것이 계약상대방 또는 제3자의 이익을 중대하게 침해할 우려가 있거나 회생채무자의 회생을 위하여 더 이상 필요하지 않은 경우"가 아닌 한 도산해지조항에 의한 해제·해지를 불허한다. 정리하면 현재 실무의 대체적 입장은 쌍방미이행 쌍무계약의 경우 원칙적으로, 그리고 계약당사자들의 가정적 의사를 고려하지 않고 일률적으로, 도산해지조항의 효력을 부정한다고 평가할 수 있다. 이러한 실무 입장에 따른다면, 도산해지조항의 효력이 부정되는 상황에는 평시 계약법 법리에 기초한 경우와 평시 계약법 법리가 변형된 경우가 **모두 포함**된다. 그리고 판례가 예외적으로 도산해지조항의 효력을 인정하는 범위가 1영역과 일치할지는 불확실하다.

평시 계약법 법리에 기초하여 도산해지조항을 무효로 본 경우라면 쌍방도산에서도 도산해지조항을 무효로 보아야 하지만, 평시 계약법 법리를 변형하여 도산해지조항을 무효로 본 경우라면 쌍방도산의 경우에는 도산해지조항을 유효로 보아야 한다**(2원적 구성)**. 3영역처럼 법원이 판단하기 모호한데 도산법 친화적 해석론을 근거로 도산해지조항을 무효로 본 경우라면, 쌍방도산 상황에서는 원칙(계약자유의 원칙)으로 돌아가 도산해지조항을 유효로 보아야 하고, 예외적으로 무효를 주장하는 측의 관리인이 계약의 해제, 해지가 평시 계약법 법

48) 서울중앙지방법원 2014. 1. 24. 자 2013카합80074 결정.

49) 서울고등법원 2023. 1. 13. 선고 2021나2024972 판결.

리에 따르더라도 신의칙, 권리남용금지 원칙에 반하여 효력이 없다는 점을 증명한 경우에 한해 도산해지조항을 무효로 보아야 한다.[50] 도산해지조항의 효력을 원칙적으로 부정하는 입법을 하더라도, 쌍방도산의 경우 도산해지조항의 효력은 위와 같은 2원적 구성에 따라 판단해야 한다. 즉 도산법 조항과 무관하게 계약법 법리에 의해서도 도산해지조항을 무효로 볼 수 있는 경우에 한정하여, 쌍방도산에서도 도산해지조항을 무효로 보아야 한다. 이러한 경우가 아니라면 법률조항에도 불구하고 쌍방도산 상황에서 도산해지조항은 유효로 보아야 한다.[51] 즉 도산해지조항을 무효로 보는 법률조항은 원칙적으로 일방도산 상황을 염두에 두고 마련된 것이라고 해석해야 한다(목적론적 축소).

지금까지의 설명을 표로 표현하면 다음과 같다.

〈표 2〉

<table>
<tr><td colspan="2"></td><td>도산해지조항이 없어도 같은 계약을 체결하였을 것임이 명백 (2영역)</td><td>gray area (3영역)</td><td>도산해지조항이 없으면 다른 계약을 체결하거나 계약을 체결하지 않았을 것임이 명백 (1영역)</td></tr>
<tr><td rowspan="2">일방 도산</td><td>私見</td><td>도산해지조항무효</td><td>도산해지조항 무효
(∵ 도산법 친화적 해석론)</td><td>도산해지조항유효</td></tr>
<tr><td>최근 실무</td><td colspan="3">원칙적으로 도산해지조항 무효
예외적으로 유효(예외로 인정되는 범위가 1영역과 일치할지는 불확실)</td></tr>
<tr><td colspan="2">쌍방 도산</td><td>도산해지조항무효</td><td>원칙적으로 도산해지조항 유효
예외적으로 관리인이 증명에 성공한 경우 무효
(∵ 계약법 법리로의 회귀)</td><td>도산해지조항유효</td></tr>
</table>

50) 채무자에 대한 도산절차개시 전 채무자의 채무불이행을 이유로 취득한 '법정해제권'에 기초하여 도산절차개시 후 그 해제권을 행사하는 경우, 원칙적으로 해제권 행사는 허용되지만 도산채무자 및 도산재단의 이익을 고려해 예외적으로 해제권 행사가 불허될 수 있다. 최준규(주 1), 47−68면. 법정해제권을 취득한 상대방도 도산하여 쌍방도산 상황이라면 어떠한가? 이 경우도 본문에서 살펴본 생각의 틀(2원적 구성)을 적용할 수 있다. 신의칙, 권리남용금지 원칙을 기초로 법정해제권 행사를 불허할 수 있는 사안이라면, 해제권자도 도산하여 쌍방도산 상황이 되었다고 해서 결론이 달라지지 않는다. 그러나 일방도산 상황에서 도산채무자의 이익을 고려해 또는 도산재단 보호를 위해 법정해제권자의 해제권 행사 효력을 부정하였다면, 쌍방도산 상황에서는 해제권 행사의 효력을 긍정해야 한다. 두 상황 중 어느 쪽인지 판단하기 어렵다면 원칙으로 돌아가 이미 취득한 법정해제권 행사의 효력을 긍정해야 한다.

51) 심사위원 A는 일방도산 하에서 일단 그 효력이 부정되었던 도산해지조항의 효력이 쌍방도산 하에서 유효가 될 수 있는지 의문을 제기하였다. 도산해지조항의 효력이 부정되어 계약의 효력이 존속되다 도산해지조항이 유효가 되어 계약이 해제(해지)되는 것이므로 '현실적으로' 별다른 문제는 없다(그 반대방향 즉 계약이 해제되었다가 나중에 되살아나는 것이라면, 문제의 소지가 있다). 그러나 실체법상 무효라는 개념은 '확정적 무효'를 전제로 하므로 무효인 계약이 어느 시점에서 장래를 향해 다시 유효가 된다는 말은 법리적으로 어색하다. 기본적으로 도산해지조항의 효력은 유/무효의 문제가 아니라 도산절차 내에서 실행가능(enforceable)/불가능의 문제로, 즉 stay/lift의 문제로 접근함이 바람직하다. 최준규(주 1), 316−317면.

3. 소유권유보부 매매의 법률관계

소유권유보부 매매에서 매매대금이 완납되기 전에 매도인 또는 매수인이 도산한 경우 법률관계는 어떻게 되는가?[52] 매수인에 대하여 회생절차가 개시된 경우 판례는 매도인이 회생담보권자가 된다고 본다.[53] 이에 대해서는 매도인이 계속 소유권을 보유하며 쌍방미이행 쌍무계약으로서 매수인의 관리인이 선택권을 갖는다는 비판이 유력하다.[54] 매도인에 대하여 회생절차가 개시된 경우 쌍방미이행 쌍무계약이긴 하나 매수인이 잔금을 지급하면 소유권을 취득할 수 있다고 봄이 대체적 견해이다.[55] 점유를 먼저 이전받고 성실히 매매대금을 지급한 매수인을 보호할 필요가 있기 때문이다. 매도인의 관리인이 해제를 선택하더라도 매수인이 약속대로 잔금을 지급하면 해제의 효력은 발생하지 않는다. 매수인이 약속대로 잔금을 지급할 의사가 없는 경우 매도인의 관리인이 이행을 선택하였다면 매수인의 채무불이행을 이유로 계약을 해제할 수 있고, 매도인의 관리인이 해제를 선택하였다면 그 해제의 효력이 발생할 것이다.

매도인과 매수인이 모두 회생절차에 들어갔다면 어떠한가? 판례에 따르면 매도인 도산 시에는 매도인이 소유권자가 되고, 매수인 도산 시에는 매수인이 소유권자가 된다. 매도인과 매수인 모두 도산하면 누가 소유권자인가? 가령 매수인이 먼저 도산하고 매도인이 나중에 도산한 경우 두 법리를 단순결합하면 처음에는 매수인이 소유권자였다가 나중에 매도인이 소유권자가 된다. 그러나 이렇게 보긴 어렵다. 처음에는 매수인이 소유자였는데 매도인 도산을 이유로 왜 매도인이 소유자가 되어야 하는지 설명이 궁색하기 때문이다. 그렇다고 해서 일률적으로 매수인이 소유자라고 보는 것도 마땅치 않다. 매도인 도산 시 **매수인이 누렸던 선택의 자유가 박탈**되기 때문이다. 매도인만 도산한 경우 매수인은 잔금을 지급하지 않는 대신 동산을 취득하지 않을 수 있었다. 그런데 이후 매수인이 도산함으로써 매수인은 자신의 의사와 무관하게(!) 돌연 소유자가 된다.[56] 양도담보설정자 도산 시 양도담보설정자가 해당 목적물의 소유자가 되는 것은 **그가 원래 목적물 소유자였으므로** 이상할 것이 없고, 그의 선택의 자유를 침해하는 것도 아니다. 그러나 매수인이 새로이 소유권을 취득하는 소유권유보부 매매는 사정이 다르다.

매수인 도산 시에도 – 매도인 도산 시와 마찬가지로 – 쌍방미이행 쌍무계약으로 구성하

---

52) 동산매매 시 그 매매대금채권을 담보하기 위해 이루어지는 '단순'소유권유보매매를 전제로 법률관계를 검토한다.
53) 대법원 2014. 4. 10. 선고 2013다61190 판결.
54) 최준규, "금융리스와 도산절차", 저스티스 183, (2021), 445면; 김영주, "도산절차상 양도담보계약 당사자의 법적 지위", 사법 33, (2015), 29면; 김형석, "우리 담보제도 발전의 회고", 우리 법 70년 변화와 전망, (2018), 436–438면; 양형우, "회생절차에서 소유권유보와 매도인의 지위", 인권과 정의 447, (2015), 149–157면.
55) 김은아, 소유권유보에 관한 연구, (2021), 315–318면.
56) 매수인이 소유자가 되더라도 매수인의 관리인이 해당 동산의 소유권을 포기하거나(도산재단의 포기) 해당 동산을 환가함으로써 소유권을 애초부터 취득하지 않은 것과 '**경제적으로**' 비슷한 효과를 거둘 수는 있다. 최준규(주 54) 429면. 그러나 매수인 도산을 이유로 매수인의 '**법적**' 지위가 극적으로 바뀌는 이유를 설명하기는 여전히 궁색하다.

면, 쌍방도산의 법률관계를 쉽게 해명할 수 있다. 매도인의 관리인과 매수인의 관리인은 모두 선택권을 갖는다. 두 관리인 모두 이행을 선택한 경우 이행선택의 효과가 발생함은 물론이다. 또한, 매도인 도산 시 매수인 측 우선권은 쌍방도산의 경우에도 관철되어야 하므로, 매수인의 관리인만 이행선택을 한 경우에도 이행선택의 효과가 발생한다. 매수인의 관리인이 해제를 선택하면 매매계약은 해제된다.

Ⅳ. 결론에 갈음하여

이 글의 결론을 요약하면 다음과 같다.

첫째, 쌍방도산의 경우 (1) 두 관리인이 모두 쌍방미이행 쌍무계약의 이행을 선택해야 이행선택의 효과가 발생한다. (2) 어느 관리인은 이행을 선택하고 다른 관리인은 이행거절을 선택한 경우 이행을 선택한 관리인은 이행거절을 선택한 관리인을 상대로 이행이익 상당의 손해배상채권을 도산채권으로 행사할 수 있다. 도산절차개시 전 일부이행이 이루어진 경우 해당 급부의 반환청구는 허용되지 않는다. 급부수령자가 해당 급부로 인해 자신의 이행이익을 초과하는 이득을 누리더라도 초과분의 반환청구는 허용되지 않는다. (3) 두 관리인 모두 이행거절을 선택한 경우 서로 간에 어떠한 청구도 할 수 없다.

둘째, 임대차계약에서 임차인 도산 시 임차인의 관리인이 이행거절을 선택하면 원칙적으로 임대차계약이 해지된 것으로 보아야 한다. 다만, 임차인이 차임을 선급한 경우 선급한 차임에 상응하는 임대기간이 종료된 때 임대차계약이 해지된 것으로 보아야 한다. 임대인과 임차인이 모두 도산하고 임차인의 관리인이 이행거절을 선택한 경우에도 마찬가지이다. 이 경우 임대인의 관리인이 이행을 선택하면 임차인 측을 상대로 이행이익 상당의 손해배상채권을 도산채권으로 행사할 수 있다. 임대인의 관리인이 이행거절을 선택하면 서로 어떠한 청구도 할 수 없다.

셋째, 일방도산 상황에서 계약법 법리에 기초하여 계약의 분할이 허용되거나 도산해지조항이 무효가 되었다면, 쌍방도산 상황에서도 같은 결론이 도출되어야 한다. 그러나 일방도산 상황에서 도산재단 보호나 도산채무자 보호를 위해 특별히 계약의 분할이 허용되거나 도산해지조항이 무효가 되었다면, 쌍방도산 상황에서는 그 반대의 결론이 도출되어야 한다 (2원적 구성).

넷째, 우리 판례는 소유권유보부 매매에서 매수인에 대해 회생절차가 개시된 경우 매도인을 회생담보권자로 본다. 대금이 완납될 때까지 소유권을 유보한 매도인이 소유권자가 아니고 매수인이 소유권자라고 보는 것이다. 하지만 매도인도 회생절차에 들어간 경우를 생각해 보면 위 판례의 결론이 타당하지 않음을 확인할 수 있다. 이 경우 소유권유보부 매매계약은 쌍방미이행 쌍무계약으로 보아야 한다.

저작인접권의 범위와 손해배상

대법원 2021. 6. 3. 선고 2020다244672 판결을 중심으로

황 원 재

전남대학교 법학전문대학원 교수

이 논문은 2022년 7월 8일 한국민사법학회 제2회 판례연구회에서 발제한 글로 한국저작권위원회, 2022 저작권 판례연구회[발제문 및 토론문 모임집], 2022-03, 137면에 수록된 것을 수정·보완한 것입니다.

후학들에게 언제나 바른 모습을 보여주신 존경하는 박동진 교수님의 화갑을 진심으로 축하드립니다. 존경의 마음을 담아 부족한 글을 헌정합니다.

Ⅰ. 서 론

저작권자가 자신의 실연을 녹음한 MR파일을 복제하면 음반제작자의 저작인접권을 침해하는 것일까? 선뜻 대답하기 어려운 질문에 저작권법은 다음과 같은 결론을 내린다. MR파일이 만들어지면 복제권 등 저작인접권을 취득하고, 이러한 권리는 저작권과는 별개의 권리이므로 허락 없이 MR파일을 복제하는 것은 비록 그가 저작권자이더라도 음반제작자의 복제권을 침해하는 것이다. 결과적으로 저작권자가 음반제작자에게 손해배상책임을 부담하게 되는데, 그 손해액을 산정하는 것도 쉬운 일이 아니다. 이하에서는 대법원 2021. 6. 3. 선고 2020다244672 판결을 중심으로 저작권과 저작인격권을 구분한 뒤, 저작권 침해에 따른 손해배상의 문제를 살펴본다.

Ⅱ. 사실관계와 법원의 판단

1. 사실관계

(1) 원고 甲은 인디신[1] 1세대 레이블로[2] 2014년 8월 19일 아티스트인 피고 乙과 연예활동에 관한 매니지먼트 전속계약을 체결하면서, 이 전속계약 기간 중 ① 甲이 개발・제작한 콘텐츠의 권리는 甲에게 귀속되고, ② 乙은 저작권에 관한 법령에서 보호하는 저작권과 저작인접권(실연권)을 갖는 것으로 약정하였다. 이러한 약정 하에 전속계약 기간 중 피고 乙이 작곡한 곡들로 5장의 음반이 제작되었다.

(2) 원고 甲은 경영난을 피하기 위하여 甲이 갖고 있는 1,688곡에 대한 마스터 권리(음원을 고형 매체에 또는 디지털 파일로 최초 고정한 원본에 대한 권리로 발매 목적의 대량 복제에 사용되는 원본 권리자가 갖는 일체의 권리[3])를 소외 회사 丙에게 양도하는 '마스터 권리 양수 양도 계약'을 체결하였다. 매각대금은 32억원으로 하고, 선급금을 공제한 23억 6,500만원을 지급하기로 하였다.[4]

(3) 피고 乙은 마스터 권리에 대한 매각이 이루어진다는 소식을 접하고, 원고 甲과의 매

---

1) '인디신'이란 비주류 독립 음악의 무대(Scene)라는 의미로 서울 홍대 앞을 의미한다. 자세한 것은 서정민, '인디음악', 구분하는 기준은 뭔가요?, 한겨레 2014.9.25. https://www.han I .co.kr/arti/culture/entertainment/656880.html 참고(2024년 11월 30일 최종방문).

2) '레이블'이란, 레코드 업계에서 여러 장르에 속하는 아티스트들을 모아 개성에 맞는 음악을 만들기 위한 제작 브랜드명을 일컫는다. 자세한 것은 박영웅, [소통은 기회다②] 너도 나도 '레이블'… 가요계 생태계가 변한다, 조선일보 2016.9.23. https://www.chosun.com/site/data/html_dir/2016/09/23/2016092302096.html 참고(2024년 11월 30일 최종방문).

3) '마스터 권리'는 음악 원본의 소유자(소유자라는 표현이 적절한 것인지는 다툼이 있다)가 갖는 방송 보상, 디지털음성송신보상, 공연보상에 대한 권리, 저작인접권 등의 권리 일체를 의미한다.

4) 계약상황은 박영웅, [소통은 기회다②] 너도 나도 '레이블'… 가요계 생태계가 변한다, 조선일보 2016.9.23. https://www.chosun.com/site/data/html_dir/2016/09/23/2016092302096.html 참고(2024년 11월 30일 최종방문).

니지먼트 전속계약의 해지를 요구하였다. 이에 2016년 11월 15일 원고 甲과 피고 乙은 '계약해지에 관한 합의서'를 작성하게 되었다. 구체적으로, "① 이 사건 전속계약 기간 내에 피고가 작사 · 작곡 · 실연한 음반에 대한 음반제작자로서의 복제권, 배포권, 대여권, 전송권, 방송보상청구권, 디지털음성송신보상청구권, 공연보상청구권은 원고에게 귀속되는 것으로, ② 이 사건 전속계약 기간 내에 발생한 피고의 모든 성명, 예명, 사진, 초상, 필적, 기타 피고의 동일성을 나타내는 일체의 것을 사용하여 제작된 상표나 디자인 기타 유사의 지적재산권 일체의 권리, 이 사건 전속계약 기간 내에 피고가 작사 · 작곡 실연한 음원에 대한 저작권, 공연권 및 작사 · 작곡 · 실연자로서의 저작권법상의 권리 일체는 피고에게 귀속되는 것으로" 약정하였다(밑줄은 저자 추가).[5)]

(4) 피고 乙은 2016년 11월 24일 원고 甲이 보관하고 있던 MR파일(노래 없이 악기 연주만을 녹음한 파일로 음반을 제작하는 과정에서 만들어지는 파일) 일체를 외장하드에 복사한 뒤, 2017년 5월 20일 열린 '서울 2017 페스티벌'과 2017년 9월 16일 열린 '썸데이 페스티벌 2017' 공연에 사용한 것으로 보인다(공연에서 사용하였는지에 대해서는 다툼이 있다).

(5) 이에 원고 甲은 전속계약 동안 피고 乙이 작곡, 실연한 음원에 대한 권리가 음반제작자인 자신에게 있음을 전제로 이 사건 MR파일에 대한 권리 역시 자신에게 있고, 따라서 피고 乙이 자신의 허락 없이 MR파일을 복제하고 공연에서 재생하여 사용하는 것은 음반제작자인 자신의 권리를 침해한 것이므로 자신이 입은 손해[6)]를 배상할 의무가 있다고 주장하였다.

(6) 반대로 피고 乙은 음반의 제작을 기획하고 비용을 지출한 것이 자신이므로 음반제작자로서의 권리 역시 자신에게 있고, 또한 자신이 MR파일 음원을 작곡하였으므로 저작권자로서 복제권을 갖는 것이 정당하다고 주장하였다. 더 나아가, 설령 원고 甲이 음반제작자에 해당하더라도 음반제작자로서의 권리 일체를 소외 회사 丙에게 양도하였으므로 원고 甲은 MR파일에 대한 권리가 없어 손해배상청구가 부당하다고 주장하였다. 그 외에도 피고 乙은 문제가 된 두 공연에서 MR파일을 재생하여 사용한 바도 없다고 주장하였다.

2. 법원의 판단

(1) 서울서부지방법원 2019. 11. 12. 선고 2018가단232877 판결

1심 법원은 원고의 청구에 이유가 없다고 보아 청구를 기각하였다. 이러한 판단의 근거는 다음과 같다. 우선, 법원은 매니지먼트 전속계약의 내용에 근거하여 원고 甲에게 음반제작자로서의 지위를 인정하였으며, 피고 乙이 제시한 증거만으로 피고 乙을 음반제작자로 인정하기 어렵다고 보았다. 또한, MR파일은 음반을 제작하는 과정에서 만들어지고 음반의 구

5) 자세한 것은 대상판결의 1심 판결인 서울서부지방법원 2019. 11. 12. 선고 2018가단232877 판결 참고.
6) 구체적으로 전속계약 기간 중 발매한 음반의 제작비 합계액인 1억2백5십여 만원을 손해배상액으로 청구하였다.

성요소가 되므로 음반제작자의 권리에는 MR파일에 대한 권리도 포함되어야 한다고 보았다.

그러나 원고 甲은 이 사건 음원을 포함한 1,688곡에 대한 마스터 권리를 소외 회사 丙에게 양도하였으므로 유형물인 마스터 음반에 대한 권리는 물론, 유형물이 아닌 음악파일에 대한 저작인접권 일체도 소외 회사 丙에게 양도되었다고 보았다. 따라서 MR파일에 대한 권리 역시 소외 회사 丙에게 양도되었으므로 피고 乙의 MR파일 복제 및 재생 행위는 원고 甲에 대한 불법행위가 되지 않는다고 판단하였다.

(2) 서울서부지방법원 2020. 6. 18. 선고 2019나42454 판결

2심 법원 역시 원고의 청구에 이유가 없다고 보아 항소를 기각하였다. 이러한 판단의 근거는 다음과 같다. 우선, 법원은 매니지먼트 전속계약에 근거하여 원고 甲에게 음반제작자의 지위를 인정하면서, 동시에 원고 甲이 음반 제작을 위한 스튜디오나 연주자들을 섭외하고 비용을 부담하였다고 보아 자신이 기획하고 비용을 지출했다는 피고 乙의 주장을 받아들이지 않았다. 따라서 MR파일에 대한 권리 역시 음반제작자의 지위를 갖는 원고 甲에게 속한다고 보았다. 이 점에서 2심 법원의 판단은 1심 법원과 동일하다.

그러나 2심 법원은 원고 甲과 소외 회사 丙 간의 마스터 권리 양도계약의 대상에 MR파일에 대한 권리는 포함되지 않는다고 보았다. 소외 회사 丙은 디지털 음원을 유통하는 회사이고 소외 회사 丙이 양도받길 원했던 권리는 완성된 디지털 음원에 대한 마스터 권리이므로 MR파일에 대한 권리는 여전히 원고 甲에게 남아 있다고 보았다.

다만, ① 피고 乙이 MR파일을 복사하더라도 원고 甲이 MR파일 원본을 계속 보유하기 때문에 MR파일의 사용 또는 사용을 통한 음반제작에 어떠한 제한도 발생하지 않았다는 점, ② 원고 甲과 피고 乙 간의 해지계약에 따르면 피고 乙의 동의 없이 원고 甲이 MR파일을 사용하여 음반을 새로 제작하는 것이 가능하다고 단정하기 어렵다는 점, ③ 피고 乙이 문제가 된 두 공연에서 이 MR파일을 재생하여 사용하였다고 단정하기 어렵다는 점을 종합하여 MR파일에 대한 원고 甲의 권리가 침해되어 손해가 발생한 것은 아니라고 보았다.

(3) 대법원 2021. 6. 3. 선고 2020다244672 판결

대법원은 1심 및 2심 법원의 판단이 음반제작자의 권리침해로 인한 손해배상의 법리를 오해한 위법이 있다고 보았다. 우선, 대법원은 원고 甲이 자신의 기획과 비용으로 이 사건 음반을 제작하고 발행하였으므로 원고 甲이 음반제작자에 해당한다는 점을 확인하였고, 이 사건 MR파일에 대한 권리 역시 원고 甲이 갖는다고 보았다. 또한, 원고 甲과 소외 회사 丙 간의 마스터 권리 양도계약으로 이 사건 MR파일에 대한 권리가 양도된 것도 아니라고 보았다.

그런데 대법원은 다음과 같은 점에서 원심과 판단을 달리하였다. 법원의 판단에 의하면

이 사건 MR파일은 '음'이 유형물에 고정된 것이므로 저작권법에서 규정하는 음반에 해당하고, 음반제작자의 저작인접권은 '음'이 음반에 처음 고정한 때부터 발생하므로 MR파일의 제작을 기획하고 책임진 원고 甲은 MR파일이 만들어질 때부터 음반제작자로서 저작인접권을 갖는다고 보았다. 그리고 이러한 음반제작자의 저작인접권은 저작자의 저작권과는 별개의 것이므로 저작권자인 피고 乙이 저작인접권자인 원고 甲의 허락 없이 음반(MR파일)을 복제한 것은 저작인접권자인 원고 甲의 복제권을 침해하는 행위라고 보았다. 따라서 원고 甲이 MR파일의 원본을 갖고 있는지와 상관없이 복제권 침해로 인한 손해배상을 청구할 수 있다고 보았다.

Ⅲ. 대상판결의 쟁점

이 사건은 저작권과 저작인접권의 관계가 문제된 사건이며, 특히 저작인접권의 보호범위와 손해배상의 인정 여부 및 범위가 문제된 사건이다.

우선, 1심 및 2심 법원의 판단을 살펴보면 음반의 개념에 대하여 오해하고 있거나, 음반제작자의 판단 기준을 분명히 하고 있지 않다. 결과적으로 "유형물인 이 사건 음반"이라는 표현이 등장하거나,[7] 음반제작자인지를 판단하는 과정에서 매니지먼트 전속계약이 우선적으로 언급되는 상황이 발생하고 있다. 그러나 이하에서 살펴볼 바와 같이 음반은 '음이 유형물에 고정된 것' 그 자체를 의미하며, 따라서 음반은 고정된 유체물이 아닌 음 그 자체를 의미한다. 또한, 음반제작자는 "음반을 최초로 제작하는 데 있어 전체적으로 기획하고 책임을 지는 자"를 의미하므로 '기획'과 '책임'을 통해 음반제작자를 결정할 것이고, 별도의 계약은 '기획'과 '책임'의 소재를 판단하는 증거가 될 뿐이다. 따라서 권리의 귀속을 정하고 있는 매니지먼트 전속계약은 음반제작자인지를 판단하는 결정적 기준이 될 수 없다. 오히려 음반제작자의 권리가 사후에 누구에게 양도 혹은 귀속될 것인지를 약정한 것으로 보아야 한다.

또한, 2심 법원의 판단을 살펴보면 저작권 침해행위로 발생하는 손해배상청구권에 대하여 법원이 일부 오해하고 있음을 보여준다. 구체적으로 ① 저작권 침해가 저작권자의 권리행사를 방해하지 않는다면 손해가 없는 것인지, ② 이용가능성이 없는 저작권을 침해하는 행위는 손해를 야기하지 않으므로 배상의무가 없는 것인지에 대하여 잘못된 판단을 하고 있다.

다행스럽게 대법원은 2심 법원의 오해를 정정하고 타당한 결론에 이른 것으로 보인다. 그러나 구체적인 판단의 기준과 "일괄성 있는 정연한 사고의 발전과정"을 발견하기는 어렵다.[8] 결과적으로 "MR파일에 대한 정당한 대가를 지급하지 않고 위와 같은 행위를 함으로써

7) 서울서부지방법원 2019. 11. 12. 선고 2018가단232877 판결.
8) 조규창, "논리와 직권", 「논리와 직관」, 법문사, 1998, 2면.

원고에게 적어도 위 금액 상당의 손해가 발생하였다고 볼 여지가 있"다고[9] 판시하여 MR파일에 대한 정당한 대가가 손해임을 밝히고 있음에도 구체적인 기준은 알기 어려운 상황이다.[10] 따라서 이하에서는 대법원의 결론에 동의하며, 대법원이 고려하였을 기준과 논거를 중심으로 대법원 판결의 결론을 논증해 본다.

Ⅳ. 저작권과 저작인접권

1. 저작권과 음악저작물

우선, '저작권'과 '저작물'의 정의부터 살펴본다. '저작권'이란 인간의 사상 또는 감정을 표현한 창작물을 창작한 자(창작자)에게 법이 정하는 기간 동안 부여되는 권리를 말한다. 구체적으로 창작자의 인격권을 침해하는 행위를 금지할 수 있는 권리(저작인격권, 저작권법 제11조부터 제15조)와 창작물을 독점적으로 사용하고 타인이 무단으로 이를 복제・공연・공중송신・전시・배포・대여하거나 2차적 창작물을 만드는 행위를 금지할 수 있는 권리(저작재산권, 저작권법 제16조부터 제22조)를 말한다.[11] 그리고 '저작물'이란 인간의 사상 또는 감정이 표현된 이러한 창작물을 의미한다(저작권법 제2조 제1호).

저작권의 보호를 받기 위해서 저작물은 무엇보다 창작성(originality)을 갖추어야 한다.[12] 저작물은 신규성(novelty)이나 진보성(non－obviousness)을 갖출 필요가 없고,[13] 윤리성도 문제되지 않으며,[14] 인간의 사상 또는 감정이 표현된 지적 창조물을 말하므로, 무체물(無體物)을 의미하게 된다.[15] 따라서 사상이나 감정이 표현되지 않은 사실이나 대상은, 예컨대 법률이나 판결, 사실 전달에 불과한 시사 보도(저작권법 제7조 참고), 그리고 인공지능의 결과물 등은 저작물이 되지 못한다.[16]

---

9) 대법원 2021. 6. 3. 선고 2020다244672 판결.

10) 결과적으로 일부 문헌에서는 손해가 없다는 반증으로 손해배상책임을 면할 수 있다고 해석되기도 한다. 박태일, [전년도 핵심판결 해설－2021 지식재산권] "저작권 침해 게시물 링크 제공 행위의 방조책임 인정 등 의미 있는 판결 많아", 법조신문 2022. 4. 11. http://news.koreanbar.or.kr/news/articleView.html?idxno＝24664 (2024.11.30. 최종방문)

11) 오승종, 저작권법, 제5판, 박영사, 2020, 9면.

12) 창작성의 의미에 대하여 대표적으로 대법원 1995. 11. 14. 선고 94도2238 판결: "여기서 말하는 창작성이란 완전한 의미의 독창성을 말하는 것은 아니며 단지 어떠한 작품이 남의 것을 단순히 모방한 것이 아니고 작자 자신의 독자적인 사상 또는 감정의 표현을 담고 있음을 의미할 뿐이어서 이러한 요건을 충족하기 위하여는 단지 저작물에 그 저작자 나름대로의 정신적 노력의 소산으로서의 특성이 부여되어 있고 다른 저작자의 기존의 작품과 구별할 수 있을 정도이면 충분하다고 할 것이다"(밑줄은 저자 추가). 그 외에도 대법원 2014. 2. 27. 선고 2012다28745 판결 참고.

13) 오승종, 저작권법, 제5판, 박영사, 2020, 47면.

14) 대법원 2015. 6. 11. 선고 2011도10872 판결 참고.

15) 오승종, 저작권법, 제5판, 박영사, 2020, 3면.

16) 인공지능의 결과물에 대해서는 의견이 통일되어 있지 않다. 예컨대, 한지영, "인공지능과 법－인공지능 창작물의 권리귀속에 관한 검토", 아주법학 제15권 제4호, 2022, 335면 이하; 한지영, "인공지능 창작물의 보호에 관한 저작권법 체계의 패러다임 전환에 관한 고찰", 경영법률 제31집 제3호, 2021, 27면 이하; 차상육, "인공지능 창작물

한편, 저작권법은 인간의 사상 또는 감정을 표현한 창작물(表現創作物)이라면 저작물로 인정하고 있어 표현이 유형의 매체에 고정될 것(고정화, fixation)을 저작물의 요건으로 삼고 있지 않다.[17] 또한, '아이디어'와 '표현'의 이분법(idea-expression dichotomy)에 따라 창작적 표현만이 저작권법의 보호를 받고, 표현의 소재인 아이디어는 저작물이 공표되면 공유될 뿐, 저작권의 보호를 받지 못한다.[18] 물론, 아이디어와 표현을 명확히 구별할 수 없기에, 구체적인 사건에서 저작권의 침해 여부를 판단하는 것은 매우 어려울 수밖에 없다.[19] 그러나 일반적으로 어떠한 개념(concept)이나 해결방식(solution), 구성부분(building blocks) 등은 저작권의 보호를 받는 표현이 되지 못한다고 보고 있다.[20]

저작물의 한 종류인 '음악저작물'은 인간의 사상이나 감정을 음성이나 음향으로 표현한 저작물을 의미한다. 따라서 가사의 유무를 묻지 않는다.[21] 또한, 우리 저작권법은 별도로 유형의 매체에 고정되지 않았더라도 저작물이 될 수 있도록 규정하고 있기에 악보나 음반에 고정되지 않은 즉흥 연주나 즉흥 노래 등도 음악저작물이 될 수 있다.[22] 그러나 저작권법이 음악저작물의 모든 구성 부분을 동일하게 보호하지는 않는다. 음악저작물에서 가사를 제거하면 악곡(樂曲)이 남는데, 악곡은 리듬(rhythm), 멜로디(melody), 화음(chord)으로 구성되며, 리듬은 다시 박자(beats)와 셈여림(dynamics)으로 이루어져 있다고 한다.[23] 저작권법은 창작성이 적은 리듬이나 화음보다 창작성이 많은 멜로디를 더 강하게 보호하고 있다.

이러한 개념정의에 따르면, 이 사건에서 문제가 된 MR파일에 담긴 악곡은 음악적 표현창작물이므로 음악저작물이 되고 해당 악곡의 창작자인 피고 乙이 저작자가 된다는 점은 분명해 보인다. 여기서 저작자는 저작물을 창작한 자를 의미하며(저작권법 제2조 제2호), 따라서 작사자나 작곡가와 같은 음악저작자는 사상이나 감정을 음성이나 음향으로 표현하여 구

의 저작권법상 보호 쟁점에 대한 개정방안에 관한 연구", 계간 저작권 제33권 제1호, 2020, 5면 이하; 정원준, "인공지능 창작과 저작권법의 딜레마", 고려법학 제95호, 2019, 263면 이하; 이종구, "저작권법상 인공지능 창작물의 저작자와 입법적 보완", 경영법률 제29집 제2호, 2019, 491면 이하 등.

17) 고정화를 요건으로 한다는 입장으로 전석진, 디지털시대의 저작권, 지적재산권법강의, 홍문사, 1997, 252면. 우리 저작권법에 의하더라도 영상저작물은 예외적으로 고정화를 요건으로 한다(저작권법 제2조 제13호). 영상저작물은 기계나 전자장치에 의하여 재생할 수 있어야 하기 때문이다.

18) 대표적으로 대법원 1993. 6. 8. 선고 93다3073,93다3080 판결: "저작권법에 의하여 보호되는 저작물은 학문과 예술에 관하여 사람의 정신적 노력에 의하여 얻어진 사상 또는 감정의 창작적 표현물이어야 하는 것이고(……), 따라서 저작권법이 보호하고 있는 것은 사상, 감정을 말, 문자, 음, 색 등에 의하여 구체적으로 외부에 표현된 창작적인 표현형식이고, 그 표현되어 있는 내용 즉 아이디어나 이론 등의 사상 및 감정 그 자체는 설사 그것이 독창성, 신규성이 있다 하더라도 소설의 스토리 등의 경우를 제외하고는 원칙적으로 저작물은 될 수 없으며, 저작권법에서 정하고 있는 저작인격권, 저작재산권의 보호대상이 되지 아니한다"(밑줄은 저자 추가).

19) 표현과 아이디어에 관한 사건으로는 대법원 1993. 6. 8. 선고 93다3073,93다3080 판결; 대법원 1996. 6. 14. 선고 96다6264 판결; 대법원 1997. 11. 25. 선고 97도2227 판결; 대법원 1999. 10. 22. 선고 98도112 판결; 대법원 2000. 10. 24. 선고 99다10813 판결; 대법원 2012. 8. 30. 선고 2010다70520, 70537 판결; 대법원 2021. 7. 8. 선고 2018도525 판결 등.

20) Goldstein, Copyright, 2d ed., 1996, pp. 26-29(오승종, 저작권법, 제5판, 박영사, 2020, 90면 재인용).

21) 사단법인 한국음악저작권협회의 음악저작물 사용료 징수규정에 따르면 음악저작물은 "인간의 사상이나 감정을 음으로 표현한 창작물로서 가사 및 악곡을 지칭한다"(동 징수규정 제4조 제1호).

22) 오승종, 저작권법, 제5판, 박영사, 2020, 78면.

23) 오승종, 저작권법, 제5판, 박영사, 2020, 117면.

체화한 자를 의미하게 된다. 여기서 창작행위는 사실행위에 해당하므로 저작권의 취득이라는 효과는 저작자의 의사에 의한 것이 아니라 법률에 따른 원시적 효과라 할 것이며, 따라서 일순간에 이루어지지 않는 음악저작물의 창작 과정에서 저작자가 의도하지 않았더라도 독자적인 창작성을 갖춘 악곡이 최초로 표현된 때, 비록 미완성일지라도 저작물로 저작권의 보호를 받게 된다. 따라서 MR파일에 담긴 악곡을 창작한 피고 乙은 그 의도를 묻지 않고 보호할 가치가 있는 창작물이 만들어진 순간 저작자로서 음악저작물에 대한 저작권법상 일체의 권리를 갖게 된다.

2. 음반과 음반제작자

MR파일에 담긴 악곡은 저작물이 되지만, MR파일 자체는 음반이 된다. 이를 이해하기 위해서는 우선 '음반'의 개념부터 확인해야 한다. 저작권법 제2조 제5호에 의하면 '음반'이란 음성이나 음향을 유형물에 고정한 것을 의미하며, 음성이나 음향을 디지털화한 것 역시 음반으로 정의하고 있다.[24] 즉, '음반(音盤)'이란 사전적으로 전축이나 오디오에 이용되는 원형의 물체를 의미하지만,[25] 저작권법 제2조 제5호의 '음반'은 '음이 유형물에 고정된 것' 또는 디지털화하여 파일에 고정된 것, 그 자체를 의미하게 된다.[26] 달리 표현하면, 음반은 음이 고정된 유체물이 아닌 유체물에 고정된 음 자체를 의미하게 된다.[27]

우리 저작권법은 음반을 최초로 제작하면서 이를 기획하고 책임지는 자를 '음반제작자'로 별도 정의하고 있다(저작권법 제2조 제6호).[28] 이와 관련하여 저작권을 창작자의 권리(author's right)로 볼 것인가, 아니면 복제권(copyright)으로 볼 것이냐에 대한 대륙법과 영미법의 관점의 차이를 굳이 여기서 설명하지 않더라도,[29] 음악저작권은 창작자만 갖느냐 아니면 음반제작자도 가질 수 있느냐가 다투어질 수 있다.[30] 만약, 음반제작자도 저작권을 가질 수 있다면 음반에 수록된 음악저작자의 저작권과 충돌의 문제가 생길 수 있기 때문이다.

저작권법은 원칙적으로 음반제작자는 직접 창작활동에 관여하지 않았기 때문에 저작물을 창작한 저작자(저작권법 제2조 제2호)에 속하지는 않는다고 본다. 이는 음반제작자가 음반을 기획하고 필요한 비용과 수단을 제공하고 구체적인 지시를 한 경우라도 달라지지 않는다.[31]

---

24) 다만, 음성이나 음향이 영상과 함께 유형물에 고정되거나 디지털화한 것은 "음반"에 해당하지 않는다고 보고 있으며(저작권법 제2조 제5호 단서), 이 경우 영상저작물에 해당한다(저작권법 제2조 제13호).

25) 국립국어원의 표준국어대사전(https://stdict.korean.go.kr/main/main.do) 참고.

26) 음악을 컴퓨터메모리칩(ROM)에 저장한 경우 이 칩을 음반으로 본 판결로 서울지방법원 1995. 6. 23. 선고 93가합47184 판결 참고.

27) 오승종, 저작권법, 제5판, 박영사, 2020, 988면.

28) 윤태식, 저작권법, 박영사, 2020, 395면.

29) 이러한 관점의 차이에 대해서는 오승종, 저작권법, 제5판, 박영사, 2020, 336면 이하.

30) 윤종수, "저작인접권에 관한 고찰－저작인접권의 본질론적 검토와 미디어환경의 변화에 따른 쟁점을 중심으로", 사법논집 제45집, 2007, 604면.

31) 물론, 지시의 구체성이 공동저작자를 인정할 정도에 달하였다면 그러하지 않다. 오승종, 저작권법, 제5판, 박영사, 2020, 339면 이하.

그러나 음반제작자가 창작활동을 하는 자를 직접 고용하고 자신의 이름으로 공표한 경우라면 계약이나 근무규칙에서 달리 정하지 않는 한 음반제작자가 사용자로서 업무상저작물의 저작자가 될 수는 있다(저작권법 제2조 제31호, 제9조).[32] 이러한 결과는 음반을 실연자와 음반제작자가 공동으로 제작한 저작물로 보고, 계약으로 음반제작자가 업무상저작물의 저작자가 되는 것으로 처리하는 미국 저작법과는 차이가 있다.[33]

정리하면, 악곡을 디지털화한 이 사건 MR파일은 '음반'에 해당한다. 또한, MR파일이라는 음반을 처음 제작하면서 이를 기획하고 음반 제작을 위한 스튜디오나 연주자를 섭외하고 비용을 부담하는 등 자기의 계산과 책임으로 음반을 제작한 원고 甲은 음반제작자가 된다. 비록, 피고 乙이 일부 기획에 참여하고 일부 비용을 부담하였더라도 음반에 대한 전체적인 기획 및 책임은 여전히 원고 甲이 부담하였기 때문이다. 그러나 원고 甲이 직접 저작자가 되는 것도 아니다. 음반의 제작 역시 창작적 활동에 해당하지만, 저작권법은 저작물의 창작행위와 저작물의 해석 및 전달과정에서 일어나는 창작행위를 엄격히 구별하고,[34] 후자의 경우 그 권리를 제한적으로만 인정하는 방식을 택하고 있기 때문이다.[35]

3. 저작자의 저작권과 음반제작자의 저작인접권

그렇다면 저작권법은 저작권과 저작인접권을 어떻게 구분하고 있는가? 저작권법은 우선, 저작자 일신에 전속하는 저작인격권(저작권법 제14조 제1항)과 일신에 전속하지 않아 양도성이 있는 저작재산권을 저작자에게 인정하고 있다(저작권법 제10조 제1항).[36] 반면에 실연자, 음반제작자, 방송사업자에게는 저작인접권(neighbouring right)을 인정하고 있다.[37] 여기서, 저작인접권이란 실연자, 음반제작자, 그리고 방송사업자가 저작물을 해석하고 전달하면서 창작적 활동을 가미하여 그 가치를 증진 시켰기 때문에 인정되는 저작권 유사의 권리를 의미한다.[38]

구체적으로 저작자에게는 공표권(제11조), 성명표시권(제12조), 동일성유지권(제13조), 그리고 수정증감권(제58조의2)과 명예회복청구권(제127조)이 저작인격권으로 인정된다. 또한 복제권(제16조), 공연권(제17조), 공중송신권(제18조), 전시권(제19조), 배포권(제20조), 대여권(제21조), 2차적저작물작성권(제22조), 그리고 보상청구권(제25조 제6항, 제31조 제5항)이 저작재산

32) 업무상저작물의 저작자에 관한 저작권법 제9조의 위헌성이 문제되었으나 헌법재판소는 위헌으로 보지 않았다. 자세한 것은 헌법재판소 2018. 8. 30. 선고 2016헌가12 전원재판부 결정 참고.

33) 박성호, 저작권법, 박영사 2014, 368면.

34) 윤태식, 저작권법, 박영사, 2020, 377면.

35) 오승종, 저작권법, 제5판, 박영사, 2020, 955면.

36) 저작인격권과 저작재산권을 일원적으로 이해하는 견해와 이원적으로 이해하는 견해가 존재한다. 이에 대하여 자세한 내용은 오승종, 저작권법, 제5판, 박영사, 2020, 405면 이하.

37) 저작인접권에 대하여 자세한 것은 윤종수, "저작인접권에 관한 고찰－저작인접권의 본질론적 검토와 미디어환경의 변화에 따른 쟁점을 중심으로", 사법논집 제45집, 2007, 598면 이하.

38) 오승종, 저작권법, 제5판, 박영사, 2020, 955면.

권으로 인정된다. 반면에 실연자에게는 성명표시권(제66조), 동일성유지권(제67조), 복제권(제69조), 배포권(제70조), 대여권(제71조), 공연권(제72조), 방송권(제73조), 전송권(제74조), 보상청구권(제75조, 제76조, 제76조의2)이 저작인접권으로 인정되며, 음반제작자에게는 복제권(제78조), 배포권(제79조), 대여권(제80조), 전송권(제81조), 보상청구권(제82조, 제83조, 제83조의2)이 저작인접권으로 인정된다. 마지막으로 방송사업자에게는 복제권(제84조), 동시중계방송권(제85조), 공연권(제85조의2)이 저작인접권으로 인정된다.

〈저작권과 저작인접권 중 재산적 권리〉

저작재산권	실연자의 저작인접권	음반제작자의 저작인접권	방송사업자의 저작인접권
복제권	복제권	복제권	복제권
2차적저작물작성권			
공연권	공연권		공연권
전시권			
배포권	배포권	배포권	
대여권	대여권	대여권	
공중송신권 (방송권/전송권/디지털 음성송신권 등)	방송권/전송권	전송권	동시중계방송권
보상청구권	보상청구권	보상청구권	

이들 권리는 채권적 성격의 보상청구권을 제외하면 모두 준물권(準物權)적 성격을 갖고 있다고 하며,[39] 열거적 성격의 여러 권리가 묶여 있는 '권리의 다발'(boundle of rights)에 해당한다고 설명된다.[40] 따라서 일반적으로 보상청구권을 제외한 저작권은 물권에 준하는 배타적 지배권으로 설명된다.[41] 저작권자는 이러한 배타적 지배권에 근거하여 타인에게 저작물의 이용을 허락하고(저작권법 제46조 제1항), 그 이용의 대가를 받게 된다. 즉, 무체의 저작물에 대한 통제권과 경제적 이익향유권을 갖게 된다. 그러나 배타적 성격의 준물권이라는 개념이 적절한 것인지에 대해서는 의문이 제기될 수 있고,[42] 저작권은 물권법의 개념을 차

39) 준물권적 성격의 권리에는 저작권법상 금지청구권과 벌칙규정이 적용된다. 오승종, 저작권법, 제5판, 박영사, 2020, 409면.

40) 독일 저작권법은 예시적 성격의 권리라고 한다. 김정술, "저작권과 저작인접권의 내용", 지적소유권에 관한 제문제(하), 법원행정처, 1992, 274면. 또한 독일의 경우 저작물이 추후 수익을 발생시킬 경우 저작자가 이를 청구할 수 있는 추급권(追及權), 양도 후에 저작물에 접촉할 수 있는 접촉권(接觸權), 그리고 저작물의 유통을 회수할 수 있는 철회권(撤回權)도 인정하고 있다고 한다. 허희성, 신저작권법 축조해설, 범우사, 1988, 71면.

41) 오승종, 저작권법, 제5판, 박영사, 2020, 410면.

42) 정우형, "개별 법률상 물권에 관한 법리적 고찰", 재산법연구 제28권 제1호, 2011, 71면 이하.

용하여 저작자의 창의적 활동과 결과물을 보호하려는 취지이므로 창작에 대한 인센티브라는 측면과 창작물의 적극적 활용이라는 공공적 측면이 면밀히 교량될 필요가 있다. 저작권의 유한성은 이러한 고민의 결과라고 생각된다. 따라서 '물권에 준하는 배타적 지배권'이라거나 '준물권'이라는 표현에 구애될 필요는 없어 보인다.[43]

이 사건과 관련해서는 무엇보다 저작권자와 저작인접권자의 복제권이 쟁점이 된다. 우선, 저작권자는 배타적 성격의 복제권(저작권법 제16조)을 갖는다. 저작권자는 저작물을 스스로 복제할 수 있고, 타인에게 복제를 허락할 수도 있다. 또한 허락받지 않은 타인의 복제행위를, 즉 복제권을 침해하는 행위를 금지할 수 있다. '복제'의 의미는 저작권법에서 정의하고 있는데, "인쇄·사진촬영·복사·녹음·녹화 그 밖의 방법으로 일시적 또는 영구적으로 유형물에 고정하거나 다시 제작하는 것"을 의미하므로(저작권법 제2조 제22호), 고정화(fixation)를 요건으로 하게 된다. 저작물의 창작성 있는 표현을 실질적(substantiality)으로 복제하였다면, 사적 이용을 위한 복제(저작권법 제30조)가 아닌 한 그 복사의 횟수를 묻지 않고 복제권의 침해가 인정된다.

이 사건에서는 저작권자의 복제권은 물론 저작인접권자의 복제권도 문제된다. 원고 甲이 음반제작자로서 MR파일에 대한 저작인접권을 갖게 된다면, 허락받지 않은 타인의 복제행위를 금지할 수 있기 때문이다. 다만, 저작인접권자의 이러한 권리가 스스로 복제권을 갖고 있는 저작권자에게도 주장될 수 있는지 검토할 필요가 있다. 우선, 저작권법은 저작인접권에 관한 규정이 저작권에 영향을 미치지는 않도록 규정하고 있다(저작권법 제65조). 따라서 저작인접권이 성립하였다는 이유로 저작권이 배제되지는 않는다.[44] 또한 저작권과 구별되는 별도의 저작인접권을 인정하려는 저작권법의 취지를 고려하면 저작권이 있다는 이유로 저작인접권이 배제되거나 제한되지도 않는다. 물론, 음반제작자에게 저작인접권을 인정하는 이유는 음반 제작이라는 창작적 활동을 통해 저작물을 전달하며 저작물의 가치를 증가시켰기 때문이므로 음반제작자는 자신의 창작적 부분에 대한 권리만을 갖게 되어 저작권에 비할 때 제한적 권리만 인정될 뿐이다.[45] 그렇다고 저작인접권자가 자신의 권리를 저작권자에게 주장할 수 없다는 결론에 이르지는 않는다.[46] 정리하면, 이 사건과 같이 실연자가 녹음

---

43) 이와 관련하여 주의할 점은, 저작권자와 저작물의 소유자의 권리를 구분해야 한다는 점이다. 예컨대, 미술저작물의 소유자로부터 동의를 받지 않고 이를 사진으로 촬영하여 이용하면 저작자의 동의를 받았더라도 소유자의 사용·수익권에 대한 침해로 볼 수 있다. 저작물의 소유권과 저작자의 복제권이 병존하기 때문이다. 자세한 것은 오승종, 저작권법, 제5판, 박영사, 2020, 416면 이하.

44) 허희성, 신저작권법 축조해설, 범우사, 1988, 281면.

45) 음반제작자 외에도 실연자, 방송사업자에게도 저작인접권이 인정된다. 음반제작자, 실연자, 방송사업자의 창작물은 저작물에 대한 독창적인 해석, 고도의 기술, 기타 창의성이 가미되고, 따라서 저작물에 준하는 창작성이 인정되기 때문이다.

46) 이와 관련하여 저작인접권의 인정으로 저작권자의 권리가 침해될 수 있다는 우려가 있었다. 구체적으로 저작인접권의 인정으로 ① 저작권의 보호가 약해질 수 있고, ② 저작인접권자와 저작권자의 이해가 충돌할 경우 저작권자의 기회가 상실될 수 있고, ③ 수익이 분배되어 저작권자가 이익을 얻을 기회가 줄어들 수 있다는 점이 지적되었다고 한다. 자세한 것은 윤종수, "저작인접권에 관한 고찰—저작인접권의 본질론적 검토와 미디어환경의 변

한 음반을 복제하려면 ① 저작자의 저작권, ② 실연자의 저작인접권, ③ 음반제작자의 저작인접권에 대한 저작권법상의 조치가 필요하다.[47] 이 사건의 경우 피고 乙이 저작자이자 실연자이므로 별도로 실연자의 저작인접권은 문제되지 않는다. 그러나 음반제작자인 원고 甲의 저작인접권, 특히 복제권은 여전히 문제되며 원고 甲은 피고 乙을 포함한 타인의 허락받지 않은 복제행위의 금지를 청구할 수 있다.

이미 설명한 바와 같이 음반제작자는 원칙적으로 저작자가 아니지만, 음을 음반에 최초로 고정한 때부터 그 자가 저작인접권을 갖게 된다(저작권법 제86조 제1항 제2호). 누가 음반제작자가 될 것이냐의 판단은 음반의 최초 제작을 누가 기획하고 책임졌는지에 의하여 판단하며, 의사표시로 이를 달리 정할 수 있는 것은 아니다.[48] 따라서 개별 사건에서 누가 음반제작자가 되는지를 판단하기 위해서는 당사자의 역할, 전체적 기획을 한 자가 누구인지, 그 비용과 책임은 어떻게 부담하고 있는지를 살펴보아야 한다. 즉, 누가 곡을 선정하고, 반주하였으며 편곡하였는지, 그리고 누가 이를 위한 비용을 부담하였는지, 그리고 누가 원반(原盤, master tape)을 제작하였는지를 확인해야 한다.[49] 저작권이나 저작인접권에 관한 계약의 구체적 내용은 이러한 사실을 확인하기 위한 중요한 증거가 될 뿐이다.

4. 저작재산권 등에 관한 계약의 특성과 해석

물론, 저작권이나 저작인접권에 관한 계약이 권리의 성립 후 양도를 목적으로 체결되기도 한다. 저작권 중에서 인신에 전속하는 저작인격권과 달리 저작재산권은 그 전부 또는 일부를 자유롭게 양도할 수 있기 때문이다(저작권법 제45조 제1항). 이때 저작권의 양도는 채권의 양도와 같이 별도의 대항요건이 규정되어 있을 뿐(저작권법 제54조), 당사자의 의사만으로 양도의 효과가 발생한다. 또한 저작권 양도에 관한 법률행위의 성질도 채권의 양도와 같이 준물권행위로 해석된다.[50] 일반적으로 저작재산권의 양도는 일부의 양도가 주를 이루는

화에 따른 쟁점을 중심으로", 사법논집 제45집, 2007, 607면 각주 21 참고.

47) 오승종, 저작권법, 제5판, 박영사, 2020, 958면.

48) 오승종, 저작권법, 제5판, 박영사, 2020, 992면.

49) 이와 관련하여 대법원 2016. 4. 28. 선고 2013다56167 판결과 서울중앙지법 2006. 10. 10. 선고 2003가합66177 판결을 참고할 필요가 있다. 특히 후자의 판결은 "저작권법상의 음반제작자는 음반제작자로서의 저작인접권을 자신에게 귀속시킬 의사로 유형물인 음반에 음을 맨 처음 고정한 자라고 할 것인바 …… 김광석은 이 사건 음반에 수록된 곡을 가창하는 외에도, 직접 이 사건 음반에 수록될 곡을 선정하여 그 작사자, 작곡자로부터 이용허락을 받고, 연주자와 작업실을 섭외하여 녹음 작업을 진행하며, 연주 악기별 연주와 자신의 가창을 트랙을 나누어 녹음한 멀티테이프를 제작하고, 위 멀티테이프에 녹음된 음원 중 일부를 골라 가창과 연주의 음의 강약이나 소리의 조화를 꾀하는 편집 과정을 통해 이 사건 음반의 마스터테이프를 제작하는 등 이 사건 음반의 음원을 유형물에 고정하는 주된 작업을 직접 담당하였던 점 …… 김광석이 이 사건 음반에 대한 녹음 관련 비용, 인쇄물 공급 비용, 영업비, 홍보비를 부담하도록 하고 있는 점 …… 등에 비추어 보면, 이 사건 음반의 음반제작자는 이 사건 음반에 대한 저작인접권을 자신에게 귀속시킬 의사로 스스로 비용을 지출하여 이 사건 음반에 수록된 각 곡의 음원을 직접 음반에 고정시킨 김광석이라고 할 것"이라고 보았다(밑줄은 저자 추가).

50) 이와 관련하여 대법원 2003. 4. 22. 선고 2003다2390, 2406 판결: "컴퓨터 프로그램 저작권은 당사자 사이에 저작권 양도계약이 체결되면 별다른 절차 없이 양수인에게 이전되는 것이고, 저작권 양도를 목적으로 하는 계약이 무효이면 저작권은 처음부터 이전되지 않았다고 보아야 한다"(밑줄은 저자 추가).

데, 저작재산권에 속하는 다양한 권리들은 별개의 권리로서 서로 다른 역할을 맡고 있으므로 당사자가 필요에 따라 본인이 원하는 일부의 권리만을 독자적으로 양도하기 때문이다.[51)]

그런데 저작재산권의 양도계약이나 이용계약은 추상적이거나 포괄적인 문언으로 작성되는 경우가 많아, 그 해석과 관련한 다툼의 여지가 크다. 따라서 저작권에 관한 계약을 해석할 때는 입장의 차이가 일부 있으나 저작자와 저작물 이용자 간의 구조적 힘의 불균형, 그리고 장래의 이용상황이나 수익성에 대한 예측 불가능성 등 때문에 일반적인 계약해석의 원칙이 적용되지 않고 저작자에게 유리하게 해석하는 것이 일반적이라고 한다.[52)] 우리 법원 역시 저작권 양도계약인지 이용허락에 관한 계약인지가 다투어진 사건에서 "저작자에게 권리가 유보된 것으로 유리하게 추정함이 상당"[53)]하다고 보아 유사한 입장을 취하고 있는 것으로 보인다. 그런데 우리 법원의 이러한 입장은 저작권법의 특수성에 기인한 것은 아닌 것으로 보이며,[54)] 오히려 양 당사자의 의사가 분명하지 않을 때 본인에게 불리한 약정을 하지 않았을 것으로 추정하는 법원의 일반적인 의사해석 방식으로 보인다. 예컨대, 면책적 채무인수인지 중첩적 채무인지가 분명하지 않은 경우 채권자에게 유리한 중첩적 채무인수로 해석하는 것이 그 예라 할 수 있다.[55)]

이 사건의 경우 원고 甲과 피고 乙 간에는 매니지먼트 전속계약과 계약해지에 관한 합의서가 작성되었다. 이러한 계약을 해석할 때에는 저작인접권자가 유통시장에서 점하고 있는 게이트 키퍼(Gate Keeper)로서의 위치와 경제력 및 영향력 등에 근거한 실질적 협상력의 차이를 충분히 고려하여야 한다.[56)] 즉, 계약이 저작권자에게 불리하게 체결될 수 있다는 점을 충분히 고려하여, 상대적으로 산업적 성격이 강한 저작인접권과 창의성 고양을 주된 목적으로 하는 저작권이 적절히 조화될 수 있도록 계약을 해석할 필요가 있다. 음반제작과정에서 체결되는 계약은 실연자가 자신의 실연을 녹음하고 이를 음반으로 발행·배포하는 이용허락계약인 경우가 통상적이지만, 아직 인지도가 낮은 가수라면 음반제작자가 독점적 전속계약을 통해 적은 인세만을 실연자에게 지급한 체 저작인접권 전부를 양도받는 경우가 많다.[57)] 이 사건 역시 이러한 경우에 해당하는 것은 아닌지 주의할 필요가 있다. 그러나 이러

51) 아직 창작되지 않은 저작물에 대한 장래의 저작재산권을 양도하는 약정 역시 유효하다. 다만, 기간의 제한 없이 모든 저작재산권을 일괄적으로 양도하기로 하는 약정은 무효로 볼 여지가 있다. 이와 관련하여 독일 저작권법(Urheberrechtsgesetz) 제40조 제1항은 계약을 무효로 보지는 않지만, 서면주의를 요구하고, 계약 후 5년이 지나면 해지할 수 있도록 규정하고 있다.

52) 이에 대하여 자세한 것은 오승종, 저작권법, 제5판, 박영사, 2020, 641면 이하.

53) 대법원 1996. 7. 30. 선고 95다29130 판결.

54) 같은 견해로 오승종, 저작권법, 제5판, 박영사, 2020, 651면.

55) 대법원 2002. 9. 24. 선고 2002다36228 판결; 대법원 2008. 12. 11. 선고 2006다50420 판결; 대법원 2012. 1. 12. 선고 2011다76099 판결; 대법원 2013. 9. 13. 선고 2011다56033 판결; 대법원 2021. 9. 30. 선고 2019다209345 판결 등.

56) 윤종수, "저작인접권에 관한 고찰－저작인접권의 본질론적 검토와 미디어환경의 변화에 따른 쟁점을 중심으로", 사법논집 제45집, 2007, 607면 이하.

57) 윤종수, "저작인접권에 관한 고찰－저작인접권의 본질론적 검토와 미디어환경의 변화에 따른 쟁점을 중심으로", 사법논집 제45집, 2007, 616면.

한 점을 충분히 고려하더라도 피고 乙에게 실제 역할이나 계약 문언을 무시한 채 음반제작자의 저작인접권을 추가로 인정하거나, MR파일에 대한 음반제작자의 저작인접권을 저작자의 저작권을 통해 배제할 수 있는 권능을 새로 부여하는 것은 타당해 보이지 않는다. 다만, 음반제작자인 원고 甲이 기대한 이익은 음반의 판매로 인한 이익이므로, 이러한 이익 외에 음반의 제작과정에서 생성된 MR파일을 통한 이익 역시 음반제작자의 이익으로 적법하게 보호되어야 하느냐는 문제는 여전히 남는다.

Ⅴ. 저작권 침해와 손해배상

1. 저작권 및 저작인접권의 침해와 그 효과

누군가가 저작권자의 허락 없이 저작물을 이용한다면 또는 허락의 범위를 넘어 저작물을 이용한다면 이러한 행위는 저작권자가 배타적 권리인 저작권을 통해 스스로 또는 타인을 통해 저작물을 이용하게 함으로써 얻는 이익을 침해하게 된다. 또한 동시에 저작물의 교환가치 역시 감소시켜 저작권자의 이익을 침해한다. 저작권이 침해되면 저작권자는 침해행위의 정지, 침해의 예방, 침해행위의 결과물에 대한 폐기, 손해배상의 담보제공이나 손해배상 등을 청구할 수 있다(저작권법 제123조, 제125조).[58] 저작인격권이 침해된 경우라면 명예회복에 필요한 조치 등을 청구하는 것도 가능하다(저작권법 제127조).

한편, 저작인접권 역시 배타적 권리이므로 저작인접권자의 허락 없는 저작물 이용, 그리고 허락의 범위를 넘는 저작물 이용은 저작인접권에 대한 침해가 된다.[59] 이 경우 저작인접권자는 저작권 침해의 경우와 같은 권리를 갖는다(저작권법 제123조, 제125조). 저작인접권은 그 연원을 보면 산업적 성격이 강하지만, 실연자의 인격권이 침해된 경우라면 명예회복에 필요한 조치 등을 청구할 수도 있다(저작권법 제127조).

이 사건은 음반을 그대로 복사한 경우이므로 별도로 복사본의 실질적 유사성(substantial similarity)을 검토할 필요가 없고, 바로 복제권의 침해가 인정된다. 즉, 원고 甲의 배타적 성격의 저작인접권이 침해되었으며 해당 음반과 결부된, 그리고 저작권법에 따라 보호되는 시장기회 또는 이익이 상실되었음을 의미한다.[60] 이러한 재산적 혹은 비재산적 이익의 상실을 손해라 할 수 있다.[61]

58) 침해행위의 정지나 예방을 청구할 때에는 침해자의 고의나 과실을 요건으로 삼지 않는다. 그러나 손해배상을 청구하는 경우라면 침해자의 고의나 과실은 요건이 된다.
59) 오승종 · 이해완, 저작권법, 박영사, 2005, 483면 이하.
60) 김종철, "저작재산권 침해로 인한 손해의 개념 및 손해배상 기능: 저작권법 제125조 제1항을 중심으로", The Journal of Law & IP 제8권 제1호, 2018, 40면.
61) 손해의 개념에 대해서는 여러 선행 연구가 있으나, 임건면, "민사법상 손해의 개념", 비교사법 제8권 제2호, 2001, 441면; MünchKomm/Oetker (9. Aufl., 2022), BGB § 249 Rn. 16.

2. 손해배상액 산정의 문제

이 사건에서 원고 甲은 손해배상을 적극적으로 청구하고 있으므로 법원은 저작권 침해로 인한 손해를 판단해야 한다. 일반적으로는 저작권 침해가 문제되는 경우 침해행위의 정지나 예방 등을 청구하는 경우가 많다. 손해액의 증명이 쉽지 않고, 그 액수가 적어 실익이 없기 때문이다.[62] 원칙적으로 저작권이 침해되는 경우 민법상의 불법행위가 성립하고, 따라서 과실과 같은 요건의 판단 그리고 손해액을 산정할 때 민법의 일반원칙이 적용된다.[63] 그러나 무체물인 저작권의 특성 때문에 저작권의 배타적 권리 범위를 정하는 것은 물론, 침해행위를 확인하는 것도, 그리고 침해로 인한 손해를 산정하는 것도 쉽지만은 않다. 따라서 저작권법은 별도의 추정 규정들을 두어 저작권자 등을 보호하고 있다.[64]

우선, 저작권법은 ① 특허법 제130조와 같은 일반적인 과실 추정규정은 두고 있지 않으나[65] 등록된 저작권, 저작인접권 등이 침해된 경우 그 침해행위의 과실을 추정하고 있다(저작권법 제125조 제4항). 또한, ② 저작재산권자 등은 저작권 침해자에게 그 권리의 행사로 받을 수 있는 통상적인 금액을 최저 손해배상액으로 평가하여 청구할 수 있도록 규정하면서(저작권법 제125조 제2항),[66] 동시에 ③ 저작재산권 등을 침해한 자가 침해행위로 이익을 얻었다면 그 이익액을 손해액으로 추정하는 규정도 두고 있다(저작권법 제125조 제1항).[67] ④ 저작권 침해로 인한 손해액과 인과관계를 증명하기는 쉽지 않으므로 저작권법은 손해의 발생 사실이 인정된다면 법원이 변론의 취지 및 증거조사를 통해 상당한 손해액을 인정할 수 있도록 규정하고 있기도 하다(저작권법 제126조). 이 규정은 민사소송법 제202조의2 규정과 유사한 취지라 할 수 있다.[68] 그 외에도 ⑤ 등록된 저작물이라면 손해배상액에 갈음하여 침해된 각 저작물마다 1천만원 이하의 범위에서[69] 상당한 금액을 법정손해배상으로 사실심 변론종결 전에 청구할 수 있도록 규정하고 있다(저작권법 제125조의2). 끝으로, 징벌적 손해배상도 고려될 수 있으나,[70] 아직 입법된 것이 아니므로 별도로 언급할 것은 아니다. 다만,

---

62) 오승종 · 이해완, 저작권법, 박영사, 2005, 1588면.

63) 물론, 저작권을 침해한 자가 저작권의 이용을 통해 이익을 얻고 저작권자에게 손해를 초래하였다면 부당이득에 관한 민법의 일반원칙 역시 적용된다.

64) 유사한 방식을 특허법(제128조), 상표법(제67조), 디자인보호법(제115조, 제116조) 등에서도 활용하고 있다.

65) 특허법 제130조(과실의 추정): "타인의 특허권 또는 전용실시권을 침해한 자는 그 침해행위에 대하여 과실이 있는 것으로 추정한다."

66) 저작권법 제125조 제2항의 법적 성질에 대해서는 '손해액 계산규정설'과 '손해발생 의제설'이 대립하고 있다. 자세한 것은 오승종 · 이해완, 저작권법, 박영사, 2005, 1606면. 저작권법 제125조 제2항의 규정에도 불구하고 실제 손해액이 권리의 행사로 받을 수 있는 통상금액을 넘는다는 점이 증명된다면 초과액에 대한 배상청구가 가능함은 물론이다(저작권법 제125조 제3항).

67) 이 규정과 관련하여 '입증부담 경감설'에 대하여 자세한 것은 김종철, "저작재산권 침해로 인한 손해의 개념 및 손해배상 기능: 저작권법 제125조 제1항을 중심으로", The Journal of Law & IP 제8권 제1호, 2018, 65면.

68) 민사소송법 제202조의2(손해배상 액수의 산정): "손해가 발생한 사실은 인정되나 구체적인 손해의 액수를 증명하는 것이 사안의 성질상 매우 어려운 경우에 법원은 변론 전체의 취지와 증거조사의 결과에 의하여 인정되는 모든 사정을 종합하여 상당하다고 인정되는 금액을 손해배상 액수로 정할 수 있다."

69) 영리를 목적으로 저작권을 침해한 경우라면 5천만원 이하의 범위에서 배상액이 정해진다.

침해행위로 얻은 이익의 배상을 인정하는 저작권법 제125조 제1항과 등록된 저작물에 대한 법정손해배상을 규정한 저작권법 제125조의2가 침해행위의 억제 역시 목적으로 하고 있음은 부정하기 어려워 보인다.[71]

이 사건은 등록된 저작인접물이 아니므로 침해행위의 과실추정 규정(저작권법 제125조 제4항)이나 법정손해배상(저작권법 제125조의2)이 문제될 수 없다. 따라서 이하에서는 주로 통상 사용료에 대한 손해 평가 규정(저작권법 제125조 제2항) 및 이익액 손해추정 규정(저작권법 제125조 제1항), 그리고 법원에 의한 상당한 손해액 인정 규정(저작권법 제126조)을 중심으로 살펴본다.

〈민법과 저작권법의 배상 기준〉

<table>
<tr><th>민법의 손해배상 기준</th><th colspan="3">저작권법의 손해배상 기준</th></tr>
<tr><td>특별한 손해
(ex. 민법 제393조 제2항)</td><td>침해행위로 얻은 이익
(저작권법 제125조 제1항)</td><td rowspan="2">실손해 증명
(저작권법 제125조 제3항)</td><td rowspan="2">상당한 손해액
(저작권법 제126조)</td></tr>
<tr><td>통상손해
(ex. 민법 제393조 제1항)</td><td>통상 사용료
(저작권법 제125조 제2항)</td></tr>
<tr><td></td><td colspan="3">등록된 저작물에 대한 법정손해배상
(저작권법 제125조의2)</td></tr>
</table>

(1) 통상 사용료에 대한 배상

우리 법원은 원칙적으로 차액설에 근거하여 손해를 산정하고 있다.[72] 따라서 저작권을 침해한 자의 침해행위로 저작물의 판매가 감소하여 저작권자의 수익이 줄어들었거나, 저작물의 가격이 하락하여 저작권 자체의 교환가치가 감소하였거나, 침해행위와 인과관계 있는 저작권자의 다른 재산에 부정적 영향을 미쳤다면(예컨대, 저작권침해 조사비용, 또는 신용실추로 인한 손해 등) 이 모두를 재산적 손해라고 할 수 있다.[73] 그런데 무체물인 저작권의 적극적 손해, 예컨대 저작권 자체의 교환가치 감소는 입증이 어려우므로, 저작권 침해로 발생한 저작권자의 현실적 또는 잠재적 수익감소, 즉 일실이익을 손해로 보는 것이 일반적이다.[74] 이때 실제로 저작권자가 저작물을 통해 수익을 얻으려 하였는지는 묻지 않는데,[75] 저작권을 통해 저작권자가 수익을 추구하는 것은 시장 폐쇄와 같은 특수한 상황이 아니라면 통상적

70) 대표적으로 한지영, “저작권법 개정안에서 징벌적 손해배상제도에 관한 소고”, 계간 저작권 2021 여름호, 2021, 99면 이하; 이해완, “저작권법상 징벌적 손해배상제도의 도입에 관한 소고”, 산업재산권 제58호, 2019, 363면 이하.
71) 김상중, “지적재산권의 침해로 인한 손해배상책임: 손해배상법의 현대적 발전경향의 관점에서”, 재산법연구 제31권 제3호, 2014, 249면 이하.
72) 대표적으로 대법원 1992. 6. 23. 선고 91다33070 전원합의체 판결 참고.
73) 물론, 저작인격권 등이 침해되었다면 비재산적 손해가 발생할 수 있다.
74) 오승종 · 이해완, 저작권법, 박영사, 2005, 1595면.
75) BeckOK UrhR/Reber, 34. Ed. 15.1.2022, UrhG § 97 Rn. 111.

인 것으로 보기 때문이다.[76)]

이러한 점은 차액설이 아닌 규범적 손해를 통해 설명될 수 있다. 음반제작자 甲은 MR파일을 음반으로 만들어 판매하고 있지 않고, MR파일을 타인에게 이용하도록 허락하였거나 허락할 것으로 보이지도 않으며, 또한 MR파일의 복제만으로 음반 자체의 판매가 감소한다고 보기도 어렵고, 심지어 MR파일을 이용한 공연 후(공연에서 MR파일을 사용하였는지에 대해서는 물론 다툼이 있다) 음반 자체의 판매가 증가할 수도 있기 때문이다.[77)] 즉, 저작권 침해로 인한 손해를, 특히 저작권자와 저작권 침해자가 서로 다른 방식으로 저작물을 활용하고 있는 경우라면, 단순히 저작물 판매 감소만으로 산정하기 어렵다.[78)] 이때, 차액설에 의하여 손해가 파악되지 않는 경우라도 규범적 가치판단을 통해 손해를 인정할 수 있다는 규범적 손해개념이 이용될 수 있다.[79)] 이미 손해가 규범적 개념이며 규범적 평가의 산물이고, 차액설은 평가의 합리성을 담보하는 유용한 '수단'일 뿐이라는 점을 고려한다면 이러한 결론은 당연한 것으로 보인다.[80)] 규범적 손해의 관점에서 저작권 침해가 발생하면 상실된 저작권의 객관적 이용가치가 손해가 된다. 저작권의 이용으로 저작권자가 통상적으로 받을 수 있는 이용료 상당의 금액이 (완전경쟁시장을 전제로) 저작권의 객관적 이용가치를 나타내므로 저작권 침해로 인한 규범적 손해는 받지 못한 이용료 상당의 금액이 된다. 저작권의 객관적 이용가치 자체가 하락할 수도 있지만, 저작권의 객관적 이용가치가 활용되지 못하는 것, 기회의 좌절만으로도 객관적 이용가치의 상실로 평가될 수 있기 때문이다.[81)] 즉, 저작권법 제125조 제2항의 통상 사용료를 청구할 수 있다[이용기회의 가치 = 이용가치 = 사용료(이용기회 또는 이용가치의 통상적인 현실화) < 침해자의 이익 (이용기회의 특별한 현실화)].

(2) 침해행위로 얻은 이익의 배상

한편, 저작권법은 손해배상액 산정을 위한 또 다른 추정규정을 두고 있다. 저작권을 침해

---

76) 김종철, "저작재산권 침해로 인한 손해의 개념 및 손해배상 기능: 저작권법 제125조 제1항을 중심으로", The Journal of Law & IP 제8권 제1호, 2018, 41면.

77) MR파일을 타인에게 이용하도록 허락하지 않았을 경우라면 오히려 손해배상을 통상사용료에 비하여 가중할 사유가 될 수 있다는 주장으로 김상중, "지적재산권의 침해로 인한 손해배상책임: 손해배상법의 현대적 발전경향의 관점에서", 재산법연구 제31권 제3호, 2014, 256면 각주 20.

78) 이와 관련하여 노동능력이 상실되었음에도 소득의 상실이 없는 경우 평가설에 의하여 손해를 산정한 대법원 1990. 11. 23. 선고 90다카21022 판결이 참고될 수 있다.

79) 규범적 손해에 대해서 자세한 것은 권태상, "침해자의 이익과 규범적 손해–특허권 침해의 경우를 중심으로", 비교사법 제26권 제3호, 2019, 41면 이하; 장병일, "규범적 손해개념의 발전과 손해배상책임의 발생에 관한 연구", 재산법연구 제29권 제1호, 2012, 25면 이하; 강신하, "저작권 침해로 인한 손해배상액 산정–컴퓨터 프로그램 저작물을 중심으로", 인권과 정의 제472호, 2018, 148면 이하; 김상중, "손해의 개념과 손해발생의 인정", 민사법학 제90호, 2020, 199면 이하; 이성범, "손해개념의 규범성", 법학논총 제33권 제2호, 2020, 177면 이하; 조영선, "불사용 상표에 대한 침해와 손해배상", 인권과 정의 제437호, 2013, 6면 이하.

80) Honsell, Differenztheorie und Normativer Schadensbegriff, FS 50 Jahre Schweiz. Ges. f. Haftpflicht– und Versicherungsrecht (2010), 265f.

81) 권태상, "침해자의 이익과 규범적 손해–특허권 침해의 경우를 중심으로", 비교사법 제26권 제3호, 2019, 58면 이하.

한 자가 침해행위로 이익을 얻었다면 그 이익액을 손해액으로 추정하는 규정이 이에 해당한다(저작권법 제125조 제1항). 이 규정은 고의·과실을 요건으로 한다는 점에서, 그리고 그 반환의 범위가 운용이익까지 확대된다는 점에서 전통적 의미의 부당이득에 관한 규정으로 이해하기 어렵고, 준사무관리의 인정 필요성을 부정하는 것이 일반적이므로 이 규정을 준사무관리에 관한 규정으로 이론 구성하기도 어렵다.[82] 결국, 이 규정은 불법행위로 인한 손해액을 추정하는 특별 규정으로 이해해야 한다. 저작권의 침해가 없었다면 저작권자가 침해자가 얻은 이익을 얻었을 것으로 경험칙상 추정해 볼 수 있기 때문이다.[83]

그런데 침해자가 얻은 이익은 저작권을 통해 통상적으로 얻게 되는 이익일 수도 있지만, 특별한 사정으로 얻게 되는 이익일 수도 있다. 따라서 전자의 경우라는 증명이 없다면, 원칙적으로 민법 제393조 제2항이 적용되어야 한다. 즉, 저작권법 제125조 제1항의 규정이 없다면, 그래서 민법이 적용된다면 침해자가 저작권자가 영업적 이익을 얻었을 것이라는 특별한 사정을 알았거나 알 수 있었을 때만 손해액 산정의 기준이 될 수 있다. 그러나 이하에서 살펴볼 바와 같이 침해자의 특별한 사정에 대한 인식 및 인식가능성은 물론 (학설의 대립이 있지만) 저작권자가 영업적 이익을 의도하지 않았던 경우라도, 즉 특별한 사정이 없는 경우라도 저작권법 제125조 제1항은 적용될 수 있다. 따라서 저작권법 제125조 제1항의 규정은 민법 제393조 제2항에 대한 특칙으로 이해될 수 있다.[84] 저작권을 영업적으로 활용하고 이익을 얻을 것이라는 점은 일반적인 경험칙에 의할 때 더 이상 특별한 사정이 되지 못한다고 저작권법은 평가한 것으로 보인다. 이러한 법규화된 경험칙은 전제 사실의 증명만으로 증명의 부담을 덜게 되고, 오히려 이 추정을 복멸하려는 자가 법원에 확신을 줄 수 있는 본증을 제출해야 하는 것이 일반적이다. 그러나 이 규정은 "침해행위에 의하여 이익을 받은 때" 그 이익액을 손해액으로 추정하고 있으므로 이익액의 증명에 대하여 법원을 의심하게 만들어 추정규정의 적용을 일부 배제하는 것도 가능해 보인다.

또한 이 규정은 손해의 발생 자체를 추정하는 규정은 아니다. 따라서 최소한 손해 발생의 개연성 있음은 증명되어야 한다.[85] 이와 관련하여 이 사건의 경우와 같이 저작권자가 권리

---

82) 자세한 것은 김상중, "지적재산권의 침해로 인한 손해배상책임: 손해배상법의 현대적 발전경향의 관점에서", 재산법연구 제31권 제3호, 2014, 260면 이하.

83) 오승종·이해완, 저작권법, 박영사, 2005, 1601면.

84) 1957년 제정 저작권법 제62조는 저작권법에서 특별히 정한 것이 없다면 민법 기타 법령을 적용할 것을 규정하였다. 해당 규정은 1987년 개정 저작권법에서 삭제되었다.

85) 상표권에 관한 판결이지만 동일한 추정 규정에 대한 판결로 대법원 2013. 7. 25. 선고 2013다21666 판결 참고: "상표법 제67조 제3항[구 상표법을 의미함. 저자 추가]은 상표권자 등이 상표권 등의 침해로 인하여 입은 손해의 배상을 청구하는 경우에 손해에 관한 상표권자 등의 주장·증명책임을 경감하는 취지의 규정이고, 손해의 발생이 없는 것이 분명한 경우까지 침해자에게 손해배상의무를 인정하는 취지는 아니라고 할 것이나, 그 규정 취지에 비추어 보면, 손해의 발생에 관한 주장·증명의 정도는 손해 발생의 염려 내지 개연성의 존재를 주장·증명하는 것으로 족하다고 보아야 하고, 따라서 상표권자가 침해자와 동종의 영업을 하고 있는 것을 증명한 경우라면 특별한 사정이 없는 한 상표권 침해에 의하여 영업상의 손해를 입었음이 사실상 추정된다고 볼 것이다"(밑줄은 저자 추가).

를 행사하지 않고 있는 경우에도 저작권법 제125조 제1항의 추정 규정을 적용할 수 있는지 다투어질 수 있다. 저작권자가 저작권을 행사하고 있지 않다면, 즉 음반제작자가 MR파일을 음반으로 만들어 판매하고 있지 않고, MR파일을 다른 용도로 이용하거나 이용케 하고 있지 않은 경우라면 손해의 발생 자체가 없어 저작권법 제125조 제1항을 적용할 수 없기 때문이다. 종래 다수의 견해는 이러한 입장을 따르고 있다.86) 그러나 저작권법 제125조 제1항의 손해에는 규범적 손해가 포함될 수 있고,87) 손해 발생에 대한 주장·증명의 정도를 완화하고 있는 법원의 입장을 고려하면88) 저작권자가 저작권을 실행하고 있지 않은 경우라도 제125조 제1항의 규정은 적용될 수 있는 것으로 해석할 수 있다.89) 저작권자의 배타적 권리에 내재한 기회 자체를 보장하고, 침해자의 부당한 이익을 제거하여 침해를 예방한다는 측면에서도 이러한 결론은 타당해 보인다.90)

그런데 이 사건에 저작권법 제125조 제1항이 적용된다면, 피고 乙이 원고 甲의 MR파일을 복사하여 얻게 된 이익은 무엇일까? 저작권법 제125조 제1항과 관련하여 침해자의 이익은 매출액에서 비용을 공제하여 계산하는 것이 다수의 의견이라고 하나,91) 이 사건은 피고 乙이 MR파일의 복제로 직접 매출을 올리고 있는 것이 아니고, 매출을 올린 것으로 보이는 공연의 주최자에게는 저작권침해에 대한 고의나 과실이 없으므로 이러한 방식은 적절해 보이지 않는다. 물론, 피고 乙은 두 번의 공연에서 복제된 MR파일을 재생하여 이익을 얻고 있지만 이러한 이익은 乙의 공연채무 이행으로 인한 반대급부 이익에 해당할 뿐 복제권 침해로 인한 이익으로 보기 어렵고, 음반제작자인 원고 甲에게는 공연권이 인정되지 않아 공연권 침해로 인한 이익으로 보기도 어렵기 때문이다. 물론, 피고 乙이 MR파일을 이용하여 공연함으로써 음반제작자인 원고 甲의 음반 판매 수입이 감소하였다면 원고 甲의 수입감소는 보호되어야 하며, 이러한 취지는 이미 저작권법 제83조의2에서 발견된다. 저작권법 제83조의2는 상업용 음반, 즉 판매용 음반을 사용하여 공연하는 자의 음반제작자에 대한 보상금 지급의무를 규정하고 있다.92) 통상적으로 예정된 사용범위를 넘어 판매된 음반이 공연에 사용되면 음반제작자의 음반판매의 기회가 부당하게 상실될 수 있기 때문이다.93) 그러나 해당

86) 김상중, "지적재산권의 침해로 인한 손해배상책임: 손해배상법의 현대적 발전경향의 관점에서", 재산법연구 제31권 제3호, 2014, 256-57면; 신헌석, "저작재산권침해와 저작권법상 손해배상액 산정", 사법 제16호, 2011, 129면 이하; 오승종, 저작권법, 제5판, 박영사, 2020, 1601면.

87) 규범적 손해를 차액설에 따른 손해와 달리 취급할 이유는 없다. 이와 관련하여 Honsell, Differenztheorie und Normativer Schadensbegriff, FS 50 Jahre Schweiz. Ges. f. Haftpflicht- und Versicherungsrecht (2010), 265 f.

88) 특허법에 관한 사건이지만 참고할 판결로 대법원 2006. 10. 12. 선고 2006다1831 판결 참고.

89) 독일에서는 지식재산권의 침해 자체가 손해라고 평가한다고 한다. 권태상, "침해자의 이익과 규범적 손해-특허권 침해의 경우를 중심으로", 비교사법 제26권 제3호, 2019, 60면.

90) 같은 의견으로 김상중, "지적재산권의 침해로 인한 손해배상책임: 손해배상법의 현대적 발전경향의 관점에서", 재산법연구 제31권 제3호, 2014, 272면.

91) 오승종, 저작권법 제5판, 박영사, 2020, 1603면 이하. 김종철, "저작재산권 침해로 인한 손해의 개념 및 손해배상기능: 저작권법, 제125조 제1항을 중심으로", The Journal of Law & IP 제8권 제1호, 2018, 73면.

92) 동시에 저작권법 제29조는 비영리 공연에는 보상권이 없음을 규정하고 있다. 음반의 홍보효과로 저작권자와 음반제작자가 반사적 이익을 얻을 수 있기 때문이다. 대법원 2012. 5. 10. 선고 2010다87474 판결 참고.

규정의 판매용 음반은 그 유형을 불문하고 "판매를 통해 거래에 제공된 음반"[94]을 의미하므로 판매용 음반이 아닌 이 사건의 MR파일에 이 규정을 적용할 수는 없다.[95] 따라서 권리침해가 인정되는 MR파일의 복제행위와 달리, MR파일을 공연에 활용하는 2차적 이용행위는 배타적 권리에 대한 침해행위가 아니라 할 수 있다.

결과적으로 乙의 공연수익은 복제권 침해로 인한 이익으로 보기 어렵다. 특히, 원고 甲과 피고 乙의 이해가 상충되어 원고 甲이 자신에게 별도의 손해가 없음에도 피고 乙의 2차적 이용행위를 고의로 방해하고 이익을 얻을 기회를 박탈한 것이라면, 그리고 이러한 수단으로 저작권법 제125조 제1항이 이용되는 것이라면, 이러한 손해배상청구는 제한될 필요가 있다. 손해배상을 통해 손해의 전보만을 제도의 목적으로 삼는 전통적 관점은 물론, 손해배상의 예방적 기능을 강조하는 새로운 관점에서도 수용되기 어렵기 때문이다. 설령, (가능성은 매우 낮아 보이지만) 乙의 공연수익이 침해로 인한 이익으로 인정된다고 하더라도 발생한 이익 중에 저작권이 어느 정도 기여하였는지를 확인하지 않고 저작권법 제125조 제1항을 적용할 수는 없어 보인다.[96] 따라서 이 사건에서 저작권법 제125조 제1항의 적용이 주장되고, 침해로 인한 이익이 공연수익과 같다고 주장된다면, 피고 乙은 이 사건에서 원고 甲의 현실 손해액이 추정 손해액과 다르다는 점을 법원이 확신하도록 증명하여 추정을 복멸하거나, 복제권 침해로 얻은 이익에 복제권 침해와 관련 없는 이익이 존재한다는 점을 증명하여 추정 손해액을 낮추는 것이 가능해 보인다.[97]

(3) 상당한 손해액의 배상 및 법정손해배상

저작재산권자의 허락 없이 저작물을 복제하면 해당 부정복제물의 부수 등에 따라 손해액이 달라질 수 있다. 구 저작권법은 부정복제물의 부수 등을 산정하기 어려운 경우 출판물은 5,000부, 음반은 10,000매의 부정복제물이 만들어진 것으로 추정하는 규정을 두고 있었다(구 저작권법 제94조).[98] 이 규정은 손해액 산정의 기초가 되는 복제물의 수량을 추정토록 하여 저작권자의 권리구제에 도움을 주려는 취지였다. 그러나 추정치가 너무 높아 비현실적이고, 이 규정이 있어도 손해액 산정의 어려움은 크게 달라지지 않으며, 일률적 부수 추정은

---

93) 이 규정의 취지에 대해서 자세한 것은 대법원 2015. 12. 10. 선고 2013다219616 판결 참고.

94) 대법원 2015. 12. 10. 선고 2013다219616 판결.

95) '상업용 음반'의 의미에 대해서는 한지영, "개정 저작권법에 의한 상업용 음반의 의의와 실연자의 보상청구권에 관한 고찰", 재산법연구 제33권 제4호, 2017, 55면 이하.

96) 이러한 기여도를 결정하는 것 역시 계산되는 것이 아니라 평가되는 것이다. 권태상, "침해자의 이익과 규범적 손해-특허권 침해의 경우를 중심으로", 비교사법 제26권 제3호, 2019, 53면.

97) 이와 관련하여 대법원 2004. 6. 11. 선고 2002다18244 판결 참고: "물건의 일부가 저작재산권의 침해에 관계된 경우에 있어서는 침해자가 그 물건을 제작·판매함으로써 얻은 이익 전체를 침해행위에 의한 이익이라고 할 수는 없고, 침해자가 그 물건을 제작·판매함으로써 얻은 전체 이익에 대한 당해 저작재산권의 침해행위에 관계된 부분의 기여율(기여도)을 산정하여 그에 따라 침해행위에 의한 이익액을 산출하여야 할 것이고, 그러한 기여율은 침해자가 얻은 전체 이익에 대한 저작재산권의 침해에 관계된 부분의 불가결성, 중요성, 가격비율, 양적 비율 등을 참작하여 종합적으로 평가할 수밖에 없다"(밑줄은 저자 추가).

98) 저작권법(시행 2000. 7. 1., 법률 제6134호, 2000. 1. 12., 일부개정).

비합리적이라는 이유로 부정복제물의 부수추정 규정은 폐지되었다.[99] 대신에 법원이 "변론의 취지 및 증거조사의 결과를 참작하여 상당한 손해액을 인정할 수 있"도록 하는 저작권법 제126조 규정을 도입하였다. 그러나 법문에서 확인할 수 있는 바와 같이 저작권법 제126조 규정은 제125조 규정으로 손해액을 산정하기 어려울 때만 보충적으로 적용된다. 따라서 저작권법 제126조에 의하여 손해액을 인정하는 경우가 많지는 않다고 한다.[100]

반면에 현실적 역할을 기대할 수 있는 것은 법정손해배상 규정이다(저작권법 제125조의2). 저작권법상 법정손해배상제도는 저작권 침해로 인한 손해를 증명하기 어렵기 때문에 저작권의 침해가 증명되면 저작권자의 피해를 보상하고 추가적인 침해를 억제하기 충분한 법정배상액을 실손해에 갈음하여 청구할 수 있도록 하는 제도이다. 우리 저작권법은 이를 인정하지 않다가 2011년 12월 2일 신설되어 2012년 3월 15일부터 적용되기 시작하였다(저작권법, 법률 제11110호, 부칙 제2조). 구체적으로 저작권법 제125조의2는 등록된 저작물에 한하여(저작권법 제125조의2 제3항), 사실심 변론종결 전에 손해액에 갈음하여 각 저작물마다 1천만원(영리목적의 고의 저작권침해의 경우라면 5천만원) 이하의 범위에서 상당한 법정손해배상을 청구할 수 있도록 규정하고 있다(저작권법 제125조의2 제1항). 해당 규정은 저작권 침해행위의 억지와 예방의 측면에서 효과가 있다.[101] 그러나 등록된 저작물을 요건으로 하므로 이 사건에는 적용되기 어렵다.

(4) 소 결

이 사건에서 침해행위로 인한 이익의 배상을 규정한 저작권법 제125조 제1항은 적용되기 어렵다. 반면에, 최소한의 손해배상액을 정하고 있는 저작권법 제125조 제2항은 적용될 수 있다. 즉, 甲은 저작권의 침해 사실과 통상적인 사용료만을 증명하면 乙이 甲에게 손해 없음을 항변하지 못하는 한 그에 상응하는 손해배상을 받을 수 있다. 손해액이 이를 초과한다는 점을 甲이 증명한다면 초과액에 대한 손해배상을 청구하는 것도 가능함은 물론이다(저작권법 제125조 제3항). 다만, 여전히 판매용 음반이 아닌 MR파일의 통상 사용료를 어떻게 정할 것인가의 문제는 남는다.

통상 사용료란, 저작자의 인지도 등 특성을 고려하여 해당 업계에서 일반적으로 지급되는 수준의 사용료를 말하며,[102] 저작권의 일부침해가 문제되는 경우라면 사용비율이 함께 고려된다.[103] 저작권법 제125조 제2항은 통상적인 사용료가 저작권자의 통상 범위의 손해가

---

99) 자세한 것은 조영선, "저작권 침해로 인한 법정손해배상-개정 저작권법 제125조의 2에 대한 검토", 법조 제667호, 2012, 125면 이하.

100) 조영선, "저작권 침해로 인한 법정손해배상-개정 저작권법 제125조의 2에 대한 검토", 법조 제667호, 2012, 141면.

101) 억제적 역할에 대하여 김상중, "지적재산권의 침해로 인한 손해배상책임: 손해배상법의 현대적 발전경향의 관점에서", 재산법연구 제31권 제3호, 2014, 280면 이하.

102) 이와 관련하여 대법원 2001. 11. 30. 선고 99다69631 판결; 대법원 2013. 6. 27. 선고 2012다104137 판결 등 참고.

된다는 점에 근거한 손해 평가 규정으로 이해되지만,[104] 침해자의 감액주장이 허용되지 않는 최저 손해배상 보장 규정으로 해석되기도 한다.[105] 어떠한 입장을 따르던 통상사용료는 일반적으로 다음과 같이 계산된다.

> "여기서 권리의 행사로 통상 얻을 수 있는 금액에 상당하는 액이라 함은 침해자가 저작물의 사용 허락을 받았더라면 사용대가로서 지급하였을 객관적으로 상당한 금액을 말한다고 보아야 할 것이고……, 음악저작물은 저작물에 따라 작품성과 대중 인기도에 차이가 있어 저작권자로서는 저작물을 사용하고자 하는 자와 사이에 저작물사용계약을 체결하면서 나름대로의 사용료를 정할 수 있는 것이므로, 저작권자가 당해 저작물에 관하여 사용계약을 체결하거나 사용료를 받은 적이 전혀 없는 경우라면 일응 그 업계에서 일반화되어 있는 사용료를 저작권 침해로 인한 손해액 산정에 있어서 한 기준으로 삼을 수 있겠지만, 저작권자가 침해행위와 유사한 형태의 저작물 사용과 관련하여 저작물사용계약을 맺고 사용료를 받은 사례가 있는 경우라면, 그 사용료가 특별히 예외적인 사정이 있어 이례적으로 높게 책정된 것이라거나 저작권 침해로 인한 손해배상청구 소송에 영향을 미치기 위하여 상대방과 통모하여 비정상적으로 고액으로 정한 것이라는 등의 특별한 사정이 없는 한, 그 사용계약에서 정해진 사용료를 저작권자가 그 권리의 행사로 통상 얻을 수 있는 금액으로 보아 이를 기준으로 손해액을 산정함이 상당하다 할 것이다."[106] (밑줄을 저자 추가)

즉, 복제에 대한 사용료를 계산할 때 원고 甲과 피고 乙 간에 별도의 저작물사용계약이 존재한다면 그 계약에서 정한 사용료에 기초하여 계산한다. 만약, 이러한 약정이 존재하지 않지만, 원고 甲이 제3자와 유사한 형태의 저작물사용계약을 체결하였거나 체결하고 있다면 그 계약에서 정한 사용료를 기준으로 한다. 만약, 원고 甲이 이러한 종류의 계약을 체결한 적이 없다면 그 업계에서 일반화되어 있는 사용료를 기준으로 계산하게 된다.[107]

그런데 이러한 기준을 따르면 한국음악저작권협회[108]나 한국음반산업협회[109]의 사용료 징수규정을 기준으로 삼게 되는데(업계에서 통상적으로 활용되고 있기 때문이다), 각 징수규정은 사용료를 제작수량이나 판매수량, 판매 및 이용횟수에 근거하여 산출하고 있다.[110] 따라

---

103) 이와 관련한 판결로 서울고법 1987. 8. 21. 선고 86나1846 제9민사부 판결 참고.

104) 민법 제393조 제1항의 의미에 대해서는 곽윤직, 채권총론, 제6판, 2014, 121면 참고.

105) 전효숙, "특허침해로 인한 손해배상", 신특허법론, 법영사, 2005, 810면; 신헌석, "저작재산권침해와 저작권법상 손해배상액 산정", 사법 제16호, 2011, 141면 이하.

106) 대법원 2001. 11. 30. 선고 99다69631 판결; 서울남부지방법원 2008. 5. 29. 선고 2007가합11027 판결.

107) 그 외에 가정적 이용료 산출에 고려될 15가지 요소에 대해서 자세한 것은 신헌석, "저작재산권침해와 저작권법상 손해배상액 산정", 사법 제16호, 2011, 144면.

108) 한국음악저작권협회의 사용료 징수규정 https://www.komca.or.kr/doc_rule/%EC%9D%8C%EC%95%85%EC%A0%80%EC%9E%91%EB%AC%BC_%EC%82%AC%EC%9A%A9%EB%A3%8C_%EC%A7%95%EC%88%98%EA%B7%9C%EC%A0%95.pdf 참고(2024.11.30. 최종방문).

109) 한국음반산업협회의 사용료 징수규정 http://riak.or.kr/index.php?tpf=sub2/sub2-1/sub2-1-2/sub2-1-2-3 참고(2024.11.30. 최종방문).

110) 예컨대, 한국음악저작권협회 저작권 사용료 징수규정 제28조는 상업용 음반의 복제 및 배포사용료를 "곡당사용

서 MR파일을 1회적으로 복제한 이 사건에서 통상 사용료의 산정기준으로 각 협회의 사용료 징수규정을 이용하기는 어려워 보인다. 또한 MR파일의 복제라는 권리의 침해형태와 사용료 징수규정에 근거하여 사용료를 받는 저작물의 이용형태가 유사하지 않기 때문에 해당 사용료 징수규정의 사용료를 그대로 MR파일 복제에 대한 손해배상액 산정 기준으로 삼기도 어렵다.[111] 그 외에도 한국음반산업협회의 사용료 징수규정에는 음반에 대한 복제사용료 징수규정이 없고, 사용료 징수규정이 없는 사용의 경우 협의를 통해 이용허락을 할 수 있다는 규정이 있을 뿐이다(사용료 징수규정 제12조).

결국, 이 사건은 침해행위로 얻은 이익을 통한 손해추정이나 통상 사용료를 통한 손해 산정이 어려운 경우에 해당한다. 즉, 저작권법 제125조에 의한 손해 산정이 어려운 경우이므로 변론의 취지나 증거를 참작하여 법원이 상당한 손해액을 인정하는 방법을 택하게 될 것으로 보인다(저작권법 제126조).

끝으로 저작권 침해행위로 인하여 침해자가 이득을 얻었다면 저작권법에서 별도의 규정이 없음에도 민법상 부당이득에 관한 규정을 통해 부당이득의 반환을 청구할 수 있다. 이 경우 통상 사용료의 반환을 청구하는 것이 일반적이겠지만, 유사한 이용계약이 있었다면 그 계약에서 정한 이용료를 기준으로 삼는 것도 가능하며, 변론과정에서 나타난 사정을 참작하여 합리적인 금액의 반환을 인정하는 것도 가능하다고 한다.[112]

Ⅵ. 결 론

이 사건은 저작권자가 자신의 실연을 녹음한 MR파일을 복제한 것이 음반제작자의 저작인접권을 침해한 것이 되는지 다투어진 사건이다. 따라서 판결에서는 저작권과 저작인접권의 관계가 검토되었으며, 저작인접권의 보호범위는 물론 손해배상의 인정 여부 및 범위도 검토되었다. 그러나 대법원의 판시를 통해 법원의 명확한 입장을 확인하기는 어렵다. 그럼에도 대법원의 결론에 충분히 공감할 수 있으며, 그 논지를 다음과 같이 추론해 볼 수 있다. 우선, 음반은 '음이 유형물에 고정된 것' 그 자체를 의미하므로 MR파일은 음반에 해당한다. 음반제작자는 '음반을 최초로 제작하는 데 있어 전체적으로 기획하고 책임을 지는 자'를 의미하므로 원고 甲이 MR파일의 음반제작자가 된다. 매니지먼트 전속계약은 '기획'과 '책임'의 소재를 판단하는 증거가 될 뿐이다. 원고 甲은 음이 고정되어 MR파일이 만들어지면 바로

료[출고가×9%(음악사용료율)÷수록곡수]×관리곡수×지분율×제작수량×할인율"로 계산하고 있고, 비매용 음반의 복제 및 배포사용료는 "곡당사용료×관리곡수×지분율×제작수량"으로 계산하고 있다. 또한, 한국음반산업협회 사용료 징수규정 제11조는 음반이 아닌 영화 및 비디오, 광고 등 영상물의 복제사용료를 "판매가×6%×(승인곡수/수록곡수)×판매수량"으로 계산하고 있다.

111) 신헌석, "저작재산권침해와 저작권법상 손해배상액 산정", 사법 제16호, 2011, 146면.

112) 대법원 2016. 7. 14. 선고 2014다82385 판결.

복제권 등 저작인접권을 취득하며, 이러한 권리는 피고 乙의 저작권과는 별개의 권리가 된다. 따라서 피고 乙이 원고 甲의 허락 없이 MR파일을 복제하는 것은 원고 甲의 복제권을 침해하는 행위가 된다. 피고 乙의 침해행위는 원고 甲이 해당 권리를 행사하고 있지 않거나, 행사할 의도가 없는 경우일지라도 규범적 의미의 손해를 야기한다. 따라서 피고 乙은 원고 甲에게 손해배상책임을 부담하게 되는데, 피고 乙의 공연수익은 복제권 침해로 인한 이익으로 보기 어려워 손해배상액의 기준이 되기 어렵고, MR파일에 대한 통상 사용료가 손해배상액의 기준으로 검토될 수 있을 것이다. 검토의 대상이 될 수 있는 것은 한국음악저작권협회나 한국음반산업협회의 사용료 징수규정인데, MR파일의 1회적 복제에 적용할 수 있는 통상 사용료 규정은 발견되지 않는다. 또한 권리의 침해형태와 저작물의 이용형태가 유사하다 할 수 없으므로 해당 사용료 규정을 MR파일의 복제에 적용하기도 어렵다. 결과적으로 변론의 취지나 증거를 참작하여 법원이 상당한 손해액을 인정할 수밖에 없다. 법원이 언급하는 'MR파일에 대한 정당한 대가 상당의 손해' 역시 이러한 의미로 이해되어야 할 것이다.

집필진

고형석 | 한국해양대학교 해사법학부 교수
권오상 | 전남대학교 법학전문대학원 교수
김병선 | 이화여자대학교 법학전문대학원 교수
김상중 | 고려대학교 법학전문대학원 교수
김상헌 | 제주대학교 법학전문대학원 교수
김성수 | 경찰대학교 법학과 교수
김성혁 | 전북대학교 법학전문대학원 교수
김세준 | 성신여자대학교 법과대학 교수
김태관 | 연세대학교 법학전문대학원 교수
김현수 | 부산대학교 법학전문대학원 교수
김　화 | 이화여자대학교 법학전문대학원 교수
민경준 | 대구지방법원 판사
박근웅 | 부산대학교 법학전문대학원 교수
박수곤 | 경희대학교 법학전문대학원 교수
박신욱 | 경상국립대학교 법과대학 교수
박인환 | 인하대학교 법학전문대학원 교수
서종희 | 연세대학교 법학전문대학원 교수
서희석 | 부산대학교 법학전문대학원 교수
성중모 | 서울시립대학교 법학전문대학원 교수
손홍락 | 동아대학교 법학전문대학원 교수
송호영 | 한양대학교 법학전문대학원 교수
엄복현 | 경북대학교 법학전문대학원 교수
윤태영 | 아주대학교 법학전문대학원 교수
이계정 | 서울대학교 법학전문대학원 교수
이동진 | 서울대학교 법학전문대학원 교수
이병준 | 고려대학교 법학전문대학원 교수
이소은 | 영남대학교 법학전문대학원 교수
장　명 | 서강대학교 법학전문대학원 교수
정상현 | 성균관대학교 법학전문대학원 교수
정신동 | 한국외국어대학교 법학전문대학원 교수
정진명 | 단국대학교 법과대학 교수
조경임 | 충남대학교 법학전문대학원 교수
조인영 | 연세대학교 법학전문대학원 교수
진도왕 | 인천대학교 법학부 교수
최성경 | 단국대학교 법과대학 교수
최우진 | 고려대학교 법학전문대학원 교수
최준규 | 서울대학교 법학전문대학원 교수
황원재 | 전남대학교 법학전문대학원 교수

현석 박동진 교수 화갑기념논문집 간행위원회

위원장 김태관 연세대학교 법학전문대학원 교수
위 원 권오상 전남대학교 법학전문대학원 교수
박근웅 부산대학교 법학전문대학원 교수
서종희 연세대학교 법학전문대학원 교수
엄복현 경북대학교 법학전문대학원 교수
(가나다순)

玄石 朴東瑱 敎授 華甲紀念論文集
－시대정신과 과학기술의 민법학－

2025년 10월 15일 초판 인쇄
2025년 10월 20일 초판 1쇄 발행

편 자 현석 박동진 교수 화갑기념논문집 간행위원회
발행인 배 효 선
발행처 도서출판 法 文 社
주 소 10881 경기도 파주시 회동길 37-29
등 록 1957년 12월 12일/제2-76호(윤)
전 화 (031)955-6500~6 FAX (031)955-6525
E-mail (영업) bms@bobmunsa.co.kr
(편집) edit66@bobmunsa.co.kr
홈페이지 http://www.bobmunsa.co.kr
조 판 법 문 사 전 산 실

정가 60,000원 ISBN 978-89-18-91639-2